Informatik aktuell

Herausgeber: W. Brauer
im Auftrag der Gesellschaft für Informatik (GI)

K. Franke U. Hübner W. Kalfa (Hrsg.)

Kommunikation in Verteilten Systemen

Neue Länder - Neue Netze - Neue Dienste

GI/ITG-Fachtagung
Chemnitz-Zwickau, 22.-24. Februar 1995

Springer

Herausgeber

Klaus Franke
Technische Universität Chemnitz-Zwickau
Fakultät für Elektrotechnik und Informationstechnik
D-09107 Chemnitz

Uwe Hübner
Winfried Kalfa
Technische Universität Chemnitz-Zwickau
Fakultät für Informatik
D-09107 Chemnitz

Programmausschuß

S. Abeck	TU München
B. Butscher	GMD FOKUS Berlin
W. Effelsberg	Universität Mannheim
K. Franke	TU Chemnitz-Zwickau
N. Gerner	SNI AG München
W. Gora	Corporate Systems GmbH Sulzbach
H.-G. Hegering	LRZ, LMU, TU München
E. Holler	KfK Karlsruhe
U. Hübner	TU Chemnitz-Zwickau
W. Kalfa	TU Chemnitz-Zwickau
U. Krieger	Telekom Darmstadt
P. Kühn	Universität Stuttgart
M. Leclerc	Deutsche Verkehrs-Bank AG Frankfurt/Main
H. Löffler	Dresden
L. Mackert	IBM Stuttgart
P. Martini	Universität / GH Paderborn
P. Pawlita	SNI AG München
E. Raubold	Telekom Darmstadt
O. Spaniol	RWTH Aachen
J. Swoboda	TU München
M. Zitterbart	Universität Karlsruhe

CR Subject Classification (1995): A.0

ISBN 3-540-58960-0 Springer-Verlag Berlin Heidelberg New York

Printed in Germany

Satz: Reproduktionsfertige Vorlage vom Autor/Herausgeber
Druck- u. Bindearbeiten: Weihert-Druck GmbH, Darmstadt
SPIN: 10484620 33/3142-543210 – Gedruckt auf säurefreiem Papier

Vorwort

Vor Ihnen liegt der Tagungsband der alle zwei Jahre stattfindenden Fachtagung **„Kommunikation in Verteilten Systemen“**.

Diese Tagung wird vom GI/ITG-Fachausschuß *„Kommunikation und Verteilte Systeme“* ausgerichtet.

Nach Berlin, Aachen, Stuttgart, Mannheim und München findet diese Tagung nun erstmalig in den neuen Bundesländern, an der TU Chemnitz-Zwickau statt und steht unter dem Motto **„Neue Länder – Neue Netze – Neue Dienste“**.

Leistungsfähige Kommunikationsnetze und verteilte Anwendungen sind nicht länger nur eine Domäne der Wissenschaft. In allen Lebensbereichen kommen solche Technologien immer stärker zur Wirkung, was sich nicht zuletzt in Initiativen zu *„Information Highways“* niederschlägt.

Die KiVS ist eine der bedeutendsten Fachtagungen im deutschsprachigen Raum und daher prädestiniert als Treffpunkt aller Fachleute aus Industrie, Wissenschaft und Behörden, die an der Realisierung und Anwendung der neuen Informations-Infrastrukturen mitwirken.

Das Programmkomitee hat bei der Gestaltung der Tagung und der Auswahl der Beiträge neben einem hohen Qualitätsniveau auch auf einen intensiven Praxisbezug geachtet.

Höhepunkte der Fachtagung sind die Plenarvorträge von Prof. Ferrari (University of California at Berkeley) zum Thema *„Programs for Networking Research and Testbed Activities in the U.S.“* sowie von Dr. Bauerfeld (DeTeBerkom Berlin) zu *„MultiMedia in Europa: Fahrversuche auf der Infobahn“*. Die hochaktuellen Entwicklungen im Internet, wie die Einigung auf die „IP-Nachfolge“, stellt einer der unmittelbar Beteiligten, Herr Schulzrinne (GMD FOKUS Berlin), in einem weiteren Plenarvortrag vor.

Die Themen der Tagungsteile sind:

- Netze
- Multimedia - Basis und Anwendungen
- Netz- und Systemmanagement
- Mobile Systeme
- Verteilte Betriebssysteme
- Protokolle
- Plattformen für verteilte Anwendungen
- Dienstvermittlung
- Internetworking und ATM.

Als Teil der Fachtagung werden auch wieder Kurzvorträge von Preisträgern präsentiert, deren Diplom- oder Doktorarbeiten vom GI/ITG-Fachausschuß „Kommunikation und Verteilte Systeme“ prämiert wurden.

Die Herausgeber bedanken sich bei allen, die zum Gelingen der Fachtagung und zu diesem Tagungsband beigetragen haben, vor allem bei den Autoren, die sehr qualifizierte Beiträge geliefert haben.

Den Mitgliedern des Programmausschusses sei für die Begutachtung der zahlreichen Beiträge und für die Zusammenstellung eines niveauvollen Tagungsprogramms gedankt.

Nicht zuletzt danken wir auch dem Springer-Verlag für die gute Zusammenarbeit und das flexible Eingehen auf unsere Wünsche bei der Gestaltung dieses Tagungsbandes.

Chemnitz, im Dezember 1994

Klaus Franke
Uwe Hübner
Winfried Kalfa

Inhaltsverzeichnis

Plenarvorträge

Netze

Multimedia - Basis

Netz- und Systemmanagement I

Multimedia - Anwendung

Netz- und Systemmanagement II

Mobile Systeme

Verteilte Betriebssysteme

Protokolle

Plattformen für verteilte Anwendungen I

Dienstvermittlung

Plattformen für verteilte Anwendungen II

Internetworking und ATM

Preisträger

Programs for Networking Research and Testbed Activities in the U.S.

Domenico Ferrari

The Tenet Group
University of California at Berkeley
and International Computer Science Institute

ABSTRACT

The last several years have witnessed a rapid increase in the investments made by the U.S. Government and by U.S. industry in networking research. A new phenomenon that has accompanied this increase: a substantial fraction of the investments have been devoted to the construction and operation of experimental networks, called *testbeds*, to be used to test *in vivo* the novel ideas and technologies proposed by the participating researchers.

This paper gives a personal account of some of the current testbed-based projects in the U.S. In particular, it discusses the goals and results of the Gigabit Testbed Initiative, the National Information Infrastructure (NII), for which this Initiative has done part of the preparatory research, and some of the current research uses of the Internet. Comments are also made on whether and how the NII will result from the evolution of the Internet, and the on roles ATM networks and the Internet will play in the future.

1. Introduction

The history of research in computer networking goes back a few decades. Its main turning point in the early days of the discipline was the birth of the ARPANET in 1969. For many years after that event, as the ARPANET was expanding and acquiring more and better communication protocols and applications, that network was primarily used as a *testbed*, i.e., as a tool for experimental research at all layers of network architecture. However, when the ARPANET became sufficiently stable to be run in production mode, application-oriented users started exploiting it for their inter-computer communication needs. On the one hand, this growing community of end users provided to the researcher that invaluable and essential component of serious experimental research, a real load; on the other, the fact that that growing community was getting more and more dependent on the availability of the network imposed greater and greater constraints on the lower-layer research projects that could be based on the ARPANET as a testbed.

In spite of these constraints, the Internet (whose backbone in the U.S., the NSFNET, can be regarded as the successor of the ARPANET) is still used today as a testbed for many types of experiments, as we will see in Section 4. However, the ARPANET before 1986, and the Internet after that date, with all of its restrictions, has essentially been the only testbed available to most networking researchers. Only the last five years have witnessed a real proliferation of new testbeds all over the country, a phenomenon that has revitalized and revolutionized networking research. These testbeds are usually supported by the telecommunications industry and by governmental agencies, and sometimes also by other organizations, such as network component and computer vendors. They normally consist of high-speed, "skinny" networks incorporating some new technologies to be experimented with, or providing by virtue of their speed services to demanding applications that would otherwise be unavailable to them. The researchers who have access to a testbed are geographically distributed, as they reside at or near the sites interconnected by the network; those sites are industrial laboratories, universities, and governmental laboratories.

The number of these testbeds is large and increasing. This paper does not survey all of them, but discusses in Section 2 only some of the most visible and important ones, namely, those belonging to the Gigabit Testbed Initiative. In Section 3, it presents the National Information Infrastructure (NII), of which the Gigabit Testbed Initiative can be considered a preparatory phase, and which will provide the unifying theme for most of the forthcoming testbeds. Some current uses of the Internet as a testbed are briefly reviewed in Section 4, and the relationships among the Internet, the NII, and the ATM networks that will be deployed over the next several years are explored in Section 5.

2. The Gigabit Testbed Initiative

In 1988, the Corporation for National Research Initiatives (CNRI), in agreement with the National Science Foundation and the Advanced Research Projects Agency, issued a request for white papers proposing research on gigabit networks. A panel of experts selected by CNRI identified five groups of researchers, among those who had submitted white papers, whose sites could be interconnected by the carriers participating in the project. The key to a successful start consisted of getting the agreement of long-distance and local carriers to contribute to the testbeds the connections at no cost. If connections had to be paid for by the project, a much more modest scope for the whole enterprise would have resulted, because of the very expensive tariffs for high-speed links then (and now) in effect. Convincing the many carriers involved to allow the researchers to use the connections for their experiments was a major success for CNRI, especially given the regulatory constraints under which the carriers have to operate. The total value of the industrial contributions has not, to our knowledge, been accurately calculated, but is certainly larger than $100M, while the U.S. Government's grants to the universities and non-profit organizations participating in the Gigabit Testbed Initiative have amounted to between $15M and $20M in four years.

The Initiative focused on the technologies that could provide high-speed communication to individual users, and on the applications that would require these high speeds. The "gigabit to the user" philosophy permeated all the aspects of the research done in each testbed, and had a number of notable consequences: for example, the extreme topological simplicity of the testbeds (due to economical reasons, but made more acceptable by the lack of interest in studying realistic multi-user networks); the very little attention paid to multiple access, resource sharing, multiplexing, routing, congestion, and all the other problems typical of networks carrying many communications simultaneously; the difficulties encountered by several groups when trying to generate, by using affordable hosts, traffic capable of appreciably loading the testbeds (even the high-end workstations) are still unable to transmit and receive at rates (substantially above 100 Mbps).

The five testbeds were given the following names: Aurora, Blanca, Casa, Nectar and VISTAnet [1].

Aurora was the only testbed not doing research on gigabit applications. Its objectives were all in the field of networking research. The participants were Bell Atlantic, Bellcore, IBM, MCI, MIT, NYNEX, and the University of Pennsylvania. The testbed had a linear backbone topology and two types of switches, using different STS-12 links out of the single STS-48 physical connection: the batcher-banyan-based Sunshine ATM switch, designed and built at Bellcore, and the shared-medium-based Paris switch, designed and built at IBM Research. Besides being concerned with the switches and their performances, Aurora researchers investigated high-speed host interfaces, protocols (TP++, Application Layer Framing), distributed shared memory, and video board design.

The **Blanca** testbed was the one spanning the longest distance: its lower-speed network, called Xunet 2, connected at DS3 speed and using ATM the two coasts of the United States, while the higher-speed network, Xunet 3, consisted of two links: an OC-12 ATM one between Madison, Wisconsin, and Urbana-Champaign, Illinois, and an 800 Mbps HIPPI one between the University of California's Berkeley campus and the Lawrence Berkeley Laboratory. Topologically, Xunet 2 was a star with the center in Chicago. The participants were Ameritech, AT&T Bell Laboratories, Astronautics Corp., Lawrence Berkeley Laboratory, New Jersey Bell, Pacific Bell, and the universities of California at Berkeley, Illinois at Urbana-Champaign, and Wisconsin at Madison, as well as Rutgers University in New Brunswick, New Jersey. Blanca research was targeted to both network technologies and gigabit applications. Among the former, we shall mention high-speed switch design, high-speed interfaces (e.g., HIPPI to ATM), network control (routing, flow and congestion control, multiplexing of IP datagram streams on top of ATM virtual circuits), real-time protocol design, and distributed virtual memory. The latter included the design of general application distribution tools, biomedical imaging, atmospheric sciences, digital library browsing/searching, and astronomical imaging.

Casa's primary objective was to demonstrate that distributed heterogeneous supercomputing can achieve higher-than-linear speedups in certain important scientific computing problems. The testbed consisted of an OC-48 linear backbone connecting Pasadena, San Diego, and Los Alamos. The organizations involved were Caltech, the Jet Propulsion Laboratory, the Los Alamos National Laboratory, MCI, the ParaSoft Corp., the San

Diego Supercomputer Center and UCLA. The supercomputers connected to the testbed included a Cray Y-MP 116, a Cray Y-MP 264, a Cray Y-MP 864, a CM-2, and an Intel DELTA. The HIPPI protocol was used both at each site and, on top of SONET, on the inter-site links. The Casa researchers studied the following three applications: chemical reaction dynamics, global climate modeling, and 3D seismic profiling.

Unlike the previously described three testbeds, **Nectar** can be regarded as a metropolitan-area network. Topologically, it consisted of a single OC-48 SONET link connecting the CMU campus in Pittsburgh to the Pittsburgh Supercomputer Center. The participants, besides CMU and PSC, included Bell Atlantic, Bellcore, and the Network Systems Corporation. The emphasis in the Nectar research program was on application experiments (solid modeling, logic simulation, air pollution modeling, traveling salesman problems) and high-speed interface design (the HIPPI-ATM-SONET interface and the Communication Accelerator Board). The hosts involved included the iWarp parallel system and a Cray Y-MP.

Finally, **VISTAnet** was another metropolitan-area testbed, located in North Carolina's Research Triangle. Its research program focused on biomedical imaging and graphics applications, but attention was given also to several problems in network technology (broadband circuit switch design, network performance modeling, traffic measurements). The network consisted of an ATM cross-connect, a video switch, and a broadband circuit switch, all interconnected and located in a GTE central office, to which were connected via OC-48 and OC-12 links the Microelectronics Center of North Carolina and the University of North Carolina campus. The other participants were Bellsouth and the North Carolina State University.

The Gigabit Testbed Initiative was to come to an end in April 1993, but had to be extended to the end of 1994 to allow for the research projects undertaken by the various testbeds to achieve some of the expected results. This delay was primarily due to the lateness with which the testbeds became available for experimentation. The initial optimism about the state of high-speed networking and computer technologies and about the pace with which they would develop turned out not to be justified. It took much longer than expected to deploy the connections and the networking hardware and software components; those testbeds that planned to use commercial high-end workstations instead of supercomputers as hosts found themselves unable to reach with those machines transmission rates substantially faster than 100 Mbps, a speed that, in spite of the progressive "devaluation of the gigabit" observed during the four years of the project, was never felt to be acceptable as "gigabit speed". Nevertheless, the Gigabit Testbed Initiative must be considered a great success: it forced high-speed technology to move faster, it stimulated a very useful investigation of application classes to identify those that will require large bandwidths, it introduced several novel ideas and experimented with their prototype implementations, and it spawned some notable industrial spinoffs. In summary, it did a non-negligible fraction of the research groundwork that will be needed for the deployment of the National Information Infrastructure.

3. The National Information Infrastructure

The Clinton administration has launched in 1993 a large and ambitious program for the construction of a national information infrastructure (NII). Because of the analogies with the program that in the 1950's built the U.S. highway system, the NII has been presented since the outset by the media as consisting of "information superhighways", and various terms inspired by these analogies have entered common usage: "access ramps", "cruising", "tolls", and so on. The emphasis on the similarities should not mask the important differences between the two programs. First of all, the NII is not really a program: it does not have a plan with milestones and deadlines, its final goal is not clearly defined in terms of a specific infrastructure to be constructed, and the focus of its descriptions is not on the infrastructure itself but on its applications; it is as though the documents that propose the construction of a highway system were to concentrate all the attention on inter-city bus and truck services, chains of gas stations and fast-food vendors, and so on. This would, of course, be the right approach if all the technical issues to be resolved before the infrastructure can be built had been resolved, but this is unfortunately (or fortunately) not the case. Perhaps, the emphasis on applications is practically justified by the novelty of most of them (several are still to be invented), and the political need to provide concrete motivations for such a large undertaking.

The biggest difference, which explains all those just mentioned, is that the U.S. Government expects not to pay for the NII, except perhaps for a relatively small investment in the technological and applications research that needs to be done, funds to be primarily granted to non-profit research institutions. As indicated in the first two items of Table 1 [2], tax and regulation incentives will be used to stimulate investments by the private sector in exchange for universal access, i.e., for the offering of information services to all citizens at prices they can afford. Thus, unlike what happens with the highway system, the principle that the NII will charge for its services, so that it can be built and operated for profit by private corporations, seems to have been accepted.

Table 1. NII Principles and Objectives

Promote private-sector investment through appropriate tax and regulatory policies.
Extend the "universal service" concept to ensure that information resources are available to all at affordable prices.
Act as catalyst to promote technological innovation and new applications.
Promote seamless, interactive, user-driven operation of the NII.
Ensure information security and network reliability.
Improve management of the radio frequency spectrum, an increasingly critical source.
Protect intellectual property rights.
Coordinate with other levels of government and with other nations.
Provide access to government information and improve government procurement.

If the NII is not a federal program, what is it? Perhaps it is a federal vision, or a federal "call to arms", intended to mobilize national energies around a major, long-term initiative that is expected to hasten the advent of the information age. In fact, the Government has identified five "national challenges", i.e., five application areas that are especially important for the nation; these areas, listed in Table 2, are those to which federal research agencies will direct most of their support.

On the neglected but crucial technology side, there is obviously much to be done; the gigabit testbeds have just scratched a fraction of the design surface, as we saw in Section 2. A large group of researchers from academia and industry was convened in February 1994 by some computer industry and computing research associations to discuss the technical challenges that must be addressed by the federal research agenda in order for the NII to become a reality. Table 3 shows the areas in which the challenges were identified. The recommendations of that group [3] demonstrate that the gap between what we know and what we should know to build an NII is still very large. Not surprisingly, the use of testbeds to test ideas, techniques, and new applications is explicitly mentioned, or at least implied, in all the recommendations. We should therefore expect that the popularity of testbeds in networking research will increase even if and when the current gigabit testbeds will be decommissioned.

Table 2. Application areas of national importance

Health care
Education
Manufacturing
Commerce
Finance and government

4. The Internet as a testbed

Over the past 25 years, the ARPANET first and then the Internet have played a vital role in networking research, and they have done so primarily as a networking testbed. Many important advances in network technology have been tried out on a small subset of the Internet's hosts and routers, and then, if the tests were

Table 3. Areas of technical challenges of the NII [3]

Network components and protocols
Information appliances and servers
Information access
Multimedia information technologies
Infrastructure for applications development
Dependability and manageability
Ease of use
Interoperability
Security and privacy technologies
Portability, mobility and ubiquity

successful, propagated to the entire internetwork. The enormous growth and increasing commercialization of applications that have characterized the Internet during the last few years have made its use as a testbed harder, but by no means prevented it. Besides experimenting with new applications (e.g., electronic commerce), which are not dangerous *per-se*, and therefore have not been made more difficult by the just-mentioned recent phenomena, it is possible, though with great care and great powers of persuasion, to perform lower-layer network technology experiments, for instance involving new protocols or the introduction in the old ones of support for new applications.

A recent important example of this type of experiment is the introduction of the *IP multicast* protocol and the incremental construction inside the Internet of the *Multicast Backbone* or *MBone*. A necessary condition for such an experiment, which requires changing the kernels running in the routers and in the hosts that participate in it, is *compatibility* with the existing protocols and other systems software: the modified routers and hosts must be capable of interoperating with the unmodified ones, and of coping with their presence (i.e., they should not expect all of the components of the internetwork to behave in the new way). In the MBone case, experimentation and gradual deployment have been made possible by the upward compatibility of IP multicast with IP, and by the use of "tunneling", i.e., of the encapsulation of IP multicast packets into IP packets over those parts of the Internet that are not running the IP multicast protocol.

These experiments have opened the Internet to a new class of applications, which is expected to become more and more important: that of multi-party multimedia applications (conferencing, distance learning, video on demand, and so on), which for economical reasons need multicast delivery. Even though the quality of the audio and video streams hosts receive from the Internet still leaves a great deal to be desired, the availability of multimedia applications on the Internet is creating an impressive market for them. The multimedia tools that, running on top of IP multicast and other, older protocols, are needed to support these applications (e.g., `vat` for audio, `nv` and `vic` for video, `wb` for shared workspaces) can of course be experimented with and installed much more easily, as they are user-mode programs, and must run only the participating hosts.

5. Relationships among the Internet, the NII, and the ATM networks

In the previous sections, we have seen that the NII is the information infrastructure that the U.S. Government wants the nation to have; that the Internet is already an infrastructure (though not only national, but global); that it is expanding at a breath-taking rate, and is providing an increasing number of NII-style services; that the design and construction of the NII will require extensive technological and application-oriented research using experimental testbeds; and that, while the Internet is still used for many important experiments, most testbeds are and will be based on ATM technology.

These observations raise several questions about future developments. For example, will the NII result from the evolution of the Internet? (I.e., will we build the superhighways by successive enlargements of the current information trails?) Or will it to a large extent be obtained from the interconnection of ATM networks to be (or being) deployed by telecommunication companies, cable-TV companies, and so on, and ATM LANs? Or these two alternatives are not really alternatives, as the evolution of the Internet will include connecting together the ATM networks that want to participate in the NII? The last solution seems at the present time the likeliest one: the Internet indeed is the "glue" that permits the interoperation of heterogeneous networks, which may even include those with such foreign characteristics as connection-orientedness, fixed packet size, and traffic-based charging. In favor of this solution, at least in the short and medium term, is also the enormous number of installed non-ATM networks, especially in the local area, which makes it impossible for the NII to be born as (or to become) a pure ATM network at any instant of the foreseeable future.

Unfortunately, the current Internet is ill-equipped to become the NII by simple expansions in size and bandwidth. Its protocols are not capable of supporting the integration of services, and need to be either modified or supplemented with other protocols that are able to handle continuous-media traffic (audio, video, and their combinations). Several groups within the Internet's Engineering Task Force (IETF) are indeed discussing the changes to be made to its service model, protocols, and architecture.

Interfacing the ATM protocols with the Internet protocols, which are based on a very different model, is not easy, and is still an open problem. While, to converge, both will probably have to change, it is to be expected that the Internet will have to make by far the bigger adjustments, as its model is very good for data but flawed for the more modern types of traffic. The Internet mentality, averse to session and traffic-based charges, connection-orientedness, and the possibility of getting a "busy signal", will also have to be modified to accommodate the new services and their requirements. The exact evolutionary paths that will be followed are not known, but it seems now highly probable that ATM networks (both wide-area backbones and metropolitan- and local-area ones) will be included into an Internet that, as it converges at least partially towards the ATM model in order to become compatible with it, will gradually become the National Information Infrastructure.

References

[1] ''Gigabit Network Testbeds'', Special Resport, *IEEE Computer*, vol. 23, n. 9, pp. 7780, September 1990.

[2] ''The National Information Infrastructure: Agenda for Action'', Information Infrastructure Task Force, NTIA, U.S. Department of Commerce, September 15, 1993.

[3] ''Research and Development for the NII: Technical Challenges'', Report of the NII Symposium organized by the Computer Systems Policy Project and the Computing Research Association (available from EDUCOM), February 28 - March 1, 1994.

MultiMedia in Europa: Fahrversuche auf der Infobahn

Wulf Bauerfeld, DeTeBerkom GmbH Berlin

Wirklichkeit und Wunsch

Die technisch unterstützte "Kommunikationsfähigkeit“ von Forschungseinrichtungen und Unternehmen stellt sich bis heute zweigeteilt dar:

- Einerseits wird zwischenmenschliche Kommunikation "synchron" über Telefonkommunikation abgewickelt. Neue Infrastrukturen wie ISDN stellen zunehmend erweiterte Funktionalität zur Verfügung (wie Anrufweiterschaltung, Anklopfen etc.). Information wird über ein "normales" Telefongerät aber weiterhin nur in verbaler Form weitergegeben. Besprechungen wie z.B. die Diskussion über eine graphische Vorlage sind daher schwierig umzusetzen. Selbst wenn das Arbeitsobjekt auf beiden Seiten vorliegt, können Veränderungen nicht unmittelbar dem Gesprächspartner zugänglich gemacht werden, sondern erfordern zuerst die Veränderung und Versendung dieser Vorlage (als Brief oder Fax) - mit entsprechenden Medienbrüchen und Zeitverlusten.
- Andererseits bestehen vielfältige Möglichkeiten der "asynchronen" Kommunikation z.B. mit Hilfe der klassischen "gelben Post“. Arbeitsobjekte werden hier in ein (standardisiertes) übertragungsfähiges Format gebracht, gelesen, weiterverarbeitet und abgelegt - mit entsprechenden Zeitverlusten. Nur zum Teil liegen diese Arbeitsobjekte in elektronischer Form als rechnergestütztes "Dokument" vor bzw. werden rechnergestützte Hilfsmittel (wie z.B. "Electronic Mail") zum Transport dieser Dokumente genutzt.

Diese Trennung synchroner und asynchroner Kommunikationsformen, die sowohl in getrennten Netzen und Diensten als auch mit Hilfe unterschiedlicher technischer Systeme verwirklicht werden, stellt jedoch eine mögliche Einschränkung in der Unterstützung adäquater Kommunikationsmodi dar. Nur eine neue **integrierte** Form, die

a) Informationsdarstellung

b) Kommunikation

in einem gemeinsamen Ansatz über ein Netz vereinigt und mittlerweile unter dem Schlagwort "Multimedia" bekannt geworden ist, ermöglicht eine effiziente kooperative Zusammenarbeit in Gruppen (ab zwei Personen).

Im hier betrachteten Kontext sind Kommunikation und Informationsdarstellung vornehmlich dazu da, die durch die arbeitsteilige Leistungserstellung erforderliche Koordination und Kooperation der Beteiligten zu verwirklichen. Hier lassen sich eine Vielfalt von Kommunikationssituationen aufzeigen, wie z.B.

- die Vereinbarung von Terminen und Planungsgrößen,
- den Austausch von Statusberichten,
- die gemeinsame Betrachtung und Diagnose von Vorlage bis hin zur
- kooperativen Problemlösung unter Nutzung gemeinsamer "Werkzeuge“, wie z.B. einer Tafel oder einem "Flipchart".

Kommunikationssituationen bzw. die gewählte Informationsdarstellung unterscheiden sich auch im Hinblick auf die gegenseitige Vertrautheit der Partner, das Vorhandensein einer gemeinsamen "(Fach-)Sprache“ und Kommunikationskultur. So sind in Zukunft verstärkt rechnergestützte Möglichkeiten gefragt, die

- neue Formen der Informationsdarstellung von Arbeitsobjekten und deren Speicherung beinhalten;
- eine Zusammenarbeit mit wechselnden Partnern (z.B. Kunden) ohne permanente Kommunikationsbeziehungen unterstützen kann und nicht an unterschiedlichen technischen Plattformen scheitern;
- angesichts der Bandbreite möglicher Kooperationsformen und Kommunikationszielsetzungen eine breite Palette von Interaktionsmodi und Darstellungsmöglichkelten unterstutzen können.

Sowohl "Brief-ähnliche" als auch "Telephon-ähnliche" Kommunikation werden weiterhin Bestand haben, aber "multimediale" Möglichkeiten zum Kooperativen Arbeiten werden in verschiedenen Europäischen Projekten entwickelt und erprobt.

Kooperatives Arbeiten als Kommunikationszweck

Kooperative Arbeit kann durch mindestens zwei Partner in unterschiedlichen Formen geleistet werden:

1) **an einem Ort und zu einer Zeit:** "face-to-face"-Treffens mit nicht-formalen Informationstransfer (Gespräch, Notizen, gemeinsame Akteneinsicht, selten gemeinsame Bedienung von Programmen, etc.); man kann davon ausgehen, daß auch in solchen Situationen die Informationsdarstellung über den Arbeitsplatzrechner eine größere Rolle spielen wird, sobald mehr multimediale Anwendungsprogramme und die entsprechende Peripherie (z.B. Projektoren) verfügbar sind.

2) **an unterschiedlichen Orten, aber zu einer Zeit:** den Teilnehmern müssen effektive Kommunikationsmöglichkeiten so verfügbar sein, als würden sie persönlich zusammensitzen; durch die immer vorhandene Beschneidung des gesamten Informationsflusses zwischen den Teilnehmern werden die für "face-to-face" typischen Situationen aber nicht immer nachvollzogen werden können; vielmehr werden hier neuartige Arbeitssituationen entstehen, die wesentlich durch das Gespräch und das gemeinsame Bewerten und interaktive Verändern von multimedial dargestellten Arbeitsergebnissen (Dokumenten) auf dem Arbeitsplatzrechner bestimmt sein werden.

	same time	different time
same place	**face-to-face interaction**	**asynchronous (timely distr.) interaction**
different places	**synchronous distributed interaction**	**asynchronuos (locally distr.) interaction**

	same time	different time
same place	**face-to-face interaction**	interactive access to high volume (multimedia) storages
different places	peer-to-peer or group conversation with (multimedia) application sharing	peer-to-peer shipping of bulk (multimedia) data with common interpretation rules

Möglichkeiten des kooperativen Arbeitens und notwendige Funktionalität der Teledienste

3) **an unterschiedlichen Orten und zu unterschiedlichen Zeiten:** multimedial dargestellte Arbeitsergebnissen (Dokumenten) müssen nicht nur Einsicht oder zum entfernten Verändern verfügbar gemacht werden, sondern unabhängig von einer etwaigen Anwesenheit auf den Arbeitsplatzrechnern der Kooperationspartner gespeichert werden.

4) **an einem Ort, aber zu unterschiedlichen Zeiten:** typisch für diese in Schichtarbeit vollzogenen Kooperation ist die zeitversetzte bearbeitung multimedialer Arbeitsergebnisse und Speicherung auf einem allen Kooperationspartnern zugänglichen Rechner.

Rechnergestütztes "kooperatives Arbeiten" kombiniert drei Elemente: audio/video als zusätzliche Informationstypen, "shared workspaces" bzw. gemeinsam einsehbare Dokumente auf unterschiedlichen Arbeitsplatzrechnern und etablierte, konventionelle oder zukünftige - in jedem Fall "communication-unaware" - Multimedia-Anwendungsprograme. Die Kombination dieser Elemente soll Nutzern die Diskussion, Kommunikation, Visualisierung, und den Austausch von Informationen sowie gemeinsame Informations- und Darstellungsveränderungen erlauben.

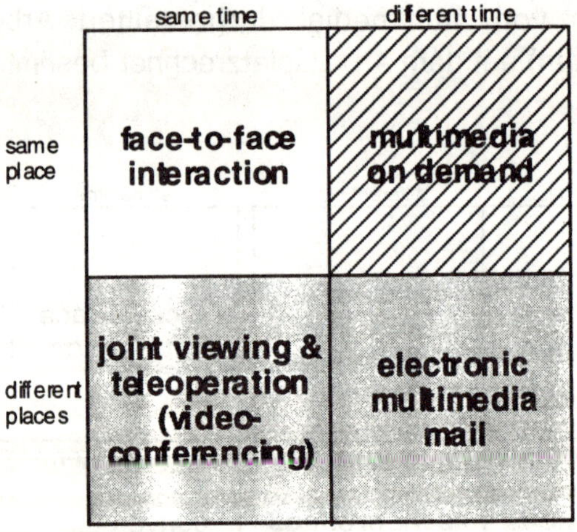

Geforderte Teledienste

Um kooperatives Arbeiten als integralen Bestandteil einer Kommunikation realisieren zu können, und das volle Potential nicht nur innen über das lokale Netz, sondern auch in den Außenbeziehungen nutzen zu können, ist die Unterstützung von Weitverkehrsnetzen notwendig; die physische Verfügbarkeit der Weitverkehrsnetzen ohne ein Konzept von Telediensten zum multimedialen kooperativen Arbeiten führt nicht zu einer erfolgreichen Vermarktung. Daher muß der Kunde vom Anbieter eines modernen, breitbandigen Weitverkehrsnetz außerdem erwarten können:

- ein Konzept für austauschbare Datenstrukturen, die unterschiedliche EIn/Ausgabegeräte und Speichermedien nutzen können und die Darstellung von Audio, Video, Graphik und Text auf Arbeitsplatzrechnern ermöglichen (**MultiMedia**);
- bit-transparente Übergänge zwischen existierenden und aufzubauenden Netztechnologien wie ATM sowie volle Integration der vorhandenen oder geplanten lokalen Vermittlungskonzepte zwischen Arbeitsplatzrechnern (**MultiNetwork**);
- einfache Tele-Dienste, die herstellerunabhängig auf allen Arbeitsplatzrechnern gleiche Funktionalität bieten und zusammen mit dem Netzanschluß geliefert werden (**MultiVendor**).

Nur mit einer diesen Schlagworten folgenden Strategie kann für alle erfolgreich aus heterogenen "Inseln" heraus eine homogene europaweite Kommunikation aufgebaut werden, die den Arbeitsplatzrechner als Bestandteil vieler Arbeitsplätze einschließt und neue Möglichkeiten des kooperativen Arbeiten eröffnet.

Elektronische MultiMedia-Post

Unter anderem fordert kooperatives Arbeiten, den Kooperationspartnern notwendige Informationen zugänglich machen zu können. Hat man also die Bearbeitung von Dokumenten auf dem Arbeitsplatzrechner abgeschlossen, ergibt sich natürlich der Wunsch, einem oder mehreren Partnern Arbeitsinhalte, auch zu unterschiedlichen Zeitpunkten der Fertigstellung zu übersenden.

Mit Hilfe eines rechnergestützten elektronischen Briefdienstes (Electronic Mail oder E-Mail) lassen sich rechnergestützt bearbeitete und gespeicherte Informationen zu einem beliebigen Zeitpunkt versenden, ohne daß der Empfänger anwesend bzw. sein Endgerät zu diesem Zeitpunkt erreichbar sein muß (im Gegensatz zu Fax und/oder Telex / Teletext). Der Empfang kann dem Sender durch eine "delivery notice" mitgeteilt werden, die Bearbeitung des Dokumentes kann zu einem für den Empfänger beliebigen Zeitpunkt stattfinden. Im Arbeitsplatzrechner des Empfängers werden die eingegangenen Nachrichten in einer Eingangsliste eingetragen, die damit gleichzeitig als "Merkliste" dienen kann. Der Dienst "Elektronische Post" ist international in den CCITT-Empfehlungen X.400 und X.500 beschrieben.

Im Gegensatz zu Fax-Dokumenten ist bei eingegangenen E-Mail-Dokumenten eine rechnergestützte Weiterverarbeitung bzw. eine rechnergestützte Archivierung möglich. Der Grad der gewünschten Weiterverarbeitung setzt Standardisierungsbemühungen voraus, die branchen- bzw. anwendungsbezogen zu Lösungen wie EDIFACT geführt haben, oder ist an bestimmte Plattformen gebunden. Beides bedeutet, daß die Nutzung dieser Kommunikationsmodi mit entsprechenden Restriktionen und Vorarbeiten verbunden ist, was die Anzahl möglicher Nutzer und damit potentieller Kommunikationspartner begrenzen kann.

Die zunehmende Verbreitung multimedialer Dokumente mit Audio- und Videoanteilen bietet hier wesentlich erweiterte, problemangepaßte Möglichkeiten der Informationsdarstellung. So kann z.B. ein eingegangener Text mit Sprachannotationen versehen und eine Graphik mit einer Videosequenz ergänzt und anschließend an einen Dritten weitergeleitet werden. Die komplexeren Strukturen von MultiMedia-Dokumente erfordern wesentlich umfangreichere Standardisierungsbemühungen, wobei man mit den Schlagworten "MIME" US-amerikanische und mit "extended X.400" europäische Aktivitäten kennzeichnen kann.

Folgende europäische Projekte sind hier aktiv tätig.

Eurescom	**EMMA**
RACE	**CIO**
RACE	**EuroBridge**

Erfolgreiche Kooperation in Gruppen kann auf diesem Prinzip des asynchronen Verteilens und Bearbeitens von Multimedia-Dokumenten aufsetzen. Solche "store-and-forward"-Lösungen sind jedoch dann nicht ausreichend, wenn aufgrund der starken Interdependenz einzelner Beiträge oder zeitlichen Termindrucks eine "synchrone" Kooperationsunterstützung gefragt ist.

Audiovisuelle Konversation und gleichzeitige Einsicht in und Bearbeitung von (MultiMedia-) Dokumenten

Im Mittelpunkt steht hier die Echtzeit-Abstimmung und die gemeinsame Bearbeitung von Arbeitsvorlagen zwischen räumlich getrennten Partnern. Wichtigste Komponente ist die Verwirklichung des "What You See Is What I See" (WYSIWIS)-Prinzips, bei dem das Arbeitsobjekt eines Partners (z. B. ein Angebotsentwurf mit technischen Zeichnungen) identisch auf dem Endgerät der anderen Partner abgebildet ist. Die visuelle Kommunikation wird durch einen zusätzlichen Sprachkanal erweitert. Desweiteren wird die Kooperation durch die Möglichkeit unterstützt, mit technischen Zeigevorrichtungen (z.B. Maus oder Light-Pen) Markierungen vorzunehmen, welche von allen Partnern ausführbar und für alle gleichzeitig sichtbar sind. Eine zusätzliche Unterstützung der Kooperation ist durch das Einblenden der Partnerbilder möglich. Eine qualitative Erweiterung hierzu stellen kooperative Bearbeitungsmöglichkeiten eines gemeinsamen Arbeitsobjektes für alle Beteiligten dar.

Diese "synchrone" multimediale Zusammenarbeit mit Rechnerunterstützung ermöglicht somit

- die gemeinsame Sicht auf das Single- oder MultiMedia-Dokument, z.B. wenn
  - ein Zielverhalten vermittelt werden soll, das genaue visuelle Vorstellungen voraussetzt (z.B. die Lokalisierung von Motorteilen),
  - ein gemeinsames „Durchgehen“ von Dokumenten mit räumlich-grafischen Bezügen („hier oben“) unterstützt werden soll;
- die gemeinsame Sicht auf ein ablaufendes Programm, z.B. weil
  – die Wiedergabe einer bestimmten Reihenfolge von Bewegungen als Handlungsanleitung (z.B. im Schulungsbereich) notwendig erscheint,
  – eine visuell basierte Begutachtung von Rechenergebnissen (z.B. einer Simulation) erfolgen soll;

- enge Interaktion, z.B. um eine spontane, aufeinander Bezug nehmende Diskussion und Ideenentwicklung (den „Gesprächsfaden aufnehmen und weiterspinnen“, Assoziationen bilden und äußern, aber auch nachfragen) verwirklichen zu können, die in kreativen Arbeitssituationen erforderlich ist;
- die Vermeidung von Medienbrüchen.

In einer solchen Kommunikation kann jeder Partner seinen spezifischen Teil direkt beisteuern: Ideen, Ergänzungen können unmittelbar, assoziativ gemacht werden, vergleichbar den typischen Situationen, in denen Kollegen diskutierend, malend, schreibend vor einer Tafel oder einem Flipchart stehen.

Im folgenden werden die bis heute bestehenden bzw. in der Entwicklung befindlichen technischen Realisierungsmöglichkeiten dargestellt, deren wachsende Komplexität, aber auch deren wachsende Leistungsfähigkeit.

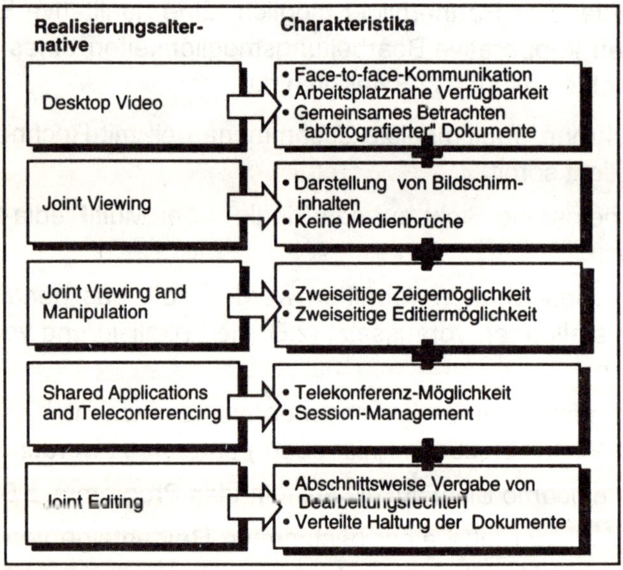

Bildtelefon im Rechner ("Desktop-Video")

Grundlage dieser Realisierungsform eines interaktiven und partnerschaftlichen Arbeitens zwischen zwei Beteiligten, die an je einem Arbeitsplatzrechner sitzen, ist eine Sprach- und gegebenenfalls zusätzliche Videoverbindung zwischen diesen Systemen. Für die Sprachverbindung werden die integrierten Lautsprecher und jeweils ein Mikrofon benutzt, für die Videoverbindung wird ein frei positionierbares Fenster auf beiden Bildschirmen bereitgestellt, wobei ein Fenster das Bild enthält, welches mit der Videokamera am anderen Gerät aufgenommen wird.

Dies entspricht der Funktionalität eines "Video-Conferencing", ist jedoch - direkt und ohne besondere Investitionen - am Arbeitsplatz verfügbar. Beim Tele-Dienst "Bildtelefon im Rechner" besteht noch keine Möglichkeit, dem Kommunikationspartner Einsicht in ein vorliegendes Arbeitsobjekt zu geben. Der Dienst kann jedoch soweit "abgemagert" werden, daß lediglich eine Sprechverbindung besteht.

Gemeinsames Betrachten ("Joint Viewing")

Auf einem Ausgabebildschirm eines zu beobachtenden Arbeitsplatzrechners kann ein transparentes Fenster positioniert werden. Der Inhalt dieses Joint Viewing-Fensters kann beliebige Ausschnitte des Bildschirms enthalten, z.B. ein oder mehrere Anwendungsfenster. So stellt dieses Joint-Viewing-Fenster entweder die augenblicklichen Ausgaben von Programmen oder sogar den Inhalt eines (MultiMedia-)Dokumentes dar. Der Inhalt dieses Joint-Viewing-Fensters wird auf dem Bildschirm des Partners sichtbar gemacht. Hier sind auch alle Veränderungen sichtbar, die nur der "Besitzer" des MultiMedia-Dokuments auf dem anderen Rechner durchführen kann. Beide Nutzer haben die Möglichkeit, einen für beide Arbeitsplatzrechner sichtbaren und ihnen eindeutig zugeordneten Zeiger ("Telepointer") zu bewegen. Die Konversation erfolgt parallel über einen separaten Sprachkanal bzw. über das Bildtelefon im Rechner.

Joint Viewing kann zur Unterstützung aller Tätigkeiten und rechnergestützten Anwendungen, die ihre Information auf einem Bildschirm darstellen, genutzt werden und ist nicht auf (MultiMedia-) Dokumentenbearbeitung beschränkt. Die Nutzung ist schon dann in allen Umgebungen (privat, Büro, etc.) vorstellbar und sinnvoll, wenn nur das gemeinsame

Begutachten textueller Ausgaben auf einem Bildschirm mit gleichzeitiger Sprachkommunikation gefordert ist.

Gemeinsames Betrachten und Programmbedienung ("Joint Viewing and Manipulation")

Zusätzlich zur oben angeführten Funktionalität ist eine gleichberechtigte Programmbedienung z.B. über "Mouse-Clicks" und "Tastatur-Anschläge" in vielen Fällen notwendig. Damit steht dem Beobachter im Bedarfsfall die vollständige Anwendungspalette des beobachteten Rechners auch dann zur Verfügung, wenn diese Anwendung auf seinem eigenen Arbeitsplatzrechner gar nicht implementiert ist oder - falls es unter einem anderen Betriebssystem läuft - auch gar nicht implementiert werden kann. Die Partner arbeiten gemeinsam auf dem gleichem Anwendungsprogramm und den gleichen Daten, die auf einem Rechner vorliegen. Programmsysteme, die "Joint Viewing and Manipulation" in einer homogenen Systemumgebung erlauben, sind bereits kommerziell verfügbar (z.B. Timbuktu™, Crabon Copy).

Verteilte Anwendungen und Tele-Konferieren ("Shared Applications and Tele-Conferencing")

Diese Realisierungsalternative basiert auf dem aus der Unix-Welt kommenden Prinzip der Trennung von der Verarbeitung von Anwendungsprogrammen auf dem "Client" und deren Ein- und Ausgabe auf dem "Server". Client und Server können hierbei auf verschiedenen Rechnern ablaufen, wobei für den Server nicht nur Realisierungen unter Unix, sondern auch unter anderen Betriebssystemen existieren. Die Kommunikation zwischen Client und Server erfolgt über das sogenannte X-Protokoll, was voraussetzt, daß das Anwendungssystem "X-fähig" sein muß.

Ein besonderes Zusatzprogramm (z.B. "Shared X") erlaubt die Verteilung der Ein-/Ausgabe auf mehrere Server, die wiederum auf verschiedenen Rechnern realisiert sein können. Der Client nimmt die Eingaben der verschiedenen Server entgegen, erzeugt die entsprechenden Ausgaben und gibt diese an die Server zurück, wobei in bezug auf die Darstellung serverspezifische Variationen möglich sind.

Auf diesen Unix-spezifischen Grundlagen läßt sich ein rechnergestützter Dienst zur Telekonferenz aufbauen, wobei zusätzlich noch eine Regelung des Bearbeiterwechsels ("Session management, floor control") und des Management von Zeigern implementiert werden sollte. Damit kann bei mehreren beobachtenden Arbeitsplatzrechnern die Möglichkeit der Tele-Manipulation auch mehreren Arbeitsplatzrechnern erteilt werden.

Programmsysteme, die "Shared Applications and Tele-Conferencing" in heterogener Systemumgebung erlauben, werden in verschiedenen europäischen Entwicklungsprojekten erarbeitet:

Eurescom	**EMMA**
RACE	**CIO**
RACE	**EuroBridge**

Gemeinsames verteiltes Bearbeiten ("Joint Editing")

Joint Editing unterstützt das gemeinsame Erstellen und Bearbeiten von Dokumenten. Der wesentliche Unterschied zu den bisherigen oben angeführten Realisierungsalternativen besteht darin, daß

- das Kommunikationskonzept direkt an der Struktur von Dokumenten ausgerichtet ist; z.B. die abschnittweise Vergabe von Bearbeitungsrechten ermöglicht wird;
- keine Beobachter/Beobachtender Beziehung in der Kommunikation bestehen muß;
- auch zeitversetztes Arbeiten am Dokument unterstützt wird.

Jeder Teilnehmer muß dabei nicht notwendigerweise dieselbe Sicht auf das Dokument haben, d.h. das Dokument kann an verschiedenen Seiten "aufgeschlagen" sein und entweder nur betrachtet oder auch bearbeitet werden.

In der Regel erfordern Joint Editing Funktionen die verteilte Haltung und Administration der verschiedenen (verteilten) Komponenten des Dokuments und gegebenenfalls unterschiedlicher Versionen. Im einfachsten Fall wird Joint Editing aber auch durch ein "White Board" und einen entsprechend gemeinsam benutzbaren Editor erreicht. Konsequenterweise muß aber auch schon ein "White Board"-Anwendungsprogramm im Gegensatz zu den bisherigen Möglichkeiten "communication-aware" sein muß. Gemeinsames, **verteiltes** Arbeiten ist im Gegensatz zum kooperativen Arbeiten also mit einem herkömmlichen, unveränderten Textverarbeitungs- oder Lay-out-Programm nicht möglich.

Als entsprechende europäische Entwicklungs- und Erprobungsprojekte sind hier zu nennen:

RACE	**MIMIS**
ESPRIT	**MICE**

Multimedia on Demand

Bis auf ein Reihe nationaler Erprobungsprojekte, die sich aber lediglich auf die Gebiete "Video-on-Demand" bzw. beschränken, sind hier keine europäischen Projekte bekannt. Im allgemeinen werden leider jedoch Potential der Anwendungsmöglichkeiten, aber auch Komplexität derartiger Kooperationsmöglichekiten bisher weit unterschätzut.

Anwendungsbeispiele

Die beschriebenen technischen Realisierungsalternativen sind in einer Vielzahl von Anwendungen in unterschiedlichen Branchen einsetzbar, die im folgenden kursorisch aufgezählt sind:

- (Vor-)Auswahl von Objekten unter Nutzung vorhandener Informationsobjekte z.B. im Immobilienwesen, in der Druck- und Verlagsindustrie;
- Gemeinsame Diagnose komplexer visueller Darstellungen, die gemeinsame Diskussion erfordert, z.B. im medizinischen Bereich, bei Versicherungen, bei Kontrollen von Großanlagen;
- Abstimmung/Begutachtung von (Zwischen-)Ergebnissen, bei Auftragsarbeiten im grafisch-visuellen Bereich, z.B. bei Werbeagenturen, Architekturbüros, im Produktdesign;
- Ferndiagnose und Fernunterweisung beim Erlernen neuer Softwareprodukte oder bei der Behebung aufgetretener Fehler;
- Gemeinsames Erarbeiten von Texten, Grafiken und Bildern bzw. deren Überarbeitung mit Projektgruppenmitgliedern oder Externen, z.B. bei der Vergabe von Werbeaufträgen, Konstruktionsaufgaben, gemeinsamer Bericht- und Angebotserstellung.

Diese summarische Auflistung darf jedoch nicht darüber hinweg täuschen, daß je nach Kontext stark unterschiedlichen Anforderungen in bezug auf erwartete Darstellungsqualität, Farbechtheit und "Ruckfreiheit" bei der Darstellung von Bewegungen, (Kommunikations-)Fenstergröße bestehen. Die tatsächlich erreichbare Qualität wird determiniert durch die Einzelkomponenten der Endgeräte sowie die Leistungsfähigkeit der genutzten telekommunikationstechnischen Infrastruktur. In Zukunft werden solche kommunikationsorientierten Tele-Dienste zunehmend in den Arbeitsplatzrechnern ablaufen, deren Charakteristika durch Anwendungen bereits definiert sind und die vom Netz lediglich eine gegebenenfalls nicht kontinuierliche Transportleistung erwarten. Eine breite, plattformunabhängige Realisierung rechnergestützter Kooperationsmöglichkeiten erfordert dann aber eine modulare Teledienstspezifikation, die in verschiedenen Kosten- und Qualitätsstufen eine breite kritische Masse an Anwendern erreicht.

Zusammenfassung und Ausblick

Die beschriebenen Formen der rechnergestützten Kooperation mit Hilfe von Tele-Diensten ermöglichen eine weitgehende Flexibilisierung der Zusammenarbeit im Rahmen zukunftsweisender Organisationskonzepte, z. B. dem "Simultaneous Engineering". Räumlich verteilte Expertise kann effizient genutzt, bestehendes Erfahrungs- und Qualifikationspotential optimiert eingebunden werden, wenn entsprechende Ausstattung an Endgeräten und hierfür notwendige telekommunikationstechnische Infrastruktur vorhanden sind. Auch Abstimmungsprozesse zwischen Kunden und Lieferanten lassen sich zunehmend flexibilisieren und beschleunigen. Häufige, kurzfristige Möglichkeiten der Abstimmung erleichtern die anschließende Parallelisierung von Tätigkeiten, verkürzen Entscheidungsprozesse und sichern damit einen insgesamten Zeit- und Qualitätsgewinn.

Neue Potentiale der Kooperation durch multimediale Kommunikations- und Kooperationssysteme erfordern aber auch Veränderungen in der Ablauforganisation, der Kompetenzverteilung und der Qualifikation. Abteilungs- bzw. unternehmensübergreifende Kooperationen fordern und fördern ein ganzheitliches Aufgabenverständnis und damit eine Abkehr von abteilungs- bzw. funktionsbezogenem Denken. Teamfähigkeit wird wichtiger denn je. Das Zulassen neuer Kooperationsformen, der Übergang zu projektzentriertem bzw. gruppenbezogenem Arbeiten, muß zudem seine Entsprechung in der Festlegung von Entscheidungsgewalten und Verantwortlichkeiten finden. Darüberhinaus darf gerade bei multimedialer Kooperation das Beharrungsvermögen der Beteiligten nicht unterschätzt werden.

Internet Services: from Electronic Mail to Real-Time Multimedia

Henning Schulzrinne
GMD Fokus
Berlin, Germany
hgs@fokus.gmd.de

Abstract

In the first twenty years of its existence, the Internet was mainly used for email and file transfer, mostly by researchers and technical staff in American universities, government and some industrial research labs. In the last five years, this has changed dramatically, with exponential growth, new services and a transition to a commercial network. This paper describes some of the technical foundations of the new real-time multimedia services, in particular a real-time transport protocol. The paper also outlines some of the challenges to Internet technology in this transition from a research to a commercial network.

1 Introduction

The Internet has been the focus of a fair amount of attention from the popular media, both in the U.S. and elsewhere. The attention has increased as some have billed it is a model or precursor or initial implementation of the vaunted National Information Infrastructure (NII), popularly known as the Information Superhighway. As with many new technical developments, the Internet and the information superhighway has also attracted a fair amount of hyperbole and exaggeration. This article will try to outline some of the technical developments behind the new "integrated services" Internet, as well as highlight some of the remaining technical problems.

2 Real-Time Multimedia Services

Depending on the choice of metric, Internet size ranges from one million hosts (those with direct Internet connectivity), to 3.8 million hosts with their own domain names, to thirty million users, if all with the ability to exchange mail with other Internet users are counted.

The most popular applications within today's Internet (by byte count) are file transfer (31.7% of NSFnet backbone traffic, November 1994), followed by WWW [1] (13.9%), network news (10.3%), electronic mail (6.1%) and multicast (5.6%). Multicast traffic, mostly audio and video, already exceeds telnet and gopher traffic (4.3% and 3.9%, respectively).

Since the earliest years of the ARPAnet, there have been experiments in carrying real-time data, in particular voice, over the Internet (see [2] for a partial survey). In the following, we discuss two foundations for existing Internet multimedia applications, namely IP multicast and the real-time transport protocol.

2.1 IP Multicast

Many of the applications using continuous media are by their nature multiparticipant applications. Rather than replicating packets at the sender, it is far more efficient to replicate within the network, as paths to different receivers diverge. There are two possible approaches to multipeer communication: sender-oriented and receiver-oriented. The sender-oriented approach is exemplified in the ST-II protocol [3], where the sender establishes connections given a list of end points. This works well for small groups, but scales poorly to large and dynamic groups, as every new group member has to notify every potential sender within the group to be added to the recipient list. A receiver-oriented approach, used by IP multicast [4], generally scales better if care is taken which routers have to manage group membership status. Within the current version of IP (IPv4), groups are identified by a subrange of IP addresses. Distribution of multicast data is limited by the IP time-to-live (ttl) field. The next-generation IP currently under discussion [5] has a larger multicast address space and more carefully delineated regional scope, without relying on the IP ttl field. Since most Internet backbone routers do not support IP multicast, an overlay network called the MBONE [6,7] has been engineered. In operation since 1992, it globally connects about 600 workstations running multicast routing software through "tunnels". Tunnels connect multicast-capable routers by encapsulating the IP multicast packet in a regular unicast packet destined to the next tunnel end-point.

2.2 Requirements for Carrying Real-Time Data in Packet-Switched Networks

It is helpful to distinguish between real-time, continuous media, constant bit rate (CBR) services and synchronous data, although these terms are often used interchangeably and are indeed closely related. *Real-time* data imposes an upper bound on the delay between sender and receiver, that is, a message should be received by a particular deadline. Control signals in a manufacturing network typically have such requirements; note that the receiver does not necessarily care when the data was generated or what the exact timing relationship between successive packets is, but it does need to receive the packet within a narrowly prescribed window to avoid failure. Packets that miss their deadline are considered lost (late loss), just as if they had been dropped at a switch or router. Within real-time services we can (roughly) distinguish between hard real-time requirements, where missing deadlines may have catastrophic consequences and soft real-time requirements where some delayed packets can be tolerated. Interactive audio falls into the soft real-time category, where packet losses due to missed deadlines or other causes of several percent are tolerable [8]. Real-time data may appear aperiodically (e.g., indication of exceptional conditions in a manufacturing plants) or periodically.

Continuous media services [9, 10] generate data at a given, not necessarily fixed rate, independent of the network load, and impose a timing relationship between sender and receiver, that is, the data should be delivered to the user with the same rate as it was generated at the receiver. Video and audio, including variable-rate video and audio with silence suppression, are examples of continuous media.

Synchronous data consists of periodically generated bits, bytes or packets that have to be regenerated with exactly the same period at the receiver. Synchronous data has a constant bit rate. An example of synchronous data is a T1 or E1 bit stream.

Constant bit rate (CBR) services produce bits at a constant rate, e.g., at 64 kb/s for standard telephony audio. The term 'CBR' is principally used as one of the service categories within ATM networks [11]. Constant bit rate services can be used to carry continuous media and synchronous data.

Neither continuous media, nor CBR or synchronous services require low delay between sender and receiver, even though that is typically desired. They do require, however, *predictable* delay so that the sender timing can be reconstructed at the receiver. We will be using the term continuous media, as it appears to be the most general.

Also, unlike traditional data services, continuous-media often does not require that every bit arrives uncorrupted at the receiver. For audio, for example, it is usually better to deliver a few corrupted voice samples than drop the whole packet, as would be traditional data services practice.

The latency and bit rate requirements of services belonging to these categories can vary widely. For example, real-time measurement data may only generate a few bits per second, communication-quality voice 8 to 32 kb/s, conversational, toll-quality voice 64 kb/s, video anywhere from a few tens of kilobits per second (slow-scan QCIF images of 144 lines by 176 pixels) to several tens of megabits (HDTV), depending on image size, quantization and frame rate. Synchronous applications for circuit emulation can range from 64 kb/s on up, although the traditional values of 1.5 Mb/s (T1), 2.0 Mb/s (E1) and 45 Mb/s (T3) are the most important. The delay tolerance also varies widely, from 12 ms end-to-end without echo cancellation (G.164) to 400 ms (G.114) [12] if only conversational latencies and double-talk are an issue. For playback applications like video-on-demand, delays can be longer, maybe 500 ms or more, primarily limited by the responsiveness to VCR-type commands and the ability of the receiver to buffer the data. Further details are discussed in [13].

Continuous media, CBR services and synchronous data all pose the same problem when carried over packet-switched networks: The network introduces delay variations (delay jitter) due to queueing at switches and routers, which the receiver compensates for by using a FIFO playout buffer. The receiver has to know the upper bound (or a statistical approximation) to establish the necessary FIFO depth. For example, if a late loss of 10^{-4} is admissible, the buffer depth has to be no smaller than the 10^{-4} percentile of the variable delay. Thus, high delay jitter forces either deep buffers and long delays or significant late loss.

A separate problem is that the sender clock and receiver clock are likely not synchronized, neither among themselves nor to a global clock. Even the small frequency deviation of a quartz crystal ($\pm$ 100 ppm) would yield a drift of 360 ms per hour. Thus, for some services such as synchronous data or frame-synchronized MPEG it is necessary to have the receiver perform clock recovery from the data: To avoid data loss, the receiver has to estimate the receiver's true clock rate and adjust its own clock rate accordingly. For services which are "interrupted-continuous", as voice with silence periods, normal playout delay compensation during silence periods will usually take care of the clock drift without further effort.

For production-quality multimedia services, some form of resource reservation is required. No protocols are currently deployed in the Internet that achieve resource reservation; a multicast-based, receiver-driven resource reservation protocol is currently under study [14].

2.3 Why can't we just use TCP (or XTP, ...) for audio and video?

Generally, in an internetwork, real-time data should use a connectionless (datagram) transport layer like UDP. However, for delivering audio and video for playback, TCP may be appropriate. With sufficiently long buffering and adequate average network throughput, near-real-time delivery using TCP can be successful, as practiced by the Netscape WWW browser. TCP may often run over highly lossy networks (e.g., the German X.25 network) with acceptable throughput, even though the uncompensated losses would make audio or video communication impossible.

However, for real-time delivery of audio and video, TCP and other reliable transport protocols such as XTP are inappropriate. The three main reasons are:

- TCP cannot support multicast; XTP multicast scales poorly to large numbers of receivers.

- Even for unicast, reliable transmission is inappropriate for delay-sensitive data such as real-time audio and video. By the time the sender has discovered that the receiver is missing a packet and retransmitted it, at least one round-trip time, likely more has elapsed. (With the TCP fast retransmit algorithm [15, 16], three additional packetization intervals beyond the round-trip time are needed.) The receiver either has to wait for the retransmission, increasing delay and incurring an audible gap in playout, or discard the retransmitted packet, defeating the TCP mechanism. Standard TCP implementations force the receiver application to wait, so that packet losses would always yield increased delay. Note that a single packet lost repeatedly could drastically increase delay, which would persist at least until the end of talkspurt.

- The TCP congestion control mechanisms decreases the congestion window when packet losses are detected ("slow start"). Audio and video, on the other hand, have "natural" rates that cannot be suddenly decreased without starving the receiver. For example, standard PCM audio requires 64 kb/s, plus any header overhead, and cannot be delivered in less bandwidth than that. Video could be more easily throttled simply by slowing the acquisition of frames at the sender when the transmitter's send buffer is full, with the corresponding delay. The correct congestion response for these media is to change the audio/video encoding, video frame rate, or video image size at the transmitter, based, for example, on feedback received through RTCP receiver report packets, described in Section 2.6.

An additional small disadvantage is that the TCP and XTP headers are larger than a UDP header. Also, these reliable transport protocols do not contain the necessary timestamp and encoding information needed by the receiving application, so that they cannot replace RTP. (They would not need the sequence number as these protocols assure that no losses or reordering takes place.)

While LANs often have sufficient bandwidth and low enough losses not to trigger these problems, TCP does not offer any advantages in that scenario either, except for the recovery from rare packet losses. Even in a LAN with no losses, TCP would suffer from the initial slow start delay.

2.4 The Role of Real-Time Transport Protocols

The most difficult aspect of supporting real-time continuous-media services within internetworks lies within the network and the computer architecture and operating system of the end system. No real-time transport protocol can hide delay jitter or packet loss; at best, playout mechanisms can translate delay jitter into higher, constant end-to-end delay and data redundancy can be used to correct for bit errors or some packet loss.

Having a common protocol has two advantages: the ability to package protocol functionality in a reusable library, and the possibility to develop common tools. Possible tools for continuous media include recorders and playback devices, quality-of-service monitors, and trace tools.

A common real-time transport protocol, called RTP, has been designed within the Internet Engineering Task Force (IETF). Note that the moniker "transport protocol" could be misleading, as it is currently mostly used together with UDP, also designate as a transport protocol. The name emphasizes, however, that RTP is an end-to-end protocol. RTP traces some of its origins to early packet audio and video work within the Internet, in particular the NVP [17] and PVP [18] protocols, as well as the protocol implemented within the `vat` audio agent [19].

While we will not discuss it further, RTP is also designed to work with other real-time applications, such as distributed simulation or active badges [20]. RTP is described in an application-independent protocol specification [21], while application-specific issues are dealt

Figure 1: Typical internetworking protocol stacks for continuous-media using RTP

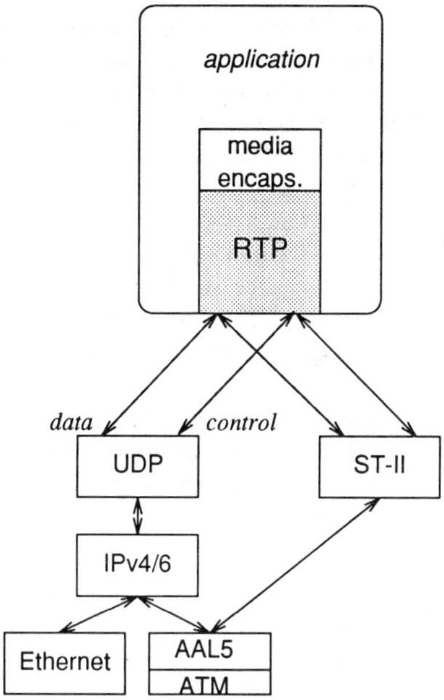

with in separate profiles. Currently, there is one profile for audio and video applications [22]. Other drafts describe how encodings like H.261 [23], motion JPEG [24], MPEG or Cell-B [25] are to be encapsulated within RTP packets.

To avoid misunderstandings, it may help to clear up some of the things that RTP does *not* attempt to do. RTP has no notion of a connection; it may operate over either connection-oriented or connectionless lower-layer protocols. It has no dependencies on particular address formats and only requires that framing and segmentation is taken care of by lower layers. RTP offers no reliability mechanisms, as they are likely going to be inappropriate for most real-time applications. If such reliability measures are desirable, e.g., for video-on-demand services, most of the necessary information such as sequence numbers may already be available within RTP, so that mainly a mechanism for the receiver to indicate lost packets to the sender may be needed.

RTP actually consists of two parts, a data part and a control part. Continuous media data is carried in RTP data packets. The functionality of the control packets is described in Section 2.6 below. If RTP packets are carried in UDP datagrams, data and control packets use two consecutive ports, with the data port always being the lower, even numbered one. If other protocols serve underneath RTP (e.g., RTP directly over ATM AAL5), it is possible to carry both in a single lower-layer protocol data unit, with control followed by data.

2.5 Mixers, Translators and Source Identification

Only end systems, that is, systems generating continuous media and delivering it to the user, and the underlying network services have figured in the preceding discussions. However, in many cases, it may be desirable to install RTP-level agents within the network. Consider the case where some participants of an audio-video conference have a high-speed wide area networks, while others are connected to the Internet only through 64 kb/s ISDN lines. Rather than sending low-bandwidth, low-quality video to all participants or having each well-connected participant generate both high- and low-bandwidth video, it may be preferable to install a video translator as part of the conference. The translator receives video packets in one format and retransmits, on a different multicast address, video packets using the other format.

For discussing these RTP intermediate systems (to borrow an OSI network-level term), it is helpful to define a few terms first. All packets from a *synchronization source* form part of the same timing and sequence number space. Examples of synchronization sources are a microphone, a mixer or a camera. A receiver groups packets by synchronization source for playback. Typically a single synchronization source emits a single medium (e.g., audio or video). A synchronization source may change its data format, e.g., audio encoding, over time. The receiver has to be able to tell apart each source, so that packets can be placed in the proper context and played at the appropriate time for each source. (As discussed in Sec. 2.5.1, timestamps are not globally synchronized.)

We distinguish translators and mixers. A *translator* forwards RTP packets with their synchronization source intact. Examples of translators include devices that convert encodings without mixing or convert from multicast to unicast, and application-level filters in firewalls. A recorder can behave like a translator, except that reception and transmission are separated by an arbitrary length of time. A *mixer* receives RTP packets from one or more sources, possibly changes their data format, combines them in some manner and then forwards a new RTP packet. Since the timing among multiple input sources will not generally be synchronized, the mixer will make timing adjustments among the streams and generate its own timing for the combined stream. Thus, all data packets originating from a mixer will be identified as having the mixer as their synchronization source.

If packets from a source reach the receiver directly, without traversing a mixer or translator, the receiver can use the network-level source address and the UDP source port to distinguish sources, even if several should be located on the same host.

However, translators cause an unexpected difficulty in identifying sources. All packets coming from a translator will have the same IP source address and UDP source port, making it impossible for the receiver to sort the the packets according to synchronization source. A translator could open a new socket for each source, generating a unique source port number, but this becomes rather cumbersome for large and dynamic groups. An alternative is to have the translator map each incoming source address/source port tuple to a unique identifier and insert this identifier into the RTP header of outgoing translated packets. This approach was used in the first version of RTP. It required that translators maintain a mapping table and that receivers needed two mechanism to map a source to a RTP protocol record, but kept the RTP header shorter if no translator was needed. In the current version, *all* packets, including those just generated by an RTP end system, carry a 32-bit identifier, called the synchronization source (SSRC) identifier. The SSRC identifier is randomly generated by each source on start-up and intended to be unique among all members of a session having the same multicast group and UDP port number. Using network addresses instead of random numbers was considered, but causes difficulties for translators (as they need more numbers), when a single host sources several RTP streams or when a translator connects networks with different addressing conventions. Also, while currently IP addresses are a manageable 4 bytes long, IPv6 addresses are 16 bytes long, and other network addresses like NSAPs can be even longer.

If N is the number of sources and L the length of the identifier (here, 32 bits), the probability that two sources independently pick the same value can be approximated for large N [26, p. 33] as $1 - \exp(-N^2/2^{L+1})$. For $N = 1000$, the probability is roughly 0.01%. If a collision should occur, all sources detecting a collision simply generate a new random number. The SSRC identifier is not used for identifying session members to higher-layer protocols, so rare changes in mid-conversation should be harmless.

Mixers act like a source, so the identification problem does not arise. However, it is often desirable to identify the sources that were mixed together, for example, in an audio mixer. This allows the receiver to provide a visual indication of the current speaker, a feature appreciated by anybody who has tried to keep apart unfamiliar voices during a regular POTS teleconference. The RTP data header has a count field that allows to attach a variable-length list of up to 16 SSRC identifiers.

2.5.1 RTP Data Packets

RTP data packets consist of a 12-byte header followed by the payload, e.g., a video frame or a sequence of audio samples. The payload may be wrapped again into an encoding-specific layer. For audio, samples are included without additional overhead.

The header contains the following information:

Payload type: A one-byte payload type identifies the kind of payload contained in the packet, for example JPEG video or GSM audio. Payload type values are defined in a profile, e.g., [22]. Having a payload type in every packet avoids connection setup and permits dynamic changes of encodings.

Timestamp: A 32-bit timestamp describes the generation instant of the data contained in the packet. The timestamp frequency depends on the payload type. Currently, all video payload types use a frequency of 65,536 Hz, which was chosen based on it being a submultiple of the NTP timestamp frequency [27]. Audio encodings use their sampling rate as the timestamp frequency. Several video packets may have the same timestamp if they belong to the same video frame. The initial value of timestamps is random.

Sequence number: A 16-bit packet sequence number allows loss detection and sequencing within a series of packets with the same timestamp.

Marker bit: The interpretation of a marker bit depends on the payload type. For video, it marks the end of a frame, for audio the beginning of a talkspurt.

Synchronization source (SSRC) identifier: Its purpose was described in Sec. 2.5.

Some additional bit fields are not described here in the interest of brevity. Note that RTP packets do not contain a length indication, so that the lower layer has to take care of framing.

2.6 RTP Control Functionality

Like other protocols, RTP also offers a control protocol that supports the protocol functionality. The RTP control protocol, called RTCP, is usually carried on a separate lower-level transport association, e.g., a separate UDP port, although it is possible to combine both control and data packets into one lower-layer PDU without additional encapsulation. An RTCP message consists of a number of "stackable" packets, each with its own type code and length indication. Their format is fairly similar to data packets; in particular, the type indication is at the same location. RTCP packets are multicast periodically to the same multicast group as data packets. Thus, they also serve as a liveness indicator of session members, even in the absence of transmitting media data. The functionality of RTCP is described briefly below.

2.6.1 QOS Monitoring and Congestion Control

RTCP packets contain the necessary information for quality-of-service monitoring. Since they are multicast, all session members can survey how the other participants are faring. Applications that have recently sent actual data, also generate a sender report. It contains information useful for intermedia synchronization (see below) as well as cumulative counters for packets and bytes sent. These allow receivers to estimate the actual data rate.

Receiver reports are issued by all session members for all senders they have heard from recently. They contain information on the highest sequence number received, the number of packets lost, a measure of the interarrival jitter and timestamps needed to compute an estimate of the round-trip delay between sender and the receiver issuing the report.

Loss and jitter information contained in receiver reports can be used by senders to adjust their information rate, thus achieving "fair" resource sharing and graceful degradation that are desirable features of packet data networks [28,29].

2.6.2 Intermedia Synchronization

The RTCP sender reports contain an indication of real time (wallclock time) and a corresponding RTP timestamp. These two values allow the synchronization of different media, for example, lip-syncing of audio and video. Naturally, if media streams from different hosts are to be synchronized, e.g., for a distributed musical performance [30], their clocks have to be synchronized as well.

2.6.3 Identification

RTP data packets do not identify their origin, beyond containing a 32-bit identifier. For conferencing application, a bit more context is often desirable. RTCP messages contain an SDES (source description) packet, in turn containing a number of pieces of information, usually textual. One such piece of information is the so-called canonical name, a globally unique identifier of the session participant. An RFC 822 email-style address like `hgs@ursa.fokus.gmd.de` containing a user and host name is used. This identifier stays the same even if the SSRC value changes after a collision resolution and is used to identify session members to other protocols, like a conference control protocol. Other possible SDES items include the user's name, email address, telephone number, application information and alert messages. The name is meant for display in receiver applications, while the other items are useful for debugging and contacting users in case of trouble. Some of these items will likely be carried by a conference control protocol or a directory service in the future.

2.6.4 Session Size Estimation and Scaling

RTCP packets are sent periodically by each session member. The desire for up-to-date control information has to be balanced against the desire to limit control traffic to a small percentage of data traffic even with sessions consisting of several hundred members. It makes sense to scale the control traffic load with the data traffic load. For a high-volume video stream, we can afford a much higher control packet rate than for a 2,400 b/s highly compressed audio stream. Thus, applications scale their intervals between RTCP messages as a function of the size of their messages, the nominal data rate (say, 64 kb/s for audio, plus headers) and their estimate of the number of session members. The fraction of the overall bandwidth dedicated to control traffic is naturally an engineering trade-off; currently, values around 5% are being used and appear to allow scaling to several hundred or thousands of session members.

Since information from senders, in particular their canonical name and synchronization information, is more important than information from receivers, RTCP divides the control bandwidth so that all active senders, usually just one or two, get a quarter of the control bandwidth, while the passive receivers share the rest equally.

Since there is no global omniscient session controller that knows how many members are part of a conference, each member has to discover this by listening to incoming RTCP packets and scale the interval between control packets accordingly. One potential way of speeding up this process, currently not implemented within RTCP, would be to include the own estimate of the session size in the outgoing RTCP packets. A new member would simply take the maximum of the incoming information and thus quickly learn about the likely session size. Some means of discounting erroneous information would be useful, but there is little to be gained by distributing maliciously false information.

2.7 Implementation

RTP has undergone a number of revisions, and two major versions. A number of large workstation manufacturers are offering version-1 compliant applications, while there are at the moment at least four media agents available or about to be released that implement the current protocol version, one for audio on workstations, two for audio on PCs and one for video. One of the audio agents, NEVOT, was written by the author.

RTP is not meant to be implemented as a traditional kernel-level protocol, invoked, say, through a socket layer. Rather, it is part of the application itself, just as SMTP [31] is part and parcel of an MTA. The RTP-specific parts of NEVOT run to about 500 commented lines, out of a total of 16,000. Moreover, a library with about a half dozen calls can be constructed that allows to link in an RTP-capable media agent into other applications. This approach has been used to integrate NEVOT into a WWW browser [32]. Instead of being part of an application, it may make more sense to use RTP as the protocol between local and remote applications and an audio multiplexer, located on the host containing the audio I/O devices. This allows simultaneous access of several, possibly distributed applications to a single audio device, similar in spirit to the role of the X window system in managing a single physical display. Existing client-server audio multiplexers like AudioFile [33] or NCD NetAudio [34] use TCP as the communication path between client and the audio server. As pointed out earlier, TCP is not particularly well suited for real-time applications, particularly in the wide area. Rather than having a conferencing application speaking RTP then forward the audio packets to an audio server using TCP, it is more efficient to implement the playout delay mechanisms and protocol handling once in the audio server, with a conferencing application reduced to sending and receiving commands to the server.

Debugging and quality-of-service monitoring tools are becoming available as well. The author wrote a simple media independent recording and playback tool, rtpdump and rtpplay; because of the source identifier, its complexity compares favorably to recorders for earlier protocols, where, for example, each recorded source had to open a new socket on playback. This tool simply regenerates the timing of packets as they were received, while a more sophisticated version would try to reconstruct the sender timing based on media timestamps, reducing the jitter visible to those listening to the recording and avoiding late losses.

The MICE project [35] has shown the interoperation of "traditional" video conferencing applications using hardware codecs based on the H.261 video encoding standard [36, 37] and synchronous transport, with workstation-based codecs connected by the Internet [38–40].

Within the next few weeks, a slightly modified draft is to be submitted as an Internet proposed standard.

2.8 Discussion and Open Issues

Internet real-time services using multicast, both audio and video, are being used routinely for distributing seminars, lectures and conferences. Participant counts in a typical 'event' range from below a dozen to several hundred, drawn mostly from the United States, Canada, Japan, Australia, the U.K., Holland and some other countries.[1]

A number of challenges remain. For the media sessions themselves, there is a continuing need to find video encodings suitable for software implementation. Use of the DCT-based H.261 codec and a Haar-Cosine transform based coded [41] showed that the former yields higher compression, but also can lead to "ringing" artifacts when reproducing writing on projected slides. For audio, the relatively long delays force the use of headphones or echo cancellation/suppression [42]. Unfortunately, with current operating systems, it is difficult to correlate the timing of output and input audio samples [43].

In the future, there appear to two alternative packet-switched approaches to carrying continuous media. The first approach carries continuous media directly in ATM, without a network layer. Two possibilities are being discussed: Video and audio can be treated as a synchronous stream, transported by a constant bit rate service using the AAL1 adaptation layer. For VBR MPEG video, a new adaptation layer is under discussion. The all-ATM approach is probably cheaper and more efficient for dedicated hardware like video-on-demand set-top boxes, but adding new services is relatively difficult. As emphasized earlier, RTP could be carried directly over AAL5.

The internetworking using RTP is more flexible, but incurs higher header overhead, noticeable in particular for voice with its smaller packet size. It appears to be impossible to meet the 24-ms delay requirement for voice without echo cancellation using RTP. Here, AAL1 has a number of advantages compared to the RTP/UDP/IP/AAL5 stack. The RTP stack suffers from a relatively high header overhead, namely 12 header bytes for RTP, 8 for UDP, 20 for IPv4 or 40 for IPv6, and 8 bytes of trailer for AAL5. Because of this header and trailer overhead, the 47 byte packetization intervals used by AAL1 would be very inefficient if used by the RTP stack. Playing out individual AAL1 cells at the receiver also avoids the problem of discarding whole IP packets if a single cell in an AAL5 frame is lost or corrupted. Also, the checksumming of UDP packets only adds processing overhead. Fortunately, it would be easy to turn off UDP checksumming[2] or, alternatively, develop a "UDP lite" protocol containing nothing but a 16-bit destination port number. For RTP, being unidirectional, the UDP source port number is not needed. The UDP length is never needed [16, p. 144].

On the other hand, it remains to be seen how well AAL1-based adapters could handle audio streams interrupted by silence detection. Silence detection is particularly important for large scale conferences; it is hardly feasible to have a receiving host sort out hundreds of silent streams in a large conference, even if bandwidth usage were not an issue. For large-scale data delivery, delays would likely be less of an issue, so that RTP would also work from that perspective. Currently, workstation NICs do not support AAL1, so that experimentation is difficult.

The most difficult challenges within the network remain design and deployment of resource reservation mechanisms and scalable multicast protocols. Currently, the quality of audio and video ranges from excellent to unusable[3]. This is partially due to a scarcity of bandwidth, but also due to the lack of resource protection for real-time services. Clearly, the overall Internet bandwidth even in relatively well-connected countries like the United States is orders of magnitude away from being able to support widespread use of real-time services. Thus, for the time being, real-time Internet services remain an interesting research tool, exploring

[1] Active German participation seems to be very low in general.

[2] Unfortunately, current implementations generally only allow this on a global rather than port basis.

[3] Within Germany, mostly the latter

alternatives to traditional connection-based, constant-bit-rate approaches. Large-scale multicast is fairly easy to set-up, certainly easier as establishing an international video conference call with several hundred participants. (Only satellite would be a commercially available alternative, albeit a one-directional one.)

2.9 The Internet as an "Intelligent Network"

At a higher layer, most current real-time applications running on the MBONE are based on a "TV Guide" model, where sessions are advertised through certain mailing lists and/or a multicast session directory [44]. The creator of a session periodically announces the session to a well-known multicast address, using the same scope (that is, time-to-live value) as the data session itself. The directory also probes for available multicast addresses. Most of these are public or semi-public broadcasts of seminars, lectures or special cultural programs, with usually a limited amount of feedback from the audience to the seminar room. Smaller groups have also used these tools for design reviews and discussions.

These sessions require a fair amount of planning; the global announcement and the propagation time of the announcements make the directory approach less suited for spontaneous, small-group discussions. For one, there is no explicit way to notify the intended audience except by email. For small groups and spontaneous discussions, a more 'telephone-style' mode is probably appropriate, where an initiator rings up the desired participants explicitly. Multicast address assignment can be handled separately [45].

Since it is much easier to deploy new services and enhance existing one than in the telephone network, and end systems are computers rather than 'dumb' telephones, features of the much-touted 'intelligent network' could be fairly readily deployed for Internet-based real-time communications. For example, instead of using telephone numbers that change with every office move, the user's email address could also be used as an address for establishing real-time contact, using mostly facilities already deployed. Such a service could make local moves and terminal mobility transparent to the outside world.

3 Challenges

One of the reasons that appears to have accelerated the spread of Internet technology, multimedia as well as other services, is the largely volume and distance-insensitive flat fee structure, with fees based on access speed. Retrieving a file from Australia has the same incremental cost of zero to the end user as retrieving it from the file server next door. This fee structure has a number of advantages particularly during the initial stages of developing a communication technology. First, it lowers the risk of entry, as an organization or individual connecting to the Internet knows its maximum financial exposure ahead of time. It also largely avoids the cumbersome issue of settlements at all levels, that is, the necessity to account for traffic exchanged, including transit traffic. This also eases entry of smaller providers. With no per-connection or per-byte charges, there is no necessity for elaborate billing[4] and a mechanism for settling billing disputes. It also makes users somewhat less sensitive to variations in quality of service as when they would have to pay explicitly for a file transfer aborted midstream due to a network disconnect. (Naturally, if you are a monopoly telephone provider, charging by the minute and still not itemize calls is another option.) From an economic standpoint, flat-fee charging reflects the cost structure of communication networks, which basically has no incremental cost if the capacity remains constant, but very high investment and fixed costs. Also, network costs are peak-costs, in that

[4]Itemized monthly phone bills for a large corporation or government agency have weighed in at 40 boxes of paper.

the investment depends on peak demand. A network that can smooth out demand over the day has lower per-byte costs.

It appears that the charging structure of the Internet and "traditional" voice networks are converging. While telephone networks are moving to a largely distance-insensitive tariff structure, the Internet may have to abandon its flat fee structure. Flat-fee charging fails if a network provides different grades of service (and lets the user choose the desired one). One possible charging model that retains some of the advantages of the existing structure would be to continue to charge no per-byte fee for delay-insensitive "bulk data"; it can be delivered when the network is otherwise idle. Traffic which requires real-time and throughput guarantees would be charged on a reservation-time and bytes-delivered basis; holding reservations and shipping bytes at priority reflect opportunity costs to the network. An interesting middle ground between best-effort and guaranteed services is occupied by "adaptive" applications that can adjust, over longer time periods, their bandwidth and delivery-time needs, allowing the network to provide optimal service when bandwidth is ample and scaling back quality gradually as the network becomes congested, avoiding to have to turn away connections.

References

[1] T. Berners-Lee, R. Cailliau, A. Luotonen, H. F. Nielsen, and A. Secret, "The world-wide web," *Communications ACM*, vol. 37, pp. 76–82, Aug. 1994.

[2] H. Schulzrinne, "Voice communication across the Internet: A network voice terminal," Technical Report TR 92-50, Dept. of Computer Science, University of Massachusetts, Amherst, Massachusetts, July 1992.

[3] C. Topolcic, "Experimental internet stream protocol, version 2 (ST-II)," Request for Comments (Experimental) RFC 1190, Internet Engineering Task Force, Oct. 1990.

[4] S. E. Deering and D. R. Cheriton, "Multicast routing in datagram internetworks and extended LANs," *ACM Transactions on Computer Systems*, vol. 8, pp. 85–110, May 1990.

[5] R. Hinden, "Simple internet protocol plus white paper," Request for Comments (Informational) RFC 1710, Internet Engineering Task Force, oct 1994.

[6] S. Casner and S. Deering, "First IETF Internet audiocast," *ACM Computer Communication Review*, vol. 22, pp. 92–97, July 1992.

[7] H. Eriksson, "MBONE: The multicast backbone," *Communications ACM*, vol. 37, pp. 54–60, Aug. 1994.

[8] N. S. Jayant, "Effects of packet losses on waveform-coded speech," in *Proceedings of the Fifth International Conference on Computer Communications*, (Atlanta, Georgia), pp. 275–280, IEEE, Oct. 1980.

[9] D. P. Anderson, R. Govindan, and G. Homsy, "Design and implementation of a continuous media I/O server," in *First International Workshop on Network and Operating System Support for Digital Audio and Video*, (Berkeley, California), Nov. 1990. TR-90-062.

[10] D. P. Anderson, S.-Y. Tzou, R. Wahbe, R. Govindan, and M. Andrews, "Support for continuous media in the DASH system," in *Proceedings 10th International Conference on Distributed Computer Systems*, (Paris, France), pp. 54–61, IEEE, May 1990.

[11] R. Handel and M. N. Huber, "Integrated broadband networks: An introduction to ATM-based networks," 1991.

[12] R. H. Moffett, "Echo and delay problems in some digital communication systems," *IEEE Communications Magazine*, vol. 25, pp. 41–47, Aug. 1987.

[13] Ç. a. M. Aras, J. F. Kurose, D. S. Reeves, and H. Schulzrinne, "Real-time communications in packet-switched networks," *Proceedings of the IEEE*, vol. 82, pp. 122–139, Jan. 1994.

[14] L. Zhang, S. Deering, D. Estrin, S. Shenker, and D. Zappala, "Rsvp: a new resource ReSerVation protocol," *IEEE Network*, vol. 7, pp. 8–18, Sept. 1993.

[15] V. Jacobson, "Modified TCP congestion control algorithm." Note to end2end-interest mailing list., Apr. 1990.

[16] W. R. Stevens, *TCP/IP illustrated: the protocols*, vol. 1. Reading, Massachusetts: Addison-Wesley, 1994.

[17] D. Cohen, "A network voice protocol: NVP-II," technical report, University of Southern California/ISI, Marina del Ray, California, Apr. 1981.

[18] R. Cole, "PVP - a packet video protocol," W-Note 28, Information Sciences Institute, University of Southern California, Los Angeles, California, Aug. 1981.

[19] V. Jacobson and S. McCanne, "The LBL audio tool vat." Manual page, July 1992.

[20] R. Want, A. Hopper, V. Falcao, and J. Gibbons, "The active badge location system," *ACM Transactions on Information Systems*, vol. 10, pp. 91–102, Jan. 1992. also Olivetti Research Limited Technical Report ORL 92-1.

[21] H. Schulzrinne, S. Casner, R. Frederick, and V. Jacobson, "Rtp: A transport protocol for real-time applications." Internet draft (work-in-progress) *draft-ietf-avt-rtp-*.txt*, Nov. 1994.

[22] H. Schulzrinne, "Sample profile and encodings for the use of RTP for audio and video conferences with minimal control," Internet Draft, GMD Fokus, May 1994. Work in progress.

[23] T. Turletti and C. Huitema, "Packetization of H.261 video streams," Internet Draft, INRIA, Sept. 1994. Work in progress.

[24] W. Fenner, L. Berc, R. Frederick, and S. McCanne, "RTP encapsulation of JPEG-compressed video," Internet Draft, Kaman Sciences, Nov. 1994. Work in progress.

[25] M. F. Speer and D. Hoffman, "RTP encapsulation of CellB video encoding," Internet Draft, Sun Microsystems, Nov. 1994. Work in progress.

[26] W. Feller, *An Introduction to Probability Theory and its Applications, Volume 1*, vol. 1. New York, New York: John Wiley and Sons, third ed., 1968.

[27] D. Mills, "Network time protocol (v3)," Request for Comments (Proposed Standard) RFC 1305, Internet Engineering Task Force, Apr. 1992. Obsoletes RFC1119.

[28] H. Kanakia, P. Mishra, and A. Reibman, "An adaptive congestion control scheme for real-time packet video transport," in *SIGCOMM Symposium on Communications Architectures and Protocols*, (San Francisco, California), pp. 20–31, ACM/IEEE, Sept. 1993.

[29] J.-C. Bolot, T. Turletti, and I. Wakeman, "Scalable feedback control for multicast video distribution in the internet," in *SIGCOMM Symposium on Communications Architectures and Protocols*, (London, England), pp. –, ACM, Aug. 1994.

[30] E. M. Schooler, "Distributed music: a foray into networked performance," in *Network Music Festival*, (California), pp. –, Sept. 1993. Slides only.

[31] J. Postel, "Simple mail transfer protocol," Request for Comments (Standard) RFC 821, Internet Engineering Task Force, Aug. 1982. Obsoletes RFC0788.

[32] E. Shapiro, "Virtual places - a foundation for human interaction," in *Proc. of the Second World Wide Web Conference'94*, (Chicago, Illinois), Oct. 1994.

[33] T. M. Levergood, A. C. Payne, J. Gettys, W. G. Treese, and L. C. Stewart, "Audiofile: a network-transparent system for distributed audio applications," in *Proceedings of USENIX Summer Technical Conference*, (Cincinnati, Ohio), pp. 219–236, USENIX, June 1993.

[34] J. Fulton and G. Renda, "The network audio system," in *X Technical Conference*, X Consortium, 1994. also in *X Resource*, Issue 9, pp. 181.

[35] P. T. Kirstein, M. J. Handley, and M. A. Sasse, "Piloting of multimedia integrated communications for European researchers (MICE)," in *Proceedings of the International Networking Conference (INET)*, (San Francisco, California), pp. DCA–1 – DCA–12, Internet Society, Aug. 1993.

[36] CCITT, "Video codec for audiovisual services at px64 kbit/s (H.261)," *CCITT White book*, 1990.

[37] M. Liou, "Overview of the p x 64 kbit/s video coding standard," *Communications ACM*, vol. 34, pp. 59–63, Apr. 1991.

[38] T. Turletti, "H.261 software codec for videoconferencing over the Internet," Rapports de Recherche 1834, Institut National de Recherche en Informatique et en Automatique (INRIA), Sophia-Antipolis, France, Jan. 1993.

[39] J.-C. Bolot and T. Turletti, "A rate control mechanism for packet video in the internet," in *Proceedings of the Conference on Computer Communications (IEEE Infocom)*, (Toronto, Canada), June 1994.

[40] T. Turletti, "The INRIA videoconferencing system IVS," *Connexions*, vol. 8, pp. 20–24, Oct. 1994.

[41] R. Frederick, "Experiences with real-time software video compression," in *Sixth International Workshop on Packet Video*, Sept. 1994.

[42] M. Hans and T. Levergood, "Echo cancellation," Technical Report CRL 94/7, Digital Equipment Corporation, Cambridge Research Lab, Cambridge, Massachusetts, Oct. 1994.

[43] S. McCanne, "Echo canceler for workstation audio." Term Project paper., May 1993.

[44] V. Jacobson, "sd, the LBL session directory." Manual page, Nov. 1992.

[45] A. Eleftheriadis, S. Pejhan, and D. Anastassiou, "Multicast group address management and connection control for multi-party applications." submitted to IEEE/ACM Transactions on Networking, Apr. 1993.

RADNET - A Network for Air Traffic Control

Erwin Mayer

COMSOFT GmbH Karlsruhe-Nürnberg-Dresden-Prag
Wachhausstr. 5a, D-76227 Karlsruhe

OVERVIEW

The air traffic over Europe shows a continuos increase in the number of flights both at a national and international level. At the same time the amount of available airspace, particularly around hot spots like airports, is naturally limited. Therefore computer supported surveillance and guidance of aircraft becomes more and more important in order to provide for an adequate security level. The RADNET is a pan-European service based on a computer network for the realtime distribution of radar related data. A European standard, ASTERIX, is used as a common format for data exchange. As RADNET has to satisfy particularly strong requirements in terms of reliability and availability the system design uses fault tolerance methods at different levels. Filtering techniques and priority schemes are used to bound the amount of network traffic. A network management subsystem handles configuration, performance and fault management.

1. INTRODUCTION

The primary goal of Air Traffic Control (ATC) is to safely separate aircraft from one another and from any surface obstacle during the entire flight. Separation services for aircraft flying in controlled airspace are based on target reports provided by radar equipment from multiple, geographically dispersed sites. With every revolution of the antenna *radar plots* are created, which contain positional information (usually in polar coordinates), weather data and quality characteristics of the radar data being transmitted. In addition, on-board information emitted by transponders in the aircraft is collected.

Radar plots have to be transmitted from their site of detection to Air Traffic Control Centers (ATCCs), where they serve as a basis for aircraft surveillance. In general there will be more than one ATCC which will be interested at any time in radar data from a particular radar station. So, in most cases there are 1:N, unidirectional, continuous datastreams from multiple sources to multiple sinks to be handled.

In the past radars were simply attached by independent leased lines to every control center that was interested. Digital transmission and processing was available only at the newer sites. Transmission of radar data across country borders was difficult or impossible, because the formats were typically manufacturer-dependent and varied in functionality depending on their time of development. Processing was done at the destination site, the ground-based data communication of ATCCs among themselves was not standardized if at all available.

In the context of European harmonization efforts *EUROCONTROL,* the European Organization for the Safety of Air Navigation has started the standardization of data transmission between radar data sources and sinks. The 17 European members of the organization have agreed to define and adopt a common exchange format, *ASTERIX,* which stands for *All Purpose STructured EUROCONTROL Radar EXchange* [1] and represents the first real international standard in this domain. The format is used within *RADNET, a **RA**dar Data **D**istribution **NET**work,* which was designed and implemented in close cooperation between EUROCONTROL and COMSOFT GmbH. Every RADNET node is equipped with a so-called *RMCDE (Radar Message Conversion and Distribution Equipment)*, which was developed by COMSOFT and realizes a replicated information base for Air Traffic Control.

2. REQUIREMENTS

Primary requirement for radar data processing are reliability and availability [2]. Thus for RADNET the *Mean Time Between Failures (MTBF)* for one node should be larger than 100,000 and the overall operational availability in the range of 99.99999 %.

Radar data is essentially fugitive, i.e. it is of value only if it arrives in time at the place it is processed. At the same time radar data is to some degree redundant. Each rotation of the radar antenna provides target reports that are only minimally different to the previous ones. Therefore the following requirements for data transmission have *decreasing* priority:

1. Limited delay time (realtime transfer)
2. Uncorrupted data transfer
3. Loss-free data transfer (plot level)

Throughput in RADNET is expected to be substantial as radar data will be sent continuously and for every source multiple sinks will be present. RADNET therefore has to limit the amount of data shipped through the network by optimizing the data routes and providing filter and load control mechanisms throughout the network.

In order to increase reliability of the system as a whole radar messages of different radar stations are combined at end-user sites. To be able to identify corresponding messages, i.e. messages identifying the same target at the same time, a sophisticated time management is required. In addition accurate timing is needed, because all data is recorded for legal reasons and time in this context facilitates the tracking of logical causality relations.

3. ASTERIX

The exchange of radar data is a task which can be located in the application and presentation layers of the ISO reference model [3]. In terms of protocol elements the data exchange is rather simple as the flow of radar data is unidirectional and continuous. More than in the protocol the problems arise in the definition of the data format. This has to be both efficient and powerful enough to serve as an intermediate format into which all national and proprietary data formats of different ATC vendors can be converted without loss of information.

The ASTERIX format which can be seen as an ISO Layer 6 presentation context was derived for this purpose. It consists of a library of presentation items which can be used to tailor the format of the protocol data units. Up to 255 data categories can be defined the most important of which are summarized in Table 1.

For every category a set of data items is defined. They contain in a standardized form information like

- Location of a target (polar or cartesian coordinates)
- Identification of a target (emitted by aircraft transponder)
- Emergency Codes (emitted by aircraft transponder))

- Detection Time (stamped by radar processor, 1/128 sec grained)
- Confidence Indicators (Low/High quality pulse).

Category	Usage
Radar Target Reports	Transactions containing parameters which are transmitted from a radar surveillance system to a radar display system. The information may stems from the radar itself (e.g. azimuth of target) as well as from an airplane transponder which was triggered by the radar (e.g. height of target). The reports may have the form of plots, which are single positions of a target or tracks which are target vectors (location, direction, speed) derived by extrapolation software.
Synthetic Radar Controller Pictures	Output of processed radar target reports, describing air traffic situation pictures exchanged among air traffic control centers
Weather Information	Output of radars which are additionally capable of detecting weather conditions (e.g. rain, snow) in certain airspace sectors.
Remote Station Monitoring and Control Messages	Used to monitor and control remote and possibly unmanned radar stations from a central operator site.
Time Synchronisation Messages	Used to provide efficient time stamp information when composite traffic pictures are exchanged between processing centers.
System Messages	Used by end-user systems for application-defined purposes.

Table 1: ASTERIX message categories

A *User Application Profile (UAP)* allows to restrict the number of items used within an application connection, tailoring the protocol data format to the specific use. Additionally the length of the protocol data units is minimized by transmitting only those data items that contain significant information. A compact encoding of the information as well as avoiding redundancy as much as possible aids further in length reduction and improves efficiency.

Every ASTERIX message contains a closed piece of information, that can be interpreted independently from any previous and following messages. Along the communication path long data packets are segmented into smaller ones only at the grain size of ASTERIX messages. This segmentation policy has been adopted in order to be able to apply flow control mechanisms that involve discarding of messages in case of contention (see chapter 7).

The flow of ASTERIX messages is continuous following the rotation of the radar. A typical stream of ASTERIX messages is visualized in Figure 1. The stream of Target Report messages is structured by north and south markers as well as sector crossing messages. Besides others these cyclic messages have the purpose of constantly calibrating the rotation angle determination mechanism of the radar. Blind zones can be defined to exclude safety sensitive areas as well as to perform network load reduction already at the source site. For example, if a radar is intended to record short range take-off and landing traffic around an airport, then all very distant targets and targets opposite to the direction of the airport can be excluded. Blind zone filtering is a system feature of radar equipment, i.e. it is not part of the data processing within RADNET and should not be mixed up with filtering techniques as they will be described later.

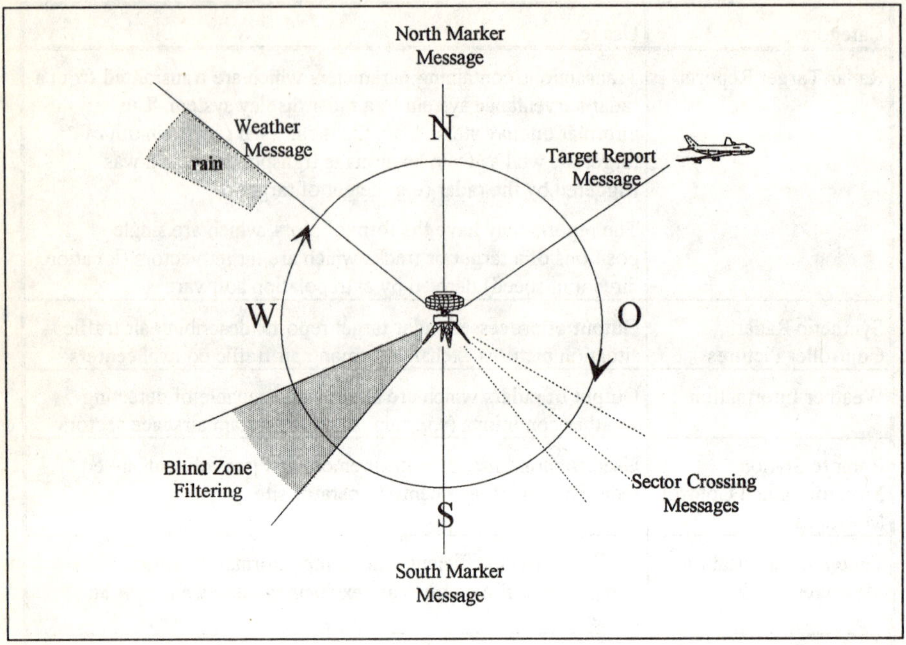

Figure 1: Radar revolution and message generation

4. NETWORK ARCHITECTURE

The central components of the RADNET are so called RMCDEs (Radar Message Conversion and Distribution Equipment). They form the nodes of a backbone network and exchange messages in the ASTERIX data format. The RMCDE architecture is visualized in Figure 2.

On the lower layers the RMCDE is capable of using a multitude of connection types, both over dedicated private lines as well as over public network services from the national PTTs. Direct connections include ISDN and leased lines secured by HDLC LAPB [4]. Connections over a Packet Switched Data Networks (PSDNs) use X.25 [5] as access protocol. As the connections in RADNET are long-term and require continuous data streams, Permanent Virtual Circuits (PVCs) are used exclusively, there exists no need for call setup.

The RADNET backbone layer performs network and transport functions. Its routing mechanisms is geared for a maximum degree of redundancy. For this reason the topology of the network is represented by a strongly meshed bidirectional graph. Any two nodes are connected over multiple alternative routes. Additionally there is a failsafe provision by attaching every radar station at least to two points of the backbone. This is realized by means of so called *Access Networks* which are realized independently for every backbone node and have a star topology. Typically two to six radars are connected to one backbone node, in general over leased lines. A local zoom onto the existing RADNET topology gives Figure 3.

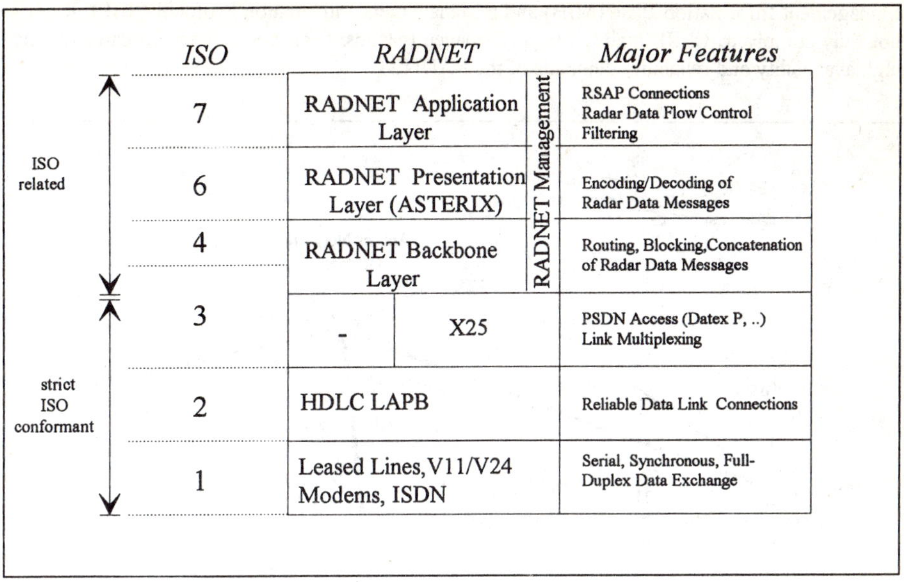

Figure 2: RMCDE backbone node architecture

In principle all radar stations of the access network could have been designed as independent nodes of a larger uniform network that does not distinguish any more between access and backbone links. This was not done for three major reasons:

- Radar equipment is in general already equipped with typically two to three independent output channels. It was possible to use these as access links without changes to existing hard- or software of the radars.
- Backbone nodes need to be equipped with realtime fault-tolerant communication processors. The cost argument prohibits to provide every radar with logic that is not needed in every case.
- Access links can be cheap links (leased lines) operating at speeds of 2400-9600 bits/sec. Backbone links in contrast start with speeds of 64 kbps in order to have enough safety margins to allow for backup routing in case of node failures. Again the cost argument suggested a separation.

Connecting radars to more than one access network gives additional security. For example, only if in Figure 3 both access links of the radar or all backbone links fail will all paths (1a, 1b, 2a, 2b) be disrupted and an air traffic controller at Duesseldorf gets no data anymore.

Additionally organisational planning ensures that the scan areas of radars are generally designed in a way so that any aircraft is at any point in time at least in the overlap of *two* radars (*"coverage"* >= *2*). These radars being attached to *different* access networks guarantees at any point in time the possibility of direct control from more than one Air Traffic Control Center.

5. NETWORK MANAGEMENT

The CRMCS (Central RADNET Monitoring and Control System) is the RADNET network management component with agents on all nodes and with one or more central management sites. The CRMCS relates in its design to the OSI CMIP standard [6], with a generic

Management Information Base (MIB) and a Management Information Protocol (MIP). It does not fully comply to CMIP mainly for performance reasons. CRMCS is tuned to cater for the high availability and reliability demands of the RADNET.

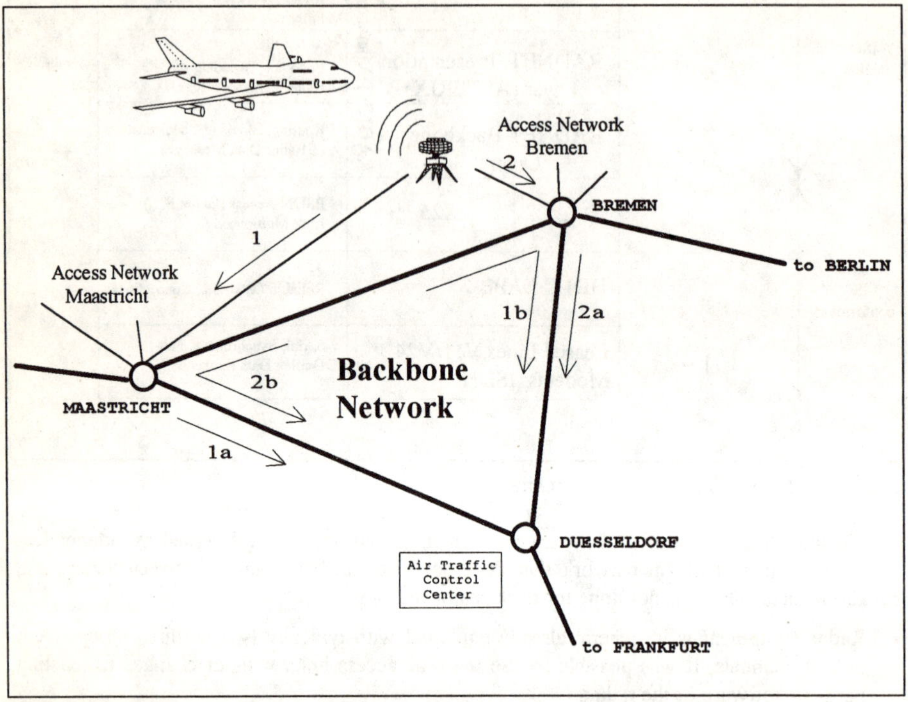

Figure 3: RADNET access and backbone network

CRMCS diagnostical information helps the central RADNET managers to identify bottlenecks in system behaviour, to track error situations and to perform continuous delay time measurements between any two points in the network. All information is visualized under OSF/Motif on a UNIX workstation with a high resolution graphical display. Display attributes (colours, blinking,..) support the fast and unambiguous localisation of problems. A set of CRMCS remote control functions enable a fast reaction by reconfiguring the network, resetting a node or modifying the load control parameters of a radar link (see chapter 7).

Within the context of long-term design decisions on the RADNET topology and for a proper scaling statistical data is gathered by CRMCS identifying for example periodical bottlenecks or long-term evolution of the radar data load.

CRMCS further provides for the possibility of an on-line update of software versions in the complete RADNET, without shutdown of any nodes. The mechanism to achieve this takes advantage of the redundant architecture of the RMCDEs. It follows the following 2-phase protocol replacing a software version A with a version B

1. Software version B is distributed to all CRMCS agents on the RADNET nodes.
2. The CRMCS agents download B to the RMCDE standby units and reboot the standby units

3. Correct booting and standby adaptation is verified.
4. If successful on all nodes the central manager triggers a forced switchover of every RMCDE, i.e. on all nodes the standby unit becomes operational and vice versa.
5. Now the formerly operational units are upgraded to version B. As they have an identical hardware and software configuration this cannot cause further problems.
6. In case of failure during step 3 the central managers triggers the restauration of version A, which is still available on all nodes.

6. HETEROGENEITY

Many of the older radars are not capable of directly generating ASTERIX messages. They provide data formats that represent a mixture of existing national and proprietary standards of the EUROCONTROL member states, e.g. CD2 for Germany, NAV1 for Portugal or CAA for Great Britain [8]. Often these formats go along with non-standard protocols on the lower layers. CD2 for example uses a 12-Bit synchronous simplex protocol that differs already on layer 1 from any OSI standard.

For these reasons gateway components for radar conversion are installed as part of the RMCDEs at the transition places between access and backbone networks. They perform a mapping of formats and protocols onto the ASTERIX standard, that is then solely used within the backbone. In the same way there exists display hardware in the Air Traffic Control Centers that does only understand national formats; again application gateway components are installed that do the conversion.

7. LOAD CONTROL

Radar data potentially consumes a lot of network bandwidth and computational resources. This is the case because continuous data is generated and because for every source there exist multiple sinks at multiple nodes in the network demanding the same data. At the same time it is prohibitive to have a long backlog of messages and high delay times for critical radar data. Therefore a multi-level load control mechanism has been developed for RADNET:

On application level connections are characterized by a triple (Source RSAP, Sink RSAP, Filter), where RSAP stands for RADNET Service Access Point and represents the endpoints of the RADNET network. Connection buildup is always initiated at the sink side and contains as a parameter the definition of a filter table for the given connection. The filter table gives a list of conditions that describe which radar items produced by the radar source the user at the sink is interested in. Among others the following filter criteria may be employed:

- User-defined geographical boxes (e.g. only radar data for targets within a distance of 16 nautical miles and azimuths between 60 and 240°).
- Radar data of user-defined flight levels (e.g. only targets above 20000 ft for en-route radars).
- User-defined types of radar reports (e.g. only weather data)
- User-defined target identities (e.g. only aircraft with MODE/3A code)

From the perspective of a RADNET end-user he exclusively owns a radar that he is connected to, i.e. he is not aware of any sharing of the radar output. The purpose of a filter definition for him is primarily to reduce the burden of analyzing too much data, that he is not interested in.

From the perspective of the RADNET itself, a filter helps to reduce network traffic. The network software provides means to combine the multitude of connections and logical filters of end users into physical 1:N datastreams with physical filters that optimize system and network resources. Figure 4 sketches the two views.

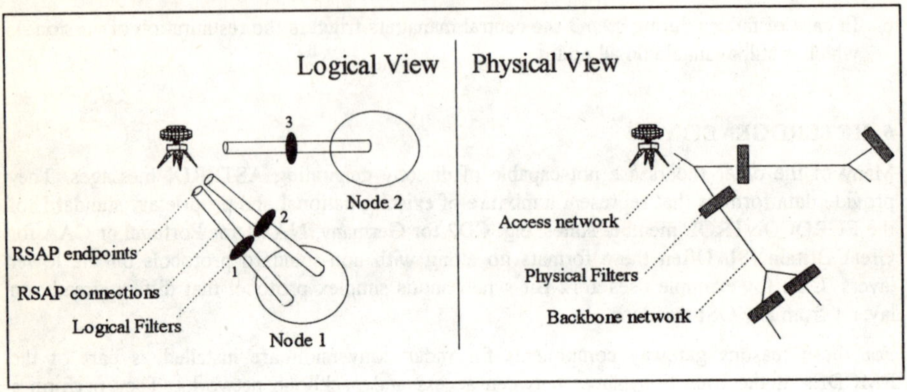

Figure 4: RADNET filters: logical and physical view

One goal of load control is to avoid the same radar data to be transmitted and processed multiply anywhere in the network. Multicast techniques together with filter merging are used for this purpose:

For all nodes *physical filters* are computed that define for all outgoing links which data has to be minimally transmitted over this link in order to satisfy the logical filter requirements of the end-users at the receiving side. By this mechanism the filtering for one connection is no longer done in one stage but takes place incrementally. In any case the physical filtering takes place at the earliest possible place in the transmission path, thus minimizing the network load.

Though filtering significantly reduces network traffic on application level, congestion can not be generally excluded, particularly in combination with other error causes, for example a link failure and rerouting to an already heavily used backup link. For controlling these cases a *priority scheme* is in use. The end-user who defines a filter cannot only exclude certain geographical areas, but also assign different priorities to every geographical box, where a box may be a polar range sector (distance 16-32 nm, sector 90-96 degree) for sensor data or a cartesian rectangle (x1,y1; x2,y2) for track data. Up to 255 priorities can be assigned and determine at which degree of network load radar target reports are discarded. For example, around an airport closer targets will have higher priorities. For en-route radars that control the upper airspace takeoff and landing traffic is of less importance and high priorities will be assigned to geographical areas between airports.

Load indicators are computed from a combination of internal queue lengths within an RMCDE, CPU load, concurrently active system request blocks of the operating system, etc. The indicators are measured on a per interface basis, i.e. every outgoing link is assigned an independent value. In total there exist seven load levels, with load level 7 being emergency load. A user-defined table assigns to every load level up to which priority radar target reports will be discarded. E.g., for load level 1 data with priority values $1..N_1$ will be discarded, for load level 2 priorities $1..N_2$ ($N_2 > N_1$) are cut off, etc. At a certain load-level also superfluous statistical and diagnostical data is abandoned. This way RADNET can be fine-tuned in terms of load control.

Special conditions hold for emergency load. Here not only incoming radar reports but also radar reports in internal queues are discarded. The rationale for this bases on the inherent redundancy of radar data. It is better to provide the end-user with up-to-date information at the next radar revolution than to continue wasting system and network resources with delivering radar reports with long delays suffered from buffering in the nodes' internal queues.

Manual intervention for load control should generally not be necessary. However, also for long-term load planning and adjustment, RADNET operators have a range of options to dynamically influence network load. This includes the possibility of adding links, reconfiguring the network or removing users that are not critical for airspace surveillance. Furthermore RADNET operators have the option to trade network load against transit delay. By means of blocking factors they can determine the time span during which radar data reports will be gathered and packed into a single network frame before they are sent. Blocking increases the average delay but optimizes resources and reduces the overall load.

8. RELIABILITY

Availability and reliability are achieved by a bundle of measures, some of which have already been described as part of the last chapters: load control, redundant backbone links, redundant transitions between access and backbone network.

External redundancy on network level is paired with internal redundancy within a network node. Every RMCDE is realized as a cabinet comprising two redundant Multibus-II racks known as RMCDUs (Units) both identical in hardware and software. Each RMCDU itself consists of up to 20 CPU boards, each with up to 8 serial interfaces. The operational RMCDU is physically attached to the backbone and the access network and performs converting, filtering and routing of radar data. The standby unit checks the functional integrity of the operational unit and is itself continuously updated with information to be able to take over in case of a failure. To the outside a switchover leaves all application connections operational and thus enables uninterrupted radar processing.

The failing of a RMCDU can be detected by the RMCDU itself in case of a irrecoverable but defined internal condition. Undefined conditions that bring an RMCDU to a halt are detected by means of a watchdog timer in conjunction with an external control board, that continuously observes both units' states. Each RMCDU recursively verifies by means of a loopback check protocol that all participating CPU boards (up to 20) are alive. Finally a central task on every board receives and advances interface driver or task error messages that lead to switch-over.

As it was hinted at before, an accurate time system forms another piece of reliability for the RADNET. It enables the analysis and tracking software at the end-systems to correlate target reports of independent radars and thereby reduces the risk of some systematic false or inaccurate detection. To this purpose timestamps are attached to radar data either by the radars themselves or on the RMCDEs at the transition places between access and backbone network.

Clock synchronization in RADNET guarantees that timestamping errors remain within a very small range. This is achieved by making use of the advanced infrastructure that is available in most parts of Europe. National broadcast-based time signals (DCF77, MSF Rugby) are used that provide accuracy up to 1 msec. In some countries the GPS time signal *(GPS = Global Positioning System)* will be used with a clock accuracy of 2 μsecs. Finally, in case of failure, if all external clocks should be down, internal quartzes are capable of providing an accuracy of less than 5 msecs per month in fly wheel mode.

In order to give analytical estimates on the RMCDE reliability, an RMA (Reliability, Maintainability and Availability) analysis for the given configuration has been performed according to [7]. It takes into account hardware tolerances and failure probabilities for all subcomponents, aggregates them into reliability measures for individual boards, then individual RMCDUs, then for the entire system. The outcome of the RMA prediction for a 80486-based board type is summarized in the following table.

Reliability Measure	RMCDU	RMCDE
MTBF(Mean Time Between Failure)	8,042 hours	25,106,774 hours
MTTR(Mean Time To Repair)	0.68 hours	0.35 hours
A(Availability)	99.999914 %	99.999998606%

Table 2: Predicted Reliability Values

As far as practical verification of the reliability measures is concerned, a statistics over 26 RMCDEs over a total operation time of 475,872 hours showed a quote of 17 RMCDU failures with an MTBF of 55,985 hours for one RMCDU. As the type of boards that were in use varied, the measure cannot be completely assigned to an individual RMCDE, however the results document reliability values that are in the predicted range and even surpass the estimates for single RMCDUs.

Finally, as far as the software reliability is concerned, few practically relevant measures exist and it is difficult to predict an intended kind of software behaviour in advance. Best prerequisite for reliable software is good quality of the software. Therefore in COMSOFT a software development scheme certified under ISO 9001 is installed realizing a controlled execution of all phases of the software life cycle .

9. CONCLUSION AND OUTLOOK

RADNET, a European-wide network for the distribution of radar data, is a practical example how modern technology from the domains *Fault Tolerance, OSI Communication* and *Realtime Computing* is used for the construction of a special-purpose network satisfying extreme requirements.

RADNET consists of multiple access networks and one backbone network. On the backbone network an elaborated filtering mechanism is applied. End-users, i.e. ATC centers, can determine dynamically, which radars, which geographical region of a radar and which type of radar data they want to receive. Filters are installed at the earliest stage of the transmission, i.e. at the transition between access and backbone network. If multiple users at a site require the same radar data, then transmission over the backbone is performed only once. This way data is replicated as late as possible.

Furthermore an elaborated load control mechanism, which takes into account the specific characteristics of radar data is installed in order to avoid network congestion. Taking the strategy of a graceful degradation of service, data may be discarded by network nodes depending on user-assigned rules and priorities. For example, weather data, or data from a specific geographical sector (e.g. foreign territory) can be classified as minor important and will be abandoned earlier than primary plots around a busy airport.

In its current build state RADNET covers four countries, Belgium, Germany, Luxemburg and the Netherlands. Portugal has been associated in 1994, the UK will in 1995 and further countries are interested in participating. With almost 30 nodes operational, a substantial amount of practical experience with the network is available by now, showing a satisfactory realtime and reliability behaviour.

The automatization in air traffic control will continue in the future. Besides the distribution of radar data, COMSOFT systems have recently been installed to provide services for the exchange of flight plans between air traffic control centers. They will help in contributing not only to a safe but also to efficient routing of aircraft between airports, thus saving ecological and economical resources.

LITERATURE

[1] EUROCONTROL: *All Purpose Structured EUROCONTROL Radar Information Exchange - ASTERIX,* Vol. 1-3, Draft Version A-1993

[2] A. Avizienis, D. Ball: *On the Achievement of a Highly Dependable and Fault-tolerant Air Traffic Control Systems,* IEEE Computer, Feb. 1987.

[3] International Organisation for Standardization: *Basic Reference Model* ISO/IEC 7498

[4] International Organisation for Standardization: *X.25 LAPB compatible DTE data link procedures* ISO/IEC 7776 -

[5] International Organisation for Standardization: *X25 Packet Layer* ISO/IEC 8208

[6] International Organisation for Standardization: *Management Information Protocol, Part 2 - Common Management Information Protocol,* ISO/IEC 9596.

[7] *Zuverlässigkeit elektrotechnischer Anlagen,* Springer Verlag, ISBN 0-387-13475-2 (refering to DIN40042 or IEC 271).

[8] UK Civil Aviation Authority, *Radar Plot Extraction Systems - CAA message format,* CAA Paper 84008.

On the Convergence of Distributed Computing and Telecommunications in the Field of Personal Communications

T. Eckardt•, T. Magedanz, T. Pfeifer•**

****De•Te•Berkom, •TU-Berlin**
Hardenbergplatz 2, D-10623 Berlin, Germany
Phone: +49-30-254-99-200, Fax.: +49-30-254-99-202

Abstract

This paper presents and discusses the major trends in two important areas: distributed mobile computing and personal telecommunications. The evolution in these two areas indicates a major paradigm shift towards a merging of computer and telecommunications technologies into a world of mobile, interactive computing and communications. The resulting applications comprise the handling, exchange, retrieval, and processing of data, voice, and video streams as ubiquitous services based on an integrated computing-/telecommunications supporting environment. Based on important developments in both areas, a TMN-based Personal Communications Support System (PCSS) will be introduced, which provides personal mobility and service personalization capabilities in a generic way for a broad range of telecommunication services.

1. Introduction

Both, the general field of distributed computing as well as the broad area of telecommunications are characterized by a clear trend towards the development of small, mobile, and personalized pieces of equipment. A completely new category of applications will be running on top of these mobile platforms. On the (distributed) computing field these types of applications will exhibit a characteristic "location awareness" [Harter-94] and the need for advanced wireless communications capabilities [ACM-93]. The telecommunications face of the personal communications paradigm indicates the development of new generations of service environments driven by the fast market penetration of mobile, cellular data and voice communication equipment and technology [Heilmeier-93], [RACE-94]. Both categories of technology are complementary with respect to their future requirements: The area of distributed, mobile computing requires the seamless support of a multitude of different (tele-) communication services satisfying their advanced communication demands while the world of (mobile) telecommunications builds on the advancements in the area of mobile computing hardware and location-aware applications. The environment required for an economic and open provision of these future types of services has to be based on the most advanced computing and communications technologies [Bellcore-92], [TINA C].

2. Converging Trends in Mobile Computing and Telecommunications

Mobility in telecommunications and mobility in distributed computing are both areas of fast changing technological evolution with broad impacts on the usage paradigm of computing and communications artifacts. A common trend towards a unified world of communications and computing is a prominent issue. This target communication/computing environment will be attributed by such characteristics as *any place*, *any time*, *any form/media*, *any service*, etc. The evolution and standardization in the world of telecommunications developments commonly take place at a stage as large as possible (i.e. in ETSI, OSI, or ITU standardization bodies). Here, we see a number of standardization activities concentrating on mobile telecommunication as outlined in section 2.2.4. to section 2.2.7.: DECT, GSM, UPT, DCS1800, FPLMTS, UMTS, and IN CS-2. On the other hand, the world of mobile distributed computing is usually characterized by industrial organizations and private research labs striving for the development of de facto standards. These standards are not necessarily open. In this area, we find major research activities at Xerox PARC and the Olivetti Research Laboratory in Cambridge, England concentrating on the issues of ubiquitous computing and electronic location techniques (see section 2.1.1. and section 2.1.2.).

2.1. Trends in Mobile Distributed Computing

In a brief overview, this section provides a summary of the state-of-the-art in mobile, distributed computing. *Mobile computing* has been defined in a very general way as "a technology that enables access to digital resources at any time, from any location" [Forman-94]. This technology is intended to represent the elimination of time-and-place restrictions imposed by desktop computers and wired networks. The most important issues to be addressed in this area are location aware applications, user location technologies, highly portable hardware platforms with new usage paradigms and sophisticated wireless communication capabilities and finally new applications and (personalized) services offered to the mobile user. The most prominent work in the area of 'location aware applications' currently takes place at Xerox PARC subsumed under the title *Ubiquitous Computing* and at the Olivetti Research Laboratory (ORL) in Cambridge, England which developed the *Active Badge System* [Want-92].

2.1.1. Ubiquitous Computing

The work at the Xerox Palo Alto Research Centre (Xerox PARC) focuses on distributed computer-augmented environments commonly entitled as *ubiquitous computing, augmented reality* and *virtual reality* [ACM-93]. There is a common philosophy, the primacy of the physical world and the construction of appropriate tools that enhance our daily activities, particularly in distributed computing environments. *Ubiquitous Computing* defines a computing environment that allows people to continuously interact with a multitude of wirelessly interconnected computers distributed mainly invisibly throughout the physical world [Weiser-93].

Xerox Palo Alto Research Centre (Xerox PARC) started with the construction of different types of mobile and fixed devices for a seamless interaction in an electronic office: a wall-sized interactive surface serving as the office whiteboard or bulletin board, a note-pad or PDA to be used as an electronic artifact of the species scrap paper (termed ScratchPad, XPad, or MPad at Xerox PARC), and a tiny computer, analogous to stickers or Post-it notes which is called the ParcTab. In the daily usage of the numerous computers of these three types of computing devices, each of it is not seen as a personal computer, palmtop computer, or fixed work station, but as a pervasive part and tool of the everyday life. The tabs and pads are equipped with IR and radio communications interfaces providing the means for wireless interactions. The main goal has been defined as to achieve a technology that is essentially invisible to the user. It must be ubiquitously available throughout the personal environment and should not require any special efforts to be used. According to Xerox PARC, a possible next generation computing environment will be characterized by a scenario where:

- Each person is continually interacting with 100s of nearby wirelessly interconnected computers.
- Emphasis is not on one powerful, mobile, and personal computer but on a multitude of simultaneously active computing devices building an *augmented reality*.

2.1.2. Electronic Location Technology

Olivetti Research Ltd. (ORL) in Cambridge, UK, a company owned by Olivetti and DEC, might be seen as the first address for advanced research in the area of electronic location technology. The general term, *Electronic Location Technology* might be understood as denoting a category of systems that track your location within a network site to allow your system resources to follow you. The elementary feature of this technology is to provide information on the position of people and equipment within an organization. ORL pioneered the usage of an *active badge system* to generate and process location information [Harter-94] on people and equipment. The active badge system (their approach to electronic location technologies) depends on small transmitting devices that you pin to your clothing (i.e., the Active Badge). Sensors distributed throughout the workplace pick up the signals from these badges and relay them, via low-cost networks, to location servers. The most apparent applications of electronic location technologies such as the active badge system are:

- Automatic login on workstations while roaming
- Phone messages or E-mail following the user
- Intelligent call-forwarding on a PBX

One of the most interesting results of their research activities is that when someone is *not* available appears to be the most useful function. According to ORL, it saves countless wasted journeys and phone calls. Besides the apparent advantages, there are a number of general problems of electronic location technologies: the use of location information may potentially be abused. Unrestricted access to personal location data is an unacceptable invasion of privacy [Spreitzer-93].

2.1.3. Personal Digital Assistants

A completely different aspect of mobile distributed computing is characterized by the new developments in the area of mobile computing hardware. A new vision of computing sees the personal computers of the nineties not as miniature, mass-product versions of main-frames but rather as intelligent, highly sophisticated electronic assistants and personal communications devices [Ryan-93a]. This new generation of small, highly mobile personal computers is called *Personal Digital Assistants* (PDAs). A Personal Digital Assistant is a hand-held, battery-operated system comprising computer hardware and software. Its input device is no longer a large keyboard but an electronic pen accompanied with highly sophisticated software providing handwriting recognition capabilities. With a PDA, the user is able to carry the computer and message-oriented communications devices into her pocket. A number of important issues have been identified as key technologies in the evolution of PDAs:

- *Wireless communications:* as small, portable, and highly mobile computing devices the wireless communications capabilities of the PDAs are of uppermost importance to their success on the market.
- *Low-power processors:* strict constraints on the size of the batteries result in a very low power budget. The largest chip producers are currently developing a new generation of low-power processors dedicated for the use in PDAs.
- *Object orientation:* new demands on the software for PDAs will be met by object oriented programming of new operating systems and applications dedicated to the use on top of the PDA hardware.
- *Advanced integration:* in a market characterized by an increasing integration of computer technologies, telecommunications technologies and the entertainment (multimedia), integration of different communications services for access by a PDA becomes more and more important.

2.1.4. Advanced Message-based Communications

The developments in the area of PDAs are the main driving force for the evolution of new service platforms specially designed for the exchange of e-mails and new active types of mail. General Magic (Mountain View, CA, USA), a start-up company that results from an alliance between some of the largest players in the computing industry and the telecommunications industry developed a software/hardware platform characterized by PDAs that exchange active messages using their build-in communications capabilities. These active or enabled mails are rather agents based on a scripting language (i.e., Telescript) than any kind of static e-mail. They represent a transition from passive (information containing) messages or mail to active, enabled mail that remotely acts as prescribed by its author. With myriads of software agents or active messages moving around the network from one network node to another, we shall see the conventional WAN transformed into a smart network that may be understood as a complex, distributed computer itself. The goal is to allow the roaming user to receive or send e-mails from any place with the help of highly mobile PDAs which have to be provided with enhanced capabilities for mobile data networking.

General Magic designed a special communication-oriented operating system (i.e. Magic Cap) with a new type of GUI to support the new way of user interaction. Magic Cap is an object-oriented operating system (called 'platform' by the alliance's members) specially designed for their species of PDAs. Initially, Magic Cap has been implemented on Motorola's 68300 "Dragon" microprocessors but it is planned to be ported to other hardware platforms. Magic Cap does not rely as heavily on handwriting recognition as the Apple Newton, instead it concentrates more on the communications aspect of a PDA.

Telescript is an agent-based, communications-oriented programming language that is used to 'implement' the moving objects or agents. It has been designed to let casual users create intelligent applications that actively traverse the network to perform a specific task. It is a portable, script-based language that executes atop a run-time interpreter. That is, applications can run without recompilation on any supported platform or network node. Telescript incorporates the RSA encryption algorithm for secure communications. This is an important prerequisite for applications in the realm of commercially interacting agents in virtual worlds such as the electronic market place.

2.2. State-of-the-Art in Mobile Telecommunications

Due to the society's increasing demand for "universal connectivity" and technological progress, mobile and personal communications are becoming fundamental attributes of future telecommunication systems. The vision for future telecommunications, as promoted by TINA-C, is *"information any time, any place, in any form"* [TINA-C]. This means that service delivery has to be provided in a *ubiquitous, transparent* and *personalized* way to end users. The end user's view of the services has to be tailored to his/her personal preferences. The services should be accessed independent of the location of the end user (including the case that the user is moving) and independent of whether the network is wired or wireless. This section provides the reader with the basic concepts and terminology in mobile and *personal communications.* In contrast to (cellular or cordless) wireless communication systems supporting terminal mobility, the concept of *personal communications* is just emerging and represents a challenging service concept in the near future. The trends for mobile and personal communications can be viewed in terms of three areas:

- mobility in fixed and wireless networks
- personalisation of communication services access and delivery, and
- interoperability of interfaces and services.

2.2.1. Mobility

Mobility deals with the physical and logical location of customers. Here, three types of mobility have to be distinguished: *terminal, personal* and *session* mobility [TINA-C]. ***Terminal mobility*** allows user's to communicate or obtain access to information services while moving. A terminal will be identified by a unique terminal identifier independent of the network point of attachment. The user binds his identity to the terminal and hence becomes continuously reachable. This requires that the network must store and maintain location information of the terminal, i.e the network keeps track of the terminal location. ***Personal mobility*** allows users to make and receive calls independent of both the network point of attachment and a specific user equipment. This means that a user can use any network access point and any terminal, while being identified through a globally unique personal number and charged to the user´s personal account. This type of mobility is a layer above terminal mobility and independent of any radio link. This implies that the services a user has subscribed to can follow that user, where service capabilities are only limited by the network and terminal capabilities. Therefore, user specific location information and services information has to be stored and maintained in a "service user profile". Functions for user registration and authentication have to be provided by the service. In addition services could be personalized be the customers. ***Session mobility*** allows a service session that an end user is currently involved in, to "follow" that user independent of the location of the user and/or the terminal the user may have access to or of the access arrangement to the network. This requires functions for the service provider to maintain session files containing information about the state and parameters of a session, which are accessible from various locations at the request of the end user. Sometimes the term *"service mobility"* is also used in this context. However, the basic aspect of this concept is that a user has global access to an individual set of services.

2.2.2. Personalisation

Personalisation describes the customer´s ability to define his own working environment and service working conditions stored in a "Personal Service Profile". This profile defines all services to which the user has access, the way in which service features are used, and all other configurable communication aspects, in accordance with the user´s needs and preferences, with respect to parameters, such as *time, space, medium, cost, integrity, security, quality, accessibility and privacy.*

2.2.3. Interoperability

Interoperability is one step beyond personalisation and describes the capacity of a communications system to support effective interworking between different (possibly unrelated) services, supported by and offered on heterogeneous networks, with the long-term aim of achieving fully interworking applications. The key prerequisite for that target is that the same sort of service interface will work across a wide range of services, e.g. call forwarding could be used for voice telephony and multi-media conferencing applications. A system concept fulfilling these above mentioned demands of personal communications is the *"Personal Service Communication Space (PSCS)"*. It is currently under definition within RACE [CFS-B230].

Looking at the above given definitions it must be recognized, that the terms *"Personal Communications"*, *"Personal Communication Network (PCN)"* and *"Personal Communication Service (PCS)"* are currently used for various quite different mobile communications systems. In the future, the term PCS will be decoupled from specific mobile communication systems and will be used in a more generic way, encompassing terminal, personal and service mobility, based on wireless and fixed network technologies. This means that *PCS* can be seen as an umbrella concept, integrating all existing and planned mobile communication services. This is illustrated in Figure 1.

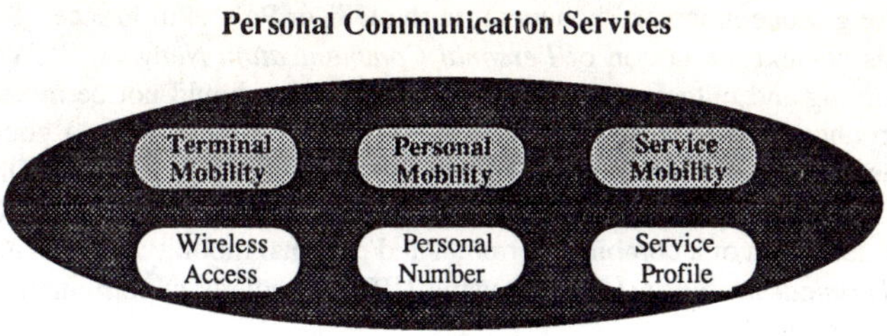

FIGURE 1 PCS as Umbrella Concept for Terminal, Personal and Service Mobility

Today, a jungle of mobile communication systems exists in the telecommunications world and it seems worth to take a look at the key systems. Therefore, we provide a short overview of the historical evolution of mobile communication systems in the following, as illustrated in Figure 2, and provide more details on the state-of-the-art systems in the following sections. In general three types of mobile communications systems can be distinguished:

- systems supporting terminal mobility, such as DECT, GSM and DCS1800/PCN;
- systems supporting personal mobility, such as UPT and PSCS; or
- integrated 3rd generation systems which are expected to start operation in the beginning of the next decade, such as UMTS and FPLMTS, supporting both terminal and personal mobility, while integrating also mobile satellite systems.

It has to be stressed that for public mobile communications systems, such as GSM, UPT and UMTS/FPLMTS, the Intelligent Network (IN) concept provides the basic architectural principles and thus can be seen as the network intelligence platform for these services.

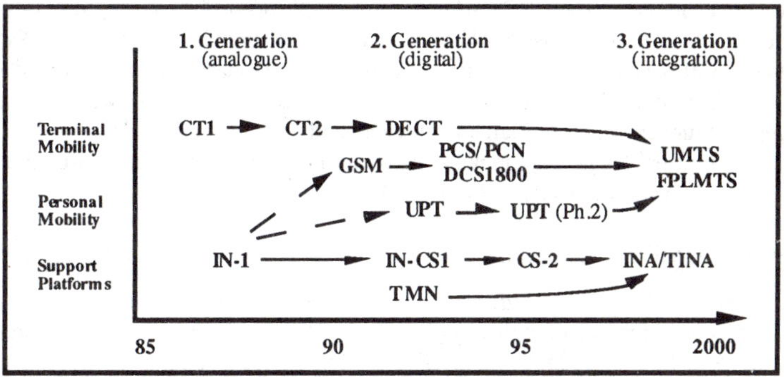

FIGURE 2 Development of Mobile Communications

2.2.4. Terminal Mobility-supporting Systems

Terminal mobility is offered by radio mobile networks, which can be categorized into *cordless* and *cellular* systems. First generation *cordless systems*, like *Cordless Telephone* (*CT1*) were based on analog technology replacing the local wire by a radio link. These systems have been followed by digital ones, such as *CT2* [CT2-89] and *Digital European Cordless Telecommunications (DECT)* [DECT-92], which have been designed with two applications in mind, namely the wireless access in private (notably office) and in public areas. DECT, operating over the 1880-1900 MHz bandwidth supports terminal mobility at walking speed and terminal driven seamless handover. DECT is the new European cordless standard, which will be used also for cordless applications in the public environment, namely for public base stations, known as

"Telepoints" (e.g. Zonephone or Phonepoint in the UK, or Pointel in France). Sometimes one can find in this context the notion of *Personal Communication Network (PCN)* for two-way telepoint (incoming and outgoing calls). Note that this term should not be mixed up with the same term introduced for GSM type cellular systems as introduced below. A good overview of cordless systems in general is given in [Tuttlebee-92]. In addition, EURESCOM, a common research institute for European PNOs, is currently investigating IN support of DECT, which has resulted in the definition of a combined terminal and personal mobility service, named *European Cordless Terminal Mobility (E-CTM)*, using UPT procedures in combination with DECT radio access [Ciancetta-94].

Looking at *cell-based systems* the first generation mobile radio systems were based on analog technology, such as the *American Mobile Phone System (AMPS)* or the *Nordic Mobile Telephone (NMT)*. Second generation radio systems are digital, such as the European *Global System for Mobile Communications (GSM)*, which has been standardized by ETSI´s GSM group in 1989 [GSM-89], formerly known as Groupe Speciale Mobile. In contrast to previous analog mobile systems, GSM represents the first pan-European mobile network, allowing users to roam throughout Europe. It was originally developed for vehicular mobile communication. In contrast to cordless systems, cellular systems are much more complex, since they comprise a *radio network* for the communication with the mobile station (i.e. mobile terminal) and a *fixed network* portion for maintaining location information of the mobile station. Hence GSM represents a complete system, comprising radio interface, infrastructure architecture, network interfaces and signalling protocols. First GSM-systems have been introduced in 1991, but it has to be stressed that GSM is only operational in Europe and will not be introduced on a global scale. (it has to be mentioned that GSM is also introduced in Australia, United Arab Emirates, Hong Kong and New Zealand.)

A global cellular system allowing global roaming will be possible with the direct successor of the GSM, the new *Digital Cellular System (DCS1800)* [Potter-92], also referred to as *Personal Communications Network (PCN)* [Liproff-94] in the United States. DCS1800/PCN, operating on 1800 MHz, defines a derivate of the GSM standard, that is designed for higher capacities in urban areas. DCS1800/PCN is a micro-cellular system, allowing for smaller cell sizes, higher frequency reuse and smaller devices and is going to be introduced in the 95/96 time frame on a global basis. This means that it can be regarded as a merger of the European and North American cellular systems [Wiygall-94].

2.2.5. Personal Mobility-supporting Systems

Universal Personal Telecommunications (UPT) is one promising service concept, which has been selected as one of the challenging applications of Intelligent Networks (IN) and is currently standardized in ITU-T [F.851] and ETSI NA7 [NA70102], [NA70201] in several phases. UPT enables access to telecommunication services by allowing personal mobility. UPT standardization and introduction should take place in so-called phases; UPT Phase 1 is only for support of telephony services over PSTN and ISDN in the 95/96 time frame, whereas UPT Phase 2 should allow for broadband services in the long term. In general UPT should enable users to participate in a user-defined set of subscribed services and to initiate and receive calls on the basis of a personal network-transparent UPT number across multiple networks (fixed or mobile) irrespective of geographic location, limited only by terminal and network capabilities. This means users have to register explicitly for incoming and outgoing calls in order to provide the system with the necessary location and authorization information. Note that UPT users can also register with a mobile terminal (i.e. a GSM terminal). As mentioned before, UPT realization is based on the IN architecture [Dang-92].

Although UPT has not yet been implemented on a European scale, RACE is already investigating the evolution of the UPT concept under the umbrella of its *Personal Service Communication Space (PSCS)* concept [CFS-B230], [CFS-C320]. Personal communications offers to end-users the ability to communicate and to organize this communication in accord with their own needs, characterized by time, space, cost, quality, accessibility, security and privacy. RACE defines in its Project MOBILISE [Gunter-93], [Gunter-94] the PSCS concept in order to support the above functionality. The PSCS can be seen as an extension of the UPT idea, while remaining backward compatible with UPT. Basic enhancements to UPT cover subscription to multiple telecommunication services, advanced services personalization and more powerful service profile management capabilities.

2.2.6. Future Integrated Mobile Systems

In the long term an integration of all mobile radio applications (cordless, cellular, and paging systems), including Mobile Satellite Systems (MSS), into one universal system is desired in order to support global roaming. The reason for integrating satellite systems into the target system is the fact, that satellite systems could complement terrestrial systems in low density areas. Therefore ETSI and ITU are working currently on the definition of 3rd generation mobile systems, which are expected to start services around the year 2000. In Europe, ETSI's Special Mobile Group (SMG 5) looks for the definition of an *Universal Mobile Telecommunications System (UMTS)* [SMG50301], whereas parallel standardization activities on a world-wide level are undertaken within ITU-R TG8/1 under the banner of *Future Public Land Mobile Telecommunication System (FPLMTS)* [CCIR-687]. Note that FPLMTS has recently been renamed to *International Mobile Telecommunications - 2000 (IMT-2000).* Both UMTS and FPLMTS have similar goals and both systems should provide global roaming and inter-system handover capabilities. They should provide access to a wide range of telecommunication services supported by fixed networks (e.g. PSTN, ISDN), and to other services, which are specific to mobile users. Therefore the systems are expected to be identical or largely compatible.The main aspect of both UMTS and FPLMTS, is the integration of satellite and cellular systems due to the recent advances in mobile satellite systems [Ananasso-94], [Wildey-94].

In contrast to current mobile systems, which have been designed as separate overlay networks, UMTS [Grillo-93] is targeted to be implemented using a common infrastructure with fixed networks. Full integration of UMTS with B-ISDN, where UMTS could be considered as the mobile access to B-ISDN is envisaged, in order to support a broad range of teleservices and multimedia services (voice, video, and data) [Mitts-94]. UMTS aims for a maximum user data rate of 2 Mbit/s. In order to facilitate the fast deployment of UMTS, many functions required in support of mobile systems are expected to be provided by Intelligent Networks [Broek-94]. In addition it has to be mentioned that part of the development work on UMTS takes place within a number of projects in the RACE II programme, namely the projects MONET (R2066), ATDMA (R2084) and CODIT (R2020) [CFS-D734]. RACE investigates also the area of *Mobile Broadband Systems (MBS)*, defining a high speed component of UMTS, that would support higher data rates of the order of 100 Mbit/s thus enabling mobile broadband capabilities. Good introductions to these systems are provided in [Reilly-94] and [Norp-94] respectively.

2.2.7. Intelligent Networks as Basis for Mobile Communications

The IN concept represents the architectural basis for most of the presented mobile communication systems [Hecker-92]. Since the first stage of IN standards (Capability Set 1, approved in 1992) provides only limited service functionalities for mobile services, the development of the second set of IN standards (CS-2) will be strongly influenced by new emerging mobile telecommunication services, in particular by UMTS and FPLMTS [Broek-94]. The IN standardization takes place in ITU WG XI [Q.1200] and ETSI NA6 [NA60003] since 1989.

For completeness the ongoing work within the *Telecommunications Information Networking Architecture Consortium* (TINA-C) programme has to be mentioned, where support of a *Nomadic Personal Communication (NPC)* Service is one challenging aspect for the TINA architecture. TINA can be considered as the long term successor to the IN concept. The NPC should support end user access to every kind of services in the telecommunication information network without worrying about the user's location and motion during a service session (mobility). NPC covers the mobility aspects of transport connection services and of information services.

2.3. Summary

The current activities of research in the area of mobile computing mostly concentrate on the use of location information and on the unobtrusive enhancement of the working environments by various hardware and software technologies. These technologies are especially advanced in the area of wireless access, mobile usage of information technologies, location aware applications, and seamless integration of ubiquitous computing into the daily working life. The interrelationship and common grounds between the world of mobile computing and the vast area of mobile telecommunications are manifold: the research in the area of mobile computing exhibits a substantial demand on mobile, wireless communications systems. The emphasis is on the extension of LANs towards wireless, cellular networks. Enhancing the scope of usage of mobile computing towards larger numbers of users (in the order of several magnitudes) and towards a larger coverage area (e.g. mobile computing in WANs) leads us to a scenario where telecommunications support for mobile computing is required (cf. DECT, GSM, DCS1800, UMTS, MBS). On the other hand, a typical area where mobile computing supports the world of telecommunications are the applications developed at Xerox PARC and at ORL for the provisioning of advanced call forwarding based on location information of the users.

The intended architectural basis for most of the presented mobile communication systems, the IN concept, provides an adequate architecture for the rapid creation and provision of personal communication services [IEEE-93]. The *Specialized Data Function* (SDF) within the IN functional architecture provides the required capabilities for the handling of the various types of service-related or customer-related databases, i.e. the user profiles or service profiles. User profiles are an essential part in the concept of mobile computing and mobile communications. The user demands the global availability of his/her common set of applications usually utilized at the desktop. In order to have a mobile access to these applications (and their customizations on behalf of the user), user profiles are required containing informations on the user (e.g. user location information to support *personal mobility*) and on the used services (to support *service mobility*). The IN Capability Set 2 (CS-2) defines the usage of the X.500 *Directory Access Protocol* (DAP) for the interaction between the SDF and the service logic-containing *Service Control Function* (SCF). In the long term, the Intelligent Network concepts will be replaced by the TINA-C concepts. Currently, we investigate the thesis that IN service features may be substituted by corresponding TMN management capabilities [Maged-95]. This approach may pave the way from current IN concepts toward the long term TINA-C realization.

3. Towards an Integration of Computing and Telecommunications Technologies in the area of Personal Communications

The common trend in mobile computing and mobile, personal communications towards a unified world of communications and computing is characterized by such developments as new highly portable hardware, enhanced wireless communications capabilities, electronic market places, new types of services and (location aware) applications, and ubiquitous availability of communications capabilities and information services. Within all of these developments, the concepts of *personal mobility* and *personalization of services* are the central issues. Increased reachability of mobile users represents an important aspect within the emerging information society. The provisioning of personal mobility requires the introduction of logical names or user identifiers to be used by communication services during call setup instead of physical destination numbers or addresses. Calling users do not have to know about the current location of a desired communication partner, they only have to know a unique (logical) user number or reference. The aspect of personalization of services requires the provisioning of new categories of management services in the telecommunications management functional area (TMFA) of *Customer Query & Control* to be exclusively used by the casual user. The administration of personal service configurations and user location information in dedicated data structures, mostly referred to as *"User Profiles"* represents the most important prerequisite for supporting (personal) mobility and personalization of services. Here, a key word is the provision of location transparency. In this context, the TMN-based *Personal Communications Support System* (PCSS) has been defined to provide for personal mobility and service personalization in a uniform way to numerous communication applications.

3.1. The Personal Communications Support System (PCSS)

The *Personal Communications Support System*, currently under development at the BERKOM II project "IN/TMN Integration" performed by the Department for Open Communications Systems at the Technical University of Berlin for Deutsche Telekom Berkom (•De•Te•-Berkom•), has been specially designed for providing *personal mobility, personalization of services* and advanced service interoperability in the area of Customer Premises Networks (CPN). It enables users to configure their communications environment according to their specific needs, with respect to parameters such as *time, location, quality, medium, cost, accessibility and privacy* [Eckardt-95], [BERKOM-94].

We applied the most important developments in the area of mobile computing and mobile telecommunications for the design of the PCSS. Various different types of communication services and location aware applications within the CPNs will be supported by the PCSS in a uniform way. The scope of the PCSS is purposely limited to the usage area of CPNs, enhanced office environments, and large in-house systems. Here, we have a closed world where specialized enabling technologies (e.g., electronic location technologies) can be ubiquitously installed [Elrod-93]. Location information, a very important issue in the context of personal mobility, can be produced with a much finer resolution and a more specific semantic than in the metropolitan, regional, or global context. Due to identical management and ownership domains in CPNs, the access to communication and computation resources is more simple than in the area of public networks. As a result, realistic demonstrators can be designed and implemented that handle the call control or routing of the various available communications media in this private area.

The central part of the PCSS is the *Core PCSS*. It is a development and runtime support environment specialized to enhance various different types of communications services in the area of personal mobility and personalization of services. The Core PCSS is designed to provide the means for a seamless integration of any locally available communication services into a customizable communications environment that virtually moves *with* the user wherever he/she goes (within the limits of the CPN). If a user within the CPN is called the system must compute a mapping of a personal number to a physical terminal address. Based on the momentarily available communication services/resources near to the mobile user, the best communication endpoint at that vicinity has to be dynamically addressed.

Technically, the Core PCSS consists of various globally accessible databases containing user-related location, configuration, and administration data. This information can be location-transparently accessed with the help of management information services. The PCSS development platform provides specialized functionality that hides the direct access to individual entries or attributes in the various PCSS databases, called 'profiles'. Being thus raised to a more abstract level, elementary functionality for the realization of personal communications is made available at the PCSS *Application Programming Interface* (API).

In a less strict usage of the term, the PCSS denotes the *PCSS infrastructure* comprising the Core PCSS and elementary management services or enabling technologies provided as specialized services (cf. Figure 3). In this category of services, we find the different registration services gathering the elementary location information of the various users to be written into the respective user profiles. An important registration service to be implemented for the PCSS, is the automatic user location service utilizing Active Badges and a sensor network as a kind of automatic registration. This *automatic registration service* currently uses the Active Badge System of Olivetti (cf. section 2.1.2. on electronic location techniques) but may be easily modified to apply any other electronic user location technology. The *user profile management service* is a third example of elementary management services comprising the PCSS infrastructure.

3.2. The Core PCSS

The individual components of the Core PCSS and the main applications interacting with those components are displayed in Figure 3. The central data structure within the PCSS profiles is the *Generic Service User Profile* containing all the information required to support personal mobility, personalization of communication services, and advanced user information services. Besides the Generic Service User Profile, the Core PCSS comprises three more types of PCSS profiles which are not display in Figure 3 for the sake of simplicity. Basically, these are different types of infrastructure-describing profiles (for the description of rooms or zones, generic communication endpoints, and individual terminals/service access points). An application programming interface specifically defined for the context of the PCSS provides various types of teleservices and location-aware information services with personal communications-related information.

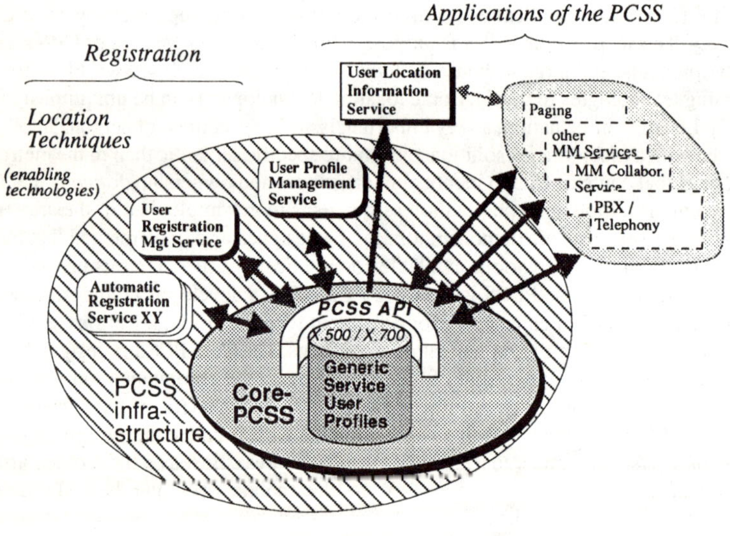

FIGURE 3 Applications of the Core PCSS

3.3. Basic Communication Model of the PCSS

One of the most prominent principles of the PCSS is the largely person-oriented and location-oriented operation of the Personal Communication Support System. This feature distinguishes the PCSS approach from traditional telecommunication approaches to service specification. Even advanced telecommunication services and IN services are primarily based on (network) numbers when specifying features such as call forwarding on busy (CFBY). For example, when comparing the concepts of Universal Personal Telecommunications (UPT) with the personal mobility-related concepts of the PCSS the most important difference between the two approaches are:

- UPT, based on IN concepts, comprises service features that are network address/number-oriented. For example, the registration procedure binds a telecommunication network number to the user who registers him/herself at a specific terminal (cf. Figure 4a). Additional IN service features which may be provided together with the UPT services are centered around network numbers (e.g. *call forwarding* routes calls directed to one network number to another network number).

- The PCSS is primarily person and location-oriented. That is, the registration procedure binds a user who registers him/herself at a specific location to a reference to that room or cell (cf. Figure 4b). The PCSS is responsible for a dynamic mapping of that reference to a suitable physical connection endpoint for a specific teleservice (e.g. physical number of a fax-machine). This process requires that the room or cell is known to the system (i.e. the room has been 'registered' with the system in an administration process prior to the use of its reference). The same is true considering the definition of service features that are supported by the PCSS. PCSS service features such as *call forwarding*, *call screening*, *time dependent routing*, etc. are person-oriented. They will be based on references to users of the PCSS instead of network addresses/numbers. Again, the PCSS is responsible for a dynamic mapping of the reference to a suitable physical connection endpoint for a specific teleservice.

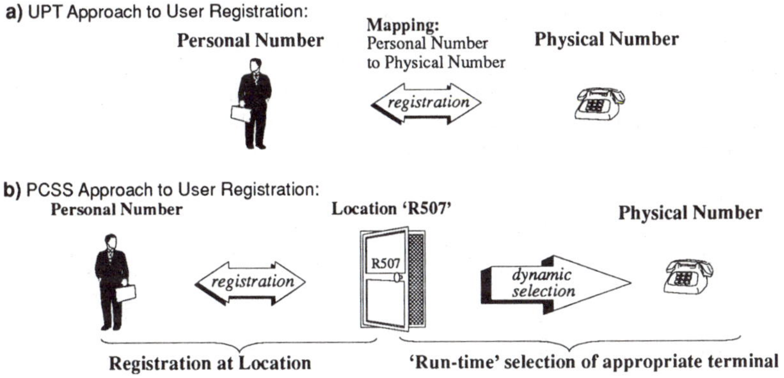

FIGURE 4 User Registration: UPT versus PCSS

Thus, to resolve a PCSS address (i.e. a personal identifier) to a physical number or terminal/application address, the PCSS must perform a multi-stage mapping leading from the personal number to the registered location and finally to an appropriate terminal. The advantage of this approach is: enhanced flexibility. With a single, simple procedure, the user can register for any type of teleservice. The system dynamically decides where to route the call depending on the type of teleservice used by the calling party and the available capabilities at the registered location.

3.4. Provided Personal Communications Capabilities

The Personal Communication Support System (PCSS) is intended to add IN service feature capabilities in the area of personal communications to a number of different, already existing or currently evolving teleservices (an application scenario for the PCSS in the context of the Multimedia Collaboration Service, MMC, can be found in [Eckardt-94]). All the capabilities provided by the PCSS are designed in a service-generic way to be applicable to an open set of teleservices. The PCSS focuses on *personal mobility* related IN service features as defined in UPT. At a clearly defined API, it provides personal communications-related primitives to allow for a user-defined intelligent call handling such as:

- Call Forwarding unconditional (CF)
- Call Forwarding On Busy / Don't Answer (CFBY), (CFDA)
- Time Dependent Routing (TDR)
- Origin Dependent Routing (ODR)
- Originating Call Screening (OCS)
- Explicit User Registration or De-registration (UREG)

3.5. Implementation Issues of the PCSS

Basically, the PCSS is implemented as a distributed environment where the communication is based on ISO/OSI communication protocols (i.e X.500 DAP and X.700 CMIS/CMIP). The current implementation of the *Generic Service User Profile* as an aggregation of distributed objects to be accessed via the *Directory Access Protocol* (DAP) or X.700 *CMIS/CMIP* applies the concepts of the *Inter-Domain Management Information Service (IDMIS)* [CFS-H430] integrating X.500 and X.700. Figure 5 shows the engineering representation of a logical instance of a PCSS User Profile in terms of X.500 Directory Entries contained in a Directory Information Tree and X.700 MOs contained in a Management Information Base (MIB). The platform used for the implementation and realization of the PCSS is the BERKOM Management Platform integrating OSIMaDE and IDMIS [BERMAN-93alb]. On top of the IDMIS which provides a globally unique naming mechanism for management information and a location transparent access to that information for management services is an application programming interface specifically defined for the context of the PCSS. It provides higher level functionality or reusable components in the form of a library. Functions building on the internal IDMIS API to provide more abstracted, reusable capabilities in the context of the PCSS are packaged in a PCSS library to be statically bound in any location aware applications or service which has to be enhanced.

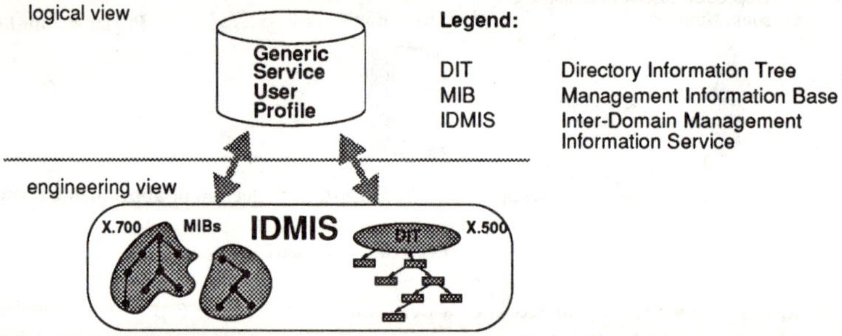

FIGURE 5 Logical vers. Engineering View of the PCSS User Profile

There are mainly two reasons for this approach: We decided to demonstrate that both, service management and service control may be realized by the means of management (cf. [Maged-95]). Second, we decided to allow for global access to any PCSS specific data which implies we need a global naming space and uniform, location transparent access mechanisms to the data contained in the various, distributed PCSS profiles. Currently, several research activities are focusing on the integration of Directory and Management Information Models, aiming for the definition of an integrated Information Model, to be accessed by an integrated protocol. The Inter-Domain Management Information Service (IDMIS) [CFS-H430], currently under development at GMD FOKUS Berlin. The IDMIS is envisaged to be included in the TMN standards.

4. Conclusion

The marriage of location aware applications in a ubiquitous computing environment with concepts for sophisticated, new teleservices such as UMTS, UPT and IN might lead to a realization of the idea of ubiquitous communications. This thesis is supported by the current trend in communication research and development that indicates a major shift towards personalized communications and personal/terminal mobility. An enabling technique for this type of personalized communication environments is the *Personal Communications Support System* (PCSS) which has been outlined in this paper. The scope of the PCSS encompasses the support of a variety of traditional and advanced telecommunication services in the area of personal mobility and personalization of services. A very crucial issue, i.e. the provision and processing of location information and service personalization information, constitutes the foundation for a broad range of services and applications.

5. Literature

[ACM-93] Communications of the ACM Journal, "Computer Augmented Environments: Back to the Real World", Vol.36, No.7, July 1993

[Ananasso-94] F. Ananasso, F.D. Priscoli: "Technology and Networking Issues in 3rd Generation Satellite Personal Communication Networks", International Conference on Universal Personal Communications (ICUPC), San Diego, California, September 1994

[Bellcore-92] Bellcore Special Report: "Cycle 1 Initial Specifications for Information Networking Architecture (INA)", SR-NWT-002268, Issue 1, June 1992

[BERKOM-94] BERKOM II Project "IN/TMN Integration", Deliverable 5: "State-of-the-Art in Personal Communications and Overview of the PCSS", Technical University of Berlin, Institure for Open Communicationssystems (OKS), November 1994

[BERMAN-93a] BERMAN, Guide to the BERKOM Directory, Version 3.0, December 1993.

[BERMAN-93b] BERMAN, Guide to the BERKOM Management Platform, Volume 1: Overview, Volume 2: User's Guide, Volume 3: Programmer's Guide for the Managing Side, Volume 4: Programmer's Guide for the Managed Side, Version 3.0, December 1993.

[Broek-94] W. van den Broek, et.al.: "Impact of UMTS on IN Development", International Conference on Intelligent Networks (ICIN), Bordeaux, France, October 1994

[CCIR-687] CCIR Recommendation 687: Future Public Land Mobile Telecommunication System (FPLMTS), Question 39/8

[CFS- B230] RACE Industrial Consortium, Common Functional Specification (CFS) B230: "General Principles of Personal Communications", Issue D, December 1993

[CFS-C320] RACE Industrial Consortium, Common Functional Specification (CFS) C320: "Advanced Service Features for Personal Telecommunications", Issue D, December 1993

[CFS-D734] RACE Industrial Consortium, Common Functional Specification (CFS) D734: "Mobile Communications: Universal Mobile Telecommunication System (UMTS) Radio Aspects", Issue D, December 1993

[CFS-H430] RACE Common Functional Specification (CFS) H430: "The Inter-Domain Management Information Service (IDMIS), Issue D, December 1993

[Ciancetta-94] M. Ciancetta, J. Isberg: "Combined personal and terminal mobility in IN environment", International Conference on Intelligent Networks (ICIN), Bordeaux, France, October 1994

[CT2-89] Department of Trade and Industry Radio Communications (DTI): "Common Air Interface Specification for CT2", MPT 1375, May 1989

[Dang-92] J.C. Dang et.al: "IN as a platform for UPT: constraints and requirements", 2nd International Conference on Intelligence in Networks, Bordeaux, France, March 1992

[DECT-92] ETSI - Radio Equipement and Systems (RES) - ETS 300 175 "Digital European Cordless Telecommunications Common Interface", 1992

[Eckardt-94] T. Eckardt, T. Magedanz: "On the Personal Communication Impacts on Multimedia Teleservices", International Workshop on Advanced Teleservices and High-Speed Communication Architectures (IWACA), Heidelberg, Germany, September 26-28, 1994

[Eckardt-95] T. Eckardt, T. Magedanz: "The Role of Personal Communications in Distributed Computing Environments", 2nd Interantional Symposium on Autonomous Decentralized Systems (ISADS), Phoenix, Arizona, USA, April, 25-26, 1995

[Elrod-93] S. Elrod et.al.: "Responsive Office Environments", Communications of the ACM, Vol. 6, No. 7, July 1993

[F.851] ITU-T Draft Recommendation F.851: "Universal Personal Telecommunications - Service Principles and Operational Provision", November 1991

[Forman-94] G. H. Forman, J. Zahorjan: "The Challenge of Mobile Computing", IEEE Computer Society, Vol. 27, No. 4, April 1994

[Grillo-93] D. Grillo et.al: "Toward third generation mobile systems: a European possible transmission path", Computer Networks and ISDN Systems, Vol. 25, 1993

[GSM-89] ETSI/GSM-PN GSM Recommendations, Geneva, September 1989

[Gunter-93] M. Guntermann et.al.: "Integration of Advanced Communication Services in the Personal Services Communication Space - A Realisation Study", Proceedings of the RACE International Conference on Intelligence in Broadband Service and Networks (IS&N), Paris, November 1994

[Gunter-94] M. Guntermann et.al.: "IN based End-user Service Management for Advanced UPT", 3rd Int. Conference on Broadband Islands: "Connecting with the End-User", Hamburg, Germany, 7-9 June, 1994

[Harter-94] A. Harter, A. Hopper: "A Distributed Location System for the Active Office", IEEE Network, Special Issue on Distributed Applications for Telecommunications, January 1994

[Hecker-92] H.P.J. Hecker et.al: "The Application of the IN-concept to provide Mobility in underlying Networks", 2nd International Conference on Intelligence in Networks (ICIN), Bordeaux, France, March, 1992

[Heilmeier-93] G.H. Heilmeier: "Strategic Technology for the Next Ten Years and Beyond", IEEE Communications Magazine, Vol. 31, No. 12, December 1993

[IEEE-93] IEEE Communications Magazine, Special Issue "Towards the Global Intelligent Network", Vol. 31, No. 3, March 1993

[Lipoff-94] S.J. Lipoff: "Personal Communications Networks Bridging the Gap Between Cellular and Cordless Phones" Proceedings of the IEEE, Vol. 82, No. 4, April 1994

[Maged-95] T. Magedanz: "On the Integration IN and TMN - Modeling IN-based Service Control Capabilites as Part of TMN-based Service Management", 6th IFIP/IEEE International Symposium on Integrated Network Management (ISINM), Santa Barbara, California, USA, May 1-5, 1995

[Mitts-94] H. Mitts: "Universal Mobile Telecommunication System - Mobile access to Broadband ISDN", 3rd Int. Conference on Broadband Islands: "Connecting with the End-User", Hamburg, Germany, 7-9 June, 1994

[NA60003] ETSI ETS MI NA-600-03: "NA6 Baseline Document", Version 1, 24 June 1994

[NA70102] ETSI ETR NA-70102: "UPT, Principles and Objectives", 1992

[NA70201] ETSI ETR NA-70201: "UPT, General Service Description", 1992

[Norp-94] T. Norp: "Aspects of Integrating Mobile and Fixed Communications", International Conference on Universal Personal Communications (ICUPC), San Diego, California, September 1994

[Potter-92] A.R. Potter: "Implementation of PCNs Using DCS1800", IEEE Communications Magazine, December 1992

[Q.1200] ITU-T Recommendations Q.1200 series: "Intelligent Network ", Geneva, March 1992

[RACE-94] Research and technology development in advanced communications technologies in Europe: "RACE 1994", Annual Technical Report of RACE, Brussels, February 1994

[Reilly-94] P. Reilly, C. Di Lapi: "MSS Architectures for 21st Century Wireless Communications", International Conference on Universal Personal Communications (ICUPC), San Diego, California, September 1994

[Ryan-93a] B. Ryan: "Communications Get Personal", p.169, Byte, Vol. 18, No. 2, February 1993

[SMG50301] ETSI DETR SMG-50301: "Framework of network architecture, interworking and integration for the Universal Mobile Telecommunications System (UMTS)", Version 0.4.0, May 1993

[Spreitzer-93] M. Spreitzer, M. Theimer: "Scalable, Secure, Mobile Computing with Location Information", Communications of the ACM, Vol. 6, No. 7, July 1993

[TINA-C] Telecommunication Information Networking Architecture - TINA Consortium, Work Program Proposal, Draft Issue 4, January 1993

[Tuttlebee-92] W. Tuttlebee: "Cordless Personal Communications", IEEE Communications Magazine, December 1992

[Want-92] R. Want, A. Hopper, V. Falcao, J. Gibbons: "The Active Badge Location System", ACM Transactions on Information Systems, Vol. 10, No. 1, Jan. 1992

[Weiser-93] Mark Weiser: "Some Computer Science Issues in Ubiquitous Computing", Communications of the ACM, Vol. 6, No. 7, July 1993

[Wildey-94] C.G. Wildey: "Satellite and Cellular Integration: A Terminal Manufacturer´s Perspective", International Conference on Universal Personal Communications (ICUPC), San Diego, California, September 1994

[Wizgall-94] M. Wizgall: "PCS Implementation - A Merger of American and European Mobile Systems", International Conference on Universal Personal Communications (ICUPC), San Diego, California, September 1994

Schnell und schlank durch Corporate Networks

Clemens Keil
Siemens AG

1. Einführung und Umfeld

Die **Siemens-Unternehmensleitsätze** enthalten u. a. die Zielsetzung, zu den wettbewerbsstärksten Unternehmen der Welt zu gehören und Schrittmacher des technischen Fortschritts zu sein. Dies erfordert eine hohe Kompetenz sowohl im Hinblick auf Produkte als auch auf Geschäftsprozesse. Beide werden vom Kunden im Vergleich zum Wettbewerb anhand von Preis, Qualität, Funktionalität, Liefertreue u. a. wettbewerbsrelevanten Faktoren bewertet. Während in der Vergangenheit die **Produktmerkmale** weitgehend die Bewertung bestimmt haben, rückt inzwischen immer mehr die **Prozeßqualität** in den Vordergrund des Interesses. In der Konsequenz verlagert sich die Innovation immer mehr in Produktions- und Logistikprozesse: neben der **Produktgestaltung** hat somit auch die **Gestaltung der Geschäftsprozesse** an Gewicht gewonnen.

Die Gestaltung neuer Prozesse sowie die Optimierung vorhandener Prozesse haben dabei unmittelbare intensive Berührungspunkte mit der **Informations- und Kommunikationstechnik** (IuK). Der Einsatzbereich reicht von der Beschleunigung und qualitativen Verbesserung des Informationsflusses über die Unterstützung an einzelnen Arbeitsplätzen mit Rechnerleistung und Informationen bis zur Automatisierung ganzer Prozeßstrecken. Für die Informations- und Kommunikationstechnik sind dabei in erheblichem Umfang Vorleistungen zu erbringen. Dazu gehört die unternehmensweite Kommunikation, der Datenaustausch zwischen Verfahren auf möglichst hohem Niveau sowie der Informationsfluß von und zu Kunden und Lieferanten.

Vor diesem Hintergrund hat Siemens bereits 1990 den Aufbau eines weltweiten **Corporate Networks** als Grundbaustein eines **informationstechnisch vernetzten Unternehmens** beschlossen. Hintergründe, Zielsetzung, Stand der Umsetzung und weitere Perspektiven dieses Beschlusses sollen im weiteren aus der Anwendungsperspektive erläutert werden, ohne dabei die technischen Implikationen aus den Augen zu verlieren.

Ein optimaler Informationsfluß in Produktions- und Logistikprozessen muß nach vorliegenden Erfahrungen von den unternehmensspezifischen Strukturen ausgehen. Angesichts der Breite des Betätigungsfeldes des Hauses Siemens von der Erzeugung und Anwendung elektrischer Energie über die Verkehrstechnik, medizinische Technik bis hin zur Informations- und Kommunikationstechnik und deren Komponenten sind zusammengehörige **Produkt- und Geschäftssegmente** in **eigenständigen Unternehmenseinheiten** (Bereiche) mit dezentraler und umfassender unternehmerischer Gesamtverantwortung zusammengefaßt.
Die Bereiche tragen daher als selbständige Weltunternehmer die ungeteilte Geschäftsverantwortung in ihrem Betätigungsfeld. Die dezentrale Geschäftsverantwortung umfaßt Entwicklung, Produktion, Vertrieb, Logistik und Verwaltung und schließt auch die **dezentrale Verantwortung für den Einsatz von Informations- und Kommunikationstechnik** mit ein.
Unter einem Corporate Network wollen wir im Rahmen einer derartigen divisionalisierten Unternehmensstruktur nicht das Kommunikationsnetz einer singulären Unternehmenseinheit verstehen, sondern vielmehr ein übergreifendes Kommunikationsnetz zur Befriedigung sämtlicher Kommunikationsbedürfnisse aller Unternehmenseinheiten.[1] Dies führt in letzter Konsequenz dazu, daß die Unternehmenseinheiten ihre Verantwortung für ihr Kommunikationsnetz im Sinne eines **Outsour-**

---

[1] häufig werden Corporate Networks in der Literatur nur aus dem Blickwinkel eines Unternehmes und nicht aus der Perspektive eines aus mehreren, weitgehend selbständigen Unternehmenseinheiten bestehenden Konzerns behandelt; vgl. hierzu etwa [Sc 1994]

cing auf eine - wie wir später noch erläutern werden - interne **Corporate Network-Dienstleistungseinheit** übertragen.

2. Das vernetzte Unternehmen

2.1. Informations- und Kommunikationserfordernisse eines vernetzten Unternehmens

Trotz der skizzierten divisionalen Unternehmensstruktur haben die vielfältigen Bemühungen der einzelnen Unternehmenseinheiten zur **Optimierung der Geschäftsprozesse** und damit auch zur **Optimierung der Informationsflüsse** eines gemeinsam: sie unterstützen die vielfältigen geschäftlichen Aktivitäten eines global operierenden Unternehmens, das
- den Weltmarkt mit seinen Produkten, Systemen, Anlagen und Serviceleistungen bedient
- in einem weltweiten Produktionsverbund fertigt
- in einem weltweiten FuE-Verbund forscht und entwickelt
- weltweit einkauft
- internationale Joint Ventures z. B. im Entwicklungsbereich unterhält.

Hinzu kommen spezifische Ausprägungen der einzelnen Geschäftsarten wie z. B.
- im **Anlagengeschäft:** Montageaktivitäten an wechselnden Baustellen und Zusammenarbeit mit einer Vielzahl von Subunternehmen
- im **Produkt- und Systemgeschäft:** zunehmende auch grenzüberschreitende Direktbelieferung von Kunden gestaffelt nach unterschiedlichen Lieferzeitklassen bis hin zu Just-in-Time Anforderungen
- im **Servicegeschäft:** Planung und Steuerung des Einsatzes von rd. 50 000 Service-Mitarbeitern beim Kunden synchronisiert mit der erforderlichen Ersatzteilversorgung
- in allen Geschäftsarten: in der **Logistik** die Zunahme des beleglosen Geschäftsverkehrs mit Kunden, Lieferanten, Behörden und Dienstleistern mit der Zielsetzung der ständigen Verbesserung der logistischen Zielgröße **time-to-customer** sowie in der **Entwicklung** die zunehmende Parallelisierung der häufig geographisch verteilten Teilprozesse des Produktentstehungsprozesses im Sinne des Concurrent Engineering mit der Zielsetzung der ständigen Verbesserung der **time-to-market**-Zielgröße.

Globale Präsenz einerseits und die angeführten Beispiele geschäftsspezifischer Anforderungen andererseits verlangen eine effiziente Organisation der weltweiten Zusammenarbeit innerhalb des Unternehmens sowie mit Geschäftspartnern. Daraus resultieren unmittelbare Anforderungen an die Gestaltung der Geschäftsprozesse, insbesondere im Hinblick auf Schnelligkeit und Durchgängigkeit.[2] Dies hat wiederum Auswirkungen auf die Gestaltung des Informationsflusses zwischen den einzelnen Informationsverarbeitungsstationen innerhalb der Geschäftsprozesse. Mit Blick auf die vielfach und auf allen Ebenen des Unternehmens vernetzten Informationsflüsse haben wir es hier mit einem **vernetzten Unternehmen** zu tun; zur effizienten Abwicklung der Geschäftsprozesse und -funktionen ist die Bereitstellung einer geeigneten **vernetzten Informations- und Kommunikationsinfrastruktur** unabdingbar.[3] In einem so verstandenen, vernetzten Unternehmen ist - ohne Begrenzung durch Raum oder Zeit - der unternehmensweite Zugriff auf und damit die Teilhabe an verteiltem Know-How oder verteilten Datenbeständen ebenso gefordert wie die Zusammenarbeit verteilter Teams. Mit welcher Dynamik sich ein derartiges Unternehmen in der Praxis entwickeln kann, zeigt Bild 1.

---

[2] in [Ku 1994] wird diese Thematik anhand konkreter Geschäftsprozesse aus der Logistik und der Produktentstehung erörtert

[3] Zu Anforderungen und Konsequenzen vernetzer Unternehmen vgl. auch [Ro Sh 1991], [Ha 1991] bzw. aus der Perspektive der Organisationsentwicklung von Spitzenunternehmen [Wa 1994], [Ha Ch 1993]

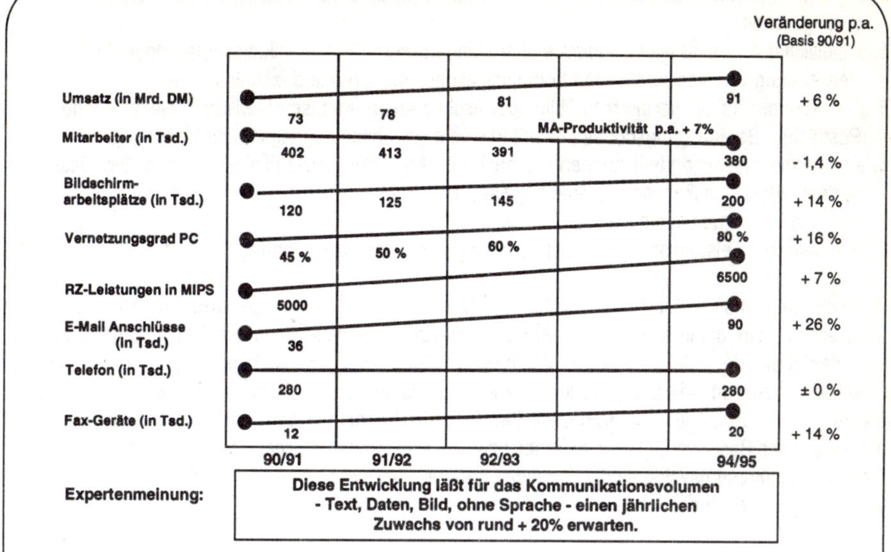

IuK-relevante Entwicklungen im Überblick

Bild 1

Der Einsatz der klassischen papiergebundenen Kommunikation z.B. mittels Hauspost oder gelber Post reicht hier längst nicht mehr aus. Im folgenden wollen wir daher zunächst einmal erörtern, welche Voraussetzungen für den Umgang mit Informationen und für die Gestaltung der Informationsflüsse in Anbetracht des skizzierten Umfeldes idealtypisch erfüllt sein sollten. Es lassen sich grundsätzlich die folgenden drei Basisforderungen aufstellen:

1. **Jede Information ist an jedem Ort für jeden berechtigten Kommunikationspartner zu jeder Zeit verfügbar.**
2. **Jeder Kommunikationspartner ist an jedem Ort zu jeder Zeit erreichbar.** Im synchronen Fall können die Kommunikationspartner zur gleichen Zeit Informationen im Dialog austauschen, während im asynchronen Fall für einen Kommunikationspartner eine Nachricht hinterlegt und von diesem zu einem späteren Zeitpunkt abgeholt werden kann.
3. **Informationen werden anforderungsgerecht, korrekt, in der notwendigen Aktualität und auf dem gewünschten Trägermedium - ohne zeitraubende Umsetzvorgänge - angeboten.**

2.2. Idealtypische Realisierung der Informations- und Kommunikationserfordernisse

Was wird zur Realisierung dieser Basisforderungen benötigt? Es ist eine **vernetzte Informations- und Kommunikationsinfrastruktur aufzubauen**, die elektronische Informationen sicher und verlustfrei von einem Absender empfängt, transportiert, ggf. zwischenspeichert bzw. verarbeitet und an einen adressierten Empfängerkreis verteilt bzw. für diesen zur Abholung bereithält. Folgende acht **Leistungsmerkmale** müssen darüberhinaus bereitgestellt werden:

1. Übertragung, Speicherung und Verarbeitung sämtlicher Informationsarten wie Daten, Text, Sprache, Graphik und Bewegtbild
2. Zugang von allen Standorten des Unternehmens über stationäre, ggf. multifunktionale Endgeräte sowie mobiler Zugang über portable Endgeräte

3. Jeder Kommunikationspartner wird im Bedarfsfall zu jedem anderen Kommunikationspartner durchgeschaltet.
4. einheitlicher Anschluß aller Endgeräte über standardisierte "Kommunikationssteckdosen" unter Verwendung von standardisierten Kommunikationsprotokollen und -schnittstellen
5. allen Kommunikationspartnern steht ihr spezifisches Anforderungsprofil wie z. B. elektronische Postfächer, Berechtigungscodes unabhängig vom gewählten Zugangsort zur Verfügung.
6. als Kommunikationspartner können - je nach geschäftlicher Notwendigkeit - Mitarbeiter, Geschäftspartner, aber auch Rechnersysteme zugelassen werden
7. Verfügbarkeit "rund um die Uhr"
8. automatischer Leistungsnachweis mit verursachergerechter Verrechnung

Darüberhinaus muß jeder Kommunikationspartner über eine eindeutige **Kommunikationsadresse** ansprechbar sein, die ihrerseits über ein elektronisches Kommunikationsverzeichnis vorgehalten wird. Für den Fall der elektronischen Weiterverarbeitung von Informationen zur Verkettung von Geschäftsprozessen - dies ist z. B. im Rahmen des elektronischen Austausches von Geschäftsdaten wie Angeboten, Aufträgen, Lieferabrufen, Bestellungen, Rechnungen usw. angezeigt -werden darüber hinaus auf der Basis verfügbarer externer bzw. zu schaffender interner Standards - z. B. EDIFACT, firmenweite Nummernsysteme oder Barcode - generelle Vereinbarungen für Inhalte und Formate dieser Informationen getroffen.

Es ist einsichtig, daß mit einer derartigen Informations- und Kommunikationsinfrastruktur vielfältige geschäftliche Anforderungen effizient unterstützt werden können:[4]

- vom Vertriebsingenieur, der mit Hilfe von mobilen, PC-gestützten Verfahren des computer aided selling im direkten Dialog mit dem Kunden Systeme und Anlagen konfiguriert und Angebote mit Preisen und Terminen hinterläßt, bis zum Wartungstechniker, der vor Ort den Informationszugriff auf zentrale Datenbanken bzw. Spezialisten benötigt
- vom Softwareentwickler, der seinen Arbeitsplatz zuhause hat, bis zum über mehrere Kontinente verteilten Entwicklungsteam, das zeitlich versetzt an einer gemeinsamen Entwicklungsaufgabe arbeitet
- vom Manager, der über seinen mobilen elektronischen Arbeitsplatz auch auf Reisen arbeitsfähig bleibt, bis zum Controller, der weltweite Budgetzahlen via Videokonferenz abstimmt.

2.3. Chancen der Umsetzung in der Praxis

Die Anbieter von IuK-Technik und IuK-Diensten bieten zunehmend Produkte und Dienstleistungen, auf deren Basis die informationstechnische Realisierung des vernetzten Unternehmens in greifbare Nähe gerückt ist. Die Leistungssteigerung der Basis-IuK-Elemente für die Übertragung, Speicherung und Verarbeitung von Informationen wird sich absehbar bis in das Jahr 2000 mit der bisherigen Dynamik fortsetzen. Der Trend zur Miniaturisierung hält unvermindert an. Die Entwicklung des Preis-Leistungs-Verhältnisses wird sich in gewohnter Größenordnung auch weiterhin verbessern.

"Information Highways" mit Bandbreiten im Gigabit-Bereich, "Personal Digital Assistants" als multifunktionale Endgeräte für "jedermann" und "Client-Server-Modelle" als Standardarchitektur für die Informationsversorgung schlanker, dezentraler Geschäftseinheiten sind aktuelle Entwicklungen mit unmittelbarer Relevanz für die weitere Optimierung von Informationsflüssen. Neue Anwendungssoftware für das "Work-Group- und Work-Flow-Computing" ermöglicht die interaktive Zusammenarbeit auch geographisch verteilter und funktionsübergreifender Teams.

---

[4] ein eindrucksvolles Beispiel aus der gemeinsamen Softwareentwicklung in Nordamerika und Deutschland findet sich in [Ha Wü 1994]

Allerdings stehen einer schnellen umfassenden Realisierung des informationstechnisch vernetzten Unternehmens heute noch eine Reihe von Hemmnissen entgegen:

- die eingeleitete Ausrichtung von Produkten und Diensten der Informations- und Kommunikationstechnik auf internationale Standards zur Sicherung der Interoperabilität ist noch nicht so weit fortgeschritten, wie es wünschenswert wäre
- die Neuausrichtung der häufig noch auf eine funktionale Organisation hin optimierten Informations- und Kommunikationslandschaft - von der Technik bis zur Anwendungssoftware - auf prozeßorientierte Geschäftseinheiten benötigt i.d.R. einen größeren zeitlichen Vorlauf
- der für einen durchgängigen Informationsfluß benötigte hohe Grad an Qualität, Aktualität und bedarfsgerechter Verfügbarkeit elektronischer Informationen ist i.d.R. noch nicht erreicht.

Dennoch kann und sollte der schrittweise Aufbau einer an den geschäftlichen Anforderungen orientierten vernetzten IuK-Infrastruktur bereits heute begonnen werden, da zunehmend neue geschäftliche Anforderungen nur unter Einsatz moderner IuK-Techniken gemeistert werden können (vgl. Bild 2).

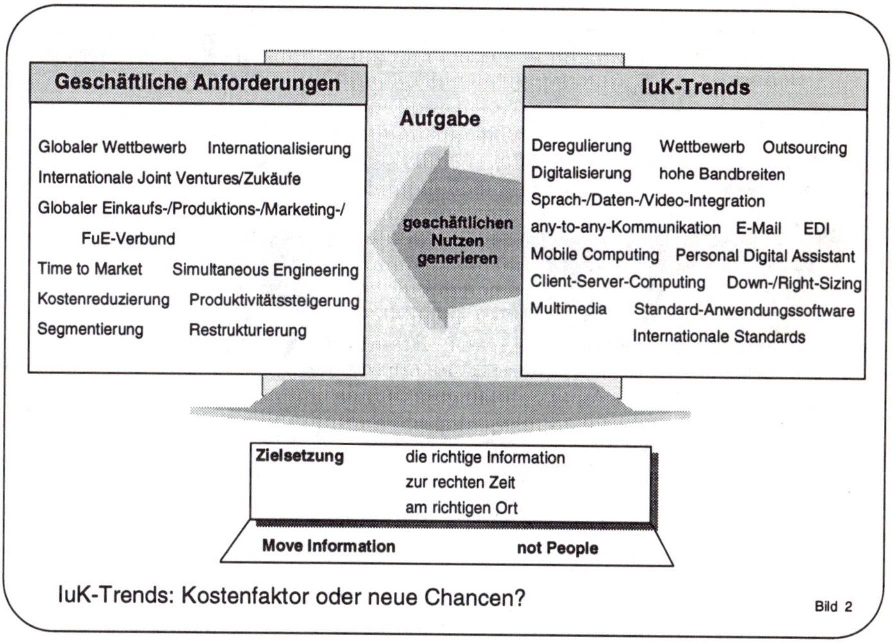

Bild 2

3. Bausteine eines vernetzten Unternehmens

Entsprechend dem Stand der Informations- und Kommunikationstechnik,[5] der internen und externen Standardisierung sowie der hausinternen Organisationsentwicklung haben wir bei Siemens uns im Rahmen eines Mehrstufenplans auf den Weg gemacht, unsere Vision eines **informationstechnisch vernetzten Unternehmens** Schritt für Schritt umzusetzen. Aus Unternehmenssicht haben sich dabei die folgenden drei Stufen als zielführend herausgestellt:

---

[5] zur Bedeutung der IuK-Technik für vernetzte Unternehmen vgl. [Da Ma1993], [Jo 1991]

- Aufbau eines **unternehmensweiten Trägernetzes** (= Corporate Network) für die elektronische Kommunikation,
- Implementierung leistungsfähiger, **gemeinsam genutzter IuK-Dienste** auf der Grundlage dieses Trägernetzes,
- Vereinbarung und Bereitstellung der für einen durchgängigen Informationsfluß notwendigen **Standards für elektronische Informationen** und - wo wirtschaftlich und sinnvoll - Standardisierung der zur Informationsverarbeitung erforderlichen **Anwendungssoftware**.

Die Realisierung der für diese umfangreichen Zielsetzungen erforderlichen IuK-Infrastruktur wird noch im Jahr 1995 zum Abschluß gebracht (vgl. Bild 3).

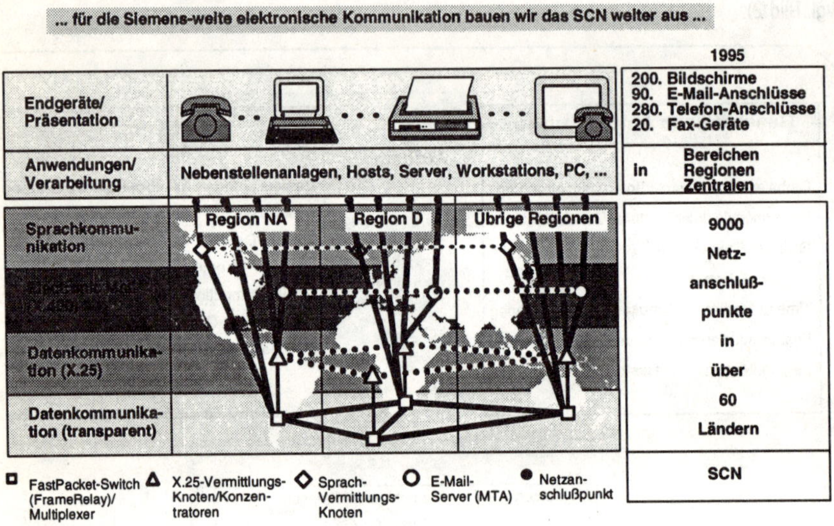

SCN als Baustein eines vernetzten Unternehmens Bild 3

Im folgenden werden die wesentlichen Konzepte und Zielsetzungen für diese drei Stufen näher erläutert, wobei der Schwerpunkt auf dem Corporate Network[6] und seinen Diensten liegt.

3.1 Das Siemens Corporate Network (SCN) als Trägernetz

Vor dem Hintergrund des weiterhin überproportional ansteigenden elektronischen Informationsvolumens und der zunehmenden Vernetzungsanforderungen auch über Organisations- und Regionsgrenzen hinweg ist der Aufbau eines unternehmens- und damit **weltweiten Corporate Networks** bereits weit fortgeschritten (vgl. Bild 4).

[6] vgl. hierzu auch [Fi 1994]

... Siemens braucht als vielfältig vernetztes Unternehmen zur Optimierung der Informationsflüsse ein Corporate Network ...

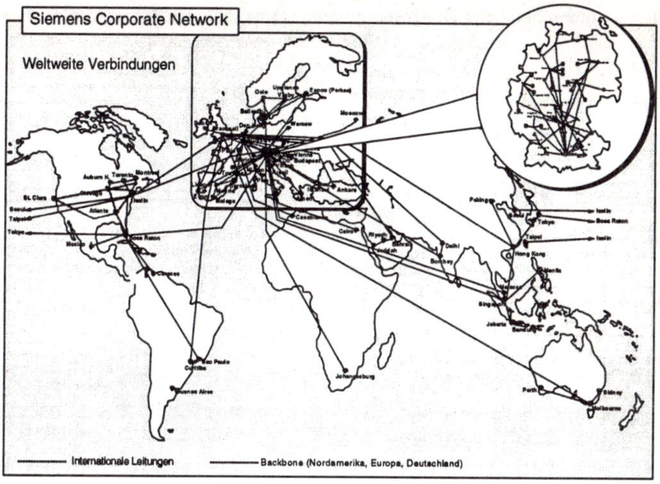

SCN: Topologie

Bild 4

Damit wird allen Unternehmenseinheiten ein durchgängiges und wirtschaftliches Trägernetz für die Daten-, Text-, Bild- und Sprachkommunikation zur Verfügung gestellt. Für die Datenkommunikation werden jährlich bereits über 12.000 Giga-Bytes und für die Sprachkommunikation über 6.000 Giga-Bytes über das SCN transportiert.

Das Konzept läßt sich aus zwei Blickwinkeln erläutern. Von außen betrachtet (vgl. Bild 5) deckt das SCN die folgenden Leistungsmerkmale ab:

- SCN verbindet weltweit alle Siemensstandorte im Sinne eines standortüberschreitenden Kommunikationsnetzes (wide area network) mit 9000 projektierten Netzanschlußpunkten
- SCN unterstützt eine Kommunikation "jeder mit jedem"
- SCN erlaubt den Anschluß unterschiedlichster standortinterner IuK-Infrastrukturen wie z.B. Rechnersysteme, Personalcomputer, Workstations aber auch kompletter lokaler Netze (LAN) über standardisierte "Kommunikationssteckdosen".

Von innen betrachtet (vgl. Bild 6) zeichnet sich das SCN durch eine dreistufige Architektur aus, die insbesondere offen ist sowohl für den rasanten Technologiewandel auf dem Kommunikationssektor als auch - wo immer möglich und wirtschaftlich - für die Einbindung und Nutzung von Kommunikationsleistungen Dritter (z. B. von Carriern):

- Auf der Leitungssebene wird der zwischen zwei Netzknoten jeweils wirtschaftlichste Übertragungsdienst der in der jeweiligen Region vorhandenen Carrier genutzt.
- Auf der Multiplexerebene werden alle Kommunikationsströme auf Übertragungsdienste mit hoher Bandbreite entsprechend dem jeweils optimalen Preis/Leistungsverhältnis gebündelt.
- Auf der Vermittlungsebene wird die Kommunikation "jeder mit jedem" realisiert.

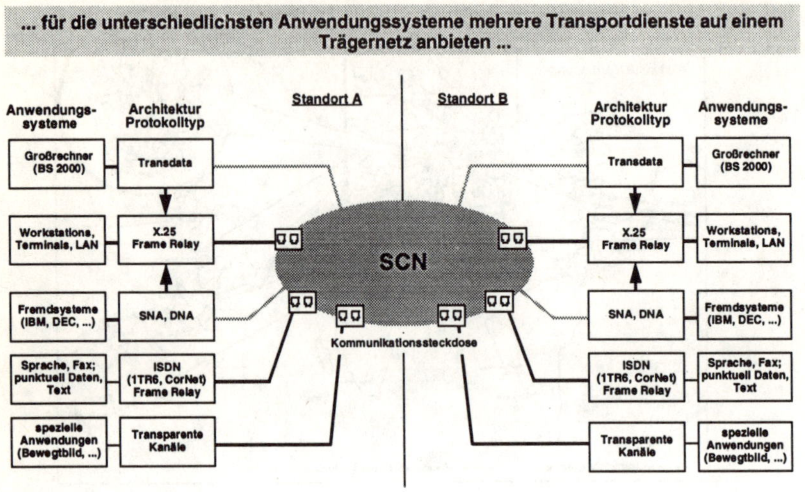

SCN: Außensicht

Bild 5

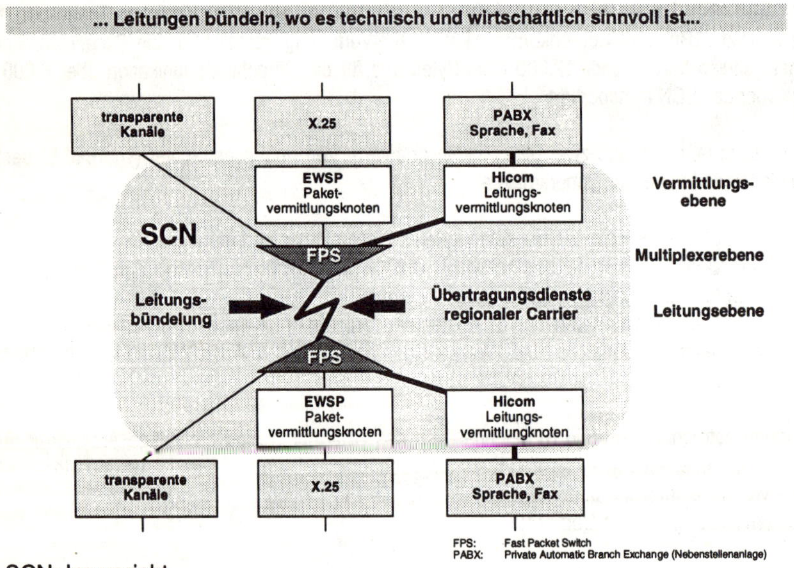

SCN: Innensicht

Bild 6

Die über 300 installierten Netzknoten sind - in Abhängigkeit von der geographischen Verteilung des Kommunikationsaufkommens - gemäß einer 3-stufigen Hierarchie konfiguriert. Die obersten beiden Hierarchieebenen repräsentieren das aus Regions- und Distriktknoten bestehende weltweite Hochgeschwindigkeits-Backbone-Netz.

Neben der Bereitstellung eines durchgängigen Transportdienstes trägt das SCN auch wesentlich zur Verbesserung der **Wirtschaftlichkeit der elektronischen Kommunikation** bei. Dies ist vorwiegend auf die Zusammenfassung und Überleitung der standortüberschreitenden Netzaktivitäten aller Unternehmenseinheiten auf das SCN zurückzuführen. So werden die Vorteile aus der Konzentration von Expertenwissen ergänzt um Gebühreneinsparungen, die aus der Bündelung der Kommunikationsströme aller Unternehmenseinheiten resultieren.

Bild 7 veranschaulicht die auf der Basis der zur Planungsphase für die Datenkommunikation gültigen Tarife durchgerechneten Gebührenverteilungsmodelle im Ergebnis:
- Modell A zeigt dabei den damaligen Istzustand (viele dezentrale Netze, zwei gemeinsame Teilnetze),
- Modell B zeigt die projektierten Ergebnisse der Konsolidierung der in den einzelnen Unternehmenseinheiten vorhandenen dezentralen Netze in **ein** SCN,
- Modell C zeigt die Ergebnisse einer vollständigen Dezentralisierung.

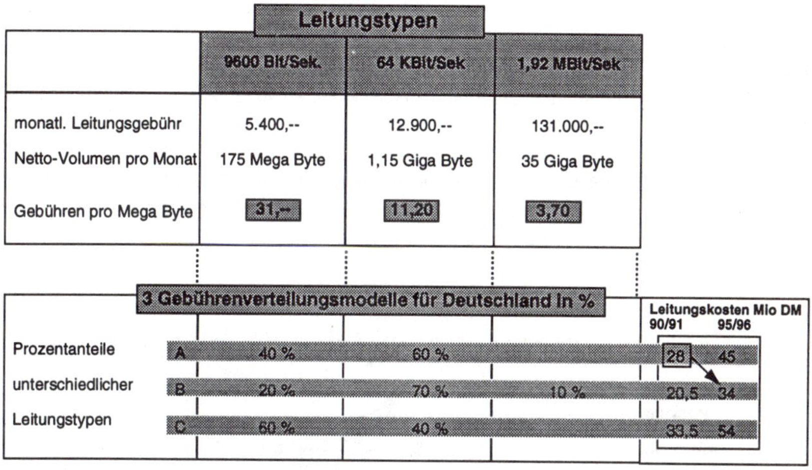

SCN Gebührenbetrachtung zur Bündelung der Daten-Kommunikationsströme

Bild 7

Darüberhinaus wird durch das Umlenken der Sprachkommunikationsströme vom öffentlichen Wählnetz auf das um entsprechende Sprachvermittlungsknoten erweiterte SCN ein jährliches Gebühreneinsparpotential von 30 - 50 % des umlenkbaren Gebührenvolumens erschlossen. Die Einsparung wird dabei durch eine Integration der gebündelten Sprach- und Datenkommunikationsströme über Frame Relay-Techniken (künftig: **A**synchron **T**ransfer **M**ode), durch Einsatz von Kompressionstechniken sowie durch ein spezielles Least Cost Routing Verfahren realisiert.

Andererseits initiiert die Bereitstellung einer derartigen wirtschaftlichen Informations- und Kommunikationsinfrastruktur die Erschließung neuer **unternehmensweiter Informations- und Kommunikationsdienste**. Im folgenden werden beispielhaft zwei ausgewählte siemensweite Informations- und Kommunikationsdienste vorgestellt. Das Dienstespektrum umfaßt bereits heute weitere Dienste und wird bedarfsorientiert um neue Dienste erweitert:

- die elektronische Geschäftsabwicklung mit derzeit über 450 externen EDI-Verbindungen,
- die standortüberschreitende Bereitstellung von Telekommunikationsleistungsmerkmalen insbesondere zur Verbesserung der Erreichbarkeit von der Anrufumleitung über den automatischen Rückruf bis zu Voice-Mail- und Fax-Servern,
- die Videokommunikation,
- Auskunftsdienste wie z. B. Verzeichnisdienste
- diverse Multimedia-Anwendungen.

3.2. Electronic Mail (E-MAIL)

Zu Beginn unserer konzeptionellen Überlegungen war die E-Mail-Situation charakterisiert durch

- eine niedrige E-Mail-Durchdringung (nur 16 % der Büroarbeitsplätze hatten E-Mail-Zugang)
- den Einsatz von über 15 unterschiedlichen, weitgehend inkompatiblen E-Mail-Systemen
- zunehmende Anforderungen der Unternehmenseinheiten an eine weltweit durchgängige E-Mail-Kommunikation.

Vor diesem Hintergrund haben wir ein **zukunftsorientiertes Konzept** für einen durchgängigen unternehmensweiten **E-Mail-Service** entwickelt, dessen erste Ausbaustufe mittlerweile realisiert und in Betrieb genommen wurde (vgl. Bild 8).

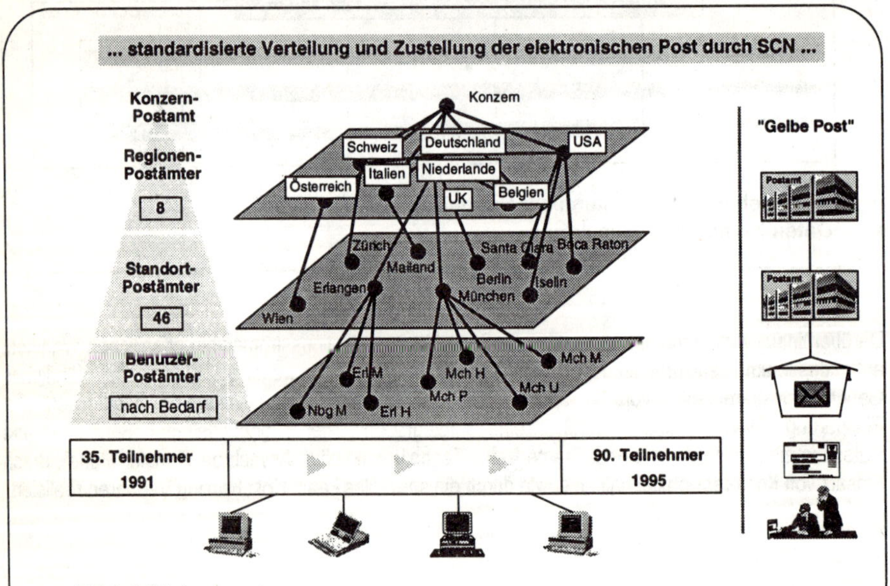

E-Mail-Status

Bild 8

Die Kernpunkte dieses Konzeptes sind:

1. Der E-Mail-Service wird durch verteilte, hierarchisch vernetzte elektronische Postämter erbracht. Jedes Postamt hat nach Funktionen und Regionen zugeordnete Aufgaben (vgl. Bild 9).
2. Die elektronischen Postämter arbeiten auf Basis eines **internationalen Standards (X.400, X.500)** zusammen. Die in einzelnen Unternehmenseinheiten vorhandenen proprietären, d.h. nicht standardisierten E-Mail-Systeme können über Gateways, sofern verfügbar, angeschlossen werden. In diesem Sinne wirkt der unternehmensweit standardisierte E-Mail-Service auch als Integrationsplattform. Fernziel ist allerdings, die häufig aufwendigen Gateways zu eliminieren.
3. Potentielle Zielgruppe sind alle Bildschirmarbeitsplätze, für die durch einen E-Mail-Anschluß ein Zusatznutzen erschlossen wird.
4. Jeder Teilnehmer am unternehmensweiten E-Mail-Service erhält eine weltweit gültige E-Mail-Adresse.
5. Der Transportdienst wird durch das SCN bereitgestellt.

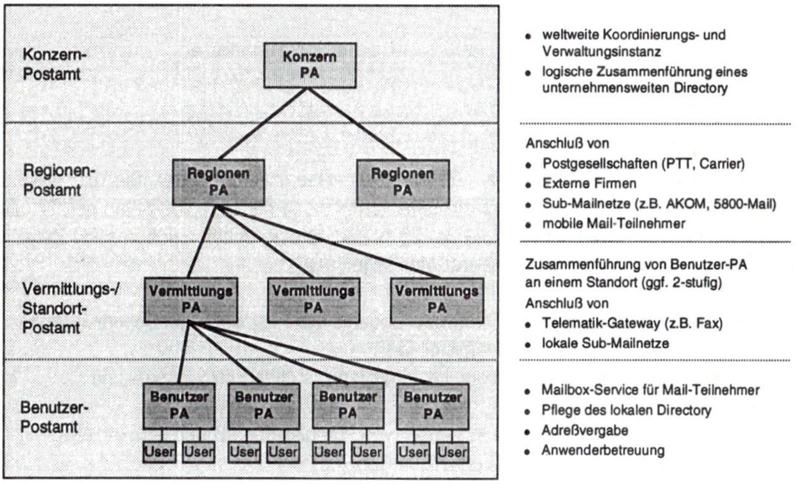

Topologie für unternehmensweiten E-Mail-Service auf Basis X.400 Bild 9

Die **Nutzenbetrachtung** für E-Mail berücksichtigt im wesentlichen zwei Gesichtspunkte. Zum einen ergeben sich aus der Bereitstellung unternehmensweiter E-Mail-Dienste Kostenvorteile gegenüber einer dezentralen Bereitstellung durch jede Unternehmenseinheit.
Zum anderen lassen sich in den Unternehmenseinheiten durch das Umlenken herkömmlicher Kommunikationsmedien auf E-Mail-Kommunikation, soweit dies sinnvoll und möglich ist, nennenswerte Einsparpotentiale erschließen (vgl. Bild 10).

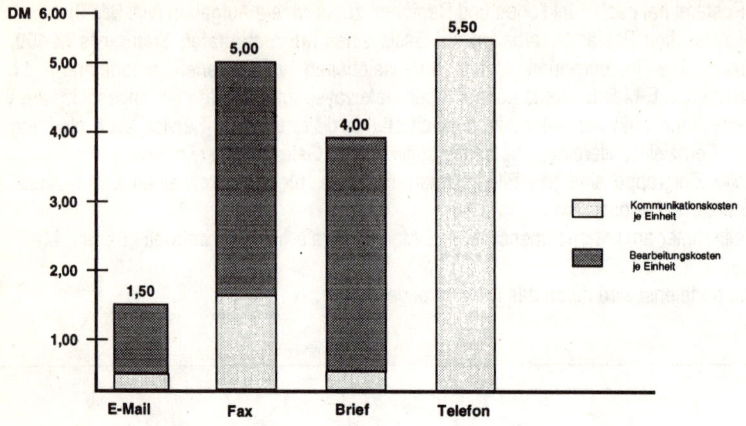

Gesamtkostenvergleich unterschiedlicher Kommunikationsarten an einem Standort

Bild 10

Darüberhinaus zielt der E-Mail-Einsatz auf eine Verbesserung der Erreichbarkeit sowie eine **Beschleunigung der Informationsflüsse** ab. Eine Verringerung der Durchlaufzeiten der Dokumente im Rahmen der Kundenauftragsbearbeitung um 28 % im Systemgeschäft eines unserer Bereiche ist kein Einzelfall. Die geplanten **Einsatzschwerpunkte** liegen u. a. auf:

- Abstimmung von Produktentwicklungen, Software-Updates und Austausch von Dokumentationsunterlagen zwischen verteilten Entwicklungsstellen,
- Abstimmung von Produktspezifikationen und Lastenheften zwischen Entwicklungs- und Vertriebsstellen,
- Anfragen- und Angebotsbearbeitung mit Austausch von Produktinformationen und Preislisten zwischen Stammhaus und dezentralen Vertriebsstellen,
- Klärung der Liefersituation zwischen Logistik- und Vertriebsstellen,
- Austausch von Berichts-, Abschluß- und Konsolidierungsdaten im Rahmen der Konzernberichterstattung.

Dies setzt allerdings eine unternehmensweite Standardisierung der Dokumentenaustauschformate voraus (vgl. Bild 11).

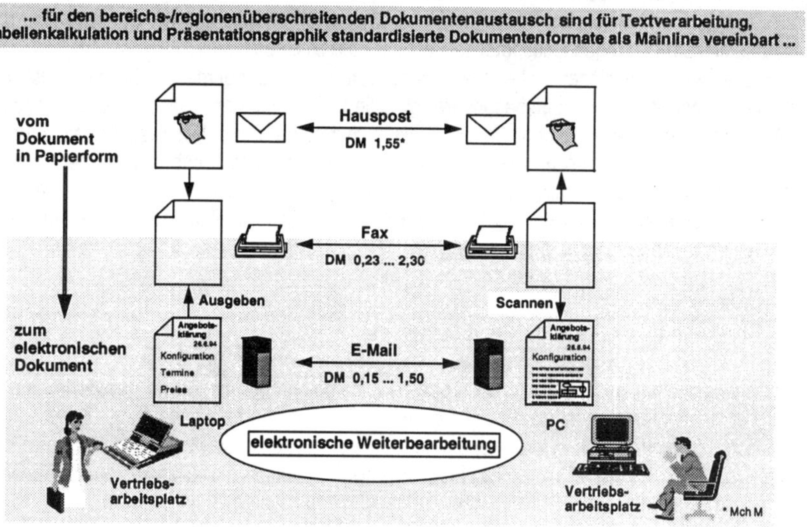

Standardisierung der Büro-Anwendungssoftware

Bild 11

3.3. Rechendienste

In der Vergangenheit ist häufig die an und für sich wünschenswerte Zusammenfassung von Rechenzentren auf wirtschaftliche Betriebsgrößen aus folgenden Gründen gescheitert: entweder war ein leistungsfähiges Kommunikationsnetz nicht verfügbar oder die Zusatzkosten für die Kommunikation haben die Kostenvorteile aus der Zusammenfassung von Rechenzentren kompensiert.

Bei Siemens hatten in der Vergangenheit rd. 90% der Rechenzentren die von heutigen Maßstäben abgeleitete wirtschaftliche Betriebsgröße nicht erreicht. Mit dem SCN wurden mittlerweile die Voraussetzungen für eine **wirtschaftliche Konzentration der Siemens-Rechenzentren** geschaffen.

Die Bedeutung des Kommunikationsnetzes in diesem Zusammenhang läßt sich aus folgendem Sachverhalt ableiten: in Deutschland resultiert aus der eingeleiteten und noch in 1995 abzuschließenden Zusammenführung der 58 Rechenzentren auf 4 eine Verdoppelung des elektronisch zu transportierenden Kommunikationsvolumens.

SCN in Verbindung mit der Rechenzentrums-Konzentration bringt uns der Vision von der Rechenleistung aus der "Steckdose" - unabhängig von der Lokation der Rechenzentren - einen großen Schritt näher.

3.4. Die Dienste-Organisation

Unter Abwägung aller Pros und Cons haben wir uns entschlossen, für Bereitstellung und Betrieb der unternehmensweiten Informations- und Kommunikationsinfrastrukturen eine schlagkräftig interne IuK-Dienstleistungskompetenz in einer unternehmerisch geführten Dienstleistungseinheit **Rechen- und Kommunikationsdienste (RK)** zusammenzufassen.

Mit der RK-Gründung wird die Zielsetzung verfolgt, gemeinsame **IuK-Infrastrukturdienste aus einer Hand** bereitzustellen und zu betreiben, die hinsichtlich Kosten, Qualität und Leistung besser sind, als

sie von den einzelnen Unternehmenseinheiten selbst erbracht oder von Externen zugekauft werden können. Im Geschäftsauftrag von RK ist verankert, daß die Dienstleistungen bedarfsorientiert und wirtschaftlich zu marktkonformen Bedingungen bereitzustellen und die aus der Konzentration der IuK-Infrastrukturdienste möglichen Ratiopotentiale schnell zu realisieren sind.
Durch die Auslagerung dieser bisher weitgehend von den Unternehmenseinheiten selbst wahrgenommenen Dienste auf RK wird insbesondere auch die Zielsetzung unterstützt, die Geschäftseinheiten auf ihre Kernkompetenzen zu konzentrieren; die zum Betrieb von IuK-Infrastrukturen erforderliche Kompetenz ist heute in vielen unterschiedlichen Branchen austauschbar und stellt somit kein geschäftsspezifisches Differenzierungsmerkmal mehr dar. In diesem Sinne trägt eine derartige Dienstleistungseinheit auch zu einer im Rahmen umfassender Restrukturierungsvorhaben verfolgten "Verschlankung" von Unternehmenseinheiten bei.

3.5. Unternehmensweite Regeln und Standards

Zur Absicherung einer geordneten und effizienten Zusammenarbeit bedarf es gerade in einem stark dezentralisierten Unternehmen wie Siemens einiger Spielregeln. So haben wir die für die durchgängige elektronische Kommunikation erforderlichen Regeln in einer siemensweit gültigen **Kommunikationsordnung** zusammengefaßt. Diese enthält insbesondere Regelungen zur einzusetzenden Technik, den zu berücksichtigenden Schnittstellen, den zu beachtenden Adressierungskonventionen sowie zur Preisstellung und Verrechnung.
Die für den Siemens-internen sowie externen **beleglosen Bestell- und Abrechnungsverkehr** einzuhaltenden Konventionen sind ebenso Bestandteil eines Regelwerkes wie die zur Beschleunigung des Informations- und Warenflusses einzusetzenden **Benummerungssysteme** für Erzeugnisse und technische Unterlagen einschließlich der zugehörigen Identifikationssysteme wie z.B. Barcode.
In ähnlicher Weise haben wir für den Siemens-weiten **elektronischen Dokumentenaustausch** für die verbreitetsten Büroanwendungen Textverarbeitung, Tabellenkalkulation und Präsentationsgraphik einheitliche Dokumentenaustauschformate vereinbart.
Als global tätiges Unternehmen präferieren wir - wo immer möglich - internationale Standards. Wo diese aufgrund der häufig langwierigen internationalen Standardisierungsarbeit noch fehlen, setzen wir als Übergangslösung interne Siemens-Standards ein. So sind wir gegenwärtig dabei, die in der elektronischen Geschäftsabwicklung bisher intern eingesetzten Siemens-Standards zügig auf den im Außenverkehr praktizierten branchenunabhängigen Standard **EDIFACT** umzustellen.

4. Zusammenfassung

Davidow und Malone propagieren als erfolgversprechende Unternehmensorganisation für das 21. Jahrhundert das **virtuelle Unternehmen** [DaMa 1993]. In einem virtuellen Unternehmen sind Produzenten, deren Mitarbeiter und Manager, Lieferanten und Kunden über Datenbanken in einem flexiblen Netzwerk miteinander verbunden. "Der außerordentliche Fortschritt bei der Informationsverarbeitung entwickelt sich zur treibenden Kraft der virtuellen Unternehmen; im Kampf um den Kunden wird nur derjenige mithalten können, der Informationen effizient sammelt, verteilt, speichert, auswertet und auf dieser Basis Entscheidungen trifft." Diesem Wettbewerb haben wir uns bei Siemens gestellt, und wir meinen, daß wir mit der entwickelten Informations- und Kommunikationsinfrastruktur auch im Sinne eines virtuellen, also eines Unternehmens, das auch im 21. Jahrhundert erfolgreich bestehen wird, gut im Rennen liegen.

Literatur

[Da Ma 1993] William H. Davidow, Michael S. Malone: Das virtuelle Unternehmen, Campus Verlag, 1993

[Fi 1994] Christian Fiedler: Siemens Corporate Network - Kommunikation ohne Grenzen, in: telcom report 17, heft 2, 1994

[Ha 1991] Earl Hall: Competitive Manufacturing Infrastructure Issues for the 21st Century, National Center for Manufacturing Sciences, 1991

[Ha Ch 1993] Michael Hammer, James Champy: Reengineering the Corporation, Nicholas Brealey Publishing, 1993

[Ha Wü 1994] Gisela Haake, Jürgen Wüsteney: Software-Entwicklung im 20-Stunden-Takt, in: telcom report 17, Heft 2, 1994

[Jo 1991] William R. Johnson, Jr. Anything, Anytime, Anywhere - The Future of Networking, in: D. Leebart (Hrsg.): Technology 2001, MIT Press, 1991

[Ku 1994] Walter Kunerth: Die Optimierung von Informationsflüssen in Produktentstehungs- und Logistikprozessen am Beispiel des Hauses Siemens, in: W. Kunerth (Hrsg.): Menschen, Maschinen, Märkte - Die Zukunft der Industrie sichern, Springer Verlag, 1994

[Ro Sh 1991] John F. Rockart, James E. Short: The Networked Organization and the Management of Interdependence, in: Michael S. Scott Morgan (Hrsg.): The Corporation of the 1990s, Oxford University Press, 1991

[Sc 1994] Klaus Schröder: Multinationale Corporate Networks, in: DV-Management 1, 1994

[Wa 1994] Robert H. Waterman: Die neue Suche nach Spitzenleistungen - Erfolgsunternehmen im 21. Jahrhundert, ECON-Verlag, 1994

Eine verteilte Entwicklungs- und Laufzeitumgebung für multimediale Anwendungen

Thomas Käppner, Falk Henkel, Andreas Schröer
(IBM European Networking Center, Vangerowstraße 18, 69115 Heidelberg),

Michael Müller
(TU Chemnitz-Zwickau, Straße der Nationen 62, 09009 Chemnitz)
{kaeppner, henkel, schroeer, mueller}@heidelbg.ibm.com

Die Entwicklung multimedialer Anwendungen wird durch ihren Verteilungsgrad, die Integration unterschiedlicher Hard- und Softwarekomponenten und die Zeitabhängigkeit der zu verarbeitenden Daten erschwert. Eine Systemunterstützungsschicht, die es erlaubt, Audio- und Videodatenströme in einer verteilten Umgebung zu übertragen, zu verarbeiten und synchronisiert darzustellen, könnte diesen Anwendungen sowohl eine Entwicklungsumgebung zur Verfügung stellen, die eine einfache Programmierung erlaubt, als auch eine Laufzeitumgebung, die den Echtzeitanforderungen kontinuierlicher Medien genügt. Die Distributed Multimedia Object Services bilden eine solche Systemunterstützungschicht für multimediale Anwendungen. Dieser Artikel beschreibt das zugrunde liegende Kommunikationsmodell und die Systemarchitektur.

1 Einleitung

1.1 Motivation

Dank jüngster Fortschritte in Computer- und Übertragungstechnologie stehen erstmals leistungsfähige Arbeitsplatzrechner und Rechnernetze zur Verfügung mit der Fähigkeit, zeitkritische Information wie Audio- und Videodaten digital zu verarbeiten. Dadurch werden neue Anwendungsfelder wie Audio/Video-Konferenzsysteme, interaktives Fernsehen und rechnergestützte Lehre eröffnet. Diese Anwendungen stellen aufgrund ihres Verteilungsgrades, des hohen Datendurchsatzes, der Zeitabhängigkeit ihrer Medien, der Benutzung unterschiedlichster Hardwarekomponenten und der Verwendung verschiedener Audio/Video-Formate hohe Anforderungen einerseits an die Programmierung und andererseits an die Verwaltung von Ressourcen zur Laufzeit. Eine Systemunterstützungsschicht, die es erlaubt, Audio- und Videodatenströme in einer verteilten Umgebung zu übertragen, zu verarbeiten und synchronisiert darzustellen, könnte diesen Anwendungen sowohl eine Entwicklungsumgebung zur Verfügung stellen, die eine einfache Programmierung erlaubt, als auch eine Laufzeitumgebung, die den Echtzeitanforderungen kontinuierlicher Medien genügt.

Die Distributed Multimedia Object (DMO) Services bilden eine Plattform, die multimediale Anwendungen zur Entwicklungs- und Laufzeit unterstützt. Anwendungen spezifizieren ihre Anforderungen an die Verarbeitung zeitgebundener Daten mit Hilfe von Objekten, die dann in einer Echtzeitumgebung realisiert werden. Dieser Artikel beschreibt das Kommunikationsmodell der Distributed Multimedia Object Services, die daraus entwickelte Systemarchitektur und Spezifika der Realisierung.

1.2 Einordnung in das Fachgebiet

Während noch vor wenigen Jahren Grundbausteine für Multimediasysteme [Herr90] und Systemerweiterungen auf niedrigem Abstraktionsniveau [Leu+88] den Schwerpunkt des Forschungsinteresses bildeten, ist nunmehr die Entwicklung von integrierten verteilten Multimediasystemen in den Vordergrund gerückt. Betriebssystemerweiterungen für Multimedia sind zwar bereits als Produkte verfügbar [Micr91][Appl91][IBM92], können allerdings verteilte Systeme nicht unterstützen.

Einige experimentelle Projekte haben sich mit der Bereitstellung von Multimedia Ein-/Ausgabegeräten auch in verteilten Systemen beschäftigt: Bei IBM [Ruiz85] und Xerox [Swin87] entwickelte Prototypen ermöglichen die Integration von Sprache in eine Büroumgebung. Für VOX [ABLS89][ABLS89a] werden erstmals Abstraktionen beschrieben, aus denen eine Programmierschnittstelle bestehen sollte. ACME [AGH90] [AH91] bereitet den Weg für die Integration von Videofunktionalität und befriedigt mit einem Toolkit [AC91] den Bedarf nach abstrakterer Programmierung.

In Tactus [DNNR93] werden Mechanismen vorgestellt, die zur synchronisierten Präsentation gespeicherter Daten geeignet sind. Die Distributed Multimedia Object Services unterstützen sowohl Anwendungen zur multimedialen Telekooperation, als auch Präsentationen durch Dienstgüteklassen und Synchronisationsmechanismen [KHMS94].

AudioFile [Lev+93] ist ein dem Client/Server Modell folgendes System, das Funktionen zur Ein/Ausgabe von Audiodaten auch in einer verteilten Umgebung bereitstellt. In [MMS93] wird der Entwurf einer rein objektorientierten Programmierschnittstelle vorgestellt, die allerdings nicht die Forderung nach Offenheit unterstützt. Die Distributed Multimedia Object Services dagegen bieten ein offenes Client/Server Modell das durch seine Flexibilität auch Peer-zu-Peer Kommunikation zwischen Anwendungen unterstützt.

Anwendungen können ihre Anforderungen an die DMO Services auf sehr hohem Abstraktionsniveau spezifizieren; Dienstgüte und Datenrepräsentation werden aus diesen Angaben und dem Kontext der Anwendung abgeleitet. Der hohe Abstraktionsgrad wird erreicht ohne notwendige Funktionalität zu verstecken. Eine Anwendung kann sowohl im verteilten System Objekte kreieren, ohne sich um Transportverbindungen der zu verarbeitenden Daten zu kümmern, als auch aus der Menge der unterstützten Transportprotokolle und Dienstgüten ein spezifisches Tupel auswählen. Die DMO Services integrieren erstmals die Funktionalität von Ressourcenverwaltungssystemen für Endsysteme und Rechnernetze mit der Verarbeitung multimedialer Daten in verteilten Systemen.

Die weiteren Abschnitte gliedern sich wie folgt: In Kapitel 2 werden die Beziehungen zwischen der Anwendung und den DMO Services beschrieben. Die interne Struktur des Servers wird in einer Übersicht in Kapitel 3 vorgestellt. In Kapitel 4 und 5 erfolgt eine detailliertere Beschreibung der Programmierschnittstelle bzw. der Verarbeitung multimedialer Daten innerhalb des Servers. Kapitel 6 schließt mit einer Zusammenfassung.

2 Kommunikationsmodell der DMO Services

2.1 Verteilung von Objekten

Die Beziehungen zwischen Anwendungen und DMO Services genügen dem Client-Server-Modell. Eine Anwendung erzeugt und benutzt als Klient multimediale Objekte, deren Implementierung und Verteilung im Rechnernetz für sie transparent sind. Durch Kombination der erzeugten Objekte werden über geeignete Methoden Audio/Videoströme in Form eines azyklischen Graphen zusammengesetzt. Rechnerübergreifende Ströme zwischen mehreren Servern können auf der Basis eines multimedialen Transportsystems [Heh+92] transparent für die Anwendung aufgebaut werden.

Neue Objekte werden im Server desselben Rechnerknotens erzeugt, wenn die Anwendung keine besonderen Anforderungen an die Verteilung stellt. Durch das Setzen eines Lokalitätsattributes kann die Verteilung der Objekte von der Anwendung gesteuert werden. Derart wird die Anwendung Klient eines oder mehrerer DMO Server, die jeweils für die Behandlung der zeitkritischen Daten auf einem Rechner zuständig sind. Während eine solche Mehrfachbeziehung für die Anwendung verborgen bleiben kann, muß der DMO Server den gleichzeitigen Zugriff mehrerer Klienten auf die von ihm verwalteten Ressourcen kontrollieren. Dafür stellt er Abstraktionen zur Verfügung, die es erlauben, daß ansonsten nur exklusiv nutzbare Ressourcen, wie z. B. eine Audiokarte, von mehreren Anwendungen gleichzeitig verwendet werden können.

2.2 Implementierung der Verteilung

Im allgemeinen Fall greift eine verteilte Anwendung auf verschiedene Objekte mehrerer DMO Server zu. Die notwendige Verteilung der entsprechenden Server-Objekte wird durch die Verwendung eines CORBA[1]-konformen Mechanismus erreicht.

CORBA ist die von der Object Management Group (OMG) entwickelte Basisarchitektur für eine netzwerktransparente Verteilung und Benutzung von Objekten. Ihr Kernstück ist der Object Request Broker (ORB), der die Aktivierung von Objekten ermöglicht und die Datenkonsistenz zwischen Klient und Server sichert. Die Definition der Schnittstelle von durch den ORB unterstützten Objekten erfolgt in einer spezifischen Beschreibungssprache, der Interface Definition Language (IDL). IDL-Schnittstellen werden unabhängig von einer konkreten Implementation spezifiziert und sind nicht auf eine bestimmte Programmiersprache bezogen.

Wurde die Schnittstelle eines Objektes mit Hilfe der IDL festgelegt, erzeugt ein Compiler eine Menge von speziellen Dateien in den benötigten Programmiersprachen[2]. Diese enthalten die zur IDL-Beschreibung korrespondierenden Deklarationen der Schnittstelle und die entsprechenden Abbildungsfunktionen zwischen Klientenaufrufen und IDL-Schnittstelle und zwischen IDL-Schnittstelle und Serverimplementation. Durch diesen Mechanismus können Klient und Server in verschiedenen Programmiersprachen implementiert werden.

Eine Implementierung des CORBA-Standards ist das System Object Model (SOM) [CE91]. Das für die DMO Services benutzte Distributed SOM erlaubt Anwendungen den Zugriff auf Objekte über die Grenzen des eigenen Adreßraumes hinaus. Die realen Objekte von DMO Servern werden gegenüber der Anwendung durch im DMO Client erzeugte Proxy-Objekte [HW91] repräsentiert. Jeder Aufruf einer Methode im Klienten wird durch das Proxy-Objekt an das reale Objekt im entsprechenden Server weitergeleitet (siehe auch Abb. 1). Zustandsänderungen des Server-Objektes sind auch im zugehörigen Proxy-Objekt sichtbar. Die dafür notwendigen Kommunikationsmechanismen werden durch Distributed SOM transparent für die Anwendung realisiert – für die Anwendung ist ein Methodenaufruf auf ein Proxy-Objekt einem Aufruf auf ein lokales Objekt völlig gleichwertig.

2.3 Steuerfluß

Bevor eine Anwendung auf die verteilte, objektorientierte Schnittstelle des CORBA-konformen Mechanismus und damit auf multimediale Objekte von DMO Servern zugreift, erzeugt sie ein spezielles lokales Objekt (DMOS-Objekt), das ihr gegenüber den gesamten Dienst repräsentiert. Das DMOS-Objekt übernimmt für die Benutzung der DMO Services benötigte Verwaltungsfunktionen wie das Lokalisieren von DMO Servern und das Bestimmen ihrer Eigenschaften, sowie die Verfügbarkeit bestimmter Objekte in einem Endsystem. Durch seine Methoden zum Erzeugen und Löschen von Objekten wird der Lebenszyklus aller anderen von der Anwendung benutzten Objekte gesteuert.

Durch die oben beschriebenen Methodenaufrufe auf Proxy-Objekte wird ein synchroner Steuerfluß von der Anwendung zu den Servern erreicht. Um die während der Bearbeitung multimedialer Daten in einem DMO Server auftretenden Ereignisse zu verarbeiten, kann eine Anwendung mit Hilfe des DMOS-Objektes einen Eventmanager installieren und sich für die Rückmeldung von Ereignissen registrieren. Derart bestimmt die Anwendung selbst die Genau-

1. Common Object Request Broker Architecture [CORB91]
2. Durch die OMG ist die Anbindung an C und C++ definiert und die Anbindung an andere Programmiersprachen empfohlen.

igkeit mit der sie über den Fortgang der kontinuierlichen Verarbeitung der Daten informiert wird.

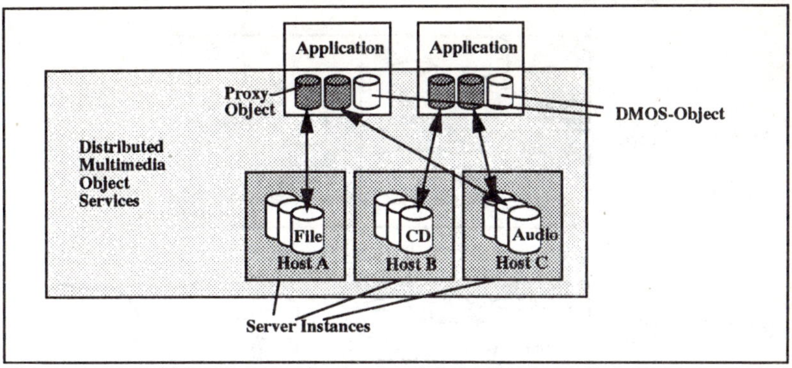

Abb. 1: Kommunikationsmodell der DMO Services

3 Systemarchitektur des DMO Servers

Ein DMO Server ist für die gesamte Verarbeitung von zeitgebundenen Daten auf einem Rechner verantwortlich und unterstützt dabei den konkurrierenden Zugriff mehrerer Klienten. Dazu müssen die Operationen der von den Anwendungen kontrollierten Objekte auf eine durch Echtzeitbedingungen geprägte Umgebung abgebildet werden. Diese Abbildung führt zu einer zweischichtigen Architektur, in der eine Echtzeitumgebung (Real-Time-Environment, RTE, [HW92]) von einer Nicht-Echtzeitumgebung (NRTE) kontrolliert wird. Diese beiden Schichten werden als Daten- bzw. Kontrollschicht des DMO Servers bezeichnet (siehe Abb. 2).

3.1 Kontrollschicht

In der Kontrollschicht existieren zur Laufzeit die Objekte, die den Steuerfluß im DMO Server sowie die Kontrolle und Vergabe von Ressourcen realisieren.

Für die Anwendung wird die Verarbeitung der multimedialen Daten durch logische Geräte repräsentiert. Beispielsweise kann eine Anwendung das logische Gerät *Lautsprecher* benutzen, um Audiodaten auszugeben. Damit verkörpern die in einem DMO Server verfügbaren logischen Geräte die Abstraktion von der vorhandenen Multimediahard- und -software eines Rechners.

Logische Geräte ermöglichen den konkurrierenden Zugriff mehrerer Klienten auf dieselben Ressourcen. Sie werden innerhalb des Servers auf die darunterliegende Abstraktionsstufe, die physikalischen Geräte, abgebildet. Während logische Geräte die Programmierschnittstelle für die Anwendung bilden, stehen physikalische Geräte in einer ein-eindeutigen Beziehungen zu Elementen der Datenschicht. Auf dieser Ebene besteht ein *Lautsprecher* aus einer Kombination der physikalischen Geräte *Mixer* und *Audiokarte,* deren spezifische Eigenschaften für die Anwendung transparent sein sollen. Beispielsweise kann das Eingangsformat an der *Audiokarte* nur in der Verantwortung des Servers liegen, da es im allgemeinen von durch verschiedene Anwendungen etablierten Audioströmen abhängig ist. Durch diese Vorgehensweise wird die an sich nur exklusiv nutzbare *Audiokarte* für mehrere Anwendungen gleichzeitig benutzbar.

Weitere Objekte der Kontrollschicht erfüllen zentrale Aufgaben des DMO Servers. Ein Event Manager administriert die Registrierung von asynchronen Ereignissen innerhalb des Servers und sorgt für ihre Verteilung. Ein Resource Manager kalkuliert anhand der angeforderten Dienstgüte für einen Datenstrom die dazu benötigten Ressourcen und nimmt gegebenenfalls Reservierungen vor.

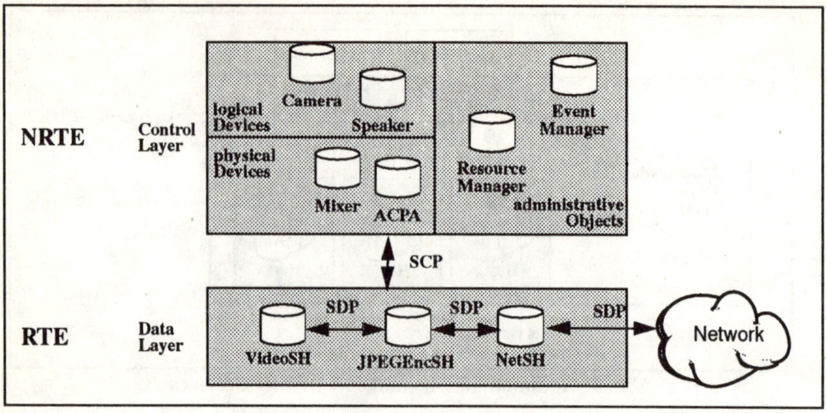

Abb. 2: Architektur des DMO Servers

3.2 Datenschicht

Innerhalb der Datenschicht bearbeiten sogenannte Streamhandler [HW92] die Daten. Jeder Streamhandler führt einen bestimmten Bearbeitungsvorgang für einen Datenstrom durch, wie z. B. Erzeugen eines Videostroms an einem Videoadapter, Kompression der Daten gemäß eines spezifizierten Komprimierungsformates oder Abspeichern des Videostroms in einer Datei.

Ein Port eines Streamhandlers dient als Eingangs- oder Ausgangspunkt für zu verarbeitende Daten. Von einem Ausgangsport können Daten zu einem oder mehreren Eingangsports anderer Streamhandler weitergeleitet werden. Diese flexible Verkettung von Streamhandlern erlaubt, auch komplexe Bearbeitungsfunktionen zu realisieren.

Durch Unterteilung in Kontroll- und Datenschicht wird der Steuerfluß vollständig vom Datenfluß getrennt. Aus diesem Grund werden zwischen Streamhandlern innerhalb der Datenschicht eines DMO Servers keine Steuerinformationen sondern nur Daten und Ereignisse (z. B. zur Synchronisation) ausgetauscht. Der Datenaustausch muß Echtzeitanforderungen genügen und deshalb effizient implementiert sein. Daher werden durch das Streamhandler Data Protocol (SDP) nicht Daten selbst sondern nur Referenzen auf Daten übertragen, um Kopieroperationen zu vermeiden.

3.3 Schnittstelle zwischen Kontroll- und Datenschicht

Objekte der Kontrollschicht und der Datenschicht kommunizieren über das Streamhandler Control Protocol (SCP), d. h. das SCP bildet die Schnittstelle zwischen NRTE und RTE. Die Kontrollschicht steuert die Datenschicht und kann Ereignisse aus der Datenschicht asynchron verarbeiten. Die Elemente des Protokolls lassen sich in die folgende Kategorien einteilen:

- Steuerung des Lebenszyklus von Objekten: Streamhandler in der Datenschicht werden durch Objekte der Kontrollschicht erzeugt oder vernichtet.
- Steuerung der Datenpfade: Die Kontrollschicht richtet Datenpfade zwischen Streamhandlern der Datenschicht ein und löst sie wieder auf. Dazu werden an Streamhandlern Ausgangspunkte und Eingangspunkte erzeugt und verbunden bzw. getrennt und gelöscht.
- Steuerung der Datenverarbeitung: Streamhandler nehmen unterschiedliche Zustände ein, die den Fortgang der Verarbeitung von Datenströmen anzeigen. Durch Objekte der Kontrollschicht können die Zustände erfragt und gesetzt werden.

- Attributverwaltung: Neben ihren Zuständen besitzen Streamhandler, abhängig von ihrer Aufgabe, Attribute unterschiedlicher Ausprägung. So hat z. B. ein Streamhandler für eine Audiokarte ein Attribut *Volume* zur Beeinflussung der Lautstärke. Diese Attribute werden einheitlich über eine generische Schnittstelle im SCP erfragt und gesetzt.
- Asynchrone Kommunikation: Objekte der Kontrollschicht können sich für den Empfang von Ereignissen anmelden, die von Streamhandlern in der Datenschicht generiert werden.

4 Programmierschnittstelle der DMO Services

Die DMO Services ermöglichen es, multimediale Anwendungen ohne Kenntnisse über die Spezifika der zur Verfügung stehenden multimedialen Geräte zu entwickeln. Die für die digitale Audio/Video-Verarbeitung notwendige Hard- und Software wird über eine einheitliche objektorientierte Schnittstelle zugänglich gemacht.

4.1 Aufbau von Datenströmen

Grundelemente der Schnittstelle sind die logischen Geräte, die von einer Anwendung im Server erzeugt werden (siehe Kap. 3.1). Um einen Datenstrom zu etablieren, werden Geräte, zwischen denen Daten fließen sollen, miteinander verbunden. Ein solcher Datenpfad zwischen Streamhandlern wird auf logischer Ebene durch das Objekt *Connection* repräsentiert.

Schon mit diesen beiden Elementen ist es möglich, einen Audio- oder Videostrom zu konfigurieren, der aus mehreren, in Form eines azyklischen Graphen verbundenen Geräten besteht. Ein solcher Graph findet im Objekt *Stream* seine Entsprechung. Dieses Objekt liefert die Schnittstelle zur Steuerung eines Stromes. Dazu gehören nicht nur die einfachen Start/Stop-Operationen sondern auch die Konfiguration von maximal zulässiger Verzögerung, akzeptierter Paketverspätungsrate und Kontextangabe als Parameter der Intrasynchronisation [KHMS94].

Als *Streamgroup* wird die Zusammenfassung mehrerer Ströme zu einer Verwaltungseinheit bezeichnet. Neben dem Vorteil, Operationen gemeinsam auf mehrere Ströme ausführen zu können, bietet diese Abstraktion eine gemeinsame Ressourcenverwaltung und den Zugriff auf Funktionen zur Intersynchronisation [KHMS94].

4.2 Rechnerübergreifende Ströme

Verteilte multimediale Anwendungen stellen die Anforderung, Audio-/Videoströme nicht nur innerhalb eines Rechners sondern über Rechnergrenzen hinweg zu etablieren. Der DMO Server muß demzufolge die Fähigkeit besitzen, kontinuierliche Daten an andere DMO Server zu schicken und sie von diesen zu empfangen. Diese Eigenschaften wird durch das *NetworkDevice* zur Verfügung gestellt.

Eine Anwendung hat prinzipiell zwei Möglichkeiten, netzübergreifende Ströme mit Hilfe von *NetworkDevices* zu etablieren. Wenn sie logische Geräte auf verschiedenen Endsystemen im Netz erzeugt und verbunden hat, ist für sie die Tatsache, daß die Datenströme über Rechnergrenzen hinweg fließen, transparent. Die *Connection*-Objekte verbinden die Geräte unterschiedlicher Endsysteme indem sie *NetworkDevices* in den Strom einfügen und so einen verteilten Datenstrom realisieren.

Hat die Anwendung jedoch die Notwendigkeit, die Netzverbindung zu kontrollieren, steht es ihr frei, *NetworkDevices* selbst in einen Strom einzufügen. Diese stellen Methoden zur Verfügung, um alternative Transportprotokolle auszuwählen, die Größe von Datenpaketen zu beeinflussen und Netzverbindungen zu schalten. Damit ist eine Anwendung in der Lage, Audio-/Videoströme zu und von anderen Anwendungen über das Netz aufzubauen.

4.3 Eigenschaften von Strömen

Datenströmen sind bestimmte Datenformate zugeordnet, die durch die Streamhandler in der Datenschicht verarbeitet werden. Die verschiedenen Audio- und Videoformate, die durch die Multimediahard- und -software eines Rechners unterstützt werden, sind durch *Format*-Objekte beschrieben. Sie bieten grundlegende Methoden zum Vergleich von Datenformaten und zur Kontrolle des Datendurchsatzes an.

Zu unterscheiden sind abstrakte und spezifische Formate: überläßt eine Anwendung die Festlegung des spezifischen Formates der Systemunterstützungsschicht, so definiert sie nur den Typ (*Audio*, *Video*, *AV*) und die Qualität (*low*, *medium*, *high*) eines abstrakten Formates. Beim Verbinden zweier Geräte wird dann eine Formatverhandlung durchgeführt, in deren Ergebnis das zu benutzende spezifische Format festgelegt wird. Andererseits kann eine Anwendung auch ein spezifisches Format benutzen, das typische Attribute besitzt. Beispielsweise enthält ein Audioformat unter anderem definierte Samplingrate und Kodierung, ein Videoformat Bildfrequenz und Auflösung.

Verbindet eine Anwendung Geräte mit Formaten gleichen Typs aber unterschiedlicher Ausprägung, erfolgt, soweit möglich, eine Formatanpassung. Zu diesem Zweck fügt das *Connection*-Objekt Filter in die Verbindung ein, die z. B. eine Kodierung konvertieren oder Verarbeitungsraten anpassen.

Die Dienstgüte (Quality of Service) eines Datenstroms wird durch das Objekt *DMOSQoS* beschrieben. Damit wird es einer Anwendung gestattet, von ihr etablierten Strömen eine Güteklasse (*best effort*, *scalable*, *guaranteed*) zuzuordnen. Aus Güteklasse und Format eines Stroms lassen sich die Ressourcen ableiten, die zur Verarbeitungszeit in Endsystemen und Rechnernetzen benötigt werden [Vogt93].

Zur Beschreibung der Eigenschaften von Filedatenströmen dient das Objekt *DMOSFile*. Es ermöglicht den Zugriff auf Informationen, wie Dauer, Anzahl der Spuren und Datenformate der einzelnen Spuren unabhängig vom Dateiformat.

4.4 Ressourcen Verwaltung

Da die DMO Services konkurrierende Zugriffe auf Ressourcen ermöglichen, ist es notwendig, gleichzeitig genutzte Ressourcen, wie z. B. den Hauptspeicher, auf die Klienten aufzuteilen. Deshalb ist jeder einzelnen Ressource ein *ResourcePolicyAgent* zugeordnet, der eine Strategie zur Verwaltung dieser Ressource implementiert, und ein Objekt der Klasse *PhysicalResource*, die deren Belegungszustand überwacht.

Durch Aufruf der Methode *AcquireResource* fordert die Anwendung die zur Verarbeitung eines Stroms benötigten Ressourcen explizit an. Werden für eine bestimmte Ressource mehr Einheiten angefordert als vorhanden sind, oder erreicht die Auslastung einen kritischen Wert, leitet der zugeordnete *ResourcePolicyAgent* Maßnahmen ein, indem er die Dienstgüte der beteiligten Ströme auswertet und dementsprechend entweder Strömen mit der Güteklasse *best effort* Ressourcen entzieht oder gleichmäßig die Anforderung skalierbarer Ströme reduziert [KW94]. Kann ein Strom trotzdem nicht unterstützt werden, so wird die Anforderung der Anwendung abgelehnt.

4.5 Darstellung zeitlicher Zusammenhänge

Da in der Echtzeitumgebung des DMO Servers kontinuierliche Datenströme verarbeitet werden, muß es in der Kontrollschicht möglich sein, zeitliche Zusammenhänge zwischen Informationseinheiten zu definieren. Um diese Anforderung zu erfüllen, wird durch den DMO Server eine Klasse bereitgestellt, aus der Anwendungen eigene logische Zeitsysteme kreieren können. Durch Festlegung der Parameter Startwert, Skalierungsfaktor und Auflösung wird die Transformation auf ein reales Zeitsystem beschrieben.

Die Benutzung der so erstellten Zeitsysteme erfolgt mit Hilfe von *Clock*-Objekten, die absolute oder periodische Zeitereignisse generieren und damit der Anwendung ermöglichen, zeitgesteuerte Aktionen auszuführen. Als Zeitquelle für ein *Clock*-Objekt kann sowohl eine Systemuhr als auch ein ausgezeichneter Datenstrom (master) dienen.

4.6 Klassenhierarchie der DMO Services

In Abb. 3 ist ein Ausschnitt aus der Klassenhierarchie der DMO Services dargestellt. Die

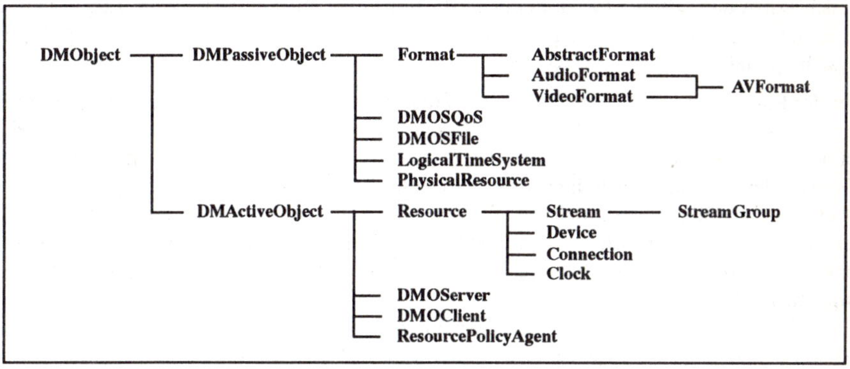

Abb. 3: Klassenhierarchie der DMO Services (Auszug)

Klasse *DMObject* (Distributed Multimedia Object) führt für alle abgeleiteten Klassen grundlegende Attribute wie Ort der Realisierung, Identifikator und Zuordnung zum DMO Server ein sowie Methoden zum Erzeugen und Löschen eines Server Objektes.

Um Informationen über multimediale Datenströme verwalten zu können, stehen einer Anwendung im DMO Server passive Objekte zur Verfügung. Passive Objekte sind dadurch gekennzeichnet, daß sie Ereignisse weder generieren noch verarbeiten können. Sie enthalten Zustandsinformationen wie beispielsweise Datenformat, Dienstgüte oder belegte physikalische Ressourcen, die typischerweise über Attribute gesetzt oder erfragt werden können.

Im Gegensatz dazu stellen aktive Objekte Aktionsträger dar. Die Klasse *DMActiveObject* enthält Methoden zur Registrierung, Deregistrierung, Generierung und Verarbeitung von Ereignissen.

5 Implementierung der Datenschicht

Da in der Datenschicht alle Bearbeitungsvorgänge für die multimedialen Daten durchgeführt werden, ist die Effizienz der Implementierung zur Einhaltung der geforderten Echtzeitbedingungen von besonderer Bedeutung. Durch die Art der Methodenausführung in Distributed SOM ist ein erheblicher Aufwand gegeben, insbesondere durch den Zugriff auf Signaturbeschreibungen. Um dennoch die Vorteile des objektorientieren Entwurfs auch auf die Datenschicht zu übertragen, fiel die Wahl der Implementierungssprache auf C++.

Alle Streamhandler werden zur Laufzeit eingebettet in sogenannte Prozessoren. Jeder Prozessor läuft in einem eigenen Betriebssystemprozeß ab und kommuniziert durch Streamhandler Data Protocol (SDP) und Streamhandler Control Protocol (SCP) mit anderen Prozessoren bzw. der Kontrollschicht. Durch die Objekte in der Kontrollschicht werden Protokollelemente an den Prozessor gesendet, der durch die enthaltene Adreßinformation den Streamhandler ermittelt, für den sie bestimmt sind. Die Bearbeitung erfolgt durch einen Methodenaufruf des angesprochenen Streamhandlers. Dadurch lassen sich die Vorteile der Vererbung für die Implementierung von Streamhandlern ausnutzen.

Für die Streamhandler werden zwei Arbeitsmodi unterschieden:

- Im Modus Ereignissteuerung wartet ein Streamhandler auf externe Ereignisse, die Arbeitsvorgänge einleiten. Diese Ereignisse können aus Datenpaketen von anderen Streamhandlern, Eingaben von externen Geräten oder Informationen aus der Kontrollschicht bestehen.
- Zeitgesteuerte Streamhandler werden entsprechend einer angegebenen Rate vom Prozessor zyklisch aufgerufen. Die Aufrufrate ist abhängig von der Paketisierung der zu bearbeitenden Daten und enspricht z. B. bei dem Streamhandler einer Videokarte im Lesemodus der Bildfrequenz. Die Einhaltung der Rate wird durch einen Echtzeitscheduler [BVW93] sichergestellt.

Bei der Einbettung von Streamhandlern in Prozessoren ist es wünschenswert, die Anzahl der Prozesse und damit die Anzahl der von Quelle zu Senke erforderlichen Kontextwechsel zu minimieren. Streamhandler, die im Modus Zeitsteuerung mit unterschiedlichen Raten arbeiten, können allerdings nicht innerhalb eines Prozessors ablaufen. Auch wenn für einen Streamhandler die Ausführungszeit nicht garantiert werden kann, ist es sinnvoll, einen separaten Prozessor zu benutzen, um die Auswirkungen auf andere Streamhandler zu minimieren. Eine Strategie für die Zuordnung von Streamhandlern zu Prozessoren ist in der Kontrollschicht implementiert.

werden kann,h Es ist sinnvoll, einen separaten Prozessor zu benutzen, um die Auswirkungen auf andere Streamhandler zu minimieren. Eine Strategie für die Zuordnung von Streamhandlern zu Prozessoren ist in der Kontrollschicht implementiert.

Jedem Streamhandler der Datenschicht ist eine Menge von Datenpaketen zugeordnet, die zur Initialisierungszeit des Streamhandlers erzeugt wird. Während der Bearbeitung der Daten können daher aus diesem Bereich Pakete ohne den Aufwand dynamischer Speicheranforderungen entnommen werden. Durch die Benutzung gemeinsamen Speichers in Verbindung mit einem Pufferverwaltungssystem [MR93] werden Kopieroperationen vermieden und Daten zwischen Streamhandlern effizient transferiert. Die Freigabe eines belegten Datenpaketes erfolgt durch den letzten Streamhandler in einer Bearbeitungssequenz.

Das Streamhandler Data Protocol enthält neben den für eine lokale Verarbeitung notwendigen Informationen Format und Generierungszeitpunkt der Daten auch Elemente, die es für den Betrieb in Rechnernetzen anwendbar machen. Paketisierungsinformation und Sequenznummer erlauben den Einsatz über Transportprotokolle in denen Segmentierung, Einhaltung der Paketreihenfolge oder Verlustfreiheit nicht garantiert werden können. Datenstrom- und Quellenidentifikator ermöglichen eine flexible Konfiguration der Anwendung und den Empfang von Strömen über einen oder mehrere Dienstzugangspunkte (TSAPs). Rückkopplungsnachrichten unterstützen die dynamische Qualitätsmodifikation von Strömen bei Überlastung von Empfängern.

6 Zusammenfassung

Die DMO Services bilden eine Systemunterstützungsschicht für multimediale Anwendungen, die eine Abstraktion der Hard- und Software anbietet. Über eine objektorientierte Schnittstelle kann eine Anwendung Ströme, Stromgruppen, Synchronisationsbeziehungen und QoS-Parameter definieren. Dadurch wird die Programmierung einer verteilten multimedialen Anwendung wesentlich vereinfacht.

Eine Anwendung greift als Klient auf multimediale Objekte zu, deren Implementation und Verteilung im Rechnernetz für sie transparent sind. Realisiert werden die Objekte in einer Echtzeitumgebung des DMO Servers. Nur so kann die zeitgerechte Verarbeitung der digitalen Audio- und Videodaten sichergestellt werden.

Die Echtzeitumgebung ist in der Datenschicht des DMO Servers gekapselt. Dort befinden sich die Streamhandler, die entweder die Daten bearbeiten (Synchronisationsstreamhandler,

Mixerstreamhandler) oder auf Hardware zugreifen (Gerätetreiber). Damit ist der Datenfluß streng getrennt vom Steuerfluß, der durch die Objekte der Kontrollschicht des DMO Servers etabliert wird. In der Kontrollschicht werden das Ressourcemanagement, die Synchronisationsmechanismen für Intra- und Intersynchronisation, die Skalierungsmechanismen und die Einhaltung von Qualitätsgarantien überwacht, die in der Datenschicht umgesetzt werden.

Die DMO Services werden gegenwärtig am IBM European Networking Center entwickelt. Eine erste Version wird unter anderem im BERKOM Multimedia Collaboration Projekt eingesetzt. In diesem Projekt werden die DMO Services für den Aufbau von Audio- und Videodatenströmen innerhalb von Videokonferenzen benutzt.

7 Literaturverzeichnis

[ABLS89] B. Arons, C. Binding, K. Lantz, C. Schmandt: "The VOX Audio Server", 2. IEEE COMSOC International Multimedia Communications Workshop, Montebello, Quebec, Kanada, Apr. 1989.

[ABLS89a] B. Arons, C. Binding, K. Lantz, C. Schmandt: "A Voice and Audio Server for Multimedia Workstations", Proceedings of Speech Tech '89, May 1989.

[AC91] D. Anderson, P. Chan: "Toolkit Support for Multiuser Audio/Video Applications", in: R. G. Herrtwich, (Ed.): Tagungsband: Second International Workshop on "Network and Operating Systems Support for Digital Audio and Video", Heidelberg, Nov. 1991, 230-241.

[AGH90] D. Anderson, R. Govindan, G. Homsy: "Abstractions for Continuous Media in a Network Window System", Technical Report UCB/CSD 90/596, UC Berkeley, Sep. 1990.

[AH91] D. Anderson, G. Homsy: "A Continuous Media I/O Server and Its Synchronization Mechanism", IEEE Computer, 51-57, Oktober 1991.

[Appl91] Apple: "QuickTime Developer's Kit Version 1.0", Apple Document Number 030-1899.

[CE91] M. Conner, S. Elliott: "A Brief Introduction to SOM: The System Object Model", IBM's response to the Object Model RFI, OMG document number 91-5-13

[CORB91] The Common Object Request Broker: Architecture and Specification, OMG Document Number 91.12.1, Revision 1.1.

[DNNR93] R. Dannenberg, T. Neuendorffer, J. Newcomer, D. Rubine.: "Tactus: toolkit-level support for synchronized interactive multimedia", Multimedia Systems, Vol. 1, No. 2, 77-86, 1993.

[Heh+92] D. Hehmann, Ralf G. Herrtwich, W. Schulz, T. Schütt, R. Steinmetz: "Implementing HeiTS: Architecture and Implementation Strategy of the Heidelberg High-Speed Transport System". Second International Workshop on Network and Operating System Support for Digital Audio and Video, Lecture Notes in Computer Science 614, Springer Verlag, 1992.

[Herr90] R. G. Herrtwich:"Time Capsules: An Abstraction for Access to Continuous-Media Data", IEEE Real-Time Systems Symposium, Orlando, December 5-7, 1990, pp.11-20.

[HW91] D. Hutchinson, J. Walpole: "Distributed Systems and Objects" in G. Blair, J. Gallagher, D. Hutchison, D. Shepherd (Hrsgb.): "Objet-Oriented Languages, Systems, and Applications, Pitman Publishing 1991, pp. 223 - 243.

[HW92] R. G. Herrtwich und L. Wolf: "A System Software Structure for Distributed Multimedia Systems", Proceedings of the 5th ACM SIGOPS European Workshop, 21. - 23. September 1992, Le Mont Saint-Michel, Frankreich.

[IBM92] IBM: "Multimedia Presentation Manager/2: Programming Reference" IBM Document Number 41G2920.

[IMA93] Response to Request for Technology: Multimedia System Services. Vorschlag eingereicht von Hewlett-Packard Company, IBM, SunSoftInc. , 1993.

[KHMS94] T. Käppner, F. Henkel, A. Schröer und M. Müller: "Synchronisation in einer verteilten Entwicklungs- und Laufzeitumgebung für multimediale Anwendungen" in Tagungsband der GI-Jahrestagung August/September 1994 Hamburg, Springer Verlag.

[KW94] T. Käppner, L. Wolf: "Media Scaling in Distributed Multimedia Object Services" in Proceedings of 2nd International Workshop on Advanced Teleservices and High-Speed Communication Architectures, 26. - 28. September 1994

[Leu+88] W. Leung, G. Luderer, M. Morgan, P. Roberts, S.-C. Tu: "A Set of Operating System Mechanisms to Support Multi-Media Applications", Tagungsband. Intern. Seminar on Digital Comm., Zurich, Mar. 1988, 71-76.

[Lev+93] T. M. Levergood, A. C. Payne, J. Gettys, G. W. Treese, L. C. Stewart: "AudioFile: A Network-Transparent System for Distributed Audio Applications", in Tagungsband 1993 Summer USENIX, USENIX Association, 1993.

[Micr91] Microsoft Corporation: "Microsoft Windows: Multimedia Programmer's Reference", Microsoft Press, 1991.

[MR93] B. McKellar, J. Roos: "Buffer Management in Communication Systems", Technical Report 43.9312, IBM European Networking Center, Heidelberg 1993.

[Swin87] D. Swinehart: "Telephone Management in the Etherphone System", in Tagungsband GlobeCom87, November 1987.

[Vogt93] C. Vogt: The Heidelberg Resource Administration Technique: Design Fundamentals, QoS Calculation, and Resource Reservation. IBM European Networking Center Heidelberg, Tagungsband der Kommunikation in verteilten Systemen, 3.-5. März 1993, München

[WBV94] L. Wolf, W. Burke, C. Vogt: "CPU Scheduling in Multimedia Systems", Technical Report 43.9407, IBM European Networking Center, Heidelberg 1994.

Interaktiver Multimedia Verkehr in FDDI und Demand Priority

Jörg Ottensmeyer, Universität-GH Paderborn
Fachbereich Mathematik - Informatik
33095 Paderborn
e-mail: otty@uni-paderborn.de

In diesem Beitrag werden Verfahren zur Unterstützung von interaktiven Multimedia-Anwendungen über FDDI und Demand Priority, das sich in der Entwicklung bei IEEE 802.12 befindet, untersucht. Es werden Verfahren für die notwendigen Reservierungen vorgeschlagen und mittels Simulation überprüft, ob die gewünschten Dienstgütemerkmale eingehalten werden. Zudem wird untersucht, welchen Einfluß die Multimedia Dienste auf andere Dienste haben. Abschließend wird noch ein Vergleich von FDDI und Demand Priority durchgeführt.

1 Einleitung

Multimedia-Anwendungen verlangen neue, von Rechnernetzen bisher kaum unterstützte Dienste. Dieses gilt nicht nur für neue Netze, sondern auch für bestehende WAN-Strukturen wie das Internet, als auch für Lokale Netze. Für das Internet gibt es Bestrebungen zu einer neuen Dienst-Architektur [RFC1633]. Im Bereich Lokale Netze hat die Arbeitsgruppe IEEE 802.1 eine "Multimedia Task Group" gebildet, die den Einfluß von Multimedia auf bestehende und zukünftige IEEE 802 Standards untersucht und Empfehlungen für andere Arbeitsgruppen abgeben soll. Dabei haben nicht alle Multimedia-Anwendungen besondere Anforderungen an die Datenübertragung, nur interaktive Multimedia-Anwendungen, wie zum Beispiel Videokonferenzen, sind Echtzeitanwendungen, die Leistungsgarantien verlangen.
Einen Versuch, interaktive Multimedia-Dienste auch ohne Leistungsgarantien zu erbringen, ist MBone [This94]. MBone ist ein Multicast Overlaynetz, das auf dem verbindungslosen Dienst des Internet aufbaut und von beliebigen Anwendungen genutzt werden kann. Die verfügbaren Videotools erreichen aber nur eine unbefriedigende Dienstqualität: sie bieten eine geringe Bildrate (durch eine Selbstbeschränkung auf 128 kBit/s) und eine hohe Ende-zu-Ende-Verzögerung. Zudem ist ein starker Einfluß anderer Netzbenutzer spürbar, der sich durch sinkende Bildfrequenz und verringernde Bildqualität bemerkbar macht. Dagegen liefert Sprachübertragung bessere Resultate.
Ein Faktor für multimediafähige Netze sind hohe Datenraten. Im Bestreben um Netze, die eine Datenrate von 100 Mbit/s bieten, werden zur Zeit bei IEEE 802 zwei Ansätze für ein schnelles "Ethernet" verfolgt. IEEE 802.3u (100–Base–T) beruht auf der Idee, CSMA/CD mit der 10-fachen Datenrate zu betreiben. Dagegen wird in IEEE 802.12 ein neues MAC-Protokoll (Demand Priority oder 100VG-AnyLAN) entworfen, das zwar noch IEEE 802.3 Frames benutzt, aber sonst mit CSMA/CD nicht mehr viel gemeinsam hat. Was Demand Priority aber für den Multimedia Einsatz interessant macht, ist die Tatsache, daß es als deterministisches Protokoll Dienstgütemerkmale garantieren kann, womit es im

Gegensatz zu 100–Base–T steht. Darüberhinaus besteht durch zwei Prioritätsstufen die Möglichkeit zur Dienstintegration mit verschiedenen Dienstgüten. In dem Zusammenhang "hohe Datenraten" darf man FDDI nicht vergessen, das ebenfalls eine Datenrate von 100 Mbit/s und Möglichkeiten zur Bandbreitenreservierung bietet. FDDI Produkte sind kommerziell verfügbar, unterstützen aber (zur Zeit) meistens nur den asynchronen Dienst [Hein94]. Dies liegt unter anderem in der Vielfalt der Optionen des Station Managements Standard [SMT7.3] begründet. Daher versucht ein "FDDI Synchronous Forum" durch ein "Implementer's Argeement" [Warr94] Interoperabilität sicherzustellen, so daß auch Implementierungen mit synchronem Dienst verfügbar werden.

Dieser Beitrag beschreibt und untersucht Mechanismen, die benötigt werden, um Interaktiven Multimedia Verkehr über FDDI und Demand Priority zu unterstützen.

2 Anforderungen von Interaktivem Multimedia Verkehr

Echtzeitanwendungen stellen strikte Anforderungen an ein Kommunikationssystem. Diese Anforderungen betreffen Bandbreite, Verzögerungen, Verzögerungsschwankungen und Verlustraten. Es müssen jeweils untere Schranken (für Bandbeite) und obere Schranken (für die Verzögerung, Paketverluste, usw.) garantiert werden. Eine präzise Definition der verschiedenen Garantien wird in [Ferr90] vorgestellt. In dieser Untersuchung werden nur deterministische Grenzen für Bandbreite und Verzögerung betrachtet.
Echtzeitanwendungen im allgemeinen, z.B. computergestützte Kontroll- und Koordinationssysteme für Straßenverkehr [Fas93], können sehr verschiedene Grenzwerte verlangen. Durch die Beschränkung auf Dienste für interaktive Multimedia-Anwendungen ergeben sich folgende Grenzwerte: die Umlaufverzögerung bei einer Videokonferenz sollte 500 ms nicht überschreiten, weil dadurch die gegenseitige Sprachkoordination gestört würde [Müll93]. Abbildung 1 zeigt einen systematischen Ansatz für die Aufteilung der Teilverzögerungen [Spra94][Grin94]. Der Verkehr von einem Endknoten zu einem anderen verläuft typischerweise über ein LAN und ein Backbone mit einem Anschluß an ein Weitverkehrsnetz. Das Szenario kann für den Empfänger als symmetrisch angenommen werden. Es werden also 4 Lokale Netze und 4 Router passiert. Setzt man für ein lokales Netz 10 ms, einen Router 5 ms, und für Komprimierung, bzw. Dekodierung 30 ms an, liegt man bei 120 ms. Ein unterer Grenzwert für ein zwischengeschaltetes WAN ist 10 ms pro 2000 km. Damit ergibt sich eine obere Grenze für die Ende-zu-Ende Verzögerung von 150 ms für die maximale Entfernung in Europa.

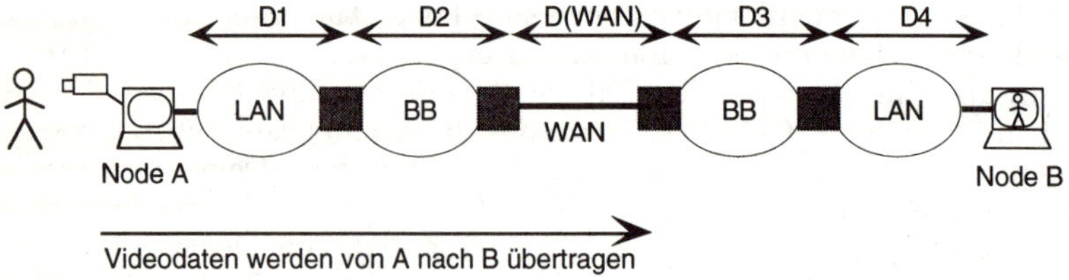

Abb. 1: Delay-Budget für interaktive Multimedia Anwendungen

Mit dieser Aufteilung der Verzögerungen ist es möglich Ende-zu-Ende Verzögerungen von 250 ms einzuhalten. Das Ziel dieser Untersuchung ist es, festzustellen, ob die Netze (FDDI und Demand Priority) eine Verzögerung von 10 ms erzielen können und welchen Einfluß diese auf das Gesamtnetz hat.

Im Gegensatz zu den Verzögerungsanforderungen, die sich für viele interaktive Multimedia-Anwendungen ähneln, variieren Anforderungen, wie z.B. Datenrate und maximale Paketgröße, sehr stark von Anwendung zu Anwendung. Für Videoübertragung sind sie z.B. von der geforderten Auflösung und der eingesetzten Komprimierung abhängig. Datenraten für komprimierte Videoübertragung rangieren von 64 kbit/s für Bildtelefon über 4 Mbit/s für Fernsehbilder in S-VHS Qualität bis zu 10 Mbit/s für HDTV [MüRö94].

3 FDDI

FDDI [ISO9314] bietet zwei verschiedene Dienste an: den synchronen und den asynchronen Dienst. Die Steuerung der Sender erfolgt über ein Token, das auf dem Ring kreist. Der *synchrone Dienst* ist an den Erhalt des Tokens gebunden. Jedesmal wenn ein Token bei einer Station eintrifft, darf sie die vorher reservierte Bandbreite nutzen. Da FDDI eine maximale Tokenumlaufzeit garantiert, können somit auch die maximale Wartezeit auf das Senderecht und eine minimale Bandbreite garantiert werden. Die Details der Bandbreitenreservierung werden im folgenden noch genauer diskutiert.

Der *asynchrone Dienst* ist an den Zeitpunkt des Tokenerhalts gebunden. Jede Station besitzt einen Timer, mit dem sie die Tokenrotationszeit überwacht. Beim Erhalt des Tokens wird nun geprüft, ob es sich um ein Early oder Late Token handelt, d.h. die Rotation des Tokens kürzer oder länger als die geplante Tokenrotationszeit (TTRT) war oder nicht. Im Fall eines Early Tokens darf eine Station für den Rest der geplanten Tokenumlaufzeit senden und gibt das Token dann weiter, im Fall eines Late Tokens wird es sofort weitergegeben. Dieses Verfahren garantiert die faire Aufteilung der verfügbaren Bandbreite unter den sendewilligen Stationen. Für eine detaillierte Beschreibung von FDDI sei der Leser z.B. auf [Ros86] oder [Jain94] verwiesen.

4 Demand Priority

Demand Priority (oder 100VG-AnyLAN) wird zur Zeit bei IEEE in der Arbeitsgruppe 802.12 standardisiert [IEEE94]. Der Name 100VG-AnyLAN deutet darauf hin, daß sowohl Ethernet als auch Token Ring Frames erlaubt sein sollen. Als physikalische Medien sind viele Alternativen im Gespräch, von UTP3 über Coax, bishin zu Glasfaser sollen alle Medien zugelassen werden. Demand Priority baut, wie Abbildung 2 zeigt, auf einer sternförmigen Topologie mit einem Repeater[1] auf. Repeater können wiederum hierarchisch gekoppelt werden, so daß eine Baumstruktur entsteht. Die Stationen können ihrerseits Brücken zu bestehenden Ethernets oder Token Ringen sein. Als Vorteile von Demand Priority werden eine einfache Migration von bestehenden Systemen zu

[1] *Repeater* ist IEEE 802.12-Terminologie, tatsächlich besitzt ein Repeater aber auch eine MAC-Schicht.

Demand Priority und geringere Kosten als für FDDI genannt [HP93].

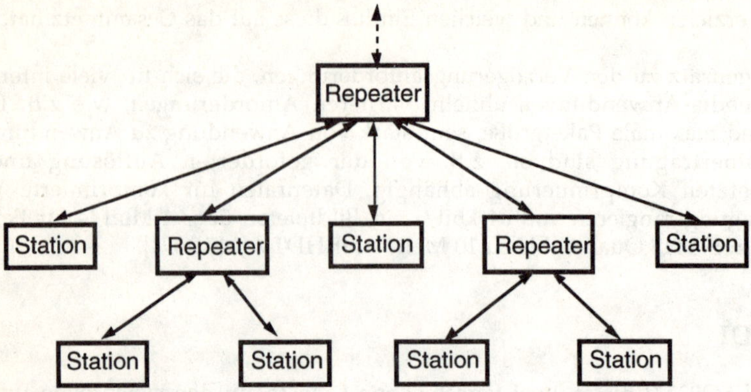

Abb. 2: Architektur eines Demand Priority LANs

Das Demand Priority Protokoll arbeitet wie folgt: eine Station mit einem Sendewunsch schickt ein Request zu "seinem" Repeater. Dieses Request enthält ebenfalls die Priorität des Sendewunsches. Der Repeater verteilt reihum das Senderecht an alle sendewilligen Stationen. Dabei gibt es einen Zyklus für hohe und für niedrige Priorität, wobei der Zyklus für niedrige Priorität durch einen eintreffenden Sendewunsch der höheren Priorität unterbrochen wird. Die Signalisierung von Request und Grant erfolgt mittels des "Quartett Signalling". Hierbei gibt es ein paar Besonderheiten beim Einsatz von UTP3 als Medium, auf die hier aber nicht weiter eingegangen werden soll.

Erhält eine Station nun ein Grant, darf sie nach dem aktuellen Standard [IEEE94] genau ein Paket senden. Dieses überträgt sie an den Repeater, der seinerseits das Paket an alle erlaubten Ausgänge weitergibt. Dabei fällt, wie in Abbildung 3 dargestellt, eine geringe Verzögerung, die FIFO-Verzögerung (oder Retransmit Delay in [IEEE94]) an. In dieser Zeit wird festgestellt, an welchen Ausgang ein Paket gesendet werden muß, bzw. nicht gesendet werden darf.

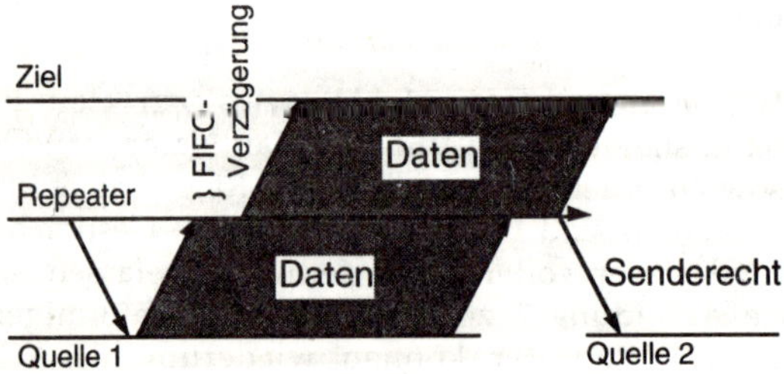

Abb. 3: FIFO-Verzögerung in Demand Priority

Diese Unterscheidung ist notwendig, um ein Paket an die Zielstation, alle Repeater und eventuelle Monitorstationen weiterzuleiten, aber auch um bestimmte Stationen vom Empfang auszuschließen. Diese Maßnahme verbessert die Sicherheit in einem 802.12 Netz. Erst nach dem vollständigen Senden der Daten durch den Repeater kann das Senderecht an den nächsten ausgewählten Sender weitergegeben werden, so daß die FIFO-Verzögerung bei jeder Weitergabe der Senderechts anfällt.

5 Bandbreitenreservierung

Für Demand Priority sind 2 Prioritäten vorgesehen, wobei die höhere Priorität für Echtzeit-Multimedia Dienste eingesetzt werden soll. Um nun für den hochprioren Dienst Garantien zu ermöglichen, muß der Zugang zu diesem Dienst beschränkt werden. Hierfür wurde das *Target Transmission Time* (TTT) Verfahren vorgeschlagen [Spra94]. Dieses beruht auf dem Versprechen aller hochprioren Sender, nicht mehr als N Byte pro TTT zu senden. Ist das TTT Intervall für alle Stationen gleich lang (z.B. 10 ms) und die Summe aller Reservierungen (inklusive Overhead) nicht größer als TTT, kann die eingestellte Bandbreitenreservierung garantiert werden. Man kann das TTT Verfahren auch als allgemeines Zugangskontrollverfahren für alle MAC Protokolle nutzen, wenn es z.B. auf LLC Ebene eingesetzt wird. Eine weitere Vorbedingung für korrekte Bandbreitenreservierung ist die Absprache der Stationen untereinander. Ideen für einen QoS Manager, der die Bandbreitenvergabe in einem Lokalen Netz regelt, werden aktuell in der Multimedia Task Group von IEEE 802.1 diskutiert.

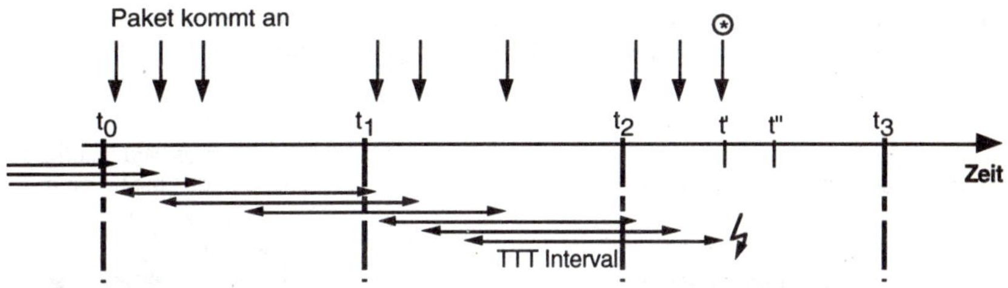

Abb. 4: Der TTT Algorithmus

Die Überwachung des TTT Intervalls kann mittels eines Sliding- oder Jumping Windows erfolgen. Abbildung 4 zeigt ein Beispiel für die Arbeitsweise beider Kontrollmechanismen. Beim Sliding Window wird für jedes ankommende Paket überprüft, ob für das vergangene Intervall TTT nicht zu viele Daten gesendet wurden[2]. Für das Paket (*), das zum Zeitpunkt t' eintrifft, ist die pro TTT erlaubte Datenmenge überschritten. Es muß mindestens bis t'' warten, bevor es in die Sendewarteschlange eingetragen werden darf.

Bei Einsatz eines Jumping Windows werden periodisch (alle TTT Sekunden, also zu t_0, t_1, t_2,...) die bereitstehenden Pakete in den Sendepuffer eingetragen, aber höchstens entsprechend der Reservierung viele. Das Paket (*) wird also

[2]Zur Vereinfachung wird in diesem Beispiel angenommen, daß alle Datenpakete die gleiche Größe haben. Ist das nicht der Fall, so muß außer dem Zeitpunkt des Eintreffens eines Paketes auch die Größe gespeichert werden.

zusammen mit anderen Paketen zum Zeitpunkt t_3 in die Sendewarteschlange eingetragen.

Das Sliding Window benötigt bei einer Implementierung mehr Aufwand als das Jumping Window (Liste gegenüber Zähler). Dagegen werden beim Sliding Window die Daten gleichmäßiger an den Medienzugang abgegeben und erfahren somit die kleinstmögliche Verzögerung. Mit dem Jumping Window erfährt ein Paket eine größere maximale Verzögerung (≤ 2*TTT, wenn der Zeitpunkt der Übertragung gerade abglaufen ist), aber der garantierte Durchsatz ist gleich.

6 Leistungsbewertung

Im folgenden wird eine Leistungsbewertung von FDDI und Demand Priority durchgeführt, die sowohl den hoch-prioren Dienst und seine Leistungsgarantien umfaßt, als auch den Einfluß der verschiedenen Lastströme untereinander untersucht. Als Lastmodell wird ein VBR-Videolastmodell eingesetzt, das bereits in [MaWe92] zur Bewertung von Echtzeitkommunikation in DQDB eingesetzt wurde (Abb. 5). Es handelt sich um eine On/Off Quelle, die in der Busy-Phase in konstanten Abständen kleine Pakete generiert. Die Busy-Phasen dauern 16 ms. Die Idle-Phasen haben neg. exponentiell verteilte Längen mit einem Mittelwert von ebenfalls 16 ms. Damit ist die maximale Datenrate gleich der doppelten mittleren Datenrate. Der Abstand zwischen zwei Paketen in der Busy-Phase ist so eingerichtet, daß die maximale Datenrate für einen 48 Byte großes Paket 5 Mbit/s beträgt. In den Simulationen wird die VBR-Last durch eine steigende Paketgröße geändert, und zwar auf Vielfache der Grundgröße (48 Byte).

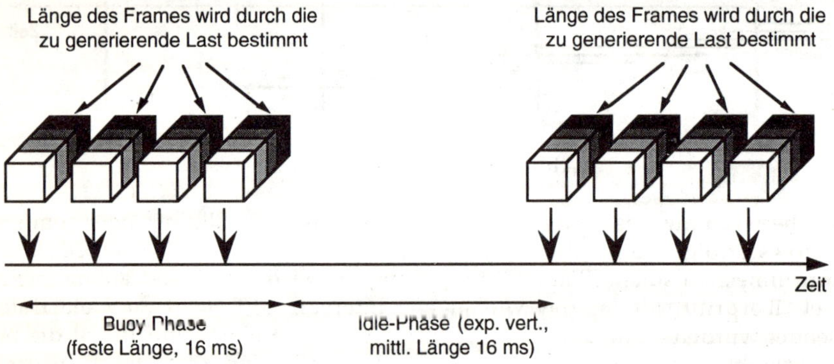

Abb. 5: VBR-Lastmodell nach [MaWe92]

Als Hintergrundlast (asynchroner Dienst in FDDI bzw. niedrig-priorer Dienst in 802.12) ist eine einfache Poissonquelle gewählt. Es werden Pakete mit negativ exponentiell verteilten Zwischenankunftszeiten mit einer festen Größe von 4 KByte generiert, um einen maximalen Einfluß auf den Echtzeitverkehr zu erreichen. Für FDDI entspricht dies annähernd der maximalen Paketlänge, für 802.12 ist dies etwa die maximale Paketlänge des Token Rings.

Abbildung 6 zeigt die untersuchte Konfiguration. Zur Vergleichbarkeit mit FDDI wird für Demand Priority ein unkaskadiertes Netz angenommen, umgekehrt wird für FDDI der Einsatz eines Konzentrators angenommen. Die Entfernung Station-Konzentrator bzw. Repeater beträgt 100 m. Es werden jeweils 10 Stationen eingesetzt, die alle Hintergrundlast erzeugen, jeweils 5 Stationen fungierten auch als 5 VBR-Sender.

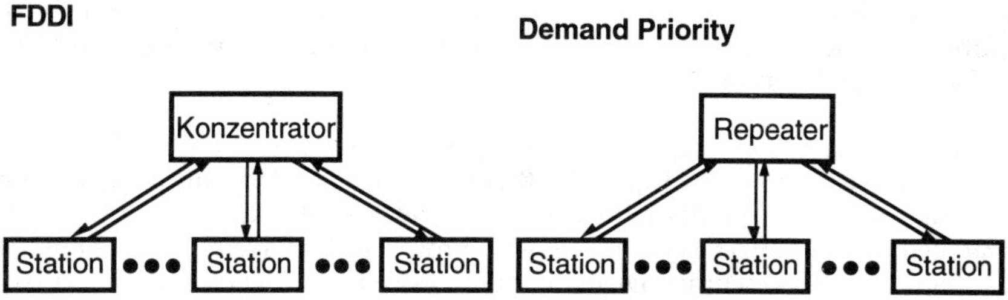

Abb. 6: Untersuchte Konfigurationen

Als Metriken werden mittlere und maximale Verzögerungen und Paketverluste betrachtet. Die Verzögerungen umfassen nur die Wartezeit auf den Medienzugang und nicht die Sende- und Übertragungszeit, da diese relativ zum Medienzugriff sehr klein sind und zudem (in FDDI) noch von der Entfernung Quelle-Ziel abhängen.

6.1 Ergebnisse für FDDI

Die maximale Verzögerung für synchrone Daten in FDDI ist 2*TTRT. Diese Schranke gilt aber nur bei Reservierung der gesamten Bandbreite. Für eine geringere synchrone Auslastung ist die maximale Verzögerung kleiner als die Summe aus TTRT, der Latenz und den Reservierungen. Um die für interaktive Multimedia-Last geforderte Schranke von 10 ms (siehe Abschnitt 2) einzuhalten, würde je nach Umfang der reservierten synchronen Bandbreite ein TTRT von 5 bis 10 ms benötigt. Da aber dynamische Änderungen von TTRT gleichbedeutend mit der Reinitialisierung des Rings sind, ist ein festes TTRT von 5 ms günstiger als unterschiedliche TTRT für verschiedene synchrone Auslastungen.

In [MaMe90] wurde bereits die Wahl von TTRT bezüglich der Dienstintegration in FDDI untersucht. Es wurde festgestellt, daß bei der Wahl von TTRT ein Kompromiß zwischen synchronen und asynchronen Daten zu schließen ist. Für eine geringe Verzögerung der synchronen Daten wird eine "kurze" Tokenumlaufzeit benötigt, für eine geringe Verzögerung und einen hohen Durchsatz der asynchronen Daten wird eine "lange" Tokenumlaufzeit gefordert. Der Wert von TTRT = 5 ms schränkt die Leistungsfähigkeit des asynchronen Dienstes für das untersuchte Szenario nicht ein.

Die benötigte Bandbreitenreservierung hängt nun von der Wahl von TTRT ab. Ein Sender muß alle während TTRT anfallenden Daten senden können. Gemäß [SMT7.3] ist die Bandbreitenreservierung auf einer Basis von 125 µs zu vergeben; für die in dieser Untersuchung eingesetzte Peak-Rate-Allocation ist also die in

125 µs maximal eintreffende Datenmenge zu reservieren.

Die Art der Last (kurze/lange Pakete) hat einen starken Einfluß auf die benötigte Bandbreite. Für das verwendete Lastmodell sind bei einem 48 Byte Paket genau 58% Overhead, also werden 58% mehr Bandbreite als die Netto-Datenrate benötigt. Bei der gleichen Netto-Datenrate und doppelt so großen Paketen ist der Overhead nur noch halb so groß. Um den Einfluß des MAC-Overheads (28 Byte pro Paket in FDDI) nicht zu einem Problem des Netzes werden zu lassen (jeder Nutzer ist für die Paketgröße selbst verantwortlich), wird hier vorgesehen, die Bandbreitenreservierung basierend auf der Datenrate inklusive des MAC-Overheads durchzuführen.

Im ersten Szenario (Abb. 7a) wird bei einer synchronen Last[3] von 12,5 Mbit/s die asynchrone Last verändert. Der Einfluß der asynchronen Last auf die synchrone Last steigt bis 80 Mbit/s, danach ist kein steigender Einfluß der asynchronen Last feststellbar; ab 80 Mbit/s beginnt der asynchrone Dienst Pakete zu verlieren. Daraus folgt, daß der synchrone Dienst vor dem asynchronen Dienst geschützt ist.

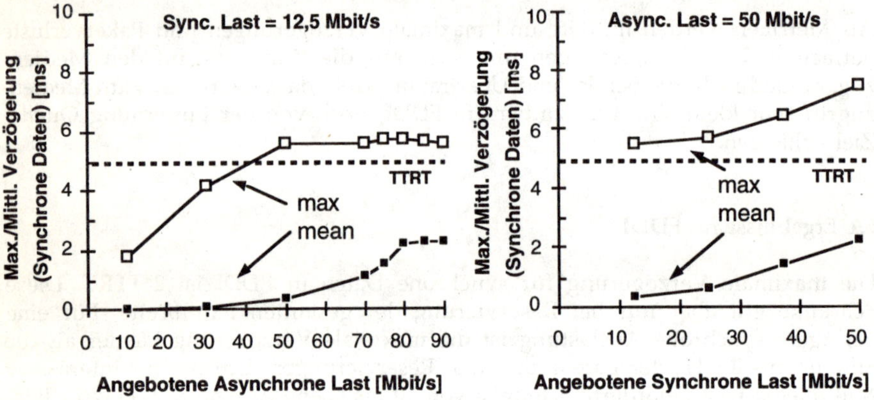

Abb. 7: Verzögerung Synchroner Daten in FDDI

Im nächsten Schritt wird die synchrone Last variiert und gleichzeitig auch die Bandbreitenreservierung entsprechend angepaßt. Als (asynchrone) Hintergrundlast ist ein fester Wert von 50 Mbit/s eingestellt. Wie Abb. 7b zeigt, steigt mit der synchronen Last auch der Einfluß der synchronen Lastströme untereinander, überschreitet aber nicht den zulässigen Grenzwert. Bei maximaler synchroner Last kommt es zu einem Überlast-Szenario. Die Summe der maximalen Datenraten (100 Mbit/s plus MAC-Overhead) ist größer als die Netzkapazität. Deterministische Garantien könnten nicht mehr eingehalten werden, aber als Ergebnis der Simulation folgt, daß mit einer Wahrscheinlichkeit kleiner als 10^{-4} (Anzahl der in der Simulation auftretenden Bursts) die maximalen Verzögerungen eingehalten werden. Solche Verlustraten sind für Video- und Audioanwendungen akzeptabel.

[3]Der Wert von 12,5 Mbit/s entsteht durch 5 Stationen, die mit der (minimale) mittlere Datenrate 2,5 Mbit/s senden. Siehe Lastmodell und Konfiguration.

6.2 Ergebnisse für Demand Priority

Beim Einsatz des TTT-Verfahrens (s. Abschnitt 4) ist die maximale Wartezeit auf den Medienzugang gerade TTT Sekunden. Diese Tatsache ist klar, wenn man sich überlegt, daß es keine Konstellation geben kann, für die andere Sender innerhalb des eigenen TTT mehr als ihre Reservierung senden. Die Bedingungen hierfür sind, daß nicht mehr als 100% der verfügbaren Bandbreite vergeben ist und TTT für alle Stationen gleich ist. Die maximale Verzögerung ist dagegen unabhängig von der gewählten Servicestrategie für hoch-prioren Verkehr.

In [802.12] ist als Servicestrategie (Auswahl der Datenmenge, die bei Erhalt des Senderechts maximal gesendet werden darf) für beide Prioritäten festgelegt, genau ein Paket zu senden. Alternativ wäre es möglich bei den hoch-prioren Dienst einen exhaustive Service einzusetzen, der den kleinsten Overhead durch Weitergabe des Senderechts hat. Um die Garantien für den hoch-prioren Dienst nicht zu gefährden, könnte für den niedrig-prioren Dienst eine k-limited Strategie eingesetzt werden, d.h. eine Station darf bei Erhalt des Senderechts bis zu k Bytes senden. Damit würde der hoch-priore Dienst maximal um die Sendezeit von k Bytes verzögert. Diese Datenmenge (k Bytes) und die Weitergabezeit des Senderechts müssen bei der Berechnung der maximal zur höchsten Priorität zu vergebenden Bandbreite als Overhead berücksichtigt werden.

Da wir Peak-Rate-Allocation als Strategie zur Bandbreitenreservierung einsetzten, braucht für das vorliegende Lastmodell (mit einer beschränkten Peak-Rate) keine Zugangskontrolle zu erfolgen. Die für interaktive Multimedia-Last geforderte Schranke von 10 ms ergibt sich, wie später gezeigt, automatisch. Für andere Reservierungen, die unterhalb der Peak-Rate arbeiten, ist jedoch für das TTT Verfahren eine Zugangskontrolle erforderlich; dort muß TTT = 10 ms gewählt werden.

Ein entscheidender Parameter für die Leistungsfähigkeit von Demand Priority ist die FIFO-Verzögerung des Repeaters (s. Abschnitt 4). Zunächst werden dafür Extremwerte von 1 µs und 20 µs gewählt, was einer Latenz von 100 Bit bzw. 2000 Bit entspricht. Dieser Wert könnte aber unter Umständen auch größer werden, je nachdem wie groß die zu durchsuchenden Adresstabellen sind.

Im ersten Szenario (Abb. 8a) wird bei einer hoch-prioren Last von 12,5 Mbit/s die niedrig-priore Last verändert. Der Einfluß der niedrig-prioren Last auf die hoch-priore Last ist nur am Mittelwert feststellbar. Daraus folgt, daß der hoch-priore Dienst fast vollständig von dem niedrig-prioren Dienst entkoppelt ist. Weiterhin ist zu beobachten, daß die Verzögerungen weit unter dem eingestellten TTT von 10 ms liegen. Dieser Effekt erklärt sich damit, daß sich nie viele HP-Pakete im Sendepuffer anstauen und das Senderecht auch innerhalb eines Burst (Busy Phase) mehrmals weitergegeben wird. Die Zwischenankunftszeit zweier Pakete (in einem Burst) liegt mit 85 µs in der Größenordnung der Abfertigungszeit von ca. 10 Paketen. Diese niedrigen Verzögerungen sind also nur mit dem angelegten Lasttyp zu erreichen, andere Lasttypen (mit längeren Paketen oder kürzeren Zwischenankunftszeiten) würden längere Verzögerungen erfahren, aber auch nicht über TTT hinaus, wenn die TTT-Bedingungen eingehalten werden.

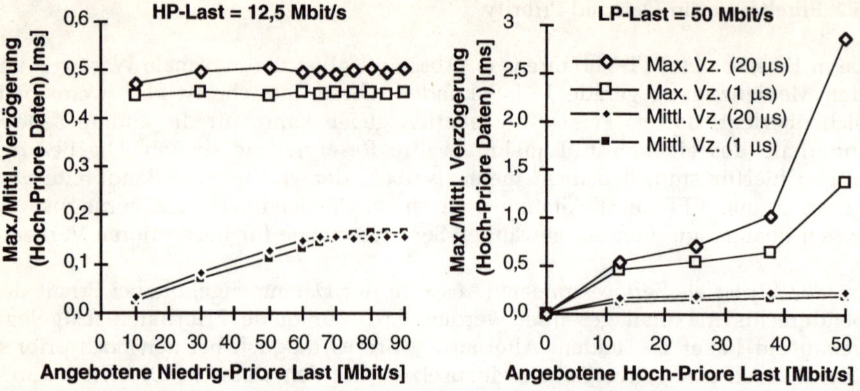

Abb. 8: Verzögerung hoch-priorer Daten in Demand Priority

Im nächsten Schritt wird die hoch-priore Last variiert, gleichzeitig wird auch die Bandbreitenreservierung entsprechend angepaßt. Als (niedrig-priore) Hintergrundlast wird ein fester Wert von 50 Mbit/s eingestellt. Wie Abb. 8b zeigt, steigt mit der hoch-prioren Last auch der Einfluß der hoch-prioren Lastströme untereinander. Die Verzögerung überschreitet aber nicht den zulässigen Grenzwert von 10 ms. Wie zuvor diskutiert, liegen auch hier die maximalen Verzögerungen deutlich unter TTT, steigen aber bei hoher bzw. Überlast stark an. Wie schon beim FDDI, kommt es bei der maximalen hoch-prioren Last zu einem "Überlast-Szenario". Die Summe der maximalen Datenraten (100 Mbit/s plus MAC-Overhead) ist größer als die Netzkapazität, hierfür sind nur noch statistische Garantien möglich.

6.3 Einfluß auf die Hintergrundlast

In FDDI ist zu beobachten, daß die mittlere Tokenrotationszeit deutlich unter TTRT liegt. Damit ist für Quellen, die sich nicht an die Bandbreitenreservierung halten, die Möglichkeit gegeben, mehr Bandbreite zu benutzen als reserviert wurde. In diesem Abschnitt soll nun untersucht werden, was diese Art der Bandbreitenreservierung für den asynchronen Dienst bedeutet.

Um zunächst frei von Einflüssen der Bandbreitenreservierung zu sein, wird als synchrone Last eine Lastquelle mit der gleichen mittleren wie maximalen Datenrate, also eine isochrone Last, eingesetzt. Für diese wird genau die maximale Datenrate reserviert. Nun wird die Last um 50% gesteigert, ohne daß die Reservierung entsprechend erhöht würde. Dieses Szenario entspricht der Situation, daß ein Sender vorsätzlich mehr Daten sendet als bei der Bandbreitenreservierung vorgesehen.

Nun werden der erreichbare Durchsatz und die Verzögerungen untersucht, wenn optional vor den Zugangspunkt zum synchronen Dienst ein TTT-Verfahren eingesetzt wird. Abbildung 9a zeigt den erreichten Durchsatz der synchronen Sender. Deutlich zeigt sich, daß in FDDI (ohne TTT) die erreichbare Bandbreite für die synchronen Sender von der Gesamtlast abhängt: für 0-

88 Mbit/s Gesamtlast (38 Mbit/s synchron + 50 Mbit/s asynchron) kreist das Token noch schnell genug, daß die übermäßig starken synchronen Sender alle Daten senden können. Darüberhinaus kann nicht mehr die gesamte synchrone Last gesendet werden. Auf der anderen Seite wird durch eine vorgeschaltete Ratenkontrolle die korrekte Einhaltung der Bandbreitenreservierung erzwungen werden.

Die übermaßige synchrone Last zeigt sich auch in steigenden Verzögerungen für den asynchronen Dienst. Wie Abbildung 9b erkennen läßt, ist die Verzögerung für asynchrone Daten ohne Ratenkontrolle deutlich erhöht. Diese Tatsache folgt aus der höheren Gesamtlast. Insgesamt liegen die Verzögerungen aber nicht höher, als wenn die zusätzliche synchrone Last durch den asynchronen Dienst erzeugt würde. Weiterhin fällt auf, daß für das Sliding Window geringere Verzögerungen für den asynchronen Verkehr entstehen als mit einem Jumping Window. Das Jumping Window übergibt die Daten in ganzen Bündeln an den Medienzugang, und damit haben die asynchronen Daten im Mittel eine längere Wartezeit, als wenn sie mit einzelnen synchronen Paketen konfrontiert werden. Weil es im letzten Szenario (Abb. 9a: 75 Mbit/s synchrone und 50 Mbit/s asynchrone Last) zu Überlast kommt, sind die entsprechenden Verzögerungen nicht mehr dargestellt.

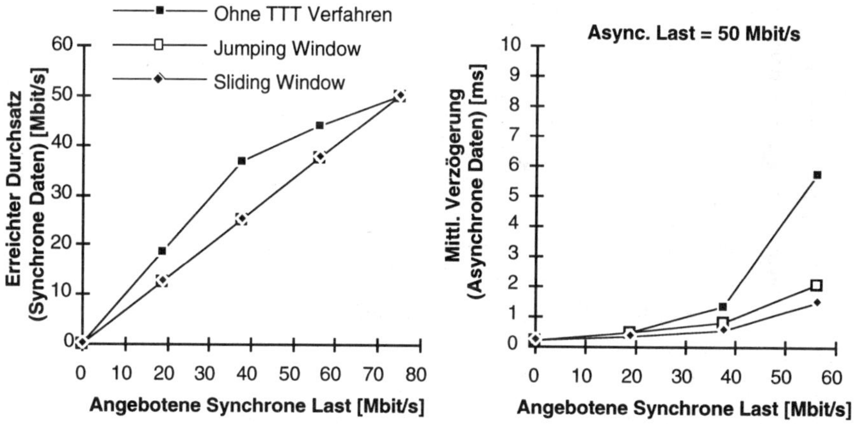

Abb. 9: Ergebnisse für übermäßige CBR Last bei Einsatz des TTT Verfahrens

Insgesamt ergibt sicht, daß man die Bandbreitenreservierung nicht dem synchronen Dienst des FDDI überlassen kann. Ohne zusätzliche Ratenkontrolle kann ein Sender, abhängig von der Last im FDDI, mehr Daten senden als Bandbreite reserviert wurde. Damit entsteht in gekoppelten Netzen ein Problem für ein an FDDI angeschlossenes Netz, wenn FDDI die Daten mit einer höheren Rate anliefert als erwartet.

6.4 Vergleich von FDDI und Demand Priority

Für den synchronen Dienst in FDDI und den hoch-prioren Dienst in Demand Priority ergeben sich nur leichte Unterschiede. Die Bandbreitengarantien können für beide mit den vorgeschlagenen Reservierungen eingehalten werden. Für FDDI gilt das auch, wenn zu dem synchronen Dienst ein TTT Verfahren vorgeschaltet wird. Aber für Demand Priority ist der hoch-priore Dienst stärker vom niedrig-prioren Dienst entkoppelt als bei FDDI. Das liegt an dem direkten Scheduling durch den Repeater im Gegensatz zu einer längeren Wartezeit auf das kreisende Token in FDDI.

Beim asynchronen Dienst (FDDI), bzw. niedrig-prioren Dienst (Demand Priority) ergeben sich aber deutliche Unterschiede in der Leistungsfähigkeit für die beiden Netze. Diese liegen in der unterschiedlichen Latenz und verschiedenen Abfertigungsstrategie begründet. Beim FDDI kommen für jede Station 60 bit Latenz (bzw. 120 Bit beim Einsatz eines Konzentrators) hinzu. Dagegen ist für Demand Priority die Latenz konstant und wird hauptsächlich durch die FIFO-Verzögerung des Repeaters bestimmt. Durch "cut-through routing" kann diese sehr gering gehalten werden, dürfte aber in der Größenordnung deutlich über einer Stationslatenz in FDDI liegen; dieser Parameter relativiert sich bei einer höheren Stationsanzahl zugunsten von Demand Priority.

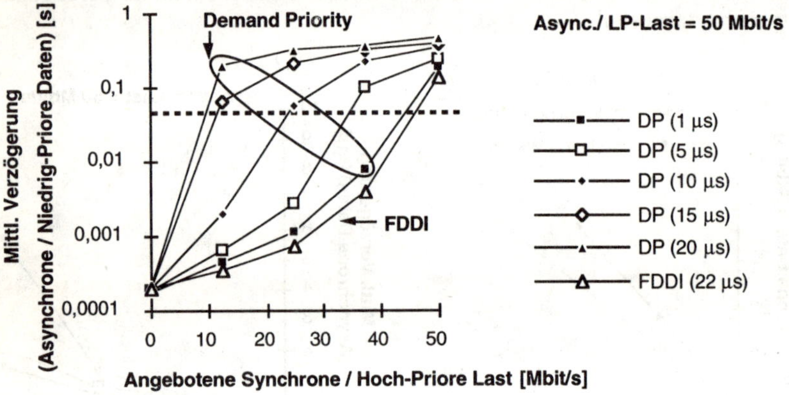

Abb. 10: Vergleich von Demand Priority und FDDI

Die FIFO-Verzögerung hat einen entscheidenden Einfluß auf die Leistungsfähigkeit von Demand Priority. Als Beispiel wird hier das schon in den vorigen Abschnitten untersuchte Szenario für den asynchronen, bzw. niedrig-prioren Verkehr gegenübergestellt. Abbildung 10 zeigt die mittleren Verzögerungen für den asynchronen Dienst in FDDI und den niedrig prioren Dienst in Demand Priority in Abhängigkeit von verschiedenen FIFO-Verzögerungen. Man erkennt, die mit der FIFO-Verzögerung steigenden Verzögerungen, bedingt durch den steigenden Overhead bei der Weitergabe des Senderechts. Die gestrichelte Linie zeigt die Grenze für Paketverluste, d.h. in Szenarien mit geringerer Paketverzögerung traten keine Paketverluste auf, in Szenarien mit höherer Paketverzögerung gingen asynchrone, bzw. niedrig-priore Pakete verloren.

Selbst für dem Grenzfall einer FIFO-Verzögerung von 1 µs kann FDDI (in Abb. 10 mit einer Latenz von 22 µs pro Station) durch die Timersteuerung die verfügbare Bandbreite günstiger auf die Stationen verteilen und muß das Senderecht weniger häufig abgeben. Eine Station in Demand Priority dagegen muß das Senderecht auch dann abgeben, wenn es von anderen Stationen nicht benötigt wird. Diese schnelle Weitergabe des Senderechts führt zu mehr Overhead und damit zu längeren Verzögerungen für den niedrig-prioren Dienst. Daher ist in Demand Priority anzustreben, die FIFO-Verzögerung so niedrig wie möglich zu halten um keine Leistungsnachteile gegenüber FDDI zu erfahren. So wurde aufgrund dieser Simulationsergebnisse in der neuesten Version des Standards [IEEE94] eine Obergrenze für die FIFO-Verzögerung festgelegt. Der dort gewählte Wert von 4,5 µs entspricht wohl dem Wert, der in einem Prototyp von Hewlett & Packard erreicht wird.

7 Schlußfolgerungen und Ausblick

Zusammenfassend kann gesagt werden, daß sowohl FDDI als auch Demand Priority interaktive Multimedia-Anwendungen unterstützen und durch Mechanismen wie Prioritäten die Integration von Echtzeit- und Nicht-Echtzeit Diensten erlauben. Die angestrebte Verzögerung von 10 ms ist, wie gezeigt, selbst bei einem Echzeitanteil von 50% an der Gesamtlast erreichbar; auch höhere Auslastungen sind denkbar.

Die durchgeführten Untersuchungen werfen die Frage auf, ob multimediafähige LANs eine Zugangskontrolle benötigen. Wenn man davon ausgeht, daß Multimedia-Anwendungen nur eine nach oben begrenzte Datenrate erzeugen können, kann man das Zulassen von neuen Verbindungen basierend auf der Anzahl der bestehenden Verbindungen durchführen. Um die Garantien für andere Stationen allerdings nicht zu gefährden, sollte eine Station schon genau überprüfen können, daß sie ihre Bandbreitenreservierung einhält.

In IEEE 802 wird diskutiert, ob eine solche Aufgabe in die LLC-Schicht gehört. Durch den Einsatz in LLC (z.B. Typ 4, [LLC94]) wäre eine solche Funktion für alle MAC Protokolle verfügbar ohne die MAC Protokolle selbst zu ändern. Wir haben gezeigt, daß der Einsatz zum Beispiel über FDDI Vorteile bringt. Es bleibt die Frage, welche Mechanismen in einer solchen Zugangskontrolle eingesetzt werden sollten. Ein Sliding Window ist von der Implementierung aufwendiger als ein Jumping Window. Zudem entspricht das Jumping Window natürlicher einer Implementierung, die periodisch (timergesteuert) Datenpakete in den MAC-Adapter kopiert. Von der Leistungsfähigkeit her scheint das Sliding Window leichte Vorteile zu haben. Für eine abschließende Empfehlung sind die vorliegenden Untersuchungen aber noch nicht detailliert genug.

Für ein multimediafähiges LAN wird außerdem eine Strategie zur Bandbreitenreservierung und die Koordination der Bandbreitenreservierungen in dem LAN benötigt. Wir haben gezeigt, daß für die vorgeschlagene Reservierung deterministische Garantien eingehalten werden. Für statistische Grenzen sind weitere Parameter nötig, die das Verhalten der Lastquellen umfassender beschreiben. Die Einsatzfähigkeit solcher Lastparameter im LAN Umfeld bleibt zu diskutieren.

Im Rahmen des Vergleichs von Demand Priority und FDDI wurde festgestellt, daß Demand Priority in IEEE 802.12 noch weiter verfeinert werden muß, um seine Kostenvorteile gegenüber FDDI nicht durch Leistungseinbußen zu erkaufen. Als weitere Untersuchung ist die mögliche Leistungssteigerung von

Demand Priority durch Modifikationen der Abfertigungsstrategien geplant. Weiterhin ist ein Vergleich mit den Leistungsdaten von DQDB mit dem GBW Protokoll für interaktive Multimedia Last angestrebt.

Literatur

[Fasb93] A. Fasbender: "Leistungsbewertung eines prioritätsgesteuerten Realzeit-Kommunikationssystems", Tagungsband der KIVS '93, München, März 1993

[Ferr90] D. Ferrari: "Client Requirements for Real-Time Services", ICSI, TR–90–007, Berkeley, 1990

[Grin94] J. Grinham, M. Spratt: "Multimedia Applications and IEEE 802.12 Demand Priority", Tagungsband der EFOC&N '94, Heidelberg, Juni 1994

[Hein94] B. Heinrichs: "Transfersysteme zur Hochleistungskommunikation", Dissertation, RWTH Aachen, März 1994

[HP93] H&P - White Paper: "100 Base - VG High Speed Networking", Okt. 1993

[IEEE94] IEEE 802.12/D6: "Demand Priority Access Method and Physical Layer Specifications", Draft Standard, November 1994

[ISO9314] ISO 9314-2: "Information processing systems - FDDI, Part 2: Token Ring Media Access Control", 1989

[Jain94] R. Jain: "FDDI Handbook", Addison-Wesley, 1994

[LLC94] IEEE 802.2-94/42 "Functional Requirements for LLC Type 4, Draft 5", Juli 1994

[MaMe90] P. Martini, T. Meuser: "Service Integration in FDDI", Tagungsband der 15. IEEE Local Computer Networks, Minneapolis, Sept. 1990

[MaWe92] P. Martini, G. Werschmann: "Real-Time Communication in DQDB - A Comparison of Different Strategies", Tagungsband der 17. IEEE Local Computer Networks, Minneapolis, Sept. 1992

[Müll93] H. Müller: "Bewegtbildkommunikation über LAN und MAN", Tagungsband Verteilte Multimedia Systeme, Stuttgart, Feb. 1993

[MüRö94] F. Müller-Römer: "Entwicklungslinien digitaler Rundfunksysteme und neuer Rundfunkdienste", Infosat, Heft 73, März 1994

[RFC1633] B. Braden, D. Clark, S. Shenker: "Integrated Services in the Internet Architecture: An Overview", RFC 1633, Mai 1994

[Ross86] F. Ross: "FDDI – A Tutorial", IEEE Communications Magazine, 24(5), Mai 1986

[SMT7.3] ISO WD 9314-6: "FDDI - Station Management (SMT) Rev. 7.3", Dez. 1993

[Spra94] M. Spratt: "LAN Bandwidth Allocation using the TTT Algorithm", Beitrag zur IEEE 802.1 Multimedia Task Group, März 1994

[This94] T. Thissen: "MBone - Multicast Backbone zur audiovisuellen Kommunikation im Internet", iX, Heft 4/94, April 1994

[Warr94] J. Warren, IBM: "FDDI – Synchronous Implementer's Agreement", März 1994

Filtering Multimedia Data in Reservation-Based Internetworks

Lars C. Wolf, Ralf Guido Herrtwich, Luca Delgrossi

IBM European Networking Center
Vangerowstraße 18 • 69115 Heidelberg • Germany

Phone: +49-6221-59-3000 • Fax: +49-6221-59-3400

{lwolf, rgh, luca} @ vnet.ibm.com

Abstract: Multimedia applications with a large number of recipients of a single multimedia stream require support of different quality-of-service levels for different receivers. For hierarchically encoded streams, the filtering of substreams in routers has been proposed as a mechanism to achieve this goal. This paper discusses the effects and mechanisms of filtering in the context of Internet reservation protocols such as ST-II and RSVP. It introduces a new flow specification for hierarchically encoded streams and describes its processing in endsystems and routers.

1 Introduction

Several distributed multimedia applications such as video conferencing or video lectures must support multiple receivers. For applications with many participating receivers and for applications which transmit their data across a wide geographical range, there exists a need to support receivers and intermediate transmission paths with different capabilities.

An approach to support heterogeneous receivers in multimedia applications is to use *filter* mechanisms where only a subset of the full information is presented to the end user on the receiving side. Data which are not presented are stripped off from the original data stream at some intermediate agents, for example routers. Thus, the source always emits a full stream, but the stream is possibly scaled to a stream with lower quality.

In [10, 11] Pasquale has introduced filters as a general concept. His filters would allow a system to perform arbitrary operations on multimedia data in any part of the network. They can, for example, be used to transform one encoding format to another. Although the generality of the model is appealing, it can lead to several problems: long processing times may increase communication delays, security aspects may prohibit users from down-loading code for arbitrary filters into routers, and not all intermediate nodes, for example ATM switches, may be suited to provide the required processing capabilities.

In this paper, we consider the use of filters for the purpose of packet discarding only, i.e., we understand filtering in the true sense of the word. We assume that this filtering takes place in the network layer since only on this layer can all intermediate nodes in a communication path be known. Other "filtering" operations such as mixing audio streams can be accomplished in higher layers using mechanisms such as RTP's bridges [12]. We present a method to add filtering to internetwork reservation protocols such as ST-II [13] and RSVP [16]. It should also be possible to map the described approach to other multimedia setup protocols.

The outline of the paper is as follows: Section 2 introduces our filtering approach. Section 3 summarizes the changes that need to be made to the flow specification of a stream to accommodate filtering. Section 4 explains how the changes affect the processing of flow specifications and multimedia streams.

2 Filtering a Multimedia Stream

Deciding which parts of a multimedia stream to forward and which to filter out can only be made with respect to the data encoding scheme used. We distinguish between two classes of encoding formats:

- In *independently* coded streams, higher-quality parts are substitutions for lower-quality parts. For example, one substream S_1 may contain complete images of the size a*b and another substream S_2 may contain complete images of the size 2a*2b. To choose a different quality means to choose a different substream.
- In *hierarchically* encoded multimedia streams, higher-quality parts are additions to the lower-quality parts. For example, one substream S_1 may contain images of the size a*b and another substream S_2 may contain all *additional* pixels that extend the format to 2a*2b. To present data in the highest quality, all substreams must be presented.

Only in the hierarchical case we believe filtering to be an appropriate technique. To allow the system to better take into account the relation between the substreams, we find it appropriate to associate a single connection with all substreams. For instance, having *one* connection means automatically that all substreams are transmitted using the same route through the network, while the use of several connections can lead to different routes introducing resynchronization problems.

In the case of independently coded substreams, different streams are sent to the various targets. Since the streams are independent, synchronization problems do not occur if there is one connection per substream. We have described such a technique in [1]; in this paper we concentrate on the former case.

Hierarchically encoded streams will play an important role in the future of multimedia systems. New data formats such as MPEG-II [8] use hierarchical encoding to achieve different levels of presentation quality. These levels result from scaling the original video data in several dimensions. Gonzales and Viscito describe the following techniques for this purpose [4]:

- *Spatial scaling:* a multiplicity of spatial resolutions.
- *Rate scaling:* a multiplicity of picture rates. This is already part of MPEG-I [6, 7] via the division into *I* (intra-frame coded), *P* (predicted coded), and *B* (bidirectional predicted coded) frames. This kind of scaling is often also referred to as *temporal* scaling.
- *Amplitude scaling:* multiple versions of a picture with varying fidelity at the same spatial and temporal resolution. This is also specified as *frequency* scaling, either via data partitioning, in which the discrete cosine transformation (DCT) coefficients are separated into several regions and the regions are handled differently, or via signal-to-noise-ratio (SNR) scaling, in which the least significant bits of the DCT coefficients are separated from the most significant bits and separately handled.

For any of these scaling methods, all substreams together yield an image of the best quality. There is a well-defined order to filter out substreams, should it become necessary.

2.1 Substream Identification

Routers need information on data packet contents in order to be able to drop portions of a stream. We opted for a simple scheme where each data packet is *tagged* by the source by assigning an appropriate value to a field of the packet's header. If data segmentation is possible, segments should be tagged in the same way as the original PDU.

In the case of ST-II, such a field is already available, so that, in this specific case, no change to the protocol is required. The data priority[1] field can be used, which consists of 3 bits, allowing for 8 different levels. We feel that 3 bits provide the support we need to implement the filtering functions we have in mind and that 8 levels are sufficient to experiment with this technique. In the future, we expect that perhaps more bits might be necessary. By convention, we say that the most important substream shall be tagged with the lowest value (0) and the least important with the highest value (7). Routers will use this information during the resource reservation (see Section 4 below).

An alternative to packet tagging is to let the application specify a *pattern* which can be identified by the router. The router analyses each packet to check if it matches with the given pattern. The advantage of this approach is that any kind of pattern can be specified and thus a very large number of applications can be supported. For instance, it would be possible to filter packets generated by old applications which have no notion of filtering, such as telnet. On the other hand, this approach has also some inconveniences, because of the longer time required by the source to specify the different patterns and by the routers to match them.

Implementing this pattern matching technique in ST-II would require modifications to the header of the data PDU to include additional information. The current header fields of an ST data packet (if the data priority field is not used as in *tagging*) do not allow for pattern matching because they would be set to the same values for the whole stream.

The RSVP setup protocol does not define the format of the data PDUs to be transferred. Thus both tagging and pattern matching can be implemented as long as the chosen data format permits it.

2.2 An Example

As an example, let us consider in the following a stream S, coded with a hierarchical scheme. The full stream consists of 3 substreams, the base substream S_0, and the additional substreams S_1 and S_2:

1. Substream S_0: (rate = 0.4 Mbit/second, substream id = 0)
2. Substream S_1: (rate = 0.6 Mbit/second, substream id = 1)
3. Substream S_2: (rate = 1.0 Mbit/second, substream id = 2)

Substream S_0 delivers the base information and is, therefore, the most important. Thus it is assigned the lowest value (substream id = 0). Substreams S_1 and S_2 get values 1 and 2 respectively. By combining substreams S_0, S_1, S_2, it is possible to build three different quality streams to be presented:

1. Stream Q_0: (low quality, contains substream S_0 only, requires 0.4 Mbit/second).
2. Stream Q_1: (medium quality, contains substream S_0 & S_1, requires 1.0 Mbit/second).
3. Stream Q_2: (high quality, contains substream S_0, S_1 & S_2, requires 2.0 Mbit/second).

Figure 1 illustrates a simple scenario with several hosts participating in the transmission of the streams. The data flows from the source H_0 to the three destinations located at H_2, H_3, and H_5 through routers H_1 and H_4. In our example, each destination decides to receive a stream of different quality, corresponding to different portions of the data. While the target at host H_2 would like to receive the full quality stream Q_2 (thus, all available substreams), targets H_3 and H_5 need not so high a quality, and therefore they use substreams S_0 & S_1 (yielding Q_1), and only S_0 (resulting in Q_0), respectively.

If the stream of this example was, for instance, an MPEG stream, intra-coded images (I-frames) could be carried by substream S_0, providing the base information and thus the low-quality stream. Predictive frames (P-frames) and bidirectional predictive frames (B-frames) could be carried by substreams S_1 and S_2, respectively, and the medium-quality and high-quality streams could be obtained by adding S_1, or both S_1 and S_2, to S_0.

1. The word "priority" seems to imply that high-priority data shall be processed first with respect to low-priority data, and therefore it is misleading. We prefer to call this field "substream identifier".

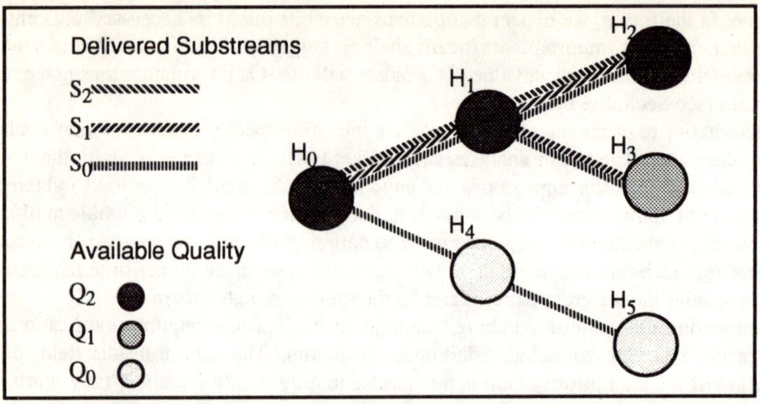

Figure 1: Different qualities created from three substreams

3 Specification of Substream Characteristics

Protocols that make use of resource reservation, such as ST-II and RSVP, need to be provided with information about the quality-of-service (QoS) requirements of a stream. With filtering, they also need to be informed about the amount of bandwidth required by each substream. This information needs to be carried to all the routers and targets, so that they know which lower-quality substreams can be derived from the full stream.

In reservation protocols, the natural way of distributing information to all the routers and targets is to include it into the *flow specification* (*FlowSpec*). The difficulty consists of finding an efficient way of describing the various substreams. When the number of possible substreams is limited to 8, as assumed above, providing a list of the substreams is still acceptable. For larger numbers, more efficient schemes should perhaps be elaborated, possibly by using regular expressions. However, we doubt that arbitrary quality levels will be needed in practice.

3.1 The ENC FlowSpec

Before we enter the discussion, we briefly introduce the FlowSpec used by our ST-II implementation. The intent here is to show how the single substreams can be described. Any other FlowSpec proposed in the literature (e.g., [9]) could have been chosen for the same purpose. The ENC (European Networking Center) FlowSpec contains the following QoS parameters:

- *diligence* (either guaranteed or statistical QoS)
- *maximum end-to-end delay* (in microseconds)
- *maximum message size* (in bytes)
- *message rate* (in messages/second)
- *workahead* (in messages/second)
- *reliability class* (determines error handling strategy)

The *diligence* parameter indicates whether "guaranteed" or "statistical" service is desired by the application. The "guaranteed" service provides the best guarantees, and can support applications with very strict requirements. It implies a conservative reservation scheme which may lead to poor resource utilization; therefore, our system offers also the "statistic" service where more optimistic assumptions are made, and small violations of the guarantees are allowed.

The *maximum end-to-end delay*, *maximum message size*, and *message rate* define the maximum transmission delay of a packet belonging to the stream, its maximum size, and the highest frequency at which an application may send packets without violating the QoS, respectively. Short-term violations of the rate are allowed; they are bounded by the *workahead* parameter. Finally, the *reliability class* parameter specifies whether transmission errors should be detected and how, if at all, they should be corrected.

3.2 Substream Description

There is no need to entirely replicate the FlowSpec for each single substream. In the following, we consider each parameter of the FlowSpec separately to verify whether replicated information for every substream is required.

Diligence: It is desirable that the diligence is specified on a substream basis. For instance, an application may require guaranteed QoS provision for the base substream or a small set of substreams only. In a video conference, it would be possible to request guaranteed service for a black-and-white quality substream while statistical service could be sufficient for the better quality in colors.

Maximum End-to-end Delay: A common specification for all substreams is sufficient for the maximum end-to-end delay parameter. The end-to-end delay of the full stream is shared by all substreams since a larger delay for one substream would increase the delay of the full stream.

Maximum Message Size and **Message Rate:** These two parameters define the total amount of bandwidth required by each substream. They need to be specified on a substream basis.

Workahead: For workahead, it has to be considered that the full stream S consists of a repetition of substream ($S_0 \ldots S_{n-1}$) packets such as

$$S = S_0S_1 \ldots S_{n-1}S_0S_1 \ldots S_{n-1} \ldots S_0S_1 \ldots S_{n-1} = (S_0S_1 \ldots S_{n-1})^*$$

or as another example

$$S = (S_0S_1S_2S_2S_1S_2S_2)^*$$

Thus, the workahead W_i of a substream S_i with a rate R_i is a simple function of a base workahead $\underline{W}$ and does not need to be specified separately. It can be specified as $W_i = (\underline{W} * R_i) / N$, where N is a 'normalization' factor with a value of 1000. Rates will always be smaller than that value, thus, the workahead per substream W_i can be specified with fine granularity.

Reliability: Applications may need to assign different reliability classes to different substreams. The reliability for substreams may be different because of the different importance of a substream with respect to the full stream. While an application may be interested in error indication or correction for the base stream, it will cause less problems if data from lower priority substreams is lost. In this case, the lowest reliability class may be used. In an MPEG stream which might be scaled in the temporal dimension, reliable transfer should probably be chosen for I-frames, because when an I-frame is lost the following P- and B-frames cannot be calculated. The same argument applies to a stream scalable in the SNR dimension; here, the MSB substream has to be transmitted with a high reliability class while for the LSB part a lower reliability class can be used.

3.3 A FlowSpec for Substreams

For each substream, a *SubFlowSpec* including the following parameters is needed:

- diligence,
- maximum message size,
- message rate,
- reliability class.

In addition to these parameters, the number of substreams that exist has to be specified.

<table>
<tr><td align="right">7</td><td align="right">15</td><td align="right">23</td><td align="right">31</td></tr>
<tr><td>f_pcode</td><td>f_pbytes</td><td>f_version</td><td>f_pad</td></tr>
<tr><td colspan="4">f_delay (maximum regular transit time)</td></tr>
<tr><td colspan="4">f_accum_delay (minimum transit time)</td></tr>
<tr><td colspan="2">f_workahead</td><td>f_substreams</td><td>f_filter</td></tr>
<tr><td colspan="4">f_msg_size_first</td></tr>
<tr><td colspan="2">f_rate_first</td><td>f_dil_first</td><td>f_rel_first</td></tr>
<tr><td colspan="4">...</td></tr>
<tr><td colspan="4">f_msg_size_last</td></tr>
<tr><td colspan="2">f_rate_last</td><td>f_dil_last</td><td>f_rel_last</td></tr>
</table>

Figure 2: Flow Specification including substream descriptions

The resulting FlowSpec for a stream and all its substreams is shown in Figure 2. The meaning of the fields are:

f_pcode:	Identifies this parameter as a FlowSpec.
f_pbytes:	FlowSpec length.
f_version:	Version number; for this FlowSpec version number 5 is used.
f_pad:	Padding.
f_delay:	Stream maximum end-to-end delay (microseconds).
f_accum_delay:	Delay accumulated between origin and previous host (microseconds).
f_workahead:	Stream workahead <u>W</u> (messages).
f_substreams:	Number of substreams (integer in the range 2–8).
f_filter:	Filter (see below).

The last fields contain substream information:

f_msg_size_first:	Maximum message size for substream S_0 (bytes).
f_rate_first:	Rate for substream S_0 (messages/second)
f_dil_first:	Diligence for substream S_0 (guaranteed or statistical).
f_rel_first:	Reliability for substream S_0 (reliability class identifier).
f_msg_size_last:	Maximum message size for substream S_{n-1}.
f_rate_last:	Rate for substream S_{n-1}.
f_dil_last:	Diligence for substream S_{n-1}.
f_rel_last:	Reliability for substream S_{n-1}.

Substream identifiers are assigned in the order of appearance in the FlowSpec. The first substream has identifier 0. At least two substreams have to exist when using this FlowSpec. A maximum of 8 substreams is allowed.

The f_filter field indicates which substreams should be forwarded by a router. A value of 2, for instance, indicates that the two most important substreams (S_0 and S_1 in the example above) should be forwarded. Data belonging to other substreams is dropped.[2]

4 Use of the FlowSpec

It is important to specify how a FlowSpec should be handled and interpreted when it is defined. Not all mechanisms that are useful for a complete FlowSpec are automatically appropriate for

2. One could consider allowing the selection of non-contiguous substreams, choosing substreams S_0 and S_2 and emitting S_1, for example. However, we believe that the gain in flexibility does not outweigh the introduced complexity.

SubFlowSpecs. In particular, SubFlowSpec negotiation cannot be as general as FlowSpec negotiation since the dependencies of the different SubFlowSpec must be considered.

4.1 Stream Establishment

A useful method to shorten the FlowSpec negotiation when a stream is established is to provide a range of acceptable values and not just a single target value for each FlowSpec entry. This leads to different QoS levels, for example, by providing different frame rates in a video stream.

We feel that such a mechanism would be too complex with the SubFlowSpecs. Instead, we exploit the fact that streams are hierarchically encoded and that it is possible to derive different quality substreams from them. This leads to discrete quality levels rather than a continuous range and yet is appropriate for many multimedia applications. The following algorithm is easy to implement in any router.

Let a stream consist of 3 substreams, as in Figure 1. A router receiving a CONNECT message extracts the FlowSpec and gives the information about the characteristics of the specified streams to its resource management system (RMS) [15]. The RMS attempts to reserve the resources for the streams from highest quality to lowest quality and returns information about the substreams which can be handled by the router. Thus, it tries to make a reservation for the full stream first. If this succeeds, the router will deliver the full stream to its next-hop. If the reservation fails because not enough bandwidth is available, it will try to reserve for the medium-quality stream only. If this succeeds the router will forward packets belonging to S_0 and S_1 and drop packets belonging to S_2. If the reservation fails again, it will try to reserve for the low-quality stream only. Upon success, the router will forward packets belonging to S_0 and drop packets belonging to S_1 and S_2. If even the low-quality stream cannot be established, the router disconnects the correspondent targets.

4.2 Stream Acceptance

In ST-II, if the target side of an application decides to accept a new stream,[3] it replies with an ACCEPT message containing an updated FlowSpec. If the application is not willing to receive the full stream, it needs to specify which substreams should be received. This can be done by updating the f_filter field of the FlowSpec. For example, should the application be interested in receiving substreams S_0 and S_1 only, it would indicate this by setting f_filter to 2. Also, the message rate field relative to substream S_2 is set to 0 to indicate that substream S_2 should not be received.[4]

A router which transfers an ACCEPT message to the origin of the stream stores the FlowSpec information (f_filter) given in the ACCEPT messages, together with the original FlowSpec transmitted in the CONNECT message.[5] While the information from the modified FlowSpec is needed to prepare the specified filter, the original FlowSpec is needed if later a new target wants to join the existing stream and would like to get a better quality than the established targets and if the router supports the receiver-oriented connection establishment as described in [2].[6]

---

3. The characteristics of the stream are specified by the FlowSpec received as part of the CONNECT message.
4. First, we considered also that distinct targets might be willing to receive a substream with a different rate, thus, changing the rate field to the desired value. The router would drop packets which are not required with respect to the 'subrate.' While this introduces flexibility, we think it adds too much complexity in the routers.
5. The only information from the ACCEPT message which has to be stored is the f_filter value since it is the only field indicating the requested stream information. Of course, for links without directly attached targets a router stores only a combined f_filter describing the requested substreams to be forwarded via that link instead of the information per target.

For RSVP a similar amount of information has to be stored. The PATH message includes in the FlowSpec the information about the stream characteristics, and the RESERVATION message contains the reserver information (for the dynamic filtering style).

4.3 Filter Placement

From the information a router has about its targets, two kinds of filters can be computed:

- an *up-stream filter* which specifies which information has to be received by this router and
- a *down-stream filter* which specifies for each target which information has to be forwarded.

The up-stream filter must be established not at the router itself, but at the system up-stream from the router, in order to reduce the amount of data transferred via the connecting link. Thus, the information about the required streams has to be transmitted to the up-stream system. The down-stream filter is located at the router itself and discards packets if no target reached via this link has indicated interest. Only if a multicast connection is used, a filter may be placed on the down-stream system.

In the multicast case, the router receives from the targets (connected to the shared media network) the ACCEPT messages through the same link, they specify requests for different numbers of substreams. Thus this situation does not differ (for the router) from other scenarios and no specific mechanism is needed on a router. Systems reached via a multicast must, however, create a filter. Thus the question is raised how these systems learn about the "filter creation requirement". Since the use of multicast in networks such as Token Ring or Ethernet requires the establishment of a multicast group (for instance, using a scheme as described in [14]), the knowledge is already available on all systems participating in the multicast transmission. For a "sanity check" on a received stream, the simple filter on a down-stream system may always be set; it merely drops received packets with a higher substream number than requested. (See also the processing steps shown in Figure 6.)

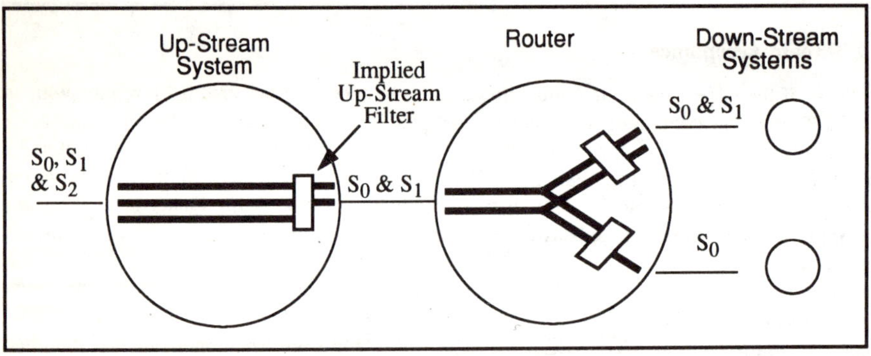

Figure 3: Filter placement

A scenario is shown in Figure 3 where the source on the left offers three substreams S_0, S_1, and S_2. The down-stream targets on the right side request S_0 and S_0 with S_1. This means that the router must receive the two substreams S_0 and S_1. On the router, down-stream filters for the three down-stream systems are established. S_2 is filtered out at the up-stream system.

The FlowSpecs occurring in the scenario above are illustrated in Figure 4. The original FlowSpec describes three substreams. All substreams have a rate of 10 messages/second and should be transmitted with the lowest reliability class. On the way back from the targets to the origin, the FlowSpecs shown in the middle of the figure are received by the router. The first down-stream system indicates interest for two substreams. For the second down-stream sys-

6. Eventually, the router has to inform its up-stream system that a different filter has to be used.

tem, only one substream should be transmitted. The result from these desired substreams is that the FlowSpec which is forwarded from the router to the up-stream system requests two substreams. The third substream can be completely filtered already at an up-stream system.

Original FlowSpec

f_pcode = 2	f_pbytes = 40	f_version = 5	f_pad
f_delay (maximum regular transit time)			
f_accum_delay (minimum transit time)			
f_workahead		f_substreams = 3	f_filter = 3
f_msgsize_first = 40960			
f_msgrate_first = 10		f_dil_first = G	f_rel_first = 0
f_msgsize = 61440			
f_msgrate = 10		f_dil = B	f_rel = 0
f_msgsize_last = 102400			
f_msgrate_last = 10		f_dil_last = B	f_rel_last = 0

FlowSpecs Received at Router from Down-Stream Systems

f_pcode	f_pbytes	f_version	f_pad
f_delay			
f_accum_delay			
f_workahead		3	2
40960			
10		G	0
61440			
10		B	0
102440			
0		B	0

f_pcode	f_pbytes	f_version	f_pad
f_delay			
f_accum_delay			
f_workahead		3	1
40960			
10		G	0
61440			
0		B	0
102440			
0		B	0

FlowSpec forwarded from Router to Up-Stream System

f_pcode = 2	f_pbytes = 40	f_version = 5	f_pad
f_delay (maximum regular transit time)			
f_accum_delay (minimum transit time)			
f_workahead		f_substreams = 3	f_filter = 2
f_msgsize_first = 40960			
f_msgrate_first = 10		f_dil_first = G	f_rel_first = 0
f_msgsize = 61440			
f_msgrate = 10		f_dil = B	f_rel = 0
f_msgsize_last = 102400			
f_msgrate_last = 0		f_dil_last = B	f_rel_last = 0

Figure 4: Exchanged FlowSpecs

4.4 Filter Administration

Which data of a stream must be received by a router? It is the set of all substreams of this stream for which some down-stream system h has indicated interest, and since that specification (via f_filter) is ordered, we can simply use $F = max(\text{f\_filter}_h)$. Other packets do not need to be transmitted from the up-stream system to this router.

The steps necessary (beyond the usual control protocol processing) are shown in Figure 5. As part of the connect and accept message processing, the information from the FlowSpecs must be stored and updated to reflect the requests of the down-stream targets.

```
Stream Set-Up Processing

switch (SCMP packet type):
[...]
case CONNECT:      store FlowSpec for this stream as original FlowSpec;
                   forward CONNECT message;
                   break;

case ACCEPT:       store FlowSpec for this stream as modified FlowSpec for this target;
                   create/update up-stream filter:
                           create/update F, the maximum of f_filter specified by all
                              targets for this stream;
                   create/update down-stream filter for this target;
                   forward ACCEPT message with a FlowSpec which reflects F;
                   break;

case DISCONNECT:           /* disconnect desired by origin */
case REFUSE:               /* disconnect desired by target */
                   remove per target FlowSpec for this stream;
                   update up-stream filter information:
                           update F, the maximum of f_filter specified by all remaining
                              targets for this stream;
                   remove down-stream filter for this target;
                   forward DISCONNECT message with a FlowSpec which reflects F;
                   break;
[...]
```

Figure 5: Reservation protocol processing

As shown in Figure 6, during the data protocol processing it is necessary to check whether a filter exists for the stream the packet belongs to, and whether this filter has to be applied to the packet. Further processing is done as in a system with no filter mechanism.

4.5 Dynamic Changes

Our algorithms take into account most cases of dynamic changes to streams. If an additional target wants to receive the stream and the origin sends out a CONNECT message, the necessary functions are already in place: while forwarding the CONNECT, a router finds the stored FlowSpec; when processing the ACCEPT, the selected substream information F is updated. The ACCEPT message reflecting this value is forwarded in the up-stream direction, adding new substreams only if the new target required these.

For receiver-oriented stream joining as described in [2], the target contacts a router which sends the CONNECT directly without involvement of the origin. If the new target would like to receive a better quality than the other targets, additional substreams are required. The router informs up-stream systems by sending a NOTIFY message with a FlowSpec reflecting the new set of substreams. Then the first system which receives this NOTIFY, and which forwards the desired substreams already via a different link, simply changes its filter and drops the NOTIFY message.

Stream Processing

```
/* data received and should be forwarded to down-stream system */
if (a filter is set for this down-stream system) {
                if (packet substream id > F, the maximum of f_filter specified by a target) {
                  discard packet;
                }
} else {
                forward_packet;
}
```

If the default value of *F* is set to the number of possible substreams (currently 8) this can even generally be written as:

```
if (packet substream id > F) {
                discard packet;
} else {
                forward_packet;
}
```

Figure 6: Data transfer protocol processing

If a target disconnects from a stream, it sends a REFUSE message up-stream. If it was the only target receiving a particular substream, the next router detects (while processing the REFUSE) that the new value for *F* is smaller than the old value and forwards a REFUSE containing the new *F*. The up-stream router can therefore change its filter to a coarser one.

If the origin wants to disconnect a specific target (without tearing down the whole multiple target connection), it sends a DISCONNECT down-stream. If a router detects that the remaining targets require fewer substreams than before (the target to be disconnected was the only one receiving a particular substream), it can inform its up-stream router about the changed filter using the above described NOTIFY message.

Changes to the FlowSpec of the stream can be done as usual, for example in ST-II via CHANGE or CHANGE_REQUEST messages. For instance, if a target decides after some time that it wants to receive a different set of substreams (and the required resources are available in case more substreams are selected), it transmits a CHANGE_REQUEST message.

5 Conclusion

We have shown how to implement a simplified version of Pasquale's filter concept in a reservation-based internetwork running ST-II or RSVP. The filtering functions we use are sufficient for many multimedia applications because they:

- are easy to implement and fast to execute,
- do not depend on knowledge about encoding formats in routers,
- do not require users to download filter code into routers, and
- work nicely with common encoding schemes for digital video.

Just like the scaling function at the transport level described in [1], the network-layer filtering is yet another mechanism to make our multimedia communication system HeiTS (Heidelberg Transport System) [3, 5] an even more useful tool for exchanging digital audio and video across internetworks.

We intend to propose the mechanisms contained in this paper to the IETF working group which is specifying a new version of the ST-II protocol.

References

[1] L. Delgrossi, C. Halstrick, D. Hehmann, R.G. Herrtwich, O. Krone, J. Sandvoss, C. Vogt: *Media Scaling with HeiTS*, ACM Multimedia 93, Anaheim, August 1993.

[2] L. Delgrossi, R.G. Herrtwich, F.O. Hoffmann, S. Schaller: *Receiver-Initiated Communication with ST-II*, to appear in Multimedia Systems Journal, ACM/Springer, also as Technical Report 43.9314, IBM European Networking Center, Heidelberg, 1993.

[3] L. Delgrossi, R.G. Herrtwich: *Real-Time Multimedia Communication with the Heidelberg Transport System*, submitted for publication.

[4] C. Gonzales, E. Viscito: *Flexibly Scalable Digital Video Coding*, Signal Processing: Image Communication, Vol. 5, No. 1-2, February 1993, pp. 5-20.

[5] R.G. Herrtwich: *The HeiProjects – Support for Distributed Multimedia Applications*, Technical Report 43.9206, IBM European Networking Center, Heidelberg, 1992.

[6] D. LeGall: *MPEG: A Video Compression Standard for Multimedia Applications*, CACM, Vol. 34, No. 4, April 1991, pp. 46-58.

[7] MPEG, ISO IEC JTC 1: *Information Technology – Coding of Moving Pictures and Associated Audio for Digital Storage Media up to about 1.5Mbit/s*, International Standard ISO/IEC IS 11172, 1993.

[8] MPEG-II, ISO IEC JTC 1: *Information Technology – Coding of Moving Pictures and Associated Audio for Digital Storage Media, Test Model4*, Draft, MPEG 93/255b, February 1993.

[9] C. Partridge: *A Proposed Flow Specification*, Internet RFC 1363, September 1992.

[10] J. Pasquale, G. Polyzos, E. Anderson, V. Kompella: *The Multimedia Multicast Channel*, Third International Workshop on Network and Operating System Support for Digital Audio and Video, San Diego, November 1992.

[11] J. Pasquale: *Filter Propagation in Dissemination Trees: Trading off Bandwidth for Processing in Continuous Media Networks*, Fourth International Workshop on Network and Operating System Support for Digital Audio and Video, Lancaster University, November 1993.

[12] H. Schulzrinne: *RTP: A Transport Protocol for Real-Time Applications*. Internet Working Draft, 1993.

[13] C. Topolcic: *Experimental Internet Stream Protocol, Version 2 (ST-II)*, Internet RFC 1190, October 1990.

[14] B. Twachtmann, R.G. Herrtwich: *Multicast in the Heidelberg Transport System*, Technical Report 43.9306, IBM European Networking Center, Heidelberg, 1993.

[15] C. Vogt, R.G. Herrtwich, R. Nagarajan: *HeiRAT: The Heidelberg Resource Administration Technique - Design Philosophy and Goals*, Kommunikation in verteilten Systemen, Munich, March 1993.

[16] L. Zhang, S. Deering, D. Estrin, S. Shenker, D. Zappala: *RSVP: A New Resource ReSerVation Protocol*, IEEE Network, September 1993, pp. 8-18.

Integrationstechniken im Netzmanagement

Sebastian Abeck
Münchner Netzmanagement Team
TU München – Institut für Informatik
Arcisstr. 21, 80333 München
E-Mail: abeck@informatik.tu-muenchen.de

Zusammenfassung

Mit integrierten Managementlösungen wird das Ziel verfolgt, eine heterogene Netz- und Systemumgebung gemäß einem einheitlichen, durch die integrierte Managementarchitektur vorgegebenen Vorgehen zu überwachen und zu steuern. Hierzu werden sog. Managementplattformen eingesetzt, in die die zu managenden Netz-/Systemressourcen sowie die eingesetzten, isoliert arbeitenden Managementwerkzeuge „integriert“ werden, indem die Ressourcen und Werkzeuge über entsprechende Integrationstechniken an die Managementplattform angebunden werden. Die Frage, wie effizient dieser Integrationsvorgang durch den Einsatz entsprechender Software-Entwicklungswerkzeuge bewältigt werden kann, ist von zentraler Bedeutung im Zusammenhang mit der softwaretechnischen Umsetzung integrierter Managementkonzepte.
In der Vergangenheit haben sich verschiedene Integrationstechniken herauskristallisiert, die in diesem Beitrag allgemein beschrieben und bewertet werden. Die heute in der Praxis bedeutendsten Integrationstechniken werden am Beispiel konkreter Integrationsprojekte vertieft, durch die verschiedene bei der BMW AG betriebene Netz-/Systemressourcen und Managementwerkzeuge in eine Managementplattform integriert wurden.
Der Beitrag liefert als zentrales Ergebnis eine Klassifizierung der momentan in der Praxis genutzten Integrationstechniken im Netzmanagement; am Ende des Papiers wird eine neue Integrationstechnik vorgestellt, die aus einer Kombination von zwei bekannten, in der Klassifizierung auftretenden Integrationstechniken hervorgeht.

1 Einleitung

Nach intensiven Diskussionen über konzeptionelle und architekturelle Aspekte des integrierten Managements Ende der 80er und Anfang der 90er Jahre (insbesondere im Zusammenhang mit den OSI-Managementkonzepten, [ISO 10040] und dem Telecommunication Management Network, [TMN 3010]), fand in der letzten Zeit auch der mit diesem Gebiet verknüpfte Software-technische Aspekt stärkere Beachtung ([PAVL 93]). Das Ergebnis dieses zweitgenannten Aspekts zeigt sich u.a. in den Aktivitäten verschiedener Herstellerkonsortien (z.B. X/Open, OSF oder OMG), in Produkten in Form von sog. integrierten Managementplattformen ([JAND 94]) und in zahlreichen Projektarbeiten, in denen die integrierten Managementlösungen in Form eines *Customizing* beim Netzbetreiber zum Einsatz gebracht werden.

Es muß festgestellt werden, daß die Umsetzung der integrierten Managementkonzepte in die reale Netz- und Systemumgebung größere Probleme mit sich bringt, als viele dieses anfangs erwartet hätten. Einige an dieser Stelle anzuführende Gründe sind:

1. Managementplattformen sind umfangreiche Software-Systeme, die Softwaretechniken verschiedener Informatik-Bereiche (Kommunikationssoftware, Datenbanken, Oberflächen, ...) beanspruchen und daher aufgrund der bekannten, ungelösten Probleme des Software-Engineering ([WITT 94]) nicht immer die gewünschte Stabilität aufweisen.

2. Das Verhalten verschiedener Netzkomponenten-Hersteller läßt eindeutig darauf schließen, daß sie gar nicht so sehr an einer integrierten Managementlösung interessiert sind, da sie sich über die herstellerspezifischen Managementmöglichkeiten ihrer Produkte von den Konkurrenten abzugrenzen versuchen.

3. Der Umstieg von einer nicht-integrierten zu einer integrierten Managementlösung ist anfangs sehr arbeits- und damit kostenintensiv, weshalb viele Betreiber von Corporate Networks die Entscheidung hinauszögern; durch die derzeitige Wirtschaftsrezession wird diese Haltung natürlich noch zusätzlich bestärkt.

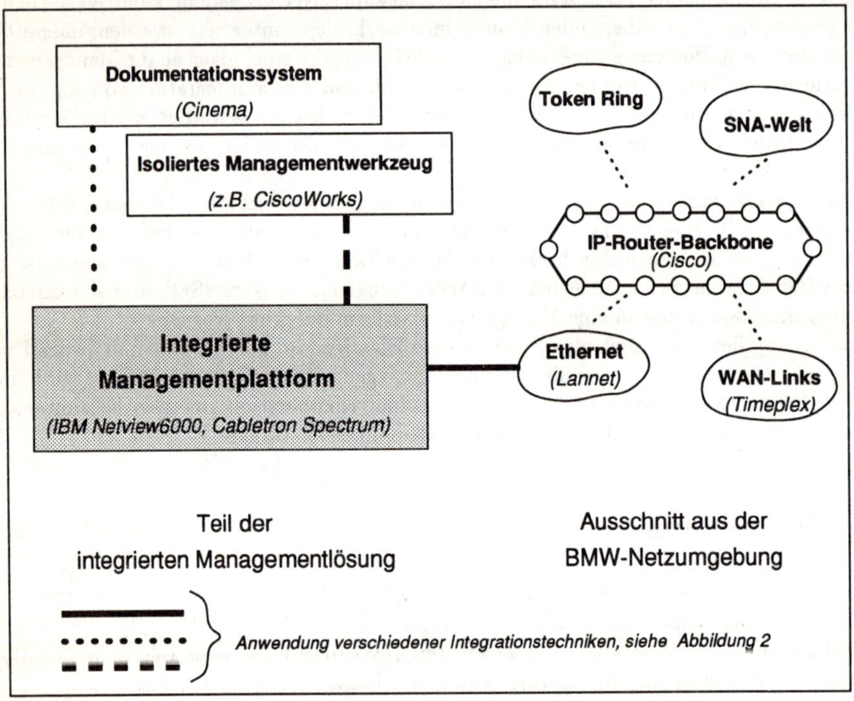

Abbildung 1: Integrierte Netzmanagementlösung bei BMW

Trotz dieser Schwierigkeiten besteht bei den Betreibern von großen Corporate Networks kein Zweifel, daß ausschließlich mit einer integrierten Managementlösung ein effektiver und effizienter Betrieb möglich ist ([DISA 93]). Im Mittelpunkt steht die Managementplattform, in die die vom Betreiber zu managenden Netz-/Systemressourcen und eventuell bereits vorhandene Managementwerkzeuge/-systeme „integriert“ werden müssen (siehe Abbildung 1). In Abschnitt 2 behandeln wir ausführlich, was in dem hier zugrundegelegten Kontext „Integration“ heißt, und welche prinzipiellen Integrationstechniken zur Bewältigung dieses Problems bestehen.

Die heute bedeutendsten Integrationstechniken werden am Beispiel konkreter Integrationsprojekte, die im Zusammenhang mit der Realisierung einer integrierten Managementlösung für das Corporate Network von BMW durchgeführt wurden, vertieft. Wie Abbildung 1 zeigt, handelt es sich um folgende Ressourcen bzw. Werkzeuge:

- SNMP-fähige LAN- und WAN-Netzkomponenten (z.B. Hubs oder Multiplexer), die von uns in eine Managementplattform integriert wurden (Abschnitt 3).
- Ein speziell für die BMW-Umgebung entwickeltes Netz- und Fehlerdokumentationssystem mit Namen Cinema, das von uns über eine „seitliche“ Schnittstelle (in der nachfolgenden Klassifikation als *Daten-Integrationsschnittstelle* bezeichnet) an eine integrierte Managementplattform angebunden wurde (Abschnitt 4).
- Das Werkzeug CiscoWorks zum (nicht-integrierten) Management von Cisco-Routern, für das die Firma Cisco eine Oberflächen-Integration in verschiedene Managementplattformen angekündigt hat (Abschnitt 5).

Den Ausblick (Abschnitt 6) bildet eine kritische Bewertung des momentan erreichten Stands auf dem Gebiet der Integrationstechniken und eine Prognose der zukünftigen Entwicklungen in diesem Bereich.

2 Integrationstechniken

2.1 Integrationsschnittstellen

Integrierte Managementplattformen zeichnen sich insbesondere durch ihre einfache Erweiterbarkeit aus ([VALT 93]). So bieten sie entsprechende *Application Programming Interfaces* (APIs, siehe Abbildung 2), über die Anwendungen auf der Managementplattform entwickelt und eingebunden werden können.

An dieser Stelle interessieren uns allerdings nicht die „internen“ APIs, sondern vielmehr die „externen“ *Integrationsschnittstellen*, über die die Netz-/Systemressourcen bzw. Managementwerkzeuge an die Managementplattform angebunden werden können. Wie Abbildung 2 verdeutlicht, lassen sich drei Integrationsschnittstellen-Typen auf der Plattform-Seite feststellen:

- *Kommunikations-Integrationsschnittstelle*

  Die zu integrierende Netz-/Systemressource bzw. das zu integrierende Managementwerkzeug werden über ein vom Kommunikationsbaustein unterstütztes Managementprotokoll angesprochen.

- *Daten-Integrationsschnittstelle*

  Hier erfolgt die Integration auf der Plattform-Seite über eine „seitliche“ Schnittstelle, durch die der Informationsbaustein der Managementplattform direkt angesprochen wird.

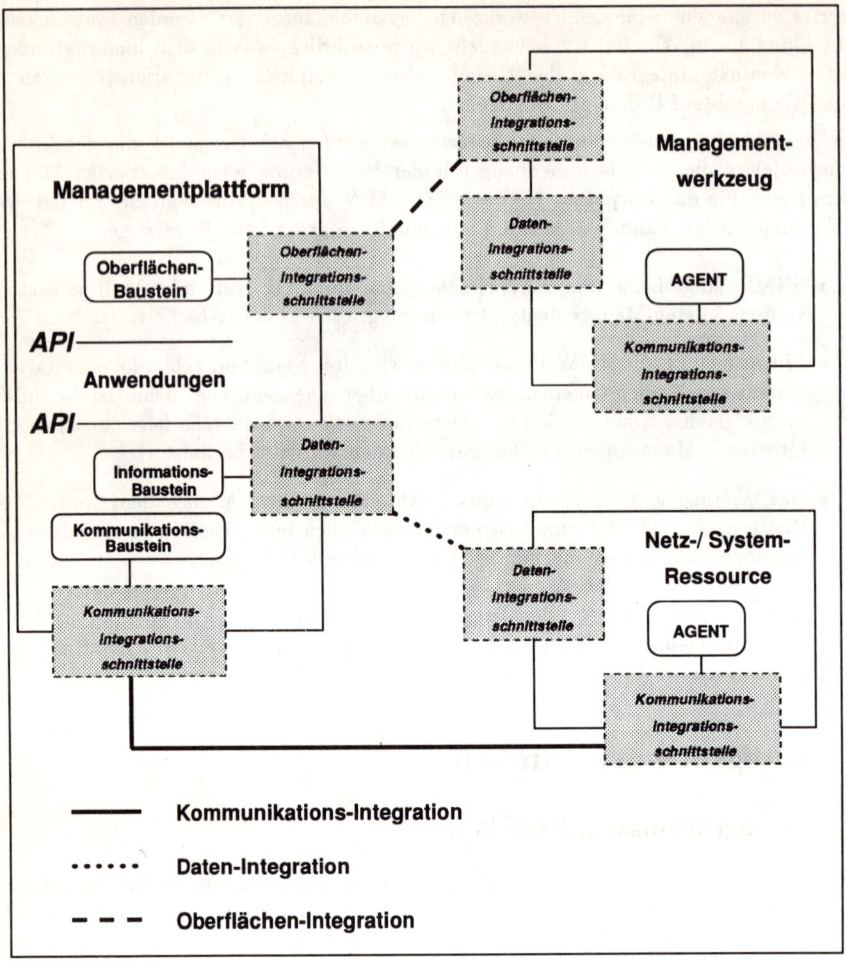

Abbildung 2: Integrationsschnittstellen und Integrationstechniken

- *Oberflächen-Integrationsschnittstelle*

  Die Integration erfolgt direkt über den Oberflächen-Baustein.

Auf der Ressourcen- bzw. Werkzeug-Seite treten i.w. die gleichen Integrationsschnittstellen wie auf der Plattform-Seite auf, mit der einzigen Ausnahme, daß bei den Ressourcen (z.B. Netzkomponenten, Systeme, Anwendungsprozesse) i.d.R. keine Benutzeroberfläche für Managementzwecke angeboten wird, und somit die Oberflächen-Integrationsschnittstelle entfällt.

Daneben kann bei den Ressourcen noch eine spezielle „Ausprägung" einer Kommunikations-Integrationsschnittstelle auftreten: Im OSI-Management ist vorgesehen, daß die zu managenden Ressourcen nicht nur mittels spezieller Managementprotokolle (*Systems Management*, *Layer Management*), sondern auch im Rahmen der „normalen“ Kommunikationsprotokolle (*Layer Operation*) Managementinformation austauschen können ([ISO 7498-4]). Da bislang noch keinerlei Erfahrung mit dem Umgang dieser Form von Management im Zusammenhang mit Managementplattform-Ansätzen vorliegt, wird hierauf im folgenden nicht näher eingegangen.

Bevor wir im nächsten Abschnitt die verschiedenen Integrationstechniken behandeln, soll an dieser Stelle bereits eine interessante Beobachtung vorweggenommen werden: Die als ein zentraler Bestandteil der integrierten Managementarchitektur anzusehenden *Agenten* treten im Zusammenhang mit den Integrationstechniken nur dann tatsächlich in Erscheinung, wenn die Netz-/Systemressourcen bzw. das Managementwerkzeug über die Kommunikations-Integrationsschnittstelle an die Managementplattform angebunden wird.

2.2 Klassifikation von Integrationstechniken

Die verschiedenen Integrationstechniken ergeben sich im folgenden aus entsprechenden Kombinationen von Integrationsschnittstellen der Managementplattform-Seite und der Ressourcen-/Werkzeug-Seite. Die Kombination von *gleichen* Integrationsschnittstellen-Typen führt hierbei jeweils zu einer Integrationstechnik (siehe gleichfalls Abbildung 2):

- *Kommunikations-Integration*

  Zwischen den Kommunikations-Integrationsschnittstellen von Plattform und Ressource/Werkzeug läuft ein (i.d.R.) standardisiertes Managementprotokoll ab.
  Beispiel: Integration einer mit OSI-Agenten ausgestatteten Netzkomponente über das von der ISO standardisierte Common Management Information Protocol.

- *Daten-Integration*

  Auf Plattform- und Ressourcen-/Werkzeug-Seite wird die Daten-Integrationsschnittstelle genutzt. Das zum Transport von Managementinformation genutzte Protokoll ist i.d.R. nicht standardisiert.
  Beispiel: Integration einer Netzkomponente, in der die über den V.24-Konsoleneingang angebotenen Managementmöglichkeiten über Modemstrecke im Informationsbaustein der Managementplattform verfügbar gemacht werden.

- *Oberflächen-Integration*

  Das wesentliche Merkmal einer Integration über die Oberflächen-Integrationsschnittstellen besteht darin, daß das gesamte Plattform-Kernsystem, bestehend aus Kommunikations- und Informationsbaustein, von der Integration unberührt bleibt. Die zwischen Plattform und Werkzeug ausgetauschte Managementinformation besteht aus Beschreibungen von Oberflächen-Elementen, die auf der Managementplattform direkt, d.h. ohne jegliche Verarbeitung angezeigt werden.
  Beispiel: Ein für das Management einer speziellen Herstellerkomponente entwickeltes sog. *Element Management System* wird so in eine Managementplattform integriert, daß das Starten, Benutzen und Beenden dieses Werkzeugs von der Plattform aus möglich ist.

Neben dieser Kombination gleicher Integrationsschnittstellen-Typen hat sich in der Vergangenheit eine weitere Integrationstechnik herauskristallisiert, die die Kommunikations-Integrationsschnittstelle auf der Plattform-Seite und die Daten-Integrationsschnittstelle

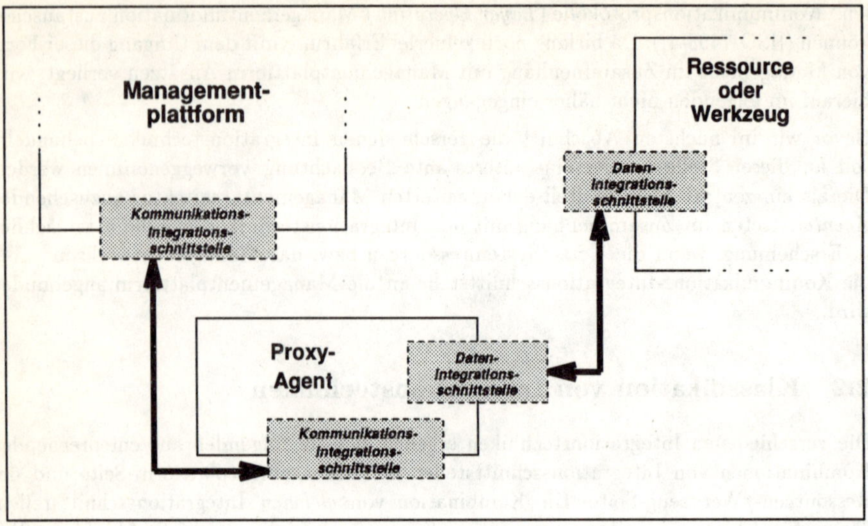

Abbildung 3: Proxy-Integrationstechnik

auf der Ressourcen-/Werkzeug-Seite zur Integration benutzt: die *Proxy-Integration* (siehe Abbildung 3). Ein Proxy hat im hier betrachteten Kontext die Aufgabe, auf der Ressourcen-/Werkzeug-Seite die Datenintegrationsschnittstelle in eine Kommunikations-Integrationsschnittstelle umzuwandeln und somit die im folgenden Abschnitt beschriebenen Vorteile der Kommunikations-Integration nutzbar zu machen. Bezüglich einer detaillierten Ausführung dieser Proxy-Integrationstechnik und des damit verknüpften, noch sehr viel mehr Aspekte beinhaltenden *Proxy-Managements* verweisen wir auf [HEAB 93].

Zweifellos ist die *Kommunikations-Integration* die konzeptionell überzeugendste Integrationstechnik, nicht zuletzt deshalb, weil sie sich als einzige nahtlos in die integrierte Managementarchitektur einordnen läßt. Ein weiterer, technischer Vorteil dieser Integrationstechnik ist dadurch gegeben, daß die Kommunikations-Integrationsschnittstelle auf der Managementplattform-Seite softwaretechnisch am besten unterstützt wird, wie im folgenden Abschnitt näher ausgeführt wird.

Die Kommunikations-Integration erfordert allerdings einen Agenten auf der Ressourcen-/Werkzeug-Seite. Falls ein solcher Agent nicht vorhanden ist, man aber trotzdem die Vorteile der Kommunikations-Integration nutzen möchte, bietet sich die *Proxy-Integration* an. Diese Integrationstechnik ermöglicht zudem eine Migration zu einer echten Kommunikations-Integration.

3 Kommunikations-Integration am Beispiel von SNMP-fähigen Netz-/Systemressourcen

Die Integration von Netz-/Systemressourcen (wozu hier auch die systemnahen Anwendungsressourcen gerechnet werden sollen) über das *Simple Network Management Protocol* ([RFC 1157]) zählte in der Vergangenheit zu *den* Standard-Integrations-Aufgaben und wird es voraussichtlich auch noch eine Zeit lang bleiben. In verschiedenen Projekten wurden von uns Kommunikations-Integrationen unterschiedlicher Netz-/Systemressourcen (Ethernet-Hub, ISDN-Router, X.25-Switch, APPN-Router, Dateiübertragungsprogramm, siehe z.B. [ABEC 93] oder [ABEC 94]) durchgeführt, denen allen das gleiche, durch entsprechende Entwicklungswerkzeuge unterstützte Implementierungsvorgehen zugrundeliegt. Dieses den Stand der Technik im Bereich der Integrationstechniken bildende Implementierungsvorgehen wollen wir im folgenden aufzeigen, wobei von Ressourcen- und Plattform-spezifischen Eigenschaften weitestgehend abstrahiert wird.

3.1 Implementierungsvorgehen

Die Kommunikations-Integration kann als Integrationstechnik nur dann angewendet werden, wenn

1. ein Agent in der zu integrierenden Netz-/Systemressource implementiert ist, durch den eine *Management Information Base* bereitgestellt wird.

2. diese vom Agenten bereitgestellte MIB in einer bestimmten, durch das zugrundeliegende Informationsmodell vorgegebenen Syntax vorliegt.

Die häufig zu hörende Äußerung, daß eine Komponente „SNMP-fähig“ sei, bedeutet, daß sie die obigen zwei Voraussetzungen erfüllt, wobei die Agenten-Implementierung auf dem Internet-Informationsmodell ([RFC 1155]) basiert.

Die (Kommunikations-) Integration einer SNMP-fähigen Ressource läuft in folgenden drei Schritten ab (siehe auch Abbildung 4):

1. Die MIB-Beschreibung ist mit Hilfe eines speziellen Compilers ([ROBE 93]) in die Managementplattform einzulesen. Die MIB wird dabei in ein entsprechendes internes, von der Managementplattform verarbeitbares Format umgewandelt, so daß der Zugriff der vom Agenten bereitgestellten Managementinformation von der Plattform aus möglich ist.

2. Die Verarbeitung und Auswertung der mittels Schritt (1) in die Managementplattform gebrachten Information erfolgt in entsprechenden Managementanwendungen, die in einer höheren Programmiersprache (häufig C oder C++) geschrieben werden. **Beispiel:** Eine Managementanwendung, die die Auslastung sämtlicher Ports eines Router-Backbones überwacht und einen akustischen/optischen Alarm bei Überschreitung eines Grenzwertes an der Benutzeroberfläche erzeugt.

3. Die Ausgaben der auf der Managementplattform laufenden Anwendungen erfolgen i.d.R. über eine graphische Oberfläche. Viele Managementplattformen bieten spezielle Graphik-Editoren an, um den Programmieraufwand für derartige Oberflächen zu reduzieren.

3.2 Erreichter Stand bei der Kommunikations-Integration

Wir haben in den von uns durchgeführten Kommunikations-Integrations-Projekten die Erfahrung gemacht, daß diese Integrationstechnik durch die speziellen Entwicklungs-Tools (Compiler und Editoren) bereits zum jetzigen Zeitpunkt hervorragend unterstützt

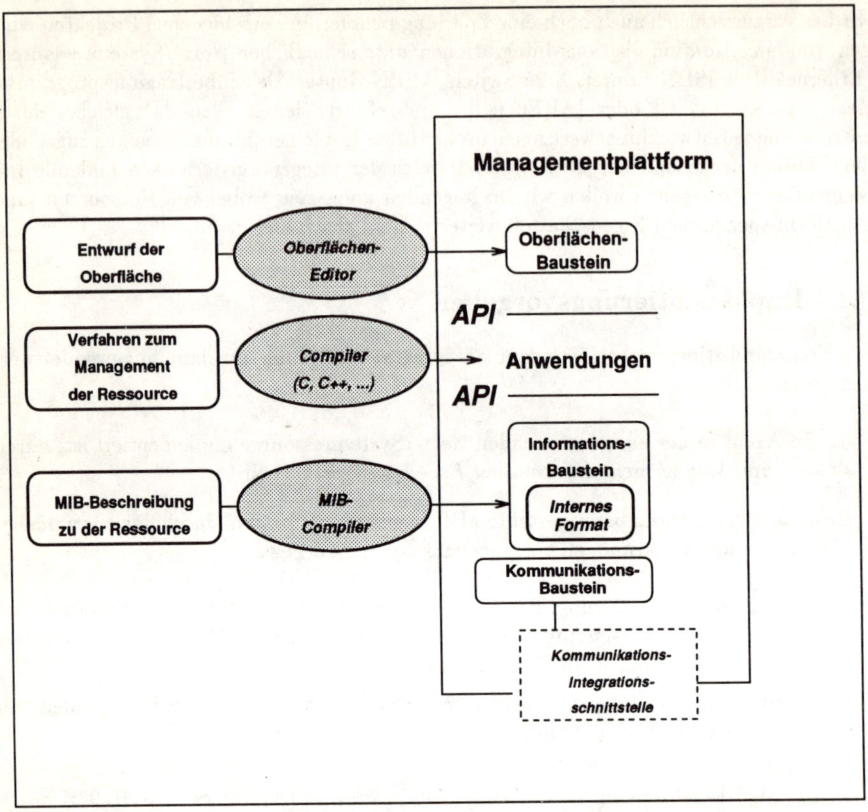

Abbildung 4: Implementierungsschritte bei der Kommunikations-Integration

wird. Es ist zu betonen, daß diese gute Unterstützung nur dadurch möglich geworden ist, daß heute mit dem OSI- und Internet-Informationsmodell *standardisierte* MIB-Beschreibungen existieren ([ABEC 93]). Die aktuellen Standardisierungsaktivitäten, wie z.B. die OMNI*Point*-Initiative des Network Management Forums ([MURR 93]) zeigen deutlich, daß auch in Zukunft die Festlegung standardisierter Managementobjekte eine zentrale Aufgabe zur Realisierung integrierter Managementlösungen darstellt.

Große Defizite bestehen derzeit noch in einer effizienten, werkzeugunterstützten Entwicklung von Managementanwendungen, durch die die eigentlichen Management-Funktionen und -Verfahren realisiert werden. In diesem Punkt besteht im Bereich des integrierten Netzmanagements noch ein zu geringer und zu wenig akzeptierter Erkenntnisstand. Wir sind der Meinung, daß die Idee der *Systems Management Functions* ([ISO 10164]) des OSI-Managements an dieser Stelle eine gute konzeptionelle Basis für zukünftige Arbeiten darstellt.

4 Daten-Integration am Beispiel eines unternehmensspezifischen Netz- und Fehlerdokumentationssystems

In einem der Kooperationsprojekte mit BMW haben wir ein Lösungskonzept für die Anbindung des bei BMW intensiv genutzten Netz- und Fehlerdokumentationsystems *Cinema* an eine integrierte Managementplattform entwickelt. Cinema läuft als Anwendung auf einer Oracle-Datenbank, in der momentan ca. 200 MByte Daten abgespeichert sind. Die Netzdokumentationsdaten bestehen i.w. aus Standortinformation zu den einzelnen Geräten und aus Verkabelungsinformation. Im Fehlerdokumentationssystem sind gerätespezifische Fehlermeldungen und allgemeine Störungsmeldungen von Benutzern erfaßt.

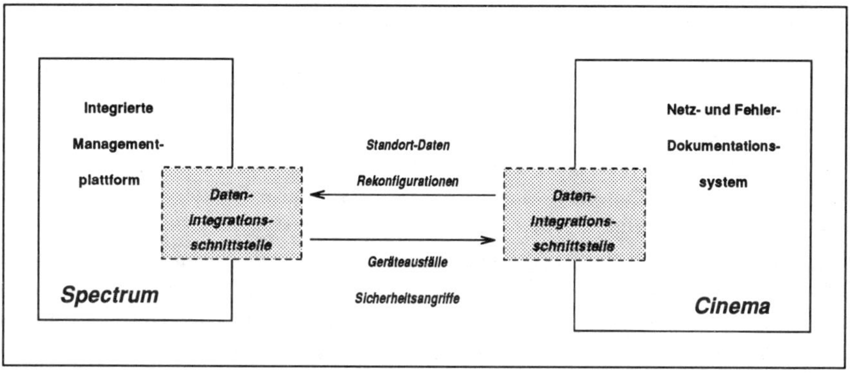

Abbildung 5: Integration von Cinema

Wie Abbildung 5 skizziert, sollten Standortinformationen und sonstige z.B. aufgrund eines Umzugs einer Abteilung notwendig werdende Rekonfigurationen der integrierten Managementplattform von Cinema mitgeteilt werden. In der anderen Richtung sollte es möglich sein, verschiedene von der integrierten Managementplatform im Rahmen der Netzüberwachung festgestellte Ereignisse (z.B. Geräteausfälle oder Sicherheitsangriffe) in Cinema einzutragen.

Da Cinema keinen Management-Agenten bereitstellt, und auch von BMW-Seite nicht geplant ist, das System um einen solchen Agenten zu erweitern, schied die Kommunikations-Integrations-Alternative von vornherein aus. Somit konnte der Datenaustausch nur entweder mittels Proxy-Integration oder mittels Daten-Integration erfolgen. Eine genaue Analyse dieser beiden Möglichkeiten führte zu dem Schluß, daß die Proxy-Integration in diesem Projekt keine echte Lösungsalternative zur Daten-Integration darstellt. Der Grund ist i.w. die Unverträglichkeit der mengenorientierten Abfragesprache SQL mit den objektorientierten bzw. -basierten ([STEI 93]) Abfragemöglichkeiten, die durch die Managementprotokolle (CMIP bzw. SNMP) bereitgestellt werden. Eine ausführliche Diskussion der beiden Lösungsalternativen findet sich in [WIED 93].

Die Anbindung von Cinema mittels der Daten-Integrationstechnik erfolgte prototypisch auf der Basis der Managementplatttform Spectrum. Die hierfür genutzte Daten-Integrationsschnittstelle ist das von Spectrum angebotene sog. *Command Line Interface*, das wir mittels der UNIX-Script-Sprache Perl (Practical Extraction and Report Language) angesprochen haben. Durch die flexiblen und mächtigen Möglichkeiten, die Perl bietet, konnten wir einen ersten lauffähigen Prototypen in weniger als sechs Personen-Monaten realisieren ([EGWE 93]).

Die geschilderte Problemstellung, bestehende für das Netzmanagement relevante Datenbestände adäquat in die integrierte Managementlösung einzubeziehen, tritt bei fast jedem größeren Netzbetreiber auf. Die Hersteller von Managementplattformen sind daher bemüht, flexible Möglichkeiten der Anbindung solcher Datenbestände zu bieten. Nach Einschätzung des Autors werden die Managementplattform-Produkte sehr bald derartige Anforderungen erfüllen können, wodurch dann der Aufwand des Customizing erheblich herabgesetzt wird.

5 Oberflächen-Integration am Beispiel eines Router-Managementwerkzeugs

Bei jedem Integrationsprojekt, das zuvor beschrieben wurde, bestand das Ziel darin, Managementinformation in den Informationsbaustein der Plattform zu bringen, damit diese Information von den Managementanwendungen über eine API bearbeitet werden kann. Diese Form der Integration setzt allerdings immer voraus, daß die Managementinformation in das von der Plattform vorgegebene, an das standardisierte Informationsmodell angelehnte, interne Format (siehe auch Abbildung 4) übertragen wird.

Es läßt sich momentan der Trend feststellen, daß viele Netzkomponenten-Hersteller den Aufwand einer „tiefen" Integration ihrer *Element Management Systeme* scheuen und stattdessen nur eine Oberflächen-Integration anstreben. Ein Beispiel hierfür ist das Element Management System *CiscoWorks*, das von der Firma Cisco zum Management ihrer Cisco-Router entwickelt wurde. Cisco hat für verschiedene Managementplattformen eine Oberflächen-Integration angekündigt, d.h. CiscoWorks kann dann von diesen Managementplattformen aus aufgerufen werden. Die zentralen Nachteile des nicht-integriert arbeitenden Werkzeugs CiscoWorks bestehen nach der Oberflächen-Integration natürlich noch weiterhin:

1. Das oberflächenintegrierte Werkzeug hält einen *eigenen, nicht-integrierten Datenbestand*, was für den Netzbetreiber zu einem größeren Pflegeaufwand und einer erhöhten Gefahr der Daten-Inkonsistenz führt.

2. Es werden spezielle, nicht auf andere Werkzeuge abgestimmte *Bedienphilosophien* gefördert, was für Netzbetreiber bedeutet, daß für jedes Werkzeug ein Spezialist geschult und bezahlt werden muß.

3. Es wird das eigentliche Ziel, integrierte Netzmanagementlösungen zu entwickeln, nicht vollständig erreicht. So ist es beispielsweise im Zusammenhang mit der Oberflächen-Integration von CiscoWorks nicht möglich, das Management von Routern *anderer* Hersteller mit einzubeziehen, wodurch die Entwicklung eines generischen Routermanagements unmöglich gemacht wird.

Trotz dieser Nachteile ist die Oberflächen-Integration bei der Migration von einer isolierten zu einer integrierten Managementlösung eine wichtige Integrationstechnik. Durch sie wird die Bereitstellung bestehender, häufig komplexer Managementfunktionen innerhalb der integrierten Managementumgebung in einfacher Weise ermöglicht. Im Beispiel von CiscoWorks sind das spezielle, auf die Cisco-Router abgestimmte Managementfunktionen, die vom Komponentenhersteller parallel zur Entwicklung der Netzkomponente entworfen und implementiert wurden.

Möchte man die CiscoWorks-Funktionalität im Rahmen einer Kommunikations-Integration bereitstellen (siehe Abschnitt 3), so ist diese Funktionalität in Form von Managementfunktionen zu realisieren, die sich über die entsprechende API auf den Informationsbaustein der Managementplattform abstützen. Da ein solches Vorgehen eine

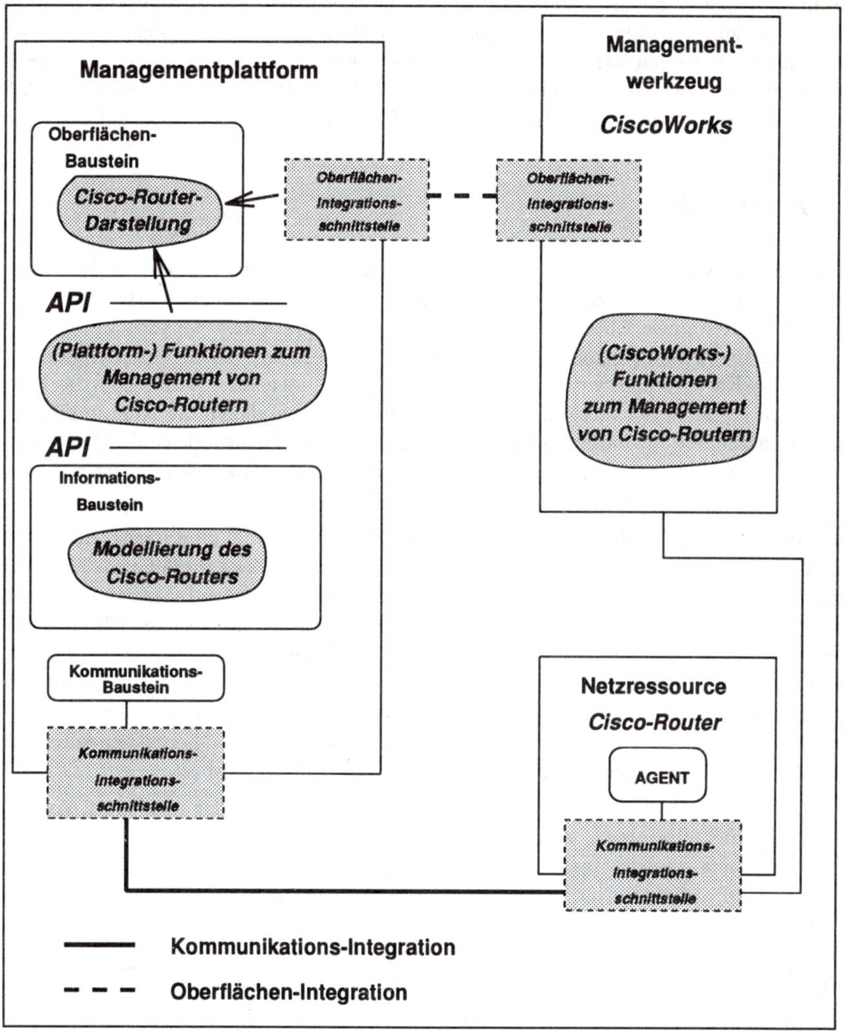

Abbildung 6: Kombinierte Technik zur Integration von Cisco-Routern bzw. CiscoWorks

vollständige Re-Implementierung der CiscoWorks-Funktionalität nach sich ziehen würde, planen wir bei der Integration dieses Router-Managementwerkzeugs die Anwendung einer Technik, die eine Kombination aus Kommunikations- und Oberflächen-Integration darstellt (siehe Abbildung 6): Im Rahmen der Kommunikations-Integration werden ausschließlich gewisse Basis-Managementfunktionen (z.B. Zugriff auf die MIB der Router, Schwellwertüberwachung) auf der Plattform-API realisiert. Komplexere Funktionen, die aus Aufwandsgründen nicht auf der Plattform-API implementiert werden sollen und weiterhin unter CiscoWorks ablaufen, werden mittels Oberflächen-Integration auf der Managementplattform bereitgestellt.

Der Vorteil der kombinierten Kommunikations-/Oberflächen-Integration besteht darin, daß hierdurch bei einem derartigen Integrationsvorhaben ein Kompromiß zwischen den beiden konkurrierenden Zielfaktoren *Integrationsgrad* und *Implementierungsaufwand* gefunden werden kann. Wir haben diese kombinierte Integrationstechnik bereits im Zusammenhang mit der Integration eines bei der BASF AG eingesetzten X.25-Managementwerkzeugs erfolgreich angewendet ([ANPR 94]).

6 Ausblick

Die vorangegangenen Kapitel haben deutlich gemacht, daß sich im Bereich der Integrationstechniken im Netzmanagement in der letzten Zeit ein recht fundierter Erkenntnisstand herauskristallisiert hat: Die Kommunikations-Integration ist die konzeptionell überzeugendste Integrationstechnik und wird zudem zur Zeit am besten durch entsprechende Software-Entwicklungswerkzeuge unterstützt. Die Daten-Integration und die Proxy-Integration kommen bei Integrationsprojekten in Frage, bei denen die Kommunikations-Integration aus den im Papier ausgeführten Gründen nicht realisiert werden kann. Beide Integrationstechniken tragen aber genauso wie die Kommunikations-Integration zur angestrebten Integration im Netzmanagement bei.

Eine deutlich weniger „tiefe“ Integration wird erreicht, wenn die Oberflächen-Integration zur Anwendung kommt. Es gibt verschiedene Gründe, warum sich diese Form der Integration trotz ihrer zuvor beschriebenen Defizite gegenüber den anderen Integrationstechniken behauptet. Ein zentraler Vorteil ist sicherlich der vergleichsweise geringere Implementierungsaufwand. Allerdings paßt den Anbietern von Element Management Systemen die Oberflächen-Integration noch aus einem anderen Grund gut in ihr Konzept: Wie bereits anfangs erwähnt, versuchen sie sich durch herstellerspezifische Managementmöglichkeiten ihrer Netzkomponenten von den Konkurrenten abzugrenzen; die Oberflächen-Integration unterstützt diese Zielsetzung von allen Integrationstechniken am besten.

Es ist also damit zu rechnen, daß die Netzbetreiber in der nächsten Zeit ihre Netzmanagement-Probleme weniger mit *integrierten* als vielmehr mit *oberflächenintegrierten* Managementlösungen angehen müssen. Der Einsatz oberflächenintegrierter Lösungen im praktischen Netzbetrieb wird die Defizite und damit auch die Anforderungen an zukünftige integrierte Managementlösungen aufzeigen. Nach Meinung des Autors ist in Zukunft mit einer zunehmenden Verdrängung der Oberflächen-Integration durch die anderen in diesem Beitrag behandelten Integrationstechniken zu rechnen.

Abschließend sei darauf hingewiesen, daß die dargestellten Integrationstechniken, die sich im Bereich des *Netz*managements herauskristallisiert haben, bereits heute auch für die Belange des *System*managements ([HNGU 94]) genutzt werden.

Danksagung

Das Papier entstand im Rahmen von Arbeiten des Münchner Netzmanagement Teams, einer von Prof. Dr. H.-G. Hegering geleiteten Forschungsgruppe, die sich aus wissenschaftlichen Mitarbeitern der Münchner Universitäten und des Leibniz-Rechenzentrums zusammensetzt. An dieser Stelle möchte ich mich beim gesamten Forschungsteam, insbesondere bei Prof. Hegering, Kirsten Heiler, Peter Segner und Dieter Bertram, für wertvolle Diskussionsbeiträge und Verbesserungsvorschläge bedanken. Außerdem gilt mein Dank den bei mir tätigen Studenten, ohne deren Engagement und Einsatz im Rahmen von Praktikums- und Diplomarbeiten Projekte, wie die oben beschriebenen, nicht durchführbar wären.

Literatur

[ABEC 93] Sebastian Abeck, „Implementing OSI and Internet Managed Object Libraries“, IEEE Global Communications Conference (GLOBECOM'93), November 1993.

[ABEC 94] Sebastian Abeck, „Integriertes Anwendungsmanagement am Beispiel einer unternehmensspezifischen, kommunikationsnahen Anwendung“, Erscheint in PIK 4/94, September 1994.

[ANPR 94] Sotiris Anastos und Jürgen Prusseit, „Management eines privaten X.25-Netzes auf der Basis der Managementplattform Spectrum“, Fortgeschrittenenpraktikum, TU München - Institut für Informatik, Juni 1994.

[DISA 93] Michael Disabato, „Key Technologies for Integrated Network Management“, Proc. 3rd International Symposium on Integrated Network Management, San Francisco, April 1993.

[EGWE 93] Rudolf Egerer und Hans-Peter Weiß, „Integration der SQL-Datenbank Cinema in Spectrum über ein textuelles Command Line Interface“, Fortgeschrittenenpraktikum, TU München - Institut für Informatik, September 1993.

[HEAB 93] Heinz-Gerd Hegering und Sebastian Abeck, *Integriertes Netz- und Systemmanagement*, Addison-Wesley, April 1993.

[HNGU 94] Heinz-Gerd Hegering, Bernhard Neumair und Markus Gutschmidt, „Cooperative Computing und integriertes Systemmanagement“, Eingereicht bei Informatik-Spektrum, Springer-Verlag, 1994.

[ISO 10040] ISO, *Information Processing Systems - Open Systems Interconnection - Systems Management Overview*, September 1990.

[ISO 10164] ISO, *Information Processing Systems - Open Systems Interconnection - Systems Management, Systems Management Functions: Part 1 – 19*, Oktober 1994.

[ISO 7498-4] ISO, *Information Processing Systems - Open Systems Interconnection - Basic Reference Model Part 4: Management Framework*, 1989.

[JAND 94] Mary Jander, „Management Frameworks“, Data Communications International, Februar 1994.

[MURR 93] Bruce Murrill, „OMNIPoint: An Implementation Guide to Integrated Networked Information Systems Management (State-of-the-Art Technology Paper)“, Proc. 3rd International Symposium on Integrated Network Management, San Francisco, April 1993.

[PAVL 93] George Pavlou, „Implementing OSI Management (Tutorial)“, Proc. 3rd International Symposium on Integrated Network Management, San Francisco, April 1993.

[RFC 1155] M.T. Rose und K. McCloghrie, „Structure and identification of management information for TCP/IP-based internets“, RFC 1155, IAB, Mai 1990.

[RFC 1157] J.D. Case, M. Fedor, M.L. Schoffstall und C. Davin, „Simple Network Management Protocol (SNMP)“, RFC 1157, IAB, Mai 1990.

[ROBE 93] Samuel M. Roberts, „An Introduction to SNMP MIB Compilers“, In Marshall T. Rose, editor, *The Simple Times (The Bi-Monthly Newsletter of SNMP Technology)*, SNMP community, Januar 1993.

[STEI 93] Wolfgang Stein, „Objektorientierte Analysemethoden - ein Vergleich“, Informatik-Spektrum, Springer-Verlag, Dezember 1993.

[TMN 3010] CCITT, Recommendation M.3010, *Principles for a Telecommunications Management Network*, Genf, März 1992.

[VALT 93] Robert Valta, „Werkzeuge und Plattformen zur Realisierung einer integrierten Netzmanagementlösung“, In *DFN-Fachtagung*, Deutsches Forschungsnetz, Juni 1993.

[WIED 93] Klaus Wiedemann, „Integration von Datenbeständen als Basis für ein Enterprise-Management“, Diplomarbeit, TU München - Institut für Informatik, August 1993.

[WITT 94] Jan Witt, „Praxis des Software-Engineering – heute und morgen“, Informatik-Spektrum, Springer-Verlag, Februar 1994.

Betreibergerechte Task-Views für das Netz- und Systemmanagement

MNM
TEAM
Münchner Netzmanagement Team

Peter Segner
Institut für Informatik, TU München
80290 München
E-Mail: segner@informatik.tu-muenchen.de

6. Dezember 1994

Zusammenfassung

Es besteht allgemein die Notwendigkeit, bisher existierende Teilnetze meist unterschiedlicher Kommunikationstechnologie oder -architektur zu unternehmensweiten Netzen, sog. *Corporate Networks*, zu verbinden. Derartige Netze können nur effizient durch einen integrierten Netz- und Systemmanagement-Ansatz betrieben werden. Eine zentrale Bedeutung zur Umsetzung solcher Ansätze kommt dabei den Managementplattformen zu, die dem Netzbetreiber Managementinformation und -funktionalität in einer integrierten Form für die verschiedenen zu lösenden Managementaufgaben anbieten. Allerdings werden existierende Managementplattform-Realisierungen den Anforderungen der Netzbetreiber zur Zeit noch nicht gerecht.

Das in diesem Papier vorgeschlagene Modell der *Task-Views* hat den *betreibergerechten* Einsatz von Managementplattformen zum Ziel. Zu diesem Zweck ermöglicht das Modell die Beschreibung von Managementabläufen und die hierzu von einer Managementplattform bereitzustellende Information und Funktionalität. Den Kern der Beschreibung bilden die zur Lösung konkreter Netz- und Systemmanagement-Aufgaben (z.B. Konfigurieren eines Routers, Installieren einer Workstation) vom Betreiber benötigten Sichten, die sogenannten Task-Views. Im Gegensatz zu traditionellen View-Konzepten beschränken sich die Task-Views nicht nur auf die Darstellung, sondern betrachten auch Aspekte wie die Auswahl relevanter Managementinformation oder die Parametrisierung erforderlicher Managementfunktionalität. Die Task-Views stützen sich dabei auf standardisierte *Managed Objects* des OSI- und Internet-Managements ab.

Die Anwendung des vorgestellten Ansatzes auf eine konkrete Netz- und Systemumgebung wird durch eine in der Arbeit vorgestellte Methodik unterstützt. Durch diese Methodik wird eine schrittweise Abbildung von komplexen Betreiberanforderungen auf die von Managementplattformen angebotene rudimentäre Funktionalität vorgenommen. Die Methodik wurde unter Zuhilfnahme eines Hypertext-basierten Werkzeuges in unterschiedlichen realen Szenarien erfolgreich erprobt.

1 Einführung

Um dem in den letzten Jahren ständig gewachsenen Kommunikationsbedarf in den Unternehmen zu genügen, begann man, die bereits bestehenden Teilnetze zu einem Verbund, einem sog. **Corporate Network**, zusammenzuschließen. Die bei den Kommunikationsressourcen bestehende Heterogenität wirkt sich natürlich auch auf das Spektrum der zum Betreiben dieser Ressourcen notwendigen Werkzeuge aus. Durch den Zusammenschluß bisher separat voneinander existierender Teilnetze entstanden völlig neue Aufgaben mit größerer Komplexität. Die zwischen diesen Netzen entstandenen Wechselwirkungen und die daraus resultierenden Probleme waren durch die Vielzahl von Einzelwerkzeugen kaum noch beherrschbar. Als Folge dieser Entwicklung gewannen die Managementplattformen als Integrationsfaktor über der Vielzahl von existierenden Managementwerkzeugen eine immer größere Bedeutung.

Aufgrund der gewachsenen Komplexität und Vielfalt solcher Corporate Networks benötigt man zum Betreiben der Netze immer mehr Spezialisten. Der klassische "Allround"-Administrator welcher für das gesamte (Teil-) Netz verantwortlich war, wird durch Spezialisten für einzelne Komponententypen oder Herstellerwelten abgelöst. Es entstehen neue Aufgabenfelder, die oft stark durch die Spezifik der konkreten technischen Umgebung geprägt sind.

Analysiert man nun unter diesen Randbedingungen (Vielfalt der Werkzeuge, Vielfalt der Managementaufgaben) die als Integrationsfaktor propagierten Managementplattformen, so stellt man fest, daß zwar die gesamte Quantität an Managementinformation und -funktionalität der Kommunikationsressourcen und integrierten Managementanwendungen verfügbar ist, sich das breite Spektrum der zu lösenden Managementaufgaben in keiner Weise in der Plattform-Ausprägung niederschlägt. Konkretisiert man diese Betrachtung, lassen sich folgende Kritikpunkte feststellen (siehe auch [NMWZ 93]):

- kein Zugangskonzept für offene Benutzerpopulationen (mehrere Administratoren → verschiedene Aufgabenbereiche, unterschiedliche Qualifikationen),
- es wird nur eine Sichtweise, d.h. eine 1:1 Abbildung Benutzer → verteiltes System unterstützt,
- die starre Kopplung zwischen den Zielobjekten der Plattform (MO's, Anwendungen) und deren Darstellung.

Die aufgezeigte Problemstellung läßt die Notwendigkeit einer flexibel handhabbaren Methodik zur Strukturierung von Managementplattformen, d.h. der von ihnen bereitgestellten Managementinformation und -funktionalität, erkennen. Man benötigt ein Modell, das die Beschreibung der Benutzeranforderungen[1] gestattet und eine Abbildung dieser auf die Kommunikationsressourcen ermöglicht. Da bei der Anwendung einer Managementplattform das Lösen von Managementaufgaben (bzw. die Unterstützung dabei) im Vordergrund steht, werden die Benutzeranforderungen an die Plattform vorrangig von den zu lösenden Managementaufgaben geprägt. Dies bedeutet, daß die Art und Weise, in der sich die Plattform einem Benutzer gegenüber darstellt (Menüs, Menüinhalte, ausführbare Aktionen, Managementinformation), über die von dem Benutzer zu lösenden Aufgaben spezifiziert wird. Diese von den Managementaufgaben des Benutzers geprägte Sichtweise auf das verteilte System wird daher als **Task-View** bezeichnet.

Es soll im folgenden gezeigt werden, inwieweit das in diesem Papier vorgeschlagene Konzept des Task-Views zur Lösung der Problematik beiträgt.

Das Konzept des Task-Views bietet eine flexible Beschreibungstechnik, um von den Anforderungen verschiedener Benutzerprofile geprägte Sichtweisen auf die Kommunikationsressourcen zu spezifizieren. Im ersten Abschnitt wird in die Problematik eingeführt und der Beitrag des Task-Views zur Lösung des Problems erläutert. Der zweite Abschnitt klärt die zur weiteren Arbeit notwendige Terminologie und stellt Beschreibungsmöglichkeiten vor, d.h. definiert die Syntax:

- Beschreibung einer den Anforderungen des Benutzer (der Benutzergruppe) genügenden Sichtweise auf die Kommunikationsressourcen (Task-View-Template)
- Anbindung von Anwendungsbausteinen (Anwendungsfunktionalität)
- Spezifikation von Beschreibungselementen, die den Zugang zur Managementinformation/-funktionalität gemäß der Aufgaben des Benutzers regulieren

[1] In diesem Papier wird der Begriff des Plattform-Benutzers synonym für den des Administrators verwendet.

Im dritten Abschnitt wird an einem Beispiel die Anwendung des Task-Views demonstriert und die Notwendigkeit der Unterstützung des Task-View Customizings durch Werkzeuge motiviert. Der vierte Abschnitt schließt dieses Papier mit Ergebnissen und geplanten Arbeiten ab.

2 Das Konzept des Task-Views

Neben einer allgemeinen View-Architektur, d.h. der technischen Einbettung der Task-Views in eine Plattform-Architektur, soll in diesem Kapitel auch die Anwendung der Task-Views auf einer technischen Ebene beschrieben werden. Um mit dem Konzept des Task-Views arbeiten zu können, ist zunächst eine Begriffsdefinition notwendig. Damit eine Abgrenzung zu herstellerspezifischen Ansätzen erreicht und eine Verwendung des Task-Views in einem offenen und integrierten Management ermöglicht wird, ist eine Einbettung des Task-Views in bestehende, standardisierte Managementkonzepte erforderlich.

2.1 Definition des Begriffs Task-View

Ein **Task-View** im Sinne des vorliegenden Konzeptes definiert eine benutzer- oder benutzergruppenspezifische Sichtweise auf die managementrelevanten Aspekte eines verteiltes Systems (siehe auch Abbildung 1), soweit diese in Zusammenhang mit der Lösung von Managementaufgaben stehen. Er ermöglicht eine flexible Strukturierung von Managementinformation und -funktionalität in einer Plattform (unabhängig von der Quelle der Information/Funktionalität).

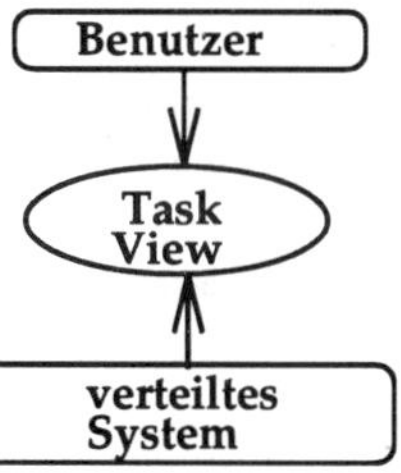

Abbildung 1: Allgemeine Task-View-Architektur

Die Strukturierungsmöglichkeit eines Views wird entscheidend von der Architektur der Anwendung und der Managementplattform geprägt. Im Gegensatz zu verwandten Arbeiten [JLW 94] und [SS 94] wird die Benutzung des Task-Views, d.h. das Erfüllen von Aufgaben, durch den Menschen initiiert und nicht von Netzereignissen angestoßen. Weiterhin unterscheidet sich vorliegende Arbeit auch durch den Umstand, daß der Schwerpunkt weniger in der Unterstützung des Entscheidungsprozeßes des Menschen durch KI-basierte Methoden liegt, als vielmehr im Verfügbarmachen der (u.a.) für diesen Entscheidungsprozeß nötigen Information und Funktionalität in einer geeigneten Auswahl und Granularität.

2.2 Allgemeine Task-View-Architektur

Entsprechend der Aufgabe der Task-Views die Distanz zwischen den Betreiberanforderungen und den Managementplattformen zu überwinden, wurde ein hierarchisches Modell entworfen, daß diese Abbildung über mehrere Ebenen verteilt realisiert (siehe Abbildung 2).

Folgende Ebenen werden im Modell betrachtet:

- *Aufgabenebene*: beschreibt die von einem Benutzer zu lösende Managementaufgabe, Zuständigkeiten und welche Aktionen zur Lösung der Aufgabe durchgeführt werden müssen

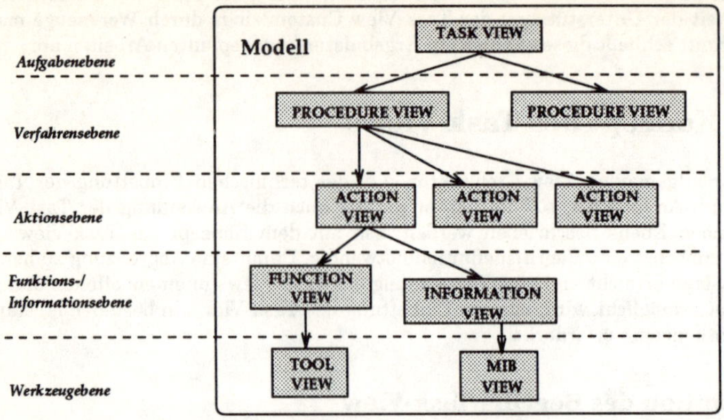

Abbildung 2: Modell der Task-Views

- *Verfahrensebene*: beschreibt den konkreten Ablauf, d.h. die Sequenz von Einzelaktionen zur Erbringung einer Aufgabe
- *Aktionsebene*: stellt einzelne Schritte innerhalb einer Aufgabe dar, enthält Informationen über unterstützende Werkzeuge, Managementinformation sowie die Darstellung
- *Funktions- / Informationsebene*: charakterisiert die zur Unterstützung eines Aufgabenschrittes (Aktion) notwendige Information sowie die genutzte Funktionalität einer Anwendung
- *Werkzeugebene*: beschreibt Werkzeuge und Anwendungen inklusive der von ihnen bereitgestellte Funktionalität (Function-Views) sowie MIBs und deren Informationsbestand (Information-Views)

Aufgrund der Nähe der Task-Views zur Managementplattform ist die Task-View-Architektur auch eher eine von sehr technischen Aspekten geprägte Architektur. Wie in Abbildung 3 zu sehen ist, liegt der Task-View "quer" zur Plattform, d.h. er überdeckt alle Ebenen der Plattform. Er dient gewissermaßen als Referenzpunkt oder Matrix, die eine flexible Zuordnung der einzelnen Module und Modulinhalte ermöglicht. An dieser Darstellung läßt sich deutlich erkennen, daß sich der Task-View nicht nur auf die Darstellungselemente (GUI) beschränkt, sondern auch Aspekte wie Managementinformation und -funktionalität berücksichtigt, die er auf der Zuordnungseben verknüpft. Die Bereitstellung der Managementinformation und -funktionalität auf der Integrationsebene ist dabei nicht Gegenstand des Task-View-Modells.

Beispiele für Managementplattformen die durch ihre Architektur das Konzept des Task-Views unterstützen, sind z.B. OSF DME [DME], HP Open View Distributed Management [HP-DM] oder das Management Environment von Tivoli [TME]. Leider unterstützen aber auch diese Plattform nur eine Sichtweise auf das verteilte System, bieten aber aufgrund ihrer Modularität in den einzelnen Elementen (siehe auch Abbildung 3) gute Möglichkeiten zur Einbettung der Task-Views in die Plattform. Das statische Konzept der Zuordnung von Elementen der Integrationsebene (MIB, Anwendungen, ..) zu Elementen der Darstellungsebene müßte aber dann zugunsten einer dynamischen Zuordnung (d.h. zur Laufzeit) weichen.

Der Task-View hat die Aufgabe, einzelne Aktionen als Bestandteile komplexerer Abläufe zu unterstützen. Er bedient sich dabei der Managementinformation und -funktionalität, die auf der Integrationsebene (siehe Abbildung 3) bereitgestellt wird und verknüpft diese mit den Elementen der Darstellungsebene.

Die bereits sichtbar gewordene Nähe des Task-Views zur Betreiberorganisation hat zur Folge, daß die Task-Views nur im Prozeß des Customizings einer Managementplattform für eine konkrete Umgebung entworfen werden können.[2] Der Task-View entspricht somit explizit gemachten Zusam-

[2] Eine Vorgabe durch vordefinierte Task-View-Schablonen ist natürlich denkbar.

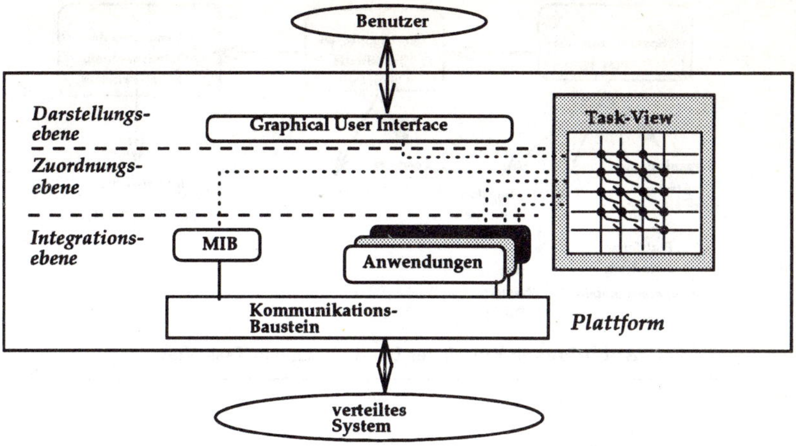

Abbildung 3: Einbettung der Task-Views in eine Managementplattform

menhängen zwischen den Betreiberanforderungen und den Ressourcen auf einer sehr technischen Ebene. Die konkrete Verknüpfung der Elemente der technischen Ebene wird durch die organisatorische Ebene vorgegeben.

Der Task-View stellt damit die Verbindung zwischen den einzelnen Modulen der Plattform (Darstellungselemente, MIB, ...) und dem Benutzer dar. Da die eigentlichen Zielobjekte des Task-Views wiederum technischer Natur sind, liegt die Semantik, die durch die Verbindung zu einer konkreten Umgebung hergestellt wird, in der Abfolge der Task-Views sowie in der Verknüpfung der View-Bestandteile.

2.3 Anwendung der Task-Views in Managementplattformen

Der Task-View stellt bisher lediglich eine Spezifikation dar, die die Verknüpfung der Plattform-Module bzw. deren Inhalt in Abhängigkeit von den jeweiligen Benutzern beschreibt. Wie gelangt man nun von dieser Spezifikation zu einer konkreten Task-View-Ausprägung in der Plattform? In Abbildung 4 werden die einzelnen Schritte dieses Bearbeitungsprozesses der Task-Views beschrieben.

Nach dem der Task-View spezifiziert wurde, muß dieser in die Plattform eingebracht werden. Ein entsprechender Compiler wandelt die Template-Beschreibung in ein Plattform-interne Beschreibung um und überprüft dabei, ob der Template-Inhalt und die in der Benutzerverwaltung der Plattform eingetragene Information über den Benutzer konfliktfrei aufgelöst werden kann. Hier werden auch erste Konsistenzüberprüfungen vorgenommen, die auf den Zugriffsrechten des Benutzers basieren. Im nächsten Schritt werden die für den Task-View (die Task-Views) notwendigen Menüs und deren Inhalte generiert (d.h. auch der entsprechende Zugriff über den Kommunikationsbaustein), d.h. mit anderen Worten, die Menü- oder View-Hierarchie, die durch die Templates spezifiziert wurde, wird auf eine Plattform-interne View-Hierarchie abgebildet. Inwieweit dies manuell oder automatisiert abläuft, hängt natürlich von der jeweiligen Plattform-Architektur und dem Unterstützungsgrad der Plattform-API's ab.

2.4 Notation

Gemäß der in Abschnitt 2.2 entwickelten Modellstruktur wurde eine auf einer Template-Sprache basierende Notation entwickelt. Um den Rahmen des Papiers nicht zu sprengen, wurde auf eine vollständige Wiedergabe der Notation verzichtet. Im folgenden werden daher die einzelnen Model-

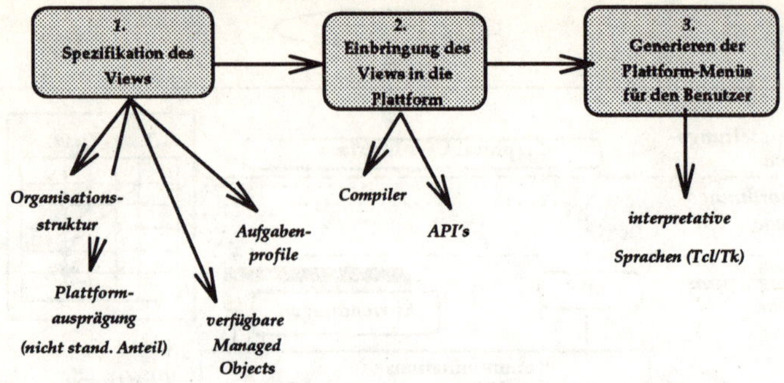

Abbildung 4: Prozeß der Bearbeitung von Task-Views

lebenen kurz erläutert und die zu spezifizerenden Aspekte kurz beschrieben.

2.4.1 Aufgabenebene

Ausgangspunkt für die Betrachtungen der "Betreibersicht" sind die vom Benutzer einer Plattform zu lösenden Managementaufgaben. Aufgaben sind innerhalb einer Organisationseinheit anfallende Tätigkeiten, die kontrolliert und gesteuert werden können. Um eine Tätigkeit durchführen zu können, werden bestimmte Qualifiaktionen oder Fähigkeiten von der die Tätigkeit ausübenden Person gefordert. Diese Person agiert bei der Lösung einer Aufgabe in einer bestimmten Rolle (dynamische Zuordnung). Weiterhin ist für eine Aufgabe ein bestimmter Bereich an Zielobjekten interessant (siehe Feld „TARGET DOMAIN"), auf welche sich die Aktionen zur Lösung der Aufgabe beziehen, man spricht hier auch von einer Domäne von Objekten. Die Spezifikation einer Domäne (siehe auch [ISO 10040/2], [ISO 10164-19], [ISO N1616])erlaubt unter anderem auch einer weitere Konkretisierung der Aufgabe. In einem Unternehmen ist z.B. ein Verantwortlicher für Router nicht für alle Router des Unternehmens, sondern nur für die Router seiner Zweigstelle o.ä. Man kann daher sagen, daß die Rolle den Type der Ressource festlegt, die TARGET DOMAIN die Instanzen des Types. Damit eine Aufgabe erbracht werden kann, ist es notwendig, sich auf **Verfahren** abzustützen. Diese Verfahren legen die Teilschritte einer Abfolge von **Aktionen** zur Erbringung der Aufgabe fest. Eine Aufgabe wird von folgenden Einflußgrößen bestimmt:

- Der Qualifikation, die ein Mitarbeiter besitzen muß, um die ihm gestellten Aufgaben zu erfüllen → **ROLE**
- Der Inhalt der Aufgabe, beschrieben in einer textuellen Form → **DESCRIPTION**
- Die Menge der Ressourcen, für die ein Mitarbeiter im Kontext der Aufgabenerfüllung zuständig ist → **TARGET DOMAIN**
- Die Verfahren, die die Erfüllung der Aufgabe realisieren, bzw. die Vorgehensweise zur Erfüllung beschreiben → **PROCEDURE VIEW**

2.4.2 Verfahrensebene

In dieser Ebene wird die genaue Abfolge der Aktionen zur Erbringung der Aufgabe festgelegt. Eine Aufgabe kann sich dabei auf verschiedene Verfahren abstützen, wobei jedes Verfahren die Aufgabe vollständig erfüllt, man aber (evtl.) die Wahl zwischen verschiedenen Möglichkeiten zur Durchführung der Aufgabe hat. Beispielweise kann man einen Controlware-Mutiplexer mittels der etwas umständlicheren Prozedur über das Element-Management-Werkzeug TIMEVIEW manipulieren, oder über die Konsolen-Schnittstelle des Multiplexers direkt, wenn man der speziellen

Kommando-Sprache mächtig ist. Beide Verfahren (Konfiguration mittels Element-Management-Werkzeug oder Konsole) realisieren die gleiche Aufgabe aber mit unterschiedlichen Abläufen und Aktionen.

Zur Beschreibung eines Verfahrens sind die einzelnen Aktionen nötig, aus denen ein Verfahren besteht (ACTION VIEW hier als Referenz), sowie die Beschreibung der Abfolge der Aktionen (PROCEDURE VIEW CONTROL). Die Trennung von Verfahren und Aktionen ist insofern wichtig, als das durch sie die Wiederverwendbarkeit der Aktionen wesentlich erhöht wird. Die Spezifik, die sich durch die Anwendung der Verfahren ergibt, wird dadurch in der Verfahrenssteuerung gehalten und nicht in den Aktionen.

Bei der Abbildung des Task-View-Modells auf die Notation ergeben sich folgende Aspekte:

- Bausteine des Verfahrens → Aktionen
- Beziehung Resultat/Ausführung → Verfahrenssteuerung
- ablaufverändernde Aspekte → Verfahrenssteuerung
- inhaltbeinflußende Aspekte → Verfahrenssteuerung

Bei der bereits in der Modellierung der Verfahren angesprochenen Beziehung, daß das Resultat einer Aktion den Inhalt einer anderen Aktion beeinflußt, wird die Auswahl des Inhalts über die Verfahrenssteuerung realisiert, die die verschiedenen conditional packages werden jedoch bei den Aktionen beschrieben.

Für die Beschreibung der Ablaufsteuerung wurde eine Prolog-nahe Notation gewählt.

2.4.3 Aktionsebene

In dieser Ebene werden die "Bausteine" der Verfahren , die Aktionen beschrieben. Aktionen beschreiben Tätigkeiten, die durch einen definierten Anfangs- und Endzustand gekennzeichnet sind. Die Granularität dieser Aktionen wird dabei wesentlich von der Granularität der Funktionalität der Anwendungen geprägt. Ein weiteres Kriterium für die Aktionen ist die semantische Abgeschlossenheit einer Aktion. Typische Beispiele für Aktionen sind z.B. der Test auf Erreichbarkeit eines Hosts, das Ermitteln einer Route von Punkt **a** nach Punkt **b** oder die Akquisition der IP-Adresse für ein Endsystem. Aktionen sind grundlegende Bestandteile der Verfahren und ermöglichen eine Hersteller- und Werkzeugunabhängige Beschreibung von Tätigkeiten.

Der Aktionen im Task-View kommt aufgrund ihrer unmittelbaren Nähe zum Benutzer eine besondere Rolle zu. Im Unterschied zu der Darstellung von Aufgaben oder Verfahren ist die Dynamik bzw. Spezifik der Darstellung (mehrere verschiedene Aspekte) größer als in allen anderen Ebenen des Modells. Durch diese Nähe zum Benutzer stellt in der Aktionsebene die Darstellung von Information/Funktionalität sowie die Beschreibung der Interaktionen des Modells mit dem Benutzer einen Schwerpunkt dar. Erschwert wird dies durch den Fakt, daß weder für die Beschreibung der Darstellung von Information, noch für die Spezifikation der Benutzerinteraktionen ein akzeptierter Standard existiert. An die Modellierung der Aktionen im Task-View-Modell werden aufgrund des Schnittstelle-Charakters zum Benutzer besondere Anforderungen gestellt:

- Plattformunabhängige (bzw. von der Spezifik der Visualisierungsumgebung unabhängig) Beschreibung der Darstellung von Information/Funktionalität
- Ein Beschreibungsmittel zur Spezifikation von Interaktionen in einem Action-View. Diese sollten ebenfalls unabhängig von der Spezifik der Visualisierungsumgebung sein.
- Die in Punkt 1 erwähnte Beschreibungstechnik sollte bi-direktional sein, d.h. Interaktionen des Benutzer mit der Darstellung sollten zum Aktualisieren der Views und folglich zu Änderungen in den Datenquellen führen.
- Die Dynamik der Daten sollte durch geeignete Beschreibungselemente in den Views abgebildet werden können, d.h. durch entsprechende Animationen visualisiert werden.

Bei einer Analyse des Status Quo zur Problematik der Visualisierung kann feststellen, daß allgemeine Werkzeuge zur Darstellung von abstrakten Objekten und Relationen bisher nicht entwickelt wurden. Die einzig bekannte Ausnahme in der Forschung stellt das in [KAM 91] vorgestellte und weiterentwickelte ([TONO 94] und [MATS 94])Konzept dar. Das dort vorgestellte Konzept TRIP (TRanslation Into Pictures) und deren Weiterentwicklung TRIP2/3 liefern einen systematischen, bi-direktionalen Ansatz zur Transformation von Anwendungsdaten in graphische Darstellungen. Leider besitzt dieser Ansatz keine Möglichkeit zur Beschreibung von Benutzerinteraktionen, sondern nur zur Darstellung von passiven Objekten[3]. Das bereits existierende Konzept von TRIP2 wurde daher für diese Arbeit um Aspekte zur Beschreibung von Benutzerinteraktionen erweitert.

2.4.4 Funktions- und Informationsebene

In dieser Ebene wird die konkrete Erbringung einer Funktion und die Gewinnung von Information festgelegt. Es ist möglich, daß zur Realisierung einer Aktion mehrere *Function Views* oder *Information Views* referenziert und damit beansprucht werden. Diese Ebene stellt die Schnittstelle zwischen der werkzeug- und herstellerunabhängigen Aktionsebene und den konkreten Ressourcen (für die Funkionen repräsentiert durch die Werkzeugebene) dar. Demzufolge ist hier auch eine Parametrisierung der Anwendungen erforderlich, um die gewünschte Funktion erbracht zu bekommen.

Diese Form der Modellierung (Trennung von Funktion/Information und Quelle) erlaubt es, relativ leicht die Quellen dafür auszutauschen, ohne größere Eingriffe in die Views, die diese benutzen. Desweiteren läßt sich so auch schnell der von einem Werkzeug wirklich genutzte Funktionsumfang ermitteln, um entweder festzustellen ob das Werkzeug richtig genutzt wird, oder welche Funktionalität ein Nachfolger dieses Werkzeuges haben müßte.

2.4.5 Werkzeugebene

Diese Ebene beschreibt die Werkzeuge und Anwendungen, die die Funktionalität für die darüberliegende Ebene bereitstellen. Hier werden auch Zuständigkeiten für die jeweilige Anwendung, Standort, evtl. Lizenzdaten und Hardware-Plattformen festgehalten. Um eine für das Modell sinnvolle Strukturierung der Funktionalität zu erreichen, wird hier auch die von einem Werkzeuge erbrachte Funktionalität angegeben.

Informationen die oft in Manualen oder in anderen Dokumenten beschrieben wird, ist hier direkt beim Werkzeuge beschrieben (Hersteller, Lizenz, ...). Dies hat den Vorteil, daß man diese so verfügbare Information maschniell weiter verwenden kann. So bietet es sich z.B. an, bevor eine Lizenz abläuft, der für die Software zuständige informiert wird und die Lizenz verlängern kann.

Damit ein Task-View-Objekt manipuliert werden kann, besitzt es neben diesem "frei" spezifizierbaren Anteil noch eine Anzahl von Standard-View-Operationen, wie z.B. das Speichern, Löschen oder Reaktivieren von Task-Views.

2.5 Abbildung des Task-View-Modells auf die Werkzeug-Umgebung

Man konnte sicher schon in Abschnit 2.2 erkennen, daß man es bei dem instanziierten Modell mit einem komplexen, mehrdimensionalen Geflecht zu tun hat, mit verschiedensten Beziehungen innerhalb einer Ebene und ebenenübergreifend. Wird in einer Umgebung das Modell erfaßt und werden gleichzeitig Analysen auf der Datenbasis vorgenommen, ergeben sich neue Probleme. Die entwickelten Regeln oder Vorgaben innerhalb der Methodik müssen bei der Phase der Erfassung, d.h. bei der Modellinstanziierung als Einschränkungen oder Restriktionen wirksam werden.

Unabhängig von der jeweiligen Modellebene lassen sich für das Modell typische Probleme innerhalb der Erfassungsphase erkennen:

- Es entstehen komplexe, mehrdimensionale Geflechte von Knoten (Objekte der Ebenen) und Kanten (Beziehungen zwischen den Ebenen).
- Bedingt durch die Größe und Komplexität des instanziierten Modells ist eine Ausschnittbildung nach verschiedenen Aspekten zwingend erforderlich.
- Die Erfassung der Umgebung ist durch eine vorgegebene Syntax in den einzelnen Ebenen zu unterstützen bzw. zu führen.

[3] Es sind zwar im Konzept Interaktionen mit den graphischen Objekten vorgesehen (Move, Delete, ...), die aber nicht den Anforderungen des Task-View-Modells genügen.

- Es sollte eine Möglichkeit bestehen, Strukturänderungen im Geflecht (unterstützt) vornehmen zu können.

All diese Punkte lassen die Forderung nach einer Werkzeugunterstützung in der Erfassungsphase sinnvoll und notwendig erscheinen.

Da die Erstellung eines Produktes, welches nach den Anforderungen entwickelt wurde, aufgrund der Spezifik universitärer Umgebungen nicht als Zielvorstellung dienen kann, wurde nach anderen Wegen gesucht. Es sollte so oft wie möglich auf bestehende Implementierungen zurückgegriffen werden, um den Eigenaufwand für die Implementierung selbst so gering wie möglich zu halten. Besonderer Wert wurde dabei auf die Verwendung standardisierter Anteile (Protokolle, DBs, Clients) gelegt.

In Betracht gezogen wurden bei den Überlegungen zwei Lösungsansätze:

- Realisierung mit Hilfe von Datenbanken, d.h. das Werkzeug ist in diesem Fall eine Datenbank-Anwendung
- Realisierung mit hypertext-basierten Werkzeugen

Für die Realisierung mittels Datenbank-Technologien spricht z.B. die bereits realisierte Konsistenzerhaltung, robuste Datenbankoperationen, Transaktionenkonzepte sowie Suchoperationen. Dagegen spräche unter anderem die Tatsache, daß zu diesem Zeitpunkt erst ein erster Entwurf der Beschreibungstemplates für das Task-View-Modell bestünde, was später Änderungen sicher nicht erleichtern würde. Desweiteren müssen die Datenbank-Anwendungen komplett implementiert werden, wobei das Problem der graphischen Darstellung der Beziehungsinformation ebenfalls noch zu lösen wäre. Für eine industrielle Lösung des Werkzeuges mit einem gesicherten und erprobten Stand der Modellbeschreibung wäre eine Realisierung mit Datenbank-Konzepten sicher sinnvoll. Die zweite Lösungsvariante mittels hypertext-basierter Werkzeuge hätte die Vorteile wie z.B. leicht modifizierbare Templates, „Aufwärtskompatibilität" der Architektur, einen großen Teil standardisierter Implementierungen und eine weite Verbreitung der verwendeten Technologie. Dagegen spricht eine im Vergleich mit Datenbanken schlechtere Performance, die auf der HTML-Datenbasis angewendeten Operationen enthalten keine konsistenzerhaltenden Mechanismen, sowie natürlich Kompromisse bei der Funktionalität der Werkzeuge, da einige existierende Anwendungen zum Einsatz kämen. Dafür spricht aber auch eine recht schnelle Realisierbarkeit mit einer recht hohen Funktionalität sowie eine Unterstützung des Client-Server Konzeptes. Aus diesem Grund entschied man sich nach einer zwar erfolgreichen, aber doch restriktiven Implementierung mit einem PC-Tool „Visual Basic" ([Tesk 94]) für einen hypertex-basierten Ansatz (siehe auch [VoMa 94]).

2.5.1 Informationsmodell

Die große Verbreitung des weltweiten Informationssystemes World Wide Web (**WWW**) mit seiner Vielzahl von Anwendungen und Anwendern favorisierte dieses System bei der Auswahl der Hypertext-Systeme. Wir entschieden uns damit auch für die Hypertext-Sprache Hyper Text Markup Language (siehe auch [HTML 2.0]) in Verbindung mit dem Hypertext Transfer Protocol (siehe auch [Berners-Lee 93]).

Folgende Abbildungen ergeben sich aus dieser Wahl:

Objekte des Task-View-Modells → HTML-Dokumente

Ebenen des Task-View-Modells → Typen von HTML-Dokumenten

Beziehungen im Task-View-Modell → „Links" zwischen den Dokumenten

Diese Abbildungen werden in Bild 5 dargestellt.

2.5.2 Kommunikationsmodell

Dem vorgeschlagenen Werkzeug wurde aufgrund der Anforderungen (mehrere Benutzer mit verschiedenen Nutzungsprofilen) eine Cient-Server Architektur unterlegt. Der Server wird durch den HTML-Datenbestand und einer weiteren Datenbank (Wais-DB), die nur Beziehungsinformation enthält, gebildet. Die Client-Seite besteht aus Anwendungen, die zur Erfassung neuer Objekte, der Manipulation des instanziierten Task-View-Modells oder der Informationsbeschaffung (über

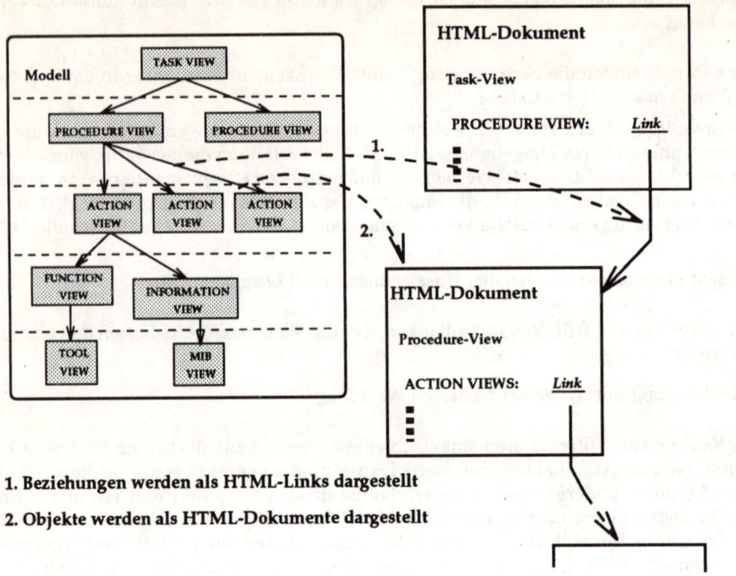

Abbildung 5: Abbildung des Task-View-Modells auf die Hypertext-Sprache HTML

das Modell) dienen. Durch die Teilung in Client-Server ist natürlich eine Kommunikation zwischen beiden notwendig geworden. Diese wird im vorliegenden Fall durch das mit der mit dem Informationssytem WWW verbundenen Hypertext Transfer Protocol ([Berners-Lee 93]) realisiert. Suchanfragen des der Werkzeug-Anwendung sind ebenfalls in dieses Protokoll eingebettet.

2.5.3 Funktionsmodell

Die Anforderungen an das Funktionsmodell des Werkzeuges ergeben sich eher aus der Anwendung des Modells (siehe Abbildung 6) als aus dem Modell selbst.

Daher sind auch unterschiedliche Funktionsprofile in den einzelnen Phasen der Modellanwendung identifizierbar. Ganz allgemein lassen sich folgende Basisfunktionen des Werkzeuges definieren:

- graphische Darstellung des instanziierten Modells (Struktur)
- textuelle Darstellung der Objektbeschreibungen
- flexible Ausschnittbildung nach verschiedenen Aspekten (z.B. Objekttypen, Instanzen, Beziehungen, ...) bzw. deren Kombination
- graphisch unterstützte Manipulation des instanziierten Modells (z.B. Hinzufügen, Löschen, Umhängen von Objekten und Teilbäumen)
- graphische Darstellung von Verfahren (Abfolge von Aktionen)

2.5.4 Organisationsmodell

Da dem Werkzeuge eine Client-Server Architektur zugrunde liegt, ist die Konsistenzerhaltung der HTML-Datenbestände ein besonderes Problem. In diesem Fall agieren mehrere Clients verschiedener Typen (Text-Browser, Graph-Visualisierungs-Tool, ...) auf ein und demselben Datenbestand.

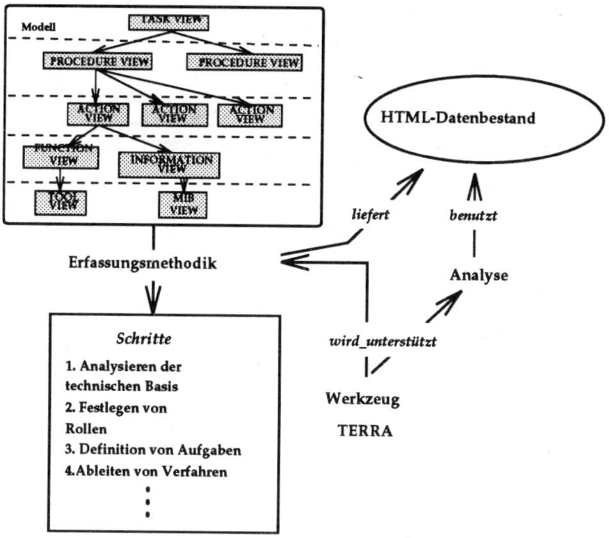

Abbildung 6: Die Anwendung des Task-View-Modells

Weiterhin muß ein entsprechendes Sicherheitskonzept den individuellen Zugriff (z.B. Entwickler schreibend und lesend, Manager nur lesend) auf die Datenbestände vorsehen.

3 Entwurf eines Task-Views für die Installation und Anpassung einer Workstation

Anhand einer für Netzbetreiber alltäglichen Aufgabe, der Installation und Anpassung einer Workstation, soll der Entwurf und die Beschreibung eines Task-Views illustriert werden.

Um einen besseren Überblick über die Aufgaben zu bekommen, und um die zuständigen Bearbeiter besser zuordnen zu können, ist es zunächst notwendig, die Aufgaben zu zergliedern (siehe Abb. 7).

Einen Teilschritt in dieser Aufgabenhierarchie, das Vorbereiten des Netzzugangs, wollen wir herauslösen und weiter betrachten. Ein Schwerpunkt bei dieser Teilaufgabe liegt in der Akquisition der nötigen Information zur Anpassung der Betriebssystem-Software. Da der Task-View in erster Linie unterstützende Funktionen zu erfüllen hat, sollen hier Hilfestellungen enthalten sein, z.B. welches Werkzeug die Information zur Verfügung stellt, wer die Workstation in den Name Server einträgt usw. Die Aufgabe "Vorbereiten des Netzzugangs" besteht aus folgenden Teilaufgaben:

- **Typ der Workstation bestimmen**

  Je nach Einsatzbereich und Hard-/Softwareausstattung ergeben sich verschiedene Möglichkeiten (diskless client, standalone system, server, dataless client) die Workstation zu konfigurieren. Der Workstation-Typ hat Einfluß auf verschiedene weitere Arbeitsschritte wie z.B. dem Konfigurieren des Plattensystems.

- **Zuordnen zu IP-Subnetz**

  Aufgrund des geografischen Standortes der Workstation und der physischen Zuordnung der Workstation zu einer Netzkomponente (Hub, Repeater, ..) läßt sich das IP-Subnetz, an welches die Workstation angeschlossen wird, bestimmen. Dies ist z.B. wichtig für die Konfiguration der Netzschnittstelle der Workstation (Ip Subnet Mask, Default Gateway).

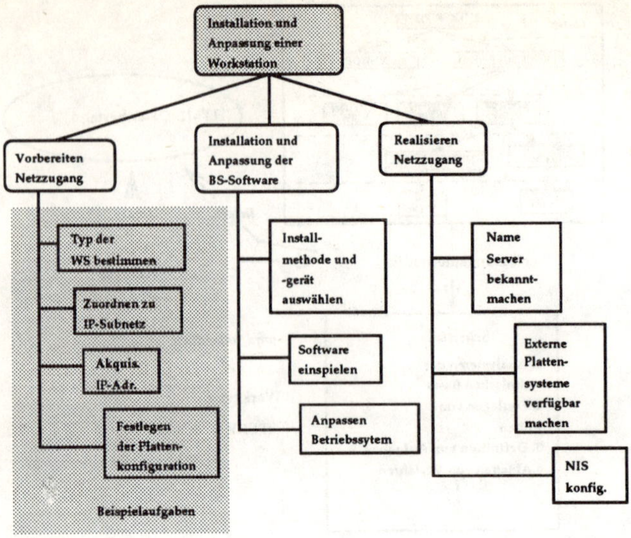

Abbildung 7: Aufgabenbaum für die Installation und Anpassung einer Workstation

- **Vergabe der IP-Adresse**

  Für einen Betrieb der Workstation in einem IP-Netz ist das Festlegen einer IP-Adresse für diese Workstation Vorausssetzung. Oft gibt es dafür eine für die Institution zuständige Vergabestelle. Notwendige Informationen für die Vergabe sind:

  - Ethernet-Adresse
  - IP-Subnetz
  - Typ der Workstation/Betriebssystem
  - Name (logische Bezeichnung für Nameserver)

  Die konkrete Policy für die Vergabe der IP-Adressen ist oft stark unternehmensabhängig.

- **Festlegen der Disk-Aufteilung der Workstation**

  Abhängig vom Typ der Workstation (s.o.) und der Plattenkapazität wird die Partitionstabelle eingerichtet. Bei einigen Systemen (verschiedene Workstation-Hersteller) gibt es Restriktionen in der Aufteilung der Plattensysteme, die hier berücksichtigt werden müssen.

Folgende Verknüpfungen zwischen der durchzuführenden Aktion und den Informationsquellen, Anwendungen und Darstellungsformen beschreibt der Task-View für die angeführten Teilaufgaben:

TASK VIEW
ID: `task_01`
SHORT NAME: `Prepare Installation`
OWNER: `Mr. Kaiser`
LAST MODIFICATION: `Thu, 1 Sep 1994`
DESCRIPTION: `To install the operating software and realize the network access it is necessary to get some information (e.g. IP-Adr., IP-Subnet) and define the usage of the workstation (configuration of the storage system and the workstation type)`
ROLE: `workstation administrator`

TARGET DOMAIN: 131.159.12. AND 131.159.15.
PROCEDURE VIEW: proc_01

PROCEDURE VIEW

ID: proc_01
SHORT NAME: Prepare Workstation Installation
OWNER: Mr. Kaiser
LAST MODIFICATION: Thu, 1 Sep 1994
DESCRIPTION: The procedure supports the acquisition
of necessary information to setup an workstation
Furthermore it supports the configuration of the storage system
and helps to define the workstation type
SUPPORTED TASK VIEWS: task_01
ACTION VIEWS: act_7, act_33, act_2
PROCEDURE CONTROL: Beschreibung der Ablaufsteuerung des Verfahrens
COMMENT: nothing

ACTION VIEW

ID: act_7
SHORT NAME: Determine workstation type
OWNER: Mr. Kaiser
LAST MODIFICATION: Thu, 1 Sep 1994
DESCRIPTION: First of all it is necessary to determine
the type of the workstation. There are some predefined types:
diskless client, standalone system and server. The choice of
the workstation type influences the following steps
OBJECT RELATION: Device Level
INTERACTON VIEW: io_335
VISUAL REPRESENTATION VIEW: vis_rep_247
FUNCTION VIEWS: funct_237
INFORMATION VIEWS: info_42, info_13

FUNCTION VIEW

ID: func_237
SHORT NAME: Get equipment information
OWNER: Mr. Kaiser
LAST MODIFICATION: Thu, 1 Sep 1994
DESCRIPTION: The function returns information about accessible
equipment of the workstation which should be
installed (inventory database)
APPLICATION:
NAME: get_info
ID: tool_37
TYPE: script

INFORMATION VIEW

ID: info_42
SHORT NAME: Identify workstation type
OWNER: Mr. Kaiser
LAST MODIFICATION: Thu, 1 Sep 1994
DESCRIPTION: This view represents a help to make the decision
easier for the user. It explains the relevant consequences
for each workstation type

APPLICATION:
NAME: get_help
ID: no MIB used
ATTRIBUTE-ID: no attributes used
TYPE: no MIB used
PARAMETER ,, -infofile /system/helpsystem/Workstation_type.hlp''

TOOL VIEW

ID: tool_37
SHORT NAME: database CINEMA
OWNER: Mr. Kaiser
LAST MODIFICATION: Thu, 1 Sep 1994
DESCRIPTION: The tool supports access to the equipment database CINEMA
NAME: cinema
VENDOR: self developed
LICENSE: no
PLATFORM: Unix, VMS
REQUIREMENTS: nothing
RESPONSIBLE: Mr. Maier, Tel. 2366-557
LOCATION: company wide accessible
FUNCTION VIEWS: func_237, func_231, func_715

4 Ausblick

Die dargestellte Problematik ist beim heutigen Stand der Technik in jeder Managementplattform wiederzufinden und behindert die Einführung von Plattformen im industriellen Einsatz. Die Definition von Task-Views allein löst aber nicht das Problem; dies ist nur möglich in Verbindung mit einer werkzeugunterstützten Analyse der Betreiberorganisation, d.h. der konkreten Anforderungen der jeweiligen Benutzer an die Managementplattform. Resultat dieser Analyse sind konkrete Ausprägungen von Task-Views. Ganz allgemein gesprochen hilft die Analysemethode beim Anpassen von Managementplattformen an reale Einsatzumgebungen.

Das vorgestellte Analysekonzept ist Gegenstand umfangreicher Forschungsarbeiten und Projekte im MNM-Team[4], wobei parallel dazu Arbeiten zur Schaffung einer Werkzeugumgebung zur Unterstützung der Analyse auf Basis eines Hypertext-Systems vorangetrieben werden.

Das Papier entstand im Rahmen von Arbeiten des Münchner Netzmanagement Teams, bei dem ich mich an dieser Stelle insbesondere bei Prof. Hegering, Dr. Sebastian Abeck und Kirsten Heiler für wertvolle Diskussionsbeiträge und Verbesserungsvorschläge bedanken möchte.

Literatur

[Berners-Lee 93] T. Berners-Lee, „Hypertext Transfer Protocol (HTTP)", Technischer Bericht, CERN, 1993.

[DME] M. Smith, „OSF Distributed Management Environment (DME)", *Datapro*, Standards, Protocols & Architectures(2060):1–8, Januar 1993.

[HP-DM] Ch. Baum, „Hewlett-Packard Open View DM Platform", *Datapro*, Integrated Network Management(3630):1–8, September 1993.

[HTML 2.0] T. Berners-Lee, D. Connolly und K. Muldrow, „HyperText Markup Language (HTML)", Internet Draft, HyperText Markup Language Working Group, Juli, 1994.

[4] Das Münchner Netzmanagement Team ist ein von Prof. H.-G. Hegering geleitetes Team von Wissenschaftlern der Münchner Universitäten und des Leibniz-Rechenzentrums.

[ISO 10040/2] „Information Technology – Open Systems Interconnection – Systems Management Overview – Amendment 2: Management Domains Architecture", DAM 10040/2, ISO/IEC, November 1994.

[ISO 10164-19] „Information Technology – Open Systems Interconnection – Systems Management – Part 19: Management Domain and Management Policy Management Function", CD 10164-19, ISO/IEC, Januar 1994.

[ISO N1616] „Information Technology – Open Systems Interconnection – Systems Management – Part ?: Management Domains Management Function", WD N1616, ISO/IEC, Januar 1993.

[JLW 94] G. Jakobson, A. Lemmon und M. Weissman, „Knowledge-Based GUI for Network", In [NOMS 94], S. 846–855.

[KAM 91] Tomihisa Kamada und Satoru Kawai, „A General Framework for Visualizing Abstract Objects and Relations", *ACM Transactions on Graphics*, Vol. 10(No. 1):1–39, Januar 1991.

[MATS 94] Satoshi Matsuoka, Shin Takahashi, Tomihisa Kamada und Akinori Yonezawa, „A General Framework for Bi-Directional Translation between Abstract and Pictorial Data", Technischer Bericht, Dept. of CS, University of Tokyo, 1994.

[NMWZ 93] U. Eisenblätter and F. Hommes und E. Pless, „Ein Vergleich von kommerziellen Netzwerk-Management-Systemen", Arbeitspapier (800), GMD, Gesellschaft für Mathematik und Datenverarbeitung mbH, Schloß Birlinghoven, Postfach 1316, 53731 Sankt Augustin, Oktober 1993.

[NOMS 94] IEEE Communications Society, *IEEE Network Operations and Management Symposium*, Band 1-3, Publications Sales Dept., 445 Hoes Lane, P.O. Box 1331, Piscataway, NJ 08855-1331, Februar 1994, IEEE Service Center.

[SS 94] A. C. Salvador und G. A. Sundström, „A Task-Based, Graphical User Interface for Network Management", In [NOMS 94], S. 681–690.

[Tesk 94] W. Teske, „Implementierung eines Werkzugs zur Erstellung eines bestehenden Rahmenbetriebskonzepts auf der Basis von Visual Basic", Fortgeschrittenen-Praktikum, Technische Universität München, Juni 1994.

[TME] C. Wells, „Tivoli Management Environment (TME)", *Datapro*, Standards, Protocols & Architectures(2065):1–15, Januar 1994.

[TONO 94] Toshio Tonouchi, Ken Nakayama, Satoshi Matsuoka und Satoru Kawai, „Creating Visual Objects by Direct Manipulation", Technischer Bericht, Dept. of CS, University of Tokyo, 1994.

[VoMa 94] Th. Vogs und Chr. Mayerl, „Prototypische Entwicklung eines Werkzeuges zur Erstellung eines vorgegebenen Rahmenbetriebskonzepts auf der Basis von WWW", Fortgeschrittenen-Praktikum, Technische Universität München, Juli 1994.

Policybasiertes Management: Konzepte und Anwendungen

Burkhard Alpers, Herbert Plansky
Siemens AG, ZFE T SN 23
Otto-Hahn-Ring 6
81730 München
{Burkhard.Alpers,Herbert.Plansky}@zfe.siemens.de

1. Einleitung

Kommunikationsverbindungen und Datenverarbeitungssysteme sind für Unternehmen und Verwaltungen von strategischer Bedeutung. Mit der zunehmenden Vernetzung und Heterogenität von Systemen, der Vielfalt der eingesetzten Technologien und der Vielzahl der Anbieter und Betreiber wird das Management dieser Systeme und Netze immer komplexer. Ziel des Managements ist es, den zuverlässigen und effizienten Betrieb gemäß den Bedürfnissen der Benutzer zu gewährleisten. Um eine optimale Nutzung der Ressourcen zu ermöglichen, benötigt man leistungsfähige Managementmethoden, die über das bisher eingesetzte komponentenorientierte Management hinausgehen:

- Managementsysteme müssen es ermöglichen, abstraktere, systemweite Management-Ziele festzulegen. Die Unterstützung höherer Abstraktionslevel entlastet den Manager, der sich um die Umsetzung im Detail nicht zu kümmern braucht.
- Managementaufgaben müssen wegen der Größe und Komplexität der Systeme strukturierbar, verteilbar, delegierbar und weitestgehend automatisierbar sein. Sie sollen das bisher praktizierte reaktive Management ersetzen durch präventives Management.
- Managementsysteme müssen es ermöglichen, das Management von informationstechnischen Ressourcen flexibel den Unternehmenszielen anzupassen; sie müssen in der Lage sein, aus diesen Zielen resultierende Präferenzen/Prioritäten für das Gesamtsystem oder Teilbereiche zu gewinnen.

Heutige Managementsysteme stellen im wesentlichen Basisfunktionalität für das Komponentenmanagement zur Verfügung. Will man die weitergehenden Anforderungen an Flexibilität und Automatisierung erfüllen, so muß man Konzepte für die Modellierung der Organisation und Semantik des Managements entwickeln. Dazu dienen die in diesem Artikel vorgestellten *Domänen- und Policykonzepte*. Wir beschreiben diese Konzepte sowie Services zu ihrer Realisierung im zweiten Kapitel. In Kapitel 3 wird eine Realisierungsarchitektur für die Services auf Basis eines OSI-Managementsystems vorgestellt, und in Kapitel 4 beschreiben wir ein Anwendungsszenario, in dem Dienste (z.B. X.400, X.500) und Netzkomponenten im LAN-Verbund gemanagt werden. Kapitel 5 faßt die Ergebnisse zusammen und gibt einen Ausblick auf zukünftige Forschungsarbeiten.

Die in diesem Beitrag vorgestellten Ergebnisse wurden im Rahmen des ESPRIT-Projekts IDSM ("Integrated Distributed Systems Management", EP 6311) erarbeitet, dessen Schwerpunkt auf dem Einsatz und der Implementierung von Domänen- und Policykonzepten für das integrierte Management vernetzter Systeme liegt.

2. Konzepte und unterstützende Services

2.1 Management-Modell

Das allgemein akzeptierte objekt-orientierte Basismodell für das Management vernetzter Systeme sieht zwei Arten von Komponenten vor, die *Manager-Objekte*, die menschliche oder automatische Manager repräsentieren, und die *gemanagten Objekte* (im folgenden als *Managementobjekte* bezeichnet), die die zu managenden Ressourcen repräsentieren (siehe Bild 2.1). Jedes zu managende Objekt besitzt eine Management-Schnittstelle, die den managementrelevanten Zugriff auf das Objekt erlaubt. Ein Manager-Objekt ist für eines oder mehrere Managementobjekte zuständig. Manager-Objekte können selbst wieder gemanagt werden, wenn sie eine entsprechende Schnittstelle aufweisen. Dadurch lassen sich hierarchische Beziehungen modellieren. Manager-Objekte können aber auch auf kooperativer Basis ("Peer-to-Peer") miteinander kommunizieren. Interaktionen zwischen Manager-Objekten und gemanagten Objekten können von zweierlei Art sein:

- das Manager-Objekt übt Operationen auf dem zu managenden Objekt aus und erhält ggf. eine Rückgabe;
- das Managementobjekt schickt eine Notifikation über ein Ereignis an das Manager-Objekt.

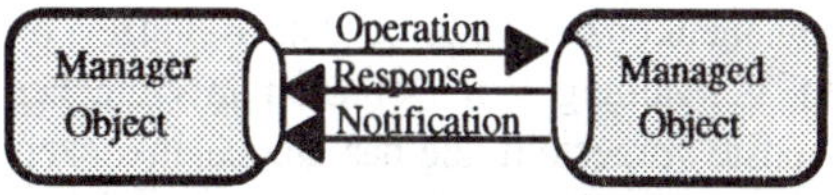

Bild 2.1: Basismodell für das Management

2.2 Domänenkonzept

2.2.1 Grundlegende Definitionen

Eine *Domäne* ist eine Menge von Manager- oder Managementobjekten, die für bestimmte Managementaufgaben gruppiert werden. Die Gruppierungskriterien, nach denen Objekte zu Domänen zusammengefaßt werden, sind beliebig wählbar und nur von der jeweiligen Zielsetzung abhängig (z.B. Abbildung einer organisatorischen Struktur, funktionale Aufteilung der Objekte, geographische Aufteilung, Abbildung der Netzstruktur). Mit der Bildung von Domänen lassen sich Verantwortungsbereiche abstecken und Wirkungsbereiche von Managementmaßnahmen definieren. Wesentliches Merkmal des Domänenbegriffs ist, daß die Gruppierung jederzeit modifiziert werden kann, z.B. durch die Hinzunahme neuer Mitglieder.

Die Information über eine Domäne wird in einem Managementobjekt, dem *Domänenobjekt*, abgelegt, um die Domäne selbst wieder dem Management zugänglich zu machen. Domänenobjekte enthalten Referenzen auf die Elemente der zugehörigen Domäne. Ein Managementobjekt, das in einer Domäne enthalten ist, heißt *Mitglied* dieser Domäne (in Bild 2.2 sind die Managementobjekte MO1 und MO2 Mitglieder von Domäne2). Da ein Domänenobjekt ein Managementobjekt ist, kann es als "Subdomäne" in anderen Domänen referenziert sein, wodurch der Aufbau von Domänenhierarchien möglich ist. Ist ein Managementobjekt Mitglied von zwei Domänen, dann *überlappen* sich die Domänen (Bild 2.2: Domäne2 und Domäne3 überlappen sich).

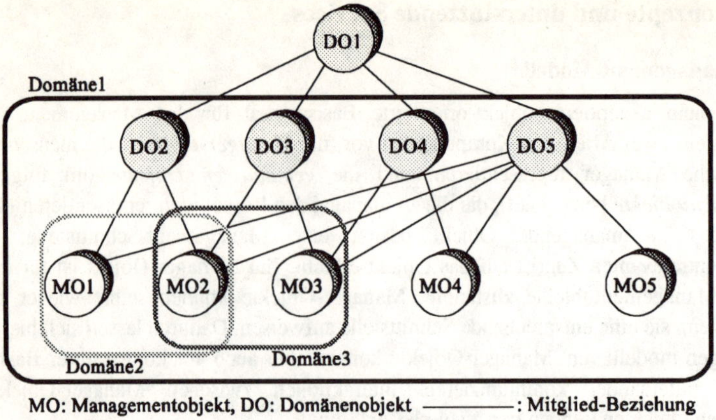

Bild 2.2: Domänenhierarchie

2.2.2 Unterstützende Werkzeuge und Dienste

Zur Unterstützung des Domänenkonzepts müssen dem Benutzer Werkzeuge angeboten werden, die die Bildung und Verwaltung von Domänen in einfacher Weise ermöglichen. Im folgenden werden zwei Dienste vorgestellt, die das Domänenkonzept unterstützen: der Basis-Domänen-Service und der erweiterte Domänen-Service (für ausführlichere Spezifikationen vgl. [IDSM-D6]). Diese architekturelle Trennung ermöglicht eine effiziente Implementierung der Basisfunktionalität.

Der Basis-Domänen-Service (BDS) gestattet es, Objekte in Domänen zu gruppieren und Domänenhierarchien aufzubauen. Dafür bietet er folgende Operationen an:

- Kreieren, Modifizieren und Löschen von Domänen,
- Einholen von Informationen über Domänen und Domänenhierarchien,
- Persistente Speicherung von Domänenobjekten.

Der Erweiterte Domänen-Service (EDS) bietet Funktionalität an, die die Benutzung des BDS für den Manager erleichtert und das Ausführen domänenbezogener Operationen erlaubt:

- Füllen von Domänen: Die Mitglieder einer Domäne können nach bestimmten Kriterien aus einer großen Anzahl von Objekten selektiert werden. Dies ist für eine komfortable Initialisierung der Domänenstruktur wichtig.
- Analysieren von Domänenausdrücken: Domänen werden als Mengen aufgefaßt. Für die Mengen wird eine Reihe von mengentheoretischen Operationen definiert, z.B. Überschneidungen von Domänen, Vereinigung von Domänen, Selektieren von bestimmten Ebenen in der Domänenhierarchie.
- Erweiterung der OSI-Zugriffsmechanismen mit CMIS: Zur Selektion von Managementobjekten für eine Operation kann anstelle des Enthaltenseinsbaums auch die Domänenhierarchie verwendet werden.

Der Domänen-Service wird dem menschlichen Manager über eine grafische Benutzerschnittstelle ("Domain Service User Interface") zur Verfügung gestellt, die die Domänenhierarchien und -mitglieder darstellt und die Operationen des Domänen-Services benutzerfreundlich anbietet. Das Domain Service User Interface ähnelt im Aufbau existierenden File-Managern für PCs und Workstations.

2.3 Policy-Konzept

2.3.1 Grundlagen des Policy-Konzepts

Das Domänenkonzept ermöglicht es, Verantwortungsbereiche durch Gruppierung von Managementobjekten zu organisieren. Die Rollen von Managerobjekten und deren Beziehungen zu Managementobjekten werden dabei nicht explizit festgelegt. Für die Modellierung und Spezifikation von Managerrollen und -aktivitäten, d.h. der Semantik des Managements, steht das Konzept der *Managementpolitik* (Management Policy). Wir definieren Policy zunächst allgemein als

"Information, die das Verhalten von Objekten (Manager Objekte, Managementobjekte) beeinflußt".

Policies bestimmen, wie ein oder mehrere Manager Komponenten, Systeme oder Applikationen managen. Policy stellt also eine Beziehung her zwischen Manager-Objekten, die Rechte und Pflichten haben, und Management-Objekten, die das Ziel von Managementaktivitäten bilden. Wir spezifizieren die Eigenschaften von Policies genauer mit Hilfe der folgenden Attribute:

- Modalität der Policy: *Verpflichtungs-Policies* bestimmen, was ein oder mehrere Manager zu tun haben; *Autorisierungs-Policies* bestimmen, welche Rechte Manager beim Zugriff auf Managementobjekte haben.
- Subjektbereich einer Policy: Gibt die Managerobjekte an, auf die die Policy wirkt, d.h. die Manager haben sich in ihrem Verhalten nach der Policy zu richten. Der Subjektbereich wird durch eine Domäne oder einen Domänenausdruck definiert.
- Zielbereich einer Policy: Benennt die Zielobjekte einer Policy, d.h. die Objekte, bezüglich derer Manager Rechte oder Pflichten haben. Der Zielbereich wird ebenfalls durch eine Domäne oder einen Domänenausdruck definiert.
- Policy-Inhalte: Diese beschreiben, welche Ausprägung die Rechte (z.B. in Form von erlaubten Operationen) oder die Pflichten (z.B. in Form von geforderten Operationen) haben. Die Policy-Inhalte können abstrakte Ziele sein, die noch keine konkreten Anweisungen vorschreiben und erst noch interpretiert werden müssen, oder aber konkrete Prozeduren und Aktionen, die keinen Handlungsspielraum mehr lassen.
- Einschränkungen und Rahmenbedingungen: Begrenzen die Anwendbarkeit einer Policy, z.B. zeitliche Begrenzungen oder Begrenzungen auf bestimmte Terminals eines Systems.

Durch die Angabe des Inhalts von Policies werden die Ziele und Methoden des Managements festgelegt. Policy bezeichnet damit ein grundlegendes und einheitliches Konzept, mit dem sich Managementaktivitäten von hohen Unternehmenszielen bis hin zu konkreten Managementanweisungen beschreiben und formalisieren lassen.

Um nun das Policy-Konzept für den konkreten Aufbau und die Ablaufsteuerung von Management nutzbar zu machen, muß man Policy-Klassen identifizieren und formalisieren, so daß die automatische Umsetzung unterstützt werden kann. Damit stellt man den Managern höhere Abstraktionen zur Festlegung der Ziele und Wege des Managements zur Verfügung und schirmt sie von den detaillierten, variierenden Basismechanismen ab. Diese Abstraktionen können auch von weiteren automatischen Manager-Applikationen genutzt werden und damit die Entwicklung spezialisierter Applikationen deutlich erleichtern.

Im IDSM-Projekt haben wir zwei Policyklassen mittels der ISO-OSI Beschreibungsrichtlinien "Guidelines for the Definition of Managed Objects" (GDMO) (vgl. [GDMO92]) formalisiert: Autorisierungspolicies und Reporting Policies. Autorisierungspolicies legen die Rechte von Managerobjekten fest, auf gewissen Managementobjekten zu operieren. Reporting Policies bestimmen, welche Ereignisse an eine Managerapplikation zu berichten sind. Reporting Policies sind eine spezielle Art von Verpflichtungspolicies. Dadurch daß die Policies als Managementobjekte spezifiziert sind, sind sie selbst wieder für das Management zugänglich sind.

2.3.2 Unterstützende Werkzeuge und Dienste

Um den Einsatz des Policy-Konzepts zu erleichtern, müssen einem Manager bzw. einer Managerapplikation Werkzeuge und Dienste zur Verfügung gestellt werden, die die Dokumentation, Analyse und Umsetzung von Policies unterstützen. Hierzu dienen der im folgenden beschrieben Policy Service mit seinem User Interface sowie die Policy Enforcement Services.

Policy Service

Der Policy Service ist ein Dienst für die Dokumentation und Analyse von Policy-Objekten. Die Dokumentation umfaßt das Kreieren, Löschen, Lesen und Modifizieren von Policy-Objekten, *nicht* jedoch die Umsetzung von Policies. Der Policy Service bietet folgende Basisoperationen an:

- Kreieren und Löschen von Objekten formalisierter Policy-Objektklassen;
- Lesen und Schreiben von Attributen von Policy-Objekten;
- Persistente Speicherung von Policy-Objekten.

Zur Analyse von Policies ist es erforderlich, die Zusammenhänge zwischen Policies zu erkennen und zu untersuchen. Für diese Aufgabe haben wir zunächst Operationen definiert, die zumindest die Erkennung potentieller Konflikte durch Subjektbereich- oder Zielbereichüberlappungen unterstützen:

- Ermittlung der Domänen, auf die sich eine Policy bezieht;
- Ermittlung aller Policies, die sich auf eine Domäne beziehen;
- Ermittlung aller Policies, die sich auf ein Manager- oder Managementobjekt beziehen;

Nur für wenige Policyklassen wird es möglich sein, inhaltliche Konflikte formal zu erkennen. Dies ist beispielsweise denkbar, wenn zwei Policies als Ziel das Erreichen inkonsistenter Systemzustände beinhalten.

Policy Service-Benutzerschnittstelle

Um dem menschlichen Manager das Management der Policy-Objekte in bequemer Weise zu ermöglichen, muß ein adäquates User Interface für den Policy Service zur Verfügung gestellt werden. Dieses sollte die vom Service verwalteten Policy-Objekte anzeigen und das einfache Ändern von Attributen (etwa über Templates) erlauben. Hierin unterscheidet sich das User Interface nicht von anderen generischen User Interfaces, die den Zugriff auf Managementobjekte unterstützen. Bezüglich der Analyseoperationen ist es erforderlich, die zurückgegebenen (Policy- bzw. Domänen-)Objektlisten übersichtlich darzustellen und für die Weiterarbeit zugänglich zu machen (z.B. indem es möglich ist, sich die Attribute eines zurückgegebenen Policy-Objektes direkt anzuschauen).

Policy Enforcement Services (PES)

Manager interpretieren Policies und setzen diese um. Bei diesem Vorgang operieren sie direkt auf den zu managenden Objekten oder sie bedienen sich gewisser Managementapplikationen, die sie bei der Umsetzung unterstützen. Diese Applikationen helfen dabei, die Policies auf die im Managementsystem vorhandenen Mechanismen abzubilden. Der Grad an Flexibilität, der

von den Managementapplikationen geboten wird, kann stark variieren: sie können wenig konfigurierbar sein, eine flexiblere Steuerung über das Setzen gewisser Parameter erlauben oder im Idealfall in der Lage sein, formalisierte Policyobjekte einer gewissen Klasse zu interpretieren und umzusetzen. Eine Applikation, die eine solche automatische Umsetzung von Instanzen einer gewissen Policyklasse erlaubt, nennen wir einen Policy-Enforcement Service (PES) für diese Klasse. Ein PES ist also eine Managementapplikation, die Instanzen einer bestimmten Policy-Klasse dadurch interpretiert, daß sie die Objektinformation auf die Mechanismen der Managementinfrastruktur abbildet. Ein PES kapselt dabei die speziellen Eigenschaften der Infrastruktur ein, um dem Manager die Abstraktion anzubieten, die durch die Policy-Objektklasse festgelegt wird. Da ein PES von den Mechanismen abhängig ist, gibt es i.a. für unterschiedliche Umgebungen verschiedene PES für eine Policy-Objektklasse.
Im Rahmen des ESPRIT-Projekts IDSM werden PES für die formalisierten Policy-Objektklassen Autorisierungs- und Reporting Policy spezifiziert und auf OSI-Managementsystemen realisiert. Der PES für eine Autorisierungspolicy bildet beispielsweise die Policy auf Zugriffsschutzmechanismen in der Management-Plattform ab.
Um den Wirkungsbereich des policy-basierten Managements zu erweitern, ist es notwendig, weitere Policy-Objektklassen zu formalisieren und Enforcement Services für deren Umsetzung zur Verfügung zu stellen. Sicherlich werden auch in Zukunft Applikationen für die Unterstützung nicht angemessen formalisierbarer und damit automatisierbarer Managementziele existieren. Solche Managementapplikationen können sich der Dienste von PES bedienen, um ihre eigene Funktionalität zu realisieren. Andererseits können sich PES bei ihrer Umsetzung von Policies auch der Funktionalität bereits existierender Managementapplikationen bedienen.

2.3.3 Policy Engineering Modell

Soll eine Managementaufgabe durch eine policybasierte Managementapplikation automatisiert werden, so sind bei deren Erstellung mehrere Schritte zu vollziehen, die im folgenden beschrieben werden:

(1) Beschreibung der Policy als Objekt
Durch die Beschreibung der Policy als Objekt wird der erste Schritt zur Formalisierung der Policy vollzogen. Dieses Objekt hat gemäß der Beschreibung in Abschnitt 2.3.1 folgende Bestandteile: Subjekt, Zielbereich, Inhalt, Beschränkungen. Dabei werden Inhalt und Beschränkungen zunächst informell beschrieben.
In diesem Schritt ist zu überlegen, was an der durchzuführenden Aufgabe steuerbar sein soll, um die policy-relevanten Parameter zu ermitteln. Letztere sind dann im nächsten Schritt zu formalisieren.

(2) Formalisierung des Policy-Objekts in GDMO
Eine generische Policy-Objektklasse wurde bereits im IDSM-Projekt in GDMO formalisiert. In dieser Klasse sind Subjekt und Zielbereich sowie einige Arten von Beschränkungen festgelegt. Die Hauptaufgabe besteht nun darin, den eigentlichen Inhalt der Policy formal zu beschreiben. Hier sind die Parameter festzulegen, die bestimmen, wie die Managementaufgabe durchgeführt wird. Dies kann eine (möglicherweise bedingte) Aktionenabfolge sein oder auch die formale Beschreibung eines erwünschten Systemverhaltens. Bei der bereits formalisierten Reporting Policy wird zum Beispiel festgelegt, welche Events von Managementobjekten des Zielbereichs an einen Manager oder eine Managerapplikation geschickt werden sollen. Bei einer Backup-

Policy wären die policy-relevanten Parameter zu ermitteln wie zum Beispiel die Art des Backups (total, inkrementell) oder die Häufigkeit.

(3) Einbringen der Policy-Objektklasse in den Policy Service
Um Instanzen der formal beschriebenen Objektklasse für die Dokumentation und Analyse durch den Policy Service verfügbar zu machen, muß die neue Klasse dem Policy Service bekannt gemacht werden. Es hängt von der Implementierung des Policy Services ab, ob dies online geschehen kann oder Anpassungen vorgenommen werden müssen.

(4) Implementierung eines Policy Enforcement Services für die neue Objektklasse
Dies ist neben der Formalisierung der aufwendigste Schritt. Hat man eine Policy-Objektklasse formalisiert, so ist zunächst zu ermitteln, wie die Durchführung von Instanzen dieser Klasse auf die unterliegenden Mechanismen des Managementsystems und/oder die Funktionalität bereits vorhandener Managementapplikationen abgebildet werden kann. Ist dies möglich, so läßt sich die Umsetzung der Policy automatisieren. In diesem Fall ist ein Policy Enforcement Service zu implementieren, also eine spezielle Managementapplikation, die in der Lage ist, Instanzen der formalisierten Policy-Objektklasse zu interpretieren und umzusetzen. Umsetzung beschränkt sich in der Regel nicht auf eine einmalige oder periodische Abfolge von Aktionen. Kann zum Beispiel mit einer Policy-Objektklasse ein erwünschtes Systemverhalten beschrieben werden, so ist nicht nur eine einmalige Einstellung erforderlich, sondern auch die Überwachung der Einhaltung. Kann sich das Systemverhalten beispielsweise durch Eingriffe Dritter oder durch Komponentenausfall ändern, so sind entsprechende Maßnahmen zu ergreifen.
Für die Überwachung kann solch ein Enforcement Service im Idealfall auf einen Reporting Policy Enforcement Service zurückgreifen, indem er ein Reporting Policy Objekt kreiert und mit Hilfe des Services aktiviert. Policy Enforcement Services können also aufeinander aufbauen.

(5) Kreierung von Instanzen im Policy Service und Aktivierung durch den Policy Enforcement Service für die neue Objektklasse
Soll nun konkret für eine Gruppe von Managern eine Policy für den Aufgabenbereich, der durch die neue Policy-Objektklasse beschrieben wird, festgelegt werden, so muß eine Instanz dieser neuen Klasse im Policy Service kreiert werden. Dazu müssen zuvor die Domänen für den Subjekt- und den Zielbereich kreiert und gefüllt worden sein. Die neue Instanz wird dann mit Hilfe des implementierten Policy Enforcement Services für die neue Klasse aktiviert. Der Enforcement Service übernimmt die automatische Umsetzung und Überwachung.

2.4 Stand der Technik und Normierung von Domänen und Policies

An Domänen- und Policykonzepten wird sowohl in Standardisierungsgremien als auch in der Forschung gearbeitet. Diese Arbeiten sollen im folgenden kurz vorgestellt und mit dem oben beschriebenen IDSM-Ansatz verglichen werden.

ISO
ISO behandelt Domänen- und Policy-Konzepte im Systems Management Overview (als Proposed Draft Amendment: [ISO-10040]) und in einer neuen Systems Management Function (Committee Draft 10164-19: [ISO-10164-19]). Im ersten Dokument werden die Basiskonzepte definiert, im zweiten werden Objekte, Relationen und Services für das Management von Domänen und Policies beschrieben. Das letztere Dokument ist in einem

instabilen Zustand und enthält noch sehr viele Auslassungen und Inkonsistenzen. In der Basisidee, Domänen für Gruppierungszwecke und Policy für Spezifizierung der Managementabsichten einzusetzen, stimmen die ISO-Konzepte und die oben vorgestellten Konzepte überein. Unterschiede bestehen in der genauen Domänendefinition und in dem Begriffsumfang des Begriffs Policy. Dies wird im folgenden genauer erläutert.
Eine Domäne ist bei ISO eine Gruppe von Managementobjekten, die durch ein Gruppierungskriterium bestimmt ist und auf die eine Systems Management Policy wirkt. Was als Kriterium verwendet wird und wie dieses zur Laufzeit vom Managementsystem ausgewertet werden kann, wird offengelassen. Im Gegensatz dazu bestehen die IDSM-Domänen aus aufgelisteten Mitgliedern, wodurch das Problem der dynamischen Auswertung vermieden wird.
Den Begriff der Policy faßt ISO sehr eng. Policy ist ein Satz von Regeln, die das Verhalten von Management Objekten einschränken. Regeln können die erlaubten Operationen, Operationsrückgaben, Notifikationen und Attributwerte beschränken. Sie beziehen sich also immer nur auf den Zustand und das mögliche Verhalten einzelner Management Objekte in einer Domäne. Das System, das als Agent für diese Objekte dient, könnte dann die Funktion der Durchsetzung solcher Regeln übernehmen. Diese Art von Policies läßt sich problemlos in unser oben dargelegtes Policykonzept als Spezialfall eingliedern. Für das Management des Gesamtsystems sind sie sicherlich nicht ausreichend; man benötigt hier zum einen systemübergreifende Policies, zum anderen Policies, die das Verhalten von Managern regeln.
Bei ISO lassen sich auch Ansätze für die Entdeckung und Auflösung von Policykonflikten finden. Da aber der Begriff "Konflikt" nicht hinreichend formalisiert ist, ist die praktische Umsetzbarkeit nicht gegeben. Ebenfalls fehlt ein Policy-Enforcement-Konzept für das Umsetzen systemübergreifender Policies.

X/Open

Die Systems-Management-Arbeitsgruppe bei X/Open hat beschlossen, eine "Preliminary Specification" zur Unterstützung von Policies zu erstellen. Die vorliegenden Arbeitsdokumente beinhalten die Spezifikation policy-bezogener Services im Rahmen von CORBA (vgl. [CORBA91]). Die Konzepte in diesen Dokumenten sind noch unklar, insbesondere ist der Policy-Begriff bzw. die Teilklasse der betrachteten Policies nicht expliziert. Policies scheinen hier auf das Festlegen von Defaults und erlaubten Attributwerten von Managementobjekten, die sich in einer "Policy-Region" befinden, reduziert zu sein. Solche Policies fallen als Spezialfall unter den von uns vorgeschlagenen Policy-Begriff. "Policy-Regions" entsprechen in etwa den Domänen in unserem Ansatz, es werden jedoch Überlappungen ausgeschlossen, was zu geringer Flexibilität führt. Der ganze Bereich des Policy-Enforcements ist noch nicht geklärt.

Forschung

Einige Forschungsarbeiten befassen sich mit der Klassifikation, Hierarchisierung und Verfeinerung von Policies (vgl. [Calo93], [Moffett93], [Wies94]). [Calo93] definiert eine geschichtete Policy-Architektur, die von abstrakten Zielen und Vorgaben hin zu konkreten Maßnahmen und Prozeduren führt. Nur die konkreten Schichten dieser Architektur eignen sich zur Formalisierung und automatischen Umsetzung. Hierfür wurde in [Masullo90] eine sogenannte "Method Specification Language" (MSL) eingeführt. Dieser liegt ein objektorientiertes Modell des zu managenden Systems zugrunde, auf dem operiert werden soll. Sogenannte Policy-Fragmente, die in MSL spezifiziert werden, bekommen - unter anderem - Objektdaten als Input und resultieren ihrerseits wiederum in Operationen auf den Objektdaten.

Durch Auswahl, Parametrisierung und Priorisierung der Fragmente kann der Manager seine Policyentscheidungen treffen.

Die Policy-Fragmente sind in etwa den Policy-Klassen in unserem Ansatz vergleichbar, wobei allerdings zusätzlich noch die resultierende Umsetzung in Form von geforderten Objektdatenänderungen angegeben ist, d.h. ein Teil des Enforcements. Eine Möglichkeit des Scopings mit Hilfe von Domänen fehlt aber. Der Ansatz ist zudem offenbar beschränkt auf solche Policies, die mit Hilfe von Eingangsdaten über eine interne Berechnung zu gewünschten Ausgangsdaten führen, und erfaßt z.B. nicht Policies, die eine geordnete Abfolge von Operationen auf Objekten des zu managenden Systems umfassen. Auch sind noch viele Fragen offen, die die Häufigkeit der Auswertung von Fragmenten und das dynamische Hinzufügen neuer Fragmente betreffen.

Die IDSM-Konzepte basieren auf Ergebnissen der abgeschlossenen Projekte DOMAINS (vgl. [Alpers93]) und Domino (vgl. [Domino92]). Daher soll hier nur kurz auf vorgenommene Änderungen eingegangen werden. In DOMAINS hat der Domänenbegriff eine reichhaltigere Semantik, da eine Domäne dort Manager und gemanagte Ressource, also einen gesamten Autoritäts- und Aufgabenbereich umfaßt. Dies läßt sich leicht auf die vorgestellten Domänen- und Policy-Konzepte abbilden, indem eine DOMAINS Domäne dargestellt wird als eine Managerdomäne, eine Domäne von Managementobjekten, und Autorisierungs- und Verpflichtungspolicies, die die Autorität und Aufgaben der Manager beschreiben. Durch unseren jetzigen modifizierten Ansatz können wir Domänen auch als einfaches, flexibles Gruppierungskonzept ohne Policy-Implikationen einsetzen. Die Trennung von Domänen und Policies bildet auch den wesentlichen Unterschied zu den Dominokonzepten. Des weiteren sind die Policy-Konzepte von Domino und DOMAINS im vorgestellten Ansatz verfeinert worden, so daß unterstützende Services spezifiziert werden konnten.

3. Realisierungsarchitektur

Die funktionale Architektur und Nutzungsbeziehungen der in Kapitel 2 vorgestellten Services sowie der Applikationen, die im Rahmen des IDSM-Projekts realisiert werden, sind in Bild 3.1 dargestellt. Zur Unterstützung des Domänenkonzepts dient der Domänenservice mit seinem graphischen User Interface. Das Policykonzept wird realisiert durch den Policy Service mit seinem User Interface sowie durch ausgewählte Policy Enforcement Services, und zwar den Authorization Service und den Reporting Service, die formalisierte Autorisierungspolicies bzw. Reporting Policies aktivieren und deaktivieren können. Die Enforcement Services nutzen den Policy Service, um den Inhalt von Policy Objekten zu lesen, und den Domänenservice, um die Mitglieder der Domänen, auf die sich zu (de-)aktivierende Policies beziehen, zu ermitteln. Der Policy Service fragt vom Domänenservice Domänenmitglieder ab, um potentielle Konflikte zwischen Policies wegen Domänenüberschneidung zu erkennen. Managementapplikationen (hier: Fehlermanagement, X.400 Performance und Accounting, Network Monitoring) benutzen den Domänenservice, um ihren Scope zu ermitteln und eigene Gruppierungen vorzunehmen. Sie verwenden den Policy Service, um eigene Policies zu kreieren, die sie dann von den Enforcement Services aktivieren lassen. Letztere operieren auf der Infrastruktur, um die Policies umzusetzen. Diese funktionale Architektur kann leicht erweitert werden, indem neue Policies in Policyklassen formalisiert und in den Policy Service eingebracht und klassenspezifische Enforcement Services hinzugefügt werden.

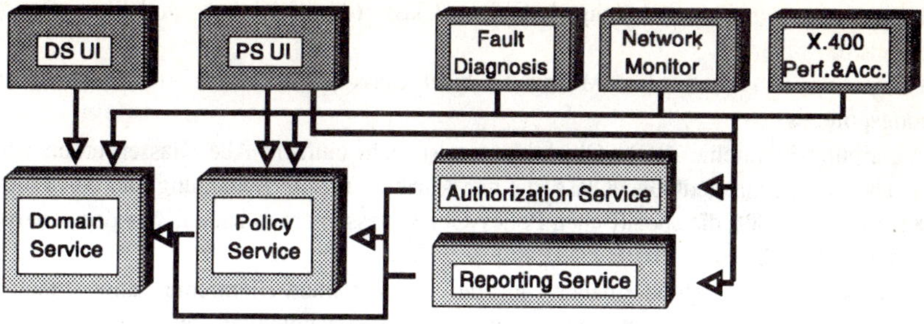

Bild 3.1: Funktionale Architektur

Als Implementierungsumgebung für die genannten Services werden im IDSM-Projekt die OSI-Managementsysteme Transview NMC (SNI) und ISM (Bull) verwendet. Die Open Software Foundation (OSF) unterscheidet in dem von ihr spezifierten "Distributed Management Environment" (DME, vgl. [OSF-DME92]) zwischen einem generellen "Object Management Framework (OMF)", das beliebige verteilte objekt-orientierte Applikationen unterstützt, und einer netzmanagementspezifischen Plattform (bei OSF: Network Management Option (NMO)), die den Zugriff auf die standardisierten OSI und SNMP Managed Objects ermöglicht. Die in IDSM benutzen OSI-Managementsysteme sind Realisierungen des netzmanagementspezifischen Teils des DME (NMO); für das OMF stehen noch keine Implementierungen zur Verfügung. Die Domänen- und Policyservices lassen sich ohne weiteres auch in einer OMF-Umgebung implementieren.

Im folgenden beschreiben wir, wie die oben aufgeführten Servicekomponenten in der OSI-Managementumgebung realisiert werden. Wie aus der funktionalen Architektur ersichtlich ist, bauen die Services aufeinander auf. Um nun einen Service für einen anderen Service oder eine Applikation auf derselben Plattform oder einer entfernten Plattform ansprechbar zu machen, modellieren wir ihn als "Service Managed Object" und spezifizieren ihn formal unter Benutzung der von ISO definierten "Guidelines for the Definition of Managed Objects" (GDMO, vgl. [GDMO92]). Solch ein Service wird von einer Applikation als Agent angeboten, wobei auch mehrere Service-Instanzen auf unterschiedlichen Plattformen laufen können. Der Vorteil dieses Ansatzes besteht darin, daß wir die existierenden, standardisierten Kommunikationsmechanismen und die Plattform API auch für die Zusammenarbeit von Services und Applikationen verwenden können. Es ist nicht notwendig, sich aus Interoperabilitätsgründen auf einen weiteren Mechanismus (Kommunikationsstack, RPC, Interface Definition Language etc.) einigen zu müssen.

Sowohl der Domänenservice als auch der Policy Service müssen persistente Information halten. Wir modellieren diese in Form von Domain bzw. Policy Managed Objects und nutzen ein vorhandenes, auch von anderen Services und Anwendungen nutzbares "Object Repository" zur persistenten Speicherung .

Im folgenden illustrieren wir den gewählten Ansatz am Beispiel des Policyservices (für den Domänenservice vgl. [Alpers94]). Folgende Objektklassen wurden für diesen Service definiert:

- `idsmPolicyService` Managed Object Class;
- `idsmPolicy` Managed Object Class (generische Policy-Klasse; enthält Attribute für Subject, Target, Constraints);

- `idsmReportingPolicy` Managed Object Class (diese Klasse modelliert Reporting Policies);
- `idsmAuthorizationPolicy` Managed Object Class (diese Klasse modelliert Autorisierungspolicies).

Die Vererbungshierarchie dieser Objektklassen ist recht einfach: Alle Klassen erben von der generischen idsmManagedObjectClass, die nur Attribute für die Benamung und den Zeitpunkt der Kreierung enthält; die spezifischen Policy-Objektklassen erben zudem von der generischen idsmPolicy Objektklasse.

Die Klassen sind folgendermaßen in der Containment-Hierarchie angeordnet: Ein idsmPolicyService Objekt ist in demjenigen Systemobjekt enthalten, auf dem die Agenten-Applikation, die es anbietet, residiert. Das idsmPolicyService Objekt enthält wiederum das idsmPolicy Objekt.

Die Operationen des Policyservices werden gemäß GDMO als ACTIONs des idsmPolicyService Objekts modelliert und in dem idsmPolicyServiceActionPackage gruppiert:

```
idsmPolicyServiceActionPackage          PACKAGE
          BEHAVIOUR ...
          ACTIONS
          createGenericPolicyAction,
          createAuthorizationPolicyAction,
          createAuthorizationPolicyFromGenericAction,
          createReportingPolicyAction,
          createReportingPolicyFromGenericAction,
          deletePolicyAction,
          readPolicyAction,
          readPolicyAttributeAction,
          writePolicyAttributeAction,
          ...
     REGISTERED AS {... };
```

Die ACTIONs und ihre Parameter sind in separaten ACTION und PARAMETER Templates definiert.

Dieser Ansatz läßt sich auch leicht auf eine Plattform übertragen, die das Object Management Framework (OMF, siehe oben) von DME realisiert: Steht etwa eine CORBA-Umgebung zur Verfügung, so sind die GDMO-Spezifikationen in die CORBA Interface Definition Language (IDL) zu übertragen und die Services als CORBA-Objekte anzubieten.

4. Anwendungsszenario

Im IDSM-Projekt werden die vorgestellte Domänen- und Policykonzepte auf das Management von Diensten (X.400, X.500 etc.) und Netzkomponenten im LAN-Verbund angewendet. Der IDSM-Pilot besteht aus mehreren lokalen Netzen der Fraunhofer Gesellschaft, die über ein ISDN-WAN miteinander verbunden sind. In den lokalen Netzen befinden sich PCs, Workstations und Router. Auf einer Server-Workstation im LAN, die an das Mailsystem angeschlossen ist, befinden sich ein X.400 User Agent (UA) sowie ein X.400 Message Transfer Agent (MTA), der die Weiterleitung von Mailnachrichten übernimmt. Auf dem Server sind auch noch andere Dienste für die verteilte Verarbeitung installiert (vgl. Bild 4.1).

Für diesen Piloten wird auf der Basis existierender Plattformen ein Management-System erstellt, das den Domänenservice, den Policyservice und Enforcementservices für Autorisierungs- und Reporting Policies enthält. Zudem werden Managementapplikationen realisiert, die einerseits selbst Domänen und Policies nutzen, andererseits zur Realisierung abstrakterer Policies dienen, für die noch keine Formalisierung und Durchsetzungsunterstützung vorgenommen wurde.

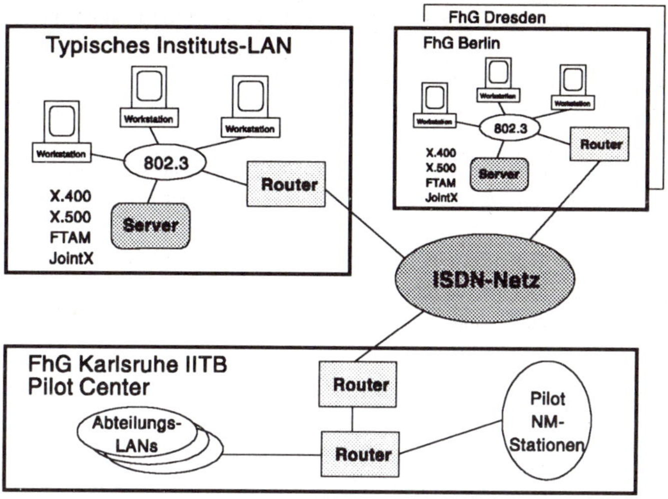

Bild 4.1: IDSM-Pilotnetz

Im folgenden stellen wir exemplarisch einige Domänen und Policies für den Piloten vor und gehen dann auf die domänen- und policybasierte Fehlermanagementapplikation ein. Wie üblich bietet sich zunächst eine Aufteilung der zu managenden Ressourcen nach organisatorischen Gesichtspunkten an. Die LANs an den verschiedenen Standorten gehören unterschiedlichen Instituten der Fraunhofer Gesellschaft. Dementsprechend werden die lokalen Ressourcen in einer Domäne gruppiert, eine Domäne von Standortmanagern gebildet, und die beiden Domänen mittels einer Autorisierungpolicy aufeinander bezogen. Diese besagt, daß die Standortmanager alle Operationen auf den Objekten in der Zieldomäne ausführen dürfen. Die Standortmanager können nun geringere Rechte an Manager delegieren, die einen begrenzten Aufgabenbereich haben, zum Beispiel das lokale X.400 Management. Zudem ist es sinnvoll, über eine Reporting Policy festzulegen, daß der X.400-Manager über den Ausfall des Servers informiert wird.

Weiterhin ist es nützlich, die Objekte nach technologischen Kriterien in Domänen zu gruppieren. Für diese Domänen lassen sich dann technologiespezifische Policies definieren. So werden zum Beispiel für die PCs andere Ressourcennutzungsregeln und Beschränkungen sinnvoll sein als für die Workstations als Multiusersysteme. Die Technologiedomänen können Subdomänen der organisatorischen Domänen sein oder auch organisationsübergreifend, falls sich die Standortmanager darauf einigen, einen gemeinsamen Manager für das Management von Systemen einer speziellen Technologieklasse einzusetzen.

Die oben genannten Domänen und Policies können direkt vom Manager über den Domänen Service, den Policy Service und ihre User Interfaces in das System eingebracht werden. Zudem können auch Management-Applikationen die Services nutzen sowie intern noch weitere Policies realisieren. Als Beispiel gehen wir auf die Fehlermanagementapplikation ein, die im Rahmen von IDSM entwickelt wird. Die Applikation dient zur Fehlerdiagnose im LAN-

Verbund. Sie überwacht die im Netz vorkommenden Komponenten, hält sich ein Verbindungs- und Nutzungsmodell und korreliert anhand dieses Modells Event- und Statusinformation zur Ermittlung von Fehlerursachen. Fehler werden entdeckt, indem durch Polling oder einmaliges Lesen MIB-Werte ermittelt und Events empfangen werden. Zusätzlich sind Tests durchzuführen, um die Fehlerursache einzugrenzen. Die Applikation nutzt Domänen und Obligationspolicies, um an die für die Diagnose erforderliche Information zu kommen:

- *Reporting Policies* erfassen die benötigten Events;
- *Polling Policies* bestimmen, welche Statusinformation in welcher Häufigkeit abzufragen ist;
- *Testing Policies* bestimmen, welche Tests an Objekten in einer Zieldomäne unter gewissen Bedingungen ausgeführt werden, um Informationen z.B. über Erreichbarkeit von Rechnern zu erhalten.

Zur Durchsetzung der Reporting Policy nutzt die Applikation den Reporting Service. Die Polling und Testing Policies werden intern realisiert, beziehen sich aber auch auf im Domänenservice abgelegte Domänen.

5. Zusammenfassung und Ausblick

Das Management komplexer vernetzter Systeme und Dienste erfordert Konzepte für die Organisation, formale Spezifikation und Automatisierung der Managementaktivitäten. Hierfür werden im IDSM-Projekt Domänen- und Policy-Konzepte eingeführt. Domänen dienen zur flexiblen Gruppierung und Organisation von managementbezogenen Objekten, während Policies die erlaubten und erforderlichen Aktivitäten ("Rechte und Pflichten") der Manager bezüglich einer Menge von Managementobjekten beschreiben. Dienste, die diese Konzepte auf einer OSI-basierten Managementplattform realisieren, sind spezifiziert und prototypisch implementiert worden. Die Anwendung auf das Management von Diensten und Netzkomponenten im LAN-Verbund der Fraunhofer Gesellschaft zeigt die Realisierbarkeit und Leistungsfähigkeit der Konzepte. Eine Demonstration dieser Pilotinstallierung ist für Mitte 1995 geplant.

Mit der Formalisierung von Autorisierungs- und Reporting Policies in IDSM wurden zunächst zwei wichtige Beispielklassen erfaßt und deren automatische Umsetzung durch entsprechende Enforcement Services ermöglicht. Dieser Ansatz ist fortzuführen, indem weitere Policyklassen identifiziert, formalisiert und in ihrer Umsetzung unterstützt werden. Interessant sind insbesondere jene "generischen" Policyklassen, die für viele unterschiedliche Managementaufgaben von Bedeutung sind. Hier ist zum Beispiel an eine Erweiterung der Reporting Policyklasse zu denken, die die Benachrichtigung beim Eintreten von komplexeren Situationen oder Event-Abfolgen beschreiben ("Situation Detection Policies"), sowie an Policyklassen, mit denen die präferierten Situationen/Abläufe im vernetzten System (in der Menge der möglichen Situationen/Abläufe) gekennzeichnet werden können.

Ein weiterer Schwerpunkt zukünftiger Arbeiten besteht in der genaueren Untersuchung und Formalisierung von Policy-Hierarchien. Ziel hierbei ist es, den Verfeinerungsprozeß für bestimmte Policyklassen zu automatisieren, so daß die Änderung von abstrakteren Policies auf einem hohen Hierarchielevel automatisch zu einer Anpassung der tieferliegenden Policies führt, die diese realisieren ("Policy Refinement Service"), was insbesondere für das Enterprise-Management von Bedeutung ist. Von solch einem Ansatz ist ein hohes Automatisierungspotential und eine hohe Änderungsflexibilität zu erwarten.

Die Policy-Analyse, d.h. die Entdeckung von potentiellen und realen Konflikten und Inkonsistenzen, steht erst am Anfang. Eine generelle Lösung ist hier angesichts der Heterogenität und Vielfalt der Policyklassen nicht zu erwarten. Daher ist es sinnvoll, sich bei die Analyse auf einen begrenzten Satz von Policyklassen beschränkt.
Die bisherigen Ergebnisse sind bereits in die Standardisierung bei ISO eingegangen. Es ist geplant, die diesbezüglichen Standardisierungsdokumente durch Beiträge und Kommentare weiterzuentwickeln.

Danksagung:
Die vorgestellten Ergebnisse sind im Rahmen des ESPRIT-Projekts IDSM erarbeitet worden, an dem Bull SA, Imperial College London, IITB Fraunhofer Gesellschaft, MARI, NTUA, Telesystemes und die Siemens AG beteiligt sind. Die Autoren bedanken sich bei allen involvierten Kollegen für ihre Beiträge.

Literatur

[Alpers93] Alpers, B., Becker, K., Raabe, U.: DOMAINS: Concepts for Networked Systems Management and their Realisation, Proc. GLOBECOM 93, Houston 1993

[Alpers94] Alpers, B., Plansky, H., "Domain and Policy-Based Management: Concepts and Implementation Architecture", 5th IFIP/IEEE International Workshop on Distributed Systems: Operations and Management, Toulouse, 10.-12. October 1994

[Calo93] Calo, S. B., Masullo, M. J., "Policy Management: An Architecture and Approach", Proc. IEEE Workshop on Systems Management, UCLA, Calif., 14.-16.April 1993

[CORBA91] Object Management Group: The Common Object Request Broker: Architecture and Specification, Doc. No. 91.12.1, 1991

[Domino92] Sloman, M., Moffett, J., Twidle, K.: Domino Domains and Policies: An Introduction to the Project Results", Domino Report Arch/IC/4, Februar 1992

[GDMO92] ISO/IEC IS 10165-4: Structure of Management Information, Part 4: Guidelines for the Definition of Managed Objects, 1992

[IDSM-D6] IDSM Deliverable D6/SysMan Deliverable MA2V2: "Domain and Policy Service Specification", October 1993

[ISO-10040] ISO/IEC IS 10040/PDAM 2: Systems Management Overview - Amendment 2: Management Domains Architecture, 2.11.1993

[ISO-10164-19] ISO/IEC JTC1/SC21/WG4: Management Domain and Management Policy Management Function, Committee Draft, 21.1.1994

[ISO-10165] ISO/IEC JTC1/SC 21: Structure of Management Information (SMI)

[Masullo90] Masullo, M. J.,Mozes, E., "A Methods Specification Language for Object Oriented Databases", IBM, Research Report, RC 16360, 1990

[Moffett93] Moffett, J. D., Sloman, M. S., "Policy Hierarchies for Distributed Systems Management", IEEE Journal on Selected Areas in Communications, Vol. 11, No. 9, December 1993, S.1404-1414

[OSF-DME92] Open Software Foundation: OSF Distributed Management Environment (DME) Architecture, May 1992

[Wies94] Wies, R.: Policies in Network and Systems Management - Formal Definition and Architecture, J. Network Systems Management Vol.2, No.1, 1994

Architektur und Implementierung eines Anwendungsprotokolls für digitale Filme

Ralf Keller

Praktische Informatik IV
Universität Mannheim
D-68131 Mannheim
keller@pi4.informatik.uni-mannheim.de

Zusammenfassung. Das Movie Transmission Protocol ist ein portables Anwendungsprotokoll zur Übertragung von kontinuierlichen Medien. Es ist vollständig implementiert und setzt auf den Internet-Transportprotokollen auf. Die Funktionalität der existierenden Transportschnittstellen muß MTP allerdings um vorausschauende Fehlerkorrektur und ratenbasierte Flußkontrolle erweitern. In dieser Arbeit werden nach einer Einführung in die Architektur des XMovie-Systems zunächst die funktionalen Einheiten von MTP vorgestellt. Danach wird der Dienst von MTP beschrieben und die Spezifikation des Protokolls skizziert sowie auf einige Implementierungsdetails eingegangen.

1 Einleitung

An der Universität Mannheim wird im Rahmen des XMovie-Projekts die digitale Filmübertragung als eine innovative Anwendung in Rechnernetzen untersucht [13]. XMovie definiert eine Architektur und Protokolle für ein verteiltes Multimedia-System, bestehend aus vernetzten heterogenen UNIX-Workstations (siehe Abb. 1).

Die digitalen kontinuierliche Medien (*continuous media*, CM) Film und Audio werden über ein digitales Hochgeschwindigkeitsnetz übertragen; die Filme werden in Fenstern des X-Window-Systems [22] angezeigt, und vorhandene Audioströme werden mit Hilfe des AudioFile-Systems abgespielt [17]. Das XMovie-System unterscheidet sich von anderen ähnlichen Systemen (z.B. Pandora [9]) dadurch, daß es keine spezielle Hardware zur Verarbeitung und Anzeige von Filmen erfordert. Die Verwendung von spezieller Hardware kann zwar die Leistung eines Systems kurzfristig steigern, schränkt aber die Flexibilität und Portabilität innovativer Multimedia-Systeme zu sehr ein.

Im Vergleich mit anderen Softwarelösungen für digitale Filme (z.B. der Berkeley MPEG-Player [20] oder QuickTime [1]) zeichnet sich XMovie durch die Netzwerkfähigkeit aus. Die Filme können anderswo im Netz gespeichert werden. Bis heute ist es nicht möglich, digitale Filme über Netzwerke online zu übertragen; selbst im *World Wide Web* (WWW, W3 [2]), das als Hypermedia-System auch Filme unterstützt, werden kontinuierliche Medien per FTP übertragen, zwischengespeichert und dann lokal abgespielt.

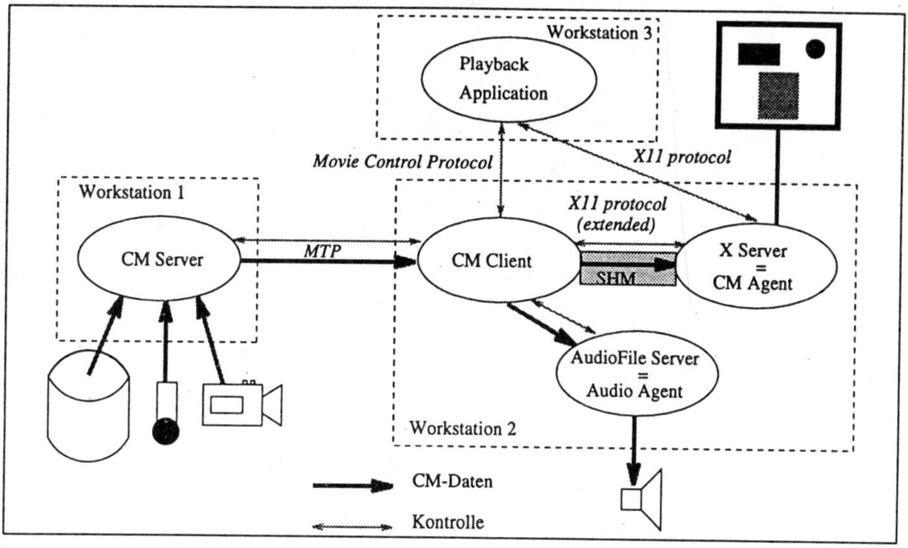

Abb. 1. Architektur von XMovie

Ein wichtiger Teil der XMovie-Architektur ist deshalb auch das *Movie Transmission Protocol* (MTP), mit dem CM-Ströme isochron über Hochgeschwindigkeitsnetze übertragen werden können. Um diesen isochronen Übertragungsdienst in einer heterogenen Umgebung anbieten zu können, muß MTP die Funktionalität der existierenden Transportschnittstellen um vorausschauende Fehlerkorrektur und ratenbasierte Flußkontrolle erweitern [3, 25] sowie möglichst wenig Verzögerung und Verzögerungsvarianz dem CM-Strom hinzufügen. Zusätzlich soll MTP portabel und erweiterbar sein, um es leicht an neue Anforderungen und vor allem an neue Übertragungsdienste anpassen zu können.

Die Einordnung von MTP in das OSI-Referenzmodell zeigt Abb. 2. MTP ist ein Anwendungsschichtprotokoll mit integrierter Darstellungsfunktionalität und baut auf den Diensten der Internet-Transportprotokolle TCP und UDP auf [5].

Andere Protokolle zur Übertragung kontinuierlicher Medien wurden bereits definiert, z.B. [4, 7, 23, 29]. Diese sind jedoch alle der Transportschicht zuzuordnen und setzen nicht auf existierende Transportschnittstellen auf. Die Architektur von XMovie basiert dagegen auf gängigen Transportschnittstellen und verlagert die anwendungsspezifischen Funktionen in die MTP-Schicht. Dies verbessert die Portabilität des Systems erheblich, hat allerdings auch den Nachteil, daß wünschenswerte Funktionen eines Multimedia-Transportsystems wie z.B. Multicast nicht zur Verfügung stehen.

Dieser Artikel ist wie folgt strukturiert: In Kapitel 2 wird MTP vorgestellt. Dabei wird ausführlich auf die funktionalen Einheiten von MTP eingegangen. Kapitel 3 beschreibt den Dienst, den MTP anbietet. Die Protokollspezifikation und die Abbildung auf unterliegende Dienste wird in Kapitel 4 skizziert. MTP ist

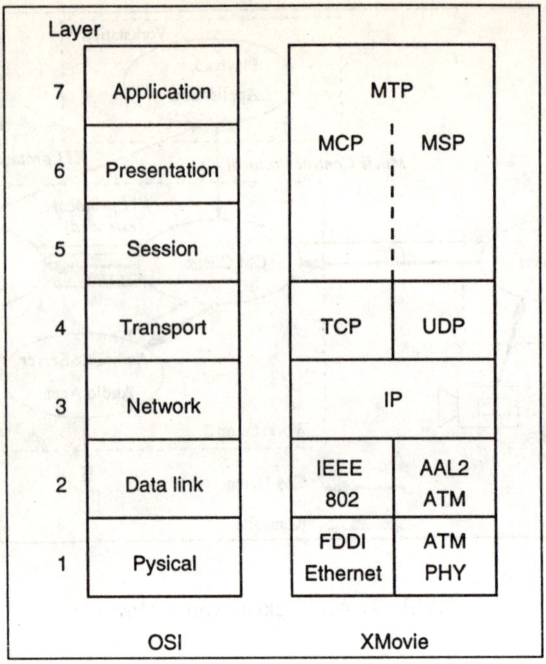

Abb. 2. Einordnung von MTP ins OSI-Referenzmodell

vollständig implementiert und einsatzfähig; Anmerkungen zur Implementierung enthält Kapitel 5. Eine Zusammenfassung und eine Beschreibung des aktuellen Status bilden den Abschluß dieser Arbeit.

2 MTP

MTP kann sowohl für reine Kontrollaufgaben als auch für eine kombinierte Kontrolle und Übertragung von CM-Strömen verwendet werden. In beiden Fällen wird derjenige MTP-Dienstbenutzer, von dem der Verbindungswunsch ausgeht, als Initiator und der andere als Responder bezeichnet. In Abb. 1 werden zwischen der *Playback Application* als Initiator und dem *CM-Client* als Responder nur Kontrollinformationen ausgetauscht. Zwischen dem *CM-Client* als Initiator und dem *CM-Server* als Responder werden dagegen sowohl Kontrollinformationen ausgetauscht als auch CM-Daten versendet.

MTP zerfällt in zwei Teile: das Kontrollprotokoll MCP (*Movie Control Protocol*) und das Stromprotokoll MSP (*Movie Stream Protocol*). Beide Teile setzen sich wiederum aus einzelnen funktionalen Einheiten zusammen (siehe Abb. 3).

Die Trennung in MCP und MSP ergibt aus zwei Gründen. Erstens stellen die Kontrolle und die Übertragung von kontinuierlichen Medien an die unterliegenden Dienste unterschiedliche Anforderungen. Ein Kontrollprotokoll benötigt einen zuverlässigen asynchronen Übertragungsdienst relativ geringer Bandbrei-

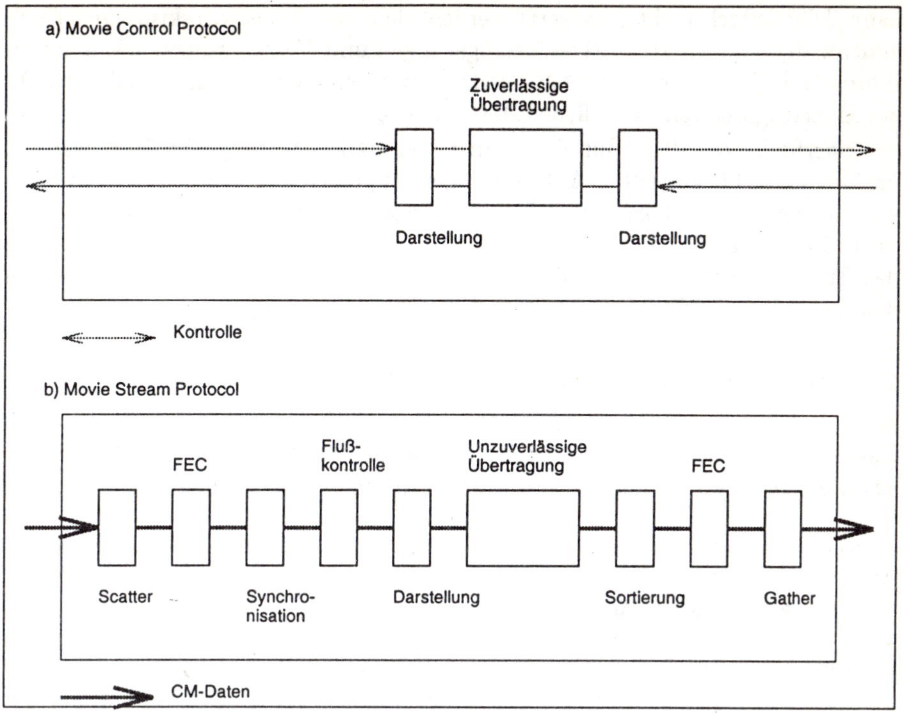

Abb. 3. Funktionale Einheiten von MCP und MSP

te und stellt nur sehr geringe Anforderungen bezüglich der Verzögerungsvarianz. Demgegenüber fordert ein Stromprotokoll hohe Bandbreiten bei möglichst isochroner Übertragung mit minimaler Verzögerung, wobei Datenverluste oft toleriert werden können; ein fehlender Bildteil für die Dauer von 1/25 Sekunde wird nicht wahrgenommen. Die akzeptable Verlustrate ist jedoch anwendungsabängig und sollte regulierbar sein.

Zweitens ermöglicht die Trennung den Einsatz von MTP in unterschiedlichen Anwendungen. Ereignisgesteuerte Anwendungen, die die Benutzerschnittstelle und andere höhere Programmfunktionen unterstützen, müssen auf plötzliche Ereignisse reagieren. Sie werden normalerweise flexibel strukturiert und nicht auf Leistung hin optimiert. Demgegenüber werden mediumgesteuerte Anwendungen, in denen der größte Teil der Verarbeitung abläuft, auf Leistung hin optimiert. Ein Beispiel für eine solche ereignisgesteuerte Anwendung stellt die *Playback Application* in Abb. 1 dar, die auch nur auf die MCP-Dienste zugreift. Der *CM-Client* und der *CM-Server* sind Beispiele für mediumgesteuerte Anwendungen, die auch den MSP-Dienst verwenden.

Die Internet-Protokollfamilie stellt für zuverlässige Übertragungen TCP zur Verfügung. Der von TCP bereitgestellte Dienst wird von MCP zur Übertragung seiner Protokolldateneinheiten verwendet. Für eine isochrone Übertragung kann TCP jedoch nicht eingesetzt werden, da seine Fehlerkorrektur- und Flußkontrollalgorithmen zu starken Verzögerungen und Verzögerungsschwankungen führen [14]. Daher verwendet MSP den unzuverlässigen Übertragungsdienst UDP zur Übertragung kontinuierlicher Datenströme.

Innerhalb von MSP muß der Dienst von UDP allerdings erweitert werden, um den an MTP gestellten Anforderungen zu genügen. Dazu gehören eine vorausschauende Fehlerkorrektur (*Forward Error Correction*, FEC), eine ratenbasierte Flußkontrolle und eine Realzeitsynchronisation. Die Funktionsweise und das Zusammenwirken der funktionalen Einheiten von MCP und MSP wird in den folgenden Abschnitten erläutert.

2.1 Die funktionalen Einheiten von MCP

Das Movie Control Protocol (MCP) verwendet zwei funktionale Einheiten: die zuverlässige Übertragung und die Darstellungsumwandlung (siehe Abb. 3a).

Zuverlässige Übertragung. Diese Einheit stellt Dienstprimitive zum Aufbau und Abbau einer zuverlässigen Transportverbindung sowie zum Senden und Empfangen von Kontrolldaten bereit.

Darstellungsumwandlung. Die Darstellungsumwandlung sorgt dafür, daß beim Informationsaustausch zwischen heterogenen Systemen die Darstellungsart der Daten angepaßt wird. Zwischen den beiden MTP-Instanzen werden Daten mit den Typen Zeichenfolge und Integer ausgetauscht. Jedes Zeichen einer Zeichenfolge wird in einem Byte kodiert, und es wird der ASCII-Zeichensatz verwendet. Die Integer-Typen unterscheiden sich untereinander in der Anzahl der Bytes (1,2 oder 4). Auf den Systemen, auf denen XMovie zum Einsatz kommt, existiert als weiterer Unterschied in der Darstellungsart dieser Typen die Byte-Ordnung: Einige Maschinen kodieren Integer in der sogenannten Big-Endian Byteordnung, andere wiederum in der Little-Endian Byteordnung. Die Aufgabe der Darstellungsschicht beschränkt sich somit darauf, bei Bedarf die Byte-Ordnung von Integer-Werten zu verändern. Dies ist die gleiche Problemstellung wie beim X-Protokoll [22] des X-Window-Systems und bei XDR (*External Data Representation* [26]) und wesentlich einfacher als die Problemstellung in der Darstellungsschicht [10] des OSI-Referenzmodells.

Während des Verbindungsaufbaus teilt die MTP-Instanz des Initiators der MTP-Instanz des Responders ihre lokale Byte-Ordnung mit. Die PDUs beim Verbindungsaufbau werden per Voreinstellung in der Big-Endian Byte-Ordnung übertragen. Besitzt der Responder die gleiche Byte-Ordnung wie der Initiator, so wird der Dienst der Darstellungseinheit nicht benötigt. Anderenfalls muß die MTP-Instanz des Responders alle zu sendenden Daten in die Darstellungsart des Initiators und alle empfangenen Daten in ihre eigene Darstellungsart umwandeln. Diese Umwandlung wird bei MCP für alle Integer-Daten durchgeführt.

2.2 Die funktionalen Einheiten von MSP

Um den unzuverlässigen Datenübertragungsdienst von UDP an die Anforderungen von MTP anzupassen, verwendet das Movie Stream Protocol (MSP) eine Reihe von funktionalen Einheiten (siehe Abb. 3b), die im folgenden beschrieben werden.

Unzuverlässige Übertragung. Diese Einheit stellt Dienstprimitive zum Auf- und Abbau einer unzuverlässigen Transportverbindung sowie zum Senden und Empfangen von Benutzerdaten bereit. Bei UDP beschränkt sich der Verbindungsaufbau und -abbau auf das Öffnen bzw. Schließen von Verbindungsendpunkten (*Sockets*). Um den zu übertragenden Teil des kontinuierlichen Mediums nicht unnötig kopieren zu müssen, werden Header- und Nutzdaten in getrennten Puffern an die Senderoutine übergeben bzw. von der Empfangsroutine übernommen (*scatter/gather interface*, siehe auch [27]).

Darstellungsumwandlung. Diese funktionale Einheit ist mit der bei MCP beschriebenen vergleichbar. Bei MSP werden allerdings im Gegensatz zu MCP vom Responder nicht alle Daten, sondern nur die Header-Datenfelder angepaßt; die Daten der kontinuierlichen Medien werden von MSP nur durchgereicht.

Sortierung. An dieser Stelle werden die empfangenen Teile einer Einheit sortiert. Dabei werden für verlorene Teile Verlustmarken gesetzt und Duplikate verworfen.

Ratenbasierte Flußkontrolle. Bei der Übertragung kontinuierlicher Datenströme muß wie bei der Übertragung diskreter Daten darauf geachtet werden, daß der Empfänger nicht überflutet wird. Dabei müssen zwei Ebenen der ratenbasierten Flußkontrolle unterschieden werden: Die obere Ebene regelt die Rate, mit der das jeweilige Medium übertragen wird, auf einen Wert ein, den das Gesamtsystem verarbeiten kann. Kann z.B. die Übertragungskomponente 25 Einheiten pro Sekunde übertragen, die Dekodierkomponente aber nur 20 Einheiten pro Sekunde verarbeiten, so wird das Gesamtsystem auf 20 Einheiten pro Sekunde eingeregelt. Diese Regelung findet außerhalb von MSP statt und wird in [12] beschrieben. Innerhalb von MSP hat die Realzeitsynchronisation die Aufgabe, für die Einhaltung dieser Rate zu sorgen.

Die untere Ebene der ratenbasierten Flußkontrolle regelt die Übertragung von einzelnen Einheiten von der MSP-Instanz des Responders zu der des Initiators. Eine zu hohe Rate, d.h. ein zu schnelles Senden, würde zu Verlusten von Teilen einer Einheit führen. Diese Verluste können zwar oft durch die weiter unten beschriebene vorausschauende Fehlerkorrektur kompensiert werden, allerdings wird durch diesen zusätzlichen Verarbeitungsaufwand die Verzögerung und die Verzögerungsvarianz erhöht. Daher sollten möglichst wenig Verluste auftreten.

Um eine Angleichung der Sende- und Empfangsgeschwindigkeiten durchführen zu können, teilt die MSP-Instanz des Initiators der MSP-Instanz des Responders ihre Leistungsfähigkeit in Form eines Leistungsindexes mit. Die MSP-Instanz des Responders vergleicht diesen Leistungsindex mit seinem eigenen und stellt damit die Ratenkontrolle ein.

Diese Ratenkontrolle besteht im Einfügen von gewissen Wartezeiten, den sogenannten *interpacket gaps*, zwischen dem Senden der einzelnen Teile einer Einheit. Ist der Responder schneller als der Initiator, so wird nicht gewartet.

Die Wartezeiten können sehr klein sein. Werte unter einer Millisekunde sind oft ausreichend. Die Systemuhren auf unseren Workstations arbeiten allerdings oft mit Granularitäten über diesen Bereich, und Systemaufrufe zum Warten sind oft erst im Bereich über 10 Millisekunden exakt. Das von uns realisierte Verfahren beruht auf dem Prinzip des aktiven Wartens. Dazu ermitteln wir die Puffergröße für einen Systemaufruf, der möglichst exakt 100 Mikrosekunden dauern soll. Dadurch lassen sich durch unsere Wartefunktion auch sehr kurze Wartezeiten (alle Vielfachen von 100 Mikrosekunden) realisieren.

Aus dieser Puffergröße wird quasi als Nebenprodukt der Leistungsindex abgeleitet.[1] In Tabelle 1 sind als Beispiel die gemessenen minimalen Granularitäten von verschiedenen Systemuhren und die ermittelten Leistungsindizes von verschiedenen Rechnern angegeben.

Die Sun SPARCstation und die IBM RS/6000 enthalten Hardware-Register und spezielle Betriebssystemfunktionen, um eine Auflösung der Systemuhr im Mikrosekundenbereich zu erreichen. Für verschiedene andere Betriebssysteme, wie z.B. Ultrix und OSF/1 von DEC, sind solche Betriebssystemerweiterungen bereits verfügbar [18]. Allerdings sind auf allen unseren Maschinen die Wartefunktionen des Betriebssystems erst ab Wartezeiten von mehreren Millisekunden exakt.

Tabelle 1. Granularität der Systemuhren und Leistungsindizes

Workstation	Betriebssystem	Granularität der Systemuhr [μs]	Leistungsindex
DECstation 5000/133	Ultrix V4.3	3906	3
Sun SPARCstation 10/41 MP	Solaris 2.3	3	100
IBM RS/6000 340	AIX V3.2	22	116
DEC AXP 3000/800S	OSF/1 V1.3	976	428

Realzeitsynchronisation. Diese funktionale Einheit hat die Aufgabe, das Senden von Einheiten u bei der MSP-Instanz des Responders mit der von der oberen Ebene der Flußkontrolle eingestellten Rate zu synchronisieren. Bei einer gegebenen Rate R ist jeder Einheit eine Gesamtzeit $t/u = 1/R$ zugeordnet,[2] in der die Einheit in der Zeit s/u übertragen werden muß. Diese Zeit s/u soll so klein wie möglich gehalten werden, damit die Restzeit p/u für die weitere Verarbeitung des CM-Stroms beim Initiator (z.B. zum Dekomprimieren, Filtern, und Darstellen) möglichst groß ist (siehe Abb. 4).

---

[1] Der Leistungsindex ergibt sich als Puffergröße, ganzzahlig geteilt durch die Dauer des Systemaufrufs in Mikrosekunden (100).

[2] Die Zeiteinheit t/u wird auch als Periode bezeichnet.

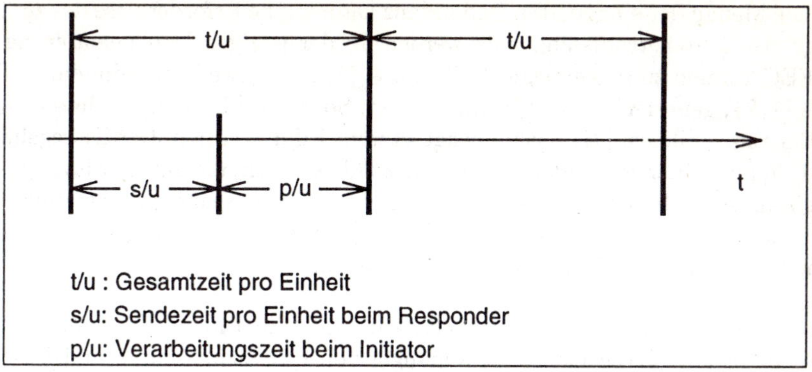

Abb. 4. Synchronisation mit der Realzeit

Wird MCP zu früh mit der Übertragung einer Einheit beauftragt, so wird bis zum nächsten Intervall t/u gewartet. Wird MCP sehr oft zu spat mit der Übertragung beauftragt, so ist dies ein Zeichen dafür, daß die von der oberen Ebene der Flußkontrolle geforderte Rate nicht eingehalten werden kann. Es ist allerdings die Aufgabe der oberen Ebene der Flußkontrolle, geeignete Maßnahmen wie die Reduzierung der Rate anzuordnen. MSP überwacht nur diesen Vorgang und kann auf Anforderung eine Rate empfehlen.

Vorausschauende Fehlerkorrektur. MSP unterteilt zu übertragende Einheiten (*Units*) in kleinere Fragmente, da die unterliegende Dienstschnittstelle nur Benutzerdatenfelder beschränkter Größe annimmt.[3] Die Fragmente werden vor der Übertragung noch um Header-Datenfelder ergänzt.

Da es bei der Übertragung zu Paketverlusten kommen kann und nicht alle Verluste tolerierbar sind, kann von der MSP-Instanz des Responders in den Datenstrom Redundanz in Form von zusätzlichen Fragmenten eingefügt werden, die aus den gegebenen Fragmenten durch geeignete Operationen berechnet werden. Diese Redundanz wird von der MTP-Instanz des Initiators dazu verwendet, um verlorene Fragmente einer Einheit zu rekonstruieren.

Die mathematischen Grundlagen dieses Verfahren zur vorausschauenden Fehlerkorrektur, genannt AdFEC (*Adaptable Forward Error Correction*), werden in [14] und [15] erläutert. Da AdFEC paketorientiert arbeitet, unterscheidet es sich wesentlich von Verfahren zur Korrektur von Bit- und Bytefehlern (siehe z.B. die Arbeiten von Biersack [3]). Die Bitfehlerwahrscheinlichkeit ist in glasfaserbasierten Netzen wie FDDI sehr gering, und aufgetretene Bitfehler werden schon von den unterliegenden Schicht erkannt; fehlerhafte Pakete werden dabei verworfen. Verluste treten vor allem durch Pufferüberläufe in Zwischen- und Endsystemen auf.

[3] Diese Grenze ist implementierungsabhängig und auf unseren Maschinen sehr unterschiedlich.

Die Menge der eingefügten Redundanz kann an die Erfordernisse des zu übertragenden Datenstroms angepaßt werden. In der jetzigen Implementierung von AdFEC können zu n gegebenen Teilen, $n \in \{1, 2, 3\}$, jeweils m redundante Teile, $m \in \{1, 2\}$, generiert werden, wobei $n \geq m$. So ist es z.B. sinnvoll, in einem aus JPEG-Einzelbildern [21] zusammengesetztem Film (Motion-JPEG) regelmäßig ein Bild mit fehlersichernder Redundanz zu übertragen, um eine gewisse Qualität zu garantieren. In MPEG-kodierten Filmen [16] kann es eine gute Strategie sein, I-Frames mit einer sehr großen, P-Frames mit einer mittleren und B-Frames ohne fehlersichernde Redundanz zu übertragen.

Scatter/Gather. Die Scatter-Einheit teilt eine CM-Einheit in Fragmente fester Größe auf. Diese Größe ist abhängig von der Zielmaschine und ist ebenfalls Gegenstand der Verhandlung beim Verbindungsaufbau zwischen den MSP-Instanzen des Initiators und des Responders. Die Gather-Einheit fügt empfangene und rekonstruierte Teile wieder zu einer Einheit zusammen. Sollte die Einheit nicht vollständig sein, so wird dies dem Initiator mitgeteilt; dieser kann dann darüber entscheiden, ob die unvollständige Einheit für ihn von Nutzen ist oder nicht.

3 Dienstdefinition

Zur Übertragung und Kontrolle von kontinuierlichen Medien in einer heterogenen Umgebung stellt MTP einen wohldefinierten Dienst und ein wohldefiniertes Protokoll bereit. Dabei ist auch exakt spezifiziert, welche Parameter die Dienstgüte (*Quality of Service*, QoS) regeln.

3.1 Hierarchie der Dienstprimitive

Die Dienstprimitive von MTP lassen sich verschiedenen Abstraktionsebenen zuordnen und bilden somit eine Hierarchie (siehe Abb. 5). Die oberste Ebene (*MTP connection regime*) enthält Dienstprimitive für einen normalen Verbindungsauf- und -abbau sowie für einen abrupten Verbindungsabbau. In der nächsten Ebene (*MTP open regime*) lassen sich Film öffnen und schließen. Die unterste Ebene (*MTP control regime*) beinhaltet Dienstprimitive zur Kontrolle des Filmablaufs und zur Übertragung eines CM-Stromes. Innerhalb der zwei unteren Ebenen kann auch noch auf ein Dienstprimitiv zur Steuerung von Abspielparametern zugegriffen werden.

Die einzelnen Dienstprimitive von MTP werden im folgenden Abschnitt kurz beschrieben. Dabei wird auch immer angegeben, wer den Dienst aufrufen kann.

3.2 Dienstprimitive

MTP connection regime. Vier Dienste sind mit dieser Ebene verbunden. Eine Verbindung zwischen Initiator und Responder wird mit einem CONNECT aufgebaut. Beim Verbindungsaufbau legt der Initiator fest, ob nur die Dienste

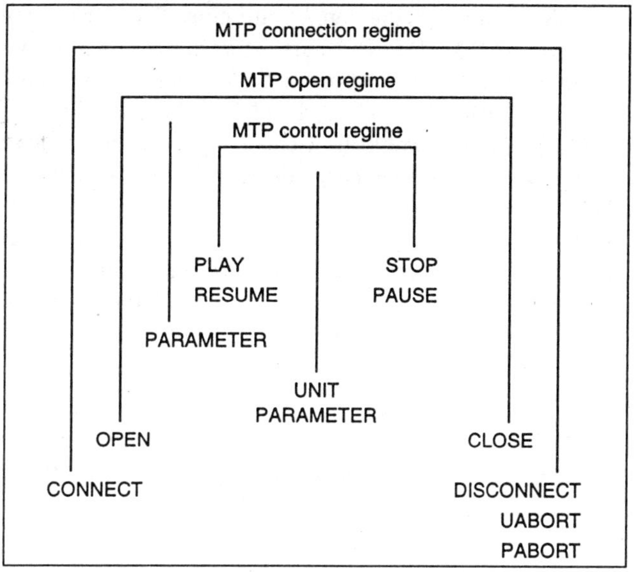

Abb. 5. Hierarchie der MTP-Dienstprimitive

von MCP oder auch die Dienste von MSP benötigt werden. Außerdem teilt die MTP-Instanz des Initiators der MTP-Instanz des Responders ihre eigene Byte-Ordnung mit sowie, falls die Strom-Dienste benötigt werden, auch die maximale PDU-Größe und ihren Leistungsindex. Einen ordentlichen Verbindungsabbau erreicht der Initiator durch ein DISCONNECT. Einen abrupten Verbindungsabbau können sowohl einer der beiden Dienstnutzer (UABORT) als auch der Diensterbringer (PABORT) durchführen.

MTP open regime. Mit dem OPEN-Dienst versucht der Initiator, eine von ihm spezifizierte CM-Quelle zu öffnen. Dadurch wird eine MSP-Verbindung zwischen den MTP-Instanzen des Responders und des Initiators geöffnet, falls nicht nur der MCP-Dienst beim Verbindungsaufbau angefordert wurde. Mit dem CLOSE-Dienst wird diese Quelle wieder geschlossen.

MTP control regime. Um den Ablauf des CM-Stromes zu steuern, stellt MTP vier Dienste und zur Übertragung des CM-Stromes einen Dienst zur Verfügung. Mit dem PLAY-Dienst startet der Initiator den Strom. Wurde der MSP-Dienst beim Verbindungsaufbau aktiviert, so wird der CM-Strom, aufgeteilt in Einheiten, mit dem UNIT-Dienst übertragen. Der Initiator kann den Strom zwischenzeitlich anhalten (PAUSE) und anschließend wieder anlaufen lassen (RESUME). Beide Dienstnutzer können den STOP-Dienst benutzen; der Initiator zu jeder Zeit, solange der Film läuft, und der Responder, um dem Initiator das Ende des CM-Stromes (z.B. das Dateiende bei einem gespeichertem Film) mitzuteilen.

Ablaufparameter. Die Parameter, die den Ablauf eines CM-Stromes regeln, kann der Initiator mit dem PARAMETER-Dienst sowohl vor als auch während des Ablaufs des CM-Stromes mit dem Responder aushandeln. Dabei kann der Initiator angeben, mit welcher Rate (*period*) und welcher Geschwindigkeit (*mode*) der Strom ablaufen soll. Er kann sowohl die Richtung (*direction*) als auch den Ausschnitt (*section*) und die Qualität (*quality*) des CM-Stromes auswählen. Er kann die Zuverlässigkeit (*reliability*) der Übertragung bestimmen und auswählen, wieviele Einzelbilder (*frames per unit*) bzw. Audiosamples (*samples per unit*) des CM-Stromes zu einer Einheit zusammengefaßt werden. Alle diese Ablaufparameter sind mit Standardwerten vorbelegt; so gilt z.B., daß normalerweise pro Einheit nur ein Bild übertragen und die niedrigste Zuverlässigkeitsstufe (keine Redundanz) verwendet wird.

Zugriffskontrolle. Offensichtlich muß in einem verteilten System der Zugriff auf Ressourcen wie CM-Quellen geregelt sein. Die Details der Zugriffskontrolle und der Authentifizierung sind jedoch nicht Gegenstand dieser Arbeit.

3.3 Dienstgüte

Mehrere Parameter in MTP regeln die Dienstgüte, die den Benutzern geboten wird. Dabei existiert keine 1:1-Beziehung zwischen diesen Parametern und den von Henkel und Stüttgen in [8] erweiterten QoS-Parametern Durchsatz, Zuverlässigkeit, *Burstiness*[4], Übertragungsverzögerung, Startverzögerung und Verzögerungsvarianz. So wird sowohl durch eine höhere Rate, gemessen als Periode (*period*), als auch durch bessere Qualität (*quality*) des CM-Stromes der Durchsatz erhöht. Beispiele für typische Werte sind 1/25 Sekunde pro Bild für die Periode und der Q-Faktor in JPEG [21] zur Einstellung der Bildqualität. Desweiteren wird durch ein Variieren der Werte für *frames per unit* bei Video und *samples per unit* bei Audio die Burstiness des CM-Stromes verändert. In Tabelle 2 wird neben diesen Beziehungen zwischen den erweiterten QoS-Parametern und den QoS-Parameter in MTP auch angegeben, mit welchem Dienst die einzelnen Parameter ausgehandelt werden.

Da MTP einen isochronen Übertragungsdienst für CM-Ströme bereitstellt, existiert kein QoS-Parameter für die Verzögerungsvarianz. Die durch die Übertragung und die weitere Verarbeitung (z.B. Dekompression) entstehende Verzögerungsvarianz wird vom Dienstnutzer aus dem CM-Strom entfernt. Dies ist ebenfalls Aufgabe der oberen Ebene der Flußkontrolle und wird in [12] beschrieben.

[4] Unter Burstiness verstehen wir das Verhältnis zwischen der maximalen und der durchschnittlichen Datenrate.

Tabelle 2. Dienstgüteparameter in MTP

Erweiterte QoS-Parameter	QoS-Parameter in MTP	Ausgehandelt mit Dienstprimitiv
Durchsatz	period quality	PARAMETER PARAMETER
Zuverlässigkeit	reliability	PARAMETER
Burstiness	frames per unit samples per unit	PARAMETER PARAMETER
Übertragungsverzögerung	delay	OPEN
Startverzögerung	start offset	OPEN
Verzögerungsvarianz	—	—

4 Protokollspezifikation

Da MTP seinen Dienst in einer verteilten heterogenen Umgebung anbietet, muß das Protokoll präzise definiert sein. In diesem Abschnitt beschreiben wir die MTP-Protokolldateneinheiten (*protocol data units*, PDUs), ihre Abbildung auf unterliegende Dienste und das Zustandsübergangsdiagramm für die korrekte Reihenfolge der PDUs.

4.1 Protokolldateneinheiten von MTP

Die PDUs von MTP sind als C-Datenstrukturen beschrieben. Eine komplette Auflistung aller PDUs kann aufgrund der beschränkten Seitenanzahl dieser Arbeit nicht gegeben werden. Die PDUs von MCP werden auf den zuverlässigen Übertragungsdienst von TCP, die MSP-PDUs auf den unzuverlässigen Übertragungsdienst von UDP abgebildet. Die Zuordnung von PDUs zu den Dienstprimitiven und die Abbildung der einzelnen PDUs auf die Dienste der Transportschicht zeigt Tabelle 3.

Eine Besonderheit stellen die beiden PDUs PingRequest (PNGRQ) und PingResponse (PNGRP) dar. Mit diesen wird beim Öffnen eines CM-Stromes durch einen mehrmaligen Austausch die Übertragungsverzögerung zwischen den MTP-Instanzen des Initiators und des Responders bestimmt, falls der MSP-Dienst aktiviert ist. Die gemessene Verzögerung wird mit der vom Initiator geforderten Verzögerung verglichen und das Maximum der beiden Werte wird dem Responder mitgeteilt. Dieser kann den Wert des Verzögerungsparameter weiter erhöhen, aber nicht herabsetzen. Der neue Wert für die Verzögerung wird dem Initiator übermittelt, der dann entscheidet, ob diese Verzögerung für ihn akzeptabel ist.

4.2 Zustandsübergangsdiagramm

Neben den exakten PDU-Formaten und den Abbildungen auf tiefere Dienste muß eine Protokollspezifikation auch die erlaubten Ereignisfolgen angeben. Wir verwenden ein konventionelles Zustandsübergangsdiagramm, um das dynami-

Tabelle 3. MTP-Protokolldateneinheiten

Dienstprimitiv	PDU	Übertragungsdienst
CONNECTreq	CONRQ	TCP
CONNECTresp	CONRP	TCP
DISCONNECTreq	DISRQ	TCP
DISCONNECTresp	DISRP	TCP
OPENreq	OPNRQ	TCP
OPENresp	OPNRP	TCP
CLOSEreq	CLSRQ	TCP
PLAYreq	PLYRQ	TCP
STOPreq	STPRQ	TCP
PAUSEreq	PAURQ	TCP
RESUMEreq	RESRQ	TCP
PARAMETERreq	PARRQ	TCP
PARAMETERresp	PARRP	TCP
UABORTreq	UABRQ	TCP
—	PNGRQ	UDP
—	PNGRP	UDP
UNITreq	UNTRQ	UDP

sche Verhalten des MTP-Protokoll zu beschreiben. Da die Zustandsübergangsdiagramme von Initiator und Responder sehr ähnlich sind, geben wir hier nur das Zustandsübergangsdiagramm des Initiators an (siehe Abb. 6).

5 Implementierung

Die Implementierung von MTP erfolgte in C++ auf vier unterschiedlichen Systemplattformen gleichzeitig, um schon von Anfang an ein Höchstmaß an Portabilität zu garantieren. Dabei wurden nur Systemaufrufe verwendet, die auf allen Plattformen verfügbar sind. Diese Plattformen sind:

- DECstation unter Ultrix V4.3
- IBM RS/6000 unter AIX V3.2
- Sun SPARCstation unter Solaris 2.3
- DEC AXP unter OSF/1 V1.3

Viele der funktionalen Einheiten von MTP wurden als eigene C++-Klassen realisiert; dadurch wird die Implementierung leichter wartbar und erweiterbar. Um eine Schnittstelle zu ST-II [28] zu definieren, könnte z.B. sehr einfach eine neue Klasse für die CM-Datenübertragung von der existierenden Klasse abgeleitet werden. Die Änderungen in der MTP-Klasse wären dabei minimal.

Bei der Entwicklung von Kommunikationssystemen muß die Anzahl der Kopieroperationen minimiert werden [27]; dies gilt insbesondere bei der Verarbeitung von CM-Strömen, da dabei sehr große Datenmengen sehr schnell bewegt

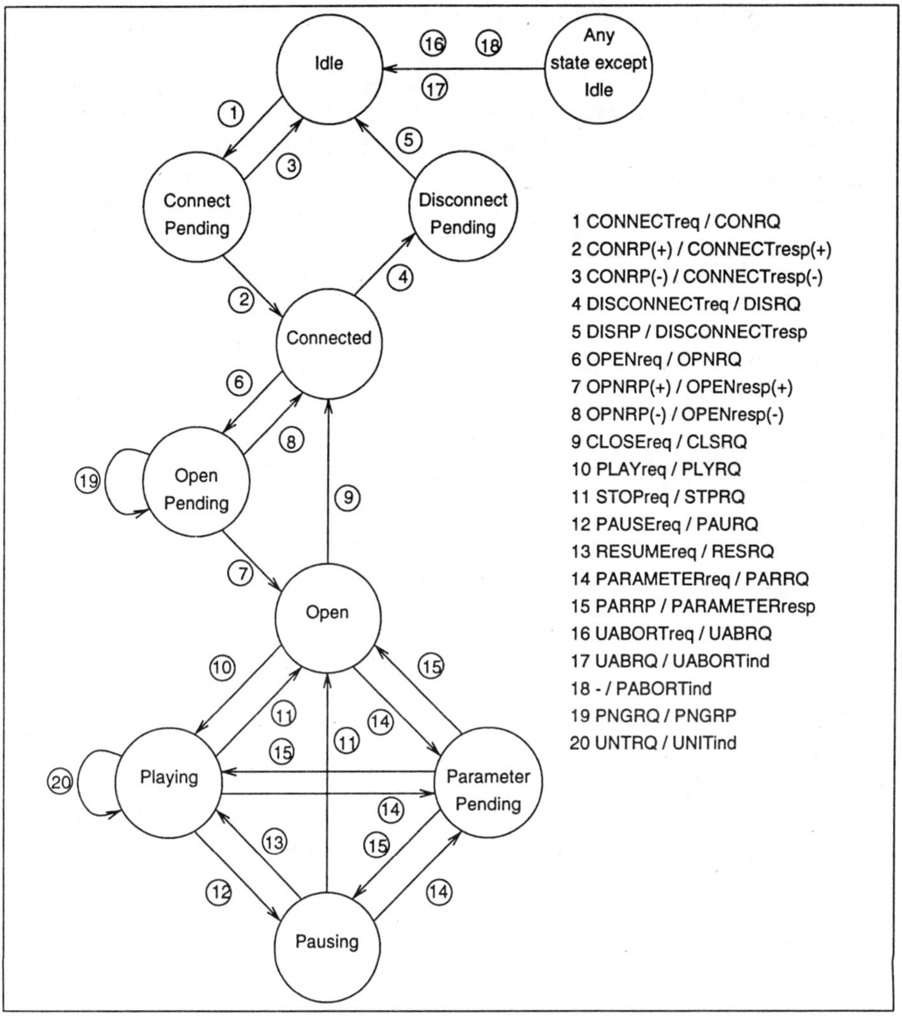

Abb. 6. Zustandsübergangsdiagramm des MTP-Initiators

werden müssen. Innerhalb von MTP werden die CM-Daten beim Senden nicht und beim Empfangen nur einmal beim Zusammenfügen der Fragmente zu einer Einheit kopiert. Dazu wurden alle Modulschnittstellen so ausgelegt, daß nur Verweise auf die Daten weitergegeben werden. Da wir nicht wie in [24] eine Erweiterung des Betriebssystems vornehmen können, um ein effizientes Pufferverwaltungssystem einzubetten, müssen die zwischen funktionalen Einheiten ausgetauschten Puffer sehr sorgfältig verwaltet werden.

6 Status und Ausblick

Mit MTP haben wir ein portables Steuerungs- und Übertragungsprotokoll für CM-Ströme vorgestellt. MTP ist vollständig implementiert. Zur Zeit setzen wir MTP zur Übertragung von CM-Strömen über FDDI und Ethernet ein. Da MTP auf den Diensten der Internet-Transportprotokolle aufbaut, wird eine Anpassung an ATM sehr leicht fallen, da die Internet-Protokolle mit als erstes über ATM verfügbar sein werden [19]. Im weiteren Ausbau planen wir außerdem eine Anpassung des MSP-Teils von MTP an AAL2, den *ATM Adaption Layer* für einen isochronen verbindungsorientierten Dienst mit variabler Bitrate [6].

MTP realisiert den CM-Strom-Dienst von MCAM (*Movie Control, Access, and Management* [11]), einem Anwendungsschichtprotokoll zur Steuerung von, zum Zugriff auf und zur Verwaltung von Filmen in einem verteilten System. MCAM bildet somit ein Anwendungsdienstelement, das den Dienst von MTP verwendet, um seinen eigenen Dienst anbieten zu können.

Der Quellcode von MTP ist frei verfügbar. Momentan passen wir verschiedene Klienten und Server, die im XMovie-Projekt entwickelt worden sind, an das neue MTP an. Eine vollständige Version von MTP wird zusammen mit diesen Klienten und Servern auf unserem FTP-Server bereitgestellt.[5]

In ersten Versuchen mit der Übertragung von verschränkten Audio/Video-Ströme mit MTP wurde der Audio-Anteil der Ströme gegenüber dem Video-Anteil besonders priorisiert. Es wurden Bilder beim Senden und Empfangen verworfen, um selbst bei langsamen Rechnern noch eine akzeptable Audio-Qualität zur ermöglichen. Es muß allerdings noch genauer untersucht werden, wie sich verschränkte Ströme durch AdFEC optimal sichern lassen. Speziell für unterschiedlich kodierte Filme (z.B. MPEG-, Motion-JPEG-, H.261-kodiert) arbeiten wir zur Zeit an der Einstellung der fehlersichernden Redundanz, insbesondere bei wechselnder Netzbelastung.

Literatur

1. Apple Computer, Inc. *Inside Macintosh: QuickTime.* Addison-Wesley Publishing Company, Reading, MA, March 1993.
2. Tim Berners-Lee, Robert Cailliau, Ari Luotonen, Henrik Frystyk Nielsen und Arthur Secret. The World-Wide Web. *Communications of the ACM*, 37(8):76–82, August 1994.
3. Ernst W. Biersack. Performance Evaluation of Forward Error Correction in ATM Networks. *Computer Communication Review*, 22(4):248–257, October 1992.
4. Andrew Campbell, Geoff Coulson, Francisco Garcia und David Hutchinson. A Continuous Media Transport and Orchestration Service. *Computer Communication Review*, 22(4):99–110, October 1992.
5. Douglas E. Comer. *Internetworking with TCP/IP. Vol I: Principles, Protocols, and Architecture.* Prentice-Hall International Editions, Englewood Cliffs, 1991. 2nd ed.

[5] URL= `ftp://pi4.informatik.uni-mannheim.de/pub/XMovie/`

6. Martin de Prycker. *Asynchronous transfer mode: Solution for Broadband ISDN.* Ellis Horwood Limited, 1993. 2nd ed.
7. Luca Delgrossi, Christian Halstrick, Ralf Guido Herrtwich und Heinrich Stüttgen. HeiTP - A Transport Protocol for ST-II. In: *Proceedings of Globecom 92*, Orlando, Florida, 1992.
8. Lutz Henckel und Heiner Stüttgen. Transportdienste in Breitbandnetzen. In: W. Effelsberg, H.W. Meuer und G. Müller, Hrsg., *Kommunikation in Verteilten Systemen, - Grundlagen, Anwendungen, Betrieb,* GI/ITG-Fachtagung, Mannheim, Informatik-Fachberichte 267, Seiten 96–111. Springer-Verlag, Berlin Heidelberg, 1991.
9. Andy Hopper. Pandora - an experimental system for multimedia applications. *ACM Operating Systems Review*, 24(2), April 1990.
10. Information processing systems - Open Systems Interconnection - Connection Oriented Presentation Service Definition and Protocol Specification. International Standard ISO 8822/23, 1988.
11. Ralf Keller und Wolfgang Effelsberg. MCAM: An Application Layer Protocol for Movie Control, Access, and Management. In: *Proceedings of First ACM International Conference on Multimedia*, Seiten 21–29, Anaheim, CA, August 1993.
12. Ralf Keller, Wolfgang Effelsberg und Bernd Lamparter. Performance Bottlenecks in Digital Movie Systems. In: *Proceedings of the 4th International Workshop on Network and Operating System Support for Digital Audio and Video*, Seiten 163–174, Lancaster, U.K., November 1993. To appear in Springer LNCS 846.
13. Ralf Keller, Wolfgang Effelsberg und Bernd Lamparter. XMovie: Architecture and Implementation of a Distributed Movie System. Technical Report TR-94-012, Praktische Informatik IV, Universität Mannheim, September 1994. URL= ftp://pi4.informatik.uni-mannheim.de /pub/techreports/tr-94-012.ps.gz.
14. Bernd Lamparter. *XMovie: Digitale Filmübertragung in Rechnernetzen.* Dissertation, Praktische Informatik IV, Universität Mannheim, April 1994.
15. Bernd Lamparter, Otto Böhrer, Wolfgang Effelsberg und Volker Turau. Adaptable Forward Error Correction for Multimedia Data Streams. Technical Report TR-93-009, Praktische Informatik IV, Universität Mannheim, 1993. URL= ftp://pi4.informatik.uni-mannheim.de /pub/techreports/tr-93-009.ps.gz.
16. Didier Le Gall. MPEG: A Video Compression Standard for Multimedia Applications. *Communications of the ACM*, 34(4):46–58, April 1991.
17. Thomas M. Levergood, Andrew C. Payne, James Gettys, G. Winfield Treese und Lawrence C. Stewart. AudioFile: A Network-Transparent System for Distributed Audio Applications. In: *Proceedings of Summer USENIX Conference.* USENIX Association, June 1993.
18. David L. Mills. Precision Synchronization of Computer Network Clocks. *Computer Communication Review*, 24(2):28–43, April 1994.
19. Peter Newman. ATM Local Area Networks. *IEEE Communications Magazine*, 32(3):86–98, March 1994.
20. Ketan Patel, Brian C. Smith und Lawrence A. Rowe. Performance of a Software MPEG Video Decoder. In: *Proceedings of First ACM International Conference on Multimedia*, Seiten 75–82, Anaheim, CA, August 1993.
21. William B. Pennebaker und Joan L. Mitchell. *JPEG still image data compression standard.* Van Nostrand Reinhold, New York, 1993.
22. Robert W. Scheifler und James Gettys. *X Window System: The Complete Reference to Xlib, X Protocol, ICCCM, XLFD.* Digital Press, 1990. 2nd ed.

23. Henning Schulzrinne und Stephen Casner. RTP: A Transport Protocol for Real-Time Applications. Internet Engineering Task Force, INTERNET-DRAFT, 1993. URL= ftp: //ftp.internic.net /internet-drafts/draft-ietf-avt-rtp-04.ps.
24. Ralf Steinmetz. Multimedia Operating Systems: Resource Reservation, Scheduling, File Systems, and Architecture. Technical Report 43.9402, IBM European Networking Center, Heidelberg, 1994.
25. W. Timothy Strayer, Bert J. Dempsey und Alfred C. Weaver. *XTP: The Xpress Transfer Protocol.* Addison-Wesley Publishing Company, Reading, Massachusetts, 1992.
26. Sun Microsystems, Inc. XDR: External Data Representation Standard. Network Working Group, Request for Comments 1014, Sun Microsystems, Inc., 1987.
27. Liba Svobodova. Implementing OSI Systems. *IEEE Journal on Selected Areas in Communications*, 7(7):1115–1130, September 1989.
28. Claudio Topolocic. Experimental Internet Stream Protocol, Version 2 (ST-II). Network Working Group, Request for Comments 1190, University of Southern California, CA, October 1990.
29. Bernd Wolfinger und Mark Moran. A Continuous Media Transport Service and Protocol for Real-Time Communication in High Speed Networks. In: P. Venkat Rangan, Hrsg., *Network and Operating System Support for Digital Audio and Video,* Third International Workshop, La Jolla, California, USA, November 1992, Lecture Notes in Computer Science 712, Seiten 169–182. Springer-Verlag, Berlin Heidelberg, 1993.

Implementierung multimedialer Systemdienste in *CINEMA*

Ingo Barth, Tobias Helbig, Kurt Rothermel
Universität Stuttgart
Institut für Parallele und Verteilte Höchstleistungsrechner
Breitwiesenstr. 20-22
D-70565 Stuttgart

Email: {barth,helbig,rothermel}@informatik.uni-stuttgart.de

Zusammenfassung. Die Erstellung verteilter Multimedia-Anwendungen setzt leistungsfähige Entwicklungsplattformen voraus, innerhalb deren Probleme wie die Übertragung multimedialer Daten, die Gewährleistung der Dienstgüte durch Reservierung von Ressourcen und die Synchronisation von Datenströmen gelöst werden. *CINEMA* (Configurable INtEgrated Multimedia Architecture) bietet als eine solche Entwicklungsplattform Abstraktionen zur Nutzung multimedialer Systemdienste an, womit funktionale Bearbeitungseinheiten erstellt, komplexe Verarbeitungstopologien in verteilten Systemen aufgebaut und unter Einhaltung von Synchronisations- und Dienstgüte-Spezifikationen gesteuert werden können. In diesem Papier werden nach einem kurzen Überblick über die Abstraktionen der *CINEMA*-Dienstschnittstelle die internen Strukturen und Abläufe vorgestellt, mit denen die Multimedia-Dienste in verteilten Systemen erbracht werden.

1 Einleitung

Voraussetzung für die effiziente Erstellung verteilter Multimedia-Anwendungen sind geeignete und leistungsfähige Entwicklungsplattformen. Solche Plattformen bieten vielfältige Unterstützungsfunktionen, die sowohl die Bereiche der Multimedia-Kommunikation, der Synchronisation von Datenströmen als auch der Ressourcen-Verwaltung abdecken. Dabei wird die Funktionalität von Betriebs- und Transportsystemen benutzt und angereichert durch spezielle, auf Multimedia-Verarbeitung zugeschnittene Abstraktionen. Eine solche Plattform stellt *CINEMA* (Configurable INtEgrated Multimedia Architecture) dar. Mit *CINEMA* werden multimediale Datenströme beliebiger Komplexität (mehrere Quellen und Senken, beliebige Verbindungstopologie) übertragen, verarbeitet und präsentiert.

In *CINEMA* werden als zentrale Abstraktion funktionale Bausteine (sogenannte Komponenten) definiert, in welchen die Verarbeitung der multimedialen Datenströme stattfindet. Sie lassen sich zu komplexen Topologien verknüpfen und schachteln. Um die Kommunikation und Verarbeitung multimedialer Daten zu ermöglichen, werden Sessions definiert, an die eine bestimmte Dienstgüte gebunden ist, welche durch *CINEMA* unter Reservierung der notwendigen Ressourcen erbracht wird. Der Fluß von Dateneinheiten in beliebig strukturierten Fluß-Graphen wird über sogenannte Medien-Uhren gesteuert. Mit diesen werden die zeitlichen Eigenschaften der Datenströme sowie Synchronisationsbeziehungen zwischen Datenströmen spezifiziert und der Datenfluß durch Aufruf von Steueroperationen beeinflußt. Die sich aus der Verwaltung und Reservierung von Ressourcen, der Verwaltung der Konfiguration komplexer Szenarien und der Synchronisation von Datenströmen ergebenden Schwierigkeiten werden vor dem Dienstnutzer von *CINEMA*, dem Klienten, verborgen.

Mit den von *CINEMA* bereitgestellten Abstraktionen erhält ein Klient Zugriff auf multimediale Dienste in verteilten Systemen, deren Implementierung in diesem Papier näher vorgestellt wird. Zuerst wird in Abschnitt 2 ein Blick auf verwandte Arbeiten geworfen und in Abschnitt 3 ein

Überblick über die Abstraktionen der *Cinema*-Dienstschnittstelle gegeben. Im Abschnitt 4 wird die Umsetzung der Systemdienste anhand der drei wichtigsten Problembereiche dargestellt. Es wird auf das *Konfigurationsmanagement* eingegangen, mit dem ganze Anwendungstopologien über Rechner und Prozesse hinweg verteilt, instanziiert und durch Kommunikationskanäle verbunden werden sowie auf das *Ressourcenmanagement*, das die Bereitstellung der Betriebsmittel zur Erbringung der Multimedia-Dienste erbringt. Weiterhin werden die Strukturen des *Synchronisationsmanagements* zur Steuerung und Synchronisation von Datenströmen dargestellt. Das Papier schließt mit einer Zusammenfassung.

2 Verwandte Arbeiten

Die vielfältigen Probleme, die durch die Integration von multimedialer Informationsverarbeitung in konventionelle Rechnersysteme entstehen, haben auf verschiedenen Gebieten Aktivitäten angeregt. Aus dem Wissen über die Unzulänglichkeiten konventioneller Transport- und Betriebssysteme (vgl. [BuLi91]) für die Handhabung multimedialer Daten, wurden Erweiterungen von Kommunikationsdiensten angestrebt (z.B. Integration von Synchronisationsmechanismen [EDP92], [BCG⁺92] und Einbeziehung von Dienstgüte-Parametern [CCGH92]). Mit HeiTS [HHS⁺91] wird ein Transportsystem für Multimedia-Systeme bereitgestellt, welches Garantien für die Übertragung von Datenströmen auf ausgewählten Netzwerken geben kann. Im SUMO-Projekt [CBRS93] wird das Chorus-Betriebssystem [RAA⁺90] für die Verarbeitung von kontinuierlichen Medien erweitert. Dazu wird ein strombasierter Kommunikationsdienst realisiert und die Dienstgüteverwaltung in das Betriebssystem integriert. Der Schwerpunkt solcher Arbeiten liegt auf der Schaffung der jeweils speziellen Funktionalität, auf die dann mit geeigneten Schnittstellen zugegriffen werden kann. Das Ziel von *Cinema*, eine universelle Plattform zum Entwurf verteilter Multimedia-Systeme bereitzustellen und verschiedenste Systemdienste zu integrieren, steht hierbei nicht im Vordergrund.

Ein vielverwendetes Konzept, verteilte Anwendungen aus einfachen Bausteinen aufzubauen, die nur über Ports miteinander verknüpft werden müssen, wurde mit Conic [KrMa85] und dem Nachfolgeprojekt REX [MKSD90] aufgegriffen und findet sich in einer Reihe anderer Projekte in abgewandelter Form wieder (IMA [Hewl93], QuickTime [Appl91], SUMO [CBRS93], *Cinema*). In Conic wird dabei eine Sprache für die Programmierung von Komponenten und Applikationen angeboten, die allerdings keine Aspekte der multimedialen Datenverarbeitung berücksichtigt. Die Konfiguration wird durch einen zentralisierten Konfigurationsmanager aufgebaut und Änderungen werden durch diesen umgesetzt. Die gemeinsame Benutzung von Komponenten in mehreren Konfigurationsbeschreibungen ist nicht vorgesehen.

Die weitergehende Frage des Entwurfes von geeigneten Abstraktionen zum Entwurf von Multimedia-Systemen wurde ebenfalls in verschiedenen Arbeiten in Angriff genommen. ACME (Abstractions for Continuous Media [HGA90]) stellt Abstraktionen für die Aufnahme und Wiedergabe von Audio- und Videodaten zur Verfügung. Sie dienen der Erweiterung konventioneller Fenster-Oberflächen um kontinuierliche Daten. Mit ihnen können einfach Client-Server-Strukturen zur Kommunikation und Präsentation von Audio- und Videodaten entwickelt werden. Eine ähnliche Zielsetzung verfolgt Tactus [DNNR92], wohingegen mit QuickTime [Appl91] und IBM's Multimedia Presentation Manager [IBM92] Toolkits zur lokalen Präsentation von Audio und Video auf Rechnern kommerziell zur Verfügung stehen. In [BCA⁺92] wird eine integrierte Plattform und ein Verarbeitungsmodell für offene verteilte Multimedia-Anwendungen auf der Basis von ANSA vorgestellt. Dabei werden die Kommunikation und Synchronisation durch Dienste modelliert, die zu einer verteilten Multimedia-Anwendung zusammengesetzt werden können. Der *Request for Technology* [IMA92] der Interactive Multimedia Association

(IMA) zeigt die grundsätzlichen Anforderungen an eine Architektur für verteilte Multimedia-Anwendungen. In dem von mehreren Firmen erstellten Vorschlag [Hewl93] zu diesem RFT werden Abstraktionen für die Struktur und den Aufbau einer verteilten Multimedia-Umgebung unter dem Aspekt der herstellerübergreifenden Verarbeitung vorgestellt. Die Schachtelung von Grundbausteinen zur Erzeugung höherer Abstraktionsebenen ist jedoch mit den bisher vorgeschlagenen Abstraktionen und Konzepten ebensowenig möglich wie die automatische Umsetzung von Synchronisationsbeziehungen.

3 Anwendungskonzepte und Abstraktionen in CINEMA

In diesem Abschnitt werden kurz die Abstraktionen vorgestellt, die einem Nutzer von *Cinema* zur Erstellung und Steuerung verteilter Multimedia-Anwendungen zur Verfügung stehen. Für eine detaillierte Diskussion der Konzepte Komponente, Port, Link, Session und Medien-Uhr sei auf [RBH94] und [RoHe94a] verwiesen.

3.1 Konfiguration von Verarbeitungstopologien

Kontinuierliche Datenströme bestehen aus einer Sequenz von Dateneinheiten, die mit Zeitmarken assoziiert sind (vgl. z.B. [Herr91]). Die Verarbeitung der Dateneinheiten kontinuierlicher Ströme findet in *Cinema* in **Komponenten** statt, welche die aktiven Einheiten bilden. Sie besitzen neben den funktionsspezifischen Schnittstellen, wie beispielsweise Lautstärke- oder Kontrast-Regler, auch generische Schnittstellen, über welche sie vom *Cinema*-System unabhängig von ihrer internen Funktionalität und Implementierung verwaltet werden. Wir unterscheiden zwischen Quellen, die Datenströme erzeugen, Senken, die nur konsumieren und zwischengelagerten Komponenten, die Daten lesen, transformieren und verändert wieder abgeben. Komponenten konsumieren und produzieren Daten durch Zugriffe auf typisierte Ports. **Ports** bilden konfigurationsunabhängige Datenzugriffspunkte, d.h. einer Komponente bleibt verborgen, ob vom Port gelesene Daten von einer anderen Komponente erzeugt wurden, die auf dem gleichen oder einem anderen Rechner lokalisiert ist. Die Implementierung von Komponenten und das Testen ihrer Funktionsfähigkeit ist somit vollständig von dem späteren Anwendungsszenario entkoppelt, was deutlich die Modularisierung und Strukturierung von Anwendungen fördert.

Komponenten sind entweder elementare Bausteine oder werden durch Schachtelung aus anderen Komponenten erzeugt. Dadurch lassen sich höhere funktionale Abstraktionsebenen bilden. Das Konzept der Schachtelung erlaubt es, die von Programmiersprachen bekannten Eigenschaften der Kapselung von Funktionalität auf die Erzeugung multimedialer Verarbeitungsbausteine zu übertragen, was die Strukturierung von Anwendungen und die Wiederverwertbarkeit von Code erleichtert. Bei Komponenten wird unterschieden zwischen solchen, die nur für eine Anwendung bekannt und zugreifbar sind und den über global eindeutige Bezeichner adressierten, von mehreren Anwendungen gemeinsam benutzten Komponenten, den sogenannten "**globalen Komponenten**", welche in Mehrbenutzeranwendungen die Bindeglieder zwischen den beteiligten Anwendungen bilden.

Multimedia-Anwendungen werden konfiguriert, indem **Links** zwischen den Ausgabe- und Eingabeports von Komponenten definiert werden. Mit diesem Konfigurationsmechanismus lassen sich beliebige, auf die Problemstellung zugeschnittene Anwendungstopologien, sogenannte Fluß-Graphen, aufbauen. Während mit Links die Topologie von Anwendungen beschrieben wird, dient die Abstraktion **Session** zur Reservierung von Ressourcen. Datenströme können erst verarbeitet und übertragen werden, wenn die zugehörige Session eingerichtet wurde. Dies

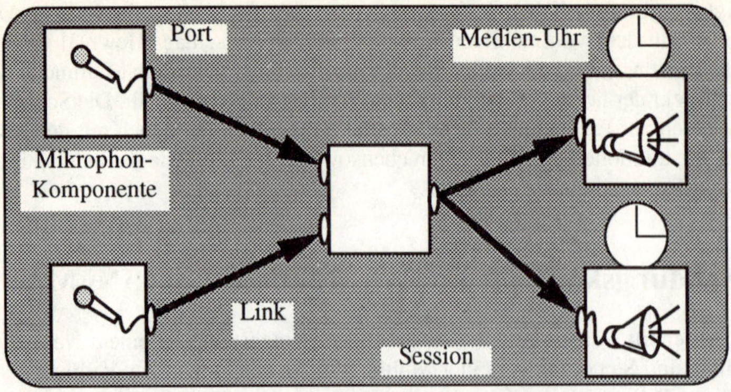

Abb.: 1 Beispielszenario: Audio-Konferenz

geschieht durch Angabe einer Menge von Quellen und Senken, die über ein beliebiges Netzwerk von zwischengelagerten Komponenten verbunden sind. Sessions sind assoziiert mit Dienstgüte-Parametern, aus denen der Bedarf an Ressourcen abgeleitet wird. Eine Session besteht somit aus einem Teil der Anwendungstopologie, deren Instanziierung ganz oder gar nicht erfolgt. Nach der Erstellung einer Session kann der Fluß von Dateneinheiten gestartet werden.

3.2 Steuerung und Synchronisation von Datenströmen

Zur Steuerung des Flusses von Dateneinheiten wird die Abstraktion der Medien-Uhr und das Konzept der Uhren-Hierarchie eingeführt. **Medien-Uhren** dienen der Spezifikation temporaler Eigenschaften von Datenströmen. Sie spannen dazu das Medienzeit-System auf, d.h. sie verwalten eine Menge von zeitbezogenen Parametern wie das Raten-Verhältnis R zwischen Medien- und Echtzeit, den Startwert der Medienzeit M, die Zeit T des Echtzeit-Beginns der Verarbeitung sowie einen relativen Geschwindigkeitsfaktor S zur Skalierung der Verarbeitung. Medien-Uhren sind mit Quellen- oder Senken-Komponenten assoziiert. Mit dem Starten einer Uhr wird die Verarbeitung von Daten entsprechend der zeitlichen Spezifikationen für den zugehörigen Datenstrom eingeleitet. Die Skalierung der Datenübertragung (d.h. Änderung von Richtung oder Geschwindigkeit) oder das Anhalten von Strömen erfolgt durch Anpassung des Voranschreitens der Zeit von Uhren.

Uhren-Hierarchien beschreiben Beziehungen zwischen Medien-Uhren und damit zwischen den zugehörigen Datenströmen. Sie werden benutzt, um Gruppen von Datenströmen zu bilden, diese als Einheit zu steuern sowie um Synchronisationsbeziehungen zu spezifizieren. Die Gruppierung von Datenströmen erfolgt durch Zuordnen der sie steuernden Medien-Uhren zu einer gemeinsamen, übergeordneten Uhr. Operationen, deren Aufruf an übergeordneten Medien-Uhren erfolgt, werden in Richtung der Blätter von Uhren-Hierarchien propagiert. Durch die Gestaltung der Struktur der Uhren-Hierarchie und die Auswahl der Hierarchie-Stufe, auf der Operationen ausgelöst werden, ist eine flexible Gruppierung von Strömen gegeben. Dies wird ergänzt durch die Möglichkeit zum Sperren der Propagierung von Operationen, was es erlaubt, ganze Teil-Hierarchien auszublenden und darüber beispielsweise die Zuständigkeitsbereiche verschiedener Benutzer gegeneinander abzugrenzen.

Die Propagierung von Operationen und die Spezifikation von Synchronisationsbeziehungen erfolgt durch die Kopplung der von Medien-Uhren aufgespannten Medienzeitsysteme. Das geschieht auf der Basis von Referenz-Punkten. Ein **Referenz-Punkt** *RP* $[C_1 : P_1, C_2 : P_2]$ definiert, daß die Medienzeit P_1 im Zeitsystem der Uhr C_1 zur Medienzeit P_2 im Zeitsystem von C_2 korrespondiert. Das erlaubt die Transformation der Medienzeiten ineinander: $m_2 = f(m_1)$ mit

$$m_2 = (m_1 - P_1) \cdot \frac{S_2 \cdot R_2}{S_1 \cdot R_1} + P_2$$

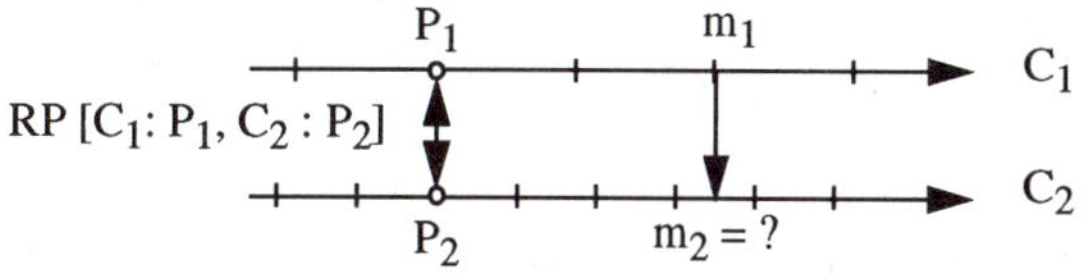

Abb.: 2 Transformation von Medienzeit

Uhren-Hierarchien bilden dynamische Strukturen, die auch zur Laufzeit einer Anwendung an Änderungen in der Systemstruktur angepaßt werden können. So lassen sie sich erweitern bzw. verkleinern, wenn bei Mehrbenutzer-Anwendungen neue Benutzer hinzukommen oder andere ausscheiden. Veränderte Anforderungen an die Gruppierung von Datenströmen (z.B. das Erzeugen oder Auflösen von Gruppen) lassen sich durch Umgestaltung der Struktur der Hierarchie leicht realisieren. Dies unterstützt die Handhabung der in interaktiven und kooperativen Multimedia-Anwendungen auftretenden Dynamik.

Zusätzliche Flexibilität in der Steuerung von gruppierten Datenströmen wird durch Attribute der Kanten von Uhren-Hierarchien erreicht. So ist es möglich, die Beziehung zwischen Uhren auf eine Steuerbeziehung zu beschränken. Hierdurch wird eine lose Kopplung der Zeitsysteme ohne feste Synchronisation festgelegt. Trotz zusammengefaßter Ausführung von Operationen der Gruppe ist ein Drift von Strömen oder eine getrennte Skalierung möglich. Anders bei der Synchronisationsbeziehung. Mit ihr wird der Gleichlauf der Medienzeiten und darüber die zeitliche Bindung von Datenströmen abgesichert. Dies geschieht sowohl während der Verarbeitung von Daten wie auch beim späteren Hinzuschalten weiterer Ströme.

4 Realisierung der Systemdienste von CINEMA

Mit den im vorherigen Abschnitt beschriebenen Abstraktionen und Konzepten steht eine Dienstschnittstelle zur Verfügung, die es erlaubt, komplexe und dynamische Multimedia-Anwendungen aufzubauen und zu steuern. Um die damit ausdrückbare Vielfalt von Funktionen tatsächlich zu erbringen, wird *Cinema* auf Betriebs- und Transportsysteme aufgesetzt, deren Funktionalität für die Verarbeitung multimedialer Daten angereichert wird. In diesem Abschnitt erfolgt dazu die Beschreibung ausgewählter Systemstrukturen und Abläufe von *Cinema*. Nach der Vorstellung der Programmierschnittstelle für Zugriffe auf Systemdienste werden die Architekturen zur Umsetzung der wesentlichen Systemdienste, d.h. der Verwaltung und Konfiguration komplexer Topologien, der Steuerung und Synchronisation von Datenströmen sowie der Ressourcen-Reservierung (vgl. Abb. 3) vorgestellt. Auf die Realisierung der Ereignisverwaltung wird nicht im Detail eingegangen.

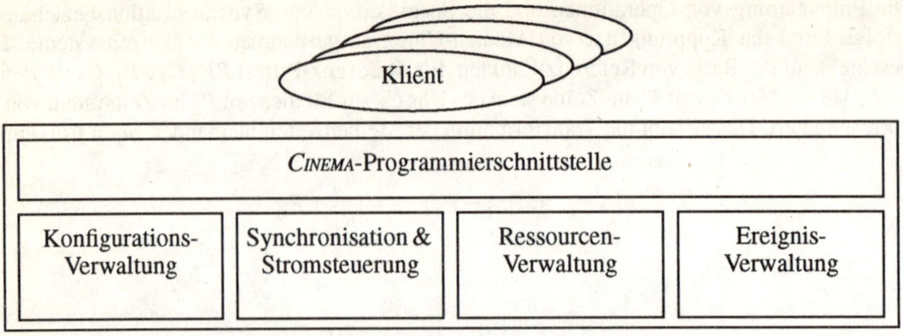

Abb.: 3 Architektur des CINEMA-Systems

4.1 CINEMA-Programmierschnittstelle

Die von *CINEMA* bereitgestellten Abstraktionen zum Aufbau verteilter Multimedia-Anwendungen werden den Klienten über die *CINEMA*-Programmierschnittstelle zugänglich gemacht. Mit dieser Programmierschnittstelle kann der Klient mittels einer objektorientierten Programmiersprache multimediale Verarbeitungstopologien erzeugen und steuern. Der Aufbau von Topologien ist dynamisch zu einem beliebigen Zeitpunkt zur Laufzeit möglich.

Dazu erzeugt der Klient zuerst Komponentenobjekte (im Beispiel Zeile 1 `camera` und Zeile 2 `display`), für die er als Parameter die Komponentenklasse und die gewünschte Lokation spezifiziert. Die Ports (im Beispiel `video`) der Komponentenobjekte werden dann durch Links (Zeile 3) miteinander verbunden. Über die Quellen- und Senkenports der Topologie erfolgt die Definition einer Session unter Angabe von Dienstgüte-Parametern (Zeilen 5-10). Neben den Komponentenobjekten kann der Klient Uhrenobjekte erzeugen, die er mit Quellen und Senken assoziiert (Zeile 4) und ggf. in einer Uhren-Hierarchie miteinander in Beziehung setzt. Die Steuerung des Flusses von Dateneinheiten wird durch Aufruf der Methoden von Uhrenobjekten vorgenommen (Zeile 11).

Beispiel-Code:

```
1  comp_camera  = COMPONENT("camera",  Camera1);
2  comp_display = COMPONENT("display", Display1);
3  link(comp_camera->port("video"),comp_display->port("video"));
4  comp_display->associate(clock);
5  create_session(comp_camera ->port("video"),
6                 comp_display->port("video"),
7                 QoS(Rate          (min =  15, max =  25),
8                     Picturewidth  (min = 200, max = 400),
9                     Pictureheight (min = 150, max = 300),
10                    Delay         (min = 150, max = 250));
11 clock->start();
```

Die Objekte und Funktionen der Programmierschnittstelle werden dem Klienten in einer Bibliothek zur Verfügung gestellt. Die Objekte (wie die Komponenten im obigen Beispiel) sind Proxyobjekte [Shap86]. Als lokale Platzhalter der tatsächlichen, i.a. entfernt instanziierten Objekte nehmen sie Nachrichten des Klienten entgegen und leiten sie transparent an das *CINEMA*-System (z.B. das Konfigurationsmanagement) oder die tatsächlich Objektinstanzen weiter. Die Proxyobjekte sind stets lokal zum Klienten, verhalten sich wie die tatsächliche Realisierung des entfernten Objekts und erlauben es deshalb, die Dienste von CINEMA leicht in objektorientierte Programmiersprachen (wie z.B. C++) zu integrieren.

4.2 Konfigurationsmanagement

Verteilte Multimedia-Anwendungen in CINEMA bestehen aus einem Geflecht von Komponenten, die über Kommunikationskanäle miteinander verbunden sind. Die Aufgabe des Konfigurationsmanagements ist es, aus der vom Klienten vorgegebenen Spezifikation des Geflechts eine ablauffähige Instanziierung im verteilten System aufzubauen. Dafür müssen geschachtelte Komponenten aufgelöst und das daraus entstandene Komponentengeflecht auf die Rechnerknoten verteilt und instanziiert werden. Außerdem müssen von mehreren Klienten gemeinsam genutzte Komponenten verwaltet und Information über Topologien und Komponenten für andere Managementbereiche des CINEMA-Systems zur Verfügung gestellt werden. Zusätzlich zur Instanziierung von Komponenten werden durch das Konfigurationsmanagement die Kommunikationskanäle zwischen den Ports der Komponenten durch Instanziierung von Linkobjekten aufgebaut.

Im folgenden wollen wir die Instanziierung der Komponenten auf den Knoten näher betrachten. Hierfür gehen wir von bereits lokalisierten Komponenten aus, d.h. für jede Komponente ist vom Klienten vorgegeben, auf welchem Knoten ihre Realisierung zu instanziieren ist.[1] Die Komponenten werden auf den Knoten in speziellen Prozessen, den sogenannten CINEMA-Prozessen, ausgeführt, in denen Threads für die Aktivierung der Komponentenmethoden zur Verfügung stehen. In CINEMA werden Threads verwendet, da sie sowohl Nebenläufigkeit mit geringem Prozeßwechsel-Aufwand wie auch effiziente Kommunikation durch gemeinsame Adressbereiche unterstützen. Für die Zuordnung von Komponenten zu Threads stehen verschiedene Alternativen zur Auswahl. Sie werden im folgenden unter dem Aspekt des Einflusses auf die Ende-zu-Ende-Verzögerung eines Datenstroms diskutiert.

Die einfachste Form der Verteilung von Komponenten auf Threads ist die Zuordnung jeder Komponente zu einem eigenen Thread. Aufgrund der Möglichkeit, jede Komponente individuell aktivieren zu können, läßt sich die maximale Nebenläufigkeit erreichen. Die hohe Zahl von Threads entlang eines Datenpfades bewirkt aber eine hohe Ende-zu-Ende-Verzögerung. Dies resultiert aus zusätzlichen Verzögerungen, die durch das Scheduling von Threads eingeführt werden und zur reinen Bearbeitungs- und Kommunikationsverzögerung hinzukommen. Die in Multimedia-Systemen üblichen Schedulingverfahren (wie *Rate-Monotonic* und *Earliest-Deadline-First* [6]) gehen von einer Verzögerung der Aktivierung aus, die aus der Differenz zwischen dem ersten möglichen Aktivierungszeitpunkt und der Deadline resultiert und größer als die reine Bearbeitungszeit ist. Da die Verfahren stauvermeidend sind, beträgt diese zusätzliche Verzögerung pro Thread eine Periode[2] und ist unabhängig von der Bearbeitungszeit. Das bedeutet beispielsweise bei einem Videostrom mit einer Rate von 25 Bildern pro Sekunde, daß pro Komponente eine Verzögerung von 40 msec eingeführt wird. Bei fünf aufeinanderfolgenden Komponenten summiert sich dies bereits zu einer Verzögerung von 200 ms, zu der die Verzögerungen aufgrund der Übertragung von Daten noch hinzukommen.

Abhilfe kann durch zwei Maßnahmen geschaffen werden: Einerseits können Schedulingverfahren dahingehend verbessert werden, daß kürzere Schedulingverzögerungen erreicht werden

---

1. Die Möglichkeit einer automatischen Verteilung von zwischengelagerten Komponenten unter Betrachtung der Systemlast und Ressourcenverfügbarkeit wird derzeit untersucht.
2. Periode = Verzögerung durch das Scheduling + Bearbeitungszeit

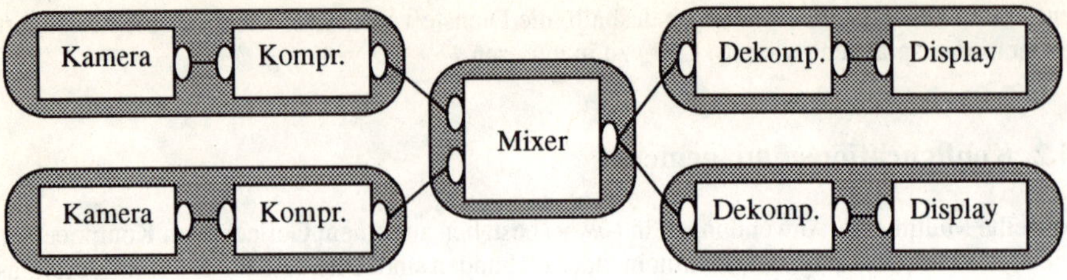

Abb.: 4 Verteilung einer Topologie auf Threads

(vgl. hierzu Abschnitt 4.4), andererseits kann durch die Zusammenfassung von mehreren Komponenten in einen Thread die Gesamtzahl der Threads und somit die durch sie eingeführte Verzögerung verringert werden. Die Zusammenfassung von Komponenten in einen Thread bewirkt, daß nur noch eine Wartesituation auftreten kann. Dies erfordert, daß die Dateneinheiten, die von einer Komponente erzeugt werden, vollständig von der nächsten Komponente konsumiert werden. Es entsteht so eine Bearbeitungspipeline, bei der nur die erste Komponente Daten konsumieren kann, die von Komponenten stammen, die in anderen Threads oder auf anderen Knoten liegen. Abb. 4 zeigt eine Topologie eines Konferenzszenarios mit der Threadzuordnung.

4.3 Stromsteuerung und Synchronisationsmechanismen

In CINEMA wird mit Medien-Uhren und Uhren-Hierarchien eine einheitliche, universelle Dienst-Schnittstelle zur Steuerung und Synchronisation von Datenströmen angeboten. Die für die Erbringung der dadurch zur Verfügung gestellten Funktionalität gewählte Architektur wird im weiteren vorgestellt.

Ein Synchronisationsservice wird allgemein durch geeignete Synchronisationsprotokolle erbracht. Viele der in der Literatur vorgeschlagenen Protokolle (vergleiche z.B. [EDP92], [RRVK92], [AnHo91]) sind auf spezielle Systemumgebungen, Datentypen oder Topologien zugeschnitten. Dem rechnungtragend, ermöglicht die CINEMA-Architektur die Integration unterschiedlicher Synchronisationsprotokolle, welche dann alternativ in Abhängigkeit vom Synchronisationsszenario verwendet werden können. Hierdurch wird sowohl die Auswahl des bestgeeigneten Protokolls für eine bestimmte Konfiguration wie auch die Erweiterbarkeit des Systems unterstützt.

Das Synchronisationssubsystem von CINEMA besteht aus drei Schichten (Abb. 5). Die Medien-Uhren-Verwaltungsschicht (Media Clock Management Layer - MCML) verwaltet Uhrenobjekte sowie die Struktur von Uhren-Hierarchien und trägt die Verantwortung für die Propagierung von Uhrenoperationen. Der verteilte Synchronisationsdienst wird durch die Stromsynchronisationsschicht (Stream Synchronization Layer - SSL) erbracht. Sie besteht aus einzelnen Flußsteuerungs- und Synchronisationsmodulen, von denen jedes ein spezielles Steuerungs- und Synchronisationsprotokoll realisiert. Diese Synchronisationsmodule benutzen die Basisdienste, wie beispielsweise Pufferverwaltung, Scheduling oder den Kommunikationsdienst für Multimediadaten, die durch die CINEMA-Basisdienstschicht (CINEMA Base Services Layer - CBSL) verfügbar gemacht werden. Aus der Sicht des Synchronisationssubsystems subsumiert die CBSL

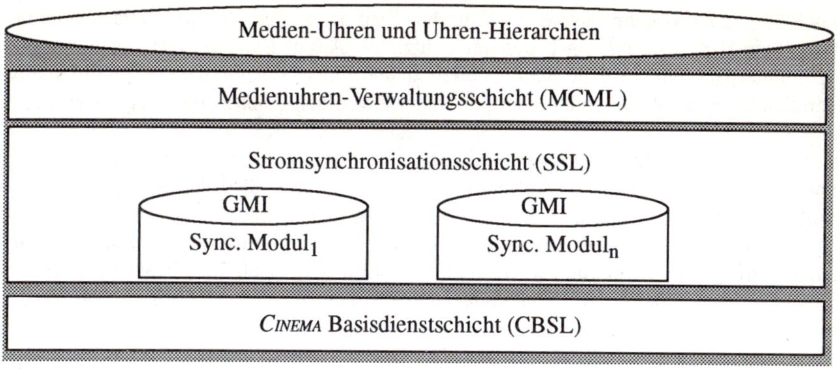

Abb.: 5 Schichten der Architektur des Synchronisationsdienstes

diejenigen Basisfunktionen, die von anderen Managementteilen des *Cinema*-Systems erbracht werden.

Medien-Uhren-Verwaltungsschicht (MCML)

Die MCML verwaltet die Struktur und den Status von Medien-Uhren und Uhren-Hierarchien. Sie bildet die durch Uhren-Hierarchien gebotene, anwendungsorientierte Schnittstelle auf die stromorientierte Schnittstelle der Synchronisationsmodule ab.

Zur Verwaltung von Medienuhren werden Informationen über die von einer Anwendung angelegten Uhren, ihre Verknüpfung zu Uhren-Hierarchien und ihren aktuellen Status, wie z.B. zu welcher Komponente sie zugeordnet sind, ob sie ticken oder ob Sperren gesetzt sind, unterhalten. Um die strukturelle Konsistenz von Uhren-Hierarchien zu gewährleisten, werden Konsistenzüberprüfungen durchgeführt. Außerdem sind Medien-Uhren einem der Synchronisationsmodule der SSL zugeordnet. Derzeit erfordert die Auswahl eines geeigneten Synchronisationsmoduls für ein Anwendungsszenario entsprechende Hinweise durch den Klient. Es werden jedoch Kriterien zur automatischen Modulauswahl untersucht.

Die MCML ist weiterhin zuständig für die Propagierung von Uhrenoperationen in Hierarchien. Dabei werden die jeweiligen Parameter einer Operation in das Zeitsystem der betroffenen Uhr transformiert. Wird eine Operation zu einer Uhr propagiert, die mit einer Komponente verbunden ist, erfolgt eine Notifikation des zuständigen Synchronisationsmoduls, welches für die Umsetzung im verteilten System sorgt.

Stromsynchronisationsschicht (SSL)

Synchronisationsmodule realisieren die vorhandenen Synchronisationsprotokolle unter Verwendung der von der *Cinema* Basisschicht bereitgestellten Funktionen.

Auf ein Synchronisationsmodul wird über das stromorientierte, generische Modul-Interface (GMI) zugegriffen, welches eine einheitliche Schnittstelle zu den verschiedenen Synchronisationsmodulen darstellt. Das GMI ermöglicht die Spezifikation von zeitlichen Eigenschaften einzelner Ströme und von Synchronisationsbeziehungen zwischen ihnen. Über das GMI wird dem Synchronisationsmodul die zu steuernde Konfiguration verbundener Komponenten in Form eines Flußgraphen bekannt gemacht. Weiterhin wird das Starten, Stoppen und Skalieren von Flußgraphen als Ganzes oder in Teilen unterstützt. Der Ansatz profitiert vom objektorientierten Programmierparadigma, da die Schnittstellen zu speziellen Synchronisationsmodulen aus der generellen Schnittstelle durch Überdefinieren der jeweiligen Funktionen erzeugt werden.

Intern besteht ein Synchronisationsmodul aus einem GMI-Agenten und einer Reihe von sogenannten Synchronisationmodul-Agenten (SM-Agenten). Der GMI-Agent implementiert die Schnittstelle zum Modul und instanziiert SM-Agenten auf den Knoten, die am jeweiligen Kommunikationsszenario beteiligt sind. Welche Knoten dies sind, wird aus der Flußgraph-Spezifikation ermittelt, die durch die MCML bereitgestellt wurde. Nach ihrer Instanziierung steuern die SM-Agenten kooperativ den Fluß von Dateneinheiten entsprechend des gewählten Synchronisationsprotokolls.

Derzeit sind in unseren Prototyp zwei Synchronisationsprotokolle integriert. Eines erlaubt die synchrone Wiedergabe gespeicherter Daten [Sche94], das andere die Synchronisation von "Live"-Datenströmen durch Schätzung und Angleichung der Übertragungszeiten unterschiedlicher Übertragungskanäle. Letzteres ist eine modifizierte Version des Flow Synchronization Protocols [EDP92]. Ein weiteres Protokoll [RoHe94b], welches eine weitgehende Anpassung der Dienstgüte unter unterschiedlichen Strategien erlaubt, wird gegenwärtig implementiert.

Cinema Basisdienstschicht (CBSL)

Wichtigste Aufgabe der CBSL ist die Erweiterung von Betriebssystemfunktionen, um die Anforderungen verteilter multimedialer Verarbeitung zu erfüllen. So wird beispielsweise das Echtzeit-Scheduling unabhängiger Verarbeitungsprozesse durch einen erweiterten Betriebssystemscheduler verfügbar gemacht. Multimediale Datenkommunikation ist gekapselt in Link-Objekte, welche über einheitliche Schnittstellen die Übertragung von Daten zwischen Komponenten erbringen. Dabei können sich Komponenten entweder auf dem gleichen Knoten oder entfernt voneinander auf verschiedenen Knoten befinden, wodurch die Konfiguration verteilter Anwendungen erleichtert wird. Letztlich bietet die CBSL eine erweiterte Pufferverwaltung, die es erlaubt, Speicher für eine Session zu reservieren und fest im Hauptspeicher zu verankern.

Beispiel

Das Zusammenwirken der unterschiedlichen Schichten der Synchronisationsarchitektur soll mit dem folgenden Beispiel (Abb. 6) verdeutlicht werden. Es wird von einem Synchronisationsprotokoll ausgegangen, das auf dem Ausgleich von Übertragungszeiten verschiedener Kanäle basiert. Vereinfachend wird angenommen, daß alle Kommunikationsverzögerungen zwischen GMI-Agent und SM-Agenten sowie zwischen Quelle und Senke der Multimedia-Datenpfade bekannt seien. Aus Platzgründen wird im folgenden nur die Startphase der synchronen Datenübertragung betrachtet.

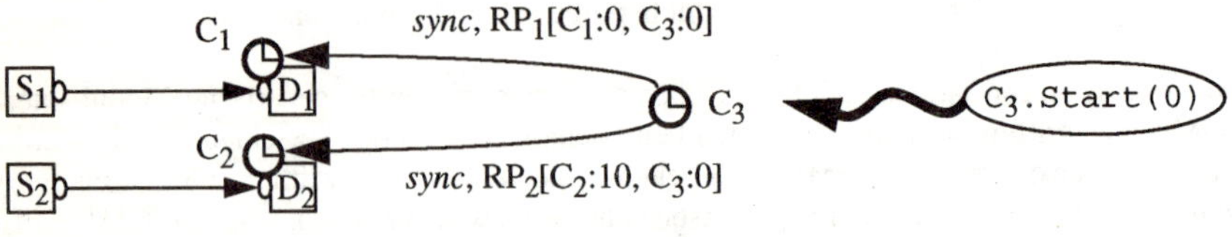

Abb.: 6 Beispielszenario

Sobald der Klient die Startoperation C_3.Start(0) aufruft, werden im MCML die folgenden Aktionen ausgelöst: Zuerst findet die Propagierung der Operation zu den Medienuhren C_1 und C_2 statt, wobei die Parameter entsprechend abgebildet werden. Anschließend wird die ermittelte Menge von Operationen {C_1.Start(0), C_2.Start(10)} auf die Modulschnittstelle des ausgewählten Synchronisationsmoduls abgebildet:

```
ModulGMI->StartFlow(C1, M1=0, C2, M2=10, Zeit=sofort);
```

Der GMI-Agent des Moduls führt daraufhin die Kommunikation zu den SM-Agenten der entfernten Lokationen und hierüber den tatsächlichen Start der Ströme aus. Dazu werden die Startzeiten der periodischen Verarbeitungseinheiten auf den Knoten der Quellen S_1 und S_2 sowie der Senken D_1 und D_2 im voraus berechnet und über Steuerbotschaften an die SM-Agenten der Knoten übermittelt (siehe Abb. 7). Mit dem Eintreffen der Botschaften wird das Scheduling der Verarbeitungseinheiten durch die SM-Agenten initialisiert und zur gegebenen Zeit gestartet.

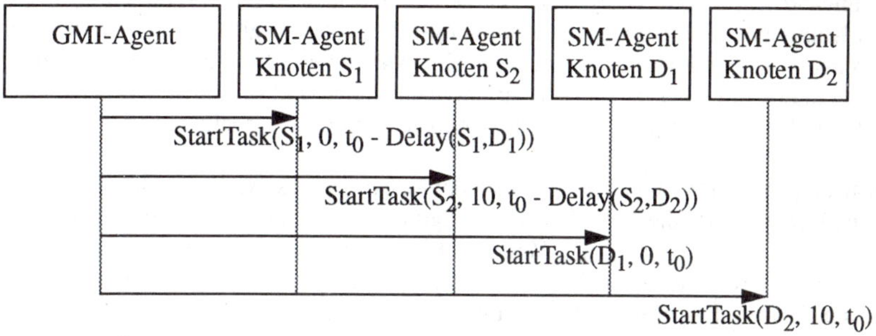

Abb.: 7 Austausch von Steuerbotschaften

4.4 Ressourcenmanagement

Die Qualität multimedialer Anwendungen wird von der Einhaltung der vom Klienten spezifizierten Randbedingungen, den Dienstgüte-Parametern, bestimmt. Da die Verarbeitung multimedialer Daten hohe Anforderungen an die Leistungsfähigkeit von Ressourcen (z.B. CPU, Bandbreite, Speicher) stellt, ist es notwendig, die Einhaltung der Dienstgüte durch geeignete Verwaltung, Reservierung und Zuteilung der Ressourcen abzusichern. Aufgabe des Ressourcenmanagements ist es deshalb, aus Dienstgüte-Vorgaben des Klienten den Bedarf an Ressourcen auf den jeweiligen Knoten des verteilten Systems zu ermitteln, beim Verwalter der Ressource zu reservieren und zur Laufzeit zuzuteilen. Bei der Reservierung von Ressourcen handelt es sich um einen dynamischen Verhandlungsprozeß, bei dem eine Anpassung zwischen den Wünschen des Klienten und den Möglichkeiten des Systems (maximal verfügbare Kapazität, Lastsituation) erzielt werden muß.

Bisherige Arbeiten zur Reservierung von Ressourcen in Multimedia-Systemen entstammen vor allem dem Netzwerkbereich (SRP [AHS90], RSVP [ZDE+93], ST-II [Topo90]). Sie unterstützen Punkt-zu-Punkt-Verbindungen und Multicast-Topologien. Die betrachteten Dienstgüte-Parameter werden durch die Anforderungen an die Kommunikationssysteme bestimmt (z.B. Übertragungsverzögerung, Jitter, Burst, Paket-Größe, Paket-Verlust-Rate etc.). Da die Schnittstelle zur Dienstgüteaushandlung bei einer Multimedia-Plattform wie *Cinema* auf einer höheren

Abstraktionsebene liegt, sind diese Parameter für eine direkte Übernahme nicht geeignet. Vielmehr orientieren sich die mit Sessions assoziierten Parameter an den Eigenschaften und Typen der zu übertragenden und verarbeitenden Datenströme. So sind beispielsweise bei einem Videostrom Bildrate, Bildgröße oder Farbtiefe geeignete Parameter. Zusätzlich ist die Aushandlung von Ende-zu-Ende-Eigenschaften (wie z.B. der Gesamtverzögerung) in komplexen Verarbeitungstopologien mit mehreren Quellen und Senken bei beliebiger interner Vernetzung notwendig.

In CINEMA ergeben sich somit zwei Ebenen von Dienstgüte-Parametern. Die höhere Abstraktionsebene enthält die vom Typ des Datenstromes (wie Audio, Video) abhängigen Parameter, die zur Gestaltung der Dienstschnittstelle der Multimedia-Plattform benötigt werden. Die tiefere Abstraktionsebene enthält Parameter, die von den Eigenschaften der Ressourcen (wie bsw. dem Netzwerk) bestimmt sind und nicht vom Typ des Stromes abhängen. Mit ihnen arbeiten die individuellen Ressourcenverwalter und nutzen sie u.a. zur Ermittlung der freier Kapazitäten. Zwischen beiden Abstraktionsebenen ist eine Abbildung der Dienstgüte-Parameter notwendig. Diese Abbildung findet neben der Aushandlung von Dienstgüte-Parametern im Ressourcen-Reservierungsprotokoll von CINEMA (vgl. [BaFi94]) statt. Sie ist von der Verarbeitungsfunktionalität der Komponenten abhängig. Der Abbildungsschritt kann folglich nur von Komponenten selbst durchgeführt werden. Hierzu bieten sie eine Methode an, die aus stromtypabhängigen Dienstgüte-Parametern der Eingabeports stromtypabhängige und -unabhängige Parameter für die jeweiligen Ausgabeports und den Ressourcenbedarf für die Bearbeitung bestimmt.

Dies soll an dem in Abb. 7 dargestellten Ablauf der Ressourcenreservierung näher erläutert werden. Es wird exemplarisch die Abbildung der Bildgröße, als Vertreter eines stromtypabhängigen Parameters, auf die Paketgröße als Vertreter für einen stromtypunabhängigen Parameter betrachtet. Das Delay als Ende-zu-Ende-Parameter wird dabei ebenfalls akkumuliert. Auf den Ressourcenbedarf wird nicht näher eingegangen.

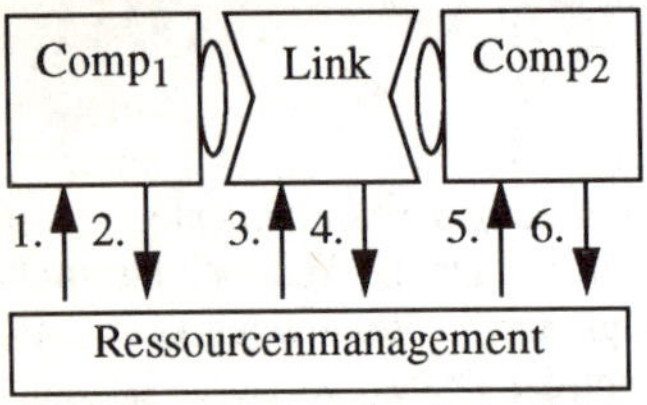

1. QoS-Wunsch: 400-200x300-150
2. QoS-Ausgabe: 300x225, 67500 Bytes, 20 ms
3. QoS-Eingabe: 67500 Bytes, 200 ms
4. QoS-Ausgabe: 67500 Bytes, 100 ms
5. QoS-Eingabe: 300x225
6. QoS-Ausgabe: 20 ms

Als Parameter werden betrachtet: stromorientiert: Bildgröße
stromunabhängig: Paketgröße und Delay

Abb.: 8 Beispiel des Ablaufs einer Ressourcenreservierung

Die Quellenkomponente erhält als Parametervorgabe den Dienstgütewunsch des Klienten (1.). Daraus wählt sie, z.B. auf Grund der von der Komponente tatsächlich unterstützten Bildgrößen, geeignete Parameterwerte aus den vorgegebenen Intervallen aus. Für diese Parameterwerte berechnet sie nun die Paketgröße, z.B. indem sie die Breite mit der Höhe multipliziert (8 Bit Farbtiefe). Zusätzlich berechnet die Komponente die Zeit, die sie für die Bearbeitung benötigt. Die ausgewählten Parameter, die Paketgröße und die Bearbeitungszeit sind das Ergebnis des Aufrufs (2.).

Zur Bearbeitungszeit wird der Scheduling-Overhead (hier: 30 ms) addiert und dann von der max. Verzögerungsvorgabe (z.B. 250 ms) des Klienten abgezogen, was die neue Verzögerungsvorgabe ergibt. Diese wird als Grenzwertvorgabe für die Kommunikationsverbindung im Linkobjekt zusammen mit der Paketgröße an das Linkobjekt übergeben (3.). Das Ergebnis der Verhandlung über die Kommunikationsverbindung wird in Form der max. möglichen Paketgröße und dem für die Übertragung festgestellten Verzögerungswert zurückgegeben (4.). Dieser Verzögerungswert wird wiederum von der Verzögerungsvorgabe abgezogen und somit eine neue Vorgabe ermittelt. Der Senkenkomponente wird die Bildgröße als Eingabeparameter übergeben (5.). Sie berechnet daraus die Zeit, die sie für die Bearbeitung benötigt (6.). Diese Bearbeitungszeit wird zusammen mit dem Scheduling-Overhead von der Verzögerungsvorgabe abgezogen. Bleibt die Verzögerungsvorgabe positiv, so war die Reservierung erfolgreich und es kann in einem zweiten Durchlauf die minimale Verzögerung durch Freigabe von Ressourcen bzw. Einführung zusätzlicher Puffer eingestellt werden.

Die Reservierung und Zuteilung von Ressourcen setzt Verwalter für die einzelnen Betriebsmittel voraus. In der Literatur sind hier beispielsweise das Bandbreitenmanagement in [VHN92], Speicher-Verwalter [McRo93] und Scheduler der CPU [6] beschrieben. In CINEMA gibt es derzeit Implementierungen für die Verwaltung der Ressourcen Speicher und CPU. Für letzteres wurde das Rate-Monotonic-Schedulingverfahren erweitert [Bart94]. Es werden Scheduling-Klassen mit unterschiedlichen Garantie-Stufen eingeführt. Die oberste Klasse bekommt eine Verzögerungsgarantie des Schedulings, die kürzer als beim normalen Rate-Monotonic-Verfahren ist. In der anderen gelten die normalen Werte des Rate-Monotonic-Verfahrens, jedoch sind im ungünstigen Fall Fristverletzungen möglich.

5 Zusammenfassung

In diesem Papier wurde die CINEMA-Architektur vorgestellt, welche eine Entwicklungsplattform für die Erstellung und Steuerung komplexer, verteilter Multimedia-Anwendungen bereitstellt. CINEMA bietet als Dienstschnittstelle eine Menge von Abstraktionen an, über die transparent die darunterliegenden multimedialen Systemdienste angesprochen werden. Mit den Systemdiensten wird die Funktionalität bereitgestellt, um Konfigurationen von Komponenten und Links, die zu Fluß-Graphen verknüpft wurden, in verteilten Systemen zu installieren, um die über Sessions ausgehandelte Dienstgüte durch die Reservierung von Ressourcen zu erbringen und um den Fluß von Dateneinheiten unter Einhaltung von Synchronisationsbeziehungen zu steuern. In der Summe zielen die bereitgestellten Funktionen darauf ab, die Lücke zwischen der von Betriebs- und Transportsystemen bereitgestellten Menge an Diensten und den Anforderungen bei Aufbau und Betrieb verteilter Multimedia-Anwendungen zu verringern. Immer wiederkehrende, automatisierbare Aufgaben, sollen dabei durch die System-Plattform erbracht werden, um einen Großteil der Schwierigkeiten, der Details und der Komplexität beim Entwurf von Multimedia-Anwendungen vor Anwendungsprogrammierern zu verbergen.

Derzeit ist ein erster Prototyp des CINEMA-Systems lauffähig. Er erlaubt den Aufbau einfacher, verteilter Anwendungsszenarien unter Verwendung der beschriebenen Abstraktionen innerhalb unseres lokalen Rechnernetzes. Datenströme innerhalb der Anwendungsszenarien können gesteuert und synchronisiert übertragen werden. Die Implementierung zunehmend erweiterter Funktionalität ist derzeit in vollem Gange. Parallel dazu wird weitere Forschungsarbeit geleistet, um beispielsweise den Entwurf von Protokollen zur Ressourcen-Aushandlung und Strom-Synchronisation voranzutreiben, um Multicasting von Daten durch Teilstrombildung zu optimieren oder die Auflösung geschachtelter Komponenten zu ermöglichen.

6 Literatur

[AHS90] David P. Anderson, Ralf Guido Herrtwich, Carl Schaefer. SRP: A Resource Reservation Protocol for Guaranteed-Performance Communication in the Internet. Technischer Bericht No. UCB/CSD 90/562, Computer Science Division (EECS) University of California, Berkeley, CA, 2 1990.

[AnHo91] David P. Anderson, George Homsy. Synchronization Policies and Mechanisms in a Continuous Media I/O Server. *Report No. UCB/CSD 91/617, Computer Science Division (EECS), University of California, Berkeley, CA*, 2 1991.

[Appl91] Apple Computer Inc., Cupertino, CA, USA. *QuickTime Developer's Guide*, 1991.

[BaFi94] Ingo Barth, Walter Fiederer. Session Reservation in CINEMA. *in Vorbereitung*, 1994.

[Bart94] Ingo Barth. Extending the Rate Monotonic Scheduling Algorithm to Get Shorter Delays. In *2nd International Workshop on Advanced Teleservices and High-Speed Communication Architectures, IWACA '94, Heidelberg*, S. 104-114, 9 1994.

[BCA+92] G.Blair, G. Coulson, P. Auzimour, L.Hazard, F. Horn, J.B. Stefani. An Integrated Platform and Computational Model for Open Distributed Multimedia Applications. In *3rd International Workshop on Network and Operating Systems Support for Digital Audio and Video*, S. 209-222, 11, 1992.

[BCG+92] Gordon Blair, Geoff Coulson, Francisco Garcia, David Hutchison, Doug Shepherd. Towards new Transport Services to Support Distributed Multimedia Applications. In *4th IEEE ComSoc International Workshop on Multimedia Communications*, 4 1992.

[BuLi91] Dick C. Bulterman, Robert van Liere. Multimedia Synchronisation and UNIX. In *2nd International Workshop on Network and Operating System Support for Digital Audio and Video*, 11 1991.

[CBRS93] Geoff Coulson, Gordon S. Blair, Philippe Robin, Doug Shepherd. Extending the Chorus Micro-Kernel to Support Continuous Media Applications. In *Proceedings of the 4th International Workshop on Network and Operating Systems Support for Digital Audio and Video*, S. 49–60, 11 1993.

[CCGH92] Andrew Campell, Geoff Coulson, Francisco Garcia, David Hutchison. A Continuous Media Transport and Orchestration Service. In *SIGCOMM'92 Conference Proceedings Communications Architectures and Protocols*, S. 99–110, 8 1992.

[DNNR92] Roger B. Dannenberg, Tom Neuendorffer, Joseph M. Newcomer, Dean Rubine. Tactus: Toolkit-Level Support for Synchronized Interactive Multimedia. In *3nd International Workshop on Network and Operating System Support for Digital Audio and Video*, 11 1992.

[EDP92] Julio Escobar, Debra Deutsch, Craig Partridge. Flow Synchronization Protocol. In *IEEE Global Communications Conference*, 12 1992.

[Herr91] Ralf Guido Herrtwich. Time Capsules: An Abstraction for Access to Continuous-Media Data. *The Journal of Real-Time Systems, Kluwer Academic Publishers*, S. 355–376, 3 1991.

[Hewl93] Hewlett-Packard Company, International Business Machines Corporation, SunSoft Inc. *Multimedia System Services, Version 1.0, verfügbar über ftp: ibminet.awdpa.ibm.com*, 7 1993.

[HGA90] George Homsy, Ramesh Govindan, David P. Anderson. Implementation Issues for a Network Continuous–Media I/O Server. *Report No. UCB/CSD 90/597, Computer Science Division (EECS), University of California, Berkeley, CA*, 9 1990.

[HHS+91] D. Hehmann, R. G. Herrtwich, W. Schulz, T. Schuett, R . Steinmetz. Implementing HeiTS: Architecture and Implementation Strategy of the Heidelberg High-Speed Transport System. In *2nd Intl. Workshop on Network and Operating System Support for Digital Audio and Video*, 11 1991.

[IBM92] IBM Corporation. *Multimedia Presentation Manager Programming Reference and Programming Guide 1.0, IBM Form: S41G-2919-00 and S41G-2920-00*, 3 1992.

[IMA92] Interactive Multimedia Association, Compatibility Project, Annapolis, MD, USA. *Request for Technology: Multimedia System Services, Version 2.0, verfügbar über ftp: ibminet.awdpa.ibm.com*, 11 1992.

[KrMa85] Jeff Kramer, Jeff Magee. Dynamic Configuration for Distributed Systems. *IEEE Transaction on Software Engineering*, SE-11(4):424–436, 4 1985.

[LiLa73] C.L. Liu, James W. Layland. Scheduling Algorithms for Multiprogramming in a Hard-Real-Time Environment. *Journal of the ACM*, 20(1):46–61, 1 1973.

[McRo93] Brian Craig McKellar, Jan Roos. Buffer Management in Communication Systems. *Technical Report 43.9312, IBM ENC, Heidelberg, Germany*, 1993.

[Mill90] David L. Mills. On the Accuracy and Stability of Clocks Synchronized by the Network Time Protocol in the Internet System. *Computer Communications Review*, S. 65–75, 1990.

[MKSD90] Jeff Magee, Jeff Kramer, Morris Sloman, Naranker Dulay. An Overview of the REX Software Architecture. In *2nd IEEE Computer Society Workshop on Future Trends of Distributed Computing Systems*, 10 1990.

[NaSm92] Klara Nahrstedt, Jonathan M. Smith. The Integrated Media Approach to Networked Multimedia Systems. 2 1992.

[RAA+90] M. Rozier, V. Abrossimov, F. Armand, I. Boule, M. Gien, M. Guillemont, F. Herrmann, C. Kaiser, S. Langlois, P. Léonard, W. Neuhauser. Overview of the Chorus Distributed Operating System. *Chorus Systémes CS/TR-90-25*, 4 1990.

[RBH94] Kurt Rothermel, Ingo Barth, Tobias Helbig. CINEMA - An Architecture for Configurable Distributed Multimedia Applications. In *Architecture and Protocols for High-Speed Networks*, O. Spaniol, A. Danthine, W. Effelsberg. Kluwer Academic Publishers 1994, S. 253-271.

[RoHe94a] Kurt Rothermel, Tobias Helbig. Clock Hierarchies: An Abstraction for Grouping and Controlling Media Streams. *Technical Report 2/94, University of Stuttgart*, 4 1994, (zur Veröffentlichung eingereicht).

[RoHe94b] Kurt Rothermel, Tobias Helbig. ASP: Adaptive Synchronization Protocol for Continuous Data Streams. *Technical Report 14/94, University of Stuttgart*,12 1994.

[RRVK92] P. Venkat Rangan, Srinivas Ramanathan, Harrick M. Vin, Thomas Kaeppner. Media Synchronization in Distributed Multimedia File Systems. In *Proceedings of the 4th IEEE ComSoc Int. Workshop on Multimedia Communications, Monterey (CA), USA*, S. 315–324, 4 1992.

[Shap86] Marc Shapiro. Structure and Encapsulation in Distributed Systems: The Proxy Principle. *Proceedings of the 6th International Conference on Distributed Computer Systems*, 5 1986.

[Sche94] Volker Scheel. Ausgabesynchronisation und Skalierung gespeicherter multimedialer Datenströme CINEMA. Diplomarbeit, University of Stuttgart/IPVR, 3 1994.

[Topo90] C. Topolcic. Experimental Internet Stream Protocol, Version 2 (ST-II). *RFC 1190*, 10 1990.

[VHN92] Carsten Vogt, Ralph G. Herrtwich, Ramesh Nagarajan. HeiRAT: The Heidelberg Resource and Administration Technique - Design Philosophy and Goals. *IBM ENC Technical Report No. 43.9213*, 1992.

[ZDE+93] Lixia Zhang, Steve Deering, Debora Estrin, Scott Shanker, Daniel Zappala. RSVP: A New Resource ReSerVation Protocol. *IEEE Network*, 9 1993.

Modelling Interaction with HyTime

Stefan Wirag, Kurt Rothermel, Thomas Wahl
Universität Stuttgart
Institut für Parallele und Verteilte Höchstleistungsrechner
Breitwiesenstr. 20-22
D-70565 Stuttgart

email: {wirag, rothermel, wahl}@informatik.uni-stuttgart.de

Abstract: Interactive multimedia presentations are an essential issue in many advanced multimedia application tools. Before presenting multimedia data, media items, interaction types and synchronization constraints have to be specified in a multimedia document. This paper identifies and classifies the temporal interaction types in multimedia systems, and shows their impact on the specification process and the supporting system. Then, we describe how to specify the interaction types by using the standardized multimedia document language HyTime. The HyTime mechanisms are demonstrated by examples followed by a discussion of the advantages and limits of each technique.

1 Introduction

With the emerging multimedia technologies, more and more application tools are developed to process and present multimedia data. Generally, multimedia data are stored as multimedia or hypermedia documents using a proprietary format [Appl91], [BuZe93], [BHL91], [LiGh90]. The result is that tools of different vendors or developer groups cannot exchange their documents without a format conversion. Converting document formats is expensive if possible at all. A general document standard for multimedia would alleviate this problem.

HyTime [HyTi92] defines a standardized language for specifying the essentials of multimedia documents, such as addressing documents or defining temporal constraints. When developing our multimedia presentation system TIEMPO[1] [WaRo94], we considered HyTime as a document model. The architecture of HyTime is described by [Gold91] and [NKN91]. Further, [Erfl94] examined how to specify synchronization constraints in HyTime but he excludes the question how to specify interaction. As multimedia application tools increasingly support interaction, this question becomes a crucial issue in multimedia documents. Specifically, those interaction types that affect the synchronization constraints are critical because the predefined presentation schedules specified in HyTime might be modified in case of an interaction.

Although HyTime does not provide any direct mechanisms to express interaction, there are generic mechanisms that can be used for modelling interaction since HyTime is an encompassing standard. Therefore, this paper examines the mechanisms of HyTime, shows how interaction might be expressed and describes specification techniques that exceed the approaches of [KRRK93] and [BRR94].

In section 2, we identify the interaction types affecting the HyTime schedules, and describe the issues for the specification and the system support of the interaction types. Section 3 introduces the essentials of HyTime. HyTime mechanisms to support interaction are presented in section 4

1. TIEMPO: grant of the Deutsche Forschungsgemeinschaft DFG
Temporal integrated model to present multimedia-objects

followed by section 5 giving example specifications of the interaction types in HyTime. Finally, we summarize the results.

2 Interaction

Various methods exist to interact with a system during a multimedia presentation. A user might resize a presentation window or control the volume of an audio channel. Some of the interaction types affect the temporal layout of a multimedia presentation. E.g. pushing the pause-button delays future events, or with the fast-forward-button future events occur earlier than originally scheduled. Interaction types that affect the temporal layout of a presentation are critical because most multimedia presentations include a schedule of all events within the presentation. Thus, interaction might result in several changes of the presentation schedule because events have to be rescheduled, new events are added or other events are no longer valid and have to be removed from the schedule.

In this section, we identify the interaction types with a temporal impact. Then, the issues of specifying and executing multimedia presentations are discussed in respect to the interaction types.

2.1 Interaction types

Table 1 summarizes the interaction types with a temporal impact on multimedia presentations. The interaction types are described by their name, symbol and their impact on the presentation speed. The symbol represents the default presentation trace by a grey arrow and the modification of the trace by a black arrow. Multimedia applications can be classified according to the interaction types that are offered when presenting documents. The fourth column of table 1 indicates which interaction type is included in which class. Hence, the lower class interaction types might be included in the higher classes.

interaction type	symbol	presentation speed	class
start	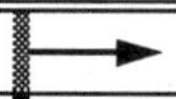	$v_{new} = v_{default}$	basic
stop	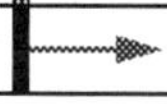	not defined	linear directed
pause	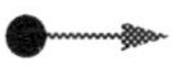	$v_{new} = 0$	linear directed
continue		$v_{new} = v_{before\_pause}$	linear directed
faster		$v_{new} = sign(v_{before}) * \lvert v_{before} \rvert ++$	linear directed
slower		$v_{new} = sign(v_{before}) * \lvert v_{before} \rvert --$	linear directed
reverse		$v_{new} = -v_{before}$	linear undirected
jump		$v_{new} = v_{before}$	linear undirected
selection	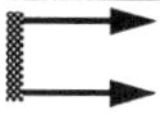	$v_{new} = v_{default}$	non-linear

Table 1: Classification of interaction types

A first class of multimedia presentation systems does not provide any interaction during the presentation. But still a start-mechanism is needed to produce any perceivable output. Therefore, *start* is an essential interaction type of any presentation system. In a second class, the presentation speed can be varied by interaction types such as *faster, slower pause, continue* or *stop.* However, the direction of the traversal through the multimedia document remains forward during the entire presentation. For this reason, this class of systems is called *linear directed.* More advanced presentation systems also allow to reverse the presentation direction or to jump to another part within the document. So, the sequence of the presented events is no longer predefined. But still the default presentation of a document is linear, i.e. all events are totally ordered. Therefore, this class is called *linear undirected.* The most comprehensive class of systems additionally provides the selection-interaction, by which the next media item can be chosen from a list of items. The path through a multimedia document with selection-interaction is no longer predefined. A variety of paths are possible. So, the selection is a *non-linear* interaction type.

2.2 Specification of interactive documents and system support

The basic class of presentations without any interaction except the start-command can be specified by using real time synchronization constraints since all events except the start are preknown and predictable. Also once the presentation is started, the supporting system can meet all synchronization constraints by prefetching all necessary presentation data.

The non-basic classes of presentations are specifiable by real time constraints because the duration of a presentation segment might vary due to interaction such as pause slower, faster, etc. Therefore, the concept of virtual [HyTi92] or logical time [Lamp78], [AnHo91], [RoHe94] was introduced. The presentation data is considered as a totally ordered sequence of information units. Then, the logical time is defined by the sequence of information units. A logical time unit can be given in frames, samples, bits, bytes or simply an abstract unit. Now, synchronization constraints are specified in terms of logical time units. However before rendering such a document, its logical time has to be mapped to real time. Figure 1 shows how the mapping is done in the basic, the linear directed and the linear undirected class. Each point in real time is assigned the multimedia data that is rendered at that time.

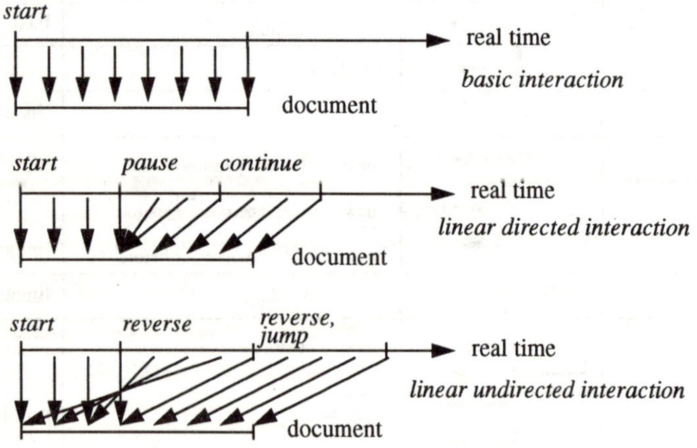

Figure 1: Mapping logical time to real time

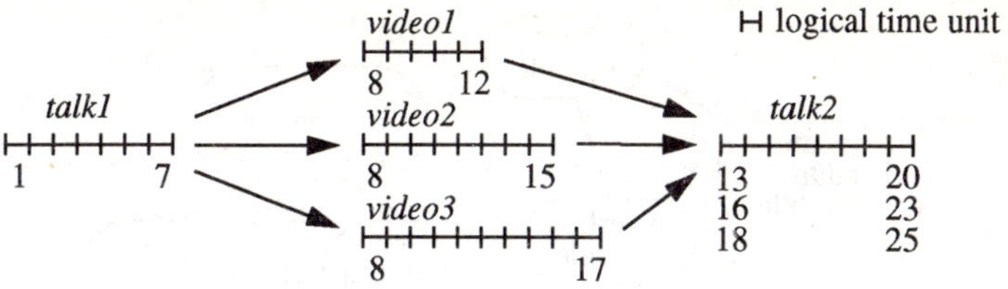

Figure 2: Non-linear interaction

Executing a presentation of the linear directed class can be implemented fairly easily as the supporting system knows at any time what presentation data might be rendered next. This holds because the rendering direction of a linear directed document is always forward.

Implementing the linear undirected class is more sophisticated because several presentation data units might be rendered next depending on the interaction events that occur. In case of the reverse interaction, the system might present either the last data unit or the next data unit depending on whether the reverse-button was pressed or not. In case of a jump, the number of possible data units to be rendered next is theoretically infinite.

The most complex class, a non-linear presentation, cannot be specified on a single logical time line as it is not known which selection will be chosen by a user. E.g. figure 2 shows a scenario in which a first talk is followed by a selected video and then by a second talk. Depending on the duration of the selected video, the sequence numbers of the logical units of the second talk are different. So, there is not a unique document time. Then, synchronization constraints cannot be aligned on a single logical time axis. Implementing selection, prefetching of presentation data by the supporting system is not trivial because several data units are in question to be presented next depending on the number of options offered by the selection. This can vary from a few to a theoretically infinite number of choices.

3 HyTime

Any platform for hypermedia applications might have its own proprietary method of representing documents. Thus, it is difficult or even impossible to interchange documents created by different applications. Therefore, HyTime (Hypermedia/Time-based Structuring Language) was developed as an international standard [HyTi92] for structured representation of hypermedia documents for integrated open hypermedia applications. It is an SGML (Standardized Generalized Markup Language) application and is interchanged using ASN.1 for OSI-compatibility.

A hypermedia document is a set of documents and other information objects connected by links. When the definition of a document type is created, content and rendering instructions are distinguished. HyTime standardizes those facilities dealing with the addressing of portions of hypermedia documents and their component multimedia information objects including the linking, alignment and synchronization of document items. HyTime does not standardize the data content notation, the encoding of the information objects or the application processing them. The HyTime standard does not impose any particular implementation architecture, and it is possible to integrate HyTime-processing in application programs if desired. The HyTime architecture is modular and only the required facilities need to be implemented. The HyTime standard consists of the following modules: The *base module* specifies the basic issues. The *location address module* specifies the addressing facilities. The *hyperlink module* specifies the hyperlink

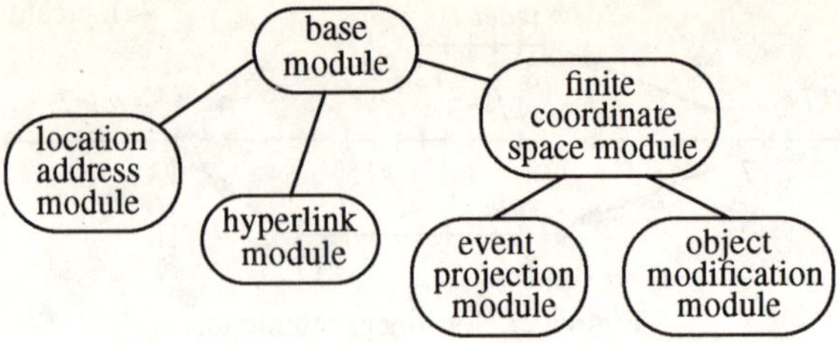

Figure 3: HyTime modules [NKN91]

facilities and the *finite coordinate space module* deals with the position of objects in space and time and their modification. Figure 3 shows the relations of the modules.

A brief description of the HyTime features that are useful for the specification of interaction is given in the following sections.

3.1 Document structure

The architecture of an SGML document is expressed in its Document Type Definition (DTD). The syntax is expressed as a set of elements, each with its own generic identifier, a set of attributes and the content model, which determines the data types to be used in the element. The HyTime standard defines element types called *architectural forms* (AF) identifiable by the attribute HyTime. By including the attribute HyTime and conforming to the model of a particular HyTime architectural form, document authors can create derived element types with specific semantics. Additionally, attributes can be inserted containing information according to the semantics. Using AF's and derived element types, document authors can create DTD's which incorporate only those semantics of HyTime that are needed.

3.2 Control flow

HyTime documents are interpreted by a HyTime-engine. If a HyTime document is ready to be processed, the application calls the HyTime-engine which in turn calls the SGML-parser. The parser notifies the HyTime-engine about anything important. The HyTime-engine performs address resolution, linking, alignment and synchronization and passes the entire output of the document back to the application controlling the presentation. The flow through a hyperdocument is controlled by an application program and can be modified by scripts that are embedded within a hyperdocument. The application calls programs which interpret the scripts.

3.3 Temporal relations

In HyTime, an object is a piece of information of any type. An object may consist of data such as video, audio, graphical objects or text. To position objects in space and time, HyTime uses a *finite coordinate space* (FCS). A FCS is described by *axes*. Any FCS establishes a specific measurement domain with a reference unit defined for each axis. Objects in a HyTime finite coordinate space occur as the content of *events*. An event is a conceptual frame for an object. Each event has a dimension specification that represents its position and extent on the coordinate axes of the FCS. Elements of the type *dimref* allow to position events dependent on other events. An application might associate synchronization constraints with these relations. If the determination of the dimension specification of events requires complex computations *marker functions* can be applied. Such a function computes the position or extent of an event on one axis. Events are organized in *event schedules*. A FCS may contain any number of event schedules, and each event schedule may contain any number of events.

The event projection module of HyTime provides the facility to project events from one FCS to another FCS. Thus, event projection might be used to extract a specific part of an object or to modify the presentation speed of an object. The projection is performed by a projector which can be defined in a notation unknown to the HyTime-engine. In this case, the HyTime-engine asks the application to determine the location and extent of the projected events. Simple projection types can be expressed applying marker functions, such as the projection by a constant ratio. Projectors are organized in schedules called *baton.* A *batrule*-element must be used to express the relation of a baton, unprojected event schedules, and projected event schedules. All event parts in the related unprojected schedules that are within the specified projector-scope of the projector are published to the projected event schedules. Additionally, projected event schedules can contain events which are not derived from projections. Simple specification examples for projections and synchronization constraints are found in [Erfl94].

3.4 Links

The hyperlink module of HyTime provides various link types. Links can be used to describe relations between any kind of objects. HyTime knows two major link types: *Contextual links* (clinks) describe a relation between two objects. One link-end is the content of the link element and the other link-end is an arbitrary object. *Independent links* (ilinks) represent a general form of a link which can have any number of link-ends. With *independent links*, roles can be defined assigning semantics to anchors.

4 HyTime techniques to specify interaction

Analyzing the effect of the interaction types introduced in section 2 in respect to their specification, the following is observed: The basic interaction *start*, the linear directed interaction *stop* and the non-linear interaction *selection* change the object set currently presented. For new objects appearing as the result of an interaction or the remainder of objects which is rendered different as the result of the interaction events have to be specified that are positioned at the current rendition instant of the time axis. With interaction affecting events representing continuous media items the context of the media item has to be preserved. These effects require that interactive documents contain temporal relations which are resolved during rendition. HyTime gives little support to specify relations which cannot be bound to well-known instants. Thus if interaction should be integrated, HyTime extensions are needed. In this section, we describe what HyTime facilities can be used and which extensions are necessary to model temporal interaction.

4.1 Alternative schedules

In HyTime, events which describe the occurrence of objects in an abstract manner are organized in schedules. Such a schedule determines the presentation for a temporal interval. This interval is normally determined by the start time point of the first event and the end time point of the last event in the schedule. In documents with interaction facilities, multiple alternative renditions are possible. In HyTime, such alternatives can be specified applying a schedule for each particular rendition. Thus each time an interaction occurs, the rendition of the current schedule is aborted, and the rendition continues in the schedule that represents the interaction effect. Enabling interaction in HyTime and a mechanism to switch schedules on interaction are prerequisites of this approach.

HyTime does not deal with user input like mouse clicks or key pressings. Nevertheless, possibilities to interact must be offered to the user, such as buttons, keys or slide-bars. Input facilities which have to be displayed on the screen might be specified as HyTime events. We call such events interactive events. Element types for interactive events with a defined semantics can be derived from the AF *event*. An element type of a simple label-button event might be:

```
<!element button - 0 empty>
<!attlist button
      label        CDATA        #REQUIRED
      HyTime       NAME         #FIXED event
      id           ID           #IMPLIED
      -- exspec attributes --
>
```

The *label*-attribute determines the text that appears within the button. The *exspec*-attributes describe the position and extent of the button event. The *HyTime*-attribute specifies that this element type is derived from the AF event. The *id*-attribute identifies an element of this type. The element type has no content.

Hyperlinks are used to define an action which has to be performed if the user applies an interactive event. These hyperlinks relate an interactive element with a schedule that contains the interaction affect. For this purpose, a link element type with special semantics might be derived from the HyTime *ilink*-AF:

```
<!element slink - 0 empty>
<!attlist slink
      HyTime       NAME         #FIXED ilink
      id           ID           #IMPLIED
      anchrole     NAMES        #FIXED "SOURCE TARGET"
      linkends     -- reftype(event), reftype(evsched) --
                   IDREFS       #REQUIRED
      trigger      CDATA        #REQUIRED
>
```

The *anchrole*-attribute defines the number of link-ends referenced by the *linkends*-attribute and assigns a semantics to them. Links of this type might have the semantics to continue the rendition in the schedule referenced by the TARGET link-end if the *trigger* condition becomes true on the interactive event referenced by the SOURCE link-end. Defining *slinks* with different trigger conditions relating different schedules, multiple user interaction can be defined with the same interactive event.

In [KRRK93], a DTD for a slide show is described allowing to move to the next slide interactively. In this DTD, links have a similar semantics as the link defined above. Figure 4 shows the link connections of the example. Each slide schedule contains a button event and a slide event. The button event is linked to the subsequent schedule. The link is traversed to find the following slide schedule if the button is pressed.

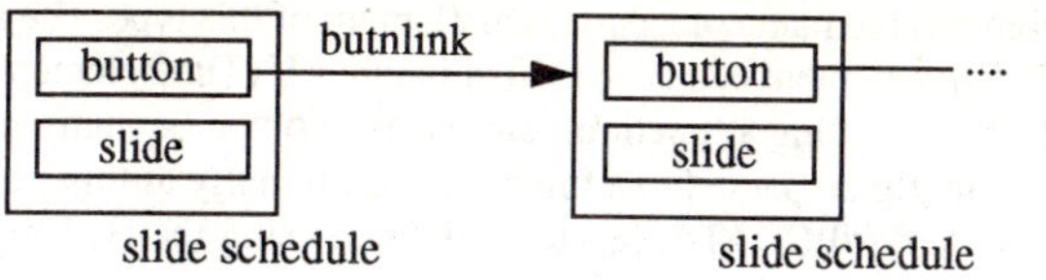

Figure 4: Generic interaction example

The introduced method to model interaction is sufficient if the switching of schedules is context free according to the contained media items, i.e. a media item occurs only in one schedule and the presentation time of each schedule is completely determined by interaction. Thus, no explicit temporal specification is needed. If this condition does not hold, the necessary mapping from logical time to real time shown in section 2.2 has to be specified. Since the interaction time points are not fixed before interaction really occurs, positioning of events must be possible according to the current presentation state. Because temporal specifications in HyTime can only refer to well-known time points extensions are necessary. For example, integrating application specific attributes in derived element types to specify dynamic temporal behavior. The disadvantage of this technique is that also synchronization constraints have to be defined by application specific means. Further, the definition of alternative renditions by different schedules is not applicable with infinite interaction effects. For example, if the presentation speed of a media item can be manipulated by a slider, any speed within a certain range is acceptable. The specification of such a behavior requires additional mechanisms.

4.2 Integration of scripting languages

Interaction requires additional processing descriptions within HyTime. Therefore, scripting languages such as HyperTalk might be integrated to describe actions to be executed on interaction. It is possible to define element types for scripts which can be added to any DTD by creating new document elements in the appropriate places [BRR94]. Such script elements are treated as media objects which cannot be interpreted by the HyTime-engine, and therefore would be passed on to the processing application for interpretation.

Generally, all interaction affects can be defined using scripts. For example, the application can maintain and control temporal relations apart from the HyTime-engine by including the temporal information within scripts. However, this may lead to consistency problems because HyTime also provides a mechanism to specify synchronization constraints. Thus, it might be better to apply as many HyTime constructs as possible and extent those constructs by scripts if necessary. E.g. the events of a schedule which is rendered according to interaction have to be positioned at the current instant in the FCS. This can be done specifying the position of events by derived marker function elements which contain a script processing the current instant in the FCS. A derived marker function element type which integrates scripts might be defined as follows:

```
<!element ScFunk      -- Function returns an axis marker --
                      - 0 (#PCDATA) >
<!attlist ScFunk
      HyTime          NAME       #FIXED markfun
      fn              NAME       #IMPLIED
      usefn           NAME       #CONREF
      args            -- lextype((snum|IDREF), (s+, (snum|IDREF))*)
                      CDATA      #IMPLIED        >
```

The attribute *fn* contains the name of a particular element of this type. The attribute *usefn* allows that a particular *ScFunk* element can be specified in other HyTime elements. This has the effect of a function call. When calling a function, references to other elements and numbers specified in the attribute *args* might be passed to a function. Additionally to this element type definition, the syntax of the content (#PCDATA) has to be defined using the HyTime lexical model notation. This syntax has to be conform to the used scripting language. During the rendition of a document, *ScFunk*-elements are passed on to the processing application for interpretation. The advantage of this technique is that the HyTime-defined synchronization mechanisms can be used with *ScFunk*-elements specifying the position and extent of events.

To determine the current instant in a FCS when positioning an event, context information has to be collected during the rendition of schedules. Element types with a special semantics can be derived from HyTime AF's (e.g. evsched*)* or scripts can be added to DTD's that describe how context information should be collected and processed by the application. Context information is stored within scripting language elements such as variables or application specific SGML elements. References identifying context information are passed on as input arguments to *ScFunk* elements.

To apply this method, late computation of event extents and schedules must be given because the needed context information is only available during the rendition. Integrating scripts in the link elements which relate interactive events with schedules, side effects can be defined that affect according to the interaction the rendition of the following schedule. Thus, it is possible to specify also infinite interaction affects.

4.3 Projection

If continuous media items are scattered over several schedules, it is not sufficient to position the remainder of objects in an event at the current instant because the determination of the remainder is context sensitive. Thus, it is necessary to specify explicitly the mapping of logical time to real time at event level. Figure 5 shows the necessary mapping for a continuous media item according to some speed modifying interaction. Such a mapping can be specified by a script or the projection facility of HyTime can be applied. The usage of a script requires to define actions equivalent to a HyTime projection. To avoid such an overhead, it might be more effective to use the projection facility. The mapping requires two FCS. The projected FCS represents the real time. An unprojected FCS contains schedules with events organized as if temporal interaction is not possible. It is the coordinate system for logical time. Since the projector-scope can contain several events, all events that are affected by an interaction can be mapped by one projector. Synchronization constraints between events can be specified by *dimref*-elements. The required projection from a schedule in the unprojected FCS to a schedule in the projected FCS is context

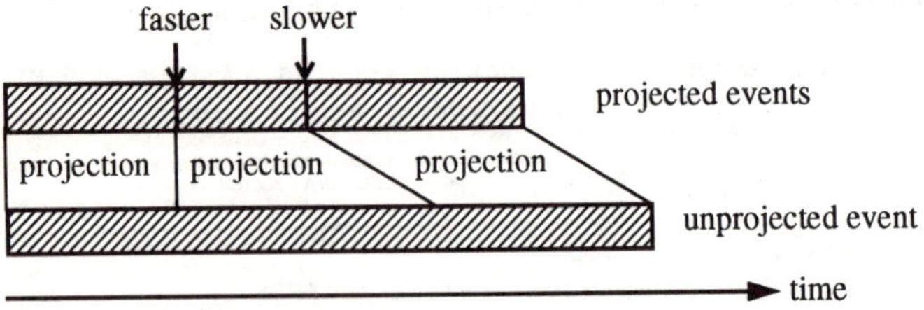

Figure 5: Projection of continuous media items

sensitive. The position of the projector and the projector-scope has to be defined according to the already presented media item parts. *ScFunk*-elements applying context information can be used to specify such behavior. For complex non-linear projections the effect of the projection has to be specified by a projection function containing a script. The integration of scripts is done in the same way as with marker functions.

5 Modelling the interaction types

In this section, we describe how the interaction types introduced in section 2 are represented by the described means. Generally, alternative schedules connected by links are used to specify different renditions. Projections are used to specify the effect of interaction with continuous media items. To position events and projections in a context sensitive way, we use *ScFunk*-elements integrating scripts that apply context information.

5.1 Processing of context information

The current instant in the FCS representing the real time can be computed by summarizing the real rendition times of the already presented schedules. The current instant in the FCS representing the logical time can be computed as follows:

$$CTu(1) = 1, \qquad CTu(i+1) = CTu(i) + \frac{STp(i)}{SF(i)}, \qquad i = 1, 2, \ldots$$

This formula returns the instant in the unprojected FCS that was not reached during the projection of the previous schedule *i*. It is computed recursively from the start time of the last presented schedule in the unprojected FCS and the presentation time *STp(i)* of the last projected schedule in the projected FCS divided by the factor *SF(i)* that was used to scale the projection of the last schedule. Thus, the required context information is the real rendition time of each projected schedule which has to be collected by the application. An application specific element type *variable* is defined to store the collected information:

```
<!element variable - 0 (#CDATA)>
<!attlist variable
      id            ID            #IMPLIED
>
```

Elements of this type behave as variables. The content of the element (#CDATA) represents the variable value. During the rendition of a document the variable value has to be maintained in the application. The content of a *variable*-element is specified in the document represents the initial value. To resolve the recursive formula, we use a *variable*-element *ctp* which contains the accumulated rendition times of the already presented schedules, an element *cts* that contains the real rendition time of the last presented schedule, and an element *ctu* which contains the value *CTu*. Scaling factors occurring with speed modifying interaction might be integrated in a document specifying different projectors. If an indefinite number of speeds are possible, another variable can be used to store the information.

An element type *intevsched* derived from the AF evsched which has the semantics to count the rendition time of its presentation is applied. Additional attributes in the *intevsched*-type reference the *variable*-elements that represent the context information. Schedules of type *intevsched* contain the semantics to add the value of *cts* to *ctp* if the rendition of a schedule is aborted. If the rendition of a schedule starts, the value of *cts* is set to zero. The variable *ctu* is updated during the computation of the projector-scope. *ScFunk* elements are used to position events and projectors. The scripts in these functions define the necessary operations to deal with the context information stored in *variable*-elements. Generally, we need a ScFunk *CTp* which returns the current instant of the projected FCS contained in *ctp* and a ScFunk *CTu* that returns the current instant of the unprojected FCS.

5.2 Specification of interaction

The interaction types *start, selection* and *stop* modify the set of presented media items. For any possible combination of events that might occur according to interaction, one schedule has to be used. *slink*-elements connect interactive events and schedules. To position discrete events which are continued in the subsequently presented schedule, the marker function *CTp* is used. The projection is applied with events representing continuous media items. The projector-scope is positioned with the function *CTu* and the projection with *CTp*. Synchronization constraints are specified by *dimref*-elements.

A *jump*-interaction interrupts the regular flow through a hypermedia document. Several types of jump-interaction exist, e.g. to jump to a particular place in a video. The characteristics of this type is the well-known target of the jump. Another type of jump is relative in time, e.g. the user is not interested in the actual sequence of the video and wants to jump forward by 10 minutes. For both types, projections (Figure 6) have to be applied. In the first case, a projection has to be defined for each particular instant by defining appropriate projector-scopes. In the second case, the position of the projector-scope is determined by the function *CTu* taking the jump-offset into account. The function *CTp* is used to position the projection in the projected FCS.

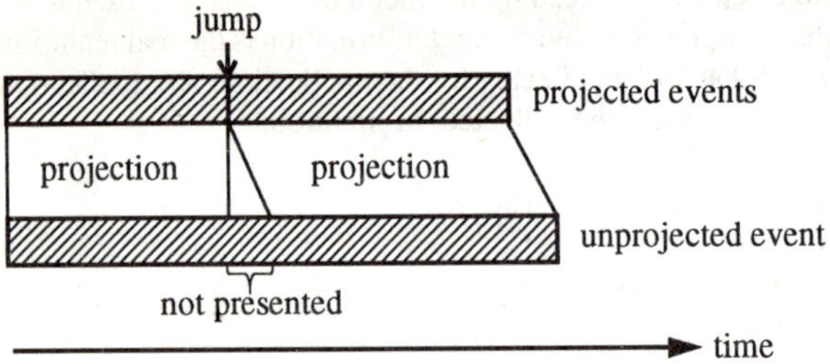

Figure 6: Projection with jump interactions

The *pause*-interaction causes an interruption in the presentation of media items. A subsequent *continue*-interaction continues the presentation of the media items. During a pause, a schedule describing the pause effect is presented. To present the last displayed information during a pause, a projector with a projector-scope extracting this information is applied for the pause schedule. If other media items should be presented during a pause, they have also to be specified in the pause schedule. The function *CTp* is used to position the pause events. On a continue interaction, the old schedule presenting the remainder of the unprojected events is applied.

Faster- and *slower*-interaction cause the speed-up or slow-down of the continuing rendition. Such a behavior is specified applying projectors that scale the projection according to the different speed factors.

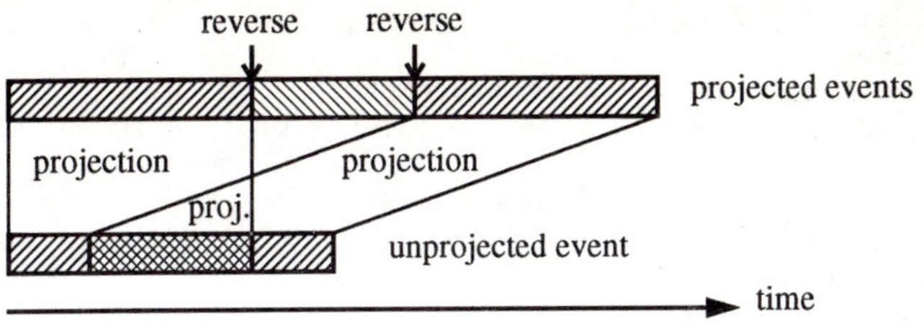

Figure 7: Projection with reverse interactions

Reverse-interaction causes a reversal of the presentation direction. Figure 7 shows the mapping of an unprojected event to projected events if the direction of the presentation is reversed twice. The mapping can be specified by a projector. The position of the projector-scope is the position of the first event in the unprojected FCS. The extent of the projector-scope is the current instant in the unprojected FCS which is computed as described above. The projector cannot be specified applying marker functions because they cannot specify the reversion of the projection direction. Thus, we have to use a projector function which contains a script that describes the reverse mapping of events. However, the mapping has to be done by the application because a reverse mapping is not a standard HyTime projection.

5.3 Specification example

To demonstrate the technique, we present a specification example. This example describes an interactive presentation that displays a video. During the presentation the user can interactively double the speed of the video and afterwards slow-down the speed to the original value. For this purpose, a faster- or slower-button is displayed according to the current speed. A document instance may contain the following lines to describe the temporal behavior:

```
<!-- variables to store context information -->
<variable id="ctp"> 1
<variable id="cts"> 0
<variable id="ctu"> 1

<!-- function returning current position in projected FCS -->
<markfun fn="CTp">
   return getValue(%1);
<\markfun>

<!-- function returning current position in unprojected FCS -->
<markfun fn="CTu">
   setValue(%1) = getValue(%1) + getValue(%2)/%3;
   return getValue(%1);
<\markfun>

<!-- extent list of the unprojected video event -->
<extlist id="vid_ex">
   <dimspec>
      0 -1300

<!-- extent list of the faster button -->
```

```
<extlist id="sfbut_ex">
   <dimspec>
      <markfun usefun="CTp" args="ctp">
      <dimref elemref="video" projectr="prj1" selcomp="qcnt" >

<!-- extent list of the slower button -->
<extlist id="fsbut_ex">
   <dimspec>
      <markfun usefun="CTp" args="ctp">
      <dimref elemref="video" projectr="prj2" selcomp="qcnt" >

<!-- projector scope extent for normal speed -->
<extlist id="proex1">
   <dimspec>
      <markfun usefn="CTu" args="ctu cts 2">
      <dimref elemref="vid_ex" selcomp="last">

<!-- projector scope extent for double speed -->
<extlist id="proex2">
   <dimspec>
      <markfun usefn="CTu" args="ctu cts 1">
      <dimref elemref="vid_ex" selcomp="last">

<fcs id="ufcs" ...> <!-- unprojected coordinate space -->
   <evsched id="upsched"> <!-- unprojected event schedule -->
      <event id="video" extlist="vid_ex" ... >

   <baton id="baton1"> <!-- baton for normal speed -->
      <proscope exspec="proex1">
         <projector id="prj1">
            <extlist>
               <dimspec>
                  <markfun usefn="CTp" args="ctp">
                  <dimref elemref="SCOPE" selcomp="qcnt">

   <baton id="baton2"> <!-- baton for double speed -->
      <proscope exspec="proex2">
         <projector id="prj2">
            <extlist>
               <dimspec>
                  <markfun usefn="CTp" args="ctp">
                  <HyOp name="mult">
                     <dimref elemref="SCOPE" selcomp="qcnt">
                     2
                  <\HyOp>

<fcs id="pfcs" ...> <!-- projected coordinate space -->
   <!-- schedule for normal speed -->
   <intevsched id="psched1" ctp="ctp" cts="cts">
      <button id="sfbut" label="faster" extlist="sfbut_ex">
   <!-- schedule for double speed -->
   <intevsched id="psched2" ctp="ctp" cts="cts">
      <button id="sfbut" label="faster" extlist="sfbut_ex">

<!-- batrule filling psched1 -->
```

```
<batrule evsched="upsched" baton="baton1" pevsch="psched1">
<!-- batrule filling psched2 -->
<batrule evsched="upsched" baton="baton2" pevsch="psched2">

<!-- links connecting interactive events -->
<slink trigger="but_press" linkends="fsbut psched1">
<slink trigger="but_press" linkends="sfbut psched2">
```

First, the variable elements for the context information are defined. Then, the ScFunk functions *CTp* and *CTu* are defined. For demonstration purposes, we use a pseudo scripting language. In scripts, %1, %2, %3 represent parameters which are passed on to the functions when they are called. The temporal position and extent of the video, the buttons, and the projector-scopes are specified by extent-lists (extlist). The extent of the button events is specified by *dimref*-elements that refer to the projected extent of the video event. The FCS *ufcs* represents the logical time and the FCS *pfcs* represents the real time. Two projected schedules are applied to model the two different presentation speeds. *psched1* displays the video with normal speed. *psched2* displays the video with double speed. References to the *variable*-elements that are maintained by *intevsched* schedules are specified applying the additional variables. The processing of the application starts with schedule *psched1*. To describe this, a link which is not contained in the example might be used. *baton1* contains the projector to position the projected events with normal speed. *baton2* contains the projector to position and shrink the video event after an faster-interaction. To position the projector-scope of both projections, the function *CTu* applying the formula in section 5.1 is used. To position the projection, the function *CTp* is used. In the function calls, references to variable elements and scaling factors are specified as parameter using the *args*-attribute of the functions. The *slinks* in connection with the button events have the effect that a pushed button causes the switch of the rendition to the not presented schedule.

6 Conclusion

In conclusion, modelling interaction in HyTime can be done by embedding scripting languages. This method provides a high flexibility but results in the rendering machines being less compatible as the non-standardized scripting languages have to be interpreted by the application. Also, conflicts may arise because several issues, e.g. temporal constraints, can be specified in HyTime and in scripting languages. With applying alternative schedules connected by links and the projection facility, more rendering information can be represented within HyTime. However since HyTime does not provide variables, context information during run time has to be passed from the application to the HyTime-engine. The context information is needed to map the virtual document time to real time by the rendition module.

As HyTime does not supply any predefined architectural forms for expressing interaction, HyTime has to be extended, e.g. by one of the techniques proposed in this paper. But the non-standardized extensions generally result in incompatible implementations of HyTime-engines although compatibility was one of the intentions of the standardization process. Therefore, new interactive multimedia applications require standardized architectural forms with a predefined semantics. Further, it would be advantageous to have HyTime variables to express indeterministic temporal relations [WaRo94], which exist in interactive systems because many temporal relations are not resolved before rendition time due to interactive events.

A Standard Multimedia Scripting Language (SMSL) is currently developed by the International Standards Organization [BRR94]. By SMSL, embedding scripting languages in HyTime might become more attractive. Further, HyTime is not the only approach of standardizing multimedia document data. MHEG (Multimedia Hypermedia Expert Group) [MHEG92] defines an object model for multimedia control data or the scripting language ScriptX is developed by the Kaleida consortium [Kale93]. In contrast to HyTime, these document models explicitly provide constructs to specify interaction.

7 References

[AnHo91] D. P. Anderson and G. Homsy. A Continuous Media I/O Server and Its Synchronisation Mechanism. *IEEE Computer*, pages 51–57, 10 1991.

[Appl91] Computer Inc. Apple. *QuickTime Developer's Guide*. Developer technical Publications, 1991.

[BHL91] G. Blakowski, J. Huebel, and U. Langrehr. Tools for Specifying and Executing Synchronised Multimedia Presentations. *2nd. Intl. Workshop on Network and Operating System Support for Digital Audio and Video, Heidelberg*, 11 1991.

[BRR94] J. F. Buford, L. Rutledge, and J.L. Rutledge. Integrating Object-Oriented Scripting Languages with HyTime. In *IEEE 1st Intl. Conference on Multimedia Computing and Systems, Boston*, pages 456–462. p, 5 1994.

[BuZe93] M. Cecilia Buchanan and Polle T. Zellweger. Automatic Temporal Layout Mechanisms. In *ACM 1st Intl. Conference on Multimedia, Anaheim*, pages 341 – 350, 8 1993.

[Erfl94] Robert Erfle. HyTime as the Multimedia Document Model of Choice. In *IEEE 1st Intl. Conference on Multimedia Computing and Systems, Boston*, pages 445–454, 5 1994.

[Gold91] Charles F. Goldfarb. HyTime: A standard for structured hypermedia interchange. *IEEE Computer*, pages 81–84, 8 1991.

[HyTi92] HyTime. Information technology - Hypermedia/Time-based Structuring Language (HyTime). *ISO/IEC DIS 10744*, 8 1992.

[Kale93] Kaleida. Kaleida, ScriptX, and the Multimedia Market. Kaleida Labs Inc., 1945 Charstom Road, Mountain View, USA CA94043, 1993.

[KRRK93] John F. Koegel, Lloyed W. Rutledge, John L. Rutledge, and Can Keshin. HyOctane: A HyTime Engine for an MMIS. In *ACM 1st Intl. Conference on Multimedia, Anaheim*, pages 129–136, 6 1993.

[Lamp78] Leslie Lamport. Time, Clocks and the Ordering of Events in a Distributed System. *Communications of the ACM*, 21(7):558–565, 7 1978.

[LiGh90] T. D. C. Little and A. Ghafoor. Synchronization and Storage Models for Multimedia Objects. *IEEE Journal on Selected Areas in Communications*, 8(3):413–427, 3 1990.

[MHEG92] ISO/IEC/WD MHEG. Information Technology - Coded Representation of Multimedia and Hypermedia Information Objects. Working Draft 5, ISO/IEC, 3 1992.

[NKN91] Steven R. Newcomb, Neill A. Kipp, and Victoria T. Newcomb. "Hytime", The Hypermedia/Time-based Document Structuring Language. *Communications of the ACM*, pages 67–83, 11 1991.

[RoHe94] Kurt Rothermel and Tobias Helbig. Clock Hierarchies: An Abstraction for Grouping and Controlling Media Streams. Technical Report 2, Universitaet Stuttgart, 4 1994.

[WaRo94] Thomas Wahl and Kurt Rothermel. Representing Time in Multimedia Systems. In *IEEE 1st Intl. Conference on Multimedia Computing and Systems, Boston*, pages 538–543, 5 1994.

A concept for hierarchical, decentralized management of the physical configuration in the Internet

H. Nikolaus Schaller

Lehrstuhl für Datenverarbeitung
Technische Universität München
Arcisstr. 21
D-80290 München
hns@ldv.e-technik.tu-muenchen.de

Abstract

One of the five functional areas of the OSI management framework is the configuration management. In the Internet, the configuration management isn't well developed and is usually restricted to the management of single components. Mainly, proposals for the standardized storage of the physical configuration of a network are lacking. By analysing the configuration information required, a Meta Management Information Base (Meta-MIB) is designed. The design follows the principles of simplicity, generality, orthogonality and compatibility. The Meta-MIB becomes the master data base for accessing the management information of the other functional areas. Several such Meta-MIBs can interoperate to describe large or worldwide Internets of hierarchical and even arbitrary structure. Finally, the prototype of a configuration management system using the Meta-MIB developed in the WILMA project is described.

Keywords: Internet, configuration, hierarchical management, topology, domains, SNMP, Meta-MIB

1. Introduction

One of the five functional areas of the OSI management framework [1] is the configuration management. The configuration management of a communication network is the definition, naming, initialization of components, the control and change of system parameters, the collection of static data of the arrangement and interconnection of the components. The configuration can be subdivided into physical and logical configuration. The physical configuration describes the physical properties (location, size, clock frequency, etc.) of the components (hosts, router, connectors, cables, etc.) and their electrical connections, while the logical configuration controls the initialization, operation modes and data processing function of the components.

The configuration of the network plays a central role for the other four functional areas of the OSI framework, the fault, accounting, performance and security management. Management functions in these areas rely on data about the configuration of the operating network. Because of this, it is essential to develop a general solution for the storage of the configuration, that can be used by these other management applications.

In the Internet, networks are generally realized as decentralized systems (interconnected local area networks) using components of several different manufacturers. This requires an open solution for management systems to cope with this situation. Agent processes running on most components gather and store management information in specialized data bases, the Management Information Bases (MIBs). The Simple Network Management Protocol (SNMP) is used for communicating management data between manager and agent processes, usually using the transport system of the network to be managed. Using SNMP over UDP/IP, the agent of a single Internet component and its management information can be accessed.

But the configuration management has not been well developed yet. In most cases, it provides sophisticated read-out and change of some parameters of single components only, as for example tables in routers or gateways or enabling or disabling some services. Although there are autodiscovery tools for identifying new components, there is no agent assigned to the network as a whole system. Because of this, the topology of the network is not available generally but is stored in most management systems in a proprietary data base (SQL or private access method) or control file of the manager processes. So, its data is only available to other processes that have access to this data base or file. This results in compatibility problems and makes hierarchical management difficult. Even worse, different management systems have to be configured separately to the underlying network topology and the agents available. This reduces the interoperability and leads obviously to unneccessary work, errors and inconsistencies.

Because of this, a new Meta-MIB is to be defined. The design is based on the experiences and results of a diploma thesis [7], in which a Configuration-MIB was developed. It is desired that the Meta-MIB

- becomes the central access point for other management information,
- is unlimited and extensible in the number and type of components that can be managed,
- can be connected and grouped with other Meta-MIBs hierarchically or arbitrarily and allows to address components like in the Domain Name System (DNS) of the Internet [5], [6], and
- remains nevertheless a simple design, that could be standardized for interoperability.

2. Classification of the configuration information of the Internet

Firstly, we have to analyse what the configuration of the Internet is. This resembles the work found in the literature [12], but we specialize and simplify to fit to the Internet and its management architecture.

Principally, we can distinguish between physical and logical configuration[1] on one side and component-related and connection related configuration on the other. Let's look at a local area network like the one shown in Fig. 1 and decide which configuration types can be found.

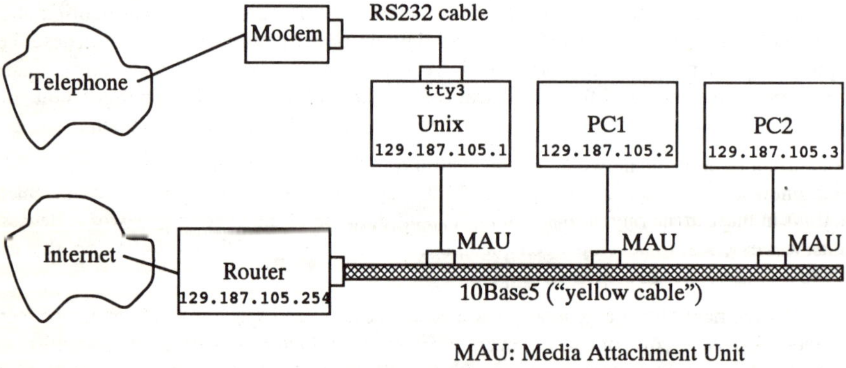

Figure 1: Example of a typical local area network

1. The terms physical and logical are used similar to memory addressing in processors or disk sectors in file systems.

2.1 Physical configuration

The physical configuration is the set of all components of the network and their physical properties, i.e. cables, connectors, devices etc. The technical (logical) function of the components as a computer, router, modem, etc. is not part of the physical configuration, but the length or impedance of a cable, or the clock frequency of a processor. Additionally, we will count the location of any component to the physical configuration, and if a connector is plugged in or not. So we can identify in Fig. 1 three hosts, a router, a modem, a RS232-cable, the MAUs, and the 10Base5 cable as components. Note, that where a component ends and the next one begins is arbitrary and depends on the context we want to describe.

2.2 Logical configuration

The logical configuration is the control of information processing and information transportation processes. This includes the name of the responsible person, the names of components, their Internet addresses, enabling and disabling services, control of data filters, speed of a serial interface, etc. But the availability of services of all kind and their addressing is also part of the logical configuration. This includes program code, file names, service access points, etc. Note, that the management of a component using a protocol like SNMP is also a service (i.e. addressing the agent) that can be configured.

2.3 Determining the physical configuration

While the logical configuration is already available in machine readable form, the physical configuration must be determined, coded and stored by a measurement process, either done manually or automatically. For example, determining the length of a cable can be done manually by the network administrator who types in the results, or automatically by time domain reflectometers. Which method is used for each part of the configuration data will be determined usually by the total cost of the methods.

But it is possible to design an autodiscovery tool or a fault management expert system that concludes from the logical configuration to the physical configuration, while it is usually impossible in the other direction. For example, if an Ethernet connection becomes established, both components must be connected to the cable. And if the fault of a non-responding host occurs, this may indicate a broken cable. But since these conclusions are usually ambiguous, changes of the stored physical configuration should be approved by the network administrator.

The wide used method of blind "ping"-ing Internet addresses also belongs to the measurement processes. The fact, that there is a response is logical information from which we can conclude to the physical presence of some device, but not its physical properties.

2.4 Component-related configuration

Most of the physical and logical configuration can be identified as part of a single component. This suggests to collect this component related configuration and store it in a process running on this component. But not all components have data processing and storage power (e.g. cables, connectors) principally or because of cost reasons (simple repeaters, or the MAUs). For those components, the data has to be stored separately.

2.5 Connection-related configuration

There is also configuration information not related to a single component but to several or even all. This information can be usually broken down to two components having a common relation. Examples are logical connections (i.e. peer-to-peer connection on all layers of the OSI model) and the physical connection between two adjacent components (not to be confused with a direct electrical connection, which may run through several connectors).

There are generally two methods to store these binary relations. One is to assign them to one of the endpoint components or duplicate the data and assign it to both. The other method is to keep the connection-related configuration completely separated from the component related configuration data.

3. Internet management with SNMP

Now, let's have a look at the Internet, the Internet management, and by which means the configuration is managed presently.

3.1 MIBs, agent and manager processes

The Internet management architecture assumes, that each manageable component runs an agent process. This agent retrieves the management data from the component to be managed and presents it to the manager process in the structured form of a Management Information Base. This MIB stores objects with several data types (integers, counters, strings etc.). Each object has its unique name, the object identifier. Object identifiers are registered in a tree structure, the object registration tree. Some branches of the MIB tree are standardized (the MIB-II for example [4]), while others are defined by the manufacturer of the component (enterprises subtree).

Usually, the contents of a MIB refer to data and controls of the component the agent runs on. But there are exceptions, for example

- components without enough processing power (repeaters etc.) are managed by a proxy agent,
- subsystems with different management architecture or protocols are accessed through a gateway proxy agent,
- remote monitoring of all traffic on a certain LAN section is stored in the RMON-MIB [11].

The purpose of manager processes are to show a processed view of the raw data in the MIBs to the system or network administrator. For this purpose, the manager process includes a (graphical) user interface, usually an expert system rule interpreter, access to data bases, and access to the agent processes of the network. Typical applications are the display of network, processor, and disk performance graphs, or the indication and alert of faults like non-reachable nodes and defective components.

In the WILMA project, an extended architecture was developed [10], introducing a mixture between agent and manager processes to allow decentralized preprocessing of management information. This is similar to dual-role entities mentioned in [8] or the recursively of managers as described in [2]. These preprocessor processes access other agents like managers do, but are themselves accessible like agents with a function specific preprocessor MIB. The preprocessors don't have an explicit user interface, although some user interface may exist indirectly through a supervisor manager to configure the preprocessor and to read out results.

Currently, a MIB and a preprocessor process for limit checking, history storage and prognosis, and gathering of statistics is developed. Note that in our concept, these functions can be applied to any numerical object in any MIB accessible through the Internet. Other preprocessor functions could include regular rule based fault and security checkups ("Health-MIB").

3.2 Configuration information available in Internet MIBs

There is already configuration information available in the MIBs defined for Internet management. The MIB-II, for example, stores the name of the component, the location, the person responsible, the configuration of traps sent by the agent, and some configuration of the interfaces. The router and bridge MIBs allow to configure the components. The logical configuration of a remote monitor can be controlled through the RMON-MIB.

Regarding other MIBs, many enterprise specific extensions allow to read out the number, name and size of disks connected to the host, and so on.

Using the classification scheme described in section 2 shows, that there is

- some logical and physical component-related configuration information,
- some logical connection-related configuration information,
- no physical connection-related configuration information.

So the new MIB to be developed can rely on the present MIBs and future extensions, which should allow to describe all components (including connectors, cables etc.) in detail.

3.3 The protocol SNMP

The Internet management uses mostly the protocol SNMP (version 1) to communicate management data between managers and agents. This protocol allows to read out single or multiple entries (GET-REQUEST, GETNEXT-REQUEST) from the MIB of an agent process. Changing data in the MIB can be done by a SET-REQUEST. The agent process is usually addressed at port 161 with UDP/IP. To become data representation independent, the Basic Encoding Rules (BER) of ASN.1 are followed.

Usually, agents are polled regularly by managers, but there is the mechanism of TRAPs to alert managers of certain conditions.

A simple security mechanism is included, the community password. A manager uses this password to identify itself to the agents it wants to access. All agents and managers, that know and react to a common password, build up a community. Since the community string is not encrypted, every eavesdropper on the underlying network can catch the password.

4. An abstract model of the configuration of an Internet

Now, an abstract model of configurations of networks is developed. It must be flexible enough to describe any configuration, i.e. the topology and the set of components of a communication network and even the internal busses and modules of the components, if required. The model should already include feature required later on by decentralized management of the Internet but must not anticipate any realization technique. In contrast to the Layered Attributed Graph defined in [12], we use a much simpler single-layer graph, just enough to describe the physical topology.

4.1 Networks

Any network is built up of nodes or components and connections (Fig. 2). Note, that two components may have more than one connection. The size of this network is only limited practically. To describe this network, we have to name the components and to identify the connections uniquely.

4.2 Components and ports

So, we take from VLSI design the concept of modules with connection pins and signals connecting them electrically. This results in the abstract component with several ports and connections between two ports shown in Fig. 3.

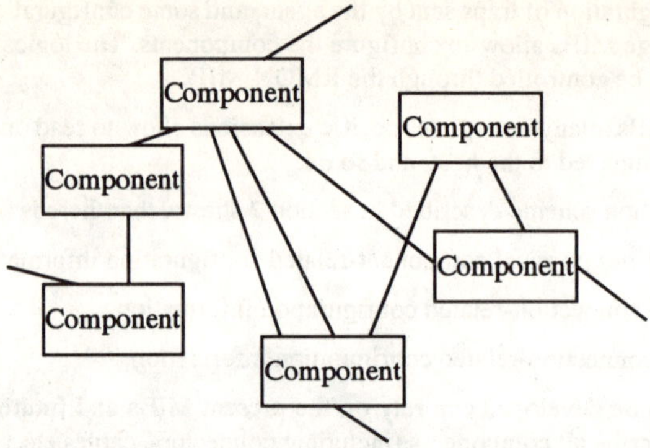

Figure 2: An abstract network of components (compare to Fig. 1)

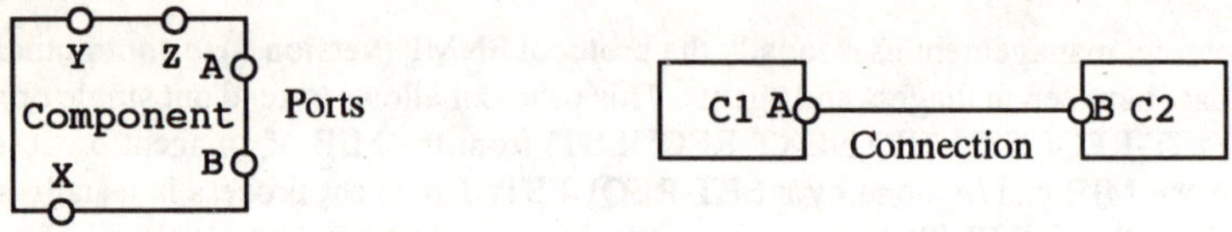

Figure 3: Components, ports, and connections.

A port is an abstract connector of the component. This may be a plug for a single cable, a twisted pair, a bus or the power supply and even - the water connection for cooling a supercomputer. The properties of each port of a component has to be described separately.

Although we are free to think of a connection as a cable (like in VLSI) or just an electrical joining point, we prefer the latter method of description, since it allows us to store the physical properties of cables explicitly like configuration data of any other component. Because a connection can connect just two ports, a solder point connecting several wires or an Ethernet cable with taps has to be described as a component with several ports. Note, that each port may be connected only once.

The names of the ports are arbitrary but must be unique. The choice of a name is sometimes obvious, like the name of the interface of a computer (`tty`, `lan1`, `COM1` etc.). But the ends of a cable for example or a solder joint can be numbered consecutively.

The description of a VLSI chip is clearly a subset of this description technique. So, we can principally describe the internal hardware of components down to any level desired (from printed circuit boards over ICs, logical function units, gates down to transistors), although this is usually not required for management purposes.

4.3 The local domain and the world

It is obviously impractical to handle a wide area network like the Internet with millions of components in a single model. Because of this, we introduce the well known concept of domains (e.g. [2]). A domain is a certain (physical, applicational, management functional, ...) area of responsibility for components and is described by its border to "the outside world". In the example in Fig. 1, the local physical domain ends at the connections to the telephone network and the Internet. To which domain the cables belong, must be defined, of course.

So we can hide all the worldwide Internet (or other networks) in a virtual component (domain) with one or several ports (Fig. 4). To retrieve the topology of the whole Internet, we have to access and expand the models of other domains. This is only possible, if the other domains are

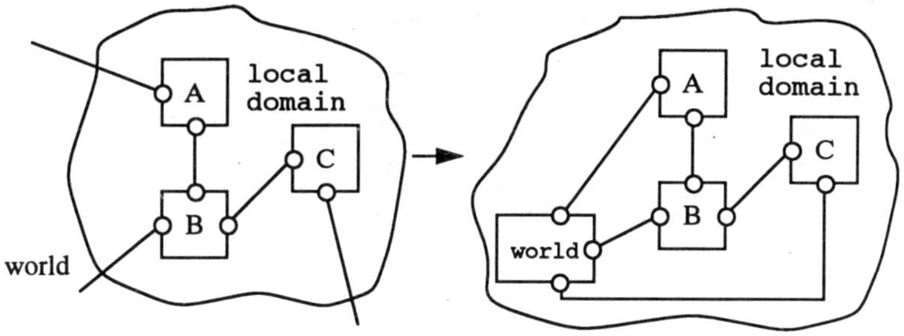

Figure 4: Hiding the outside world in a single component

modelled with the same graph structure and the access methods to these graphs are standardized. This is proposed to be done for the Internet by using the Meta-MIB developed in section 5.

4.4 Subdomains

The same scheme can be used to introduce arbitrary subdomains, i.e. to split up the network into pieces stored in several network models. This feature may be used for decentralized storage of a large scale network topology. The principle is shown in Fig. 5 where a subdomain becomes an explicit component in the superdomain and vice versa.

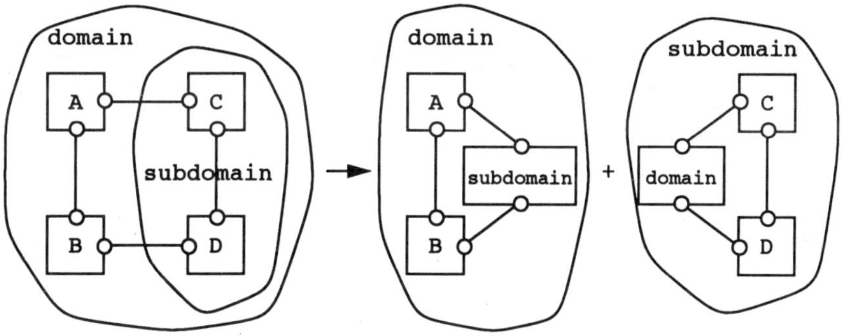

Figure 5: Defining subdomains to separate storage

This splitting up of domains leads naturally to a tree structure representing a hierarchy of domains [2], which is well known from the Domain Name System (DNS) [5], [6]. An example is shown in Fig. 6. But note, that it was an arbitrary choice in this model to use the same domains and identifiers as in the DNS and to use a tree structure at all.

This hierarchy can go down to the single network component, resulting in a very natural mapping of the data storage to the network components itself. Each network component will then store just its physical components (cable, CPU, power connector, keyboard etc.) and a connection to the "world". The bus cable connecting all components in a LAN can be assigned to the domain of one of the components.

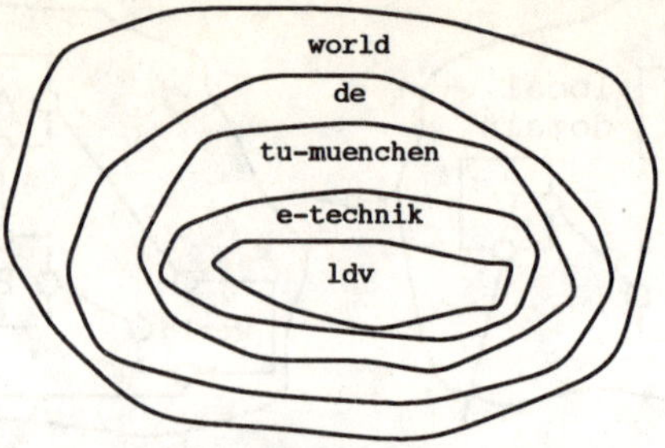

Figure 6: Hierarchy of domains

4.5 Addressing scheme

The naming convention of components can adopt the scheme defined by the DNS. This leads to the following rules:

- A component name consists of one or several substrings separated by dots,
- the last substring identifies a component in the local domain,
- if this component is virtual (i.e. a domain), the other substrings (to the left side) refer recursively to a component in this virtual component, and
- if this component is not a domain, it must be the only substring.

For example, the component `C` in the right part of Fig. 5 is addressed by `C.subdomain` from the local domain and by `C` in the subdomain. Note, that circles are allowed, i.e. `A.domain.subdomain` refers to the same component as `A`. And note, that since there is no root of a distributed network topology, names are always relative to the local domain or must be postfixed by the identifier of an informally defined root.

Ports of a component are specified by addresing the component and adding a colon and the port name, which is an arbitrary identifier. So the connection in Fig. 3 connects `C1:A` and `C2:B`.

5. The Meta-MIB

The Meta-MIB is a data structure for storing a set of components and the physical interconnection topology using the structure of management information defined for the Internet. It is called a Meta-MIB and not a Network-MIB, because we view it as the starting point for accessing other MIBs that are available in the local domain. So it helps to solve the management of the management system.

The design is grouped into four tables, representing a list of components, a list of ports, a list of connections and a list of agents providing further (physical and logical) management information for each component.

5.1 The componentTable(1) and the portTable(2)

The component table has to store the unique component key (an INTEGER), the component name (a DisplayString), the coded component type (an OBJECT IDENTIFIER), an optional description (a DisplayString), and the component status of each component to be referred to.

The component type and status attributes are stored only for making a preclassification. They are primarily intended to be used by display tools to select between different icons and colors. Other management applications may determine the correct component type and the status from the MIBs that are available.

To allow a hierarchical degree of specification, the Meta-MIB proposal (Fig. 7) allows to specify generic as well as specific component types. A computer system may be described as a single physical component or decomposed into CPU, memory, bus, interfaces, keyboard etc. but remember, that the classification as PC or UNIX is logical information handled by a Host-MIB.

```
other(1)
domain(3)
network(4)
    medium(0)
        cable(1)
    layer1(1)
        connector(1)
        repeater(2)
        modem(3)
    layer(3)
        router(1)
computersystem(5)
    central(1)
        cpu(1)
    peripheral(2)
        printer(2)
        keyboard(6)
```

Figure 7: Excerpt from the registration tree for physical component types

Note the values `other(1)`, reserved for any component type not yet defined, and `domain(3)` for describing a different sub- or superdomain. In the latter case, the topology graph describing this domain can be retrieved by finding and accessing the agent responsible for the Meta-MIB of the domain. Remember the addressing scheme proposed in section 4.5.

An example of the contents of the component table is shown below. The "c" is the table column identifier.

OBJ ID	Index(1)	Name(2)	Type(3)	Description(4)	Status(5)
..1.1.c.1:	1	Unix	..5	our central server and modem gateway	3
..1.1.c.2:	2	PC1	..5	the first one	3
..1.1.c.3:	3	PC2	..5	the second one	4
..1.1.c.4:	4	Modem	..4.1.3	high speed FAX modem	3
..1.1.c.5:	5	Phone	..3	the telephone network	3
..1.1.c.6:	6	Ethernet	..4.0.1	our old yellow cable	3
..1.1.c.7:	7	Internet	..3	the "World"	3
..1.1.c.8:	8	Router	..4.3.1		3
..1.1.c.9:	9	RS232	..4.0.1	25 wire RS232	3

Note, that only the index must be unique by definition, but the agent may refuse to store a conceptual row with a component name already in use.

The ports table stores for each component `portComponent(1)` a set of port numbers (`portIndex(2)`) and names (`portName(3)`) and has a very similar structure.

5.2 The connectionTable(3)

This table lists all logical connections between ports of components. A status variable describes the status of the connection, which may be `connected(3)`, `disconnected(4)` or `unknown(5)`. This feature has been added to aid fault diagnosis by broken connections.

Note, that a single connection is identified by two entries in the table to simplify the data retrieval by walking through subtrees. Both entries are distinguished by the sign of the status. It is the responsibility of the agent to mirror the duplicated entry if an entry is modified. In the example shown below, the index numbers are replaced by component and port names.

OBJ ID	Component1(1)	Port1(2)	Component2(3)	Port2(4)	Status(5)
..3.1.c.1.1.6.1:	Unix	lan	Ethernet	tap1	3
..3.1.c.1.2.4.2:	Unix	tty3	Modem	RS232	3
..3.1.c.2.1.6.2:	PC1	lan	Ethernet	tap2	4
..3.1.c.3.1.6.3:	PC2	lan	Ethernet	tap3	3
..3.1.c.4.2.1.2:	Modem	RS232	Unix	tty3	-3
..3.1.c.5.1.4.1:	Phone	line	Modem	line	5
..3.1.c.6.1.1.1:	Ethernet	1	Unix	lan	-3
..3.1.c.6.2.2.1:	Ethernet	2	PC1	lan	-4
		...			
..3.1.c.8.1.6.4:	Router	lan	Ethernet	tap4	3
..3.1.c.8.1.7.1:	Router	net	Internet	connection	3

5.3 The agentTable(4)

The agent table stores the information on agents available in the network. Each component may have no, one or more than one agent handling further management information. An agent process is uniquely identified in the Internet by its IP address and the UDP port. Additionally, an object identifier is stored, describing which MIBs are served by this agent. It is assumed, that the agent can serve all managed objects below the object identifier specified here. Note, that the scheme allows to have several entries with different object identifiers for the same agent. Finding and accessing the appropriate agent from this data is within the responsibility of the manager process using the Meta-MIB.

OBJ ID	Component(1)	Index(2)	ObjId(3)	Address(4)	Port(5)
..4.1.c.1.1:	1	1	1.3.6.1...	129.187.105.1	161
..4.1.c.1.2:	1	2	1.3.6.1...	129.187.105.2	161
..4.1.c.4.1:	4	1	1.3.6.1...	129.187.105.1	161

5.4 Other configuration data

No other configuration data as discussed in sections 2 and 3.2 is stored in a Meta-MIB. Instead of this, the Meta-MIB relies on other MIBs (MIB-II [4], Host, Printer, Bridge, Router, Cable, Connector...) making this configuration data available.

5.5 Using the Meta-MIB for management applications

How can a manager process use the data found in the Meta-MIB? Assume the following example:

- The Network Manager wants to view the number of received IP datagrams of all components in his local domain.

Without a Meta-MIB the Network Manager has to configure his network monitor to the agents available by writing this data into a configuration file. With a Meta-MIB he just specifies the address of the Meta-MIB agent and starts his network monitor. This network monitor start reading out the tables of the Meta-MIB, thus determining the names of the components and how to access the agents responsible. Then, the network monitor starts reading out and displaying the parameter `ipInReceives` of the MIB-II [4] from all agents it is aware of.

The benefits of the Meta-MIB are obvious. The configuration of the Network Monitor became simple and is always consistent with other management tools, like autodiscovery tools and consistency checkers. And if a performance analysis tool requires to accumulate data from all components in its domain and all subdomains, the Meta-MIB approach allows to separate the management of the configuration from the performance management.

6. A prototype realized in the WILMA project

Within the WILMA project [10] at the Lehrstuhl für Datenverarbeitung of the Technical University of Munich (`1.3.6.1.4.1.860`), the Meta-MIB tables described in section 5 have been defined in ASN.1. The ASN.1 source is available via anonymous ftp from

`ftp.ldv.e-technik.tu-muenchen.de (129.187.105.32)`

as the file

`/dist/WILMA/doc/meta-mib.asn1.`

6.1 The Meta-MIB agent

A Meta-MIB agent was realized with the SNMPt toolkit [9], [10] developed at the Lehrstuhl für Datenverarbeitung using SNMPv1. This toolkit is built around the event loop and timer and memory management functions of the X Window System Toolkit (Xt), both for writing agent and manager processes. This allows easy integration with a graphical user interface based on OSF/Motif, if required, and combined manager-agent processes. The resulting program runs on a HP9000/7xx using HP/UX 9.0. The toolkit is available on the ftp server mentioned above.

6.2 A configuration monitor for manual configuration management

In a diploma thesis [3], a configuration monitor was developed. This program allows to access and display the contents of an early version of the Meta-MIB (called CMIB [7]) with a neat layout (Fig. 8). Additionally, it allows to add or remove components and connections through pull-down menus.

It has to be noted, that the configuration monitor is not just a specialized drawing program for component icons and lines connecting them. Rather, it writes changes as abstract data into a Meta-MIB and regularly updates its display from the data found in the Meta-MIB (Fig. 9).

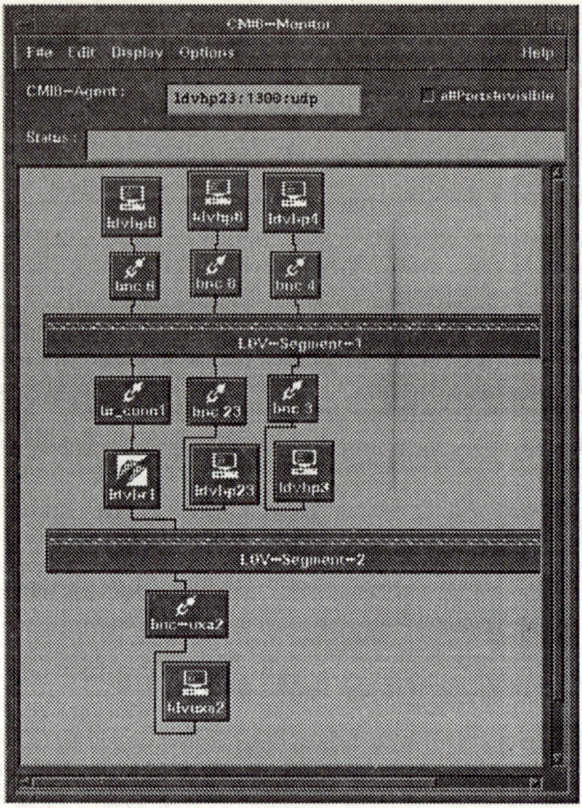

Figure 8: Configuration monitor

This implies, that other manager processes, like an autodiscovery tool, may change the data in a Meta-MIB and the configuration monitor will display the updated configuration. Additionally, all the data entered through the configuration monitor is immediately available to other management processes (e.g. fault diagnosis, performance displays, security manager) and to the autonomous preprocessor agents.

A nice feature is, that several configuration monitors may access the same set of Meta-MIBs to allow cooperative management of the configuration. The synchronization of the managers could be done by registering them in the Meta-MIB agent and sending TRAPs whenever an entry is updated. Unfortunately, errors by overlapping and conflicting modification requests can not be avoided, since transaction monitoring and interlocking are not supported by SNMP.

7. Further considerations

The Meta-MIB described so far is just the kernel component of a full scale configuration management system. A Meta-MIB allows to describe network topologies and the set of components and its agents. But it doesn't store any further configuration information of the components itself. This is intentionally left for other component specific MIBs. Some of them have still to be defined, since nobody can tell in detail which configuration data is required by the rich set of different components of a heterogeneous communication network. So we rely on standard MIBs

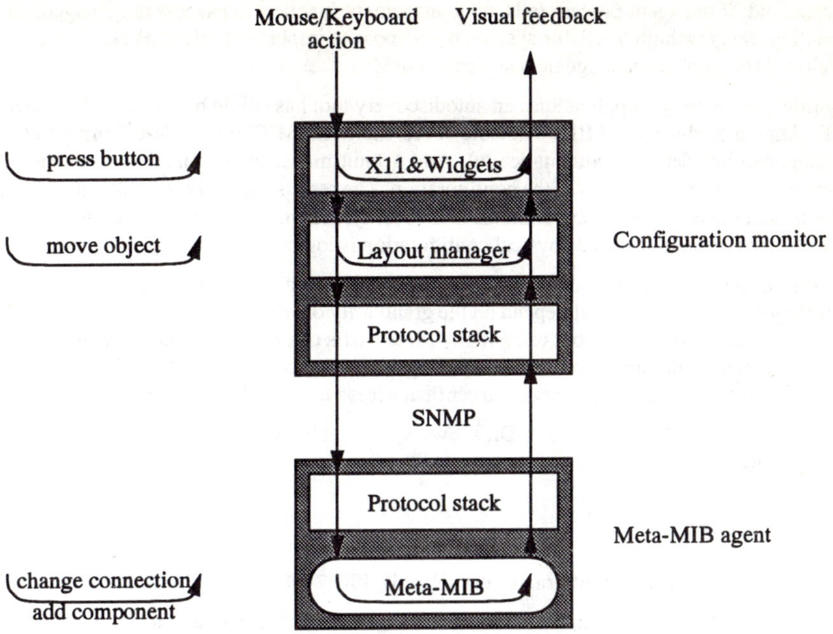

Figure 9: Data flow of configuration display and changes

(MIB-II, Host-MIB) or enterprise specific MIBs. New MIBs could include, for example, a Cable-MIB that stores the type, impedance, length, location, taps, number of wires, manufacturer, date of installation, date of last check, etc. of each cable in the local domain. To display and handle popup windows for the configuration of these components, the configuration monitor can be extended to recognize a certain set of these MIBs.

There is currently much discussion on the new version 2 of SNMP (SNMPv2) [8]. Its main features are an improved adressing scheme (parties), improved table access (GET-BULK), encryption and authentication of protocol data units, filtering and access control of MIB objects (contexts), and manager-manager-communication. Some of these features can be useful for the access of the Meta-MIB as well.

Since the Meta-MIB stores probably large tables, improving the table access improves the overall performance. Encryption seems not to be on high priority, because the data is not very confidential, but authentication can close the crucial security hole of unauthorized changes of the vital information stored in the Meta-MIB.

In the architecture used, all managers communicate by accessing the common data in Meta- and other MIBs, so a distinguished manager-manager-communication is not required at all. Note, that the parties defined in the SNMPv2-PARTY-MIB have a similar function as the agent table of the Meta-MIB regarding the identification of all agents.

On the other side, a major feature of data base management systems, transaction control, is still missing in SNMP and SNMPv2. Transaction control could synchronize simultaneous conflicting read and write access to the tables of the Meta-MIB.

The major drawback of the current implementation of the Meta-MIB agent is the lack of measures against system failure. If the disk used for permanently storing the information gets defective or the agent process is aborted in the moment of writing to the disk, all data of the MIB may be lost. And, if the agent process fails, no management function has access to management information. To get a highly reliable system, we propose to implement this MIB using techniques developed for database management systems (DBMS).

Regarding the manager applications, an autodiscovery tool has still to be developed, that writes its findings into the Meta-MIBs available (even the Meta-MIB agents describing other subdomains can be identified automatically). And a fault management function is planned that identifies or proposes changes of the configuration. The results should be written into the Meta-MIB, so that the contents always conform to the reality. A simple rule based consistency checker could verify, that the stored physical configuration is logically consistent.

An open question is the amount of data that has to be stored for a typical domain of e.g. 100 workstations. Clearly, this will depend on the granularity of specification, which may break the network down to connectors, but using many Meta-MIBs can reduce this problem. The amount of management communication traffic resulting from the access of the Meta-MIBs has to be studied as well, but we think, it is not larger than access to a standard distributed data base.

The author would like to thank Prof. Dr. J. Swoboda and all members of the WILMA-Team for their support.

8. Literature

[1] OSI Management Framework (Part 4), ISO 7498-4/CCITT x.700

[2] Dominique Gaïti, Introducing intelligence in distributed systems management, computer communications, Vol. 17, No. 10, Butterworth-Heinemann, 1994

[3] Tan Kalaycioglu, Entwicklung eines Mónitors für Netztopologien auf der Basis von SNMP, Diplomarbeit, Lehrstuhl für Datenverarbeitung, TU München, 1993

[4] Keith McCloghrie, Marshal T. Rose, Management Information Base for Network Management of TCP/IP-based internets, RFC1213, 1991

[5] Paul V. Mockapetris, Domain Names - Concepts and Facilities, RFC1034, 1987

[6] Paul V. Mockapetris, Domain Names - Implementation and Specification, RFC1035, 1987

[7] Dirk Pelzer, Entwurf und Implementierung einer Configuration Management Information Base für Internet, Diplomarbeit, Lehrstuhl für Datenverarbeitung, TU München, 1993

[8] Marshal T. Rose, The Simple Book, Prentice Hall, 2nd ed., 1994

[9] H. Nikolaus Schaller, The Internet Management Toolkit SNMPt, Technischer Bericht, Lehrstuhl für Datenverarbeitung, TU München, Version 1.4, Nov. 1994

[10] H. Nikolaus Schaller, Das WILMA-Projekt - Statusbericht, Technischer Bericht, Lehrstuhl für Datenverarbeitung, TU München, 1994

[11] Steven L. Waldbusser, Remote Network Monitoring MIB, RFC1271, 1991

[12] Robert F. Valta, Design Concepts for a Global Network Management Database, Integrated Network Management II, 2. ISINM, Washington, Proc IFIP TC6/ WG6.6, Elsevier Science Publishers, 1991

ÜBERLASTABWEHR IN INTELLIGENTEN NETZEN

Frank Erfurt und Ralf Rieken
Siemens AG, Berlin

1. Zusammenfassung

Überlastabwehr- und Lastbeschränkungsmechanismen sind von großer Bedeutung für die effektive Nutzung von Netzressourcen sowie die Stabilität der Netzkomponenten und des Netzes. Das gilt sowohl für die spezifischen Ressourcen des Intelligenten Netzes (IN) als auch für das Basisnetz.

Zentrale Komponenten eines IN-strukturierten Netzes sind Service Control Point (SCP), Service Switching Point (SSP) und Service Management Point (SMP). SSP und SCP sind durch ein CCS#7 Netz miteinander verbunden. SCP und CCS#7 Netz müssen durch den SSP als "Lasterzeuger" vor Überlast geschützt werden. Die eingeführten Methoden Automatic Call Gapping (ACG), Windowing und die Abwehr von Netzüberlast durch die IN Anwendung erfüllen die Anforderungen, die durch einfache Netzarchitekturen (ein SCP, SSP und SCP im gleichen Netz, keine Verwendung von Global Title (GT) Adressierung) gestellt werden.
Bei komplizierteren Netzarchitekturen zeigt es sich, daß die vorhandenen Mechanismen nicht immer ausreichend sind. Existieren in einem Netz mehrere SCP, dann soll nur der Verkehr zum überlasteten SCP ausgedünnt werden. Der übrige Verkehr darf nicht beeinträchtigt werden. Liegen SSP und SCP in verschiedenen Netzen und werden GT verwendet, so kann der SSP bzw. SCP nur einen Teil des Netzes bezüglich Überlast überwachen. Auftretende Netzüberlast kann nicht immer erkannt, und somit nicht immer bekämpft werden. Die aktuellen Standards zu Intelligenten Netzen sehen für diese Probleme keine Lösungen vor.

Dieses Papier diskutiert die Möglichkeiten, die unmittelbar an der IN-Rufbehandlung beteiligten Komponenten SSP, SCP und das CCS#7 Netz durch Verbesserung der vorhandenen und Einführung neuer, zusätzlicher Verfahren wirkungsvoll vor Überlast zu schützen (Behandlung von Überlast des SMP wird hier nicht diskutiert). Es wird gezeigt, daß der ACG-Algorithmus nicht in allen Fällen den Anforderungen genügt. Eine Alternative zum ACG stellt die Verwendung von Leaky Bucket dar.

2. Einführung

Die Einführung von IN hat folgende Hauptziele:

- die schnelle Einführung neuer Dienste und
- eine bessere Nutzung der Netzressourcen.
- Wettbewerb der Dienstanbieter.

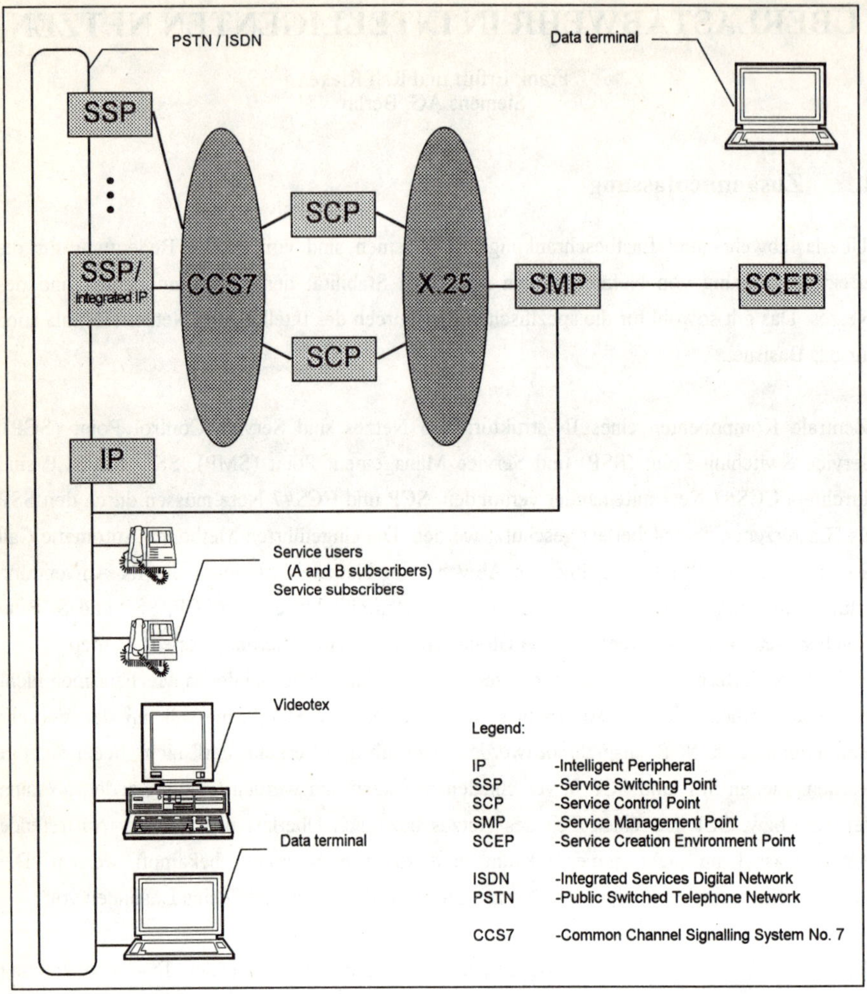

Bild 1: Typische IN Architektur

Ein typisches IN-strukturiertes Netz enthält mehrere SSP, einen oder mehrere SCP sowie einen SMP. Zusätzliche wichtige Komponenten sind IP's und SCEP:

- Der Service Switching Point (SSP) ist eine um die Service Switching Funktion erweiterte Vermittlungsstelle, über die der Zugriff auf die IN Funktionen realisiert wird.
- Die IN Dienste werden durch den SCP gesteuert.
- Administration der Dienste, der Dienstlogik und der IN Komponenten durch den Netzbetreiber bzw. Dienstanbieter erfolgt mit Hilfe des Service Management Points .

Überlast kann an folgenden Stellen entstehen:

- Netzzugang/Netzabgang (Teilnehmer, Trunks) - keine IN spezifische Überlast
- CCS#7 Netz (Signalisierung zwischen SSP und SCP)
- SCP (intern)
- SMP - wird hier nicht behandelt
- IN spezifische Resourcen im SSP, IP's

Wird in einem SSP erkannt, daß ein Ruf als IN Ruf zu behandeln ist, dann werden mit einer Anfrage an den SCP die benötigten Anweisungen für den Rufaufbau angefordert. Wird die Anzahl der Anfragen von einem oder auch die Summe der Anfragen von allen SSP zu groß, besteht die Gefahr, daß der SCP oder das Signalisierungsnetz in einen Überlastzustand gerät. Es werden nicht mehr alle Anfragen zeitgerecht beantwortet. Rufverluste in Verbindung mit Blindlast wären die Folge. Die Überlastabwehr soll ein IN System vor einem Überlastzustand schützen. Um dieser Aufgabe auch in komplizierter werdenden Netzstrukturen gerecht zu werden, müssen die bestehenden Mechanismen zur Abwehr akuter Überlast verbessert und durch zusätzliche präventive und akute Überlastabwehrmethoden ergänzt werden.

3. Präventiver Überlastschutz

Präventiver Überlastschutz bezeichnet feste Lastbeschränkungen (Lastobergrenzen), die von der tatsächlich vorhandenen Last unabhängig sind, und sich dieser auch nicht anpassen. Solche Lastbegrenzungen werden neben dem Überlastschutz auch für die Verkehrsflußsteuerung und die Aufteilung von Netzkapazitäten auf mehrere Service-Anbieter eingesetzt. Die verwendeten Algorithmen müssen gewährleisten, daß bei normaler Last möglichst alle Rufe behandelt werden. Das heißt, erst nach Überschreiten der eingestellten Lastgrenze wird ein Teil der Rufe im SSP ausgelöst. Der SSP sendet nur die festgelegte Anzahl von Anfragen zum SCP. Die festzulegenden Lastgrenzen richten sich nach der Leistungsfähigkeit des SCP und des Signalisierungsnetzes unter normalen Bedingungen. Durch präventive Maßnahmen werden Netz und SCP gleichermaßen geschützt. Als Algorithmen eignen sich ->Leaky Bucket und bedingt ->Windowing.

Eine besondere Form der präventiven Überlastschutzes stellt Service Filtering dar. Bei dieser Methode werden die Mehrzahl der Rufe ohne Abfrage des SCP im SSP behandelt. Die für die Rufbearbeitung notwendigen Informationen hat der SSP vorher vom SCP in der INAP-Operation *ActivateServiceFiltering* erhalten. Service Filtering ist nur für einfache Dienste (z.B. Televoting, Ansagendienste mit einfacher Vergebührung) anwendbar. Der Vorteil von Service Filtering ist, daß keine Rufe abgewiesen werden.

4. Akute Überlastabwehr

In bestimmten Situationen reichen die präventiven Mechanismen nicht mehr aus, um eine Überlastsituation zu vermeiden. In einem solchen Fall ist es notwendig, die Überlast zu erkennen, und durch geeignete Maßnahmen zu behandeln. Für das Erkennen der Überlast gibt es verschiedene Möglichkeiten.

a) Die Überlast wird im SCP erkannt.

Die notwendigen Reaktionen werden von den überlasteten SCP's festgelegt und bei den SSP durch INAP Operationen angefordert. Die SSP führen die angeforderten Maßnahmen mit den von den SCP's bestimmten Parametern durch. Die SCP's bestimmen die zulässige Höchstlast, die Dauer der Lasteinschränkung und mit dem Überlastkriterium die Rufe, für die diese Lastbeschränkungen gültig sind. Überlast kann durch die SCP's rechtzeitig erkannt und bekämpft werden. Rufverluste und Blindlast werden vermieden. Es ist zu sichern, daß auch bei hoher Netzlast die Nachrichten mit den Überlastparametern die SSP erreichen. Bei mehreren SCP's besteht die Gefahr eines gegenseitigen Überschreibens der Überlastparameter, da der Standard in den Überlastnachrichten keinen SCP-Identifikator vorsieht. Die SCP Adresse läßt sich nur zur Unterscheidung der SCP's heranziehen, wenn kein GT verwendet wird. Eine einfache Lösung dieses Problems kann man durch folgende Konventionen bei der Verwendung der Überlastkriterien (Rufnummer, Service-Key) erreichen:

- Auf verschiedenen SCP's werden unterschiedliche ServiceKeys verwendet (für gleiche Dienste!).
- Die Verwendung von Rufnummernteilen, die zu kurz sind, um eindeutig einen SCP zu identifizieren, ist verboten.

b) Die Überlast wird im SSP erkannt.

Die SSP überwachen die Antwortzeiten der SCP's. Antwortet ein SCP verspätet oder gar nicht, dann vermutet der SSP eine Überlastsituation und reduziert die Last selbständig. Sobald dieser SCP wieder regelmäßig und zeitgerecht antwortet wird die Last wieder gesteigert. Der SSP reagiert erst bei Rufverlusten, Blindlast oder zu starken Verzögerungen. Dieses Verfahren funktioniert ohne zusätzlichen Informationsfluß zwischen SSP und SCP. Dabei wird gleichermaßen auf von IN-Anwendungen unabhängige Netzüberlast reagiert. Dies gilt auch für Netzüberlast in vom SSP nicht kontrollierbaren Netzsegmenten.

c) Die Überlast wird von den CCS#7 - Netzknoten erkannt.

Durch IN wird folgender Protokollstack genutzt:

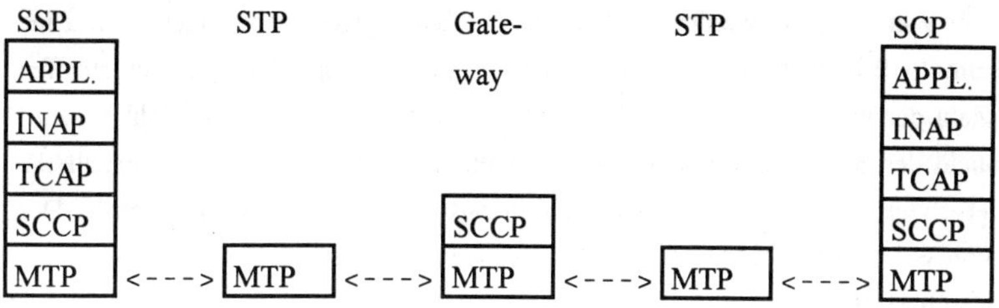

Bild 2: IN Protokollstack

Die CCS#7-Netzknoten tauschen Überlast-Nachrichten zur Bestimmung sogenannter Überlast-Level aus. Auf der Basis dieser Überlast-Level wird der Verkehrsfluß gesteuert und so das Netz vor Überlast geschützt. Die IN-Applikation prüft vor jeder SCP Anfrage dieses Überlast-Level und dünnt den Verkehr entsprechend der Überlaststufe aus. Um den gestiegen Anforderungen gerecht zu werden, muß die Überlastabwehr unterhalb des Anwenderniveaus im SCCP erfolgen. Die Überlastbehandlung kann so im SSP/SCP für die sichtbaren Netzsegmente und in den Gateways für die übrigen Segmente erfolgen. Eine differenzierte und wirksame Überlastbehandlung in den Gateways setzt die Übertragung von Nachrichtenprioritäten in den SCCP-Nachrichten voraus. Das wird bisher nicht von Standards definiert.

5. Algorithmen zur Lastreduzierung

Zum Ausdünnen des Verkehrs können verschiedene Algorithmen mit den o.g. Methoden kombiniert werden.

5.1. Prozentuales Ausdünnen

Der SSP generiert nur für einen bestimmten Prozentsatz der Rufe Anfragen zum SCP. Die übrigen Rufe werden ausgelöst.

Anwendung/Eigenschaften:

- Einfacher, robuster Algorithmus, der zur Abwehr von akuter Netzüberlast verwendet wird.
- Er ist mit allen Methoden der Überlasterkennung kombinierbar.
- Die Verwendung bei SCP Überlast ist denkbar.
- Eine Lastbegrenzung auf einen bestimmten Wert ist allerdings nicht möglich.

5.2. Windowing

Es wird eine Zahl W (Window) definiert, die die maximale Anzahl unbeantworteter Dialoge festlegt. Ist dieser Wert erreicht, werden alle weiteren Verbindungsversuche abgewiesen. Eine neue Anfrage zum SCP ist erst erlaubt, wenn Antworten für vorherige Anfragen eingetroffen sind, und die Zahl der unbeantworteten Dialoge wieder kleiner als W ist. Die Zahl W wird verkleinert, sobald der SSP Überlast (ausgefallene oder verspätete Antworten) feststellt. W wird wieder vergrößert, wenn eine bestimmte Zahl von Rufen korrekt behandelt wurde. Der Wertebereich von W ist durch ein Minimum und ein Maximum begrenzt.

Anwendung/Eigenschaften:

- Abwehr von akuter SCP oder Netzüberlast;
- komplizierte Parametrisierung;
- durch die Maximum- Festlegung auch als präventive Maßnahme wirksam;
- keine feste Lastgrenze einstellbar, da die durchgelassene Last von der SCP-Antwortzeit sowie der Übertragungszeit des Netzes abhängt;
- reagiert erst sehr spät auf auftretende Überlast und baut Überlaststufen nur langsam ab

5.3. Automatic Call Gapping (ACG)

Es wird ein sogenanntes "GapInterval" festgelegt. Dieses GapInterval bestimmt die Zeitspanne die nach einer Anfrage zum SCP mindestens vergehen muß, bis die nächste Anfrage zum SCP erlaubt ist. Die Werte für das "GapInterval" werden vom SCP bestimmt und zum SSP gesendet.

Anwendung/Eigenschaften:

- Abwehr von akuter SCP Überlast.
- Das Netz wird automatisch mit geschützt.

5.4. Leaky Bucket

Folgende Parameter werden definiert:

- Bucket	- Zähler für Anfragen zum SCP
- Burst	- maximale Anzahl Rufe im Bucket
- DecValue	- Anzahl von Rufen um die das Bucket nach Ablauf der
- DecTime	- Decrease Time entleert wird

Mit jeder Anfrage zum SCP wird die Anzahl der Rufe im Bucket um 1 erhöht. Nach Erreichen der maximalen Anzahl werden alle weiteren Rufe geblockt. Der Ablauf der DecreaseTime (DecTime) initiiert die Verringerung des Bucket-Inhalts um die Anzahl DecValue. Dieser Algorithmus ist an keine spezielle Art der Überlasterkennung gebunden.

Anwendung/Eigenschaften:

- SCP- und Netzüberlast (akut und präventiv).
- Stellt eine Verallgemeinerung des ACG-Algorithmus dar.

5.5. Lastdrosselung nach Prioritäten

Den einzelnen Nachrichten werden Prioritäten zugeordnet. Es werden nur die Nachrichten weitergeleitet, deren Priorität höher als die erreichte Überlaststufe ist. Eine Übertragung von anwenderdefinierten Prioritäten ins Netz ist zur Zeit nicht möglich. Die Priorisierung kann nur nach Nachrichtentyp erfolgen.

Anwendung/Eigenschaften:

- akute Netzüberlast

6. Realisierung von kundenbezogenen Lastbegrenzungen

Neben dem Überlastschutz in akuten Lastsituationen werden von den Netzbetreibern zunehmend Forderungen nach flexiblen Lastbegrenzungmechanismen gestellt. Damit werden folgende Ziele verfolgt, die durch den Mechanismus realisiert sein müssen:

1. Begrenzung der zum Kunden durchgestellten Rufe um eine Überlastung der Kundenresourcen (z.B. Bedienplätze, Ansagenmachinen) zu vermeiden.

2. Begrenzung der durch den Kunden belegten Netzressourcen auf eine vertraglich festgelegte Obergrenze (maximale Anzahl von Rufen/Stunde).

3. Gewährleistung einer vertraglich zugesicherten vermittlungstechnischen Leistung (untere Grenze = obere Grenze!).

4. Faire Aufteilung der Netzkapazität zwischen den verschiedenen Diensten, d.h. Priorität von Diensten (z.B. soll verhindert werden, daß Televoting zeitweise andere Dienste verdrängt)

Die ersten beiden Forderungen sind gut miteinander vereinbar. Algorithmen wie ACG, die auch zum Schutz bei akuter Überlast angewendet werden, können diese Anforderung erfüllen. Anders sieht es mit der dritten und vierten Forderung aus. Eine Lastbegrenzung derart, daß Rufe erst dann ausgelöst werden, wenn die tatsächliche Last die eingestellte Lastgrenze überschreitet, ist mit ACG nicht möglich. Tests mit realistischen Szenarien zeigen, daß bei Verwendung von ACG bereits Rufe geblockt werden, wenn die Last noch deutlich unter der eingestellten Lastgrenze liegt.

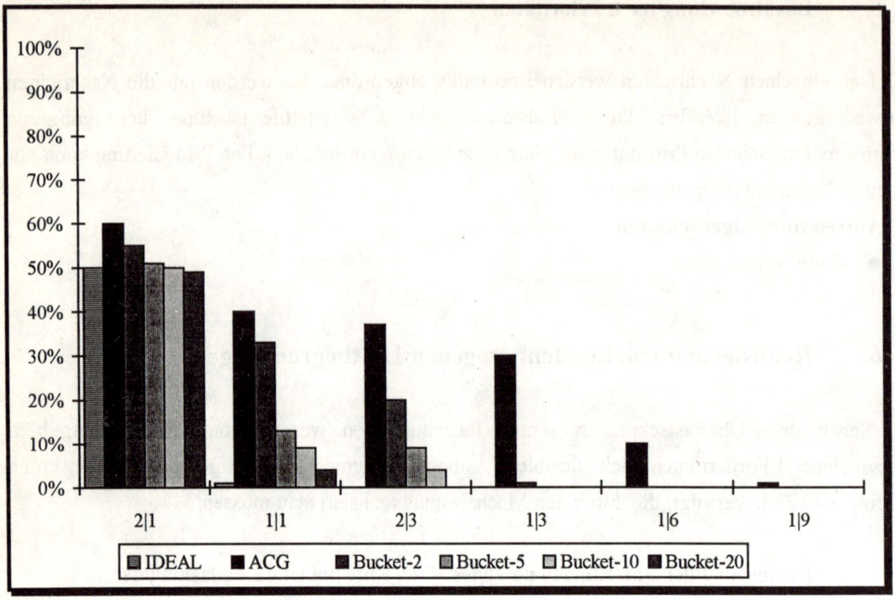

Bild 3: Rufverluste (in %) bei unterschiedlichen Last/Lastgrenze - Verhätnissen

Bemerkung: Für die Tests wurden keine speziellen Testszenarien benutzt. Es wurden Lasttests aus dem laufenden Systemtest verwendet. Die verwendete Testumgebung erzeugt zudem automatisch eine vom Tester nicht zu beeinflussende Streuung. Es wurde Leaky Bucket mit Burst=DecValue verwendet.

Die Ursache für das im Bild 3 gezeigte schlechte Verhalten von ACG liegt in der unregelmäßigen Verteilung der Rufe. Die Lastgrenze könnte nur dann erreicht werden, wenn die Rufe gleichmäßig über die Testzeit verteilt aufgesetzt werden. Das entspricht aber nicht den realen Bedingungen.

Bessere Ergebnisse erzielt man mit Leaky Bucket. Bereits bei kleinen Bucket-Kapazitäten ergibt sich eine deutliche Verbesserung. Mit wachsender Bucket-Kapazität sinkt die Zahl der vor Erreichen der Lastgrenze verlorengegangenen Rufe. Gleichzeitig steigt aber auch die erreichbare Lastspitze. Daher kann die Bucket-Kapazität nicht beliebig groß gemacht werden. In der Praxis sollten sich die eingestellten Werte an der Anzahl der gleichzeitig zur Verfügung stehenden Ressourcen oder an der Länge der Warteschlangen orientieren. Einstellungen die über diese Größen hinausgehen, werden zu unnötigen Rufverlusten führen. Leaky Bucket ist gegenwärtig am SSP über die Operator-Schnittstelle einrichtbar.

Da Leaky Bucket im INAP nicht standardisiert ist, ist eine Nutzung dieser Methode unter SCP Steuerung nicht möglich. Um die Vorteile von Leaky Bucket nutzen zu können, müßte die *CallGap* Operation um den Parameter "Bucket" erweitert werden. Da im ETSI Core INAP die Verwendung von *CallGap* für manuelle (durch Operator eingerichtete) Lastbegrenzungen vorgesehen und durch ein Flag gekennzeichnet ist, besteht die Möglichkeit, im SSP ein empfangenes ACG bei gesetztem "manuell Flag" auf Leaky Bucket abzubilden. Als Bucket-Kapazität kann dabei ein fester netzspezifischer Wert genutzt werden. Diese Vorgehensweise ist dadurch gerechtfertigt, daß die einzustellenden Lastgrenzen durch den Operator in Rufe pro Stunde oder in Rufe pro Sekunde angegeben werden und erst durch die SCP-Software in ein GapInterval umgerechnet werden (1 Ruf in x ms).

Beispiel: ACG GapInterval=100ms -> Leaky Bucket DecreaseTime=1000ms, Burst=DecValue=10;

Auf diese Weise können die besseren Eigenschaften von Leaky Bucket genutzt werden ohne die standardisierten Schnittstellen zu verletzen.

7. Behandlung von CCS#7 Überlast

Die einzelnen Netzknoten tauschen TFC-Nachrichten (TFC - Traffic Flow Control) zur Bestimmung sogenannter Überlastlevel aus. Auf der Basis dieser Überlastlevel wird der Verkehrsfluß gesteuert und so das Netz vor Überlast geschützt. Das Ausdünnen des Verkehrs wird entsprechend der Überlaststufe implementierungsabhängig durch die IN Applikation oder den SCCP vorgenommen.

Wird das Ausdünnen durch die IN Applikation vorgenommen, ist nicht in allen Fällen ein wirksamer Überlastschutz gewährleistet. Im Falle der Verwendung von Global Title Adressierung ist ein Erkennen von Überlast durch die Applikation nicht mehr möglich, da die Überlastlevel zielbezogen sind, und das Ziel erst nach der Global-Title Berechnung durch die SCCP Software feststeht . Eine Lösung bietet das Verlagern der Überlastabwehr auf SCCP Niveau. Aufgabe der Applikation wäre dann die Zuordnung von Nachrichten-Prioritäten. Erkennen der Überlastsituation und die entsprechenden Abwehrmaßnahmen sind Aufgabe des SCCP.

Eine differenzierte und wirksame Überlastbehandlung in den Gateways setzt allerdings die Übertragung von Nachrichtenprioritäten in den SCCP-Nachrichten voraus, die bisher nicht in Standards definiert ist.

Ersatzweise ist in der Richtlinie ->FTZ 163 TR 73 (1993) vorgesehen, den TCAP-Messagetypen Prioritäten zuzuordnen. Damit kann erreicht werden, daß zuerst Nachrichten, die zu neuen Dialogen führen, verworfen werden (TC_BEGIN). In den Ursprungsknoten (SSP, SCP) wird den Nachrichten die Priorität durch die Applikation zugeordnet.

Die Behandlung von Netzwerküberlast sollte einheitlich in allen Knoten (SSP, GW, SCP) auf SCCP Niveau erfolgen. Dadurch erreicht man einen Selbstschutz des Netzes, der auch im Falle unterschiedlichen Routings SSP->SCP und SCP->SSP noch funktioniert.

8. Überlastabwehr für SCP initiierte Dialoge

Durch die Weiterentwicklung von IN ist das bisherige Modell, daß IN Last grundsätzlich im SSP entsteht, so nicht mehr anwendbar. Mit der Einführung von SCP initiierten Rufen wird Last durch den SCP erzeugt. Der SSP wird hier zum vor Überlast zu schützenden Objekt. Dafür sind keine Verfahren standardisiert. Zur Realisierung von SCP initiierten Rufen werden oft spezielle Ressourcen benötigt, die möglicherweise nur im begrenzten Umfang zur Verfügung stehen. Um Blindlast im CCS#7-Netz sowie im Basisnetz zu vermeiden, muß durch den SCP eine Lastbegrenzung vorgenommen werden, wenn der betreffende SSP nicht mehr genug Ressourcen für die angeforderte Rufbehandlung besitzt.

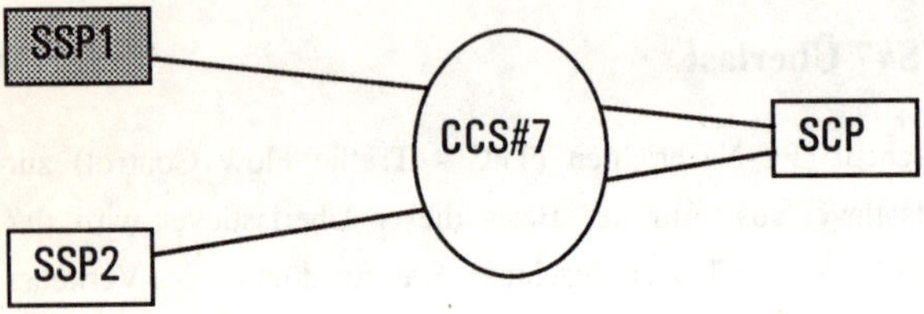

Bild 4: SSP1 hat keine Ressourcen zur Bearbeiten der Rufanforderung

Bestimmte IN Dienste, wie Wecken oder Call-Back Service werden durch SCP initierte Rufe realisiert. Sind die SSP-Ressourcen erschöpft oder befindet sich der SSP aus anderen Gründen in Überlast, werden Anforderungen des SCP abgewiesen. Es entsteht CCS#7 Blindlast. Durch Dienstlogik, die wiederholte Versuche vorsieht (z.B. Wecken), ergibt sich eine Problemverschärfung.

Die Nutzung von ACG, wie im umgekehrten Fall, ist bisher nicht vorgesehen, und wird vorraussichtlich auch nicht in zukünftigen IN Standards enthalten sein. Neue wirksame Mechanismen sind daher gefordert.

Unabhängig von IN Standards lassen sich Windowing-Algorithmen anwenden. Um zu vermeiden, daß der SCP erst reagiert, wenn bereits Rufe verloren gehen, sollte der Mechanismus für diese Anwendung verfeinert werden. Dazu könnte der SSP im Falle von Überlast die Rufanforderung mit einem speziellen Fehler (Überlastindikation) abweisen. Erhält der SCP diese Überlastindikation, wird das Window verkleinert. Dadurch ist es dem SCP möglich, schneller auf Überlast zu reagieren, da nicht erst auf das Ablaufen von Timern gewartet werden muß. Sind die vorhandenen Ressourcen und ihre durchschnittliche Belegungsdauer bekannt, eignet sich Leaky Bucket (am SCP eingerichtet) sehr gut als präventive Überlastmaßnahme.

Weckrufe müssen unbedingt erfolgreich sein. Das läßt sich, will man eskalierende Überlast durch wiederholtes Aufsetzen von Weckrufen vermeiden, nur durch Nutzung eines alternativen SSP erreichen. Befindet sich ein SSP in Überlast, wird der Weckruf durch einen anderen ausgeführt. Die Anwendung eines solchen Konzeptes ist im Vergleich mit "mated Pair" für SCP einfach, da kein doppeltes Halten von Daten oder Dienstlogik notwendig ist. Im Prinzip ist jeder SSP mit Weckressourcen in der Lage, jeden Weckruf aufzusetzen. Da der "Ersatz" SSP eventuell bzgl. Vergebührung weiter (teurer) vom zu weckenden Teilnehmer entfernt ist, müßte der SCP das in den zu sendenden Charging Operationen berücksichtigen. Da der Kunde für den Weckruf nicht mehr bezahlt, wenn er von einem anderen SSP aufgesetzt wird, könnte sich dadurch die Gewinnspanne des Dienstanbieters verringern.

Literatur

[1] ITU-T: Recommendation Q.1218, Genf 1994

[2] ETSI: ETS 300 374-1 "Core INAP", Sophia Antipolis 1994

[3] Rieken, R. u.a.: Intelligent Network Implementation Examples. Proceedings IN'94 Workshop, Heidelberg 1994

[4] Carl, D.; Rieken, R.: Congestion Control and Overload Prevention in Intelligent Networks. Proceedings 2nd International Conference on Intelligence in Networks, Bordeaux 1992

QoSFinder:
Ein Verfahren zur Wegewahl für multimediale Ströme in Rechnernetzen

Ronny Vogel (TUC), Hartmut Wittig (IBM),
Ralf G. Herrtwich (IBM), Winfried Kalfa (TUC), Lars C. Wolf (IBM)

Technische Universität Chemnitz-Zwickau
Fakultät für Informatik, D-09107 Chemnitz

IBM European Networking Center
Vangerowstraße 18, D-69115 Heidelberg

{rvo,kalfa}@informatik.tu-chemnitz.de
{wittig,rgh,wolf}@vnet.ibm.com

Kontinuierliche Medien wie Audio und Video benötigen bei der Übertragung durch Netze eine bestimmte Dienstgüte. Welchen Weg ein Audio- oder Videostrom durch das Netz nimmt, sollte folglich dadurch bestimmt werden, inwiefern die einzelnen Teilstrecken des Netzes in der Lage sind, diese Dienstgüte zu gewährleisten. QoSFinder ist ein Verfahren zur dienstgütegesteuerten Wegewahl. Es basiert auf einem Pfadvektorprotokoll mit einer flexiblen Metrik, die bei der Wegewahl Durchsatz, Verzögerung und Fehlerrate einer Teilstrecke berücksichtigt. Eine Simulation des implementierten Verfahrens ergibt, daß die in QoSFinder verwendete Heuristik jenen Metriken überlegen ist, die nur einen einzelnen Parameter benutzen. QoSFinder erhöht in verteilten Multimedia-Anwendungen die Erfolgswahrscheinlichkeit für Verbindungen.

1 Einleitung

Qualitätsgerechte Verarbeitung und Übertragung kontinuierlicher Medien wie Audio und Video erfordern die Einhaltung zeitlicher Rahmenbedingungen. Um eine bestimmte Dienstgüte *(QoS, quality of service)* in multimedialen Systemen garantieren zu können, sind *Ressourcenmanager* zur Verwaltung der benötigten Betriebsmittel erforderlich. Dabei handelt es sich beispielsweise um Prozessoren, Speicher und Kommunikationsnetze.

Multimediale Kommunikation ist üblicherweise verbindungsorientiert. Dadurch gliedert sich der Kommunikationsprozeß in drei Phasen: Verbindungsaufbau, Datentransfer, Verbindungsabbau (z.B. ST-II [Del94], RSVP [ZBE+94]). Am Verbindungsaufbau sind Sender, Empfänger und die Zwischenknoten (*Router*) im Netz beteiligt (siehe Abbildung 1). Ein Sender kann mehrere Empfänger über eine einzelne Verbindung mit multimedialen Daten versorgen.
In der Phase des Verbindungsaufbaus haben Ressourcenmanager die Aufgabe, spezifizierte Dienstgüteanforderungen entgegenzunehmen, die Erfüllbarkeit dieser Wünsche durch Vergleich mit den verfügbaren Betriebsmitteln zu überprüfen und das Ergebnis der Überprüfung mitzuteilen [VHN93, HVW+94]. Die Protokolle der Vermittlungsschicht müssen demzufolge in der Lage sein, Spezifikationen der Dienstgüte (*Flußspezifikation*en) zwischen den an der Kommunikation beteiligten Rechnern auszutauschen. Wenn alle beteiligten Ressourcenmanager ihre Zustimmung geben, werden die benötigten Ressourcen reserviert und die Verbindung aufgebaut. Erst danach werden multimediale Daten auf dem durch den Verbindungsaufbau beschriebenen Weg ausgetauscht. Während des Datenaustauschs ändert sich dieser Weg nur in Ausnahmesituationen, z.B. beim Ausfall eines Routers.

Lehnt auch nur einer der am Reservierungsvorgang beteiligten Ressourcenmanager aufgrund von Ressourcenengpässen die Verarbeitung ab, wird der Verbindungsaufbau über diesen Weg abgebrochen. Die Wahl eines günstigen Weges ist also ein entscheidendes Kriterium für den Erfolg des Verbindungsaufbaus.

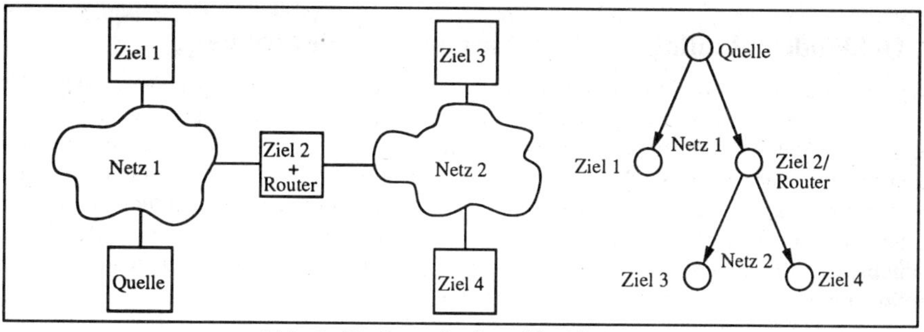

Abb. 1: Flußgraph einer Verbindung

Auf welche Weise die Auswahl eines bestimmten Weges beim Aufbau einer Verbindung erfolgt, ist nicht Inhalt der Spezifikation bisheriger Protokolle zum Transport multimedialer Ströme, sondern wird meist entweder außer acht gelassen oder den klassischen Routingverfahren zugewiesen.

Die von heutigen Wegewahlverfahren benutzten Informationen können statisch sein oder dynamisch aktualisiert werden. Bei der Wegefindung mit statischen Informationen werden in einer Tabelle Informationen über Ziele und Wege abgelegt. Diese Tabellen werden manuell erstellt und gepflegt. Dies erfordert eine präzise Kenntnis der Netztopologie. Es ist keine dynamische Anpassung an den aktuellen Netzzustand (Lastsituation, Verfügbarkeit) möglich. Das führt zur Ablehnung von Verbindungen, obwohl diese über andere Wege hätten erfolgreich realisiert werden können. Die Tabellen müssen eine konsistente Sicht auf die Wege im Netz darstellen und können daher nicht unabhängig voneinander verwaltet werden. Topologieänderungen erfordern unter Umständen die Aktualisierung aller Tabellen. Fehlerhafte Einträge führen zu Routingschleifen, ungünstigen Wegen oder zur Unerreichbarkeit bestimmter Teilnetze. Das Eintragen mehrerer Alternativwege in die statischen Routingtabellen bringt nur geringe Verbesserung. Durch wiederholte Fehlversuche bei der Suche eines geeigneten Weges kann es zu beträchtlichen Zeitverlusten beim Verbindungsaufbau kommen. Oft sind wiederholte Versuche nicht einmal möglich. Aus praktischen Gründen läßt sich zudem nur eine eingeschränkte Anzahl von Wegen manuell verwalten, so daß in größeren Netzen nur wenige Alternativwege berücksichtigt werden können.

Bei der Wegefindung mit dynamischen Informationen sorgen Routingprotokolle dafür, daß die in jedem Router vorhandene Datenbasis in bestimmten Zeitintervallen aktualisiert wird. Last- und Fehlerzustände im Netz können nur bei dynamischer Aktualisierung der Routinginformationen berücksichtigt werden. Obwohl dynamische Routingverfahren Reaktionen auf veränderte Situationen im Netz zulassen, ist es möglich, daß multimediale Verbindungen aufgrund Ressourcenmangels nicht mehr akzeptiert werden, obwohl sie bei einer günstigeren Lastverteilung im Gesamtnetz oder bei genauerer Kenntnis von verfügbaren Ressourcen im Netz annehmbar gewesen wären. Dynamisches Routing ohne Berücksichtigung von Dienstgüteparametern führt bei der Anwendung auf multimediale Datenströme ebenfalls zu verringerter Erfolgswahrscheinlichkeit, Zeitverlusten und ungünstiger Lastverteilung. Es wird *zusätzliches Wissen* benötigt, um diejenigen Wege zu finden, die eine geforderte Dienstgüte befriedigen.

In diesem Artikel wird ein dienstgütegesteuertes dynamisches Verfahren zur Wegewahl vorgestellt, das sich an den Erfordernissen bei der Wegewahl multimedialer Datenströme orientiert und dem engen Verhältnis zwischen Wegewahl und Ressourcenmanagement Rechnung trägt.

Abschnitt 2 beschreibt die Architektur von QoSFinder. In Abschnitt 3 werden Details des benutzten Routingprotokolls erläutert. Basierend auf der Implementierung von QoSFinder wird das neue Verfahren im Abschnitt 4 untersucht, es werden Testergebnisse präsentiert und bewertet. Abschnitt 5 gibt einen Ausblick auf künftige Aktivitäten in diesem Bereich.

2 QoSFinder: Routingverfahren für multimediale Ströme

Verfahren zur Wegewahl in leitungsvermittelten, paketvermittelten und paketvermittelten Netzen mit virtuellen Verbindungen wurden auf ihre Eignung für den vorgesehenen Einsatzbereich in [Vog94] untersucht. Obwohl keines der untersuchten Routingverfahren dienstgütegesteuerte Wegewahl mit den verlangten Kriterien ermöglicht, bieten sich einige nutzbare Konzepte und Mechanismen an. Diese Analyse führte zur Entwicklung eines dienstgütegesteuerten Verfahrens. Dieses Kapitel beschreibt die Entwicklung des neuen Routingverfahrens, das die Eigenschaft besitzt, für einen gegebenen Satz von Dienstgüteparametern optimierte Wege durch komplexe Netze aufzufinden.

2.1 Architektur

QoSFinder (Abbildung 2) kommuniziert mit vier prinzipiell unterschiedlichen Gruppen von Umgebungsmodulen:

- Die erste Gruppe sind das lokale Ressourcenmanagement und das der angeschlossenen Netze. Die Verknüpfung von Routingentscheidung und Ressourcenreservierung ist ein neuartiger Ansatz im Bereich der Routingverfahren und bildet damit den Kern des QoS-Finder-Verfahrens.
- Zur zweiten Gruppe gehören die QoSFinder-Module der benachbarten Router, mit denen über das Routingprotokoll kommuniziert wird.
- Die dritte Gruppe umfaßt alle Instanzen, die Wege vom QoSFinder-Prozeß erfragen. Das sind z.B. die Protokollautomaten verbindungsorientierter Netzprotokolle (ST-II, RSVP).
- Außerdem bietet QoSFinder eine Schnittstelle für das Management des Routingverfahrens.

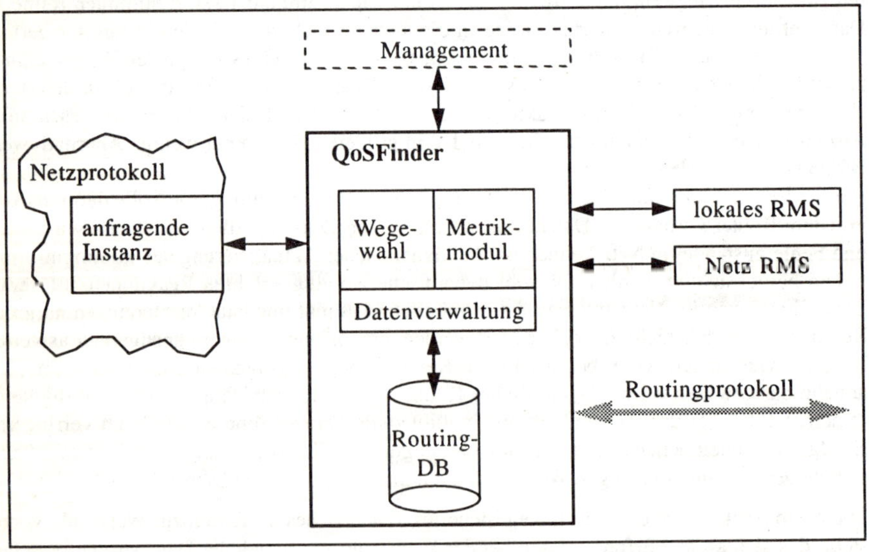

Abb. 2: Architektur und Kommunikationsbeziehungen von QoSFinder

2.2 Auswahl des Routingprotokolls

Das Routingprotokoll bestimmt entscheidend die Eigenschaften eines Routingverfahrens.

Bei der Untersuchung des *Distanzvektorprinzips* wurde festgestellt, daß dieses Verfahren für dienstgütegesteuerte Wegewahl nicht eingesetzt werden kann. Das Konvergenzproblem verhindert exakte Reaktionen und führt zu länger andauernden instabilen Zuständen. Gerade in vermaschten Topologien, in denen dienstgütegesteuerte Verfahren erst sinnvoll sind, kann die langsame Konvergenz nicht sicher verhindert werden. Bei Ausfällen von Netzkomponenten ist keine schnelle Umschaltung auf Alternativwege gewährleistet.

Linkstaterouting erfordert die zuverlässige Übertragung von Linkstatepaketen (LSP) an alle Router. Gegenüber dem Distanzvektorrouting besitzt das Linkstaterouting erweiterte Informationen über die Netztopologie. Linkstateverfahren konvergieren nach Topologie- oder Kostenänderungen schnell zu einem stabilen Zustand. Nachteilig ist, daß bei Zustandsänderungen in einem Teil des Netzes sämtliche Router ihre Datenbasis aktualisieren und neue Wege ermitteln müssen. In einem ersten Schritt werden LSPs verteilt, in einem zweiten Schritt erfolgt die lokale Wegberechnung. Passiv mithörende Endsysteme müssen die Wege bei eintreffenden LSPs ebenfalls neu berechnen. Da LSPs immer zuverlässig ausgeliefert werden müssen, ist die passive Teilnahme von Endsystemen mit Problemen verbunden, teilweise sind zuverlässige Broadcastmechanismen erforderlich.

Pfadvektorprotokolle sind aus dem Distanzvektorrouting abgeleitet. Bei Pfadvektorprotokollen wird die Berechnung der Wege schrittweise bei der Ausbreitung der Aktualisierungsnachrichten durchgeführt. Diese enthalten Ziele, Kosten und vollständige Pfade. Beim Empfang einer Aktualisierungsnachricht wird geprüft, ob eine eigene Adresse bereits im Pfad enthalten ist. Wenn ja, wird die Nachricht verworfen, da eine Routingschleife aufgetreten ist. Ansonsten werden die Adresse des eigenen Systems vorn an den Pfad angefügt, die Kosten zum Erreichen des Nachbarn, von dem die Nachricht empfangen wurde, zu den Kosten addiert und die Nachricht weitergesendet. Während statische Routingschleifen vermieden werden, schützt dieses Verfahren nicht vor transienten Schleifen während Wegänderungen. Da die Wegberechnung der Verbreitung der Informationen vorausgeht, ist dieses Problem weniger kritisch als bei Linkstateprotokollen, die zur Schleifenunterdrückung eine strengere Koordination erfordern [Rek93].

Ein Weitersenden empfangener Wege braucht bei Pfadvektorprotokollen nur dann erfolgen, wenn sich die Kosten zu einem Ziel gegenüber der letzten empfangenen Aktualisierungsnachricht für diesen Weg geändert haben. Für die Weiterleitung von Aktualisierungsnachrichten können unterschiedliche Strategien eingesetzt werden. Beispielsweise nimmt man Schwellwerte für Änderungen an, ab denen die Weiterleitung erst sinnvoll wird.

Informationen über Wege breiten sich ausgehend von den potentiellen Zielen unter Akkumulation der Pfadinformationen aus. Es müssen nicht alle Wege weiter verbreitet werden. Die Auswahl der zu verbreitenden Wege kann in jedem Router nach bestimmten Kriterien erfolgen, ohne die Stabilität der Wegewahl selbst zu gefährden. Damit ist eine regelbasierte Wegewahl *(policy based routing)* möglich. Die Verfügbarkeit mehrerer Wege zum gleichen Ziel unterstützt bei Fehlerfällen im Netz eine schnelle Umschaltung auf Alternativwege.

Die Pfadvektortechnik zur Unterdrückung von Routingschleifen wurde erstmals von Shin und Chen vorgeschlagen [SC87]. Zunächst wurde ein hoher Ressourcenverbrauch durch das Verfahren selbst befürchtet. Eine detaillierte Analyse in [Rek92] zeigte, daß der Zusatzaufwand gering ist. Für den Prototyp von QoSFinder wird Pfadvektor-Routing eingesetzt.

Bisher wurden Pfadvektorprotokolle nur für die Wegewahl zwischen autonomen Systemen[1] benutzt. Der bisherige Weg wird durch die eindeutigen Nummern der autonomen Systeme gekennzeichnet. Im vorgesehenen Einsatzbereich des dienstgütegesteuerten Routingalgorith-

---

1. Die Bezeichnung „autonomes System“ aus der TCP/IP-Begriffswelt ist synonym mit dem Begriff „routing domain“ der ISO-Terminologie.

mus bestehen die Pfade aus einer Reihe einzelner Router, die mehrere Adressen in Form mehrerer Netzanschlüsse besitzen können. Dies ist unproblematisch, da in diesem Fall im Pfad diejenige Adresse erscheint, die aus Richtung der potentiellen Quelle zum Ansprechen des Routers benutzt wird (Abbildung 3).

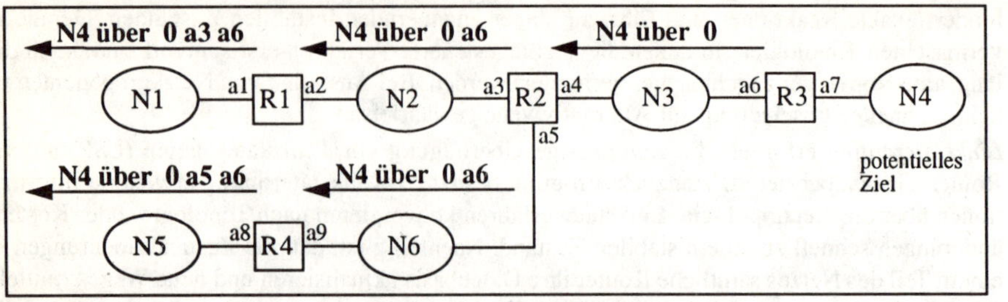

Abb. 3: Adressen im Pfadvektor

Router R2 wirbt im vorliegenden Szenario für Netz N4 in zwei Richtungen. Damit solch ein Router nicht über jeden Anschluß eine andere Aktualisierungsnachricht senden muß, wird generell der Platz für die erste Adresse im Pfad frei gelassen (0). Jeder Empfänger trägt dort die Routeradresse ein, von der er die Aktualisierungsnachricht erhielt.

2.3 Metriken

Bei der Wahl der Metrik ist zu berücksichtigen, daß das Routingverfahren in heterogenen Netzumgebungen einsetzbar sein muß. Die benutzten Parameter abstrahieren deshalb von Details konkreter Mechanismen zur Ressourcenverwaltung und sind über Router und verschiedene Netze hinweg aggregierbar (siehe [JPV93]). Unter Berücksichtigung bekannter Dienstgütespezifikationen (siehe [Per92, PF93, RV92, VHN93]) wurde ein Parametersatz ausgewählt, der eine Schnittmenge dieser Dienstgütespezifikationen darstellt: *Durchsatz*, *Verzögerung* und *Fehlerrate*. Für den Vergleich von Wegen durch das Netz ist es günstig zu wissen, welche Dienstgüte auf bestimmten Wegen noch zur Verfügung steht. Beim Durchsatz kann dies zum Beispiel aus der Kapazität einer Teilstrecke und der aktuellen Auslastung berechnet werden. Die aktuell verfügbaren Reserven können durch Anfragen bei den verantwortlichen Ressourcenmanagern ermittelt werden.

Eine andere Variante berücksichtigt in der Wegewahl zusätzlich den Aufwand durch die neue Verbindung selbst, indem vom Erfolg des Verbindungsaufbaus ausgegangen wird und die Ressourcenreserven nach diesem hypothetischen Aufbau betrachtet werden. Der Vorteil besteht in einer besseren Lastverteilung, was aber wegen der Neuberechnung bei jeder Routingentscheidung erhöhten Aufwand darstellt und deshalb nicht weiter betrachtet wird.

Als Metriken wurden der noch mögliche Durchsatz t [kbit/s], die *aktuelle* Verzögerung d [µs] und die *aktuelle* Fehlerrate e [10^{-6}] gewählt. Jedem Teilnetz und jedem Router ist ein Tripel (t, d, e) zugeordnet. Für Wege innerhalb eines Routers (zur Protokollverarbeitung und Weiterleitung der Pakete) wird ebenfalls ein Tripel (t, d, e) zugrunde gelegt. Die Anzahl der auf einem Weg zu passierenden Router dient als zusätzliches Kriterium für die Routingentscheidung.

Metrikgewinnung

Die Metrikgewinnung erfolgt über ein einfaches Frage-Antwort-Protokoll unter Einbeziehung der Ressourcenmanager. Der Routingprozeß kann vom lokalen Ressourcenmanager und von den Ressourcenmanagern der angeschlossenen Netze aktuelle Informationen abfragen. Die Abfrage erfolgt periodisch oder ereignisgesteuert. Bei periodischer Abfrage schafft eine hohe Abfragefrequenz zusätzlichen Aufwand, während geringe Frequenzen die Aktualität verringern, da das Routingverfahren im ungünstigsten Fall mit einer Verzögerung von einer Periodendauer von veränderten Ressourcenbelegungen erfährt. Die ereignisgesteuerte Abfrage könnte zum Beispiel kurze Zeit nach einem Verbindungsaufbau stattfinden, da sich dann die verfügbaren Ressourcen so geändert haben können, daß eine Neuberechnung von Wegen erforderlich ist. Dafür sind zusätzliche Mechanismen nötig, um auf Ereignisse, wie Verbindungsabbau oder Änderungen der Dienstgüte, zu reagieren. Die Aktualität der Ressourceninformationen, aber auch der Aufwand sind bei ereignisgesteuerter Abfrage höher.

Es besteht außerdem die Möglichkeit, daß die Ressourcenmanager Routingprozesse selbständig periodisch oder ereignisgesteuert über veränderte Ressourcenbelegungen informieren, ohne eine entsprechende Anforderung empfangen zu haben. Hinsichtlich Aufwand und Aktualität wäre eine solche Konfiguration optimal. Für die lokalen Ressourcenmanager betrifft das nur den Routingprozeß des gleichen Knotens. Netzressourcenmanager sprechen alle an das Netz angeschlossenen Router an, wenn möglich werden dazu Broadcast-Mechanismen benutzt.

Aggregation und Vergleich der Parametersätze

Die Aggregation ist die Berechnung von Gesamtwerten für einen Weg aus den Dienstgütewerten einzelner Teilnetze und Router. Die Metriktripel der Netze und Router werden dabei gleich behandelt. Die Anzahl der passierten Netze sei n, die Anzahl der passierten Router r. Die Aggregation wird wie folgt durchgeführt:

$$t_{\text{ges}} = \min \{ t_i | (1 \le i \le n + r) \}$$

$$d_{\text{ges}} = \sum_{i=1}^{n+r} d_i$$

$$e_{\text{ges}} = 1 - \prod_{i=1}^{n+r} (1 - e_i)$$

Das Ergebnis des Vergleichs zweier Metriktripel ist der für die konkrete Anforderung "am besten geeignete" Parametersatz. Die Funktion wird bei Routingentscheidungen benutzt, sofern mehrere Wege zum gewünschten Ziel bekannt sind. Zu einer ersten Klassifizierung wird geprüft, ob die Metriktripel die geforderten Werte erfüllen. Die Dienstgüte (t, d, e) eines Weges wird für eine Anforderung (t_a, d_a, e_a) als ausreichend angenommen, wenn gilt:

$$t \ge t_a \wedge d \le d_a \wedge e \le e_a$$

In Tabelle 1 werden beim Vergleich zweier Metriktripel vier mögliche Fälle unterschieden:

Fall	Anforderung befriedigt?		gewählt
	(t_1, d_1, e_1)	(t_2, d_2, e_2)	
1	nein	nein	siehe Text
2	ja	nein	(t_1, d_1, e_1)
3	nein	ja	(t_2, d_2, e_2)
4	ja	ja	siehe Text

Tab. 1: Vergleich von Parametersätzen

Fälle 2 und 3 sind leicht entscheidbar, da ein Metriktripel eindeutig günstigere Werte als das andere bereitstellt. Fälle 1 und 4 erfordern eine genauere Untersuchung. Obwohl im Fall 1 offenbar keiner der beiden verglichenen Wege die geforderten Dienstgüteparameter erbringen kann, muß auch hier ein Weg als "besser geeignet" ausgewählt werden. Selbst wenn kein dem Routingverfahren bekannter Weg die geforderten Dienstgüteparameter formal zu erfüllen scheint, könnten beim Aufbau der Verbindung aufgrund kurzfristiger Verbindungsauflösungen im Netz bereits ausreichend freie Ressourcen zur Verfügung stehen. Deshalb bietet das Routingverfahren in jedem Fall einen Weg an, auch wenn die zugeordneten Dienstgütewerte die Anforderung nicht befriedigen. Im Fall 4 muß von den Wegen, die beide den Anforderungen genügen, der bessere ausgewählt werden.

Im Fall 1 oder 4 ist eine Ordnung über die Metriktripel zu definieren. Dabei wird keine Rangfolge innerhalb des Parametersatzes benutzt, da nicht allgemeingültig festgelegt werden kann, welcher Parameter die größte Wichtigkeit besitzt. Es werden die relativen Größen *Verfügbarkeit* eingeführt:

$$V_t = \frac{t}{t_a} \qquad V_d = \frac{1/d}{1/d_a} \qquad V_e = \frac{1/e}{1/e_a}$$

Ist die Verfügbarkeit bezüglich eines Parameters gleich eins, stimmt der überprüfte Parameter mit dem geforderten überein. Eine Verfügbarkeit größer eins kennzeichnet Reserven. Verfügbarkeiten kleiner eins zeigen an, daß der geforderte Parameter nicht erfüllt werden kann. Die Auswahl des bevorzugten Weges wird dann nach folgenden Regeln durchgeführt:

$$\min\{V_{t1}, V_{d1}, V_{e1}\} > \min\{V_{t2}, V_{d2}, V_{e2}\} \Rightarrow \text{Weg1}$$

$$\min\{V_{t1}, V_{d1}, V_{e1}\} < \min\{V_{t2}, V_{d2}, V_{e2}\} \Rightarrow \text{Weg2}$$

$$\min\{V_{t1}, V_{d1}, V_{e1}\} = \min\{V_{t2}, V_{d2}, V_{e2}\} \Rightarrow \text{sieheText}$$

Bei Gleichheit wird das Minimum aus jeder Menge entfernt und der Auswahlvorgang erneut angewendet. Setzt sich dies fort, bis die Mengen kein Element mehr enthalten, werden die Parametersätze als gleichwertig angesehen. Das heißt, von zwei Alternativen wird immer der Weg abgelehnt, der die von allen Parametern geringste Verfügbarkeit besitzt. Bei gleichwertigen Parametersätzen wird der Weg mit der geringeren Anzahl zu passierender Router gewählt. Ist auch diese Anzahl gleich, liefert das Verfahren den am längsten nicht benutzten Weg.

Der Einsatz dieser Heuristik besitzt günstige Eigenschaften: Sie läßt sich auf beliebig viele Parameter anwenden, so daß sie leicht an andere Parametersätze angepaßt werden kann. Allen Dienstgüteparametern wird gleiche Bedeutung beigemessen. Davon abweichende Wünsche können durch geeignete Wahl des Tripels (t_a, d_a, e_a) realisiert werden. So läßt sich eine Optimierung der Verzögerung erreichen, indem d_a auf einen sehr kleinen Wert gesetzt wird. Da Anforderungen durch das Routingverfahren nur dann abgelehnt werden, wenn überhaupt kein Weg zum Ziel bekannt ist, erhält man damit den Weg mit der kleinsten Verzögerung. Entsprechend bewirkt ein großes d_a, daß der Parameter nicht zur Entscheidung beiträgt.

3 Beschreibung des Routingprotokolls

Basierend auf den allgemeinen Prinzipien für das QoSFinder-Verfahren, werden in diesem Abschnitt alle Dateneinheiten des Routingprotokolls näher erklärt und die zeitlichen Abläufe bei der Router-Router-Kommunikation beschrieben.

3.1 Spezifikation des Routingprotokolls

Das Routingprotokoll ist der zentrale Bestandteil des Routingverfahrens. Die im Routingprotokoll benutzten Nachrichten (*Protokolldateneinheiten*, *PDU*s) besitzen einen einheitlichen Nachrichtenkopf mit Typ, Version und Prüfsumme über Kopf und Parameterteil.

Das QoSFinder-Routingprotokoll verwendet sieben Nachrichtentypen, die in Tabelle 2 kurz charakterisiert und im folgenden näher beschrieben sind.

Nachrichtentyp	Häufigkeit	Empfänger	Parameter
I_AM_HERE	einmalig	alle Nachbarn	-
I_GO_DOWN	einmalig	alle Nachbarn	-
ALL_REQUEST	ereignisgesteuert	ein Nachbar	-
UPDATE	ereignisgesteuert	beschränkt alle Nachbarn	Ziel, QoS, Weg, Weglänge
NOTIFY_DOWN	ereignisgesteuert	beschränkt alle Nachbarn	zwei Adressen
NOTIFY_UP	ereignisgesteuert	beschränkt alle Nachbarn	zwei Adressen
HEARTBEAT	periodisch	alle Nachbarn	-

Tab. 2: Nachrichtentypen des Routingprotokolls

I_AM_HERE

Mit dieser Nachricht meldet sich ein neu startender QoSFinder-Prozeß bei den QoSFinder-Prozessen aller Nachbarrouter an. Diese Nachricht wird am Beginn der Initialisierungsphase gesendet. Ein empfangender Router sendet daraufhin NOTIFY_UP, um die Verbindung zwischen sich selbst und dem neuen Router anzuzeigen. Ist der neu startende Router noch nicht in der Liste der Nachbarn enthalten, wird er aufgenommen. Der Zeitpunkt des letzten von ihm empfangenen HEARTBEAT wird auf die aktuelle Zeit gesetzt. Er wird als bereit markiert.

I_GO_DOWN

I_GO_DOWN wird von einem QoSFinder-Prozeß an alle Nachbarrouter gesendet, sobald dieser terminiert. Der Router zeigt damit die Beendigung seiner Arbeit an. I_GO_DOWN beschleunigt das Umschalten auf Alternativwege beim definierten Programmende eines Routers. Beim Empfang der Nachricht wird NOTIFY_DOWN für die Verbindung zwischen dem Empfänger und dem abgeschalteten Nachbarn gesendet. War der Sender des I_GO_DOWN ein bekannter Nachbar, so wird er als nicht bereit markiert. Gelöscht wird der Nachbar aber noch nicht.

ALL_REQUEST

Mit einem ALL_REQUEST können die Routingtabelle und die Tabelle der Störungen eines bestimmten Routers erfragt werden. Gesendet wird diese Nachricht an einen Router, von dem ein HEARTBEAT empfangen wurde, der aber noch nicht in der Liste der Nachbarn enthalten oder der als nicht bereit markiert ist. Diese Situation tritt vorrangig beim Neustart eines Routers ein, wenn währenddessen andere Router bereits aktiv sind.

Der neue Router wird beim ersten von jedem aktiven Nachbarn eintreffenden HEARTBEAT einen ALL_REQUEST an diesen übertragen, um Informationen abzurufen. Empfängt ein Router ALL_REQUEST, schickt er den Inhalt seiner Routingtabelle in Form von UPDATE-Nachrichten und den Inhalt seiner Tabelle der Störungen in Form von NOTIFY_DOWN-Nachrichten gezielt an den Sender des ALL_REQUESTs.

UPDATE

Zur Verbreitung der eigentlichen Wegeinformationen dienen UPDATE-Nachrichten. Jede solche Nachricht beschreibt genau einen Weg und dessen Dienstgüte. Gesendet werden UPDATEs erstmalig nach dem Ende der Initialisierungsphase, um den Nachbarroutern Teile der eigenen Routingtabelle zur Verfügung zu stellen. Sie enthält zu diesem Zeitpunkt die direkt angeschlossenen Netze und die nach eventuellen ALL_REQUESTs erhaltenen Wegeinformationen. Die Nachbarn erfahren von den Zielen jenseits des neuen Routers. Die Verbindung zwischen den angeschlossenen Netzen wird hergestellt (siehe Abbildung 4).

Im normalen Betrieb erfolgt das Senden von UPDATE-Nachrichten auf Ereignisse hin. Dazu

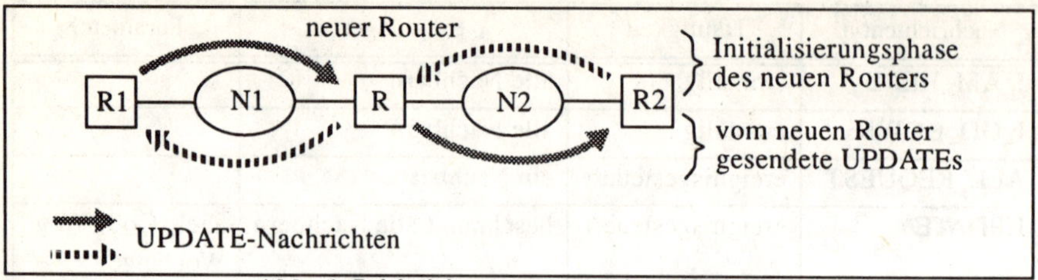

Abb. 4: Initialisierungsphase eines Routers

gehören Dienstgüteänderungen des lokalen Systems oder direkt angeschlossener Netze, die festgelegte Schwellwerte überschreiten, und der Empfang von UPDATEs.

Beim Empfang einer UPDATE-Nachricht wird zunächst die erste Adresse des Weges durch die Senderadresse ersetzt. Jetzt erfolgt der Test auf Routingschleifen. Dazu werden die Netznummern der zweiten bis letzten im Weg vorkommenden Adressen mit den Netznummern der direkt angeschlossenen Netze verglichen. Wird eine Übereinstimmung festgestellt, handelt es sich um eine Routingschleife. Die Auswertung der UPDATE-Nachricht wird abgebrochen und die Nachricht ignoriert. Würden statt der Netznummer die vollständigen Adressen verglichen, könnten nur Schleifen, bei denen der Router mehrfach passiert wird, aber keine Netzschleifen erkannt werden (Abbildung 5).

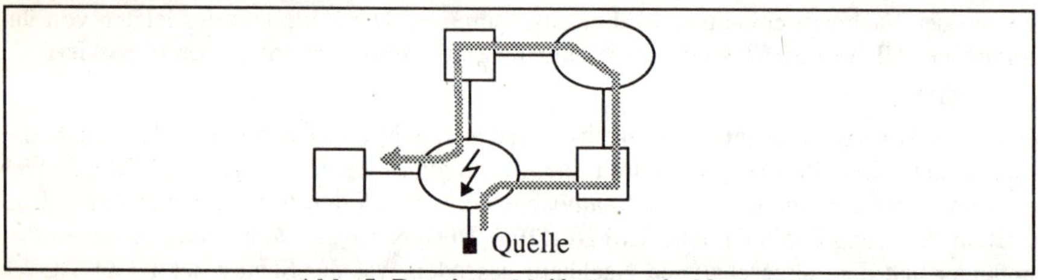

Abb. 5: Routingschleife über ein Netz

Anschließend wird geprüft, ob das Ziel schon bekannt ist. Wenn nicht, werden der Weg in die Routingtabelle aufgenommen, die Dienstgüteparameter aggregiert und ein UPDATE weitergesendet. Anderenfalls muß unterschieden werden, ob der gesamte Weg oder nur das Ziel schon bekannt ist. Ist der Weg bereits bekannt, wird bei signifikanten Änderungen die neue Dienstgüte für diesen Weg in die Routingtabelle geschrieben und ein UPDATE gesendet. Ist die Dienstgüte des Weges eindeutig schlechter geworden als die eines anderen bekannten Weges zum gleichen Ziel, der keine Störung enthält, wird der Weg gelöscht. Ist der Weg eindeutig besser als ein anderer bekannter Weg zu diesem Ziel, wird der andere Weg gelöscht, es sei denn der Weg mit der geänderten Dienstgüte enthält eine Störung.

Für den Fall, daß der Weg noch nicht bekannt war, wird ähnlich vorgegangen - ist ein bereits bekannter anderer Weg zu diesem Ziel eindeutig besser und nicht gestört, wird der neue Weg verworfen. Die Bearbeitung der UPDATE-Nachricht wird abgebrochen. Ist der neue Weg nicht gestört und eindeutig besser als ein alter Weg, wird der alte Weg gelöscht. So verfährt man wieder mit allen bekannten Wegen zu diesem Ziel. Wurde ein alter Weg gelöscht oder ist die Maximalzahl der Wege zum gleichen Ziel für dieses Ziel noch nicht erreicht, wird der neue Weg sofort in die Routingtabelle eingefügt und ein UPDATE gesendet.

NOTIFY_DOWN

Diese Nachrichten dienen der Verteilung von Informationen über Störungen. Sie enthalten zwei Adressen, zwischen denen keine Kommunikation mehr möglich ist. Die Adressen gehören immer zu benachbarten Routern. Die Unterbrechung wird als bidirektional angenommen.

Ausgelöst wird eine solche Nachricht, wenn von einem Router für gewisse Zeit kein HEARTBEAT mehr empfangen wurde. Der Initiator des NOTIFY_DOWN füllt das Feld für die erste

Adresse mit null aus. Als zweite Adresse wird die Adresse des nicht mehr erreichbaren Nachbarn eingetragen. Damit wird analog zu den UPDATE-Nachrichten berücksichtigt, daß ein Router mehrere Adressen hat (siehe Abbildung 6).

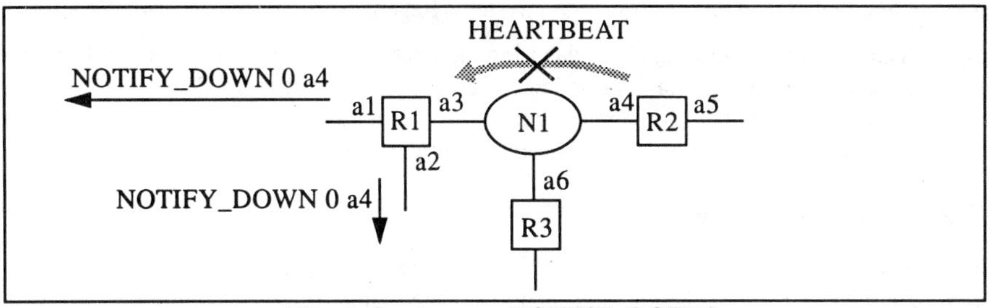

Abb. 6: Senden von NOTIFY_DOWN

Empfängt ein Router eine NOTIFY_DOWN-Nachricht mit einer auf null gesetzten ersten Adresse, wird dort die Senderadresse eingetragen. Ein NOTIFY_DOWN, bei dem bereits beide Adressen ausgefüllt sind, wird nicht modifiziert. Ist die Störung bereits bekannt, wird die Nachricht ignoriert. Anderenfalls wird die Störung in die Störungs-Tabelle aufgenommen, der Zeitstempel für das Bemerken der Störung auf die aktuelle Zeit gesetzt und ein NOTIFY_DOWN weitergesendet. Erreicht ein NOTIFY_DOWN einen Knoten auf zwei verschiedenen Wegen, wird nur das erste NOTIFY_DOWN weitergeleitet. So werden NOTIFY_DOWN-Lawinen vermieden.

NOTIFY_UP

Das Nachrichtenformat stimmt mit der NOTIFY_DOWN-Nachricht überein. Die Nachricht zeigt an, daß eine vorher mit NOTIFY_DOWN als gestört gemeldete Strecke wieder benutzt werden kann. Ist das gestörte Paar bekannt, wird es aus der Datenbasis gelöscht und die NOTIFY_UP-Nachricht weitergeleitet. Ansonsten wird die Nachricht verworfen.

HEARTBEAT

Diese Nachricht wird periodisch gesendet. Beim Empfang wird geprüft, ob der Sender bekannt ist. Falls ja, wird der Zeitstempel für den letzten HEARTBEAT im entsprechenden Eintrag der Tabelle der Nachbarn aktualisiert. War der sendende Nachbar als nicht bereit markiert, wird ein NOTIFY_UP und an den Nachbarn ein ALL_REQUEST gesendet. Falls der Sender unbekannt war, wird er in die Tabelle der Nachbarn aufgenommen. Es werden ebenfalls NOTIFY_UP und an den Sender des HEARTBEAT ein ALL_REQUEST gesendet.

An dieser Stelle wird der Zweck der I_AM_HERE-Nachricht deutlich. Sie sorgt dafür, daß ein neu startender Router bei seinen Nachbarn registriert wird. Sendet er nun seine erste HEARTBEAT-Nachricht, reagieren die Nachbarn nicht mit ALL_REQUEST, da der neue Router zum Ende der Initialisierung bereits selbständig seine akkumulierten Informationen verbreitet.

3.2 Abfrage von Wegen

Wege werden über ein eigenes Protokoll abgefordert, das aus zwei Nachrichtentypen besteht. Sie werden in diesem Abschnitt beschrieben.

ROUTE_REQUEST

Die anfragende Instanz überträgt eine solche Nachricht an den QoSFinder-Prozeß, um für eine Liste von Zielen die nächsten anzusprechenden Router zu erfragen.

Beim Empfang eines ROUTE_REQUEST wird für jedes Ziel nach der beschriebenen Heuristik aus allen Wegen der wahrscheinlich günstigste ausgewählt.

ROUTE_RESPONSE

Für jedes in der Anforderung angegebene Ziel erscheint die Adresse des zu benutzenden Routers in der Antwort. Nachrichten des Typs ROUTE_REQUEST können außer vom lokalen Netzprotokollautomaten auch von Endsystemen an einem der direkt angeschlossenen Netze kommen. ROUTE_RESPONSE-Nachrichten auf derartige Anforderungen dürfen nur Adressen enthalten, die am Netz des anfragenden Systems liegen.

Das läßt sich durch folgende Regel für das Eintragen der Adresse bei Anfragen von Fremdsystemen gewährleisten: Liegt die erste Adresse des gewählten Weges am Netz des Anfragenden, wird diese in die Antwort eingetragen. Ansonsten trägt der Router diejenige seiner eigenen Adressen ein, die am Netz des Anfragenden liegt.

4 Tests und Ergebnisse

Die Implementation von QoSFinder enthält die vorgestellte Metrik und die Protokolldateneinheiten. Um die Funktionsfähigkeit in großen Testnetzen zu verifizieren, wurde eine Simulationsumgebung entwickelt. Die auf dieser Basis durchgeführten Testmessungen zeigen, daß QoSFinder in der Erfolgswahrscheinlichkeit des Verbindungsaufbaus allen anderen untersuchten Verfahren und Metriken überlegen ist.

4.1 Simulationsumgebung und Steuersprache

Für die Tests werden die QoSFinder-Prozesse aller beteiligten Router in die Simulationsumgebung eingebettet. Diese kapselt alle Kommunikationsfunktionen mit den Umgebungsmodulen (Ressourcenmanager, Nachbar-Router und Netzprotokoll-Agenten). Kommunikationsnachrichten zu diesen Modulen werden auf die lokale Simulationsumgebung umgeleitet. Diese gibt sie an den jeweiligen Empfänger weiter. Damit bietet die Simulationsumgebung hohe Flexibilität bei der Validierung von QoSFinder.

Alle Abläufe während der Simulation werden in einer Protokolldatei gespeichert. Einstellungen und Veränderungen werden der Simulationsumgebung in einer dafür entwickelten Steuersprache mitgeteilt. Die Steuersprache dient der Beschreibung der Netzstruktur und dem Auslösen von Ereignissen, z.B. von Verbindungsaufbauwünschen. Ein Verbindungsaufbau wird simuliert, indem die benötigten Ressourcen überprüft, ROUTE_REQUEST-Nachrichten an verantwortliche QoSFinder-Prozesse gesendet und Dienstgütewerte der beteiligten Netze und Router verändert werden. Eine Verbindung wird angenommen, wenn die geforderten Dienstgütewerte verfügbar sind und die Zusagen für bisher bestehende Verbindungen durch die veränderten Dienstgüteparameter auf einer Strecke nach der Annahme der neuen Verbindung nicht verletzt werden. Verzögerung und Fehlerrate sind dabei vom Verhältnis des aktuellen gegenüber dem maximal möglichen Durchsatz abhängig. In Rechnernetzen sind bei einer höheren Auslastung von Netzen oder Routern meist höhere Bedienzeiten zu erwarten, was in der Simulationsumgebung mit einer linearen Abhängigkeit modelliert wird.

4.2 Tests und Parametrisierung

Aufschlüsse über die Eigenschaften des neuen Verfahrens bezüglich der Qualität der Wegewahl lassen sich nur im Vergleich zu anderen Metriken finden. Bei allen Tests wurde deshalb die Wegewahl durch die QoSFinder-Simulationsumgebung für die folgenden Metriken simuliert:

- Anzahl passierter Router (Hop-Anzahl)
- maximaler Durchsatz
- minimale Verzögerung
- QoSFinder-Metrik

Unabhängig von dem verwendeten Routingprotokoll wird dadurch ein objektiver Vergleich zwischen den verwendeten Metriken zur Wegewahl möglich.

Alle verwendeten Testnetze enthalten folgende topologische Elemente:

- Bereiche ohne Verzweigungen
- Bereiche mit starker Vermaschung
- Netze mit einem und mehreren angeschlossenen Routern
- Router mit zwei und mehreren angeschlossenen Netzen
- parallele Teilwege mit gleichen Ressourcenwerten

Bestätigt sich in Netzen mit diesen topologischen Strukturen die korrekte Arbeit des Verfahrens, so ist auch in weniger komplexen Netzen eine korrekte Funktion des Verfahrens zu erwarten.

Die in den folgenden beiden Abschnitten vorgestellten Meßergebnisse sind Bestätigung für die Wahl des QoSFinder-Ansatzes. Obwohl die ermittelten Ergebnisse stark von der jeweiligen Topologie des Netzes und der Charakteristik der multimedialen Verbindungen im Netz abhängen, besitzt das QoSFinder-Verfahren in allen simulierten Szenarien die höchsten Erfolgsrate.

4.3 Wegewahl im Testnetz A: Qualitativer Vergleich

In diesem Szenario wird die Wegewahl nach den verschiedenen Metriken zunächst qualitativ untersucht. Die Topologie des Testnetzes A ist Abbildung 7 zu entnehmen. Die Aufgabe des Routingverfahrens besteht darin, Wege zwischen Sender und Empfänger zu finden, die einer charakteristischen Dienstgüte genügen. Zunächst soll eine Verbindung mit 1 Mbit/s Durchsatz, maximal 50 ms Verzögerung und einer maximalen Fehlerrate von 20 aufgebaut werden. Eine zweite Verbindung benötigt 4 Mbit/s Durchsatz, eine maximale Verzögerung von 150 ms und eine maximale Fehlerrate von 20 auf dem Weg zwischen Quelle und Ziel.

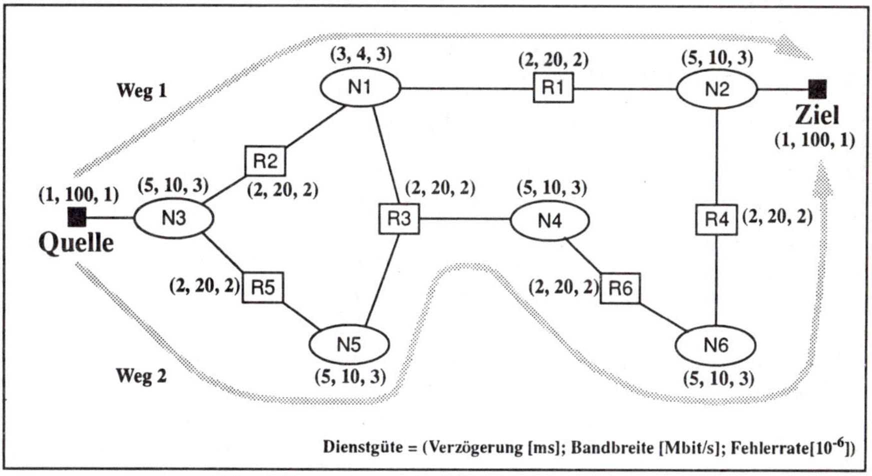

Abb. 7: Testnetz A mit Dienstgüteparametern

Alle untersuchten Metriken sind in der Lage, zumindest für eine der beiden Verbindungen einen geeigneten Weg zu finden. Wege zur Realisierung beider Verbindungsaufbauwünsche konnten dagegen nur durch die QoSFinder-Metrik gefunden werden. Der zweite Verbindungsaufbau scheiterte beispielsweise bei der Hop-Metrik und der Metrik "minimale Verzögerung" an fehlender Bandbreite, während die Metrik "maximaler Durchsatz" für die erste Verbindung nur einen Weg mit ungenügender Verzögerung bereitstellt. Tabelle 3 faßt die Ergebnisse der qualitativen Untersuchung zusammen. Die Benutzung von QoSFinder hat die Erfolgswahrscheinlichkeit von Verbindungsaufbauten in diesem Beispielszenario entscheidend erhöht.

Metrik	Verbindung 1	Verbindung 2
Hop-Anzahl	Weg 1 ✓	Weg 1 erfolglos
max. Durchsatz	Weg 2 erfolglos	Weg 2 ✓
min. Verzögerung	Weg 1 ✓	Weg 1 erfolglos
neue Metrik	Weg 1 ✓	Weg 2 ✓

Tab. 3: Verhalten der Wegewahl bei Nutzung verschiedener Metriken

4.4 Wegewahl im Testnetz B: Quantitativer Vergleich

Weitere Messungen spiegeln die Eigenschaften von QoSFinder in einem großen Netz mit hoher Zahl von Verbindungswünschen wider. Das verwendete Testnetz (siehe Abbildung 9) weist einen hohen Vermaschungsgrad auf und besteht aus 13 Netzsegmenten, die über 12 Router verbunden sind. In jedem Teilnetz sind beliebig viele Endsysteme vorstellbar, die in

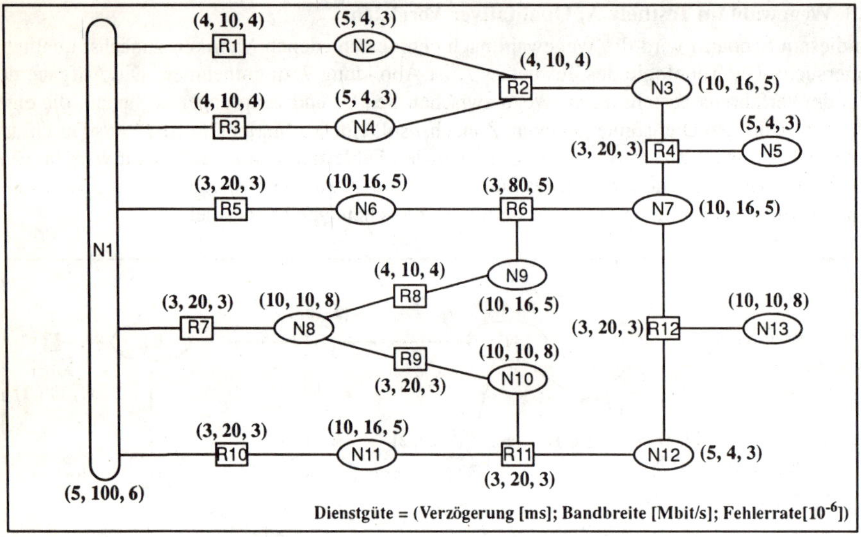

Abb. 8: Testnetz B mit Dienstgüteparametern

der Simulation durch ein Endsystem mit akkumulierter Kapazität realisiert sind (nicht eingezeichnet). Quelle, Ziel und Dienstgüteparameter der Verbindungen werden aus definierten Bereichen durch die Simulationsumgebung zufällig ausgewählt. Nach einer ebenfalls zufällig gewählten Zeitdauer werden bestehende Verbindungen wieder abgebaut. Bei den Tests ist für jede Metrik die gleiche Art und Folge von Verbindungsaufbauwünschen zugrunde gelegt. Eine Gegenüberstellung der ermittelten Erfolgsraten zeigt Abbildung 9:

Die QoSFinder-Metrik erzielte mit 79% erfolgreich aufgebauten Verbindungen bei insgesamt 100 Versuchen das beste Ergebnis der Untersuchung. Mit 71% erzielte die Metrik "geringste Verzögerung" eine deutlich geringere Erfolgswahrscheinlichkeit. Die Hop-Metrik erreichte eine Erfolgsrate von 62%. Die Wegewahl nach dem Verfahren der höchsten verfügbaren Bandbreite weist mit 58% die geringste Erfolgswahrscheinlichkeit auf. Die prozentuale Erfolgsrate ist dabei nicht das Verhältnis der erfolgreichen zu den möglichen Verbindungsaufbauten. Die Bestimmung der möglichen Anzahl akzeptierbarer Verbindungen in einem gegebenen Netz verlangt komplexe Suchoperationen in Graphen. Sie hängt sowohl von den Parametern der Verbindungen und Netze als auch von der Reihenfolge der Verbindungsaufbauwünsche selbst

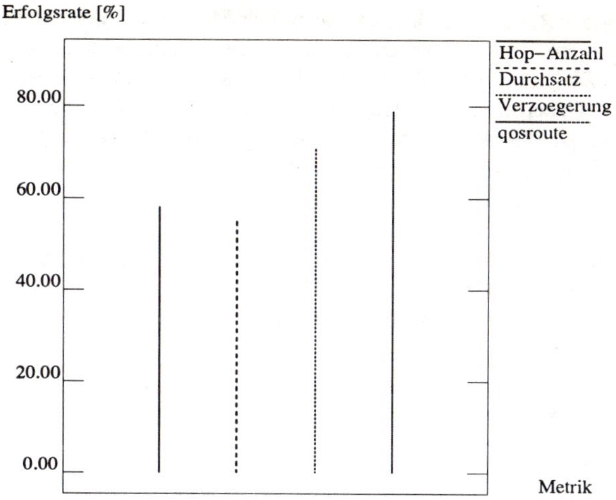

Abb. 9: Erfolgsrate verschiedener Metriken

ab. Als eine vorläufige Vereinfachung wurde deshalb das Verhältnis der akzeptierten Verbindungen zur Anzahl der gesamten Verbindungsaufbauversuche zugrunde gelegt.

Metrik	Mittlere Netzauslastung	Standard-abweichung
Hop-Anzahl	24.6	16.1
Durchsatz	18.8	14.0
Verzögerung	24.6	16.1
QoSFinder	25.4	15.1

Tab. 4: Lastverteilung der untersuchten Metriken

Analysen der Lastverteilung im Testnetz B zeigten (Tabelle 4), daß die QoSFinder-Metrik nach der Durchsatzmetrik die zweitbeste Lastverteilung realisiert. Eine Gleichverteilung der Last im Netz impliziert also nicht ummittelbar eine hohe Erfolgswahrscheinlichkeit von Verbindungsaufbauten. Der Vorteil der QoSFinder-Metrik ist nicht die Balancierung der Last, sondern die hohe Erfolgswahrscheinlichkeit.

5 Zusammenfassung und Ausblick

Das QoSFinder-Verfahren berücksichtigt die geforderten Dienstgüteparameter bei der Wegewahl multimedialer Ströme in Rechnernetzen. Mit diesen Eigenschaften ist es den bisherigen dynamischen Routingverfahren bei der Wegewahl multimedialer Ströme in Netzen überlegen, was Messungen anhand unterschiedlicher Netztopologien und Betriebssituationen zeigten. QoSFinder erhöht die Erfolgswahrscheinlichkeit und minimiert damit Antwort- und Verbindungsaufbauzeiten.

Auf der Basis dieses ersten Prototypen sind in den nächsten Schritten Weiterentwicklungen in den folgenden Gebieten erforderlich, um QoSFinder in heutige Multimedia-Kommunikationsnetze zu integrieren.

- Optimierung der Routingentscheidung bezüglich Multicast-Anforderungen
- Sicherheitsmechanismen gegen Nachrichtenverlust
- Einführung einer Routinghierarchie

Die Optimierung der Routingentscheidung bezüglich Multicast-Anforderungen erfordert weitergehende zusätzliche Untersuchungen. Es ist ein Algorithmus zu finden, der für eine gegebene Menge von Zielen mit Hilfe der Routingdatenbasis einen Multicastbaum mit minimalen Kosten bestimmt. Dabei müssen weitere Forderungen, wie gleichmäßige Lastverteilung oder leichte Umschaltung auf Reservewege berücksichtigt werden. Wissen über die Multicastfähigkeit von Teilnetzen ist Teil der Pfadinformationen.

Die erweiterten Sicherheitsmechanismen gegen Nachrichtenverlust sind insbesondere für eine stabile Arbeitsweise unter Praxisbedingungen wichtig.

Letztendlich spielt bei der Anwendung von QoSFinder das Verhalten in sehr großen Netzen eine Rolle. Zukünftige Arbeiten in diesem Bereich sollten sich deshalb mit Prinzipien von Routinghierarchien beschäftigen, bei denen bei gleichem Verbrauch an Ressourcen mehr Router kooperieren können.

6 Literaturverzeichnis

[Alm92] P. Almquist: *Type of Service in the Internet Protocol Suite*. RFC1349, Juli 1992.

[Com88] D.E. Comer: *Internetworking With TCP/IP - Principles, Protocols and Architecture*. Prentice Hall International Editions, Englewood Cliffs, 1988.

[Del94] L. Delgrossi: *Stream Protocol Version 2*. Internet Draft, April 1994.

[Dij59] E.W. Dijkstra: *A note on two problems in connexion with graphs*. Numerische Mathematik, 1, 1959.

[HVW+94] R.G. Herrtwich, C. Vogt, H. Wittig, L.C. Wolf: *Resource Management for Distributed Multimedia Systems*., IBM Technical Report TR 43.9307, Heidelberg, 1994.

[JPV93] D. Jordan, M. Paterok, C. Vogt: *Layered Quality of Service Management in Heterogenous Networks*. IBM Technical Report TR 43.9304, Heidelberg, 1993.

[Per92] R. Perlman: *Interconnections: Bridges and Routers*. Addison Wesley Publishing Company, Reading, MA, 1992.

[PF93] C.J. Parris, D. Ferrari: *A Dynamic Connection Management Scheme for Guaranteed Performance Services in Packet-Switching Integrated Services Networks*. The Tenet Group, TR-93-005, Computer Science Division, UC Berkeley and ICSI Berkeley, 1993.

[Rek92] Y. Rekhter: *IDRP protocol analysis: storage complexity*. ACM Computer Communications Review, Vol. 22, No. 2, 1992.

[Rek93] Y. Rekhter: *Inter Domain Routing Protocol (IDRP)*. Internetworking: Research And Experience, Vol. 4, No. 2, Juni 1993.

[RV92] J. Ramaekers, G. Ventre: *Quality of Service Negotiation in a Real-Time Commmunication Network*. TR-92-023, ISCI, Berkeley, CA, April 1992.

[SC87] K.G. Shin, M. Chen: *Performance Analysis of Distributed Routing Strategies Free of Ping-Pong-Type Looping*. IEEE Transactions on Computers, Vol. COMP-36, No. 2, Februar 1987.

[VHN93] C. Vogt, R.G. Herrtwich, R. Nagarajan: *HeiRAT: The Heidelberg Resource Administration Technique*. KIVS'92, München, 1993.

[Vog94] R. Vogel: *QoS-getriebene Routingalgorithmen*. Diplomarbeit, Technische Universität Chemnitz-Zwickau, Juni 1994.

[ZBE+94] L. Zhang, B. Braden, D. Estrin, S. Herzog, S. Jamin: *Resource Reservation Protocol (RSVP)*. Internet Draft, Mai 1994.

Systemunterstützung für verteilte Mobilrechner-Anwendungen

W. Böhmak, B. Bellmann, S. Kümmel, T. Reigber, A. Schill, TU Dresden,
Fakultät Informatik, 01062 Dresden, e-mail: schill@ibc.inf.tu-dresden.de
L. Heuser, Digital Equipment GmbH, CEC Karlsruhe, e-mail: heuser@kampus.enet.dec.com
R. Kroh, D. Grill, Forschungszentrum Daimler-Benz AG Ulm,
kroh/grill@dbag.ulm.daimlerbenz.com

Kurzfassung

Mit der zunehmenden Verbreitung von Mobilnetzen gewinnt die systematische Unterstützung verteilter Anwendungen in solchen Umgebungen stark an Bedeutung. Der vorliegende Beitrag stellt hierfür ein neues Systemmodell mit begleitender Realisierungsstruktur vor. Ziel ist es, grundlegende Probleme der dynamischen Konfigurationsänderung, des Ressourcenzugriffs in mobilen Umgebungen sowie der qualitativen Vielfalt der vorhandenen Kommunikationsnetze zu lösen. Dadurch wird der Anwendungsentwickler zunehmend entlastet, wie dies etwa in herkömmlichen Netzen durch standardisierte RPC-Konzepte bereits heute erreicht wurde. Ausgegangen wird von einer gemischten Netzumgebung mit Festnetzen sowie lokalen und weiträumigen zellularen Funknetzen. Eine logische Strukturierung in Domains ermöglicht eine systematische Verwaltung von Anwendungen, Ressourcen und Kommunikationsvorgängen in verteilten Mobilrechner-Umgebungen. Eine prototypische Realisierung der Konzepte unter Nutzung von OSF DCE und Microsoft RPC wird als Validierungsbasis vorgestellt.

1 Einleitung

Verteilte Anwendungen werden heute auf breiter Basis im industriellen Umfeld realisiert. Als wichtigste unterstützende Systemplattform ist derzeit das OSF Distributed Computing Environment (DCE) /DCE93/ zu nennen. Es stellt alle wesentlichen Systemdienste zur Kommunikation mittels Remote Procedure Call (RPC) sowie zur Ressourcenverwaltung und zur Gewährleistung von Sicherheitsaspekten bereit. Dabei wird jedoch von konventionellen Netzumgebungen und Endgeräten ausgegangen.

Im Rahmen der vorliegenden Arbeit werden dagegen sogenannte *Mobilsysteme* betrachtet. Diese umfassen mobile Rechner (i.d.R. Notebooks), drahtlose lokale Netze, zellulare Weitverkehrsnetze, aber auch konventionelle Festnetze und Workstations. Insbesondere ist die Mobilität von Notebooks innerhalb und zwischen Mobilnetzen sowie ihre temporäre Ankopplung an Festnetze möglich. Mit dem zunehmenden Einsatz mobiler Rechner und der technologischen Reife von Mobilnetzen gewinnen solche Umgebungen in der Praxis stark an Bedeutung. Gleichzeitig stellen sich jedoch neue anwendungsnahe Probleme und damit verbundene Anforderungen an die Systemunterstützung:

- *Dynamische Konfiguration:* Rechner können in Mobilsystemen dynamisch zwischen verschiedenen Subnetzen und organisatorischen Bereichen verlagert werden. Dadurch ergeben sich häufig Änderungen bezüglich der Struktur des verteilten Gesamtsystems. Um diese Eigenschaften speziell bei der Ressourcenverwaltung zu berücksichtigen, ist eine explizite dynamische Verwaltung der Systemkonfiguration erforderlich /DAS94, SPT94/.

- *Ressourcenzugriff:* Bedingt durch die genannten dynamischen Aspekte ändert sich auch das einem mobilen Rechner zur Verfügung stehende Ressourcenangebot recht häufig. Ein wesentliches Ziel der Systemunterstützung muß es sein, diese dynamischen Eigenschaften durch geeignete Verwaltungsmechanismen vor dem Benutzer weitgehend zu verbergen.
- *Qualitative Vielfalt der Kommunikationsnetze:* In Mobilsystemen sind die Qualitätsmerkmale der genutzten Netze sehr unterschiedlich /DPB94/. Dies gilt vor allem für Durchsatz, mittlere Verweilzeit und Kosten beim Vergleich zwischen zellularen Weitverkehrsnetzen, lokalen Funknetzen und lokalen Festnetzen. Die Systemunterstützung sollte daher die verfügbaren Qualitätsmerkmale als Basis für Entscheidungen bezüglich der anwendungsnahen Kommunikation und des Ressourcenzugriffs verwenden.
- *Abkopplung und Caching:* Ein mobiler Rechner kann zeitweise auch völlig vom Netz abgekoppelt werden, um später ggf. in einer anderen Netzumgebung wieder angekoppelt zu werden. Hiermit treten neue Anforderungen bezüglich der geeigneten Verwaltung eines Daten- bzw. Dokument-Caches für mobile Rechner auf, um einen kontinuierlichen Betrieb von Anwendungen zu gewährleisten.

Die wesentlichen Beiträge der vorliegenden Arbeit zu den genannten Problemen lassen sich wie folgt zusammenfassen:

- *Systemmodell:* Zunächst wird ein Systemmodell vorgestellt, das die explizite Repräsentation organisatorischer Bereiche eines Mobilsystems, die Modellierung der Qualitätseigenschaften der beteiligten Netze sowie die Verwaltung anwendungsnaher Ressourcen ermöglicht.
- *Verwaltungsalgorithmen:* Für dieses Modell werden Verwaltungsalgorithmen und zugehörige Protokolle definiert, die eine dynamische Verwaltung der Systemkonfiguration im Rahmen der Rechnermobilität realisieren.
- *Anwendungsunterstützung:* Auf der Basis des dynamisch adaptierten Systemmodells werden generische Algorithmen zur Steuerung des Ressourcenzugriffs einer verteilten Anwendung im Mobilsystem vorgeschlagen. Dadurch wird die Anwendung von Mobilsystem-spezifischen Entscheidungen entlastet.
- *Prototypische Validierung:* Die Konzepte werden im Rahmen eines Prototyps unter Nutzung des OSF Distributed Computing Environments praktisch validiert und für eine konkrete Anwendung eingesetzt. Erfahrungen mit der Implementierung und erste Leistungsmessungen für die Basisalgorithmen werden vorgestellt.

Der Beitrag gliedert sich damit wie folgt: Abschnitt 2 beschreibt die wesentlichen Grundlagen aus dem Bereich der Mobilnetze und der verteilten Anwendungsunterstützung. In Abschnitt 3 wird das Systemmodell mit den zugehörigen Verwaltungsalgorithmen vorgestellt. In Abschnitt 4 wird auf die Stationsarchitektur eingegangen. Abschnitt 5 wendet das Modell auf eine mobile Anwendung aus dem Servicebereich an. Im Abschnitt 6 wird die Anwendungs- und Ressourcenbeschreibung vorgestellt. Abschnitt 7 beschreibt die Implementierung und die zugehörigen praktischen Ergebnisse. Die Arbeit schließt mit einer Zusammenfassung und einem Ausblick auf weiterführende Arbeiten in Abschnitt 8.

2 Grundlagen und verwandte Ansätze

Mobilnetze: Im Rahmen der betrachteten Mobilsysteme sind verschiedene Mobilnetze bzw. mobile Netzankopplungen von besonderer Bedeutung. Dabei wird von vorhandenen Lösungen ausgegangen.

Mobilfunknetze im Weitverkehrsbereich basieren auf Zellularfunksystemen und sind durch ubiquitäre Kommunikation bei allerdings relativ geringen Übertragungsraten, signifikanten Kosten sowie relativ hohen Bitfehlerwahrscheinlichkeiten charakterisiert /WAP93, RAH93/. Der wesentliche europäische Standard ist GSM, das eine verbindungsorientierte Datenübertragung mit bis zu 9,6 kbit/s ermöglicht. Für den deutschen Bereich ist ferner das Datenfunknetz MODACOM der Telekom mit der gleichen maximalen Datenrate bei paketorientierter Übertragung von Bedeutung.
Für lokale Mobilfunknetze finden internationale Standardisierungsarbeiten bei ETSI im Rahmen von HIPERLAN und bei IEEE im Rahmen von 802.11 statt. Mit dem HIPERLAN-Standard sollen Übertragungsraten von 20 Mbit/s erreicht werden. Heute schon existierende herstellerspezifische Funk-LANs erreichen Übertragungsraten von 2 Mbit/s für etwas größere Entfernungen (z.B. NCR WaveLAN).
Eine weitere Möglichkeit des mobilen Netzzugangs ist die temporäre Ankopplung von Mobilrechnern an Festnetze. Die Schlüsseltechnologie hierfür ist der PCMCIA-Schnittstellenstandard, der scheckkartengroße Einschubkarten verschiedenster Funktionalität (z.B. Ethernet-Adapter) ermöglicht.
Für die Anwendungsunterstützung sind alle drei Netzkategorien relevant, wobei die Hardware-Technologie sowie die Netzzugangs- und Signalisierungsprotokolle als gegeben vorausgesetzt werden. Auch die Transportsystem-Funktionalität für Mobilnetze ist bereits weit entwickelt. Speziell durch die Einführung virtueller IP-Adressen auf der Vermittlungsschicht bleibt die Migration mobiler Rechner zwischen Subnetzen für die Anwendung (bis auf Leistungsaspekte) transparent (Mobile IP /MYS93, TER93/).

Verteilte Anwendungsunterstützung: Verteilte Anwendungen umfassen eine kooperierende Menge dezentral organisierter Komponenten auf verschiedenen Knoten eines Rechnernetzes. Gerade mit der Verbreitung von Mobilsystemen gewinnen solche Anwendungen zusätzlich an Bedeutung, da nun auch Anwendungsbereiche wie etwa der Außendienst oder die externe Wartung technischer Geräte rechnergestützt erschlossen werden können. Das Hauptziel dabei ist die Integration mobiler Teilanwendungen (z.B. Datenerfassung und -vorverarbeitung) mit den softwaretechnischen Komponenten und Werkzeugen des Gesamtsystems (z.B. Datenarchive, komplexe Auswertungsprogramme und Unterstützung für verteilte Büroabläufe).
Die derzeit typischen Systemarchitekturen basieren auf dem Client/Server-Modell, wie es vor allem durch den inzwischen relativ weit verbreiteten Industriestandard "OSF Distributed Computing Environment (DCE)" /DCE93/ realisiert wird. Anwendungskomponenten stehen dabei in verteilter Dienstnehmer/Dienstgeber-Beziehung auf der Basis des Remote Procedure Call (RPC) in heterogenen Umgebungen, wobei inzwischen auch parallele Interaktionen durch asynchrone RPCs, Massendatentransfer, komplexere Kommunikationsmuster (z.B. Multicast) sowie eine dynamisch optimierte Zuordnung von Servern zu Clients (Trading) /ODP92/ Stand der Technik sind.
Die gerade in Mobilsystemen besonders problematische Ressourcen-Heterogenität /STW93/ sowie die stark unterschiedlichen Kommunikationsbandbreiten der beteiligten Netze /ATD93/ werden nicht berücksichtigt. Lediglich die RPC-Basiskommunikationsmechanismen sowie die organisatorische Strukturierung verteilter Systembereiche (aus DCE durch das Cell-Konzept bekannt) können direkt für die vorliegende Aufgabenstellung verwendet werden.
Insgesamt ist festzustellen, daß die Konzepte für verteilte Anwendungen auf allgemeinen Rechnernetzen inzwischen recht weit entwickelt sind und Eingang in die industrielle Praxis gefunden haben. Dagegen fehlt die erforderliche Weiterentwicklung dieser Mechanismen für Mobilsysteme noch fast völlig.

3 Systemarchitektur

3.1 Basisstruktur

Zur Schaffung einer Basis für die Systemunterstützung in mobilen Systemen wird das verteilte Gesamtsystem in logische Verwaltungsbereiche, in sogenannte Domains eingeteilt. In Abb. 1 wird das resultierende Systemmodell an einem Beispiel vorgestellt. Es umfaßt verschiedene Domains, die zum Beispiel Abteilungen, organisatorische Einheiten oder Kunden von Firmen mit mobilem Personal repräsentieren können. Jede Domain besteht aus verschiedenen Subnetzen und beinhaltet eine Anzahl von festen und mobilen Stationen. Eine Domain ist jedoch grundsätzlich ein logisches und kein physikalisches Konstrukt. Deshalb kann eine Domain auch weit zerstreute Subnetze oder Stationen umfassen. Im allgemeinen wird jedoch bei der Bildung einer Domain von der physikalischen Struktur ausgegangen.
Jede Domain wird durch einen Domainmanager, welcher sich auf einem Festrechner in einem der Subnetze der Domain befindet, gesteuert. Diese Komponente verwaltet in einer Informationsbasis

- alle Stationen die gegenwärtig Mitglieder der Domain sind,
- die auf der Anwendungsebene vorliegenden Dienste und Ressourcen der Domain, welche durch RPC angeboten werden,
- eine abstrakte Repräsentation der zur Domain gehörenden Netz-Topologie,
- eine änderbare Liste über Domains mit denen häufig Interaktionen durchgeführt werden.

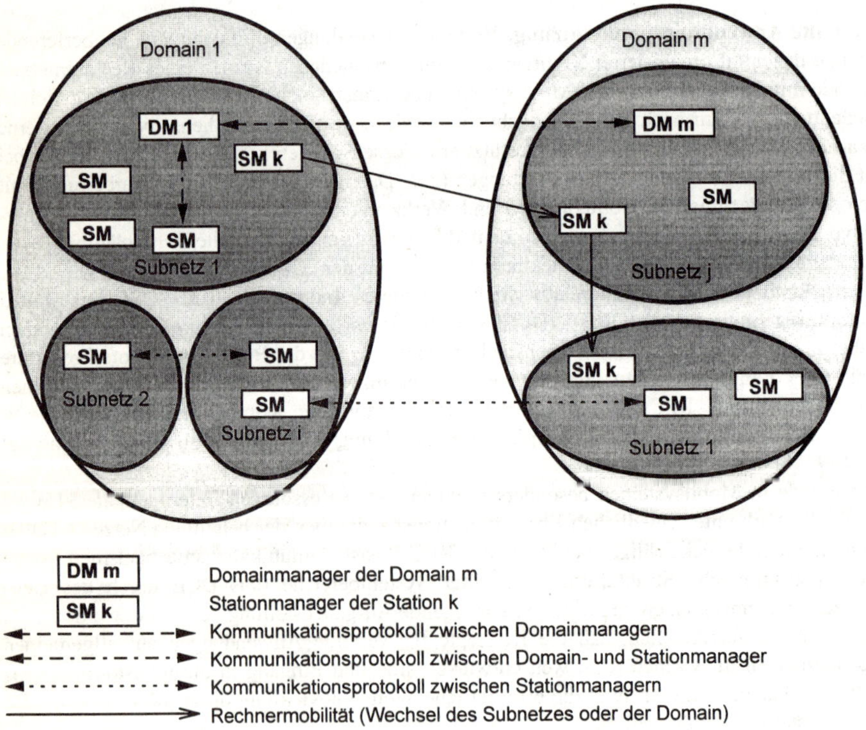

Abb. 1: Domainmodell

Jede Station verfügt über einen Stationmanager, welcher für stationsspezifische Verwaltungsaufgaben verantwortlich ist. Zu diesen Aufgaben gehören das Planen von Fernkommunikation und Fernzugriff auf Ressourcen, das Caching von Informationen und die Interaktionen mit dem Domainmanager. Die Stationen (i.a. Festrechner) stellen der verteilten Umgebung Dienste und Ressourcen bereit. Eine Station kann nur Mitglied einer Domain sein. Obwohl die Stationen meist direkt miteinander interagieren (also ohne Beteiligung des Domainmanagers), wird die Kommunikation mit dem Domainmanager für verschiedene spezifische Aufgaben benötigt.

3. 2 Verwaltungsalgorithmen

Stationen können ihre Netz- oder Domainzugehörigkeit wechseln, dabei ändern sich einerseits die durch die Domainmanager verwalteten Stationspopulationen, andererseits ändern sich die Ausgangsparameter für laufende Stationsanwendungen (Änderung der Ressourcenverfügbarkeit und der Kommunikationspfade). Im folgenden werden die wichtigsten der implementierten Algorithmen zur Verwaltung der Stationsmobilität im Rahmen der beiden Protokolle DAP bzw. DIP skizziert.

Die Interaktionen zwischen Station- und Domainmanagern basieren auf dem Domain Access Protocol (DAP). Dieses ermöglicht den Stationen einen dynamischen Zugang bzw. Abgang bei Domains sowie die Möglichkeit der Lokalisierung von Diensten bzw. Ressourcen.

Die Domainmanager agieren untereinander über das Domain Interchange Protocol (DIP). Es ist für den Austausch von Informationen über jeweilige Mitgliedsstationen zwischen Partnerdomains verantwortlich. Alle DAP- und DIP- Interaktionen basieren auf dem DCE RPC und dem Microsoft RPC.

Domainwechsel (DAP): An- und Abmeldung einer Station bei einer Domain

Wenn eine Station in eine Domain eintritt, registriert sie sich beim Domainmanager und übermittelt eine Stationsbeschreibung an diesen. Nachdem eine Station die Domain verlassen hat, löscht der Domainmanager die Station aus seiner Liste der Domainmitglieder und paßt die entsprechende Ressourceninformation an.

Der Domainwechsel bedeutet für die Station eine Veränderung der nutzbaren Kommunikationskanäle und des Dienst- und Ressourcenangebots. Für diesen Fall ist eine explizite Anwendungsverwaltung und -unterstützung durch den Stationmanager notwendig.

Aktualisierung von Stationslisten zwischen Domains (DIP):

Zwischen bestimmten (bevorzugten) Domainmanagern werden Informationen über die Lokalität von Stationen mittels Stationslistentransfer ausgetauscht. Der Informationsaustausch erfolgt periodisch unter der Voraussetzung, daß sich die Informationen geändert haben. Damit wird es entfernten Domainmanagern ermöglicht, Informationen über das Stationsaufkommen innerhalb von Partnerdomains bei sich zu halten. Die Liste der Partnerdomains einer gegebenen Domain kann automatisch angepaßt werden.

Lokalisierung einer Station (DAP):

Stationen ermitteln mit Hilfe ihres zugehörigen Domainmanagers die Lokalität von Partnerstationen bzw. von bestimmten Diensten oder Ressourcen. Der Domainmanager überprüft seine Stationsliste, die Stationslisten der bevorzugten Domains und kommuniziert bei Bedarf mit anderen Domainmanagern, um die gesuchte Komponente zu lokalisieren. Das Lokalisierungsverfahren kann grundsätzlich mit den erwähnten Mobile-IP-Verfahren kombiniert werden. Zusätzlich bietet eine Lokalisierungsunterstützung auf Anwendungsebene aber den Vorteil, daß anwendungsnahe Information mit berücksichtigt werden kann.

4 Stationsarchitektur

4. 1 Basiskonzepte

In diesem Abschnitt sollen der Aufbau und die Aufgaben des Stationmanagers diskutiert werden. Die beiden wichtigsten Aufgaben des Stationmanagers sind die Verwaltung der auf einer Station laufenden Anwendungen und die Kommunikation mit dem Domainmanagement.
Durch den Stationmanager haben die auf der Station laufenden Anwendungen die Möglichkeit, die Systemunterstützung für mobile Umgebungen zu nutzen. Ziel ist die Unterstützung möglichst vieler heterogener Plattformen und Anwendungen bei ihrem Einsatz in mobilen Umgebungen. Dabei sollte eine Trennung zwischen allgemeingültigen Mechanismen und systemabhängigen Implementierungen möglich sein.
Diese Sichtweise spiegelt sich auch in dem vorgeschlagenen Architekturmodell wieder (Abb. 2). Der Stationmanager (SM) stellt keine direkte und vollständige Unterstützung einer Anwendung oder die Realisierung von Ersatzfunktionalitäten (z.B. C-Lib, Systemdienste etc.) dar. Vielmehr werden durch den SM generische Funktionen zur Verfügung gestellt, welche zum Aufbau systemspezifischer Anwendungsunterstützungen notwendig sind. Die eigentliche Anbindung und Integration der Anwendungen erfolgt durch Subsysteme. Hierbei werden Subsysteme auf unterschiedlichem Niveau vorgesehen:

1. *Erweiterung der Standard-C-Lib:* Es werden die Standard-C Funktionen, wie z.B. fopen(), read(), write() usw. gekapselt und um „mobile" Eigenschaften erweitert; dies schließt z.B. Operationen bei Diskonnektivität oder beim Zugriff auf Ersatzdateien in entfernten Domains mit ein. Die mit einer derart erweiterten Bibliothek gebundenen Anwendungen müssen sich hierbei der Existenz von Mobilitätsaspekten nicht bewußt sein, d.h. existierende konventionelle Anwendungen können auf diesem Wege um mobile Merkmale erweitert werden.
2. *Erweiterung von Betriebssystemfunktionen:* „Kernelfunktionen" werden um neue Eigenschaften erweitert, welche neue Systemzustände erlauben (abgekoppeltes Filesystem etc.). Diese Einbindung kann z. B. durch neue Device Driver oder Filesysteme erfolgen. Die Voraussetzung zur Realisierung bieten die für die Implementierung genutzten Betriebssysteme OSF/1 und auch Windows NT.
3. *Spezielle APIs:* Diese Schnittstellen stellen neue Funktionalitäten zur Verfügung, die von Anwendungen genutzt werden, welche sich der mobilen Aspekte „bewußt" sind. Im einfachsten Fall hat solch ein Subsystem kaum Eigenintelligenz und die generischen Funktionen des Stationmanagers werden direkt durch die Anwendungen genutzt. Allerdings können in derartigen Subsystemen auch viele systemspezifische Eigenschaften verborgen werden.

Durch die Nutzung von Subsystemen kann der Stationmanager portabel und unabhängig von anwendungs- und systemspezifischen Problemen gestaltet werden. Zwingende Anforderung ist nur die Existenz DCE-konformer RPCs und das Vorhandensein einer Thread-Bibliothek. Die Kommunikation zwischen Subsystemen und Stationmanager erfolgt generell über lokale RPCs, welche sehr effizient sind, wie es z. B. beim lokalen Microsoft RPC der Fall ist. Dadurch ist die Implementierung unabhängig von spezifischen Interprozeßkommunikationsmechanismen.
Die Einzelkomponenten des SM kommunizieren intern über Internal APIs, welche nicht über RPCs abgewickelt werden. In der ersten Version wird der SM als ein einzelner Prozeß angesehen, welcher aber aus einer Vielzahl von Threads besteht. In einer späteren Version ist durchaus auch die Aufteilung des SM in verschiedene voneinander unabhängige Prozesse denkbar.

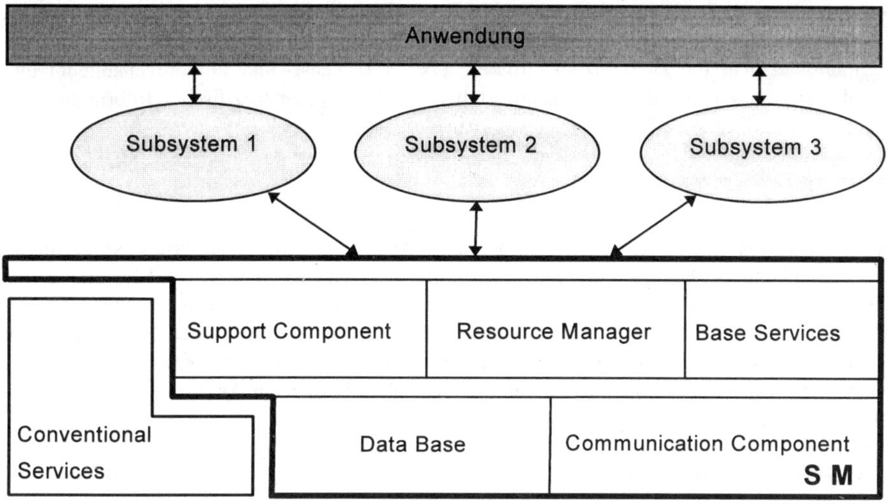

Abb. 2: Architekturmodell für den Stationmanager

4. 2 Die Einzelkomponenten des Stationmanagers

Der Stationmanager ist entsprechend Abb. 2 strukturiert. Die Architektur basiert auf konventionellen Betriebssystemen und RPC-Diensten. Die unterschiedlichen Komponenten bieten folgende Funktionalität:

- *Resource Manager (RM):* Seine wesentlichen beiden Aufgaben sind einerseits die Verwaltung von Ressourcen bzw. Diensten, andererseits ist er für die Entscheidungsfindung bzgl. des Ressourcenzugriffs zuständig. Der RM verwaltet das Dienst- und Ressourcenangebot der eigenen Station, setzt Dienst- und Ressourcenanforderungen ab und antwortet auf externe Anforderungen. Die Entscheidungsfindung bezieht sich auf das Ermitteln von möglichen Alternativen beim Dienst- bzw. Ressourcenzugriff. Zum Beispiel kann bei unterbrochenem Filezugriff die Weiterverarbeitung des Files im Cache als mögliche Alternative vorgeschlagen werden; bei unterbrochenem RPC kann als Alternative die Nutzung eines alternativen oder eines Ersatzservers vorgeschlagen werden (alternativer Server: entfernter Server mit gleicher oder annähernder Funktionalität wie Originalserver; Ersatzserver: lokaler Server). Der RM kommuniziert mit den Komponenten Base Services (BS) und Data Base (DB).
- *Support Component (SC):* Die vom RM vorgeschlagene Alternative wird, wenn es von der Anwendung bzw. dem Subsystem gewünscht wird, durch die SC unterstützt. Die SC bietet generische Dienste, erfüllt aber meist die Dienste nicht selbst, sondern sie verwaltet die Instanzen, welche die eigentliche Diensterfüllung erbringen (z. B. Verwaltung des RPC-Zugriffs auf alternative oder Ersatzserver). Erweiterte Caching-Mechanismen dagegen werden innerhalb der SC realisiert. Die SC nutzt Dienste der BS und DB.
- *Base Services (BS) und Communication Component (CC)*: Die Base Services bieten Dienste zur Kommunikation mit dem Domainmanagement und werden auch von den anderen Komponenten genutzt. Die Communication Component repräsentiert die RPC-Schnittstelle zum Domainmanager und zu anderen Stationmanagern.

- *Data Base (DB):* Hier erfolgt die Ablage von Informationen, welche von den anderen Komponenten zur Erfüllung ihrer Funktionalität benötigt werden. Dazu gehören die Informationen über die Domainzugehörigkeit, über das Dienst- und Ressourcenangebot und über stationsspezifische Daten (Schnittstelle zu betriebssystemspezifischen Informationen).

5 Anwendungsbeispiel

In Abb. 3 wird eine Beispielrealisierung unter Aufteilung einer bestimmten Kommunikationsumgebung in Domains vorgestellt. Ein mobiler Serviceingenieur arbeitet für eine Firma die mehrere Kunden betreut. Diese Firma hat zwei Niederlassungen, eine Zentrale und eine Filiale, welche über eigene Kommunikationssysteme verfügen. Die beiden Niederlassungen sind über ein öffentliches Netz miteinander verbunden. Die Kunden der Netzwerkfirma haben ebenfalls eigene Kommunikationssysteme, wobei nicht immer ein Anschluß zu öffentlichen Netzen besteht.
Über seinen Mobilrechner und durch Nutzung von Mobilnetzen als auch temporären Festnetzankopplungen greift der Serviceingenieur (unter Berücksichtigung von Zugriffsschutzmechanismen) auf Dienste und Ressourcen seiner Firmendomains sowie der Kundendomains zu. In Abhängigkeit von der Zugehörigkeit zu einer Domain bewegt sich der Mobilrechner in einer bestimmten Dienst- und Ressourcenumgebung. Dabei hat ein Mobilrechner auch Zugang zu Diensten und Ressourcen fremder Domains, dieser ist aber i.d.R. eingeschränkt bzgl. Bandbreite und Zugriffsrechten. Die verschiedenen Kommunikationspfade sind in Abb. 3 veranschaulicht.

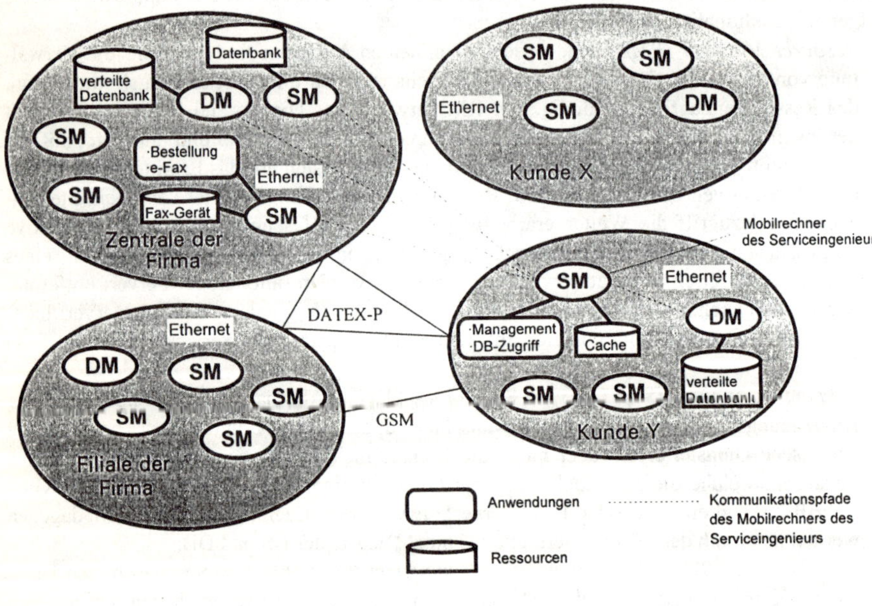

Abb. 3: Beispiel für eine Aufteilung von Domains

Die folgenden Szenarios veranschaulichen die wesentlichen Kommunikationsabläufe:

- *Fernzugriff auf fremde Domains:* Beim Kunden ist eine Maschine ausgefallen. Der längere Stillstand der Maschine verursacht für den Kunden einen nicht unbedeutenden wirtschaftlichen Schaden. Deshalb verschafft sich der Serviceingenieur über ein Funk-WAN (z. B. GSM) noch während seiner Anfahrt zum Kunden Zugang zur Kundendomain. Der eingeschränkte Ressourcenzugang und die Bandbreitenbegrenzungen werden durch den Stationmanager beachtet.
- *Fernzugriff auf die Heimatdomain:* Der Serviceingenieur befindet sich bei einem Kunden und will auf Dokumente seines Firmennetzes zugreifen. Über eine Funk-WAN-Verbindung greift er auf seine Heimatdomain zu und meldet sich bei dieser an. Nun kann er auf interne Dokumente zugreifen und diese aus einer verteilten Datenbank abrufen. Anschließend kann er diese Dokumente beim Kunden ausfüllen. Es kann sich z. B. um Bestellungen handeln, welche vom Kunden unterschrieben werden. Danach werden die Dokumente zurücktransferiert und in der Firmenzentrale von anderen Mitarbeitern endgültig ausgefüllt und dienen dann als Vorlage für eine Bestellung über e-Fax (Beispiel für eine Workflow-Anwendung). Durch das Anmelden in seiner Heimatdomain wird dem Serviceingenieur die gewohnte Heimatumgebung durch die Systemunterstützung zur Verfügung gestellt (Ressourcenangebot, Zugriffsrechte). Bei Zugriffseinschränkungen aufgrund begrenzter Bandbreite werden durch die Mechanismen der Systemunterstützung teilautomatische Entscheidungen hinsichtlich alternativer Zugriffsmöglichkeiten vorgenommen.
- *Caching:* Der Serviceingenieur wird meistens vor einem Domainwechsel von dedizierten Caching-Techniken Gebrauch machen, bzw. das Caching wird teilautomatisch durch die Mechanismen der Systemunterstützung durchgeführt. So können z. B. Servicedokumente und Kundeninformationen im voraus im Cache eingelagert werden, um den Zugriff zur Heimatdomain über öffentliche Netze zu reduzieren. Das erfordert eine a priori Information über benötigte Ressourcen und über domainspezifische Ressourcenverfügbarkeit; dieser Bereich wird im folgenden vertieft.

6 Anwendungsbeschreibung

6.1 Basiskonzepte

Um Entscheidungen hinsichtlich Dienst- und Ressourcenzugriff zu treffen, benötigt das System Informationen über das Verhalten einer Anwendung. Diese Informationen werden von den Komponenten des Stationmanagers verwendet.
Eine Anwendung läßt sich in Verarbeitungsphasen einteilen, welche durch einen bestimmten Dienst- und Ressourcengebrauch und andere spezifische Merkmale gekennzeichnet sind. Diese Informationen (siehe Abb. 4) sind Teil der Datenbank des Stationmanagers und werden durch den Resource Manager und die Subsysteme genutzt.
Voraussetzung für die Beschreibung ist die Klassifikation von Diensten und Ressourcen. Eine Dienstbeschreibung beinhaltet den Diensttyp, einen eindeutigen Dienstidentifier, die Quality of Service Anforderungen hinsichtlich der System- und Kommunikationsumgebung, und (optional) eine Liste von ausgewählten Servern. Die Ressourcenbeschreibung umfaßt ein Zustandsmodell und Leistungscharakteristika der Ressource.

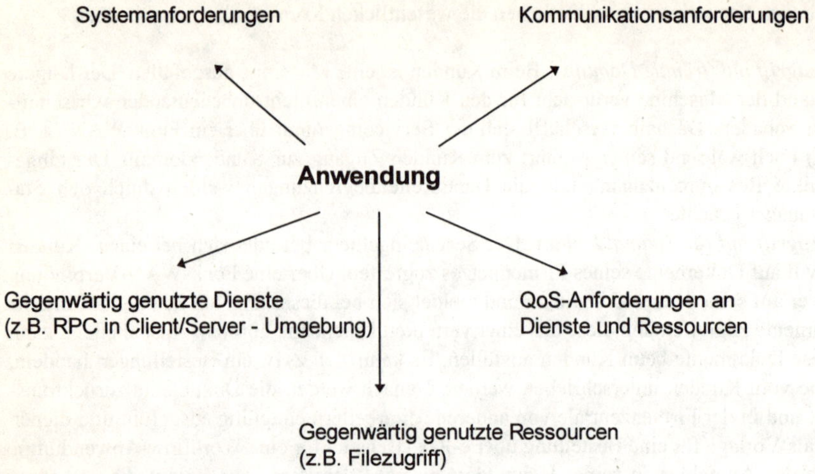

Abb. 4: Informationen innerhalb der Anwendungsbeschreibung

6.2 Verhaltensmodell

Das Anwendungsverhalten wird durch ein hierarchisches Zustandsmodell beschrieben. Dieses ermöglicht eine schrittweise Zerlegung und Verfeinerung einer gegebenen Verhaltensspezifikation. Eine Anwendung kann sich gleichzeitig in mehreren Zuständen befinden, z. B. um konkurrierende Operationen zu modellieren. Es ist genauso möglich, mehrere explizit gekoppelte Automaten innerhalb einer Gesamtanwendungsbeschreibung zu spezifizieren, z. B. um unabhängige Verarbeitungsphasen mit nicht deterministischen Übergängen zu modellieren. Ein Dummy-Zustand repräsentiert Anwendungsphasen, welche für Mobilitätsaspekte nicht relevant sind (wie längere lokale Verarbeitungsphasen). Für jeden Zustand ist eine attributierte Spezifikation über erwartete Dienst- und Ressourcenzugriffe auf Typniveau vorgegeben. Diese kann während des Anwendungs-Setups instantiiert werden (z.B. Instantiierung eines Datei-Typs durch eine konkrete Datei). Abb. 5 zeigt ein Beispiel für eine Verhaltensbeschreibung über eine Filezugriffs-Phase.

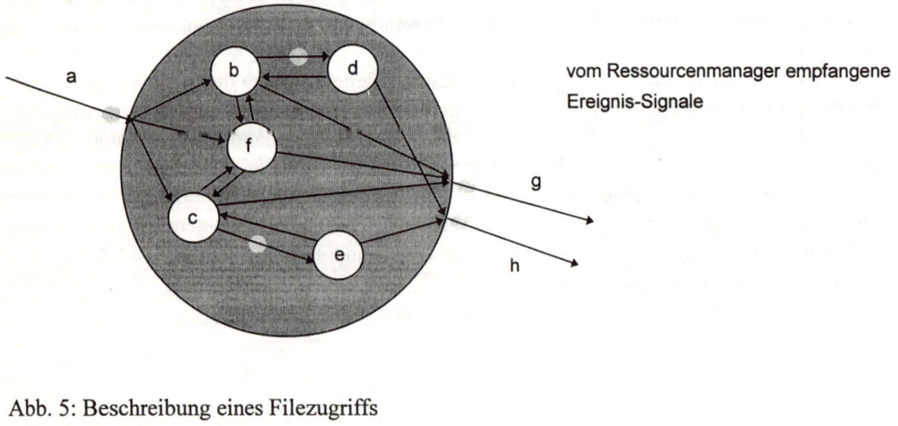

Abb. 5: Beschreibung eines Filezugriffs

a	Datei öffnen
b/c	Datei lesen/schreiben
d/e	Datei nicht erreichbar für lesen/schreiben
f	Gegenwärtig kein Zugriff
g	Datei geschlossen
h	Fehler bei Dateizugriff konnte durch Systemunterstützung nicht behoben werden

Jede Zustandsbeschreibung besteht aus der folgenden Information:

- Zustandsidentifier
- Eingliederung in Zustandshierarchie
- Eintrittspunkte in den Zustand (z. B. fopen)
- Austrittspunkte aus dem Zustand (z. B. fclose)
- Dienste, die in diesem Zustand genutzt werden (z. B. entfernter Lese/Schreibzugriff)
- Ressourcen, die benötigt werden (Datei)
- Ereignisse, die innerhalb des Zustands auftreten können (Dienst/Ressource nicht erreichbar oder Dienst/Ressource nicht in geforderter Qualität verfügbar (z. B. Durchsatz beim File-zugriff))

Die Verarbeitung der Anwendungsbeschreibung wird im folgenden genauer diskutiert.

6.3 Laufzeitmechanismen

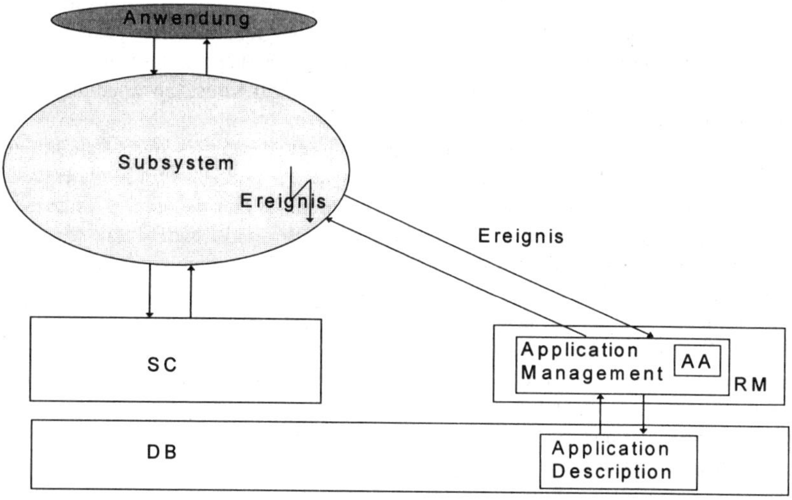

Abb. 6: Laufzeitmechanismen für die Anwendungsverwaltung

Die Anwendungsbeschreibung wird während der Laufzeit der Anwendung entsprechend Abb. 6 ausgewertet. Die Anwendung interagiert mit der Support Component über das Subsystem. Alle mobilitätsrelevanten Ereignisse (Wechsel der Verarbeitungsphase, Diskonnektivität, reduzierte Qualität der Kommunikationsverbindungen, Domainwechsel usw.) werden vom Sub-

system an den Resource Manager signalisiert. Innerhalb des Resource Managers existiert eine spezifische Komponente, das Anwendungsmanagement (AM). Das AM hat die Übersicht über aktuell laufende Anwendungen und ihre aktuellen Zustände durch eine Liste aktueller Anwendungen (AA). Die eigentliche Anwendungsbeschreibung (AD) ist in der Data Base des Stationmanagers abgelegt.
Für alle Ereignisse, welche Eintritts- oder Austrittspunkten von Verarbeitungsphasen entsprechen, wird der korrespondierende Zielzustand durch die AM ausgewählt und die AA entsprechend angepaßt. Für Ereignisse innerhalb gegebener Zustände wird der interne Zustandskontext analysiert und die resultierenden Dienst- und Ressourcenzugriffscharakteristika durch den Resource Manager bewertet. Mögliche Reaktionsmöglichkeiten werden im nächsten Abschnitt diskutiert; es werden hauptsächlich erweiterte Cachingmechanismen angewandt.

6.4 Ressourcenbeschreibung

In den vorhergehenden Betrachtungen wurde schon auf die Notwendigkeit einer Ressourcen- und Beschreibung hingewiesen. Diese Beschreibung sollte eindeutig und für die Auswertungsmechanismen der Systemunterstützung relevant gestaltet werden. In der folgenden Abhandlung werden Ansätze für die Ressourcenbeschreibung und Reaktionsmöglichkeiten der Systemunterstützung vorgestellt.
Wesentliche Kriterien zur Kategorisierung der von einer Anwendung genutzten Ressourcen selbst sind:

- *Zustandseigenschaften:* Eine Ressource ist über Interaktionen hinweg entweder zustandslos (ZL) oder zustandsbehaftet (ZB). Im Falle ZB wird weiter unterschieden in statische (ZBS) bzw. dynamisch durch andere Instanzen veränderte Zustände (ZBD). Beispiele sind Drukker (ZL), individuelle Wartungsdaten (ZBS) bzw. eine globale Wartungsdatenbank (ZBD). In diesem Zusammenhang sei erwähnt, daß in einigen Fällen bei Ressourcen vom Typ ZB zur Laufzeit zusätzlich verteilte Transaktionskonzepte zur Konsistenzerhaltung erforderlich sind, die in dieser Arbeit aber nicht betrachtet werden.
- *Emulierbarkeit:* Ferner wird insbesondere im Fall ZB spezifiziert, ob es sich um eine emulierbare Ressource (Eigenschaft ER) handelt. In diesem Fall kann ein Rechner dem Benutzer auch ohne Zugriff auf die Ressource selbst zumindest eine akzeptable Teilfunktionalität bieten, indem die reale Funktion emuliert wird. Beispiele hierfür sind lokale e-Mail-Emulationen im abgekoppelten Zustand oder auch ein Programm zur lokalen Überprüfung von Netzanalysen ohne Zugriff auf Server-Daten.
- *Datenumfang:* Für alle genannten Ressourcenarten ist der mittlere zu übertragende Datenumfang RD bei der Ressourcennutzung wesentlich. Es werden dabei einige wenige Grundkategorien gebildet, die für die erforderlichen heuristischen Entscheidungen ausreichen. Ferner handelt es sich stets um mittlere Angaben; eine a-priori-Angabe des tatsächlichen Datenumfangs ist nicht möglich, aber für die zu treffenden Entscheidungen auch nicht erforderlich. Bei Ressourcen vom Typ ZL beziehen sich die Angaben nur auf die Interaktion, bei ZB dagegen auch auf die Ressourcendaten selbst.

Auf der Basis dieser Informationen werden dann verschiedene Maßnahmen im Rahmen der Mobilität realisiert. Bei angekündigter Mobilität mit Angabe einer Zieldomain werden folgende Alternativen angeboten und ausgewählt:

- *Vollständiges Caching (VC):* Der mobile Rechner legt eine Cache-Kopie der vollständigen Daten einer Ressource vom Typ ZB an. Anwendungsspezifisch können auch nur ausgewählte Teile einer Ressource kopiert werden, wobei dann ein Selektionskriterium zu spezifizieren ist. Als Entscheidungskriterium ist u.a. auch die Hardware-Information des mobilen Rechners zu berücksichtigen.

- *Fernzugriff (FZ):* Unter Nutzung der allgemeinen Verfügbarkeit von Ressourcen vom Typ ZL ist als Alternative zu VC auch ein Fernzugriff auf Ressourcen möglich. Hierzu sind die Topologieinformation des Domainmanagers sowie der Datenumfang bezüglich der Ressourcennutzung zu berücksichtigen.
- *Ressourcennutzung in Zielumgebung (RZ):* Für Ressourcen vom Typ ZL ist es sinnvoll und möglich, auf gleichartige Ressourcen in der Zielumgebung bzw. in benachbarten Domains zuzugreifen. Die erforderliche Information über die Verfügbarkeit der Ressourcen ist wiederum über den Domainmanager unter Berücksichtigung der Zugriffsrechte zu ermitteln.
- *Ressourcen-Emulation (RE):* Für Ressourcen mit der Eigenschaft der Emulierbarkeit (ER) ist es unter Nutzung des Cachings (VC) möglich, eine Emulation in der Zielumgebung zu realisieren. Dies kommt dem Verhalten im Fall von VC grundsätzlich gleich, wobei aber die angebotene Funktionalität eingeschränkt ist.

Für die jeweils betrachteten Ressourcen wird im Falle FZ und RZ ferner aufgrund der Information der Domainmanager ermittelt, ob sie in einer bestimmten Domain verfügbar sind, und wie sich die Zugriffseigenschaften in Abhängigkeit von der Netztopologie darstellen.
Hierdurch wird insgesamt das auf der Basis der Domain-Architektur mögliche Spektrum von Entscheidungen zur Unterstützung mobiler Anwendungen definiert. Bei einer nicht angekündigten Abkopplung von Domains entfällt dabei die Alternative VC - abgesehen von der eventuellen Nutzung von Präferenzlisten auf der Basis von Nutzerprofilen (vgl. /SKM93/).

Art der Ressource / Art der Netzkomm.	ZL	ZBS	ZBD	ER
Abkopplung	RZ (z.B. Drucker)	VC (z.B. Wartungsdaten)	VC	VC / RE (z.B. e-Mail)
Geringe Bandbreite, hohe Kosten	RZ	VC	FZ (z.B. Wartungsdatenbank)	VC / RE
Mittlere Bandbreite	RZ / FZ	VC	FZ	FZ
Lokales Netz	FZ (z.B. Auswerteprogramm)	FZ	FZ	FZ (z.B. e-Mail mit Fernzugriff)

Abb. 7: Entscheidungen im Rahmen der Ressourcenverwaltung

Diese Techniken werden zunächst exemplarisch validiert, wobei vor allem die softwaretechnische Integration von Bedeutung ist. Eine der Klassifikation entsprechende systematische Informationsverwaltung bei Station- und Domainmanager wird momentan ausgearbeitet. Die bisherigen Konzepte und Entscheidungskriterien werden in Abb. 7 als Entscheidungstabelle zusammengefaßt und für die wichtigsten Fälle dort nochmals auszugsweise durch Beispiele aus der Anwendung ergänzt.

7 Implementierung

Das beschriebene Konzept wird auf der Basis von OSF DCE in C und C++ unter OSF/1 auf DEC Alpha und auf PC unter Windows NT implementiert. Eine spezifische Variante des Stationmanagers wurde ferner bereits am Daimler-Benz Forschungszentrum Ulm mit Visual C++ unter Windows auf PC realisiert und kommuniziert dort bereits über ein Funk-LAN auf PCMCIA-Basis (Xircom). Die folgenden Ausführungen konzentrieren sich aber auf die Implementierung am Lehrstuhl, bei der die Validierung des vorgestellten Gesamtkonzepts im Vordergrund steht. Der DCE RPC wird als grundlegender Kommunikationsmechanismus eingesetzt. Aufsetzend auf dem RPC wurden die Protokolle zwischen Stationmanager und Domainmanager (DAP = Domain Access Protocol) sowie zwischen den verschiedenen Domainmanagern (DIP = Domain Interchange Protocol) realisiert. Als Implementierungshilfsmittel setzt jeder Station- bzw. Domainmanager DCE-Threads ein, um Aufrufe nebenläufig bearbeiten zu können.
Exemplarisch wurden entsprechende Leistungsdaten für die Ausführung des Protokolls zum Stationslistenaustausch (DIP) zwischen den Domainmanagern in einer Workstation-Umgebung untersucht (DEC Alpha 3000 AXP 300, DCE V1.1, TCP/IP, Mittelwert über 10000 Protokollausführungen bei unbelastetem System). Der physikalische Wechsel zwischen Domains und Subnetzen im Rahmen der Mobilität wurde grundsätzlich zunächst im Festnetz emuliert. Es wird eine Stationsliste (Liste von Station-beschreibenden Objekten, welche beim Domainmanager abgelegt ist), die ca. 4000 Byte umfaßt, mittels RPC zu einem anderen Domainmanager übertragen. Als Mittelwert der Ausführungszeit vom Absetzen des Aufrufs durch den einen Domainmanager bis zum Erhalt der Daten durch den anderen Domainmanager wurden *17,8 ms* ermittelt.
Auf der Basis des inzwischen am Lehrstuhl verfügbaren DCE für PC, des DEC Mobile-IP sowie mehrerer Notebooks mit Funk-LAN soll in den nächsten Monaten die Portierung auf PC-Notebooks unter Windows durchgeführt werden, so daß demnächst weitergehende Resultate verfügbar werden.
Die Erfahrungen mit dem Konzept und der Implementierung lassen sich wie folgt zusammenfassen: (1) Schon anhand eines relativ kleinen Beispiels wurde deutlich, daß der herkömmliche Ansatz der weitgehend system- und netzunabhängigen Realisierung verteilter Anwendungen für Mobilnetze nicht hinreichend ist. (2) Dabei ist es jedoch sehr wichtig, eine geeignet abstrahierte, anwendungsnahe Form der Systemrepräsentation zu wählen, und nicht etwa auf elementare Netzmanagement-Information von zu feiner Granularität zurückzugreifen. (3) Die Nutzung etablierter Industriestandards (DCE) ist gleichzeitig ganz wesentlich, um eine zügige, zu existierenden Lösungen kompatible Kommunikationsplattform zu schaffen. Das von DCE bekannte Cell-Konzept kann ggf. mit der Domainarchitektur integriert werden, was aber bezüglich der Dynamik auch zahlreiche Erweiterungen unter DCE-Quellcode-Zugriff erfordern würde. (4) Die Verwendung einheitlicher RPC-Protokolle erleichtert insbesondere die in Mobilsystemen wichtige Software-Integration von PCs und Workstations. (5) Von besonderer Bedeutung ist die detaillierte Klassifikation von Anwendungen, Diensten und Ressourcen, wobei auch existierende konventionelle Anwendungen in der Zukunft mit betrachtet werden sollen.

8 Zusammenfassung und Ausblick

Der Beitrag stellte eine neue Systemarchitektur und zugehörige Realisierung zur Systemunterstützung für verteilte Mobilrechner-Anwendungen vor. Ein Grundprinzip des Konzeptes besteht darin, Informationen über Anwendungen, Dienste, Ressourcen und verschiedenartige Netze explizit zu verwalten. Während für die Anwendung bei der verteilten Ausführung weiterhin ein hohes Maß an Transparenz im üblichen Sinne gemäß ODP gewährleistet wird, können neue Techniken zur Behandlung von Netz- und Ressourcenheterogenität in Mobilsystemen gezielt realisiert werden. Die entsprechende Domainarchitektur wurde anhand einer Beispielanwendung illustriert, um anschließend verallgemeinerte Verwaltungstechniken abzuleiten. Durch die begleitende implementierungstechnische Validierung konnte die Realisierbarkeit der Konzepte nachgewiesen werden.

Im Rahmen laufender Forschungsarbeiten werden die Verwaltungsalgorithmen konzeptionell weiter verfeinert und auf verschiedene Beispiele angewandt. Die Implementierung wird schrittweise auf neue mobile Systemumgebungen ausgedehnt, wobei auch eine direkte Integration des Mobile-IP-Protokolls angestrebt wird. Ferner befaßt sich die Forschungsgruppe mit der Optimierung von RPC-Mechanismen über Funkkanäle geringer Bandbreite, mit der Integration von Benutzermobilität unter Berücksichtigung von PCMCIA-Speicherkarten sowie mit der simulativen Analyse der beschriebenen Konzepte mittels des Simulationspakets BONeS.

Literatur

/ATD93/ Athan, A., Duchamp, D.: Agent-Mediated Message Passing for Constrained Environments; USENIX Mobile & Location Independent Computing Symposium, Cambridge, MA, Aug. 1993, pp. 103-107

/DAS94/ Dasgupta, P.: Resource Location in Very Large Networks; IEEE Computer Society First International Workshop on Services in Distributed and Networked Environments (SDNE'94), Prague, June 27-28, 1994, pp. 156-163

/DCE93/ Distributed Computing Environment - An Overview; Open Software Foundation, 1993

/DPB94/ Davies, N., Pink, S., Blair, G. S.: Services to Support Distributed Applications in a Mobile Environment; IEEE Computer Society First International Workshop on Services in Distributed and Networked Environments (SDNE'94), Prague, June 27-28, 1994, pp. 84-89

/MYS93/ Myles, A., Skellern, D.: Comparison of Mobile Host Protocols for IP; Internetworking - Research and Experience, Vol. 4, 1993, pp. 175-194

/ODP92/ ISO/IEC JTC1/SC21/WG7: A Structural Specification of the ODP Trader with Federating Included, ISO, 1992

/RAH93/ Rahnema, M.: Overview of the GSM System and Protocol Architecture; IEEE Communications Magazine, April 1993, pp. 92-100

/SKM93/ Satyanarayanan, M., Kistler, J., Mummert, L., Ebling, M., Kumar, P., Lu, Q.: Experience with Disconnected Operation in a Mobile Computing Environment; USENIX Mobile & Location Independent Computing Symposium, Cambridge, MA, Aug. 1993, pp. 11-28

/SPT94/ Spreitzer, M., Theimer, M.: Architectural Considerations for Scalable, Secure, Mobile Computing with Location Information; The 14th International Conference on Distributed Computing Systems, IEEE Computer Society, Poznan, June 21-24, 1994, pp. 29-38

/STW93/ Schilit, B., Theimer, M., Welch, B.: Customizing Mobile Applications; USENIX Mobile & Location Independent Computing Symposium, Cambridge, MA, Aug. 1993, pp. 11-28

/TER93/ Teraoka, F.: VIP: A Protocol Providing Host Migration Transparency; Internetworking: Research and Experience, Vo. 4, 1993, pp. 195-221

/WAP93/ Walke, B., Decker, P.: Mobile Datenkommunikation - Eine Übersicht; it+ti, Heft 5/93, pp. 13-25

Dynamisches, verteiltes Kanalzuweisen im picozellulären Mobilfunk durch ein neuronales Netz

Matthias Oliver Berger

Lehrstuhl für Informatik IV, RWTH Aachen, D-52056 Aachen
email: berger@i4.informatik.rwth-aachen.de

Zusammenfassung. Die Kanalzuweisung ist die Grundlage des zellulären Mobilfunks. Der Trend zu immer kleineren Zellen bedingt die Entwicklung von verteilten Lösungsansätzen. Ausgehend von einem erfolgreichen künstlichen neuronalen Netz für die zentrale Vergabe von Kanälen wird ein dynamischer und verteilter Algorithmus entworfen.

1 Problemstellung

In Zukunft wird ein großer Anteil der Kommunikation mobilen Charakter haben [4]. Anwendungen wie "mobile computing" [22] und drahtlose Multimedia [13] kündigen sich an. Das mobile Telefon ist nur der erste Schritt in diese Richtung. Überdurchschnittlich hohe Benutzerzahlen werden den Betreibern zellulärer Mobilfunknetze vorhergesagt [9].

Ein Mobilfunknetz teilt die Ebene in Zellen auf, in denen eine Basisstation über Radiokanäle mit Mobiltelephonen kommuniziert [16]. Die Menge der verfügbaren Kanäle im Radiospektrum wird immer knapper, so daß deren Wiederverwendung ein Muß darstellt. Damit die Kommunikation störungsfrei verläuft, müssen die Kanäle so zugewiesen werden, daß durch elektromagnetische Kompatibilitätskriterien definierte Kanalabstände eingehalten werden.

Künstliche neuronale Netze sind ein neuer Weg, solche Probleme zu lösen. Jedoch sind die bisher entwickelten neuronalen Netze für die dynamische Kanalzuweisung praktisch noch nicht einsatzfähig, da sie für jedes Problem einen neuen Parametersatz benötigen, sich nur schwer auf geänderte Einsatzbedingungen umstellen lassen und weder konfliktfreie Lösungen garantieren können noch schnell genug sind. Dies liegt daran, daß die Kanalzuweisung als kombinatorisches Optimierungsproblem zur Klasse der NP-vollständigen Probleme gehört. Für fast keinen dieser Algorithmen wird die Laufzeit abgeschätzt [2].

1.1 Zelluläre Systeme

In einem zellulärem Mobilfunksystem wird die zu überdeckende Ebene in viele Zellen aufgeteilt, die von einzelnen Basisstationen, deren Reichweite im wesentlichen auf eine Zelle beschränkt ist, versorgt werden. Die mobilen Funktelefone kommunizieren über die Basisstationen miteinander. Jedem Mobilfunkteilnehmer wird ein *Kanal* aus dem Radiofrequenzband zugewiesen, der ausschließlich für ihn reserviert ist. Techniken wie TDMA oder FDMA ermöglichen die bessere Ausnutzung einer der Frequenzen [15]. Abhängig von einem solchen Schema muß ein Kanal im Laufe der Zeit nicht immer derselben Frequenz entsprechen.

Jedoch ist eine Wiederverwendung der Kanäle möglich: Ein Kanal kann in zwei Zellen mit ausreichender räumlicher Entfernung gleichzeitig verwendet werden. Dies führt zu einer effizienteren Ausnutzung des verfügbaren Spektrums. Durch Kanalwiederverwendung kann die Anzahl der gleichzeitig laufenden Verbindungen gegenüber einem System ohne diese Möglichkeit erheblich erhöht werden.

Die stark ansteigenden Benutzerzahlen [9] und die beschränkte Ressource der Kanäle zwingen die Entwickler zukünftiger Mobilfunksysteme dazu, Strategien zu entwickeln, die eine möglichst hohe Auslastung des zur Verfügung stehenden Spektrums zu ermöglichen. Ein Trend ist die Verkleinerung der Zellengröße [3]: Es wird zwischen *macro-*, *mikro-* und *picozellulären* Mobilfunknetzen differenziert. Traditionelle Macrozellen benötigen rund 50 m hohe Senedemaste und erreichen Benutzer in einem Radius von einigen Kilometern. Microzellen werden durch kleine Sender überstrichen, die z. B. auf Laternen montiert werden können und deren Radius mehrere hundert Meter beträgt. Der nächste Schritt ist die Einführung von Picozellen, deren Radius in der Größenordnung von etwa zehn Metern liegt.

Diese besonders kleinen Zellen bieten sich für die "In-House"-Verwendung an [8]: Jeder Raum eines Gebäudes bekommt einen kleinen Sender. Die Vorteile dieser Verkleinerung sind höherer Durchsatz (da weniger Benutzer auf eine Zelle entfallen), verbesserte Kanalwiederverwendung (der gleiche Kanal kann in nicht-interferierenden Zellen erneut vergeben werden) und Miniaturisierung der Geräte: Der geringere Abstand zur Basisstation ermöglicht den Einsatz von weniger leistungsstarken Sendern und damit die Reduzierung des Energieverbrauchs.

Probleme treten in verschiedenen Bereichen auf: In kleinen Radii herrschen besondere Ausbreitungsgesetze für Radiowellen und die Verknüpfung mit großzelligeren Netzen ist nichttrivial. Vor allem aber versagen die bisher bekannten Kanalzuweisungsalgorithmen [19], denn die geringe Ausdehnung der Zellen und die hohe Mobilität der Benutzer (in bezug auf deren Geschwindigkeit und die hohe Frequenz der Zellenwechsel) erfordert schnelle Zuordnungen der Kanäle.

1.2 Die elektromagnetischen Kompatibilitätskriterien

Beim Kanalzuweisen müssen eine Reihe von Nebenbedingungen beachtet werden, damit die Kommunikation bestimmte Gütekriterien erfüllt. Diese Qualitätsanforderungen werden in unserem Fall durch die *elektromagnetischen Kompatibilitätskriterien* formuliert:

Gleichkanal-Interferenz: (engl. „co-channel constraint") Der gleiche Kanal kann bestimmten Basisstationen nicht gleichzeitig zugeteilt werden.

Adjazenzkanal-Interferenz: („adjacent channel constraint") Kanäle, die im Frequenzspektrum nebeneinander liegen, können nicht räumlich nebeneinanderliegenden Basisstationen zugewiesen werden.

Gleichzellen-Interferenz: („co-site constraint") Jedes Paar von Kanälen, das einer Basisstation zugewiesen wird, muß einen bestimmten Abstand im Frequenzband aufweisen.

Kompakt lassen sich diese Kriterien in einer Matrix zusammenfassen. Diese Idee geht auf einen Vorschlag [7] aus dem Jahr 1982 zurück.

Definition 1 Kompatibilitätsmatrix. Sei $Z = \{z_1, \ldots, z_n\}$ ein Zellensystem. Dann heißt die symmetrische $n \times n$ Matrix $C = (c_{ij})_{i,j=1,1}^{n,n}$ mit $c_{ij} \in \mathbb{N}_0$, $i \neq j$, und $c_{ii} > 0$ mit $i, j \in [1 : n]$ Kompatibilitätsmatrix auf Z. □

Die Komponenten der Kompatibilitätsmatrix C bestimmen die Mindestkanalabstände, die eine Kanalzuweisung einhalten muß, um den elektromagnetischen Kriterien für die Übertragungsqualität zu genügen (siehe Tab. 1). Hierbei geben die Werte der nichtdiagonalen Elemente c_{ij} $(i \neq j)$ den minimalen Abstand zwischen einem der Zelle z_i und einem der Zelle z_j zugewiesenem Kanal an. Dies ist eine Erweiterung der von Gamst und Rave definierten Kriterien, die nur $c_{ij} \in \{0, 1, 2\}$ zuließen. Die Diagonale bestimmt die Gleichzellen-Interferenz. Falls $c_{ij} = 0$ $(i \neq j)$, dann existiert keinerlei Einschränkung; Zelle z_i und Zelle z_j dürfen den gleichen Kanal benutzen.

Tabelle 1. Repräsentation der Kriterien in einer Kompatibilitätsmatrix.

Interferenz	Repräsentation
Gleichkanal	$c_{ij} = 1$
Adjazenzkanal	$c_{ij} > 1$
Gleichzellen	$c_{ii} > 0$

1.3 Spezifikation des Kanalzuweisungsproblems

Neben dem Zellensystem Z und der korrespondierenden Kompatibilitätsmatrix C sind noch weitere Parameter von Nöten.

Definition 2 Kanalzuweisungsproblem. Sei k die Anzahl der im System verfügbaren Kanäle. Das Quintupel $P = (Z, B, C, D, k)$ heißt Kanalzuweisungsproblem, falls Z ein Zellensystem der Form $Z = \{z_1, \ldots, z_n\}$, sowie B eine Menge der Belegungen der Form

$$B = \{B_i | i \in [1 : n], j \in B_i \iff j \in [1 : k] \\ \wedge \text{ Kanal } j \text{ wurde in Zelle } z_i \text{ vergeben}\},$$

C eine Kompatibilitätsmatrix auf Z und D ein n-Anforderungsvektor der Form $D = (d_i)_{i=1}^n$ mit $d_i \in \mathbb{N}_0$ und $i \in [1 : n]$ ist. □

B enthält n Mengen B_i (nicht notwendigerweise $B_i \neq \emptyset$), die jeweils die Kanalnummern der in Zelle z_i belegten Kanäle angeben. D beschreibt die Anzahl der geforderten Kanäle je Zelle.

Damit kann die konsistente, vollständige und optimale Lösung eines Kanalzuweisungsproblems definiert werden. k_x ist der Kanal, der der Anforderung x einer Zelle z_l $(x|in[1:d_l])$zugewiesen wurde. Falls $k_x = 0$, so wurde der Anforderung x kein Kanal zugewiesen.

Definition 3 Lösungen. Sei $P = (Z, B, C, D, k)$ ein Kanalzuweisungsproblem. Dann heißt

$$K = \{K_j | j \in [1:n], \\ K_j = (k_i)_{i=1}^{d_j}, k_i \in [0:k]\},$$

Kanalzuweisung für das Kanalzuweisungsproblem P. Sie wird konsistente Lösung des Kanalzuweisungsproblems P genannt, wenn

$$\forall i, j \in [1:n], \forall x \in [1:d_i], \forall y \in [1:d_j] : |k_x - k_y| \geq c_{ij}.$$

Falls sogar für alle $i \in [1:n]$ und für alle $x \in [1:d_i]$ gilt $k_x > 0$, so heißt K vollständige Lösung des Kanalzuweisungsproblems P. K heißt optimale Lösung, wenn für alle $k' < k$ keine vollständige Lösung existiert. □

1.4 Zielvorgabe

Es soll ein schneller neuronaler Algorithmus zur Lösung des dynamischen und verteilten Kanalzuweisungsproblems im picozellulären Mobilfunk entwickelt werden.

Kanalzuweisungsproblem
Instanz: Ein Kanalzuweisungsproblem $P = (Z, B, C, D, k)$ nach Definition 2.
Problem: Finde eine konsistente Kanalzuweisung für P unter den Nebenbedingungen (nach Definition 3)

1. Jeder Anforderung $x \in [1:d_l], l \in [1:n]$ wird genau ein Kanal $k_x \in [0:k]$ zugewiesen.
2. Die in B und C formulierten Einschränkungen sind erfüllt: $|k_x - k_y| \geq c_{ij}$ gilt für zwei beliebige Anforderungen x, y aus zwei beliebigen Zellen i und j.

Die Vorgaben für die Neuentwicklung sind die folgenden:

Netz. Es sollte ein einfaches, trainingsfreies Netz ohne Heuristiken und mit bekanntem Konvergenzverhalten verwendet werden.

Abbildung. Die Abbildung des Kanalzuweisungsproblems auf das künstliche neuronale Netz sollte frei von Redundanzen, speichereffizient und anpassungsfähig sein.

Problemformulierung. Der Einsatz einer Kompatibiltätsmatrix nach Definition 1 muß möglich sein. Auf Heuristiken und zusätzliche Parametrierung sollte verzichtet werden. Jeder stabile Zustand des künstlichen neuronalen Netzes muß eine konsistente Kanalzuweisung repräsentieren. Als Eingabe muß das Quintupel P genügen.

2 Bisherige Lösungen

Das Kanalzuweisungsproblem ist schon vielfach untersucht worden (eine Übersicht geben [10] und [2]). Für den Einsatz in picozellulären Netzen geeignete spezielle Algorithmen existieren bisher nicht.

2.1 Verschiedene Kanalzuweisungsstrategien

Es sei die Menge $L = \{1, \ldots, k\}$ der verfügbaren Kanäle eines Systems in zwei disjunkte Mengen K_f (feste Kanäle) und K_d (dynamische Kanäle) eingeteilt. O.b.d.A. seien $K_f = \{1, \ldots, l\}$ und $K_d = \{l+1, \ldots, k\}$. Dann läßt sich eine prinzipielle Klassifizierung der Kanalzuweisungsverfahren wie in Tab. 2 aufstellen.

Tabelle 2. Klassifizierung der Kanalzuweisungsstrategien.

Zuweisungsstrategie	Kanalaufteilung
Fest	$K_f = L \wedge K_d = \emptyset$
Dynamisch	$K_f = \emptyset \wedge K_d = L$
Hybrid	$K_f \neq \emptyset \wedge K_d \neq \emptyset \wedge K_f \cup K_d = L$

Festes Kanalzuweisen ist das einmalige feste Zuordnen von Kanälen an die Basisstationen unter Berücksichtigung der elektromagnetischen Kompatibilitätskriterien [6]. Damit ist ein schnelles Verfahren des Kanalzuweisens an die mobilen Kommunikationseinheiten gewährleistet. Dieses Prinzip funktioniert bei ausreichender Anzahl von fest zugewiesenen Kanälen zufriedenstellend. Jedoch wird der gravierende Nachteil dieses Verfahrens bei knappen Resourcen und/oder Anforderungsspitzen deutlich [15]. Die Basisstationen können nicht auf individuelle Überlasten reagieren, obwohl vielleicht in der Nachbarzelle noch freie Kanäle verfügbar wären. Diese Systeme besitzen deshalb nicht die Möglichkeit, sich kurz- oder mittelfristigen Auslastungsänderungen anzupassen. Für macrozelluläre Systeme mag dies kein Problem darstellen, da die großen Zellen eine gemittelte Auslastung bewältigen. Solche Systeme können deshalb mit großen und schnellen Auslastungsänderungen zurechtkommen. Auf picozelluläre Systeme mit hohem Auslastungsgrad trifft dies jedoch nicht zu [8].

Ein festes Kanalzuweisungsschema wird aus diesen Gründen in den allermeisten Fällen bei zukünftigen Systemen ein aussichtsloses Unterfangen bleiben. Diesen Umstand behebt das dynamische Kanalzuweisen [1]. Es teilt den Basisstationen aus einem gemeinsamen „Pool“ genau die Anzahl von Kanälen zu, die aktuell benötigt werden — vorausgesetzt, alle Basisstationen und alle Mobilfunkstationen können jeden Kanal ansteuern. Verschiedene dynamische Kanalzuweisungsalgorithmen sind in der Literatur vorgestellt worden [1, 20]. Als Mischform wurde die hybride Vergabe entwickelt [14].

Feste Kanalzuweisung kommt für moderne Picozellen nicht in Frage, da die Anzahl der benötigten Kanäle pro Teilnehmer nicht konstant ist. Es können einem Teilnehmer — je nach benötigter Bandbreite — unterschiedlich viele Kanäle zur Verfügung gestellt werden. Die Bandbreiten könnnen unter Umständen um Größenordnungen auseinanderliegen [13].

2.2 Verteilte Kanalzuweisung

Bisher wurden die Kanäle von einer zentralen Instanz zugeweisen, ob fest, dynamisch oder hybrid. Mit der Einführung der Picozellen ist diese Vorgehensweise jedoch nicht mehr praktikabel: Eine große Menge von Zellen mit einer hohen Benutzerfluktuation läßt sich so nur schwer kontrollieren. Der Trend ist klar: Die Intelligenz soll besser zwischen den einzelnen Komponenten eines zellulären Mobilfunksystems verteilt werden. Für das Problem der Kanalzuweisung bietet sich ein verteiltes Verfahren an, in dem die Basisstationen in den einzelnen Zellen selber über den am besten geeigneten Kanal entscheiden.

Damit die Basisstationen eine mit den elektromagnetischen Kompatibilitätskriterien verträgliche verteilte Kanalzuweisung vornehmen können, benötigen sie nicht die gesamte Kompatibilitätsmatrix, sondern nur die sie betreffenden Einträge. In Systemen mit tausenden von Zellen ist dies eine nicht unerhebliche Verkleinerung. Genauer gesagt, braucht Zelle z_i nur Spalte $c_{\cdot i}$ zu kennen. Daneben ist natürlich auch nur die Anzahl d_i der in Zelle z_i benötigten Kanäle wichtig. Aus dem Spektrum der verfügbaren Kanäle $[1 : k]$ muß diese Basisstation nun diejenigen auswählen, die den elektromagnetische Kompatibilitätskriterien genügen. Deshalb ist es wichtig, nicht nur eine Belegung der Kanäle (wie z.B. durch den Signal-Rauschabstand) zu erkennen, sondern auch die Zellennummern zu wissen, in der diese belegt wurden. Diese Aufgabe übernimmt die Potenzmenge B von Kanalbelegungen. Konkret muß eine einzelne Zelle z_i nur die Mengen B_j kennen, für die $c_{ij} > 0$ gilt.

3 Neuer Lösungsansatz

Der wichtigste Gesichtspunkt bei der Entwicklung einer neuen Zuweisungsstrategie ist die Berücksichtigung der besonderen Struktur der picozellulären Mobilfunknetze: Um effektiv arbeiten zu können, müssen diese Netzwerke durch verteilte Kontrollmechanismen gesteuert werden [8, 17]. Die bisherige zentralistische Vorgehensweise ist ungeeignet.

Thema meiner bisherigen Untersuchungen war die Entwicklung, Implementierung und Leistungsüberprüfung eines neuen, schnellen neuronalen Algorithmus, der sowohl parameter– als auch trainingsfrei ist und nur gültige Lösungen findet. Er läßt sich leicht rekonfigurieren, parallelisieren und in Hardware implementieren.

Dabei wurde kein besonderer Bezug zur Zellengröße hergestellt, die Simulationen beschränkten sich auf die zentrale, statische Zuweisung in macrozellulären Netzen. Ausgehend von diesen Vorarbeiten wird ein speziell auf picozelluläre Netze abgestimmter Algorithmus für das dynamische und verteilte Kanalzuweisen entwickelt. Der in der Diplomarbeit [2] vorgestellte Ansatz ist für den Einsatz in einer Basisstation modifiziert worden. Das heißt, daß nur noch lokale Kriterien die Kanalzuweisung beeinflußen können. Damit wird er Aufwand klein gehalten und eine schnelle Zuweisung ermöglicht.

3.1 Künstliche neuronale Netze

Künstliche neuronale Netze werden als „Abbildungsmaschinen" [18] verwendet: Einem p-dimensionalen Eingabevektor $\mathbf{x} = (x_i)_{i=1}^{p}$ wird ein q-dimensionaler Ausgabevektor $\mathbf{y} = (y_i)_{i=1}^{q}$ zugeordnet. Solch ein Netz läßt sich formal wie folgt beschreiben:

Definition 4 Künstliches neuronales Netz. Sei $n \in \mathbb{N}$. Dann heißt das Tripel $N = (V, W, \Theta)$ mit $V = \{1, \ldots, n\}$, $W = (w_{ij})_{i,j=1,1}^{n,n}$, $w_{ij} \in \mathbb{R}$ sowie $\Theta = (\theta_i)_{i=1}^{n}$, $\theta_i \in \mathbb{R}_0^+$, künstliches neuronales Netz vom Grade n. $v \in V$ heißt Berechnungselement (Neuron), w_{ij} heißt Gewicht und θ_i heißt Schwellenwert. □

Die Ausgabe y_i eines Berechnungselementes i wird durch

$$y_i = \sigma\Big(\sum_{j=1, j \neq i}^{n} w_{ij} x_j - \theta_i \Big) \tag{1}$$

bestimmt. Die gewichteten Summe der Eingänge $\sum_{j=1}^{n} w_{ij} x_j$ wird auch als Nettoerregung u_i bezeichnet. Von ihr wird der Schwellenwert subtrahiert, auf das Ergebnis wird eine Transitionsfunktion σ angewendet.

Ein nichtpositives Netz ist ein Hopfield-Netz [11, 12] mit Gewichten $w_{ij} \in \{0, -1\}$ und Nulldiagonale ($w_{ii} = 0$), ohne Schwellenwerte ($\Theta = \mathbf{0}$), mit binärem Zustandsmodell und Vorzeichentransitionsfunktion. Bei der Konvergenzanalyse beginnen sich die Unterschiede zu Hopfields Modell bemerkbar zu machen. Nach [21] gilt:

Theorem 5 (Shrivastava I). *Sei $N = (V, W, \Theta)$ ein nichtpositives Netz. Dann gilt:*

1. *Im asynchronen Berechnungsmodus konvergiert das Netz nach maximal $2n$ Iterationen, wenn der Neuberechung in der durch eine Permutation der Berechnungselemente vorgegebenen, zufälligen Reihenfolge erfolgt.*

2. *Im synchronen Modus konvergiert das Netz nach einer Iteration oder beginnt mit Zykellänge $l = 2$ zu oszillieren.*

Die Beweise für die Konvergenz beruhen darauf, daß dieser Netztyp genau die Klasse der maximal unabhängigen Eckenmengen für Graphen approximiert[1]. Damit ist ein Netz gefunden, das bei asynchroner Berechnung in polynomiell begrenzter Zeitkomplexität unabhängig von der Anzahl der Zustandsänderungen konvergiert.

Laut Angaben in [21] konvergiert das asynchron berechnete Netz n-ten Grades nach maximal $2n$ Iterationen, das Synchrone mit Reset nach höchstens $\lceil 3n/2 \rceil$ Iterationen. Beim genaueren Studium der Beweise stellte ich jedoch fest, daß die Autoren den Ausdruck Iteration als Synonym für *eine* asynchrone und eine synchrone Neuberechung verwenden. Die synchrone Neuberechnung bezieht sich aber auf das komplette Netz und besteht deshalb aus n einzelnen Berechnungen. Damit benötigt der sequentielle Algorithmus $2n$, der Vollparallele mit Reset aber $\lceil 3n/2 \rceil n$ Neuberechnungen. Jetzt ist klar: Der asynchrone Berechnungsmodus ist der effektivere.

Der folgende Satz aus [21] gibt Aufschluß über die Zusammenhänge zwischen stabilen Zuständen eines nichtpositiven Netzes und unabhängigen Eckenmengen:

Theorem 6 (Shrivastava II). *Sei $G(V, E)$ ein Graph mit $A_{n \times n}$ Adjazenzmatrix und $\mathbf{x} = (x_i)_{i=1}^n$ ein n-dimensionaler binärer Vektor. Genau dann ist $\mathbf{x}$ ein Fixpunkt*

$$\mathbf{x} = \mathrm{sgn}(-A\mathbf{x})$$

von $-A$, wenn

$$I = \{v_i \in V(G) | i \in [1:n] \wedge x_i = 1\}$$

unabhängige Eckenmenge von G ist.

I ist eine mit dem Vektor $\mathbf{x} = (x_i)_{i=1}^n$ assozierte unabhängige Eckenmenge des Graphen G: $v_i \in V(G)$ gilt genau dann, wenn $x_i = 1$. Also beschreibt $\mathbf{x}$ genau die in I enthaltenen Elemente. Für diesen Vektor gilt:

$$x_i = \begin{cases} 1 & v_i \text{ gehört zur unabhängigen Eckenmenge} \\ 0 & v_i \text{ gehört nicht dazu} \end{cases} \tag{2}$$

Satz 6 beinhaltet die Anleitung, wie ein Optimierungsproblem auf ein nichtpositives Netz abgebildet werden sollte: Sei ein Graph G gegeben, so muß die negierte Adjazenzmatrix $-A$ gebildet werden. Diese wird die Gewichtsmatrix W des neuronalen Netzes vom Grade n sein (d.h., $W = -A$). Alle stabilen Zustände des so konstruierten Netzes ergeben dann die Menge

$$\mathcal{I} = \{I \subset V | I \text{ ist unabhängige Eckenmenge von } G\}$$

der unabhängigen Eckenmengen des Graphen G. Damit ist klar, daß ein konvergiertes nichtpositives Netz gerade eine unabhängige Eckenmenge von G als Zustandsvektor liefert.

[1] Und eben nicht genau berechnet, wie Shrivastava *et.al.* schreiben

3.2 Reduktion auf die maximale unabhängige Eckenmenge

Um ein Optimierungsproblem durch ein nichtpositives Netz lösen zu lassen, muß eine Abbildung des Problems auf einen geeigneten Graphen vorgenommen werden, dessen unabhängige Eckenmengen einer Problemlösung entsprechen.

Aus der Kompatibilitätsmatrix eines Problems $P = (Z, B, C, D, k)$ werden n Interferenzgraphen $G^l_P(V, E)$ mit $l \in [1:n]$ konstruiert, die Ecken v^l_{ix} mit $i \in [1:k], x \in [1:d_l]$ für jede Anforderung x besitzen. Zwei Ecken v^l_{ix} und v^l_{jy}, $j \in [1:k]$, $y \in [1:d_l]$, l fest, werden genau dann durch eine Kante miteinander verbunden, wenn

1. $x = y \wedge i \neq j$, falls es kein $m \in [1:n]$ gibt mit $c_{lm} > 0$, für das weder i noch j in B_m enthalten sind;
2. oder $x \neq y \wedge |i-j| < c_{ij}$

Diese Konstruktion ergibt für jede Anforderung $x \in [1:d_l]$ einen vollständigen Graphen mit k Ecken, falls keinerlei Einschränkungen bezüglich B vorliegen. Im anderen Falle wird der vorher vollständige Graph unterbrochen. Die Ecken v^l_{ix} und v^l_{jy}, $x \neq y$, werden genau dann miteinander verbunden, wenn der Abstand zwischen den Kanälen i und j kleiner als der durch die Kompatibilitätsmatrix vorgeschriebene ist.

Definition 7 Interferenzgraph. Sei $P = (Z, B, C, D, k)$ ein Kanalzuweisungsproblem, $R^l_x(V, E)$ und $x \in [1:d_l]$. Sei $l \in [1:n]$ fest. Dann heißt der Graph $G^l_P(V, E)$ Interferenzgraph von P, wenn

$$V(G^l_P) = \bigcup_{x=1}^{d_l} V(R^l_x),$$

$$E(G^l_P) = \bigcup_{x=1}^{d_l} E(R^l_x) \cup \bigcup_{x=1}^{d_l} \bigcup_{\substack{y=1 \\ x \neq y}}^{d_l} \{(v^x_i, v^y_j) | i, j \in [1:k],$$

$$v^x_i \in V(R^l_x), v^y_j \in V(R^l_x) : |i-j| < c_{ij}\}$$

mit n Graphen R^l_x, bestimmt durch

$$V(R^l_x) = \{v^l_{1x}, \ldots, v^l_{kx}\},$$

$$E(R^l_x) = \{(v^l_{ix}, v^l_{jx}) | v^x_i, v^x_j \in V(R^l_x) \wedge i \neq j$$

$$\wedge (\neg \exists m \in [1:n] : c_{lm} > 0 \wedge (i \in B_m \vee j \in B_m)\}.$$

□

Es wird eine $k \times d_l$ Matrix von Ecken aufgebaut, deren d_l Spalten den Graphen R^l_x entsprechen. Die Ecke i einer Spalte x wird genau dann mit Ecke j einer anderen Spalte y verbunden, wenn $|i-j| < c_{ij}$ (Kompatibilitätskriterien).

Die Zusammenhänge zwischen Kanalzuweisungsproblem und Eckenmenge des so konstruierten Interferenzgraphen für ein Problem P wurden in [2] bewiesen. Deshalb möchte ich an dieser Stelle nur die wichtigsten Punkte formulieren.

Definition 8 Korrespondierende Kanalzuweisung. Sei $G_P^l(V, E)$ ein Interferenzgraph, $i \in [1 : k]$, $x \in [1 : d_l]$. Genau dann heißt $K = (k_x)_{x=1}^{d_l}$ mit $I \subset V(G_P^l)$ korrespondierende Kanalzuweisung, wenn

$$k_x = i \iff v_{ix}^l \in I.$$

□

Aus Definition 8 folgt, daß es für jede Anforderung x mit zugewiesenem Kanal $k_x = i > 0$ genau ein $v_{ix}^l \in I$ gibt. Für v_{jx}^l mit $j \neq i$ gilt $v_{jx}^l \notin I$, da sonst neben $k_x = i$ auch $k_x = j \neq i$ gelten würde. Falls Anruf x kein Kanal zugewiesen wurde ($k_x = 0$), so existiert kein entsprechendes $v_{ix}^l \in I$. Dies ist genau die Aussage von

Korollar 9. *Sei G_P^l ein Interferenzgraph, $I \subset V(G_P^l)$, $i \in [1 : k], x \in [1 : d_l]$, $K = (k_x)_{x=1}^{d_l}$ Kanalzuweisung für P. Dann gilt:*

$$k_x = i \iff v_{ix}^l \in I \wedge \forall j \in [1 : k], i \neq j : v_{jx}^l \notin I.$$

Damit sind alle wichtigen Zusammenhänge zwischen Kanalzuweisung und unabhängiger Eckenmenge aufgedeckt worden. Wie in [2] gezeigt wurde, ist die Lösung des einen immer auch eine Lösung des anderen Problems; sie sind „eins-zu-eins“. Damit sind nach Kapitel 3.1 alle Vorbereitungen für den Einsatz eines nichtpostiven neuronalen Netzes getroffen.

4 Entwurf für einen dynamischen, verteilten Algorithmus

Wie oben erwähnt, eignen sich nichtpositive Netze besonders gut, um maximale unabhängige Eckenmengen eines ungerichteten Graphen G zu approximieren. Im vorangegangenen Kapitel habe ich motiviert, wie sich das Kanalzuweisungsproblem auf das Problem der unabhängigen Eckenmenge eines geeignet konstruierten Interferenzgraphen G_P^l reduzieren läßt.

Jede Basisstation führt unabhängig voneinander den Neuro-Algorithmus aus. Zwischen ihnen werden Belegtmengen B_i ausgetauscht.

Netz. Ein asynchron berechnetes nichtpositives neuronales Netz wird eingesetzt, welches durch die Gewichtsmatrix W eindeutig bestimmt ist. Das Konvergenzverhalten beschreibt Satz 5. Das Netz muß nicht trainiert werden und ist frei von Heuristiken.

Abbildung. Ein Kanalzuweisungsproblem $P = (Z, B, C, D, k)$ wird auf ein zweidimensionales Netz mit $k \times d_l$ Neuronen abgebildet. Für die in der Zustandsmatrix $\mathbf{V} = (V_{ix}^l)_{i,x=1,1}^{k,d_l}$ zusammengefaßten Neuronen gilt:

$$V_{ix} = \begin{cases} 1 & \text{Kanal } i \text{ wird Anforderung } x \text{ zugewiesen} \\ 0 & \text{sonst} \end{cases}$$

Problemformulierung. Die Gewichtsmatrix ist hier durch die negierte Adjazenzmatrix des Interferenzgraphen G_P^l festgelegt. Neuron V_{ix}^l entspricht dabei der Ecke v_{ix}^l des Interferenzgraphen für $x \in [1 : d_l], i \in [1 : k]$. Die Gewichte der Gewichtsmatrix $W_{(kd_l)\times(kd_l)}^l$ werden für $x, y \in [1 : d_l], i, j \in [1 : k]$ durch

$$w_{ixjy}^l = -\delta_{xy}(1 - \delta_{ij}) - (1 - \delta_{xy})(|i - j| < c_{ij})$$

bestimmt. Für die Schwellenwerte gilt bekanntlich $\theta_{ix}^l = 0$. Die Problemformulierung berücksichtigt uneingeschränkte Kompatibilitätsmatrizen nach Def. 1. Auf den Einsatz von Heuristiken wird verzichtet. Neben den in Definition des Kanalzuweisungsproblems geforderten Parametern sind keine weiteren nötig.

Aus den Gewichten läßt sich eine Energiefunktion der Gestalt

$$E^l = \sum_{i=1}^{k}\sum_{j=1}^{k}\sum_{x=1}^{d_l}\sum_{y=1}^{d_l}(-\delta_{xy}(1 - \delta_{ij}) - (1 - \delta_{xy})(|i - j| < c_{ij}))V_{ix}^l V_{jy}^l \qquad (3)$$

konstruieren, die frei von zusätzlichen Heuristiken und Parametern ist.

Nun wird, ausgehend von einem zufälligen binärem Anfangszustand $\mathbf{V}(0)$, die Transitionsfunktion sequentiell angewandt. Das Netz konvergiert zu einem stabilen Zustand nach höchstens $2kd_l$ Neuberechnungen (siehe Satz 5). Jeder stabile Zustand repräsentiert eine definitionsgerechte Kanalzuweisung. Damit löst das so konfigurierte nichtpositive neuronale Netz nach Satz 6 ein beliebiges Kanalzuweisungsproblem P, das auf einen nach Definition 7 konstruierten Interferenzgraphen reduziert wurde.

5 Ausblick

Ein Konzept eines dynamischen und verteilten neuronalen Algorithmus für die Kanalzuweisung wurde vorgestellt. Das Netz arbeitet parameterfrei. Eine noch zu untersuchende Verbesserungsmöglichkeit stellt die Einführung von einem Parameter vor, welcher durch laufende Messungen aus dem System gewonnen werden würde. Es könnte die Benutzerfluktuation in der Zelle gemessen werden, die Rückschlüsse auf die Dauer einer Zuweisung zuließe. Denkbar ist hier eine Verletzung der elektromagnetischen Kompatibilitätskriterien, wenn angenommen werden kann, daß der Benutzer die Zelle bald wieder verläßt. Einer kurzfristigen Störung der Übertragung würde so Vorrang vor dem Verlust der Kommunikation eingeräumt werden.

Denkbar ist auch die Adaption des „Working-Set"-Prinzips [5] auf Mobilfunknetze. Die Zelle oder die Mobilfunkeinheit führen Buch über die Lokalität des Benutzers und versuchen auf diesem Wege, Entscheidungen für aktuelle Kanalzuweisungen im Hinblick auf den zukünftigen Bedarf zu fällen.

Literaturverzeichnis

1. Anderson, L.G., A Simulation Study of Some Dynamic Channel Assignment Algorithms in a High Capacity Mobile Telecommunications System, IEEE Trans. Comm., vol. 21, no. 11, pp.1294–1301, November 1973
2. Berger, M.O., Kanalzuweisung im zellulären Mobilfunk durch ein neuronales Netz, Diplomarbeit am Lehrstuhl für Informatik IV der RWTH Aachen, 1994
3. Chia, S., The Universal Mobile Telecommunications System, IEEE Comm. Magazine, pp.54–62, Dezember 1992
4. Daniels, G., Overview of digital mobile and cordless technologies, Telecommunications, vol. 26, no. 6, pp. 60–64, Juni 1992
5. Denning, P.J., The Working Set Model for Program Behavior, Comm. ACM, vol. 11, no. 5, pp.323–333, May 1968
6. Elnoubi, S.M., Singh, R., Gupta, S.S., A New Frequency Channel Assignment Algorithm in High Capacity Mobile Communication Systems, IEEE Trans. Veh. Tech., vol. 31, no. 3, pp.125–131, August 1982
7. Gamst, A., Rave, W., On Frequency Assignment in Mobile Automatic Telephone Systems, IEEE GLOBECOM'82, pp.309–315
8. Ghai, R., Singh, S., A Protocol for Seamless Communication in a Picocellular Network, IEEE Supercomm/ICC'94, May 1994, vol. 1, pp.192–196
9. Groenen, W., Europe on its Way to Common Cellular Services, Vortrag auf der ComNet'93, Prag, Mai 1993
10. Hale, W.K., Frequency Assignment: Theory and Applications, Proc. IEEE, vol. 68, no. 12, pp.1497–1514, Dezember 1980
11. Hopfield, J.J., Neural networks and physical systems with emergent collective computational abilities, Proc. Natl. Acad. Sci. USA, vol. 79, pp.2554–2558, April 1982
12. Hopfield, J.J., Tank, D.W., Neural Computation of Decisions in Optimization Problems, Biol. Cybern., vol. 52, pp.141–152, 1985
13. Jaykant, N., High Quality Networking of Audio-Visual Information, IEEE Comm. Mag., September 1993, pp.84–95
14. Kahwa, T.J., Georganas, N.D., A Hybrid Channel Assignment Scheme in Large-Scale, Cellular-Structured Mobile Communication Systems, IEEE Trans. Comm., vol. 26, no. 4, pp.432–438, April 1978
15. Lee, W.C.Y., *Mobile Communications Engineering*, McGraw-Hill, 1982
16. MacDonald, V.H., The Cellular Concept, Bell. Syst. Tech. J., vol. 58, no. 1, pp.15–41, Januar 1979
17. Madani, K., Aghvami, H.A., Performance of Distributed Control Channel Allocation (DCCA) Under Non-Uniform Traffic Condition in Microcellular Radio Communications, IEEE Supercomm/ICC'94, May 1994, vol. 1, pp.206–210
18. Rojas, R., *Theorie der neuronalen Netze*, Springer, Berlin, 1993
19. Sarnecki, J., *et.al.*, Microcell Design Principles, IEEE Comm. Mag., April 1993, pp.76–82
20. Sivarajan, K.N., McEliece, R.J., Ketchum, J.W., Channel Assignment in Cellular Radio, 39th IEEE Veh. Tech. Conf., vol. 2, pp.846–850, Mai 1989
21. Shrivastava, Y., Dasgoupta, S., Reddy, S.M., Guaranteed Convergence in a Class of Hopfield Networks, IEEE Trans. Neur. Net., vol. 3, no. 6, pp.951–961, November 1992
22. Wong, P., Halsall, F., Mobile Computing in a LAN Environment, IEEE Supercomm/ICC'94, May 1994, vol. 2, pp.1116–1120

Management von LEO/MEO-Satellitennetzen: Anforderungen und Netzdarstellung

Gabi Dreo, Bernhard Neumair, René Wies
Institut für Informatik
Ludwig-Maximilians-Universität München
{dreo,neumair,wies}@informatik.uni-muenchen.de
Axel Böttcher
T B&D Telekommunikation
Gesellschaft für Betrieb und Dienstleistungen, München
Markus Werner
Institut für Nachrichtentechnik
DLR Oberpfaffenhofen
Markus.Werner@dlr.de

Zusammenfassung

Satellitennetze auf der Basis niedrigfliegender Satelliten, wie z.B. die Systeme Iridium oder Globalstar, sollen in naher Zukunft weltweite mobile Sprach- und Datenkommunikation bieten. Aufgrund ihrer inhärenten Systemdynamik und ihrer notwendigen Kopplung an terrestrische Netze stellen sie besonders hohe Anforderungen an das Netz- und Systemmanagement. Hierzu ist eine managementgerechte Darstellung und Beschreibung der Netztopologie unabdingbar.

Das hier vorgestellt Konzept der *Suborbits* faßt Satelliten eines Orbits in logische Gruppen, sogenannte Suborbits, zusammen, die sich in einem betrachteten Zeitraum innerhalb des Einzugsbereichs eines Gateways befinden. Somit wird eine Abbildung der Kommunikationsbeziehungen beispielsweise für das Leistungs- oder Fehlermanagement auf ein hierarchisches Modell, bestehend aus Mobilen Teilnehmern, Gateways, Satelliten und Suborbits, in strukturierter Form ermöglicht.

Mit diesem Ansatz wird eine klare Schnittstelle für ein übergreifendes Netz- und Systemmanagement von satellitenbasierten und terrestrischen Netzen definiert und somit eine Brücke zwischen den zwei bislang separat betrachteten Bereichen, d.h. dem Netz- und Systemmanagement und dem Management von Satellitennetzen geschlagen.

1 Einführung

Seit einigen Jahren werden Kommunikationsnetze für weltweite Sprach- und Datenkommunikation zwischen mobilen und ortsfesten Teilnehmern auf der Basis von nicht-geostationären Satelliten intensiv erforscht und entsprechende Systemkonzepte vorgeschlagen. Einige Systeme befinden sich bereits in der Phase konkreter Entwicklung. Eine gute Übersicht über diesen Sektor der Mobilkommunikation bieten [12] und [13], konzeptionelle Aspekte der Satellitensysteme werden in [14] behandelt. Von besonderer Bedeutung sind Systeme, die weltweite (personenbezogene) mobile Sprachkommunikation als wesentlichen Dienst anbieten, meistens durch verschiedene Zusatzdienste ergänzt. Wichtige Vertreter dieser Gruppe sind *Iridium* (Motorola), *Globalstar* (Qualcomm) und *Inmarsat-P* (Inmarsat).

All diesen sog. LEO/MEO-Systemen (*Low Earth Orbit/Medium Earth Orbit*) sind besonders hohe Anforderungen an das Netzmanagement gemeinsam. Insbesondere aufgrund der inhärenten Systemdynamik sind bisher bekannte und im Einsatz befindliche Netzmanagementmethoden/-tools anzupassen bzw. zu erweitern. Dabei ist eine geeignete Beschreibung der Netztopologie – einschließlich der zeitlichen Komponente – von besonderer Bedeutung.

Nach einer Einführung in die grundlegenden Komponenten von Satellitennetzen, deren Zusammenspiel und ihre Bedeutung in Abschnitt 2 werden in Abschnitt 3 Managementaufgaben beschrieben, zu denen u.a. das Handover-Management, das Mobility-Management oder das Inter- und Intra-Orbit Satellite Routing gehören. In Abschnitt 4 wird die Problematik der Darstellung von LEO/MEO Satellitennetzen verdeutlicht und ein Ansatz zur Netzdarstellung, basierend auf dem entwickelten Konzept der *Suborbits*, präsentiert. Weiterhin werden Aspekte zur Realisierung des Konzeptes auf der Basis einer Management-Plattform dargestellt, sowie zukünftige komplexe Managementaufgaben im Ausblick andiskutiert.

2 Topologie von LEO/MEO-Satellitennetzen

Die Topologie der Satellitensysteme sollte für Aufgaben des Netzmanagements in einem möglichst umfassenden und gleichzeitig konkret einsetzbaren formalen Modell beschrieben werden.

Aufgrund der Dynamik des Systems ist im gegebenen Umfeld vor allem die Verbindungsstruktur definiert zeitvariant, d.h. Veränderungen treten nicht nur im Fall von Knoten- oder Verbindungsausfällen auf. Damit wächst die Komplexität des geforderten Topologiemodells. Darüber hinaus können mit Blick auf die praktische Operation (d.h. vor allem die Nachrichtenübermittlung von Endteilnehmer zu Endteilnehmer) solcher Netze einige Zuordnungsschwierigkeiten zwischen „physikalischen" und „modellierten" Knoten und Verbindungen auftreten; diese sind im konkreten Bezug zu Art und Umfang von Netzmanagementaufgaben auszuräumen.

Ein sinnvoller erster Schritt bei der Modellierung ist deshalb eine anschaulich nachvollziehbare und schlüssige Beschreibung der Netztopologie; formal werden dabei die Netzelemente in zwei Gruppen, *Knoten* und *Verbindungen*, eingeteilt.

Parallele und ergänzende Information, z.B. auch einfache Darstellungen zur Veranschaulichung einiger geometrischer Zusammenhänge, sind in [3] zu finden.

2.1 Netzknoten

Aufgrund der Relativbewegung aller verschiedenen Netzelemente (Satelliten, Bodenstationen, mobile und feste Benutzer) ist es sinnvoll, die Erde als „festes" Bezugssystem zu wählen, z.B. in Form eines Koordinatensystems aus Längen- und Breitengraden (*corotating system*). Auf dieser Basis kann dann von ortsfesten und beweglichen Netzelementen gesprochen werden.

2.1.1 Satelliten

Die charakteristischen Netzknoten in den betrachteten Systemen sind Kommunikationssatelliten auf niedrigen, polaren oder inklinierten Umlaufbahnen. Im allgemeinen befinden sich jeweils gleich viele Satelliten mit einem regelmäßigen Phasenversatz auf den verschiedenen

Bahnen. Eine entsprechende Unterscheidung in verschiedene (Orbit-)Gruppen von Satelliten hat zunächst für die Klassifizierung von Intersatellitenverbindungen direkte Konsequenzen. Weitergehend kann mit einer sinnvollen Zusammenfassung von *bestimmten* Satelliten jeweils *eines* Orbits zu Gruppen ein praktikabler Ansatz für die Handhabung des Netzmanagements erreicht werden. Diese Vorgehensweise wird als sog. *Suborbit*-Konzept in Abschnitt 4.2 noch ausführlich erläutert.

Jedem Satelliten entsprechen bestimmte Bedeckungs- oder Ausleuchtzonen auf der Erdoberfläche (für mobile Teilnehmer und feste Bodenstationen i.a. verschieden, bestimmt durch den jeweiligen minimalen Elevationswinkel), die sich mit ihm bewegen, so daß eine stetige Veränderung bei der Sichtbarkeit von mobilen Teilnehmern und festen Bodenstationen erfolgt. Zwei weitere wichtige Aspekte in diesem Zusammenhang – die allerdings für die Management-Betrachtungen im Rahmen dieses Artikels keine besondere Bedeutung haben – sind zum einen die Überlappung von Bedeckungszonen benachbarter Satelliten, zum anderen die Unterteilung einer Ausleuchtzone in Zellen (zellulares Prinzip, wie z.B. aus GSM bekannt).

2.1.2 Mobile Teilnehmer/Terminals (MT)

Die Gruppe der mobilen Teilnehmer umfaßt alle Nachrichtenquellen/-senken, die nicht ortsfest sind, z.B. Handheld Terminals, Autotelefone usw. Von besonderer Bedeutung für das Netzmanagement ist hierbei das sog. *Roaming*, d.h. die prinzipielle Möglichkeit zur Verlagerung des Aufenthaltsortes. Die Feststellung und Verwaltung der momentanen Aufenthaltsorte von mobilen Teilnehmern ist Aufgabe des Mobility Management.
Der Vorgang der Teilnehmerbewegung selbst (z.B. fahrendes Auto) hingegen ist mit Blick auf die Topologiedynamik kaum von Bedeutung, da die auftretenden Fortbewegungsgeschwindigkeiten sehr klein gegenüber den Fußpunktgeschwindigkeiten der Satelliten auf der Erdoberfläche (und damit auch der Bedeckungszonen bzw. Zellen) sind; letztere liegen bei bisherigen LEO/MEO-Systemvorschlägen zwischen ca. 6000 und 24000 km/h.

Die Modellierung der MT als Netzknoten bedarf einiger genauerer Erläuterungen:

Für Aufgaben des Mobility Management sowie z.B. bei der Verwaltung einzelner End-zu-End-Verbindungen sind die MT jeweils als einzelne bewegliche Netzknoten zu betrachten, die i. a. nur zeitweise als Endknoten innerhalb der Netztopologie „sichtbar" sind (*standby* oder *aktiv*) und innerhalb dieser Zeit wiederum zeitweise als Dienstnutzer, d.h. Verkehrsquellen und -senken, aktiv sind; in diesem Aktivitätsmodus stellen sie Anforderungen an die Ressourcenzuteilung.

Aus topologischer Sicht handelt es sich also um Netzknoten, die statistisch hinzukommen und wegfallen; für die Durchführung konkreter Netzmanagementaufgaben sind die MT allerdings zu jedem Zeitpunkt sowohl hinsichtlich ihres „Vorhandenseins" als auch ihrer momentanen Position als deterministisch zu betrachten. Die Information über momentane Topologiezustände bzgl. MT wird dem Netz durch diese selbst mitgeteilt (Anmelden/Abmelden, Verbindungswusch, Übertragung von aktueller Positionsinformation mittels GPS Daten usw.).

Anzumerken ist, daß für Aufgaben des Verkehrsmanagement, z.B. der Verwaltung/Kontrolle von Gesamtverkehrsflüssen, Überlastsituationen usw., die Zusammenfassung aller MT innerhalb der Bedeckungszone eines Satelliten (bzw. innerhalb einzelner Satellitenzellen) zu jeweils *einer* permanenten Verkehrsquelle/-senke sinnvoll sein kann; diese beinhaltet dann in Form ihrer statistischen Eigenschaften die nicht mehr im einzelnen auflösbaren mobilen Teilnehmer.

2.1.3 Bodenstationen

Ortsfeste Bodenstationen, die in weiterem Sinn Elemente eines LEO/MEO-Satellitensystems darstellen, können nach ihrer Funktionalität in drei Gruppen unterteilt werden:

- **Gateways (GWs)**
  Als Gateways im engeren Sinn werden diejenigen ortsfesten Bodenstationen bezeichnet, die als Netzknoten in die eigentlichen Kommunikationsabläufe eingebunden sind, über die also Nutzverkehr abgewickelt wird. Insbesondere kommt ihnen die Schnittstellenfunktion zwischen Satellitennetz und terrestrischen Festnetzen (PSTN, (B)ISDN, PDNs) zu. Die GWs sind untereinander mit terrestrischen Leitungen in einem teilvermaschten Subnetz verbunden. Aufgrund der exponierten Lage der GW-Standorte besteht i. a. zu allen Zeitpunkten Sichtverbindung zu jeweils mehreren Satelliten. Bei *transparenten* Satelliten – in denen keinerlei Signalverarbeitung erfolgt, sondern lediglich eine Signalverstärkung und Frequenzumsetzung durchgeführt wird – übernehmen die GWs auch Verwaltungs- und Kontrollaufgaben für Satellitenressourcen, die mit dem Kommunikationsablauf im Zusammenhang stehen. Die generelle Rolle von GWs im Rahmen der Zuteilung und Verwaltung von Netzressourcen wird in [6] im Detail behandelt.

- **Satelliten-Kontrollstationen**
  Hierbei handelt es sich um Bodenstationen, die zur Bahnvermessung und Lageregelung der Satelliten dienen. Sie sind im Falle von Satellitenausfällen auch für die Einbringung von Ersatzsatelliten zuständig. Physikalisch ist eine Trennung von GWs und diesen Kontrollstationen nicht zwingend, wenn auch einige Gründe dafür sprechen. Auf jeden Fall aber ist eine Berücksichtigung dieser Kontrollstationen in einem Topologiemodell für das Netzmanagement (des *Kommunikations*netzes!) nicht nötig.

- **Netzmanagement-Stationen**
  Hierbei handelt es sich um Bodenstationen, die für das Netzmanagement zuständig sind. Dazu muß in ihnen das zu entwickelnde Topologiemodell implementiert sein. Die Netzmanagement-Stationen sind also selbst keine Elemente des Modells. Nichtsdestoweniger ist die Optimierung von Anzahl, Plazierung und hierarchischer Struktur dieser Stationen für weltweites Netzmanagement von großer Bedeutung. Ein interessanter Teilsapekt ist z.B. schon allein die Frage, wo Positionsdaten der MT gehalten/verwaltet werden bzw. wie der Austausch diesbezüglicher Informationen zwischen den Stationen erfolgt.

2.2 Netzverbindungen

2.2.1 Verbindungen MT/Satellit (Mobile User Links, MULs)

Die Verbindungen zwischen mobilen Teilnehmern und Satelliten (Aufwärts- und Abwärtsverbindungen) sind innerhalb der betrachteten Systeme aus nachrichtentechnischer Sicht ein Element mit herausragender Bedeutung, und ihre Dimensionierung sowie die angewandten Zugriffsverfahren und Übertragungsprotokolle sind kritische Aspekte im Rahmen der gesamten Systemoptimierung. Wesentliche Randbedingungen an die MULs ergeben sich aus dem begrenzten verfügbaren Frequenzband sowie den Anforderungen an eine möglichst leistungsarme, aber ausreichend gute Signalübertragung über einen stark freiraumgedämpften zeitvarianten Kanal mit Abschattungen und Mehrwegeausbreitung.

Für eine topologische Beschreibung der MULs sind folgende Aspekte zu beachten:

- Satellitenbewegung und damit Bewegung der Bedeckungszonen
- Teilnehmerbewegung/Roaming (wobei die Überlegungen aus 2.1 zu beachten sind)
- Überlappung von Ausleuchtzonen und damit Mehrfachsichtbarkeit von Satelliten

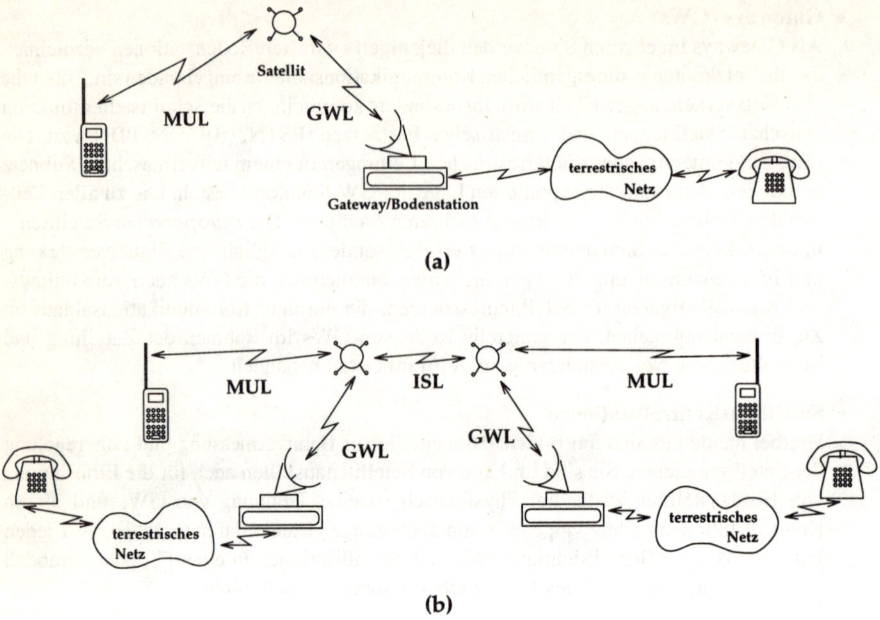

Abbildung 1: Kommunikationsbeziehungen in der Mobilkommunikation

Grundsätzlich soll für die folgenden topologischen Betrachtungen die Aufwärts- (MT ⟶ Sat) und Abwärtsverbindung (Sat ⟶ MT) für denselben MT jeweils als eine Einheit angenommen werden, was verkehrstheoretisch einem Duplexkanal entspricht.

Die topologische Modellierung der MULs geschieht in enger Anlehnung an die Charakterisierung der MT (vgl. 2.1):

Für Aufgaben des Mobility Management sowie z.B. bei der Verwaltung einzelner End-zu-End-Verbindungen wird jeder MT als einzelner Netzknoten modelliert, und dementsprechend ist *ein* MUL die Verbindung zwischen diesem MT und genau einem sichtbaren Satelliten. Besteht „Sichtverbindung" zu mehreren Satelliten (d.h. MT ist in einem Gebiet überlappender Ausleuchtzonen), dann können diesem MT theoretisch mehrere MULs zugeordnet sein. (Praktische Bedeutung hat dies für ein System mit *Satellitendiversity*, bei dem gerade die Mehrfachsichtbarkeit nachrichtentechnisch zur Verbesserung des Empfangssignals ausgenutzt werden soll.)

Charakteristisch ist auf jeden Fall, daß *ein* MUL genau *einem* MT zugeordnet ist und mit diesem zusammen entsprechende Eigenschaften aufweist: statistisches Auftreten und Wegfallen (mit Aufnahme bzw. Beendigung von Standby-/Aktivitätsphase) sowie während des „Bestehens" Determiniertheit hinsichtlich des momentan zuständigen Satelliten. Letzteres legt insbesondere nahe, beim Weiterreichen einer Verbindung zu einem anderen Satelliten (sog. *Handover*) ein zeitlich genau fixiertes „Schalten" des MUL anzunehmen; nur so kann die beschriebene Eindeutigkeit aus topologischer Sicht erreicht werden. Wichtig für eine möglichst realitätsnahe Modellierung ist in diesem Zusammenhang ein geeignetes Kriterium für den „Schaltzeitpunkt".

Werden für das Verkehrsmanagement Gruppen von MT zu jedem Zeitpunkt zu fiktiven Netzknoten zusammengefaßt, die sich mit den Bedeckungszonen der Satelliten bewegen, so kann nur noch eine Zuordnung je eines permanenten fiktiven MUL zum entsprechenden Satelliten bzw. zu einer seiner Zellen erfolgen.

2.2.2 Verbindungen GW/Satellit (Gateway Links, GWLs)

Die Verbindungen zwischen GWs und Satelliten unterscheiden sich von den MULs aus topologischer Sicht vor allem durch die ortsfeste Plazierung der GWs. Damit sind die prinzipiellen wechselseitigen Sichtbarkeiten unter Berücksichtigung des minimalen Elevationswinkels zu allen Zeitpunkten vollständig determiniert. Für die Beschreibung der *wirklich existierenden* GWLs im System muß allerdings ihre Realisierung in Betracht gezogen werden: Während für die Satellitenantenne eine Rundumcharakteristik angenommen werden kann, werden in den GWs nachführbare Richtantennen zur Erzielung der nötigen Gewinne implementiert sein. Die Anzahl vorhandener Richtantennen in einem GW bestimmt also, zu wie vielen Satelliten gleichzeitig höchstens Verbindungen bestehen können (Selbstverständlich sollte diese Anzahl sinnvoll auf den durch Satellitenkonstellation und minimalen GW–Elevationswinkel vorgegebenen Grad an Mehrfachbedeckungen abgestimmt sein!). Umgekehrt ergibt sich daraus bei Betrachtung aller GWs im System, wie viele GWLs bei den einzelnen Satelliten jeweils bestehen. Aus Sicht des Satelliten handelt es sich dabei um verschiedene *logische* Links auf einem physikalischen Punkt-zu-Mehrpunkt-Kanal.

Wird ein System ohne Intersatellitenverbindungen (ISLs, s. u.) betrieben, so muß jedes GW und jeder Satellit zu allen Zeitpunkten mindestens einen GWL aufweisen, damit prinzipiell globale Konnektivität für alle mobilen und ortsfesten Teilnehmer besteht. Werden ISLs eingesetzt, so können einzelne Satelliten zeitweise ohne GWL operieren.

Mit Blick auf ein Topologiemodell ist festzuhalten, daß GWLs determinierte geschaltete Verbindungen sind, wobei sich ihre Zahl pro Satellit/pro GW in Abhängigkeit vom Beobachtungszeitpunkt zwischen 0/1 und n bewegt.

Über genaue GW-Zahlen, Anzahl von GW-Richtantennen und die konkrete Operation der GWLs in vorgeschlagenen Systemem ist bislang wenig bekannt; um mit dem Topologiemodell möglichst allgemein zu bleiben, kann zunächst ein fiktives Referenzsystem angenommen werden, bei dem zwischen allen Sat/GW-Paaren, für die gegenseitige Sichtbarkeit unter geometrischen Gesichtspunkten prinzipiell besteht, immer auch ein existierender GWL angenommen wird. Damit ist eine determinierte Beschreibung aller GWLs im System zu allen Zeitpunkten möglich.

2.2.3 Intersatellitenverbindungen (ISLs)

Intersatellitenverbindungen bieten die prinzipielle Möglichkeit, Weitverkehr im Raumsegment bis zu einem geeigneten „Zielsatelliten“ weiterzuleiten. Ihr Einsatz ist grundsätzlich optional; eine diesbezügliche Entscheidung hat jedoch direkte Auswirkung auf die Anforderungen an GW-Anzahl und -Verteilung (s. o.).

Aus topologischer Sicht sind grundsätzlich zwei Arten von ISLs zu unterscheiden:

- **Intra-Orbit ISLs** verbinden Satelliten in der selben Umlaufbahn, also z.B. jeden Satelliten mit dem jeweils vor ihm und hinter ihm fliegenden. Solche ISLs können dauerhaft aufrechterhalten werden und erfordern nur geringen Nachführungsaufwand der Richtantennen. Im Topologiemodell schlagen sie sich als permanent bestehende Verbindungen zwischen je zwei beweglichen Netzknoten (Satelliten) nieder.

- **Inter-Orbit ISLs** verbinden solche Satelliten auf benachbarten Orbits, zwischen denen momentan eine Sichtverbindung besteht. Aufgrund der relativen Bewegung der Satelliten zueinander verändern sich i. a. Entfernung und Richtung dieser Links ständig, was mit hohem Nachführungsaufwand verbunden ist. Außerdem können sie in den meisten Fällen nicht permanent aufrechterhalten werden, da in Abhängigkeit von der Satellitenkonstellation zeitweise gegenseitige Abschattung von Satellitenpaaren durch die Erde gegeben ist. In diesem Fall sind Inter-Orbit ISLs also geschaltete, zeitbegrenzte Verbindungen. Die topologische Beschreibung kann Entfernungs- und Richtungsschwankungen außer acht lassen und erfolgt damit i. a. durch Angabe eines Satellitenpaares sowie Anfangs- und Endzeitpunkt der Verbindungsexistenz.

2.2.4 Verbindungen in terrestrischen Festnetzen (PSTN,(B)ISDN,PDNs)

Verbindungen innerhalb öffentlicher terrestrischer Netze dienen in den betrachteten Systemen vor allem zwei Zwecken:

1. Vermaschung der GW-Stationen und damit Bereitstellung einer Infrastruktur für Transport von Weitverkehr,
2. Bereitstellung einer Nahbereichsinfrastruktur für die
   - Verteilung des Verkehrs zu ortsfesten Endteilnehmern,
   - Bündelung des Verkehrs von ortsfesten Endteilnehmern,

   jeweils im „Einzugsbereich" des bedienenden GWs.

Das satellitengestützte Kommunikationssystem bedient sich dabei bestehender oder geplanter terrestrischer Netze, die ihrerseits eine komplexe Topologie aufweisen und einem eigenen Management unterliegen. Ihre Modellierung ist deshalb hier nicht die Aufgabe. Dennoch wird es notwendig sein, bestimmte *Eigenschaften* – wie die generelle Erreichbarkeit aller GWs untereinander über öffentliche terrestrische Verbindungen – oder *Bestimmungsgrößen* – wie den Umfang des „Einzugsbereichs" einzelner GWs – in das Gesamt-Topologiemodell mit einzubringen.

2.3 Mengengerüst

Eine erste Eingrenzung der Größenordnungsbereiche von Knoten- und Verbindungszahlen bei konkret zu beschreibenden Topologien ergibt sich aus folgenden Beobachtungen:

- Die Anzahl der Satelliten liegt bei den maßgeblichen Systemvorschlägen je nach Orbithöhe zwischen ca. 10 und 70 (auf 2 bis 6 Orbits). Extrem abweichend, aber sicherlich nicht unrealistisch, ist *Teledesic* (früher *Calling*) mit 840(!) Satelliten; allerdings zielt dieses System nicht auf mobile Kommunikation, sondern auf ortsfeste Telefonie und Datendienste.
- Über Anzahl und Plazierung von GWs ist bislang wenig veröffentlicht. Hinsichtlich der Anzahl kann zunächst der Bereich zwischen 10 und mehr als 100 Stationen angenommen werden, wobei die untere Grenze eher aus theoretischen Betrachtungen (nach Konnektivitätsüberlegungen minimal notwendige Zahl „mit Reserve") herrührt, die obere Grenze mehr politisch-regulatorischen Gesichtspunkten im weltweiten System (nationale GWs) Rechnung trägt.
- Die weltweite Anzahl der MT wird in unterschiedlichsten Marktforschungsstudien pro System mit einigen Hunderttausend bis zu einigen Millionen angegeben. Auf der Grundlage einer weltweiten MT-Zahl von 1 Mio. und unter einigen zusätzlichen Annahmen

bzgl. der Benutzerverteilung und des Verkehrsaufkommens haben DLR-eigene Untersuchungen ([3],[21]) je nach zugrundeliegendem System MT-Zahlen von ca. 300 – 1000 im „Einzugsbereich" eines Satelliten ergeben, was natürlich entsprechende Anforderungen an die MULs stellt.

- ISLs sind nur in einigen Systemen vorgesehen. Als Anhaltspunkte für Zahlen deshalb lediglich drei Beispiele (Angaben je Satellit):
  - *Iridium*: 2 intra-orbit ISLs permanent, 2 inter-orbit ISLs zeitweise (geschaltet)
  - *Teledesic (Calling)* [20]: bis zu 8 ISLs zeitweise (4/4)
  - *LEONET* [2]: 4 ISLs permanent (2/2)

3 Netz- und Systemmanagement von LEO/MEO-Satellitennetzen

3.1 Anforderungen an das Management

Aus dem in Abschnitt 2.3 dargestellten Mengengerüst und den potentiellen Anbietern derartiger Satellitennetze (es handelt sich hierbei meist um Betreiber bereits existierender terrestrischer Netze) ist es offensichtlich, daß nur ein integrierter Managementansatz (wie in [10] beschrieben) den Anforderungen der Betreiber gerecht werden kann. Ein derartiges integriertes Management muß die Managementaufgaben für sowohl terrestrische als auch satellitenbasierte Netze abdecken können, da diese, auch aufgrund ihrer Struktur und funktionalen Interdependenzen, inhärent miteinander verbunden sind. Eine Trennung des Managements und dessen Anwendungen zwischen terrestrischen und satellitenbasierten Netzen sollte nur dann geschehen, wenn dies unvermeidlich ist, da Managementaufgaben meist netzübergreifend zu behandeln sind. Es wird somit eine Gesamtansicht auf die Netze und deren Management angestrebt.

Das Zusammenspiel zwischen Telekommunikationsnetzen und Datennetzen und der wachsenden Mobilität (sowohl der Endgeräte als auch der Vermittlungsknoten) rückt das Management in eine zentrale Position für alle am Netz Beteiligten. Neben den Netzbetreiberorganisationen spielen für das Management die Endkunden sowie externe Dienstanbieter (Service Provider) und die damit verbundenen VPNs (virtual private networks) eine wichtige Rolle. Besonders wenn externe Dienstanbieter agieren, muß das Managementkonzept im Sinne einer Verteilung und Delegation von Aufgaben ein umfangreiches Domänen- und Policy-Konzept sowie ein Service-Management-Konzept [8] bereitstellen. Ansätze hierzu sind aus dem Bereich der intelliegenten Netze ([9]) sowie dem Management von Telekommunikationsnetzen ([18], [1]) bekannt.

Beispiele für Anforderungen an das Management können entlang der fünf Funktionsbereiche (Konfigurations-, Leistungs-, Fehler-, Sicherheits- und Abrechnungs-Management) klassifiziert werden. Jedoch unterscheiden sich die Anforderungen an das Management von Satellitennetzen *nicht wesentlich* von denen für terrestrische Netze. Auch Managementaufgaben, die z.B. das Inter- und Intra-Orbit Satellite Link Routing, die Abrechnung über unterschiedliche und wechselnde Betreiberdomänen oder das Konfigurieren von Vermittlungsrechnern (Satelliten und Bodenstationen) betreffen, sind entweder aus dem Netz- und Systemmanagement bereits bekannt (z.B. *dynamic routing*), oder es lassen sich Analogien zu anderen Problemen und somit Lösungsansätze finden. Die Kommunikationsbeziehungen, die für das Management von Bedeutung sind (siehe Abbildung 1a), umfassen meist nur einen mobilen Teilnehmer (sowohl bei Sprach- als auch bei Datenkommunikation), dessen Verbindung zum Satelliten, sowie die Verbindung vom Satelliten zur Bodenstation und der Übergang in das terrestrische Netz. Ein

Routing direkt über ISLs (Abbildung 1b) ist derzeit in den meisten Systemen nicht vorgesehen, kann aber auch für Managementzwecke sehr nützlich und wichtig sein.

Aufgaben wie das Einsetzen und Einphasen von Ersatzsatelliten sowie die Steuerung der Satelliten in den Orbits sind in Analogie zum Auswechseln von Netzkomponenten oder der Verkabelung von Standorten zu sehen, die man ebenfalls nicht durch Managementanwendungen zu lösen versucht. Weiterhin sollen regulatorische Aspekte und die Netzplanung (u.a. Standorte für Gateways) nicht im Rahmen des Netz- und Systemmanagements behandelt werden.

Aus diesen Betrachtungen heraus können die Managementaufgaben unterteilt werden in solche, die in der technischen Realisierung und Implementierung der Satellitennetze, Protokolle etc. behandelt werden, und solche, die ein Netzbetreiber unter Zuhilfenahme eines Managementsystems zu bearbeiten bzw. zu lösen hat. So zählen z.B. das Handover-Management bei auftretenden Abschattungen und die Auswahl eines Satelliten bei überlappenden Ausleuchtzonen beim Verbindungsaufbau zu den Managementaspekten, die innerhalb der Technologie gelöst und meist "in Chips gegossen" werden. Hingegen sind die Konfiguration von Bodenstationen und die Laststeuerung für Kanäle im Fehlerfall Aufgaben, die nicht planbar oder vorausberechenbar sind und somit ein aktives Eingreifen von Seiten des Netzbetreibers erfordern. Auf weitere zukünftige Managementaufgaben, die z.B. das Routing über ISLs oder Dual-Mode Endgeräte betreffen, wird in Abschnitt 5 kurz eingegangen.

3.2 Notwendigkeit für eine Netzbeschreibung

Managementanwendungen, die die Aufgaben aus den verschiedenen Management-Dimensionen (siehe [11]) unterstützen oder realisieren, basieren meist auf integrierten Managementplattformen, da nur ein Plattformenkonzept eine angemessene Integrationstiefe der Managementanwendungen erlaubt.

Grundlage für alle Managementplattformen (wie z.B. HP OpenView, IBM NetView 6000 oder Cabletron Spectrum) bildet die Netzbeschreibung, d.h. eine umfassende Beschreibung des Gesamtnetzes mit dessen physikalischer und logischer Topologie, einschließlich aller Eigenschaften, Beziehungen, Komponenten, etc. Eine derartige Netzbeschreibung ist auch für Satellitennetze erforderlich.

Neben dieser umfassenden Netzbeschreibung ist aber besonders für Satellitennetze auch die Einbettung der Netzbeschreibung in oder deren Anschluß an existierende Netzbeschreibungen terrestrischer Netze von übergeordneter Bedeutung. Da nur unter Berücksichtigung dieser Punkte ein integriertes Management möglich ist, wird in den folgenden Abschnitten eine den Anforderungen und der Einbettung gerechtwerdende Netzbeschreibung dargestellt und die darauf aufsetzende Netzdarstellung (Visualisierung) ausführlich beschrieben.

4 Netzdarstellung für LEO/MEO-Satellitennetze

4.1 Problematik der Darstellung von LEO/MEO-Netzen auf Managementplattformen

Eine der zentralen Funktionen eines Managementsystems ist die geeignete Präsentation des gesamten zu überwachenden Netzes für den Administrator bzw. Operator, d.h. eine i.d.R. graphische Darstellung der Netztopologie und der Ressourcen. Gleichzeitig sind auch Managementanwendungen an die Darstellung gebunden, z.B. durch Verfügbarkeit verschiedenener Anwendungen für die durch unterschiedliche Symbole dargestellten Klassen von Ressourcen. Durch die Einbindung der Anwendungen stellt die Netzdarstellung ein wesentliches integrierendes Element der Plattform dar.

Eine *Map* ist hier eine Menge von hierarchisch miteinander verknüpften Submaps, die das gesamte Netz präsentieren. Eine *Submap* wird gebildet durch eine Menge von Symbolen, die einen Ausschnitt aus der Netztopologie zeigen, wobei die Symbole Ressourcen innerhalb des Netzes darstellen. In den Submaps finden sich Symbole, die mit anderen Submaps verknüpft sind und den Zugang zu ihnen ermöglichen. Beispielsweise wird die Wurzel der Hierarchie, die *Rootmap*, häufig ein Backbone eines Netzes zeigen, in dem die vorhandenen Symbole die verknüpften Router repräsentieren und Zugang zu den Submaps für die angeschlossenen LANs oder den Anschluß an öffentliche Netze bieten (siehe Abbildung 2).

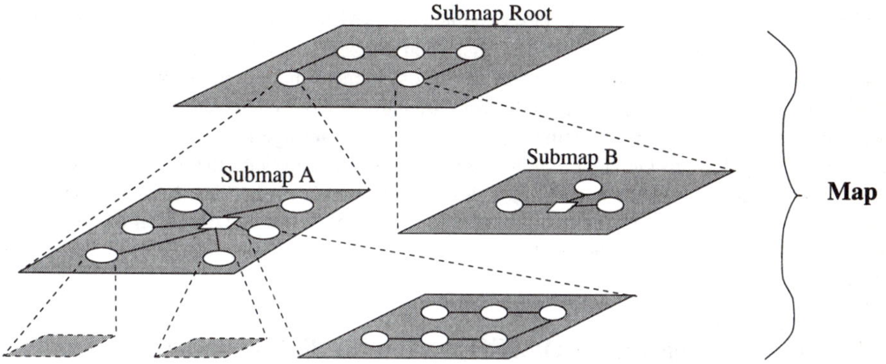

Abbildung 2: Submap-Hierarchie

Charakteristisch für diese hierarchische Verknüpfung von Maps ist i.d.R. ein für größere Zeiträume (Wochen, Monate) konstantes, statisches Gerüst, das z.B. von Routern, Bridges etc. gebildet wird, also den wesentlichen Kommunikationsressourcen, während eine größere Änderungshäufigkeit nur in den hierarchisch niedrigsten, abschließenden Submaps zu beobachten ist, die aus dem Anschluß bzw. dem Wegfall von Endsystemen resultiert.

Die Existenz dieses statischen Gerüsts und die Eingrenzung der dynamischen Anteile auf möglichst tiefe Hierarchiestufen ist aus zwei Gründen von Bedeutung. Zum einen erlaubt nur sie ein intuitiv einsichtiges, gewohntes Navigieren durch die Maps, um z.B. im Fehlerfall die gerade interessierenden Teile des Netzes schnell zu erreichen, zum anderen ist sie notwendig für die effiziente Sicherstellung der Konsistenz der (wesentlichen Teile der) präsentierten Topologie mit dem tatsächlichen Zustand des Netzes.

Offensichtlich führt nun die Mobilität von End- oder Übertragungssystemen zu einer zusätzlichen Komplexität bei der Einrichtung und Fortschreibung der Maps. Hinsichtlich ihrer Mobilität können Systeme in den betrachteten Satellitennetzen in drei Klassen eingeteilt werden:

1. Systeme, die über einen längeren Zeitraum ortsfest sind, wie z.B. Gateways,

2. Systeme, die mobil sind, deren Bewegung aber über längere Zeiträume (Tage, Wochen ...) vorhersagbar bzw. berechenbar ist, wie z.B. Satelliten, und

3. mobile Systeme, deren Bewegung nicht über längere Zeiträume vorhersagbar ist, wie z.B. Autotelefone.

Auf der Basis dieser Klassifikation lassen sich Kommunikationsnetze nun in drei wichtige Kategorien einordnen:

1. „klassische Kommunikationsnetze“ mit ortsfesten End- und Übertragungssystemen,
2. „klassische Mobilfunknetze“ wie z.B. GSM-Netze oder Satellitennetze mit geostationären Satelliten, bei denen ortsfeste Übertragungssysteme mit mobilen Endsystemen kommunizieren, deren Bewegung nicht vorhersagbar ist und
3. LEO/MEO-Netze mit ortsfesten Gateways, vorhersagbar (periodisch) mobilen Satelliten als Übertragungssystemen und Endsystemen wie im vorigen Punkt.

Wesentlicher Faktor hinsichtlich der Komplexität der Beschreibung bzw. Darstellung von Satellitennetzen ist die Dynamik der Sichtbarkeits- bzw. Verbundenheitsrelation zwischen den Gateways, die das Backbone-Netz des gesamten LEO/MEO-Netzes darstellen, und den Satelliten. Wollte man eine Analogie zu klassischen Netzen herstellen, würde dies bedeuten, daß Router, die das Bindeglied zwischen den Endsystemen und einem Backbone darstellen, hochgradig mobil wären. Der hohen Relativgeschwindigkeit zwischen Gateways und Satelliten bzw. auch Satelliten und Endsystemen steht nun eine eher geringe Bewegung der Teilnehmer gegenüber, die kaum ins Gewicht fällt, da Gateways i.a. einen großen Einzugsbereich besitzen. Von dieser Tatsache werden auch Fragen des *Handover* ([4, 7]) berührt. Letzteres wird bei LEO/MEO-Netzen i.a. durch die (langfristig vorhersagbare) Bewegung der Satelliten und nicht wie bei GSM-Netzen durch die (nicht vorhersehbare) Bewegung der MT (z.B. in Form von Autotelefonen) verursacht.

4.2 Modellierung von LEO/MEO-Netzen für die Darstellung

Die relativ geringe Mobilität der Endsysteme läßt es attraktiv erscheinen, die Darstellung des Netzes nun nicht, wie es auf den ersten Blick naheliegend wäre, ausgehend von den Gateways über die von ihnen aus sichtbaren Satelliten zu den von den Satelliten sichtbaren Endsystemen aufzubauen. Vielmehr sollten die Endsysteme auch in eher statischer Weise an die Gateways geknüpft werden können, in deren „Einzugsbereich“ sie sich aktuell befinden, da es für viele Managementanwendungen unerheblich ist, über welche Satelliten die Verbindung aufrecht erhalten wird..

Die Verwendung der ortsfesten Gateways für die Map der ersten Stufe, die Zugriff auf das gesamte Satellitennetz bietet, ist unmittelbar naheliegend und notwendig, da sie zum einen mit den terrestrischen Verbindungen untereinander ein Backbone des Satellitennetzes darstellen und zum anderen natürlich auch den (wichtigen) Übergang zu anderen, u.a. terrestrischen Netzen liefern.

Unterhalb der Ebene der Gateways können nun, wie oben dargelegt, die MTs angeordnet werden, die sich innerhalb des Einzugsbereichs des Gateways befinden und aktiviert, d.h. eingeschaltet sind.

Gleichzeitig müssen selbstverständlich auch die Satelliten darstellbar sein, die sich zu einem bestimmten Zeitpunkt im Einzugsbereichs eines Gateways befinden, also von diesem Gateway aus „sichtbar“ sind (oder sein sollten). Ein Satellit bewegt sich, wie oben erwähnt, auf genau einem Orbit, mit regelmäßigem Phasenversatz zu den anderen Satelliten des gleichen Orbits. Er ist damit von einem Gateway G aus sichtbar, wenn er sich in demjenigen Teil seines Orbits befindet, der von G aus sichtbar ist. Welcher Teil der Orbits nun zu einem bestimmten Zeitpunkt sichtbar ist, läßt sich wegen der Regelmäßigkeit der Verlagerung der Orbits relativ zur Erdoberfläche einfach berechnen. Die dieser Berechnung zugrundeliegenden Funktionen werden sich allerdings i.a. (z.B. wegen eventuell unterschiedlicher systemtechnischer Auslegung oder geographischer Lage der Gateways) für verschiedene Gateways und Orbits unterscheiden. Dies führt zur Definition der Suborbits als logischen Komponenten eines Satellitennetzes.

Ein **Suborbit** $SO_{G,O,t}$ zum Gateway G und Orbit O ist derjenige Teil von O, der zum Zeitpunkt t von G aus sichtbar ist (siehe Abbildung 3). Sichtbar bedeutet, daß vom Gateway G aus eine Verbindung zu einem Satelliten auf Orbit O technisch möglich ist (und auch bestehen sollte), wenn er sich im Suborbit $SO_{G,O,t}$ befindet.

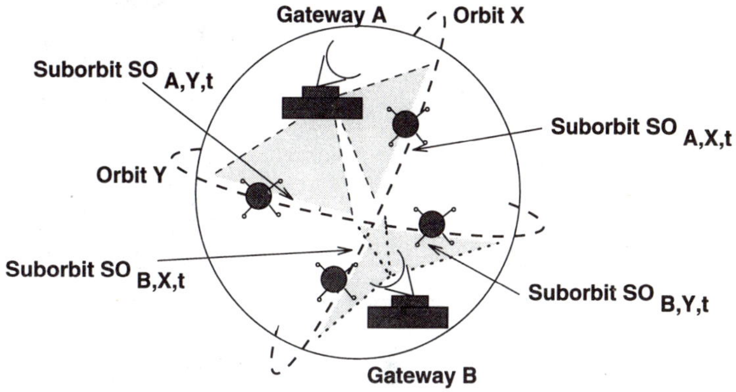

Abbildung 3: Suborbits zu Gateways und Orbits

Die Menge der Satelliten, die sich in einem Suborbit $SO_{G,O,t}$ befindet, ist nun für beliebige t natürlich wegen der Periodizität des Umlaufs sehr einfach zu berechnen[1]. Das Fehlen einer Verbindung zwischen einem Gateway und einem Satelliten in einem zugehörigen Suborbit wird i.d.R. eine Fehlersituation darstellen.

Dieses Konzept liefert nun eine für den Benutzer einsichtige und technisch einfach beherrschbare Strukturierung der Komponenten eines Satellitennetzes in Maps und Submaps. Die Suborbits $SO_{G,O,t}$ zu einem bestimmten Gateway G und Zeitpunkt t werden in einer Submap zu genau diesem Gateway unterhalb der Map angeordnet, die die Gateways enthält (siehe Abbildung 4). In einer weiteren Submap-Ebene befinden sich dann unterhalb der Suborbit-Maps die Maps, die die Satelliten darstellen, die sich zu einem Zeitpunkt innerhalb des jeweiligen Suborbits befinden. Die oben angesprochene Funktionalität zur Berechnung der Maps kann nun in einer technisch einfach beherrschbaren Weise an die Submap-Hierarchie und den tatsächlichen Aufbau solcher Maps nach Benutzer-Interaktion geknüpft werden.

In einer weiteren Submap-Ebene sind natürlich dann noch (on demand) die MTs darzustellen, die (wiederum zu einem bestimmten Zeitpunkt) von einem bestimmten Satelliten „versorgt" werden. Abbildung 4 gibt einen Überblick über die dargelegten Darstellungsebenen.

In vielen Fällen ist nicht die Darstellung der aktuellen Anordnung der Netzkomponenten, also z.B. der Satelliten, notwendig, sondern der Zustand zu einem früheren Zeitpunkt. Dies gilt z.B. für die Analyse der Ursachen zurückliegender Fehler. Bei „klassischen" Netzen ist in solchen Fällen entweder der aktuelle Zustand für den relevanten Zeitpunkt noch zutreffend oder es wird auf eine Datenbank zurückgegriffen, in der frühere Versionen der Netztopologie abgelegt wurden. (Von einer neuen Version des Netzes bzw. seiner Topologie wird man z.B. bei erheblichen Änderungen der Routing-Tabellen oder bei Installation eines neuen Routers sprechen.) Dieses Vorgehen ist im vorliegenden Fall wegen der permanenten Topologieänderungen offensichtlich nicht möglich bzw. angemessen. Zudem gelten diese Topologieänderungen für

[1] in der Regel werden die Höhen der Umlaufbahnen sogar so gewählt, daß ein siderischer Tag ganzzahlig durch die Umlaufdauer teilbar ist

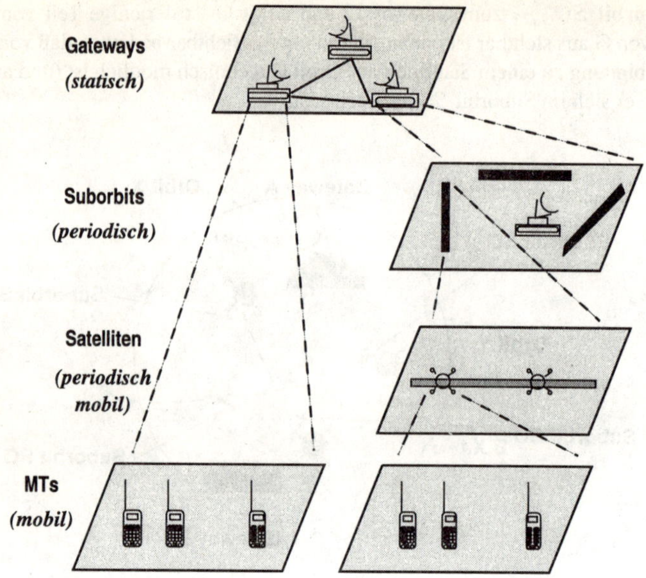

Abbildung 4: Darstellungsebenen für LEO/MEO-Netze

ein und dieselbe Version des Netzes. Die Ausgabe der Netztopologie für zurückliegende Zeitpunkte ist also als integraler Bestandteil der Netzdarstellung zu betrachten und aufgrund der Periodizität und Berechenbarkeit der Änderungen ohne Versions-Datenbank möglich.

Die oben vorgenommene Strukturierung unterstützt diese Darstellung früherer Netztopologien in natürlicher Weise. Wird ein Wechsel der Darstellungsebenen vorgenommen, ist nur der gewünschte Zeitpunkt oder -raum anzugeben. Der Aufbau der Maps kann nun vollständig analog zu oben anhand der gleichen Funktion erfolgen, allerdings eben nicht unter Verwendung der aktuellen, sondern der gewünschten Zeit.

Die hier beschriebene Strukturierung der Darstellung erlaubt nun ein Navigieren, wie es für andere Netze üblich ist. Sie fügt sich nahtlos in gewohnte Darstellungsarten für „klassische Netze" ein. Damit ergeben sich auch beim Übergang zu diesen klassischen Netzen keine Brüche in der Darstellung.

4.3 Realisierungsaspekte

In diesem Abschnitt werden einige Realisierungsaspekte der erwähnten Konzepte am Beispiel einer konkreten Netzmanagementplattform (HP OpenView, siehe z.B. [17], [15]) herausgearbeitet. Dabei werden wir uns auf die Realisierungmöglichkeiten der zeitlichen Dynamik der Topologie von Satellitennetzen konzentrieren, da die zeitliche Dynamik eine neue Komponente bei der Betrachtung eines Netzes darstellt.

Die Daten der bereits beschriebenen Elemente der Netztopologie eines Satellitennetzes werden in der OVw-Datenbank als Objekte, die durch Felder beschrieben sind, gespeichert. Das Eintragen der Information über die Elemente der Topologie erfolgt durch Datenbankfunktionen des OVw-Application Programming Interface (z.B. *OVwDbCreateObject*) ([16]).

Die Dynamik der Topologie kann durch einen in HP OpenView zu realisierenden *Topologie-*

manager (C-Programm) implementiert werden, der gemäß den deterministischen Abhängigkeiten in definierten Zeitintervallen die aktuellen Positionen der Satelliten berechnet und gegebenenfalls die Visualisierung der Submaps aktualisiert. Der Topologiemanager läuft als Prozeß im Hintergrund und wird, wie alle Systemprozeße im OpenView (z.B. **netmon, ovwdb**), von dem Prozeßmanager (**ovspmd**) gestartet. Bevor der Prozeßmanager den Topologiemanager starten kann, müssen zuerst einige Daten über diesen Prozeß in einer entsprechenden LRF-Datei (*local registration file*) eingetragen werden. Die LRF-Datei wird mit **ovaddobj** in eine interne Datenstruktur konvertiert, und beim nächsten **ovstart** wird die aktuelle Version eingelesen.

Die Erstellung der Submaps und der Symbole erfolgt auch mit den Funktionen der OVw-API (z.B. *OVwCreateSymbol*). Die Einbindung der zusätzlich definierten Funktionalität in die graphische Oberfläche von OpenView Windows kann entweder durch API-Funktionen (z.B. *OVwAddMenuItem*) oder durch das Editieren einer Menu-Beschreibungsdatei (*application registration file*) erfolgen.

Der Topologiemanager kann die Veränderungen der Topologie mit bestehenden Logmechanismen im OpenView mitprotokollieren oder diese durch Snapshots in konfigurierbaren Zeitintervallen festhalten. Da beide Möglichkeiten Nachteile haben, wie z.B. komplexe Auswertung der Logs oder großer Speicherplatzbedarf, ist eine weitere Alternative, dafür den Event Mechanismus von OpenView zu verwenden. Falls ein Satellit aus dem Einzugsbereich eines Gateways in den eines anderen Gateways wechselt, könnte der Topologiemanager einen *Configuration Trap* melden. Damit wird ein einfacher Mechanismus bereitgestellt, mit dem die Topologieänderungen nachvollzogen werden können, ohne bereits erfolgte Berechnungen erneut anzustellen.

Es hat sich gezeigt, daß sowohl die zeitliche Dynamik der Satellitennetze als auch andere genannte Anforderungen mit bestehenden Netzmanagementplattformen durchaus realisierbar sind. Damit ist auch die Oberflächenintegration von Satellitennetzen und terrestrischen Netzen gewährleistet.

5 Ausblick

Die Netzbeschreibung von LEO/MEO-Satellitennetzen auf der Basis von *Suborbits* stellt einen hierarchischen Ansatz dar, der für das Netz- und Systemmanagement aufgrund seiner Übersichtlichkeit und Strukturierungsmöglichkeit von praktischer Umsetzbarkeit geprägt ist. Jedoch ist die management-gerechte Darstellung von Satellitennetzen oder die Beschreibung von Zusammenhängen zwischen unterschiedlichen Netzen nur ein Anfang auf dem Weg zum integrierten Management heterogener Netz- und Systemlandschaften.

Besonders im Bereich der Satellitenkommunikation, der durch seine Systemdynamik charakterisiert ist, sind eine Vielzahl von Managementaufgaben bislang ungelöst. Hierzu zählen u.a. das Inter Satellite Routing, das für die Kommunikation zweier mobiler Teilnehmer den *Umweg* über Bodenstationen vermeiden läßt und ansonsten bestimmte terrestrische Teilnetze und Engpaßsituationen zu umgehen erlaubt. Weiterer Managementbedarf besteht bei der Einführung von Dual-Mode Endgeräten, die die Nutzung von Netzen unterschiedlicher Betreiber ermöglichen, und den damit verbundenen Trader-Konzepten, d.h. der Auswahl von Diensten unterschiedlicher Service-Provider nach technischen und wirtschaftlichen Kriterien.

Die Behandlung derartiger Managementaufgaben kann jedoch nur auf der Basis einer adäquaten Darstellung der Netztopologie erfolgen. Der hier vorgestellte Ansatz dient somit als Grundlage und Ausgangspunkt für die Bearbeitung weiterer Probleme auf diesem Gebiet.

Literatur

[1] Barr, W., Boyd, T., Inoue, Y.: The TINA Initiative. IEEE Communications Magazine, (März 1993)

[2] Böttcher, A., Fiebig, U., Jahn, A., Lutz, E., Schmidt, B., Werner, M.: Networking Requirements for User Oriented Low Earth Orbit Satellite Systems. ESA Study No. 9732/91/NL/RE, Work Packages 120 & 220 Report 1992

[3] Böttcher, A., Jahn, A., Lutz, E., Werner, M.: Zur Modellierung und Analyse von Kommunikationsnetzen mit niedrigfliegenden Satelliten. In: *Kommunikation in Verteilten Systemen '93*. März 1993, pp.173–187

[4] Böttcher, A., Werner, M.: Strategies for Handover Control in Low Earth Orbit Satellite Systems. In: *Proc. IEEE Vehicular Technology Conference*. Stockholm, June 1994

[5] Chu, W. W., Finkel, A. (Hrsg.): IEEE First International Workshop On Systems Management, Los Angeles. IEEE. April 1993

[6] Cullen, C., Benedicto, X., Tafazolli, R., Evans, B.: Network and Common Channel Signalling Aspects of Dynamic Satellite Constellations. International Journal of Satellite Communications *12*(1), 125–134 (Jan.–Feb. 1994)

[7] Dosiere, F., Zein, T., Maral, G., Boutes, J. P.: A Model for the Handover Traffic in Low Earth-Orbiting (LEO) Satellite Networks for Personal Communications. In: *Proc. GLOBECOM '93*. Houston, Nov.–Dec. 1993

[8] Garner, W. B.: Network Management in the AMSC Communications System. In: *Proc. 15th AIAA Int. Communications Satellite Systems Conf.* 1994, pp.695 – 698

[9] Garrahan, J., Russo, P., Kitami, K., Kung, R.: Intelligent Network Overview. IEEE Communications Magazine, (März 1993)

[10] Hegering, H.-G., Abeck, S.: Integrated Network and System Management. Addison-Wesley 1994

[11] Hegering, H.-G., Abeck, S., Wies, R.: Integrated Network Management. Encyclopedia of Computer Science and Technology, Marcel Dekker, Inc., (1994)

[12] Lutz, E.: Mobilkommunikation über geostationäre (GEO) und umlaufende (LEO) Satelliten. Informationstechnik und Technische Informatik *35*(5), 26–34 (Mai 1993)

[13] Maral, G.: Personal Communications via Satellite. Sonderheft, International Journal of Satellite Communications *12*(1), 1–134 (Jan.–Feb. 1994)

[14] Maral, G., Ridder, J. D., Evans, B., Richharia, M.: Low Earth Orbit Satellite Systems for Communications. International Journal of Satellite Communications *9*(5), 209–225 (Sep.–Oct. 1991)

[15] HP OpenView SNMP Management Platform Administrator's Reference. User Manual. Hewlett Packard. (1993)

[16] HP OpenView Windows Programmer's Reference. User Manual. Hewlett Packard. (1993)

[17] HP OpenView Windows User's Guide. User Manual. Hewlett Packard. (1993)

[18] Raymond, M.: Telecommunications Management Network. IEEE Communications Magazine, (Januar 1993)

[19] Sloman, M. S. (Hrsg.): Network and Distributed Systems Management. Addison Wesley 1994

[20] Tuck, E. F., Patterson, D. P., Stuart, J. R., Lawrence, M. H.: The Calling Network: A Global Wireless Communication System. International Journal of Satellite Communications *12*(1), 45–61 (Jan.–Feb. 1994)

[21] Werner, M., Böttcher, A., Jahn, A., Lutz, E.: Analysis of Connectivity Requirements for Communication Networks Based on Low Earth Orbit Satellites. In: *Proc. 2nd International Conference on Universal Personal Communications*. Ottawa, October 1993, pp.299–303

Verteilung und Mobilität in einer objektorientierten Datenbank*

Ludwig Keller, *Dietmar A. Kottmann*
Universität Karlsruhe, Institut für Telematik, 76128 Karlsruhe,
Email: [keller|kottmann]@telematik.informatik.uni-karlsruhe.de

Kurzfassung

Verteilte objektorientierte Datenbanken sind heute durch eine starre Client–Server–Architektur geprägt. Dabei ist es entweder erforderlich, daß jeder Client weiß, auf welchen Servern gewünschte Daten vorhanden sind, oder daß die Server den Clients eine ubiquitäre Sicht auf die Objektpopulation anbieten. Diese Architekturprinzipien können solange sinnvoll angewandt werden, wie die Benutzungscharakteristika der Objektpopulation a priori bekannt sind und somit eine starre Abbildung auf die Menge des Server möglich ist. Bei modernen Anwendungen mit einer hohen, a priori kaum vorhersagbaren Dynamik zur Laufzeit — wie Maschinenbauanwendungen im Bereich des Simultaneous/Concurrent Engineering —, ist diese Voraussetzungen nicht mehr gegeben. Vielmehr müssen Mechanismen zur feingranularen Anpassung des Systemverhaltens zur Laufzeit vorhanden sein und zudem flexiblere Architekturprinzipien umgesetzt werden. Der wesentlichste Mechanismus zur dynamischen Anpassung des Systemverhaltens verteilter objektorientierter Systeme zur Laufzeit ist die Objektmobilität. Diese Arbeit zeigt die Integration von Objektmobilität in eine bestehende objektorientierte Datenbank. Um das resultierende System als unternehmensweites informationstechnisches Rückgrat zu qualifizieren, wird zudem das Architekturprinzip der Datenbank hin zu einem System lose gekoppelter Datenbank–Cluster erweitert. Letzteres wird erreicht, indem ein Trading–Mechanismus dynamisch, angepaßt an aktuelle Anwendungserfordernisse, Wissen über Objektpopulationen verbreitet und somit die starre Koppelung der Systemkomponeten aufbricht. Im folgenden werden die wesentlichen Aspekte des resultierenden Objektmanagements, der lose gekoppelten Architektur und der Integration der Trading–Komponente präsentiert.

1 Einleitung

Verteilte Datenbanken bergen ein großes Potential, als allgemeine informationstechnische Integrationsbasis zu dienen [ÖsV91]. Grund dafür ist die Tatsache, daß unterschiedliche, unabhängig entworfene Anwendungssysteme über ein einheitliches Datenmodell (z.B. Unternehmensmodell oder Produktionsmodell) gekoppelt werden können. Die heutigen Realisierungen erreichen allerdings ihre Grenzen dort, wo die Zugriffscharakteristiken der Anwendungen nicht mehr a priori bestimmbar sind, da dann die Grenzen der zugrundeliegenden starren Client–Server Architektur erreicht werden.

Die Entwicklung in der Technologie verteilter Systeme geht heute allerdings über das starre Client–Server–Modell hinaus [BGH*93]. Diese Tendenz konnte bislang noch nicht in verteilte

*Die Arbeit entstand im Rahmen des SFB 346 „Rechnerintegrierte Konstruktion und Fertigung von Bauteilen" der DFG.

Datenbanken aufgenommen werden, da viele der modernen Entwicklungen auf einem verteilten objektorientierten Ansatz [ChC91] beruhen. Speziell im Hinblick auf die dynamische Anpassung der Systemcharakteristik zur Laufzeit ist die Mobilität von Objekten als wesentliche Weiterentwicklung zu nennen. Diese erlaubt die dynamische Lastverteilung zwischen den Prozessoren, die Kommunikationsreduzierung durch die Zusammenführung von Objekten an ihrem nicht notwendigerweise konstanten Nutzungsschwerpunkt sowie die Erhöhung der Verfügbarkeit durch Rekonfiguration. Zudem erlaubt diese Technik die natürliche Modellierung von Informationsflüssen der realen Welt. Zur Auflösung starrer Informationsflüsse in großen verteilten Systemen durch dynamischer Bindevorgänge hat sich des weiteren das Trading–Pradigma bewährt. Es gestattet neben der Akquisition von bestehenden Objektpopulationen auch die dynamische Konfiguration von Wissensdomänen, innerhalb derer Objekte bekanntgegeben werden.

Mobile Objekte gewinnen gerade in den Bereichen an Bedeutung, in denen nur wenig a priori–Wissen über das Verwendungsmuster der Objekte seitens der Anwendung bekannt ist. Concurrent und Simultaneous Engineering sind Beispiele, bei denen das Vorplanen von Abläufen und von Nutzungscharakteristiken zum Scheitern verurteilt sind [KLM*90, Hay93]. Andererseits sind Maschinenbauanwendungen einer der wichtigsten Einsatzbereiche objektorientierter Datenbanksysteme, da hier die hohe Modellierungsmächtigkeit noch bestehende Performanznachteile im Vergleich zu relationalen Datenbanksystemen ausgleicht. Daraus läßt sich schließen, daß die Integration von mobilen Objekten in objektorientierte Datenbanksysteme einen wertvollen Fortschritt bildet.

Diese Arbeit beschreibt einen Ansatz zur Integration mobiler Objekte in eine objektorientierte Datenbank. Hauptziel war neben dem damit gegebenen Potential zur dynamischen Anpassung des Systemverhaltens zur Laufzeit, die Entwicklung einer Architektur, die das System auch als Basis zur Integration in größeren Organisationen qualifiziert. Folglich verzichtet das resultierende System auf globale Strukturen, indem es aus lose gekoppelten Clustern zusammengesetzt ist. Um deren Koppelung selbst adaptiv zu gestalten, erfolgt der Wissenstransfer zwischen den einzelnen Clustern über eine integrierte Trading–Komponente. Die durch diese beiden Erweiterungen erzielte Flexibilität bricht an entscheidenden Stellen die Starrheit klassischer verteilter Datenbanksysteme auf, um eine an die Erfordernissen moderner, dynamischer Anwendungsgebiete angepaßte Integrationsbasis zu erreichen.

Im folgenden Abschnitt beschreiben wir unser objektorientiertes Datenmodell. Abschnitt 3 erläutert unsere Systemarchitektur, in der vor allem auf die Objektverwaltung und auf die Objektmigration und -lokation unter Verzicht von globalen Strukturen eingegangen wird. In Abschnitt 4 wird auf die orthogonale Integration einer Trading–Komponente zur bedarfsgesteuerten und adaptiven Informationspropagierung eingegangen. Nach einigen Anmerkungen zu unserer Implementierung in Abschnitt 5, wird in Abschnitt 6 unser Ansatz mit verwandten Arbeiten gegenübergestellt. Abschnitt 7 schließt mit einer Zusammenfassung.

2 Das objektorientierte Datenmodell

Im folgenden werden die Basiskonzepte des objektorientierten Datenmodells GOM soweit eingeführt, wie es für die Diskussion der Konzepte auf Systemebene in den nächsten Abschnitten erforderlich ist. Weitere Informationen sind [KeM94] zu entnehmen. Wesentliche Auswirkungen für die Unterstützung auf Laufzeitebene hat die in [LoW93] eingeführte Erweiterung des Objektmodells hin zu sogenannten aktiven Objekten, deren Kurzeinführung deshalb den Schwerpunkt des Kapitels bildet.

2.1 Das Objektmodell

Das Objektmodell *GOM* (Generic Object Model) unterstützt alle in dem objektorientierten Datenbankmanifest [ABD*89] identifizierten, obligatorischen Eigenschaften in einem orthogonalen syntaktischen Rahmen. Objekte in GOM beinhalten eine ***strukturelle*** und eine ***verhaltensmäßige*** Beschreibung. Objekte mit ähnlichem Verhalten, d.h. ähnlicher Struktur und ähnlichem Verhalten, sind in Objekttypen zusammengefaßt, die über eine Objekttypdefinition eingeführt werden (Abb. 1).

```
type Palet
   supertype ANY is
   body [ident: string;
         ...]
   operations
      declare Palet: string →void;
      declare equip: workpiece →bool;
      ...
   implementation ...
end type tool;
type KanbanPalet supertype Palet is ...endtype KanbanPalet;
active type Vehicle supertype Palet is ...endtype Vehicle;
...
persistent var mypalet: Palet; !! Variables
persistent var mykanbanpalet: KanbanPalet;
persistent var myvehicle: Vehicle;
...
mypalet := mykanbanpalet;
send mypalet.equip(...); !! operation performed synchronously.
mypalet := myvehicle;
send mypalet.equip(...); !! operation performed asynchronously.
...
```

Abbildung 1: Definition von Objekten und asynchrone Aufrufe

In einer **body**-Klausel wird die strukturelle Repräsentation des Objekttyps festgelegt. GOM unterscheidet hier zwischen tupelstrukturierten Typen und Kollektionstypen, d.h. Mengen und Listen. Das Verhalten von Objekten (Typen) wird über eine Menge typ–assoziierter Operationen spezifiziert, deren Signatur bestehend aus Operationsname, einer Liste der Eingabeparametertypen und dem Ergebnistyp in der **operations**–Klausel festgehalten wird. Die Implementierung der Operationen erfolgt schließlich in der **implementation**–Klausel in einer C–ähnlichen Syntax. Der Zugriff auf den Zustand eines Objekts kann ausschließlich über die typassoziierten Operationen erfolgen (Objektkapselung). Zudem können Typen mittels der **supertype**–Klausel in eine Typhierarchie angeordnet werden.

Objekte können durch einen systemdefinierten oder durch einen typspezifischen Konstruktor erzeugt werden. Hierbei wird dem Objekt eine systemweit eindeutige Objektkennung OID (object–identifier) zugewiesen, die unabhängig von der physikalischen Lokation des Objekts oder dessen aktuellem Zustands ist. Somit läßt sich ein Objekt als Tripel (*OID, Typ, Zustand*) auffassen. Der Begriff Zustand repräsentiert dabei den internen Zustand des Objekts, z.B. die aktuelle Wertbelegung der Attribute im Falle eines tupelstrukturierten Objekts.

GOM wurde als streng–typisierte Sprache entwickelt. Typkonformität der Operationsaufrufe werden damit bereits zum Übersetzungszeitpunkt garantiert. Da Vererbung von Kollektivtypen in einer streng–typisierten Sprache unmöglich ist [KeM94], unterstützt GOM den Polymorphismus außerhalb der Super-/Subtyp–Hierarchie durch beschränkte freie polymorphe Operationen. Diese Eigenschaft wird in Abschnitt 5 benutzt, um die notwendigen Compileränderungen zur Integration der Objektmobilität und der Verteilung zu minimieren.

2.2 Aktive Objekte

Objekte sind in einer Datenbasis zusammengetragen, da zwischen ihnen Kooperation stattfinden soll. Überlicherweise wird diese Kooperation durch synchrone Operationsaufrufe initiiert. Eine solche Strategie basiert jedoch auf einem klaren a priori-Verständnis, wie die Kooperation zwischen den Objekten zur Problemlösung beiträgt. Viele moderne Anwendungen verhindern allerdings durch ihre inhärente Komplexität und Parallelität gerade eine Vorplanung der Kooperation. Somit ist die konventionelle Systemunterstützung durch sequentielle, abwechselnde Aufrufe nicht mehr hinreichend.

Unser Ansatzpunkt zur Lösung dieses Problems ist die Verwendung sogenanter Allianzen (in einem früheren Entwicklungsstand Aktivitäten genannt), die regelbasiert die Kooperation zwischen einer Menge assoziierter Objekte überwachen, für letztere aber transparent sind. Details des Ansatzes sind in [LoW93] zu finden. Die Laufzeitrepräsentation von Allianzen erfolgt auf Systemebene durch eine Abbildung auf *aktive Objekte*, wie Abb. 2 zu entnehmen ist.

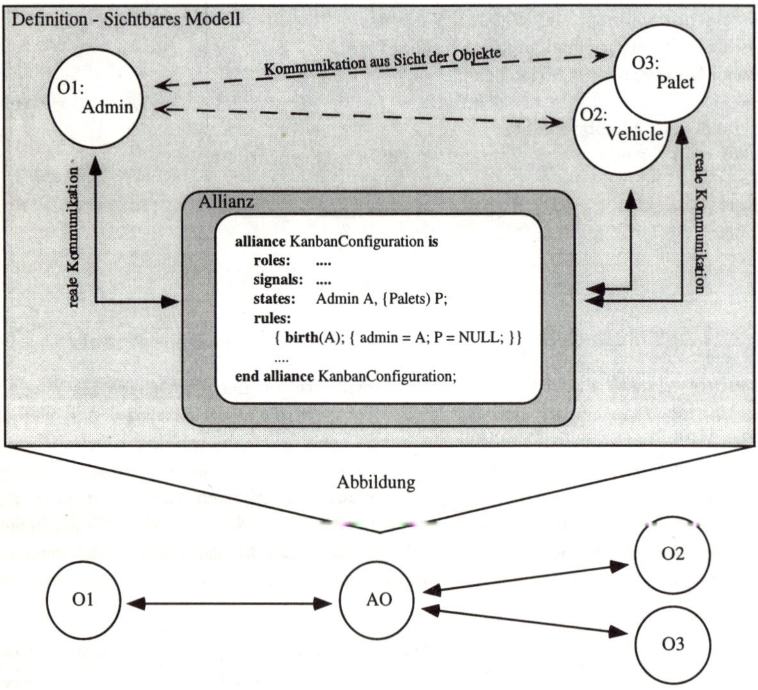

Abbildung 2: Abbildung von Allianzen auf aktive Objekte.

Aktive Objekte unterscheiden sich von passiven Objekten durch ihren eigenen Kontrollfluß. Damit erlauben sie neben dem synchronen Objektaufruf auch die asynchrone Kommunikation, und die Reglementierung von dynamischen Kooperationsstrategien. So ist eine Umordnung der angekommenden Aufrufe vor der Regelausführung im Rahmen des eigenständigen Kontrollflusses möglich. Die Abbildung auf aktive Objekte vereinfacht die Laufzeitunterstützung, da letztere nun Instanzen aktiver Objekttypen sind, welche Untertypen von passiven Objekttypen sein können — das Gegenteil ist verboten. Die asynchrone Interaktion wird dabei auf die in Abb. 1 skizzierte einfache Form des **send**–Primitivs zurückgeführt.

3 Systemarchitektur

Hauptziel dieser Arbeit ist der Entwurf einer objektorientierten Datenbank, die als unternehmensweites informationstechnisches Rückgrat für CAx–Technologien dienen soll. Ein solches System muß hunderte oder gar tausende Knoten unterstützen, so daß ein in der Praxis häufig anzutreffender starrer und zentralistischer Client–Server–Ansatz nicht mehr praktikabel ist. Eine Erweiterung dieses Ansatzes hin zu einer hierarchischen Architektur steht im Widerspruch zu der engen Verzahnung der Aktivitäten in der CAx–Technologie. Wir entschieden uns deswegen für die Einführung von lose gekoppelten Systemen, in denen zwar ein transparenter Objektzugriff gewährt wird, jedoch keine ubiquitäre Sicht auf alle im System verfügbaren Informationen vorliegt.

In diesem Abschnitt wird zunächst unsere Systemarchitektur behandelt, die im wesentlichen durch den Verzicht an globalen Strukturen geprägt ist. Neben der Verwaltung von passiven und aktiven Objekten werden hierbei insbesondere die Mechanismen zur Objektmobilität und -lokalisierung dargestellt.

3.1 Verwaltung passiver und aktiver Objekte

Unsere Systemarchitektur besteht aus einer Menge von autarken Clustern, die sich aus *logischen Knoten* und je einem *Server–Knoten* zusammensetzen. Jeder logische Knoten umfaßt Anwendungsprogramme, aktive Objekte und einen Endpoint Mapper (EM), der die aktiven Objekte seines logischen Knotens verwaltet. Der Server verwaltet alle persistenten Daten eines Clusters. Während passive und aktive Objekte die Ressourcen der realen Welt modellieren, dienen die Anwendungsprogramme zur Modifikation des Abbilds der realen Welt und damit des Datenbestandes, die letztlich die CAx–Werkzeuge repräsentieren. Die Ausdehnung eines Clusters kann von den topologischen Anforderungen (LAN–Cluster) oder von administrativen Anforderungen (Gruppierung datenintensiver Anwendungen mit ihrem lokalen Server in einem Adreßraum) abhängen.

Der Zustand passiver Objekte ist auf dem Hintergrundspeicher eines Servers gespeichert und wird bei Bedarf in den Puffer von Anwendungsprogrammen oder von aktiven Objekten kopiert. Die Synchronisation nebenläufiger Zugriffe erfolgt dabei durch verteilte Transaktionen. Aktive Objekte sichern ihren Zustand in einem passives Objekt mit gleicher struktureller Repräsentation, besitzen jedoch eine eigenständige Laufzeitrepräsentation mit eigenen Kontrollfluß, so daß sie nie im Puffer einer Anwendung allokiert werden.

Jedes passive und aktive Objekt erhält mit der Erzeugung eine systemweit eindeutige Kennung OID (object identifier) zugewiesen, welches u.a. den Objekttyp sowie die Kennung des erzeugenden Clusters beinhaltet. Diese Kennung ist für die gesamte Lebensdauer des Objekts gültig und somit letztlich lokationsunabhängig.

3.2 Migration und Lokalisierung von Objekten

Das Systemmodell garantiert, daß das zugrundeliegende Netzwerk transparent und lediglich in seinen Effekten auf die Performanz auf Datenbankebene erkennbar ist. Dabei wird unterstellt, daß die Intra–Cluster–Kommunikation effizienter durchgeführt werden kann als die Inter–Cluster–Kommunikation. In einem solchen Szenario ist es wünschenswert, daß eng miteinander kooperierende Objekte an einem Ort zusammengeführt werden können, um den Kommunikationsaufwand zu reduzieren. Da in modernen ingenieurwissenschaftlichen Anwendungen das Muster der Informationsbenutzung und damit die Größe der eng zusammenarbeitenden Objektpopulationen i.d.R. nicht a priori zu planen ist, enthält die Datenbanksprache das *migrate*–Primitiv, um dynamisch Objekte an einen Ort zusammenzuführen.

Im folgenden erläutern wir die Unterschiede der Migration passiver und aktiver Objekte und gehen danach auf unseren Lösungsansatz zur Lokalisierung von Objekten ein.

3.2.1 Migration von Objekten

Die Laufzeitrepräsentation aktiver Objekte befinden sich in einem logischen Knoten. Mittels des *migrate*–Primitivs kann sie sich frei zwischen Knoten bewegen. Paramter des migrate–Aufruf ist ein Zielobjekt, zu dessen Lokation sich das Objekt bewegt. Damit wird das Ziel stets implizit angegeben. Befindet sich das Zielobjekt außerhalb des Clusters, wird zu der Laufzeitrepräsentation auch das korrespondierende passive Datenobjekt vom lokalen Server zum Server des Ziel–Clusters mitmigriert.

Im Gegensatz zu aktiven Objekten ist die Migration von passiven Objekten innerhalb eines Clusters bedeutungslos, da je Cluster nur ein lokaler Server verfügbar ist, von dem aus das Objekt in den jeweiligen Puffer kopiert wird. Der Zielknoten der migrate–Operation für ein passives Objekt wird deswegen dahingehend interpretiert, daß das Ziel stets der Server des Ziel–Clusters ist. Diese Interpretation ist dem Anwendungsprogramm gegenüber transparent. Migration von passiven Objekten innerhalb eines Clusters ist folglich bedeutungslos.

Der Einsatz der Objektmigration beeinflußt wesentlich das Laufzeitverhalten des Systems. So ist trivialerweise nur dann ein Zusammenführen von Objekten sinnvoll, wenn der erhöhte Mehraufwand durch die entfernte Kommunikation größer ist als die Migration des Objektes selbst. Greift eine Anwendung mehrmals auf ein passives Objekt zu, wird mit dem ersten Zugriff das Objekt einmalig in ihren lokalen Puffer kopiert; durch den Mehrzugriff tritt kein zusätzlicher Aufwand auf. Ruft andererseits eine Anwendung mehrmals ein aktives Objekt auf, bedarf es für jeden Zugriff der Kommunikation zum logischen Knoten des aktiven Objektes. Dies kann insbesondere bei Cluster–übergreifenden Zugriffen zu hohen Kommunikationskosten führen, die durch eine Migration erheblich reduziert werden kann. Als Migrationskosten steht hierbei das Beenden und das Erzeugen der Laufzeitrepräsentation des aktiven Objekten sowie das Kopieren und das Löschen des korrespondierenden passiven Objektes gegenüber. Die Migrationsentscheidung läßt sich allerdings nur mittels dem Wissen der Anwendung durchführen, wie häufig in Zukunft auf Objekte zugegriffen wird.

3.2.2 Lokalisierung von Objekten

Das Lokalisierungskonzept spielt in verteilten Systemen mit Objektmobilität eine zentrale Rolle. Dabei hat sich zwischen den zahlreichen Lösungsansätzen die Vorwärtadressierung für ein breites Anwendungsspektrum durchgesetzt (vgl. [Fow86, ScM93]). Bei diesem Ansatz zeigt eine Objektreferenz auf einen Knoten, auf dem es gemäß dem lokalen Wissens vermutet wird. Da mit der Migration eines Objektes sämtliche bisherigen Referenzen ihre Gültigkeit verlieren, sind in unserem Systemmodell die Objektreferenzen stets auf den EM eines logischen Knotens gerichtet. Der EM führt in einer Tabelle sämtliche Objekte, die in seinem logischen Knoten bekannt sind. Migriert eines dieser Objekt zu einem anderen logischen Knoten, wird die Adresse des neuen EM in seiner Tabelle registriert und damit eine Vorwärtsreferenz gesetzt. Die EM realisieren folglich die zur Mobilität unabdingbare Indirektionsstufe bei der Adreßabbildung.

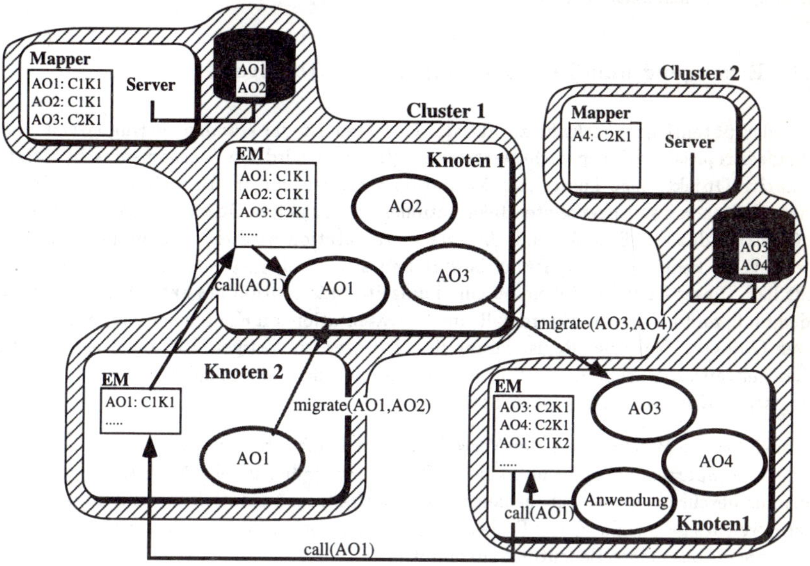

Abbildung 3: Systemarchitektur

Durch die Migration eines Objektes können prinzipiell Vorwärtsketten beliebiger Länge entstehen. Deren Verkürzung ist als Seiteneffekt der Objektaufrufe realisiert. Ein Aufruf wird über die Vorwärtsreferenzen an das aufzurufende Objekt weitergereicht. Mit dem Empfang eines Aufrufes wird vom Objekt eine Return–Nachricht erzeugt, die die Vorwärtskette invers abläuft und die die Vorwärtreferenzen der EM aktualisiert. Diese Return–Nachricht wird unabhängig von der Ergebnisnachricht im Falle eines synchronen Aufrufs verschickt, die direkt an den Aufrufer zurückgeschickt. Dessen Adresse ist dem aufgerufenen Objekt durch die Aufrufnachricht bekannt. Durch diesen Abgleichalgorithmus bleiben in der Praxis die zu erwartenden Längen der Vorwärtsketten kleiner als 2 [Fow86]. Dabei wird zugleich erreicht, daß Referenzen auf häufig frequentierten Objekten frühzeit abgeglichen werden und damit deren Vorwärtsketten kurz bleiben, während Referenzen auf selten benötigte Objekte eher veraltet sind. In Abb. 3 wird die Lokalisierungsstrategie anhand eines Beispiels verdeutlicht. Der Inhalt von Mapper und EM spiegelt den Systemzustand nach den Migrationen der aktiven Objekte AO1 und AO3 wider.

Den Ausfall einzelner Knoten innerhalb der Vorwärtskette wird durch das in der OID codierte Wissen um das Geburtsclusters eines Objektes toleriert. Jedes Cluster verfügt über einen dedizierten Mapper auf seinem Server, der eine Liste aller Objekte, die in seinem Cluster erzeugt worden sind, sowie deren aktuelle Lokation verwaltet. Kann ein EM innerhalb der Vorwärtsadressierung seinen Nachfolger nicht erreichen, so wendet er sich an den Mapper des Geburtsclusters des gesuchten Objektes und erhält von ihm die aktuelle Lokation, mit der er seine eigene Referenz aktualisiert.

Die Lokalisierungsstrategie läßt sich wie folgt zusammenfassen. Die gültige Lokation eines aktiven Objektes ist stets im Mapper seines Geburtsclusters gespeichert. Diese Strategie wird durch eine zweilagige Caching–Strategie zur Leistungssteigerung überlagert: zum einen wird mittels der Vorwärtsadressierung die erwartete Adresse in den involvierten EM gehalten. Zum anderen besitzen Anwendungsprogramme und aktiven Objekte über einen lokalen Cache, über den sie direkt Aufrufe an den EM des aufzurufenden Objekts durchführen können, ohne dabei ihren lokalen EM kontaktieren zu müssen. Letzteres wurde bislang nicht vorgestellt, ist aber entlang derselben Vorgehensweise möglich.

3.2.3 Erzeugung und Terminierung aktiver Objekte

Wegen der potentiellen Vielzahl an aktiven Objekten ist die ständige Verfügbarkeit aller ihrer Laufzeitrepräsentationen nicht vertretbar. Vielmehr wird ein Mechanismus benötigt, mit dem aktive Objekte ihre Laufzeitrepräsentation verlassen und im Bedarfsfall wieder erzeugen können. Zwischen zwei sogenannten Inkarnationen ist das aktive Objekt auf das zugehörige passive Objekt reduziert. Eine fehlende Laufzeitrepräsentation wird erkannt, wenn ein EM in der Vorwärtskette keine gültige Referenz besitzt und sich an den Mapper des Geburtscluster gewandt hat. Dieser kann feststellen, ob eine Laufzeitrepräsentation des aktiven Objektes erzeugt werden muß, und erzeugt in diesem Fall eine Repräsentation am Knoten der letzten Lokation des aktiven Objektes. Nach der Registrierung des Objektes im dortigen EM, markiert der Mapper die Laufzeitrepräsentation als existent und übermittelt dem anfragenden EM die EM–Referenz des logischen Knotens der aktuellen Lokation.

Eine ausführliche Beschreibung der Verwaltung von Laufzeitrepräsentationen sowie das hierzu erforderliche Sperrenmanagement ist in [KK94b] genauer behandelt. Auch wird darin ein Mechanismus beschrieben, die Lebensdauer einer Laufzeitrepräsentation anwendungsabhängig zu steuern, welches gerade durch das Fehlen von a priori–Information in ingenieurwissenschaftlichen Anwendungen besondere Bedeutung zukommt.

4 Wissenspropagierung

Moderne ingenieurwissenschaftliche Anwendungen zeichnen sich durch eine hohe informationstechnische Vernetzung einzelner Aktivitäten aus, die sich zur Laufzeit sowohl in der involvierten Objektpopulation als auch in der Lokation ihrer Nutzungsschwerpunkte ändert. Betrachtet man die im vergangenen Kapitel beschriebenen Lösungsansätze zur losen Kopplung von autonomen Clustern, so werden darin vorrangig Probleme der Objektverwaltung und der technischen Umsetzung von Migration und Lokation behandelt. Ansätze zur Propagierung von Wissen über Objektpopulationen blieben bislang außen vor. Hierbei steht als Problem zugrunde, wie Anwendungen Kenntnis über Objekte anderer Anwendungen erlangen können. Während die OID der Objekte, die von einer Anwendung selbst erzeugt wurden, lokal verfügbar sind, bedarf es Systemunterstützung zum Einstieg in die systemweite Datenbasis.

4.1 Klassischer Einstieg objektorientierter Datenbanken

Als klassische Einstiegsmöglichkeit einer Anwendung in den Datenbestand dienen in herkömmlichen objektorientierten Datenbanksystemen globale Strukturen. Die erste Möglichkeit sind *persistente Variablen*, über die ein systemweiter, nebenläufiger Zugriff auf Objektmengen unterstützt wird. Das lokale Zuweisen einer Objektreferenz an die persistente Variable führt zu einem systemweiten Abgleichen der Variablen in allen Clustern. Die zweite Einstiegsmöglichkeit sind *Anfragen an Typextensionen*. Eine Objektanfrage lößt Anfragen an sämtliche Cluster aus, die den lokalen Datenbestand nach dem angefragten Objekt durchsuchen. Der Kommunikationsaufwand ist bei beiden hoch; die Kommunikation fällt allerdings bei persistenten Variablen mit dem Zuweisen an, während im Falle Anfrage an die Typextension die Kommunikation erst mit der Anfrage durchgefürht werden muß. Soll die Wissenspropagierung in sämtlichen Clustern durchgeführt werden, ist die Kommunikation zwischen sämtlichen Clustern notwendig.

Beide Mechanismen sind jedoch durch ihre globale Strukturen für ein System mit denen bereits beschriebenen Informationsanforderungen unzureichend, da ein systemweiter Abgleich in geographisch weitverteilten Systemen mit dem hierbei auftretenden Kommunikationsaufkommen nicht mehr vertretbar ist. Vielmehr sollen sich die Suchräume an die aktuelle Unternehmensstruktur und -politik anpassen. Der gewählte Lösungsansatz zur Erzielung einer solchen adaptiven Verwaltungsstruktur zur Propagierung von Teilobjektpopulationen beruht auf einem Mechanismus, der in dem Bereich verteilter Systeme anzutreffen ist und der ohne globale Strukturen auskommt: dem Trading–Paradigma [Kel93]. Er stellt ein Koordinationswerkzeug zur Verfügung, um privat angelegte Objekte an dedizierte Benutzer bekannt zu machen.

4.2 Einstieg mittels Trading

Die Systemarchitektur wird hierzu um einen Trader je Cluster erweitert, der als Vermittler zwischen bekanntgegebenen Objekten und objektanfragenden Anwendungen fungiert. Der Trader bietet hierzu drei Methoden an, die in die Datenbanksprache integriert werden: *export(), import()* und *withdraw()*. Ein Datenobjekt gibt durch den Aufruf von *export* seine Existenz dem lokalen Trader bekannt, der das Objekt in seine private Datenbasis speichert. Ein dem Trader zugeführtes Objekt kann wieder durch den Aufruf von *withdraw* zurückgenommen werden. Über die *import*-Funktion können über den Trader Wissen über neu bekanntgegebene Objekt beschafft werden. Dazu ist es notwendig, daß dem importierenden Objekt genügend Wissen über die Objektspezifikation des exportierten Objekts zur Verfügung steht. Diese besteht in unserem objektorientierten Datenmodell aus der systemweit verfügbaren Typ–Information des Objekts sowie seiner strukturellen Beschreibung.

Durch den bisher beschriebenen Trading–Ansatz wird bislang nur ein Cluster–interner Einstiegsmechanismus angeboten, der von seiner Mächtigkeit den klassischen Datenbankmechanismen entspricht. Vorteile des Trading–Paradigmas erzielt man bei der losen Kopplung der Cluster. Hierzu müssen die Trader miteinander interagieren. Dies geschieht in unserem Systemmodell durch zwei Strategien: der *Kooperation* und der *Föderation*. Im ersten Fall treten Trader verschiedener Cluster in Beziehung, wenn sie eine import–Anfrage aus ihrem eigenen Datenbestand nicht befriedigen können. Kann der kooperierende Trader der Anfrage genügen, wird die OID des gefundenen Objektes über die Cluster–Grenze hinweg der importierenden Anwendung bekanntgegeben. Die zweite Strategie dient der Performanzsteigerung der import–Anfrage. Statt erst im Bedarfsfall miteinander zu interagieren, tauschen sich föderierende Trader im voraus ihren privaten Datenbestand aus, der von den Tradern dann verwaltet werden kann. Wann welche Datenobjekt vom welchen Typ mittels welcher Tradingstrategie zwischen den Tradern ausgetauscht wird, ist der Inhalt einer Konfigurationsdatei, die über eine interaktive Schnittstelle vom Systemmanager jederzeit beeinflußt werden kann.

Der Gewinn, der durch dieses erweiterte Trading–Konzept gegenüber den klassischen bekannten Einstiegsparadigmen ermöglicht wird, soll anhand eines kleinen Anwendungsbeispieles demonstriert werden. Der Fertigungsbereich eines Unternehmens sei nach dem Just–in–Time–Production–Konzept strukturiert. Dieser besteht aus autonomen Arbeitsgruppen, die bedarfsgesteuert Aufträge weiterreichen. Einige der Gruppen erhalten Impulse von außen in Form von Produktionsaufträgen. Der bei der Produktion anfallende Bedarf an Vorprodukten wird duch sogenannte Kanbans an weitere Gruppen durchgereicht. Somit entsteht ein selbstregulierendes System, das ohne a priori Produktionsplanung aktuelle Aufträge durchführt. Kernproblem einer derartigen Vorgehensweise ist die globale Dimensionierung des entstehenden Regelkreises und speziell dessen Adaption bei Variationen im Auftragsspektrum. Im Beispiel wird bei der Realisierung eines Auftrags von einem Controller-Objekt der Teilauftrag „Motorbau" identifiziert, der von vorgelagerten Gruppen durchgeführt werden kann.

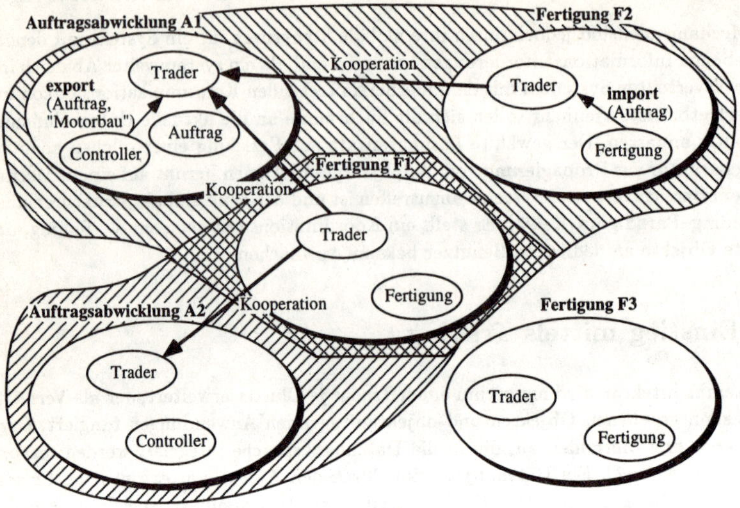

Abbildung 4: Wissenspropagierung mittels Trading

Im Abb. 4 sind zwei Gruppen vorgesehen, die externe Aufträge bearbeiten (A1,A2) und drei Gruppen, die die Fertigung dieser Teilaufträge durchführen können (F1,F2.F3). Eine Modellierung mittels der klassischen Einstiegsparadigmen (persistente Variablen, Anfrage an Typextension) würde dahingehend ausfallen, daß in sämtlichen Clustern z.B. eine persistente Variable existiert, die auf eine Menge von Teilaufträgen verweist. Sollen nun Einschränkungen modelliert werden, daß nur bestimmte Gruppen mit bestimmten Auftragsabwicklungen zusammenarbeiten sollen, bedarf es hierzu für jede neue Kooperationsbeziehung einer eigenen persistenten Variablen. Somit bedarf speziell die Adaption des Regelkreises an neue Auftragsspektren einen Eingriff in viele Anwendungsprogramme.

Eine deutlich flexiblere und adaptive Propagierungsstrategie läßt sich mittels dem Trading-Ansatz modellieren. Der Wissenspropagierungsfluß wird durch die Kooperationsbeziehung der Trader in den Konfigurationsdateien beschrieben (vgl. Abb. 4). Soll nun eine dritte Gruppe F3 in das Unternehmen neu eingeführt werden und F1 ausschließlich für die Fertigung von A2 angesetzt werden, so muß lediglich die Konfigurationsdatei der involvierten Trader modifiziert werden.

Der durch das Trading-Paradigma erzielte Vorteil liegt darin, daß die Wissenspropagierung durch Konfigurationsänderungen modifiziert werden kann, die sich dem dynamischen Systemverhalten adaptiv anpaßt. Es sind damit keine Änderungen in den Programmen durch Einführung neuer persistenter Variablen oder globaler Anfragen mehr notwendig, die einen hohen Kommunikationsaufwand zwischen sämtlichen Clustern erfordern. Eine weitere Leistungssteigerung läßt sich durch den dedizierten Einsatz von Kooperation und Föderation erreichen. Föderation kann immer dann gewinnbringend eingesetzt werden, wenn häufig und von vielen Clustern aus auf das betreffende Objekt zugegriffen wird, oder aber wenn a priori-Information über den Objektnutzungskreis verfügbar ist.

5 Implementierung

Die Realisierung der präsentierten Konzepte basiert vorerst auf dem ursprünglichen Client-Server-Prototypen, der aktuell in den Maschinenbauprojekten des SFB 346 eingesetzt wird. Hierbei interessiert uns momentan primär, inwieweit die Erweiterungen sinnvoll in Maschinenbauanwendungen eingesetzt werden können.

Der zentralistische Client-Server-Prototyp basiert auf dem EXODUS Storage-Manager [KDF*91], der in seiner derzeitigen Version lediglich eine Transaktion je Client-Prozeß unterstützt. Damit schied die Möglichkeit der Abbildung aktiver Objekte auf leichtgewichtige Prozesse in einem Adreßraum aus. Zudem kann das von uns aus Portabilitätsgründen eingesetzte C++-Entwicklungssystem keinen Code erzeugen, der thread-safe ist. Aufgrund dieser Rahmenbedingungen entschieden wir uns, den EM und die aktiven Objekte als Betriebssystemprozesse umzusetzen, wobei der EM speziell als Daemon realisiert ist. Somit korrespondiert ein logischer Knoten mit einer Workstation, die allerdings auch gleichzeitig der Rechner des lokalen Server-Knotens sein kann.

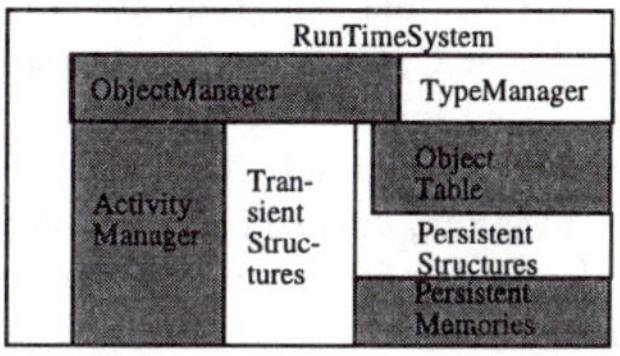

Abbildung 5: Das modifizierte Laufzeitsystem

Abbildung 5 zeigt die vereinfachte Struktur des ursprünglichen Laufzeitsystems. Die Realisierung unserer Erweiterung betrafen dabei die grauunterlegten Module. Zuerst kam ein neues Modul hinzu: der Aktivitätsmanager. Dieses Modul ist für die Kommunikation zu einem aktiven Objekt oder zu einem EM verantwortlich. Desweiteren mußte der Objektmanager modifiziert werden, um Aufrufe an aktive Objekte an den Aktivitätsmanager umzuleiten. Das persistente Memory-Modul behandelt alle Zugriffe auf den Storage-Manager und stellt den Puffer zur Verfügung, um passive Objekte in den Adreßbereich eines Anwendungsprogramms zu kopieren. Um mehrere Server in einer Transaktion zu unterstützen, ist in der Erweiterung die Verwaltung mehrerer Pufferbereiche möglich. Schließlich muß die Objekttabelle hinsichtlich der Mobilität von passiven Objekten erweitert werden.

Migrationen werden auf Sprachebene durch eine **migrate**-Operation ausgelöst, die auf allen Objekte definiert ist. Diese Operation ist als freie polymorphe Operation in die streng-typisierte Programmiersprache integriert (Abb. 6). Diese Definition wird in einer Default-Headerdatei automatisch vom Compiler mit eingebunden. Die zugehörige Implementierung ist in der Default-Library enthalten. Durch die beschriebene Vorgehensweise war es möglich, diese Spracherweiterung ohne Compileränderung zu integrieren. Analog hierzu erfolgte die Integration der Erweiterung, mit der aktive Objekte die Lebensdauer ihrer Laufzeitrepräsentation bestimmen können.

polymorph declare migrate(\Typ≤ANY):\Typ||ANY→void
        code_migrate;

Abbildung 6: Polymorphe Deklaration der *migrate*-Operation

Neben den beschriebenen Modifikationen am Laufzeitsystem und der Realisierung der Dämonen waren noch kleinere Compiler-Modifikationen notwendig, um zusätzliche Informationen über aktive Objekte dem Laufzeitsystem bereitzustellen und um asynchrone Aufrufe zu unterstützen. Insgesamt existieren so momentan drei Prototypen, die aktive Objekte, Mobilität zwischen verschiedenen Servern und die Anbindung an den Trader realisieren.

6 Verwandte Arbeiten

Es existieren zahlreiche Ansätze zur Realisierung verteilter objektorientierter Systeme [ChC91]. In diesem Abschnitt wollen wir uns auf die Systeme konzentrieren, die mobile Objekte unterstützen oder Fortschritte im Bereich des Trading darstellen, da die neuen Aspekte unseres Systems in der Integration der Objektmobilität in eine objektorientierte Datenbank und in der neuartigen Architektur liegen. Eine Übersicht über die Basiskonzepte verteilter Datenbanken steht in [ÖsV91]. Für eine Übersicht über andere Probleme, die derzeit in dem Bereich der verteilten Datenbanken untersucht werden, sei der interessierte Leser auf [ÖsV94] verwiesen.

Objektmobilität wurde zuerst für transiente Objekte untersucht. Der bekannteste Ansatz ist das *Emerald*-Systems [BHJ*87, JLH*88], das feingranulare Objektmobilität in einer verteilten Systemumgebung unterstützt. Es bietet Operationen zur Lokalisierung und Migration von Objekten und gestaltet Operationsaufrufe lokationstransparent. Eine Besonderheit von Emerald ist die Fähigkeit, Objekte zu bewegen, während sie einen Aufruf bearbeiten. Zudem können mobile Objekte interne Objekte enthalten, die nicht unabhängig bewegt werden können. Damit kann die Objektgranularität in der Objektdeklaration entsprechend der Anwendung durch die Verwendung mobiler und interner Objekte angepaßt werden. Ein Nachfolgeprojekt von Emerald ist das *Amber*-System [CAL89], das eine verteilte C++-Umgebung realisiert. Die Architektur von Amber gestattet die Kombination von festen und lose gekoppelten Multiprozessoren. Andere Ansätze, die Objektmobilität unterstützen, sind *Electra* [Maf92], *Peace* [Sch92] und DC++ [ScM93]. Weitere Systeme, die entweder Objekt- oder Prozeßmobilität bereitstellen, sind in [Bor92] beschrieben. Ihnen gemein ist, daß sie davon ausgehen, daß stets eine Laufzeitrepräsentation aller Objekte zur Abarbeitung der Aufrufen verfügbar ist. Damit behandeln sie nicht unser Hauptproblem, daß nur eine Untermenge der Objekte für Aufrufe verfügbar ist.

Es gibt nur wenig Systeme, die mobile persistente Objekte behandeln. Eines von ihnen ist *Hermes* [BlA89], das zur persistenten Speicherung auf sog. Storesites zurückgreift. Objekte können sich frei zwischen Rechnerknoten mit flüchtigen Speicher bewegen und können hierbei ihren Zustand und die Log-Informationen auf einem Storesite ablegen. Ein Objekt kann dynamisch verschiedenen Speicherknoten zugewiesen werden. Im Gegensatz zu unserem Ansatz ist die Objektpersistenz in Hermes auf der Objektmodellebene nicht transparent. Das *Comandos*-System [KMV90] unterstützt ebenfalls persistente Objekte und Mobilität. Anwendungen werden darin in der integrierten Sprache *Guide* geschrieben. Comandos umfaßt ein dynamisches Cluster-Management, mit dem Berechnungseinheiten zur Laufzeit konfiguriert werden können. Ein weiteres System, welches persistente mobile Objekte unterstützt, wird in [Sci92] beschrieben. Neben der Basisfunktionalität sieht dieses spezielle Unterstützung für Systemobjekte vor, z.B. Drucker und Terminals, bei denen eine vollständige Transparenz unerwünscht ist.

Das Trading-Paradigma wurde in zahlreichen Ansätzen in verteilten Systemen untersucht. Hervorzuhebend ist hierbei die Standardisierungsbemühung der ISO im Open Distributed Processing (ODP) [BR91, ODP93, ODP94]. In ihr wurde die Föderationsstrategie als Interaktionspolitik mehrerer Trader basierend auf Föderationskontrakten aufgenommen. Die Kooperationsstrategie hingegen findet in den bestehenden Trading-Ansätzen derzeit nur eine untergeordnete Rolle. Konzeptionell wurde sie erstmals im ANSAware Projekt [Ans91] erwähnt. Im Rhodos-Projekt [NG94] wurde sie dann erprobt. Der nebenläufige Einsatz beider Strategien zur Performanzsteigerung und zur gezielten Modellierung der Systemkonfiguration wurde bislang noch nicht untersucht.

Insgesamt ergibt sich, daß keines dieser Systeme, die Objektmobilität in verteilten Systemen ermöglichen, vollständig in eine objektorientierte Datenbank integriert ist, obgleich manche von ihnen Datenbanken zur Verwaltung ihrer persistenten Komponenten einsetzen. Auch wird auf Typ–Ebene keine Unterscheidung zwischen passiven und aktiven Objekten vorgenommen. Passive Objekte umfassen üblicherweise nur einfache Operationen, während Operationen aktiver Objekte das komplexe Verhalten der realen Welt widerspiegeln; beide Objektarten werden von unserem System speziell unterstützt. Zudem ist unser Ansatz der bedarfsgesteuerten Informationspropagierung neuartig, der orthogonal zum Nachrichtenaustausch im Laufzeitsystem eingesetzt werden kann. Den existierenden Trading–Ansätzen ist gemein, daß ihre Auswahlstrategie zumeist auf einem vereinfachten Pattern Matching basiert. In unserem System wurde die Sprachschnittstelle in eine streng–typisierte Datenbanksprache integriert, sowie die Integration von Kooperations– und Föderationskontrakten untersucht.

7 Zusammenfassung

Dieser Beitrag beschrieb ein System zur Integration mobiler Objekte in eine objektorientierte Datenbank. Wir behandelten das notwendige Protokoll für das Objektmanagement und die resultierende Architektur, die auf globale Strukturen verzichtet und damit prinzipiell skalierbar ist. Aus demselben Grund beruht die Wissenspropagierung innerhalb des Systems auf einem flexiblen Trading–Mechanismus, der die üblichen starren Vorgehensweisen des „Need–To–Know“ oder „Ubiquity“ [W88] ablöst. Schließlich zeigten wir, wie sich die Erweiterung in ein streng-typisiertes Objektmodell integrieren läßt.

Unsere zukünftige Arbeit konzentriert sich auf Mechanismen der Wissenspropagierung über Objektpopulationen zwischen den Clustern. Die Basis bleibt dabei die Integration eines Trading-Mechanismus. In Erweiterung zum aktuellen Stand soll speziell untersucht werden, inwiefern eine automatische Adaption des Verhaltens der Trading–Komponente möglich ist, speziell bezüglich des automatischen Umschaltens zwischen kooperations– und föderations–orientierten Trading-Strategien. In diesem Zusamenhang ist auch die Entwicklung einer Schnittstelle zur Festlegung von Änderungen der administrativen Trading–Konfiguration auf hoher Ebene zu sehen. Auch hier ist wiederum geplant, den resultierenden Prototypen in den Maschinenbauprojekten zu testen, um damit Rückschlüsse auf die Eignung unserer Wissenpropagierungskonzepte zu erlangen.

Danksagung
Wir danken Alfons Kemper, Christoph Kilger, Guido Moerkotte, Hans–Dirk Walter und Andreas Zachmann für ihre Arbeit an dem zentralistischen Client–Server–Prototypen und für den Design der GOM Datenbanksprache. Andreas Zachmann führte zudem die notwendigen Compiler-Änderungen durch. Schließlich gilt unser Dank auch unseren Studenten Ashraf Abusteit, Thomas Arens, Arnd Grosse, Gregor Hauk, Sascha Helfrich, Thomas Hübsch, Nils Lorenscheidt, Anke Otto, Keyvan Seiraffi und Markus Supper für ihre Hilfe bei der Implementierung des aktuellen Systems.

Literatur

[ABD*89] M. Atkinson, F. Bancilhon, D. J. DeWitt, K. R. Dittrich, D. Maier, and S. Zdonik: *The object-oriented database system manifesto*, Proc. Int. Conference on Deductive and Object-Oriented Databases, Kyoto, Japan, Dec. 1989, pp. 40–57

[Ans91] ANSA: *ANSAware 3.0 Implementation Manual*, document RM.097.01, Feb. 1991

[BGH*93] M. Bever, K. Geihs, L. Heuser, M. Mülhhäuser, A. Schill: *Distributed Systems, OSF DCE, and Beyond*, in: A. Schill (Eds.): *DCE – The OSF Distributed Com-*

puting Environment: Client/Server Model and Beyond, Springer, Lecture Notes in Computer Science, No. 731, Berlin, 1993, pp. 1–20

[BHJ*87] A. Black, N. Hutchinson, E. Jul, H. Levy, L. Carter: *Distribution and Abstract Types in Emerald*, IEEE Transactions on Software Engineering, Vol. SE–13, No. 1, Jan. 1987, pp. 65–75

[BlA89] A. Black, Y. Artsy: *Implementing Location Independant Invocation*, Proc. 9th Int. Conference on Distributed Computing Systems, Newport Beach, 1989, pp. 550-559

[Bor92] U. M. Borghoff: *Catalogue of Distributed File/Operating Systems*, Springer, Berlin, 1992

[BR91] M.Y. Bearman, K. Raymond: *Federating Traders: an OPD Adventure*, Intern. IFIP Workshop on Open Distributed Processing, Berlin, Oktober 1991

[CAL89] J. S. Chase, F. G. Amador, E. D. Lazowska, H. M. Levy, R. J. Littlefield: *The Amber System: Parallel Programming on a Notebook of Multiprocessors*, Internal Report, Univ. of Washington, Seattle, 1989

[ChC91] R. S. Chin, S. T. Chanson: *Distributed Object–Based Programming Systems*, ACM Computing Surveys, Vol. 23, No. 1, Mar. 1991, pp. 91–124

[Fow86] R. J. Fowler: *The complexity of using forwarding addresses for decentralized object finding*, Proc. 5th Int. ACM Synmposium on Principles of Distributed Computation, Calgary, Canada, Aug. 1986

[Gol92] R. A. Golding: *Weak–Consistency Group Communication and Membership*, Ph.D. Dissertation, University of California at Santa Cruz, Tech. Report UCSC–CRL–92–52, Dec. 1992

[Hay93] H. Hayashi: *Manufacturing: A Preview of the 21st Century*, IEEE Spectrum, Sept. 1993, pp. 82–85

[JLH*88] E. Jul, H. Levy, N. Hutchinson, A. Black: *Fine–Grained Mobility in the Emerald System*, ACM Tranactions on Computer Systems, Vol. 6, No. 1, Feb. 1988, pp. 109–133

[KDF*91] M. J. Carey, D. J. DeWitt, D. Frank, G. Graefe, J. E. Richardson, E. J. Shekita, M. Muralikrishna: The Architecture of the EXODUS Extensible DBMS, in: K. R. Dittrich, U. Dayal, A. P. Buchmann (Eds.): *On Object–Oriented Database Systems*, Springer, Berlin, 1991

[Kel93] L. Keller: *Vom Name–Server zum Trader — Ein Überblick über Trading in verteilten Systemen*, in Praxis der Informationsverarbeitung und Kommunikation (PIK), Vol. 3, 1993, S. 122–133

[KK94a] L. Keller, D. Kottmann: *Verwaltung loser–gekoppelter objektorientierter Datenbankcluster mittels Trading*, 39. Internationales Wissenschaftliches Kolloquium, Ilmenau, 1994

[KK94b] D. Kottmann, L. Keller: *Integrating Distribution and Mobility into an Object–Oriented Database*, International Conference on Object–Oriented Information Systems (OOIS'94), South Bank University, London, UK, 1994

[KeM94] A. Kemper, G. Moerkotte: *Object–Oriented Database Management: Applications in Engineering and Computer Science*, Prentice–Hall Inc., Englewood Cliffs, New Jersey, 1994

[KLM*90] A. Kemper, P. C. Lockemann, G. Moerkotte, H.–D. Walter, S. M. Lang: *Autonomy over Ubiquity: Coping with the Complexity of a distributed world*, Proc. 9th Int. Conference on the Entity Relationship Approach, Lausanne, Oct. 1990

[KMV90] S. Krakowiak, M. Meysembourg, H. Van Nguyen: *Design and Implementation of an Object–Oriented Strongly Typed Language for Distributed Applications*, Journal of Object–Oriented Programming, Vol. 3, No. 3, Pept./Oct. 1990, pp. 11–22

[LoW93] P. C. Lockemann, H.–D. Walter: *Activities in Object Bases*, Proc. 1st Int. Workshop on Rules in Database Systems, Edinburgh, 1993

[Maf92] S. Maffeis: *The Electra Approach to Object Oriented Programming*, Tech. Report IFI TR 92.23, Institute for Informatics, University of Zürich, 1992

[NG94] Y. Ni, A. Goscinski: *Trader cooperation to enable object sharing among users of homogeneous distributed systems*, Computer Communications, Vol. 17, No. 3, March 1994

[ODP93] ISO/IEC JTC1/SC21/WG7 N807: *Working Document on Topic 9.1 — OPD Trader*, 26. July 1993

[ODP94] M.Y. Bearman: *ODP-Trader*, 2nd IFIP International Conference on Open Distributed Processing (ODP'93), North Holland, 1994

[ÖsV91] T. M. Öszu, P. Valduriez: *Principles of Distributed Database Systems*, Prentice Hall, Englewood Cliffs, 1991

[ÖsV94] T. M. Öszu, P. Valduriez: *Distributed Data Management: Unsolved Problems and New Issues*, in: T. L. Casavant, M. Singhal: *readings in Distributed Computing systems*, IEEE Computer Society Press, Los Alamitos, 1994

[Sch92] W. Schröder–Preikschat: *PEACE — The Evolution of a Parallel Operating System*, reports of GMD No. 646, 1992

[Sci92] A. B. Schill: *Distributed Object Management within a Loosely-Coupled Repository Environment*, Proc. OpenForum'92, Utrecht, pp. 289–304

[ScM93] A. B. Schill, M. U. Mock: *DC++: Distributed Object-Oriented System Support on Top of OSF DCE*, Distributed Systems Engineering Journal, Vol. 1, No. 2, 1993

[W88] H. Wedekind: *Ubiquity and Need-to-Know: Two Principles of Data Distribution*, Operating Systems Review, Vol. 22, No. 4, 1988

Objects, Replication and Decoupled Communication in Distributed Environments

Andreas Polze
Humboldt-Universität zu Berlin
Institut für Informatik
Lindenstraße 54a
10117 Berlin
apolze@informatik.hu-berlin.de

ABSTRACT

Decoupled communication has proven to be a powerful paradigm for the implementation of applications in the context of open distributed environments. We have developed the *Object Space* approach which integrates that communication style with object-oriented techniques. It allows encapsulation of protocols for interactions in distributed applications into classes, thus providing a new level of abstraction.

Besides an example application here we describe how decoupled communication as supported by the *Object Space* may be efficiently implemented in distributed environments. We briefly evaluate our prototypical implementation and develop a more efficient solution. This implementation is itself distributed. It runs on top of UNIX systems connected by a LAN.

1. Introduction

The *Object Space* approach to distributed computation allows for decoupled communication between program components by providing a shared data space of objects. The *Object Space* approach extends the sequential language C++ with coordination and communication primitives as known from *Linda*. It integrates inheritance into the associative addressing scheme and facilitates passing of arbitrary objects between program components. Thus classes may be used to describe a protocol for communication between components of a distributed application.

Object Space itself is implemented in a distributed fashion. It employs several *Object Space Manager* processes running on different nodes of a network under UNIX. We describe a naive prototype implementation of *Object Space*. Discussing how to avoid some performance drawbacks of this implementation, we develop an advanced solution. We use a technique called "optimistic asynchrony" to accelerate most *Object Space* operations.

In section 2 we briefly outline characteristics of the *Object Space* approach. A distributed application based on *Object Space* is shown in section 3. Section 4 presents a prototypical implementation of *Object Space*. In section 5 we discuss a more efficient distributed implementation of *Object Space* in greater detail and describe how our implementation may be adapted for use in the context of very large distributed systems. In section 6 we give an overview of related work and finally, in section 7 we present our conclusions.

2. *Object Space* Operations

The *Object Space* approach for distributed programming [Polze 93a][Polze 93b] integrates a Linda-like communication style with object-oriented mechanisms such as inheritance, data encapsulation and polymorphism. *Object Space* constitutes a distributed associatively addressed memory. Components of a distributed application may access this memory and store or retrieve objects.

Four operations are available within *Object Space*:

- **`out`** writes an object into the *Object Space*. This operation works asynchronously.
- **`in`** and **`rd`** carry a template (a special object) as argument. Both operations retrieve a matching object from the *Object Space* and store its values in the template; they work synchronously and may eventually block until a matching object is found. **`in`** removes the object from *Object Space*. An object matches a template depending on its class and the values of its data components. If the template has less data components than a retrieved object (i.e., object's class is derived from template's class), extra components are silently discarded.
- **`eval`** creates a new UNIX process either locally or remotely. Either it carries the command line arguments for a remote process or it carries the address and arguments of a function which has to be executed locally as parameters.

Object Space relies on the abstractions "class" and "object". Objects serve as units of communication. C++ classes may be used for definition of communication protocols. These protocols describe the interactions between components of a distributed application. Previously defined protocols may be extended by use of inheritance. When dealing with objects in *Object Space* the C++ mechanisms of access control remain valid. Details of interaction may be hidden by construction of appropriate C++ classes. Those classes may provide secure interfaces to their clients. This view gives a new level of abstraction to the programmer of distributed applications.

The algorithm for associative addressing of objects within *Object Space* relies on an object's class and the values of its data components. A distributed type service is used to map classes' names onto unique integer identifiers. Inheritance may be expressed as a relation over those identifiers. Each pair "class name, identifier" is itself represented as a special object within *Object Space*.

3. Example: A distributed Time Service

We present a simple Client/Server application based on *Object Space* to show some advantages of object-based decoupled communication. In our example, time client and time server communicate by exchanging objects of a class `timprot`. Those objects are written into and retrieved from *Object Space*. They express a communication protocol — requests sent out by the client and answers sent by the server. Fig. 1 shows our example scenario.

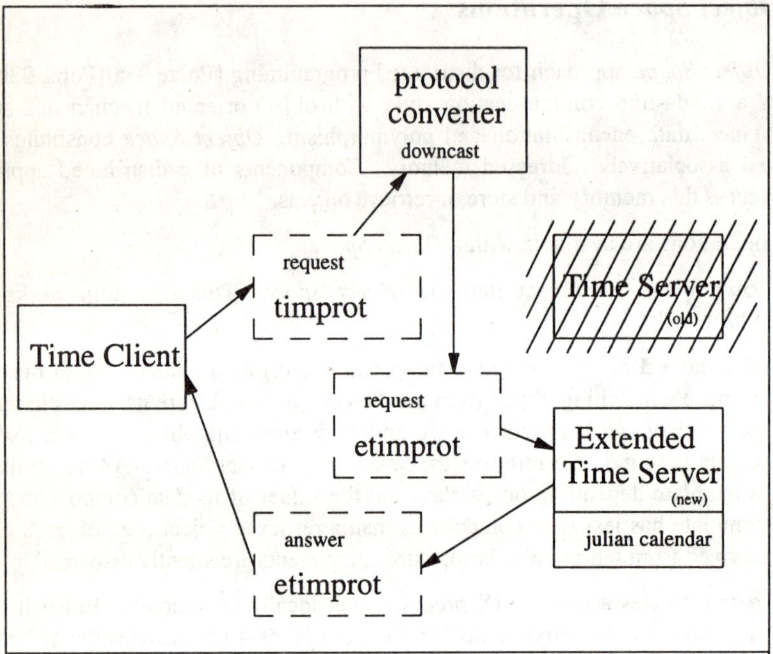

Fig. 1: *Time client and time servers*

However, the example in Fig. 1 is a little more then just client/server communication. We assume that during runtime our application has to be reconfigured. A new time server with extended functionality replaces the old one. This extended time server uses objects of class `etimprot` for communication with its clients. Class `etimprot` is derived from class `timprot` whose instances are expected to be used for communication by the time client.

The rules for associative addressing within *Object Space* allow the time client to read objects of class `etimprot` instead of `timprot`-objects. So the client can immediately receive answers from the extended time server. Unfortunately this does not hold for the opposite direction. To allow the time server to read objects of class `timprot` we have to perform a "downcast" . An object of a base class has to be converted into an instance of a derived class. To deal with this case an additional component is added to our distributed application — a protocol converter. It permanently attempts to get `timprot` objects from *Object Space* and transforms them into corresponding objects of class `etimprot`. This way requests from the time client get transformed so that the extended time server can read and process them.

Two lessons can be learned from our example: First, no explicit binding between client and server is needed if both communicate via *Object Space*. So arbitrary many clients can communicate with any number of servers as far as all of them "speak" the same protocol (i.e. read and write objects of the same class). Load among several servers is balanced automatically. Secondly, distributed applications using *Object Space* can be re-configured even during runtime. In the distributed time service example we have exchanged the server component and the client did not even recognize it. The object-oriented characteristics of *Object Space* allow to extend previously defined communication protocols by inheritance.

4. A prototypical implementation

The *Object Space* approach supports the idea of a distributed shared memory. Our prototype implementation in C++ is based on interprocess communication mechanisms available within the UNIX operating system.

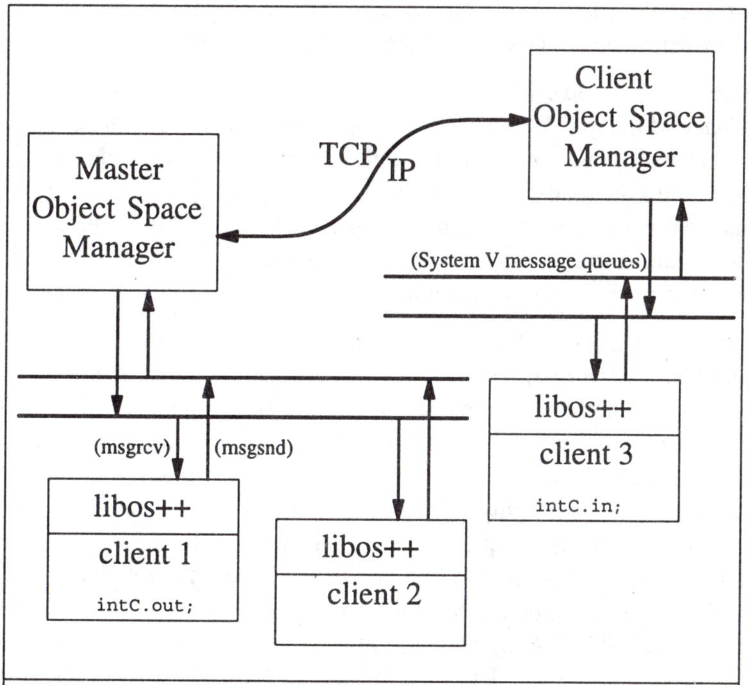

Fig. 2: *Distributed Object Space Managers*

A scenario around *Object Space* as shown in Fig. 2 includes several processes, each of them storing objects into and retrieving them from *Object Space*. Some kind of storage medium is needed to keep the data which makes up an object available. In our implementation these storage media are provided by a separate UNIX process, the *Master Object Space Manager*. It uses virtual memory to store the objects. Furthermore this process performs matching between templates and objects. In addition to the *Master Object Space Manager* several *Client Object Space Manager* processes may exist. These processes do not store any object at all. They just forward operation requests to the *Master Object Space Manager* process using a special protocol on top of TCP/IP. Thus crossing machine boundaries is possible.

Client processes communicate with a local *Object Space Manager* process. This process may be either the *Master Object Space Manager* or a *Client Object Space Manager* as shown in Fig. 2 . They use message queues as the communication mechanism. Message queues have been introduced with UNIX System V but currently they are available with nearly every UNIX System. A library `libos++` transforms calls to *Object Space* operations into a proper sequence of `msgsnd()` and `msgrcv()` system calls on these message queues. Client programs may access the operations from `libos++` through inheritance from two communication base classes. An *Object Space Manager* handles two message queues, a read queue and a write queue. Each client process contacts the read queue of a local *Object Space Manager* to initiate operations on *Object Space*. Results of operations are returned on the corresponding write queue.

The operation **`out`** initiates a write-operation on the read-queue of a local *Object Space Manager*. It transmits an *actual* object and does not return a result. On the other hand, the operations **`rd`** and **`in`**, called on client side, write a template object onto the read-queue of a local *Object Space Manager* and block until it returns a matching object. The matching object is returned on the corresponding write-queue. Both read- and write-queue are multiplexed, thus allowing any number of clients to communicate with the same *Object Space Manager* at once.

Matching between templates and *actual* objects is performed by the *Master Object Space Manager*, so this process is a potential performance bottleneck. But we discover another performance problem when looking at communication delays. Practical experience has shown that communication via message queues is much faster than via a TCP/IP connection. We have measured that one *Object Space Operation* takes roughly 1.05 ms on a DECstation 5000/125 if communication occurs over message queues only. It takes about 10 ms if local TCP/IP communication (which is entirely handled in software) is involved. And finally, the same *Object Space Operation* issued on a remote site, performed using message queues and TCP/IP, takes about 21 ms. We have obtained similar results on Sparc 2. On a 386based PC-Unix the operations took about twice the time. So our prototype implementation of *Object Space* is acceptable on multiprocessor systems where all communication can be performed via message queues. For a real distributed environment our prototypical implementation seems to be suitable only if *Object Space* operations are performed infrequently.

5. A more efficient implementation of *Object Space*

The *Master Object Space Manager* plays an integral role within the prototypical implementation of *Object Space* as described in section 3. It maintains all the objects contained in *Object Space* and performs the matching between templates and actual objects. As each call to an *Object Space* operation has to pass this process, it may soon become a performance bottleneck. To deal with this problem we replicate data. Objects are stored within several *Object Space Manager* processes. So each of the synchronous operations **`in`** and **`rd`** has to access local data only. Fast communication via message queues is used in that case. Another problem is ensuring mutual exclusion. Although two copies of a certain object may exist in different *Object Space Managers*, only one client performing an **`in`** operation must be able to obtain this object. To achieve this we need a special protocol for communication between *Object Space Managers*.

In general, replication of objects in several *Object Space Managers* is useful only if those objects are accessed from different nodes in the network at nearly the same time. To implement associative addressing in the *Object Space*, we have employed a distributed type service. Prior to each *Object Space* operation concerning an instance of class "x", the type identifier for that class has to be obtained. At least the first creation of an instance of class "x" in a program component includes communication between the particular program component and an *Object Space Manager*. Thus, an *Object Space Manager* is able to know the classes of objects which are used by its local clients (components of a distributed application). Employing this knowledge, a rule for replication of objects on different *Object Space Managers* may be defined. This rule has to consider the associative addressing scheme and inheritance. It consists of two parts:

1) "A copy of each object of class 'x' contained within *Object Space* has to be stored on a node if at least one *Object Space* operation using an instance of class 'x' as argument was performed on this node."

2) "A copy of each object of class 'y' contained within *Object Space* has to be stored on a node if at least one operation using an instance of a class 'x' which is ultimative base class of 'y' was performed on this node."

When formulating this rule we assume that a node is represented by an *Object Space Manager* process. Furthermore we assume that *Object Space Manager* processes on different nodes are fully interconnected.

In Fig. 3 four processes on different sites called Node A trough Node D are fully connected via TCP/IP communication links. Those processes implement the *Object Space*. They store instances of classes `a`, `b`, `c` and `d`. Class `d` is derived from class `c`. In Fig. 3 a set of classes is associated with each node. These sets describe classes whose instances are stored on a node according to the replication rule formulated earlier. The *Object Space* operations printed within the node's boxes in Fig. 3 are performed by clients of the corresponding *Object*

Space Managers. For simplicity we have omitted the clients of *Object Space* from our drawing. Instead of declaring variables of the appropriate classes we have used the classes' names to indicate *Object Space* operations here.

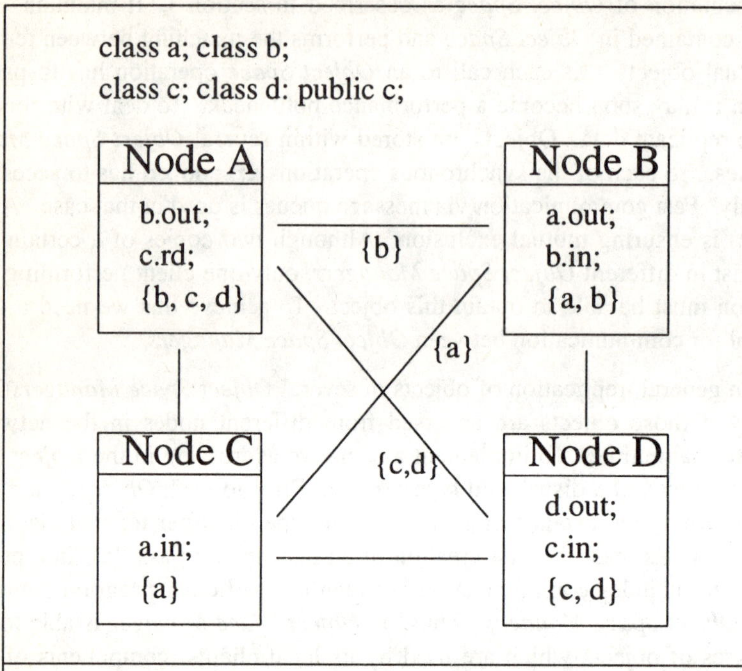

Fig. 3: *A fully connected graph*

One may notice that Node A stores instances of class `d`, although no *Object Space* operation concerning this class has happened on Node A. But due to the associative addressing scheme used within *Object Space* the operation `c.rd` may eventually return an object of class `d`. Communication links between *Object Space Manager* processes are used to run a protocol to ensure consistency among replicated objects. In Fig. 3 the links are labeled showing the classes whose instances are transmitted via a particular link.

Now we want to discuss in greater detail how the *Object Space* operations **`out`** and **`in`** work in context of our replication scheme. An unique object identifier and a replication counter are assigned to each object and its replicas within *Object Space*. The node where an object initially appeared (via operation **`out`**) is called an object's host. The unique identifier for an object and its replicas is composed from the host name and a serial number. Between *Object Space Managers*, our algorithm uses message passing via TCP/IP to distribute an object's copies. Operations **`out`** and **`in`** employ message passing between remote *Object Space Managers* whereas operation **`rd`** works locally. Four different types of messages are used.

Replication of objects may be achieved by transmitting the object's data to all *Object Space Managers* which store instances of the object's class. Thus *Object Space* operation **out** results in broadcasting of messages of type "out". These messages contain the object's identifier and its data.

The implementation of operation **in** has to ensure mutual exclusion among several *Object Space Managers* attempting to access the same object. As mentioned above for each object with its replicas a particular *Object Space Manager* serves as the object's host. That object's host has to resolve conflicts resulting from concurrent **in**-operations for the same object. Before actually performing an operation **in** on a particular object an *Object Space Manager* has to send a request to the object's host. Those requests are handled on a first-come-first-serve basis.

A message of type "initiate-in" sent to an object's host expresses the request of a remote *Object Space Manager* to get exclusive access to that object. The object's host may answer with a "commit-in" message. Then the remote *Object Space Manager* may safely forward the object to its client, the operation **in** is completed. Additionally "delete-copy" messages are sent by the object's host to all other holders of replicas of the object.

Thus, an *Object Space Manager* which issued an "initiate-in" message for a particular object may receive either a "commit-in" message or a "delete-copy" message regarding that object. Then it can either forward the object to its client or it has to find another matching local object and to perform the above steps again.

The operation **in** implemented as described above requires at most exchange of two IP-messages between a remote *Object Space Manager* and an object's host. We can now attempt to figure out costs (i.e. communication delays) of *Object Space* operations.

- From a client's view, operation **out** may be handled asynchronously. A client simply stores an object on its local *Object Space Manager* and may continue execution. This operation involves message queue communication only and therefore has very little delay. The *Object Space Manager* distributes the new object via the communication links labeled with the object's class name and attaches object identifier and replication counter with the object.
- The operation **rd** is a synchronous operation. Due to our replication scheme this operation may act on data stored in the local *Object Space Manager*. Thus only fast message queue communication needs to be used. Because operation **rd** has no impact on the contents of *Object Space*, no communication between *Object Space Manager* processes is

needed to perform that operation. Operation **rd** may eventually block. In that case the unsatisfied operation request is stored in the local *Object Space Manager*.

- The operation **in** also works synchronously. A client process has to wait until the local *Object Space Manager* returns a matching object. Before returning an object, the *Object Space Manager* has to request that particular object from its host. But unfortunately, slow TCP/IP communication has to be used by the *Object Space Managers* to negotiate about a particular object. In the case of a blocking **in** operation, i.e. the local *Object Space Manager* has no matching object available, the unsatisfied operation request is stored.

With our new implementation scheme we have shown, how *Object Space* operations **out** and **rd** may be realized with little delay using fast message queue communication and locally stored replicas of objects. Now we want to discuss how the performance of operation **in** can be further improved.

When performing an **in** operation an *Object Space Manager* chooses a matching object, forwards it to the client and deletes it from the *Object Space*. Since the object may be replicated, the object's host has to commit to the above steps. All additional holders of replicas have to delete their copies of the object, too. Our replication scheme guarantees that as few replicas as possible are stored within the system. However, the communication between an *Object Space Manager* and an object's host increases the time an **in** operation takes.

Instead of waiting for commitment from a particular object's host, we may forward the object to the client process early. Then the client process may continue execution. Eventually this may be wrong since the *Object Space Manager* may fail when negotiating with the object's host. So the client process must be able to set back to the point of execution where it received the object from *Object Space*. Then it must be able to continue execution with another object. A transaction-like mechanism is needed to implement this behaviour. Our approach softens the semantics of operation **in**. We call this technique "optimistic asynchrony" since the result of an otherwise synchronous operation is used before the operation is entirely completed.

To ensure consistency within *Object Space* a client returning from an **in** operation gets blocked when performing the next *Object Space* operation until all *Object Space Managers* have committed about deletion of the **in** operation's object from *Object Space*. Nevertheless we are able to perform **in** operations with the delay of message queue communication only if a client does not perform sequences of *Object Space* operations, an assumption which is true in many cases.

Setting breakpoints during the execution of a client's process and returning to such a breakpoint can be implemented by different means. The UNIX system provides C library routines `setjmp/longjmp` which allow to restore the stack of a process. An extra effort has to be made to keep a process' heap consistent when performing a call to `longjmp`. In [Bilris at al. 93] the authors discuss how overloading of operator `new` in a C++ class may be used to keep track of a process' heap. The technique described there is used to implement persistent objects in a database system. Overloading of operator `new` for all classes whose instances appear as arguments to *Object Space* operations allows to take care of the heap management when calling `longjmp`. To implement a transaction scheme we additionally need an inverse operation for each function which uses the result of an **in**-operation. From a client's point of view, once these operations have been specified, setting a process back to a breakpoint may happen fully transparently.

Another way to implement "optimistic asynchrony" would be to keep an invisible reference to the object returned from operation **in** in the library `libos++`. Later on, if negotiation about the object retrieved from *Object Space* has failed, this reference may be used to modify the previously retrieved object. The client process has to support a notification function which is called by the library `libos++` in such a case. This technique does not work transparently, the programmer of a client process has to deal with a "failed" operation **in** explicitly. However, the notification function is somewhat similar to an inverse operation in the transaction scheme mentioned earlier. But it allows greater flexibility. For example, instead of un-doing all the operations on a particular object the programmer can decide to simply delete the object. To avoid the extra effort introduced by dealing with a notification function, a client process' programmer may enforce operation **in** to work synchronously. Thus the original semantics of that operation may be obtained.

We have presented an implementation scheme for the *Object Space* approach which allows performance of *Object Space* operations with basically the costs of local interprocess communication even in distributed environments. To achieve this result we employ replication of objects stored in *Object Space* and "optimistic asynchrony" of **in** operations. Our replication scheme guarantees as few replicas as possible of a particular object within the system. Additionally, with our new implementation scheme we are able to address another topic: fault tolerance.

Fault tolerance

In open distributed environments components of a system may disconnect from the system — services can be unavailable for some amount of time. The

Object Space approach should be able to deal with those cases. Although the breakdown of a network connection may be due to a scheduled downtime and thus be intended, we consider it as a fault. Our implementation of *Object Space* is able to respond to certain faults through reconfiguration.

We consider two kinds of failures: the breakdown of a network connection and the breakdown of a node, represented by an *Object Space Manager* process. Since we use TCP/IP as the communication mechanism, both cases can be easily detected by a surviving *Object Space Managers*. In those cases the UNIX system call `read()` returns a value of 0. When receiving such a result a process tries to establish a connection to the initial communication partner via a third node. This succeeds if the initial partner survived and results in a reconfiguration as shown in Fig. 4 .

In our example shown in Fig. 4 the direct connection between Node B and Node C is assumed to be faulty. All communication regarding operations **`out`** and **`in`** for objects of class a now has to be performed via Node D. This node acts as a bridge. The functionality of *Object Space* is not affected by that reconfiguration.

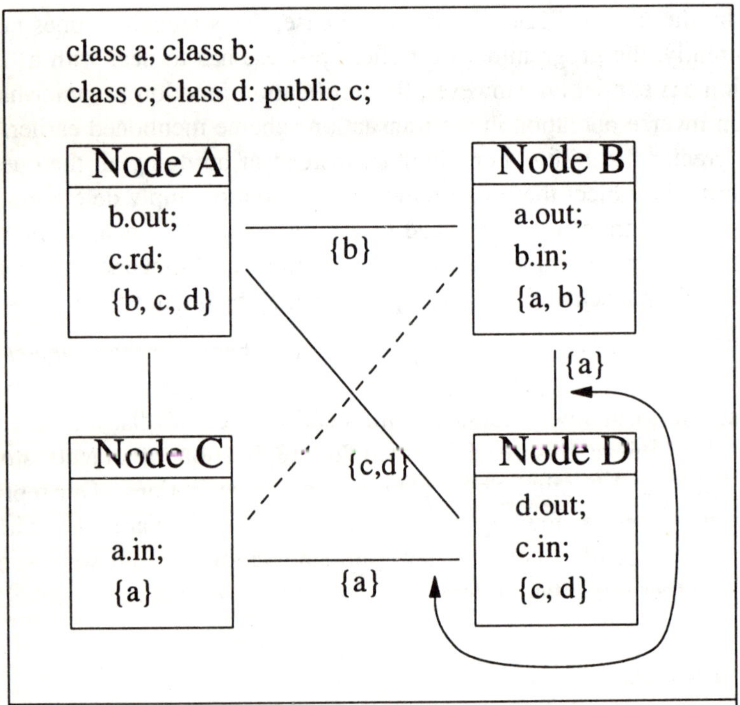

Fig. 4: *reconfigured communication links*

In general, if a node cannot reach a particular communication partner it subsequently asks its remaining partners for an connection to that particular node. If none of them succeeds the node is considered to be faulty. In our example, if Node C cannot reach Node B, neither via Node D nor via Node A, then Node B is considered to be faulty (or disconnected). A new host has to be assigned to objects whose host disappeared from an *Object Space* segment. Our fully connected graph with four nodes from Fig. 4 degenerates in that case into a fully connected graph with three nodes and a single node. Clients of *Object Space* using only Node A, Node C and Node D can proceed as usual. On the other hand, if we assume that Node B is simply disconnected for some reason, clients of Node B can proceed too.

An *Object Space Manager* periodically attempts to reconnect to each of its former communication partners. Within our example, the connection from Node B to another node may become re-established. Then this node would act as a bridge. Objects with the same identifier stored on Node B and on any other node would be considered to be replicas. Then only the object's host attached to the replicas of such an object would have to be adjusted. Objects of class b which are stored on Node B but not on Node A would be replicated onto Node A and vice versa.

We have shown, how our new implementation scheme of *Object Space* can deal with network failures. Furthermore, we have described a method whereby the temporal disconnection of a node may be handled by the *Object Space*. Both cases are common in open distributed systems. Thus the predicate "fault tolerant" describes the usability of our approach in the context of open distributed environments.

Large Scale Distributed Systems

Our new implementation scheme for the *Object Space* employs replication of objects and optimistic asynchrony to minimize delays when accessing objects stored in *Object Space*. This approach is well suited for small scale distributed systems. Operations `out` and `rd` are delayed by local interprocess communication only. Execution of operation `in` requires exchange of two TCP/IP messages.

In large scale distributed systems cost of communication (delays) should not be hidden from the programmer. So we suggest to subdivide a *Global Object Space* for large scale distributed systems into a set of cells. Each cell can be implemented as an *Object Space* as described above.

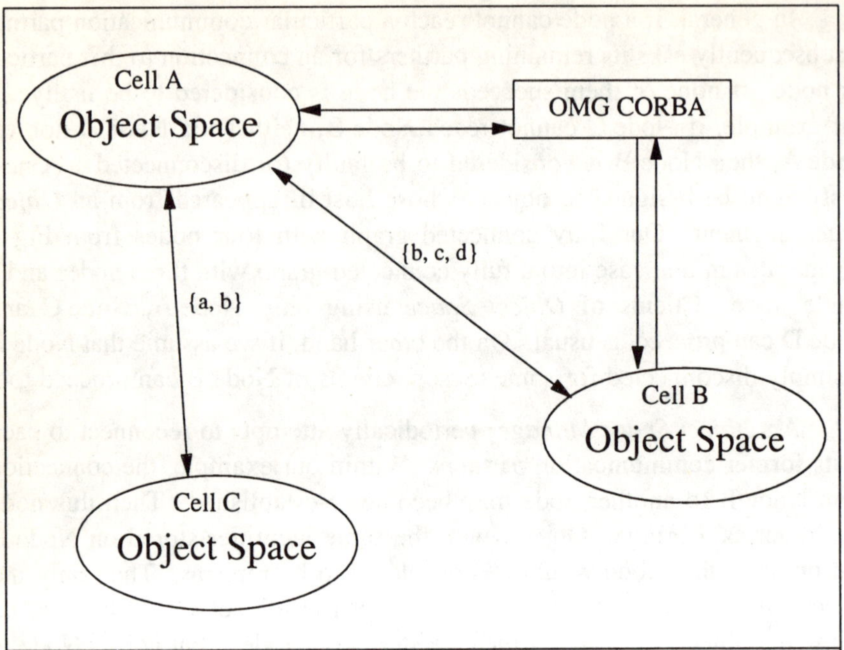

Fig. 5: *Several cooperating Object Space cells*

Communication within a cell is relatively cheap — it can be performed with small delays.

Whereas our original implementation of *Object Space* assumes a static interconnection between *Object Space Manager* processes, connections between cells are considered to be dynamic. We want to employ some kind of "request brokering" (e.g. OMG CORBA) to allow clients of *Object Space* to build up connections between cells.

Communication between cells is more expensive than within a cell. So we distuingish between heavy-weight objects, which are distributed among cells and light-weight objects, which reside inside a single cell only. Whereas light-weight objects can be considered as memory elements in a shared memory, heavy-weight objects are comparable to RPC-invocations — mainly thought to express requests and results of remote services. The programmer can control wether objects are locally or globally distributed by simply deriving them from different communication base classes.

6. Related Work

The *generative communication* style was first proposed within the context of *Linda* [Gelernter 85]. *Linda* was developed for programming parallel computers and therefore has a slightly different focus than approaches intended for programming distributed systems. However, as well as a parallel implementation in [Bjornson et al. 1987] a distributed implementation of *Linda* is also described. This implementation makes use of various preprocessing techniques embedded within the *Linda* precompiler. The precompiler analyzes a parallel program with all its components as a whole, a technique which is not usable in the context of open distributed systems. A further description of precompiler techniques may be found in [Carriero/ Gelernter 91].

One drawback of *Linda* is that its communication constructs are rather low-level. This issue is addressed in [Ahmed 91]. The use of object-oriented techniques to extend *Linda* with higher levels of abstraction has been the major idea behind *Object Space*. Other approaches which combine *Linda*-like communication and object-orientation may be found in [Jellinghaus 90] and [Matsuoka 88]. However, in these papers no issues regarding a real distributed implementation are mentioned.

In [Callsen et al. 91] two distributed implementations of a *Linda*-like system are described. One of them runs under the UNIX operating system, the other under Helios on top of transputers. The transputer version uses a ring topology for communication between nodes storing tuples. Within that system, requests for tuple space operations travel along the ring from node to node, eventually matching against tuples already stored on a particular node.

7. Conclusions

We have described two distributed implementations of *Object Space*. The first, a naive prototypical implementation, shows some performance drawbacks due to a centralized *Master Object Space Manager* process and communication delays caused by TCP/IP. However, this implementation seems to be suitable for multiprocessor systems running UNIX where all interprocess communication can be handled via message queues.

In the second, more efficient implementation *Object Space* is realized as a fully connected graph of *Object Space Manager* processes. This implementation introduces a replication scheme for objects. Together with "optimistic asynchrony" of **in** operations, this technique allows most *Object Space* operations to be performed without delays caused by communication with a remote site.

In the context of our new efficient implementation we have discussed how network failures and breakdown of nodes in a distributed environment may be handled. We have proposed an algorithm whereby our new implementation of *Object Space* may deal with those cases. Furthermore, we have briefly discussed how our implementation of *Object Space* may be adapted for very large distributed systems.

References

[Ahmed 91] S.Ahmed, D.Gelernter; *Program Builders as Alternatives to High-Level Languages*; Report YALE/DCS/RR-887, Yale University, Dept. of CS, November 1991.

[Bilris at al. 93] A.Bilris, S.Dar, N.H.Gehani; *Making C++ Objects Persistent: the Hidden Pointers*; Software-Practice and Experience, Vol. 23(12), pp. 1285-1303, December 1993.

[Bjornson et al. 1987] R.Bjornson, N.Carriero, D.Gelernter, J.Leichter; *Linda, the Portable Parallel*; Research Report YALE/DCS/RR-520, February 1987.

[Callsen et al. 91] C.J.Callsen, I.Cheng, P.L.Hagen; *The AUC C++ Linda System*; in Technical Report 91-13, Edinburgh Parallel Computing Centre, pp. 39-71, Greg Wilson (Editor).

[Carriero/Gelernter 91] N.Carriero, D.Gelernter; *New Optimization Strategies for the Linda Pre-Compiler*; in Technical Report 91-13, Edinburgh Parallel Computing Centre, pp. 74-82, Greg Wilson (Editor).

[Gelernter 85] D.Gelernter; *Generative communication in Linda*; ACM Transactions on Programming Languages and Systems, 7(1),pp. 80-112, 1985.

[Jellinghaus 90] R.Jellinghaus; *Eiffel Linda: An Object-Oriented Linda Dialect*; ACM Sigplan Notices, Vol.25, No.3, pp. 70-84, December 1990.

[Matsuoka/Kawai 88] S.Matsuoka, S.Kawai; *Using Tuple Space Communication in Distributed Object-Oriented Languages*; Proceedings of Conference on Object-Oriented Programming Systems, Languages and Applications (OOPSLA) '88, pp. 276-284.

[Polze 93a] A.Polze; *The Object Space Approach: Decoupled Communication in C++*; Proceedings of Technology of Object-Oriented Languages and Systems (TOOLS) USA'93, pp. 195-204, Santa Barbara, August 1993.

[Polze 93b] A.Polze; *Using the Object Space: A Distributed Parallel make*; Proceedings of 4th IEEE Workshop on Future Trends of Distributed Computing Systems, pp. 234-239, Lisbon, September 1993.

[Polze 94a] A.Polze; *Interactions in Distributed Programs based on Decoupled Communications* in Proceedings of Technology of Object-Oriented Languages and Systems (TOOLS) USA'94, pp. 81-91, Santa Barbara, August 1994.

[Polze 94b] A.Polze;
Objektorientierung und lose gekoppelte Kommunikation als Basis für die Entwicklung offener, verteilter Anwendungssysteme; Dissertation am Fachbereich Mathematik und Informatik der Freien Universität Berlin, verteidigt am 10. Oktober 1994.

Adaptiver Scheduler für verteilte Systeme*

Thomas Koch, Bernd Krämer und Gerald Rohde

FernUniversität Hagen
58084 Hagen, Germany
Phone: (++49) 2331 987 4538
Fax: (++49) 2331 987 375
EMail: thomas.koch,bernd.kraemer@fernuni-hagen.de

Zusammenfassung Der Beitrag beschreibt eine Architektur zur Realisierung eines adaptiven Schedulers für heterogene verteilte Systeme. Dieser Ansatz ermöglicht eine Auftragsverteilung unter Berücksichtigung der individuellen Anforderungen verschiedener Jobs, bei gleichzeitiger Rücksichtnahme auf die aktuelle Belastung einzelner Komponenten. Der Scheduler verwendet einen *Adaptive Linear Combiner* (ALC) mit Fuzzy-Eingangsvektor zur Realisierung des Lernverhaltens. Eine optimierte Trainingsphase ermöglicht kurze Lernzeiten sowohl für unbekannte Jobs, als auch bei der Anpassung an Veränderungen des Systems. ANSAware dient als Plattform zur Implementierung des Prototypes. Testergebnisse zeigen eine deutliche Leistungssteigerung des Gesamtsystems, insbesondere bei heterogener Hardware und Aufträgen mit unterschiedlicher Anforderungscharakteristik.

Stichworte: ANSAware, Adaptive Auftragsverteilung, Resource Management

1 Einleitung

Eine wesentliche Voraussetzung zum Erreichen einer guten Leistung liegt bei verteilten Systemen in der fairen und gleichmäßigen Verteilung der anfallenden Aufgaben auf die vorhandenen Ressourcen. Hierbei muß insbesondere die Vermeidung von Engpässen oberstes Ziel sein, da bereits ein einziger Flaschenhals die Gesamtleistung des Systems drastisch reduziert[1].

Das wesentliche Merkmal eines offenen verteilten Systems liegt in der ständigen Veränderung der Systemstruktur, der verfügbaren Dienste sowie der Art und des Umfanges der Aufgabenstellungen und der Benutzer. Um diesen Anforderungen an die Flexibilität der Verteilungsstrategie gerecht zu werden, schlagen wir ein adaptives Verfahren zur Realisierung einer generischen Verteilungsarchitektur vor. Dieser dynamische, adaptive Ansatz zeichnet sich gegenüber herkömmlichen Verteilungsstrategien [2, 3] besonders durch folgende Vorteile aus:

* Diese Forschungsarbeit wurde aus Mitteln der EG im Rahmen der europäisch-australischen Zusammenarbeit im Projekt ISI –Information Systems Interoperability – gefördert. (Project Nr. ECAUS003)

1. Eine gründliche Analyse der Systemanforderungen unterschiedlicher Aufträge ist nicht erforderlich.
2. Veränderungen und Erweiterungen des Systems werden vom Verteiler automatisch erkannt.
3. Der aktuelle Systemzustand wird bei der Vergabe berücksichtigt.

Der verwendete Algorithmus wird bei Problemen aus der Signaltheorie bereits seit Jahren erfolgreich eingesetzt und dient außerdem als elementares Schaltglied neuronaler Netze. Das gute Lernverhalten bei minimalem Rechenaufwand empfiehlt den Algorithmus für ein breites Anwendungsspektrum.

Als Anwendungsbeispiel wird ein dynamischer, adaptiver CPU-Scheduler vorgestellt, welcher die anfallenden Jobs in einem heterogenen Workstation-Cluster verteilt.

2 Konzept

Auf Anfrage gibt der Scheduler eine Empfehlung für eine bestimmte Systemkomponente, basierend auf dem aktuellen Zustand des Systems, kombiniert mit dem angesammelten Wissen über das charakteristische Verhalten dieser Anforderung.

2.1 Der Algorithmus

Zur Realisierung des Lernverhaltens wird ein *Adaptive Linear Combiner* (ALC) verwendet [4, 5]. Der ALC berechnet in der k-ten Anfrage den Ausgangswert y als Linearkombination des Eingangsvektors $\mathbf{x}$ und des Gewichtsvektors $\mathbf{W}$:

$$y_k = \mathbf{x}_k^T \mathbf{W}_k = \sum_{i=1}^{n} x_k^i \, w_k^i \tag{1}$$

Hierbei wird der aktuelle Systemzustand durch $\mathbf{x}$ repräsentiert, $\mathbf{W}$ enthält das kumulierte Wissen. Das Lernen des Schedulers wird durch schrittweise Optimierung des Gewichtsvektors mit Hilfe des LMS (least mean square) Algorithmuses realisiert,

$$\mathbf{W}_{k+1} = \mathbf{W}_k + 2\mu\epsilon_k\mathbf{x}_k \tag{2}$$

wobei μ eine Konstante zur Steuerung des Lernverhaltens darstellt, während ϵ_k die Abweichung des erwarteten Wertes y_k vom tatsächlich erreichten Wert d_k ausdrückt:

$$\epsilon_k = d_k - y_k \tag{3}$$

2.2 Lernfaktor und Konvergenzbereich

Geschwindigkeit und Stabilität des Lernprozesses werden durch die Konstante μ geregelt. Konvergenz ist garantiert [4] für

$$\frac{1}{\lambda_{max}} > \mu > 0 \tag{4}$$

hierbei ist λ_{max} der größte Eigenwert der Eingangs-Korrelationsmatrix $\mathcal{R}$, definiert als:

$$\mathcal{R} = E[\mathbf{x}_k \mathbf{x}_k^T] = E \begin{bmatrix} x_{0k}^2 & x_{0k}x_{1k} & \cdots & x_{0k}x_{Lk} \\ x_{1k}x_{0k} & x_{1k}^2 & \cdots & x_{1k}x_{Lk} \\ \vdots & & \ddots & \vdots \\ x_{Lk}x_{0k} & x_{Lk}x_{1k} & \cdots & x_{Lk}^2 \end{bmatrix} \quad (5)$$

wobei $E[x]$ den Erwartungswert der Zufallsvariable x darstellt. Aus

$$\lambda_{max} \leq tr[\mathcal{R}] = \sum(\text{Elemente der Hauptdiagonale von } \mathcal{R})$$

folgt

$$\lambda_{max} \leq \sum_{v=1}^{m} E[x_v^2] = E\left[\sum_{v=1}^{m} x_v^2\right] \quad (6)$$

Hiermit kann (4) umgeschrieben werden zu

$$\frac{1}{E\left[\sum_v x_v^2\right]} > \mu > 0 \quad (7)$$

Damit der Konvergenzbereich nicht von $\mathcal{R}$ abhängt, definieren wir

$$2\,\mu = \frac{\gamma}{\sum_v x_{k_v}^2} \quad (8)$$

(8) eingesetzt in (7) ergibt für γ den Konvergenzbereich

$$2 > \gamma > 0$$

Für den LMS Algorithmus (2) ergibt sich daher

$$\mathbf{W}_{k+1} = \mathbf{W}_k + \frac{\gamma}{\sum_v x_{k_v}^2} \epsilon_k \mathbf{x}_k \quad (9)$$

Hierbei bewirkt ein Lernfaktor $\gamma = 1$ eine vollständige Fehlerkorrektur bei jedem Lernschritt. In der praktischen Anwendung empfiehlt sich nach unseren Erfahrungen ein Lernfaktor $\gamma < 0.3$. Bei Systemen mit hoher Korrelation zwischen Eingangsvektor und Ergebnis können jedoch auch größere Werte zu guten Ergebnissen führen. Das Verhalten bei Einsatz eines dynamischen Lernfaktors wird derzeit noch untersucht.

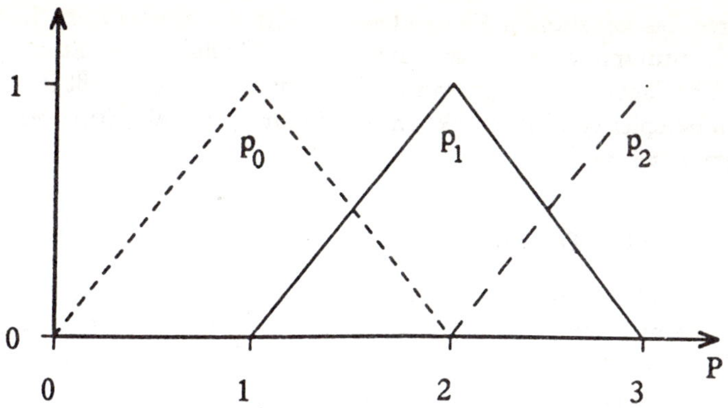

Abbildung 1. Fuzzy-Funktion für einen Parameter mit 3 Stützwerten

2.3 Aufbau des Vektors

Der aktuelle Zustand des potentiellen Zielsystems wird durch mehrere Parameterwerte (z.B. Last oder verfügbarer Speicher) beschrieben. Der funktionale Zusammenhang zwischen den jeweiligen Parametern und der daraus resultierenden Ausführungsdauer ist nicht bekannt. Deshalb wird jeder Parameter im Eingangsvektor **x** durch mehrere Stützwerte repräsentiert. Eine lineare Fuzzy-Funktion für jeden Stützwert dient zur Übersetzung eines Parameterwertes in die Vektorform.

Beispielsweise werde ein Parameter P durch 3 Stützwerte $\{p_0, p_1, p_2\}$ dargestellt (Abb. 1). Der erwartete Wertebereich von P sei $[0, 3]$. Für p_1 gilt:

$$
\begin{aligned}
p_1 &= -1 + P && \text{für } 1 < P \leq 2 \\
p_1 &= 3 - P && \text{für } 2 \leq P < 3 \\
p_1 &= 0 && \text{sonst}
\end{aligned}
$$

Die anderen Stützwerte bekommen in gleicher Weise einen Bereich zugewiesen, so daß z.B. für $P = 2.3$ die Stützwerte $\{0, 0.7, 0.3\}$ berechnet werden.

Der Eingangsvektor **x** ergibt sich durch Übersetzung der verschiedenen Parameter in die jeweiligen Stützwerte. Die Anzahl der Stützwerte pro Parameter hängt stark vom erwarteten Einfluß des Parameters auf das Ergebnis ab. Die Bereichsgrößen für die einzelnen Stützwerte sind beliebig und sollten an den erwarteten Kurvenverlauf angepaßt werden. Im vorliegenden Fall wurde beispielsweise für die Anzahl der Aufträge mit normaler Priorität 4 Stützwerte mit gleichbleibendem Abstand vorgesehen.

Zusätzlich zu den berechneten Stützwerten enthält **x** noch ein konstantes Element mit dem Wert 1. Dieses konstante Element kann als Offset interpretiert werden, so daß alle anderen Stützpunkte die Abweichung vom Offset beschreiben. Mit Hilfe der Eingangs-Korrelationsmatrix kann gezeigt werden, daß durch

Hinzufügen des konstanten Elementes für jeden Parameter ohne Informationsverlust ein Stützpunkt entfallen kann, da der Einfluß dieser Stützwerte durch additive Überlagerung im konstanten Element zusammengefaßt ist. Dies wurde im obigen Beispiel bereits berücksichtigt, da für $P = 0$ alle Stützwerte den Wert 0 bekommen würden.

2.4 Erweitertes Training

Für eine schnelle Reaktion des Schedulers bei veränderten Randbedingungen oder auch beim Erlernen neuer Jobs, sollte der Lernfaktor γ mindestens 0.8 betragen. Um die damit verbundenen Nachteile einer eventuellen Überreaktion abzuschwächen, wurde ein erweitertes Training installiert. Hierbei werden für jeden Job die 5 letzten Ausführungszeiten und der dazugehörige Systemzustand gespeichert. Falls eine geschätzte Ausführungszeit um mehr als 5% von der tatsächlich benötigten Dauer abweicht, wird ein zusätzliches Training aktiviert. Hierbei wird der Scheduler pro Trainingszyklus mit allen gespeicherten Werten trainiert. Dieses Zusatztraining wird so lange wiederholt, bis der mittlere quadratische Fehler bei einem Zyklus um weniger als 15% reduziert wird.

Obwohl eine Genauigkeit von 5% als sehr hoch eingestuft werden muß, aktivierte der Scheduler im praktischen Einsatz nur bei c.a. 30% der Lerndurchgänge das erweiterte Training. Bei stark verrauschten Systemen empfiehlt sich jedoch eine Reduzierung der Anforderungen.

3 Die Architektur

Als Plattform für verteilte Anwendungen diente ANSAware [6] unter UNIX, installiert auf einem heterogenen LAN.

3.1 ANSAware

ANSA geht wie DCE von einem Objektmodell von Diensten und Betriebsmitteln aus. Objekte, in der Terminologie von ANSA *Capsule* genannt, sind benannt und machen den Dienst oder die Ressource, die sie darstellen, durch eine Menge von Operationen auf Interfaces verfügbar. Verschiedene Instanzen von Objekttemplates können nebenläufig existieren. Da ANSA ein „Client-Server-Modell" unterstützt, treten Objekte in der Rolle von Dienstanbietern (Server) oder -benutzern (Client) auf.

Ein Benutzer kann sich mit Hilfe der Namensverwaltung (Trader) einen Überblick über die verfügbaren Dienste verschaffen. Die Namensverwaltung erlaubt es, in einer ANSA-Umgebung nach Diensten und Betriebsmitteln mit Hilfe von Namen und Attributen zu suchen und somit dynamisch eine Beziehung zwischen Dienstanbietern und -nutzern herzustellen. Abbildung 2 verdeutlicht diesen Zusammenhang. Mittels einer Schnittstellenbeschreibungssprache, IDL (Interface Definition Language), kann die Signatur von Dienstfunktionen abstrakt festgelegt werden.

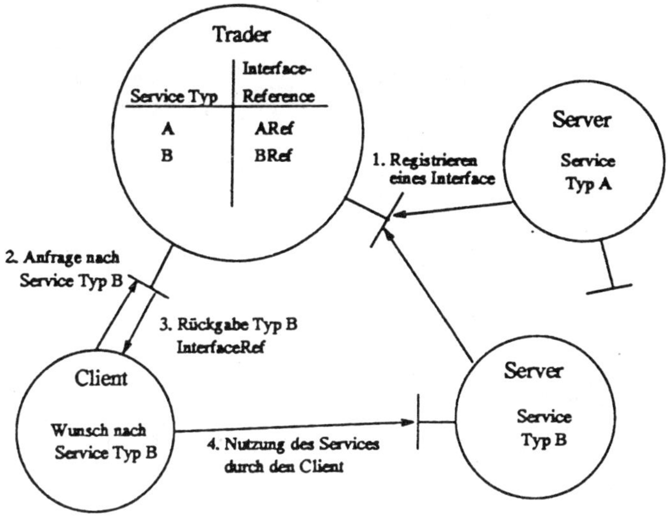

Abbildung2. Nutzung von Interfaces unter ANSA

ANSAware realisiert das ANSA Konzept durch eine umfangreiche Programmsammlung. Diese Softwareumgebung ist auf verschiedenen Betriebsystemen lauffähig und erlaubt dadurch einen einheitlichen Entwurf von verteilten Anwendungen für heterogene Systeme. Unter UNIX umfaßt ein *Node* eine Workstation, eine *Capsule* wird durch einen Prozeß realisiert.

3.2 Struktur des adaptiven Schedulers

Abbildung 3 zeigt die Realisierung des Scheduling Konzeptes in ANSAware. Das System umfaßt vier verschiedene Capsule-Typen, welche in den folgenden Abschnitten detailliert vorgestellt werden.

Verwalter: Der Verwalter dient als alleiniger Ansprechpartner für alle Management Aufgaben. Über eine spezielle Schnittstelle kann der Systemmanager sowohl die Konfiguration einstellen, als auch den aktuellen Zustand abfragen. Zur Kommunikation mit Agenten und Schedulern steht ein zweites Interface zur Verfügung.

Scheduler: Der Scheduler stellt drei Interfaces zur Verfügung. Das Management-Interface dient ausschließlich zur Übermittlung von Kontrollinformationen bezüglich der verwendeten Policies, des Kommunikationsmodus oder anderer Systemparameter.

Das Service-Interface stellt den Dienst des adaptiven Schedulers zur Verfügung. Über dieses Interface können Ausführungsvorschläge und Rückmeldun-

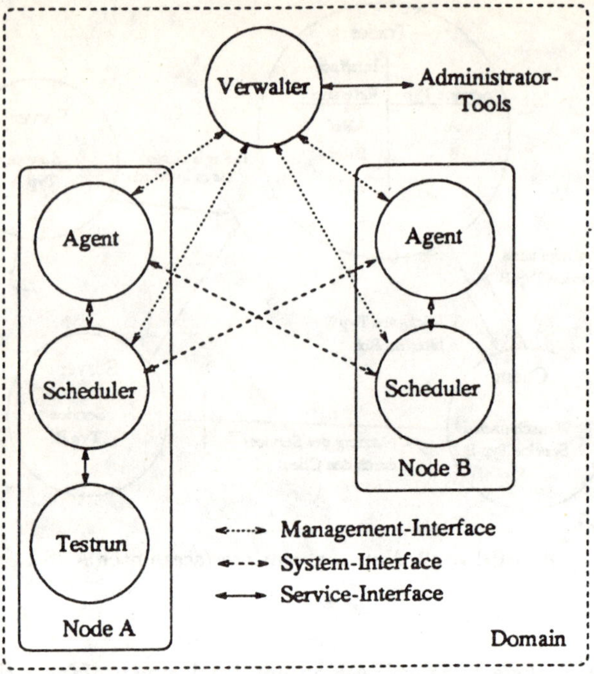

Abbildung3. Aufbau des Scheduling Systems

gen vom, bzw. an den Scheduler übergeben werden. Mit Hilfe der Threadverwaltung von ANSAware wird dieses Interface mehrfach instanziiert. Dadurch können mehrere Benutzer nebenläufig bedient werden.

Das dritte Interface ist das System-Interface. Über dieses Interface werden dem Scheduler von den Agenten Systeminformationen zur Verfügung gestellt. In jeder Domain muß mindestens ein Scheduler zur Verfügung stehen, im Normalfall wird jedoch auf jedem Node ein Scheduler betrieben.

Agent: Die Aufgabe der Agenten ist es, aus dem UNIX-Betriebsystemkern die Systeminformationen zu extrahieren. Hierzu gehören:

- der insgesamt auf der Workstation verfügbare Speicher,
- der momentan benutzte Speicher,
- die Anzahl der laufenden, also aktiven Prozesse,
- die Anzahl der nice-Prozesse, also die Anzahl der mit niedrigerer Priorität laufenden Prozesse
- sowie eine Information, ob an der Workstation ein Benutzer arbeitet.

Zur Übertragung dieser Informationen dient, wie beim Scheduler, das System-Interface. Da sich der Systemzustand während der Ausführungsdauer eines Auftrages deutlich verändern kann, bietet der Agent über das System-Interface einen

Protokoll Service. Hierbei wird nach Aufforderung durch den Scheduler im Sekundentakt der aktuelle Systemzustand protokolliert. Zum Training nach beendeter Ausführung benutzt der Scheduler die protokollierten Werte, wobei der Agent auf Anfrage die Mittelwerte über den beobachteten Zeitraum liefert.

Zusätzlich haben auch die Agenten ein entsprechendes Management-Interface, welches Informationen über den Agenten liefert.

Ein Programm, das auf den Systemkern einer Workstation zugreifen will, muß im *superuser-mode* auf der betreffenden Workstation ausgeführt werden. Daher ist es notwendig, daß auf jedem Node ein Agent gestartet wird.

Testrun: Diese Capsule realisiert Anfragen an das Scheduling System während der Testphase. Der auszuführenden Job wird als Parameter übergeben. Testrun nutzt den Scheduler, um eine Empfehlung für einen Rechner zur Ausführung eines Auftrages zu erhalten. Es ist die Aufgabe von Testrun, den Job dann entsprechend auf dem empfohlenen Rechner zu starten. Die Problematik von Zugriffsrechten wurde in dieser Version nicht berücksichtigt.

3.3 Das Kommunikationskonzept

Der Informationsaustausch zwischen Agenten und Schedulern kann entweder in regelmäßigen zeitlichen Abständen oder bei Bedarf erfolgen.

Bei regelmäßigem Informationsaustausch sendet jeder Agent in einem vorgegebenen Zeitintervall die Systeminformationen an jeden Scheduler, da ANSA-ware keine Broadcast Kommunikation unterstützt. Pro Zeitintervall werden daher

$$K_r = n^2$$

Nachrichten verschickt, wobei n die Anzahl der teilnehmenden Workstations ausdrückt.

Bei bedarfsorientiertem Informationsaustausch sendet der Scheduler, der für einen Job einen Ausführungsvorschlag zu ermitteln hat, an jeden Agenten eine Anfrage und erhält von jedem Agent eine Antwort. Die mittlere Anzahl m der zu verteilenden Jobs pro Workstation sei gleichmäßig auf alle Workstations verteilt, demnach steigt m proportional mit der Anzahl der Workstations an. Pro Zeitintervall werden daher

$$K_b = 2 * m * n^2$$

Nachrichten verschickt.

Vergleicht man die beiden Konzepte, so stellt man fest, daß der bedarfsorientierte Informationsaustausch K_b bis zu einer Anzahl von $m < 0.5$ pro Zeiteinheit zu einem geringeren Kommunikationsoverhead führt. Melden die Agenten beispielsweise im Sekundenabstand, so können bei bedarfsorientiertem Informationsaustausch bis zu 30 Jobs pro Minute und Workstation mit geringerem Kommunikationsoverhead als beim regelmäßigen Informationsaustausch bearbeitet werden. Schränkt man den bedarfsmäßigen Informationsaustausch dahingehend ein, daß die beim Scheduler vorliegenden Informationen nur dann erneuert werden, wenn sie älter als n Sekunden sind, dann ist der Kommunikationsaufwand meist geringer, im ungünstigsten Fall genauso hoch wie beim regelmäßigen Datentransport. Nachteilig wirkt sich bei diesem Konzept jedoch aus, daß sich die Ausführungszeit des Jobs um die Zeit zum Aktualisieren der Systeminformationen verlängert.

Um die mittlere Kommunikationszeit zwischen Scheduler und Agenten zu ermitteln, wurde die Zeitdauer eines ANSA-Aufrufes in Mikrosekunden gemessen. Diese Versuchsreihen ergaben:

- Abhängig vom verwendeten Rechner beträgt die mittlere Dauer eines lokalen Aufrufes zwischen 4 ms und 5.5 ms.
- Abhängig von den verwendeten Rechnern beträgt die mittlere Dauer für einen remote Aufruf in unserem lokalen Netzwerk zwischen 5.5 ms und 7.5 ms.
- Die maximale gemessene Dauer betrug etwa 30 ms.

Weitaus größeren Einfluß nimmt jedoch der Aufwand zum Auslagern des Auftrags. In einer Testreihe wurden unterschiedliche Jobs auf verschiedenen Rechnern entweder direkt oder mit dem rsh-Befehl ausgeführt und die jeweiligen Ausführungszeiten gemessen. Dabei ergab sich durch die Auslagerung ein Mehraufwand von mindestens einer Sekunde.

Für das Kommunikationskonzept wurden daher zwei Festlegegungen getroffen:

1. Die Scheduler erfragen die Systeminformationen von den Agenten nur, wenn eine Anfrage zur Vergabe eines Jobs vorliegt.
2. Neue Systeminformationen werden nur angefordert, wenn die letzte Aktualisierung länger als n s zurückliegt. Im verwendeten Prototyp wurde $n = 1$ s gewählt.

4 Ergebnisse

Die Leistungsfähigkeit des adaptiven Schedulers wurde in mehreren Testreihen untersucht. Hierbei dienten drei unterschiedliche SUN Workstations der Typen `S 5`, `S 10/40` und `ELC`, vernetzt durch ein lokales Ethernet, als Hardwareplattform.

4.1 Testszenario

Die in Abbildung 3 bereits vorgestellt Capsule `Testrun` formulierte nacheinander 50 gleiche Anfragen an den lokalen Scheduler und startete den Testjob auf dem jeweils empfohlenen Rechner. Um eine wechselnde Lastsituation zu erzeugen, wurde nach jeder Ausführung eine Wartepause von 30 Sekunden eingelegt. Auf jedem der drei Rechner wurde Testrun dreimal mit unterschiedlichen Testjobs gestartet. Pro Test mußte demnach eine Gesamtarbeit von 450 Jobs bewältigt werden. Die Testjobs bestanden aus

- einem *Job a*, mit umfangreichen Integer-Berechnungen und zahlreichen Zugriffen auf verschiedene Dateien,

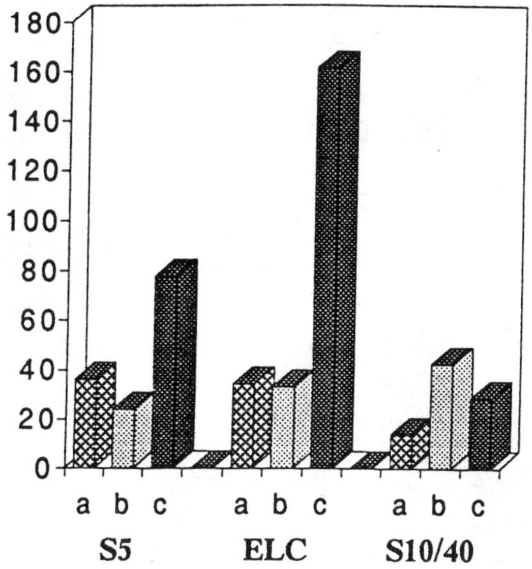

Abbildung4. Ausführungsdauer der Testjobs in Sekunden

- einem *Job b*, der zufällig innerhalb eines 4MB großen Speicherbereiches Zugriffe ausführte und
- einem *Job c*, der ausschließlich Gleitkomma-Berechnungen durchführte.

Um die Vergleichbarkeit der Meßergebnisse sicherzustellen wurden, mit Ausnahme der Betriebsystemfunktionen, keine Hintergrundprozesse zugelassen. Die Gesamtlaufzeit wurde für jede `Testrun` Capsule mit Hilfe der UNIX `time`-Funktion auf 1/10 Sekunde genau gemessen.

Das Leistungsprofil der einzelnen Rechner ist in Abbildung 4 dargestellt. Man erkennt deutlich eine besondere Schwäche der ELC Workstation bei der Berechnung des Testjob c.

4.2 Überprüfung des adaptiven Ansatzes

Mit Hilfe von mehreren Testreihen wurde untersucht, inwieweit der adaptive Ansatz eine Verbesserung des Gesamtdurchsatzes im Vergleich zu einem ausschließlich lastgesteuerten Verteilalgorithmus bringt. Folgende Strategien kamen daher zum Einsatz:

- Ausführung auf der Workstation mit der niedrigsten Last.
- Ausführung gemäß der Empfehlung, die mit dem ALC-Algorithmus berechnet wurde. Hierbei liefen alle ausgelagerten Jobs mit der UNIX-Option *nice* für eine Programmausführung mit geringerer Priorität. Dadurch sollte die Motivation zur Benutzung des eigenen Rechners erhöht werden.

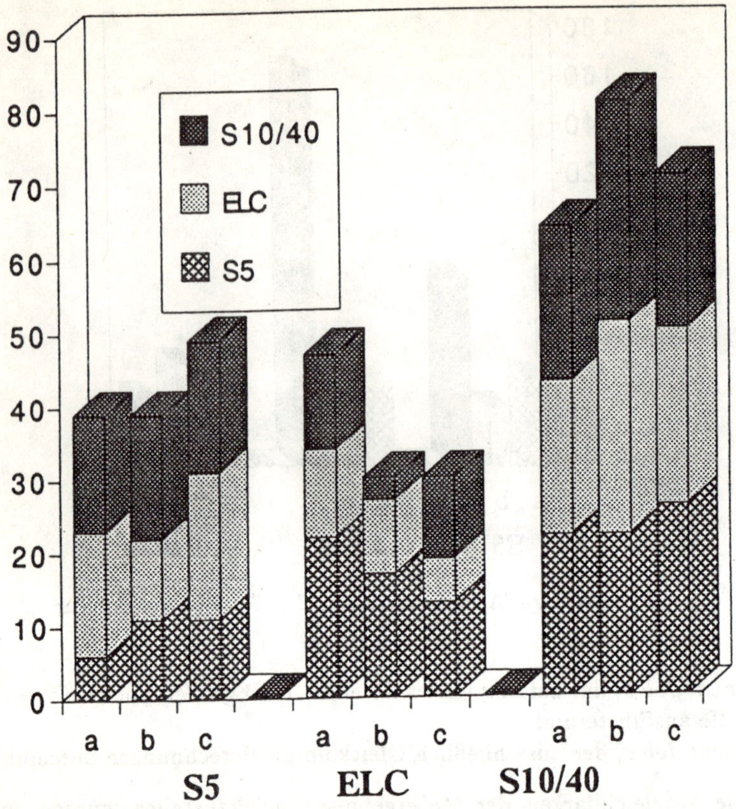

Abbildung5. Verteilung der Aufträge bei lastabhängiger Strategie

Abbildung 5 zeigt zunächst die Verteilung der Aufträge bei einer lastabhängigen Verteilungsstrategie. Erwartungsgemäß bekam der leistungsfähigste Rechner S 10/40 die meisten Aufträge, wobei alle Jobtypen nahezu gleichhäufig auftraten.

Ein gänzlich anderes Bild ergibt sich bei Verwendung des adaptiven Verteilalgorithmus, dargestellt in Abbildung 6. Die Verteilung der Aufträge zeigt deutlich das Lernverhalten des Schedulers. Die große Schwäche der ELC beim Bearbeiten des Job c führte dazu, daß jeder der Scheduler nur einmal eine Verlagerung dieses Jobs auf die ELC durchführte.

Bemerkenswert ist auch die Aufteilung des Job b. Obwohl Abbildung 4 keine wesentlichen Unterschiede in der Bearbeitungsdauer für diesen Jobtyp zeigt, verlagert die S 10/40 nahezu alle Aufträge dieses Typs auf die ELC. Dieses Verhalten ist nur durch die Gesamtbetrachtung zu erklären. Die starke Belastung der S 10/40 mit Aufträgen des Typs a und c, für die diese Maschine auch eindeutig am besten geeignet ist, ermöglichte eine vorteilhafte Verlagerung des Jobtypes b zur ELC, obwohl der Vorteil dieser Jobverteilung im unbelasteten Zustand nicht

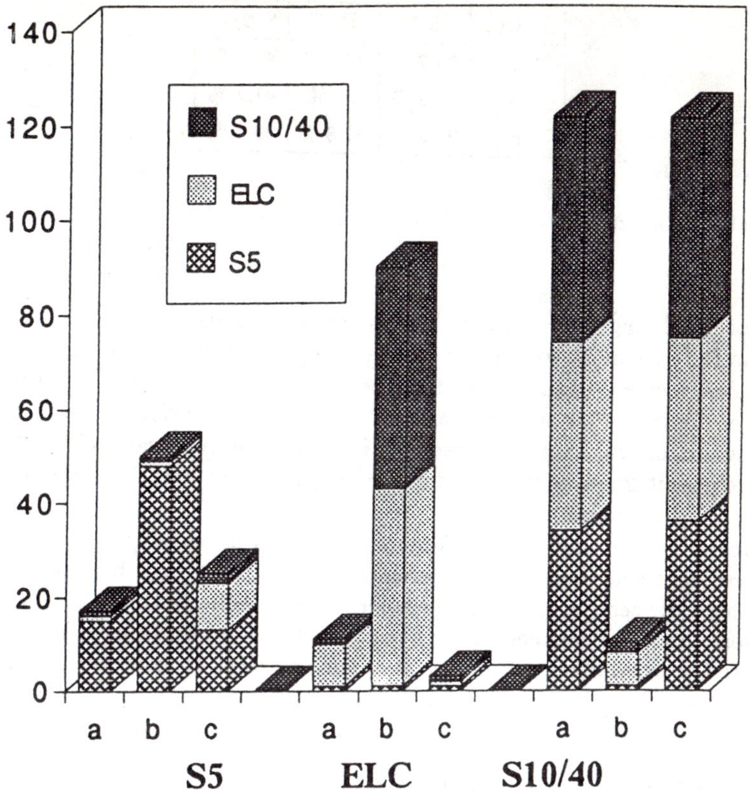

Abbildung6. Verteilung der Aufträge mit adaptivem Ansatz

erkennbar ist. Die S 5 dagegen nutzte die Vorteile einer lokalen Ausführung mit höherer Priorität.

Die optimierte Verteilung führte zu einer deutlichen Verbesserung der Ausführungszeiten. Tabelle 1 gibt einen Überblick über die Reduzierung der Ausführungsdauer bei adaptiver Verteilungsstrategie im Vergleich zur rein lastabhängigen Verteilung. Gegenüber einer Verteilungsstrategie, welche ausschließlich die Belastung der Rechner berücksichtigt, erreicht der adaptive Ansatz durch die Berücksichtigung der speziellen Job-Eigenschaften eine Reduzierung der Gesamtausführungsdauer von 21%.

4.3 Beurteilung der Ergebnisse

Im vorliegenden Fall konnte durch den Einsatz eines adaptiven Verteilungsalgorithmuses eine Reduzierung der Gesamtausführungsdauer, d.h. bis zum Abschluß des letzten Testjobs, von 21% erreicht werden, wobei für einzelne Testjobs weitaus größere Steigerungen erzielt wurden. Leistungssteigerungen in die-

Jobtyp	S 5	ELC	S10/40
a	14.7 %	24.3 %	40.2 %
b	59.9 %	23 %	41.1 %
c	21.8 %	21.8 %	39.4 %

Tabelle1. Reduzierung der Ausführungsdauer bei adaptiver Verteilungsstrategie

ser Größenordnung oder darüber hinaus können nur erreicht werden, wenn der Grad an Heterogenität sowohl bei der Hardware als auch bei den Anforderungen der Aufträge eine Optimierung gegenüber einer rein lastabhängigen Verteilung zulassen. Weiterhin ist zu beachten, daß ein adaptives Verfahren nicht zur Verlagerung von interaktiven Jobs geeignet ist. Der Mehraufwand an Speicherplatz und Rechenzeit kann angesichts der Leistungsfähigkeit moderner Workstations vernachlässigt werden.

Wang, Krueger und Liu [7] konnten ebenfalls durch einen adaptiven Ansatz eine deutliche Leistungssteigerung erzielen. Allerdings benötigt ihr Ansatz nahezu die zehnfache Trainingsdauer. Eine detaillierte Untersuchung wurde auch von Bond [8] durchgeführt. Es zeigte sich hierbei, daß eine Klassifizierung der Aufträge unerläßlich ist. Dieses Problem erfordert noch weitergehende Forschungsarbeit.

5 Zusammenfassung und Ausblick

Im vorliegenden Beitrag haben wir den Einsatz eines adaptiven Algorithmuses zur optimierten Aufgabenverteilung in heterogenen verteilten Systemen beschrieben. Die Realisierung eines CPU-Schedulers zeigt bei geringem Mehraufwand eine deutliche Leistungssteigerung im Vergleich zu nicht adaptiven Verfahren. Hierbei ist es von entscheidender Bedeutung ob die Systemumgebung ausreichend Spielraum für eine optimierte Verteilung zuläßt.

Das mögliche Einsatzgebiet des hier vorgestellten adaptiven Algorithmuses ist jedoch nicht auf das Verteilen von CPU-Aufträgen beschränkt. Optimierte Verteilung von Dateien auf mehreren Servern, Verteilung des Zugriffs bei mehrfach instanziierten Diensten ganz allgemein oder lernfähige Benutzerschnittstellen sind nur einige potentielle Problemfelder.

Weitere Untersuchungen des verwendeten Algorithmuses sowie eine Erprobung alternativer Ansätze sollen das Lernverhalten optimieren und weitere Anwendungsfelder erschließen. Die Integration in ein übergeordnetes Management Konzept wird derzeit bearbeitet.

References

1. G. Swart, A. Birell, A. Hisgen, and T. Mann. Availability in the Echo File System. Technical Report 112, Systems Research Center of Digital Equipment Corporation, Palo Alto, California 94301, Sep 1993.
2. S. Zhou, X. Zheng, J. Wang, and P. Delisle. Utopia: a Load Sharing Facility for Large, Heterogeneous Distributed Computer Systems. *Software-Practice and Experience*, 23(12):1305–1336, December 1993.
3. H. Nishikawa and P. Steenkiste. A general architecture for load balancing in a distributed-memory environment. In *The 13th International Conference on Distributed Computing Systems*, pages 47–54. IEEE, 1993.
4. B. Widrow and S. D. Stearns. *Adaptive Signal Processing.* Prentice-Hall, Inc., Englewood Cliffs, New Jersey, 1985.
5. A. Cichocki and R. Unbehauen. *Neural Networks for Optimization and Signal Processing.* John Wiley & Sons Ltd., 1993.
6. D. S. Marshak. ANSA. *NETWORK MONITOR*, 6(11):3–22, Nov 1991.
7. C.-J. Wang, P. Krueger, and M. T. Liu. Intelligent job selection for distributed scheduling. In *The 13th International Conference on Distributed Computing Systems*, pages 517–524. IEEE, May 1993.
8. A. M. Bond. *Adaptive Task Allocation in a Distributed Workstation Environment.* PhD thesis, Victoria University of Wellington, 1993.

Aufgaben und Schnittstellen von TP-Monitoren in Verteilten Systemen

U. Bürger
META Management Consulting GmbH
Im Defdahl 10
44141 Dortmund

1 Einleitung

Unbestritten ist die Bedeutung von TP (Transaction Processing) Monitoren für den effizienten und sicheren Dialogbetrieb im Großrechner-Bereich. Dabei werden von verschiedenen Herstellern Produkte mit unterschiedlichen Schnittstellen angeboten. Wenngleich von wichtigen Produkten Verteilungsmöglichkeiten angeboten werden, zählen verteilte Anwendungen eher noch zu den Ausnahmen.

Seit einiger Zeit werden TP-Monitore auch für andere, typischerweise stärker verteilte Umgebungen angeboten. Insbesondere im UNIX-Bereich gibt es eine Reihe von Produkten, denen sehr unterschiedliche Konzepte zugrunde liegen. TP-Monitore sind in diesem Bereich weit weniger verbreitet, häufig wird auch ihre grundsätzliche Bedeutung in Frage gestellt.

In der Tat erfordern die Unterschiede zur klassischen Großrechner-Welt ein Überdenken der Aufgaben des Monitors und der mit seinem Einsatz angestrebten Ziele. In diesem Beitrag wird daher untersucht, für welche Aufgaben TP-Monitore eingesetzt werden können.

Darauf aufbauend wird ein Überblick über die Standardisierungsbemühungen und die wichtigsten Produkte gegeben. Bei der Vielfalt der heute angebotenen Konzepte und Produkte ist ein vollständiger Vergleich aller Funktionen kaum möglich. Diese Arbeit beschränkt sich daher auf zentrale Aspekte der Programmschnittstelle und der Zusammenarbeit mit anderen Systemen.

2 Aufgaben

TP-Monitore bieten eine Kommunikationsschnittstelle für transaktionsorientierte Anwendungsprogramme. Sie stehen dabei teilweise, insbesondere im Bereich des Terminal-IO, in Konkurrenz zu anderen Schnittstellen, z. B. des Betriebssystems, einer grafischen Oberfläche oder einer Datenbank, die diese im Rahmen einer Sprache der 4. Generation anbietet.

Unumstritten ist die Notwendigkeit von TP-Monitoren im Bereich des **Distributed Transaction Processing** (abgekürzt **DTP**), d. h. wenn eine Kommunikation zwischen Anwendungsprogrammen mit der Bildung verteilter Transaktionen erfolgen soll. Möglichkeiten zur Verteilung ohne Verwendung von TP-Monitoren bestehen nur dann, wenn die Verteilung außerhalb der Anwendungsprogrammebene erfolgt oder keine verteilten Transaktionen benötigt werden.

Unter einer **Transaktion** wird generell eine Verarbeitungseinheit verstanden, die den Datenbestand von einem konsistenten Zustand in einen neuen konsistenten Zustand überführt ("Consistency"). Sie umfaßt in der Regel mehrere Operationen auf den Daten, die zur Erreichung eines konsistenten Zustandes alle gemeinsam durchgeführt werden müssen. Ist dies nicht möglich, so darf keine der Änderungen vorgenommen werden ("Atomicity"). Mehrere gleichzeitige oder zeitlich überlappende Transaktionen dürfen sich gegenseitig nicht stören ("Isolation") und die von einer abgeschlossenen Transaktion vorgenommenen Änderungen dürfen später nicht mehr aufgrund eines Fehlers, z. B. eines Rechnerabsturzes, unwirksam werden ("Durability"). In Zusammenfassung dieser Eigenschaften (Atomicity, Consistency, Isolation, Durability) wird von den "ACID-Properties" einer Transaktion gesprochen. Von einer **verteilten Transaktion** wird dann gesprochen, wenn sich eine solche Transaktion über mehrere Systeme (auf verschiedenen Rechnern oder auch verschiedene Anwendungssysteme auf einem Rechner) erstreckt.

Zur Gewährleistung dieser ACID-Properties sind verschiedene technische Maßnahmen, wie Sperrmechanismen, Transaktionssicherung (Logging) und Recovery, erforderlich. Entsprechende Funktionen werden üblicherweise von Datenbanken bereitgestellt. Im Falle des Distributed Transaction Processing, aber auch wenn andere Ressourcen (mehrere Datenbanken in einer Transaktion, Dateien, Speicherbereiche des TP-Monitors, Nachrichten) in die Transaktion einbezogen werden, übernimmt der TP-Monitor die Synchronisation des Transaktionsendes über ein sogenanntes 2 Phasen Commit Protokoll und teilweise (Nachrichten, Speicherbereiche) auch die Transaktionssicherung selber.

Verteilte Datenbanken stellen eine Möglichkeit zur Lastverteilung ohne Beteiligung von TP-Monitoren dar. In diesem Fall wird das 2 Phasen Commit Protokoll von der Datenbank abgehandelt.

Eine Entscheidung zwischen DTP und verteilter Datenbank, natürlich sind auch Kombinationen möglich, ist nicht nur unter rein technischen, sondern auch unter übergeordneten organisatorischen Gesichtspunkten zu treffen. Im allgemeinen führt DTP zu stärker unabhängigen Einheiten (z. B. sind unterschiedliche Datenmodelle und DB-Systeme möglich), dafür sind Schnittstellen-Absprachen erforderlich. Die Abgrenzung der Lastverteilung gegen eine Zusammenarbeit mit anderen, völlig eigenständigen Systemen ist unscharf. Demgegenüber erfordern verteilte Datenbanken eine stärkere Vereinheitlichung (z. B. unternehmensweites Datenmodell).

Auslagerung der Präsentation auf PCs oder Workstations ist insbesondere dann interessant, wenn mit grafischen Oberflächen gearbeitet wird. Dadurch kann die Prozessorleistung des PCs für die Präsentation genutzt werden, so gesehen kann man dies auch als eine Form der Lastverteilung ansehen. Verteilte Transaktionen werden dabei typischerweise nicht gebildet, der Präsentationsteil wird in die Transaktion nicht einbezogen.

Dazu werden Kommunikationsschnittstellen benötigt, die denen für die Kommunikation mit Terminals oder für Distributed Transaction Processing ähneln. Die Bereitstellung solcher Schnittstellen ist daher eine typische Aufgabe für einen TP-Monitor.

Stärken von TP-Monitoren liegen zudem im Bereich der **Effizienz**. Dafür ist eine geeignete Prozeßverwaltung, verbunden mit einer unterprogrammartigen (pseudo-conversational) Programmierung von besonderer Bedeutung. Die Anwendungsprogramme werden dabei vom TP-Monitor bei Vorliegen einer zu bearbeitenden Nachricht als Unterprogramm aufgerufen. Zur Aufbewahrung eines Kontextes der Kommunikation über mehrere Ein- und Ausgaben hinweg werden vom TP-Monitor spezielle Speicherbereiche zur Verfügung gestellt (Speicherverwaltung).

Die **Prozeßverwaltung** regelt die Zuordnung von Server-Prozessen zu Clients bzw. Terminals in der Großrechner-Welt. Dabei werden 3 unterschiedliche Konzepte verwendet:

1:1 Hier wird ein Server-Prozeß für längere Zeit genau einem Client (oder Terminal) zugeordnet. Dies beinhaltet auch, daß der Server-Prozeß während längerer Wartezeiten auf Nachrichten vom Client belegt bleibt und nicht anderweitig verwendet werden kann.

n:m (n>>m) In diesem Fall bedient eine kleine Anzahl m von Server-Prozessen eine große Anzahl n von Clients (oder Terminals). Während der Wartezeiten auf Nachrichten vom Client kann der Server-Prozeß andere Clients bedienen. Die Zuordnung von Client zu Server-Prozeß erfolgt in der Regel bei Vorliegen einer Nachricht vom Client.

n:1 In diesem Fall gibt es nur einen Server-Prozeß, der eine große Anzahl n von Clients (oder Terminals) bedient. Um mehrere Clients oder Terminals parallel bedienen zu können, werden in dem Prozeß dynamisch mehrere Threads erzeugt und verwaltet. Diese bedienen dann die Clients, ähnlich wie die Prozesse im vorhergehenden Fall.

Die letzteren beiden Konzepte dienen einer Reduktion der Anzahl von Server-Prozessen und damit einer Entlastung des Hauptspeichers und eines geringeren Aufwands für Prozeßwechsel. Dies ist insbesondere für regelmäßig, nicht nur sporadisch genutzte Server von Bedeutung.

Um einen nennenswerten Einspareffekt zu erzielen, werden die Prozesse für andere Tätigkeiten freigegeben, sobald längere Wartezeiten zu erwarten sind. Bei der Kommunikation mit Terminals handelt es sich dabei um die Wartezeiten auf Eingaben des Endbenutzers. Aufeinanderfolgende Eingaben vom Terminal können in verschiedenen Prozessen (bzw. Threads) bearbeitet werden. Zur Erhaltung eines Kontextes über mehrere Eingaben hinweg werden vom TP-Monitor spezielle Speicherbereiche zur Verfügung gestellt

Dieser Mechanismus bewirkt erfahrungsgemäß einen erheblichen Effizienz-Gewinn. Er erscheint daher für große Anwendungen auch in Zukunft sinnvoll, sowohl für die Bedienung von Terminals als auch auf Server-Seite für die Bedienung von Clients, da die Clients typischerweise mit Endbenutzern kommunizieren und daher ähnliche Wartezeiten auftreten. Zudem entspricht die geforderte Art der Programmierung weitgehend der in Client-Server-Umgebung als natürlich empfundenen Unterprogramm-Schnittstelle.

Weitere Funktionen (z. B. Formatierung, Benutzer-Logging) können nützlich sein, werden jedoch für Neuentwicklungen nicht unbedingt gebraucht, da sich die Funktionen auch in andere Software-Komponenten verlagern lassen. Für die Portierung von Anwendungssystemen aus der Großrechner-Welt sind weitergehende Funktionen in jedem Fall wünschenswert, da sonst ein umfangreicheres Redesign erforderlich wird.

Eine Entscheidung für oder gegen die Verwendung eines TP-Monitors läßt sich daher nur im Einzelfall treffen. Dabei spielt sicher auch die Funktionalität und die äußere Form der Schnittstelle eine Rolle. Im Zuge einer wachsenden verteilten Verarbeitung durch Vernetzung selbständiger Anwendungen und Aufteilung von Anwendungen auf mehrere Systeme, dürfte die Bedeutung von TP-Monitoren in Zukunft jedenfalls eher zunehmen.

3 Kommunikationsmodelle

In diesem Abschnitt werden verschiedene Vorstellungen von Kommunikation und Kommunikationsschnittstellen vorgestellt. Gleichzeitig werden hier auch Aussagen zu den wichtigsten Kommunikationsprotokollen für Distributed Transaction Processing getroffen. Dabei handelt es sich um das von der ISO normierte OSI TP (Transaction Processing) Protokoll und das LU 6.2 Protokoll von IBM.

Die ISO legt im Rahmen der OSI-Normierung Standards für Kommunikationsprotokolle fest. Dies dient der **Interoperabilität**, d. h. der Möglichkeit zur Zusammenarbeit zwischen verschiedenen Produkten von verschiedenen Herstellern mit möglicherweise unterschiedlichen Schnittstellen. Die Programmschnittstellen sind explizit von der Normierung ausgenommen. Entsprechend definiert ISO im Basis-Standard (7 Schichten Modell) offene Systeme über ihre Möglichkeiten zur Kommunikation, nicht über ihre Schnittstellen. Für Transaktionssysteme ist der OSI TP (Transaction Processing) Standard relevant, welcher im folgenden noch ausführlicher behandelt wird.

Bei Betrachtungen zu Kommunikationsprotokollen ist die jeweils betrachtete Kommunikationsschicht zu berücksichtigen. Der OSI Basisstandard legt 7 Schichten fest. Hier wird in erster Linie die oberste Schicht, Anwendungsschicht oder Schicht 7 genannt, betrachtet. Der OSI TP Standard ist dieser Schicht zugeordnet, entsprechend muß auch das LU 6.2 Protokoll eingeordnet werden. Beide Protokolle treffen jedoch auch Festlegungen für die Schichten 5 und 6.

Darunterliegende Schichten ab Schicht 4, der Transportschicht, können im Prinzip unabhängig von den oberen Schichten gewählt werden. Eine Kopplung unterschiedlicher Systeme setzt übereinstimmende Protokolle auf allen Schichten voraus. Bis zur Transportschicht ist eine Kopplung unterschiedlicher Systeme heute meistens möglich. (Als Transportprotokoll kommen das OSI Transportprotokoll, TCP/IP oder herstellerspezifische Protokolle in Frage.) Diese Schichten werden im folgenden nicht weiter betrachtet.

Der OSI TP Standard definiert ein Kommunikationsprotokoll für Distributed Transaction Processing. Seine Funktionalität ist stark beeinflußt von LU 6.2, jedoch weist er teilweise Einschränkungen und teilweise zusätzliche Varianten auf, auch die

Abbildung der Funktionalität auf entsprechende Nachrichten bzw. tieferliegende Standards unterscheidet sich.

Beide Protokolle sind für eine **dialogorientierte Kommunikation** (auch conversational genannt) entworfen. Diese läßt sich recht gut mit einem Telefongespräch vergleichen. Es gibt Aufrufe zum Aufbau einer Kommunikationsbeziehung (= Dialog) zum Senden von Nachrichten, zum Empfangen von Nachrichten und zum Beenden des Dialoges.

In der Regel sendet zu einer Zeit nur einer der beiden Teilnehmer Daten, dazu wird ein Senderecht vergeben. Der Dialog kann sich über den Austausch zahlreicher Nachrichten mit mehrfachem Wechsel des Senderechtes und über mehrere Transaktionen erstrecken. OSI TP kennt neben der Variante mit Senderecht (polarized control) auch eine Variante bei der beide Teilnehmer gleichzeitig senden dürfen (shared control).

Alle in einem Dialog ausgetauschten Nachrichten stehen in einem gemeinsamen Kontext, d. h. beide Teilnehmer am Dialog können sich Zustände oder andere dialogbezogene Daten merken.

Im einfachsten Fall merkt sich ein Programm den Dialog-Kontext in seinem normalen Prozeßkontext, d. h. alle Kommunikationsaufrufe für einen Dialog werden vom gleichen Anwendungsprogramm im gleichen Prozeß abgesetzt und der Prozeß wird zwischenzeitlich nicht für andere Tätigkeiten verwendet. Dies setzt eine 1:1 Prozeßverwaltung voraus und kann daher bei häufig benutzten Servern zu Engpässen führen. Im folgenden wird diese Form von Kommunikationsschnittstellen als **conversational** bezeichnet.

Um trotz dialogorientierter Kommunikation eine andere Prozeßverwaltung einsetzen zu können, haben sich im Großrechner-Bereich in der Kommunikation mit Terminals pseudo-conversational Schnittstellen durchgesetzt. Diese Form der Kommunikationsschnittstelle läßt sich auf den Client-Server-Bereich übertragen. Die kommunizierende Instanz ist dann nicht mehr ein Anwendungsprogramm in einem Prozeß, sondern eine Folge von Anwendungsprogrammen in möglicherweise verschiedenen Prozessen (bzw. Threads) mit einem, vom TP-Monitor bereitgestellten, gemeinsamen Kontext.

Diese Form der Kommunikationsschnittstelle wird im folgenden ebenfalls als **pseudo-conversational** bezeichnet, auch wenn dies mit der üblichen Terminologie nicht mehr ganz übereinstimmt. (Der Begriff ist insbesondere in CICS-Umgebung gebräuchlich. CICS kennt ihn aber nur im Zusammenhang mit Terminal-Kommunikation. Zudem ist dort der Wechsel eines Threads immer mit einem Transaktionsende verbunden, was hier nicht gefordert wird.)

Ein Client kann mit mehreren Servern kommunizieren. Sofern ein Server seinerseits wieder als Client gegenüber einem oder mehreren weiteren Servern auftritt, ergibt sich eine Baumstruktur mit einem obersten Client als Wurzel. Die Kanten in diesem Dialogbaum stellen die Dialogbeziehungen dar, die Knoten die kommunizierenden Instanzen.

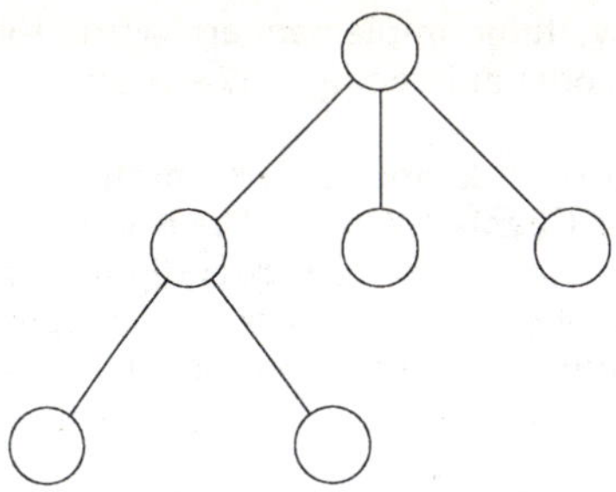

Sofern ein Server mehrere Clients bedient, tut er dies in verschiedenen Kontexten. In obigem Bild wäre er dann gegebenenfalls mehrfach eingezeichnet.

Theoretisch könnte die Beendigung einer verteilten Transaktion von beliebigen, auch mehreren Knoten im Baum begonnen werden [12]. Besonders verbreitet sind die Top-Down- und die Bottom-Up-Beendigung. Top-Down bedeutet eine hierarchische Beendigung, der oberste Client beginnt, die anderen Knoten werden informiert und folgen später nach, zunächst die nächsttieferen, zuletzt die Blätter. Immerhin verbleibt den nicht-obersten Knoten ein Vetorecht, sie können der Transaktionsbeendigung widersprechen und stattdessen ein Rollback einleiten. Die Bottom-Up-Beendigung verläuft genau umgekehrt, die Blätter beginnen, die anderen Knoten folgen, der oberste Client zuletzt. Auch hier verbleibt ein Vetorecht.

OSI TP enthält derzeit nur die hierarchische Top-Down-Beendigung. LU 6.2 sieht ebenfalls diese Beendigung vor, erlaubt aber in Spezialfällen Ausnahmen. Auch die Beendigung des Dialoges erfolgt bei OSI TP von oben nach unten, jedenfalls bei transaktionsorientierten Dialogen. Daneben sind auch Dialoge ohne Bildung verteilter Transaktionen möglich, dann kann die Beendigung des Dialogs von beiden Seiten eingeleitet werden.

Im Gegensatz zur dialogorientierten Kommunikation steht die Kommunikation nach einem **Request/Reply** Modell. Hierbei erstreckt sich der Kontext der Kommunikation über genau 2 Nachrichten, eine Anfrage und eine Antwort.

Damit ergibt sich zwar eine einfache Programmschnittstelle, Aufrufe für Aufbau und Beendigung der Kommunikationsbeziehung entfallen, jedoch lassen sich komplexere Aufgabenstellungen nur mit Mühe lösen.

Die Bedeutung des Dialog-Kontextes soll an einem einfachen Beispiel verdeutlicht werden: Ein Zähl-Server soll der Einfachheit halber nichts weiter tun als zu zählen, wie oft er aufgerufen wird. Wird er dialogorientiert aufgerufen, so kann er dialogspezifisch zählen, ein Client erhält so die Ergebnisse 1, 2, 3, ... und, wenn der Dialog beendet und ein neuer aufgebaut wurde, erneut 1, 2, 3, ... Wird er über eine Request/Reply-Mimik angesprochen, so wird er anders zählen, beispielsweise 3, 57, 82, ..., je nachdem wieviele andere Clients zwischenzeitlich angefragt haben.

Sofern eine zu lösende Aufgabe einen Dialog-Kontext zwingend erfordert, muß dieser von den Anwendungsprogrammen bereitgestellt und verwaltet werden. Das ist prinzipiell möglich, z. B. indem der Dialog-Kontext vom Client verwaltet und bei jedem Kommunikationsschritt mitgesendet wird oder indem auf der Server-Seite eigens eine Kontext-Verwaltung implementiert wird, führt jedoch zu softwaretechnisch wenig eleganten oder aufwendigen Lösungen.

Auch im Request/Reply Modell können sich Kommunikationsbäume bilden, indem Server ihrerseits wieder als Clients auftreten. Die Kommunikationsbeziehungen sind lediglich recht kurzlebig. Die Transaktionsbeendigung erfolgt in diesem Fall auf Anordnung des obersten Client ohne Vetorecht der Anwendungsprogramme des Servers. (Request und Reply gehören zur gleichen Transaktion; nach Absenden des Reply ist auf der Server-Seite kein Programm mehr aktiv, welches ein Vetorecht geltend machen könnte.)

4 Schnittstellen

In diesem Kapitel werden verschiedene Schnittstellen für TP-Monitore angesprochen. Von aktueller Bedeutung sind hier insbesondere die Entwicklungen im UNIX-Umfeld.

Bei den bekanntesten TP-Monitoren für UNIX handelt es sich wohl um Tuxedo von Novell (XATMI Schnittstelle), UTM (SINIX) von SNI (KDCS Schnittstelle), TOP END von NCR, CICS/6000 von IBM und Encina von Transarc (TxRPC Schnittstelle). Im folgenden werden auch einige grundlegende Eigenschaften dieser Produkte angesprochen.

Grundsätzlich sind alle diese Systeme für Client-Server Architekturen geeignet, sie erlauben Distributed Transaction Processing, mit allerdings recht unterschiedlichen Schnittstellen und meist auch unterschiedlichen Kommunikationsprotokollen. Das OSI TP Protokoll wird von den meisten Produkten noch nicht unterstützt. Die für den Datenbank-Anschluß wichtige XA-Schnittstelle wird von allen unterstützt.

Encina unterstützt die Programmiersprache C, die anderen C und COBOL. Weitere Sprachen sind hier nicht berücksichtigt. Der Anschluß grafischer Oberflächen ist in allen Fällen möglich, der Weg dazu wird hier nicht weiter untersucht.

4.1 Standards

Für die Standardisierung im TP-Bereich sind 2 Institutionen von besonderer Bedeutung, die ISO und, insbesondere für den UNIX-Bereich, X/Open. Während die ISO im Rahmen ihrer OSI-Normierung lediglich die Interoperabilität von Systemen anstrebt, hat sich X/Open neben der Interoperabilität auch die **Portabilität** von Software zum Ziel gesetzt, d. h. die Möglichkeit Anwendungssoftware (Quellcode) von einem System zum andern ohne Änderung zu übertragen. Daher werden nicht nur Kommunikationsprotokolle sondern auch Programmschnittstellen definiert.

Daneben gibt es weitere Standards bzw. Quasi-Standards:

Der DIN hat, lange bevor dies international zum Thema wurde, eine Programmschnittstelle für TP-Monitore genormt (DIN 66 265, KDCS-Schnittstelle). Diese wurde ursprünglich im Auftrag des Kooperationsausschusses ADV Bund / Länder / Kommunaler Bereich als eine von mehreren sogenannten kompatiblen Schnittstellen (K-Schnittstellen) für Basissysteme (Dateiverwaltung, Datenbank, Datenkommunikation) entwickelt. Die KDCS-Schnittstelle ist im nationalen Bereich weit verbreitet, entsprechend ihrer Herkunft besonders in der öffentlichen Verwaltung. Im TP-Monitor UTM von SNI ist diese KDCS-Schnittstelle mit verschiedenen Erweiterungen implementiert. Die Erweiterungen betreffen insbesondere auch Distributed Transaction Processing, da dieser Bereich von der DIN-Norm nicht abgedeckt wird.

Große Hersteller, insbesondere IBM, im UNIX-Umfeld aber auch z. B. AT&T, setzen ihre eigenen Standards, deren Bedeutung sich zunächst aus der Marktposition des Herstellers ableitet, die dann aber auch die spätere Normierung beeinflussen können. Im Falle von IBM sind hier insbesondere das Kommunikationsprotokoll LU 6.2 mit der Programmschnittstelle CPI-C als Bestandteil der SAA-Architektur und die Schnittstelle des TP-Monitors CICS zu nennen. Bedeutung im Großrechner-Bereich hat auch noch das ältere Kommunikationsprotokoll LU 6.1 von IBM. Im Falle von AT&T ist die Programmschnittstelle von Tuxedo zu nennen.

X/Open

Von X/Open liegen verschiedene Spezifikationen mit unterschiedlichem Status vor. Im DTP (Distributed Transaction Processing) Reference Model wird eine Software-Architektur beschrieben. Die Kenntnis dieser Architektur ist Voraussetzung für die Einordnung und das Verständnis der darauf aufbauenden Spezifikationen.

Innerhalb eines Prozesses werden die folgenden Software-Komponenten unterschieden:

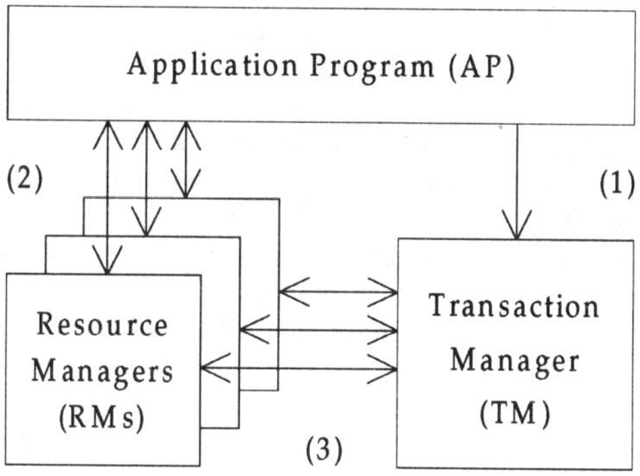

Die Richtung der Pfeile ist für die folgenden Ausführungen nicht von Bedeutung, sie ist so von der entsprechenden X/Open Darstellung übernommen und soll die Richtung des Kontrollflusses angeben. Mehrere so strukturierte Prozesse können eine TM Domain bilden, d. h. daß die beteiligten Transaction Manager zusammenarbeiten (gemeinsame Daten) und sich logisch wie eine Instanz verhalten.

Die für Distributed Transaction Processing benötigte Funktionalität von TP-Monitoren ist hier auf 2 Komponenten verteilt, den **Transaction Manager** und spezielle Resource Manager, genannt **Communication Resource Manager** oder **CRM**. Die CRMs dienen zur Kommunikation mit anderen Anwendungsprogrammen. Die an einer verteilten Transaktion beteiligten Transaction Manager koordinieren das

Transaktionsende. Dazu kommunizieren sie aber nicht direkt miteinander sondern über die entsprechenden CRMs. Neben den CRMs gibt es weitere Resource Manager, die dem Anwendungsprogramm Zugriff auf andere Ressourcen, z. B. Datenbanken oder Dateien, ermöglichen.

Konkrete Schnittstellen werden im DTP Model nicht festgelegt. Diese finden sich in eigenen Spezifikationen:

(1) Die Schnittstelle zwischen Anwendungsprogramm und Transaction Manager ist die **TX** (Transaction Demarcation) Schnittstelle. Sie enthält u. a. Aufrufe für Beginn und Ende einer Transaktion. Es handelt sich um eine ungewöhnlich komplizierte Schnittstelle zur Begrenzung von Transaktionen mit insgesamt 9 verschiedenen Aufrufen, davon 2 zum Setzen von Schaltern, deren Stellung das Verhalten des Transaction Manager nicht unerheblich beeinflußt. Dem Verfasser ist kein Produkt mit einer vergleichbar komplizierten Schnittstelle bekannt. Daher erscheint es fraglich, ob sie, obwohl im Reference Model so plaziert, als Anwendungsprogramm-Schnittstelle Bedeutung erlangt.

(2) Zwischen Anwendungsprogramm und Resource Managern gibt es, je nach RM, unterschiedliche Schnittstellen. Als Schnittstelle zu einer Datenbank kommt etwa SQL in Frage. Im Rahmen der DTP-Normierung interessieren nur die Schnittstellen zu CRMs. Davon hat X/Open 3 Stück definiert, die **Peer-to-Peer**, die **XATMI** und die **TxRPC** Schnittstelle. Auf diese Schnittstellen wird im folgenden noch genauer eingegangen. Neben der Schnittstelle findet sich in den CRM-Spezifikationen auch die Definition einer Abbildung auf das OSI TP Protokoll. Während dieses in der Peer-to-Peer Spezifikation direkt verwendet wird, werden in den anderen beiden Spezifikationen zusätzliche neue Protokolle definiert, die OSI TP als unterliegende Protokollschicht nutzen.

(3) Die Schnittstelle zwischen Transaction Manager und Resource Managern ist für die Anwendungsprogrammierung nicht relevant. Sie wird jedoch für die Zusammenarbeit unterschiedlicher Komponenten benötigt (z. B. Datenbanken und TP-Monitore von verschiedenen Herstellern). Als Schnittstelle zu "gewöhnlichen" Resource Managern (Datenbanken) ist die **XA** Schnittstelle definiert, die Schnittstelle zu CRMs ist komplizierter, hier wird von der **XA+** Schnittstelle gesprochen. Beide werden hier inhaltlich nicht weiter erläutert.

Die XA Spezifikation hat derzeit bereits den Status einer CAE (Common Applications Environment) Specification, die anderen haben noch vorläufigen Status (Preliminary Specification bzw. Snapshot)

4.2 XATMI, Tuxedo

Die XATMI Spezifikation von X/Open beschreibt 2 Schnittstellen, eine vom Request/Reply Typ und eine conversational Schnittstelle für dialogorientierte Kommunikation.

Die Schnittstellen gehen zurück auf das ursprünglich von AT&T abstammende Produkt Tuxedo, dessen Request/Reply Schnittstelle inzwischen ebenfalls um eine conversational Schnittstelle erweitert ist. Tuxedo wird als Quellcode angeboten und von verschiedenen Herstellern auf ihre jeweiligen UNIX-Systeme portiert, teilweise mit verschiedenen Erweiterungen. Es gilt als Marktführer im UNIX-Bereich. Ursprünglich stammt Tuxedo von AT&T, von dort gelangte es zu USL (UNIX System Laboratories), die dann von Novell übernommen wurden. AT&T selbst soll inzwischen, nach Übernahme von NCR durch AT&T, ausschließlich an TOP END interessiert sein.

Die conversational Schnittstelle besitzt eine gravierende Einschränkung, sie erlaubt keine Dialoge über mehrere Transaktionen hinweg. Für den Zeitraum eines Dialoges (= Transaktion) erfolgt eine 1:1 Zuordnung der Server-Prozesse. Die Beendigung einer verteilten Transaktion erfolgt von unten nach oben, entgegen der Richtung bei OSI TP. Dazu wird eine eigene Nachricht definiert, aus Sicht von OSI TP eine Benutzernachricht, die dem Client das Ende auf der Server-Seite mitteilt. Später folgt dann das 2-Phasen Commit Protokoll gemäß OSI TP. Man kann diese Form der Transaktionsbeendigung als 3-Phasen Commit auffassen [12]. Im Request/Reply Falle erfolgt die Transaktionsbeendigung auf Anweisung des obersten Client.

Das Produkt Tuxedo stellt eine Möglichkeit zur Request/Reply Kommunikation über LU 6.2 zur Verfügung. Die Realisierung der in der XATMI-Spezifikation beschriebenen Abbildung auf das OSI TP Protokoll schafft keine Kommunikationsmöglichkeit zu einer der anderen von X/Open definierten Schnittstellen, da OSI TP nur als Basis für ein eigenes Protokoll verwendet wird. Zusätzliche Kommunikationsmöglichkeiten bieten sich nur dann, wenn ein anderes Produkt ebenfalls das in der XATMI-Spezifikation beschriebene Protokoll realisiert.

4.3 TxRPC, Encina

Die TxRPC Spezifikation von X/Open beschreibt eine Schnittstelle für Request/Reply Kommunikation, die sich besonders stark an der Form eines Unterprogrammaufrufs orientiert.

Die Schnittstelle geht zurück auf das Produkt Encina und ist abgeleitet von der RPC (Remote Procedure Call) Schnittstelle des DCE (Distributed Computing Environment) der OSF (Open Software Foundation). Encina wurde von Transarc, unterstützt durch IBM, als Erweiterung des Distributed Computing Environment (DCE) der Open Software Foundation (OSF) entwickelt. Es wird von IBM, HP und Stratus, neuerdings auch von weiteren Herstellern, angeboten.

Mit Hilfe einer IDL (Interface Definition Language) kann die (Unterprogramm-) Schnittstelle zwischen Client und Server definiert werden. Für die eigentliche Kommunikation werden daraus zusätzliche Programme erzeugt. Eines davon wird auf der Client-Seite eingebunden und realisiert dort die Unterprogramm-Schnittstelle. Es kommuniziert mit einem entsprechenden Programm auf der Server-Seite, welches seinerseits das Server-Unterprogramm aufruft.

Es gibt einen wesentlichen Unterschied zu einem normalen Unterprogrammaufruf, nämlich daß Client und Server keinen gemeinsamen Prozeßkontext haben. Client und Server als Haupt- und Unterprogramm im gleichen Prozeß können den gemeinsamen Prozeßkontext in ähnlicher Weise nutzen wie den Dialog-Kontext bei einer dialogorientierten Kommunikation. Dagegen handelt es sich beim Remote Procedure

Call um eine reine Request/Reply Kommunikation. Sofern auf einen Dialog-Kontext verzichtet werden kann, stellt der Remote Procedure Call jedoch eine einfache und gewohnte Kommunikationsschnittstelle dar.

Die Beendigung einer verteilten Transaktion erfolgt auf Anweisung des obersten Client, ohne Beteiligung (Vetorecht) der Server-Anwendungsprogramme.

Das Produkt Encina ermöglicht eine Großrechner-Anbindung über das LU 6.2 Protokoll, dazu wird eine CPI-C Schnittstelle angeboten. Eine zukünftige Realisierung der von X/Open definierten Abbildung auf OSI TP würde unmittelbar keine zusätzlichen Kommunikationsmöglichkeiten eröffnen, da (wie bei XATMI) OSI TP nur als Basis benutzt und darauf ein eigenes neues Protokoll definiert wird. Obwohl ebenso wie bei XATMI eine Request/Reply Kommunikation definiert wird, erfolgt die Abbildung auf OSI TP völlig anders.

4.4 CPI-C

Die Bezeichnung CPI-C steht hier für eine Gruppe von conversational Programmschnittstellen, die auf die CPI-C Schnittstelle [13] von IBM zurückgehen, wenn diese auch teilweise modifiziert wurde. Neben der ursprünglichen Definition von IBM sind das die CPI-C Schnittstelle von X/Open und die Peer-to-Peer Schnittstelle von X/Open.

Da es sich um conversational Schnittstellen handelt, erfordern sie zwingend eine 1:1 Prozeßverwaltung. Die Dialoge können sich wie in OSI TP über mehrere Transaktionen mit mehreren Nachrichten erstrecken. Die Transaktionsbeendigung und die Beendigung transaktionsorientierter Dialoge erfolgt von oben nach unten.

Die CPI-C Schnittstelle von IBM beschreibt eine Programmschnittstelle für das Kommunikationsprotokoll LU 6.2. Die CPI-C Spezifikation von X/Open ist daraus abgeleitet, beinhaltet jedoch keine Bildung verteilter Transaktionen. Sie findet sich daher auch nicht in der Reihe der X/Open DTP Spezifikationen sondern ist dem "Mainframe Data Access" (über LU 6.2) zugeordnet. Da keine verteilten Transaktionen unterstützt werden, wohl aber langlebige Dialoge, dürfte die Anwendung dieser Spezifikation in erster Linie im Bereich der Auslagerung der Präsentation liegen.

Die Peer-to-Peer Spezifikation von X/Open beschreibt eine conversational Schnittstelle für eine dialogorientierte Kommunikation und eine Abbildung der Schnittstelle auf das OSI TP Protokoll. Obwohl die CPI-C Schnittstelle von IBM Vorbild für die Peer-to-Peer Schnittstelle von X/Open war, gibt es einige Abweichungen.

Die vollständige Peer-to-Peer Schnittstelle ist sehr umfangreich (71 Funktionsaufrufe) und kennt eine Vielzahl von Schaltern, mit denen teilweise für den Kommunikationspartner relevantes unterschiedliches Kommunikationsverhalten, teilweise auch nur lokales Verhalten eingestellt wird. Eine Verwendung dieser Schnittstelle scheint daher nur bei rigoroser Einschränkung dieser Vielfalt sinnvoll. In der Spezifikation selbst wird ein **Starter Set** definiert, dadurch wird der Funktionsumfang stark beschränkt und für die Schalter werden Default-Werte verwendet.

4.5 KDCS, UTM

Die KDCS-Schnittstelle ist in DIN 66 265 festgelegt. Für die Kommunikation mit Terminals wird eine pseudo-conversational Programmschnittstelle definiert. Dabei werden auch die Programmschnittstellen zur Formatierung und zu anderen (lokalen) Funktionen des TP-Monitors (z. B. Benutzer-Logging) festgelegt.

Das Produkt UTM von SNI bietet diese KDCS-Schnittstelle an, demnächst auch die XATMI Schnittstelle. Für die Auslagerung der Präsentation wird außerdem auf der Client-Seite eine CPI-C Schnittstelle angeboten.

UTM wird von SNI für die SINIX-Systeme und das BS2000 angeboten. Es gibt auch Portierungen auf andere UNIX-Systeme. Da es sich um eine Portierung aus dem BS2000 handelt, wird auf BS2000 und UNIX die gleiche Schnittstelle geboten, entsprechend DIN 66 265 mit Erweiterungen. Auch die Schnittstellen zur Formatierung sind gleich, eine Portierung von Anwendungen aus der BS2000-Welt auf UNIX-Systeme sollte problemlos sein. Nach Tuxedo könnte dieses Produkt auf UNIX-Systemen am verbreitetsten sein.

Die KDCS-Schnittstelle sieht in der Terminal-Kommunikation eine pseudo-conversational Schnittstelle vor. Entsprechend wurde ursprünglich auch die Schnittstellen-Erweiterung KDCS-VTV von UTM für Distributed Transaction Processing gestaltet, d. h. dialogorientierte Kommunikation mit pseudo-conversational Schnittstelle auf Client- und Server-Seite. Inzwischen wurde die Schnittstelle um eine conversational Variante erweitert. Die Transaktionsbeendigung erfolgt Bottom-Up. Es wird das LU 6.1 und das OSI TP Protokoll unterstützt, letzteres demnächst auch im Sinne der XATMI-Spezifikation.

4.6 TOP END

TOP END wird von NCR für seine UNIX-Systeme (NCR 3000 Reihe) angeboten. Es gibt auch Portierungen auf andere UNIX-Systeme. Die Architektur orientiert sich besonders stark am X/Open DTP Reference Model (Trennung von Transaction Manager und Communication Resource Manager), Schnittstellen und Kommunikationsprotokolle für Distributed Transaction Processing sind dadurch jedoch nicht vorgegeben.

Es ist dialogorientierte Kommunikation möglich. Diese ist auf Basis einer Request/Reply Kommunikation durch eine zusätzliche Kontext-Verwaltung realisiert. Dementsprechend erhält man für die dialogorientierte Kommunikation eine unterprogrammähnliche, asymmetrische Schnittstelle, conversational auf der Client- und pseudo-conversational auf der Server-Seite. Abweichend von anderen Konzepten für dialogorientierte Kommunikation wird die Transaktion auf Anweisung des obersten Client ohne Beteiligung (Vetorecht) der Server-Anwendungsprogramme beendet.

4.7 CICS

Der TP-Monitor CICS von IBM ist aus dem Großrechner-Bereich bekannt. Im Bereich des Distributed Transaction Processing steht die originäre CICS-Schnittstelle in Konkurrenz zur CPI-C Schnittstelle, in beiden Fällen handelt es sich um conversational Schnittstellen.

Im UNIX-Bereich wird CICS/6000 von IBM für die RS/6000 Systeme angeboten. Es gibt auch Portierungen auf andere UNIX-Systeme. CICS/6000 ist eine Neuentwicklung auf der Basis von Encina, die dem Anwendungsprogramm die gleichen Schnittstellen wie andere Systeme aus der CICS-Familie von IBM bietet. Auch die Definition von Masken ist analog zu anderen CICS-Systemen möglich. Damit sollte eine Portierung von Anwendungen aus der IBM-Großrechner-Welt möglich sein.

Bei der direkten Kommunikation mit Terminals bietet CICS pseudo-conversational und conversational Schnittstellen. Für Distributed Transaction Processing wird dialogorientierte Kommunikation mit einer conversational Schnittstelle angeboten. Die Transaktionsbeendigung erfolgt Top-Down. Von CICS/6000 wird das Kommunikationsprotokoll LU 6.2 unterstützt.

5 Bewertung

Es werden Produkte mit sehr unterschiedlichen Architekturen und Schnittstellen angeboten. Der gegenwärtige Stand der Normung, insbesondere bei X/Open, bietet wenig Hilfestellung:

- Die Standardisierung befaßt sich nahezu ausschließlich mit Distributed Transaction Processing. Auch wenn dies sicher ein wichtiger Aspekt ist, wäre die Standardisierung weiterer Funktionalität wünschenswert, für die Portierung von Anwendungen oder Anwendungsteilen aus der Großrechner-Welt sind weitere Funktionen praktisch unverzichtbar. Dazu kann heute aber nur auf den nationalen Standard DIN 66 265 (KDCS) oder auf Industriestandards (insbesondere CICS) verwiesen werden.

- Das X/Open DTP Reference Model ist so allgemein gehalten, daß es unterschiedlichste Konzepte zuläßt, wie sich unmittelbar an den 3 von X/Open beschriebenen CRM-Schnittstellen zeigt.

- Für Distributed Transaction Processing werden 3 sehr unterschiedliche CRM-Schnittstellen (Peer-to-Peer, XATMI, TxRPC) definiert. Portabilität von Programmen wird nur bei Beschränkung auf eine der Schnittstellen erreicht.

- Da für 2 der 3 Schnittstellen eigene Protokolle definiert werden, ist zwischen den verschiedenen Schnittstellen auch keine Interoperabilität gegeben.

- Obwohl immerhin 3 CRM-Schnittstellen definiert wurden, fehlt eine Schnittstelle, die eine pseudo-conversational Programmierung ermöglichen würde. Diese wäre aber zumindest auf der Server-Seite sinnvoll.

Daher zerfällt der TP-Markt in gegeneinander abgegrenzte Welten mit relativ wenig Gemeinsamkeiten. Lediglich im Falle der XA-Schnittstelle scheint sich ein wichtiger Standard zu etablieren, der die freie Kombination von TP-Monitoren und Datenbanken erlaubt.

Nach dem X/Open DTP Reference Model sollte eine Kombination der verschiedenen Kommunikations-Welten (CRMs) über einen gemeinsamen Transaction Manager (TM) möglich sein. Dies dürfte in der Praxis jedoch auf große Schwierigkeiten stoßen, zum einen wegen verschiedener technischer Probleme, zum anderen wegen der Notwendigkeit zur Integration sehr verschiedener Kommunikationsmodelle in einem Anwendungsprogramm. Praktisch ist eine Kopplung nur über produktspezifische Erweiterungen möglich, in denen zusätzlich zum originären Protokoll andere Protokolle realisiert sind.

Empfehlungen für oder gegen den Einsatz eines bestimmten Produktes können somit nur unter Berücksichtigung des konkreten Einsatzfalles und der zu betrachtenden Umgebung gegeben werden. Dabei sind insbesondere die Kommunikationsmöglichkeiten zu berücksichtigen. Für die Kopplung unterschiedlicher Systeme kommen in erster Linie das LU 6.2, das OSI TP und das auf OSI TP basierende XATMI Protokoll in Frage, für Großrechner-Anbindungen kann auch das LU 6.1 Protokoll interessant sein. Immerhin sind das LU 6.2 und das OSI TP Protokoll ähnlich genug, um sie ohne große Einschränkungen mit Hilfe eines Gateways ineinander umsetzen zu können.

Bei Portierungen aus der Großrechner-Welt spielt die Ähnlichkeit der Programmschnittstellen eine Rolle. Am wenigsten Aufwand entsteht natürlich bei identischen Schnittstellen, vergleichbare Schnittstellen lassen sich unter Umständen auch aufeinander abbilden.

Um im Bereich des Distributed Transaction Processing trotz der sehr unterschiedlichen Kommunikationsschnittstellen möglichst portable Programme zu erstellen, kann konzeptionell eine dialogorientierte Kommunikation vorgesehen werden, bei der die einzelnen Dialogschritte analog zum Request/Reply Modell erfolgen. Entsprechend dem normalen Unterprogrammaufruf kann auf der Client-Seite eine conversational Schnittstelle und auf der Server-Seite eine pseudo-conversational Schnittstelle verwendet werden.

Eine solche Schnittstelle wird teilweise direkt angeboten, ansonsten läßt sie sich im Prinzip auf allen betrachteten Systemen nachbilden, auf Request/Reply basierten mit einigem Aufwand, da eine Kontext-Verwaltung implementiert werden muß. Eine Request/Reply Kommunikation ohne umgebende Dialoge dürfte dagegen in vielen Fällen zu große Einschränkungen mit sich bringen.

Die verschiedenen Strategien zur Beendigung verteilter Transaktionen können notfalls über zusätzliche Benutzernachrichten aufeinander abgebildet werden. Der Verfasser bevorzugt dabei Strategien, die allen beteiligten Anwendungsprogrammen ein Vetorecht zugestehen, da die Anwendungsprogramme andernfalls entweder so konzipiert werden müssen, daß sich die Daten eines Servers nach jeder Interaktion mit dem Client in einem konsistenten Zustand befinden oder aber die Konsistenz der Daten völlig von der Zuverlässigkeit des Clients abhängt.

Literaturverzeichnis

[1] ISO/IEC 10026-1, Information Technology - Open Systems Interconnection - Distributed Transaction Processing - Part 1: Model, 1992

[2] ISO/IEC 10026-2, Information Technology - Open Systems Interconnection - Distributed Transaction Processing - Part 2: Service Definition, 1992

[3] ISO/IEC 10026-3, Information Technology - Open Systems Interconnection - Distributed Transaction Processing - Part 3: Protocol Specification, 1992

[4] X/Open CAE Specification C210, CPI-C, 1992

[5] X/Open Guide G120, Distributed Transaction Processing: Reference Model, 1991

[6] X/Open CAE Specification C193, Distributed Transaction Processing: The XA Specification, 1992

[7] X/Open Preliminary Specification P209, Distributed Transaction Processing: The TX (Transaction Demarcation) Specification, 1992

[8] X/Open Snapshot S214, Distributed Transaction Processing: The Peer-to-Peer Specification, 1993

[9] X/Open Preliminary Specification P305, Distributed Transaction Processing: The TxRPC Specification, 1993

[10] X/Open Preliminary Specification P306, Distributed Transaction Processing: The XATMI Specification, 1993

[11] DIN 66 265, Informationsverarbeitung, Schnittstellen eines Kerns für transaktionsorientierte Anwendungssysteme (KDCS-TAS-Kern), Berlin, Beuth 1986

[12] U. Bürger, A Flexible Two-phase Commit Protocol, Computer Networks and ISDN Systems 17 (1989), 175-185

[13] Systems Application Architecture, Common Programming Interface: Communications Reference, IBM Corporation, SC26-4399

Die Realisierung der Manufacturing Message Specification mit der DSPL-Entwicklungsumgebung

Andreas Mitschele-Thiel, Bernd Kolodziejczyk
Universität Erlangen-Nürnberg, IMMD VII,
Martensstr. 3, 91058 Erlangen

Zusammenfassung Der Artikel beschreibt die Realisierung des Manufacturing Message Specification (MMS) Protokolls – dem wichtigsten Protokoll der Anwendungsschicht der Manufacturing Automation Protocol Specification (MAP) – auf einem Transputernetzwerk. Die Realisierung von MMS erfolgt mit der DSPL-Entwicklungsumgebung, einem Ansatz zur Unterstützung der Abbildung und Optimierung von Anwendungen auf dedizierte parallele Systeme.

1 Motivation

Die Entscheidungen, die von Entwicklern paralleler Anwendungen in der Entwurfs- und Realisierungsphase getroffen werden müssen, sind sehr vielseitig und komplex. Dies ist bedingt durch den wechselseitigen Einfluß der Designentscheidungen auf die Leistungsfähigkeit des Systems. Der Entscheidungsprozeß kann in zwei Phasen, der Parallelisierung des Problems und der Abbildung der Software auf die Hardware, unterteilt werden.

Im ersten Schritt – der Parallelisierung des Problems – müssen unabhängige Teilaufgaben, die parallel bearbeitet werden können, identifiziert und die Granularität der zu implementierenden parallelen Tasks festgelegt werden. Außerdem muß entschieden werden, welche Kommunikations- und Synchronisationsmechanismen verwendet werden sollen.

Im zweiten Schritt – der Abbildung der Software auf die Hardware – muß zuerst die Anzahl der verwendeten Prozessoren sowie deren Topologie bestimmt werden. Anschließend wird die Zuordnung der Tasks auf die Prozessoren (Mapping) festgelegt. Soweit möglich sollte auch die Reihenfolge der Bearbeitung der Tasks (Schedule) statisch festgelegt werden. Abhängig von der speziellen Anwendung müssen noch weitere Entscheidungen getroffen werden. Beispiele hierfür sind die Dimensionierung von Puffern zur Kommunikation zwischen Tasks sowie die Replikation von Tasks.

Alle der aufgeführten Entscheidungen des Optimierungsprozesses beeinflussen die Leistungsfähigkeit des zu entwickelnden Systems. Erschwerend kommt hinzu, daß die Entscheidungen wegen ihrer wechselseitigen Abhängigkeit nicht voneinander unabhängig getroffen werden können. So kann die abschließende Bewertung einer Lösung erst nach der Festlegung aller Entscheidungen durchgeführt werden. Beispielsweise kann die gewählte Topologie erst bewertet werden, nachdem alle anderen Entscheidungen bezüglich Mapping und Schedule getroffen wurden.

2 Die DSPL-Entwicklungsumgebung

Die DSPL-Entwicklungsumgebung [Mit93, Mit94b] ist ein Ansatz zur Automatisierung des Entwurfs und der effizienten Realisierung von Anwendungen auf dedizierten parallelen Rechensystemen, d.h. Systemen, die der Anwendung exklusiv zur Verfügung stehen. Die Beispiele für dedizierte Systeme sind vielfältig. Beispiele aus dem Kommunikationsbereich reichen von einfachen Kommunikationsanschaltungen bis zu kompletten Vermittlungssystemen für öffentliche Netze.

Die DSPL-Entwicklungsumgebung generiert parallelen Code für Transputernetzwerke. Die Entwicklungsumgebung unterstützt die automatische Anpassung der gegebenen Anwendung an das zur Verfügung stehende Zielsystem. Dazu gehört unter anderem die Anpassung der Granularität der Prozesse auf ein sinnvolles Maß und die Ersetzung gepufferter Kommunikation zwischen Tasks durch effizientere ungepufferte Kommunikation, wo die Semantik dies zuläßt. Damit erfolgt eine automatische Reduktion des Parallelitätsgrads der Implementierung und damit der Anzahl der verwendeten Prozessoren auf ein Maß, für das die Leistung der Implementierung ein Optimum annimmt.

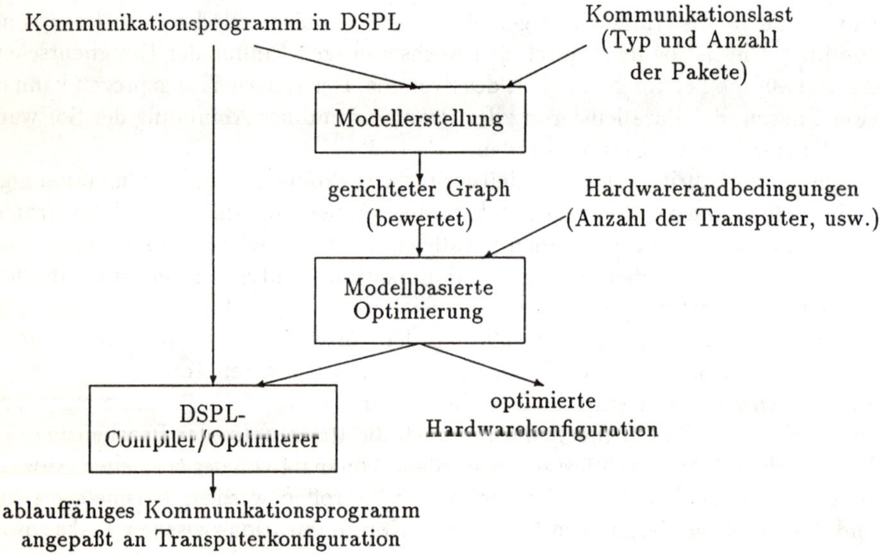

Abbildung1. Die DSPL-Entwicklungsumgebung

Die DSPL-Entwicklungsumgebung besteht im wesentlichen aus der Programmiersprache DSPL und den in Abb. 1 dargestellten Werkzeugen. Die *grobgranu-*

lare Datenflußsprache DSPL (Data Stream Processing Language) [Mit91] dient der Beschreibung paralleler Anwendungen, insbesondere der Beschreibung vielfach durchlaufener Programme (z.B. Kommunikationssoftware, digitale Signalverarbeitung). Die Sprache DSPL erlaubt die hardwareunabhängige Beschreibung der Anwendung. Ein Beispiel für ein DSPL-Programm ist in Abb. 2 graphisch dargestellt. Die Sprache zeichnet sich durch die strikte Trennung von Berechnung und Kommunikation aus. Ein DSPL-Programm besteht aus einer Anzahl von Aktoren, die über gepufferte Kanäle miteinander kommunizieren. Aktoren bestehen im wesentlichen aus drei Teilen, je einem Eingabe-, Berechnungs- und Ausgabeteil, die zyklisch durchlaufen werden. Die Ausführungsbedingung eines Aktors ist vollständig in seinem Eingabeteil spezifiziert. Die Eingabekanäle können konjunktiv (durch ein $*$ gekennzeichnet), disjunktiv (durch ein $+$ gekennzeichnet) oder gemischt verknüpft sein (Mischung aus $*$ und $+$). Damit läßt sich eine Vielzahl von Ausführungsbedingungen spezifizieren. Die Berechnungsteile von Aktoren können beliebig komplexe Berechnungen enthalten. Im Gegensatz zu traditionellen Datenflußsprachen erlauben Aktoren in DSPL das Halten von Zustandsinformationen und die Spezifikation komplexer Ausführungsbedingungen.

Die *Modellerstellung* leitet aus einem gegebenen DSPL-Programm und vom Anwender angegebenen Bearbeitungsszenarien ein Lastmodell ab. Das Lastmodell beschreibt die für die verschiedenen Bearbeitungsszenarien auftretende Last. Die Angabe der Bearbeitungsszenarien erlaubt dem Anwender zusätzlich die Vorgabe von Optimierungszielen bzgl. Antwortzeit und Durchsatz der generierten parallelen Implementierung für verschiedene Bearbeitungen des Programms.

Die *Modellbasierte Optimierung* [Mit93a] berechnet, basierend auf dem Lastmodell und dem vom Anwender spezifizierten Maschinenmodell, die wichtigsten Entwurfsentscheidungen. Diese umfassen die Topologie des Zielsystems, die Zuordnung der Tasks auf die Prozessoren inklusive deren Bearbeitungsreihenfolge, die Granularität der Prozesse und die Plazierung von Puffern (bzw. deren Elimination). Dabei können, abhängig von der Komplexität des Optimierungsproblems, verschiedene Optimierungsmethoden, wie Branch-and-Bound-with-Underestimates, Genetische Algorithmen und Clusteringverfahren, zum Einsatz kommen.

Die Vorgaben der Modellbasierten Optimierung werden vom *Compiler/Optimierer* [Mit94] mittels Programmtransformationen, angewandt auf das gegebene DSPL-Programm, realisiert, so daß daraus ein lauffähiges paralleles Programm entsteht. Dabei wird automatisch ein anwendungsspezifischer Kommunikationskern generiert, der ausschließlich die von der spezifischen Anwendung geforderten Dienste unterstützt. Anzumerken ist noch, daß aus Gründen der Effizienz die generierte Implementierung ohne Betriebssystem betrieben wird.

Die von der DSPL-Entwicklungsumgebung durchgeführten Programmtransformationen werden auf der Basis von Transitionssystemen formal beschrieben [Mit94b, Mit94a]. Der Ansatz dient als Basis für den Nachweis der semantischen Korrektheit der Abbildung des DSPL-Programms auf das Zielsystem. Der formale Ansatz dient insbesondere der Ableitung eines Verfahrens zur Bestimmung der Erzwingbarkeit vorgegebener Bearbeitungsreihenfolgen und dem Nachweis der Zulässigkeit der Elimination von Puffern. Beide Optimierungen sind für die Effizienz der generierten Implementierung von außerordentlicher Wichtigkeit. Außerdem erlaubt der formale Ansatz den Nachweis der Transitivität der schrittweise durchgeführten Programmtransformationen.

3 Manufacturing Message Specification

Die Manufacturing Automation Protocol Specification (MAP) spezifiziert eine auf dem ISO/OSI-Referenzmodell basierende Familie von Kommunikationsprotokollen für den Bereich der rechnerintegrierten Fertigung. Hauptmerkmal von MAP ist eine wohlüberlegte Auswahl von Standards (Normen), die den Leistungsumfang von Diensten und die sie unterstützenden Protokolle definieren. Damit wird einer unüberschaubaren Vielfalt untereinander nicht kompatibler Lösungen vorgebeugt.

Allen MAP-Profilen gemein ist die Manufacturing Message Specification (MMS) [IS9506a, IS9506b] (siehe auch [Bri89, Val92]). MMS stellt das wichtigste Protokoll der Anwendungsschicht (Schicht 7b) von MAP dar. MMS-Dienste sind speziell auf die Kommunikation von Geräten der Fertigungsebene, also CNC-Maschinen, Roboter, Überwachungssysteme usw. abgestimmt.

Die Kommunikation zwischen zwei MMS-Anwendungen erfolgt entsprechend dem Client-Server-Konzept. Dabei fordert der Client durch die Übertragung einer Dienstanforderung (Request) die Ausführung eines MMS-Dienstes durch den Server an. Bei bestätigten Diensten wird das Ergebnis der Dienstausführung dem Client mitgeteilt, indem der Server eine entsprechende Dienstantwort (Response) an den Client zurückschickt.

Die MMS-Norm definiert das Verhalten des Servers, nicht jedoch das des Clients. Damit unterscheidet sich die MMS-Norm von den meisten anderen ISO/OSI-Normen, indem sie nicht nur das äußere, also das für die jeweilige Partnerinstanz sichtbare Verhalten des MMS-Providers festlegt, sondern, für den Fall des Servers, auch das Verhalten von oberhalb der Schicht 7b angesiedelten Teilen definiert.

MMS umfaßt 10 Dienstgruppen mit insgesamt 86 einzelnen Diensten. Der überwiegende Teil der Dienste ist bestätigt, ein kleinerer Teil ist unbestätigt. Mittels unbestätigter Dienste kann der MMS-Server unter anderem Zustandsmeldungen an den Client absetzen. Weitere Beispiele für unbestätigte Dienste sind der Abort-Service, der zum abrupten, nicht mit der Partner-Instanz ausgehandelten Verbindungsabbruch dient, und der Reject-Service. Letzterer kann nicht vom MMS-User aufgerufen werden, sondern wird autonom vom MMS-Provider initiiert, wenn auf dem Empfangspfad ein Protokollfehler auftritt.

4 Ansätze zur Parallelisierung von MMS

Kommunikationsprotokolle besitzen einen hohen Grad an inhärenter Parallelität. Die Erscheinungsformen der Parallelität und damit die möglichen Strategien zur parallelen Bearbeitung von Kommunikationsprotokollen sind vielfältig (siehe dazu auch [Zit91, Ulr93, Kön93]).

Vertikale Parallelität von Kommunikationsprotokollen beruht auf der Unterteilung in Schichten. Hierzu bietet sich im besonderen die Unterteilung entsprechend den im ISO/OSI-Referenzmodell definierten Protokollschichten an. Die parallele Bearbeitung vertikaler Parallelität erfolgt entsprechend dem Pipelining-Prinzip. Dabei wird im besten Fall zu jedem Zeitpunkt in jeder Schicht (Stufe der Pipeline) ein Paket bearbeitet.

Horizontale Parallelität nutzt die Unabhängigkeit von Bearbeitungsschritten innerhalb einer Protokollschicht oder schichtenübergreifend. Die Trennung der Einheiten kann dabei nach Aufgaben erfolgen (funktionale Parallelität). Wichtigstes Beispiel hierfür ist die parallele und damit getrennte Bearbeitung von Sende- und Empfangsanforderungen. Eine weitere Möglichkeit ist die Trennung entsprechend den Kommunikationsverbindungen, so daß jede Funktion durch mehrere Instanzen realisiert ist und jede Instanz für eine Anzahl von Verbindungen zuständig ist (Replikation). Darüber hinaus ist die parallele Bearbeitung verschiedener Teile einer Protokolldateneinheit, wie beispielsweise die getrennte Bearbeitung von Protokoll- und Nutzinformationen, möglich.

Die folgenden Ausführungen konzentrieren sich auf die MMS-Protokollschicht. Darüberliegende Teile von MMS, die nicht direkt zur Schicht 7b gehören, wie der MMS-User, bleiben von der Betrachtung ausgeschlossen.

Aus der Sicht jeder ankommenden Protokolldateneinheit bestehen die Aufgaben von MMS im wesentlichen aus

- der Überprüfung der Zulässigkeit der Anforderung inklusive der entsprechenden Aktualisierung des Zustands der Protokollmaschine und
- der Kodierung bzw. -Dekodierung der Protokolldateneinheit.

Entsprechend obiger Diskussion über Möglichkeiten der Parallelisierung von Kommunikationssoftware ergeben sich folgende Ansätze:

- **Trennung von Sende- und Empfangspfad**
  Die Entkopplung von Sende- und Empfangspfad erlaubt die weitgehend unabhängige, gleichzeitige Bearbeitung von Anforderungen in Sende- und Empfangsrichtung. Der einzige Berührungspunkt ist die Prüfung des Zustandes und die Durchführung des Zustandsüberganges durch die Protokollmaschine. Beides muß für aufeinanderfolgende zu sendende oder empfangende Protokolldateneinheiten, die zur gleichen Verbindung gehören, unter gegenseitigem Ausschluß erfolgen, da anderenfalls inkonsistente Protokollzustände auftreten können. Diese Problematik wird in Kapitel 5 näher beschrieben.
- **Parallelisierung der Kodierung bzw. Dekodierung**
  In Anbetracht des hohen Rechenzeitbedarfs der ASN.1-Kodierung bzw. -Dekodierung erscheint deren interne Parallelisierung sinnvoll. Allerdings ist dies wegen der überwiegend sequentiellen Strukturierung (verkettete Liste) der zu kodierenden bzw. dekodierenden Daten nur bedingt möglich.
- **Replikation von Funktionen**
  Eine weitere Möglichkeit zur Leistungssteigerung stellt die Replikation auf-

wendiger Funktionen dar, so daß durch die Plazierung der replizierten Funktionen auf mehrere Prozessoren die Bearbeitung einer Anzahl von Paketen gleichzeitig durchgeführt wird. Hierfür eignet sich besonders die Kodierung bzw. Dekodierung, da dabei die Bearbeitung jedes Paketes unabhängig von vorherigen Paketen erfolgen kann [Kol93]. Darüber hinaus besteht die Möglichkeit, die MMS-Schicht vollständig zu replizieren, so daß jeder Prozessor, dem eine der replizierten Instanzen zugeordnet ist, einen Teil der Kommunikationsverbindungen übernimmt. Allerdings ist dazu, im Gegensatz zur Replikation der Kodierung bzw. Dekodierung, eine zusätzliche (zentrale) Instanz notwendig, die die Verbindung bestimmt, auf die sich die ankommenden Pakete beziehen [Kol94].

5 Beschreibung von MMS in DSPL

Bevor im nächsten Abschnitt unsere aktuelle DSPL-Implementierung von MMS vorgestellt wird, sollen im folgenden die grundsätzlichen Möglichkeiten der Beschreibung von MMS mit der Sprache DSPL erläutert werden.

Ziel des im folgenden vorgestellten Basismodells ist die Trennung des Sende- und Empfangspfades von MMS. Damit können Anforderungen in Sende- und Empfangsrichtung relativ unabhängig voneinander bearbeitet werden. Die Struktur der entsprechenden DSPL-Beschreibung ist in Abb. 2 dargestellt. Zur übersichtlichen Darstellung des DSPL-Programms wurde der Empfangspfad entgegen der üblichen Konvention gespiegelt dargestellt. Der Sendepfad wird durch die Aktoren `s_user`, `enc`, `s_stm`, `s_acse` und `s_reject` realisiert, der Empfangspfad durch die Aktoren `r_acse`, `dec`, `r_stm`, `r_user` und `r_reject`.

Im fehlerfreien Fall werden zu sendende Pakete von den Aktoren `s_user`, `enc`, `s_stm` und `s_acse` bearbeitet. Dabei bildet der Aktor `s_user` die Schnittstelle zum MMS-User und der Aktor `s_acse` die Schnittstelle zur darunterliegenden Schicht. Der Aktor `enc` realisiert die ASN.1-Kodierung. Der Aktor `s_stm` dient der Überprüfung der Zulässigkeit der Anforderung und der Durchführung des entsprechenden Zustandsübergangs der Protokollmaschine.

Fehler können auf dem Sendepfad in der Schnittstelle zum MMS-User (Aktor `s_user`), bei der Durchführung der ASN.1-Kodierung (Aktor `enc`) oder der Bearbeitung der Protokollmaschine (Aktor `s_stm`) auftreten. In allen Fällen wird durch die Übertragung einer Nachricht an den Aktor `s_reject` die Erzeugung einer reject-Struktur angestoßen, die ihrerseits über den Aktor `r_user` (Empfangspfad) an den lokalen Anwender geschickt wird.

Die Bearbeitung auf dem Empfangspfad erfolgt analog zur Bearbeitung auf dem Sendepfad. Dabei dient der Aktor `dec` der ASN.1-Dekodierung. Fehler können auf dem Empfangspfad in der Schnittstelle zur darunterliegenden Schicht (Aktor `r_acse`), bei der Durchführung der ASN.1-Dekodierung (Aktor `dec`) oder der Bearbeitung der Protokollmaschine (Aktor `r_stm`) auftreten. In allen Fällen wird durch die Übertragung einer Nachricht an den Aktor `r_reject` die Erzeugung einer reject-Struktur angestoßen, die ihrerseits über den Aktor `s_acse` (Sendepfad) an die darunterliegende Schicht geschickt wird. Außerdem wird in

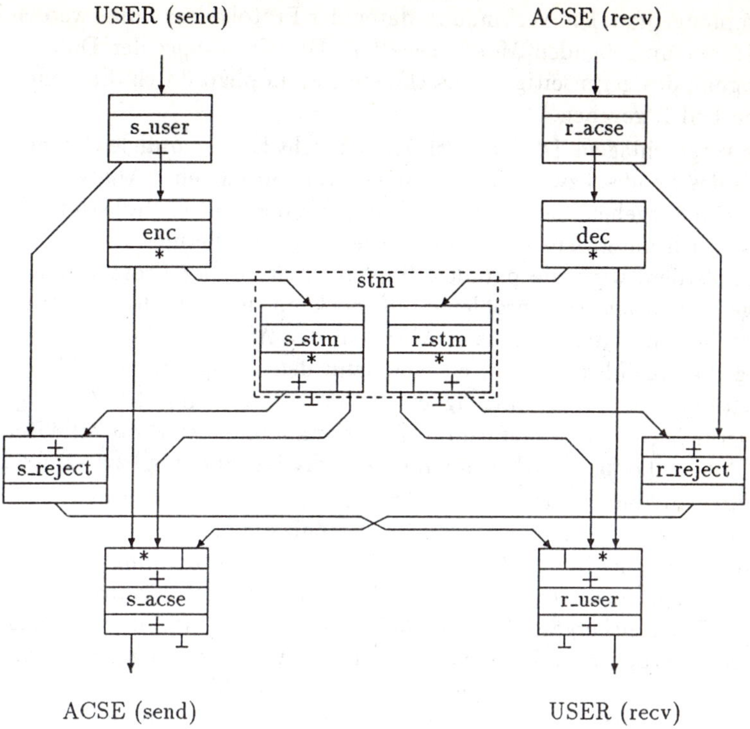

Abbildung2. Die DSPL-Beschreibung von MMS

bestimmten Fällen – abhängig vom Zustand, in dem sich die Verbindung befindet, – eine zusätzliche Nachricht an den lokalen Anwender geschickt.

Gemeinsame Komponente beider Kommunikationsrichtungen ist die durch das Modul `stm` realisierte Protokollmaschine. Sie dient der Prüfung der Zulässigkeit der entsprechenden Anforderungen und der Aktualisierung des Zustandes der Verbindung, auf die sich die Anforderung bezieht. Eine vollständige Trennung der Protokollmaschine in Sende- und Empfangsteil erscheint wegen den von der Protokollmaschine gehaltenen Verbindungsdaten, die jeweils für beide Kommunikationsrichtungen relevant sind, nicht sinnvoll. So würde die vollständige Trennung der Protokollmaschine in zwei unabhängige Teile einen hohen Koordinationsaufwand zwischen den Teilen verursachen. Aus diesen Gründen wurde die Protokollmaschine als Ganzes von den restlichen Teilen des Protokolls getrennt. Damit kann die Protokollmaschine entweder dem für den Sende- oder den Empfangspfad zuständigen Prozessor zugeordnet werden oder völlig separat von beiden betrieben werden.

Die DSPL-Beschreibung sieht zwei Aktoren (`s_stm` und `r_stm`) für die Realisierung der Funktionen der Protokollmaschine vor, je einen für den Sende- und den Empfangspfad. Die Verbindungsdaten der Protokollmaschine werden in dem die Aktoren umgebenden Modul gehalten. Die Konsistenz der Daten, d.h. die Erzwingung des gegenseitigen Ausschlusses, ist implizit durch die Definition der Sprache DSPL gegeben.[1]

Die vorgeschlagene DSPL-Beschreibung sieht keine parallele Bearbeitung innerhalb des Sende- bzw. Empfangspfades vor. So hat eine Analyse der Protokollmaschine ergeben, daß die Bearbeitungszeit der Protokollmaschine in der Regel wesentlich unter dem Aufwand für die ASN.1-Kodierung bzw. -Dekodierung liegt. Außerdem wirft die parallele Implementierung der Protokollmaschine vielfältige Synchronisationsprobleme auf. So kann die endgültige Aktualisierung der Verbindungsdaten erst nach Abschluß der ASN.1-Kodierung bzw. -Dekodierung durchgeführt werden, da erst dann der Erfolg bzw. der Mißerfolg der Bearbeitung feststeht. Damit eignet sich nur die Prüfung der Zulässigkeit der Anforderung – basierend auf dem Kopf der ankommenden Protokolldateneinheit – für die nebenläufige Bearbeitung mit der ASN.1-Kodierung bzw. -Dekodierung.

Außerdem können sich bei der Aufteilung des Aktors `s_stm` bzw. `r_stm` in jeweils zwei Aktoren – einen zur Prüfung der Zulässigkeit der Anforderung (`test`) und einen zur entsprechenden Aktualisierung der Verbindungsdaten (`update`) – Konsistenzprobleme ergeben. So muß zur Wahrung der Konsistenz der Verbindungsdaten sichergestellt sein, daß zwischen der Prüfung der Zulässigkeit einer Anforderung *a* und der entsprechenden Aktualisierung der Verbindungsdaten keine weitere Bearbeitung der Protokollmaschine (Prüfung oder Aktualisierung) mit einer anderen Anforderung *b*, die sich auf dieselbe Verbindung bezieht, durchgeführt wird. Dies gilt sowohl für den Fall, daß sich beide Anforderungen auf dieselbe Kommunikationsrichtung beziehen, als auch für den Fall, daß jeweils eine Anforderung in Sende- und eine in Empfangsrichtung eintrifft. Eine zulässige Reihenfolge der Bearbeitung der Anforderung wäre die Sequenz `test(a)`, `update(a)`, `test(b)`, `update(b)`. Ein Beispiel für eine nicht zulässige Reihenfolge ist die Sequenz `test(a)`, `test(b)`, `update(a)`, `update(b)`.

Zusammenfassend läßt sich sagen, daß die Aufteilung der Protokollmaschine in Prüfung und Aktualisierung mit der aktuellen Sprachversion von DSPL zwar grundsätzlich möglich ist, die Wahrung der Konsistenz der Verbindungsdaten aber eine umständliche Beschreibung erfordert. Eine ausführliche Beschreibung darüber ist in [Kol93] zu finden.

6 DSPL-Implementierung von MMS

Um den Aufwand für die Realisierung von MMS relativ gering zu halten, wurde von einer vollständigen Neuimplementierung abgesehen. Stattdessen diente eine sequentielle MMS-Implementierung als Ausgangsbasis für die Parallelisierung.

[1] Durch die Realisierung des Monitor-Konzeptes [Hoa74] in DSPL erfolgt die Bearbeitung der Berechnungsteile der dem Modul zugeordneten Aktoren in gegenseitigem Ausschluß.

6.1 Ausgangsbasis: sequentielle MMS-Implementierung

Die sequentielle Implementierung wurde entsprechend dem CNMA Implementation Guide [CNM91] für Intel-Architekturen der 80x86-Familie konzipiert. Sie umfaßt ca. 23000 Zeilen Programmcode, geschrieben in der Programmiersprache C.

Der Quellcode gliedert sich im wesentlichen in drei Module, der ASN.1-Kodierung und -Dekodierung, der Protokollmaschine und Schnittstellenfunktionen zu ACSE und zum MMS-User. Die Implementierung der sequentiellen MMS-Version erfolgt prozedural durch einen einzigen Prozeß. Die Initiierung der MMS-Protokollbearbeitung in Sende- und Empfangsrichtung erfolgt ausschließlich durch den MMS-User.

Die Ablaufsteuerung des MMS-Protokolls erfolgt zentral durch die Protokollmaschine, die ihrerseits MMS-interne und externe Prozeduren aufruft. MMS-interne Prozeduren dienen beispielsweise der Durchführung der ASN.1-Kodierung bzw. -Dekodierung, der Prüfung der Zulässigkeit einer Anforderung im momentanen Zustand der entsprechenden Verbindung oder der Durchführung interner Verwaltungsaufgaben, wie der Verwaltung von Puffern. Externe Prozeduren dienen entweder dem Zugriff auf die Dienste darunterliegender Protokollschichten oder die Dienste vom MMS-User. Eine detailliertere Beschreibung der sequentiellen MMS-Implementierung ist in [Kol93] zu finden.

6.2 Vorarbeiten zur parallelen Realisierung auf Transputern

Zur Parallelisierung und Abbildung der sequentiellen MMS-Implementierung auf ein entsprechendes DSPL-Programm war eine Reihe von Vorarbeiten nötig:

- Anpassung an Transputerarchitektur
  Die vorliegende sequentielle Implementierung der ASN.1-Kodierung bzw. -Dekodierung ist konzeptionell auf 16-Bit-Architekturen ausgerichtet. Aus Gründen der Effizienz unterscheidet sich die physikalische Anordnung der Daten bei einer Übersetzung des Codes mit einem Compiler für eine 16-Bit-Architektur von der Anordnung bei der Übersetzung mit einem Compiler für Transputerarchitekturen mit 32 Bit Wortlänge. So wird von Compilern für Transputerarchitekturen zur Unterstützung eines schnellen Zugriffes auf die Daten in der Regel ein Wort-Alignment durchgeführt. Dagegen geht die vorliegende sequentielle MMS-Implementierung von einer Speicherung der Daten in gepackter Form, d.h. ohne Lücken, aus. Da in der sequentiellen MMS-Implementierung auf Daten einerseits als C-Struktur (`struct`) und andererseits als Byte-Strom zugegriffen wird, waren aufwendige Anpassungen notwendig, um einen konsistenten Zugriff auf die Daten zu gewährleisten.
- Separation von Sende- und Empfangspfad
  Als Voraussetzung für die parallele Bearbeitung auf nicht speichergekoppelten Systemen müssen die entsprechenden Komponenten separiert werden, und implizite Kommunikation über gemeinsame (globale) Variable durch entsprechende explizite Kommunikationskonstrukte ersetzt werden. So wurde

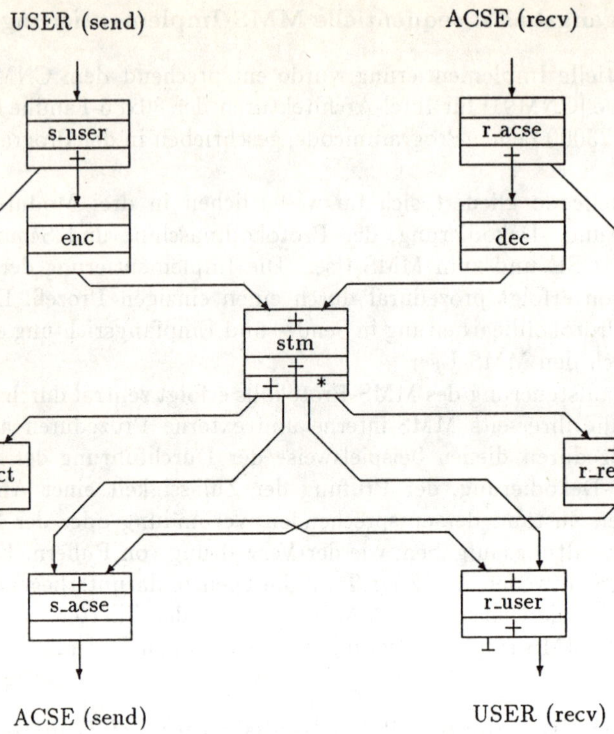

Abbildung3. Die DSPL-Realisierung von MMS

die sequentielle Implementierung im wesentlichen in drei separate Komponenten unterteilt, jeweils eine für die ASN.1-Kodierung, ASN.1-Dekodierung und die Protokollbearbeitung.

- Dezentralisierung der Ablaufsteuerung
  In der sequentiellen MMS-Implementierung erfolgt die Ablaufsteuerung zentral durch die Protokollmaschine, welche die Funktionen für die ASN.1-Kodierung und -Dekodierung, die Protokollbearbeitung und Schnittstellenfunktionen zur darunterliegenden Schicht und zum Anwender aufruft. Als Voraussetzung für die parallele Bearbeitung von MMS mußte die Ablaufsteuerung dezentralisiert werden. Dazu wurde die prozedurale Implementierung in eine prozeßorientierte Implementierung überführt, in der die Steuerung dezentral durch das Vorliegen entsprechender Nachrichten erfolgt.

6.3 DSPL-Realisierung

Die Struktur der aktuellen DSPL-Realisierung von MMS ist in Abb. 3 dargestellt. Die Realisierung unterscheidet sich von dem in Abb. 2 dargestellten Basismodell wie folgt: Die MMS-Protokollmaschine wird durch einen einzigen Aktor (`stm`) anstatt von zwei von einem Modul umgebenen Aktoren realisiert. Dies hat ausschließlich praktische Gründe. So ist die Trennung der Protokollmaschine in je einen Teil für den Sendepfad und einen Teil für den Empfangspfad konzeptionell problemlos möglich, bereitet in der Praxis aber Schwierigkeiten, da der MMS-Protokollautomat in der vorliegenden seriellen MMS-Realisierung als Ganzes implementiert ist. Außerdem sind die den Zustand des Protokolls repräsentierenden Variablen nicht zentral angeordnet, sondern über verschiedene Funktionen verteilt.

Nachteil der Verwendung eines einzigen Aktors für die Protokollmaschine in der DSPL-Realisierung ist die daraus resultierende Verschmelzung des Sende- und Empfangspfades. Damit kann die Bearbeitung des Sendepfades nicht mehr als unabhängig vom Empfangspfad betrachtet werden, was, abhängig von der aktuellen Zuordnung der Aktoren zu den Prozessoren, die strikte Erzwingung des Schedules erschweren kann. So ist z.B. bei der Zuordnung der Aktoren `enc` und `stm` zu einem Prozessor zur Erhaltung der semantischen Äquivalenz die Blockierung des Aktors `stm` bei fehlender Eingabe wegen seiner disjunktiven Eingabestruktur nicht möglich.

Der Kommunikationskanal, der im Basismodell die Aktoren `enc` und `s_acse` bzw. `dec` und `r_user` verbindet, wurde eliminiert. Dies hat wiederum praktische Gründe. So erübrigt sich damit in der DSPL-Realisierung im Aktor `enc` bzw. `dec` eine Trennung der Nutzdaten von dem Kopf des ankommenden Paketes und im Aktor `s_acse` bzw. `r_user` die Verschmelzung der beiden Teile des Paketes. Nachteil der Realisierung ist, daß damit die kompletten Pakete über die Protokollmaschine übertragen werden, was im Basismodell nicht nötig ist. Dadurch erhöht sich der Aufwand für Kanalkommunikation.

Zwar wurden die Aktoren zur Behandlung von Fehlern in das DSPL-Programm integriert, die Programmteile zur Durchführung von Fehlerbehandlungen bisher jedoch nicht implementiert. Grund hierfür ist ebenfalls der dafür nötige Aufwand zur Anpassung der sequentiellen MMS-Implementierung.

6.4 Abbildung auf ein Transputernetzwerk

Abbhängig von den vom Anwender spezifizierten Optimierungsanforderungen berechnet die Modellbasierte Optimierung unterschiedliche Abbildungsvorgaben. So versucht die Modellbasierte Optimierung bei hohen Anforderungen bzgl. des Durchsatzes der Implementierung, die Aktoren möglichst gleichmäßig auf die zur Verfügung stehenden Prozessoren zu verteilen. Ein Beispiel für eine solche Abbildung auf ein aus drei Transputern bestehendes Netzwerk zeigt Abb. 4.

Sind dagegen die Durchsatzanforderungen gering, und steht die Optimierung der Antwortzeit im Vordergrund, so spielt der Aspekt der gleichmäßigen Verteilung der Last bei der Optimierung nur eine untergeordnete Rolle. In diesem Fall werden von der Modellbasierten Optimierung die Vor- und Nachteile paralleler Bearbeitung implizit abgewogen – im wesentlichen der Nutzen der parallelen Bearbeitung von Aktoren gegenüber dem damit verbundenen Aufwand für Kommunikation und Verwaltung. Bedingt durch die geringe Parallelität innerhalb der

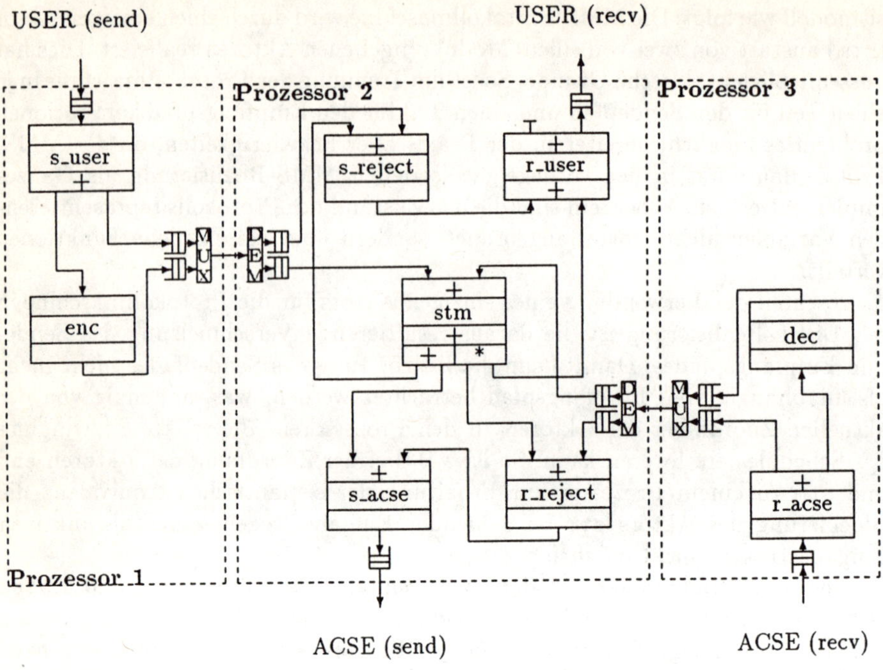

Abbildung4. Die Abbildung des DSPL-Programms auf drei Prozessoren

DSPL-Beschreibung bedeutet dies im Extremfall – wenn die parallele Bearbeitung von Sende- und Empfangspfad nicht als Optimierungsvorgabe angegeben wird – die Zuordnung aller Aktoren zu einem gemeinsamen Prozessor.

In der in Abb. 4 dargestellten parallelen Implementierung werden die Aktoren `s_user` und `enc` Prozessor 1, die Aktoren `stm`, `s_acse`, `r_user`, `s_reject` und `r_reject` Prozessor 2 und die Aktoren `dec` und `r_acse` Prozessor 3 zugeordnet. Zur Abwicklung prozessorexterner Kommunikation sieht die Modellbasierte Optimierung in den entsprechenden Kommunikationskanälen Puffer vor. Damit kann externe Kommunikation nebenläufig zur Berechnung erfolgen. Zusätzlich werden Multiplexer (`MUX`) und Demultiplexer (`DEM`) zur Verwaltung physikalischer Links eingeführt, denen je Kommunikationsrichtung mehr als ein Kommunikationskanal zugeordnet ist. Puffer aus semantischen Gründen sind in dem DSPL-Programm nicht nötig. Damit kann prozessorinterne Kommunikation ausschließlich ungepuffert erfolgen.

7 Diskussion

Das Ziel der DSPL-Entwicklungsumgebung war in erster Linie, die Integrierbarkeit modellbasierter Optimierungsverfahren mit Programmtransformationstechniken nachzuweisen und entsprechende Werkzeuge zu realisieren. Dabei mußten praktische Anforderungen an die Entwicklungsumgebung, die zwar ihre Anwendung erleichtern, aber nicht von theoretischem Interesse waren, teilweise zurückgestellt werden.

Aus der praktischen Anwendung der DSPL-Entwicklungsumgebung, im besonderen bei der Realisierung von MMS, konnte eine Reihe von Anregungen für Erweiterungen der Sprache gewonnen werden. Die folgenden Vorschläge beziehen sich auf die praktische Anwendbarkeit der Sprachkonstrukte zur Formulierung gegebener Problemstellungen und auf die Ausdrucksfähigkeit der zur Verfügung stehenden Sprachkonstrukte.

Die Vorschläge zur Unterstützung der praktischen Anwendbarkeit der Sprache umfassen

- Preprozessoranweisungen zur Definition von Konstanten und Makros sowie der Unterstützung bedingter Übersetzung,
- lokale Funktionen mit Zugriff auf Datenbereiche des aufrufenden Aktors bzw. des umgebenden Moduls,
- globale Definition von Datentypen, im besonderen zur Definition von über Kommunikationskanäle übertragenen Nachrichten,
- die Modifikation des Konzepts zum Import von Dateien.

Eine detaillierte Diskussion der Verbesserungsvorschläge ist in [Kol93] zu finden.

Neben den praktischen Aspekten wurden Mängel der Sprache bezüglich deren Ausdrucksfähigkeit deutlich. So zeigte sich bei der Realisierung des MMS-Protokolls, daß die bei der neuen Sprachversion durchgeführte Ersetzung von expliziten vom Anwender im Programm angegebenen Synchronisationsanweisungen (siehe [Mit91]) durch implizite Synchronisation durch das Monitor-Konzept [Hoa74] die Formulierung der Protokollmaschine wesentlich verkompliziert. Abhilfe schafft hier der in [Sin91] beschriebene Ansatz, der in einem Aktor mehrere aus Eingabe-, Berechnungs- und Ausgabeteil bestehende Sequenzen zuläßt. Dies erlaubt eine aus mehreren Sequenzen bestehende Bearbeitung eines Aktors mit durchgehend exklusivem Zugriff auf Daten des umgebenden Moduls. So können zum Beispiel im Fall der Protokollimplementierung die Daten der Protokollmaschine (im Modul enthalten) mit einfachen Sprachmitteln konsistent gehalten werden (siehe hierzu auch [Kol93]).

Als ein flexiblerer Ansatz zur Lösung des Konsistenzproblems erscheint die explizite Spezifikation der Abhängigkeiten mittels Pfadausdrücken (path expressions) [Cam74]. Pfadausdrücke erlauben die Spezifikation von Abhängigkeiten unabhängig und getrennt vom eigentlichen Programmcode. Damit kann die Analyse, notwendig zur Bestimmung von im Programmcode enthaltenen Abhängigkeiten, entfallen. Allerdings muß der Compiler/Optimierer zur korrekten Erzwingung der spezifizierten Synchronisationen erweitert werden.

Während obige Erweiterungen im wesentlichen auf die Verbesserung der Handhabbarkeit der DSPL-Entwicklungsumgebung abzielen, sollen im folgenden konzeptionelle Erweiterungen diskutiert werden.

Die aktuelle Realisierung der DSPL-Entwicklungsumgebung sieht keine vollständige Elimination prozessorinterner Nachrichtenkommunikation vor. Die vollständige Elimination der Übertragung von Nachrichten zwischen den einem gemeinsamen Prozessor zugeordneten Aktoren ist nur in Sonderfällen möglich. Um diese zu erkennen, ist eine umfangreiche Analyse der Datenabhängigkeiten der Befehle nötig. Diese gestaltet sich wegen der Zulässigkeit indirekter Adressierung in der Sprache äußerst schwierig.

Zur Lösung dieses Problems wird eine Modifikation der Sprache vorgeschlagen. Diese sieht die Einführung expliziter Befehle zur Verwaltung von Puffern durch den Anwender vor. So sollen zwischen den Aktoren statt Nachrichten nur Zeiger auf die Nachrichten übergeben werden. Damit läßt sich eine erhebliche Reduzierung prozessorinterner Kommunikation erreichen, ohne daß dazu komplexe Analysen und Programmtransformationen nötig sind. Zusätzlich verringern sich die Kosten gepufferter (interner und externer) Kommunikation. Bei prozessorexterner Kommunikation sorgt der Compiler/Optimierer für die Generierung entsprechender Routinen, die die Übertragung von Adressen durch die Übertragung der Nachricht selbst ersetzen und die Zuteilung und Freigabe der entsprechenden Speicherbereiche vornehmen.

Neben den bereits von der Modellbasierten Optimierung getroffenen Entwurfsentscheidungen, wie dem Schedule, der Plazierung der Puffer und der Topologie des Zielsystems sind grundsätzlich noch andere Optimierungsmöglichkeiten denkbar. Während die DSPL-Entwicklungsumgebung die Parallelisierungskonzepte Pipelining und funktionale Parallelisierung unterstützt, ist die Methode der Replikation von Tasks in DSPL zwar prinzipiell möglich, wird von der Modellbasierten Optimierung jedoch nicht explizit unterstützt. So kann der Anwender zwar identische Bearbeitungen durch mehrere Aktoren realisieren, die Entscheidung, wieviele Replikationen eines Aktors nötig sind, wird dem Anwender dabei allerdings nicht abgenommen. Außerdem sieht die Sprache bisher keine vordefinierten Konstrukte zur dynamischen Lastverteilung ankommender Nachrichten auf die replizierten Instanzen vor.

Literatur

[Bri89] M. Brill, U. Gramm. MMS – Die MAP-Applikationsdienste für die industrielle Fertigung, 1-3. ELEKTRONIK, (3-5), 1989.

[Cam74] R.H. Campbell, A.N. Habermann. The Specification of Process Synchronization by Path Expressions. Lecture Notes in Computer Science 16, Springer-Verlag, 1974.

[CNM91] CNMA Implementation Guide Volume 1: CNMA Communications Profiles, Revision 5.0, ESPRIT Project 5104, Oct. 1991.

[Hoa74] C. A. R. Hoare. Monitors: An operation system structuring concept. Communications of the ACM, 17(10), Oct. 1974.

[IS9506a] ISO 9506-1: 1990(E) Manufacturing Message Specification (MMS) Part 1: Service Definition. International Organisation for Standardization, 1990.

[IS9506b] ISO 9506-2: 1990(E) Manufacturing Message Specification (MMS) Part 2: Protocol Specification. International Organisation for Standardization, 1990.

[Kön93] H. König, W. Effelsberg, R. Gotzhein. Ableitung parallel ausführbarer Protokollimplementierungen. PIK: Praxis der Informationsverarbeitung und

Kommunikation, 16(4), 1993.

[Kol93] B. Kolodziejczyk. Anwendung der DSPL-Entwicklungsumgebung zur Realisierung des Manufacturing Message Specification-Protokolls (MAP). Diplomarbeit, Universität Erlangen-Nürnberg, IMMD VII, Mai 1993.

[Kol94] H. Kollmann. Implementierung und Bewertung eines replizierten MMS-Protokolls auf Transputern. Diplomarbeit, Universität Erlangen-Nürnberg, IMMD VII, Juli 1994.

[Mit91] A. Mitschele-Thiel. Data Stream Processing Language - DSPL. Technical Report 4/91, IMMD VII, University of Erlangen-Nuremberg, Aug. 1991.

[Mit93] A. Mitschele-Thiel. Automatic Configuration and Optimization of Parallel Transputer Applications. Transputer Applications and Systems '93 (Proc. of the 1993 World Transputer Congress, Aachen, Germany), vol. 2, IOS Press, 1993.

[Mit93a] A. Mitschele-Thiel. On the Integration of Model-Based Performance Optimization and Program Implementation. Proc. Fourth Workshop on Future Trends of Distributed Computing Systems, Lisboa, Portugal, IEEE Computer Society Press, Sept. 1993.

[Mit94] A. Mitschele-Thiel. Two Strategies for the Efficient Implementation of Data-Driven Programs on Transputer Networks. Proc. of the 1994 World Transputer Congress, Lake Como, Italy, IOS Press, Sept. 1994.

[Mit94a] A. Mitschele-Thiel. A Formal Framework Supporting the Merger of Tasks. Proc. of the Seventh International Conference on Parallel and Distributed Computing Systems, Las Vegas, ISCA, Oct. 1994.

[Mit94b] A. Mitschele-Thiel. Die DSPL-Entwicklungsumgebung - Ein automatischer Ansatz zur Abbildung und effizienten Realisierung dedizierter Anwendungen auf parallele Systeme. Dissertation, Fortschritt-Berichte VDI, Reihe 10: Informatik/Kommunikationstechnik, Nr. 315, VDI Verlag, 1994.

[Sin91] A. Sindermann. Abbildung vielfach durchlaufener Programme auf Transputernetzwerke - Entwicklung geeigneter Werkzeuge zur Automatisierung des Abbildungsvorgangs. Diplomarbeit, Universität Erlangen-Nürnberg, IMMD VII, Jan. 1991.

[Ulr93] R. Ulrich. Untersuchungen an einem OSI-Kommunikationswerk auf Transputer-Basis - Ein Beitrag zur Optimierung schichtenorientierter Kommunikationssysteme. Arbeitsberichte des Instituts für Mathematische Maschinen und Datenverarbeitung, 26(11), Universität Erlangen-Nürnberg, Sept. 1993.

[Val92] A. Valenzano, C. Demartini, L. Ciminiera. MAP and TOP communications: standards and applications. Addison-Wesley, 1992.

[Zit91] M. Zitterbart. Funktionsbezogene Parallelität in transportorientierten Kommunikationsprotokollen. Dissertation, Universität Karlsruhe, Fortschrittsbericht VDI, Reihe 10: Informatik/Kommunikationstechnik, Nr. 183, VDI-Verlag Düsseldorf, 1991.

Ein Estelle-Compiler für Transputersysteme

R. Henke und M. Hübner

"Otto-von-Guericke" Universität Magdeburg
Institut für theoretische Informatik,
Rechnernetze und Betriebssysteme
PF 4120, Magdeburg 39016
e-mail:{henke,huebner}@irb.cs.uni-magdeburg.de

1. Einleitung

Kommunikationssysteme werden durch neuere Leistungsanforderungen dazu gezwungen, immer größere Datenmengen in immer kleiner werdenden Zeitabständen zu übertragen. Glasfasernetze haben eine theoretische Übertragungsobergrenze von ca. 300 Gigabit/Sekunde. Praktische Messungen von Netzen mit den heutigen Übertragungstechniken in den unteren Schichten haben bis zu 160 Megabit/Sekunde ergeben. Dazu kommen in den oberen Schichten immer anspruchsvollere Dienstanforderungen, wie Videokonferenzen bzw. andere Multimediaanwendungen.

Um diesen hohen Anforderungen gerecht zu werden, müssen nicht nur neue Protokolle, sondern auch völlig neue Protokollentwicklungsprinzipien zur Anwendung kommen. Parallele Implementierungsplattformen bieten Möglichkeiten für effizientere Implementierungen. Dieser Beitrag beschäftigt sich mit der Ableitung von effizienten Implementierungen aus formal beschriebenen Protokollen. Als Formale Beschreibungstechnik wird Estelle verwendet und als Zielarchitektur ein Transputersystem von PARSYTEC. Das Transputersystem besteht aus maximal 24 Prozessoren T805 und wird mit PARIX (PARallel extentions to UNIX) von einer SUN-SPARC als Hostrechner betrieben.

Die Gliederung dieses Beitrags stellt sich wie folgt dar: Nach einer kurzen Einführung in das Prinzip der rechnergestützten Implementierung, in die hier verwendete FDT Estelle und das PARIX-System wird das verwendete Implementierungsmodell vorgestellt. Die Darstellung und Bewertung der durchgeführten Experimente bildet zusammen mit dem Ausblick den Abschluß dieses Beitrages.

2. Prinzip der rechnergestützten Implementierung von formalen Spezifikationen

Der Ausgangspunkt für diese Art der Implementierung stellt ein mittels einer FDT (formal description technique) beschriebenes Kommunikationsprotokoll dar. Ein Compiler dieser FDT erzeugt daraus Quellcode einer Implementierungssprache. Der generierte Code wird zusammen mit den Laufzeitbibliotheken des Compilers der FDT und den des Compilers der Implementierungssprache zu einem bzw. mehreren ausführbaren Programmen auf dem Zielsystem übersetzt und verbunden.

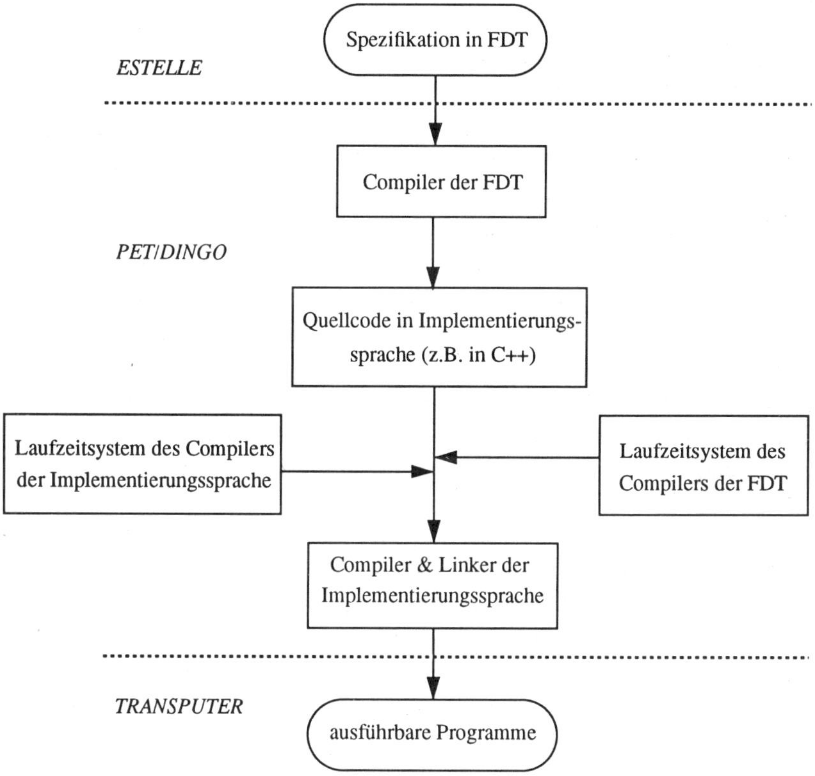

Abbildung 1: Prinzip der rechnergestützten Implementierung

Demnach unterteilt sich die rechnergestützte Implementierung von formal beschriebenen Kommunikationsprotokollen in folgende Teilbereiche:

- die FDT, in der das Protokoll spezifiziert ist,
- der Compiler, der das spezifizierte Protokoll in Code der Implementierungssprache überführt und
- das Zielsystem, auf dem die ausführbaren Programme ablaufen.

Somit bilden die Analyse der verwendeten FDT und des Laufzeitsystems des Compilers des Zielsystems die Grundlage für die Erstellung eines geeigneten Modells für die rechnergestützte Implementierung. Im folgenden Teilabschnitt wird aus diesem Grunde kurz auf die wesentlichen Merkmale der hier verwendeten FDT Estelle eingegangen. Anschließend folgt eine kurze Einführung in das PARIX-Transputersystem.

2.1. Estelle

Estelle ist eine formale Beschreibungssprache und wurde von der ISO 1989 standardisiert [ISO 89]. Diese Sprache basiert auf dem Modell der erweiterten endlichen Zustandsautomaten und benutzt Sprachelemente aus ISO-Pascal zur Datendarstellung und -manipulation. Die erweiterten endlichen Zustandsautomaten werden in Estelle durch Moduln beschrieben, welche hierarchisch geordnet sind. Die Kommunikation erfolgt bidirektional über Kanäle, die die Interaktionspunkte der Moduln miteinander verbinden und jeweils eine FIFO-Warteschlange darstellen.

Parallelität läßt sich in Estelle durch die Attributierung der Moduln ausdrücken. Dabei wird asynchrone und synchrone Parallelität unterschieden. Asynchron parallel können sich nur Moduln einer Hierarchiestufe verhalten. Dabei darf sich in der darüberliegenden Hierarchiestufe sowohl kein aktiver als auch kein attributierter Modul befinden. Alle anderen darunterliegenden Moduln müssen sich mit den Moduln der jeweils darüberliegenden Hierarchiestufe synchronisieren, d.h. Moduln verschiedener Hierarchiestufen verhalten sich sequentiell in ihrer Abarbeitung zu einander.

Desweiteren wird durch die formale Semantik von Estelle festgelegt, daß die asynchronen Moduln nicht dynamisch erzeugt werden können, da in der Hierarchie über diesen keine aktiven Moduln existieren dürfen. Alle anderen Moduln dagegen können dynamisch erzeugt und beendet werden. In [Bre93] sind Erweiterungen in der Estelle-Semantik vorgeschlagen worden, die das dynamische Erzeugen und Vernichten von asynchronen Moduln zulassen.

Abbildung 2 zeigt ein Beispiel kommunizierender Estelle-Moduln.

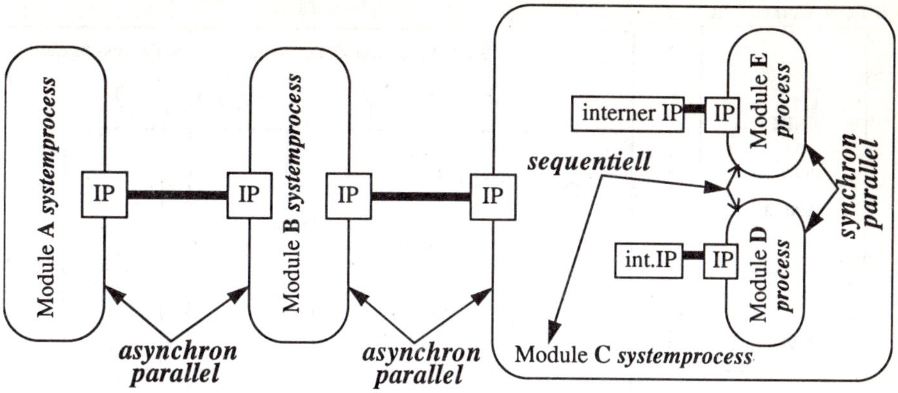

Abbildung 2: Kommunizierende Estelle-Moduln

In diesem Beispiel verhalten sich die Moduln A, B und C asynchron parallel zueinander, da sie alle mit *systemprocess* attributiert sind. Der Modul C hat 2 Kindmoduln D und E. Diese sind mit *process* attributiert. Daraus folgt, daß diese Moduln parallel zueinander laufen können, sich aber in bestimmten Zeitabständen mit dem Vatermodul C synchronisieren müssen.

Desweiteren gilt, daß entweder nur Modul C oder die Moduln D und E zur Ausführung kommen können, d.h. sie werden sequentiell verarbeitet. Daraus folgt, daß bei einer Verteilung aller Moduln A bis E auf je einem Prozessor der Prozessor mit dem Modul C auch den Modul D bzw. E aufnehmen kann, da diese niemals parallel zueinander zur Ausführung kommen können.

2.2. Das PARIX-Transputersystem

Das PARIX-Transputersystem besteht aus einem X'Plorer mit maximal 24 Prozessoren T 805 und einer SPARC-Workstation als Hostrechner. Der Aufbau eines X'Plorers ist in Abbildung 3 zu sehen. Die zur Abbildung von kommunizierenden parallelen Prozessen charakteristischen Elemente des PARIX-Systems, das Programmierungsmodell für die Verteilung von parallelen Prozessen auf die Prozessoren und die verschiedenen zur Verfügung stehenden Kommunikationsmechanismen werden im folgenden kurz vorgestellt.

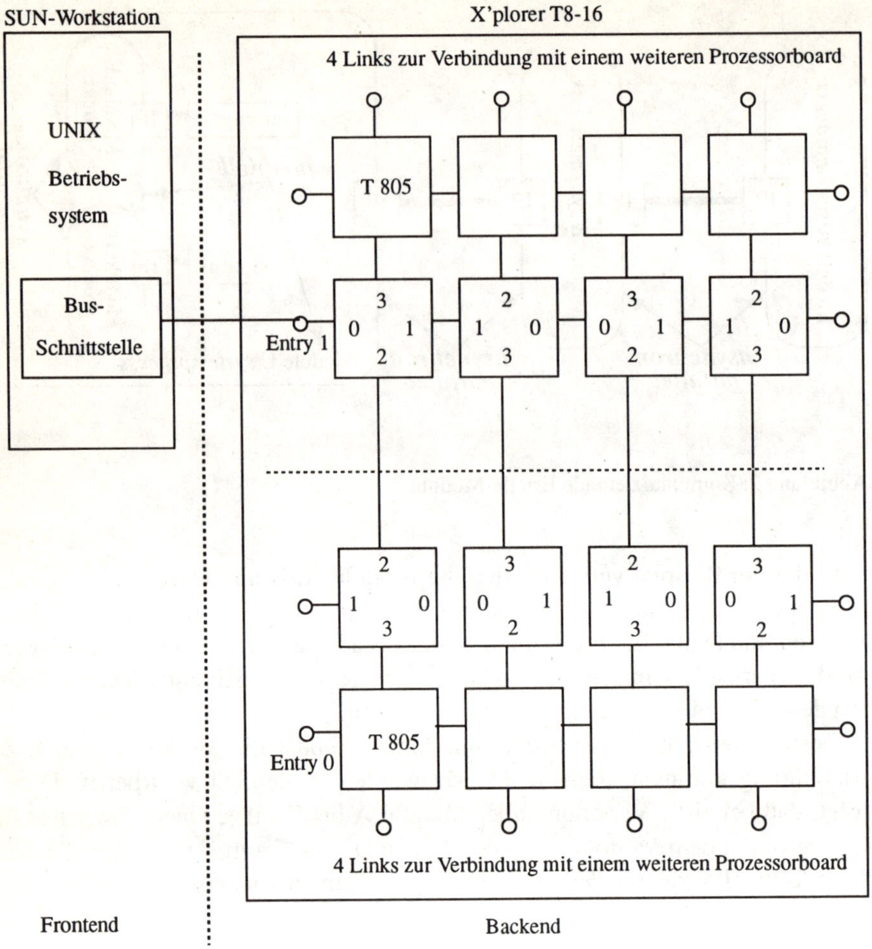

Abbildung 3: Aufbau eines X'Plorers

Das von PARIX zur Verfügung stehende Programmiermodell zur Abbildung von parallelen Prozessen auf die Prozessoren besitzt folgende Eigenschaften:

- es wird zwischen unabhängig voneinander in Ausführung befindlichen Programmen (Prozeßkontexte) und von diesen abhängige leichtgewichtige Prozesse (Threads) unterschieden;
- pro Prozessor kann max. ein Prozeßkontext gleichzeitig existieren;
- jeder Prozeßkontext besitzt seinen eigenen Adreßraum mit Code-, Daten- und Stackbereichen;

- ausführbare, d.h. um einen realen Prozessor konkurrierende Softwareobjekte sind Threads innerhalb eines Prozeßkontextes, wobei aus einem Prozeßkontext beliebig viele Threads dynamisch erzeugt werden können;

Für die Abbildung von Kommunikationsmechanismen stehen in PARIX 4 verschiedene Kommunikationstypen bereit:

- synchrone Kommunikation über virtuelle Links - Die kommunizierenden Threads müssen dabei über einen virtuellen Link verbunden sein. Der Sender wird blockiert, falls der Empfänger nicht empfangsbereit ist. Der Empfänger wird blockiert, falls keine Nachricht an ihn gesendet wurde, allerdings besteht hierbei die Möglichkeit, gleichzeitig mehrere virtuelle Links "abzuhören", ohne unendlich zu blockieren.
- synchrone Kommunikation ohne virtuelle Links - Hierbei sind keine virtuelle Links notwendig, womit aber auch ein Abhören der Links nicht möglich ist.
- asynchrone Kommunikation über virtuelle Links - Die starre Kopplung zwischen Sender und Empfänger wird durch die Erzeugung von bestimmten Threads (Kuriere) gelockert. Hierfür wird für beide Partner ein Zwischenpuffer eingerichtet und ein virtueller Link erzeugt.
- asynchrone Kommunikation ohne virtuelle Links - Zwischen den kommunizierenden Threads existieren keine Links. Der Nachrichtenaustausch erfolgt über Mailboxen (spezielles Adressierungsobjekt).

3. Der Estelle-Compiler für Transputersysteme

Als Ausgangsbasis für den zu schaffenden Estelle-Compiler wurden die PET/DINGO-Werkzeuge gewählt. Diese Werkzeuge wurden am NIST (National Institut for Standard and Technologie, USA) entwickelt und generieren aus Estelle-Spezifikationen verteilten C++-Code. Dabei überprüft der Portable Estelle Translator (PET) Estelle-Spezifikationen auf ihre Syntax und statische Semantik hin und erzeugt ein objektorientiertes statisches Modell. Der Distributed ImplementatioN GeneratOr (DINGO) benutzt das vom PET erzeugte objektorientierte statische Modell, um daraus verteilte Prototyp-Implementationen zu erzeugen. Die generierten Prototyp-Implementationen können auf Betriebssystemprozesse mehrerer Rechner eines aus Workstations bestehenden Netzwerkes verteilt werden. In der Estelle-Quelldatei kann der Nutzer bei der Modulerzeugung festlegen, ob der entsprechende Sohnmodul ein eigenständiger Betriebssystemprozeß sein soll und wenn ja, auf welchem Rechner des verteilten Systems dieser auszuführen ist. Auf jedem dieser Rechner muß vorher ein Prozeß (Site-Server) gestartet werden, der die Ausführung der Estelle-Moduln überwacht.

Desweiteren steht dem Nutzer optional eine X-Window-Schnittstelle zur Verfügung. Dazu generiert der DINGO X-Window-Funktionen, mit denen sich die erzeugten Moduln überwachen lassen.

Durch Verwendung dieser Werkzeuge wurde in einem ersten Schritt ein Prototyp des Compilers durch Anpassungen des Laufzeitsystems an das PARIX-System geschaffen. Diese Änderungen beschränken sich im wesentlichen auf die Abbildung der Estelle-Moduln auf das PARIX-Programmiermodell und die Anpassung der Interprozeßkommunikation auf eine der Kommunikationsmechanismen von PARIX. Im nachfolgend beschriebenen Entwurf des Implementierungsmodells wird auf diese beiden Änderungen eingegangen. Ebenfalls realisiert wurde die Anpassung der X-Window-Schnittstelle an das PARIX-System.

Im zweiten Schritt sind nun Optimierungen am Compiler geplant. Verschiedene Ansätze hierzu werden am Ende des folgenden Teilabschnittes vorgestellt. Ihre Realisierung dauert allerdings zur Zeit noch an, bzw. ist im Rahmen eines Forschungsprojektes geplant (Ansatz zur Abbildung auf DSPL [Mit94]).

Im Anschluß an diesen Teilabschnitt wird ein Vergleich des hier verwendeten Implementierungsmodells mit einem ebenfalls hier am Institut auf der Grundlage der PET/DINGO-Werkzeuge entwickelten Modells für eine andere Hardware-Architektur gezogen. Verglichen werden hierbei das verwendete Kommunikationskonzept (Datenfluß bzw. verteilter Speicher) und die Möglichkeit eines dynamischen Auslagerns von Prozessen.

3.1. Implementierungsmodell

Das Implementierungsmodell beschreibt die logische Struktur der Implementation, ihre Komponenten und die Art und Weise ihres Zusammenwirkens [Hel94]. Zu den Komponenten des Implementierungsmodells gehören u.a. die Dienstschnittstellen, die Instanzen, das Prozeßmodell und die Implementierungsumgebung. Die Implementierungsumgebung stellt die Verbindung der Protokollsoftware zum Betriebssystem, zu den benachbarten Schichten, teilweise zur Hardware und zum Netzwerkmanagement her.

Die Erstellung eines Prozeßmodells und die damit verbundene Abbildung der Estelle-Moduln auf die Konstrukte des Programmiermodells von PARIX wird folgendermaßen realisiert (siehe Abbildung 4).

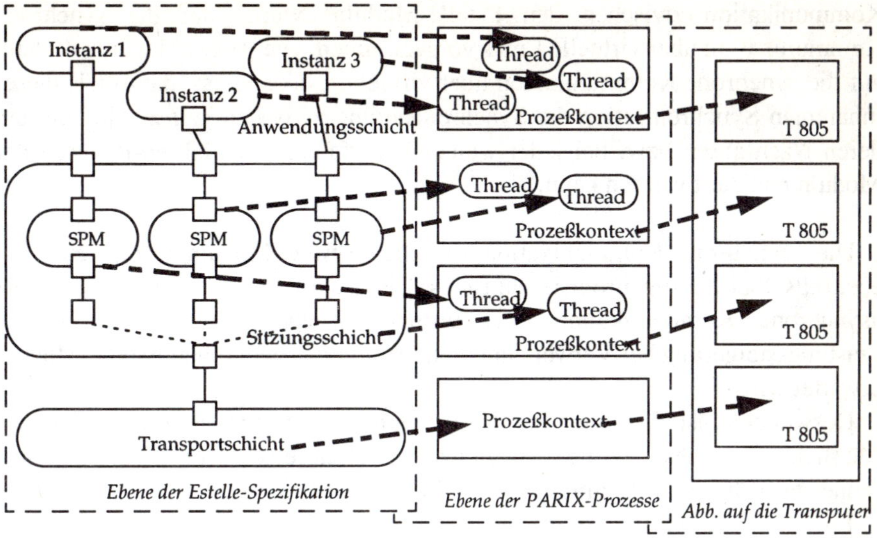

Abbildung 4: Abbildung von Estelle-Moduln auf die Konstrukte von PARIX

Alle asynchron parallelen Moduln einer Estelle-Spezifikation werden auf jeweils einen Prozeßkontext abgebildet. Die synchronen Moduln können entweder als Threads innerhalb eines Prozeßkontextes oder ebenfalls als Prozeßkontext für einen anderen Prozessor abgebildet werden, wobei im letzteren Fall die Synchronisation zwischen Prozessoren erfolgen muß. Dies hat zur Folge, daß eine Zergliederung in verschiedene Prozeßkontexte nur dann sinnvoll ist, wenn die durch die Synchronisation zusätzlich entstehende Kommunikationslast den Leistungsgewinn durch die Parallelisierung nicht wieder aufhebt. Die hier beschriebene Abbildung der Prozeßkontexte auf die Prozessoren ist, durch PARIX bedingt, nur statisch möglich. Um dynamisch Estelle-Moduln erzeugen zu können, muß eine mögliche Verteilung dem entsprechenden potentiellen Prozeßkontext vorher bekannt sein, d.h. der Spezifizierer muß die Anfangsverteilung der Estelle-Moduln genauso bestimmen, wie eine mögliche spätere Verteilung bei einer dynamischen Erzeugung, da eine dynamische Lastverteilung durch PARIX nicht unterstützt wird.

Die zur Erstellung eines Prozeßmodells bei der Verteilung von Prozessen auf verschiedene Prozessoren gehörende Interprozeßkommunikation wurde folgendermaßen realisiert. Die Abbildung der Kommunikationsmechanismen von Estelle (asynchrone, d.h. nur zwischen *system*-Moduln bzw. synchrone

Kommunikation zwischen den Estelle-Moduln) wurde auf die synchrone Kommunikation über virtuelle Links vorgenommen. Die Auswahl wurde deshalb auf die synchrone Kommunikation über virtuelle Links gelegt, da mittels dieser inhärenten Synchronisation die Synchronisierung zwischen *system*-Moduln und deren Nachfahren bzw. bei jeder weiteren Vorfahren-Nachfahren-Relation der Moduln realisiert werden kann.

Die asynchrone Kommunikation zwischen *system*-Moduln erfolgt zur Zeit ebenfalls über die synchronisierten Links. Diese wird aber in Zukunft durch eine asynchrone Kommunikation über virtuelle Links ersetzt, wodurch eine Leistungssteigerung bei Verwendung von mehreren asynchronen Estelle-Moduln erwartet wird.

Desweiteren ist die unter der Verwendung von virtuellen Links gegebene Möglichkeit eines zeitlich begrenzten "Abhörens" von Verbindungen lohnenswert für eine Optimierung des Timer-Mechanismus.

Ein weiterer Optimierungsansatz am Compiler erstreckt sich auf die Automatisierung des Mapping der Moduln auf die Prozessoren, welches z.Zt. von Hand erfolgt. Um gleichzeitig bei diesem automatischen Zuordnen Optimierungsentscheidungen mit einzubeziehen, soll der in [Mit94] beschriebenen Ansatz für ein optimales Zuordnen von Prozessen auf Prozessoren in dedizierten Systemen verwendet werden. Zur Unterstützung dieses Vorhabens ist ein Forschungsprojekt beantragt worden.

3.2. Wertung des Implementierungsmodells

Im hier entworfenen Implementierungsmodell findet die Kommunikation zwischen den Estelle-Moduln direkt, unter Nutzung der von PARIX zur Verfügung gestellten Kernelaufrufe, über Transputer-Links zwischen den jeweiligen Prozessoren statt. Im Gegensatz zu einer Verwendung von virtuellem gemeinsamen Speicher zur Abwicklung der Kommunikation, wie er in [Hel93,HeH94] mittels LINDA [Car90] verwendet wird, wird durch die direkte Kommunikation zwischen den Prozessoren das aufwendige Kopieren aller Nachrichten auf den Prozessor vermieden, auf dem der virtuelle Speicher realisiert ist.

Nachteilig auf das Implementierungsmodell wirkt sich die Tatsache aus, daß PARIX dynamische Lastverteilungen nicht unterstützt. Dadurch kann auch ein Zuordnen der Estelle-Moduln zu den einzelnen Prozessoren während der Laufzeit einer Spezifikation nicht verändert werden. Somit ist ein dynamisches Erzeugen von Moduln auf verschiedenen Prozessoren nur möglich, wenn der zu verwendende Prozessor vorher festgelegt worden ist. Die Verwendung des LINDA-Konzeptes ermöglicht hingegen eine Verwaltung aller parallelen Prozesse innerhalb dieses virtuellen gemeinsamen Speichers und damit ein dynamischen Zuordnen von Prozessen zu den Prozessoren mit dem Ziel der Lastverteilung.

4. Testergebnisse und deren Bewertung

Für das Testen des Prototypen des Compilers wurde das LLC-3-Protokoll verwendet. Dieses Protokoll ordnet sich in die Schicht 2b des OSI-RM ein und stellt einen verbindungsorientierten Dienst bereit. Optional kann es dabei gleichzeitig mehrere Verbindungen zu jeweils verschiedenen Partnern verwalten. Für verschiedene Vergleichsmessungen wurden dazu folgende 3 Protokoll-Varianten implementiert:

1. es existiert nur eine llc3-maschine, die alle Verbindungen nacheinander realisieren muß,
2. es existieren mehrere llc3-maschinen vollkommen unabhängig voneinander, d.h. für die network- sowie die mac-layer, als darüber- bzw. darunterliegende Schicht, stehen mehrere SAPs für je eine llc3-maschine zur Verfügung, womit das Multiplexen bzw. Demultiplexen auf die jeweilige llc3 durch die mac- bzw. network-layer erfolgen muß,
3. es existieren mehrere llc3-maschinen, wobei für ihre Verwaltung und das Multiplexen/Demultiplexen der Signale ein zusätzlicher Modul erzeugt wurde (SAP-Handler). Innerhalb des SAP-Handlers werden die verschiedenen llc3-maschinen als *process*-Moduln definiert, d.h. sie müssen sich mit dem SAP-Handler synchronisieren.

In Abbildung 5 sind diese Varianten der Verteilung graphisch dargestellt, wobei ein abgerundetes Rechteck einem Prozeßkontext und eine Ellipse einem Thread in PARIX entspricht.

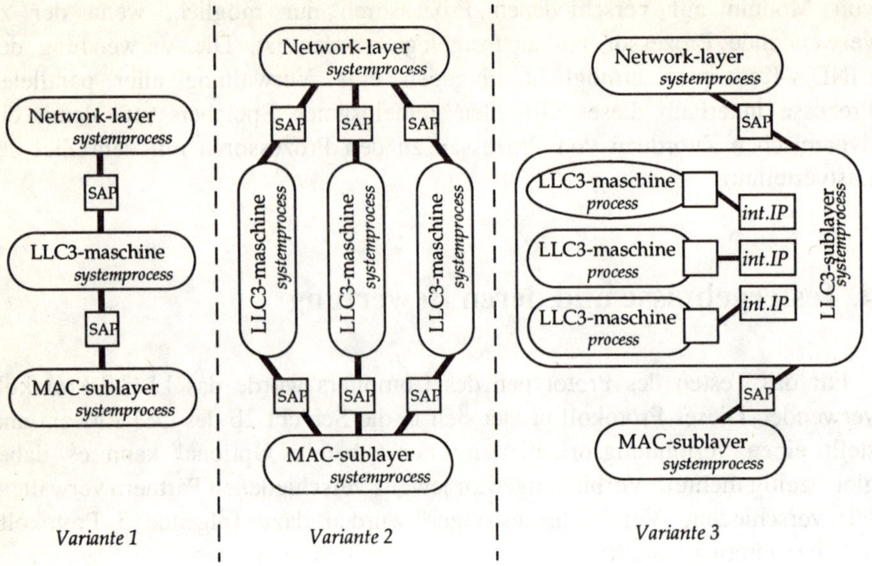

Abbildung 5: Varianten der LLC-3-Verteilung für Messungen

Für die verschiedenen Messungen wurde jeweils eine virtuelle network-layer sowie eine mac-sub-layer implementiert. In dieser network-layer wurden 1000 PDUs generiert und beim Eintreffen dieser PDUs in der mac-sub-layer die von der llc3-sublayer dazugehörigen Antworten einer Partner-llc3-sublayer generiert und an die llc3-sub-layer zurückgesandt.

Bei einem ersten Versuch stand der Vergleich mit einer Handimplementierung dieses Protokolls auf diesem Transputersystem [Hen94] im Vordergrund. Er diente dabei vorwiegend zum Nachweis einer Effizienzsteigerung durch diesen hier beschriebenen Ansatz zur Parallelisierung. Während die Handimplementierung nur auf einem Prozessor ablief, wurde mittels des Compilers die Variante 1 auf 3 Prozessoren implementiert. Ergänzend hierzu wurde als Variante 0 die Variante 1 auch auf nur einem Prozessor abgebildet. Die einzelnen Estelle-Moduln wurden hierbei als *process*-Moduln deklariert. Somit ist der durch die Interprozessorkommunikation entstehende Overhead beim Vergleich der Varianten 0 und 1 erkennbar.

Bei einem zweiten Versuch stand ein Vergleich der Verteilungsvarianten 2 und 3 im Vordergrund. So wurde hierbei untersucht, inwieweit die Synchronisation von *process*-Moduln (die llc3-maschinen) mit *system*-Moduln (der SAP-Handler) Einfluß auf das Zeitverhalten des Gesamtsystems hat.

Hierbei wurden zwar insgesamt 1002 PDUs und damit jeweils 334 an verschiedene virtuelle llc3-Partner gesendet, aber nach Eintreffen der 1000. PDU an der network-layer abgebrochen, um einen direkten Vergleich zum vorherigen Versuch zu haben.

In Abbildung 6 sind die Ergebnisse der Testläufe graphisch dargestellt:

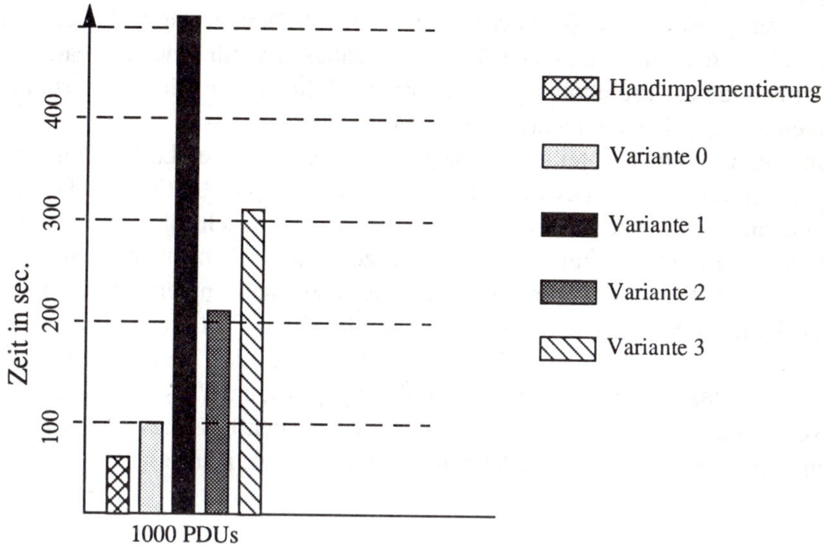

Abbildung 6: Ergebnisse der Testläufe

Durch Auswertung dieser Versuche wurde zum einen festgestellt, daß der Anteil der Interprozessorkommunikation sehr groß ist (fast 80%). Dieses ist sicherlich auf die derzeitige Realisierung der asynchronen Estelle-Kommunikation über synchrone virtuelle Links zurückzuführen.

Zum anderen ist auch nach Verteilung der llc3-sub-layer auf 3 Prozessoren die Zeit der Handimplementierung nicht erreichbar. Hierbei muß aber angemerkt werden, daß es sich bei dem hier verwendeten Compiler nur um eine Prototyp-Version handelt. Mittels dieser Version ist der Nachweis gelungen, daß eine Abbildung der PET/DINGO-Werkzeuge auf das Transputersystem möglich ist.

Nach der Realisierung der unter 3.1. genannten verschiedenen Optimierungsvorschläge werden weitere Messungen durchgeführt. Hierbei wird sich dann zeigen, ob der oben beschriebene Ansatz eine Möglichkeit zur Erstellung effizienter Implementierungen ist.

5. Weitere Arbeiten

Die weiteren Arbeiten konzentrieren sich auf eine Implementierung des XTP-Protokolls, um ein Vergleich mit einer Handimplementierung eines Hochgeschwindigkeitsprotokolls [Zit92] zu erzielen. Hierbei geht es darum, die Differenz zur Leistungsfähigkeit der Handimplementierung gering zu halten, um die Vorteile durch Nutzung einer FDT als Ausgangsbasis für eine automatische Generierung einer Protokollimplementierung nicht durch eine ineffiziente Implementierung wieder zunichte zu machen.

Desweiteren sind Meßreihen geplant, um verschiedene Lastmodelle zu simulieren und damit den maximal erreichbaren Speed-up zu bestimmen. Daraus können dann Grenzwerte bestimmt werden, ab denen es sich lohnt, mit Estelle beschriebene Protokolle mit diesem Werkzeug auf Transputersysteme zu implementieren. Ergänzend hierzu sind nach der geplanten Implementierung des LINDA-Speicher-Modells und der damit ermöglichten Portierung des darauf basierenden Estelle-Compilers [Hel93, HeH94] auf das Transputersystem vergleichende Messungen mit beiden Compilern geplant, um Vor- bzw. Nachteile der verschiedenen Implementierungsmodelle (Datenfluß bzw. virtueller gemeinsamer Speicher) an speziellen Grenzwerten aufzuzeigen.

Literaturverzeichnis

[Bre93] Bredereke, J. ; Gotzhein, R.: Increasing the concurrency in Estelle. In: Proceedings Formal Description Techniques VI, Boston 26-29. Oktober 1993.

[Car90] Carriero, N.; Gelernter, D.: How to Write Parallel Programs. The MIT Press - Cambridge, Massachusetts; London, England; 1990

[HeH94] Held, T.; Henke, R.; Plato, R.: Eine Estelle-Entwicklungsumgebung zur Unterstützung der parallelen Implementierung von Kommunikations-protokollen. Proceedings des GI/ITG Arbeitstreffen zur "Architektur und Implementierung von Hochleistungskommunikationssystemen" In Karlsruhe; 17.-18. Januar, 1994.

[Hel93] Held, T.; Henke, R.; König, H.; Plato, R.: Realisierung eines Estelle-Compilers für verteilte Implementierungen auf dem INFINITY8000/8. Forschungsbericht EST/TUMD-IRB-1993/003, FIN/IRB, Technische Universität "Otto-von-Guericke" Magdeburg, 1994.

[Hel94] Held, T.; König, H.: Increasing the Efficiency of Computer-Aided Protocol Implementations. Proceedings PSTV'94, Vancouver, June 1994

[Hen94] Henke, R.: Hand-Implementierung des LLC-3-Protokolls auf dem T805-Transputersystem für Untersuchung zur Leistungsbewertung. Interner Bericht, FIN/IRB, Otto-von-Guericke-Universität Magdeburg, November 1994.

[ISO89] Information processing systems - Open Systems Interconnection - Estelle: A formal description technique based on an extended state transition model. International Standard ISO 9074, 1989.

[Mit94] Mitschele-Thiel, A.: Die DSPL-Entwicklungsumgebung - Ein automatischer Ansatz zur Abbildung und effizienten Realisierung dedizierter Anwendungen auf parallele Systeme. Dissertation, Fortschritt-Berichte VDI, Reihe 10: Informatik/ Kommunikationstechnik, VDI-Verlag, 1994.

[SS91a] R. Sijelmassi und B. Strausser. The Portable Estelle Translator: an overview and user guide. Technical Report NCSL/SNA - 91/2, National Institute of Standards and Technology, Januar 1991.

[SS91b] R. Sijelmassi und B. Strausser. The Distributed Implementation Generator: an overview and user guide. Technical Report NCSL/SNA - 91/3, National Institute of Standards and Technology, Januar 1991.

[Zit92] Zitterbart, M; Braun, T: Parallele Protokollimplementierungen für die Hochgeschwindigkeitskommunikation auf Transputer-Netzen. Informatik Forsch. Entw. (1992)7, 30-40.

Beschreibung von Kommunikationsszenarien in heterogenen automotiven Systemen

Matthias Stümpfle

Institut für Nachrichtenvermittlung und Datenverarbeitung
Prof. Dr.-Ing. P. Kühn
Universität Stuttgart
Seidentraße 36, D-70174 Stuttgart
Telefon: +49-711-121-2485 Fax: +49-711-121-2477
email: stuempfle@ind.e-technik.uni-stuttgart.de

Zusammenfassung

In automotiven Systemen wie Personenwagen, Lastkraftwagen usw. werden heute serielle Bussysteme eingesetzt, um den Verkabelungsaufwand und das Gewicht des Fahrzeugs zu reduzieren. In den daraus entstehenden Netzen sind elektronische Komponenten unterschiedlicher Hersteller miteinander verbunden. Deshalb müssen für die Kommunikation dieser Komponenten offene Schnittstellen bereitgestellt werden, die auf entsprechenden Softwareschichten aufbauen.
In diesem Beitrag wird eine Methode vorgestellt, mit der es möglich ist, standardisierte Kommunikationsszenarienbeschreibungen anzugeben und somit den Designprozeß für ein derartiges System, unter der Berücksichtigung der Randbedingungen im automotiven Sektor, zu steuern. Ziel ist es dabei, außer der Standardisierung, die verwendete Hardware so transparent wie möglich und dadurch die Benutzung einfach zu machen.

1 Einleitung

In automotiven Systemen wie Personenwagen, Lastkraftwagen usw. vollzieht sich eine Entwicklung zu immer komplexeren elektronischen Systemen. Insbesondere der Wunsch nach mehr und intelligenterer Kommunikation zwischen einzelnen elektronischen Komponenten wächst stetig, sowohl im Komfortelektronikbereich (z.B. Sitzsteuerung oder Klimaanalage) als auch in der Steuer-und Regelelektronik (z.B. Motorsteuerung). Kabellängen über 2 km sind deshalb bei heutigen Standardlösungen, bei denen Kommunikationsteilnehmer jeweils direkt miteinander verbunden sind, keine Seltenheit. Diese Verkabelungsart verursacht Kosten, erhöht unnötig das Fahrzeuggewicht und erschwert die Wartung. Ergänzungen und Erweiterungen sind aufgrund hoher Packungsdichten in Kabelsträngen nur schwer oder überhaupt nicht realisierbar.
Ein erster Schritt um diese Nachteile aufzulösen, war die Einführung serieller Bussysteme, die im Zeitmultiplex genutzt werden können. Es entstehen dadurch lokale Netze, die Komponenten unterschiedlicher Zulieferer und Hersteller miteinander verbinden. Daraus folgt, daß für das Design und die Implementierung eines Kommunikationssystems auf dieser Basis offene standardisierte Schnittstellen vorhanden sein müssen. Diese Schnittstellen werden, da sie nicht nur für die Applikationsanbindung sondern auch für die Hardwareanbindung über

entsprechende Treiber verantwortlich sind, auf einer wohldefinierten Software-Schichtung aufbauen. Dadurch wird es möglich, neue Komponenten in ein bestehendes Netz aufzunehmen. Die klare Gliederung der Software ist insbesondere deshalb wichtig, da durch sie und den damit realisierten Diensten, in Zukunft ein entscheidender Anteil der Wertschöpfung eines Fahrzeugs erzielt werden.

Auch an anderen Stellen wird nach geeigneten Beschreibungsformen gesucht. Die Vereinigung „CAN in Automation", die sich auf die Anwendung des CAN-Busses spezialisiert hat und in der hauptsächlich die Automatisierungsindustrie vertreten ist, spezifizieren momentan, ausgehend von einer Art Applicationlayer, Dienste für den automotiven Bereich [1]. Allgemein kann festgehalten werden, daß im automotiven Bereich der OSI-Protokollstack auf die Schichten 1,2 und 7 reduziert ist [2].

Schwarz [3] geht einen ähnlichen Weg. Er erweitert Hochsprachen, wie sie für die Mikrocontrollerprogrammierung angeboten werden, um Befehle für die Kommunikation. Eine weitere Aktivität zeichnet sich im Moment unter den Kraftfahrzeugherstellern und der Zulieferindustrie ab. Unter dem Namen OSEK sollen hier Echtzeitbetriebssystemdienste standardisiert werden. Basierend auf diesen Diensten lassen sich entsprechende Kommunikationsfunktionen realisieren [4].

Bestrebungen im MSR-Projekt [5], in dem ebenfalls mehrere Hersteller und Zulieferer zusammenarbeiten, sehen die Standardisierung von Funktionsbeschreibung und Werkzeugverwendung an der Schnittstelle zwischen Hersteller und Zulieferer vor.

Im einzelnen unterteilt sich dieser Beitrag in die folgenden Abschnitte: in Kapitel zwei werden allgemeine Anforderungen an ein Kommunikationssystem unter der Berücksichtigung des automotiven Umfeldes aufgestellt. Diese Anforderungen haben insbesondere auch Einfluß auf den Design-und Entwicklungsprozeß eines Netzes. Eine dieser Anforderungen, die Darstellung aller notwendigen Kommunikationsbeziehungen, ist in Kapitel drei genauer beleuchtet. Ausgehend von diesen Anforderungen wird in Kapitel vier die Beschreibungssprache ODL (Open Description Language) vorgestellt. Diese Sprache stellt eine Methode zur standardisierten Beschreibung von Kommunikationsszenarien dar. In Kapitel fünf wird die Entwicklungsumgebung erläutert, in die diese Sprache eingebettet ist und Kapitel sechs enthält einen Ausblick auf diesbezügliche aktuelle Forschungsbereiche an unserem Institut. Im Anhang befindet sich schließlich ein Beispiel für eine ODL-Beschreibung.

2 Allgemeine Anforderungen und Randbedingungen

Bestimmte Funktionen des elektronischen Systems eines Fahrzeugs werden in sogenannten Steuergeräten (ECU, electronic control unit) zusammengefaßt. Diese Funktionen, die als Prozesse in diesen Steuergeräten ablaufen, gehören somit logisch bzw. topologisch zusammen. Als Prozeß bezeichnen wir den dynamischen Ablauf von Befehlen zur Bereitstellung einer bestimmten Funktionalität. Einzelne Steuergeräte werden durch das serielle Bussystem miteinander verbunden. Der typische Aufbau eines Steuergeräts beinhaltet dabei einen Mikrocontroller mit dem Applikationscode, einen Buscontroller für die Abwicklung des Busprotokolls und weitere Hardware zur Sensor- und/oder Aktoransteuerung.

Eine wichtige Randbedingung bei der Entwicklung von elektronischen Komponenten in automotiven Systemen ist der Herstellungspreis dieser Komponenten. Deshalb soll z.B. für die Applikation/Kommunikation sowenig wie möglich RAM gebraucht werden (in der Größen-

ordnung von wenigen hundert Byte!), da RAM einen hohen Anteil der Bauteilkosten eines Steuergeräts bzw. des Mikrocontrollers ausmacht. Eine Möglichkeit dieses Problem zu lösen ist, soviel wie möglich „dynamische" Datenstrukturen zum Applikationscode hinzu in das billigere ROM eines Steuergeräts zu legen. Werden entsprechende Datenstrukturen, die die unveränderliche Architektur des Systems beschreiben, verwendet, kann dem Compiler z.B. durch die Angabe eines Schlüsselworts die Verlagerung in das ROM abverlangt werden. Diese Verlagerung kann außerdem automatisch erfolgen.
Diese aufgeführte Bedingung legt eine zweistufige Beschreibung nahe: in einer ersten Stufe werden die statische Architektur und die festen Zusammenhänge zwischen den Kommunikationsteilnehmern festgelegt und in der zweiten Stufe, im entsprechenden Applikationscode, werden dem Programmierer Kommunikationsdienste zur Verfügung gestellt.
In diesem Beitrag soll im wesentlichen auf die erste Stufe, die Architekturbeschreibung, eingegangen werden. Der Nachteil dieser Methode besteht natürlich darin, daß Kommunikationsbeziehungen zur Laufzeit des Systems feststehen und nicht einfach gewechselt werden können, da die beschreibenden Datenstrukturen fest im ROM des Steuergeräts stehen. Ein entsprechendes Netzmanagement muß dieses Problem für Ausnahmesituationen, in denen z.B. eine Station ausfällt, lösen können. Darauf soll hier aber nicht näher eingegangen werden. Allgemein stellt dieser Nachteil aber keine Einschränkung für die Zielsysteme dar, da im Regelbetrieb keine Änderungen der Kommunikationsbeziehungen notwendig sind.

Wenn man nun Kommunikationsszenarien beschreiben will, muß man zunächst die speziellen Anforderungen an diese Beschreibung kennen. Aus der Diskussion mit Fahrzeugherstellern und eigenen Untersuchungen haben wir einige zentrale Punkte abgeleitet, die bei einer Beschreibung berücksichtigt werden müssen. Unter ihnen sind:

- die Notwendigkeit einer standardisierten Beschreibung, die allen Beteiligten einer Entwicklung eine gemeinsame Sprache bietet,
- die Notwendigkeit zur Einhaltung eines festgelegten Entwicklungsablaufes. Hierzu muß die Funktion eines Netzkoordinators geschaffen werden,
- die Notwendigkeit, die für das System benötigte Information so abstrakt wie möglich darstellen zu können,
- die Notwendigkeit, mit der abstrakten Beschreibung alle für ein automotives System notwendigen Kommunikationsbeziehungen darstellen zu können.

Die drei ersten Aspekte sollen im folgenden kurz ausgeführt werden; der letzte Punkt wird im nachfolgenden Kapitel ausführlicher dargestellt.

Die Notwendigkeit einer standardisierten Beschreibung

Sollen verschiedene Hersteller in den Designprozeß einbezogen werden, so muß eine gemeinsame Beschreibungsbasis bereitgestellt werden. Auf dieser Beschreibungsbasis wird der Hersteller seine Spezifikation erstellen und an den jeweiligen Zulieferer weiterleiten [6]. Die Erstellung der Spezifikation erfolgt mit einem Werkzeug, das auch dem Zulieferer zur Verfügung stehen muß und das außer der Funktionsspezifikation auch die Dokumentation für das Projekt festlegt. Auf der Basis der standardisierten Beschreibung kann außerdem eine automatische Architekturüberprüfung stattfinden.

Die Notwendigkeit eines Entwicklungsablaufs

Entwicklungsabläufe charakterisieren jeden Produktionsprozeß. Sollen Kommunikationsnetze für Fahrzeuge erstellt werden, so sind daran in der Regel mehrere Personengruppen von verschiedenen Firmen beteiligt. Der Hersteller des Fahrzeugs legt im Normalfall die Funktionalität des Gesamtsystems fest und unterteilt es dann in Einzelkomponenten (Steuergeräte), die dann von verschiedenen Zulieferern hergestellt werden. Diese Zulieferer müssen nicht die vollständige Information über die Netzarchitektur erhalten. Ihnen genügt es zu wissen, welche Information sie wann über das Netz erhalten und welche Information sie wann bereitstellen müssen.

Derartige Anforderungen lassen sich mit einer hierarchischen Beschreibung lösen. Ein Netzkoordinator beim Hersteller spezifiziert das Gesamtsystem. Dann erhält ein Zulieferer genau den Teil dieser Gesamtbeschreibung, der den Kommunikationsanteil seines Systems festlegt.

Der Applikationsprogrammierer beim Zulieferer erhält diesen Teil in Form einer „include"-Datei und fügt sie seiner eigenen Beschreibung des Steuergeräts hinzu. Damit kann er sein Gerät erstellen, ohne daß andere über dessen internen Aufbau Bescheid wissen. Die Schnittstellen werden über die Beschreibung festgelegt.

Die Notwendigkeit zur Abstraktion

Elektronische Systeme und insbesondere die darauf realisierte Software werden immer komplexer. Wenn deshalb für die Erstellung der Software geeignete Programmierschnittstellen angeboten werden (API, Application Programming Interfaces), dann muß sich der Applikationsprogrammierer nicht um das darunterliegende System kümmern. Er kann vielmehr auf einen wohldefinierten Satz von Funktionen zugreifen, die ihm die Kommunikationsfähigkeit bereitstellen. Werden zusätzlich objektorientierte Methoden verwendet, stehen dem Programmierer immer dieselben Funktionen zur Verfügung, egal wie die darunterliegende Konfiguration aufgebaut ist. Es wird dann zur Laufzeit automatisch die jeweilige Implementierung aufgerufen.

Diese Abstraktion bezieht sich auf die Erstellung der Applikation. Eine ähnliche Abstraktion muß bei der Beschreibung des Kommunikationsszenarios erreicht werden, d.h. auch hier soll die zugrundeliegende Hardware soweit wie möglich verborgen bleiben. Allerdings muß es auch Möglichkeiten geben, dem System zusätzliche Hardware mit Hilfe der Beschreibung bekannt zu machen. Dies ist insbesondere wichtig, da der Markt an entsprechenden Bausteinen sehr dynamisch ist.

3 Kommunikationstypen in automotiven Systemen

Für die Beschreibung der Kommunikationsszenarien ist es wichtig zu klären, welche Kommunikationsformen unterstützt werden müssen. Das folgende Beispiel verdeutlicht diese Anforderungen (Abb. 1).

Das dargestellte Steuergerät wird mit einem Echtzeit-multiprocessing-Betriebssystem betrieben und erlaubt, in diesem Fall, das „gleichzeitige" Bearbeiten von fünf verschiedenen Prozessen.

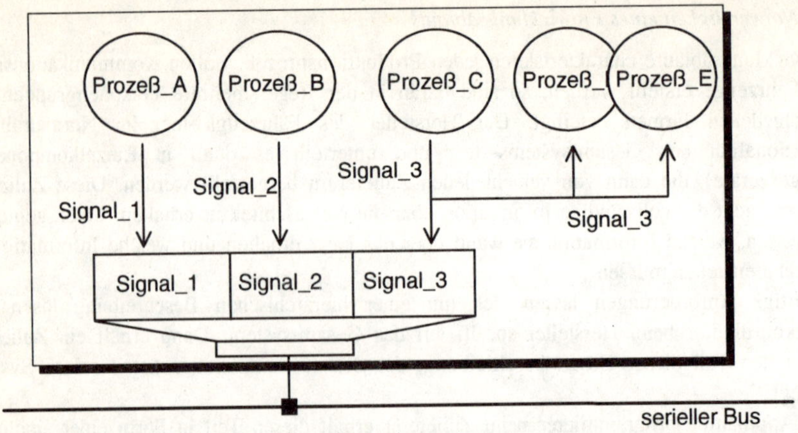

Abb. 1: Paketierung und 1:n-Kommunikation in einer ECU

Diese Prozesse kommunizieren miteinander, indem sie Signale austauschen. Prozeß C schickt Signal 3 (z.B. Information über die Kühlmitteltemperatur) an die Prozesse D und E. Außerdem soll dieses Signal auch über den seriellen Bus zu einem anderen Steuergerät übertragen werden. In diesem Szenario zeigt sich der typische Fall einer 1:n Kommunikation mit einem Sender und mehreren Empfängern.

Bedingt durch die verwendete Botschaftsadressierung des darunterliegenden Bussystems (CAN [7], VAN [8] oder J1850/SCP [9] sind möglich) muß der Sender nicht wissen, welche Empfänger in anderen Steuergeräten sich für seine Information interessieren. Damit erfüllt man, bei entsprechender Ausnutzung, bereits prinzipbedingt die Anforderung nach dem standardisierten Entwicklungsprozeß: Der Programmierer des Steuergeräts muß keine Empfangsadressen für seine bereitgestellte Information kennen und kann sein Gerät unabhängig vom restlichen Netz entwerfen.

Die zweite Kommunikationsart, die in diesem Beispiel dargestellt ist, ist die n:m-Kommunikation. Es wird dabei die Eigenschaft der Bussysteme ausgenutzt in ihrer Nutzlast mehrere Informationsteile transportieren zu können. N Sendeprozesse (A,B, und C) übertragen ihre Signale mittels eines Buspakets an m Empfänger, die wiederum auf anderen Steuergeräten im Netz lokalisiert sind. Diese müssen natürlich wissen, an welcher Stelle eines ankommenden Buspakets die für sie relevante Information steht. Dies läßt sich mit der Information erzielen, die der Netzkoordinator für die einzelnen Systeme zusammenstellt.

Abgeleitet aus dem Gesagten und zur Gewährleistung des Informationsaustauschs innerhalb und zwischen ECUs unterscheiden wir drei abstrakte Kommunikationsformen

- Intra-Modul Interprozeß-Kommunikation, die den Datenaustausch zwischen Prozessen ermöglicht, die sich innerhalb eines Steuergeräts befinden. Notwendige Synchronisationsmechanismen bleiben dem Benutzer dabei verborgen.
- Inter-Modul Interprozeß-Kommunikation zwischen zusammengehörenden Prozessen, die sich auf verschiedenen Steuergeräten befinden. Sie benutzen zur Kommunikation ein für sie transparentes Bussystem.

- Der dritte Typ, die I/O-Kommunikation, beschreibt Kommunikation zwischen einem Prozeß und einer Eingabe- oder Ausgabeeinheit. Dahinter können sich z.B. Sensoren und Aktoren oder z.B. auch der Treiber für eine serielle Schnittstelle verbergen.

Diese Form der Beschreibung ist ausreichend abstrakt. Für den Programmierer einer Steuergeräteapplikation stellt sich dabei die Netzwerkkommunikation ebenfalls wie eine Kommunikation mit einem IO-Device dar: seine Prozesse kommunizieren strenggenommen mit den Bustreibern, d.h. seine Sicht endet an der Steuergerätegrenze. Die globale Sicht hat in diesem System nur der Netzkoordinator, der vorab bestimmen muß, welche Signale an welcher Stelle innerhalb eines Buspakets transportiert werden. Wie bereits oben beschrieben, erhält der Programmierer dann nur Information über die Buspakete, deren Inhalt er tatsächlich kennen muß, bzw deren Inhalt er selber liefern soll. Sie bilden seine Schnittstelle zum Gesamtnetz.

4 ODL: Eine Sprache zur Beschreibung von Kommunikationsszenarien in Steuergerätenetzwerken

Die Beschreibungssprache ODL (Open Description Language) verwendet eine begrenzte Anzahl von Beschreibungselementen, um ein Kommunikationsszenario in abstrakter Form zu spezifizieren. Es werden dazu die Sender und die Empfänger von Informationseinheiten festgelegt, unabhängig von der zugrundeliegenden Hard- und Software.
Einige Elemente der Sprache sind:

- Signale — Logische Informationseinheiten, die bei allen Kommunikationstypen verwendet werden.
- Prozesse — Im Sinn der Kommunikation die Erzeuger und die Rezipienten von Signalen.
- Container — Elemente, die die Signale zwischen den Prozessen transportieren. Sie repräsentieren jegliche Form an verwendeter Hardware.
- Connection — Elemente, die die Zuordnung zwischen Prozeß und Container realisieren. Hier können dynamische Reaktionen auf das Versenden von Signalen angegeben werden.
- Treiber — Softwarebeschreibung, welche die benutzerdefinierte Ergänzung von unterschiedlichster Hardware in das System ermöglichen.

Die Grundidee der Sprache ist, daß Signale als Informationsträger zwischen Prozessen ausgetauscht werden können. Dazu werden sie von einem Prozeß mittels einer Connection an einen Container gegeben. Handelt es sich um eine IO-Kommunikation, ist der Signalweg dabei zu Ende. Soll ein anderer Prozeß dieses Signal empfangen, dann muß von diesem Container, wieder über eine Connection, das Signal zu diesem Prozeß übertragen werden. (Abbildung 2 veranschaulicht diesen Ablauf). Die entstehenden Verbindungen sind gerichtet. Sollen bidirektionale Beziehungen angelegt werden, dann müssen diese durch zwei Verbindungen dargestellt werden.

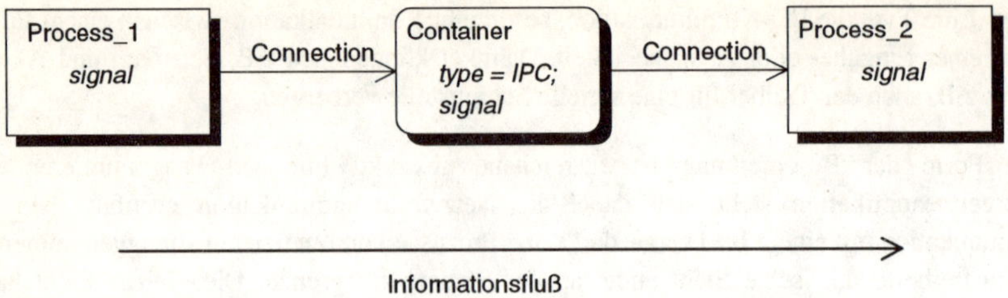

Abb. 2: Gerichtete Kommunikationsverbindung in ODL

Jedes der ODL-Elemente kann weitere Attribute erhalten, die die spezielle Ausprägung dieser Instanz beschreiben. Zum Beispiel wird der gewählte Kommunikationstyp (Intra- oder Inter-Modul IPC, IOC) im jeweiligen Container einer Verbindung mit dem Schlüsselwort „type" festgelegt. Über die Angabe von Completion-Routinen in einer Connection kann der Sender eines Signals über den Abschluß der Sendeaktion unterrichtet werden.
Zusätzlich existieren in ODL noch Objekte, mit denen Timing- und Exception Handling-Funktionen realisiert werden können. Außerdem wurde die Sprache für die Konfigurierung der Prozesse innerhalb des Betriebssystemes erweitert.

5 Codegenerierung für unterschiedliche Zielsysteme

Die Hardware eines automotiven Systems kann, bedingt durch viele Zulieferer, sehr heterogen sein. Verschiedene Prozessoren und unterschiedliche Buscontroller werden in den Steuergeräten eingesetzt. Soll die Methode, mit einer einheitlichen Spezifikationssprache Szenarien zu beschreiben, Akzeptanz finden, dann müssen auch entsprechende Werkzeuge diese Sprache unterstützen und sie auf die verschiedenen Zielsysteme („Targets") abbilden.
Ein Multitarget-Compiler ermöglicht deshalb die Umsetzung der Beschreibungssprache auf die Zielsysteme. Er wandelt dazu die ODL-Szenarienbeschreibung in C-Strukturen um, die dann eine automatische Initialisierung des Kommunikationssystems zur Compilezeit erlauben. Außerdem werden Dateien generiert, die die Initialisierung und Anmeldung der Applikationsprozesse beim Betriebssystem vornehmen. Dies soll hier allerdings nicht weiter ausgeführt werden.
Aufgrund der modularen, objekt-orientierten Architektur des implementierten Compilers können leicht weitere Codegeneratoren hinzugefügt werden. Verfügbar ist die Codegenerierung im Moment für CAN-Controller von Intel, Motorola, Philips und Siemens. Eine Portierung auf andere Bussysteme ist dabei kein Problem, da aufgrund der geschichteten Software im wesentlichen nur die entsprechenden Hardwaretreiber geändert werden müssen.
Das verwendete Kommunikationssubsystem, das skalierbar für die verschiedene Prozessortypen realisiert wurde, basiert auf einem prioritätsgesteuerten Multitasking-Echtzeitbetriebsystem.
Dieses Kommunikationssubsystem und das zugrundeliegende Echtzeitbetriebssystem sind Ergebnisse unserer vorausgegangenen Arbeit.
Der ODL-Compiler ist ein Teil einer Entwicklungsumgebung zur Erstellung von Steuergerätesoftware. Neben der Spezifikation der Kommunikationsbeziehungen können hier

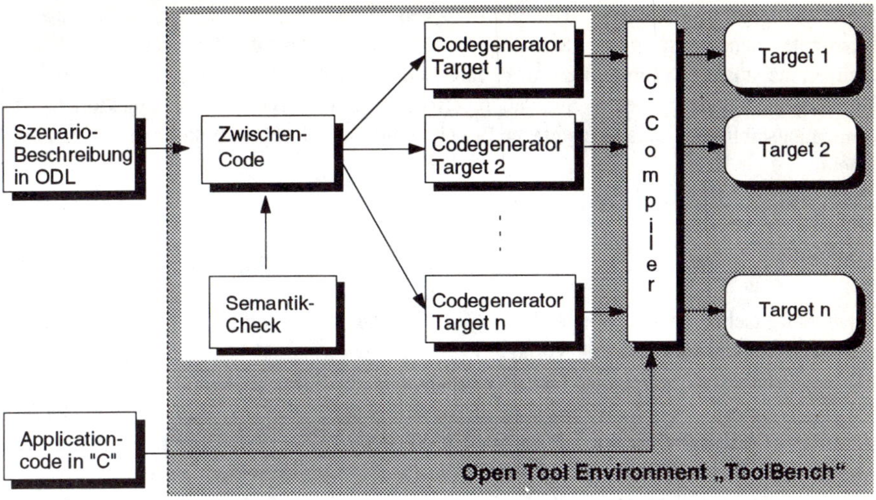

Abb. 3 ODL-Entwicklungssystem. Hier werden nochmals die zwei Beschreibungsstufen, Architektur in ODL und Applikation in C deutlich. Hell hinterlegt ist der Bereich, in dem momentan die ODL-Verarbeitung stattfindet.

auch entsprechende Tests dieser Spezifikation durchgeführt werden. Dazu kann z.B. mit Hilfe eines Semantik-Prüfers überprüft werden, inwieweit die angegebenen Beziehungen der ODL-Beschreibung Sinn machen.
Der Rahmen für diese Entwicklungsumgebung wird durch das an unserem Institut entwickelte Open Tool Environment „ToolBench" für PC-Plattformen gebildet. Damit ist es möglich, beliebige Werkzeuge, die sowohl unter DOS als auch unter Windows erstellt sein können, in einer gemeinsamen Oberfläche zu integrieren und automatische Abläufe dieser Werkzeuge zu veranlassen. Ist z.B. das Editieren der Szenarienbeschreibung beendet, dann werden automatisch die weiteren Stufen Zwischencodegenerierung, Semantiküberprüfung und Compilierung durchlaufen. Die ODL-Werkzeuge stehen außerdem auch in einer UNIX-Version zur Verfügung.

6 Ausblick

Die Beschreibungssprache ODL bildet den ersten Schritt hin zu einem standardisierten Entwicklungsprozeß für automotive Netze und wird bereits an entsprechenden Stellen eingesetzt. Durch die allgemeine Wahl der Beschreibungselemente können auch Kommunikationskonzepte wie Client-Server unterstützt werden.
Momentan wird das Entwicklungssystem um eine Simulationskomponente erweitert. Es ist dadurch möglich, aus der ODL-Beschreibung (und der darin inhärent vorhandenen Kommunikationsmatrix) die Parameter für eine ereignisgesteuerte Simulation zu gewinnen. Es werden dazu sowohl das Bussystem als auch die darüberliegende Betriebssoftware die in geeigneten Modellen vorliegen, in den Simulationsprozeß einbezogen. Mit den

Simulationsergebnissen können dann die zeitlichen Anforderungen (Echtzeitanforderungen an bestimmte sicherheitskritische Signale) an das Netz überprüft und gegebenenfalls ein rechnerunterstützter Optimierungsprozeß eingeleitet werden.
Die Implementierung dieser Simulation erfolgt auf der Basis einer objektorientierten Simulationsbibliothek, was eine einfache Erweiterung für neue Hardwarekomponenten möglich macht.

Literatur

[1] Etschberger, K.; Suters, T.: *„Offene Kommunikation auf CAN-Netzwerken“*, Elektronik 7, Franzis-Verlag, 1993

[2] Färber, G.: *„Feldbus-Technik heute und morgen“*, atp 36, OldenbourgVerlag, 1994

[3] Schwarz, S. *„Es ginge auch anwenderfreundlich - Einsatz von Hochsprachen bei Feldbussen“*, Elektronik 23, Franzis-Verlag, 1994

[4] Kiencke, U. et.al.: *„OSEK - Ein Gemeinschaftsprojekt in der deutschen Automobilindustrie“*, VDI-Berichte 1152, 1994

[5] Leohold, J. *„Das MSR-Projekt: Werkzeugunterstützung für neue Wege der Zusammenarbeit zwischen Automobilhersteller und Zulieferer“* VDI-Berichte 1009, 1992

[6] Stümpfle, M. *„Konzeption und Erstellung von Steuergerätesoftware“*, Institut für Nachrichtenvermittlung und Datenverarbeitung, Universität Stuttgart 1993

[7] Controller Area Network, Draft International Standards ISO/DIS 11519-1, ISO/DIS 11898, 1991

[8] Vehicle Area Network, Draft International Standards ISO/DIS 11519-2, 1991

[9] Standard Corporate Protocol - J1850, Draft International Standards ISO/DIS 11519-3, 1991

[10] Stümpfle, M.; Eberspächer, M.: *„Open Description Language“*, Institut für Nachrichtenvermittlung und Datenverarbeitung, Universität Stuttgart, 1993

Anhang

Das nachfolgende Beispiel in ODL realisiert die Beschreibung des in Kapitel drei vorgestellten Szenarios. Es wird dazu zunächst in der Datei `netspec.odl` die Information durch den Netzkoordinator festgelegt. Er benennt die drei Signale, die über das Netz ausgetauscht werden sowie auch den Transportcontainer für diese Signale. Mit der Reihenfolge der Signale im Container legt er implizit die Anordnung der Information im Buspaket fest.
Diese Datei wird dann in die Steuergerätebeschreibungsdatei durch eine Präprozessordirektive eingebunden. In dieser Datei wird zuerst das Steuergerät „example“ (`ecu`, electronic control unit) mit seinen fünf Prozessen A-E beschrieben. Danach folgen die Prozesse, die die Signale produzieren und konsumieren. Die internen Verbindungen werden nun durch die Connections und Container vervollständigt.
Es ist zu bemerken, daß in diesem Beispiel nur die statischen Elemente der Kommunikationsbeschreibung aufgeführt sind. Treiberbeschreibungen und Reaktionen (sog.

Completion-Routinen) und Betriebssystembeeinflussungen werden hier nicht berücksichtigt. Für eine ausführliche Beschreibung siehe [10].

```
/****************************/
/* Network description file*/
/* file  : netspec.odl     */
/* author: M. Stuempfle    */
/* (c)'94 IND-Uni Stuttgart*/
/****************************/
signal signal_1;
signal signal_2;
signal signal_3;

container NetWork {
     signal = signal_1;
     signal = signal_2;
     signal = signal_3;
}
/* EOF */


/****************************/
/* odl description example */
/* file  : example.odl     */
/* author: M. Stuempfle    */
/* (c)'94 IND-Uni Stuttgart*/
/****************************/

#include "netspec.odl"

ecu example {
     process = process_A;
     process = process_B;
     process = process_C;
     process = process_D;
     process = process_E;
     driver  = CAN;
     ...
}

/* processes in ecu: */

process process_A {
     signal = signal_1;
}
process process_B {
     signal = signal_2;
}

process process_C {
     signal = signal_3;
}

process process_D {
     signal = signal_3;
}

process process_E {
     signal = signal_3;
}

/* nwc connections            */
/* container in netspec.odl*/

connection con1 {
     signal = signal_1;
     direction = send;
     task = process_1;
     container = NetWork;
}
connection con2 {
     signal = signal_1;
     direction = send;
     task = process_1;
     container = NetWork;
}
connection con3 {
     signal = signal_1;
     direction = send;
     task = process_1;
     container = NetWork;
}

/* ipc: proc C -> D */
container InternalCD {
     signal = signal_3;
```

```
}

connection con4 {
     signal = signal_1;
     direction = receive;
     task = process_1;
     container = InternalCD;
}

/* ipc: proc C -> E */

container InternalCE {
     signal = signal_3;
}
connection con5 {
     signal = signal_1;
     direction = receive;
     task = process_1;
     container = InternalCE;
}

/* EOF */
```

Die Spezifikation des Multicast-Transportdienstes METRO

Ralf Wittenberg
Universität-GH Paderborn
Fachbereich 17
33095 Paderborn
e-mail: wit@uni-paderborn.de

Zusammenfassung

In diesem Beitrag wird die formale Spezifikation des Transportdienstes METRO (Multi Endpoint with Reliable Operation) vorgestellt. Der METRO-Transportdienst wurde für Parallelprogramme entwickelt, die auf in Workstation-Clustern verteilten, kooperierenden Prozessen beruhen. Wichtige Merkmale sind dabei dezentralisierte Multicast-Verbindungen ohne spezielle Management-Stationen sowie eine zuverlässige Übertragung der Daten an alle Mitglieder einer Gruppe. Auf Grund der Komplexität eines Multicast-Dienstes wurde der METRO-Dienst mit SDL formal spezifiziert, wobei sich das Fehlen einer Multicast-Übertragungsmöglichkeit für SDL-Signale zeigte. Der Beitrag schlägt deshalb zwei Erweiterungen zu SDL vor, mit denen eine in der Realität vorliegende Gruppenübertragung auch in SDL als solche spezifiziert werden kann.

1. Einleitung

Für Parallelanwendungen in Workstation-Clustern sind in der letzten Zeit eine Reihe von Programmierumgebungen entstanden, die die klassischen Programmiersprachen um Kommunikationsfunktionen ergänzen. Ein Überblick über solche Systeme ist beispielsweise in [Cap93] zu finden. Damit parallele Programme in Workstation-Clustern effizient laufen, sind schnelle Kommunikationsfunktionen notwendig. Messungen in einem FDDI Workstation-Cluster [WiMa94] haben deutlich gemacht, daß die Transportprotokolle zum Flaschenhals der Übertragung werden. Trotzdem bauen die heutigen Programmierumgebungen in der Regel auf UDP oder TCP auf, die nicht den heutigen Anforderungen paralleler Programme entsprechen.

In dieser Situation haben wir an der Universität-GH Paderborn METRO (Multi Endpoint Transport with Reliable Operation) entwickelt, wobei es sich um einen Transportdienst und ein Transportprotokoll handelt, die speziell auf den Einsatz für Parallelprogramme in Workstation-Clustern zugeschnitten wurden. Bei der Entwicklung von METRO wurden sowohl für den zu erbringenden Dienst als auch für das Protokoll formale Methoden eingesetzt, um eine eindeutige und vollständige Spezifikation zu erhalten. Zeitablaufdiagramme können zwar zur Darstellung bestimmter Abläufe benutzt werden, ersetzen eine formale Spezifikation aber nicht, da die Anzahl der möglichen Abläufe - besonders im Multicast-Fall - kaum noch zu überschauen ist. Neben der Spezifikation von

Dienst und Protokoll, wurde auch die Validierung der Spezifikationen, sowie die Implementierung des Protokolls für den Einsatz in einem FDDI-Workstation-Cluster durchgeführt. Für die Implementierung wurde dabei der an der Universität-GH Paderborn entwickelte Übersetzer SDL2C [SDL2C94] verwendet, der die in SDL vorliegende Protokollspezifikation in einen lauffähigen C-Code übersetzt.

In diesem Beitrag steht die formale Spezifikation des METRO-Dienstes im Vordergrund. Eine genauere Beschreibung der METRO-Funktionen für Parallelprogramme und der Entwicklung des METRO-Protokolls findet der interessierte Leser in [Wit95].

Bei der formalen Spezifikation des METRO-Dienstes zeigte sich, daß für die Dienstspezifikation - im Gegensatz zur Protokollspezifikation, die auf einen Netzdienst mit Multicast-Fähigkeit aufsetzt - das Versenden von Multicast-Signalen in SDL, d.h. von einem SDL-Prozeß an eine Gruppe von anderen Prozessen, sinnvoll wäre. Da die derzeitigen Versionen von SDL (SDL'88 und SDL'92) keine Multicast-Signale zulassen, werden in diesem Beitrag entsprechende Konstrukte eingeführt, wobei auch ausgeführt wird, wie sich diese durch Makros in den aktuellen SDL-Versionen realisieren lassen.

Das Kapitel 2 gibt einen Überblick über die wichtigsten Merkmale des METRO-Dienstes. Bevor dann in Kapitel 4 die Spezifikation des METRO-Dienstes und die neuen SDL-Konstrukte beschrieben werden, behandelt Kapitel 3 noch die Spezifikation von Diensten - insbesondere bei Gruppenkommunikation - und führt kurz in SDL ein. Die SDL-Spezifikation des METRO-Dienstes ist im Anhang zu finden.

2. Überblick über METRO

Da es im Rahmen dieses Beitrags nicht möglich ist, alle Eigenschaften von METRO genau zu erläutern, wird hier kurz ein Überblick über die wesentlichen Merkmale des METRO-Dienstes gegeben. Wesentliche Merkmale sind:

1. Verbindungen und Gruppen
   - Auf- und Abbau von Mehr-Endpunkt-Verbindungen
   - parallele Aufbauwünsche führen zu unabhängigen Verbindungen
   - statische Gruppen während der bestehenden Verbindung
2. Datenübertragung
   - Übertragung von Daten an Gruppen (Multicasting)
   - zuverlässige Übertragung von Daten
   - dezentrales Multicast, d.h. alle Gruppenmitglieder können Daten schicken
   - Reihenfolgeerhaltung der Daten (lokale Ordnung)
   - Auslieferung der Datenpakete mit Senderadresse

3. Dienstzugangspunkte und Adressen

- Unterstützung mehrerer Dienstzugangspunkte einer Gruppe auf einem Rechner
- keine Datenübertragung an Sender
- Unterstützung von Gruppenadressen für Anwendungsprozesse

Besonderen Einfluß auf die Spezifikation des METRO-Dienstes hat die geforderte zuverlässige Multicast-Übertragung zwischen Gruppen von Dienstnutzern. Dabei ist es erforderlich, daß alle Gruppenmitglieder an die Gruppe übertragen können, damit dem Entwickler von parallelen, kooperierenden Programmen Gruppen kommunizierender Prozesse zur Verfügung stehen und nicht nur ein Client-Server-Konzept, bei dem der Server schnell zum Engpaß des Gesamtsystems werden kann. Levy und Tempero [LeTe91] schreiben hierzu: *"it is common for a client/server-paradigm to be used as a model for all distributed programs, and this may lead to restrictions that are inappropriate"*. Deshalb unterstützt METRO *decentralized multi-endpoint-connections* (dezentralisierte Mehr-Endpunkt-Verbindungen) nach ISO 7498 [ISO84].

Diese dezentralisierten Verbindungen führen in Zusammenhang mit der formalen Spezifikation des Dienstes zu einigen Besonderheiten, da während des Auf- und Abbaus der Mehr-Endpunkt-Verbindungen zwar ein Gruppenmitglied eine Managerrolle übernehmen muß, diese aber in der Phase der Datenübertragung nicht mehr existieren darf. Genauso ist deshalb die Einführung eines weiteren Dienstprimitives T-CONNECTreconfirm notwendig, um alle Diesntnutzer über den erfolgreichen Verbindungsaufbau zu informieren (vgl. Kapitel 4.4).

3. Formale Spezifikation

3.1 Dienstspezifikation

Für einen systematischen Entwurf einer Ebene eines Kommunikationssystems ist der Entwurf des Dienstes und der des Protokolles zu trennen: Der Dienst beschreibt das Verhalten der Kommunikationseinheit nach außen, d.h. dem Dienstnutzer gegenüber. Das Protokoll beschreibt dann wie der Dienst unter Benutzung eines darunterliegenden Dienstes erbracht wird. Bevor also ein Protokoll entworfen wird, sollte also erstmal festgelegt werden, welchen Dienst das Protokoll erbringen soll.

Für Dienstbeschreibungen werden heutzutage oft keine Spezifikationssprachen, sondern Zeitablaufdiagramme verwendet. Diese können einen guten Überblick über das Verhalten des Dienstanbieters geben und spezielle Abläufe, z.B. für den erfolgreichen Aufbau einer Verbindung, verdeutlichen. Es ist aber schwierig, einen umfangreicheren Dienst mit Zeitablaufdiagrammen vollständig und eindeutig anzugeben, da die Anzahl möglicher Abläufe von Dienstelementen sehr groß werden kann. Außerdem sind oft noch weitere Festlegungen notwendig, z.B. mögliche Reihenfolgen von verschiedenen Zeitablauf-diagrammen: Eine in vielen Dienstbeschreibungen getrennt dargestellte

Datenübertragung kann z.B. nur ausgeführt werden wenn zuvor ein erfolgreicher Verbindungsaufbau stattgefunden hat. Deshalb werden in ISO-Standards für Kommunikationssysteme neben Zeitablaufdigrammen, die das Zusammenwirken verschiedener Dienstzugangspunkte beschreiben, zusätzlich Tabellen angegeben, die für einen Dienstzugangspunkt, d.h für nur ein Ende der Übertragung, die zulässige Reihenfolge von Dienstelementen festlegen.

Ist es bei einfachen Protokollen mit Punkt-zu-Punkt-Verbindungen noch recht einfach möglich, einen Dienst mit Zeitablaufdiagrammen und zugehöriger Tabelle für die Endpunkte darzustellen, vermehrt sich die Anzahl der möglichen Dienstabläufe bei Mehr-Endpunkt-Verbindungen so sehr, daß eine vollständige Darstellung mit Zeitablaufdiagrammen nicht mehr möglich ist und die Diagramme selber auch sehr unübersichtlich werden, wenn kompliziertere Abläufe dargestellt werden. Als Beispiel zeigt die Abbildung 1 den erfolgreichen Verbindungsaufbau beim METRO-Dienst unter der Annahme von vier Gruppenmitgliedern. Die Anzahl der Möglichkeiten, bei denen die Verbindung nicht zu Stande kommt, ist hierbei deutlich höher, als bei einem Punkt-zu-Punkt-Dienst, da hier auch spezifiziert werden muß, welcher Dienst erbracht wird, wenn sich unterschiedliche Responder verschieden verhalten. Eine vollständige Darstellung ist alleine schon deshalb nicht möglich, weil der METRO-Dienst für beliebig große Gruppen gedacht ist und somit die Anzahl der Responder nicht fest ist.

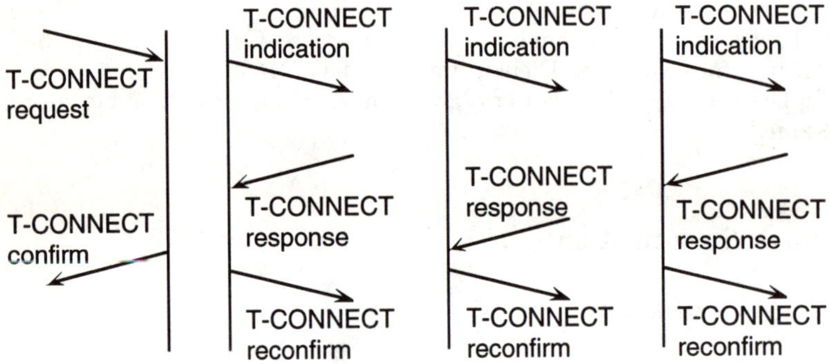

Abbildung 1: erfolgreicher Verbindungsaufbau beim METRO-Dienst

Bei der Entwicklung von METRO wurde deshalb nicht nur das METRO-Protokoll, sondern auch der zugehörige METRO-Dienst mit SDL spezifiziert. Diese Vorgehensweise hat auch den Vorteil, daß für den Dienst und das Protokoll die gleiche Spezifikationstechnik eingesetzt wurde und sich somit ein einheitliches Verhalten von Dienst- und Protokollspezifikation dem Dienstnutzer gegenüber ergibt.

3.2 SDL

Wie schon kurz erwähnt, wurde für die formale Beschreibung des Dienstes die *Specification and Description Language* (SDL) verwendet.

Das Grundkonzept von SDL ist das eines Prozesses. Das Verhalten von Prozessen wird durch erweiterte endliche Automaten, d.h. die Automaten können zusätzlich lokal Daten halten und manipulieren, beschrieben. Von einem Prozeß können mehrere Instanzen existieren und die Prozesse bzw. Prozeßinstanzen kommunizieren untereinander durch den Austausch von Signalen über Signalwege. Die Signalwege verbinden dabei immer zwei Prozeßinstanzen oder eine Prozeßinstanz mit der Umgebung außerhalb der SDL-Spezifikation.

Dieses Konzept der kommunizierenden Prozesse eignet sich sehr gut zum Entwurf der Abläufe in einem Kommunikationssystem. Für die Spezifikation von METRO wurde SDL wegen seiner weiten Verbreitung und wegen der praktischen Verwendbarkeit der Protokollspezifikation für die durchgeführte Implementierung verwendet. So bezeichnen Belina, Hogrefe und Sarma [BeHoSa91] SDL als *"language of engineers"*.

SDL hat zwei verschiedene Darstellungsformen, eine graphische und eine textuelle, die sich ineinander überführen lassen. Die Spezifikation des METRO-Dienstes, die im Anhang zu finden ist, wurde in graphischem SDL (SDL/GR) durchgeführt.

Auf eine genaue Beschreibung von SDL soll hier verzichtet werden, es sei z.B. auf [Hog89], [BeHoSa91] und den SDL-Standard selbst verwiesen.

4. Formale Spezifikation des METRO-Dienstes

4.1 Struktur der Dienstspezifikation

Für die Spezifikation des Verhaltens des METRO-Dienstes an einem Verbindungsendpunkt, d.h. das Verhalten einer Verbindung an einem Dienstzugangspunkt, wird ein SDL-Prozeß verwendet. Eine Transportverbindung besteht dann aus mehreren Instanzen dieses Prozesses, wobei für jedes Gruppenmitglied genau eine solche Instanz existiert.

Für eine Mehr-Endpunkt-Verbindung existieren dann mehrere Prozeßinstanzen, die über SDL-Signalwege miteinander kommunizieren. Dabei verbinden Signalwege in SDL immer genau zwei Prozesse bzw. zwei Prozeßinstanzen miteinander. Im vorliegenden Fall, bei dem ein Multicast-Transportdienst spezifiziert wird, kommt es aber häufig vor, daß ein Signal von einer Prozeßinstanz zu allen anderen Verbindungsendpunkten der Gruppe geschickt werden muß. Dies ist z.B. bei der Datenübertragung der Fall, da der METRO-Dienst ja gerade eine Übertragung eines Datenpaketes zu allen anderen Endpunkten realisieren soll. In SDL muß die Übertragung eines solchen Multicast-Signals dadurch spezifiziert werden, daß zwischen allen Paaren von Prozeßinstanzen, die zu einer Verbindung gehören, jeweils ein Signalweg existiert und daß der Sender nacheinander je ein Signal an jeden Empfänger schickt. Da diese Vorgehensweise nicht dem typischen Ablauf in einem Kommunikationssystem entspricht und auch die SDL-Spezifikation unnötig unübersichtlich macht, wurden für die hier gezeigte METRO-Dienstspezifikation zwei neue Konstrukte für SDL eingeführt, die das Übertragen einer Multicast-Nachricht realisieren. Diese Konstrukte werden in Abschnitt 4.3 näher erläutert.

Um die Dienstspezifikation in diesem Beitrag übersichtlich zu halten, beschränkt sich die Darstellung des METRO-Dienstes im Anhang auf den Prozeß für die Verbindungsendpunkte: Natürlich müßten für eine vollständige SDL-Spezifikation auch das System, die Blöcke und Signalwege angegeben werden. Dabei wäre es aber auch erforderlich, die Signalwege zwischen allen Paaren von Prozeßinstanzen, die zur gleichen Verbindung gehören, anzugeben.

Die genannten Punkte würden die Dienstspezifikation deutlich aufblähen, ohne daß sich für die Darstellung des eigentlichen Ablaufs, d.h. wie sich der METRO-Dienst einer Gruppe von Dienstnutzern gegenüber verhält, Vorteile ergeben würden. Für den Ablauf des Auf- und Abbaus einer Verbindung sowie während des Bestehens einer Verbindung haben die gemachten Vereinfachungen keinen Einfluß, weil beim METRO-Dienst während des Bestehens einer Verbindung die Gruppe der Dienstnutzer statisch ist (vgl. Kapitel 2) und somit auch die Anzahl der Prozeßinstanzen in der Dienstspezifikation nicht verändert werden muß. Aus der Annahme, daß die Prozeßinstanzen der betrachteten Verbindung nicht kreiert und gelöscht werden, sondern immer bestehen, ergibt sich, daß diese auch existieren, wenn die Verbindung abgebaut ist. Dafür wird in der Dienstspezifikation der ausgezeichnete Zustand *idle* verwendet. Eine Dienstspezifikation mit einer dynamischen Generierung von Prozeßinstanzen für unterschiedliche Verbindungen ist in [BeHoSa91] zu finden.

4.2 Signale

Da auf eine vollständige Darstellung des Systems mit seinen Signalwegen verzichtet wird, gibt die Tabelle 1 eine Übersicht über die verwendeten Signale mit der Angabe, auf welchen Wegen sie verschickt werden können.

Sender und Empfänger des Signals	**Signal**
von einer Prozeßinstanz zur Umgebung oder umgekehrt (Dienstprimitive)	T-CONNECTrequest T-CONNECTindication T-CONNECTresponse T-CONNECTconfirm T-CONNECTreconfirm T-DATArequest T-DATAindication T-DISCONNECTrequest T-DISCONNECTindication
von einer Prozeßinstanz an <u>alle</u> anderen Prozeßinstanzen der Gruppe	CR /* Connect Request */ CCO /* Connect Confirm Other */ DT /* Data */ DR /* Disconnect Request */
von einer Prozeßinstanz an <u>eine</u> andere Prozeßinstanz	CC /* Connect Confirm */ CNA /* Connection not accepted */ CCOAK /* CCO Acknowledgement */

Tabelle 1: Signale in der METRO-Dienstspezifikation

Wie die Unterteilung der Signale in Tabelle 1 zeigt, ist es für die Signale CR, CCO, DT und DR notwendig, diese von einer Prozeßinstanz an alle anderen Prozeßinstanzen der Gruppe zu schicken. Dieses wird mit den im nächsten Abschnitt näher erläuterten Multicast-Konstrukten realisiert.

4.3 Multicast-Konstrukte für SDL

Die Abbildung 2 zeigt die in der METRO-Dienstspezifikation verwendeten zwei zusätzlichen Konstrukte, die eine Kommunikation zwischen mehr als zwei Prozessen ermöglichen. Die gezeigte Darstellung wurde gewählt, weil so zum einen die Ähnlichkeit zu den normalen Sende- und Empfangskonstrukten erhalten bleibt und zum anderen der zusätzliche Strich auf der linken Seite auf ein Makro hinweist, das den Ablauf näher spezifizieren könnte.

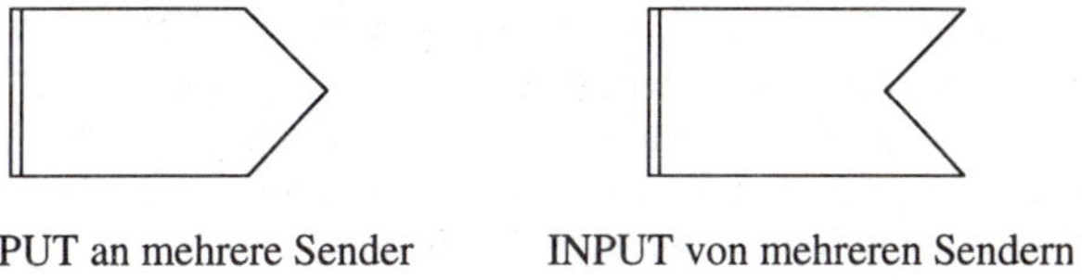

Abbildung 2: Für die Dienstspezifikation zusätzlich verwendete Konstrukte

Die beiden Konstrukte realisieren sowohl das Senden an als auch das Empfangen von einer Gruppe von Prozessen. Beim Senden bedeutet dies, daß das OUTPUT-Signal über mehrere Signalwege an mehrere Prozesse geschickt wird; beim Empfangen von Nachrichten bedeutet dies, daß der INPUT nur dann vorliegt, wenn ein entsprechendes Signal von allen anderen Gruppenmitgliedern angekommen ist. Solange nicht von allen Gruppenmitgliedern das notwendige Eingabesignal vorliegt, wird der Zustand nicht verändert und andere Eingabesignale werden normal abgearbeitet. Ein solches Verhalten ließe sich ohne das hier eingesetzte Konstrukt mit einer Menge realisieren, aus der bei jedem passenden Eingabesignal der Sender entfernt wird. Ist die Menge leer, werden die nachfolgenden Anweisungen inklusive Zustandsübergang ausgeführt, ansonsten werden keine Anweisungen ausgeführt und der Zustand ändert sich nicht.

Beim Senden wird zusätzlich durch den angegebenen Text unterschieden, ob das Signal an alle anderen Gruppenmitglieder geschickt wird (TO ALL GROUPMEMBERS) oder ob nur einige der Gruppenmitglieder die Nachricht erhalten (TO SOME GROUPMEMBERS). Der zweite Fall bedeutet, daß mindestens ein Gruppenmitglied das Signal bekommt, dies aber nicht bei allen Empfängern ankommt. Dies ist notwendig, um in einer Dienstspezifikation darstellen zu können, daß einige Empfänger ein Signal erhalten haben, andere jedoch nicht. Mit dieser Schreibweise ist nicht festgelegt, welche der Empfänger das Signal erhalten. In der benutzten Formulierung liegt somit ein Nichtdeterminismus, der in SDL'92 durch die Anweisung ANY erzeugt werden kann.

Wie angedeutet, lassen sich die hier eingeführten Konstrukte für die Gruppenkommunikation auch schon in den jetzigen SDL-Versionen (SDL'88 und SDL'92) verwenden, wobei Makros notwendig sind, die die Multicast-Fähigkeiten auf Punkt-zu-Punkt-Übertragungen abbilden. Dies ist aber zum einen umständlich und entspricht zum anderen auch nicht dem tatsächlichen Ablauf in einem realen Kommunikationssystem, das Multicast unterstützt: In einer Protokollspezifikation, die auf einem darunterliegenden Dienst mit Multicast-Fähigkeiten aufbaut, brauchen die PDUs, die für mehrere Empfänger bestimmt sind, auch nur einmal verschickt werden. Eine elegantere Lösung wäre es, zukünftige SDL-Versionen um Multicast-Signalwege und Multicast-Kanäle, die mehr als zwei Prozesse bzw. Prozeßinstanzen verbinden, sowie entsprechende Signale zu ergänzen, da mit den neuen Konstrukten als Makros zwar die Gruppenkommunikation in den Prozessen einfacher dargestellt werden kann, eine unnatürliche Darstellung der Kommunikation durch viele Signalwege jedoch erhalten bleibt.

4.4 Verbindungsendpunkte

Dieser Abschnitt gibt einen Überblick über den Ablauf in den Verbindungsendpunkten und zeigt damit zum einen die Spezifikation der Abläufe des Multicast-Transportdienstes METRO als auch die Verwendung der in Abschnitt 4.3 eingeführten Konstrukte. Die Tabelle 2 gibt dazu einen Überblick über die benutzten Zustände und ihre Bedeutung.

Zustand	**Bedeutung**
idle	Verbindung existiert nicht
waiting_initiator	Verbindungsaufbau, eigener Dienstnutzer ist Initiator des Aufbaus
waiting_responder_self	Verbindungsaufbau, T-CONNECTindication an eigenen Dienstnutzer ausgeliefert
waiting_responder_other	Verbindungsaufbau, eigener Dienstnutzer hat Verbindung zugestimmt
connected	Verbindung ist aufgebaut und es können Daten übertragen werden
transmission_error	es konnten nicht alle Daten zuverlässig übertragen werden, Verbindung wird abgebaut

Tabelle 2: Zustände in der METRO-Dienstspezifikation

Im folgenden werden die einzelnen Zustände und die wichtigsten Zustandsübergänge genauer erläutert.

- Der Zustand *idle* ist der ausgezeichnete Zustand, bei dem die Verbindung nicht existiert. In diesem Zustand sind zwei unterschiedliche Eingaben möglich, die davon abhängen, wer den Verbindungsaufbauwunsch sendet. In beiden Fällen wird der Verbindungsaufbauwunsch weitergeleitet (über das Netz oder an den eigenen Dienstnutzer) und abhängig davon, ob der eigene Dienstnutzer der Initiator der Verbindung ist oder nicht, wechselt der Verbindungsendpunkt in den Zustand *waiting_initiator* oder *waiting_responder_self.*

- Im Zustand *waiting_responder_self* wartet der Responder auf die Antwort von seinen Dienstnutzer, ob dieser die mit T-CONNECTindication angezeigte Verbindung akzeptiert oder nicht. Wenn der Dienstnutzer zustimmt, wird ein CC (ConnectConfirm) an den Initiator geschickt; stimmt der Responder nicht zu, wird ein CNA (ConnectionNotAccepted) an den Initiator geschickt. Hat der Responder der Verbindung zugestimmt, geht der Verbindungsendpunkt in den Zustand *waiting_responder_other*.

  Das CNA wird in der METRO-Dienstspezifikation vom DR (DisconnectRequest), das beim Verbindungsabbau eingesetzt wird, unterschieden, weil mit dem CNA nur der Initiator benachrichtigt wird und es die Aufgabe des Initiators ist, bei Ankunft eines CNA alle anderen Gruppenmitglieder von der Ablehnung zu informieren. Dieser Ablauf über den Initiator des Verbindungsaufbaus ist notwendig, um die richtige Reihenfolge der Signale an den anderen Respondern der Gruppe sicherzustellen. Im Gegensatz dazu kann beim Verbindungsabbau das DR vom Initiator des Abbaus als Multicast-Signal an alle anderen Gruppenmitglieder geschickt werden.

- Im Zustand *waiting_initiator* wartet der Initiator auf die Antworten von den Respondern, ob diese die Verbindung akzeptieren oder nicht. Wenn nur ein anderer Dienstnutzer die Verbindung ablehnt, d.h. ein CNA ankommt, kommt die Verbindung nicht zustande und der Initiator benachrichtigt alle Responder von der Ablehnung durch ein DR. Wenn alle Responder positiv geantwortet haben und somit die Verbindung akzeptieren, informiert der Initiator seinen Dienstnutzer mit einem T-CONNECTconfirm sowie alle anderen Gruppenmitglieder mit einem CCO (ConnectConfirmOther) und geht in den Zustand *connected*. Im Zustand *waiting_initiator* ist natürlich auch ein Abbauwunsch des eigenen Dienstnutzers möglich, was ebenfalls zum Verschicken eines DR führt.

  Das CCO wird in der METRO-Dienstspezifikation benötigt, um alle Dienstnutzer der Gruppe über das Zustandekommen der Verbindung zu informieren. Dies ist notwendig, da METRO eine zuverlässige Übertragung auf dezentralisierten Mehr-Endpunkt-Verbindungen realisiert: Jeder Dienstnutzer darf erst dann anfangen, Daten zu übertragen, wenn er von allen anderen Gruppenmitgliedern weiß, daß diese die Verbindung akzeptiert haben, d.h. daß sie bereit sind, die Daten auch zu akzeptieren.

- Im Zustand *waiting_responder_other* wartet ein Responder, dessen eigener Dienstnutzer der Verbindung bereits zugestimmt hat, auf eine Nachricht vom Initiator, ob alle anderen Gruppenmitglieder der Verbindung auch zugestimmt haben (CCO) oder ob die Verbindung nicht zu Stande gekommen ist (DR). Da eine zuverlässige Datenübertragung realisiert werden soll und noch nicht alle Gruppenmitglieder die Verbindung akzeptiert haben, darf der zugehörige Dienstnutzer in diesem Zustand noch keine Daten übertragen. Baut der eigene Dienstnutzer die Verbindung ab, reicht eine Benachrichtigung des Initiators nicht aus, sondern es wird ein DR an die gesamte Gruppe geschickt, wie dieses auch bei einem Verbindungsabbau vom Zustand *connected* aus der Fall ist.

  Eine Besonderheit im Zustand *waiting_responder_other* ist, daß vor einem CCO schon Daten (DT) ankommen können, wenn eine andere Station das CCO schneller empfangen und sofort Daten geschickt hat. Diese vor dem abgeschlossenen Verbindungsaufbau eintreffenden Daten dürfen zur Realisierung einer zuverlässigen Datenübertragung nicht verloren gehen und werden deshalb mit dem SAVE-Konstrukt bis zum nächsten Zustandsübergang gespeichert. Kommt das CCO, d.h. die Bestätigung der Verbindung durch den Initiator, meldet der Verbindungsendpunkt T–CONNECTreconfirm an seinen Dienstnutzer und geht in den Zustand *connected*, in dem dann die Daten verarbeitet werden können.

- Der Zustand *connected* stellt eine fehlerfreie Datenübertragung dar. In diesem Zustand wird nicht mehr zwischen Initiator und Respondern unterschieden, da es sich um eine dezentralisierte Mehr-Endpunkt-Verbindung handelt, bei der nach dem Verbindungsaufbau kein besonders ausgezeichneter Endpunkt mehr besteht. Dies ist auch daran zu sehen, daß der Verbindungsabbau von allen Stationen aus gestartet werden kann und in diesem Fall ein DR an alle Gruppenmitglieder geschickt wird. Wenn Daten übertragen werden, werden diese an die gesamte Gruppe übertragen.

Im Gegensatz zu einem Protokoll, bei dem die zuverlässige Übertragung der Daten durch Quittungen realisiert wird, wurden hier bei der Dienstspezifikation keine Quittungen verwendet. Deshalb muß in der Dienstspezifikation schon beim Senden der Daten unterschieden werden, ob diese zuverlässig an alle Gruppenmitglieder übertragen werden. Ist dies nicht der Fall, muß die Verbindung abgebaut werden. Da in einem Protokoll erst nach einer gewissen Zeit (in der Regel nach mehreren Übertragungsversuchen) festgestellt werden kann, daß die Daten nicht zuverlässig übertragen werden konnten, wird hier der Zustand *transmission_error* eingeführt, in den die Dienstspezifikation am Sender bereits wechselt, wenn die Daten, die nicht zuverlässig ankommen werden, vom Dienstnutzer übergeben werden.

- Der Zustand *transmission_error* beschreibt dann das erlaubte Verhalten zwischen dem T-DATArequest für die nicht mehr zuverlässig übertragenen Daten und dem tatsächlich später stattfindenden Verbindungsabbau. Der Verbindungsabbau wird dazu durch den Timer4 ausgelöst, der beim Übergang in den Zustand *transmission_error* gesetzt wird. Während des Zustands *transmission_error* können sowohl noch Daten ankommen als auch noch verschickt werden. Ankommende Daten werden, soweit die Reihenfolge der Daten stimmt, weiter an den Dienstnutzer ausgeliefert. Daten, die abgeschickt werden, können wegen der Reihenfolgeerhaltung nur an Gruppenmitglieder ausgeliefert werden, bei denen die Daten zuvor komplett angekommen sind. Durch die Numerierung der Datensignale, die auch schon im Zustand *connected* vorgenommen wurde, braucht hier am Sender nicht unterschieden werden, an welche Gruppenmitglieder tatsächlich DT geschickt werden darf, da der Empfänger Pakete verwirft, bei denen ein vorhergehendes Paket nicht angekommen ist.

In der hier gegebenen Beschreibung wurde versucht, die wichtigsten Punkte der formalen Dienstspezifikation zu erläutern. Für hier nicht angesprochene Fälle bleibt es dem Leser überlassen, den gewünschten Dienstablauf in den SDL-Diagrammen im Anhang nachzuvollziehen. Diese Möglichkeit zeigt einen weiteren Vorteil einer formalen Dienstspezifikation gegenüber anderen Beschreibungsformen.

Schlußbemerkungen und Ausblick

Dieser Beitrag stellt die formale Spezifikation des METRO-Transportdienstes mit SDL vor. Der METRO-Dienst stellt eine zuverlässige Datenübertragung auf dezentralisierten Mehr-Endpunkt-Verbindungen zur Verfügung, d.h. alle Gruppenmitglieder sind gleichberechtigt und können zuverlässig Daten an die anderen Gruppenmitglieder senden.

Beim Entwurf des METRO-Dienstes zeigte sich, daß die sonst oft eingesetzten Methoden wie Zeitablaufdiagramme und Automaten, die das Verhalten an einzelnen Dienstzugangspunkten beschreiben, für den Entwurf von Diensten mit einer beliebigen Zahl von Dienstzugangspunkten nicht ausreichen oder zumindestens sehr unübersichtlich werden. Bei Mehr-Endpunkt-Verbindungen ist es für den Entwickler deutlich schwieriger den Überblick über alle möglichen Abläufe zu behalten und somit zu einer vollständigen Dienstbeschreibung zu kommen. Deshalb wurde für die Spezifikation des METRO-Dienstes - genauso wie für die spätere Spezifikation des METRO-Protokolls - die Spezifikationssprache SDL eingesetzt.

Beim Einsatz von SDL zur Dienstspezifikation zeigte sich das Fehlen von Konstrukten zur Gruppenkommunikation in SDL. In SDL gibt es nur Signalwege, die immer genau zwei Prozesse miteinander verbinden, was für die Spezifikation von Punkt-zu-Punkt-Diensten ausreicht, aber bei Mehr-Endpunkt-Verbindungen nicht dem typischen Ablauf der Kommunikation im realen System entspricht. Im vorliegenden Beitrag wurden deshalb zwei Konstrukte zur Gruppenkommunikation eingeführt. Diese können zwar in den heutigen Versionen von SDL durch Makros realisiert werden; eine Aufnahme solcher Konstrukte in zukünftige SDL-Versionen würde aber die Spezifikation für in der Zukunft weiter an Bedeutung zunehmende Prozeßgruppen deutlich erleichtern.

Zum METRO- Dienst wurde ein passendes Protokoll ebenfalls in SDL spezifiziert, welches auf SUN-Workstations unter Solaris 2.3 implementiert wurde und an der Universität-GH Paderborn in einem mit FDDI vernetzten Workstation-Cluster neben TCP und UDP eingesetzt wird. Diese weitere Entwicklung von METRO wird in [Wit95] beschrieben.

Referenzen

[BeHoSa91] Belina, Hogrefe, Sarma, "SDL with applications from protocol specification", Carl Hanser Verlag 1991

[Cap93] Cap, "Architekturelle Entscheidungen zur Unterstützung parallelen Rechnens in Workstation Clustern und deren Realisierung in existenten Produkten", in Tavangarian, Bähring (Hrsg.), APS '93 Arbeitsplatzrechensysteme, VDE-Verlag 1993, S. 121-132

[Hog89] Hogrefe, "Estelle, LOTUS und SDL, Standard-Spezifikationssprachen für verteilte Systeme", Springer-Verlag 1989

[ISO84] International Standard ISO 7498, Information processing systems - Open Systems Interconnection - Basic reference model, 1984

[LeTe91] Levy, Tempero, "Modules, Objects and Distributed Programming: Issues in RPC and Remote Object Invocation", in Software - Practice and Experience, Vol. 21, Iss. 1, 1991

[SDL2C94] SDL2C-Benutzerhandbuch,, Januar 1994, interner Bericht der Universität-GH Paderborn

[WiMa94] Wittenberg, Martini, "Measurements in a FDDI Workstation Cluster", Proc. of the 19th Conf. on Local Comp. Networks, S. 52-58, IEEE 1994

[Wit95] Wittenberg, "METRO - ein Transportprotokoll für Parallelprogramme in Workstation-Clustern", *erscheint im* Tagungsband der 3. ITG/GI-Fachtagung Arbeitsplatz-Rechensysteme APS'95, Hannover Mai 1995

```
SYNONYM
   time1 duration = external; time2 duration = external; time3 duration = external;
   time4 duration = external; inactivity_time duration = external;
/* The following conditions must be valid for the times:
         time2 > time1 + time3                    inactivity_time > time3      */

NEWTYPE TSAP-address
/* The format of the address is not part of this specification */
ENDNEWTYPE TSAP-address;

NEWTYPE data-format
/* The format of the data is not part of this specification */
ENDNEWTYPE data-format;

NEWTYPE table
   Array(TSAP-address,Integer)
ENDNEWTYPE table;

TIMER
   Timer1,Timer2,Timer3,Timer4,InactivityTimer;

DCL
   number,nr Interger;              /* numbers of data packets */
   sender,source TSAP-Adresse;      /* TSAP-address of the sender */
   expected table;                  /* expected packet numbers for different senders */
   data data-format;                /* data */
   Initiator PID;                   /* ProzessID of the initiator  of the connection */

/* The following macros must be specified outside this process:
set_sender:             assign the own TSAP-address to sender
initialize_expected:    assign 0 for all groupmembers to the entry in expected:
                                 (expected(TSAP-address of groupmember) := 0) */
```

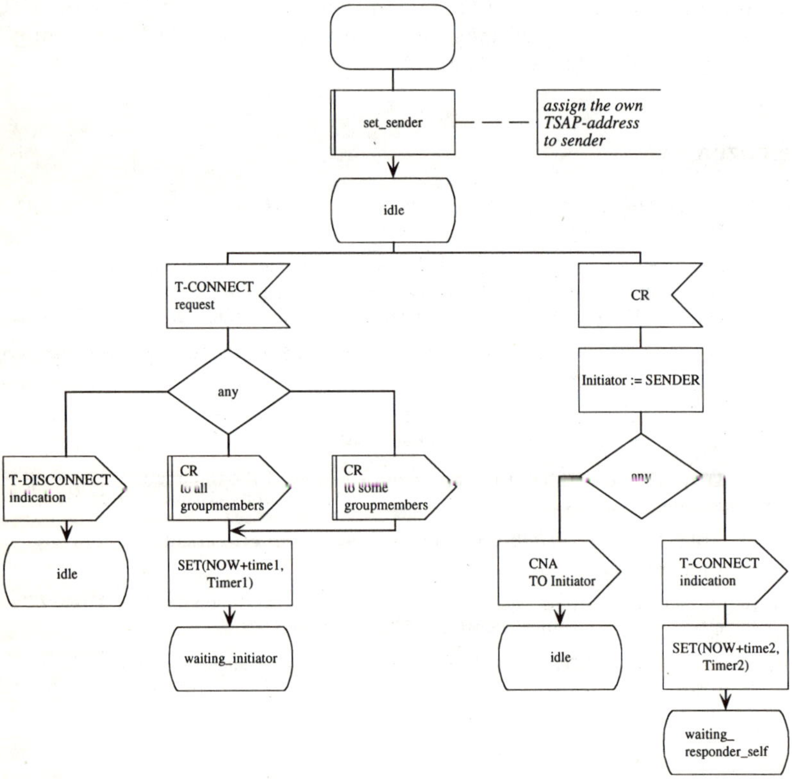

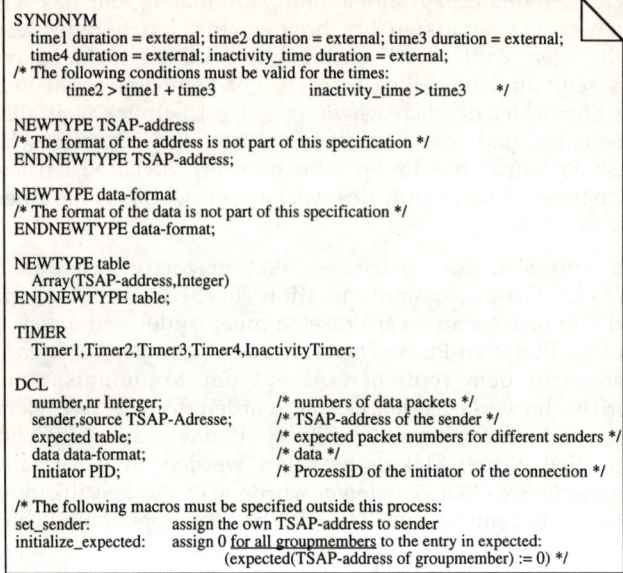

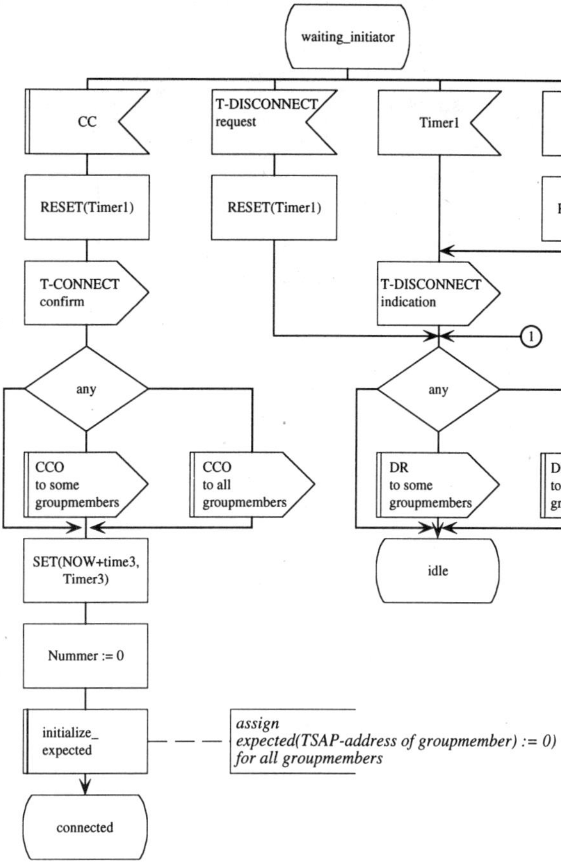
waiting_initiator
CC
T-DISCONNECT request
Timer1
CNA
DR
RESET(Timer1)
RESET(Timer1)
RESET(Timer1)
RESET(Timer1)
T-CONNECT confirm
T-DISCONNECT indication
T-DISCONNECT indication
1
idle
any
any
CCO to some groupmembers
CCO to all groupmembers
DR to some groupmembers
DR to all groupmembers
SET(NOW+time3, Timer3)
idle
Nummer := 0
initialize_ expected
assign
expected(TSAP-address of groupmember) := 0)
for all groupmembers
connected

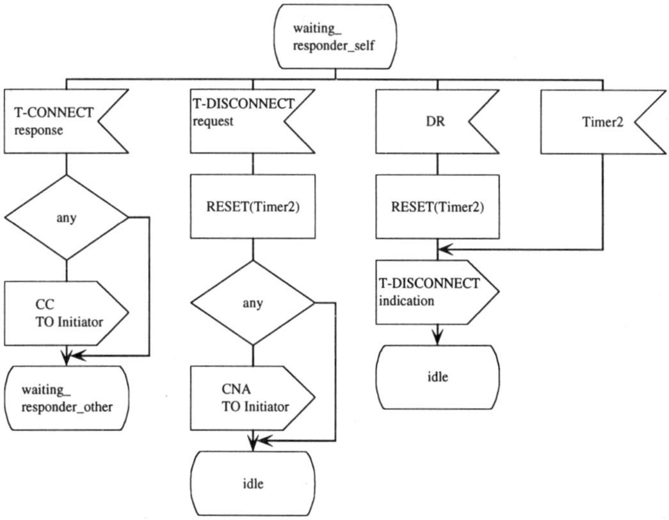
waiting_ responder_self
T-CONNECT response
T-DISCONNECT request
DR
Timer2
any
RESET(Timer2)
RESET(Timer2)
CC TO Initiator
any
T-DISCONNECT indication
waiting_ responder_other
CNA TO Initiator
idle
idle

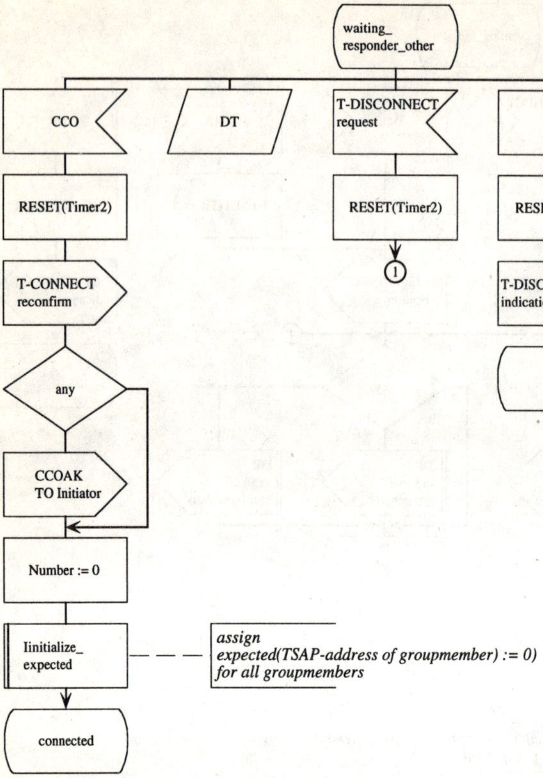
waiting_
responder_other
CCO
DT
T-DISCONNECT
request
DR
Timer2
RESET(Timer2)
RESET(Timer2)
RESET(Timer2)
1
T-CONNECT
reconfirm
T-DISCONNECT
indication
idle
any
CCOAK
TO Initiator
Number := 0
Iinitialize_
expected
assign
expected(TSAP-address of groupmember) := 0)
for all groupmembers
connected

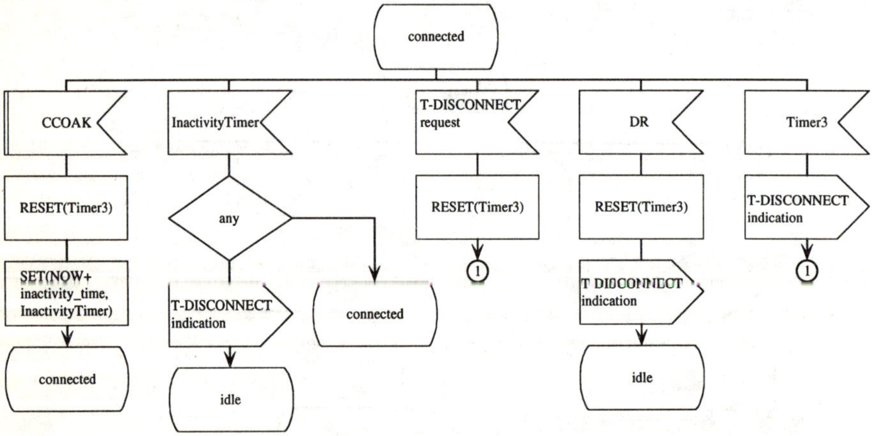
connected
CCOAK
InactivityTimer
T-DISCONNECT
request
DR
Timer3
RESET(Timer3)
any
RESET(Timer3)
RESET(Timer3)
T-DISCONNECT
indication
SET(NOW+
inactivity_time,
InactivityTimer)
T-DISCONNECT
indication
connected
1
indication
1
connected
idle
idle

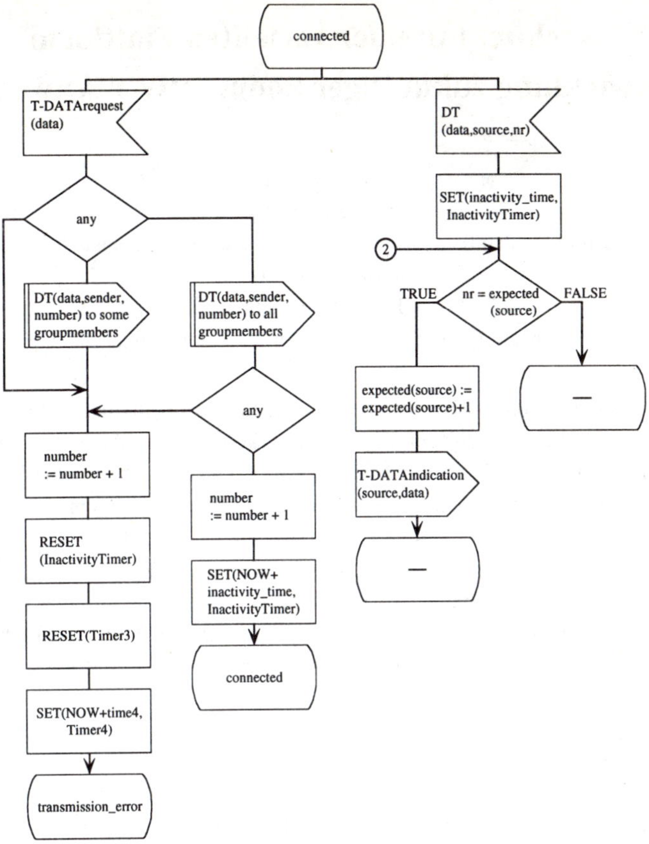
connected
T-DATArequest (data)
DT (data,source,nr)
SET(inactivity_time, InactivityTimer)
2
any
TRUE
nr = expected (source)
FALSE
DT(data,sender, number) to some groupmembers
DT(data,sender, number) to all groupmembers
expected(source) := expected(source)+1
—
any
number := number + 1
T-DATAindication (source,data)
number := number + 1
RESET (InactivityTimer)
—
SET(NOW+ inactivity_time, InactivityTimer)
RESET(Timer3)
connected
SET(NOW+time4, Timer4)
transmission_error

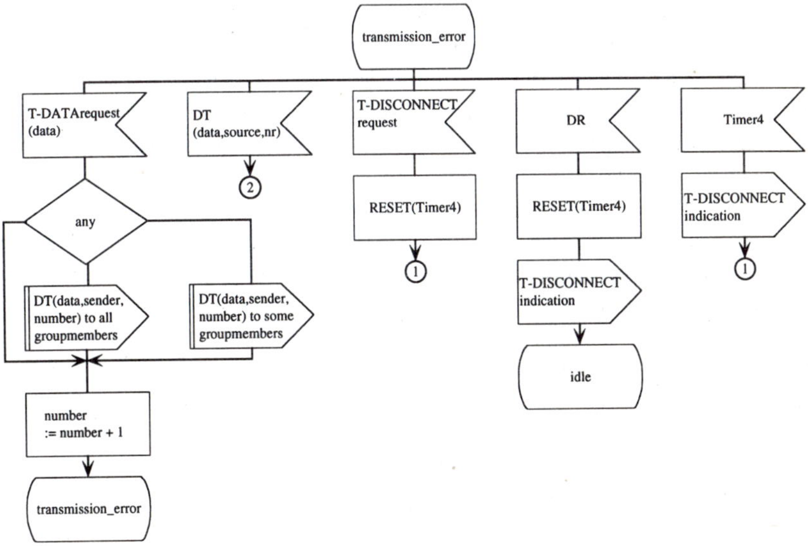
transmission_error
T-DATArequest (data)
DT (data,source,nr)
T-DISCONNECT request
DR
Timer4
2
RESET(Timer4)
RESET(Timer4)
T-DISCONNECT indication
any
1
1
T-DISCONNECT indication
DT(data,sender, number) to all groupmembers
DT(data,sender, number) to some groupmembers
idle
number := number + 1
transmission_error

Architektur einer verteilten Plattform zur Entwicklung zukünftiger kooperativer Anwendungen

Frank Sembach
Universität Stuttgart
Institut für Parallele und Verteilte Höchstleistungsrechner (IPVR)
Breitwiesenstr. 20 - 22
D- 70569 Stuttgart
E-Mail: Frank.Sembach@informatik.uni-stuttgart.de

Durch zunehmenden Ausbau der Kommunikationsinfrastruktur können Rechner und Netze mehr und mehr zur Unterstützung kooperativen Arbeitens verwendet werden. Der vorliegende Aufsatz beschreibt die Architektur einer Plattform, mit der auf der Basis eines verteilten gemeinsamen Arbeitsbereichs beliebige kooperative Anwendungen entwickelt werden können. Neben der Vorstellung der Architektur wird schwerpunktmäßig ein Mechanismus zur flexiblen Beschreibung und Realisierung verschiedener Replikationscharakteristiken für gemeinsam benutzte, hierarchisch strukturierte Objekte eingeführt. Ein Ansatz zur prototypischen Realisierung der Architektur bildet den Abschluß des Aufsatzes.

1 Einführung

Mit zunehmender Leistungsfähigkeit von Arbeitsplatzrechnern und der ständig steigenden Vernetzung dieser Rechner vollzieht sich derzeit ein Wandel vom sogenannten “Personal Computing” zum “Interpersonal Computing”. Das heißt, der persönliche Arbeitsplatzrechner dient nicht mehr nur als Arbeitshilfe, sondern wird zur weltweiten Kommunikation und Kooperation eingesetzt. Rechnergestützte Kommunikation hat gegenüber herkömmlichen Kommunikationsformen wie Telefon und Videokonferenz den Vorteil, daß in elektronischer Form vorliegende Daten während der Kooperation von allen Teilnehmern eingesehen und bearbeitet werden können. Die ersten Ansätze zur Nutzung von Computern und Netzwerken zu Kommunikationszwecken sind in den wohlbekannten Systemen zur Übermittlung elektronischer Post zu sehen. Im vorliegenden Beitrag wird der Schwerpunkt jedoch auf der Beschreibung einer Plattform liegen, die es einer Gruppe von Benutzern erlaubt, gemeinsam und gleichzeitig mit einer Computeranwendung und den dazugehörigen Daten zu arbeiten.

Grundsätzlich sind zwei Möglichkeiten denkbar, eine Computeranwendung kooperativ zu gestalten. Der heute meist beschrittene Weg geht dahin, Kooperationsplattformen für bestehende Einbenutzeranwendungen (cooperation unaware applications) zu realisieren. Dies hat den Vorteil, daß die eigentliche Anwendung nicht geändert werden muß und die Benutzer in ihrer gewohnten Umgebung arbeiten können. Andererseits sind bei dieser Lösung die Interaktionsmöglichkeiten der einzelnen Benutzer eingeschränkt, da zu jedem Zeitpunkt natürlich nur ein Benutzer die Anwendung bedienen kann. Der andere Ansatz geht dahin, neue Anwendungen kooperativ zu gestalten, d.h. in der Anwendungslogik die gleichzeitige Interaktion mit mehreren Benutzern vorzusehen (cooperation aware applications). Für bestehende Anwendungen empfiehlt sich aufgrund des geringeren Aufwands der erste Ansatz. Um für zukünftig zu realisierende Anwendungen den zweiten Weg gehen zu können, muß der zusätzliche Entwicklungsaufwand für die Hinzunahme kooperativer Konzepte gering gehalten werden. Ein Weg, dies zu erreichen ist, generische Funktionalität zur Kooperationsunterstützung in einer universellen Plattform anzubieten.

Im Projekt *TEATIME*[1] soll eine solche Plattform geschaffen werden, auf der echt kooperative Anwendungen aufgebaut werden können. Grundlage hierfür ist die Abstraktion eines verteilungstransparenten gemeinsamen Arbeitsbereichs (shared workspace, SWS), der die Speicherung und Verwaltung der gemeinsam benutzten objektorientierten Daten übernimmt. Dadurch soll der Aufwand zur Realisierung einer kooperativen Anwendung nicht wesentlich über dem bei einer Einbenutzeranwendung liegen.

Abschnitt 2 dieses Beitrags gibt einen Überblick über andere Ansätze, die kooperatives Arbeiten unterstützen. Abschnitt 3 stellt kurz ein bereits früher vorgeschlagenes Modell für einen objektorientierten gemeinsamen Arbeitsbereich vor. Daraus werden in Abschnitt 4 die Anforderungen an die Entwicklungsplattform hergeleitet, die in *TEATIME* realisiert werden soll. Abschnitt 5 beschreibt daraufhin die dafür ausgewählte verteilte Architektur, wobei der Schwerpunkt auf der Replikatverwaltung gemeinsamer Objekte liegt. Über die Realisierung der Entwicklungsplattform gibt Abschnitt 6 nähere Auskunft. Mit einem Ausblick auf weitere geplante Tätigkeiten im *TEATIME*-Projekt schließt Abschnitt 7 den Aufsatz ab.

2 Überblick über verwandte Ansätze

Wie bereits eingangs erwähnt, sind im wesentlichen zwei Ansätze denkbar, gemeinsam mit einer Anwendung zu arbeiten und zwar die gemeinsame Benutzung von Einbenutzeranwendungen und die Realisierung echt kooperativer Anwendungen. Beide Ansätze werden üblicherweise mit weiteren multimedialen Konferenzkanälen wie Audio-, Video- und Telepointerverbindungen ausgestattet, die die Benutzer verwenden können, um über ihre Arbeit mit der Anwendung zu reden. Außerdem können über solche Kanäle nicht elektronisch gespeicherte Arbeitsmittel in die Kooperation einbezogen werden. Insgesamt ergibt sich damit das Szenario einer Desktop-Konferenz als Erweiterung herkömmlicher Videokonferenzen um Computeranwendungen.

Ein früher Vorläufer der Plattformen zur gemeinsamen Nutzung von Einbenutzeranwendungen ist in [AGN88] beschrieben. Dort können textbasierte UNIX-Anwendungen von einer im Internet verteilten Arbeitsgruppe gemeinsam benutzt werden. Nach dem gleichen Prinzip arbeiten die moderneren Plattformen zur Kooperationsunterstützung für Anwendungen mit graphischer Benutzeroberfläche, die meist auf dem X-Protokoll basieren (s. [AWFe91], [McFa91]). Die Ausgaben der gemeinsam benutzten Anwendung werden durch einen Multiplexer an alle

[1] *TEATIME* *E*nables *A* *T*eam to *I*nteractively *M*anage and *E*dit objects

Benutzer verteilt. Ein Eingabefilter sorgt dafür, daß zu jedem Zeitpunkt genau ein Benutzer das Eingaberecht (den sogenannten "Floor") besitzt und damit die Anwendung bedienen kann. Zur Weitergabe des Eingaberechts sind verschiedene Politiken wie z. B. die zentrale Vergabe durch einen Sitzungsleiter, Weitergabe eines Tokens, Weitergabe auf Anfrage oder nach festgelegter Zeit denkbar. JVTOS (Joint Viewing and Teleoperations Service) ist eine derartige Plattform, die die gemeinsame Nutzung beliebiger graphischer und multimedialer Anwendungen in einer heterogenen Rechnerumwelt (UNIX, Mac, PC) erlaubt und zusätzliche multimediale Kommunikationskanäle bereitstellt (s. [DeFr92], [DGOR94]).

Für den zweiten Ansatz, die Realisierung spezieller kooperativer Anwendungen, gibt es in der Literatur eine Vielzahl von Beispielen. Verschiedene kooperative Editoren (s. [EGR91], [GSW92], [KLL+93], [SFB+87]) bieten verschiedene Interaktionsmodi für Benutzergruppen. Im sogenannten WYSIWIS-Modus (What You See Is What I See) werden die Ausgaben an alle Benutzer starr synchronisiert. Wesentlich flexibler sind Ansätze, die den Benutzern eine gewisse Freiheit lassen, die Anzeige des Editors an die eigenen Bedürfnisse anzupassen (relaxed WYSIWIS, s. [SBF+87]). In [DeCh91] wird hierzu ein Rahmenwerk zur flexiblen Kopplung von Benutzerschnittstellen definiert. Verschiedene Aspekte der Darstellung gemeinsamer Objekte können für unterschiedliche Kooperationspartner gekoppelt bzw. entkoppelt werden. Hierzu wird unterschieden zwischen dem eigentlichen Zustand eines gemeinsamen Datenobjekts und seiner Darstellung beim Benutzer.

Zur Speicherung und Verwaltung kooperativ bearbeitbarer Datenobjekte werden in diesen Systemen überwiegend ad hoc Lösungen verwendet, obwohl für diese generische Funktionalität allgemeingültige Ansätze möglich und wünschenswert wären. Die im einzelnen zu unterstützenden Funktionalitäten umfassen die Replikation gemeinsamer Daten, die Synchronisation von Benutzerzugriffen und die Reaktion auf Fehlersituationen (Recovery). Einen guten Überblick über die allgemeinen Problemfelder bei der kooperativen Nutzung gemeinsamer Daten gibt [GrSa87].

Einen allgemeineren Anspruch stellen Ansätze, die Plattformen zur Realisierung kooperativer Anwendungen anbieten. Das Rendezvous System ([PHRM90], [HBP+93]) erlaubt die Programmierung kooperativer Anwendungen auf der Basis einer objektorientierten Erweiterung der Sprache Common Lisp (CLOS). Die Architektur der realisierten Anwendungen ist zentralisiert, d. h. alle Daten werden in einem einzigen Prozeß verwaltet, der über das X-Protokoll mit den Arbeitsplätzen der verschiedenen Benutzer verbunden ist. Die Darstellungsweise der gemeinsamen Daten bei den verschiedenen Benutzern kann über ein Regelsystem flexibel spezifiziert werden, so daß jedem Benutzer eine eigene Bildschirmdarstellung zugeordnet werden kann. GroupKit ([RoGr92]) stellt ein Toolkit dar, mit dem verteilte Konferenzanwendungen flexibel spezifizierbar sind. Ein Toolkit für den Bau von Benutzerschnittstellen (Interviews) wurde derart erweitert, daß Konferenzobjekte für jeden Benutzer definiert werden können, die über einen Nachrichtenmechanismus mit den Konferenzobjekten anderer Benutzer in Verbindung stehen.

Im Bereich der Ingenieursysteme gibt es Ansätze, die Daten, die in verschiedenen Entwurfsschritten und von Experten aus verschiedenen Fachrichtungen bearbeitet werden, einheitlich zu modellieren, um einen möglichst eng verzahnten Entwicklungsprozeß zu ermöglichen (Stichwort des Concurrent Engineering). Eine Arbeit in dieser Richtung wird z.B. in [WoSr93] beschrieben. Daten aus verschiedenen Phasen eines Produktzyklus, die mit unterschiedlichen Anwendungen bearbeitet werden, werden dort einheitlich modelliert und in einem gemeinsamen Arbeitsbereich verwaltet. Die Mechanismen zur Konsistenzüberwachung gemeinsamer Objekte und zur Mitteilung von Objektänderungen basieren auf einer objektorientierten Datenbank und arbeiten mit relativ grober Objektgranularität.

Da noch kein einheitliches Konzept erkennbar ist, wie die Entwicklung kooperativer Anwendungen in Zukunft unterstützt werden kann, soll im folgenden eine Architektur vorgestellt werden, die Entwicklern eine flexible Systemunterstützung für solche Anwendungen bietet.

3 Modell des gemeinsamen Arbeitsbereichs

In einem früheren Aufsatz ([SeRo93]) haben wir das Modell für den in *TEATIME* zu realisierenden gemeinsamen Arbeitsbereich beschrieben, das die Grundlage für die vorliegende Arbeit ist. Ein gemeinsamer Arbeitsbereich (Shared Workspace, SWS) dient als Speicher für gemeinsam bearbeitete Objekte, die als Kombination aus einem Zustandsobjekt (SWS-Objekt) und beliebig vielen Interaktionsobjekten (View-Objekten) realisiert sind. Jedes View-Objekt stellt hierbei eine Schnittstelle zur Präsentation und interaktiven Manipulation des Objekts zur Verfügung, während die SWS-Objekte die darstellungsunabhängigen Aspekte repräsentieren. Verschiedene Benutzer können auf ein SWS-Objekt über unterschiedliche View-Objekte zugreifen und erhalten damit spezifisch anpaßbare Präsentations- und Interaktionsmöglichkeiten (s. Bild 1).

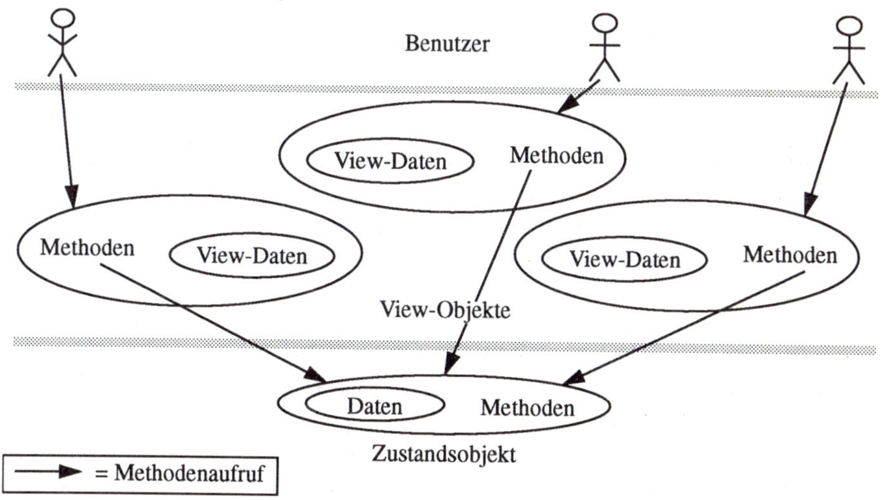

Bild 1 : Modell eines SWS-Objekts

Um enge Kooperationen zwischen Benutzern zu unterstützen, können Änderungen an SWS-Objekten von den View-Objekten direkt visualisiert werden, so daß alle Benutzer über den Fortgang der gemeinsamen Arbeit unterrichtet sind. Andererseits müssen die Benutzer davor geschützt werden, bereits geleistete Arbeit gegenseitig zu vernichten. Im SWS sind daher Mechanismen vorgesehen, die eine flexible Wahl der Synchronisationssemantik im Bereich zwischen gleichzeitiger ungehinderter Manipulation von Objekten und striktem Schutz vor inkonsistenten Objektzuständen erlauben.

4 Anforderungen an die *TEATIME*-Entwicklungsplattform

Die im Projekt *TEATIME* entstehende Entwicklungsplattform soll die Erstellung von Mehrbenutzeranwendungen so einfach wie möglich machen. Ein gemeinsamer Arbeitsbereich (SWS) übernimmt dabei die Speicherung und Verwaltung beliebiger Objekte. Durch ein allgemeines Objektmodell ist es möglich, daß verschiedene Benutzer mit verschiedenen Anwendungen gleichzeitig auf dem gemeinsamen Arbeitsbereich und den darin enthaltenen Objekten arbeiten.

Zur Definition einer *TEATIME*-Anwendung müssen sowohl SWS-Objekte als auch View-Objekte erstellt werden. Zur Programmierung dieser Objekte soll eine gebräuchliche objektorientierte Programmiersprache (z.B. C++) verwendet werden, die geringfügig an die Erfordernisse der *TEATIME*-Umgebung angepaßt wird.

Die *TEATIME*-Umgebung hat für die flexible Handhabung der Objekte zu sorgen:

- Jeder Benutzer kann spezifizieren, welche SWS-Objekte er bearbeiten möchte und welche View-Objekte hierfür zu verwenden sind. Die Auswahl von SWS-Objekten und die Zuordnung von View-Objekten kann sich im Laufe der Interaktion mit einer oder mehreren *TEATIME*-Anwendungen dynamisch ändern.
- In View-Objekten sollen einzelne Aspekte unterschieden werden können, die unabhängig voneinander bei mehreren Benutzern gekoppelt werden können. Die Benutzer sollen dabei dynamisch bestimmen können, mit welchen Benutzern sie welche View-Aspekte koppeln wollen.
- Bei gleichzeitiger Bearbeitung eines SWS-Objekts durch mehrere Benutzer muß die Umgebung für die rechtzeitige Anzeige der Objektänderungen eines Benutzers bei den anderen Benutzern sorgen. Sowohl aktive als auch passive Benutzer brauchen eine Möglichkeit, Zeitpunkt und Granularität der Anzeige von Objektänderungen flexibel zu steuern. Hierzu sind Mechanismen zur Bindung der View-Objekte an SWS-Objekte und zur Sicherstellung der Semantik dieser Bindung nötig.
- Eng damit zusammen hängt die flexible Auswahl der Mechanismen für die Synchronisation von Objektänderungen durch unterschiedliche Benutzer. Hierzu sollen den Benutzern verschiedene Kompromisse zwischen garantierter Datenkonsistenz und der Möglichkeit gleichzeitiger Datenzugriffe angeboten werden.
- Im Falle eines Fehlverhaltens der Benutzer oder des Systems soll es möglich sein, SWS-Objekte und die daran gebundenen View-Objekte auf einen konsistenten früheren Zustand zurückzusetzen. Hierzu gehört auch die Möglichkeit für den Benutzer, beliebige Operationen auf dem SWS zurückzunehmen.

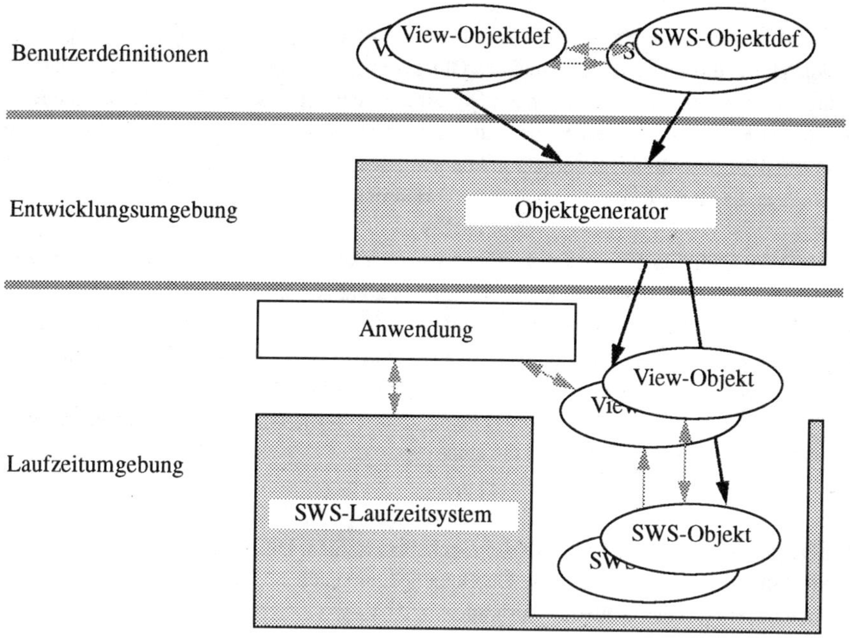

Bild 2 : Entwicklungs- und Laufzeitumgebung

5 Architektur der *TEATIME*-Umgebung

Die *TEATIME*-Umgebung kann grob in zwei Teile aufgeteilt werden: eine Entwicklungs- und eine Laufzeitumgebung. Die in der Entwicklungsumgebung erstellten SWS- und View-Objekte werden zum Ablauf in die Laufzeitumgebung eingebunden (s. Bild 2). Der Benutzer spezifiziert Objektklassen für SWS-Objekte und View-Objekte sowie die gewünschten Beziehungen zwischen SWS- und View-Objekten. Aus diesen Spezifikationen erzeugt der Objektgenerator der Entwicklungsumgebung lauffähigen Code zur Einbindung in die Laufzeitumgebung. Die Laufzeitumgebung besteht aus einem Laufzeitsystem für die SWS- und View-Objekte, sowie aus den vom Benutzer verwendeten Anwendungen, die die View-Objekte in ihre Benutzerschnittstelle integrieren. Die Laufzeitumgebung soll verteilt realisiert werden, d.h. jede *TEATIME*-Anwendung wird mit einer eigenen Instanz des Laufzeitsystems kombiniert. Die Gesamtheit aller miteinander verbundenen *TEATIME*-Anwendungen, der zugehörigen Instanzen des Laufzeitsystems und der darin eingebundenen SWS- und View-Objekte bildet dann den gemeinsamen Arbeitsbereich.

In den folgenden Abschnitten sollen einzelne Teile dieser Architektur näher beschrieben werden. Das Schwergewicht liegt hierbei auf den SWS-Objekten, deren Verbindung zu den View-Objekten und dem SWS-Laufzeitsystem.

5.1 Die SWS-Objekte

SWS-Objekte sind analog zu C++-Objekten aufgebaut. Der Typ eines Objekts wird als Klasse bezeichnet, die die Zusammensetzung des Objekts aus Komponenten sowie dessen Methoden beschreibt. Sämtliche Klassen bilden eine Vererbungshierarchie, wobei Kindklassen die Eigenschaften der Elternklasse erben, jedoch zusätzliche Komponenten und Methoden einführen und Methoden der Elternklasse umdefinieren können. Instanzen einer Kindklasse können so behandelt werden, als ob sie Instanzen einer ihrer Vorfahrenklassen wären (Polymorphie).

Ein Objekt ist als hierarchische Schachtelung von Objekten strukturiert. Eine Objektklasse wird definiert als Sequenz von Methoden und Teilobjektklassen. Die Blätter des Schachtelungsbaums bilden sogenannte Elementarobjekte, die selbst nicht wieder aus Objekten aufgebaut sind. Dem Programmierer von *TEATIME*-Anwendungen steht eine Bibliothek von Elementarklassen zur Verfügung, in der die aus Programmiersprachen bekannten Elementartypen wie `Integer`, `Real`, `Character`, `Boolean`, diverse Stringtypen sowie Konstruktoren für Arrays und SWS-Objektzeiger vertreten sind.

Durch die verteilte Architektur des SWS enthält jede *TEATIME*-Anwendung eine Instanz des SWS, in der Replikate von SWS-Objekten gehalten werden. Um Änderungen an SWS-Objekten möglichst schnell bei allen View-Objekten bekanntmachen zu können, müssen alle Replikate in einem möglichst aktuellen Zustand sein, da View-Objekte nur auf lokale Replikate der SWS-Objekte zugreifen. Eine fundierte Einführung in Protokolle zur Verwaltung replizierter Daten in Datenbanken findet sich in [BHG87]. Die dort beschriebenen Verfahren regeln die Umsetzung logischer Operationen in entsprechende Operationen auf den physischen Kopien. Die für diese Ansätze betrachteten Datenobjekte sind nicht strukturiert, es werden nur Lese- und Schreiboperationen unterschieden. Ein einfaches Beispiel ist das Replikatverwaltungsprotokoll 'lies-eine-schreibe-alle', bei dem Leseoperationen immer nur auf einer Kopie durchgeführt werden, dafür aber jeweils alle Kopien geschrieben werden müssen. Flexibler sind Votierungsverfahren, bei denen den Replikaten Stimmgewichte zugeordnet werden und zur Ausführung einer Operation jeweils eine bestimmte Mindestanzahl von Stimmen benötigt wird. Einen Überblick über Votierungsverfahren gibt [Borg91]. SWS-Objekte sind jedoch hierarchisch strukturiert und auf jeder Hierarchiestufe existiert ein eigener Satz von Operationen. Bei einer solchen Struktur ist es wesentlich, auf welcher Hierarchiestufe logische Operationen auf physische Operationen abgebildet werden. Dieser Aspekt der Replikatverwaltung kann im wesentlichen unabhängig vom Replikatverwaltungsprotokoll behandelt werden. Eine einfache Lösung wäre, jeweils die Änderungen an Elementarobjekten auf alle Replikate zu verteilen; die eigentlichen Objektdaten sind ja ausschließlich in den Elementarobjekten gespeichert, während die Objekthierarchie lediglich die Objektstruktur bestimmt. Dieses Vorgehen würde jedoch zu einem unverhältnismäßig hohen Kommunikationsaufwand führen. Wir beschreiben daher im folgenden einen Mechanismus, der die Replikataktualisierung optimal an die Eigenschaften der SWS-Objekte und an die Anforderungen der Applikation anpaßt.

Ein Methodenaufruf auf einem SWS-Objekt führt zu einer Aufrufhierarchie von Methoden auf dessen Teilobjekten und anderen SWS-Objekten. Dadurch ergeben sich zwei Möglichkeiten, die Replikataktualisierung zu beeinflussen. Einerseits können die Auswirkungen eines Teil-

```
class SWS_A : SWS_Object  RC(RI_CA, RG_CA)
                                      // Klassendefinition: SWS_A
{ SWS_E   to_B;
  SWS_int to_C;

  t1 meth_D(...)      RC(RI_MD, RG_MD);
                                      // Methodendefinition: meth_D
};

class SWS_E : SWS_Object  RC(RI_CE, RG_CE)
                                      // Klassendefinition: SWS_E
{ SWS_int to_F;

  t2 meth_G(...)      RC(RI_MG, RG_MG);
                                      // Methodendefinition: meth_G
};

SWS_A::meth_D(...)                    // Methodenimplementierung: meth_D
{
     to_B.meth_G(... , RC(RI_AG, RG_AG));
                                      // Methodenaufruf: meth_G
}

main(...)
{ SWS_A ob_A;

     ob_A.meth_D(... , RC(RI_AD, RG_AD));
                                      // Methodenaufruf: meth_D
}
```

Bild 3 : Mögliche Plazierungen für Replikationsdirektiven

baums dieser Aufrufhierarchie als ganzes auf andere Replikate verteilt werden, wodurch sich unterschiedliche Granularitäten ergeben. Andererseits kann die Art der Information, die an entfernte Replikate geschickt wird, unterschiedlich gewählt werden: Entweder können Methodenaufrufe verteilt werden, so daß alle betroffenen SWS-Instanzen die Methode auf ihrem jeweiligen Replikat ausführen oder die durch eine Methode veränderten Daten können nach der Ausführung der Methode an alle Replikate verteilt werden.

Die Auswahl der richtigen Strategie zur Replikataktualisierung hängt stark von den SWS-Objekten ab. Daher können bei der Definition von Klassen und Methoden Direktiven zur Steuerung der Replikataktualisierung angegeben werden. Mit jedem Methodenaufruf wird zur Compilierzeit eine gewünschte *Replikationscharakteristik* (*RC*) bestehend aus der *Replikationsgranularität* (*RG*) und der *Replikationsinformation* (*RI*) assoziiert. Die *tatsächlich verwendete Replikationscharakteristik* (*RCT*) wird zur Laufzeit aus der Aufrufhistorie der Methode und der gewünschten RC bestimmt. Durch die Wahl einer *groben Replikationsgranularität* kann der Kommunikationsaufwand beträchtlich verringert werden, während bei *feiner Granularität* Objektänderungen wesentlich genauer bei anderen Benutzern visualisiert werden können. Die Verteilung von *Methodenaufrufen* wird man überwiegend für Methoden wählen, die mit relativ geringem Aufwand große Datenmengen ändern, während sich die Verteilung *geänderter Daten* dann anbietet, wenn eine Methode zwar einen hohen Rechenaufwand erfordert, jedoch nur wenige Daten ändert.

Replikationscharakteristiken unterschiedlicher Priorität können an den folgenden Stellen in einer Klassendefinition auftreten:

- Bei der `class`-Definition für alle Methoden aller Instanzen der Klasse
- Bei der Methodendefinition für diese Methode in allen Instanzen der Klasse
- Bei einem Methodenaufruf für genau diesen Methodenaufruf

Die Priorität von Replikationsdirektiven nimmt in der obigen Liste nach unten hin zu. Z.B. überschreiben die Replikationsdirektiven für eine einzelne Methodendefinition die Direktiven für die ganze Klasse.

Das Beispiel in Bild 3 zeigt, wo überall Replikationsdirektiven stehen können. Die Direktiven sind in der Form `RC(RI, RG)` angegeben und im Beispiel mit `RI_`*xy* bzw. `RG_`*xy* bezeichnet. In dieser Bezeichnung steht *x* für den Punkt des Auftretens im Code (`C` : Klassendefinition, `M` : Methodendefinition, `A` : Metodenaufruf).

Die gewünschte Replikationscharakteristik in Zeile 16 und 22 ergibt sich folgendermaßen:
Zeile 16: (Aufruf der Methode `meth_G` eines Objekts der Klasse `SWS_E`)

`RI_16` := (`RI_CE` → `RI_MG`) → `RI_AG`

`RG_16` := (`RG_CE` → `RG_MG`) → `RG_AG`

Zeile 22: (Aufruf der Methode `meth_D` eines Objekts der Klasse `SWS_A`)

`RI_22` := (`RI_CA` → `RI_MD`) → `RI_AD`

`RG_22` := (`RG_CA` → `RG_MD`) → `RG_AD`

wobei die Operationen '→' die Hintereinanderbewertung der entsprechenden Replikationsdirektiven in der Reihenfolge steigender Priorität darstellen und in den Tabellen 1 und 2 beschrieben sind.

→	default	Method	Data
default	default	Method	Data
Method	Method	Method	Data
Data	Data	Method	Data

Tabelle 1 : Operation '→' für RI

→	default	late	early
default	default	late	early
late	late	late	early
early	early	late	early

Tabelle 2 : Operation '→' für RG

In den Tabellen steht der linke Operator in der linken Spalte, der rechte in der oberen Zeile. Die gewünschte Replikationscharakteristik eines Methodenaufrufs wird zur Compilierzeit mit Hilfe der Operation '$\rightarrow$' ermittelt. Als Direktiven für RG existieren die Schlüsselwörter `early` für die Verteilung des aktuellen Methodenaufrufs und `late` für die Verschiebung der Replikation auf einen tieferen Punkt in der Aufrufhierarchie, was einer feineren Replikationsgranularität entspricht. Das Schlüsselwort `default` bzw. das Weglassen der RG ist zur Ausführungszeit gleichbedeutend mit `early`. Die möglichen Direktiven für RI sind `Data`, `Method` und `Default`, wobei `Default` zur Ausführungszeit gleichbedeutend mit `Method` ist. Die Replikationsinformation `Method` bedeutet, daß zu Beginn einer Methode der Methodenaufruf an die Replikate verteilt wird, während bei `Data` nach der Methodenausführung die neuen Daten verteilt werden.

Zur Laufzeit wird in der Aufrufkette der Methoden die tatsächliche Replikationscharakteristik RCT(RIT, RGT) aus den gewünschten Charakteristiken RC(RI, RG) mittels der Operation '$\Rightarrow$' akkumuliert, die in den Tabellen 3 und 4 definiert ist.

$\Rightarrow$	default	Method	Data
Method	Method	Method	Data
Data	Data	Method	Data

Tabelle 3 : Operation '$\Rightarrow$' für RIT

$\Rightarrow$	default	late	early
late	late	late	early
early	local	local	local
local	local	local	local

Tabelle 4 : Operation '$\Rightarrow$' für RGT

Der linke Operator (linke Spalte der Tabelle) steht dabei für die angesammelte Charakteristik, d. h. die tatsächliche Charakteristik RCT der aufrufenden Methode, der rechte Operator (Kopfzeile der Tabelle) ist die gewünschte Charakteristik RC der aufgerufenen Methode, Ergebnis ist die tatsächliche Charakteristik RCT der aufgerufenen Methode. Zur Steuerung der tatsächlichen RG ist noch eine zusätzliche Ausprägung `local` nötig, die anzeigt, daß die Replikation weiter oben in der Aufrufhierarchie erledigt wird und die aufgerufene Methode nur noch lokal bearbeitet werden muß. Hat ein Methodenaufruf die RGT `early`, so wird dieser Aufruf an die Replikate verteilt, für alle Aufrufe innerhalb dieser Methode hat dann nach Tabelle 4 die RGT den Wert `local`. Hat ein Methodenaufruf mit RGT `early` die RIT `Method`, so wird die Methode vor der lokalen Ausführung an alle Replikate verteilt. Ist die RIT `Data`, werden nach der Methodenausführung die geänderten Objektdaten an alle Replikate verteilt. Ein Methodenaufruf mit der RGT `late` wird ebenfalls nur lokal ausgeführt, durch die Weitergabe von `late` als RGT wird jedoch die Notwendigkeit einer Replikation weiter unten in der Aufrufhierarchie angezeigt. Bei einem Methodenaufruf mit RGT `local` spielt die RIT keine Rolle mehr, da sie zum Zeitpunkt der Replikationsentscheidung, d.h. beim Methodenaufruf mit der RGT `early` für den ganzen Teilbaum der Aufrufhierarchie festgelegt wurde.

Im Beispiel von Bild 3 ergibt sich für die tatsächlichen Replikationscharakteristiken RCT während des Methodenaufrufs in Zeile 22:

Zeile 22: `RIT_22` := `RI_22`
`RGT_22` := `RG_22`

d.h. am obersten Punkt der Aufrufhierarchie ist die tatsächliche RC gleich der gewünschten.

Zeile 16: `RIT_16` := `RIT_22` ⇒ `RI_16`
`RGT_16` := `RGT_22` ⇒ `RG_16`

Zu beachten ist, daß die Aufrufhierarchie nicht auf ein einzelnes SWS-Objekt beschränkt ist. Hat eine Objektmethode eine Referenz auf ein anderes SWS-Objekt, so kann sie auf diesem Methoden aufrufen, die dann ebenfalls in der Aufrufhierarchie enthalten sind.

5.2 Zusammenhang zwischen View-Objekten und SWS-Objekten

View-Objekte dienen der Interaktion des Benutzers mit den SWS-Objekten. Alle Aspekte eines Objekts, die mit der (audiovisuellen) Präsentation der Objekte gegenüber dem Benutzer zusammenhängen, sowie mit den (grafisch unterstützten) Manipulationen, die der Benutzer an den Objekten durchführt, werden im View-Objekt zusammengefaßt. View Objekte laufen dabei lokal auf einer Instanz des SWS.

Ein View-Objekt ist entweder an genau ein SWS-Objekt gebunden oder erzeugt ein neues SWS-Objekt, an das es sich danach bindet. Änderungen an diesem SWS-Objekt werden dem View-Objekt über einen Event-Mechanismus mitgeteilt, der analog zu den Event-Mechanismen grafischer Benutzeroberflächen verwendet wird. Das View-Objekt kann anwendungsspezifische Events definieren, die angeben, in welcher Form Objektmanipulationen dem View-Objekt gemeldet werden. Im einfachsten Fall wird jede gemäß der Replikationscharakteristik des SWS-Objekts verteilte Objektmanipulation gemeldet. Komplexere Eventspezifikationen können z.B. mehrere zusammengehörige Objektmanipulationen definieren, die zu einem Event führen. Die feinstmögliche Granularität von Events wird durch die Replikationsgranularität des SWS-Objekts vorgegeben. Der Programmierer eines View-Objekts kann jedoch gröbere und damit anwendungsnähere Events definieren.

Soll die Präsentation eines Objekts bei mehreren Benutzern gleich aussehen, so müssen die jeweiligen View-Objekte gekoppelt werden. Die gemeinsame Information, die zur Kopplung der Darstellung benötigt wird, kann vorteilhaft über die sowieso vorhandenen Mechanismen des SWS verwaltet werden. Ein koppelbarer Aspekt der Objektdarstellung wird hierzu als Aspektobjekt im SWS abgelegt, das nur den betroffenen Benutzern zugänglich ist. Mehrere View-Objekte, die einen Darstellungsaspekt koppeln wollen, tauschen über den gemeinsamen Arbeitsbereich Information darüber aus, welche Aspektobjekte für die Dauer der Kopplung gemeinsam verwendet werden.

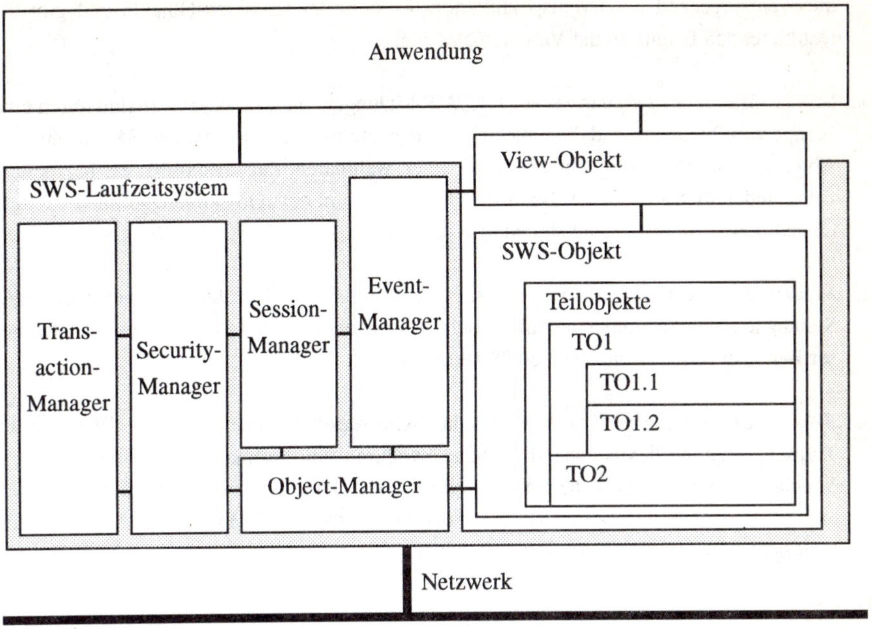

Bild 4 : Software-Architektur des gemeinsamen Arbeitsbereichs

5.3 Das SWS-Laufzeitsystem

Für die Implementierung einer Instanz des gemeinsamen Arbeitsbereichs wurde die in Bild 4 dargestellte Software-Architektur entwickelt. SWS-Objektklassen werden durch den Objektgenerator erzeugt, ihre Instanzen bilden eine Schachtelungshierarchie von Objekten, deren Blätter Elementarobjekte sind. In den Elementarobjekten und im Code, den der Objektgenerator für zusammengesetzte Objekte erzeugt, sind die Interaktionen der SWS-Objekte mit dem Laufzeitsystem vor dem Benutzer verborgen.

Das SWS-Laufzeitsystem besteht aus mehreren Modulen, die mit den SWS-Objekten, der View-Schicht und den Laufzeitsystemen anderer SWS-Instanzen interagieren. Die Funktionalität der Module des Laufzeitsystems wird im folgenden kurz beschrieben:

Der *Object-Manager* (OM) verwaltet die in einer SWS-Instanz benötigten Objektreplikate. Lokal vorhandene Objektreplikate teilen dem OM die auf ihnen ausgeführten und zu verteilenden Änderungen mit, die der OM dann an die OMs der anderen SWS-Instanzen verteilt. Auf anderen SWS-Instanzen durchgeführte Änderungen führt der OM bei seinen lokalen Replikaten nach.

Der *Event-Manager* (EM) erfährt vom OM alle Änderungen an lokalen Objektreplikaten, filtert diese entsprechend der Eventspezifikation der betreffenden View-Objekte und gibt die resultierenden Events an die View-Objekte weiter.

Der *Session-Manager* (SM) verwaltet *TEATIME*-Sitzungen, die charakterisiert sind durch eine Menge von Benutzern und die Objekte, die sie gemeinsam bearbeiten. Der SM hat Zu- und Abgänge von Benutzern entsprechend einer wählbaren Zugangspolitik zu bearbeiten. Unter anderem muß er neuen Benutzern zusammen mit dem Objektmanager die benötigte Objektmenge zur Verfügung stellen.

Der *Security-Manager* (SecM) sorgt dafür, daß nur autorisierte Benutzer an einer *TEATIME*-Sitzung teilnehmen können und überwacht zusammen mit dem OM die Zugriffsrechte dieser Benutzer an den gemeinsamen Objekten.

Der *Transaction-Manager* (TM) verwaltet die Benutzerinteraktionen auf dem SWS, die als Transaktionen mit flexibel spezifizierbarer Synchronisationssemantik modelliert sind. Die Synchronisationssemantik bestimmt, wann Objektmanipulationen eines Benutzers den anderen Benutzern zugänglich werden. Außerdem enthält der TM Recovery-Mechanismen zu Reaktion auf System- oder Benutzerfehler.

6 Realisierung der Entwicklungsplattform

Ein erster Prototyp der Entwicklungsplattform wird zur Zeit entwickelt. Ein SWS-Laufzeitsystem bildet zusammen mit einer Bibliothek von Elementarobjekten die Basis für die Bearbeitung von SWS-Objekten, die durch einen Objektgenerator erstellt werden.

Das realisierte **SWS-Laufzeitsystem** ist vollständig repliziert und besteht in jeder SWS-Instanz im wesentlichen aus einem Objektmanager. Dieser sorgt für die eindeutige Identifizierung der Objekte, lädt diese von stabilem Speicher und speichert sie auch dorthin. Außerdem stellt der Objektmanager alle benötigten Objektreplikate bereit, leitet die von den lokalen Objektreplikaten gemeldeten Änderungen an alle betroffenen Objektmanager weiter und führt von entfernten Objektmanagern eintreffende Änderungsmitteilungen auf den lokalen Replikaten aus. Zur Vermeidung inkonsistenter Objektreplikate dient ein einfaches verteiltes Sperrprotokoll, das gleichzeitige Schreibzugriffe auf SWS-Objekte verhindert. Ein rudimentärer Event-Manager meldet die von den Objektmanagern verteilten Objektänderungen an die View-Schicht. Als Kommunikationsplattform für die Objektmanager dient OSF-DCE (Distributed Computing Environment). Der Namensraum des DCE wird verwendet, um andere SWS-Instanzen aufzufinden. Änderungsmeldungen für Objektreplikate werden auf DCE-RPC-Aufrufe abgebildet. Die DCE-Threads werden zur quasiparallelen Ausführung von Objektänderungen lokaler und entfernter SWS-Instanzen verwendet.

Die **Elementarobjektbibliothek** bietet im wesentlichen die Grunddatentypen an. Eine Sonderstellung nehmen dabei Zeigertypen ein, da durch die Verwendung von Zeigern die Aufrufhierarchie kaum vorhersagbar wird. Vor allem im Falle der Verteilung von Methodenaufrufen ist es wesentlich, daß auf allen SWS-Instanzen die über Zeiger referenzierten Objekte in gleicher Weise zugreifbar sind, da sich sonst leicht Inkonsistenzen im Datenbestand ergeben. Operationen auf SWS-Zeigern können deshalb zu Objektverteilungen durch den Objektmanager führen.

SWS-Objekte werden von einem **SWS-Objektgenerator** aus C++-ähnlichen Klassendefinitionen abgeleitet. C++ wurde um Konstrukte zur Definition von Replikationscharakteristiken erweitert (s. Bild 3). Ein Generator erzeugt echten C++-Code, in dem die Interaktionsmechanismen mit dem Objektmanager und die spezifizierten Strategien zur Replikataktualisierung in den einzelnen Objektmethoden enthalten sind. Dadurch können Replikationsaktionen vor oder nach der Ausführung der eigentlichen Methode angestoßen werden. Sowohl die Zusammensetzung komplexer Objekte als auch die Vererbungsmechanismen von C++ werden vom SWS-Objektgenerator unterstützt.

7 Ausblick

In diesem Aufsatz haben wir Konzepte zur Realisierung einer allgemeinen Entwicklungsplattform für kooperative Anwendungen vorgestellt. Der Grundgedanke ist hierbei, gemeinsam benutzte Objekte derart zu spezifizieren, daß sie über einen Programmgenerator in ein generisches Laufzeitsystem eingebunden werden können. Die derzeit realisierte Umgebung bietet dem Anwendungsprogrammierer flexible, einfach handhabbare Funktionen zur Steuerung der replizierten Datenhaltung. In Zukunft soll auf ähnliche Art und Weise die Semantik der Zugriffssynchronisation flexibel spezifizierbar sein. Außerdem sind Mechanismen vorgesehen, Reaktionsmöglichkeiten auf Benutzer- und Systemfehler in einem flexiblen Recoverysystem anzubieten. Zusätzlich wäre es denkbar, die in Abschnitt 2 unterschiedenen Ansätze der gemeinsam benutzten Anwendung und der echt kooperativen Anwendung in einer integrierten Plattform zu unterstützen.

Literaturverzeichnis

[AGN88] Hussein M. Abdel-Wahab, Sheng-Uei Guan, Jay Nievergelt. Shared Workspaces for Group Collaboration: An Experiment Using Internet and UNIX Interprocess Communications. *IEEE Communications Magazine*, S. 10–16, November 1988.

[AWFe91] Hussein M. Abdel-Wahab, Mark A. Feit. XTV: A Framework for Sharing X Window Clients in Remote Synchronous Collaboration. In *Proceedings of IEEE Conference on Communications Software: Communications for Distributed Applications & Systems*, Chapel Hill, 1991.

[BHG87] Philip A. Bernstein, Vassos Hadzilacos, Nathan Goodman. *Concurrency Control and Recovery in Database Systems*. Addison-Wesley, USA, 1987.

[Borg91] U.M. Borghoff. Fehlertoleranz in verteilten Dateisystemen - Eine Übersicht über den heutigen Entwicklungsstand bei den Votierungsverfahren. *Informatik-Spektrum*, 14(1):15–27, Januar 1991.

[DeCh91] P. Dewan, R. Choudhary. Flexible User Interface Coupling in a Collaborative System. In *Proceedings of ACM SIGCHI'91*, S. 41–48, 1991.

[DeFr92] G. Dermler, K. Froitzheim. JVTOS - A Reference Model for a New Multimedia Service. In *Proceedings of the 4th IFIP Conference on High-Speed Networks*, Liege, Belgium, Dezember 1992.

[DGOR94] G. Dermler, T. Gutekunst, E. Ostrowski, F. Ruge. Sharing Audio/Video Applications Among Heterogeneous Platforms. In *Proceedings 5th IEEE COMSOC International Workshop on Multimedia Communications*, 1994.

[EGR91] C.A. Ellis, S.J. Gibbs, G.L. Rein. Groupware: Some Issues and Experiences. *Communications of the ACM*, 34(1):38–58, Januar 1991.

[GrSa87] Irene Greif, Sunil Sarin. Data Sharing in Group Work. *ACM Transactions on Office Information Systems*, 5(2):187–211, April 1987.

[GSW92] I. Greif, R. Seliger, W. Weihl. A Case Study Of CES: A Distributed Collaborative Editing System Implemented in Argus. *IEEE Transactions on Software Engineering*, 18(9):827–839, September 1992.

[HBP+93] R.D. Hill, T. Brink, J.F. Patterson, S.L. Rohall, W.T. Wilner. Rendezvous Language. *Communications of the ACM*, 36(1):62–67, Januar 1993.

[KLL+93] T. Kirsche, R. Lenz, H. Lührsen, K. Mayer-Wegener, H. Wedekind. CoDraft - eine verteilte Architektur zur Unterstützung von Gruppenarbeit durch multimediale Objekte. In *GI/ITG Arbeitstreffen Verteilte Multimedia-Systeme*, S. 160–173. K.G. Saur, 1993.

[McFa91] Greg McFarlane. Xmux - A System for Computer Supported Collaborative Work. In *Proceedings of 1st Australian Multi-Media Communications, Applications & Technology Workshop*, Sydney, 1991.

[PHRM90] J.F. Patterson, R.D. Hill, S.L. Rohall, W.S. Meeks. Rendezvous: An Architecture for Synchronous Multi-User Applications. In *CSCW '90 Proceedings*, S. 317–328, Oktober 1990.

[RoGr92] M. Roseman, S. Greenberg. GroupKit A Groupware Toolkit for Building Real-Time Conferencing Applications. In *CSCW '92 Proceedings*, S. 43–50, 1992.

[SBF+87] M. Stefik, D.G. Bobrow, G. Foster, S. Lanning, D. Tartar. WYSIWIS revised: Early experiences with multiuser interfaces. *ACM Transactions on Office Information Systems*, 5(2):147–186, April 1987.

[SeRo93] F. Sembach, K. Rothermel. TEATIME: Gemeinsamer Arbeitsbereich für kooperativ bearbeitete multimediale Objekte. In *GI/ITG Arbeitstreffen Verteilte Multimedia-Systeme*, S. 174–188. K.G. Saur, 1993.

[SFB+87] M. Stefik, G. Foster, D. Bobrow, K. Kahn, S. Lanning, L. Suchman. Beyond the Chalkboard - Computer Support for Collaboration and Problem Solving in Meetings. *Communications of the ACM*, 30(1):32–47, Januar 1987.

[WoSr93] A. Wong, D. Sriram. SHARED: An Information Model for Cooperative Product Development. *Research in Engineering Design*, 5(1):21–39, 1993.

The DFN Remote Procedure Call Tool for Parallel and Distributed Applications

Rolf Rabenseifner

Computer Center University of Stuttgart, Allmandring 30, D-70550 Stuttgart, Germany, Tel. ++49 711 6855530, e-mail: rabenseifner@rus.uni-stuttgart.de

Abstract. DFN-RPC, a remote procedure call tool, was designed to distribute scientific applications accross workstations and compute servers. This document describes the methods in which the DFN-RPC tool supports parallel and distributed applications. Asynchronous RPC's are enhanced into parallel RPC's and combined with data pipes. The startup of processes required for a distributed environment is integrated. The features and possibilities of DFN-RPC's are compared with those of DCE, PVM, Cronus, Astra and Mercury.
Key words: Remote Procedure Call, Parallel applications, Distributed applications, Parallel RPC, DFN-RPC.

1 Introduction

Scientific applications are increasingly distributed between the workstation at the desk of the scientist and central resources. Because of this it is possible to realize optimum graphic user interfaces on the one hand and to bring to bear the power of central supercomputer, parallel computer and RISC-cluster resources on complex numerical problems on the other.

DFN-RPC provides a uniform platform for programming communications interfaces in an easily learnable form in order to allow the developers of distributed applications to concentrate on the technical and scientific responsibilities of their disciplines [12, 15, 21].

The DFN-RPC was designed at the University of Stuttgart Computer Center by order of the DFN Association[1]. For this purpose the participants were two pilot groups within the University of Stuttgart (IKE[2] and ISD[3]), and outside the Theoretical Astrophysics department of the University of Tübingen and the Alfred-Wegener Institute for Polar and Marine Research in Bremerhaven, enabling the integration of widely different application and network aspects during the designing and testing of the DFN-RPC. Speeds of 10 - 800 mbit/s over Local Area Network (LAN) Ethernet, FDDI and UltraNet were established. The Wide Area Network (WAN) is made with Ethernet and FDDI on top of 140 mbit/s links in the BelWue, the Scientific Network of the DFN Association with 64 kbit/s and 2 mbits/s, and in the future ATM with 150 mbit/s.

The DFN-RPC simplifies the most important methods of distributed and parallel computing. With Remote Procedure Calls (RPC's) [10], applications may be distributed without changing the program model. Asynchronous and parallel RPC's allow an efficient and easily programmable parallelization. Data

---

[1] Federal Minister for Research and Technology, Project No. TK 558 VA 005.3

[2] Institute for Nuclear Engineering and Energy Systems

[3] Institute for Statics and Dynamics of Aerospace Structures

pipes facilitate the forwarding of messages. If the computers involved use different numbering systems, the data is automatically converted during the transfer to that representing the destination system. With automated process starting, parallel process structures can easily be built. Additionally the parallel application can be controlled from a graphics monitor.

This provides the applications' programmer with an uniform remote procedure call and message passing tool for developing distributed applications which makes transparent not only the complexity of communication networks but also the differences in hardware platforms.

Performance was enhanced through consequently minimizing the number of operating system calls.

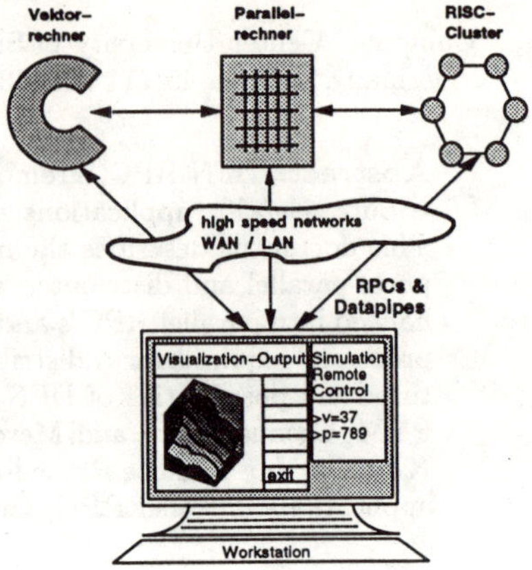

Fig. 1: Portions of the application with different requirements can be stored on the the optimum hardware for each.

2 Methods of Communication

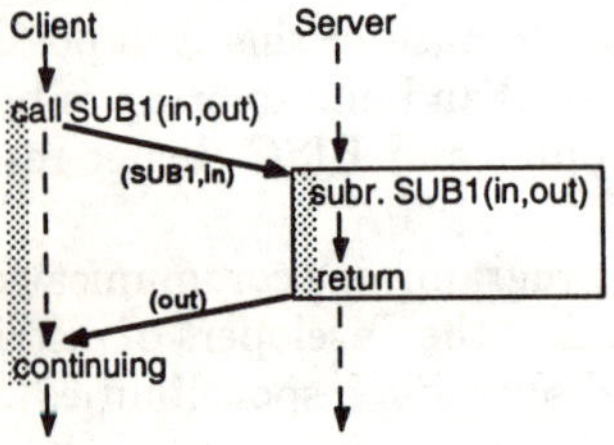

Fig. 2: The Synchronous RPC

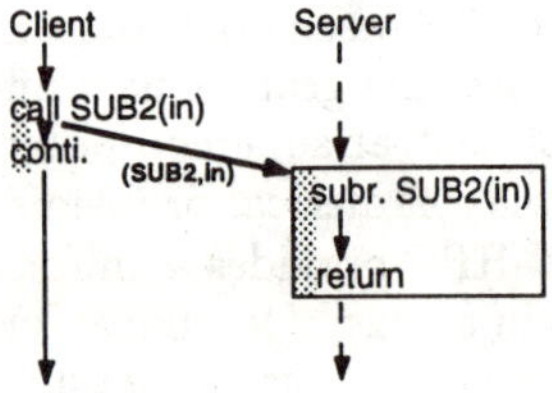

Fig. 3: The Asynchronous RPC

The normal, *synchronous* Remote Procedure Call (RPC) is shown in Fig. 2. The client shown on the left waits until the server routine (box on the right) is finished. The synchronous RPC allows distributing an application accross several processes, however the application is not parallelized because only one of the distributed processes is active at a given time.

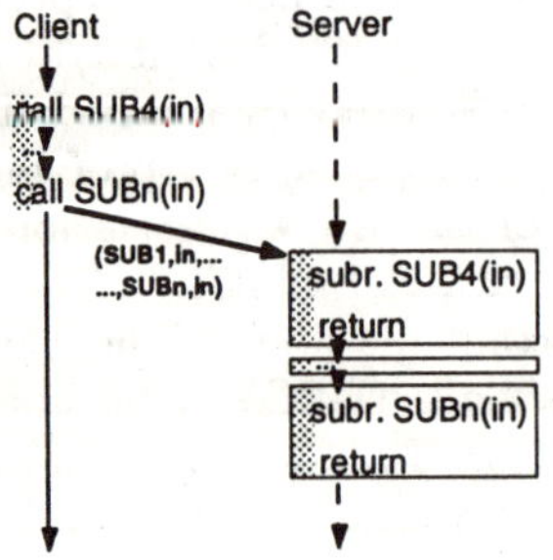

Fig. 4: The Buffered Asynchronous RPC

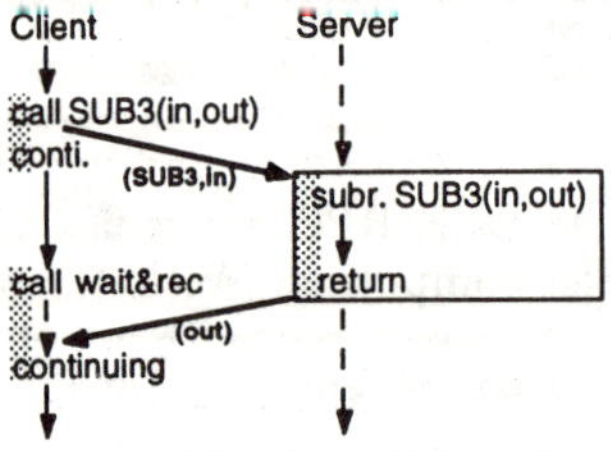

Fig. 5: The Parallel RPC

The parallelization of an application is made possible by the following methods of communication. With *asynchronous* RPC (Fig. 3), the client program can continue as soon as the arguments are sent to the server. However, output arguments can not be returned. With *buffered asynchronous* RPC (Fig. 4), data packets are sent from the client when the internal buffer is full or when a non-buffered RPC follows. Only after the server has received the data packets will the corresponding routines be executed in the order indicated by the client. If data exchange and the interaction of client and server processes occur only via the RPC call, and if the processes use no other common resources, then both asynchronous forms and the synchronous RPC are equivalent to the local procedure call.

The *parallel* RPC (Fig. 5) is a generalization of synchronous and asynchronous RPC's. As soon as the client stub sends off the input arguments, control is returned to the client program. Using inquire and wait routines, the client program can sense that the server routine has finished, after which it can capture the output arguments using a receive routine that writes them directly into the output variables given in the call to the client stub.

All four possibilities require that the RPC *dispatcher* is running in the server process, which receives the RPC's and calls the indicated server stubs, which in turn call the affiliated application server routines. The server routines that are called in a server process are therefore in a common context sequentially executed. Parallelization occurs only between the client and server processes.

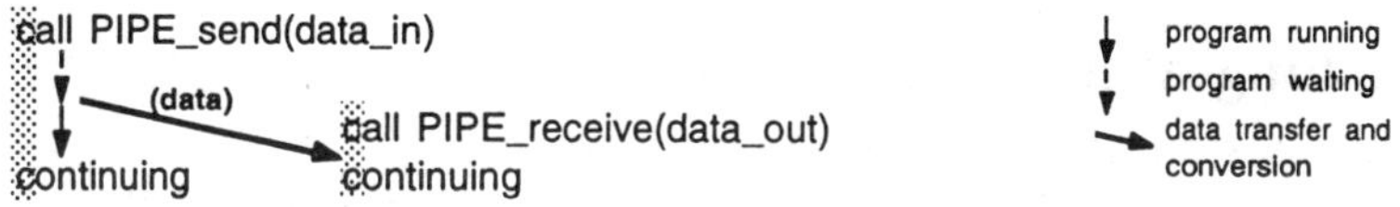

Fig. 6: Message Passing using Data Pipes

The message passing principle is realized along with the RPC principle (Fig. 6). Using *data pipes*, two applications running in parallel can exchange data. Application programs run in parallel after starting several applications' processes. With RPC applications, the application must then allow the RPC dispatcher to control the server processes. Then with parallel or asynchronous RPC's one achieves the parallelization of the application again. A data pipe can then be applied between the client program and the per asynchronous or parallel RPC executed server routines, see Fig. 7. The transport connection for RPC communication is used for this client-server data pipe.

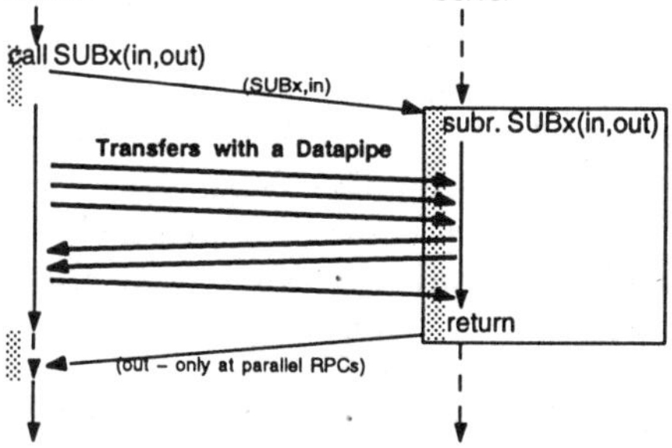

Fig. 7: Client-Server-Data pipe

Data pipes can also be established between server processes, see Fig. 8. For this, additional communications lines between the server processes are required. This can be accomplished by the client using a special RPC-based service routine.

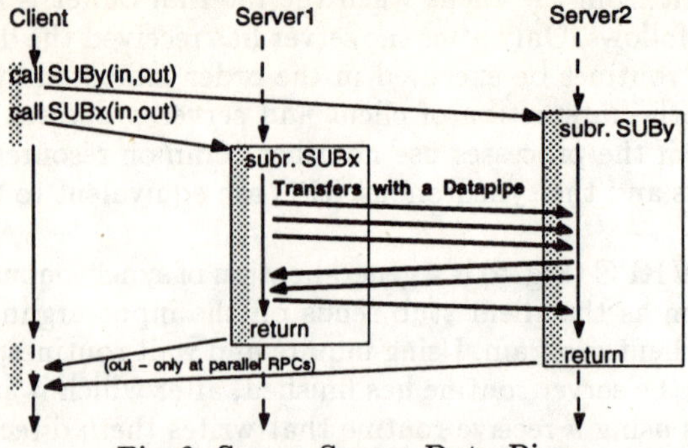

Fig. 8: Server-Server Data Pipe

As with RPC's, data type conversion takes place during the transfer if necessary due to different data representation in an heterogeneous environment.

For each data transfer there is an underlying end-to-end flow control. Because of this a sending process will be blocked if the receiver does not accept the data on time.

3 Calling Methods in Context

A client can send RPC's to several servers while a server is handling one client. (A server can also handle several clients, but this is not addressed by this paper.) A server can also be a client for other servers. Regarding *one* client-server pair the following rules apply:

- Asynchronous buffering will be terminated by an asynchronous unbuffered, a synchronous or a parallel RPC.
- If a synchronous RPC or a parallel RPC is received, it must wait until all previous asynchronous server routine calls are processed.
- Receiving of the output of a parallel RPC will occur automatically by a following RPC.
- All methods of RPC can also possibly be callbacks.
- However a callback can only be started from a synchronous server routine.
- The receive library routine for parallel RPC's (rporec, see Fig. 10) calls the receive client stub of the corresponding RPC and stores the output data into the output arguments specified by the call of the parallel RPC.
- A client can use several servers completely independently from each other.
- While using data pipes obvious deadlocks are partially checked.

If data pipes are to be employed between client and server, then communication must occur between the asynchronously or parallelly called server routine and that part of the client application which follows the RPC call and which is processed before another RPC call or the receiving of output arguments from the parallel RPC to this server. See Fig. 10.

With all forms of RPC synchronization it is guaranteed that the server routines will be called *exactly once* if no errors are reported by the RPC library, including the RPC-finish call at the end of the program, and *at most once* in the event of an error.

4 Interface Definition

The type of RPC for every interface procedure is defined in the interface definition file. For asynchronous RPC's, the stub generator is checking whether the argument list consists only of input arguments. The distinction between asynchronous or buffered asynchronous can be made during stub generation, or by actual arguments during execution. An example of the interface definition for a parallel RPC is included at the end of Fig. 10. All data types from Fortran 77 are valid as formal arguments, including externals. Alternative return-jumps are only possible with synchronous RPC's.

The following interfaces are available for data pipes:

- The library interface has a send and a receive routine capable of transferring any size of array for the following data types: Integer, Integer*2, Byte, Logical, Logical*2, Logical*1, Real, Real*8, Double Precision and Character
- The stub generator interface allows the application to generate data pipe routines. For an interface *name*(*arguments*), send and receive routines, called *name*S(IN:*arguments*) and *name*R(OUT:*arguments*) are generated. In the interface definition an argument may be marked as a *FLUSH-argument* . At transmission time this value defines whether or not the data will be buffered or sent immediately.

Fig. 12 shows an example with data pipes. Details of the interface definition language and the library routines are described in the handbook [12, 21].

5 Process Startup

It is very important for distributed applications that the starting of the involved processes and the establishing of the necessary communication connections is made as easy as possible to serve. With DFN-RPC, process startup, the transfer of address information and the establishing of connections can be separated, but can also be automatically carried out using service routines. The routines that make connections support the concept of *reverse connection establishing.* The initiator – in applications using several service processes this one is typically the client – starts by opening a port. The library routine returns a complete address string. The client then starts its server processes and sends them the address string, for example using the argument list. The connection is then made by the server back to the client. Advantages of this procedure are:

- Any process startup mechanism can be used.
- No daemon is required.
- All processes are running under user accounts.
- Other methods may be applied due to strict separation of process startup, establishing connections and transmission of address strings. For example, the address information required in a multi-client, single server scenario can be sent from the server via directory services to the authorized clients.

Any single-client-multi-server scenario can be set up using a library routine that is included. The application must arrange a start string for each server process. In that string a keyword will be replaced by the address string of the port opened by the client. Also an interactive binding may be chosen, which means the user can send the address strings manually from client to server. The latter is also very useful for debugging, see Fig. 11. With another library routine a freely configurable interconnection network can be established between the server processes; server-server data pipes normally are used there.

Additionally, there is a *Monitor Tool*, with which the user may monitor the status of all of the processes belonging to the distributed application. All RPC's and data pipes are displayed graphically along with history log information.

6 Examples

An essential design criteria for DFN-RPC is the ability to easily handle technical scientific applications in the area of high performance computing.

The example shown on the right is to be parallelized on a RISC-cluster. The simulation computations in the inner loop are independent of each other and may therefore be parallelized. simul_part includes the compute-intensive simulation code of a simulation area. The exchange of data between the individual simulation areas is carried out in new_input in the outer loop.

```
program simul
do while (¬ sim_fin)
  do i = 1,n_parts
    call simul_part(inp(i),out(i))
  end do
  sim_fin = end_criterion(out)
  if (¬ sim_fin) then
    inp = new_input(out)
  endif
end do
```

Fig. 9: Simulation Program

The following program demonstrates how this application can be parallelized using DFN-RPC. The exchange of data between servers occurs here via the client process inside of the routine new_input. A dynamic load balancing between the servers occurs if the number of servers is fewer than the number of parallel calls in the inner loop (n_parts).

```
C*[BLK_BEG] cb,NAME='c-block', CLIENT_SITE
C*[MOD_USE]    cm, LOCAL
C*[MOD_USE]    sm, CLIENT
C*[BLK_END]

C*[BLK_BEG] sb,NAME='s-block', SERVER_SITE
C*[MOD_USE]    sm, SERVER
C*[BLK_END]
```

With this the stub generator is instructed to split up the source and to generate the necessary stubs. In 'client block' the client portion of the application and the client stub of the module sm are combined together. In 'server block' the routines themselves and their server stubs are positioned.

```
C*[MOD_BEG] cm,NAME='client module - main'
  program simul
```

Client portion of the application.

```
  ...
  call rpquci(n_server, obj_id, iret)
```

Server initialization.

```
  do while (¬ sim_fin)
    do i_call=1, min(n_server,n_parts)
      call rpouse(obj_id(i_call), iret)
      call simul_part(inp(i_call),out(i_call))
    end do
```

In every server – selected by rpouse – the simulation routine simul_part is started using parallel RPC's.

```
    do i_rec = 1, n_parts
      timeout = 60000 ! milliseconds
      call rpolry(n_server,obj_id(1:n_server),
           timeout,objrdy(1:n_server),obj1st, iret)
      call rpouse(obj_id(obj1st), iret)
      call rporec(iret)
```

Result collection and further simul_part calls: rpolry determines which parallel RPC is finished. With rpouse the corresponding server is selected and with rporec the output arguments are written into corresponding out(i).

```
      if (i_call < n_parts) then ; i_call=i_call+1   The server is immediately used for
        call simul_part(inp(i_call),out(i_call))     the next run of simul_part,
      endif                                          through which the automatic
    end do                                           load balancing is achieved.
    sim_fin = end_criterion(out)
    if (¬ sim_fin) then                              Compute the new input data
      inp = new_input(out)                           and termination criteria, etc.
    endif
  end do
  call rpqucf(iret)                                  All servers are terminated.
  end
C*[MOD_END]
C*[MOD_BEG] sm, NAME='server routines mod.'          Server portion of the application.
  program exasrv                                     Special main-program for the
  character*100 client_addr                          server with rpqusp, conterpart
  call getarg(1,client_addr)                         of rpquci and rpqucf.
  call rpqusp(client_addr,iret)
  end
C*[RPI_BEG] PARALLEL                                  Parallel RPC Interface Definition,
  subroutine simul_part(inp,out)                     composed of the subroutine header,
  real inp [IN], out [OUT]                           extended by RPC-specific qualifiers
C*[RPI_NON]                                           in square brackets, e.g. [IN]
  out = simulation_code(inp)                         The subroutine body is without
  end                                                meaning for the stub generation.
C*[RPI_END]
C*[MOD_END]
```

Fig. 10: Example simul with parallel RPC.

The stub generator separates the software in the client and server portions and generates the necessary stubs. The interface definition, the client and the server software can also be stored in different files. The dynamic load balancing demonstrated in the example requires that no data has to be exchanged between the servers.

Fig. 11 shows an example of a data base for server initialization using rpquci.

```
# Server database for program simul
rsh host_a -l my_username -n simul_sb DFNRPCADDR &
# The following host has 2 processors
rsh host_b -l my_username -n simul_sb DFNRPCADDR &
rsh host_b -l my_username -n simul_sb DFNRPCADDR &
# The following host does allow a telnet session only
echo "'Please start 'simul_sb DFNRPCADDR' on host_c by telnet"'
# n_server in the call of rpquci will be reduced to the number of servers above
-norepeat
```

Fig. 11: Example of server initialization using rpquci.

The example in Fig. 12 shows portions of the programming of a server-server data pipe.

The DFN-RPC installation package includes some examples which demonstrate the usage of all communication methods.

```
...
    call rpouse(obj_id1)                                   Software in client:
    call srv_prog1(inp...,out...)
    call rpouse(obj_id2)                                   srv_prog1 and srv_prog2
    call srv_prog2(inp...,out...)                          are started with parallel RPC.
    call rpouse(obj_id1) ; call rporec(iret)
    call rpouse(obj_id2) ; call rporec(iret)
...
C*[RPI_BEG] PARALLEL                                       Software in server 1:
    subroutine srv_prog1(inp...,out...)
    ... inp... [IN], out... [OUT]
C*[RPI_NON]
    call rpouse(pipe_srv2)                                 Switch to the data pipe.
    call rpdr0S(.false., 10000, x(1:10000))                Transmit a Real array without flush.
    call rpdd0S(.true., 30000, d(1:30000))                 Transmit a Double precision array.
    call my_3vecR(n, x, y, z)                              Receive of 77 triples with a
    end                                                    user-defined data pipe routine.
C*[RPI_END]
...
C*[RPI_BEG] PARALLEL                                       Software in server 2:
    subroutine srv_prog2(inp...,out...)
    ... inp... [IN], out... [OUT]
C*[RPI_NON]
    call rpouse(pipe_srv1)                                 Switch to the data pipe.
    call rpdr0R(flush, n, x)                               Receive of 10000 Real numbers.
    call rpdd0R(flush, n, d)                               Receive of 30000 Double pr. numbers.
    call my_3vecS(77, x(1:77), y(1:77), z(1:77))           Transmit of 77 triples with a
    end                                                    user-defined data pipe routine.
C*[RPI_END]
...
C*[RPI_BEG] PIPE                                           Interface Definition for pipe my_3vec.
    subroutine my_3vec (n, x, y, z)
    real x(1:n), y(1:n), z(1:n)                            The stub generator generates
C*[RPI_END]                                                my_3vecS and my_3vecR
```

Fig. 12: Example of data pipe programming.

7 Details of Implementation

With DFN-RPC marshalling the data is copied from the application's memory into a transfer buffer without any further buffering in between. During the copy the data is converted if required. The content of the transfer buffer is written directly in the TCP BSD-Socket using *write*. With unmarshalling the data is read into the transfer buffer using *read* and copied (and reconverted if necessary) from there directly into the memory of the application. By selecting a suitable buffer size, the number of system calls is reduced to a minimum and a maximum data throughput is achieved. With DFN-RPC no further daemon or agent processes are required for the communication between the processes of the distributed application. Daemons are only required when the monitor is turned on. Chapter 8.4 demonstrates that this design provides for a clearly better transfer rate and less delay in comparison to DCE, ONC and PVM. DFN-RPC speed approaches nearly that of a pure TCP-IP socket connection. To achieve higher speeds is it necessary to use a more suitable transfer protocol and implementation, as for example in the Peregrine RPC System [5].

Within one process only **one** transfer buffer is normally set up for marshalling and unmarshalling purposes. Only when operations on several processes of the application are buffered is it necessary to set up further transfer buffers. If an asynchronous RPC or a data pipe send is unbuffered, then a partially full transfer buffer is sent with *write* at the end of the client stub. Otherwise it is filled through further RPC or pipe calls.

Every *read* operation is blocking. The *write* operation can also block through end-to-end flow control. Before receiving the output data of a parallel RPC or of a data pipe, using an unblocking inquiry one can query the status of one or more RPC and data pipe connections, or one can wait until the next packet has arrived or a timeout period given by the application has elapsed. Also, the list of transport connections can be completed by further Unix filedescriptors. A global waiting point can be set on which all communication paths of the application wait for the next incident. This is accomplished internally using *select.*

During implementation the number of system calls is held to a minimum in order to achieve the required functionality. Data conversion is programmed in vectorizeable loops. A distinct improvement in performance can therefore be achieved simultaneously with more functionality in relation to the parallelization and distribution of the application programs in comparison to DCE-RPC, SUN-RPC and PVM.

8 Other Platforms for Distributed Applications

Fundamental platforms for designing distributed applications are:

- Open Network Computing RPC (ONC, SUN-RPC) [18],
- Distributed Computing Environment RPC (DCE) [11],
- Parallel Virtual Machine (PVM) [4].

Other extensions of asynchronous RPC's can be found in:

- Cronus [19], introduces the concept of *Futures.*
- Mercury [8], which enlarges this concept by Call-Streams and Promises [7], which allow the sender to initialize several asynchronous calls and to receive their results in the same order, and
- Astra [2], which also enlarges on the concept of Futures (for example that the calls are processed by the server in the professed order) with the choice of a higher throughput or a shorter latency.

In [17] more extensions are described.

8.1 Comparison to the possibilities of DCE

Semantics and Asynchronous Calls: DCE has available four different semantics: *at most once*, *at least once*, *broadcast* and *may be*, where for example with *may be* the application is not informed of the loss of a RPC. The synchronous DFN-RPC corresponds to the DCE RPC *at most once* semantics. The functionality of the asynchronous DFN-RPC in DCE can be found only with *may be* semantics. Parallel RPC's do not exist in DCE. With DFN-RPC *at most once* is also guaranteed with asynchronous and parallel RPC's and in the following cases also *exactly once*:

- In synchronous RPC, if the client stub registers no errors;
- In asynchronous or asynchronous buffered RPC if no errors are registered from the client stub of the RPC and from all others up to and including the next synchronous RPC or the next parallel RPC's receive;
- In parallel RPC if both the client stub and the receive of the output arguments run without error.

The callback mechanism of DCE assumes a multithreaded client. With the DCE RPC asynchronous RPC functionality can be achieved only by splitting the client into concurrent threads that use synchronous RPC's.

DCE Pipes: Asynchronous buffered DFN-RPC's and DCE pipes have similar functionality. A goal of data pipes and asynchronous buffered RPC's is to transfer the entire volume of data in packets without waiting for a response in order to achieve a maximum transfer rate.

DCE data pipes are not comparable to DFN-RPC data pipes in that the programming interface of DCE pipes is made up of RPC callbacks and not with send and receive routines as in DFN-RPC, PVM or Posix pipes. The DCE pipe allows transfers in two directions as follows:

push transfers data from server to client (Fig. 13).
The client calls a server-*receive*-application routine via RPC. This server routine prepares the application's data and calls in a loop the *push*-stub, which then – in the sense of DFN-RPC's – via asynchronous buffered callbacks calls the client's *push*-application routine, which then processes the data.

pull transfers data from client to server (Fig. 14).
The client calls a server-*send*-application routine via RPC. This server routine then runs the *pull*-stub in a loop, which then calls via callbacks to the client the *pull*-application routine, which then provides the data and returns it in the argument list.
Because of an end-of-data argument in the *pull*-interface, this can also be implemented internally in DCE by asynchronous buffered RPC. Therefore the *send*-client-stub can call the pull-application routine until end-of-data is reached independently of the pull-server calls.
This method does not exist in DFN-RPC. However the asynchronous buffered DFN-RPC's are an alternative with more flexibility.

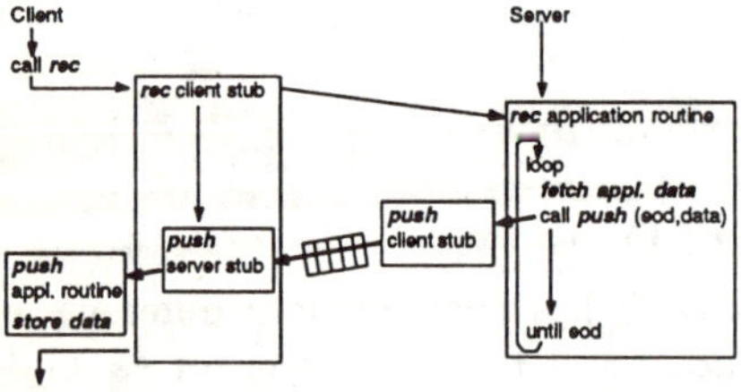

Fig. 13: Push

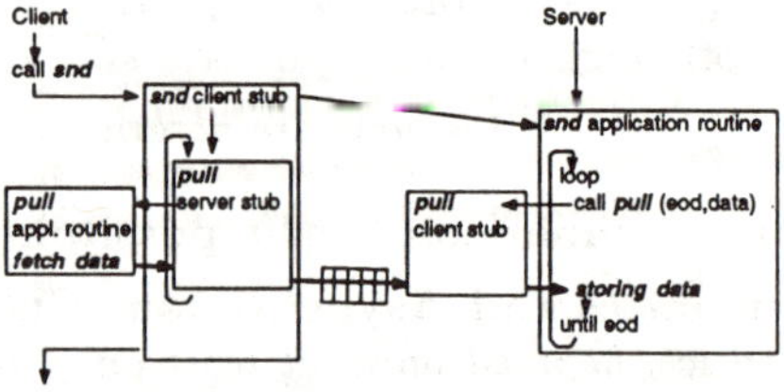

Fig. 14: Pull

The form of internal execution of DCE pipes shown here is only a model. It is used only for comparing the functionality of DCE pipes with asynchronous buffered DFN-RPC's. The model does not necessarily match the real DCE implementation. See [3, 11, Chap. 17.14.4 Pipes].

Message Passing:
In DCE the only basic operation with *at-most-once* semantics is the synchronous RPC. Y. Wei and C. Wu describe in [20] how, using RPC, a message passing functionality can be achieved. In comparison to DFN-RPC, either an *empty* request or an *empty* reply is sent with every message. Additionally, another thread must exist on the server side which is implementing the message port. See Fig. 15.

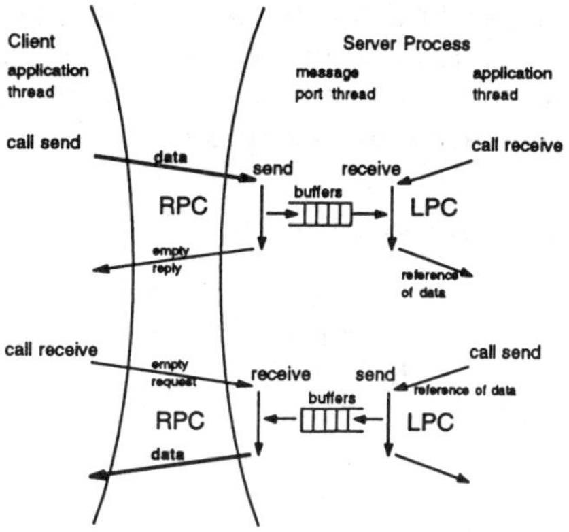

Fig. 15: Message Passing using DCE RPC

Because a synchronous RPC is made up of two messages, with DFN-RPC the message passing user interface is not implemented on top of the RPC user interface, but instead message passing and RPC use the same marshalling and transfer library. Therefore with message passing there are no unnecessary RPC packets in the opposite direction. This provides an optimum throughput and minimal latency.

Binding and Process Start: The string binding of DCE is comparable to that of DFN-RPC. The use of the name service in DCE must be achieved in DFN-RPC by the application using explicit storing and reading of the address string with a directory service.

A substantial difference is, that with DCE the setup of connections is made from client to server, while with DFN-RPC the port can be opened by the client or by the server. It is therefore impossible to make a *reverse connection* with DCE as in DFN-RPC (see Chap. 5).

Language Binding: DFN-RPC was drafted for Fortran applications, but may also be used for C applications. In a typical workstation environment, a graphical user interface written in C and running on the workstation calls numeric codes implemented in Fortran 77, Fortran 90 or HPF by using DFN-RPC. In [1] an example of an astrophysics application of this type is described.

DCE supports only C. Problems and limitations of DCE for Fortran programs are described in [6]. FIDL is a product that supports the use of Fortran under DCE RPC [9].

8.2 Comparison with PVM

PVM provides a message passing library with data conversion, i.e. data pipes. A daemon-based system for starting application's processes is integrated. Because the connections are not established in reverse, PVM requires that a bidirectional channel for exchanging address strings is initialized at process startup. For this purpose the standard input and output of *remote shell* (rsh) or *remote exec* (rexec) must be used. Process startup is therefore more complicated and less flexible under PVM as under DFN-RPC.

Other functionalities in PVM are process groups, barriers and message tags, however remote procedure calls are not implemented in PVM. PVM has a C and a Fortran interface. In comparison, DFN-RPC has circa a factor of 2 better performance. Ref. Chap. 8.4.

8.3 Comparison with Futures, Call-Streams and ASTRA

Futures from Cronus [19], the asynchronous RPC from ASTRA [2] and Call-Streams and Promises of Mercury System [7, 8] have in part comparable functionality with DFN-RPC.

While with Cronus, ASTRA and Call-Streams the responses of several asynchronous RPC's to one server may be outstanding and may be received in an arbitrary sequence, with DFN-RPC only one parallel RPC may be active to a server at any one time. Therefore it is not necessary to put the responses in temporary storage. Further data handling daemons are not necessary. Such *handlers* would be required when working with large unblocked datasets: if the client sends the requests c1, c2 and c3 and continues with its own application, then the server should be able to return the responses r1, r2 and r3 without the server's application being blocked due to end-to-end flow control. In contrast, with DFN-RPC the application can use data pipes for data communication during a parallel RPC.

8.4 Benchmark Comparison with DCE, ONC and PVM

Detailed measurements of DFN-RPC, the RPC of DCE, the RPC of ONC and PVM are available in [13, 14]. Therefore only the most significant data is discused here.

Measurements between two workstations over Ethernet using 64 kbytes of data per RPC, DFN-RPC ver. 1.0.19 realizes up to 755 kbyte/s, where the RPC of ONC attains only 610 kbyte/s (TCP-based) and PVM 3.2.2 only 376 kbyte/s using direct process-to-process connections, and 328 kbyte/s over daemon processes. Reference Tab. 1, left.

Between 2 SGI Iris with R3000 & R4000 Proc.						Bet. RS/6000-530 & -220		
Calls with	Unit	DFN 1.0.19	PVM 3.2.2	PVM ind.	ONC TCP	DFN 1.0	DCE UDP	DCE TCP
64 kbyte In	kbyte/s	739	376	328	447	500	42	344
64 kbyte Out	kbyte/s	755	373	323	610	579	312	311
3 kbyte In	kbyte/s	549	363	200	377	172	128	163
3 kbyte Out	kbyte/s	427	326	194	322	256	189	209
1 kbyte In	kbyte/s	313	203	95	246	130	88	94
1 kbyte Out	kbyte/s	283	200	94	214	129	84	96
Average	kbyte/s	511	307	206	320	294	141	203
Empty Calls	ms/Call	2.0	3.2	8.1	2.3	4.2	8.2	6.9

Tab. 1: Transfer rates and Delays between two Workstations

Measurements between two workstations over two Ethernets connected by a router DFN-RPC achieves in both directions 500 and 579 kbyte/s while DCE RPC (IBM Rel. 1.2) with TCP protocol stack reaches 344 and 311 kbyte/s. DCE RPC using the UDP protocol stack achieves 42 and 312 kbytes/s. This demonstrates a possible problem with large datasets in the end-to-end flow control of the protocol above UDP. Reference Tab. 1, right.

RPC's with empty argument lists were also measured using the same timing program. In the first environment, DFN-RPC required 2.0 ms, a RPC under ONC 2.3 ms, while a transfer with subsequent return transfer (analog to one RPC) under PVM with direct connections takes 3.2 ms and with indirect connections over the daemons 8.1 ms. In the second scenario, DFN-RPC required 4.2 ms while the RPC under TCP-based DCE required 6.9 ms. The worst case was the UDP-based DCE RPC with 8.2 ms. A possible explanation for this is that the end-to-end flow control above UDP is handled by the user process and therefore requires too many context switches between the operating system and the user process.
If client and server processes are running on the same machine, the differences are more clear, see Tab. 2.

On a SGI Iris Indigo with a R3000 Processor						On a RS/6000 220		
Calls with	Unit	DFN 1.0.19	PVM 3.2.2	PVM ind.	ONC TCP	DFN 1.0	DCE UDP	DCE TCP
64 kbyte In	kbyte/s	2560	323	457	320	800	222	674
64 kbyte Out	kbyte/s	2275	317	468	317	741	221	630
3 kbyte In	kbyte/s	982	450	292	441	403	305	341
3 kbyte Out	kbyte/s	1071	459	292	425	450	322	322
1 kbyte In	kbyte/s	417	220	135	235	264	120	127
1 kbyte Out	kbyte/s	429	224	135	242	261	113	122
Average	kbyte/s	1289	332	297	330	487	217	370
Empty Calls	ms/Call	1.7	3.1	5.6	2.3	3.1	8.0	7.6

Tab. 2: Transfer Speeds and Delays with Client and Server are running on the same Workstation

The better, sometimes even considerably better results achieved with DFN-RPC demonstrate that in the design efficient optimization strategies were applied:

- Minimization of the context switches to the operating system using large internal buffers and implementation of the synchronous RPC exclusively using blocked *read* and *write* directly via TCP sockets,
- Minimizing software-overhead in the stubs, for example through converting data in vectorizable loops with only one copy in the application process.

8.5 Handling of the User Interface

DFN-RPC is primarily a tool for use in technical and scientific simulations, however it can be used in other areas. It is desirable that an engineer or scientist can implement distributed applications using, if possible, program models he is familiar with. Even for parallelization the modifications should be easy to learn and still have powerful functionality.

Application with only one server can therefore be distributed with DFN-RPC at each pure routine interface[4] without modification of the program. For applications with several servers, the concept of *object identification* is used. Using a library routine (rpouse), every server object can be selected as *current object.* Every following RPC will be sent to this object. The methods of calling *asynchronous RPC* and *asynchronous buffered RPC* for parallelization are normally equivalent to a local procedure call. With *parallel RPC*, the output arguments for the client are first available after the server routine has completed. Using library routines the client program can determine if one or more servers have finished or it can wait until one of them has finished its RPC routine.

For more complex scenarios in which, for example, server-server communication is required, data pipes are available which, for the applications' programmer, are comparable to unformatted I/O to a *named Unix-Pipe.*

Because DCE-RPC with the *at-most-once* semantics is always synchronous, it requires a client program parallelized using thread programming in order to distribute a job accross several servers. Extra objects are required by Futures from ASTRA and Cronus as well as Call-Streams in Mercury for the receiving of output arguments. PVM has the easiest user interface because no RPC functionality is made available. PVM has only a message passing library.

9 Availability and Future Development of DFN-RPC

DFN-RPC is not just a research project. It is a product which is available for a wide palette of computer platforms.[5] Further information is available via Mosaic or anonymous ftp in [21].

DFN-RPC has been made available and is supported in the frame of the Regional Testbed for High Speed Networks in DFN and has been included in several applications' projects. The completely installed software for each platform can be downloaded with AFS, DFS or ftp.

Further development plans are to optionally provide the sending and receiving of data through the application's process itself or through a concurrently running thread. This will not only provide parallel execution of the application; it will also allow communication to be parallelized. This is important for those applications which have a graphic user interface and therefore should only briefly allow the stubs to be in control.

References

1. Ralf Allrutz, Rolf Rabenseifner: Der DFN-RPC, ein Remote Procedure Call Tool. Proceedings, 15. DECUS München Symposium, 1992, S. 523-532.
2. A.L. Ananda, B.H. Tay, E.K. Koh: ASTRA - An Asynchronous Remote Procedure Call Facility. In Proc. 11th Intl. Conf. on Distributed Computing Systems (ICDCS-11), IEEE, Arlington, Texas, USA, 1991, pp. 172-179.
3. Developing DCE Applications for AIX and OS/2. IBM International Technical Support Center, Austin, July 1993, Chap. 12.0 Pipes.

[4] I.e. without argument transfer by global storage.

[5] In Release 1.0.60 Alliant, Apollo, Convex ieee and native, CRAY-2 and -YMP, DEC Mips, Alpha and Vax, Fujitsu, HP, IBM RS 6000, Intel Paragon, Silicon Graphics, and Sun, and PCs running Linux.

4. Al Geist et al.: PVM 3 User's Guide and Reference Manual. ORNL/TM-12187, Oak Ridge National Laboratory, Tennessee, 5/1993.
5. David B. Johnson, Willy Zwaenepoel: The Peregrine High-performance RPC System. Software-Practice and Experience 23(2), 1993, pp. 201-221.
6. Werner Kollak: Distributing FORTRAN Applications using DCE RPC. White Paper. Computer Center University of Stuttgart, March 5, 1993.
7. Barbara Liskov, Liuba Shira: Promises: Linguistic Support for Efficient Asynchronous Procedure Calls in Distributed Systems. ACM SIGPLAN Conf. on Programming Language Design and Implementation 1988, pp. 260-267.
8. Barbara Liskov, T. Bloom, D. Gifford, R. Scheifler, W.E. Weihl: Communication in the Mercury System. Proc. 21st Annual Hawaii Conference on System Science, Jan. 1988, pp. 178-187.
9. Roland Laifer, Andreas Knocke: fidl – a tool for using DCE from Fortran. In Alexander Schill (Ed.), DCE - The OSF Distributed Computing Environment, International DCE Workshop, Proceedings, Karlsruhe, Germany, Oct. 7-8, 1993, pp. 78-88.
10. Bruce-Jay Nelson: Remote Procedure Call. Computer Science Department, Carnegie-Mellon University, Pittsburgh, Pennsilvania, May 3, 1981.
11. Open Software Foundation (OSF): OSF DCE Version 1.0, DCE Application Development Guide, Part 3: DCE Remote Procedure Call (RPC). Revision 1.0, Dec. 31, 1991.
12. Rolf Rabenseifner et al.: The DFN Remote Procedure Call Tool. Reference Manual, Ver. 1.0.60, Computer Center University of Stuttgart, Dec. 15, 1994.
Rolf Rabenseifner et al.: Das DFN Remote Procedure Call Tool. Benutzerhandbuch, Rel. 1.0.60, Rechenzentrum Universität Stuttgart, 15. Dez. 1994.
13. Rolf Rabenseifner, Werner Kollak: DFN-RPC im Vergleich mit DCE, ONC und PVM. DFN-Mitteilungen Nr. 34, März 1994, S. 18f.
14. Rolf Rabenseifner, Armin Schuch: Comparison of DCE RPC, DFN-RPC, ONC and PVM. In Alexander Schill (Ed.), DCE - The OSF Distributed Computing Environment, International DCE Workshop, Proceedings, Karlsruhe, Germany, Oct. 7-8, 1993, pp. 39-46.
15. Rolf Rabenseifner, Hans Dieter Reimann: Verteilte Anwendungen mit dem DFN-RPC. DFN Mitteilungen Nr. 31, März 1993, S. 23-25.
16. Rolf Rabenseifner: Distributed Applications between Workstation and Supercomputer using ISO/OSI Protocols. Proceedings, Twenty-Seventh Semi-Annual Cray User Group Meeting, London. April 22-26, 1991, pp. 80-84.
17. Alexander Schill: Remote Procedure Call: Fortgeschrittene Konzepte und Systeme – ein Überblick. Teil 2: Erweiterte RPC-Ansätze. Informatik Spektrum 15, pp. 145-155, Juni 1992.
18. SUN microsystems: Network Programming Guide. Part Number 800-3850-00, 1990.
19. Edward F. Walker, Richard Floyd, Paul Neves: Asynchronous Remote Operation Execution in Distributed Systems. In Proc. 10th Intl. Conf. on Distributed Computing Systems (ICDCS-10), IEEE, Paris, France, 1990, pp. 253-259.
20. Yi-hsiu Wei and Chuan-lin Wu: Integrating RPC and Message Passing for Distributed Programming. In Alexander Schill (Ed.), DCE - The OSF Distributed Computing Environment, International DCE Workshop, Proceedings, Karlsruhe, Germany, Oct. 7-8, 1993, pp. 192-206.
21. ftp://ftp.rus.uni-stuttgart.de/pub/rus/dfn_rpc/README_dfnrpc.html contains all informations about the DFN-RPC, accessible by Mosaic and anonymous ftp.

ftp://ftp.rus.uni-stuttgart.de/pub/rus/dfn_rpc/kivs95_dfnrpc_german.ps contains the German translation of this paper.

Erfahrungen mit einer OSI-basierten Infrastruktur für heterogene verteilte Systeme

Oliver Hermanns*
RWTH-Aachen, Lehrstuhl für Informatik IV
52056 Aachen

Zusammenfassung

Dieser Beitrag stellt Ergebnisse der DFG Forschergruppe SUKITS vor, in deren Rahmen Möglichkeiten der a-posteriori Integration existierender Anwendungssysteme im CIM-Bereich untersucht werden. Die Integration erfolgt hierbei auf der Basis einer Infrastruktur für heterogene verteilte Systeme. Die Architektur der Infrastruktur ist an Konzepten der internationalen Normung (OSI-Referenzmodell) orientiert. In der Arbeit werden das Design der Infrastruktur und deren prototyphafte Implementierung auf der Basis des ISODE-Softwarepakets beschrieben. Dabei wird anhand von funktionalen und Leistungsgesichtspunkten die Eignung von OSI-Standards für die Realisierung eines solchen verteilten Systems diskutiert.

1. Einleitung

Beim Einsatz betrieblicher Informations- und Rechnersysteme ist ein deutlicher Trend zu Dezentralisierung und Vernetzung beobachtbar. Neben leistungsfähigen Arbeitsplatzrechnern und Netzwerken als treibende Kräfte dieser Entwicklung, spielt die Verfügbarkeit geeigneter *Infrastrukturen für verteilte Systeme* hierbei eine entscheidende Rolle. Diese Softwarepakete bauen auf den lokalen Betriebssystemen und transportorientierten Kommunikationsdiensten der Arbeitsplatzrechner auf und fungieren als Bindeglied zwischen den in einem Verbund verteilter Rechner autonom laufenden Anwendungsprozessen. Sie erweitern die lokalen Betriebssysteme um Funktionalitäten wie verteilte Dateisysteme, Verzeichnisdienste, verteilte Programmierprimitive, Dienstvermittlung, Sicherheitsmechanismen, leichtgewichtige Prozesse, Synchronisation und Transaktionsverwaltung [Gei93, Sch93].

Da sich die funktionalen Schnittstellen dieser Infrastrukturen logisch oberhalb von Rechnerhardware und Betriebssystem befinden, wird die Möglichkeit geschaffen, verteilte Software unabhängig von spezifischen Rechnersystemen zu entwickeln. Wesentliche Voraussetzung hierfür ist, daß die Infrastruktur auf möglichst vielen heterogenen Rechnersystemen lauffähig ist (z.B. durch Offenlegen von Spezifikationen und Schnittstellen). Ist dies der Fall, spricht man von Infrastrukturen für *heterogene* verteilte Systeme.

Infrastrukturen für heterogene verteilte Systeme unterstützen neben der Entwicklung neuer verteilter Applikationen auch die Integration bestehender, ursprünglich für autonomes arbeiten konzipierter Anwendungssysteme. Diese sogenannte *a-posteriori Integration*, wird im Rahmen der DFG Forschergruppe SUKITS untersucht [EWM92, GHD93]. Gegenstand dieses Projektes sind die Planungs- und Entwicklungsbereiche mittelständischer Maschinen-

---

* Diese Arbeit wurde durch die Deutsche Forschungsgemeinschaft (DFG) unter dem Titel Na 134/5-3, SUKITS (Software- und Kommunikationsstrukturen in technischen Systemen) unterstützt.

bauunternehmen. Dort werden spezialisierte, rechnergestützte Anwendungssysteme eingesetzt (z.B. CAD- oder Simulationssysteme) um alle für die Fertigung und Montage eines Produktes notwendigen Dokumente (Zeichnungen, NC-Programme, Arbeitspläne, ...) zu erstellen. Ein Schwerpunkt des Projektes ist die Untersuchung von Integrationsmöglichkeiten der auf heterogenen Rechnern laufenden Anwendungssysteme. Weiterhin untersucht die Forschergruppe auch Möglichkeiten der Daten- und Prozeßintegration [ScWe93]. Diese Problemstellung ist repräsentativ für viele technische Büroanwendungen, so daß Erkenntnisse aus den Arbeiten auf andere Anwendungsfelder übertragen werden können.

Im vorliegenden Papier werden die Erfahrungen bei der Entwicklung der SUKITS-Kommunikationsinfrastruktur diskutiert. Dabei geht es um die Frage, ob und wie sich OSI-Protokolle und Dienste in Infrastrukturen für verteilte Systeme einsetzen lassen und insbesondere ob das Public Domain Softwarepaket ISODE (ISO Development Environment) als Infrastruktur für die Integration in der industriellen Produktentwicklung geeignet ist. Der Beitrag schafft einen Überblick über die gewonnenen Erkenntnisse. Lösungen zu speziellen Problemstellungen des Projekts sind an den entsprechen Stellen referenziert

Der SUKITS-Ansatz unterscheidet sich von anderen, im akademischen Umfeld entwickelten bzw. kommerziell verfügbaren Infrastrukturen, da von einer konkreten Problemstellung ausgegangen wird. In der industriellen Produktentwicklung bestehen einerseits klare Anforderungen an anwendungsorientierte Dienste, andererseits erwachsen durch die a-posteriori Integration erhöhte Anforderungen an Offenheit. Daher werden verstärkt Normen berücksichtigt und Erkenntnisse über deren Eigenschaften abgeleitet. Die Anlehnung an OSI-Normen ermöglicht weiterhin die Interoperabilität mit MAP /TOP-Architekturen.

Kommerziell verfügbare Infrastrukturen wie beispielsweise DCE (Distributed Computing Environment [OSF92]), ANSAware (Advanced Network System Architecture [AMP92]) oder OMA/CORBA (Object Management Architecture / Common Object Request Broker Architecture [OMG91]) lehnen sich nur zum Teil an die internationale Normung an. Gleiches gilt für Ansätze aus dem wissenschaftlichen Umfeld, wie z.B. DACNOS [Gei90], Amoeba [Tan92] oder V [Che86].

Das Papier ist wie folgt gegliedert: In Abschnitt 2 werden zunächst Integrationsanforderungen umrissen und daraus die Architektur für eine verteilte Infrastruktur abgeleitet. In Abschnitt 3 wird der Prototyp der Kommunikationsinfrastruktur beschrieben. In Abschnitt 4 wird die Infrastruktur bewertet und kritisch diskutiert. Hier wird auch auf Stärken und Defizite von OSI-Protokollen eingegangen.

2. Konzept zur Integration heterogener CIM-Anwendungssysteme

Trotz der bereits über ein Dekade andauernden Forschung und Entwicklung im CIM-Bereich (Computer Integrated Manufacturing), liegt noch kein allgemein anerkanntes Integrationskonzept vor. Neben betriebsorganisatorischen Problemen, die hier nicht diskutiert werden sollen, ist die Heterogenität der Rechner- und Anwendungssysteme immer noch eines der großen Probleme. Im BMFT Verbundprojekt "CAD-Referenzmodell" wurden weltweit allein ca. 250 unterschiedliche CAD/CAM-Systeme identifiziert [CAD93, S.85]. Heterogene Rechnersysteme sind durch eine (fast) beliebige Kombination von Ausprägungen der folgenden Merkmale gekennzeichnet:

- **Netzwerke**: unterschiedliche Übertragungsmedien, Schnittstellen, Signalisierungstechniken, Vernetzungstopologien, Dienste und Protokolle;

- **Hardware**: unterschiedliche Prozessoren, Rechnerarchitekturen und Ein-/Ausgabegeräte in Verbindung mit spezifischen Befehlssätzen, Datendarstellungen und Schnittstellen;

- **Betriebssysteme**: unterschiedliche Prozeßmodelle, Dateisysteme, Systemkommandos, Sicherheitsmechanismen, Benutzerverwaltungen, Namenskonzepte und Fenstersysteme;

- **Anwendungssysteme**: (Softwarewerkzeuge, z.B. CAD-Systeme) unterschiedliche Funktionalitäten, Schnittstellen, Datenhaltungen und interne Datenrepräsentationen.

Der Einsatz verteilter Infrastrukturen, mit ihrer potentiellen Fähigkeit, Hardware-, Betriebssystem- und Netzwerkspezifika zu verbergen, verspricht nun, diese Heterogenitätsprobleme zu mildern. Die Problematik inkompatibler Anwendungssysteme mit spezifischen lokalen Datenrepräsentationen wird durch verteilte Systeme nicht gelöst. Hier verspricht jedoch die Standardisierung von Produktdatenmodellen, wie beispielsweise STEP (Standard for the Exchange of Product Model Data, [ISO92]), eine Lösung.

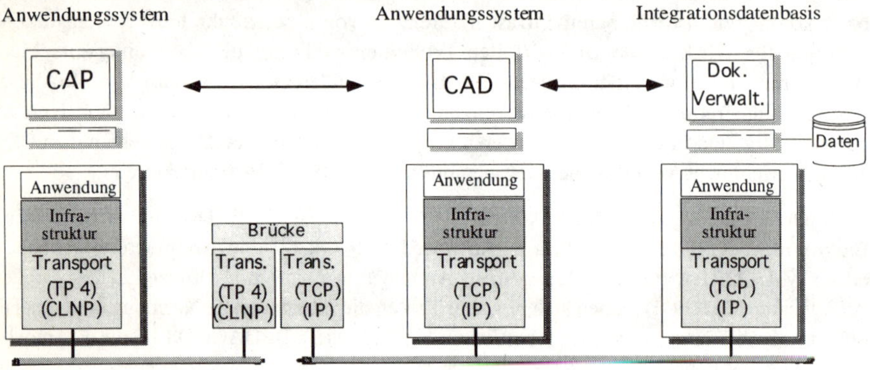

Abb. 1: Ebenenmodell einer verteilten Infrastruktur für CIM-Systeme

Die im SUKITS-Projekt zu entwickelnde Infrastruktur sollte alle Aspekte, welche sich aus der Heterogenität und Verteilung von Rechnersystemen in der Produktentwicklung ergeben verbergen. Weiterhin sollten dem Benutzer Dienste zum ungehinderten Informationsaustausch zur Verfügung gestellt werden. Für diese Infrastruktur wurden zunächst drei grobe Abstraktionsebenen+ definiert (Abb. 1):

- **Transportebene**: Diese, bis zum Niveau der OSI-Transportschicht reichende Ebene, ermöglicht den Ende-zu-Ende Datenaustausch zwischen Rechnersystemen. Sie verbirgt damit Spezifika unterschiedlicher Netzwerktechnologie (LANs, wie Ethernet, Token Ring, FDDI, ...) sowie inkompatibler Protokollarchitekturen (Vermittlungs- und Transportprotokolle, wie TCP/IP, IPX/SPX, SNA, DECnet oder OSI-TP4/CLNP, etc.)

- **Infrastrukturebene**: Diese baut auf den Diensten der Transportebene auf und realisiert Funktionalitäten von Infrastrukturen für verteilte Systeme (vergl. Abschnitt 1).

+ Um Verwechselungen zu vermeiden, werden die "Layer" des OSI-Referenzmodells in dieser Arbeit als *Schichten* bezeichnet.

- **Anwendungsebene**: Diese Ebene enthält Instanzen spezieller verteilter Anwendungen. Die Instanzen bieten dem menschlichen Benutzer entweder direkt nutzbare Dienste (z.B. Electronic Mail), oder Dienste, die von Anwendungssystemen genutzt werden.

Wesentliche Anforderungen an die Transport- und Infrastrukturebene sind Offenheit, Transparenz, Effizienz, Funktionalität, einheitliche Dienstschnittstellen sowie die Einbeziehung möglichst vieler unterschiedlicher Rechnersysteme. Dabei ist eine zentrale Anforderung, die Autonomie der zu integrierenden Systeme zu erhalten und alle Softwareelemente der verteilten Infrastruktur als Erweiterungen zu installieren. Die in der Anwendungsebene erbrachte Funktionalität ist direkt von den Anforderungen der durch sie unterstützten Anwendung abhängig.

2.1 Die Transportebene

Die *Transportebene* stellt durch die Festlegung einer einheitlichen Dienstschnittstelle sowie durch die Definition eines Kopplungskonzeptes für inkompatible Teilnetze die *Konnektivität* der heterogenen Rechnersysteme sicher. Dadurch wird eine Basis geschaffen, auf welcher die Software der Infrastrukturebene aufbauen kann.

Wegen der existierenden Vielfalt etablierter Netzwerklösungen wurden folgende Anforderungen für die Transportebene festgelegt:

- Neben der Gewährleistung von Effizienz und Konnektivität besteht ein Ziel darin, vorhandene Kommunikationsmöglichkeiten der Anwendungssysteme nicht einzuschränken, sondern vielmehr eine Grundlage zur *Erweiterung* der Systeme zu schaffen.

- Die Transportebene muß eine einheitliche, universelle *Dienstschnittstelle* zum gesicherten Austausch von Informationen zwischen Endsystemen anbieten.

- Es müssen unterschiedliche lokale Netze sowie *heterogene* Transport- und Netzwerkprotokolle *integriert* und *transparent gekoppelt* werden.

Als Dienst der Transportebene wurde der verbindungsorientierte OSI-Transportdienst (ISO8072) ausgewählt. Dieser bietet einerseits die benötigte Offenheit, da er standardisiert ist, und andererseits auch ausreichende Universalität, da er lediglich die Phasen Verbindungsaufbau, Datenübertragung und Verbindungsabbau kennt. Für verbindungslose Anwendungen steht auch der verbindungslose OSI-Transportdienst zur Verfügung.

Um den einheitlichen Transportdienst auf der Basis nicht OSI-konformer Protokollarchitekturen zu realisieren, wird ein Konvergenzprotokoll benötigt. Da in allen bekannten Protokollarchitekturen ein Dienst mit Transportfunktionalität vorgesehen ist, muß das Konvergenzprotokoll im wesentlichen nur eine syntaktische Umsetzung der Dienstprimitive vornehmen. Ein Beispiel hierfür ist die Internet-Protokollfamilie (TCP/IP) [Com91] Hier realisiert das RFC1006-Konvergenzprotokoll den ISO-konformen Transportdienst unter Verwendung der TCP-Dienste [RoCa87]. In [Her92] wurde eine Generalisierung dieses Ansatzes für andere Netze vorgestellt.

2.2 Die Infrastrukturebene

Innerhalb dieser Ebene werden allgemein nutzbare Funktionalitäten von Infrastrukturen für verteilte Systeme realisiert. In der Begriffswelt des OSI-Referenzmodells umfaßt diese Ebene die sogenannten "höheren Schichten": Steuerung (Session Layer), Darstellung (Presentation Layer), die allgemeinen Dienstelemente der Anwendungsschicht (CASE, Common Application service Elements) sowie einige der speziell definierten Anwendungsdienstelemente (z.B. den Verzeichnisdienst, X.500). Es werden jedoch nicht alle der in Abschnitt 1 vorgestellten Funktionalitäten verteilter Systeme von den Protokollen des OSI-Referenzmodells abgedeckt. Ein Abgleich der in CIM-Umgebungen benötigten allgemeinen Funktionalität und der von OSI-Protokollen angebotenen Funktionalität führte zunächst zu einer Reduzierung der Grundfunktionalitäten auf die Klassen verteilte Programmierprimitive, Verzeichnisdienst und Dateitransferdienst. Diese werden im folgenden separat vorgestellt.

Klassische *Programmierprimitive* für verteilte Anwendungen sind nachrichtenbasierte Primitive mit Operationspaaren, wie Request/Reply und der Remote Procedure Call (RPC) [Tan92]. Für asymmetrische, nach dem Client-Server Modell strukturierte Anwendungen wird meist der RPC verwendet [BiNe84, Sch92b].

In der OSI Anwendungsschicht existiert mit dem Remote Operations Service Element (ROSE, ISO 9072) ein verbindungsorientierter Basisdienst, der den Aufruf entfernter Operationen sowie die zugehörige Parameterübergabe und Ergebnisrückgabe erlaubt. Dieser Dienst bildet die Grundlage einer RPC-Norm (ECMA-127). Da diese noch nicht stabil ist, wird hier direkt auf den ROSE-Dienst zurückgegriffen. Dabei erfolgt die Spezifikation entfernter Operationen, zugehöriger Parameter- und Ergebnisdatentypen sowie möglicher Fehlerzustände in ASN.1 (Abstract Syntax Notation, ISO 8824).

Von vorrangiger Bedeutung in verteilten Systemen sind Mechanismen zur Unterstützung von Namens- und Ortstransparenz [Sch92a]. Benutzer und Applikationen sollten transparent auf Ressourcen zugreifen können, indem sie diese durch einen "natürlichen" Namen bezeichnen. Die Abbildung des Namens auf einen bestimmten Ort (eine Adresse etc.) wird dann automatisch von einer bestimmten Komponente im Systemverbund durchgeführt. Hierzu werden in der Infrastrukturebene üblicherweise *Verzeichnisdienste* eingesetzt [Gei93]. Durch die ISO wurde zu diesem Zweck der X.500 *Directory Service* definiert. Dieser Verzeichnisdienst ist ein Kernbaustein der Infrastrukturebene [JHF92] und wird auch in anderen verteilten Systemen, wie beispielsweise DCE verwendet.

Ein weiterer zentraler Baustein der Infrastrukturebene ist das *verteilte Dateisystem*. Dessen Aufgabe ist die ortsunabhängige Bereitstellung aller Dateien im verteilten System [LeSi90]. Hier erwachsen im Zusammenhang mit Heterogenität und der Verwendung von OSI-Protokollen erhebliche Probleme. Zum einen obliegt die Dateiverwaltung in Rechnern den lokalen Betriebssystemen, mit jeweils spezifischen Dateiorganisationen, Dateiattributen oder Dateioperationen. Um hier eine "Öffnung" der lokalen Dateisysteme zu erreichen, wäre eine Veränderung des Betriebssystemkerns erforderlich. Zum anderen existiert keine Norm für verteilte Dateisysteme. Der FTAM Standard (File Transfer Access and Management, ISO 8571) wurde für die explizite Übertragung von Dateien zwischen zwei Rechnersystemen entwickelt. Diese Modell setzt voraus, daß einem potentiellen Dienstnutzer Quelle und Ziel der Dateiübertragung bekannt sind, und bietet daher keine Ortstransparenz.

Für die SUKITS-Infrastrukturebene wurde trotzdem auf FTAM zurückgegriffen. Es wird als Basisdienst für die zuverlässige Übertragung von Dateien benutzt und gewährleistet ein einheitliches Datenmodell für heterogene Dateisysteme (den FTAM Virtual File Store), auf das sich alle Dateioperationen der verteilten Infrastruktur beziehen können. Dieser Ansatz in weniger aufwendig, als der in [Hol89] beschriebene, in dem explizit die Dateiformate, Dateiattribute und -operationen heterogener Dateisysteme syntaktisch aufeinander abgebildet werden. Zur Gewährleistung von Ortstransparenz wurde eine zusätzliche Abstraktionsebene über den FTAM-Dienst gelegt, welche den expliziten Dateitransfer mit Informationen aus einer anwendungsspezifischen Integrationsdatenbasis integriert [HeEn94].

2.3 Die Anwendungsebene

In der Anwendungsebene werden spezifische, auf die Anforderungen einer bestimmten Anwendung zugeschnittene Dienste realisiert. Die zentrale Anwendung in der Produktentwicklung, ist die Erstellung produktbeschreibender Dokumente (CAD-Zeichnungen, NC-Programme, ...) unter Zuhilfenahme rechnergestützter Anwendungssysteme. Dabei muß der Austausch von Dokumenten und Auftragsnachrichten zwischen den Anwendungssystemen unterstützt werden. Im SUKITS-Projekt werden die Informationen über Dokumente in einer Datenbank abgelegt. Diese *Integrationsdatenbasis* (auch: Dokumentenverwaltung) verwaltet Dokumente, deren Versionen, die Produktzugehörigkeit, etc. [WeSc93]. Entsprechend wurden die folgenden Dienste definiert (Abb. 2):

- Lesender und manipulierender Zugriff auf die Integrationsdatenbasis (*Datenzugriff*): Die zu übertragenden Informationen sind dabei die zu den Dokumenten gehörigen *Beschreibungsdaten.*

- *Dateitransfer*: Der Dateitransfer stellt Dienste zum Austausch von *Dokumenten* in Form von Dateien zur Verfügung. Die Dateien werden so zur Weiterbearbeitung oder zur Ansicht in die lokalen Datenbestände der Anwendungssysteme kopiert.

- Dienste zum Senden und Empfangen von Nachrichten (*Mail-System*): Das Mail-System ermöglicht den Austausch von *Nachrichten* zwischen Benutzern sowie die Übermittlung von Aufträgen and Benutzer.

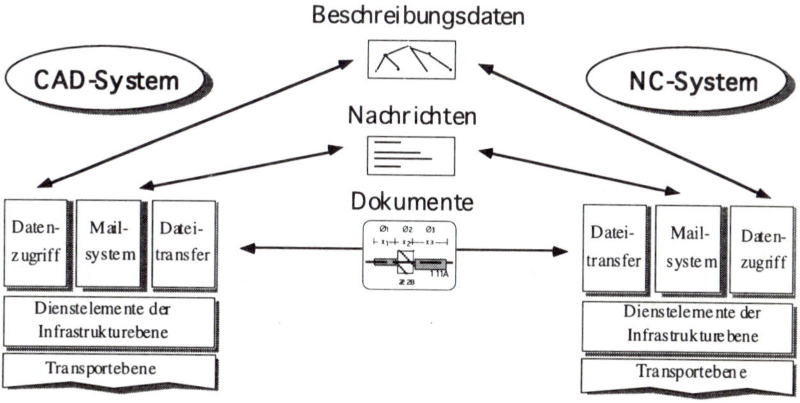

Abb. 2: Anwendungsorientierte Dienste im verteilten CIM-System

Wir beschränken uns hier auf die Beschreibung des Datenzugriffsdienstes. Dieser stützt sich auf den in Abschnitt 2.2 beschriebenen ROSE/RPC Mechanismus und ist damit repräsentativ für die Struktur von Client-Server Applikationen. Eine ausführlichere Behandlung der anderen Dienste findet sich in [HeEn94, Fli93].

Der Datenzugriffsdienst stellt Operationen auf der Integrationsdatenbasis als Programmierschnittstelle zur Verfügung. Benutzer können von ihren Arbeitsplätzen aus über ein fensterbasiertes *Frontend* auf die Integrationsdatenbasis zugreifen. Weiterhin sollen Anwendungssysteme, falls sie über eine Programmierschnittstelle verfügen, ohne direkte Benutzerinteraktion auf die Integrationsdatenbasis zugreifen können. Letztlich übernimmt die Integrationsdatenbasis auch die Abbildung von Dokument- auf Dateinamen und Ablageorte und bildet zusammen mit dem Dateitransferdienst (FTAM) das verteilte Dateisystem.

Die Integrationsdatenbasis wurde von einem Projektpartner entwickelt [GHD93]. Sie wird auf der Basis eines Non-Standard-Datenbankmodells definiert und bietet keine Schnittstelle in einer standardisierten Datenbanksprache (z.B. SQL) an. Daher wurde für das Datenzugriffsprotokoll nicht auf ISO-Standards, wie RDA (Remote Database Access) oder DFR (Document Filing and Retrieval) zurückgegriffen, sondern eine ROSE/RPC-basierte Spezifikation gewählt [Her93].

Die zu realisierende Client-Schnittstelle enthält Operationen zum Erzeugen/Löschen von Objekten und zum Setzen/Lesen von Attributen. Unter Verwendung dieser Operationen können am Frontend beispielsweise Funktionen zum Lesen der Beschreibungsdaten eines Dokuments realisiert werden.

Alle Basisoperationen der Dokumentenverwaltung werden als entfernte Operationen (remote Operations) in ASN.1 spezifiziert. Abbildung 3 zeigt diese Spezifikation beispielhaft für die Operation *CreateVersion*. Aus der Spezifikation kann automatisch C-Quellcode für den Client und den Server erzeugt werden.

```
CM DEFINITIONS ::-

BEGIN

-- Operationen auf der Dokumentenverwaltung

createVersion OPERATION
     ARGUMENT CreateVersionARG        -- Aufrufparameter
     RESULT   Entity                  -- Datentyp des Ergebnisses
     ERRORS   { congested, ErrNum }   -- Moegliche Fehler
     ::=      10


-- Parameter der Operationen

CreateVersionARG ::=
     SEQUENCE {                             -- Liste der Parameter
         database[0]            Database,
         object[1]        Entity
     }

END
```

Abb 3: Beispielspezifikation einer ROSE-Operation in ASN.1

3. Implementierung der verteilten Infrastruktur

Der Prototyp wurde auf der Basis der ISODE-Entwicklungsumgebung erstellt [ROR92]. ISODE ist eine im Quellcode verfügbare Implementierung höherer OSI-Protokolle. Sie wird im folgenden kurz vorgestellt. Danach werden die implementierten Protokolle und Dienste des Prototyps beschrieben.

Das ISODE-Paket umfaßt neben Protokollen der Schichten 4, 5 und 6 des OSI-Referenzmodells auch die Anwendungsprotokolle FTAM, VT und Directory Service (X.500) sowie einen X.400 Message Transfer Agent [Kil91]. Weiterhin werden Softwarewerkzeuge zur Eigenentwicklung von Anwendungsprotokollen mitgeliefert. In TCP/IP-Netzwerken setzt ISODE auf dem RFC1006-Konvergenzprotokoll auf. Die Software kann aber auch andere Netzwerktechnologien (z.B. X.25 oder ISO-CLNP) benutzen.

ISODE eignet sich als Implementierungsbasis für die Infrastruktur, da sie im Quellcode verfügbar ist, da sie auf heterogenen Teilnetzen aufsetzt und da Portierungen für viele UNIX-Derivate sowie für VAX/VMS-Maschinen und für PC/DOS-Systeme existieren. Diesen Vorzügen der ISODE-Software stehen allerdings auch einige Schwächen gegenüber. Unter anderem erfordert die Programmentwicklung aufgrund der schwachen Dokumentation erheblichen Einarbeitungsaufwand.

Im folgenden wird der entwickelte Prototyp beschrieben. Abbildung 4 zeigt die gekoppelten Anwendungssysteme und deren Hard- und Softwareplattformen. Alle Rechner kommunizieren über Ethernet und TCP/IP-Protokolle. Auf der TCP-Socketschnittstelle setzt die ISODE-Software auf. Diese realisiert zunächst das RFC1006-Konvergenzprotokoll zwischen TCP und dem ISO 8072 Transportdienst. Darauf setzen Implementierungen von Protokollen der Steuerungs-, Darstellungs- und Anwendungsschicht auf. Die Dienstschnittstellen werden als C-Funktionsbibliotheken zur Verfügung gestellt. Da die verteilte Infrastruktur auf diese Weise als Erweiterung der Systemsoftware in die Rechner eingebettet wird, ist ihre Funktionalität in den Anwendungssystemen verfügbar, ohne daß bereits vorhandene Kommunikationsmöglichkeiten eingeschränkt werden.

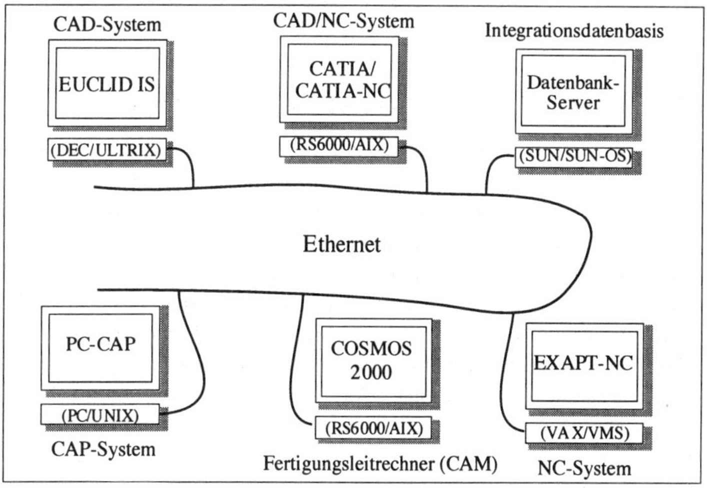

Abb. 4: Vernetzungsstruktur des Prototyps

Das Dateitransferprotokoll stützt sich auf die in ISODE enthaltene Implementierung des FTAM-Standards. Der *Dateitransferdienst* ermöglicht den Austausch von Dokumenten in Form von Dateien zwischen den Anwendungssystemen. Dabei wird vorausgesetzt, daß ein bestimmtes Dokument über den Dateinamen und Ablageort identifiziert wird. Diese Informationen werden über das Datenzugriffsprotokoll aus der Integrationsdatenbasis erfragt. Der prinzipielle Ablauf eines Dokumentenaustausches gestaltet sich so, daß zunächst eine Verbindung zu dem Rechnersystem aufgebaut wird, auf welchem sich die Datei befindet. Dann werden entsprechende Dateitransferfunktionen aufgerufen, welche die Datei in die Datenhaltung des Rechnersystems kopieren. Dazu wurde eine vereinfachte Dienstschnittstelle mit den Operationen *connect*, *get*, *put* und *disconnect* entwickelt.

Der *Datenzugriffsdienst* stellt dem fensterbasierten Frontend Funktionen zur Verfügung, mit welchen interaktiv auf die Dokumentenverwaltung zugegriffen werden kann. Der Aufruf und die Ausführung von Operationen sowie die Übertragung von Ergebnissen wird durch das beschriebene Client-Server-Protokoll auf der Basis des ROSE-Dienstes ermöglicht. Die Schnittstelle des Datenzugriffsdienstes entspricht den Basisoperationen auf der Integrationsdatenbasis, erweitert um die Operationen *bind* und *unbind*, mit welchen die Verbindung zur Dokumentenverwaltung auf- und abgebaut wird. Realisiert wird diese Schnittstelle, indem im Frontend ein Client-Stub die Funktionsaufrufe und deren Parameter entgegennimmt und diese zu einem, mit der Dokumentenverwaltung assoziierten Server-Stub überträgt. Der Server führt die entsprechende Basisoperation aus und überträgt die Ergebnisse zurück zum Client. Dabei läuft die Interaktion blockierend ab, d.h., der aufrufende Prozeß wartet so lange, bis er vom Client-Stub ein Ergebnis oder eine Fehlermeldung erhält.

Das *Mail-System* unterstützt den Nachrichtenaustausch zwischen Benutzern und die Übermittlung von Aufträgen. Für den Prototyp wurden ein User Agent und ein Message Store entwickelt [Fli93]. Die Dienstschnittstelle des User Agent wird dem Frontend zur Verfügung gestellt. Damit können am Frontend Funktionen zum Senden, Empfangen und Manipulieren von Nachrichten angeboten werden. Im Message Store können Nachrichten permanent abgelegt werden. Damit wird gewährleistet, daß Nachrichten auch zugestellt werden können, wenn der Adressat nicht am Arbeitsplatz ist. Als zentraler X.400 Message Transfer Agent wurde die im ISODE-Paket verfügbare PP-Software eingesetzt.

4. Qualitative und quantitative Untersuchung des Prototyps

In diesem Abschnitt werden einige der an der ISODE-Basissoftware sowie am darauf aufbauenden Kommunikationsprototyp durchgeführten Leistungsmessungen erläutert. Weiterhin werden Erkenntnisse in Bezug auf die funktionale Eignung von OSI-Protokollen als Komponenten einer Infrastruktur für heterogene verteilte Systeme präsentiert. Parallel dazu sollen kurz Unterschiede bzw. Gemeinsamkeiten mit anderen Ansätzen diskutiert werden. Bei der Diskussion ist zu beachten, daß sich einerseits Argumente auf die OSI-Protokollarchitektur als solche und andererseits Argumente auf *eine spezielle Implementierung* dieser Architektur beziehen. So beziehen sich die Performanceaussagen ausschließlich auf den Prototyp, während sich funktionale Aussagen sowohl auf Eigenschaften von OSI-Protokollen, als auch auf deren Umsetzung beziehen. Wir verzichten aus Platzmangel auf eine Diskussion der anwendungsorientierten Dienste.

Die Performanceaussagen basieren auf Messungen am realisierten Prototyp. Gemessen wurde über einem 10 Mbit/sec Ethernet zwischen UNIX Workstations. Alle Ergebnisse sind Mittelwerte aus 100 Meßläufen. Konfidenzintervalle mit 95% Konfidenzlevel sind - wenn möglich - angegeben.

4.1 Transportebene

Im Zusammenhang mit der Transportebene, also den Kommunikationsprotokollen der Schichten 1-4 des OSI Referenzmodells, werden die Aspekte Funktionalität und Effizienz betrachtet. Der im Prototyp verwendete ISO-Transportdienst ist funktional äquivalent mit dem in anderen Infrastrukturen verwendeten TCP-Dienst. Er unterstützt in seiner jetzigen Form keine Dienstgüteparameter und gestattet ausschließlich verbindungsorientierte Punkt-zu-Punkt Kommunikation. Sinnvolle Verbesserungen wären:

- Um *verbindungslose Kommunikation* zu ermöglichen wäre die Bereitstellung eines verbindungslosen Dienstes wünschenswert. Kommerzielle Infrastrukturen verwenden hier die Kombination UDP/IP. Das ISO-äquivalent dazu ist der "Connectionless Transport Service" in Verbindung mit dem "Connectionless Transport Protocol".

- Experimentelle Infrastrukturen im wissenschaftlichen Bereich, wie Amoeba [Tan92] oder V [Che86] verwenden eigene, transaktionsorientierte Transportprotokolle. Diese bieten neben höherer Effizienz auch erweiterte Funktionalität, wie z.B. Multicasting. Derartige Funktionalitäten müssen auch in standardisierte Protokolle einfließen.

Das an der Transportschnittstelle des Prototyps beobachtbare Leistungsverhalten ist vergleichbar mit dem des TCP Protokolls. Dabei wird von der durch ISODE vorgegebenen Implementierung ausgegangen (also ein Protokollstack RFC1006/TCP/IP/Ethernet). Eine an unserem Lehrstuhl durchgeführte Verbesserung der RFC1006-Implementierung [ReFe94] führte jedoch zu einer Steigerung der real erzielbaren Durchsatzes von 700 Kbyte/sec auf ca. 1050 Kbyte/sec (vergl. Abb. 5).

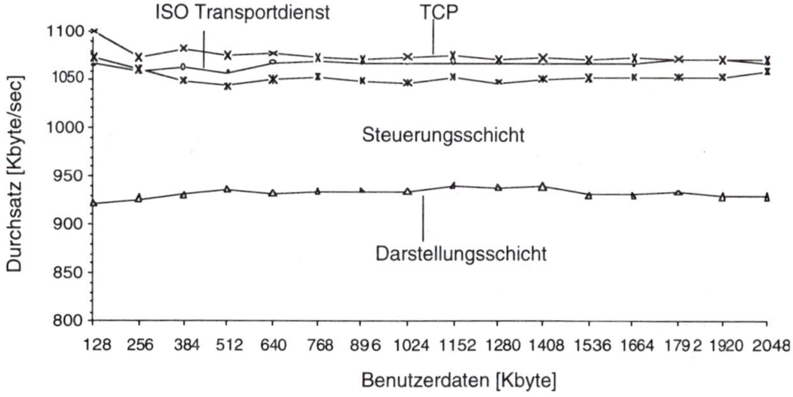

Abb. 5 : Mittlerer Durchsatz unterschiedlicher Protokollschichten

4.2 Infrastrukturebene

Hier soll zunächst kurz auf die Protokolle der höheren Schichten des OSI-Referenzmodells, die unserer Definition zufolge zur Infrastrukturebene zählen, eingegangen werden. Dann folgt die Diskussion des benutzten RPC-Mechanismus, des FTAM-Protokolls und des OSI Directory Service.

Bei Verwendung von Protokollen der Anwendungsschicht des ISO-Referenzmodells (Schicht 7) für eine verteilte Infrastruktur werden auch die Protokolle der Schichten 5 und 6 (Steuerungs- und Darstellungsschicht) benötigt. Gemäß der OSI-Philosophie erbringen sie universelle Querschnittsfunktionalitäten (z.B. Definition von Wiederaufsetzpunkten im Fehlerfall oder Aushandeln geeigneter Darstellungsformate), die sonst jeweils einzeln in die Anwendungsdienstelemente integriert werden müßten. Da diese Protokolle äußerst umfang- und optionsreich sind, ist ihr Sinn inzwischen umstritten. So entstehen z. B. sehr große ausführbare Programme und es muß viel Adressierungsballast bei der Entwicklung verteilter Anwendungen berücksichtigt werden. Weiterhin bedingt die Konvertierung der Protokolldateneinheiten zwischen der lokalen rechnerinternen Darstellung und der ASN.1 Transfersyntax einen beachtlichen Durchsatzeinbruch, wie in Abbildung 5 zu sehen ist. Der Prototyp baut derzeit auf einer vollen Implementierung dieser Protokolle auf, im weiteren Projektverlauf soll dann mit neuen Ansätzen für schlankere Protokolle der Schichten 5 und 6 experimentiert werden [Kil92, Fur93].

Der Remote Operations Dienst (ROSE) stellt einen ausgezeichneten Basisdienst für verteilte RPC Programmierung dar. Er integriert mit ASN.1 eine mächtige Notation für abstrakte Datentypen, er bietet flexible Dienstsemantiken von at-least-once bis exactly-once, er kann blockierend und nicht-blockierend genutzt werden und er bietet fortgeschrittene Konzepte, wie *Upcalls* (Rückaufrufe des Servers an den Client). Daneben gibt es allerdings auch Kritikpunkte: Eine wesentliche Eigenschaft von RPC-Systemen ist die Programmiersprachenintegration. Diese erlaubt die Spezifikation von Schnittstellen und entfernten Operationen in der Notation einer "üblichen" Programmiersprache. So kann die Programmierung fast unabhängig von der Aufteilung der Software zwischen Client und Server erfolgen. Entfernt realisierte Operationen werden durch spezielle syntaktische Elemente gekennzeichnet. Beim Binden der Programmteile wird dann für entfernte Aufrufe das RPC-Laufzeitsystem referenziert. ROSE bietet keine Programmiersprachenintegration, da aus den ASN.1 Definitionen erst Schnittstellen in einer herkömmlichen Programmiersprache (etwa C) erzeugt werden müssen. Weiterhin ist ROSE nur für einen verbindungsorientierten Basisdienst vorgesehen, wogegen fast alle anderen RPC-Systeme entweder einen verbindungslosen Dienst nutzen, oder zwischen verbindungslos und verbindungsorientiert auswählen können [Sch92b].

Der in ISODE implementierte ROSE Dienst bietet nur eine Teilmenge der oben angegebenen Funktionalitäten, so sind beispielsweise keine Upcalls vorgesehen. Zur Leistung wurden Messungen der Ausführungszeit von Operationen (ohne Verbindungsauf- und -abbau) in Abhängigkeit von der Rückgabeparametergröße (ASCII-String) durchgeführt. Die in Abbildung 6 dargestellten Ergebnisse zeigen, daß die Ausführungszeit mit ca. 15 Millisekunden für eine parameterfreie Operation, in der Größenordnung der Ausführungszeiten des DCE-RPC liegt [Sch93]. Optimierte verteilte Systeme, wie Amoeba, kommen jedoch auf Werte von unter 1 Millisekunde [Tan92].

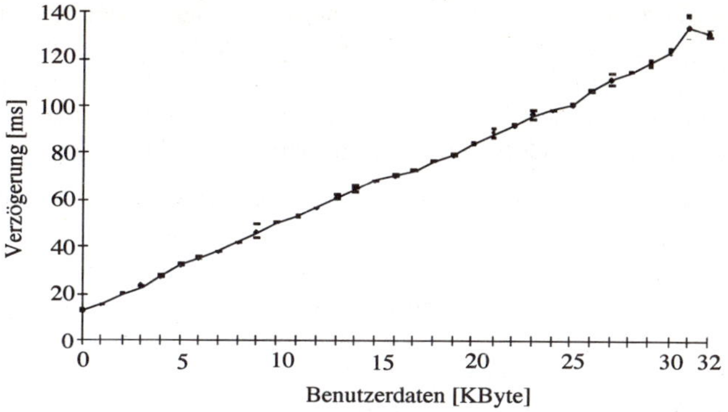

Abb. 6: Mittlere Bearbeitungszeit der ROSE Operationen

Der in die Infrastruktur integrierte Verzeichnisdienst (X.500) wird von den anderen Dienstelementen zur Auflösung von Namen genutzt [JHF92]. Aufgrund seiner umfangreichen Funktionalität und des offensichtlichen Praxisbezugs zählt X.500 zu den wenigen, in vielen Implementierungen umgesetzten ISO/OSI-Standards. Generell kann gesagt werden, daß der Dienst alle Anforderungen für den Einsatz in verteilten Infrastrukturen erfüllt. In bezug auf die vorliegende X.500 Implementierung [Kil91] sollte beachtet werden, daß die Beantwortung einer Anfrage an den Directory Server zwischen 0,5 sec und 1 sec dauert. Demzufolge ist es ineffizient, für jeden Dienstaufruf eine Adressauflösung über den Directory Service vorzunehmen. Abhilfe schaffen geeignete Caching-Strategien oder auch effiziente Directory Zugriffsprotokolle.

Fast alle Infrastrukturen für verteilte Systeme besitzen ein verteiltes Dateisystem. Dessen Hauptfunktionalität ist die effiziente, orts- und zugriffstransparente Bereitstellung von Dateien. In verteilten Systemen beinhaltet dies auch die Dateiübertragung zwischen unterschiedlichen Rechnern [LeSi90]. Wie bereits erwähnt, genügt der FTAM-Standard zwar den Anforderungen an den Dateiaustausch, und definiert ein einheitliches Dateimodell, er schafft jedoch keine Ortstransparenz. Daher wurden die in [HeEn94] beschriebenen Erweiterungen spezifiziert und implementiert.

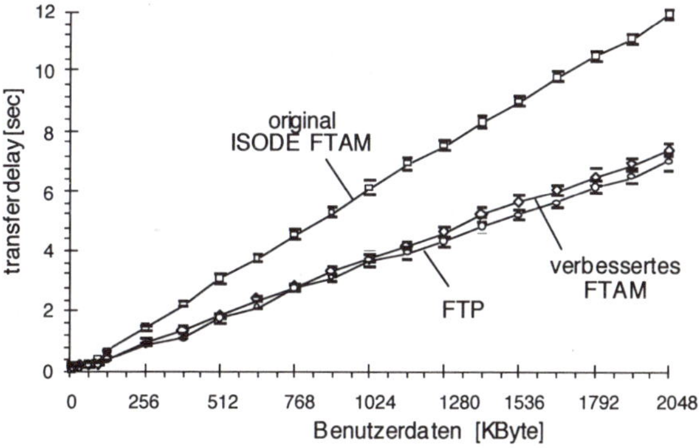

Abb. 7: Mittlere Übertragungszeit unterschiedlicher Dateitransferprotokolle

Auch der FTAM Basisdienst wurde einer Leistungsuntersuchung unterzogen. Dabei wurden die Übertragungszeiten der originalen ISODE-FTAM Implementierung mit dem in SUKITS verwendeten, auf der verbesserten Transportschnittstelle aufsetzenden FTAM-Protokoll und dem FTP Protokoll verglichen. Es zeigte sich, daß die reinen Übertragungszeiten durch die Verbesserungen an die des FTP-Protokolls heranreichen (vergl. Abb. 7).

Zuletzt sollen die Funktionalitäten unterschiedlicher Infrastrukturen für heterogene verteilte Systeme gegenübergestellt werden (vergl. Tabelle 1). Die Vorteile anderer Infrastrukturen liegen insbesondere in der Herstellerunterstützung und in der breiteren realisierten Funktionalität (in DCE werden z.B. leichtgewichtige Prozesse (Threads) und Zeitsynchronisation unterstützt; auch ist ein integriertes Sicherheitskonzept vorhanden). Auch werden hier bereits die großen Potentiale objektorientierter verteilter Systementwicklung genutzt (z.B. in CORBA). Allerdings werden in kommerziellen Infrastrukturen bisher nur wenige Standards berücksichtigt, so daß von einer Interoperabilität zwischen unterschiedlichen Infrastrukturen keine Rede sein kann. Aufgrund der unterschiedlichen IDLs (Interface Definition Languages) können verteilte Anwendungen, die z.B. auf ANSAware geschrieben wurden, nicht ohne weiteres auf DCE portiert werden. Dafür sind die IDLs allerdings für die jeweilige Infrastruktur optimiert und durch Werkzeuge unterstützt. Der bei ISODE gewählte IDL-Umweg über ASN.1 ist umständlich und erhöht den Programmieraufwand.

	ISODE	DCE	OMA/CORBA	ANSAWare
Rechnersysteme	PC/DOS, UNIX VMS	UNIX, PC/DOS	UNIX	UNIX, VMS
Transportebene	TCP/IP, X.25 OSI TP0/4	TCP/IP, UDP/IP	TCP/IP, UDP/IP	TCP/IP, UDP/IP
Dateisystem	m. E. FTAM	DFS (Andrew)	-	-
Programmierprimitive	ROSE (ASN.1)	RPC (DCE-IDL)	RPC (C++-IDL)	RPC (ANSA-IDL)
Directory Service	X.500	X.500 (CDS/GDS)	ORB	Trader
Dienstvermittlung	m. E. X.500	m. E. CDS/GDS	m.E. ORB	Trader
Sicherheit	-	Security Kerberos	(geplant)	-
zentrale Uhr	-	Time Service	(geplant)	-
Threads	-	Thread Service	(geplant)	Threads

Tabelle1: Funktionalitäten von Infrastrukturen für verteilte Systeme

5. Zusammenfassung und Ausblick

In diesem Beitrag wurde die für das SUKITS-Projekt entwickelte Infrastruktur für heterogene verteilte CIM-Systeme vorgestellt. Dabei lag das Augenmerk zunächst auf der Beschreibung der Designentscheidungen in der Transport-, Infrastruktur- und Anwendungsebene. Zur Gewährleistung von Offenheit wurden für die Infrastruktur weitestgehend OSI-Protokolle und OSI-Dienstelemente verwendet.

Am Anwendungsbeispiel "Integration von Anwendungssystemen für die verteilte Entwicklung produktbeschreibender Dokumente" wurde ein Prototyp der Infrastruktur realisiert und bewertet. In der zugehörigen Beschreibung lag das Hauptaugenmerk auf einer vergleichenden Diskussion der Eignung von OSI-Protokollen für eine solche Infrastruktur. Dabei konnte festgestellt werden, daß OSI-Protokolle grundsätzlich in verteilten Infrastrukturen eingesetzt werden können. Insbesondere an der (kommunikationsorientierten) Transportschnittstelle bieten die standardisierten verbindungslosen und verbindungsorientierten OSI-Transportdienste ausreichende Funktionalität. Da OSI-Protokolle für diese (unteren 4) Kommunikationsschichten allerdings universell gestaltet sind, bieten Protokollarchitekturen die für den Einsatz in Umgebungen mit geringer räumlicher Ausdehnung optimiert sind, erheblich größere Effizienz [Tan92, Mul89].

Ein Teil der in der Infrastrukturebene benötigten Funktionalität kann durch Dienstelemente der höheren OSI-Schichten erbracht werden. Beispiele hierfür sind der OSI-Verzeichnisdienst und der ROSE-Dienst. Der OSI-FTAM Standard ist nur mit Einschränkungen zur Realisierung eines transparenten verteilten Dateisystems geeignet. Während die Funktionalität der Darstellungsebene (Bereitstellung rechnerunabhängiger Datenrepräsentationen) in diesem Zusammenhang sinnvoll ist, wird die Steuerungsebene, mit ihrem komplexen Protokoll im Grunde nicht benötigt und könnte eigentlich entfallen.

Die Erstellung der anwendungsorientierten Client/Server Software erfordert aufgrund der mangelnden Programmierschnittstellen und der unvollständigen Werkzeugunterstützung bei ISODE mehr Aufwand als bei kommerziellen Infrastrukturen. Dies ist allerdings kein generelles Problem von OSI-Architekturen sondern ein ISODE-spezifisches Problem. Eine Wiederverwendbarkeit der Software ist überall dort gegeben, wo entweder ISODE oder OSI-orientierte Kommunikationsarchitekturen vorhanden sind.

Der implementierte Prototyp zeigt weiterhin, daß die Integration heterogener Rechnersysteme mittels OSI-basierter verteilter Infrastrukturen durchaus möglich ist, daß dabei die Autonomie der Systeme nicht eingeschränkt wird und daß die Leistungsfähigkeit (in Bezug auf Kommunikationsoverhead etc.) durchaus im Rahmen kommerziell verfügbarer Infrastrukturen liegt. Eindeutige Vorteile kommerzieller Infrastrukturen liegen in der reichhaltigeren Funktionalität (insbes. zentrale Uhr und Sicherheitsdienste) und den modernen Programmierkonzepten, wie der Unterstützung leichtgewichtiger Prozesse (Threads) und objektorientierter Modellierung und Programmierung.

Im SUKITS-Projekt liegen die geplanten weiteren Arbeitsschwerpunkte im Bereich der Unterstützung kooperativer Arbeitsprozesse in der Produktentwicklung durch geeignete Softwaretools und Kommunikationsmechanismen und in der Untersuchung leichtgewichtiger Protokollvarianten für die höheren Schichten des OSI-Referenzmodells.

Literatur

[AMP92] Architecture Project Management Ltd. "The ANSA Reference Manual", 1992

[BiNe84] Birrel, A., Nelson, B. "Implementing Remote Procedure Calls", ACM Transactions on Computer Systems, Vol. 2, No.1, S. 39-59, Feb. 1984.

[CAD93] Verbundprojekt "CAD-Referenzmodell", "Aktueller Stand der CAD-Technik und der rechnergestützten Konstruktionsarbeit - Eine kritische Beurteilung der Problemfelder", Bericht des FZI Uni Karlsruhe, April 1993.

[Che86] Cheriton, D., "Request-Response and Multicast Interprocess Communication in the V Kernel", in Müller, Edt.: "Networking in Open Systems", LNCS 248, Springer, pp. 296-312, June 1986.

[Com91] Comer D.E.: "Internetworking with TCP/IP, Volume 1: Principles, Protocols and Architecture, 2nd Edition"; Prentice Hall, 1991

[EWM92] Eversheim, W., Weck, M., Michaeli, W., Nagl, M., Spaniol, O. "The SUKITS Project: An approach to a posteriori Integration of CIM Components", Proc. GI-Jahrestagung, Informatik aktuell, Springer Verlag, S. 494-503 (September 1992)

[Fli93] Flick, H. "Kommunikationsintegration innerhalb eines CIM-Systems unter dem Aspekt des Nachrichtenaustausches", Diplomarbeit, RWTH Aachen, Lehrstuhl für Informatik IV, Oktober 1993

[Fur93] Furness, P., "Thin-OSI upper-layers cookbook", Internet Draft, April 1993.

[Gei90] Geihs, K. "Retrospective on DACNOS", Comm. of the ACM, Vol. 33, No.4, pp 439-48, April 1990

[Gei93] Geihs, K. "Infrastrukturen für heterogene verteilte Systeme", Informatik Spektrum, (1993) 16, S. 11-23, Springer 1993

[GHD93] Große-Wienker, R., Hermanns, O., Menzenbach, D., et al "Das SUKITS-Projekt: A-posteriori-Integration heterogener CIM-Anwendungssysteme", Aachener Informatik-Berichte 11-93, Aachen, November 1993.

[HeEn94] Hermanns, O., Engbrocks, A. "Design, Implementation and Evaluation of a Distributed File Service for Collaborative Engineering Environments", Proc. of 3rd IEEE Workshop of Enabling Technologies - Infrastructures for Collaborative Enterprises, Morgantown WVa, April 1994

[Her92] Hermanns, O., "Ein offenes Kommunikationskonzept zur Vernetzung von CAD-Systemen", in VDI-Fachberichte 993.3, VDI Verlag, S. 87-102 1992.

[Her93] Hermanns, O., "Data Access Protocols for Integrated Engineering Environments", Proc. of COMPEURO '93, Paris, IEEE Computer Society Press, S. 350-357 (Mai 1993)

[Hol89] Hollberg, U., "Transparenter Fernzugriff auf Dateien in heterogenen Netzen", Informatik Forschung und Entwicklung, (1989) 4: S. 115-128, Springer 1989.

[ISO92] ISO CD 10303 "Standard for the Exchange of Product Model Data" (Sept. 1992)

[JHF92] Jakobs, K., Hermanns, O., Fichtner, M. "Using the Directory to support CIM-Management", in Proc. of the Factory 2000 Conference University of York, Juli 1992.

[Kil91] Kille, S.-E., "Implementing X.400 and X.500: The PP and QUIPU Systems", Artech House (1991)

[Kil92] Kille, S.-E., "The Simple OSI Stack", Internet Draft, March 1992.

[LeSi90] Levy, E., Silberschatz, A., "Distributed File systems: Concepts and Examples", ACM Computing Surveys, Vol. 22, No.4, S. 321-374, Dez. 1990

[Mul89] Mullender, S., (edt.) "Distributed systems", ACM Press, 1989

[OMG91] Object Management Group, "The Common Object Request Broker: Architecture and Specification", OMG 1991.

[OSF92] Open Software Foundation, "Distributed Computing Environment - DCE Users Guide and Reference", OSF, Cambridge, USA (1992)

[ReFe94] Reinhardt, W., Fenger, E., "Performance Measurements of ISODE and the Convergence Protocol RFC 1006", Proc. of Intl. Conf. on Information Networks and Data Communication, INDC, Madeira, April 1994.

[ROR92] Rose M.T., Onions J., Robbins C.J.: "The ISO Development Environment: User´s Manual, Vol. 1-5, Version 7.0"; Palo Alto, California, USA, 1992

[Sch92a] Schill, A. "Namensverwaltung in verteilten Systemen. Ein Überblick", Praxis in der Informationsverarbeitung und Kommunikation, 15 (1992) 1, S. 11-21, Saur 1992.

[Sch92b] Schill, A., "Remote Procedure Call: Fortgeschrittene Konzepte und Systeme - ein Überblick", Informatik Spektrum (1992)15: S. 79-87, Springer 1992

[Sch93] Schill, A. "DCE - Das OSF Distributed Computing Environment: Einführung und Grundlagen", Springer 1993.

[ScWe93] Schwartz, J., Westfechtel, B., "Integrated Data Management in a Heterogenous CIM Environment", Proc. of COMPEURO '93, Paris, IEEE Computer Society Press, S. 248-257 (Mai 1993)

[Tan92] Tanenbaum, A.S., "Modern Operating Systems", Prentice-Hall 1992.

Systemunterstützung für offene verteilte Dienstemärkte

K. Geihs, H. Gründer, A. Puder

Fachbereich Informatik, J. W. Goethe-Universität
Postfach 11 19 32, D-60054 Frankfurt
{geihs,gruender,puder}@informatik.uni-frankfurt.de

W. Lamersdorf, M. Merz, K. Müller

Fachbereich Informatik, Universität Hamburg
Vogt-Kölln-Str. 30, D-22527 Hamburg
{lamersd,merz,kmueller}@dbis1.informatik.uni-hamburg.de

Abstract. Mit der globalen Vernetzung von Rechnersystemen entsteht ein wachsendes Potential für eine Vielzahl spezialisierter Online-Dienste, welche sowohl Endbenutzern als auch Software-Anwendungen zur Verfügung stehen. Derartige offene verteilte Dienstemärkte sind insbesondere durch ihre Vielfalt des Dienstangebotes und die Dynamik der dort stattfindenden Nachfrager-Anbieter-Beziehungen gekennzeichnet. Dieser Artikel analysiert die Anforderungen einer solchen Umgebung und schlägt ein Architekturmodell vor, welches eine adäquate Grundlage für die Spezifikation, die Vermittlung und die Benutzung solcher Dienste bietet. Insbesondere Systemdienste zur Vermittlung und zum Zugriff auf Dienstangebote bilden einen Schwerpunkt der Betrachtung. Dabei werden auch konkrete Lösungsansätze vorgestellt, die zur Zeit in den am vorliegenden Beitrag beteiligten Arbeitsgruppen verfolgt und prototypisch implementiert werden.

1 Einleitung

Sowohl die Dezentralisierung der Informationsverarbeitung als auch der Zusammenschluß zuvor isolierter Netzwerkdomänen führt zu einer nach wie vor wachsenden Kommunikationsinfrastruktur. Die steigende Leistungsfähigkeit von Rechner- und Kommunikationstechnologie ermöglicht es, immer mehr rechnergestützte Dienste über Kommunikationsnetze direkt zugreifbar zu machen. Es entstehen damit offene verteilte Dienstlandschaften mit einer Vielzahl von Dienstarten, Dienstanbietern und Dienstnachfragern. Neben dieser Vielfalt ist dabei z. B. die Dynamik des Angebots charakteristisch für solche Dienstemärkte: Wir gehen z. B. davon aus, daß das Dienstangebot einer ständigen Fluktuation unterliegt, daß Dienstanbieter temporär nicht verfügbar sein können und daß bei Dienstanfragen in der Regel erst zur Laufzeit eine Bindung zwischen dem Klienten und einem geeigneten Dienstanbieter erfolgt.

Zur Realisierung solcher Dienstemärkte reicht die heute verfügbare Technologie verteilter Systeme jedoch nicht aus. Diese ist gekennzeichnet durch die Annahme, daß die Menge der verfügbaren *Diensttypen* im wesentlichen bereits zur Übersetzungszeit von Software–Komponenten den Entwicklern bekannt und somit eine Bindung zwischen diesen Komponenten relativ statisch ist. Aufgrund von Vielfalt und Wechsel des Dienstangebots entstehen jedoch neue Anforderungen an eine angemessene Systeminfrastruktur. Zur Verdeutlichung soll das heutige Internet mit seinem fast unerschöpflichen Informations- und Dienstangebot dienen, welches einen Eindruck auf von uns betrachtete zukünftige Dienstlandschaften vermittelt. Als konkretes Beispiel sei insbesondere der WWW-Dienst (World Wide Web) im Internet genannt, welcher den Zugriff auf Informationen und Dienste im Netz bei hoher Zugriffstransparenz erlaubt. WWW stellt dabei die generischen Hilfsmittel zur Interaktion zwischen Dienstanbietern und Dienstnutzern zur Verfügung, schreibt aber nicht spezifische Diensttypen — also Spezifika der Dienstschnittstelle und –semantik — vor. Das Auffinden eines gewünschten Diensttyps für eine gegebene Diensttypspezifikation wird dabei garnicht bzw. nur sehr rudimentär — mit anderen Werkzeugen — unterstützt.

Unser Ziel ist es nun, eine Systemplattform zur Unterstützung eines *offenen Dienstemarktes* zu entwickeln, welche die Benutzer (Endbenutzer und Anwendungsprogrammierer) insbesondere beim Auffinden der Dienste, beim Zugang zu den Diensten aber auch beim Anbieten von Diensten adäquat unterstützt. In diesem Beitrag diskutieren wir einige der dabei identifizierten Probleme und zeigen konkrete Lösungsansätze auf.

2 Offene Dienstemärkte: Eigenschaften, Anforderungen, Problemstellungen

2.1 Modell

Die architektonische Basis unserer Betrachtungen offener Dienstemärkte bildet ein allgemeines Objektmodell. Es erlaubt die Strukturierung der Problemwelt auf eine natürliche Art und Weise und definiert präzise Schnittstellen zwischen einzelnen Strukturkomponenten, den Objekten. Die Zustände der Objekte sind nur über wohldefinierte Schnittstellen manipulierbar und daher vor fehlerhaftem Zugriff besser geschützt.

Unser Objektmodell folgt der Definition nach [Boo91]: „Ein Objekt hat einen Zustand, ein Verhalten und eine Identität; die Struktur und das Verhalten ähnlicher Objekte sind in ihrer gemeinsamen Klasse definiert. Die Bezeichnungen *Instanz* und *Objekt* sind wechselseitig verwendbar.“

Von einem abstrakten Standpunkt aus gesehen kann eine gemäß dem Objektmodell strukturierte Anwendung — ob sie verteilt ist oder nicht — als gerichteter Graph wahrgenommen werden. Die Knoten des Graphen repräsentieren Objekte und die Kanten symbolisieren Referenzen. Wenn ein Objekt eine Referenz auf ein anderes Objekt besitzt, kann es Methoden bei diesem Objekt aufrufen (zur Problematik von Objektreferenzen in heterogenen Systemen siehe auch [GHH93]). Der *Objektgraph* spiegelt somit die Beziehungen zwischen den Objekten wider und zeigt auf, welche Objektidentität welchem Objekt bekannt ist. Werden die Methoden, die bei einem Objekt aufrufbar sind, als Dienst angesehen, so gibt die Richtung der Kanten an, wer die Rolle des Dienstnutzers bzw. Diensterbringers einnimmt. Die Struktur des Graphen ist dynamischen Änderungen unterworfen, es kommen neue Objekte und Referenzen hinzu oder bestehende werden entfernt. Demnach zeigt der Objektgraph einen momentanen Schnappschuß einer objektbasierten Berechnung.

2.2 Autonomie und Dynamik

Zu den wesentlichen Eigenschaften offener verteilter Dienstemärkte gehören die weitgehende Autonomie einzelner Rechnerknoten und Software–Komponenten sowie die Dynamik bezüglich der augenblicklich verfügbaren Objekte, d. h. neue Diensterbringer kommen hinzu, während andere ausscheiden oder zeitlich begrenzt unerreichbar sind. Eine zeitliche und räumliche Entkopplung, die die Beziehungen zwischen Diensterbringern und Dienstnutzern unabhängiger und flexibler macht, ist daher wünschenswert. Im Gegensatz dazu muß eine explizite Identität der Objekte gefordert werden, um eine eindeutige Objektreferenzierung über mehrere Objektzugriffe hinaus gewährleisten zu können. Die Einführung einer Referenz zur Aufrechterhaltung eines gemeinsamen Verbindungskontextes zwischen Klient und Dienstanbieter läuft jedoch der zuvor beschriebenen Entkopplung zuwider. Wir sprechen daher von einer Dualität bezüglich der Objektidentität.

2.3 Vermittlung und Verwaltung von Diensten

Der Objektgraph kann als Schnappschuß einer objektbasierten Berechnung interpretiert werden, der über die Zeit hinweg Transformationen unterworfen ist. Dabei interessiert insbesondere die Vergabe von Referenzen zwischen beliebigen Objekten. Üblicherweise kann dies in einer objektbasierten Berechnung nur durch Weitergabe von Referenzen als Parameter von Methodenaufrufen geschehen, bzw. durch implizites Hinzufügen von Referenzen während der Instanzierung eines neuen Objekts. Bei der Interpretation des Objektgraphenmodells im Kontext eines offenen, verteilten Dienstemarktes muß jedoch von einer losen Kopplung des Objektgraphen ausgegangen werden. Dadurch wird der Tatsache Rechnung getragen, daß ein Objekt wegen der räumlichen Entkopplung kein globales Wissen über die Existenz anderer Objekte hat. Ohne weitere Mechanismen einer zugrundeliegenden Infrastruktur ist es demnach nicht möglich, zwischen zwei Objekten verschiedener Partitionen eine Referenz zu vergeben.

Die Lösung des zuvor beschriebenen Problems ist typischerweise Aufgabe eines *Dienstvermittlers* bzw. Brokers oder *Traders* (siehe hierzu Abschnitt 3.3). Eine wichtige Voraussetzung für einen erfolgreichen Suchvorgang von Diensten über einen Dienstvermittler ist ein globaler Konsens über die Typbeschreibung eines jeden Dienstes. Ein Dienstanbieter registriert seinen Dienst hierbei durch seine Typbeschreibung. Ein Dienstnutzer muß bei einer Anfrage an den Dienstvermittler ebenfalls eine Typbeschreibung als Parameter mitgeben. Nur so kann der Dienstvermittler eine potentielle Typkonformität feststellen. Das formale Konzept für eine derartige Beschreibung von Diensten ist der sog. *Diensttyp* [ISO94b]. Der Diensttyp setzt sich zusammen aus einem *Schnittstellentyp*, welcher die operationale Schnittstelle eines Dienstes anhand von Operationstypen spezifiziert, und den *Dienstattributtypen*, die die Eigenschaften eines Dienstes näher spezifizieren. Eine Typbeschreibung anhand des Diensttyps kommt somit einem Standard gleich, der ein global einheitliches Verständnis über die Art des erbrachten Dienstes abstrakt beschreibt. Auch bei der Typbeschreibung stoßen wir ebenso wie bei der Objektidentität auf eine Dualität der Betrachtungen: Einerseits müssen alle Typbeschreibungen *a priori* festgelegt werden, andererseits widerspricht die Notwendigkeit der Standardisierung der Typbeschreibung der Idee eines offenen Dienstemarktes mit wechselndem Angebot und einer räumlichen und zeitlichen Entkopplung. Idealerweise sollte es Dienstanbietern und -erbringern jedoch möglich sein, auch ohne vorherige Absprachen eine Typbeschreibung zu formulieren, die der Dienstvermittler trotzdem als konform zueinander erkennt.

Aus diesem Grunde führen wir die Begriffe *klassifizierter* und *unklassifizierter Dienst* ein (s. auch [MJM94]): Ein klassifizierter Dienst erfüllt gemäß der Definition des Diensttyps eine spezifische Erwartung bzgl. der angebotenen Signatur der operationalen Schnittstelle und des an dieser Schnittstelle zu erwartenden Verhaltens. Die Dienstsemantik ist hierbei a priori durch den Diensttyp festgelegt und bindend für alle Diensterbringer, welche als Instanz dieses Diensttyps zugreifbar sein wollen. Stellt der Diensterbringer Konformität zum Diensttyp sicher, beschränkt sich die Anfrage eines Dienstnachfragers auf die Benennung des erforderlichen Diensttyps ohne eine direkte Referenz zum Diensterbringer explizit besitzen zu müssen. Alle beteiligten Instanzen — Diensterbringer, -nutzer und -vermittler — können hierbei jedoch nur sinnvoll interagieren, wenn die Konvention des Diensttyps zum Zeitpunkt der Implementierung der Klient- und Server-Anwendung beachtet wird (siehe *Anwendungsdienste* im folgenden Abschnitt). Im Falle der unklassifizierten Dienste hingegen besitzt jeder Diensterbringer zwar einen (impliziten) Diensttyp, jedoch besteht keine Konvention (Standardisierung) bzgl. Schnittstelle und Semantik zwischen Nachfrager, Vermittler und Anbieter. Diese Situation kann eintreten, wenn ein neuartiger Dienst angeboten wird, bevor sein Diensttyp standardisiert ist. Darüberhinaus kann die durch Standardisierung erreichte Substituierbarkeit von Diensterbringern sogar kontraproduktiv sein, wenn Erbringer im kompetitiven Umfeld eines kommerziellen Dienstemarktes auf die Möglichkeit der Individualisierung von Schnittstelle und Semantik angewiesen sind. Derartige unklassifizierte Dienste erfordern spezifische Werkzeuge, welche Endbenutzern einen interaktiven Zugriff erlauben (siehe *Benutzerdienste* im folgenden Abschnitt).

3 Ein Architekturmodell für die Systemunterstützung eines offenen Dienstemarktes

Um den verschiedenartigen Anforderungen nach Autonomie der Diensterbringer, der Dynamik des Dienstemarktes, einer flexiblen Dienstvermittlung und –verwaltung und einem flexiblen Dienstzugriff gerecht zu werden, gehen wir für die weitere Betrachtung von einer groben Unterteilung der Komponenten eines offenen Dienstemarktes in die in Abbildung 1 dargestellten drei Ebenen aus. Diese sind die Ebene der *Benutzerdienste*, die Ebene der *Anwendungsdienste* und die Ebene der *Basisdienste*. Die dritte Dimension bezeichnet die *Infrastruktur*, die sich in sämtliche Ebenen als mögliche Implementierungsgrundlage wiederfindet. Das grundlegende Ebenenkonzept des Architekturmodells ist hierbei das Konzept der Dienstnutzung ähnlich wie in ISO/OSI [EF86] oder im ODP–Referenzmodell [ISO94a]. Die Aufgaben und Funktionen dieser Ebenen bzw. Dimensionen und ihre gegenseitigen Wechselwirkungen werden im folgenden näher erläutert. An dieser Stelle sei darauf hingewiesen, daß das vorgestellte Architekturmodell primär einen generellen Rahmen für die Betrachtung offener Dienstemärkte und deren systemtechnischer Unterstützungsmechanismen bildet. Es eignet sich insbesondere für die Darstellung der Beziehungen der konkreten Forschungs– und Entwicklungsarbeiten der Arbeitsgruppen der Autoren, erhebt hierbei jedoch noch nicht den Anspruch auf eine kohärente Integration der bisher entwickelten Systemkomponenten bzw. Unterstützungstechnologien.

3.1 Benutzerdienste

Benutzerdienste unterstützen den Endanwender transparent oder generisch bei der Nutzung entfernter Anwendungsdienste. Im Falle einer transparenten Nutzung treten *anwendungsspezifische Benutzerdienste* — in der Rolle eines dedizierten Klienten — spezifischen Anwendungsdiensten gegenüber und lassen durch diese Aufträge wie z. B. den Dokumentenausdruck oder eine Sprachübersetzung entfernt ausführen. Die Kopplung zwischen dem Benutzer– und Anwendungsdienst ist hierbei a priori vorgegeben. Im Gegensatz dazu ist ein *generischer Benutzerdienst* unspezifisch gegenüber den genutzten Anwendungsdiensten. Er realisiert den Zugang des Endanwenders zu beliebigen Anwendungsdiensten, wobei zur Laufzeit anhand von Dienstbeschreibungen die Typsicherheit und Protokollkonformität bei der Dienstnutzung gewährleistet wird.

Ein Beispiel für einen generischen Benutzerdienst ist der im COSM/TRADE–Projekt entwickelte *Generische Klient* [ML93, MML94a]. Er dient dazu, auf beliebige, im Dienstemarkt vorhandene Anwendungsdienste interaktiv zuzugreifen. Wie schon in Abschnitt 2.3 beschrieben, ist die grundlegende Annahme hierbei, daß sich in einem offenen Dienstemarkt unter Umständen Anwendungsdienste befinden, deren „Diensttypen“ zum Zeitpunkt der Dienstnutzung noch nicht a priori bekannt sind. Trotzdem sollen diese Anwendungsdienste den Benutzern zugreifbar gemacht werden. Da jedoch keine speziellen Kenntnisse des Benutzers bzgl. der Semantik eines derartigen Anwendungsdienstes vorhanden

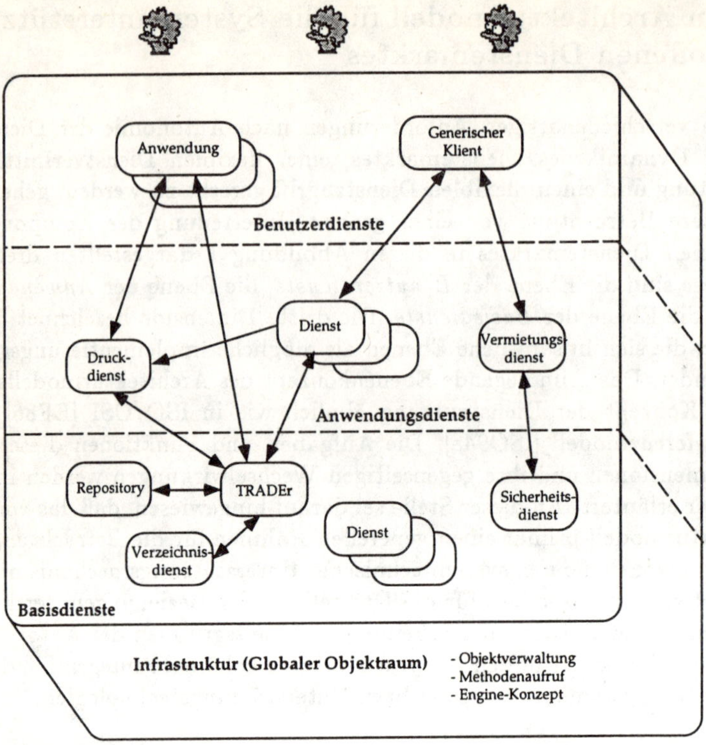

Fig. 1. Architekturmodell für die Systemunterstützung eines offenen Dienstemarktes

sind, ist eine geeignete Unterstützung erforderlich, welche dem Benutzer erlaubt, vor der Nutzung interaktiv Informationen über Schnittstelle und Semantik des entfernten Dienstes zu erlangen. Zu diesem Zweck werden durch den Benutzer geeignete Vermittlungsdienste in den Auswahlprozeß einbezogen, die es ihm erlauben, Dienstbeschreibungen anhand strukturierter Merkmale zu ermitteln und zu inspizieren. Aufgrund dieser Beschreibung erhält der Benutzer schließlich unmittelbaren und interaktiven Zugang zum gewünschten Dienst.

Zentrales Element dieser Dienstbeschreibung ist bei derartigen Anwendungen die sog. *Dienstrepräsentation*, welche neben einer Beschreibung der operationalen Schnittstelle weitere Komponenten umfaßt. Hierzu gehören die Definition der grafischen Benutzerschnittstelle und der dazugehörigen Dialogsteuerung, die Definition eines Schnittstellenprotokolls, welche zulässige Aufruffolgen auf der Basis endlicher Automaten festlegt und eingebettete lokale Zustandsvariablen, welche einen Dialogzustand festhalten können. Die Dienstrepräsentation kann um zusätzliche Komponenten erweitert werden, so daß inkrementell der Spezifikationsumfang vergrößert werden kann. Gegenstand der aktuellen Entwicklung sind hierbei z. B. die Integration von Kosteninformationen für angebotene Operationen sowie eine Erweiterung der Diensttypbeschreibungen für eine automatisierte Dienstvermittlung, wenn für den betreffenden Dienst ein entsprechender Typ definiert und standardisiert ist.

Eine Dienstrepräsentation wird vom Diensterbringer erzeugt und potentiellen Klienten bereitgestellt. Zum Bindungszeitpunkt wird sie an den Generischen Klienten übertragen, so daß nach Interpretation der Beschreibungsinformation für den Benutzer ein Bildschirmformular generiert werden kann, welches das Modifizieren lokaler Datenwerte und schließlich den Aufruf entfernter Server–Operationen erlaubt. Dienstrepräsentationen können hierbei als Datenobjekte zwischen heterogenen Rechnersystemen versendet und auch lokal zwischengespeichert werden, so daß spezialisierte Server deren Verwaltung und Vermittlung wiederum als gesonderten Dienst erbringen können. Derartige Vermittlungsdienste können hierbei selbst als unklassifizierte Diensterbringer auftreten, so daß sie ihrerseits über den bestehenden Mechanismus der Dienstrepräsentation in generischer Weise zugreifbar sind.

3.2 Anwendungsdienste

Anwendungsdienste stellen den Benutzern bzw. Benutzerdiensten Dienste zur Verfügung, die *anwendungsspezifische* Aufgaben erfüllen. So kann zum Beispiel ein Textverarbeitungsprogramm (aus der Ebene der Benutzerdienste) zum Ausdrucken von Dokumenten sich eines Druckdienstes bedienen, der in der Lage ist, den entsprechenden Dokumententyp auszudrucken. Neben solchen relativ dedizierten, einfachen Diensten lassen sich auf dieser Ebene jedoch auch beliebig komplexe Anwendungsdienste ansiedeln, wie z. B. spezifische Flugbuchungsdienste oder datenbankbasierte Informationsdienste, die selbst wiederum andere Dienste der Anwendungsebene nutzen. Die Nutzung bzw. der Zugriff auf diese Dienste erfolgt für den Benutzer durch die entsprechenden Benutzerdienste der höheren Ebene. Anwendungsdienste nutzen bei der Erfüllung ihrer Aufgabe oftmals mehrere, generische Basisdienste der darunterliegenden Ebenen. Z. B. können die schon oben erwähnten Dienstvermittler (Trader) verwendet werden, die eine generische Dienstvermittlung und –verwaltung beliebiger Anwendungsdienste realisieren, um andere benötigte Anwendungsdienste zu finden.

3.3 Basisdienste

Basisdienste unterscheiden sich gegenüber den Anwendungsdiensten hauptsächlich in der Art der von ihnen angebotenen Dienste. Im Gegensatz zu anwendungsorientierten Diensten stellen sie *generische, anwendungsunabhängige* Dienste bereit, die sich für eine große Anzahl von Anwendungsdiensten nutzen lassen. Beispiele hierfür sind Verzeichnisdienste, Autorisierungs– und Authentisierungsdienste sowie allgemeine Datenbankdienste. Das *Distributed Computing Environment (DCE)* [Fou92] stellt z. B. solche Dienste zur Verfügung, wie sie auch in anderen Plattformen zu finden sind [GH90].

Zusätzlich zu den zur Zeit etablierten Basisdiensten stellen *Vermittlungsdienste* eine wichtige, neuartige Klasse von Basisdiensten in offenen verteilten

Dienstemärkten dar. Aufgabe dieser Dienste ist die Vermittlung und Verwaltung von Anwendungsdiensten. In der Literatur werden derartige Dienste oft als *Trading-* oder *Brokerdienste* bezeichnet [ISO94b]. Im folgenden gehen wir auf zwei Varianten des Tradings und entsprechende Realisierungsansätze näher ein.

Diensttypbasiertes Trading In dieser Variante des Tradings erlaubt der Trader die Vermittlung und Verwaltung von Diensterbringern auf Basis eines formalisierten Diensttypbegriffes. Die zentrale Bedeutung für ein gemeinsames Verständnis von Diensttypen bildet hierbei die Diensttypbeschreibung, wie sie in Abschnitt 2.3 bereits dargestellt wurde. Sie beinhaltet die grundlegende Beschreibung der Art des Dienstes, die Menge der angebotenen Operationen an seiner Schnittstelle sowie Diensteigenschaften, die den Dienst über syntaktische Aspekte des Schnittstelle hinausgehend anhand von Diensteigenschaften näher charakterisieren. Eine standardisierte Diensttypbeschreibung eines spezifischen Diensttyps bildet die notwendige Voraussetzung für eine strukturierte, automatische Vermittlung und Verwaltung von entsprechenden Dienstangeboten. Mit der Kenntnis einer Diensttypbeschreibung ist es Dienstnehmern und Diensterbringern nun möglich, auf typsichere und semantisch korrekte Art und Weise miteinander zu interagieren.

Abbildung 2 verdeutlicht die Interaktion von Dienstanbietern und Dienstnehmern mit einem Trader am Beispiel des im COSM/TRADE-Projekt an der Universität Hamburg entwickelten und implementierten *TRADErs* (TRADE-Traders) [MJM94, MML94b, MJML95] und stellt seine funktionalen Bausteine vor. Nachdem der definierte Diensttyp „PrintService“ dem TRADEr in Form einer Diensttypbeschreibung bekanntgegeben wurde, ist es speziellen Druckdiensterbringern (Exporters) möglich, sich mit ihren Dienstangeboten unter diesem Diensttyp registrieren zu lassen. Hierfür muß der Diensterbringer neben der Angabe seiner Diensttypbeschreibung — die konform zu der im TRADEr definierten „PrintService“-Diensttypbeschreibung sein muß — einen Namenskontext angeben, in den das Dienstangebot exportiert werden soll. Außerdem müssen die Dienstattribute des angebotenen Dienstes, z. B. „costPerPage“, mit entsprechenden Werten belegt werden, die die Diensteigenschaften charakterisieren.

Potentielle Dienstnehmer (Importers) eines Druckdienstes können nun beim TRADEr unter Angabe einer entsprechenden Diensttypbeschreibung Dienstangebote erfragen und sich — je nach spezifizierter Auswahlstrategie, z. B. „random_choice“ — das am besten geeignete vermitteln lassen. Grundsätzlich bietet der TRADEr verschiedene Strategien zur Auswahl von Diensterbringern an, die sich in der Qualität bzgl. der Wahl des „am besten geeigneten“ Dienstangebotes unterscheiden [WT90]. Die Auswahl erfolgt hierbei unter anderem über die Diensttypkonformität [Car89], die aktuellen Werte der Dienstattribute der Angebote sowie einem Suchkontext, der einen Startpunkt für eine Dienstangebotssuche im globalen Namensraum spezifiziert. Neben statischen Attributen werden bei der Dienstauswahl auch dynamische Dienstattribute, z. B. „queueLength“, berücksichtigt, die aktuelle Zustandsinformationen der Diensterbringer bereitstellen. Sollte ein entsprechendes Dienstangebot durch den TRADEr in seiner

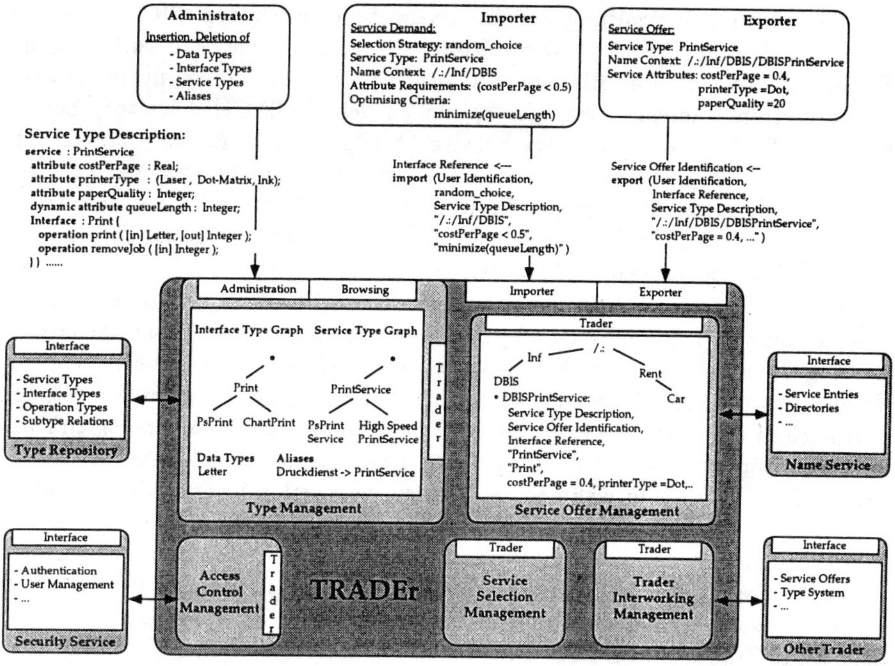

Fig. 2. Architektur des TRADErs

Verwaltungsdomäne nicht gefunden werden, so kann er — je nach vorheriger Spezifikation des Dienstnehmers und der gewählten TRADEr–Konfiguration — auch Trader anderer Verwaltungsdomänen in seine Dienstangebotssuche mit einbeziehen. Diese Form der Interaktion bzw. Interoperabilität von Tradern wird als sog. *Trader Interworking* bezeichnet [ISO94b]. Nach der erfolgten Dienstauswahl durch den TRADEr erhält der Dienstnehmer die notwendigen Bindungsinformationen zum Zugriff auf den entsprechenden Diensterbringer zurück.

Kernbausteine des TRADErs sind das *Typmanagement* (type management), die *Dienstangebotsverwaltung* (service offer management), die oben beschriebene *Dienstauswahl* (service selection management), das *Trader–Interworking* (trader interworking management) sowie die *Zugriffskontrolle* (access control management). Das Typmanagement als für das diensttypbasierte Trading wichtigste Komponente ist für die Verwaltung des gesamten Typsystems des TRADErs verantwortlich und verwaltet insbesondere die Konformitätsbeziehungen der definierten Diensttypen (in der Abbildung als Schnittstellentyp– und Diensttypgraphen dargestellt). Die Einordnung neu definierter Diensttypen erfolgt unter *expliziter* Angabe der entsprechenden Sub– bzw. Supertypbeziehung und beruht primär auf der *Namensäquivalenz* von Dienst– bzw. Schnittstellentypen. Zur Zeit erfolgt der Ausbau des Typsystems hinsichtlich einer automatischen, *impliziten* Diensttypeinordnung und –überprüfung, welche auf der *Strukturäquivalenz* basiert, wie sie z. B. im Emerald–System [BHJ+87] implementiert ist.

Die konkrete Verwaltung der Dienstangebote durch den TRADEr erfolgt mit Hilfe der Dienstangebotsverwaltung, die eine globale Strukturierung der Dienstangebote erlaubt. Hierbei wird insbesondere die Ablage in hierarchisch strukturierten Namensräumen, im speziellen dem DCE Cell Directory Service und dem DCE Global Directory Service (X.500 Implementation) [Fou92], unterstützt, die einen weltweit zugreifbaren Namensraum realisieren. Zur Zeit werden auch andere, spezialisierte Ablagedienste, wie z. B. Datenbanken oder transaktionsgesicherte Dateisysteme, hinsichtlich ihrer Nutzbarkeit und Effizienz für die Dienstangebotsablage untersucht.

Eine weitere wichtige Komponente des TRADErs ist das Trader-Interworking. Wie schon oben angedeutet, realisiert diese die Zusammenarbeit, das sog. Interworking, zwischen Tradern verschiedener, verteilter Verwaltungsdomänen, wobei die Trader grundsätzlich in heterogenen Ungebung existieren und auch mittels verschiedener, heterogener Implementationstechnologien realisiert sein können. Die Entwicklung dieser Komponente befindet sich in der aktuellen Entwicklung im Rahmen des offenen, weltweiten Kooperationsprojektes *IWT (Interworking Traders)* [Vog94], in dem im speziellen das Interworking von Tradern gleicher, aber auch verschiedener Middleware–Architekturen untersucht und entwickelt wird. Ziel dieses Projektes ist die Demonstration des Interworkings verschiedener Trader–Implementierungen, unter anderem dem TRADEr, dem DCE–Trader vom DSTC [BB94] sowie dem ANSA–Trader [Cam91].

Sämtliche Interaktionen externer Klienten (Administratoren, Dienstanbieter und Dienstanfrager) mit dem TRADEr erfolgen unter Einbindung einer Zugriffskontrolle. Hiermit ist es möglich, speziellen Klienten dedizierte Rechte für spezielle Operationen des TRADErs zuzuordnen. Dieses ist z. B. insbesondere für das Einfügen, Lesen, Modifizieren und Löschen von Diensttypbeschreibungen sowie für sämtliche Funktionen des Exportierens, Importierens und Löschens von Dienstangeboten von Wichtigkeit. Die Realisierung der Zugriffskontrolle im TRADEr erfolgt hierbei unter Nutzung eines externen Autorisierungs– und Authentisierungsdienstes, im speziellen des DCE Security Services [Fou92].

Trading auf Basis von deklarativen Diensttypen Das in diesem Abschnitt vorgestellte Tradingkonzept ist als Ergänzung zu dem zuvor beschriebenen diensttypbasierten Trading zu verstehen. Die Diensttypkonformität wird dabei um *Regeln* erweitert, die sich aus der Hinzunahme von Hornklauseln zu der Typdefinition ergibt. Dadurch wird die bereits erwähnte Dualität der Typbeschreibungen in offenen verteilten Systemen für sogenannte *Typfamilien* gelöst. Eine Typfamilie sei hier informal als eine Menge von Diensttypen charakterisiert, welche sich durch „verwandte Anwendungskontexte“ auszeichnen. Als Beispiel diene die Typfamilie der Container, deren Schnittstelle durch Methoden für das Ablegen und Auslesen von Dateneinheiten definiert ist. Unterschiede zwischen einzelnen Mitgliedern der Typfamilie drücken sich auf einer semantischen Ebene aus (wie beispielsweise LIFO oder FIFO Eigenschaften).

Bei einer rein dienstbasierten Typdefinition *müssen* sich diese Unterschiede auf einer syntaktischen Ebene widerspiegeln, da hier Typbeschreibungen keine semantischen Informationen beinhalten. Die deklarative Diensttypbeschreibung erweitert die ursprünglich IDL-basierte Typdefinition um eine Semantik, bestehend aus einer Menge von Hornklauseln. Die Art der semantischen Erweiterung unterscheidet sich von den Vor- und Nachbedingungen des Hoare-Kalküls. Die Vorteile der Hornklauseln liegen zum einen in der syntaktischen Trennung der eigentlichen Diensttypbeschreibung, zum anderen in der deklarativen Semantik, wie im folgenden erläutert.

Während die auf dem Hoare-Kalkül aufbauenden Vor- und Nachbedingungen explizit Bezug auf die Signatur einer Methode nehmen, abstrahiert eine separate Hornklauselmenge von der vollständigen Semantik. Die semantische Spezifikation eines Dienstes muß nur noch so aussagekräftig sein, daß sie Unterschiede zu anderen Mitgliedern der *gleichen* Typfamilie „erklären" kann. Durch die den Hornklauseln zugrundeliegende deklarative Semantik wird darüber hinaus eine Abschwächung der zuvor erwähnten *a priori* Definition von Diensttypen erreicht. Eine „Standardisierung" ist nur noch auf der Ebene von Typfamilien notwendig, d.h. für die „generische" Schnittstelle aller Mitglieder einer Typfamilie muß weiterhin ein gemeinsamer Konsens im Sinne einer *a priori* Definition bestehen. Eine detaillierte Beschreibung der deklarativen Diensttypen ist in [Pud94, PMGG95] zu finden.

3.4 Infrastruktur

Der *Global Object Space (GOS)* ist eine Infrastruktur, die die auf dem Objektmodell basierende Kooperation zwischen Dienstanbietern und Dienstnutzern in einem verteilten System unterstützt. Der GOS realisiert konzeptionell gesehen einen globalen Objektraum, in dem Objekte instanziiert werden können (Vergleiche dazu Abbildung 3). Primäres Ziel ist die Schaffung einer Programmierumgebung in Form einer Klassenbibliothek, auf deren Basis sich die gemeinsame Nutzung von Objekten durch andere Objekte (Object Sharing) realisieren läßt. Die Architektur und die Funktionalität des GOS tragen dabei den Erfordernissen Rechnung, die aus dem Objektmodell und dessen Übertragung in eine heterogene verteilte Umgebung resultieren.

Jedes Objekt im GOS verkörpert einen speziellen Dienst. Der Objekttyp (im objektorientierten Sinne) entspricht dabei dem Diensttyp bzw. dem Dienst, weshalb wir fortan diese drei Begriffe synonym verwenden werden. Eine Instanz, die mit dem GOS interagiert, kann eine von drei Rollen einnehmen: Klient(C), Server(S) oder Engine(E). Klienten erwerben Referenzen auf Objekte im GOS und rufen Methoden darauf auf. Sie sind die Dienstnutzer der bereitgestellten Dienste. Server instanziieren (Create) und deinstanziieren (Destroy) Objekte im GOS und legen damit fest, welche Dienste via GOS angeboten werden. Engines hingegen verkörpern Aktivitätsträger, die das Verhalten der Objekte des GOS implementieren und somit als Diensterbringer auftreten. Die getroffene Unterscheidung zwischen Dienstanbieter und Diensterbringer wird im folgenden motiviert.

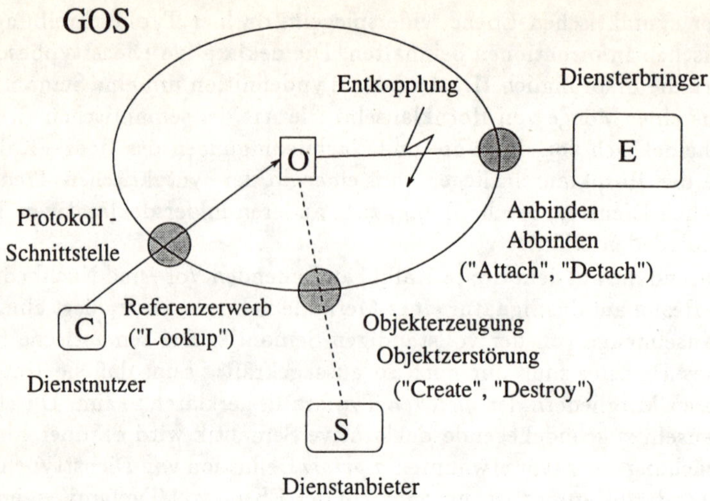

Fig. 3. Architektur des GOS

Wie schon oben erwähnt gehören zu den wesentlichen Eigenschaften offener verteilter Dienstemärkte die weitgehende Autonomie einzelner Rechnerknoten und Software–Komponenten sowie die Dynamik bezüglich der verfügbaren Objekte, wobei eine zeitliche und räumliche Entkopplung, die die Beziehungen zwischen Dienstanbietern und Dienstnutzern unabhängiger und flexibler macht, wünschenswert ist. Unsere grundsätzlichen Vorstellungen von zeitlicher und räumlicher Entkopplung stammen hierbei von Linda [CG86]. Linda realisiert einen globalen, verteilten Speicher für Datentupel, den sogenannten „Tuplespace". Der Zugriff auf diesen Speicher erfolgt mittels vier Operationen (*in*, *out*, *read*, *eval*), die in eine Programmiersprache eingebettet sind. Die Tupel werden assoziativ über ihre aktuellen oder formalen Datenparameter adressiert. Die Nichtvergabe expliziter, eindeutiger Adressen entspricht der räumlichen Entkopplung (Loslösung von einem konkreten Namensraum). Prozesse, die mittels der Operation *out* Tupel in den Tupelraum schreiben, und Prozesse, die mittels *in* diese Tupel lesen, müssen nicht zeitlich zusammentreffen. Der Konsument wartet, falls sein gewünschtes Tupel noch nicht existiert, bis der Produzent ein Tupel generiert hat. Die Unabhängigkeit der Kooperation vom zeitlichen Zusammentreffen der Operationen *in* und *out* wird als zeitliche Entkopplung bezeichnet.

Die Systemunterstützungsumgebung, für die wir eine Entwicklungsunterstützung bieten wollen, unterscheidet sich in einigen wichtigen Punkten von derjenigen, die Linda zugrundeliegt. Wir betrachten lose gekoppelte, verteilte Rechnersysteme, die durch Heterogenität in Soft- und Hardware und eine weitgehende Autonomie der beteiligten Rechnerknoten gekennzeichnet sind, während Linda für eng gekoppelte, homogene Systeme entworfen wurde. Wir greifen daher das Prinzip der Entkopplung heraus und übertragen es auf die Anforderungen, die unsere Zielumgebung stellt.

Kombinieren wir das Objektmodell mit der Notwendigkeit der Entkopplung (zu dieser Thematik siehe auch [Pol93]), tritt folgende Problematik auf: Einerseits erfordert das Objektmodell die Vergabe einer eindeutigen Referenz, um ein Objekt über mehrere Zugriffe hinaus identifizieren zu können, da der Dienst eines Objektes gewöhnlich als Sequenz von Methodenaufrufen in Anspruch genommen wird. Andererseits widerspricht gerade dies der Eigenschaft der räumlichen und zeitlichen Entkopplung, da eine feste Referenz auf ein Objekt über ein längeres Zeitintervall besteht. Um dennoch Objektmodell und Entkopplung integrieren zu können, führen wir das *Engine-Konzept* ein. Eine Engine ist eine ausführungsbereite Implementation, die den Dienst eines Objektes erbringt. Sie nimmt Zugriff auf den Zustand eines Objektes und führt die von den Dienstnutzern aufgerufenen Methoden aus. Die Entkopplung wird, wie Abbildung 3 zeigt, durch die An- und Abkopplung von Engines erzielt. Dieses vollzieht sich vollkommen transparent für den Klienten. Aus seiner Sicht referenziert er weiterhin Objekte, die dem dargelegten Objektmodell genügen.

Jede Engine besitzt einen Typ. Voraussetzung für das Anbinden einer Engine an ein Objekt ist die Typkompatibilität zwischen Engine- und Objekttyp. Der Typ der Engine muß ein Subtyp des Objekttyps sein, d. h. die Engine muß mindestens den vom Objekt angebotenen Dienst erbringen können. Insofern wird vom GOS auch auf Diensterbringerseite Polymorphie unterstützt (zu den Begriffen Typ und Polymorphie siehe auch [CW85], [LW93a] und [LW93b]).

Die Typkompatibilität allein reicht jedoch nicht aus. Da die Engine auf dem Objektzustand operiert, muß sie diesen lesen und interpretieren können. Die Auswirkungen, die sich aus der Verknüpfung von Typ und Zustand ergeben, werden derzeit untersucht.

4 Zusammenfassung

Ein offener, verteilter Dienstemarkt ist gekennzeichnet durch eine große Vielfalt der Dienste, die Dynamik des Dienstangebots und die Dynamik der Diensterbringung. Daraus leiten sich neue, in existierenden Plattformen nur unzureichend berücksichtigte Anforderungen an eine adäquate systemtechnische sowie benutzerorientierte Unterstützung ab. In diesem Beitrag werden einige der dadurch neuen Problemstellungen analysiert und es wird eine Betrachtungsgrundlage in Form eines generellen Architekturmodells für offene, verteilte Dienstemärkte vorgestellt. Diese bietet die Grundlage für die konkrete Beschreibung vorhandener bzw. in Entstehung befindlicher, prototypischer Realisierungen von wesentlichen Teilfunktionen einer derartigen Systemplattform, wie z. B. des in diesem Beitrag dargestellten Generischen Klienten, des TRADErs und des Global Object Spaces (GOS).

Die Arbeiten der an diesem Beitrag beteiligten Forschungsgruppen an den Universitäten Hamburg und Frankfurt konzentrieren sich hierbei hauptsächlich auf die technische Dimension von generellen Unterstützungsmechanismen für einen offenen verteilten Dienstemarkt. Hinsichtlich einer darüberhinausgehenden globalen Bedeutung eines „Offenen Verteilten Dienstemarktes" hat dieser Themenkomplex aber auch eine soziologische und politische Dimension mit entsprechendem eigenen Forschungsbedarf.

References

[BB94] A. Beitz und M. Bearman. An ODP Trading Service for DCE. In *Proceedings of the First International Workshop on Services in Distributed and Networked Environments (SDNE)*, S. 42–49, Prague, Czech Republic, Juni 1994. IEEE Computer Society Press.

[BHJ+87] A. Black, N. Hutchinson, E. Jul, H. Levy und L. Carter. Distribution and abstract types in Emerald. *IEEE Transactions on Software Engineering*, Band 13, Heft 1, S. 65–76, 1987.

[Boo91] G. Booch. *Object Oriented Design*. The Benjamin/Cummings Publishing Company, Inc., Redwood City, California, 1991.

[Cam91] APM Ltd. Cambridge. *ANSAware 3.0 Implementation Manual*, 1991. Document RM.097.00.

[Car89] L. Cardelli. Typeful programming. Technical report, DEC SRC Research Report No. 45, 1989.

[CG86] N. Carriero und D. Gelernter. The S/Net's Linda Kernel. *ACM Transactions on Computer Systems*, Band 4, Heft 2, S. 110–129, Mai 1986.

[CW85] L. Cardelli und P. Wegner. On understanding types, data abstraction and polymorphism. *Computing Surveys*, Band 17, Heft 4, Dezember 1985.

[EF86] W. Effelsberg und A. Fleischmann. Das ISO–Referenzmodell für offene Systeme und seine sieben Schichten. *Informatik Spektrum*, Band 9, Heft 5, S. 258–286, Oktober 1986.

[Fou92] Open Software Foundation. *Introduction to OSF DCE*. Prentice–Hall, Englewood Cliffs, New Jersey, 1992.

[GH90] K. Geihs und U. Hollberg. A Retrospective on DACNOS. *Communications of the ACM*, Band 33, Heft 4, 1990.

[GHH93] K. Geihs, R. Heite und U. Hollberg. Protected Object References in Heterogeneous Distributed Systems. *IEEE Transactions on Computers*, Band 42, Heft 7, Juli 1993.

[ISO94a] ISO/IEC JTC 1/SC 21. Information Technology – Open Distributed Processing – Basic Reference Model of Open Distributed Processing – Part 1: Overview and Guide to Use. Committee Draft 10746–1, September 1994. ISO/IEC JTC 1/SC 21 N8218.

[ISO94b] ISO/IEC JTC 1/SC 21. Recommendation X.9tr/Draft ODP Trading Function ISO/IEC 13235: 1994/Draft ODP Trading Function, Juli 1994. ISO/IEC JTC 1/SC 21 N9122.

[LW93a] B. Liskov und J. Wing. A new definition of the subtype relation. In *ECOOP'93: Object–Oriented Programming*. Springer, 1993.

[LW93b] B. Liskov und J. Wing. Specifications and Their Use in Defining Subtypes. *OOPSLA'93*, Band 28, Heft 10, S. 16–28, Oktober 1993.

[MJM94] K. Müller, K. Jones und M. Merz. Vermittlung und Verwaltung von Diensten in offenen verteilten Systemen. In B. Wolfinger, Hrsg., *Innovationen bei Rechen- und Kommunikationssystemen — Eine Herausforderung für die Informatik*, Informatik Aktuell, S. 219–226, 24. GI–Jahrestagung im Rahmen des 13th World Computer Congress '94, August 1994. Springer–Verlag.

[MJML95] K. Müller-Jones, M. Merz und W. Lamersdorf. The TRADEr: Integrating Trading Into DCE. Erscheint in: Third International Conference on Open Distributed Processing (ICODP '95), Februar 1995.

[ML93] M. Merz und W. Lamersdorf. Cooperation support for an open service market. In *Proceedings of the IFIP TC6/WG6.1 International Conference on Open Distributed Processing*, S. 329–340. North–Holland, Elsevier Science Publishers B.V., 1993.

[MML94a] M. Merz, K. Müller und W. Lamersdorf. Service trading and mediation in distributed computing environments. In *Proceedings of the 14th International Conference on Distributed Computing Systems (ICDCS '94)*, S. 450–457. IEEE Computer Society Press, 1994.

[MML94b] K. Müller, M. Merz und W. Lamersdorf. Der TRADE–Trader: Ein Basisdienst offener verteilter Systeme. In C. Popien und B. Meyer, Hrsg., *Neue Konzepte für die Offene Verteilte Verarbeitung*, S. 35–44. Verlag der Augustinus Buchhandlung, Aachen, Germany, September 1994.

[PMGG95] A. Puder, S. Markwitz, G. Gudermann und K. Geihs. AI–based Trading in Open Distributed Processing. Erscheint in: Third International Conference on Open Distributed Processing (ICODP '95), Februar 1995.

[Pol93] A. Polze. The Object Space Approach: Decoupled Communication in C++. In *Proceedings of Technology of Object–Oriented Languages and Systems (TOOLS)*, Santa Barbara, USA, August 1993.

[Pud94] A. Puder. A Declarative Extension of IDL-based Type Definitions within Open Distributed Environments. In *OOIS'94: Object–Oriented Information Systems*. Springer–Verlag, 1994.

[Vog94] A. Vogel. Towards the Implementation of Interworking of Traders. verfügbar via WWW: http://www.dstc.edu.au/public/iwt/welcome.html, 1994.

[WT90] A. Wolisz und V. Tschammer. Service provider selection in an open services environment. In *Proceedings of the 2nd IEEE Workshop on Future Trends on Distributed Computing in the 1990's*, S. 229–235, Cairo, Egypt, September 1990. IEEE.

Ein Managementszenario für die Dienstvermittlung in Verteilten Systemen

A. Küpper, C. Popien

RWTH Aachen, Lehrstuhl für Informatik IV, Ahornstr. 55, D-52056 Aachen
Tel.: 0241/8021440, Fax: 0241/8888220, e-mail: axel@i4.informatik.rwth-aachen.de

Zusammenfassung

Die zunehmende Anzahl und Vielfalt von Diensten, die innerhalb eines Verteilten Systems angeboten wird, bedingt das Entstehen und die Notwendigkeit der Verwaltung eines offenen Dienstmarktes. Diesen neuen Anforderungen entsprechen derzeit noch keine Verfahren und Methoden, die eine Realisierung der Dienstvermittlung unterstützen.

Die vorliegende Arbeit stellt ein Managementszenario vor, das die Verwaltung von Diensten, Diensttypen und -angeboten innerhalb ihrer Kontexte gewährleistet. Zu diesem Zwecke wird eine Abbildung der dienstrelevanten Ressourcen auf Managed Objects vorgenommen und deren Wechselwirkung formal beschrieben. Mit dieser Darstellung wird die grundlegende Konzeptionierung für Tradingsysteme geschaffen und gleichzeitig eine notwendige Voraussetzung für die Implementierung einer Dienstvermittlungsumgebung heterogener Rechensysteme erbracht.

1. Einleitung

Im Bereich der Datenkommunikation zeichnet sich die Notwendigkeit ab, den Benutzern von Offenen Systemen Dienstleistungen unterschiedlichster Art nicht nur über Directories anzubieten, sondern durch Tradingsysteme zu vermitteln. Zu diesem Zweck begannen ISO und CCITT Ende der achtziger Jahre, Standardisierungsaktivitäten unter dem Begriff Open Distributed Processing (ODP) durchzuführen [ODP P1-P3]. Im Ergebnis der umfangreichen Arbeiten entstanden Vorstellungen und Richtlinien für die Dienstvermittlung, das sogenannte *Service Trading*, in komplexen Verteilten Systemen.

Während sich die Standardisierungsbemühungen der Normungsgruppen weitgehend auf die Definition von Anforderungen an Tradingsysteme beschränken, wurden parallel dazu seitens der Industriegremien erste kommerzielle Produkte entwickelt. Viele der RPC-basierten Realisierungen, zu denen auch das Distributed Computing Environment (DCE) der Open Software Foundation (OSF) [Sch 93] zu zählen ist, sind lediglich Client/Server-Implementierungen ohne Tradingkomponenten. Lediglich eine Minderheit von Forschungsprodukten beinhaltet Ansätze zur Dienstvermittlung. Zu diesen gehört u.a. die ANSAware der Advanced Network Systems Architecture, deren zugeordneter ANSA-Trader [ANSA] auch eine Dienstselektion unterstützt, jedoch nur über statische Attributierungen verfügt. Auch der RHODOS-Trader [NiGo 94] realisiert nur die statische Attributierung, während bei dem MELODY- und DRYAD-Trader [BKS 91, KuKu 94] nur ein indirektes Binding möglich ist. Eine einheitliche Grundlage oder Konzeptionierung ist in der Gesamtmenge von Traderansätzen keineswegs ersichtlich.

Das Ziel des vorliegenden Artikels ist es, die Verwaltung, Koordination und Kontrolle von Dienstangeboten in einem Tradingsystem zu modellieren. Zu diesem Zwecke ist der Einsatz effizienter und geeigneter Managementwerkzeuge unentbehrlich. Mittels der Guidelines for the Definition of Managed Objects, einer im OSI-Managementstandard eingeführten Beschreibungssprache, werden die wesentlichen Bestandteile des Tradingszenarios formal beschrieben und somit eine einheitliche Basis für die Implementierung der Vermittlungskonzepte geschaffen.

Die Arbeit ist in fünf Kapitel gegliedert. Im folgenden Kapitel findet sich eine Beschreibung der wichtigsten Anforderungen an die Dienstvermittlung aus Sicht des ODP-Referenzmodells. Der Schwerpunkt liegt dabei in der Beschreibung der beteiligten Elemente Dienst, Diensttyp, -angebot und -kontext sowie ihrer Wechselwirkung. Aufbauend auf diesem Konzept wird im dritten Kapitel ein Managementszenario entworfen, das die Ressourcen einer verteilten Umgebung auf Managed Objects abbildet. Das Ergebnis dieses Prozesses ist formal spezifiziert. Im vierten Kapitel wird ein Beispiel für das Zusammenwirken dieser Managed Objects während des Tradings, also der eigentlichen Dienstvermittlung, erläutert. Schließlich werden am Ende der Arbeit die Ergebnisse zusammengefaßt und offene Fragen sowie Ansätze für weiterführende Aktivitäten diskutiert.

2. Dienstvermittlung in ODP

Die Hauptaktivitäten einer verteilten Umgebung sind das Anbieten, die Verwaltung und das Nutzen von Diensten, sogenannten *Services*. Instanzen, die Dienste anbieten, werden *Exporter* genannt. Im Gegensatz dazu werden die dienstnutzenden Objekte als *Importer* bezeichnet. Um die Vielzahl der Dienstangebote überschauen zu können, ist die Hinzunahme dienstvermittelnder Objekte, sogenannter *Trader* von großer Bedeutung. Das Prinzip der Wirkungsweise eines Traders ist in Abbildung 1 dargestellt.

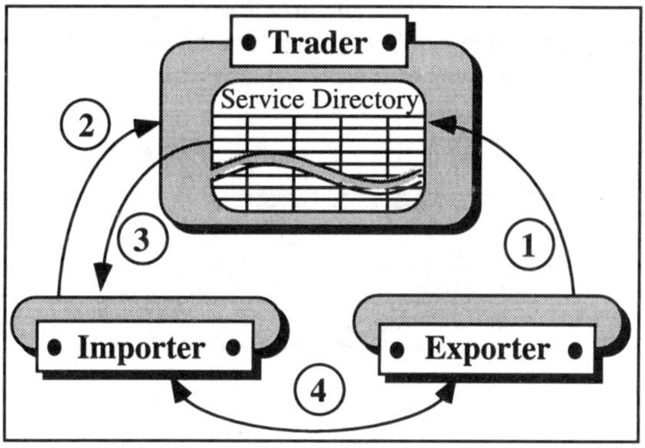

Abb. 1: Das Prinzip der Dienstvermittlung

Zunächst werden die vom Exporter angebotenen Dienste (1) im *Service Directory*, d.h. der Datenbank des Traders, gespeichert. Bei Anfrage eines Importers (2) sucht der Trader den bzw. die geeigneten Dienste aus seinem Verzeichnis heraus und reicht sie an den Importer weiter (3). Daran anschließend erfolgt die Diensterbringung (4). Zur Realisierung dieser Funktionalität benötigen Importer und Exporter eine gewisse Anzahl von Operationen [ODP Tr]. Diese sind im folgenden aufgelistet:

Operationen des Exporters

- *Export*: zum Bereitstellen des Dienstangebots,
- *Withdraw:* zum Zurückziehen eines Dienstangebots und

- *Replace:* zum Modifizieren der Attribute eines Dienstangebots.

Operationen des Importers

- *List:* zum Auflisten aller Attribute eines Dienstangebots,
- *Search:* zum Suchen von geeigneten Dienstangeboten und
- *Select:* für die Auswahl eines optimalen Dienstangebots.

Im folgenden werden die Begriffe *Service, Service Type* und *Service Offer* näher spezifiziert und deren Zusammenhänge erläutert. Ein Dienst ist eine Funktion, die von einem Objekt an einer Schnittstelle angeboten wird. Eine Klasse von Diensten, die gemeinsame Ausprägungen besitzen, wird als Diensttyp bezeichnet. Dienste ein und desselben Diensttyps besitzen die gleiche Funktionalität, können sich jedoch in einigen rechner- und verhaltensunabhängigen Aspekten voneinander unterscheiden. Diese Aspekte werden als *Service Properties* oder Diensteigenschaften bezeichnet und sind spezielle Werte der *Service Property Types.*

Das folgende Beispiel zeigt die Definition eines Service Property Types und einen zugehörigen Service, der durch spezielle Werte der Service Properties gekennzeichnet ist:

• PrinterType:	Tinte, Laser	• PrinterType:	Tinte
• Identifier:	String	• Identifier:	"T2"
• Location:	String	• Location:	"Sekretariat"
• PaperSize:	A5, A4, A3, B5, B4, B3	• PaperSize:	A3, A4
• CostPerPage:	Integer	• CostPerPage:	10

Ein Dienstangebot oder Service Offer ist eine Beschreibung eines vom Exporter angebotenen Dienstes, der über *Service Offer Properties*, wie z.B. das Entstehungsdatum, verfügt.

Zur Instanziierung eines Dienstes gemäß einem vorhandenen Diensttyp ist eine Operation *Create* definiert. Die Eliminierung des Dienstes erfolgt durch die Operation *Destroy.* Abbildung 2 zeigt das Zusammenspiel von Service Type, Service und Service Offer durch die erwähnten Operationen.

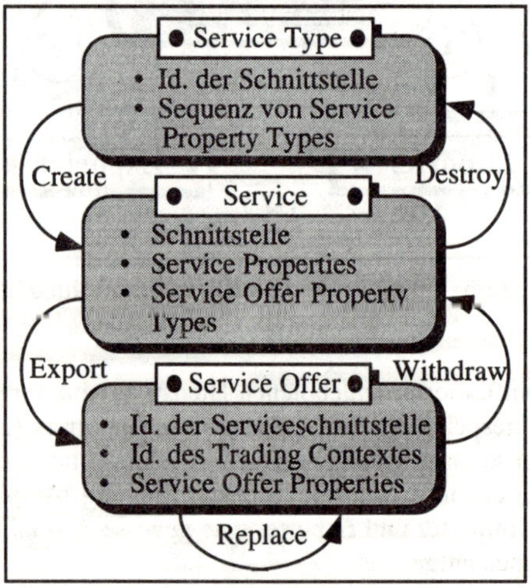

Abb. 2: Service Type, Service und Service Offer

Jeder Trader hat nun die Möglichkeit, eine Verbindung zu anderen Tradern aufzubauen. So entsteht eine *Trading Federation*, also ein Verbund von Tradern [BeRa 91, PoMe 93], der den Exportern einen erweiterten Absatzmarkt bietet. Die Realisierung erfolgt über den sogenannten *Federation Contract,* der sich aus dem *Import-* und dem *Export-Contract* zusammensetzt.

Die Menge aller vermittelbaren Dienstangebote eines Traders wird als *Trading Offer Domain* (TOD) bezeichnet, zu diesem gehört auch die Menge der Dienste, die über Contracts von anderen Tradern importiert werden können. Ein TOD selbst wird in *Tradingkontexte* untergliedert, die aus nutzer- oder administrationsspezifischen Teilmengen des TODs bestehen.

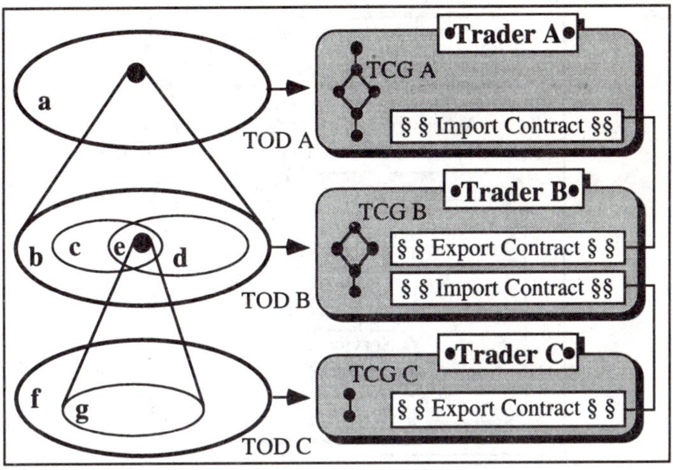

Abb. 3: Tradingkontexte in einem Verbund von Tradern

Abbildung 3 zeigt ein Beispiel, in dem drei Trader durch Import- und Export-Contracts zu einem Verbund zusammengeschlossen sind. Die Dienstangebote der mit Trader A verbundenen Exporter befinden sich in Tradingkontext a. Er enthält einen Verweis auf den Tradingkontext b des Traders B, der selbst wieder in c und d unterteilt ist. Die Schnittmenge dieser Kontexte ist als e bezeichnet. Dieser verweist auf den Kontext g von Trader C, der eine Untermenge von f bildet. Ein Tradingkontext kann durch Angabe seines Pfades spezifiziert werden, /a/b/c/e/g beschreibt beispielsweise den Kontext g aus Sicht des TODs A. Ordnet man die TODs samt ihrer Kontexte in einem Graphen an, so entsteht der *Trading Context Graph* (TCG). Zum Erstellen, Verändern und Terminieren sind in [ODP Tr] folgende Operationen definiert:

- *Add_Context*: zum Einfügen eines Kontextes in die Kontextstruktur,
- *Delete_Context:* zum Entfernen eines Kontextes aus der Struktur,
- *List_Context:* zum Erstellen einer Liste von Kontexten,
- *Add_Link:* zum Einfügen eines Verweises auf einen Tradingkontext und
- *Remove_Link:* zum Entfernen eines solchen Tradingkontextes.

Im folgenden wird ein Modell vorgestellt, welches die innere Architekur eines Exporters und eines Traders wiedergibt. Dieser Sachverhalt ist in Abbildung 4 dargestellt.

Die Architektur des Traders besteht aus drei logischen Einheiten, dem *Service Directory*, der *Trader Request Control* und der *Federation Control.* Die Trader Request Control besitzt die Aufgabe, die eingehenden Dienstangebote in das Service Directory einzuordnen und

Importeranfragen nachzukommen. Die Exporter und Importer nutzen zu diesem Zweck den *Access Port*. Die Federation Control erhält durch den *Trader Federation Port* die Verbindung zu anderen Tradern aufrecht.

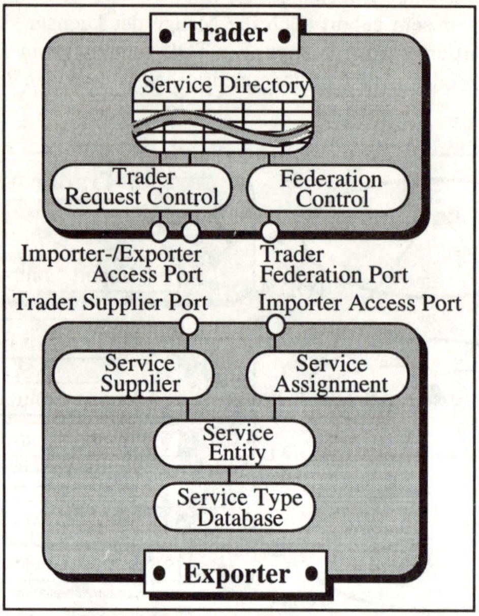

Abb. 4: Die Trader- und Exporterarchitektur

Im Gegensatz dazu enthält ein Exporter vier logische Einheiten, die *Service Type Database*, die *Service Entity*, den *Service Supplier* und das *Service Assignement*. Die Service Type Database ist eine Menge, die zu allen vom Exporter angebotenen Diensten Diensttypen enthält. Die Service Entity stellt den logischen Ort dar, an dem alle vom Exporter angebotenen Dienste erbracht werden.

3. Einbeziehung von Managementtechniken zur Beschreibung der Dienstvermittlung

Für die Dienstvermittlung in Verteilten Systemen wird ein Konzept benötigt, welches zum einen die Heterogenität und zum anderen die Komplexität der daran beteiligten Komponenten berücksichtigt. Dies impliziert die Notwendigkeit einer formalen Beschreibungssprache und effizienter Mechanismen für Verwaltungsaufgaben. Diesen beiden Anforderungen kann durch den Einsatz von Managementwerkzeugen nachgekommen werden. In bisherigen Arbeiten ist für die Verwaltung von Diensten mittels Managementwerkzeugen der Begriff des *Dienstmanagements* verwendet worden [PoKM 94, PoKu 94, PoKuM 94]. Auf diesen Ausführungen basieren die folgenden Konzepte.

Managementwerkzeuge gliedern sich zum einen in Funktionen des Managements und zum anderen in Objekte, die Informationen managementrelevanter Ressourcen enthalten. Darüber hinaus muß ein *Managementprozeß* existieren, der sich dieser Werkzeuge bedient.

Der Managementprozeß ist ein eigener Anwendungsprozeß, der in einer Instanz der verteilten Umgebung abläuft. Ganz im Sinne eines Verteilten Systems besteht daher die Möglichkeit, sämtliche Managementaufgaben nicht zentral, sondern verteilt auf mehreren Einheiten zu bewältigen. Somit ist ein Managementprozeß ein funktionales Element, welches in der Lage ist, Aktionen auszulösen oder weiterzuleiten. Er verfügt nicht über volle Individualität, d.h. er muß in der Lage sein, im Auftrag anderer Managementprozesse zu handeln. Deshalb kann ein Managementprozeß die Rolle eines Managers oder Agenten einnehmen. Ein Manager ist definiert als ein Prozeß, der gewisse Managementoperationen veranlaßt und entsprechende Notifikationen empfängt. Ein Agent übernimmt eine Vermittlerfunktion zwischen dem Manager und den in seinem System vohandenen Ressourcen. Er leitet Operationen des Managers an die Ressourcen weiter und übermittelt dem Manager das Ergebnis dieser Operationen. Der Managementprozeß ist jedoch nicht dauerhaft an eine der beiden Rollen gebunden [HeAb 93].

Zum Austausch von Managementinformationen zwischen Managementprozessen werden Funktionen benötigt. Im ODP-RM befindet sich eine Klassifizierung der Managementfunktionen in die fünf funktionalen Bereiche *Configuration*, *Quality of Service*, *Accounting*, *Monitoring* und *Defining Management Policy* [Slo 90]. Wie in [ODP P1] erwähnt, werden zur Übertragung dieser Funktionen und ihrer Parameter Dienstprimitive in Verbindung mit einem Managementprotokoll verwendet, etwa OSIs *Common Management Information Service* (CMIS) und *Common Management Information Protocol* (CMIP), vgl. [CMIS, CMIP].

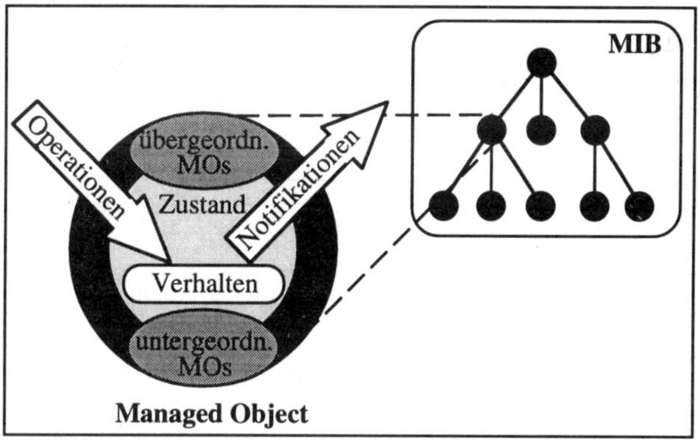

Abb. 5: Managed Objects und Management Information Base

Innerhalb des Managements wird jede Ressource durch ein *Managed Object* (MO) dargestellt. Ein MO ist die abstrakte Darstellung einer Ressource [Ros 89, 90]. Es verfügt über einen inneren Zustand, Operationen zu seiner Steuerung, von ihm ausgehende Meldungen (Notifikationen) und ein Verhalten, das die zuvor genannten Elemente beeinflußt. Die auf einem MO definierten Operationen sind nicht die in den fünf Managementbereichen definierten, sondern speziell an die Ressource des MOs angepaßte. Solche Operationen werden von einem Managementprozeß initiiert und samt ihrer Parameter durch das CMIS-Primitiv ACTION übertragen. Der Auslöser einer solchen Operation erhält als Bestätigung eine durch das MO dafür vorgesehene Notifikation. Solche Notifikationen werden außerdem an einen Managementprozeß ausgesandt, wenn das MO einen zuvor definierten inneren Zustand annimmt. Darüber hinaus steht ein MO in Beziehung zu anderen MOs. Die beiden wichtigsten Relationen sind die Enthaltenseinsbeziehung und die Vererbungsrelation, auf die später noch näher eingegangen wird. Die MOs eines Systems sind in der *Management Information Base* (MIB) angeordnet.

Mit Unterstützung der Managementfunktionen ist ein Managementprozeß in der Lage, auf die MOs zuzugreifen, sie dynamisch hinzuzufügen oder zu entfernen, ihre Attribute zu lesen oder zu modifizieren, Operationen aufzurufen und Notifikationen zu empfangen.

Im folgenden soll nun ein Managementszenario für eine ODP-Umgebung entwickelt werden, das den in Kapitel 2 beschriebenen Anforderungen genügt. Dies geschieht, indem die funktionalen Elemente von ODP, welche für das Management relevant sind, auf MOs abgebildet werden. Durch das Ausführen von Operationen auf den MOs ist so eine Steuerung und Verwaltung der entsprechenden Ressourcen unter Gesichtspunkten des Managements möglich.

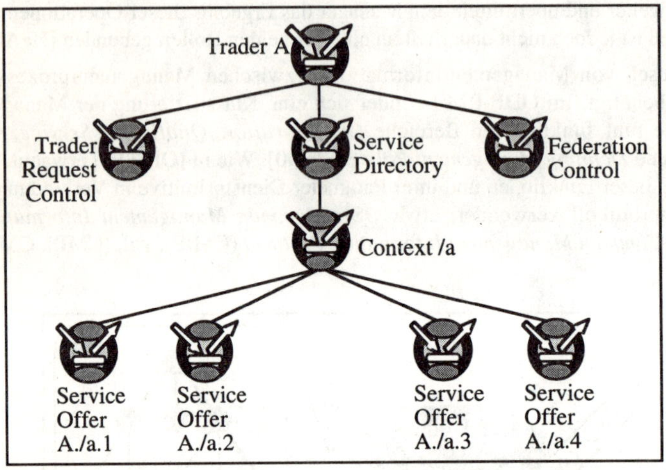

Abb. 6: Enthaltenseinsbeziehung zwischen den MOs eines Traders

Als Spezifikationssprache für MOs sollen die *Guidelines for the Definiton of Managed Objects* (GDMO) Verwendung finden [GDMO]. GDMO erlaubt die Modellierung von MOs unter Zuhilfenahme von Techniken der objektorientierten Programmierung. Dabei werden sogenannte MO-Klassen mit Hilfe von neun verschiedenen *Templates* (Schablonen) spezifiziert, die zueinander in Beziehung stehen. Bei jedem dieser Templates handelt es sich um eine Ansammlung von Konstrukten, mit denen eine Beschreibung der die Templates kennzeichnenden Merkmale möglich ist. So sind innerhalb des *Action-Templates* beispielsweise die mit der Operation verbundenen Parameter festgelegt. Da GDMO keine Datentypen bereitstellt, werden diese durch Verweise auf ASN.1-Module [ASN.1] eingebunden. ASN.1, d.h. die *Abstract Syntax Notation One*, bietet Instrumente zur Definition einfacher und zusammengesetzter Datentypen. Durch die mit ASN.1 verknüpften *Basic Encoding Rules* (BER) lassen sich Datentypen und ihre Werte in einem Protokoll übertragen [BER].

Im Zusammenhang mit der Realisierung von Vererbung wird die erbende Klasse als Unter-, die vererbende als Oberklasse bezeichnet. Die somit entstehende *Vererbungsrelation* ist eine *Klassenhierarchie*. Neben dieser Relation existiert zwischen den Instanzen einer MO-Klasse eine weitere Hierarchie, die *Enthaltenseinsbeziehung*. Dabei handelt es sich um eine *Objekthierarchie*, die als eine Baumstruktur dargestellt werden kann. Ein MO ist bis auf die Wurzel des Enthaltenseinsbaumes immer genau einem MO untergeordnet und kann wiederum ein oder mehrere MOs enthalten.

Abbildung 6 zeigt die Enthaltenseinsbeziehung von MOs des Traders A. Dem MO „Trader A" werden gemäß Abbildung 4 den drei logischen Einheiten entsprechende MOs „Service Directory", „Trader Request Control" und „Federation Control" untergeordnet. Ein Tradingkontext wird ebenfalls durch ein MO repräsentiert. Das Kontext-MO ist immer einem anderen Context-MO untergeordnet oder dem MO eines Service Directories, wie „Kontext /a" (vgl. Abbildung 3). Dieses MO repräsentiert gleichzeitig den TOD. Dabei ist zu beachten, daß nur solche Tradingkontexte in dem Baum angeordnet werden, deren Verwaltung dem entsprechenden Trader obliegt, hier also Trader A. MOs von Tradingkontexten, die durch einen Verweis auf entfernte Kontexte anderer Trader eingebunden sind, werden auch von diesen gemanagt und liegen nicht im Einflußbereich des verweisenden Traders. Analog werden die MOs der Dienstangebote verwaltet. Ein solches MO ist immer in einem Kontext-MO enthalten.

```
TODNameBinding                  NAME BINDING
      SUBORDINATE OBJECT CLASS                      Context;
      NAMED BY SUPERIOR OBJECT CLASS                ServiceDirectory;
      WITH ATTRIBUTE                                ContextId;
      DELETE ONLY-IF-NO-CONTAINED-OBJECTS;
REGISTERED AS {...}
ContextNameBinding              NAME BINDING
      SUBORDINATE OBJECT CLASS                      Context;
      NAMED BY SUPERIOR OBJECT CLASS                Context;
      WITH ATTRIBUTE                                ContextId;
      DELETE ONLY-IF-NO-CONTAINED-OBJECTS;
REGISTERED AS {...}
ServiceOfferNameBinding         NAME BINDING
      SUBORDINATE OBJECT CLASS                      ServiceOffer;
      NAMED BY SUPERIOR OBJECT CLASS                Context;
      WITH ATTRIBUTE                                offerId;
REGISTERED AS {...}
```

Abb. 7: Das Name-Binding für Instanzen der MO-Klassen `Context` und `ServiceOffer`

Die Enthaltenseinsbeziehung wird durch das *Name-Binding-Template* der GDMO spezifiziert. Dieser Sachverhalt ist in Abbildung 7 dargestellt. `TODNameBinding`, `ContextName-Binding` und `ServiceOfferNameBinding` sind Bezeichner für das Template, welches mit `NAME BINDING` spezifiziert wird. Das Konstrukt `SUBORDINATE OBJECT CLASS` gibt die MO-Klasse an, auf die sich das Name Binding bezieht, `NAMED BY SUPERIOR OBJECT CLASS` bezeichnet die MO-Klasse der übergeordneten Instanzen.

```
Context      MANAGED OBJECT CLASS
      DERIVED FROM      ODPTop;
      CHARACTERIZED BY
            ContextProperties           PACKAGE
                  ATTRIBUTES  ContextId              GET,
                              MemberShipRules        GET,
                              NumberOfOffers         GET,
                              LastChange             GET;
            REGISTERED AS {...}
      CONDITIONAL PACKAGES
            ContextContainment          PACKAGE
                  ATTRIBUTES  superordinatedContexts  ADD-REMOVE,
                              subordinatedContexts    ADD-REMOVE;
                  ACTIONS           AddLink, RemoveLink,
                                    AddContext, RemoveContext;
            REGISTERED AS {...}
```

```
    PRESENT IF  „dieser Service Context lokal oder durch Verweis
                andere Service Contexte enthält oder in anderen
                enthalten ist.";
REGISTERED AS {...}
```

Abb. 8: Spezifikation der Klasse `Context`

`TODNameBinding` und `ContextNameBinding` unterscheiden sich analog zur Definition von TOD und Tradingkontext nur durch ihr übergeordnetes MO. Das Attribut hinter `WITH ATTRIBUTE` enthält den *Relative Distinguished Name* (RDN) des jeweiligen MOs und wird daher in der MO-Klasse auch definiert. Der RDN zeichnet sich dadurch aus, daß er sich von den RDNs anderer MOs unterscheidet, die auf gleicher Ebene unterhalb eines MOs liegen. Der *Distinguished Name* (DN) eines MOs entsteht durch Konkatenation seines RDN mit dem DN des übergeordneten MOs.

Abbildung 8 stellt die Spezifikation einer MO-Klasse `Context` dar. Sie erbt die Eigenschaften einer nicht instanziierten, generischen MO-Klasse `ODPTop`, welche die Wurzel der Vererbungsrelation bildet. `ODPTop` definiert Bestandteile, die in den MOs aller übrigen Klassen vorkommen müssen. Hierzu zählt auch der Bezeichner der zugehörigen MO-Klasse. `Context` besteht aus einem *Paket* und einem *bedingten Paket*. Ein Paket stellt eine funktionale Einheit dar, in der einander zugehörige Attribute, Notifikationen und Verhaltensweisen zusammengefaßt sind. In `ContextProperties` sind alle Bestandteile aufgeführt, die einen Tradingkontext ausmachen. Hierzu gehören das Attribut `ContextId`, auf das in den NameBinding-Templates bereits Bezug genommen wurde, sowie `MembershipRules`, `NumberOfServiceOffers` und `LastChange`.

```
contextId            ATTRIBUTE
      WITH ATTRIBUTE SYNTAX Context-ASN1Module.ContextId;
      MATCHES FOR EQUALITY;
REGISTERED AS {...}

membershipRules      ATTRIBUTE
      WITH ATTRIBUTE SYNTAX Context-ASN1Module.MembershipRules;
      MATCHES FOR EQUALITY, SET-COMPARISON, SET-INTERSECTION;
REGISTERED AS {...}

numberOfOffers       ATTRIBUTE
      WITH ATTRIBUTE SYNTAX Context-ASN1Module.NumberOfOffers;
      MATCHES FOR EQUALITY;
REGISTERED AS {...}

lastChange           ATTRIBUTE
      WITH ATTRIBUTE SYNTAX Context-ASN1Module.LastChange;
      MATCHES FOR EQUALITY;
REGISTERED AS {...}

superordinatedContexts ATTRIBUTE
      WITH ATTRIBUTE SYNTAX Context-ASN1Module.ContextRel;
      MATCHES FOR EQUALITY, SET-COMPARISON, SET-INTERSECTION;
REGISTERED AS {...}

-- subordinatedContexts analog

AddContext  ACTION
      MODE CONFIRMED;
      WITH INFORMATION SYNTAX Context-ASN1Module.AddContextInfo;
      WITH REPLY SYNTAX Context-ASN1Module.AddContextReply;
REGISTERED AS {...}

RemoveContext      ACTION
```

```
      MODE CONFIRMED;
      WITH INFORMATION SYNTAX Context-ASN1Module.RemoveContextInfo;
      WITH REPLY SYNTAX Context-ASN1Module.RemoveContextReply;
REGISTERED AS {...}
-- AddLink und RemoveLink analog
```

Abb. 9: Spezifikation der Bestandteile von Context

Das Paket ContextContainment ist nur dann in einem MO enthalten, wenn die durch das PRESENT-IF-Konstrukt informell angegebenen Bedingungen erfüllt sind. Das mehrwertige Attribut superordinatedContexts enthält die Bezeichner aller Tradingkontexte, die diesem Kontext eine Hierarchiestufe übergeordnet sind. Dabei spielt es keine Rolle, ob diese lokal verfügbar sind, oder ob sie lediglich durch den Verweis eines anderen Traders übergeordnet sind. subordinatedContexts verhält sich analog für untergeordnete Contexte. Mit Hilfe von subordinatedContexts läßt sich der TCG eines Traders nachvollziehen. Zusätzlich werden durch den Verweis auf Action-Templates in ContextContainment die in Kapitel 2 erläuterten Funktionen eingebunden. Abbildung 9 enthält die Spezifikation dieser Action-Templates. Dort werden Datentypen für die Eingabe- und Rückgabeparameter definiert. MODE CONFIRMED besagt, daß die Operation in jedem Fall bestätigt wird.

Darüber hinaus sind in Abbildung 9 sämtliche Attribute definiert. Der Datentyp eines Attributes wird durch den Verweis auf ein ASN.1-Modul zugeordnet. In diesem Zusammenhang werden Testkriterien legalisiert. EQUALITY gestattet einen Test auf Gleichheit, SET-INTERSECTION und SET-COMPARISON erlauben, ein mehrwertiges Attribut auf Schnittmengen- bzw. Teilemengenrelation mit einer gegebenen Menge zu testen. Abbildung 10 zeigt das zugehörige ASN.1-Modul.

```
Context-ASN1Module {...}
DEFINITIONS ::=
IMPORTS
      ClientId, ContextId, ContextProperties, Date, ErrorCode,
      LeadsTo, LinkId, LinkPropertyValues, Rule, TargetTraderInterfaceId,
      TargetTraderName
FROM ...
BEGIN
      MembershipRules    ::=   SEQUENCE OF Rule
      NumberOfOffers     ::=   INTEGER
      lastChange         ::=   Date
      ContextRel         ::=   SEQUENCE OF LinkId
      AddLinkInfo        ::=   SEQUENCE
                               {ClientId, TargetTraderName,
                                LinkPropertyValues, TargetTraderInterfaceId}
      AddLinkReply       ::=   CHOICE
                               {LinkId, ErrorCode}
      RemoveLink         ::=   SEQUENCE
                               {ClientId, LinkId}
      RemoveReply        ::=   ErrorCode
      AddContextInfo     ::=   SEQUENCE
                               {ClientId, ContextId, ContextPropertyValues,
                                LeadsTo}
      AddContextReply    ::=   ErrorCode
      DelContextInfo     ::=   SEQUENCE {ClientId, ContextId}
      DelContextReply    ::=   ErrorCode
END
```

Abb. 10: Definition der Datentypen von Context

Abbildung 11 enthält die Spezifikation der MO-Klasse `ServiceOffer`. Des Umfangs halber wurde hier auf die Angabe der weitestgehend analogen Attribut- und Action-Templates, sowie auf das ASN.1-Modul verzichtet. `ServiceOffer` setzt sich aus den drei Paketen `ServiceOfferAction`, `staticProperties` und `dynamicProperties` zusammen. `ServiceOfferAction` realisiert die in Kapitel 2 erwähnten Funktionen `replace` und `withdraw`. Das Paket `staticProperties` bindet eine Reihe von Attributen ein, welche die Identifikation und Beschreibung von Service, Service Type, Service Offer, Exporter etc. gewährleisten. Diese im Detail zu erläutern, würde den Rahmen der vorliegenden Arbeit übersteigen.

```
ServiceOffer MANAGED OBJECT CLASS
     DERIVED FROM        ODPTop;
     CHARACTERIZED BY
          staticProperties         PACKAGE
               ATTRIBUTES InterfaceId                    GET-REPLACE,
                          Interface                      GET-REPLACE,
                          ServiceInterfaceId             GET-REPLACE,
                          ServiceOfferId                 GET-REPLACE,
                          ContextId                      GET-REPLACE,
                          ServiceTypeDescription         ADD-REMOVE,
                          ServiceProperties              ADD-REMOVE,
                          ServiceOfferProperties         ADD-REMOVE;
          REGISTERED AS {...}
          dynamicProperties        PACKAGE
               ATTRIBUTES operationalState               GET,
                          usageState                     GET,
                          administrativeState            GET;
          REGISTERED AS {...}
          ServiceOfferAction       PACKAGE
               ACTIONS    replace, withdraw;
          REGISTERED AS {...}
REGISTERED AS {...}
```

Abb. 11: Spezifikation der MO-Klasse `ServiceOffer`

Typisch für die Attribute ist, daß sie einen überwiegend statischen Charakter haben, d.h. ihr Zustand ändert sich überhaupt nicht oder nur sporadisch. Im Gegensatz hierzu ändern sich die Werte der in `dynamicProperties` enthaltenen Attribute ständig. In `operationalState`, `usageState` und `administrativeState` sind Werte enthalten, die den aktuellen Zustand des zugehörigen Dienstes beschreiben. Dieser Sachverhalt ist in Abbildung 12 dargestellt.

Das Attribut `operationalState` signalisiert die generelle Betriebsbereitschaft. Dies wird durch die beiden Zustandswerte `enabled` für die teilweise oder vollständige Verfügbarkeit und `disabled` für die Nichtverfügbarkeit einer Ressource unterstützt. `usageState` beschreibt den aktuellen Nutzungsgrad der Ressource. Dieses Attribut kann die Zustände `idle` für keine Nutzung der Ressource, `active` für die Nutzung der Ressource und `busy` für die volle Auslastung der Ressource haben. `administrativeState` kennzeichnet, ob die Ressource aus administrativen Gründen für Benutzer nicht zugänglich ist. Dies ist dann der Fall, wenn `administrativeState` im Zustand `locked` ist. Bei `shuttingDown` werden noch alle in der Warteschlange befindlichen Anfragen abgearbeitet, bevor die Ressource gesperrt wird. Bei `unlocked` liegt keine administrative Sperrung vor.

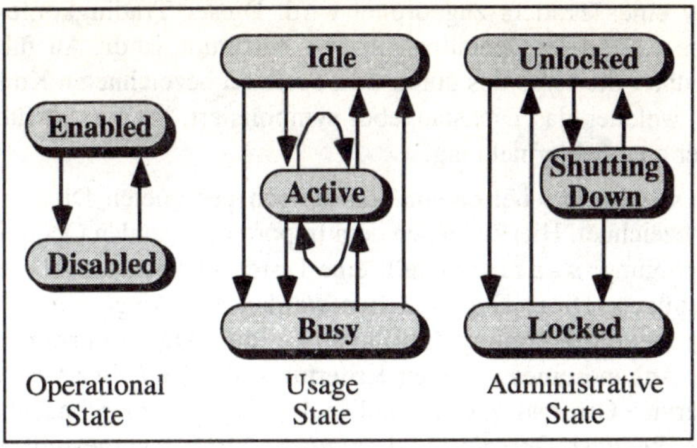

Abb. 12: Operational State, Usage State und Administrative State

Das hier vorgestellte Konzept kann konsequent auf die übrigen Ressourcen angewendet werden, auch wenn dies aus Gründen des Umfangs der Darstellung nicht möglich war. Die typischen Eigenschaften der Ressource und ihre Gegebenheiten müssen mit GDMO spezifiziert und in die Hierarchie eingegliedert werden.

4. Der Vorgang der Dienstvermittlung

Für die folgenden Überlegungen wird davon ausgegangen, daß der Exporter und seine innere Architektur ebenfalls durch MOs repräsentiert und in einer Enthaltenseinsbeziehung angeordnet sind. Diensttypen werden durch die MO-Klasse `ServiceType` abstrahiert, welche die Operation `Create` zur Instanziierung eines Dienstes enthält. Ein Dienst wird durch die Klasse `Service` dargestellt, der neben der für das Trading benötigten Funktion `export`, auch über die in `ServiceOffer` spezifizierten Zustandsattribute `operationalState`, `usageState` und `administrativeState` verfügt.

Im folgenden wird ein Beispiel für den typischen Ablauf des Tradings unter Zuhilfenahme der in Kapitel 3 gemachten Spezifikationen angegeben. Dabei soll - neben dem Einrichten von Tradingkontexten und Dienstangeboten - die Dienstanfrage eines Importers demonstriert werden.

Bevor ein Exporter Dienstangebote in dem Service Directory eines Traders plazieren kann, muß zunächst ein entsprechender Tradingkontext vorhanden sein. Dieser wird von einer mit dem Context Management beauftragten Instanz durch die Operation `AddContext` eingefügt. `AddContext` wird durch ein Action-Template spezifiziert, welches innerhalb der MO-Klasse `Context` eingebunden wird. Die Datentypen der zugehörigen Parameter werden mittels des ASN.1-Moduls in Abbildung 9 definiert. Diese Operation wird auf der Instanz der MO-Klasse `Context` ausgeführt, die dem neu zu definierenden Kontext unmittelbar übergeordnet ist. Demnach wird unterhalb dieses MOs ein weiteres MO der Klasse `Context` hinzugefügt. Die Attribute `superordinatedContexts` des neuen Kontext-MOs und `subordinatedContexts` des übergeordneten MOs werden entsprechend aktualisiert.

Ein Exporter, der mehrere Dienste anbietet, muß diese für die ODP-Umgebung verfügbar machen. Dies geschieht, indem der Exporter ein mit dem Dienst verbundenes Dienstangebot in einem entsprechenden Kontext im Service Directory des Traders plaziert. Dieser Vorgang wird durch die Operation `export` realisiert, die innerhalb der Klasse `Service` spezifiziert ist. Sie wird auf dem den Dienst repräsentierenden MO ausgeführt. Ihre erfolgreiche Abarbeitung hat zur Folge, daß das entsprechende Dienstangebot einem Tradingkontext im

Service Directory eines Traders zugeordnet wird. Dieser Tradingkontext wird durch den Parameter `ContextId` in der Operation `export` bestimmt. Ist die Ausführung von `export` erfolgreich, wird unter dem MO des durch `ContextId` bezeichneten Kontextes ein weiteres MO eingerichtet, welches das Dienstangebot symbolisiert. Ist die Ausführung erfolglos, so erhält der Exporter eine Fehlermeldung.

Die Anfrage eines Importers bei einem Trader nach geeigneten Dienstangeboten wird als *Service Request* bezeichnet. Hierfür stehen dem Importer die beiden Operationen `search` und `select` zur Verfügung. `search` erstellt eine Liste mit Dienstangeboten, die bestimmten Eigenschaften genügen. Diese Eigenschaften werden *Matchingkriterien* genannt. `select` erstellt zunächst ebenfalls unter Zuhilfenahme der Matchinkriterien eine Liste mit Dienstangeboten. Anhand eines weiteren Kriteriums, dem *Selectkriterium*, wird aus dieser Liste das beste Service Offer ausgewählt und an den Exporter zurückgegeben. In [PoMeK 94] wird die *Service Request Description Language* (SRDL) vorgestellt, mit der sich diese Kriterien geeignet beschreiben lassen.

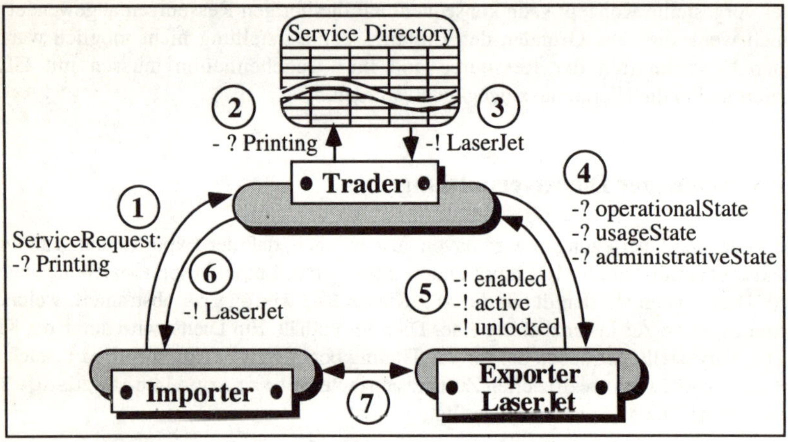

Abb. 13: Dienstvermittlung unter Einbeziehung dynamischer Eigenschaften

Der Prozeß des Tradings verläuft nun folgendermaßen: ein Importer übergibt mit einer der beiden Operationen `search` oder `select` einen Parameter, der den gewünschten Dienst beschreibt. Der Trader ermittelt anhand dieser Beschreibung eine Liste mit geeigneten Dienstangeboten. Als Quelle dienen ihm hierfür sein lokales Service Directory sowie die durch Federation Contracts vereinbarten Tradingkontexte anderer Trader. Die so entstandene Liste enhält eine Auswahl von geeigneten Dienstangeboten unter Berücksichtigung der statischen Eigenschaften von Diensten. Die Liste enthält keine dynamischen Eigenschaften, wie z.B. den aktuellen Zustand eines Dienstes. Diese werden durch eine Anfrage des Traders bei den Exportern ermittelt. Lassen die so eingebundenen dynamischen Eigenschaften die Vermittlung des Dienstes nicht zu, z.B. wenn `usageState` auf busy steht, so wird das zugehörige Dienstangebot aus der Liste entfernt, anderenfalls an den Importer weitergeleitet, vgl. Abbildung 13.

Mit diesem Beispiel wurde gezeigt, wie die in Kapitel 3 gemachten Spezifikationen den Prozeß der Dienstvermittlung unterstützen. Insbesondere wurde der für Verteilte Systeme vorteilhafte dynamische Charakter dieser Spezifikationen mit in die Betrachtung einbezogen.

5. Schlußbemerkungen

Das in dieser Arbeit vorgestellte Managementszenario stellt ein Modellierungskonzept für Ressourcen einer ODP-Umgebung bereit. Es wurde gezeigt, daß sich durch MOs sowohl dynamische als auch statische Eigenschaften einer Ressource beschreiben lassen. Hierzu zählt zum einen die Beschreibung durch Attribute, zum anderen die Beschreibung von Operationen, mit denen sich die Ressource steuern läßt. Durch die Enthaltenseinsbeziehung läßt sich die Struktur einer verteilten Umgebung geeignet darstellen.

Bei der Erstellung der Arbeit wurde versucht, die in der Fachliteratur oftmals zitierte Möglichkeit der Verwendung von OSI-Managementwerkzeugen für ODP zu konkretisieren. Dabei stand die Beschreibung von MOs durch GDMO und ASN.1 im Mittelpunkt. Für die Übertragung von Managementinformationen wurde auf die Dienste von CMIS aus dem OSI-Standard zurückgegriffen.

Der Umfang dieser Arbeit ließ es nicht zu, alle Aspekte des Managements einzubeziehen, zumal auch aufgrund der laufenden Standardisierungsbemühungen nicht abgesehen werden kann, welche Aufgaben dem Bereich des Managements noch zukommen werden. Deshalb besteht die Notwendigkeit, in den fünf funktionalen Bereichen des Managements, Funktionen anzubieten, die dem Benutzer ein ausreichendes Maß an Flexibilität und Mächtigkeit zur Verfügung stellen. Ein Vorbild für die Definition dieser Funktionen könnten die Systems Management Functions des OSI-Standards bilden, welche sich mittlerweile in sechzehn Teile gliedern und zum aktuellen Zeitpunkt immer noch erweitert werden.

Literaturreferenzen

[ANSA] ANSA *Reference Manual.* Release 4.0, APM Ltd., Cambridge, U.K., 1993

[ASN.1] ISO/IEC 8824 IS: *Information Technology - Open Systems Interconnection - Specification of Abstract Syntax Notation One (ASN.1).* 1990

[BeRa 91] Bearman, M.; Raymond, K.: *Federating Traders: an ODP Adventure.* In: IFIP-Workshop on ODP, Berlin 1991, North Holland, S. 125-141

[BKS 91] Barth, I.; Kovacs, E.; Sembach, F.: *Trading und Management-Funktionen in MELODY.* In: Tagungsband zum Workshop "Entwicklungstendenzen von Rechnernetzen", Gaußig 1991, S.25-34

[BER] ISO/IEC 8825 IS: *Information technology - Open Systems Interconnection - Specification of Basic Encoding Rules for Abstract Syntax Notation One (ASN.1).* 1990

[CMIS] ISO/IEC 9595 IS: *Information Technology - Open Systems Interconnection - Common Management Information Service Definition.* 1990

[CMIP] ISO/IEC 9596 IS: *Information Technology - Open Systems Interconnection - Common Management Information Protocol Specification.* 1990

[GDMO] ISO/IEC 10165-4 IS: *Information Technology - Open Systems Interconnection - Structure of Management Information: Guidelines for the Definition of Managed Objects.* 1992

[HeAb 93] Hegering, H.-G.; Abeck, S.: *Integriertes Netz- und Systemmanagement.* Addison-Wesley Publishing Company, 1993

[KuKu 94] Kutvonen, L.; Kutvonen, P.: *Broadening the User Environment with Implicit Trading.* In: Tagungsband 2nd IFIP International Conference on Open Distributed Processing (ODP'93), North Holland 1994, S.157-168

[NiGo 94] Goscinski, A.; Ni, Y.: *Trader Cooperation to Enable Object Sharing Among Users of Homogeneous Distributed Systems.* In: Computer Communications, Bd. 17 (1994), S. 218-229

[ODP P1] ISO/IEC JTC1/SC21/WG7: *Basic Reference Model For Open Distributed Processing - Part 1: Preliminary Model.* Januar 1994

[ODP P2] ISO/IEC JTC1/SC21/WG7: *Basic Reference Model For Open Distributed Processing - Part 2: Descriptive Model.* 1994

[ODP P3] ISO/IEC JTC1/SC21/WG7: *Basic Reference Model For Open Distributed Processing - Part 3: Descriptive Model.* 1994

[ODP Tr] ISO/IEC JTC/SC21/WG7: *Working Document on Topic 9.1 - ODP Trader.* Juli 1993

[PoKM 94] Popien, C.; Kuepper, A.; Meyer, B.: *Service Mangement - The new answer of ODP Requirements.* In: Proceedings of the IFIP International Conference on Open Distributed Processing. North Holland Amsterdam London New York 1994, pp. 408 - 411

[PoKu 94] Popien, C.; Kuepper, A.: *A Concept for an ODP Service Management.* Accepted for IEEE/IFIP 1994 Network Operations and Management Symposium, Hyatt Orlando, Kissimmee, Florida, Febr. 14-17, 1994

[PoKuM94] Popien, C.; Kuepper, A.; Meyer, B.: *A Formal Description of ODP Trading based on GDMO.* Accepted for: Journal of Network and Systems Management, Plenum Press, New York and London.

[PoMe 93] Popien, C.; Meyer, B.: *Federating ODP Traders: An X.500 Approach.* In: Proceedings of the IEEE International Conference on Communications ICC'93, May 1993, Geneva, Switzerland, pp. 313 - 318

[PoMeK94] Popien, C.; Meyer, B.; Kuepper, A.: *A Formal Approach to Service Import in ODP Trader Federations.* Aachener Informatik-Berichte, ISSN-Nr. 0935-3232, Aachen 1994

[Ros 89] Rose, O.: *Ein Überblick über die ISO/OSI-Management-Architektur.* In: PIK 3, 1989, Carl Hanser Verlag, München

[Ros 90] Rose, O.: *OSI-Management-Funktionen.* In: PIK 4, 1990, K.G. Saur Verlag, München

[Sch 93] Schill, A.: *DCE - Das OSF Distributed Computing Environment - Einführung und Grundlagen.* Springer, 1993

[Slo 90] Sloman, M.: *Management for Open Distributed Processing.* Second IEEE Workshop on Future Trends of Open Distributed Computing Systems, IEEE Comp. Soc. Press, 1990

Protokollimplementierung mit Kommunikationsboten

Christian F. Tschudin
<tschudin@cui.unige.ch>

Universität Genf, Centre Universitaire d'Informatique,
24, rue du Général Dufour, CH-1211 Genève 4, Schweiz

Zusammenfassung

Kommunikationsboten stellen eine neuartige Technik dar, Computerprotokolle zu implementieren: durch den Austausch von Programmen (den Kommunikationsboten) lassen sich beliebige Kommunikationsdienste erbringen. Ein grosser Vorteil dieses Ansatzes ist, dass die Vorabinstallation von protokollspezifischer Software entfällt. Dieser Beitrag erläutert kurz den Hintergrund und die Arbeitsweise von Kommunikationsboten. Im Zentrum aber stehen erste Erfahrungen mit einer Ausführungsumgebung, MØ genannt, mit welcher praktische Versuche durchgeführt werden konnten. Am Beispiel des Alternating-Bit-Protokolles wird vorgeführt, wie ein Protokoll auch ohne Protokolleinheiten abgearbeitet werden kann. Im Weiteren werden die Implementierungsalternativen diskutiert, die sich durch den Einsatz von Kommunikationsboten für die Protokollimplementierung eröffnen. Insbesondere wird die Frage erläutert, wie sich meldungsbasierte Protokolle in eine Kommunikationsbotenumgebung integrieren lassen.

Stichworte: Kommunikationsboten (communication messengers), Agents, Architekturmodelle für verteilte Anwendungen, Protokollimplementation, Protokollinterpretation, MØ-Programmiersprache

1 Einführung

Protokolle im Bereich von Computerkommunikation betreffen vor allem die *Meldungen*, die zwischen den kommunizierenden Einheiten ausgetauscht werden. Einerseits ist das Format dieser Protokolldateneinheiten (PDU) festzulegen, andererseits müssen Regeln angegeben werden, die bestimmen, welche Austauschsequenzen zu befolgen sind, um einen gewünschten Kommunikationsdienst zu erhalten. Dieses Modell der Computerkommunikation wurde besonders in der Formulierung von Shannon berühmt [1]. Charakteristisch für dieses Modell ist die notwendige *Interpretation* empfangener Meldungen, d.h. das Dekodieren. Diese Aufgabe wird von sog. Protokolleinheiten durchgeführt: Protokollimplementierung heisst deshalb auch, dass Programmcode für die Protokolleinheiten geschrieben werden muss. Im Rahmen von Shannons Kommunikationsmodell wird dabei als gegeben akzeptiert, dass Protokolleinheiten *vor* dem Ablauf einer Kommunikation zu installieren sind.

Ein anderes Modell liegt der botengestützten Computerkommunikation zu Grunde: an Stelle der Interpretation tritt die *Instruktion*. Der Initiator eines Kommunikationsdienstes instruiert den oder die Empfänger über die Art und Weise, wie der Dienst zu erbringen ist. Ueberraschend ist, dass dieses Instruieren nicht zusätzlich zum Austausch von PDUs hinzukommt, sondern dass es *alle* Aufgaben übernehmen kann, also nur noch Instruktionen auszutauschen sind [2]. Solchen Instruktionspaketen wurde die

Bezeichnung Kommunikationsboten (messenger) gegeben: sie sind eine aktive Form von Meldungen (message).

Ansatzweise wurde diese Sicht schon recht früh vorgeschlagen. Eine erste Arbeit aus dem Jahre 1981 [3] schlug vor, electronic Mail Meldungen mit Instruktionen zu versehen, so dass sie als "intelligente Dokumente" gleich selbst über ihre Behandlung entscheiden können. Diese Idee wurde wieder aufgenommen, wie Berichte in verschiedenen populärwissenschaftlichen Zeitschriften zeigen: erste Produkte dürften bald verfügbar sein (etwa TELESCRIPT-Agenten [4, 5], die SAFE-TCL Sprache und andere Formen von "Knowbots" (knowledge roboter) [6]). Aber auch in tieferen Schichten, d.h. im Bereich Datentransport, sind erste Ansätze einer botengestützten Kommunikation sichtbar geworden [7]. Besonders deutlich wird diese Sicht schliesslich in der Arbeit von Falcone [8], der eine mächtigere Form des remote procedure calls vorschlägt.

In einer ersten Interpretation könnten Kommunikationsboten als Instrument verstanden werden, um Code in einen entfernten Rechner hinunterzuladen: anschliessend kann nach dem alten Muster des Meldungsaustausch verfahren werden. Als weiterer Bezugspunkt könnte auch POSTSCRIPT [9] genannt werden, wo Dokumente (eigentlich Grauwertdaten) durch Programme ersetzt sind. Beide Modelle unterscheiden sich jedoch in einer grundlegenden Weise vom vorgestellten Kommunikationsmodell. Ein wichtiges Element einer botengestützten Kommunikationsarchitektur ist die *Symmetrie*: die Unterscheidung zwischen Programm und Daten wird einseitig zugunsten des Programmes entschieden. Das heisst, dass die "Antwort" auf ein versandtes Instruktionspaket *wieder* Instruktionen sind. Dies trifft weder für das Downloading noch für POSTSCRIPT zu (POSTSCRIPT wird Ausführungsfehler nicht in Form eines POSTSCRIPT-Programmes zurückmelden). Im vorliegenden Bericht wird an einem Beispiel gezeigt, wie ein Kommunikationsdienst ausschliesslich mit dem Austausch von Instruktionen erbracht werden kann.

1.1 Die Kommunikationsbotenplattform

Damit eine Kommunikation mit Boten möglich ist, muss jeder Rechner den Boten eine Ausführungsumgebung, *Plattform* genannt, anbieten. Die Plattformen sind es, welche die Instruktionsblöcke empfangen und auch ausführen werden. Selbstverständlich muss eine Uebereinkunft darüber herrschen, welche Instruktionen verwendet werden können. Es wird weiter angenommen, dass solche Plattformen in der Lage sind, untereinander Instruktionsblöcke auszutauschen (dies muss kein gesicherter Transport sein, d.h. einzelne Boten dürfen verloren gehen). Auf den ersten Blick erscheint es so, als ob damit ein Protokoll im Shannon'schen Sinn definiert wird. Allerdings wurde nur etwas zum Datenformat gesagt (die Menge der erlaubten Instruktionen) – ein wichtiges Element eines Protokolles hingegen wurde ausgelassen: es wird nichts darüber gesagt, in welcher Folge die Kommunikationsboten auszutauschen sind. Dies ist vollständig der Kontrolle der Boten überlassen. Das Botenmodell definiert damit auf einer tiefen Ebene eine sehr einfache Kommunikationsschicht. Von der Kodier- und Dekodierarbeit her gesehen ist es vollständig im klassischen Kommunikationsmodell integriert. Jedoch wird das Shannon'sche Modell nicht auf höhere (Protokoll-) Schichten ausgedehnt, wie dies sonst bei geschichteten Kommunikationsmodellen getan wird. Den Kommunkationsboten wird ein flacher und vollständig unstrukturierter Raum angeboten. Darin können, falls gewünscht, Protokolle ähnlich einem Protokollstapel implementiert werden. Kommunikationsboten können aber auch ihre ganz eigenen Kooperationsmodelle verwirklichen, ohne dass vorher Protokolleinheiten zu installieren wären. Bedingung allerdings ist das Vorhandensein einer Ausführungsplattform.

1.2 Uebersicht

Abschnitt 2 beschreibt eine erste Implementierung einer Kommunikationsbotenplattform. Insbesondere werden die internen Details diskutiert, die notwendig sind, um die in Abschnitt 3 vorgeführte Protokollimplementation mit Kommunikationsboten zu verstehen. In Abschnitt 4 werden Implementierungsvarianten diskutiert und in Zusammenhang gebracht mit Flexibilisierungsbestrebungen im Rahmen klassischer (PDU-orientierter) Kommunikationsarchitekturen. Es werden auch offene Fragen im Umfeld von Boten aufgezählt. Abschnitt 5 schliesslich gibt einen zusammenfassenden Ausblick.

2 Die Kommunikationsboten-Plattform MØ

Die im Folgenden beschriebene Ausführungsumgebung für Kommunikationsboten lehnt sich eng an das in [2] vorgeschlagene Modell an. Einzig neues Element ist der uniformisierte Einsatz von 64-bit Schlüsseln als Namen für globale Variablen, auf die weiter unten noch detailliert eingegangen wird. Die Software für MØ wurde im Juni 1994 öffentlich zugänglich gemacht ([10] und `cui.unige.ch:/pub/m0` via FTP).

Eigentlich ist MØ (M-Zero) eine Bezeichnung für drei verschiedene, aber doch zusammengehörende Objekte: MØ steht (a) für eine Programmiersprache und (b) gleichzeitig für den entsprechenden Sprachinterpreter (Plattform), und schliesslich beinhaltet MØ auch eine Konvention über das externe Datenformat von Kommunikationsboten. Jedes dieser drei Elemente könnte bis zu einem gewissen Grad ausgetauscht werden ohne die anderen beiden Elemente zu tangieren. Im jetzigen Zeitpunkt bilden sie jedoch eine Einheit, weshalb wir im Rest dieses Beitrag diese Unterscheidung nicht immer betonen werden – es wird die Aufgabe weiterer Forschung sein zu entscheiden, ob das eine oder andere Element von MØ Mängel aufweist und modifiziert werden muss.

Die Programmiersprache MØ ist eine Hochsprache mit starken Aehnlichkeiten zu POSTSCRIPT [9]: alle Datenwerte haben einen Typ, es stehen Mittel zur Verfügung, um Datenelemente zu strukturierten Datenwerten zusammenzufassen, und auch die Kontrollflussanweisungen sind strukturiert (kein `goto`). Die Verwandtschaft mit POSTSCRIPT geht sehr weit: so wurde das Stack-orientierte Ausführungsmodell beibehalten ebenso wie der in POSTSCRIPT angewandte Mechanismus, an Namen gebundene Werte aufzufinden. Wer POSTSCRIPT kennt, wird sich sehr schnell in der Liste der Operatoren zurecht finden (siehe den Anhang) – die entscheidende Referenz bleibt natürlich das MØ-Manual [11]. Auf dieses Dokument sei auch verwiesen wer weitere Details, etwa syntaktische Regeln, in Erfahrung bringen möchte. Wir wollen uns hier auf die wesentlichen Konzepte von MØ konzentrieren.

2.1 Elemente einer Ausführungsplattform

Das in [2] vorgeschlagene Modell einer Plattform für Kommunikationsboten sieht im wesentlichen vier Elemente vor (siehe Abbildung 1 für eine schematische Darstellung).

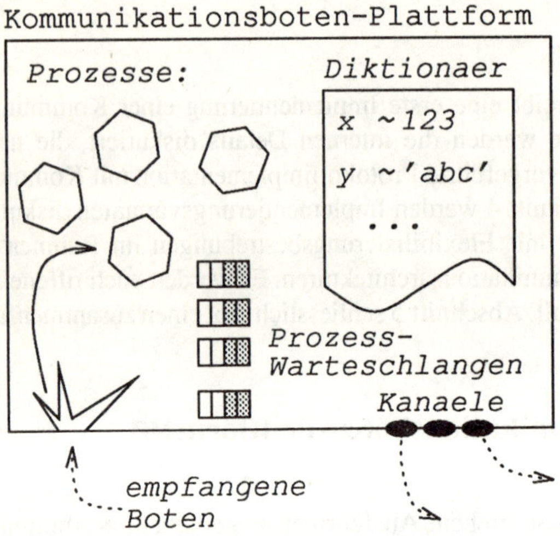

Abbildung 1 Schematische Sicht einer Ausführungsplattform für Kommunikationsboten.

Parallele Prozesse: Jeder (korrekt) empfangene Kommunikationsbote wird ohne vorangehende Analyse in einen selbständigen Prozess verwandelt. Die dadurch entstehenden parallelen Prozesse können sich nicht direkt beeinflussen (es gibt keine Prozessnummer, und ohne explizite Koordination ist es einem Prozess beinahe unmöglich, in die Ausführung eines Anderen einzugreifen).

Globaler Speicher: Für den Austausch von Daten zwischen zwei Prozessen der gleichen Plattform steht ein globaler Speicher zur Verfügung. In MØ hat dieser Speicher die Form eines "Wörterbuches" (dictionary), in welchem beliebige Datenwerte unter frei gewählten Namen abgelegt und ausgelesen werden können. Unabhängig davon hat jeder Prozess seinen eigenen, lokalen Speicherbereich.

Im speziellen Kontext von Kommunikationsboten auf Applikationsebene würde der globale Speicher durch eine Datenbank realisiert, in welcher intelligente Agenten nach den gewünschten Informationen suchen können. Dazu genügt es, die Botensprache um Primitive für (lokale!) Datenbankrecherchen zu erweitern, etwa mit SQL. In diesem Bereich sind interessante Koppelungsmodelle zwischen Bote und Datenbank denkbar. So muss das Resultat einer Abfrage nicht als *eine* Meldung via Prozeduraufruf zurückgereicht werden: der anfragende Bote könnte die Datanbank beauftragen, für jeden gefundenen Datenbankeintrag einen neuen Boten "auszusetzen". Diese asynchrone Abfragemöglichkeit ist insbesondere für interaktive Abfragen interessant.

Prozesswarteschlangen: Die Ausführungssequenz paralleler `MØ`-Prozesse lässt sich mit Prozesswarteschlangen beeinflussen: jeder Prozess kann sich in eine solche Warteschlange einfügen und darauf warten, an die Spitze vorzustossen. Dort angekommen hat er die Garantie, dass alle anderen Prozesse in der Warteschlange blockiert sind. Erst wenn der vorderste Prozess explizit die Warteschlange verlässt, können andere Prozesse nachrücken. Eine spezielle Form des "sich-Einfügens" erlaubt es einem Prozess, nur eine beschränkte Zeit darauf zu warten, an die Spitze der Warteschlange zu gelangen. Warteschlangen werden durch frei gewählte Namen (Schlüssel) identifiziert – sie brauchen weder initialisiert noch freigegeben zu werden. Schliesslich sei noch erwähnt, dass Warteschlangen "eingefroren" werden können: dies verhindert das Nachrücken der eingereihten Prozesse.

Kommunikationskanäle: Jeder Prozess kann neue Kommunikationsboten an Nachbar-Plattformen versenden. Dazu werden spezielle Kanäle verwendet, die eine Abstraktion der unterliegenden Transportinfrastruktur darstellen. In der aktuellen Implementierung von `MØ` müssen die Kanäle explizit und immer von Neuem erzeugt werden: sie stehen nur für einen einzigen Versand zur Verfügung.
Ein spezieller Kanal ist immer verfügbar: er erlaubt es, einen Kommunikationsboten als neuen lokalen und parallelen Prozess zu starten. Damit entspricht dieser Kanal ungefähr der bekannten `fork` Operation, wobei allerdings der lokale Speicher *nicht* mitkopiert wird.

2.2 Zufallsgenerierte Variablennamen

`MØ` hat einen neuen Datentyp, der in POSTSCRIPT nicht vorhanden ist: den 64-Bit Schlüssel. Er wird an zentralen Orten eingesetzt, wobei anzumerken ist, dass Schlüsselwerte beinahe ausnahmslos zufallsmässig generiert werden.

Zum Einen werden Schlüssel verwendet, um Prozesswarteschlangen zu identifizieren. Da es nicht nötig ist, eine Warteschlange zu initialisieren, genügt es, sich unter Angabe eines selbstgewählten Schlüssels einzureihen. Wird anderen Prozessen dieser "Name" bekanntgegeben, können sie sich ebenfalls in die Warteschlange setzen.

Zum Anderen wird für jeden neu erzeugten Kanal ein zufälliger Schlüssel generiert. Dieser Schlüssel kann beliebig weitergegeben werden – er berechtigt, ähnlich den "Capabilities" in verteilten Betriebsystemen, zum einmaligen Versand eines Kommunikationsboten an diejenige Nachbarsplattform, die der Kanalerzeuger vorgegeben hatte.

Schliesslich sind die Schlüssel auch das Mittel der Wahl, um verschiedensten Populationen von Kommunikationsboten zu erlauben, den globalen Speicher praktisch kollisionslos zu gebrauchen. Mit anderen Worten: um zu verhindern, dass alle `MØ`-Prozesse versuchen, unter dem Namen "window_size" einen Wert abzulegen (was durchaus möglich ist), sollten sie dynamisch Namen in Form von Schlüsseln erzeugen und an die Beteiligten weitergeben. Mit den zur Verfügung stehenden 64 Bits ist eine Namenskollision äusserst unwahrscheinlich.

2.3 Die Transportinfrastruktur

Von einem theoretischen Standpunkt aus gesehen sind Kommunikationsboten reine Instruktionssequenzen. Müssen Daten übertragen werden, so genügt es, in die Anweisungen des Boten weitere Instruktionen einzufügen, die die gewünschten Werte erzeugen können. Für die Praxis ist dies eine gleich doppelt aufwendige Sache: zum Einen müssen die Daten kodiert werden, zum Anderen sind die empfangenen Instruktionen auszuführen. Deshalb wurde für MØ-Boten vorgesehen, neben einem Instruktionsteil auch ein beliebig verwendbares Datenfeld vorzusehen. Abbildung 2 zeigt die gewählte Gliederung eines MØ-Kommunikationsboten. Die Idee ist, dass der Inhalt (oder Sinn)

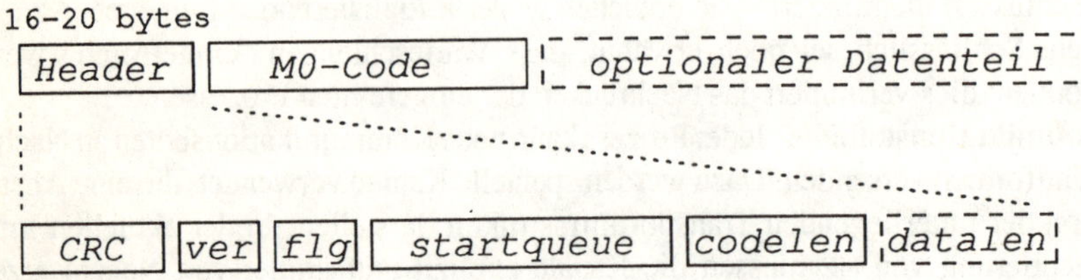

Abbildung 2 Das externe Datenformat eines MØ-Kommunikationsboten.

des Code-Feldes durch die Definition der MØ-Sprache abgedeckt ist. Die Interpretation des Datenfeldes hingegen unterliegt der ausschliesslichen Verantwortung des Codes. Es ist möglich, dass im Datenfeld ebenfalls MØ-Instruktionen mitgeführt werden; dann kann der Bote diese Instruktionen einfach ausführen lassen. Das Datenfeld kann aber auch beliebige binäre Werte enthalten, die z.B. vom Boten an einen anderen Prozess zur Interpretation weitergegeben werden.

Dem Code- und dem optionalen Datenfeld geht ein 16 bis 20 Bytes langer Header voran: das CRC Feld enthält eine Prüfsumme über den Header und Code-Teil. Es geht dabei weniger um das Erkennen von Uebertragungsfehlern (die heute verschwindend selten sind), sonder mehr um eine Garantie, dass es sich beim vorliegenden Datenpaket wirklich um einen MØ-Kommunikationsboten handelt. Im Flag-Feld wird festgehalten, ob der Bote ein Datenteil enthält. In diesem Fall sind im Header neben der Länge des Codeteils auch diejenige des Datenteils zu finden. Schliesslich ist noch das 8 Bytes lange "startqueue"-Feld zu erwähnen: es gibt an, in welcher Prozesswarteschlange der zu erzeugende MØ-Prozess gestartet werden soll. Dies erleichtert die Programmierung von Boten ungemein, insbesondere im Fall von Uebertragungskanälen, die Boten in unveränderter Sequenz übertragen. Ohne ein solches Feld müsste wegen der parallelen Ausführung von Kommunikationsboten jedes Mal Code mitgeführt werden, der garantiert, dass zusammengehörende MØ-Prozesse sich nicht "überholen" können. Wird dennoch vollständige Unabhängigkeit gewünscht, so genügt es, beim Zusammensetzen eines Boten für die startqueue einen zufällig gewählten Schlüssel anzugeben.

Bisher wurde die MØ-Plattform mit einer ETHERNET und UDP Schnittstelle versehen. Prinzipiell lassen sich MØ-Boten via jeden datagram-ähnlichen Uebertragungsdienst transferieren. Wie schon einleitend gesagt, kann dies auch electronic Mail sein. Wichtig allerdings ist die minimale Länge: unter einer Länge von 128 Bytes wird es schwierig, mit MØ ein Defragmentierprotokoll zu implementieren (siehe den Defragmentierboten in [10]).

3 Eine Implementierung des ABP Protokolles die ohne vorinstallierte Protokolleinheiten auskommt

Das Alternating-Bit-Protokoll ist ein Klassiker des Protokollentwurfes: es ist noch genügend einfach um vollständig überblickt zu werden, hat aber schon die nötige Komplexität und Funktionalität, um interessant zu sein. In diesem Abschnitt werden wir das Protokoll nur kurz vorstellen und uns vornehmlich auf die Implementierungsaspekte konzentrieren. Ein wichtiger Teil dieser Ausführungen besteht darin, das ABP Protokoll so zu formulieren, dass es sich für eine Implementierung mit Kommunikationsboten eignet (die Schwierigkeiten, diese "Neuformulierung" als Methode zu generalisieren, werden im Abschnitt 4 nochmals kurz angetönt). Einmal umschrieben, werden die ABP-Kommunikationsboten auch in Form von MØ-Code vorgeführt. Der gezeigte Programmtext wird für Aussenstehende vermutlich kryptisch aussehen, aber die ausführlichen Kommentare sollten es ermöglichen, den Code wenigstens dem Sinn nach zu verstehen.

3.1 Das Alternating-Bit-Protokoll (ABP)

Das ABP Protokoll erlaubt, eine gesicherte Datenübertragung trotz unzuverlässigem Kanal zu bewerkstelligen. Vom Kanal wird angenommen, dass er Meldungen verlieren, aber nicht ändern kann (Meldungen, die durch einen Uebertragungsfehler modifiziert werden, sollen mittels einer Quersumme entdeckt und einfach unterdrückt werden). Zudem soll der Kanal die Meldungen in der gleichen Reihenfolge ausliefern in welcher sie gesendet wurden.

Um den möglichen Verlust von Meldungen zu beheben, werden die Meldungen mit einem Zähler modulo 2 versehen. Die erste Meldung hat die Laufnummer 0, die Folgende die Nummer 1, dann wieder die 0 etc. Der erfolgreiche Empfang einer Meldung wird vom Empfänger mit dem Versand dieser Nummer quittiert. Erhält der Sender nach einer bestimmten Zeit keine Bestätigung, ist entweder die Meldung oder die Bestätigung unterwegs verloren gegangen. In diesem Fall wird die letzte, unbestätigte Meldung ein weiteres Mal versandt. Die Verwendung einer Laufnummer ermöglicht es dem Empfänger festzustellen, ob eine Meldung schon empfangen wurde (und es sich um eine Wiederholung handelt), oder ob schon die nächste Meldung vorliegt.

3.2 Eine kommunikationsboten-basierte Implementierung

Die grösste konzeptuelle Schwierigkeit, die es bei einer kommunikationsboten-basierten Implementierung des ABP-Protokolles zu überwinden gilt, ist die Elimination des "Empfängers". In einer reinen Kommunikationsbotenwelt kann nicht mehr davon ausgegangen werden, dass "auf der anderen Seite" eine vorinstallierte Instanz darauf wartet, Meldungen entgegenzunehmen und daraufhin zu untersuchen, ob sie die richtige Laufnummer tragen. Jede Aktivität wird von nun an vom Sender zu bestimmen sein. Es hat sich als hilfreich erwiesen, sich dazu in die Lage der ausgetauschten Meldungen zu versetzen und zu fragen, welcher Behandlung sie sich unterziehen müssen. Im Falle von ABP führt dies zu folgender Sichtweise (wir nehmen an, dass die Meldung vom Sender mit einer Laufnummer versehen wurde, die Meldung übertragen ist, und nun "behandelt" wird):

- Stimmt die Laufnummer überein mit derjenigen, die der Empfänger erwartet?
- Falls ja, kann die Nutzlast ausgehändigt werden. Auch muss nun dafür gesorgt werden, dass die nächste erwartete Laufnummer neu berechnet wird.
- In jedem Fall muss eine Bestätigung zurückgeschickt werden. Inhalt dieser Quittierung ist die Laufnummer der zuletzt erfolgreich ausgelieferten Meldung.

Eine ähnliche Betrachtung lässt sich für die Behandlung der Bestätigungsmeldung durchführen:

- Dem wartenden Sender ist zu signalisieren, dass die zuletzt versandte Meldung korrekt ausgeliefert wurde und Wiederholungen nicht (mehr) nötig sind.

Die Aktionen des Senders sind nun einfach zu beschreiben. Für jeden Aufruf des Uebertragungsdienstes sind folgende Schritte notwendig:

- Zuerst muss die nächste gültige Laufnummer bestimmt werden. Die zu transportierende Meldung wird mit ihr markiert und ein erstes Mal verschickt.
- Warteschleife: Falls nach einer gewissen Zeit noch keine Bestätigung eingetroffen ist, muss der Versand wiederholt werden.
- Wird andernfalls die erfolgreiche Auslieferung der zuletzt übermittelten Meldung signalisiert (siehe die Bestätigungsmeldung), kann die Warteschleife beendet werden.
- Nun muss noch der Laufnummernzähler erhöht werden, und der Aufruf des Uebertragungsdienstes ist beendet.

Mit dieser Beschreibung, die nicht die Protokolleinheiten sondern die Meldungen ins Zentrum rückt, wurde das Szenario für die ABP-Kommunikationsboten schon vollständig geschildert. Abbildung 3 hält die einzelnen Etappen fest und zeigt die notwendigen Ausführungspfade. Links ist der Aufruf (`abp_send`) des Uebertragungsdienstes sichtbar. Als erste Aktion der Warteschleife sendet der aufrufende Prozess einen `transfer` Kommunikationsboten zum Empfänger und fügt sich in eine Warteschlange ein. Im Falle eines Timeouts wird die Schleife erneut ausgeführt und der Versand wiederholt. Kommt eine Bestätigung zurück (`ack` Bote), kann die Schleife abgebrochen werden und der Aufruf ist beendet.

Soweit also eine Beschreibung des Kontrollflusses, der sich dank dem Botenprinzip auf mehrere Rechner ausdehnen kann. Noch offen geblieben sind die verwendeten Datenstrukturen und deren Handhabung (Wahl der Variablennamen, Initialisierung, etc). Wie schon aus der Abbildung 3 deutlich wurde, sind insgesamt vier Prozesswarteschlangen nötig, wobei aber nur drei Schlüssel (Namen) verwendet werden. key_0 und key_1 bezeichnen die senderseitigen Warteschlangen, in welchen der aufrufende Prozess auf die Bestätigung wartet. Abhängig von der aktuellen Laufnummer wählt der aufrufende Prozess die eine oder andere Warteschlange. Die Warteschlange mit dem Namen key_c wird von zurückkommenden Bestätigungsboten benützt. Das c soll darauf hinweisen, dass es sich dabei um den Schlüssel für die eigentlichen Verbindung (connection) handelt. Auf der Empfängerseite ist nur eine Warteschlange im Gebrauch: $key_{\overline{c}}$ (dieser Schlüssel ist die bit-weise Negation des key_c Schlüssels). Diese Wahl wurde getroffen, um den weiter unten vorgestellten Code auch unter speziellen Umständen

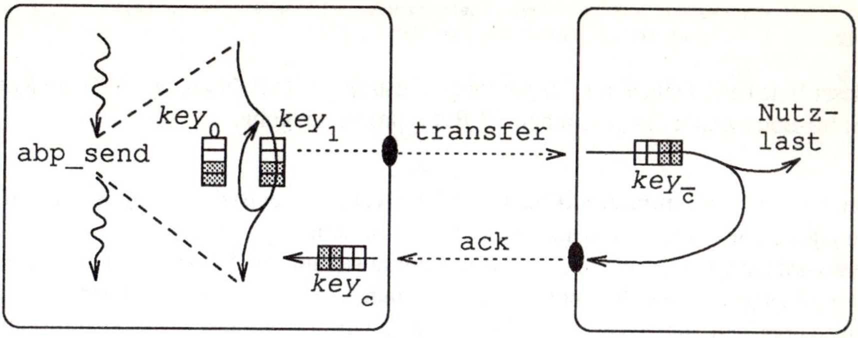

Abbildung 3 Ausführungs- und Uebertragungspfade der ABP-Kommunikationsboten.

ausführen zu können. Insbesondere können Empfänger- und Senderplattform identisch sein.

Das ABP-Protokoll benötigt Zustandsvariablen wie z.B. den Zählerstand auf Sender- wie auf Empfängerseite: die Werte solcher Variablen müssen allen beteiligten Prozessen zugänglich sein. Dazu werden im *globalen* Wörterbuch die folgenden Variablen abgelegt (die $s \sim w$ Notation besagt, dass dem Schlüssel s der Wert w zugeordnet ist):

senderseitig	*empfängerseitig*
key_c ~ Wörterbuch mit: $0 \sim key_0$ $1 \sim key_1$ f ~ 0 oder 1	$key_{\bar{c}}$ ~ 0 oder 1

Um also senderseitig den aktuellen Zählerstand (das "flag") abzulesen, muss im globalen Verzeichnis das Wörterbuch zum Namen key_c gesucht werden: dort kann unter dem Namen 'f' auf den Zählerstand zugegriffen werden. Die Verwendung dieser Werte wird anhand des aktuellen MØ-Codes für das ABP-Protokoll klarer werden, wobei von "innen nach aussen" vorgegangen wird und zuerst der Bestätigungsboten vorgestellt wird.

Der `ack` **Kommunikationsbote:** Die einzige Aufgabe des Bestätigungsboten ist es, die Warteschlange des ursprünglichen Auftragsgeber zu deblockieren. Um die richtige Warteschlange auswählen zu können, muss der Verbindungsschlüssel *und* die aktuelle Laufnummer bekannt sein. Es wurde festgelegt, dass die Warteschlange, in welcher der Bestätigungsbote gestartet wird, zusammenfällt mit dem Verbindungsschlüssel key_c. Dieser "Trick" erlaubt es, den Schlüssel nicht explizit im Codeteil kodieren zu müssen: er lässt sich dann durch den '`,`' Operator (aktuelle Warteschlange) gewinnen. Anders die Laufnummer: sie wird als ASCII-Zeichenkette *im* Code plaziert. Damit beschränkt sich der Bestätigungsbote auf die folgenden Instruktionen:

```
_ , G   # benutze den Schluessel der aktuellen Warteschlange, um im
        #  globalen Verzeichnis das Woerterbuch der Verbindung zu finden
0       # hier steht die Laufnummer (0 oder 1)
```

```
G        # suche den zur Laufnummer gehoerenden Schluessel (key0, key1)
0Q       # deblockiere die dazugehoerige Warteschlange
```

Dieser Bote besitzt einen nur 7 Bytes langen Instruktionsteil! Zusammen mit dem Kopf des MØ-Boten ergibt das gesamthaft 23 Bytes pro Bestätigung.

Der `transfer` **Kommunikationsbote:** Etwas komplexer ist der Code des Boten, der die eigentliche Nutzlast auszuliefern und eine Bestätigung abzusenden hat. Insbesondere wird auch Code sichtbar, der für die Initialisierung der Variablen notwendig ist. Es wird angenommen, dass der Sender dem nun folgenden Code eine Instruktionenfolge voranstellt, die genau zwei Werte auf dem Operandenstapel zurücklässt: (a) eine Prozedur um einen Sendeschlüssel zu generieren, und (b) die aktuelle Laufnummer. Im Datenteil ist der zu übertragende Bote enthalten. Er wird, falls die Laufnummer es zulässt, einfach als lokaler paralleler Prozess gestartet.

```
_, K         # ist unter dem Schluessel der aktuellen Warteschlange
             #   schon eine Variable definiert?
{}{_,0:}?    # wenn Nein, definiere die Laufnummer 0
_,G1I=       # vergleiche die gefundene Laufnummer mit der Mitgefuehrten:
{            #  falls Uebereinstimmung, dann
  _ori _dat $  # liefere den Boten im Datenteil aus
  _, 2I 0= L   # und aendere die gespeicherte Laufnummer
} {} ?       #  falls keine Uebereinstimmung, wird nichts ausgeliefert
X !          # erzeuge, durch die vorangestellte Prozedur, einen Sende-
             # schluessel und konstruiere den Bestaetigungsboten:
[,~          #   Startwarteschlange: negiere den eigenen Schluessel
"_,G"        #   erster Code-Teil (siehe oben)
4I _cte +    #   die ASCII Darstellung der Laufnummer (0 oder 1)
"G0Q" +      #   zweiter Code-Teil (siehe auch oben)
null ]       #   leerer Datenteil
_ctm $       # Alles zu einem Boten konvertieren und Absenden
```

Der Code des `transfer` Boten hat eine Länge von 73 Bytes, wobei dieser auch die 7 Bytes des Bestätigungsboten enthält.

Die `abp_send` **Prozedur:** Die `abp_send` Prozedur ist kein eigentlicher Bote, da dieser Code nur lokal im Sender ausgeführt wird und nicht auf eine andere MØ Plattform übertragen wird. Die Prozedur erwartet 2 Parameter auf dem Stack: (a) den Verbindungsschlüssel key_c, und (b) die zu sendende Nutzlast.

```
_ 2I G (     # hole den zur Verbindung gehoerenden Diktionaer
[            # konstruiere den transfer Boten:
2I~          #   Startwarteschlange: negierter Verbindungsschluessel
"..."        #   Prozedur, erzeugt empfangsseitig einen Sendeschluessel
f _cte +     #   die aktuelle Laufnummer als ASCII-Zeichenkette
"..." +      #   die 73 Bytes des transfer Botens (siehe oben)
3I           #   die Nutzlast kommt in den Datenteil
] _ctm       # Alles zu einem Boten konvertiert
XP           # Stapel bereinigen
. f G        # hole den zur Laufnummer gehoerenden Warteschlangenschluessel
0I 1Q        #  (key0 oder key1) und blockiere diese Warteschlange
1N {         # beginne eine endlose Schleife
  ...        #   erzeuge einen Sendeschluessel
  2I $       #   sende den bereitgestellten transfer Boten
```

```
 0I10000E #   nun in der Warteschlange fuer max 10000 microsec warten
 {}{J}?   #   falls es kein Timeout war, verlassen wir die Schleife
} L       # sonst beginnen wir noch einmal von vorne
PPP       # Operandenstapel bereinigen
.'f f 0=: # Laufnummer um eine Position weiterbewegen
)         # Diktionaerstapel bereinigen, der Aufruf ist fertig.
```

Die mit Punkten markierten Stellen (...) hängen vom Umfeld ab, in welchem das ABP-Protokoll verwendet werden soll. In der hier beschriebenen Implementierung werden diese Werte aus dem Verbindungswörterbuch geholt: bevor Daten mit der `abp_send` Prozedur verschickt werden können, muss mit `abp_open` senderseitigen dieses Wörterbuch initialisiert werden. Bei dieser Gelegenheit sind die Prozeduren für das Erzeugen eines lokalen sowie eines empfängerseitigen Sendeschlüssels anzugeben. Es ist auch diese `abp_open` Prozedur, die die drei notwendigen Schlüssel key_c, key_0 und key_1 zufällig auswählt.

3.3 Diskussion

Im vorliegenden Bericht konnten nicht alle Einzelheiten der ABP-Boten erläutert werden. Insbesondere wurde nicht geschildert, welche Initialisierungsarbeit die `abp_open` Prozedur übernimmt, und wie die `abp_close` Prozedur alle Ressourcen wieder freigibt (hier sei nur angetönt, dass ein weiterer Bote nötig ist, um die empfängerseitige Variable zu entfernen). Sehr viel Neues liesse sich damit aber nicht zeigen.

Interessanter ist es, an dieser Stelle von den gemessenen Uebertragungsraten zu berichten, die mit MØ und dem ABP-Protokoll erzielt werden konnten. Im praktischen Versuch wurden zwei SPARC-Arbeitsstationen des Typs ELC verwendet, die an das gleiche ETHERNET-Segment angeschlossen sind. Die beiden MØ-Plattformen liefen unter UNIX als User-Prozesse in einer normal belasteten Umgebung, gemessen wurde die benötigte Zeit um 1 MBytes zu übertragen. Wurden die MØ-Kommunikationsboten in ETHERNET-Pakete gepackt (1400 Bytes), liess sich ein Durchsatz von durchschnittlich 65 KBytes/sec erreichen. Mit UDP hingegen (8000 Bytes pro Datagram) wurden bis zu 250 KBytes/sec erzielt. Auch wenn sich damit kein neuer Rekord aufstellen lässt, so stimmen diese Zahlen doch optimistisch. Insbesondere muss berücksichtigt werden, dass das ganze Protokoll interpretiert und nicht wie sonst üblich in compiliertem Code ausgeführt wurde. Die MØ-Software ist zudem ein erster Prototyp, der noch einiges Optimierungspotential enthält. Auch ist zu bemerken, dass es sich hier um Uebertragunsraten handelt, die höher liegen als diejenigen, die üblicherweise auf internationalen Verbindungen (etwa mit FTP) möglich sind. Gerade aber diese Konstellation, wo die Empfängermaschine *nicht* nebenan steht, ist für Kommunikationsboten interessant: gewöhnlicherweise lässt sich in diesem Fall die Kommunikationssoftware nicht ersetzen oder modifizieren, und Funktionalität wird dann wichtiger als höchste Performance.

Zur ABP-Implementierung sei noch abschliessend gesagt, dass sie der Botenidee beinahe exzessiv gefolgt ist. Das heisst, dass jeder Bote den *vollständigen* Code mit sich trug, den es auszuführen galt, und dass im globalen Speicher ausschliesslich Daten deponiert wurden. Dass mit Kommunikationsboten auch andere Arbeitsmodi denkbar sind, wird im nächsten Abschnitt näher ausgeführt.

4 Varianten der Protokollimplementierung mit Kommunikationsboten

Das geschilderte Beispiel einer Protokollimplementierung mit Kommunikationsboten hat im wesentlichen den vollständigen Ersatz von Protokolldateneinheiten durch Boten beschrieben. Dies hat den Vorteil, dass die Korrektheit des Lösungsansatzes intuitiv besser erfasst werden kann. Es sind aber auch andere Szenarien denkbar, wo mit gutem Recht behauptet werden kann, dass das ABP-Protokoll verwendet wird, sich aber nicht zu alle Boten eine entsprechende PDU identifizieren lässt. Es geht um Möglichkeit, mittels Boten ganze Prozeduren in den Nachbarrechner hinunterzuladen (Downloading), wobei nachfolgende Boten nur noch wissen müssen, wo dieser Code gefunden werden kann und ihn nicht mehr mit sich herumtragen müssen.

Im Falle von ABP würde das bedeuten, dass ein erster Kommunikationsbote den Code des `transfer` Boten empfängerseitig unter einem bestimmten Schlüssel deponiert. An Stelle des bisherigen `transfer` Boten träte nun ein verkürzter Bote der nur noch diese Prozedur aufsucht und sie dann ausführt. Der Schlüssel ist sozusagen zu einem "Pointer" geworden, der erlaubt, das wiederholte Uebertragen des immer gleichen Codes zu faktorisieren. Interessant an diesem Kommunikationsmodus ist, dass der verkürzte Bote immer mehr der ursprünglichen PDU ähnelt und neben der Nutzlast und der Laufnummer nur noch sehr wenig zusätzlichen Ballast enthält.

Generalisierend lässt sich auch sagen, dass hiermit das übliche 3-Phasen Modell (Verbindung eröffnen, Datenaustausch, Verbindung schliessen) durch eine zusätzliche Phase erweitert wird, die man mit *Protokollkonfiguration* umschreiben kann. Kommunikationsboten können in einem ersten Durchgang die Gegenseite erkunden, sich nach schon vorhandenen Code-Ressourcen umschauen, evtl. auch unter verschiedenen Kanälen den effizientesten heraussuchen, und erst dann mit dem Verbindungsaufbau und dem Datenaustausch zu beginnen. Eine Kommunikationsbotenumgebung ist also gleichzeitig eine Konfigurationsumgebung.

Interessant ist, dass im Bereich von High-Speed-Networking die Einführung von speziellen Konfigurationsprotokollen studiert wird (siehe etwa [12, 13]) um, vereinfacht gesagt, alle nicht benötigte Protokollfunktionalität "wegzukonfigurieren". Dies ist zwar auch im Rahmen einer PDU-gestützten Architektur eine neue Phase, die vor die eigentliche Protokollphase geschoben wird. Sie ist jedoch mit allen Nachteilen von PDU-basierten Systemen verbunden, insbesondere die Vorabinstallation von Software.

Dies leitet die letzte Ueberlegungen ein: Kommunikationsboten wären eine bestens geeignete Konfigurationssprache, auch für das eben genannte Problem im Bereich von High-Speed-Networking. Eine Botenplattform muss dazu verschiedenste Module anbieten, die optimierte Protokollfunktionalität nach dem PDU-Prinzip enthalten [14]. Einerseits erlauben es Kommunikationsboten, diese Module nach Bedarf zu initialisieren und zu arrangieren, andererseits fungieren sie als Träger gewöhnlicher PDUs. Wie oben beschrieben können sich solche Trägerboten darauf beschränken, die im Datenteil mitgeführte PDU dem richtige Softwaremodul abzuliefern. In diesem Arbeitsmodus machen Kommunikationsboten auch in einer vom PDU-Austausch dominierten Protokollwelt Sinn: indem sie für Konfiguration wie auch gleichzeitig für die "wirkliche" Kommunikation verwendet werden, bilden sie einen universellen Layer für das Protokoll- und Verbindungs-Multiplexen.

4.1 Offene Punkte

Unserer Meinung nach sind die Anwendungen von Kommunkationsboten nicht auf die Konfiguration von PDU-basierter Protokollsoftware beschränkt. Unser Forschungsinteresse ist deshalb vornehmlich denjenigen Fragen zugewandt, die sich bei einer rein botengestützten Kommunikation stellen. Einige dieser offenen Punkte seien im Folgenden kurz besprochen.

Implementierungsproblematik: Das Uebersetzen von PDU-basierten Protokollen in ihr Kommunikationsboten-Aequivalent ist nicht immer intuitiv und erscheint dem Implementierer schwieriger als das Entwerfen von statischen Protokoll-Einheiten (siehe auch die Ausführungen zu "upcalls" in [15]). Hier werden Werkzeuge benötigt, die ausgehend von den mittlerweile häufig vorliegenden formalen Spezifikationen eines Protokolles automatisch die Skelette entsprechender Boten erzeugen.

Validierungsproblematik: Protokolle, die direkt mit Kommunikationsboten ausgedrückt werden, haben die unangenehme Eigenschaft, im Allgemeinen nicht mehr validierbar zu sein [16]. Zum Einen fehlt eine botennahe Spezifikationssprache, und zum Anderen fehlen einschränkende Vorschriften die angeben, wie Protokolle mit Kommunikationsboten ausgedrückt werden müssen, damit sie formal validierbar sind.

Kooperationsmodelle: In einer vollständig vorinstallierten Kommunikationsarchitektur gibt es "well-known entry points" und viele andere im Code verdrahtete Konventionen. Kommunikationsboten sind in dieser Hinsicht vollständig unbelastet. In diesem Fall ist dies ein Nachteil welches mit noch zu entwickelnden Kooperationsmethoden überwunden werden muss.

Ressourcenkontrolle: Ein sehr wichtiger Punkt, der in diesem Artikel nicht besprochen wurde, ist die Frage, wie der Zugang zu Plattformressourcen, d.h. Speicherplatz, CPU-Zeit und Bandbreite, kontrolliert werden kann. Lokale Lösungen allein können in diesem Fall nicht genügen. Erste Ansätze gehen in die Richtung, auf Ebene der Kommunikationsboten einer Art Währung einzuführen.

5 Zusammenfassung und Ausblick

In diesem Bericht ging es weniger darum, das Kommunikationsbotenprinzip als solches zu erläutern oder zu rechtfertigen [2]. Im Vordergrund standen erste praktische Erfahrungen mit der Ausführungsplattform und Botenprogrammiersprache MØ. Es wurde gezeigt, dass eine auf Boten gestützte Kommunikation mehr ist als nur ein Gedankenspiel. Weiter wurde darauf hingewiesen, dass der Graben zwischen PDU-basierten Kommunikationsarchitekturen und dem Botenmodell nicht unüberwindbar tief ist. Im Gegenteil scheint sich in vielen Bereichen, die bisher ganz nach dem PDU-Modell arbeiteten, die Idee von Kommunikationsboten einzuschleichen (etwa bei intelligenten Dokumenten oder bei Konfigurationsproblemen). Kommunikationsboten bieten sich deshalb als willkommene Protokollimplementierungsalternative an: einige praktische Fragen müssen zwar noch geklärt werden, aber längerfristig dürften überall dort, wo Funktionalität vor maximaler Performance kommt, Kommunikationsboten das Mittel der Wahl sein.

Literatur

[1] Claude E. Shannon und Warren Weaver. *The Mathematical Theory of Communication*. University of Illinois Press, 1949.

[2] Christian F. Tschudin. *On the Structuring of Computer Communications*. Doktorarbeit, Université de Genève, 1993. Thèse No 2632.

[3] John Vittal. Active message processing: Messages as messengers. In *Computer Message Systems – Proceedings of the IFIP TC-6 International Symposium Ottawa*, Seiten 175–195, April 1981.

[4] Tom R. Halfhill und Andy Reinhardt. Just like magic? BYTE, Seiten 22–23, Februar 1994.

[5] Peter Wayner. Agents away. BYTE, Seiten 133–118, Mai 1994.

[6] Vinton G. Cerf. Networks. *Scientific American*, 265(3):42–51, September 1991.

[7] Alexander G. Fraser und William T. Marshall. Data transport in a byte stream network. *IEEE Journal on Selected Areas in Communications*, 7(7):1020–1033, September 1989.

[8] Joseph R. Falcone. A programmable interface language for heterogeneous distributed systems. *ACM Transactions on Computer Systems*, 5:330–351, November 1987.

[9] Adobe Systems Incorporated, Herausgeber. *PostScript Language: Reference Manual*. Addison-Wesley, fifteenth Ausgabe, 1990.

[10] Christian F. Tschudin. *M0 - a messenger execution environment*. Usenet newsgroup `comp.sources.unix`, Vol 28, Issue 51–62, Juni 1994.

[11] Christian F. Tschudin. *An Introduction to the* MØ *Messenger Language*. Technischer Bericht 86, Centre Universitaire d'Informatique, Mai 1994. Cahier du CUI.

[12] T. Plagemann, B. Plattner, M. Vogt, und T. Walter. A model for dynamic configuration of light-weight protocols. In *IEEE Third Workshop on Future Trends of Distributed Systems*, Seiten 100–106, April 1992.

[13] M. Vogt, T. Plagemann, B. Plattner, und T. Walter. Eine Laufzeitumgebung für DaCaPo. In W. Effelsberg und K. Rothermel, Herausgeber, *Verteilte Multimedia-Systeme (GI/ITG Workshop)*, Seiten 3–17, Februar 1993.

[14] Christian F. Tschudin. Flexible protocol stacks. In *SIGCOMM '91 Conference on Communications Architectures & Protocols*, Seiten 197–204, September 1991.

[15] David D. Clark. The structuring of systems using upcalls. In *Tenth ACM Symposium on Operating Systems Principles*, Seiten 171–180, Dezember 1985.

[16] Christian F. Tschudin. *Conceptual and Practical Problems of Validating Messenger-Based Protocols*. Submitted for publication, Mai 1994.

Anhang: The list of MØ operators, grouped by function

Operand Stack

- `[` mark
- `]` build array
- `C` copy
- `I` index
- `O` count
- `P` pop
- `R` roll
- `X` exch
- `_stk` copy stack to array

Control Flow

- `?` ifelse
- `!` exec
- `J` exit
- `H` halted
- `L` loop
- `Z` halt

Process Queues and Messengers

- `,` (comma) current queue
- `E` enter queue/timeout
- `V` leave current queue
- `Q` queuestate
- `$` submit
- `_adr` network addresses (dict of arrays)
- `_cha` channels (dict of dictionaries)
- `_cod` code field of this messenger (string)
- `_dat` data field (string or null)
- `_mgr` the complete messenger (string)
- `_ori` the messenger's origin (string)

Dictionary

- `.` currentdict
- `:` put
- `` ` `` (grave accent) length
- `(` begin
- `)` end
- `B` bind
- `D` dict
- `F` find
- `G` get
- `K` known
- `U` undef
- `_` global dictionary
- `_loc` messenger's local dictionary
- `_sdf` secret define (put)
- `_srv` global service dictionary
- `_sud` secret undefine
- `_sys` system dictionary
- `longdict` long form definitions of commands

Array and String

- `:` put
- `` ` `` (grave accent) length
- `+` concat
- `A` array
- `G` get
- `S` string

Arithmetic and Comparison

- `N` neg
- `+` plus, concat
- `-` minus
- `*` mult
- `/` div
- `%` mod
- `&` bit-wise and
- `|` bit-wise or
- `^` bit-wise xor
- `~` bit-wise not
- `<` lt
- `>` gt
- `=` eq

Data Conversions

- `_cta` convert-to-array
- `_cte` convert-to-extern
- `_cti` convert-to-integer
- `_ctk` convert-to-key
- `_ctm` convert-to-messenger
- `_ctn` convert-to-name
- `_ctl` convert-to-literal
- `_cts` convert-to-string
- `_ctt` convert-to-time
- `_ctx` convert-to-executable

Attributes

- `T` get attribute
- `W` write attribute
- `_nac` no-access
- `_r` read-only
- `_rw` read-write
- `_rwx` full-access
- `_rx` read-execute
- `_w` write-only
- `_wx` write-execute
- `_x` execute-only

Miscellaneous

- `'` (apostrophe) quote character
- `"` string delimiter "..."
- `\` hexstring delimiter \...\
- `;` create random key
- `@` coordinated universal time
- `M` checksum (not implemented yet)
- `Y` get type name
- `_cbc` DES en/decryption in CBC mode
- `_cpy` copyright (ascii string)
- `_ecb` DES en/decryption in ECB mode
- `_ena` error names (array of names)
- `_err` error handler (procedure)
- `_hid` host identifier (key)
- `_pid` platform identifier (key)
- `_tna` type names (array of names)
- `_ver` MØ version (integer)

Von ONC zu DCE? - Erfahrungen beim Aufbau und der Nutzung einer DCE-Zelle

L. Koch, Hochschule für Technik und Wirtschaft Dresden (FH)

Manuskript lag bei Drucklegung nicht vor.

Transportprotokolle für Client-Server Applikationen - Vergleichende Messungen mit TCP und XTP

Peter Davids, Lehrstuhl für Informatik IV, RWTH Aachen
E-mail: davids@informatik.rwth-aachen.de • Tel. 0241/80-21411• Fax: 0241/8888-220

Zusammenfassung:

In Netzen mit stark variierenden Ende-zu-Ende-Verzögerungen und nicht zu vernachlässigenden Fehlerraten können Client-Server Applikationen auf Basis verbindungsloser Datagrammdienste (z.B. UDP) zu erheblichen Schwierigkeiten führen. Zu groß wird der Aufwand für die Behandlung und Behebung aller möglichen Fehlerquellen. Insbesondere ist eine effiziente Timer-Verwaltung auf Applikationsebene kaum realisierbar.
Abhilfe schaffen verbindungsorientierte Transportprotokolle, z.B. TCP oder XTP, die solche Aspekte dem Betriebssystem überlassen. Der Vorteil der Kommunikationssichertheit wird aber durch eine Reduzierung der Leistungsfähigkeit der Applikationen erkauft. Der zusätzliche Zeitaufwand für den gesicherten Verbindungsauf- und Abbau reduziert die Anzahl möglicher Transaktionen pro Zeiteinheit.
Die hier vorgestellten Messungen zeigen, daß grundsätzliche Protokolleigenschaften, insbesondere bei TCP, zu einer drastischen Leistungseinbuße der Client-Server Applikationen führen. Nur durch die Handshake-Mechanismen der Verbindungsverwaltung können diese Einbußen nicht verursacht werden.
Die Gründe für diesen Leistungseinbruch werden in diesem Artikel aufgezeigt und Lösungsmöglichkeiten werden angegeben.
Zahlreiche Meßergebnisse in diesem Artikel wurden unter Verwendung des Netzwerkemulators EmuLan gewonnen, der im Rahmen eines von der DFG geförderten Projektes entwickelt wurde, um die Verwendung von Multiplexverfahren in Weitverkehrsnetzen untersuchen zu können. Dieser Emulator ist in der Lage, Subnetze mit ihren charakteristischen Eigenschaften wie Durchlaufzeiten und Fehlerverhalten nachzubilden.

Schlüsselworte: LAN, Emulator, Transportsysteme, TCP, XTP, Client-Server

---

1 Motivation

Client-Server Architekturen unter UNIX-basierten Betriebssystemen verwenden im wesentlichen nur die Transportprotokolle der TCP/IP Familie, also UDP und TCP. Programmierumgebungen, z.B. die halbautomatische Generierung von Remote Procedure Call Applikationen durch den Programmgenerator `rpcgen` [1], gestatten dem Programmierer, zwischen diesen beiden Protokollen zu wählen. Die weitaus bessere Leistung bietet in lokalen Umgebungen, also in Netzen mit geringen Fehlerraten und sehr geringen Ende-zu-Ende Laufzeiten, das verbindungslose Datagrammprotokoll UDP. Die gesamte Fehlerbehandlung, insbesondere der Verlust von Datagrammen, muß jedoch von der Applikation abgefangen werden. Sehr problematisch, wenn nicht gar unmöglich, ist die effiziente Anpassung der Fehlerbehandlung an Netze mit stark schwankender Verzögerung, z.B. über diverse Backbonenetze gekoppelte Subnetze. Ebenso schwierig auf Applikationsebene zu lösen sind die Probleme, die entstehen, wenn verspätet Duplikate von Datagrammen eintreffen, was beim unzuverlässigen Datagrammdienst nicht auszuschließen ist. In solchen Fällen bietet sich die Anwendung eines zuverlässigen, verbindungsorientierten Transportprotokolls an. Die Auswahl ist leider nicht sehr groß. Das meist nur einzig verfügbare Protokoll TCP ist zudem, wie die folgenden Messungen belegen werden, nur unzureichend geeignet, Client-Server Systeme mit hohen Transaktionsraten zu ermöglichen.

Erstaunlicherweise wird die Leistungsfähigkeit einer verbindungsorientierten Client-Server nicht nur durch den notwendingen Verbindungsauf- und Abbau limitiert. Eine wesentliche Eigenschaft der Fehlerbehandlungsalgorithmen von TCP macht es unmöglich, Systeme mit hohen Transaktionsraten zu implementieren. Die Ursachen für den enormen Leistungseinbruch bei Verwendung von TCP werden in diesem Artikel analysiert. Schwächen von TCP für Transaktionen sind zwar schon 1992 erkannt worden, und eine Lösung für Transaktionssysteme ist in einigen RFCs [6,7] beschrieben worden. Leider kann auch der dort beschriebene Lösungsansatz, eine Erweiterung der Protokollfamilie um ein spezielles Transaktionsprotokoll, basierend auf den grundlegenden Mechanismen von TCP, nicht überzeugen. Ein anderer Weg wurde beim Entwurf des universellen Netzwerk- und Transportprotokolls XTP beschritten. Anstelle disjunkter Transportprotokolle für verschiedene Aufgabenbereiche, z.B. UDP bzw. TCP, wurde ein Protokoll spezifiziert, welches sich je nach Anforderung zur Laufzeit durch die Applikationen bzw. die Programmierschnittstelle konfigurieren läßt. Basierend auf diesem Protokoll lassen sich sowohl verbindungslose, als auch verbindungsorientierte Client-Server Anwendungen entwickeln. Darüber hinaus wurden auch Vorkehrungen für einen gesicherten Datagrammdienst und Funktionalitäten für Transaktionssysteme integriert. Aus den im folgenden beschriebenen Messungen wird hervorgehen, daß bereits die Verwendung der einfachen, verbindungsorientierten Funktionalität von XTP eine enorme Leistungssteigerung gegenüber einer mit TCP implementierten Client-Server Applikation zur Folge hat. Fehlende Programmierschnittstellen, die BSD-Socketschnittstelle ist nicht unmittelbar für eine Unterstützung des Transaktionskonzepts in XTP geeignet, ließen eine Untersuchung der erweiterten Funktionalitäten von XTP bisher nicht zu.

Diese Schnittstellen lassen sich aber relativ leicht unter Verwendung des Character-Drivers von XTP implementieren.

2 Transportprotokolle und Transaktionsanwendungen

Die Nachteile einer Verwendung des verbindungslosen und unzuverlässigen Datagrammdienstes UDP in Transaktionssystemen sind offensichtlich. Zuviele Aspekte der Fehlerbehebung (Retransmissions, Timeouts, Duplicates, etc.) sind auf Anwendungsebene zu lösen. Hierbei ist nicht nur die Menge der möglichen Fehlerquellen unüberschaubar. Einige Teilsaspekte, wie z.B. die effiziente Bestimmung von Timeout-Werten oder einfach nur die Generierung von

Timeouts in Bereichen einiger weniger Millisekunden sind auf Applikationsebene einfach nicht realisierbar. Sinnvoller ist in jedem Falle die Verschiebung dieser Funktionalitäten in die unterliegenden Schichten, also hier in die Transport- und Netzwerkebene, deren Prozeduren auf Betriebssystemebene abgewickelt werden.

Ist die gesteigerte Zuverlässigkeit durch eine gesicherte, verbindungsorientierte Kommunikation ein nicht zu unterschätzender Vorteil, so muß diese allerdings mit einem Einbruch in der Leistungsfähigkeit der zu erstellenden Applikation erkauft werden. In sehr vielen Anwendungen wird man nicht umhinkommen, für jede einzelne Transaktion explizit eine TCP (oder XTP) Verbindung zwischen Client und Server aufzubauen, da die Anzahl der von einem Serverprozeß bedienbaren (TCP-) Verbindungen, ebenso wie die Anzahl geöffneter Dateien etc., durch das Betriebssystem begrenzt wird und die Zuverlässigkeit eines verbindungsorientierten Servers erheblich unter lange offen gehaltenen Verbindungen leiden kann [4,5,1].

Nun sollte man meinen, daß die Zahl der von einem Server bedienbaren Anfragen, im Vergleich zu verbindungsloser Kommunikation, nur durch den zusätzlichen Zeitbedarf für den Verbindungsauf- und Abbau reduziert wird. Dies ist bei TCP leider nicht der Fall. XTP hat die in den folgenden Abschnitten beschriebenen Einschränkungen glücklicherweise nicht.

2.1 "Transaktionssoftware" für Messungen

Die für die Messungen in diesem Artikel verwendete Client-Server Applikation [10] besteht aus einem sehr rudimentären, iterativen Server, dessen wesentlichste Code-Fragmente in Abbildung 1 angegeben sind.

```
1  int main( int argc, char *argv[])
2  {
3  ...
4     msock = socket (protocol_id, SOCK_STREAM, 0);
5     bind (msock,(struct sockaddr*)&sin, sizeof(sin));
6     listen (msock,QLEN)
7     while (1) {
8           sock = accept (msock, (struct sockaddr *) &sin, &alen);
9           n = recv (sock, buffer, sizeof(buffer),0);
10          .....
11          send (sock,buffer,n,0);
12          close (sock);
13    }
14 }
```

Abbildung 1: Server-Code (Fragment) [10]

Der Server generiert einen Kommunikationsendpunkt (socket), über den der Verbindungsaufbau entgegen genommen wird (Zeile 4). In einer Endschleife nimmt er ankommende Verbindungen entgegen (Zeile 8), liest eine Nachricht (Zeile 9) und sendet diese zurück an den Client (Zeile 11). Anschließend wird die Verbindung beendet (Zeile 12). .

```
1  int main( int argc, char *argv[])
2  {
3      ...
4      for (i=0; i < N ;i++) {
5            timex();
6            s = socket (protocol_id, SOCK_STREAM, 0);
7            connect (s,(struct sockaddr*)&sin, sizeof(sin));
8            send (s,buffer,nbytes,0);
9            n = recv (s, buffer, sizeof(buffer),0);
10           close (s);
11     }
12 }
```

Abbildung 2: Client-Code (Fragment) [10]

Der Code für die entsprechenden Client ist in Abbildung 2 angegeben. Der Client erzeugt in einer Schleife, deren Iterationsweite beim Aufruf des Clients angegeben werden kann, zunächst einen Kommunikationsendpunkt (Zeile 6), stellt dann eine Verbindung zum vorgegebenen Server her (Zeile 7). Anschließend sendet er eine Nachricht wählbarer Länge (Zeile 8), um direkt im Anschluß auf eine Antwort des Servers zu warten (Zeile 9). Nach erfolgreicher Antwort wird die Verbindung beendet (Zeile 10), und eine neue Verbindung wird im folgenden Schleifendurchlauf aufgebaut. Zusätzlich enthält der Clientcode Funktionen, die die Dauer einer Transaktion bestimmen (`timex`(), Zeile 5).

2.2 TCP / TTCP

Auf eine Beschreibung des Verbindungsmanagements von TCP muß an dieser Stelle verzichtet werden, für eine vollständige und übersichtliche Darstellung sei auf [2] und [3] verwiesen.

R. Braden [6] hat in einem Request for Comments bereits auf einige Schwächen bei der Verwendung von TCP in transaktionsartigen Applikationen hingewiesen. Hauptbestandteil der Argumentation für die Notwendigkeit eines weiteren Transportprotokolls für Transaktionen (TTCP) ist die Art und Weise, wie TCP den gesicherten Verbindungsabbau regelt. Dreh- und Angelpunkt der Problematik sind der begrenzte Sequenznummernbereich und der sogenannte "Time-Wait"-Zustand des TCP Protokollautomaten. Dieser Zustand, der nach erfolgreichem Verbindungsabbau für eine Zeitdauer von 240 Sekunden (2 * Maximum Segment Livetime à 120 Sekunden) angenommen werden soll, dient (1) für den zuverlässigen vollduplex Verbindungsabbau, und (2) verhindert dieser Zustand Fehlinterpretationen verspätet eintreffender Datagramme aus bereits abgebauten Verbindungen. Für neue Verbindungen muß somit jeweils ein neues Paar von Verbindungsendpunkten gewählt werden, da die soeben aufgelöste Verbindung und deren Endpunkte-Paar für 240 Sekunden blockiert sind. Im Falle unserer Beispielapplikation wird der Client bei jedem Verbindungsaufbau eine neue TCP-Source-Port Nummer wählen, da alle anderen drei Größen für ein Paar von Kommunikationsendpunkten bereits festgelegt sind. Die beiden IP-Nummern und die Portnummer des Servers sind fix, der `socket`() Aufruf auf Clientseite legt automatisch die neue Portnummer fest. Da die Anzahl der vom Client wählbaren Portnummern begrenzt ist, bei einer 16 Bit Portnummer und bereits 1024 dem System vorbehaltenen Portnummern, läßt sich leicht die maximale Rate (TPS), der von einem Client generierbaren Transaktionen bestimmen:

$$TPS = (65536 - 1024) / (TimeWaitDelay) < \frac{64512}{240\mathrm{s}} < 270/s$$

Ebenfalls begrenzt wird die maximale Transaktionsrate beim standardkonformen TCP Protokoll und dem dort verwendeten 3-Way-Handshake für Verbindungsauf- und Abbau durch die Roundtrip-Zeiten einzelner Nachrichten. Abbildung 3 zeigt das dekodierte Protokoll eines

#	Len	∂-T [µsec]	Host	Portnumbers	Sequencenr.	Acknowledge	TCP-Flags[a]
0:	60	00.000.000	B --> A	S=3840 D=8001	S=2041024000	A=0	____S_
1:	60	00.001.302	A --> B	S=8001 D=3840	S=1806592000	A=2041024001	_A__S_
2:	60	00.000.686	B --> A	S=3840 D=8001	S=2041024001	A=1806592001	_A____
3:	154	00.000.636	B --> A	S=3840 D=8001	S=2041024001	A=1806592001	_AP___
4:	154	00.002.073	A --> B	S=8001 D=3840	S=1806592001	A=2041024101	_AP___
5:	60	00.000.076	A --> B	S=8001 D=3840	S=1806592101	A=2041024101	_A___F
6:	60	00.001.051	B --> A	S=3840 D=8001	S=2041024101	A=1806592102	_A____
7:	60	00.000.530	B --> A	S=3840 D=8001	S=2041024101	A=1806592102	_A___F
8:	60	00.001.169	A --> B	S=8001 D=3840	S=1806528102	A=2041024102	_A____

Abbildung 3: Client-Server DUMP für TCP [11]

a. Flags: A=ACK, P=PUSH, S=SYN, F=FIN

Netzwerkanalysators für eine vollständige Client-Server Kommunikation der oben angegeben Applikation. Man erkennt den Verbindungsaufbau (Zeilen 0-2) die Datenübertragung (Zeilen 3-4) und den Abbau (Zeilen 5-8). Allgemein läßt sich feststellen, daß eine untere Schranke für eine vollständige Transaktion bei dem Zweifachen der Roundtrip-Zeit (RTT) liegen muß.

Somit ergibt sich eine weitere obere Schranke für die maximale Anzahl Transaktionen, verursacht durch den Verbindungsauf- und Abbau, sowie die Nachrichtenübertragung in beide Richtungen: (typische RTT ca. 2-3 ms in Lokalen Netzen).

$$TPS = \frac{1}{2RTT} < \frac{1}{2 \times 2{,}5ms} < 200/s$$

Im RFC von Jacobson, Braden und Borman [6, S.28] wird ausdrücklich darauf hingewiesen, daß der begrenzte Portnummernbereich in Kombination mit dem Zustand TIME-WAIT des

TCP Automaten eine Leistungsbegrenzung erwarten läßt, daß aber die Begrenzung durch die RTT auch in Netzen mit sehr hohen Bandbreiten der ausschlaggebende Faktor für die Reduzierung der Leistungsfähigkeit bei Client-Server Einweichungen, die häufig Verbindungen auf- und abbauen, sein wird. Aus dieser Argumentation heraus wird auch im RFC 1379 [7] Hauptaugenmerk auf die Vermeidung des 3-Way-Handshakes gelegt. Daß jedoch der Protokollzustand TIME-WAIT einen weitaus größeren Einfluß auf die Performance einer Transaktionsanwendung haben kann, wird durch Messungen im folgenden belegt werden.

2.3 XTP als Transaktionsprotokoll

Auch hier muß auf eine ausführliche Beschreibung der Protokollarchitektur verzichtet werden. Eine sehr übersichtliche Darstellung findet sich z.B. in [14]. Dort werden auch die verschiedenen Transportmodi (verbindungsorientiert, verbindungslos, gesicherter Datagrammdienst und Transaktionsunterstützung) eingehend erläutert. Auf diese erweiterten Funktionalitäten ist in den für diesen Artikel durchgeführten Messungen nicht zurückgegriffen worden. Die in den Messungen verwendete XTP Implementierung ist die Kernel Reference Implementierung für SUN OS 4.1. [15]. Es wird das gleiche Client-Server Paar verwendet, wie in den Messungen unter Verwendung von TCP, lediglich bei der Generierung eines `sockets` (Zeilen 4 in Abb. 1, bzw. 6 in Abb. 2) wird die jeweils entsprechende Protokollfamilie, also XTP statt TCP gewählt. Intuitiv könnte man annehmen, daß bereits durch die Verwendung des 2-Way-Handshake Verfahrens bei XTP eine Performancesteigerung zu erwarten ist. Bei genauer Betrachtung erkennt man sowohl bei TCP, als auch bei XTP, daß nur zwei RTT benötigt werden, um eine Verbindung auf- und abzubauen. Wesentlicher Unterschied zwischen TCP und XTP in unseren Anwendungen ist somit nur noch die unterschiedliche Handhabung des Verbindungsabbaus und die bei XTP dynamisch angepaßte Timeout-Bestimmung, die greift, wenn Datagramme aufgrund von Paketverlust oder Zerstörung/Verfälschung erneut angefordert werden müssen.

```
#  Len ∂T[µsec] Host   TYPE  KEY         LEN FLAGS
0:  98 000.000 B -> A FIRST K= 176E200 40  DREQ FASTNAK IP: D=8003 S=3178
1: 130 002.029 A -> B CNTL  K=8176E200 72  FASTNAK
2: 158 002.551 B -> A DATA  K=820EF300 100 DREQ FASTNAK
3: 130 001.814 A -> B CNTL  K=8176E200 72  FASTNAK
4: 158 000.656 A -> B DATA  K=8176E200 100 DREQ FASTNAK
5: 130 000.507 A -> B CNTL  K=8176E200 72  WCLOSE RCLOSE FASTNAK
6: 130 000.899 B -> A CNTL  K=820EF300 72  WCLOSE FASTNAK
7: 130 000.478 B -> A CNTL  K=820EF300 72  END WCLOSE RCLOSE FASTNAK
```

Abbildung 4: Client-Server DUMP für XTP [11]

Nur in ganz bestimmten Sonderfällen, siehe hierzu [14, S.116], muß ein Verbindungskontext nach erfolgreichem Abbau einer Verbindung weiter aufrecht erhalten bleiben, um Fehlinterpretationen durch verzögerte Pakete, die dem Verbindungsaufbau dienen (siehe Abb. 4, Zeile 0), abfangen zu können. Eine dieser Bedingungen ist, daß der Empfänger eines *FIRST* Pakets den Verbindungsabbau durch Setzen des *END* Flags im XTP Header quittiert. In unserem Beispiel, siehe Abb. 4, ist dies nicht der Fall. Station A, unser Server, erhält durch das *FIRST* Paket von B den Verbindungsaufbauwunsch. B, unser Client setzt zum Ende des Verbindungsabbaus als einziger Partner das *END* Bit (Abb. 4, Zeile 7). Der Sonderfall, daß der Verbindungskontext wie bei TCP immer der Fall, noch eine Zeit lang aufrecht erhalten bleiben muß, tritt hier nicht ein.

3 Meßergebnisse in Lokalen Netzen

Aus den obigen Überlegungen folgt noch nicht, daß XTP ein deutlich besseres Leistungsverhalten, also eine deutlich höhere Transaktionsrate aufweisen kann, als dies für TCP der Fall ist. Betrachtet man nur einzelne wenige Transaktionen, so ergibt sowohl für TCP, als auch für XTP eine Transaktionsrate, die im wesentlichen durch die RTT im verwendeten Kommunikationssystem bestimmt wird. Erst bei kontinuierlicher Belastung des Servers durch ständigen Verbindungsauf- und Abbau durch einen oder mehrere Clients wird der Performanceeinbruch von TCP deutlich.

3.1 Emulation von Netzwerken

Ein grundsätzliches Problem bei der Messung von Kommunikationsleistungen ist die Variation einiger Parameter, die oft durch das Kommunikationssystem, z.B. ein lokales Ethernet, fest vorgegeben sind. So können unter anderem Roundtripdelays (Echoverzögerungen) oder Paketverlustraten, Datagrammverfälschung oder die Duplikation von Nachrichten nicht variiert oder beeinflußt werden. Messungen betrachten in diesen Fällen immer nur einen von vielen Spezialfällen.

Durch den Einsatz eines Emulators, der Subnetzwerke mit den oben genannten Eigenschaften nachbilden kann, ist die Variation diverser, leistungsbeeinflussender Parameter erst möglich. Ein solcher Emulator, *EmuLan*, wurde am Lehrstuhl im Rahmen eines von der Deutschen Forschungsgemeinschaft geförderten Projekts[1] entwickelt, um den Einfluß von Multiplexverfahren in Weitverkehrsnetzen untersuchen zu können.

Der Emulator besteht aus einem IBM-PC kompatiblen Rechner, der mit zwei konventionellen

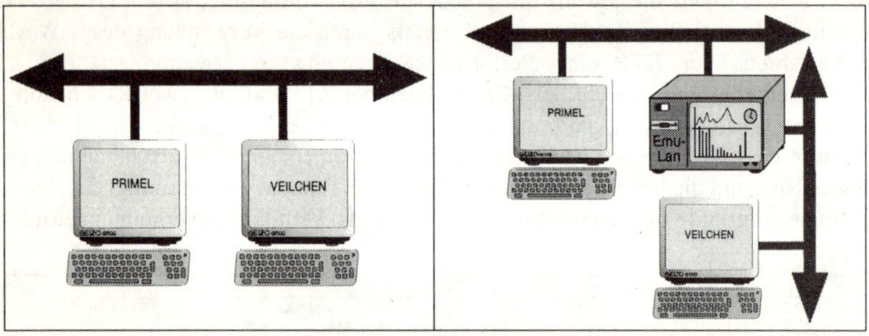

Abbildung 5: Meßszenarien

Ethernetkarten ausgerüstet ist. Abbildung 5 zeigt schematisch die Integration des Emulators in eine Ethernetumgebung. Alle Daten, die zwischen den beiden in die Messungen einbezogenen Rechnern ausgetauscht werden, durchqueren den Emulationsrechner. Entsprechende Software auf dem Emulator steuert die zeitliche Verzögerung und gegebenenfalls die Modifikation der Daten ströme.

3.1.1 Konfiguration der Hard & Software

Basis des in den Messungen verwendeten Emulators ist ein 50MHz 486er PC mit 16 Megabyte Speicher und zwei 3com 3c509 Ethernetkarten [13]. Der Rechner wird unter dem Betriebssystem LINUX [12] betrieben. Für die Adapter ist ein spezieller Gerätetreiber entwickelt worden, der es der steuernden Emulationssoftware [9] ermöglicht, alle notwendigen Aktionen zur Emulation innerhalb des Betriebssystemkerns abzuwickeln. Über eine Konfigurationssprache kann vorgegeben werden, welche Eigenschaften das zu emulierende Netzwerk aufweisen soll. Zu diesen einstellbaren Eigenschaften gehören unter anderem:

- Durchgangsverzögerung durch den Emulator
- Verlustraten
- Paketverfälschungen
- Paketvervielfältigungen
- beliebige Kombinationen obiger Eigenschaften

1. "MAN", DFG-Projekt SP 230/5-1 u. SP 230/5-2, Metropolitan Area Networks 1990-1994.

3.1.2 Emulation von Echoverzögerungen

Betrachtet man in Lokalen oder Backbone-Netzen gemessene Echoverzögerungen (Abb. 6), so erkennt man anhand der Verteilungsdichte (li.) schnell, daß eine Emulation von Laufzeiten durch einfaches Einfügen einer konstanten, zusätzlichen Verzögerung nicht der Realität entspricht. Es muß also eine zufallsgesteuerte Generierung von Verzögerungszeiten implementiert

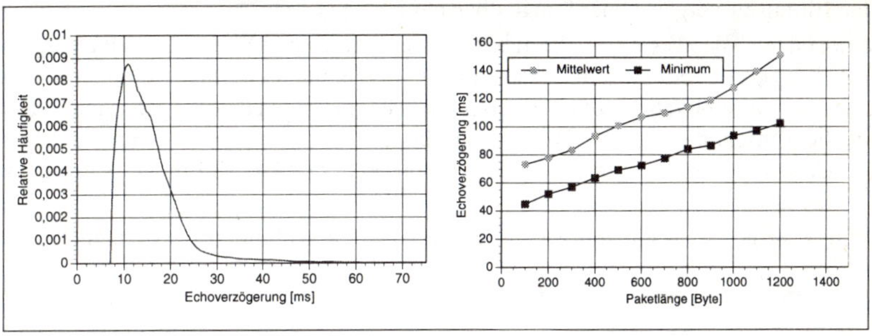

Abbildung 6: Echoverzögerung, Verteilung und Linearität

werden. Problematisch wird eine solche über Pseudozufallszahlen gesteuerte Generierung durch die bei Echoverzögerungen nachweisebare Korrelation der Verzögerungen unmittelbar aufeinander folgender Nachrichten. Abbildung 7 (li.) zeigt die gegeneinander aufgetragenen Echoverzögerungen zweier nicht synchronisierter Nachrichtenströme. Generiert allerdings ein

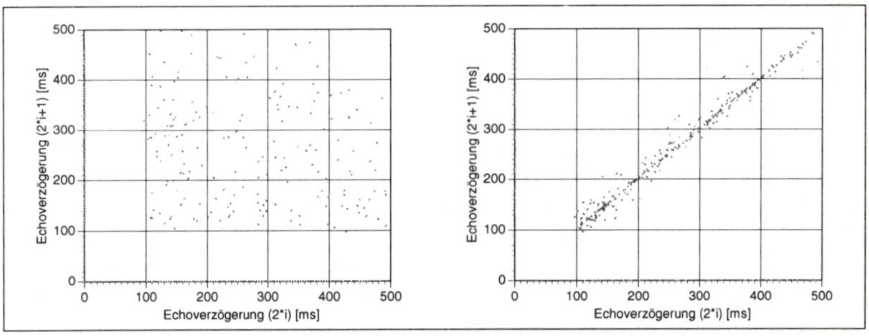

Abbildung 7: Korrelation von Echoverzögerungen

einzelner Prozeß (re.) zwei unmittelbar aufeinander folgende Datagramme, deren Echoverzögerungen gegeneinander aufgetragen werden, so erkennt man deutlich die zu erwartende Abhängigkeit der Echoverzögerungen. Die Vorgabe einer Verteilungsdichtefunktion (Abb. 6 li.) alleine reicht also nicht aus, um eine realitätsnahe Emulation von Laufzeiten zu generieren. Etwas vereinfacht wird die zufallsgesteuerte Generierung von Verzögerungszeiten durch den stark linearen Zusammenhang zwischen Paketlänge und gemessener Echoverzögerung (Abb. 6 re.). Diese geschilderten Zusammenhänge resultieren in einer durch Tabellen gesteuerten Generierungsfunktion für korrelierte und paketlängenabhängige Verzögerungen in *EmuLan*. Entsprechende Meßsoftware kann Verteilungsdichten und Korrelationen von Echoverzögerungen in lokalen Netzen oder z.B. im Internet messen. Deren Ergebnisse können anschließend als Eingabedatei die Basis für eine diskrete Verteilungsdichte in *EmuLan* bilden.

3.1.3 Emulation von Netzwerkfehlern

Ebenso wie die Echoverzögerungen sind Paketverlustraten abhängig von der jeweiligen Paketlänge. Trivialerweise steigen sie mit wachsender Paketlänge und wachsender Netzlast an. Fehler dieser Art, die aufgrund ihres seltenen Eintretens in mathematischen oder simulativen Analysen schwer nachzubilden sind, können ebensfalls emuliert werden. Die Verteilungen und Abhängigkeiten können über Tabellen vorgegeben werden. Aussagen über die Häufigkeit oder gar die Verteilung von Paketverfälschungen und Paketduplizierung sind nicht ohne weiteres durch Messungen herleitbar. Für diese Art Fehler können in *EmuLan* zwar diskrete Verteilungsdichten angegeben werden, sinnvoller ist in diesen Fällen aber die Angabe einer relativen Häufigkeit. Bei der Paketduplizierung kann neben der Anzahl zu generierender Duplikate die zeitliche Verzögerung der Duplizierung vorgegeben werden. Bei der Verfälschung kann die Position innerhalb des Datagramms vorgegeben werden, ab der das Datagramm mit einem bestimmten Bitmuster vorgegebener Länge überschrieben wird.

Alle Aktionen, also das Verzögern, Verfälschen, Duplizieren und Verwerfen von Datagrammen kann in Abhängigkeit vom jeweiligen Paketinhalt vorgenommen werden. Somit ist es möglich, gezielt bestimmte Applikationen mit fehlerhaften Datagrammen zu versorgen. Sinnvoll ist zum Beispiel die Einschränkung von Paketverfälschungen auf bestimmte Kommunikationsendpunkte (TCP-Portnummern), um den sonstigen Betrieb des durch den Emulator abgekoppelten Rechners nicht zu beeinflussen.

Abbildung 8 zeigt die in einigen für diesen Artikel durchgeführten Messungen verwendete

```
# Delaying Bridge (P.Davids, 5/94) $HOME/EMU/KIVS-1
DISTRIBUTION "kivs" DISCRETE "./kivs1.pdf"
PROBABILITY "lossrate" CHOICE 0.001
INCLUDE "./names.cfg"

INTERFACE 0 "primel" BROADCAST
ACTION FORGET "lossrate"
ACTION BRIDGE 0
FILTER
ETH

INTERFACE 1
ACTION FORGET "lossrate"
ACTION BRIDGE "kivs1"
FILTER
ETH
```

Abbildung 8: EmuLan Konfiguration für eine Verzögernde Brückenfunktion [9]

Konfigurationsdatei. Nach einer gemessenen Verteilung (kivs1.pdf) werden Pakete, die über Interface 1 empfangen werden, verzögert. In der Gegenrichtung wird nicht verzögert. Solange die an den Messungen beteiligten Stationen keine Synchronisierung der Systemuhren durchführen, können die beteiligten Transportprotokolle und somit die Applikationen nicht feststellen, daß die generierten Echoverzögerungen unsymmetrisch sind. Selbstverständlich können für beide Übertragungsrichtungen Verzögerungen generiert werden, es muß dann jedoch beachtet werden, daß die an den Messungen beteiligten Endgeräte als Echoverzögerung die Faltung der beiden Verteilungsfunktionen erfahren. Mit einer Wahrscheinlicheit von 1 Promille werden Pakete nach dem Empfang verworfen, also nicht über das jeweilige andere Interface weitergeleitet.

4 Messungen

Die folgenden Meßergebnisse behandeln zwei Aspekte beim Vergleich der Transportprotokolle TCP und XTP. Zum einen wird der bereits erwähnte Engpaß bei raschem Verbindungsauf- und Abbau unter Verwendung von TCP betrachtet. Ursache ist der Verwaltungsaufwand für den TIME-WAIT Zustand des Protokollautomaten. Ein anderer Aspekt ist die unterschiedliche Behandlung von Paketverlusten, bzw. die adaptive Timeoutbestimmung von XTP.

4.1 Die TIME-WAIT Problematik

Betrachtet man die für eine vollständige Transaktion, bestehend aus:

- Verbindungsaufbau
- Senden einer Anfrage / eines Kommandos
- Empfangen einer Antwort / Bestätigung
- Verbindungsabbau

notwendige Zeit, so ergibt sich bei einer ersten Betrachtung kein großer Unterschied zwischen einer Verwendung von TCP oder XTP. Abbildung 9 zeigt typische Werte für eine Ethernetumgebung mit SUN-IPC Maschinen unter SUN-OS 4.1.3. Nach erfolgreichem Verbindungsaufbau werden von der Clientseite 100 Byte Daten übertragen, die vom Server unverändert als Echo zurückgeschickt werden.

	TCP	XTP
Transaktionsdauer	8.8 ms	9.1 ms

Abbildung 9: Transaktionsdauern für TCP und XTP

Die Rechenzeit auf Server und Clientseite reduziert sich somit auf die minimal notwendige Kommunikationszeit.

Man kann also feststellen, daß XTP, wie in zahlreichen Publikationen [16] nicht unbedingt bessere Resultate liefert, als dies bei einer ausgereiften TCP Implemetierung der Fall ist. Der oft fälschlicherweise herangezogene Vorteil von XTP durch den reduzierten und schnelleren 2-Way-Handshake trifft allerdings nicht zu.

Setzt man jedoch die bisher nur einige dutzend mal durchgeführte Messung konsequent fort, ergibt sich für TCP ein zunächst nicht zu erwartender Performance-Einbruch. Abbildung 10 zeigt die Ergebnisse für eine Folge von 10.000 direkt aufeinander folgenden Transaktionen. Während bei Verwendung von XTP die Folge von Transaktionen bereits nach weniger als 10 Sekunden abgeschlossen ist (mittlere Transaktionsdauer = 9.2ms) steigt die Transaktionsdauer bei Verwendung von TCP zunächst fast linear an, um sich nach einer gewissen Zeit bei einem festen Wert (ca. 28 ms) einzupendeln. Die einzelnen Punkte in Abb. 9 repräsentieren jeweils eine Einzelmessung. Bemerkenswert ist, daß für TCP keine "Ausreißer" nach unten feststellbar. Die untere Kurve (A) der drei sichtbaren Häufungen (A-C) wird niemals unterschritten! Die drei für TCP angegebenen Kurven (A-C) sind nicht die Resultate verschiedener Meßreihen. Die ermittelten Meßwerte einer Meßreihe besitzen lediglich verschiedene Häufungspunkte.

	TCP	XTP
CPU-Last (System)	> 85 %	< 5 %

Abbildung 10: CPU-Auslastung des Servers

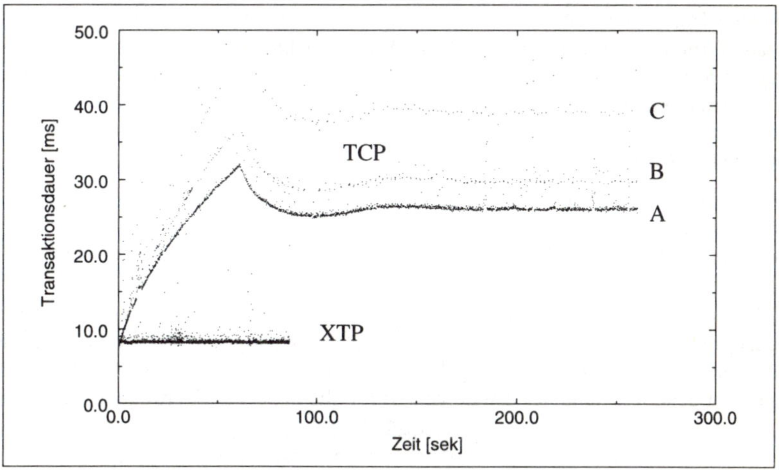

Abbildung 11: Performance-Einbruch von TCP

Die Erklärung für dieses Verhalten ist so einfach wie erschreckend. Abbildung 11 zeigt die während der Transaktionen beobachtbare CPU-Auslastung des Servers. Bei Verwendung von

TCP liegt sie um ein Vielfaches über der bei Verwendung von XTP. Das Betriebssystem ist bei TCP-Verwendung fast ausschließlich mit der Verwaltung der sogenannten "Zombie-Verbindungen" (nicht zu verwechseln mit Zombie-Prozessen) beschäftigt. Während der Transaktionsphase und einige Zeit nach Beendigung aller Transaktionen sind einige hundert, manchmal weit über tausend Verbindungen im TIME-WAIT Zustand. Dies hat zwei negative Auswirkungen:

- Für jedes TCP-Segment muß geprüft werden, ob es nicht ein verspätet eintreffendes Duplikat einer bereits abgebauten Verbindung im TIME-WAIT Zustand ist. Dies kostet Rechenzeit, kann aber gegebenenfalls durch eine geschickte Implementierung (hashing) stark reduziert werden. Die aktuellen UNIX Implementierungen verwenden allerdings die sehr ineffiziente Verwaltung der Protokollblöcke über lineare Listen.
- Für jede einzelne Verbindung im TIME-WAIT Zustand muß ein separater Timer verwaltet werden (2*MSL, maximum segment livetime). Bei einigen hundert, oder wie bei Solaris 2.3 auf einer Sparc-51 Maschine gemessen, über 2500 (!) Verbindungen im TIME-WAIT Zustand ist das Betriebssystem durch die Timer-Verwaltung erheblich belastet.

Dieser Effekt ist bei XTP natürlich nicht zu beobachten! Nur in einigen Sonderfällen werden die "Zombie-Zustände" benötigt, die in der hier verwendeten Client-Server Struktur aber nicht in Erscheinung treten. Abbildung 12 zeigt die resultierenden maximalen Transaktionsraten für

	TCP	XTP
Maximale Transaktionsrate (TPS)	25[a]	110

Abbildung 12: Maximale Transaktionsraten (pro Sekunde)

a. Unter Solaris 2.3 sogar nur 11 Transaktionen/Sek.

die beiden Transportprotokolle.

Wie man leicht sieht, ist der Engpaß, der durch den TIME-WAIT Zustand verursacht wird, nicht der indirekte Einfluß über die Zahl möglicher freier Portnummern, wie in Abschnitt 2.2 erläutert und in den RFCs 1323 und 1379 angegeben. Nach den dortigen Hinweisen und Berechnungen dürfte der hier gemessene Performance-Verlust nicht derart drastisch ausfallen.

Im RFC 1379 wird zwar eine adaptive Verringerung der Dauer des TIME-WAIT Zustandes verlangt. Dies kann allerdings keine ausreichende Lösung sein. Denn mit einer Verringerung der Dauer einer "Zombie-Verbindung" geht zwar unmittelbar eine Erhöhung der theoretisch erreichbaren Transaktionsrate einher. Doch diese Erhöhung hat direkt zur Folge, daß eine größe Anzahl Verbindungen den Zustand TIME-WAIT annehmen wird. Die Belastung durch die einhergehende Verwaltung von Timern, die das Ende eines TIME-WAIT Zustandes anzeigen, steigt. Die Transaktionsrate wird entsprechend sinken!

4.2 Fehlerbehebung

Ein weiteres Problem bei verbindungsorientierten Transaktionen ist die Behandlung von Nachrichtenverlusten.

Insbesondere der Verlust von Verbindungsaubbau initiierenden Datagrammen führt zu signifikaten Reduzierung der Transaktionsraten.

Erste Messungen unter Verwendung des Emulators *EmuLan* wurden durchgeführt, die es ermöglichen, die Effizienz der Fehlerbehebung eines Transportprotokolls zu untersuchen. Die Abbildungen 13 und 14 zeigen die Ergebnisse für eine Messung von 10.000 Transaktionen. Der Emulator generierte eine Verlustrate von 1 Promille in beiden Übertragungsrichtungen.

	Mittlere Transaktionsdauer [ms]	Minimale Transaktionsdauer [ms]	Maximale Transaktionsdauer [ms]	Standardabweichung
XTP	10.6	7.4	646	15

Abbildung 13: Transaktionsleistung bei gestörter Übertragung

	Mittlere Transaktionsdauer [ms]	Minimale Transaktionsdauer [ms]	Maximale Transaktionsdauer [ms]	Standardabweichung
TCP	38.1	7.9	5970	480

Abbildung 13: Transaktionsleistung bei gestörter Übertragung

Hier zeigt XTP ebenfalls ein deutlich besseres Leistungsverhalten als TCP. Neben einer im Mittel wesentlich geringeren Transaktionsdauer weist XTP ein insgesamt homogeneres Verhalten auf als TCP. XTP zeigt geringere maximale Transaktionsdauern und eine um Größenordnungen geringe Abweichung vom Mittelwert. Diese ist unter anderem auf die adaptive und dynamische Bestimmung von Roundtripdelays und Retransmission-Timeouts zurückzuführen.

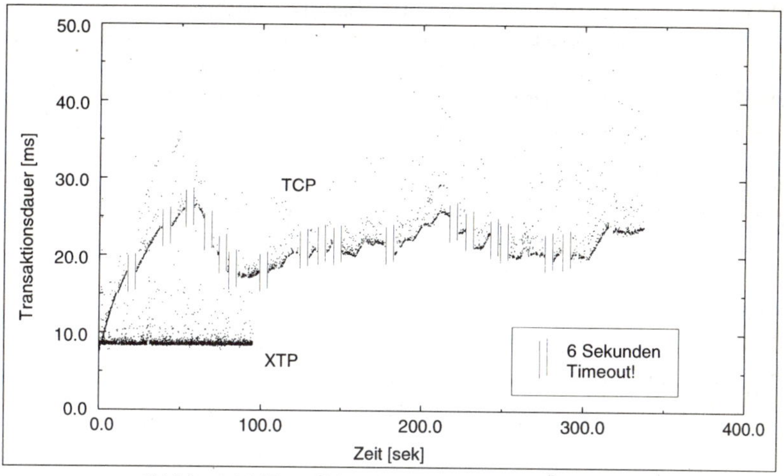

Abbildung 14: Transaktionsdauer bei gestörter Übertagung

5 Konsequenzen

Die Bedarf für ein neues, transaktionsorientiertes Transportprotokoll ist bereits seit einiger Zeit durch den RFC 1379 von 1992 motiviert. Die für diesen Artikel durchgeführten Messungen unterstreichen aber in aller Deutlichkeit, daß die im genannten RFC vorgeschlagenen Ansätze nur unter einer völligen Eliminierung des TIME-WAIT Zustandes Erfolg haben können. Ebenso erfolgversprechend ist der Einsatz einer völlig anderen Netzwerk- und Transportebene, wie dies seit geraumer Zeit durch die Entwicklung von XTP angedacht ist. Leider konnte sich XTP bisher nicht gegenüber der TCP/IP Familie durchsetzen.

Die negativen Eigenschaften auf die Systemauslastung eines Servers durch den TCP TIME-WAIT Zustand sind bereits jetzt durch ganz konventionelle Anwendungen zu spüren, die nicht so ohne weitere als kritisch eingestuft werden, wenn man nur die durch deren Kommunikation verursachten Datenraten betrachtet. Als Beispiel wären hier das SMTP Protokoll für den Transport von Electronic Mail [17] oder das WWW, World-Wide Web [18] Protokoll für den Austausch von multimedialen Hypertextdokumenten zu nennen.

Email Verteilerlisten mit einigen hundert oder mehr Einträgen sind mittlerweile keine Seltenheit mehr. Werden die Adressaten einer solchen Liste über einen zentralen Mailserver erreicht, so wird für jeden einzelnen Adressaten eine TCP Verbindung aufgebaut, die Nachricht übertragen und die Verbindung wieder abgebaut. Im wesentlichen also eine Transaktion wie oben geschildert. Diese mehreren hundert “Zombie-Verbindungen” belasten den Server noch bis zu vier Minuten lang.

Ein Protokoll, welches weitaus mehr Ressourcen verbraucht, ist das beim WWW verwendete. HTTP-Protokoll. Es transferiert Hypertext Dokumente, die aus Haupt- und referenzierten Unterdokumenten bestehen, die nicht am Stück über eine einmalig aufgebaute Verbindung übertragen. Für jedes einzelne Element, z.B. eingebundene Grafiken, Icons, u.s.w. wird jeweils eine neue TCP Verbindung aufgebaut. Insbesondere "aufwendige" WWW-Seiten mit zahlreichen kleinen Symbolen (Icons), die Referenzen auf weitere Dokumente sein können, verursachen so auf der Serverseite eine enorme CPU-Last durch die bereits wieder abgebauten Verbindungen im TIME-WAIT Zustand. So kann es auch in lokalen Umgebungen, wo man das Netzwerk und dessen Bandbreite als erstes für mangelnden Durchsatz eines WWW-Servers verantwortlich macht, durchaus ein durch wenige Clients in Bedrängnis gebrachter WWW-Server sein, der nur noch wenige Transaktionen pro Sekunde ermöglicht. Wie unsere Messungen zeigten, kann ein WWW-Server bei freiem Netzwerk unter Umständen ein bis zwei Sekunden benötigen, um eine Hypertextseite mit einigen dutzend Icons zu übertragen. Ist dieser Server gleichzeitig SMTP (Mail-) Server, kann sich die Wartezeit durchaus verlängern!

Die Applikationen, die nicht nur mehr Bandbreite, sondern vor allem neue Protokolle benötigen sind also schon in Gebrauch, man muß nur die Engpässe lokalisieren. TCP mit seinen leider unvermeidbaren TIME-WAIT Zuständen ist einer dieser Engpässe, wenn nicht gar der Engpaß. Ein gut strukturiertes Transaktionsprotokoll als Ergänzung zu TCP, oder das von der Konzeption her gut durchdachte XTP als Ergänzung/Ersatz der TCP/IP Familie sind notwendig.

6 Literatur

[1] "*POWER Programming with RPC*", John Bloomer, O´Reilly & Associates, 1991.

[2] "*Internetworking with TCP/IP - Principles and Techniques*", Vol. I, Douglas Comer, Prentice-Hall, 1989.

[3] "*Internetworking with TCP/IP - Protocol Implementation*", Vol. II, Douglas Comer, David Stevens, Prentice-Hall, 1991.

[4] "*Internetworking with TCP/IP - Client Server Progamming*", Vol. III, Douglas Comer, David Stevens, Prentice-Hall, 1993.

[5] "*UNIX Network Programming*", Richard Stevens, Prentice Hall, 1992.

[6] "TCP Extensions for High Performance", V. Jacobsen, R. Braden, D. Borman, RFC 1323, Mai 1992.

[7] "Extending TCP for Transactions -- Concepts", R. Braden, RFC 1379, November 1992.

[8] "TIME-WAIT Assassination Hazards in TCP", R. Braden, RFC 1337, Mai 1992

[9] "*EmuLan Driver Reference Guide*", Peter Davids, RWTH Aachen, Lehrstuhl für Informatik IV, 1994.

[10] "XT/XTD", P. Davids, TCP-XTP Connection Setup-Tester, verfügbar via Anonymous FTP: `ftp://www-i4/informatik.rwth-aachen.de/pub/EmuLan`.

[11] "*LIST - Ein Dekoder für EmuLan-Dumps*", Manualpage, Peter Davids, RWTH Aachen, Lehrstuhl für Informatik IV, 1994.

[12] "*LINUX Anwenderhandbuch, ein Leitfaden für die Systemverwaltung*", Sebastian Hetze, Dirk Hohndel, Martin Müller, Olaf Kirch, LunetIX Softfair, 1994.

[13] 3c509 - Technical Reference Manual, 3com, 1993.

[14] "XTP - The Xpress Transfer Protocol", W.T. Strayer, B.J. Dempsey, A.C. Weaver, Addison Wesley, 1992.

[15] "XTP - Kernel Reference Model (KRM) for XTP Version 3.6", KRM Version 1.7, Protocol Engines Inc., Mai 1992.

[16] "Research Affiliate Annual Report", XTP Forum, Doc 93-131, 1993.

[17] "Simple Mail Transfer Protocol", J. Postel, RFC 821, August 1982.

[18] "World-Wide Web: The Information Universe" T.J. Berners-Lee, R. Cailliau, Electronic Networking: Research, Applications and Policy, Vol.2 No 1, pp. 52-58, Meckler Pub., 1992

Messung und Modellierung threadbasierter Anwendungen unter OSF DCE

Kumichel, F.-U. ; Volkmann, G.
Fakultät Informatik
TU Dresden

Zusammenfassung

Das OSF DCE (Open Software Foundation Distributed Computing Environment) bietet Nutzern die Möglichkeit, Anwendungen in Rechnernetzen verteilt zu verarbeiten. Mit der Schnittstellen-Definitionssprache IDL (Interface Definition Language) ist es möglich, Client-Server-Architekturen aufzubauen, die über RPC (Remote Procedure Call) kommunizieren.
Die Effektivität der Verwaltung von Nutzeranforderungen auf Clienten, wie auch auf Servern, bestimmt maßgeblich das Antwortzeitverhalten und die Verbesserung der Effektivität führt zur Leistungssteigerung des Systems.
Die Einrichtung von Treads zur Verwaltung der Anwendungsaufgaben gestattet Nebenläufigkeit bei deren Verarbeitung. Diese Arbeit will diesen Umstand und seine Auswirkungen auf das Antwortzeitverhalten eines aus drei Workstations gebildeten Systems untersuchen.
Bei einer Datenbankanalyse [Pei87] zur Untersuchung von Synchronisationsverfahren für Datenbank-Seitenzugriffe wurden Meßwerte ermittelt, die geeignet scheinen, die Grundlage für die Simulation eines Datenbanksystems zu bilden, aus der das Lastverhalten des Datenbanksystems abgeleitet werden kann. Auf dieser Basis ist es möglich, den Forderungsstrom einer solchen Anwendung nachzubilden und auf ein verteiltes System (OSF DCE) einwirken zu lassen. Die in dem Netz simulierten Anwendungsprozesse (Datenbank-Prozesse) werden an Threads gebunden und nebenläufig verwaltet.
Ziel der Arbeit ist der Nachweis des verbesserten Antwortzeitverhaltens durch eine wohldimensionierte Anwendung der im OSF DCE implementierten Thraedverwaltung, die die asynchrone Arbeitsweise der RPC-Komponenten unterstützt.

1. Einleitung

Die Entwicklung auf dem Gebiete der lokalen Netze hat zu immer komplexeren Strukturen geführt, so daß bestimmte Aufgaben der inneren Verwaltung und Organisation dieser komplexen Systeme nicht mehr vom Nutzer zu beherrschen und zu bewältigen sind. Es besteht nun die Notwendigkeit, diese Aufgaben von den Systemen selbst erfüllen zu lassen. Für die lokalen Netze bedeutet das, daß die Netzressourcen den Anwendungsprozessen in einer Weise zugeordnet werden, die den Nutzern verborgen bleibt. Von der Qualität der dazu notwendigen Zuordnungsmechanismen hängt weitgehend der Grad der parallelen bzw. nebenläufigen Verarbeitung der Anwendungsprozesse und damit auch die Leistungsfähigkeit des jeweiligen Systemes ab.
Eine Reihe von gemeinsamen Arbeiten an der TU Dresden (Prof. Schill) und an der TU Freiberg (Prof. Irmscher) beschäftigt sich damit, einerseits verbesserte Mechanismen einzuführen und die damit verbundene Leistungssteigerung nachzuwei-

sen (Trading-Verfahren) und andererseits die verbesserte Leistung beim wohldimensionierten Einsatz vorhandener Mechanismen zu zeigen (Thread-Verwaltung). Solche Nachweise werden sinnvollerweise unter möglichst realen, aber auch reproduzierbaren Lastbedingungen vorgenommen.
Die vorliegende Arbeit beschäftigt sich mit dem zweiten Teil des Problemes. Sie geht von einer Datenbankuntersuchung [Pei87] aus, entwickelt aus deren Ergebnissen ein mögliches Lastmodell für Datenbankanwendungen und untersucht bei Einwirkung einer simulierten Datenbanklast das Leistungsverhalten eines OSF DCE-basierten verteilten Systems unter Nutzung der darin implementierten Thread-Verwaltung.

2. Lastmodellierung und Simulation

Die Anwendung verteilter Systeme ist dann besonders sinnvoll, wenn eine Menge, in der Regel räumlich getrennter Nutzer gleichzeitig auf gemeinsame Datenbasen zugreifen muß. Das System hat dann die Aufgabe, unter der Maßgabe der Erfüllung von Konsistenz- und Schutzbedingungen, Dienste anzubieten, die den äußerlich reibungslosen parallelen Zugriff zu Datenbeständen gewährleisten, ohne daß der Nutzer sich um Verteilungsaufgaben bemühen muß. Das trifft auch auf Datenbestände zu, die sich in entfernten Systemen befinden und im allgemeinen erst durch einen Verbindungsaufbau, z.B. über Client-Server-Architekturen, verfügbar gemacht werden.
Typische Nutzer solcher verteilten Systeme sind Datenbanksysteme mit ihren Anwendungen. Die parallele bzw. nebenläufige Verwaltung der Datenbank- Prozesse führt i.a. zu Antwortzeitverkürzungen, und die Möglichkeit des vom System organisierten parallelen Zugriffs zu gemeinsamen Datenbeständen ergibt enorme Verwaltungserleichterungen.
Die Untersuchungen in dieser Arbeit bezüglich des Antwortzeitverhaltens des Systems werden daher unter einer aus dem Betrieb eines Datenbanksystem abgeleiteten künstlichen Last vorgenommen.
Ausgangspunkt für die Ableitung eines Datenbank-Lastmodelles ist eine Arbeit von Peinl [Pei87]. In dieser Arbeit werden letztendlich Sychronisationsverfahren für Seitenzugriffe leistungsanalytisch gegenübergestellt. Die Untersuchungen basieren auf Messungen in dem Datenbanksystem CODASYL [CODA71] und sie werden für unterschiedliche Betriebsarten mit unterschiedlichen Datenbankgrößen durchgeführt.
In [Pei87] wird davon ausgegangen, daß sich Datenbanktransaktionen in Folgen von Transaktionsschritten zerlegen lassen, die statistisch beschrieben werden können. Diese statistische Beschreibung der Transaktionen wird aus der Messung der Anzahl des Auftretens der einzelnen Teilschritte und deren Ausführungsdauer abgeleitet.
Den Untersuchungen in dieser Arbeit haben wir die Meßwerte der dialogorientierten Betriebsart bei einer Datenbasis von 560 MByte zugrunde gelegt. Das Ziel der Lastuntersuchung soll zum einen die statistische Beschreibung des Forderungsstromes sein, der vom Datenbanksystem auf das Betriebssystem einwirkt und zum anderen die Beschreibung der Prozessorlast, die vom Datenbanksystem in Anspruch genommen wird.
Abbildung 2.1 zeigt ein einfaches hierarchisches Modell der Datenbank-Nutzung in einem Rechnersystem. Mehrere Nutzer stellen in Anwendungen Anforderungen (Transaktionen) an das System und erwarten vom System deren Erfüllung. Das Datenbanksystem setzt auf ein Betriebssystem auf, so daß Zugriffe zur Datenbasis (lesend und schreibend) realisiert werden können.

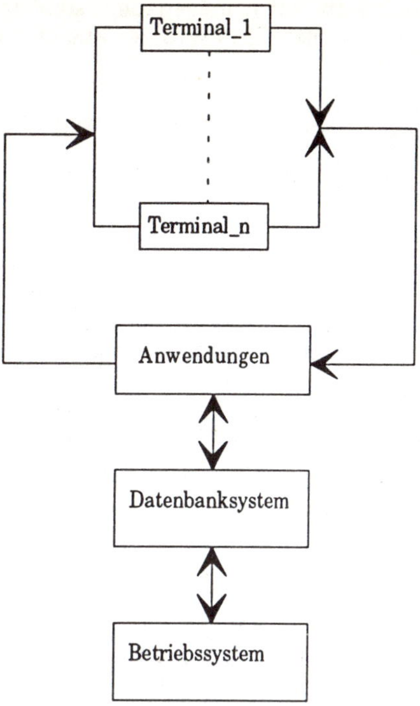

Abb. 2.1: Hierarchisches Modell einer Datenbankanwendung

Die Terminals interagieren mit der Datenbankanwendung (z.b. maskenorientierte Anwendung). Zu gegebenem Zeitpunkt setzt die Datebankanwendung an das Datenbanksystem eine Anforderung (Transaktion; z.B. eine SQL-Anweisung) ab, die dort in Transaktionsschritte untersetzt wird. Im allgemeinen handelt es sich dabei um eine endliche Folge von (lesenden und schreibenden) Seitenzugriffen [VOSS93]. Für die Analyse ist jedoch eine feinere Aufgliederung notwendig, so daß sich ein Aufbau, wie in Abbildung 2.2. ergibt.

BOT	FIX	SZ1	UNFIX	FIX	SZ2	UNFIX	...	...	FIX	SZn	UNFIX	EOT

Abb. 2.2: Aufbau einer Transaktion

Es ergibt sich dann folgender Transaktionsablauf. Der Beginn einer Transaktion wird mit der Funktion BOT (Begin of Transaction) eingeleitet. Dann wird die zu benutzende Seite für mögliche andere Interessenten gesperrt (FIX), der Seitenzugriff (SZ) getätigt und die Seite wieder freigegeben (UNFIX). Danach kann es zu weiteren durch FIX und UNFIX geklammerten Seitenzugriffen kommen und nach dem Freigeben der letzten Seite wird die Transaktion mit der Funktion EOT (End of Transaction) beendet. Folgende wesentliche Sonderfälle können dabei auftreten:

- eine Seite soll gelesen und danach sofort beschrieben werden (Konversion)
- eine Seite kann nicht gesperrt werden, weil sie von einer anderen Transaktion bereits gesperrt wurde.

Im ersten Falle wird die Seite nach dem Lesen nicht sofort freigegeben, sondern zuvor der Schreibzugriff ausgeführt (Abb. 2.3).Im zweiten Falle wird der Zugriff bis zum Freiwerden der Seite ausgesetzt.

Abb. 2.3: Konversion

Aus dem Verhalten des Systems bezüglich der Transaktionsabläufe kann zunächst das in Abbildung 2.4 dargestellte Warteschlangenmodell abgeleitet werden.

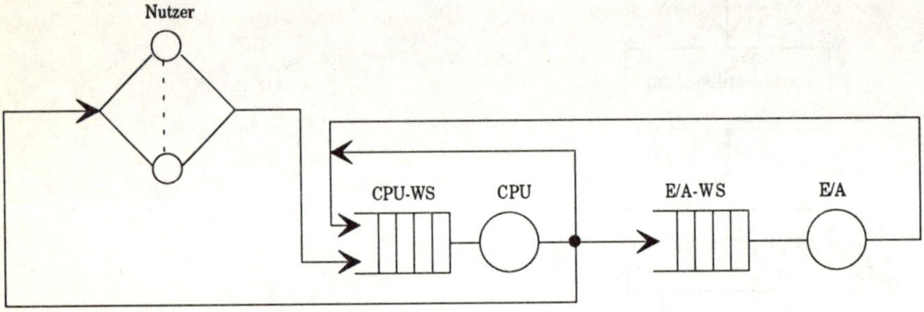

Abb. 2.4:Warteschlangenmodell für Transaktionsabläufe

Von einem oder mehreren Terminals aus werden Transaktionen gestartet. Eine Transaktion führt zunächst in der CPU eine BOT-Funktion (reine Verwaltungsfunktion) aus. Danach wird wieder zur CPU verzweigt, um mit der FIX-Funktion eine Seite zu sperren, auf die zugegriffen werden soll. Nach dem Sperren wird, wiederum über die CPU, ein Seitenzugriff (Systemruf) eingeleitet, der dann vom E/A-Prozessor durchgeführt wird. Nach Abschluß des Zugriffs wird in der CPU die UNFIX-Funktion ausgeführt, um die gesperrte Seite freizugeben. Wenn die letzte Seite frei ist, wird die Transaktion mit der Funktion EOT in der CPU beendet und zur Infinite-Server-Station (IS-Station Nutzer) verzweigt.

2.1 Die Meßdatenbasis

Die Untersuchungen in [Pei87] haben eine Menge von Meßdaten erbracht, von denen die für die Arbeit relevanten nachfolgend aufgeführt werden sollen.
In den Beobachtungszeiträumen wurden im Mittel 2288 Transaktionen abgearbeitet. Dabei wurden durchschnittlich 48598 Transaktionsschritte ausgeführt, die sich wie folgt aufteilen:

- BOT-Funktion: 2288 (4,7%)
- EOT-Funktion: 2288 (4,7%)
- FIX-Funktion: 14674 (30,19%)
- Seitenzugriff: 14674 (30,19%)
- UNFIX-Funktion: 14674 (30.19%)

Eine Transaktion hat eine mittlere Anzahl von 6,413 Seitenzugriffen. Bei 54 Prozent der Transaktionen kamen ausschließlich lesende Seitenzugriffe vor und in 46 Prozent der Transaktionen wurde mindestens ein schreibender Seitenzugriff ausgeführt. In den ändernden Transaktionen betrug das Verhältnis zwischen Lese- und Schreibzugriffen 1,69 : 1. In 27 Prozent der ändernden Transaktionen traten Konversionen bei durchschnittlich 1,71 Seitenzugriffen auf.
Der Wiederholungsfaktor, der den Mehraufwand für das Rücksetzen von Seitenzugriffen auf bereits gesperrte Seiten angibt, ist lastabhängig (Tabelle 2.1)

Nutzeranzahl	Wiederholungsfaktor
1	1,00
2	1,01
4	1,02
8	1,06
16	1,16
32	1,24

Tabelle 2.1 :Lastabhängige Wiederholungsfaktoren

Die Ausführungsdauer für die einzelnen Transaktionsschritte in den Prozessoren ist unterschiedlich. Ihre Relationen zueinander werden in Tabelle 2.2 mit der Maßeinheit ZE (Zeiteinheiten) vorgestellt.

Funktionen	relative Bedienungszeit (CPU)	relative Bedienungszeit (E/A)
BOT	3	-
EOT	3	-
FIX	2	-
UNFIX	1	-
Seitenzugriff	2	12

Tabelle 2.2: Relative Bedienungszeiten der Funktionen in Zeiteinheiten

Aufgrund der unterschiedlichen Bedienungszeiten, von denen wir annehmen wollen, daß sie der Exponentialverteilung unterliegen, und wegen der einfacheren Handhabung im Blick auf die Simulation, werden die Transaktonsfunktionen in Forderungsklassen eingeteilt:

- BOT: Klasse 1
- FIX: Klasse 2
- Seitenzgr.: Klasse 3
- UNFIX: Klasse 4
- EOT: Klasse 5.

Auf der Basis der bisherigen Erkenntnisse und der verfügbaren Meßdaten kann aus der Abbildung 2.4 das Bedienungsmodell in der Abbildung 2.5 abgeleitet werden, das die Grundlage für das Simulationsmodell bilden soll.

Aus den Meßergebnissen der Untersuchungen in [Pei87] können die Wahrscheinlichkeiten für die Übergänge im Modell berechnet werden.
Die Wahrscheinlichkeit (1-p1) des Auftretens von Konversionen ergibt sich aus dem Verhältnis der Anzahl der auftretenden Konversionen (485) zur Anzahl der Lese-

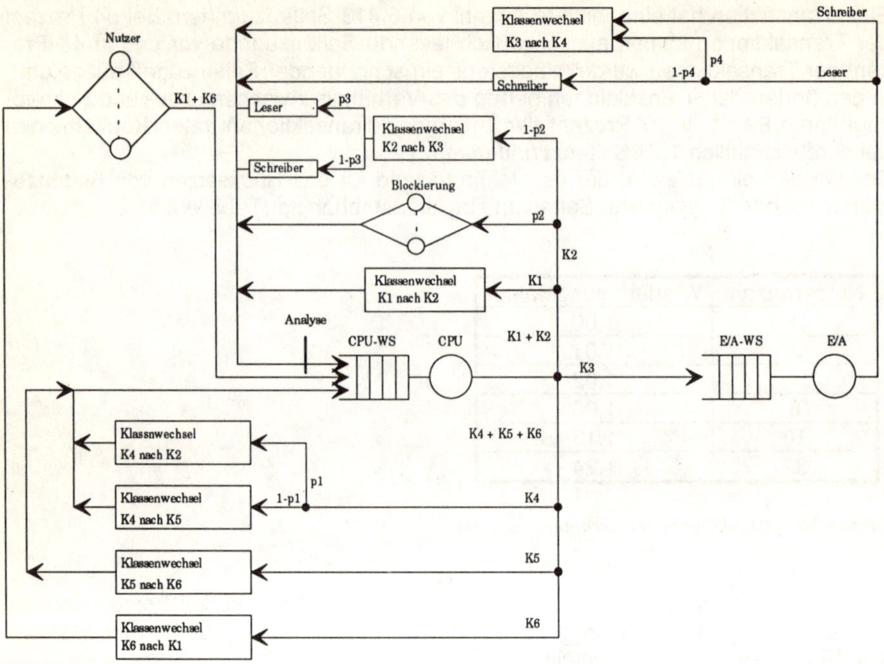

K1: Transaktionsbeginn
K2: Seite sperren
K3: E/A-Ruf
K4: Seite freigeben
K5: Transaktionsende
K6: Anwendung

Abbildung 2.4 Warteschlangenmodel mit Klassenwechsel

zugriffe (11309). Mit der Restwahrscheinlichkeit findet der Wechsel von Klasse 3 zu Klasse 4 statt. Die Klasse 4 geht mit einer Wahrscheinlichkeit (p1) von 0,865 nach dem Freigeben einer Seite in Klasse 2 über, um auf mindestens eine weitere Seite zuzugreifen. Mit der Restwahrscheinlichkeit (1-p1) wird zur Klasse 5 gewechselt, um die Transaktion mit der Funktion EOT (Klasse 5) zu beenden. Nach dem Sperren einer Seite (Klasse 4) wird mit einer Wahrscheinlichkeit (p3) von 0,788 ein Lesezugriff und mit der Wahrscheinlichkeit (1-p1) von 0,212 ein Schreibzugriff (beide Klasse 3) vorgenommen. Mit der Wahrscheinlichkeit (p2) von 0,057 (entsprechend dem lastabhängigen Wiederholungsfaktor) muß ein Seitenzugriff ausgesetzt werden, weil die avisierte Seite bereits besetzt ist.

Das Modell in Abbildung 2.4 ist insofern unvollständig, als die Bedienungszeiten der IS-Stationen "Nutzer" und "Blockierung" sowie die eingeführte Klasse 6 noch nicht spezifiziert wurden.

Die IS- Station "Nutzer", eine N-kanalige Bedienungsanlage (mit N ≥ Anzahl der angeschlossenen Terminals), bildet die Nutzerdenkzeit nach, die im interaktiven Betrieb für Überlegungen und Eingaben benötigt wird. Solche Bedienzeiten sind naturgemäß schwer zu ermitteln. Qualifikation und Perfektion spielen eine erhebliche Rolle, so daß die an dieser Stelle festgelegten Werte mit einem gewissen Vorbehalt zu betrachten sind. In dieser Arbeit wurden nach Stoppuhrmessungen

recht großzügige Zeiten zugrunde gelegt und im Mittel ca. 70 Sekunden angenommen, die (die Umrechnung vorweggenommen) etwa 5000 Zeiteinheiten entsprechen.
Die Anwendung selbst belastet natürlich auch den Prozessor (z.B. bei Maskenaufbau oder E/A- Unterbrechungen usw.). Dafür wurde die Klasse 6 eingeführt, deren Forderungen nur die CPU besuchen. Die mittlere Bedienzeit wurde auf 20 Zeiteinheiten geschätzt.
Die Festlegung der Bedienzeit der Blockierungen stellte sich als außerordentlich schwieriges Problem heraus. Zunächst ist schon die Darstellung als IS-Station ein Kompromiß. Die Blockierungszeit hängt zum einen davon ab, in welchem Stadium der Bearbeitung sich die sperrende Transaktion befindet und zum anderen, wie die jeweils momentane Länge CPU- Bedienungsanlage bzw der E/A- Bedienungsanlage ist. Es handelt sich hier eigentlich um ein erweitertes Warteschlangennetz in dem die Blockierung durch einen eigenen Monitor verwaltet werden müßte. Die große Anzahl von Seiten würde jedoch den Rahmen des Modells und des Simulationssystems sprengen. In vorliegenden Modell wurde die mittlere Blockierungszeit nach einigem Herantasten (über Warteschlangenlängen und Bedienungszeitne) mit 13 Zeiteinheiten festgelegt.
Die Umsetzung des Warteschlangennetzes in das Simulationsmodell wurde auf der Basis des grafikorientierten Simulationssystems SLAM (Simulation Language for Alternative Modeling) [Witt94] vorgenommen.

2.2 Simulationergebnisse

Die Simulation wurde in fünf Läufen für 8, 16 und 32 Nutzern durchgeführt. Unter anderem waren für diese Fälle Meßdaten aus der Untersuchung in [Pei87] verfügbar. Die Erwartungswerte für die Zwischenankunftszeiten von Lesezugriffs- und Schreibzugriffsforderungen werden in Tabelle 2.3 gezeigt, die der Warteschlangenlängen und der Auslastung der E/A- bzw. CPU-Bedienungsanlage in Tabelle 2.4.

	8 Nutzer (leichte Last)	16 Nutzer (mittlere Last)	32 Nutzer (schwere Last)
lesende Forderungen	36 Zeiteinheiten	21 Zeiteinheiten	17 Zeiteinheiten
schreibende Forderungen	110 Zeiteinheiten	67 Zeiteinheiten	56 Zeiteinheiten

Tabelle 2.3: Mittlere Zwischenankunftszeit für lesende und schreibende Forderungen bei unterschiedlicher Anzahl von Nutzern

	8 Nutzer		16 Nutzer		32 Nutzer	
Bed.-Anlagen	mittlere WS-Länge	mittlere Auslastung	mittlere WS-Länge	mittlere Auslastung	mittlere WS-Länge	mittlere Auslastung
CPU	0.138	0.280	0.724	0.470	2.227	0.377
E/A	0.258	0.410	1.748	0.702	8.397	0.810

Tabelle 2.4: Mittlere Warteschlangenlängen und Auslastung bei unterschiedlichen Lastverhältnissen

3. Leistungsmessungen

In diesem Abschnitt wird das Leistungsverhalten eines verteilten Systems unter einer Datenbankanwendung untersucht. Ziel ist es, die unterschiedlichen Verhaltensweisen des Systems bei streng sequentieller und bei nebenläufiger Verarbeitung von Dienstanforderungen auf dem Client-Rechner zu ermitteln.
Bei der Untersuchung werden die in Abschnitt 2 gewonnen Werte für den Forderungsstrom verwendet, den ein Lastgenerator erzeugt. Somit können auf der Basis von Messungen Erkenntnisse über das unterschiedliche Lastverhalten des Systems gewonnen werden.
Für Datenbanksysteme in einer Workstation-Umgebung bietet sich die Client/Server-Architektur an. Die Client-Prozesse werden auf den Workstations ausgeführt, auf denen die Interaktion zwischen Anwendung und Nutzern stattfindet. Die Server-Prozesse werden auf Server-Rechnern ausgeführt und bieten den Clients gleichzeitigen Zugriff zu den Datenbanken.
Die Abbildungen 3.1 und 3.2 zeigen einen Ausschnitt aus einem Datenbanksystem, der einen Datenbankserver sowie einen Datenbankclient mit vier Terminals enthält. Von den Terminals werden Transaktionen als Datenbank- Dienstanforderungen an den Client abgesetzt. Messungen auf diesem Client sollen die Auswirkungen der Nebenläufigkeit bei der asynchronen Verwaltung der Transaktionen durch den Einsatz von Threads auf das Antwortzeitverhalten zeigen.

Das zu untersuchende System (Abb. 3.3) besteht aus zwei Datenbankservern und drei Datenbankclients. Die drei Datenbankclients sind zwei Lastclients und ein Anwendungsclient. Die Lastclients sollen das Vorhandensein von 8, 16 und 32 Nutzer nachbilden. Dafür werden die ermittelten Simulationsergebnisse aus Kapitel 2 eingesetzt. Der Anwendungsclient stellt einen einzelnen Datenbankclient dar, an dem z.B. vier bzw. acht Nutzer über Terminals Dienste aufrufen können. Dabei wird das Antwortzeitverhalten für die vier bzw. acht Nutzer untersucht, wenn die Bereitstellung der Dienste durch den Anwendungsclient streng sequentiell oder nebenläufig erfolgt.

Für die Durchführung der Untersuchungen standen drei Workstation zur Verfügung, dabei handelte es sich um eine DEC5000/200 mit einem R3000 Prozessor (Rechnersystem A in Abbildung 3.3) sowie zwei DEC5000/150 mit je einem R4000 Prozessor (Rechnersystem B und C in Abbildung 3.3).

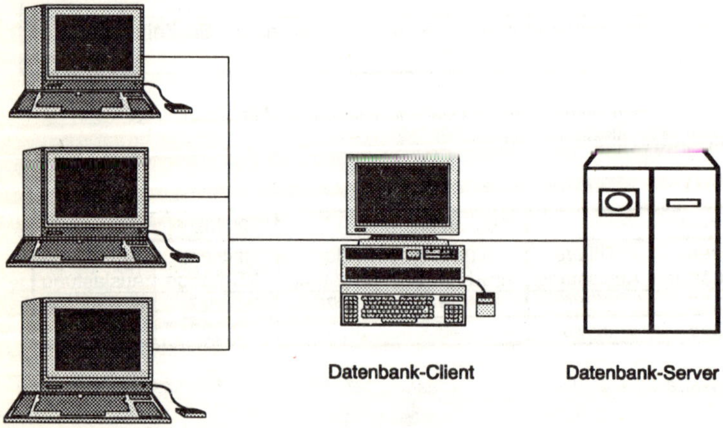

Abbildung 3.1 Ausschnitt aus einem Datenbanksystem

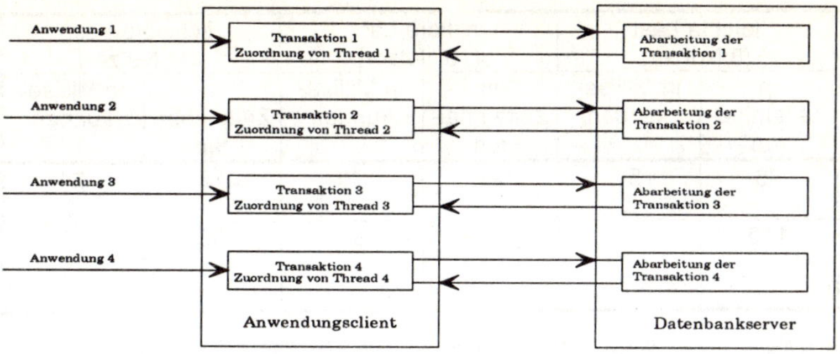

Abbildung 3.2 Abarbeitung von 4 Transaktionen

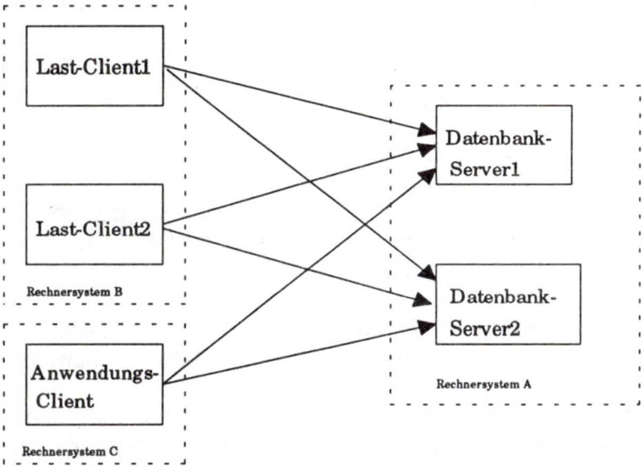

Abbildung 3.3 Zu untersuchendes Client/Server Modell

Auf der DEC5000/200 wurden die beiden Datenbankserver implementiert. Auf der einen DEC5000/150 wurden die beiden Lastclients und auf der anderen DEC5000/150 der Anwendungsclient implementiert. Als Programmierumgebung wurde dabei das OSF-DCE (Open System Foundation-Distributed Computing Enviroment) Version 1.0 unter ULTRIX Version 4.3 eingesetzt. Das OSF-DCE ist ein umfangreiches Softwarepaket für herstellerunabhängige verteilte Verarbeitung. Die Kommunikation zwischen Clients und Servern findet nach dem Prinzip des entfernten Prozeduraufrufes (Remote Procedure Call)statt.
Als Kommunikationsprotokoll wurde das RPC-Protokoll mit dem verbindungslosen Transportprotokoll UDP/IP (User Datagramm Protocol/Internet Protocol, [Come91]) eingesetzt.
Das Übertragungssystem zwischen den drei Workstations ist ein Ethernet mit einer Übertragungsrate von 10 Mbit/s.
In Kapitel 2 wurde das Verhalten eines Datenbanksystems untersucht. Die durch Simulation erzielten Ergebnisse werden nun auf das System bezogen, an dem die Messungen durchgeführt werden. Auf der Grundlage von Messungen lesender/schreibender Operationen im System werden die Zeiteinheiten umgerechnet (Tabelle 3.1).

	leichte Last (8 Nutzer)		mittlere Last (16 Nutzer)		schwere Last (32 Nutzer)	
	in Zeiteinheiten	in Millisekunden	in Zeiteinheiten	in Millisekunden	in Zeiteinheiten	in Millisekunden
Lesende Forderung	36	51	21	30	17	24
Schreibende Forderung	110	156	67	95	56	79

Tabelle 3.1 Umrechnung der mittleren Zeitabstände der eintreffenden Forderungen von Zeiteinheiten in Millisekunden

Die Simulation des Datenbanksystems (Kapitel 3.3) wurde mit 8, 16 und 32 Nutzern durchgeführt, welche im folgenden als leichte, mittlere und schwere Last bezeichnet werden soll.

Die Simulation des Datenbanksystems (Kapitel 3.3) wurde mit 8, 16 und 32 Nutzern durchgeführt, welche im folgenden als leichte, mittlere und schwere Last bezeichnet werden soll.

Die in Tabelle 3.1 dargestellten mittleren Zwischenankunftszeiten zwischen zwei Dienstanforderungen werden durch einen Lastgenerator realisiert. Ziel des Lastgenerators ist es, einen poissonverteilten Dienstanforderungsstrom zu erzeugen. Bei der poissonverteilten Ankunftsrate ist die Zwischenankunftszeit exponential verteilt. Die Exponentialverteilung wurde nach der Methode der inversen Verteilungsfunktion erzeugt.

Auf beiden Datenbankservern wurden 10 Threads zur parallelen Abarbeitung ankommender Forderungen installiert. Der Anwendungsclient umfaßt vier bzw. acht Transaktionen.

Bei der Untersuchung werden diese vier bzw. acht Transaktionen zunächst seriell ohne Threads sowie ein bis vier bzw. acht Transaktionen mittels Threads nebenläufig abgearbeitet. Eine Transaktion umfaßt entsprechend den Ergebnissen aus Kapitel 2 etwa 6,5 Seitenreferenzen in Form von 2 KByte-Strömen.

In modernen Datenbanksystemen liegt die "Intelligenz" für die Abarbeitung einer Transaktion beim Server, so wird beispielsweise in SQL eine Transaktionsliste an den Server verschickt. Es existieren auch Systeme bei denen die "Intelligenz" auf der Clientseite liegt.

Die Transaktionen werden einzeln von dem Anwendungsclient an den Server verschickt und die Ausführungszeit der Transaktionsschritte simuliert.

Die Zeitmessung erfolgt auf dem Anwendungsclient direkt vor dem Versenden der ersten Transaktion und nach Ergebnisrückgabe der letzten Transaktion. Dabei wurde jeweils die aktuelle Systemzeit abgegriffen und anschließend die Differenz gebildet. Die Meßergebnisse werden in eine Datei umgeleitet und erst nach Beendigung des Experimentes verdichtet (Mittelwertbildung). Bei der Zeitmessung wurde die aktuelle Systemzeit verwendet, die auf einem separaten Baustein abgenommen wird, so daß nur geringe Interferenzen durch die Messung auftreten.

Bei den Messungen wurde die Einschwingphase des Systems berücksichtigt und der Meßbeginn verzögert.

4. Meßergebnisse und Bewertung

Die Ergebnisse der Untersuchungen zeigen, daß die nebenläufige Verwaltung der Transaktionen auf dem Client- Rechner über Threads unter allen überprüften Lastbedingungen zur Verkürzung der mittleren Antwortzeit führt. Die besten Ergebnisse werden erreicht, wenn die Anzahl der Threads um Eins niedriger liegt, als die Anzahl der Transaktionen, die auf dem jeweiligen Client verwaltet werden.

	0 Threads	1 Thread	2 Threads	3 Threads	4 Threads
keine Last	221,553 ms	191,133 ms	184,199 ms	177,549 ms	191,064 ms
leichte Last	419,648 ms	393,887 ms	378,925 ms	344,287 ms	361,074 ms
mittlere Last	855,219 ms	708,203 ms	616,078 ms	544,031 ms	547,125 ms
schwere Last	1.047,563 ms	874,531 ms	675,657 ms	603,656 ms	603,032 ms

Tabelle 4.1: Mittlere Antwortzeiten bei unterschiedlicher Last und Thread-Anzahl (max. 4)

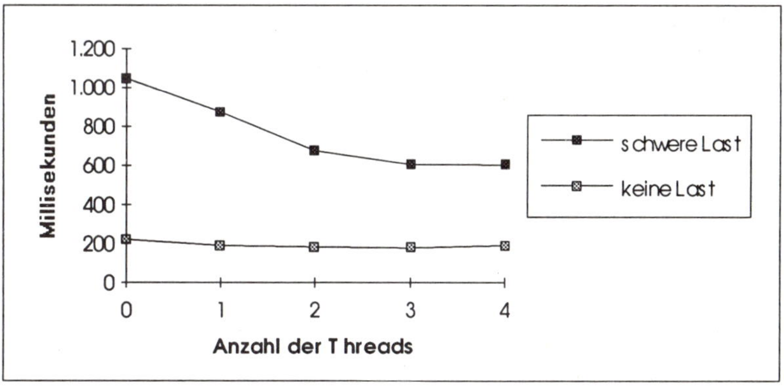

Abbildung 4.1: Entwicklung der mittleren Antwortzeiten für keine und schwere Last bei unterschiedlicher Anzahl von Threads (max. 4)

	0 Thread	1 Tread	2 Thread	3 Thread	4 Thread	5 Thread	6 Thread	7 Thread	8 Thread
ohne Last	1,882	1,813	1,755	1,693	1,612	1,562	1,505	1,470	1,470
leichte Last	17,276	16,343	14,930	13,156	11,243	9,830	8,720	7,933	8,860
mittlere Last	30,107	27,586	24,025	22,922	18,569	14,345	11,461	11,461	11,540
schwer e Last	30,672	28,101	25,893	24,230	16,343	16,434	12,716	11,949	12,245

Tabelle 4.2: Mittlere Antwortzeiten bei unterschiedlicher Last und Thread-Anzahl (max. 8)

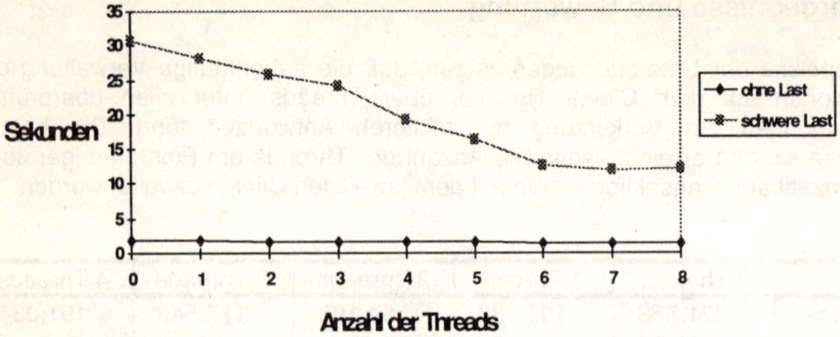

Abb. 4.2: Entwicklung der Antwortzeiten für keine und schwere Last bei unterschiedlicher Anzahl von Threads (max. 8)

In Tabelle 4.1 und 4.2 werden die Meßergebnisse für den Fall gezeigt, daß die Transaktionen vom Client komplett an den Server zur Bearbeitung übergeben werden. In den Abbildungen werden die dazugehörigen Entwicklungen für lastfreie Arbeit und für die Arbeit mit schwerer Last gezeigt.

Literaturverzeichnis:

[CODA71] CODASYL Database Task Group 71 Report, ACM, New York 1971

[IrMi94] Klaus Irmscher, Christian Mittasch, On the way to the the IFIP-congress 1994, Hamburg 20.8. - 2.9.94

[Pein87] Peter Peinl, Synchronisation in zentralisierten Datenbanksystemen, Springer-Verlag, Berlin 1987

[Schi92] Alexander Schill, Das OSF Distributed Computing Enviroment, Informatik-Spektrum 15 (1992), 333-335

[Schi93] Alexander Schill, DCE - Das OSF Distributed Computing Environment, Springer Verlag, 1993.

[Volk94] Gerald Volkmann, Parallelisierung in Client-Server-Kooperationen unter DCE, Großer Beleg am Institut BC der Fakultät Informatik an der TU Dresden, Dresden 1994

[Voss 93] G. Voss, Grundlagen der Transaktionsverarbeitung, Addison-Wesley, Bonn 1993

[Witt94] Thomas Witte, Simulation von Produktionssystemen mit SLAM, Addison-Wesley, Bonn 1994

Multiparty File Transfer over the Internet Stream Protocol, Version 2 (ST-II)

Claus Schottmüller

IBM European Networking Center
Vangerowstr. 18, 69115 Heidelberg, Germany
E-Mail: cschott@vnet.ibm.com

Abstract. Communication in many application areas, such as cooperative applications, kiosking systems, and software update systems, includes multiparty file transfer between one origin and a group of targets. The paper describes the Multiparty File Transfer Protocol (Multiparty FTP) which supports multiparty file transfer in internets. It provides a group abstraction, realizing transparency from the address, from individual responses, and from failures of single targets involved in the transfer. To optimize its performance, Multiparty FTP has been realized on top of the Internet Stream Protocol, Version 2 (ST-II), which provides a connection-oriented multicast service and therefore contributes to an increased throughput and a reduced network load. Multiparty FTP applies a highly efficient selective repeat retransmission protocol, which is tailored to the characteristics of multiparty file transfer and which takes advantage of the guaranteed data rates in ST-II. Protocol design rationals are discussed and results of performance measurements are presented.

1 Introduction

The transfer of files between computers is a major application in computer networks [GIEN78, LINI89]. File transfer from one origin to one target is already supported by a variety of file transfer services, such as the ISO OSI FTAM service [ISO8571] or the service of the Internet File Transfer Protocol (FTP) [PORE85]. However, in many applications there is a need for multiparty file transfer which means the transfer of a file from one origin to a group of targets. In particular, in the emerging area of cooperative applications in which groups of participants share information, files must be transferred to multiple sites. For example, in a workstation conference or a distributed graphical editor session, participants must transfer files containing text documents, graphical images, or video sequences to all other participants in the application [CRMI90, KILE93].

Further application areas for multiparty file transfer are kiosking applications, software update systems, and replicated file systems. In a kiosking application, where a large number of info servers provide identical information, e.g., to the visitors of a trade fair, information updates lead to multiparty file transfers to the info servers. In software update systems new software releases must be transferred from a central software server to a large number of computers, e.g., in the branch offices of an international company. Inserting a file into a replicated file system usually leads to a multiparty file transfer to a group of replication servers.

To support multiparty file transfer, appropriate communication services must be developed. Compared to existing point-to-point file transfer services, their basic functional value-add is the provision of a group abstraction, i.e., the realization of transparency from the address, from individual responses, and from failures of single targets involved in the transfer. In addition to that they must provide a better performance in terms of throughput and network load, than it is achieved by an iterative sequence of point-to-point file transfers to the same group of targets.

A promising approach towards this goal is to make use of multicast services which support data transfer from a sender to a group of receivers. Multicast services take advantage of the physical broadcast property of networks and apply multicast forwarding techniques and therefore contribute to the reduction of protocol execution time and network traffic. In the past a variety of multicast services have been developed [CHER86, CRPA88, FRMA90]. One particular example is the service of the Internet Stream Protocol, Version II (ST-II) [TOPO90] an experimental IP-layer protocol. ST-II provides connection-oriented multicasting in internets and therefore is a basis for the realization of an internet multiparty file transfer service. Besides multicasting, the main characteristic of ST-II is the provision of an end-to-end guaranteed service. The realization of fixed data rates and a controlled delay characteristic tailors ST-II to the needs of multimedia communication such as audio and video transmission. However, this property also leads to a highly efficient multiparty file transfer protocol.

Providing a multiparty file transfer protocol architecture on top of ST-II, the Heidelberg Transport Protocol (HeiTP) [DELG92] which has been developed at the IBM European Networking Center is applied. HeiTP enriches ST-II with functions mainly for segmentation/reassembling and error handling. On top of HeiTP the Multiparty File Transfer Protocol has been developed.

This paper is focusing on the design and the realization of the Multiparty File Transfer Protocol (Multiparty FTP). Chapter 2 introduces the service which is provided. Chapter 3 and 4 give a brief description of ST-II and HeiTP. In Chapter 5 the Multiparty File Transfer Protocol is presented and in chapter 6 the selective repeat retransmission protocol is described in detail. Chapter 7 gives an overview of the Multiparty FTP prototype and chapter 8 presents results of initial performance measurements. Chapter 9 points out related work and finally chapter 10 concludes and gives an outlook on future work.

2 Multiparty File Transfer Service

Multiparty FTP provides service primitives to establish a Multiparty FTP connection to a group of targets, to transfer one or more files, and to release the connection. When establishing a connection, naming transparency [LICH90] is supported, providing a group identifier which addresses a whole group of targets. Due to security reasons, in a file transfer usually a service user has to identify and authenticate himself to a target, before he is authorized to transfer files to the target's file system. Generally, this is achieved by a target-specific user identifier and password, which is sent to a target in advance of the file transfer. Multiparty FTP keeps individual user identifiers and passwords transparent, providing a group user identifier and a group password, which identifies and authenticates an origin user to a whole group of targets. The maintenance of target groups and their members is supported by an integrated group management service which supports creating and deleting of groups and adding and removing of members [KiLe93]. Managing of groups is done, e.g., by the chair of a workstation conference or by a registration authority which is independent from the application initiating the multiparty file transfer.

During a multiparty file transfer each target sends replies to the origin, indicating success, failure, or intermediate states of the transfer. To guarantee that the service user does not need to be aware of these individual replies, Multiparty FTP collects the replies and returns a single result of the whole multiparty file transfer (reply handling transparency).

The Multiparty FTP service provides best effort reliability, i.e., a file is transferred without bit errors, loss or duplication of file data, as far as no permanent site error or network partition occurs. With respect to partial failures of targets, the service user can specify the percentage k of targets which must receive the file, to consider a multiparty file transfer as being successful (k-reliability [Cher86]).

Existing file transfer services, such as FTP, run background server processes as targets in a file transfer which do not notify applications about the reception of a file. In cooperative applications changes to common data must be indicated actively to the participants of an application [GrSa87]. To meet this requirement, Multiparty FTP notifies the targets in a multiparty file transfer actively about connection establishment and release and about start and termination of a multiparty file transfer.

Emphasis has been laid on the performance of Multiparty FTP in terms of elapsed time respectively throughput. The elapsed time is defined as the time between the initiation of the multiparty file transfer and the indication of its (successful) termination. The throughput of a multiparty file transfer is calculated by dividing the file size through the elapsed time.

As a further performance variable, the network load caused by a multiparty file transfer, has to be considered. Assuming a multiparty file transfer across a network comprising several subnetworks, the total network load is defined as the sum of the loads on the subnetworks involved. The network load on a subnetwork is defined as the total number of bytes transmitted across this network. It includes the transmission of the file contents as well as the transmission of any protocol information needed to realize the multiparty file transfer. To economize network resources, Multiparty FTP aims to minimize the total network load.

3 Internet Stream Protocol, Version 2 (ST-II)

As its main characteristic with respect to the realization of a multiparty file transfer service, ST-II provides a multicast service: ST-II supports the establishment of unidirectional multicast connections (streams) between one origin and a group of targets; thus the origin has to send data only once in order to deliver it to all targets involved in the connection. To optimize multicasting efficiency, ST-II applies multicast forwarding, i.e., a multicast connection is established as a directed tree from the origin across intermediate nodes (ST-II agents which executes the ST-II protocol) to the targets. If available, hardware multicast features of subnets are exploited, to efficiently forward data packets to multiple nodes (targets or intermediate) attached to the same subnet. Connections are dynamic, i.e., the origin may add or delete targets, or targets may leave the connection by themselves. To address the initial group of targets in a connection, a target list has to be specified.

ST-II has been developed to support the transfer of data streams which require for guaranteed data rates and controlled delay characteristics, such as video or audio streams. Therefore ST-II negotiates the connection's quality-of-service parameters during the connection establishment phase and reserves the resources which are necessary to guarantee the negotiated quality-of-service. This includes network bandwidth as well as buffer space and local CPU for protocol processing. When a multicast connection is established, only those targets are added, to which the requested quality-of-service can be guaranteed. To change the quality-of-service of an existing connection, a re-negotiation service is provided. It supports both, the expanding and the relaxing of quality-of-service requirements. However, targets to which an expanded quality-of-service can not be provided, have to leave the connection.

4 Heidelberg Transport Protocol (HeiTP)

The Heidelberg Transport Protocol (HeiTP) [DELG92] is a transport layer protocol on top of ST-II. Based on the functionality of ST-II, it provides a connection-oriented service, supporting bidirectional 1-to-1 connections and unidirectional multicast connections. Furthermore, HeiTP provides functions mainly for segmentation and reassembling, flow control, and error handling.

HeiTP limits its maximum protocol data unit (PDU) size to the size of the smallest message transfer unit of all subnets involved in the connection. When the user sends larger transport service data units segmenting and reassembling takes place.

HeiTP adopts a rate-based flow control. The transmission rate is determined by the quality-of-service parameters, which are negotiated for a specific connection. The enforcement of the rate at the sender is not part of HeiTP but is provided by the HeiTP runtime environment (see chapter 7).

HeiTP provides transport level error handling, i.e., detection, indication, and correction of errors caused by transient failures. To tailor error handling to the specific requirements of the data streams, e.g., time critical multimedia data, different levels of error handling can be specified. The user is able to select between no checksum computation, indication, or correction of corrupted data. To detect data loss, duplication and misordering of data HeiTP applies sequence numbers. A user can choose between the reception of an error indication or the correction of the error.

To provide error correction, HeiTP applies a selective repeat retransmission scheme. Triggered by a timer, a target sends back to the origin a request for retransmissions, which indicates the sequence numbers of lost or corrupted PDUs. To reduce the number of retransmissions of the same PDU in case of retransmission requests from more than one target, a timer is set at the origin after the first retransmission request is received. Subsequent requests for the same PDU are ignored until the timer expires. When a target receives a retransmitted PDU, it is re-sequenced, to guarantee the delivery of data in the correct sequencing order. Due to multicasting, data is retransmitted to all targets in a connection, even if targets already have received this data correctly. However, targets are able to identify and discard duplicated data units. Retransmission of lost or corrupted data is repeated until a retransmission counter expires. In this case the failure is assumed to be persistent. In case a target fails persistently, it is removed from the connection and the origin is notified. A failure at the origin leads to a termination of the whole connection.

5 Multiparty File Transfer Protocol

On top of the multicast transport service the application specific multiparty file transfer protocol has been developed. It realizes group addressing, group authorization, translation between heterogeneous data formats, and reply handling. Besides this, it mainly provides protocol elements for error handling and the mapping of the protocol flow onto transport services.

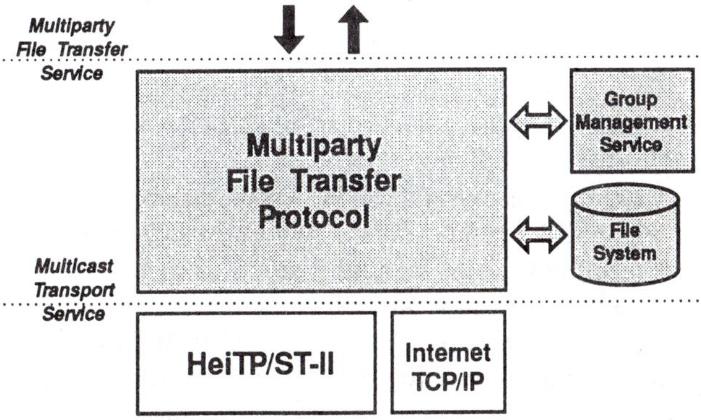

Fig. 1. Multiparty FTP Architecture

5.1 Data and Control Flow

As described in section 2, a Multiparty FTP connection between the origin and the targets has to be established before a multiparty file transfer. Multiparty FTP connections are mapped onto transport connections, taking into account the different requirements of control and data flow between the origin and the targets. The data flow which consists of file-data-PDUs directed from the origin to the targets, is transferred in the frame of a HeiTP connection.

However, the control flow is treated differently. It is bidirectional, containing service requests directed from the origin to the targets, as well as responses and status reports from the targets back to the origin. Furthermore, the control flow includes unicast communication between the origin and each target involved, since Multiparty FTP sends a specific user identifier and password to each target.

Considering the exchange of control information, Multiparty FTP applies TCP communication, establishing a TCP connection between the origin and each target. Separate control connections became necessary, since HeiTP multicast connections are unidirectional and do not support the transfer of a bidirectional flow. Also, separate control connections meet the requirement for unicast communication between origin and targets. Since TCP provides a reliable service, this approach also guarantees for the reliable exchange of control information without any additional effort in the Multiparty File Transfer Protocol. Using point-to-point control connections, the transfer of control information to the entire group of targets must be implemented by a sequence of unicasts. However, this shortcoming is tolerated, since the amount of control information to be sent is small. TCP instead of unicast bidirectional HeiTP connections has been used, because the negotiation and resource reservation of HeiTP causes significant overhead, which is not justified by the low throughput requirements of the control flow.

The mapping of data and control flow onto transport services in Multiparty FTP also comprises a strategy concerning the lifetime of the transport connections, taking into account the trade-off between the higher availability of a pre-established connection and the occupation of system and network resources of a connection which is idle for a period. Because of the low overhead of an idle TCP connection, the lifetime of the control connections correspond to the lifetime of the Multiparty FTP connection (which can be limited by a timer). It is used for the transfer of control flow of all multiparty file transfers during the lifetime of the Multiparty FTP connection.

Contrary to that, the lifetime of a HeiTP data connection is limited to the execution time of one multiparty file transfer. This strategy gives preference to the economization of resources, which would be occupied by an idle data connection between two subsequent transfers. A data connection is established just before a multiparty file transfer starts and is released when the file transfer has been finished. Also, this strategy allows to remove targets from the connection, which already have received the entire file correctly. This prevents them from being involved in ongoing error recovery, i.e., the retransmission of lost and corrupted data (see section 6). However, when a series of files have to be transferred, the usage of a data connection for multiple subsequent file transfers can be enforced by a multiple-transfer service (similar to the *mput* service of FTP).

5.2 Quality of Service Negotiation and Resource Reservation

When establishing a HeiTP data connection, the required quality of service with respect to error handling and the data transfer rate must be quantified. Since Multiparty FTP realizes its own retransmission protocol, the HeiTP error correction option is not selected. However, Multiparty FTP makes use of the HeiTP error indication to be informed about loss or corruption of data.

Multimedia communication requires for a specific and fixed data rate, e.g., determined by the needs of a video adapter. Contrary to that, a file usually should be transferred with the maximum rate which could be achieved. HeiTP and ST-II do not support the establishment of a connection to a group of targets, negotiating a maximum data rate. To provide this semantics, Multiparty FTP has to implement an application specific negotiation protocol.

This protocol aims to establish a HeiTP connection with the maximum data rate, which all targets are able (and willing) to achieve. The targets have previously reported their specific maximum during the control connection establishment. As described in chapter 3, ST-II establishes a connection including only those targets, to which communication with a required data rate is achievable. In case not all targets could be connected with the maximum data rate (due to lack of bandwidth on certain subnetworks or shortage of resources on intermediate nodes), Multiparty FTP stepwise reduces his data rate requirements. Using the ST-II re-negotiation service, in each step the data rate requirements for the data connections are relaxed. Then it is tried to add further targets to the connection. This procedure is repeated, until all targets could been added or until the rate has been reduced to a relative minimum which can be specified by the service user. If the required k per cent of targets could not been connected, the connection establishment terminates unsuccessfully.

Multiparty FTP requires for sufficient resources for protocol execution and file I/O to achieve a negotiated data rate. Sending with a lower rate means a bad utilization of the HeiTP connection and therefore a waste of network and system resources. Receiving with a lower rate is even more critical, since this leads to loss of data and therefore to additional retransmissions, which decreases the file transfer throughput significantly. Consequently, Multiparty FTP includes resource administration, which supports resource reservation and which interacts with the resource administration already applied for HeiTP/ST-II connections.

6 Selective Repeat Protocol

6.1 Protocol Design Rationale

One approach to provide a reliable file transfer in case of transient failures, is to make use of the HeiTP error handling, selecting the error correction option when a HeiTP connection is established. But although the HeiTP selective repeat retransmission scheme is highly efficient, the development of a protocol which is adapted to the specific characteristics of multiparty file transfer promises further performance improvements. Two aspects which influence the performance of a selective repeat retransmission protocol have to be considered: the buffer space occupied at protocol execution time and the protocol execution effort for acknowledgement processing.

Usually, a transport service can not make assumptions about the lifespan of the transferred data. In particular, it has to consider that data is short-lived, e.g., when transferring a live video. Consequently, the origin has to buffer data which possibly must be retransmitted, until it is acknowledged by all targets. Transport services generally guarantee delivery of data in the sending order; thus targets have to re-sequence retransmitted data units, which also requires for the buffering of data. This means that both the source and the targets must allocate memory, which leads to an occupation of system resources and therefore to a performance decrease of the systems involved in the transfer. In particular in networks with a large bandwidth-delay product, e.g., in high speed wide area networks, the minimal buffer space requirements becomes significantly high.

Also, the performance of a retransmission protocol is influenced by the protocol effort for processing acknowledgements. Targets have to generate acknowledgements and send them to the origin. The origin has to receive and evaluate them, possibly interrupting its sending process. The number of acknowledgements which have to be processed depends on the number of targets and on the frequency in which they are sent. A low acknowledgement frequency reduces the number of acknowledgements but on the other hand increases the buffer space requirements since more unacknowledged data has to be buffered.

The Multiparty FTP selective repeat protocol emphasizes on the minimization of the number of acknowledgements to be processed without the need to buffer data at origin and targets. In networks with a high bandwidth, such as FDDI, DQDB, and B-ISDN, protocol processing is the main factor limiting the throughput of a communication service [DOER90]. Consequently, the minimization of acknowledgement processing is a significant contribution toward the realization of a high speed multiparty file transfer service.

Multiparty FTP adopts a blast retransmission protocol which has been introduced in the area of point-to-point file transfer services and broadcast satellite file transfer services [CLLA87, DAWA88, DOER90]. According to this scheme, the entire file is transmitted from the origin to the targets without being interrupted by any acknowledgement processing. After that, the targets report to the origin the data units which were lost or corrupted. Then the origin retransmits these data units to those targets, which do not already have received the entire file correctly. Again, the remaining targets send back data reception reports. The origin repeats retransmission, until either all targets received the complete file correctly or until a retransmission counter expires.

Multiparty FTP exploits file persistence, i.e., the sender does not have to buffer file data, since it can easily be reproduced by rereading the file. Also the targets do not have to buffer data for re-sequencing, since they write data directly to file. When data is lost or corrupted, a 'dummy' data unit is inserted in the file. This dummy data unit will be replaced, when the correct data unit has been received in a subsequent retransmission phase.

The minimization of acknowledgements and buffer space on the other hand causes additional effort to reread file data at the origin and to rewrite file data at the targets. However, the resource reservation of ST-II contributes to a minimization of packet loss due to buffer overflow in end nodes and intermediate nodes in the network. In conjunction with the increasing reliability of modern networks, lost and corrupted data are expected to occur very infrequently. Consequently, the protocol is optimized for the case were no errors occur.

6.2 Protocol Phases

In detail, a file transfer is divided in a file open phase, a data transfer phase, and a file close phase. In the open phase the origin sends a file-open-request-PDU to the targets including the file name of the file to be transferred. The targets return a positive or negative file-open-response-PDU. The origin waits until it has received the responses from all targets or until a timer expires. When the number of positive responses does not meet the requested k-reliability, the file open is ended unsuccessfully and the origin sends a negative file-close-request-PDU to the targets. Otherwise, the data transfer phase starts, which consists of an initial transmission phase and possibly multiple retransmission phases. In the initial transmission phase the origin reads the file sequentially, creating and sending file-data-PDUs. To avoid copying effort, data is read directly into buffers of the HeiTP buffer management.

Besides the file data, each file-data-PDU includes a data length field, a last-PDU-flag, and a sequence number which indicates the absolute position of its data part in the file. File-data-PDUs have fixed length, which is determined by HeiTP and which depends on the size of the message transfer units of the underlying networks. Consequently, the length of the file data part is fix with exception of the last PDU. In this case, the length of the file data part is indicated by the PDU's length field.

When a target receives a correct file-data-PDU, it writes the file data into the local file. If HeiTP indicates a lost or corrupted data unit, a 'dummy' data unit is written to the file. Furthermore, a status bit vector is updated, which represents the receive status of the file-data-PDUs. If the last PDU is lost or corrupted, a timer prevents targets from waiting infinitely. After the transmission phase ended, each target sends the status bit vectors together with a received-all-data-flag to the origin.

After the origin has sent the last file-data-PDU, it waits for status bit vectors until all vectors are received or until a timer expires. Targets from which no status bit vector has been received, are considered to be failed. If the number of remaining targets still satisfies the requested k-reliability, file transfer continues otherwise it is terminated.

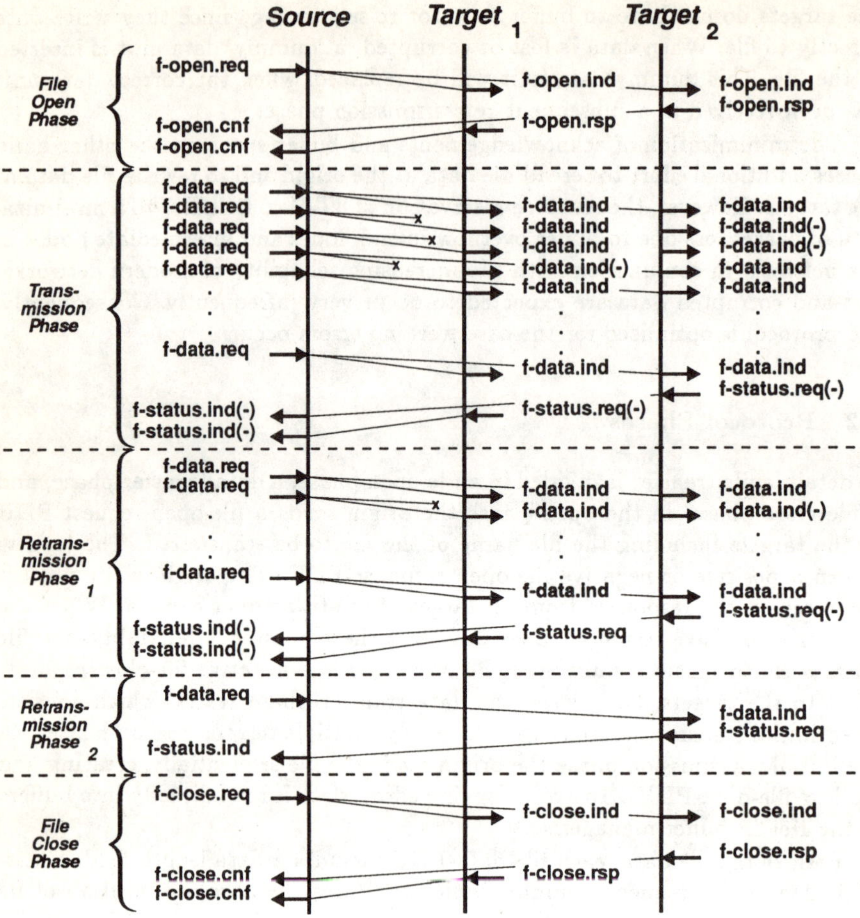

Fig. 2. Multiparty FTP: Example Retransmission Protocol Flow

Each target which returns a received-all-data-flag set to true, is removed from the data connection. This strategy prevents them from receiving duplicated PDUs in subsequent retransmission phases, which leads to an economization of network resources and protocol execution time. For all targets the bit vectors are accumulated to an overall status. If all targets have received the file correctly, the data transfer phase terminates successfully. Otherwise a retransmission phase starts. The origin rereads the file and resends file-data-PDUs according to the overall status bit vector. Usually, not all remaining targets in a retransmission phase require for the same set of retransmitted PDUs. However, due to multicasting, a PDU is resend to all targets in the data connection. Consequently, targets must identify PDUs, which they have already received correctly and discard them.

If a target receives a previously lost or corrupted PDU, its file data is inserted in the file, overwriting a dummy file data unit. Assuming, e.g., an AIX file system, this can be achieved by a seek and a write operation. Again a status bit vector representing the entire file is maintained. After the last PDU of this retransmission phase is received, the bit vector is sent to the origin, which reacts similarly to the initial transmission phase. Retransmission phases are repeated until either all targets received the file correctly or a retransmission counter expires.

When the data transfer phase has been finished successfully, the origin sends a file-close-request-PDU to the targets, which is responded by a file-close-response-PDU. In the other case, when the data transfer could not meet the requested k-reliability, the origin sends a negative file-close-request-PDU.

7 Multiparty FTP - Prototype

The Multiparty FTP prototype [MUEL94] provides an application programming interface. Service requests and responses are implemented as procedure calls, whereas service indications and confirmations are implemented as up-call procedures, which must be registered at initialization time of the application. The Multiparty FTP system architecture comprises a Multiparty FTP daemon process and Multiparty FTP stubs. An application links the Multiparty FTP stub which implements the communication with the daemon using AIX socket communication. The Multiparty FTP daemon runs once per machine and provides the Multiparty FTP service to all applications which can be either origins or targets of multiparty file transfers. In particular, the daemon executes the Multiparty FTP protocol stack, interacts with a group management service, and does file I/O.

The Multiparty FTP prototype has been implemented on IBM RISC System/6000 under AIX 3.2 in programming language C. It bases on the Heidelberg Transport System (HeiTS), which implements ST-II and HeiTP and which provides auxiliary functions [HEWO92]. In particular it includes a buffer management and a resource administration system [VOHE93], both required to guarantee a negotiated quality-of-service. HeiTS currently runs on Token Ring networks and support for Ethernet and FDDI is being worked on. HeiTS has been implemented on IBM RISC System/6000 under AIX 3.2 and IBM Personal System/2 under OS/2 2.0. For the implementation of the Multiparty FTP prototype the AIX version has been used.

8 Multiparty FTP: Performance Measurements

Although the Multiparty FTP resource administration is not yet implemented, initial throughput measurements have been carried out, considering the file size as well as the number of targets as influencing factors on the performance.

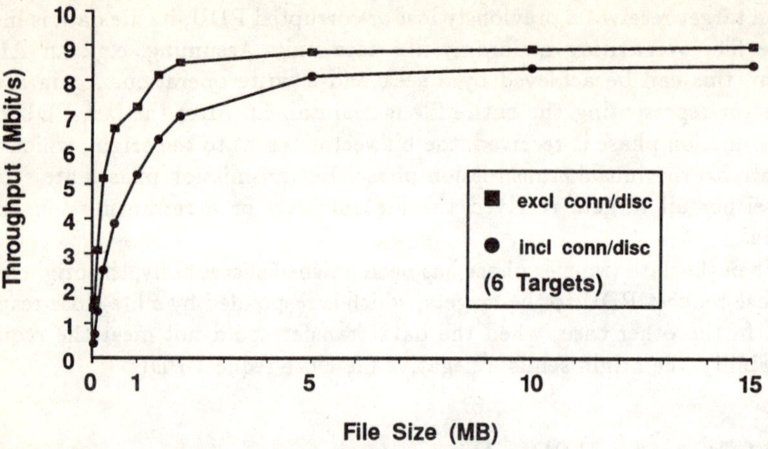

Fig. 3. Throughput versus Filesize

The measurement environment comprises 7 IBM RISC System/6000 workstations, ranging from a model 22W up to a model 370. The source was located on a model 520 and each target on one of the other workstations. The workstations exclusively used a 16 MBit/s Token Ring Network. Using the system clock, the elapsed times of multiparty transfers (including and excluding connection establishment and release) have been measured at the origin and the throughput values have been calculated.

In figure 3 the multiparty file transfer throughput to 6 targets is shown as a function of the file size. The lower curve describes the throughput including connection establishment and release time, the upper one the throughput for the pure multiparty file transfer. In both cases throughput increases when the file size grows. For file sizes larger than 1 MByte the gradient becomes small and for files larger than 5 MByte it is zero, approximately. For files smaller than 1 MByte the throughput values decrease rapidly. This effect is due to protocol overhead mainly caused by the opening and closing of the file and by the interprocess communication between daemon and application stub, at the origin and the targets. The portion of this overhead in the elapsed time becomes the larger the smaller the file size and therefore the smaller the transfer time of pure file data is. The difference value between the upper and the lower curve hints at the overhead of connection establishment and release which is significant for small files and becomes small for larger file sizes.

In figure 4 the throughput transferring a 2 MByte file as a function of the number of targets is presented. The performance is characterized, by putting the measured values into relation to the theoretical values of sequences of iterative point-to-point file transfers (white bars): For a target group size of one, the throughput value of the iterative file transfers is identical to the throughput

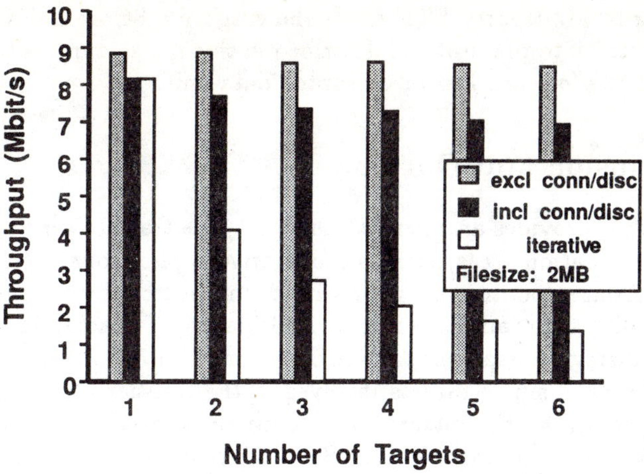

Fig. 4. Throughput versus Number of Targets

value achieved by a multiparty file transfer service. For increasing group sizes, the throughput value of iterative file transfers decreases with a factor 1 through n, i.e., 1 through the number of targets in the group. Contrary to the throughput of the iterative approach, the throughput of the Multiparty FTP throughput excluding the connection establishment and release (grey bars) stays constant independent of the number of targets in the transfer. This result which is caused by the physical multicast property of the Token Ring network, verifies the approach to make use of multicast services when realizing Multiparty FTP. Furthermore, the efficiency of the selective repeat protocol of Multiparty FTP is demonstrated.

The throughput including the connection establishment and release time (black bars) slightly decreases, when the number of involved targets grows. This is caused by the fact that the protocol effort of the connection establishment procedure depends on the number of targets to which the connection has to be established. But still the throughput achieved is significantly higher than the throughput achieved by the iterative approach.

9 Related Work

In the area of satellite communication there already exist multiparty file transfer services which make use of the physical broadcast capability of satellite links. In [SaSc85] simulation results are presented showing the advantage of selective repeat retransmission compared to the go-back-n retransmission strategy. In [DaWa88] a selective repeat protocol is discussed which focus on the optimization of satellite channel utilization. Based on a time division multiple access scheme, blocks of data units are sent to the targets, which return status bit vectors after the reception of each block. Simulation results assessing the protocol performance are presented. [AYHK84] describes a selective repeat protocol which similar to Multiparty FTP sends the entire file before doing retransmissions. But contrary to the protocol described in this paper, targets send negative acknowledgments for each lost or corrupted data unit.

10 Conclusion and Outlook

Multiparty FTP provides an internet multiparty file transfer service supporting a variety of application areas, such as cooperative applications, kiosking applications, and software update systems. As its main functional value-add compared to point-to-point file transfer services, Multiparty FTP achieves a group abstraction, realizing transparency from the address, from individual responses, and from failures of single targets involved in the transfer. Managing of target groups is supported by the integration of a group management service.

Multiparty FTP is mainly based on ST-II which provides network layer multicast and therefore significantly contributes to an increased multiparty file transfer performance. As the initial measurements show, the exploitation of physical multicast makes throughput independent of the number of targets to which the file is being transferred.

Although the development of ST-II has been motivated by the needs of multimedia applications, Multiparty FTP benefits from the quality-of-service guarantees of ST-II. Taking advantage of a fixed data rate, an efficient selective repeat retransmission protocol has been developed. The retransmission protocol furthermore takes into account file persistence and therefore minimizes acknowledgement processing and buffer space, which both contribute to its efficiency.

The performance characteristics of the retransmission protocol will be assessed in detailed performance measurements. Additionally further influencing factors, such as network error rate and file I/O rate will be investigated.

Further work has to be done in the realization of the application specific resource administration and its integration with the resource administration of HeiTS. In particular, one focus lies on the integration of new types of file systems which provide file I/O with guaranteed data rates.

Acknowledgements

I would like to thank E. Mayer, O. Rose, U. Schäffer, and M. Zimmermann for their valuable comments. Also I thank my diploma student T. Müller for his engaged work and C. Halstrick for his support during the integration of HeiTS.

References

[AYHK84] **L. Azouz, H. Youssef, C. Huitema, F. Kamoun :** *Performance Evaluation of NADIR Bulk Data Transmission Protocol for a Multipoint Satellite Link,* Performance of Computer-Communication Systems, 1984

[CHER86] **D.R. Cheriton :** *Request-Response and Multicast Interprocess Commun. in the V Kernel,* LNCS 248: Networking in Open Systems, Springer Verlag, 1986

[CLLA87] **Clark, D.; Lambert, M.; Zhang, L. :** *NETBLT: A bulk data transfer protocol,* Network Working Group, Request for Comment: 998, Mar 1987

[CRMI90] **T. Crowley, P. Milazzo, E. Baker, H.Forsdick, R. Tomlinson :** *MM-Conf: An Infrastructure for Building Shared Multimedia Applications,* Proc. of the Conf. on CSCW, Oct 1990, Los Angeles, Ca., pp.329-342

[CRPA88] **J. Crowcroft, K. Paliwoda :** *A Multicast Transport Protocol,* ACM Comp. Comm. Review, Vol.18(4), Aug 1988, pp.247-256

[DAWA88] **J.S.J. Daka, A.G. Waters :** *A High Performance Broadcast File Transfer Protocol,* ACM Comp. Comm. Review, Vol.18(4), Aug 1988, pp.274-281

[DELG92] **L. Delgrossi, C. Halstrick, R.G. Herrtwich, H. Stüttgen :** *HeiTP - A Transport Protocol for ST-II,* GLOBECOM '92, Orlando, 1992

[DOER90] **W.A. Doeringer, D. Dykeman, M. Kaiserswerth, B.W. Meister, H. Rudin :** *A Survey of Light-Weight Transport Protocols for High Speed Networks,* IEEE Transactions on Communications, Vol.38(11), Nov 1990, pp.2025-2039

[FRMA90] **A.O. Freier, K. Marzullo :** *MTP An Atomic Multicast Transport Protocol,* Cornell University, Dept. of Computer Science, Jul 1990, TR 90-1141

[GIEN78] **M. Gien :** *A File Transfer Protocol (FTP),* Computer Networks, 1978, pp.312-319

[GRSA87] **I. Greif, S. Sarin :** *Data sharing in group work,* ACM Transactions on Office Information Systems, Vol.5(2), Apr 1987, pp.187-211

[HEWO92] **R.G. Herrtwich, L.C.Wolf :** *A System Software Structure for Distributed Multimedia Systems,* Proc. of the 5th ACM SIGOPS European Workshop, Le Mont St-Michel, Sep 1992

[ISO8571] **ISO** *IS 8571, Information Processing Systems - Open Systems Interconnection - File Transfer, Access and Management Parts, 1-4,* 1988

[KILE93] **T. Kirsche, R. Lenz, H. Lührsen, K. Meyer-Wegener, H. Wedekind, M.Bever, U. Schäffer, C. Schottmüller** *Communication Support for Cooperative Work* Computer Communications, Special Issue on Group Communications, 1993

[LICH90] **L. Liang, S.T. Chanson, G.W. Neufeld :** *Process groups and group communications,* IEEE Computer, 2/90, pp.56-66

[LINI89] **P.F. Linington :** *File Transfer Protocols,* IEEE Journal on Selected Areas in Communications; Vol.7(7), Sep 1989, pp.1052-1059

[MUEL94] **T. Müller :** *A Multiparty File Transfer Service over ST-II,* Diploma Thesis, University of Karlsruhe (in German), Apr. 1994

[PORE85] **J. Postel, J. Reynolds :** *File Transfer Protocol (FTP),* Network Working Group; Request for Comments: 959, Oct 1985

[SASC85] **K. Sabnani, M. Schwartz :** *Multidestination Protocols for Satellite Broadcast Channels* IEEE Transactions on Communications, Vol.33(3), Mar 1985

[SCHO93] **C. Schottmüller :** *Multiparty File Transfer for Cooperative Engineering Applications* Internal Technical Documentation, Oct 1993

[TOPO90] **Topolcic, C.,ed. :** *Experimental Internet Stream Protocol: Version 2 (ST-II),* Network Working Group, Request for Comment: 1190, Oct 1990

[VOHE93] **C. Vogt, R.G. Herrtwich, R.Nagarajan :** *HeiRAT: The Heidelberg Resource Administration Technique - Design Philosophy and Goals,* Kommunikation in Verteilten Systemen, Munich, Germany, Mar 1993

IP-Prozessor für Gigabit-Router

Hajo R. Wiltfang, Martina Zitterbart
Universität Karlsruhe (TH), Institut für Telematik, Zirkel 2, 76128 Karlsruhe
Tel. 0721/608-[4005,4026]
E-Mail: [wiltfang,zit]@telematik.informatik.uni-karlsruhe.de

Moderne Hochgeschwindigkeitsnetze mit Datenraten im Megabit bzw. Gigabit-Bereich stellen hohe Anforderungen an die sie verbindenden Zwischensysteme. Diese müssen in der Lage sein, die aggregierte Datenrate zu verarbeiten und zu vermitteln. Bei einem Router ist hier unter anderem die Verarbeitung des Vermittlungsprotokolls zeitkritisch. Dieser Beitrag stellt einen IP-Prozessor vor, der in einer verteilten Routerarchitektur zum Einsatz kommt. Der als VLSI-Baustein realisierte IP-Prozessor führt alle Funktionen des Internet Protokolls auf einem Netzwerkadapter aus. Erste Simulationen des IP-Prozessors führten zu vielversprechenden Ergebnissen.

1 Einleitung

Fortgeschrittene Telekommunikationsanwendungen (z.B. Multimedia-Anwendungen, Virtuelle Realität) stellen hohe, teilweise neuartige Anforderungen an die unterliegenden Kommunikationssysteme. Sie sind in der Regel durch die gleichzeitige Forderung nach hohen Datenraten und niedrigen Verzögerungszeiten gekennzeichnet. Die notwendige Leistungsfähigkeit muß sowohl von den Endsystemen als auch von Zwischensystemen im Netz erbracht werden. Insbesondere an die im Netz befindlichen Zwischensysteme, z.B. IP-Router, werden hohe Anforderungen gestellt. Sie müssen in der Lage sein, die aggregierten Datenraten mehrerer Netzanschlüsse verarbeiten und weiterleiten zu können. Hochgeschwindigkeitsnetze mit Datenraten im Bereich von 155 Mbit/s und mehr (622 Mbit/s oder 2,4 Gbit/s) werden mit neuen Netzen wie beispielsweise dem ATM-basierten Breitband-ISDN ermöglicht. Für die Behandlung von Datenpaketen verbleibt bei hohen Datenraten oftmals nur eine sehr geringe Zeit. Für 53-Byte lange ATM-Zellen sind dies 2,8 µs bei 155 Mbit/s und lediglich noch 680 ns bei 622 Mbit/s. Setzt man eine Pipeline-Technik ein, so stellt dies die Anforderungen an jede Pipelinestufe dar. Bei mehreren Netzanschlüssen an einem Zwischensystem muß von ihm die aggregierte Datenrate bewältigt werden. Eine schritthaltende Verarbeitung der Datagramme ist allerdings erforderlich, um Stausituationen in den Zwischensystemen und die damit verbundenen Datenverluste zu vermeiden.

Der vorliegende Beitrag stellt eine Realisierung des Internet Protokolls (IP, [9]) in VLSI vor, die in der Lage ist, extrem hohe Datenraten zu verarbeiten. Hierzu wird der VLSI-Baustein für die IP-Verarbeitung in eine modulare und skalierbare Routerarchitektur integriert. Sie besteht aus einer Reihe intelligenter Netzadapter, die jeweils mit der notwendigen Verarbeitungsleistung versehen sind, sowie einer internen leistungsfähigen Vermittlungseinrichtung zwischen diesen Adaptern. Das IP-Protokoll wird dabei unabhängig voneinander auf jedem Adapter durchgeführt. So ist ein hoher Grad an Parallelität bei der Bearbeitung von IP-Datagrammen möglich.

Im Gegensatz zu dieser Architektur sind die meisten in der Literatur vorgestellten Ansätze in ihrer Leistungsfähigkeit nicht auf mehrere Adapter skalierbar, da sie oftmals zentralisierte Komponenten für leistungskritische Aufgaben einsetzen. In [7] und [8] wird beispielsweise eine Lösung für zwei Ports vorgestellt, die durch den internen Zweiportspeicher nur begrenzt auf mehrere Netzzugänge aufrüstbar ist. Der in [1] vorgestellte IP-Router basiert auf einer zentralen Verarbeitungseinheit. Auch der GIGAswitch/FDDI der Firma Digital benutzt eine zentrale Verarbeitungseinheit, den "Switch Control Processor" ([11]).

Der Beitrag ist wie folgt strukturiert. Im Kapitel 2 wird die Basisarchitektur des Routers beschrieben. Kapitel 3 stellt den IP-Prozessor und dessen Systemablauf während der Bearbeitung eines IP-Datagramms vor. Eine Realisierung des IP-Prozessors wird im Kapitel 4 präsentiert. Kapitel 5 diskutiert exemplarische Simulationsergebnisse mit dieser Implementierung. Der Beitrag schließt mit einer Zusammenfassung und einem kurzen Ausblick in Kapitel 6.

2 Aufbau des Gigabit-Routers

Ein Router verbindet in der Regel eine Vielzahl von Netzen auf der Vermittlungsschicht (Schicht 3 des OSI-Referenzmodells). Ein häufig hierfür eingesetztes Protokoll stellt das IP-Protokoll des Internet dar. Der Router muß nun für jeden Netzzugang, d.h. für jedes angeschlossene Netz, die notwendigen Protokolle verarbeiten. Hier fällt unter anderem die Bearbeitung des IP-Datagrammkopfes sowie das Routing der Datagramme von einem Eingangsadapter an einen oder mehrere Ausgangsadapter an. Zusätzliche Aufgaben, wie etwa das Verwalten der Datagramme im Speicher des Routers, sind ebenfalls notwendig.

Als *zeitkritische Aufgaben* in einem Router können dabei generell solche herauskristallisiert werden, die direkt in den Fluß von Nutzdaten involviert sind. Diese müssen effizient und ohne wesentliche Verzögerung vom Eingangsport an die jeweiligen Ausgangsports weitergeleitet werden. Auf diesem Weg stellen vor allem das IP-Protokoll inklusive des dort durchgeführten Routings sowie die Speicherverwaltung zeitkritische Komponenten dar. Der vorliegende Beitrag konzentriert sich dabei auf die Verarbeitung des IP-Protokolls. Die Speicherverwaltung sowie das Routing werden in [4] und [5] bzw. [12] untersucht.

Die zugrundeliegende Routerarchitektur ist so gestaltet, daß die zeitkritischen Komponenten gleichzeitig auf den verschiedenen Netzadaptern für unterschiedliche Datagramme durchgeführt werden können. Sie wird als *verteilte Architektur* bezeichnet, da die Verarbeitungs- und Speicherkapazität auf die Netzadapter verteilt ist.

Außerdem wird für die zeitkritischen Komponenten der Netzwerkadapter dedizierte Hardware eingesetzt. Weniger kritische Aufgaben werden in Software auf einem zentralen Adapter implementiert. Jeder Netzwerkadapter verfügt darüber hinaus über einen lokalen Prozessor, den LP. Dieser enthält ebenfalls in Software programmierte Teile des Routers.

2.1 Die verteilte Routerarchitektur

Der Gigabit-Router basiert auf der in [13] und [14] vorgestellten verteilten Routerarchitektur. Sie besteht grob aus den drei Komponenten Netzwerkadapter, Zentrale Verarbeitungseinheit und Interner Switch mit Scheduler (s. Abb. 1).

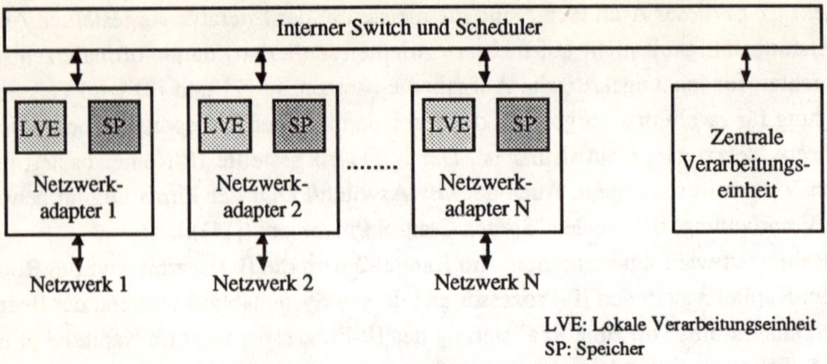

Abbildung 1 : Verteilte Routerarchitektur

Für jedes am Router angeschlossene schnelle Netzwerk ist ein eigener *Netzwerkadapter* vorgesehen. Es können auch mehrere langsame Netze auf einem Adapter bedient werden. Jeder Netzwerkadapter umfaßt sowohl Komponenten für den Medienzugriff selbst als auch Verarbeitungseinheiten für die Vermittlungsschicht. Er beinhaltet somit alle für das angeschlossene Netzwerk nötigen Protokollfunktionen. Weiterhin ist auf jedem Adapter ein Datenspeicher, jeweils separiert für den Empfangs- und Sendeteil, vorhanden. Hierdurch reduziert sich die von einem Speichermodul zu realisierende Bandbreite, da die Datagramme lokal in den jeweiligen Adaptern abgelegt sind. Parallelverarbeitung der unterschiedlichen Adapter stellt ein inhärentes Merkmal der Architektur dar.

Neben den Netzwerkadaptern und deren Verarbeitungselementen ist eine *zentrale Verarbeitungseinheit* vorhanden. Sie realisiert alle Aufgaben, die nicht unmittelbar mit dem Weiterleiten von Daten durch den Router assoziiert sind (z.B. Routingprotokolle, Netzwerkmanagement). Diese Aufgaben sind in der Regel nicht zeitkritisch und können deshalb von einer zentralen Komponente übernommen werden.

Der *Interne Switch und Scheduler* stellt die Verbindung zwischen den einzelnen Netzwerkadaptern her. Er leitet Datagramme anhand einer Port-Kennung an den entsprechenden Netzwerkadapter weiter. Hierzu wird intern ein erweitertes Datenformat verwendet, welches dem eigentlichen IP-Datagramm ein 32-Bit-Feld voranstellt. Dieses Feld enthält die IP-Adresse des nächsten Knotens auf dem Weg zum Ziel. Basierend auf dieser Adresse kann der sendende Netzwerkadapter die Adreßauflösung durchführen. Auf dem empfangenden Adapter wird deshalb die in IP integrierte Routingfunktion implementiert.

2.2 Struktur des Netzwerkadapters

Um die zeitkritischen Funktionen des Routers effizient realisieren zu können, wurde die in Abbildung 2 dargestellte Struktur ([13], [14], [15]) für einen Netzwerkadapter gewählt.

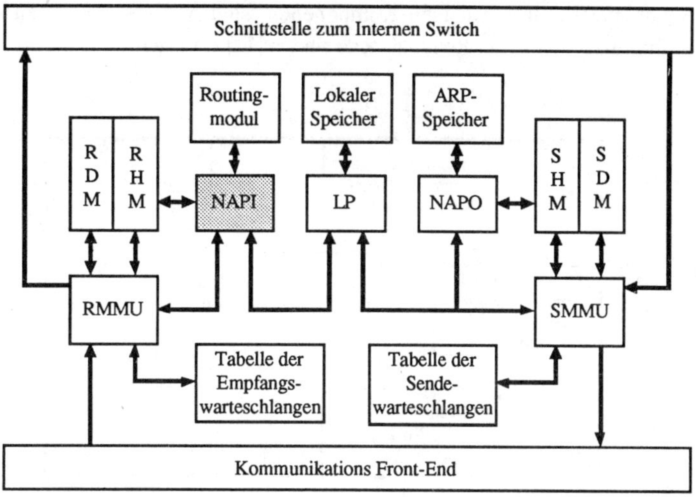

RMMU: Empfangs-Speicherverwalter
RHM: Empfangs-Kopfspeicher
RDM: Empfangs-Datenspeicher
NAPI: IP-Prozessor
LP: Lokaler Prozessor

SMMU: Sende-Speicherverwalter
SHM: Sende-Kopfspeicher
SDM: Sende-Datenspeicher
NAPO: Sendeprozessor

Abbildung 2 : Struktur des Netzwerkadapters

Den Kernteil des Netzwerkadapters stellen dedizierte Verarbeitungseinheiten für die zeitkritischen Komponenten, d.h. das IP-Protokoll und die Speicherverwaltung, dar. Daneben sind auf dem Adapter noch Schnittstellen-Komponenten, verschiedenartige Speichermodule, der Lokale Prozessor sowie die Routingtabelle erforderlich. Im folgenden werden die Aufgaben der einzelnen Komponenten kurz umrissen.

2.2.1 Der IP-Prozessor

Der IP-Prozessor ("Network Attachment Processor - Inbound", NAPI) ist für die notwendige Verarbeitung auf der Empfangsseite zuständig. Das IP-Protokoll wird dabei vollständig auf dem empfangenden Adapter ausgeführt. Dies ist möglich, da das TTL-Feld ("Time to Live") als Hop-Count-Feld interpretiert wird. Dies entspricht einer weit verbreiteten Praxis und ist außerdem auch in "IP next generation" ([6]) so definiert. Für die Bearbeitung benötigt der IP-Prozessor Zugriff auf den Empfangs-Kopfspeicher, in dem die zu verarbeitenden bzw. die bereits bearbeiteten IP-Köpfe enthalten sind. Weiterhin besitzt der IP-Prozessor eine Schnittstelle zum Empfangs-Speicherverwalter. Hier übergibt der Speicherverwalter dem NAPI die Speicheradresse des nächsten IP-Datagramms in der Warteschlange. Nach erfolgreicher Bearbeitung signalisiert der IP-Prozessor dies dem Speicherverwalter.

Die für das Routing der IP-Datagramme notwendige Routingtabelle ist im Routingmodul (Abb. 2) enthalten. Es besteht aus zwei Komponenten: der Routingtabelle und dem Routingspeicher (Next-Hop-RAM). Die Routingtabelle sorgt für eine schnelle Abbildung der gesuchten IP-Zieladresse auf einen Schlüssel, unter dem dann die benötigte Information (z.B. IP-Adresse des nächsten Knotens, maximale Datenlänge auf nächstem Netz) im Routingspeicher zu finden sind. Die Schnittstellen zu den beiden Komponenten sind in Abbildung 3 zu erkennen. Detailliertere Informationen zu der Routingtabelle sind in [12] enthalten.

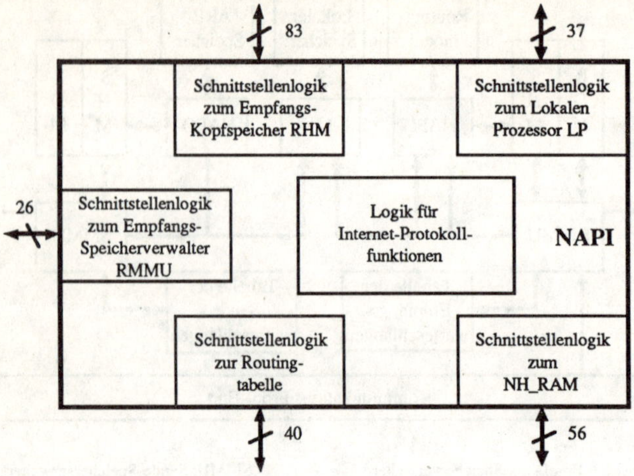

Abbildung 3 : Die Funktionsblöcke des IP-Prozessors

Der IP-Prozessor kommuniziert ebenfalls mit dem Lokalen Prozessor. Dies wird notwendig, wenn auf Grund eines Fehlers im IP-Kopf eine ICMP-Meldung ("Internet Control Message Protocol", [10]) erzeugt werden muß. Das ICMP-Protokoll führt beim Einsatz des Internet Protokolls die Kontrolle innerhalb der Vermittlungsschicht durch. Eine Hauptaufgabe ist dabei das Erzeugen von Fehlermeldungen, die beim Verwerfen von IP-Datagrammen an den Sender geschickt werden. Vom Lokalen Prozessor erhält der IP-Prozessor alle für ihn relevanten Kontrollinformationen, die von der Zentralen Verarbeitungseinheit (Abb. 1) an diesen Netzwerkadapter geschickt werden. Dabei kann es sich zum Beispiel um neue Einträge für die Routingtabelle handeln. Der Lokale Prozessor ermöglicht auch eine gewisse Flexibilität der Router-Implementierung hinsichtlich Neuerungen in den Protokollen.

2.2.2 Die Speicherkomponenten

Die IP-Datagramme werden von dem entsprechenden Speicherverwalter für die Empfangs- bzw. Sendeseite in einem lokalen Speicher des Adapters abgelegt. Die IP-Datagramme im Empfangsspeicher sind zum einen solche, die auf ihre Verarbeitung bezüglich Routing und weiterer Protokollfunktionen warten, und zum anderen diejenigen, die bereits verarbeitet sind und auf die Zuteilung des Internen Switches warten. Im Sendespeicher befinden sich IP-Datagramme, die nach der Adreßauflösung an den nächsten Knoten weitergeleitet werden.

Der Empfangsspeicher gliedert sich in den Empfangs-Kopfspeicher ("Receive Header Memory", RHM) und den Empfangs-Datenspeicher ("Receive Data Memory", RDM). Der Empfangs-Kopfspeicher enthält die ersten 128 Bytes jedes IP-Datagramms. Durch diese Größe ist sichergestellt, daß alle Information zur Weiterverarbeitung des Datagramms durch IP oder ICMP im Kopfspeicher vorhanden sind. Bei längeren Datagrammen wird der Rest des IP-Datenteils im Empfangs-Datenspeicher gespeichert. Während der Verarbeitung wird auf den

Datenspeicher nicht mehr zugegriffen, da die benötigte Information im kleineren, mit schnellerer Speichertechnologie realisierten Kopfspeicher enthalten ist.

Die beiden Teile Kopfspeicher und Datenspeicher des Empfangsspeichers werden von dem *Empfangs-Speicherverwalter* ("Receive Memory Management Unit", RMMU) überwacht und verwaltet. Hierzu unterhält er verkettete Listenstrukturen ([14]), die in der Tabelle der Empfangswarteschlangen abgelegt sind. Die Aufteilung und Verwaltung des Sendespeichers ist analog zu derjenigen des Empfangsspeichers.

2.2.3 Die Schnittstellen-Komponenten

Das Kommunikations Front-End ist für die Schnittstelle zum Netz zuständig. Es übernimmt die netzspezifischen Aufgaben der unteren Schichten. Innerhalb des Netzwerkadapters kommuniziert es mit dem Sende- und dem Empfangs-Speicherverwalter.

Die Schnittstelle zum Internen Switch sorgt dafür, daß bearbeitete IP-Datagramme über den Internen Switch an den Netzwerkadapter weitergeleitet werden, der als Ziel ausgewählt wurde. Der Empfangs-Speicherverwalter signalisiert dem Scheduler jeweils, für welche Adapter Datagramme bereitstehen. Der Scheduler übernimmt die Entscheidung darüber, welches Datagramm als nächstes bedient wird.

2.2.4 Der Lokale Prozessor

Ein Teil des ICMP-Protokolls wird auf dem Lokalen Prozessor ausgeführt. Reaktionen des ICMP-Protokolls können so direkt auf den Sendeteil des betroffenen Netzadapters weitergeleitet werden, ohne über den Switch transferiert zu werden. Der IP-Prozessor übergibt hierzu die notwendige Information aus fehlerhaften IP-Datagrammen an den Lokalen Prozessor. Dort wird dann die erforderliche ICMP-Meldung erzeugt und als IP-Datagramm an den Sende-Speicherverwalter weitergegeben.

3 Ablauf innerhalb des IP-Prozessors

Der grobe Ablauf bei der Verarbeitung eines IP-Kopfes durch den IP-Prozessor ist in Abbildung 4 dargestellt. Die Bedeutung der einzelnen Zustände wird im folgenden erläutert.

- **RHM-Auftrag**: In diesem Zustand erhält der NAPI von dem Speicherverwalter den Auftrag, den nächsten IP-Kopf aus der Warteschlange zu bearbeiten. Dazu übergibt der Speicherverwalter die RHM-Adresse des betreffenden IP-Kopfes an den NAPI.
- **RHM-Laden**: Hier wird der IP-Kopf aus dem Kopfspeicher geladen. Dabei werden soviele 64-Bit-Worte geladen, bis alle Felder des Kopfes einschließlich der Optionsfelder im NAPI verfügbar sind. Die Information über die Anzahl der zu ladenen 64-Bit-Wörter leitet sich der NAPI aus dem Feld Kopflänge des IP-Kopfes ab. Parallel zu den Ladeoperationen wird bereits die Prüfsumme des IP-Kopfes berechnet.

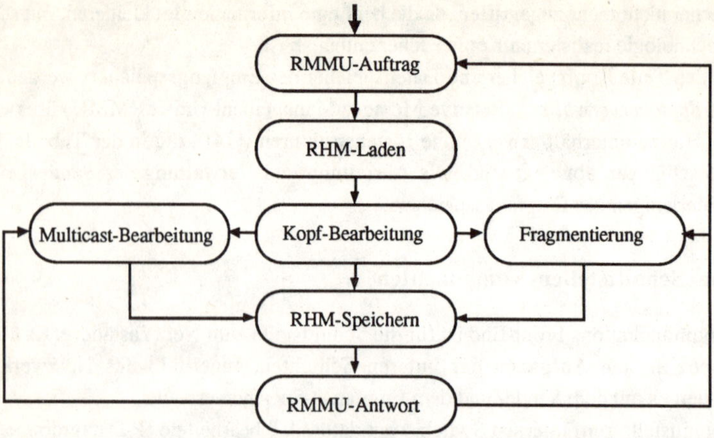

Abbildung 4 : Der grobe Ablaufplan des IP-Prozessors

- **Kopf-Bearbeitung**: Zuerst werden einige Überprüfungen am IP-Kopf vorgenommen. Die Korrektheit der beim Laden berechneten Prüfsumme wird getestet und die Versionsnummer, die Lebensdauer, die Adreßklasse beider IP-Adressen sowie die Identifikation für das Protokoll der nächsthöheren Schicht werden auf ihre Gültigkeit überprüft. Es folgt die Verminderung der Lebensdauer. Parallel hierzu wird bereits das Routing von der Routingtabelle vorgenommen und die eventuell nötige Bearbeitung der Optionen durchgeführt. Sind keine Optionen vorhanden, so wird die Prüfsumme inkrementell angepaßt. Wenn ein Fragmentieren des IP-Datagramms erforderlich ist, wird in den Zustand Fragmentieren verzweigt. Handelt es sich bei der Zieladresse um eine Multicast-Adresse, so folgt der Zustand Multicast-Bearbeitung. Ansonsten wird im Zustand RHM-Speichern fortgesetzt.
- **RHM-Speichern**: Der bearbeitete IP-Kopf wird in den Kopfspeicher zurückgeschrieben, sofern er nicht fehlerhaft war. Enthielt der Kopf beim Laden Optionsfelder, so wird beim Speichern die Prüfsumme neu berechnet. Sie wird dann in einem zusätzlichen Zyklus an die entsprechende Stelle im Kopfspeicher geschrieben. Wenn keine Optionen vorhanden sind, wird eine inkrementell angepaßte Prüfsumme (vgl. [2]) beim Zurückschreiben verwendet.

Befehl	Parameter (18 bit)	Wirkung	Beschreibung
N_PAK	RHM-Adresse, 00, Port-Nummer	Fallende Flanke	Adresse des bearbeiteten IP-Kopfes
N_FR_REQ	RHM-Adresse, Fragment-Größe	Fallende Flanke	Adresse des IP-Kopfes eines erzeugten Fragments
N_MC_REQ	RHM-Adresse, 00, Multicast-Anzahl	Fallende Flanke	Anzeige des Multicastings
N_MC_REQ	RHM-Adresse, 10, Port-Nummer	Fallende Flanke	Adresse eines Multicast-Kopie
N_ERASE	RHM-Adresse, 000000	Fallende Flanke	Adresse eines fehlerhaften IP-Kopfes

Tabelle 1 : Befehle vom NAPI an den Speicherverwalter

- **RMMU-Antwort**: Nach dem Speichern wird der Speicherverwalter über die Fertigstellung des betreffenden IP-Kopfes informiert. Dies geschieht wieder durch Übergabe der RHM-Adresse. Die Art des vom NAPI dabei benutzten Befehls zeigt dem Speicherverwalter an, von welchem Typ der entsprechende IP-Kopf ist (z.B. ein Fragment oder eine Multicast-Kopie). Tabelle 1 listet alle implementierten Befehle vom NAPI an den Speicherverwalter auf. War der eingelesene Kopf fehlerhaft, so wird der Speicherverwalter dazu veranlaßt, den Kopf im Speicher zu löschen. Meldet der NAPI hingegen den Kopf eines Fragments oder einer Multicast-Kopie an den Speicherverwalter, so erhält er automatisch vom Speicherverwalter die RHM-Adresse eines freien Platzes für das nächste Fragment oder die nächste Multicast-Kopie. Verzweigt wird im Falle einer Fragmentierung in den Zustand Fragmentieren und im Multicast-Fall in den Zustand Multicast-Bearbeitung. Ist nach Abschluß einer Fragmentierung auch noch der Multicast-Fall zu berücksichtigen, so folgt der Zustand Multicast-Bearbeitung. In allen anderen Fällen wird im Zustand RMMU-Auftrag die Bearbeitung des nächsten IP-Kopfes eingeleitet.
- **Fragmentieren**: In diesem Zustand findet die Neuberechnung der beim Fragmentieren wichtigen Felder des IP-Kopfes statt. Die Gesamtlänge wird auf das Fragment angepaßt und die Kopflänge wird reduziert, falls Optionsfelder wegfallen. Ferner ist das Offset für das jeweilige Fragment zu berechnen und die Flag-Werte sind entsprechend einzustellen. Im Zustand RHM-Speichern wird das Fragment dann zurückgeschrieben.
- **Multicast-Bearbeitung**: Im Multicast-Fall müssen vom NAPI Multicast-Kopien des IP-Kopfes erzeugt werden, da für jedes adressierte Netzwerk ein IP-Kopf erforderlich ist. Um unnötige Kopieroperationen zu sparen, schreibt der NAPI nur das erste 64-Bit-Wort in jede Multicast-Kopie. Dort befindet sich beim erweiterten Format die IP-Adresse des nächsten Zieles. Das Schreiben der Kopie findet darauf im Zustand RHM-Speichern statt.

4 Realisierung

Alle Komponenten aus Abbildung 2 sollen in Hardware realisiert werden. Dabei sind zum Teil Standardbauelemente vorgesehen, zum Teil aber auch speziell entworfene VLSI-Bausteine. Der folgende Abschnitt beschreibt die geplante Realisierung der Empfangsseite. Abschnitt 4.2 stellt die Implementierung des IP-Prozessors vor.

4.1 Realisierung der Empfangsseite

Zu den aktiven Komponenten der Empfangsseite zählt neben dem NAPI der Speicherverwalter, die Routingtabelle und der Lokale Prozessor. Da NAPI und Speicherverwalter im wesentlichen die Verarbeitungsleistung des Netzwerkadapters bestimmen, sollen sie durch speziell entworfene VLSI-Bausteine realisiert werden. Eine solche Realisierung des Speicherverwalters wird in [4] und [5] vorgestellt. Die Routingtabelle wird durch "Content Addresseble Memories" (CAMs, [3]) realisiert. Sie werden mit einer speziellen Steuerlogik umgeben, so daß die Routingtabelle ebenfalls eine aktive Komponente ([12]) darstellt. Der Lokale Prozessor hat hingegen keine zeitkritischen Funktionen zu erbringen und kann daher durch einen normalen Mikroprozessor realisiert werden.

Bei den restlichen Komponenten der Empfangsseite handelt es sich um Speichermodule. Die Tabelle der Empfangswarteschlangen wird als Single Port SRAM realisiert, ebenso der Empfangs-Datenspeicher und der Routingspeicher. Für den Empfangs-Kopfspeicher ist als Realisierung ein Dual Port SRAM vorgesehen, damit NAPI und Speicherverwalter parallel auf ihn zugreifen können.

4.2 Implementierung des IP-Prozessors

Der IP-Prozessor wurde in der Hardwarebeschreibungssprache VHDL ("VHSIC Hardware Description Language") entworfen. Hierbei ist das kommerzielle Entwurfssystem der Firma Synopsys eingesetzt worden. Dieses System ermöglicht einen hierarchischen Top-Down-Entwurf. Bei der darauf durchgeführten Synthese kam als Zieltechnologie der ECPD10-Prozeß aus der ES2-Bibliothek zum Einsatz. Dabei handelt es sich um eine 1,0 µm CMOS-Fertigungstechnologie.

Ausgewählte Module der obersten Hierarchieebene des IP-Prozessors werden im folgenden vorgestellt. Die Module der unteren Ebenen und ein Großteil der VHDL-Beschreibungen sind in [15] zu finden.

4.2.1 Das Modul Globale_Steuerung

Die Koordination der Aktivitäten aller Module des NAPI ist die Aufgabe des Moduls Globale_Steuerung. Es legt fest, wann ein IP-Kopf zu laden ist, wann und wie er bearbeitet wird und wann er zurückgeschrieben wird. Es steuert alle anderen Module des NAPI und bestimmt somit im wesentlichen die möglichen Abläufe innerhalb des NAPI. Dieses Modul realisiert den in Abschnitt 3 beschriebenen Ablaufplan.

4.2.2 Das Modul RMMU_RHM_Schnittstelle

Das Laden und Zurückschreiben der zu bearbeitenden IP-Köpfe aus dem bzw. in den Kopfspeicher sind die wesentlichen Aufgaben des Moduls RMMU_RHM_Schnittstelle. Es ist sowohl für die Schnittstelle zum Speicherverwalter als auch für die zum Kopfspeicher zuständig. Somit realisiert es die notwendigen Operationen der Zustände RMMU-Auftrag, RHM-Laden, RHM-Speichern und RMMU-Antwort aus dem Ablaufplan (Abb. 4).

Die RMMU_RHM_Schnittstelle beinhaltet ein besonderes Untermodul für die Berechnung der Prüfsumme des IP-Kopfes. Es besteht aus vier 16-Bit-Carry-Lookahead-Addierern, um die Datenmenge vom Kopfspeicher mit dessen Busbreite von 64 Bits schnell verarbeiten zu können. Beim Laden wird von diesem Untermodul die Prüfsumme verifiziert. Beim Zurückschreiben wird es nur benutzt, wenn der zu schreibende IP-Kopf beim Einlesen Optionsfelder besaß. Nur im Falle von vorhandenen Optionsfeldern wird nämlich vom NAPI die Prüfsumme neu berechnet, ansonsten wird sie vom Modul Headerverarbeitung inkrementell angepaßt. Die Entscheidung über die Neuberechnung der Prüfsumme richtet sich nach der Länge des eingelesenen IP-Kopfes, da es im Falle einer Fragmentierung vorkommen kann, daß das erste Fragment Optionsfelder aufweist, die weiteren Fragmente aber keine mehr besitzen. Trotzdem muß für alle Fragmente die Prüfsumme neu berechnet werden.

4.2.3 Das Modul Headerverarbeitung

Für jedes Feld des IP-Kopfes im erweiterten Format enthält das Modul Headerverarbeitung ein Untermodul. Diese Untermodule speichern das entsprechende Feld des IP-Kopfes und führen auf Veranlassung des Moduls Globale_Steuerung Veränderungen an dem jeweiligen Feld aus. Einige der Untermodule enthalten einen Fehlerausgang, über den das entsprechende Feld des IP-Kopfes auf seine Gültigkeit hin überprüft werden kann.

Das Modul Headerverarbeitung enthält das Untermodul zur inkrementellen Anpassung der Prüfsumme. Beim Laden des IP-Kopfes wird dort die ursprüngliche Prüfsumme abgelegt. Bei der späteren Verarbeitung kann das Untermodul Veränderungen der folgenden Felder ausgleichen: Lebensdauer, Gesamtlänge, Offset und Flag-Werte. Alle Veränderungen des IP-Kopfes, die aus der Optionsverarbeitung resultieren, kann dieses Untermodul aus Aufwandsgründen nicht berücksichtigen. Folglich kann bei der gewählten Realisierung die Prüfsumme von IP-Köpfen regulärer Datagramme ohne zeitlichen Mehraufwand inkrementell angepaßt werden. Sind jedoch Optionsfelder vorhanden, so ist eine Neuberechnung nötig.

4.2.4 Das Modul Optionsverarbeitung

Die Bearbeitung der Optionen des Internet Protokolls ist zeitaufwendig, da die zum Teil recht großen Optionsfelder nur byteweise bearbeitet werden können ([15]). Den Grund hierfür bildet die Definition der Optionsfelder von IP ([9]), da diese Felder nicht unbedingt auf 32-Bit-Grenzen beginnen müssen. Deshalb ist das Modul Optionsverarbeitung so ausgelegt, daß alle Optionen des IP-Kopfes parallel ausgeführt werden können. Auf diese Art kann bei mehreren Optionen in einem IP-Kopf die Bearbeitungszeit auf die Zeit verkürzt werden, die von der aufwendigsten Option beansprucht wird. Hierzu enthält das Modul Optionsverarbeitung für jede vom NAPI unterstützte Optionsart ein eigenständiges Untermodul. Unterstützt werden derzeit die Optionen Zeitstempel, Record Route und Source Route.

4.2.5 Das Modul RT_Schnittstelle

Für die Schnittstelle zur Routingtabelle und zum Routingspeicher ist das Modul RT_Schnittstelle des NAPI zuständig. Es hat die Aufgabe, die IP-Adresse zu bestimmen, an die das Datagramm als nächstes geschickt werden muß. Zusätzlich wird auch der Ausgangsport, die dort maximal zulässige Datagrammgröße und eventuell die Anzahl an Multicast-Kopien benötigt. Weiterhin sorgt das Modul dafür, daß eine Source Route vorrangig behandelt wird.

4.2.6 Das Modul LP_Schnittstelle

Das Modul LP_Schnittstelle realisiert die Schnittstelle zum Lokalen Prozessor. Neben der eigentlichen Schnittstellenfunktionalität beinhaltet es einige Speichermodule, welche die Daten vom oder zum Lokalen Prozessor zwischenspeichern können. Auf diese Art wird die Behinderung der Verarbeitung normaler IP-Köpfe durch die Kommunikation mit dem Lokalen Prozessor reduziert.

5 Simulationsergebnisse

Die verhaltensmäßige VHDL-Beschreibung des IP-Prozessors wurde detailliert simuliert. Um eine vollständige Simulation zu erhalten, mußten auch die Schnittstellensignale des NAPI mit Vorkommnissen stimuliert werden. Ferner sollten sinnvolle Daten auf seine Datenbusse gelegt werden. Hierzu wurde für jede Komponente, die eine Schnittstelle zum NAPI besitzt, ebenfalls eine verhaltensmäßige VHDL-Beschreibung entworfen. Dieser aufwendige Ansatz bei der Simulation hat den Vorteil, daß sich die Schnittstellen des NAPI besser testen lassen.

Für die Taktgeschwindigkeiten der einzelnen Komponenten wurden realistische Werte verwendet. So lassen sich aus den Ergebnissen der Simulationen Aussagen über die erreichbare Verarbeitungsgeschwindigkeit folgern. Bei den durchgeführten Simulationen wurden die folgenden Werte zugrundegelegt:

- 20 MHz Taktrate für den NAPI (Zykluszeit von 50 ns)
  Diese Geschwindigkeit sollte sich mit dem entworfenen Baustein auf jeden Fall erreichen lassen. Sicherere Aussagen über die mögliche Taktrate lassen sich allerdings erst anhand einer Simulation mit Gatterverzögerungswerten erhalten, die momentan vorbereitet wird.
- 20 MHz Taktrate für den Speicherverwalter
- 33 MHz Taktrate für die Routingtabelle
  Da derzeit noch keine konkrete Realisierung der Routingtabelle zur Verfügung steht, wurde bei den Simulationen eine sehr einfache Routingtabelle angenommen. Sie arbeitet mit einer Taktrate von 33 MHz und liefert nach 9 Taktzyklen eine Antwort, d.h. sie benötigt 270 ns für einen Suchvorgang.
- 30 MHz Taktrate für den Lokalen Prozessor
- 15 ns Zugriffszeit für den Kopfspeicher und den Routingspeicher
  SRAMs mit dieser Geschwindigkeit sind mittlerweile am Markt erhältlich. Sie werden vom NAPI benötigt, damit er innerhalb eines Zyklus auf den Speicher zugreifen kann. Dazu muß die Zugriffszeit des Speichers kleiner sein, als die halbe Zykluszeit des NAPI.

Eine der durchgeführten Simulationen wird im folgenden vorgestellt. Es handelt sich um die Simulation der Bearbeitung eines regulären Datagramms durch den IP-Prozessor. Bei diesem Datagramm sind weder Optionen zu verarbeiten, noch ist eine Fragmentierung nötig, noch handelt es sich um ein Multicast-Datagramm.

Abbildung 5 zeigt einen Ausschnitt der Simulation. Die in Nanosekunden (ns) gemessene Zeit ist an der Abszisse abgetragen. Die Verarbeitung des Datagramms beginnt zum Zeitpunkt 1600 ns (fallende Flanke des Signals "R_PAK"). Mit diesem Signal übergibt der Speicherverwalter die RHM-Adresse des IP-Kopfes auf einem Datenbus an den NAPI. Die Verarbeitung endet zum Zeitpunkt 2550 ns (fallende Flanke des Signals "N_PAK"). Mit dem Signal gibt der NAPI die RHM-Adresse des IP-Kopfes an den Speicherverwalter zurück. Die Verarbeitung dauert also 950 ns. Bei der gewählten Taktrate von 20 MHz entspricht dies 19 Zyklen.

Neben dem Routing besteht die Verarbeitung eines regulären Datagramms aus dem Vermindern der Lebensdauer und dem gleichzeitigen Anpassen der Prüfsumme. Diese Schritte werden zum Zeitpunkt 2125 ns durchgeführt (hohes Potential des Signals "SUB_TTL"). Erst zu diesem Zeitpunkt ist die Validierung der Prüfsumme abgeschlossen. Das hohe Potential des

Signals "RH_ENDE" zeigt den Zeitpunkt an, zu dem das Einlesen und die Validierung abgeschlossen sind.

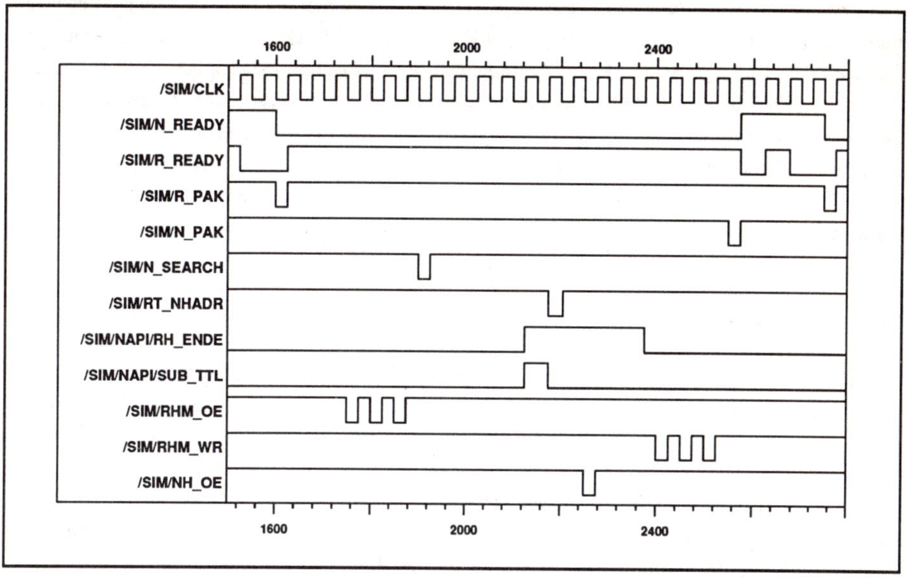

Abbildung 5 : Signalverlauf bei einem regulären IP-Datagramm

Bei den optimistischen Annahmen über die Routingtabelle wird nicht viel Zeit bei der Suche nach der IP-Zieladresse verbraucht. Gestartet wird die Routingtabelle zum Zeitpunkt 1900 ns (fallende Flanke des Signals "N_SEARCH"). Dies ist 225 ns (4,5 Zyklen) früher als der Abschluß der Prüfsummenvalidierung. Die Routingtabelle liefert das Ergebnis der Suche zum Zeitpunkt 2170 ns (fallende Flanke des Signals "RT_NHADR"). Diese 270 ns Suchzeit entsprechen nur knapp 30 % der gesamten Verarbeitungszeit des NAPI für das reguläre Datagramm. Bei der in [12] zur Zeit implementierten Routingtabelle dürfte die Suchzeit und damit ihr Anteil an der gesamten Verarbeitungszeit allerdings höher ausfallen.

Die restliche Verarbeitungszeit verteilt sich hauptsächlich auf das Laden und das Speichern des IP-Kopfes vom bzw. zum Empfangs-Kopfspeicher. Beim Laden benötigt der NAPI insgesamt 6 Zyklen (1600 ns bis 1900 ns) für die Vorbereitung und die eigentlichen Ladeoperationen (niedriges Potential des Signals "RHM_OE"). Erst dann kann die zeitkritische Suchoperation bei der Routingtabelle gestartet werden. Beim Speichern werden vom NAPI 7 Zyklen (2200 ns bis 2550 ns) benötigt. Dies ist die Zeit zwischen dem RT_NHADR- und dem N_PAK-Signal. Dabei zeigt das niedrige Potential des Signals "NH_OE" den Zugriff auf die Routing-Information im Routingspeicher an und das niedrige Potential des Signals "RHM_WR" das Zurückspeichern des IP-Kopfes in den Kopfspeicher. Insgesamt werden vom NAPI 13 Zyklen beim Laden und Speichern des IP-Kopfes eines regulären Datagramms benötigt. Die restliche Verarbeitungszeit bestimmt die Routingtabelle durch die Länge ihrer Suchzeit.

Abbildung 5 zeigt auch, daß der Speicherverwalter noch etwas Zeit bis zur Übergabe der Adresse des nächsten IP-Kopfes benötigt. Zwischen dem N_PAK-Signal und dem folgenden R_PAK-Signal vergehen zusätzliche vier Zyklen. Diese sind erforderlich, um ein sicheres

Zusammenspiel zwischen NAPI und Speicherverwalter zu erhalten. Bei der Bestimmung des möglichen Durchsatzes sind die vier Zyklen mit zu berücksichtigen, da in dem Fall die Zeit zwischen zwei Bearbeitungsaufträgen (R_PAK-Signale) zu messen ist. Es ergibt sich also für die Gesamtbearbeitungszeit eines regulären Datagramms eine Dauer von 17 Zyklen plus die Suchzeit der Routingtabelle. Mit der betrachteten optimistischen Routingtabelle kann der IP-Prozessor folglich ca. 870.000 einfache IP-Köpfe pro Sekunde verarbeiten. Dann wird schon bei Datagrammen einer Größe von 144 Bytes ein Durchsatz von 1 Gbit/s erzielt. Mit der aktuellen Realisierung der Routingtabelle ([12]) sind ca. 345.000 IP-Köpfe pro Sekunde möglich. Hier sind für einen Durchsatz von 1 Gbit/s Datagramme einer Größe von 363 Bytes notwendig.

6 Fazit und Ausblick

Eine verteilte skalierbare Architektur für einen Hochgeschwindigkeitsrouter wurde vorgestellt. Die Netzwerkadapter führen dabei alle kritischen Protokollfunktionen einschließlich des Vermittlungsprotokolls aus. Durch die damit erzielbare Parallelverarbeitung kann die Leistung des gesamten Routers gesteigert werden.

Die zeitkritischen Funktionen auf den Netzwerkadaptern werden durch spezielle Hardwarekomponenten erbracht. Zu diesen gehört der IP-Prozessor, der für eine effiziente Ausführung des Vermittlungsprotokolls sorgt. Er wurde in VHDL implementiert. Dabei werden intern wiederum möglichst viele Funktionen des Protokolls parallel bearbeitet.

Ein Beispiel stellt die parallele Verarbeitung der Optionen im Protokollkopf dar. Ferner wird die zweite zeitkritische Operation, die Suche in der Routingtabelle, so früh wie möglich gestartet. Eine inkrementelle Anpassung der Prüfsumme im IP-Kopf ist möglich, sofern keine Optionsfelder vorhanden sind. Fragmentieren sowie das Versenden eines Datagramms an eine Multicast-Adresse werden unterstützt.

Durch gezielte Optimierungen bei der Synthese kann die erreichbare Taktgeschwindigkeit der aktuellen Version des IP-Prozessors noch gesteigert werden. Es ist auch eine schnellere Zieltechnologie denkbar. Die Entwicklung einer verbesserten Version, die das Pipelining unterstützt, ist geplant.

Mit dem Entwurfssystem Cadence wird derzeit die aktuelle Version des IP-Prozessors weiterverarbeitet. Mit diesem System läßt sich ein Layout für den gewählten Fertigungsprozeß erstellen. Danach kann abgeschätzt werden, wie groß und wie teuer der VLSI-Baustein sein wird. Außerdem bietet dieses Entwurfssystem die Möglichkeit, wesentlich realistischere Simulationen durchzuführen. Dabei können sowohl die Verzögerungswerte der Gatter als auch bedingt die Leitungsverzögerungen berücksichtigt werden.

Die momentanen Bemühungen hinsichtlich "IP next generation" ([6]) werden in diesem Zusammenhang ebenfalls verfolgt. Derzeit konvergieren sie allerdings noch nicht so weit, daß eine Umsetzung in eine VLSI-Implementierung als sinnvoll angesehen werden kann.

Danksagung

An dieser Stelle sei den Herren Dr. Ahmed Tantawy (IBM T.J. Watson Research Center, USA) und Prof. Dr. Odysseas Koufopavlou (Universität Patras, Griechenland) für deren Zusammenarbeit beim Entwurf der Routerarchitektur sowie für die zahlreichen Diskussionen bezüglich der Realisierung gedankt.

Literaturverzeichnis

[1] Asthana, A.; Delph, C.; Jagadish, H. V.; Krzyzanowski, P.;
Towards a Gigabit IP Router
Journal of High Speed Networks 1, 281-288, IOS Press, 1992

[2] Braden, R.; Borman, D.; Partridge, C.;
Computing the Internet Checksum
RFC 1071, 1988

[3] Chisvin, Lawrence; Duckworth, R. James;
Content-Addressable and Associative Memory: Alternatives to the Ubiquitous RAM
IEEE Computer, Vol. 22, No. 7, July 1989

[4] Chen, Kuan-chih; Zitterbart, Martina;
Design Report of Receive Memory Management Unit (RMMU) in a High Speed Multiport IP Router -- High Level Design Report, Version 2
Institut für Telematik, Universität Karlsruhe, März 1994

[5] Chen, Kuan-chih; Zitterbart, Martina;
Design Report of Receive Memory Management Unit (RMMU) in a High Speed Multiport IP Router -- Detailed Design Report, Version 2
Institut für Telematik, Universität Karlsruhe, April 1994

[6] Deering, S.;
Simple Internet Protocol Plus (SIPP)
Specification, Internet-Draft, Juli 1994

[7] Kapoor, Sanjay; Buddhikot, Milind M.; Parulkar, Gurudatta M.;
Design of an ATM-FDDI Gateway
Internetworking, Research and Experience, Vol. 4, 21-45, 1993

[8] Kapoor, Sanjay; Parulkar, Gurudatta M.;
Design of an ATM-FDDI Gateway
Internetworking: Research and Experience, Vol. 4, 1993

[9] Postel, J.B.;
Internet Protocol
RFC 791, September 1981

[10] Postel, J.B.;
Internet Control Message Protocol
RFC 792, September 1981

[11] Souza, R.J.; Krishnakumar, P.G.; Özveren, C.M.; Simcoe, R.J.; Spinney, B.A.; Thomas, R.E.; Walsh, R.J.;
The GIGAswitch System: A High-Performance Packet Switching Platform
Digital Technical Journal, vol. 6, no. 1, 1994

[12] Steegmüller, Jörg;
Routingtabellen für Gigabit-IP-Router
Diplomarbeit am Institut für Telematik, Universität Karlsruhe, Mai 1994

[13] Tantawy, Ahmed; Zitterbart, Martina;
Multiprocessing in High Preformance IP Routers
Protocols for High-Speed Networks, III (C-9)
Elsevier Science Publishers B.V. (North-Holland), 1993

[14] Tantawy, A.; Koufopavlou, O.; Zitterbart, M.; Abler, J.;
On the Design of a Multigigabit IP Router
Journal of High Speed Networks, Vol. 3, No. 3, 1994

[15] Wiltfang, Hajo;
IP-Prozessor für Gigabit-Router
Diplomarbeit am Institut für Telematik, Universität Karlsruhe, April 1994

ATM-basierte Kommunikation in Parallelrechnern

Thomas Breitfeld, Klaus Franke, Christian Pätz, Mario Winter

Technische Universitiät Chemnitz-Zwickau
Professur für Daten- und Kommunikationstechnik
09126 Chemnitz, Reichenhainer Str. 70

15. Dezember 1994

Zusammenfassung

Für universell einsetzbare Parallelrechner ergibt sich die Forderung, auch ein universelles Kommunikationssystem bereitzustellen, das für unterschiedliche Dienstanforderungen adäquate Leistungsmerkmale aufweist. Diese Problematik ist vergleichbar mit der in Kommunikationsnetzen im WAN- und LAN-Bereich. Dort wird als Lösung der Übergang zum Asynchronen Transfer Mode (ATM) favorisiert. Es ist daher naheliegend zu untersuchen, welche Leistungsmerkmale die Anwendung dieses Verfahrens für die interne Kommunikation in massiv-parallelen Rechnern bietet. In diesem Beitrag sollen deshalb Möglichkeiten und Vorteile der Verwendung von standardisierter ATM- Hardware und ATM-Prinzipien zur Diskussion gestellt werden.

1 Anforderungen an das Kommunikationssystem eines Parallelrechners

Bei der Realisierung von Hochleistungsrechnern gewinnt das Prinzip der massiven Parallelität zunehmend an Bedeutung. Durch Kopplung vieler (meist gleicher) Rechnerknoten über ein gemeinsames Kommunikationssystem ergibt sich ein skalierbares System mit MIMD-Architektur und verteiltem Speicher.
Neben der Verarbeitungsleistung der Rechnerknoten sind damit die Leistungsmerkmale des Kommunikationssystems entscheidend für die durch die Kooperation der Einzelsysteme erreichbare Gesamtleistung. Das Kommunikationssystem muß folgende allgemeine Forderungen erfüllen:

1. Gewährleistung der Skalierbarkeit, indem die maximale Zahl der koppelbaren Rechnerknoten nicht durch Struktur und Verfahren des Kommunikationssystems begrenzt wird.

2. Harmonisches Verhältnis der Kostenanteile für die Rechnerknoten und das Kommunikationssystem unabhängig vom Skalierungsgrad des Gesamtsystems.

3. Mit dem Skalierungsgrad proportional wachsende Leistung des Kommunikationssystems, das heißt, für die Kommunikation zwischen zwei Rechnerknoten soll der verfügbare Durchsatz und die Transitzeit nicht wesentlich von der Lage der Knoten und von der Zahl der gekoppelten Systeme abhängig sein.

4. Fehlertoleranz gegenüber partiellen Ausfällen von Kommunikationselementen.

Für die Realisierung des Kommunikationssystems existieren zwei grundlegende Ansätze (Abb. 1):

1. Das Kommunikationssystem bildet eine eigenständige (zentralisierte) Funktionseinheit mit einer skalierbaren Zahl von Ports zum Anschluß von Rechnerknoten.

2. Das Kommunikationssystem wird verteilt realisiert, indem jeder Rechnerknoten die Kopplungsfähigkeit mit einer festen Zahl von Nachbarknoten aufweist.

Verteilte Kommunikationssysteme erfüllen ideal die oben genannten Forderungen 1 und 2, versagen jedoch bezüglich der Forderung 3. Dieser Lösungsansatz wird aber inzwischen durch Hochleistungsprozessoren mit kommunikationsorientierter Architektur unterstützt (z.B. Transputer, Signalprozessor TMS320C40).

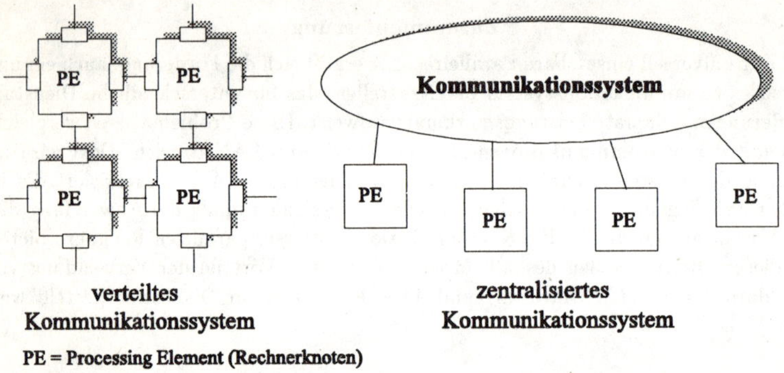

Abbildung 1: Realisierung von Kommunikationssystemen

Die spezifischen Anforderungen an das Kommunikationssystem sind applikationsabhängig und können sich sogar während einer Applikation verändern, so daß eine optimale Anpassung des Kommunikationssystems bestenfalls für dedizierte Systeme erfolgen kann. Für universell einsetzbare Parallelrechner ergibt sich entsprechend die Forderung, auch ein universelles Kommunikationssystem bereitzustellen, das für unterschiedliche Dienstanforderungen zumindest quasi-optimale Leistungsmerkmale aufweist. Diese Problematik ist damit grundsätzlich vergleichbar mit der in Kommunikationsnetzen im WAN und LAN Bereich. Dort wird als Lösung der Übergang zum Asynchronen Transfer Mode (ATM) favorisiert.

2 ATM - ein universelles Transportverfahren

ATM ist ein Adreß-Multiplex-Verfahren, das mit Paketen fester Länge arbeitet, die als ATM-Zellen bezeichnet werden und 53 Byte lang sind (5 Byte Kopf und 48 Byte Nutzlast). ATM wurde vom CCITT ursprünglich als Übermittlungsverfahren für das zukünftige Breitband-Weitverkehrsnetz (B-ISDN) ausgewählt, das die unterschiedlichen Nachrichtenverkehrstypen (Sprache, Bild, Daten, Bewegtbild) in einem gemeinsamen Netz integrieren soll. Inzwischen findet aber ATM auf Grund seiner Leistungsmerkmale zunehmend im

LAN-Bereich Beachtung [Du/Kraemer93, Boudec93]. Es ist daher zu erwarten, daß die breitere Anwendung von ATM zunächst in diesem Bereich erfolgt, sich aber letzlich zu einem sowohl den LAN- als auch den WAN- Bereich überspannenden Transportverfahren entwickeln wird.

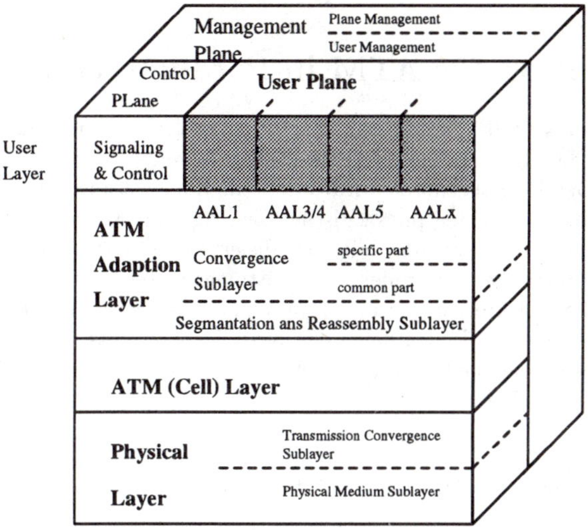

Abbildung 2: B-ISDN-Referenzmodell

Die erforderlichen Grundfunktionen und ihre Schichtung im Falle der Anwendung von ATM im diensteintegrierenden Weitverkehrs-Breitbandnetz zeigt das in Abb. 2 dargestellte B-ISDN-Referenzmodell. Die ATM-Funktionen bilden dabei eine mittlere Schicht. Darüberliegend sind Funktionen zur Anpassung der applikationsorientierten Nachrichtenformate an das zellorientierte Übermittlungsverfahren erforderlich (AAL - ATM Adaption Layer). Darunterliegend erfolgt die Anpassung an das verwendete Übertragungsmedium. Diese Schichtung gilt grundsätzlich auch für die Anwendung von ATM außerhalb des B-ISDN. Die jeweils spezifischen Anforderungen werden dabei unterschiedliche Schwerpunkte setzen und modifizierte Anpassungsverfahren bedingen. Eine ATM-basierte Kommunikation in massivparallelen Rechnern bietet damit ebenfalls die Möglichkeit, Übertragungsdienste für unterschiedliche rechnerinterne Kommunikationsanforderungen bereitzustellen. Der Einsatz des in seinen Grundfunktionen standardisierten ATM-Verfahrens bietet darüberhinaus folgende Vorteile:

- homogene Anbindung an externe Hostrechner und Netzwerke
- Bandbreitenreservierung und variable Ausnutzung der vorhandenen Bandbreite
- Einrichtung isochroner Kanäle für die Benutzung in Echtzeitanwendungen
- Systemimplementierung mittels Nutzung verfügbarer Standardhardware
  Diese realisiert die unteren Schichten des Protokolls sehr leistungsfähig. Damit werden Entwurfsaufwand und Kosten reduziert.

- Realisierung von Broad- und Multicasting
Diese Funktion kann unter Nutzung der ATM-Funktionalität auf Vermittlungsknoten ausgelagert werden und damit besonders effektiv in Bezug auf die Netzwerkbelastung realisiert werden.

- keine Festlegung auf ein konkretes physikalisches Übertragungsmedium

3 Konzeption für ATM in Parallelrechnern

Wie in Abb. 1 dargestellt, besteht ein massiv paralleler Rechner aus zwei essentiellen Bestandteilen - den Rechnerknoten (Processing Elements - PE) und dem Kommunikationssystem. Der Rechnerknoten wird durch ein Hochleistungs-Mikroprozessorsystem realisiert, das zumindest einen physikalischen Zugang zum Kommunikationssystem aufweist. Das Kommunikationssystem soll zentralisiert ausgeführt werden und besteht aus einer Menge untereinander verbundener Vermittlungsknoten (Switching Elements - SE). Der Einsatz von Schaltkreisen, die für ATM-Vermittlungssysteme im WAN- und LAN-Bereich entwickelt werden, bilden dabei den Kern des Konzepts. Diese als Switching Fabric bezeichneten Basiseinheiten gestatten ATM-Zellen zwischen jeweils N Eingangs- und N Ausgangsports blockierungsfrei zu vermitteln. Die Ports sind entsprechend auf drei Arten zu nutzen:

1. Verbindung der SEs untereinander entsprechend einer gewählten Topologie
2. Zugang der Rechnerknoten zum Kommunikationssystem
3. Verbindung des Kommunikationssystem mit externen Zugangsnetzwerken

Der Entwurf eines internen Kommunikationssystems muß also unter der Prämisse erfolgen, daß die im Abb. 2 als ATM-Layer bezeichnete Funktionsebene integraler Bestandteil eines solchen Systems ist. Bei der Spezifikation der anderen Protokollebenen ist ein Kompromiß zwischen den spezifischen Anforderungen rechnerinterner Kommunikation einerseits und der Forderung nach standardkonformer Realisierung für Kommunikation mit externen Partnern andererseits zu finden. Dabei ergeben sich eine Reihe von Problemen, für die im folgenden Lösungen vorgeschlagen werden.

3.1 Rechnerknoten

Neben Prozessor und Hauptspeicher besitzt jeder Rechnerknoten ein vollständiges Kommunikationssubsystem (Abb. 3). Leitungsseitig ist dies eine Einheit, welche Funktionen der physischen und ATM-Schicht implementiert (Network Termination Controller - NTC). Dieser Funktionsblock ist als Schaltkreis verfügbar. Die Funktionalität der höheren Protokollschichten muß den spezifischen Anforderungen der rechnerinternen Kommunikation angepaßt und damit in einem ersten Entwicklungsschritt in Software realisiert werden. Aus Leistungsgründen bietet sich dafür ein Mehrprozessorkonzept mit Einsatz einer separaten Kommunikationssteuereinheit an, welcher z.B. mittels direktem Speicherzugriff (DMA) auf den Hauptspeicher des Prozessors Zugriff hat. Diese Architektur ist jedoch nicht unbedingt erforderlich. Für einfache Systeme können die oberen Schichten des ATM-Protokolls auch vom Prozessor des Rechnerknotens realisiert werden.

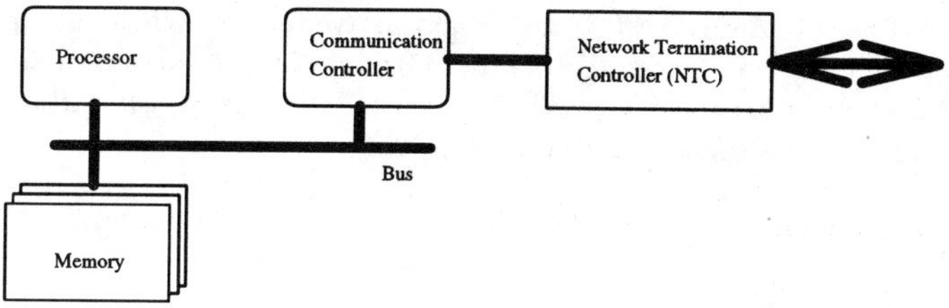

Abbildung 3: Beispiel für einen Rechnerknoten mit Kommunikationssteuereinheit

3.2 Vermittlungsknoten

Zentrales Element der Vermittlungsknoten (Abb. 4) ist ein Vermittlungsschaltkreis (Switching Fabric), welcher ATM-Zellen entsprechend einer Routing-Information zu einem bestimmten Ausgang vermittelt. Die Routing-Information wird dabei der eigentlichen Zelle in einem oder mehreren Byte vorangestellt, im Vermittlungsschaltkreis ausgewertet und wieder entfernt. Die Anbindung der Ports des Vermittlungsschaltkreises an das Übertragungsmedium erfolgt in gleicher Weise wie beim Rechnerknoten mittels eines Network Termination Controllers. An einem der Ports des Vermittlungelements werden die Zellen für die Steuerinstanz des gesamten SE ausgekoppelt. Die Steuerinstanz beinhaltet einen kompletten Protokollstack einschließlich der Signalisierungsschicht und dient der Initialisierung des SE sowie dem Aufbau von vermittelten Verbindungen zu internen und externen Partnerknoten. Die Ports des SE können sowohl der Verbindung zu anderen SEs als auch dem Anschluß von PEs dienen.

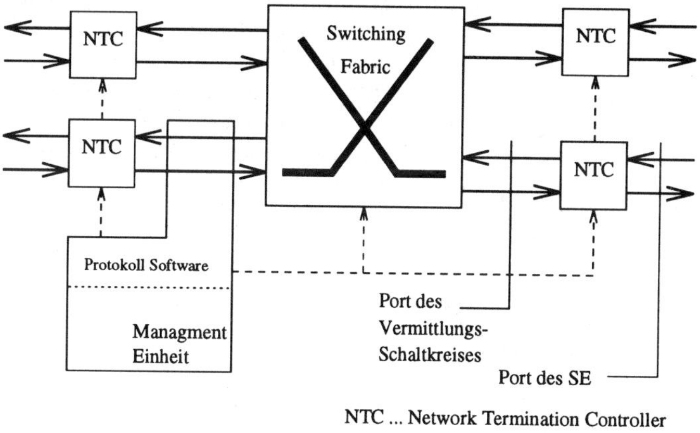

Abbildung 4: Prinzipschaltbild eines SE mit einem 4 x 4 - Vermittlungselement

3.3 Physische Übertragung

ATM ist nicht an bestimmte Übertragungsverfahren gebunden. Damit bietet sich die Möglichkeit, ein dem jeweiligen technologischen Stand entsprechendes Verfahren und die dazu erforderliche Hardware (NTC) auszuwählen. Weitere Entscheidungskriterien sind der tatsächliche Bedarf an Übertragungskapazität und die Anforderungen an die Effektivität der Ausnutzung der medienspezifischen Bruttodatenrate. Gegenwärtig werden z.B. folgende Übertragungsverfahren angewendet:

- direkte Zellübertragung (100 Mbit/s und 155 Mbit/s Interface [ATMF93])
- Einbettung in PDH - Hierarchiestufen
- Einbettung in SDH - Hierarchiestufen

Die Übertragungsraten der genannten Medien reichen von 2 Mbit/s (E1) bis 622 Mbit/s (SDH STM4). Eine Erweiterung auf höhere SDH-Multiplexstufen (1.2, 2.4 Gbit/s) ist vorgesehen. Interne Verbindungen könnten am einfachsten über elektrische Leiter, externe über Lichtwellen- oder elektrische Leiter realisiert werden. Vereinfachend wirkt dabei die geringe Distanz der Rechnerknoten untereinander.

3.4 Adressierung

Zellvermittelnde Übertragungsverfahren verwenden zur optimalen Auslastung des physischen Übertragungskanals virtuelle Datenkanäle, die durch einen Verbindungsaufbau explizit eingerichtet werden müssen. Dadurch wird die Verwendung kurzer Adressen in den Zellen ermöglicht (bei ATM stehen im Zellenkopf 16+8 Bit zur Kanalidentifikation zur Verfügung). Messungen in Parallelrechnern [Kern93] zeigen allerdings, daß die Zeiten für einen Verbindungsaufbau in internen Kommunikationssystemen von Parallelrechnern die Leistungsfähigkeit solcher Systeme außerordentlich negativ beeinflussen. Ein Verbindungsaufbau sollte daher für diejenigen Kommunikationskanäle vermieden werden, welche der Prozeßsynchronisation und der Übertragung von burstartigen, zeitlich nicht determinierten Datenströmen dienen. Eine Lösung ist die Vermaschung sämtlicher PEs durch permanente virtuelle Datenkanäle (permanent virtual channel PVC). Diese stehen allerdings in Konflikt mit der durch das ATM-Zellenformat vorgegebenen begrenzten Adressierbarkeit von 2^{24} logischen Datenkanälen, was einer maximalen Knotenanzahl von rund 2^{12} entspricht. Um dieses Problem zu umgehen, werden die PEs nicht mit $v = n(n-1)$ eindeutig adressierbaren virtuellen Kanälen, sondern mit n virtuellen Kanalbäumen vermascht, wie in Abb. 5 dargestellt:

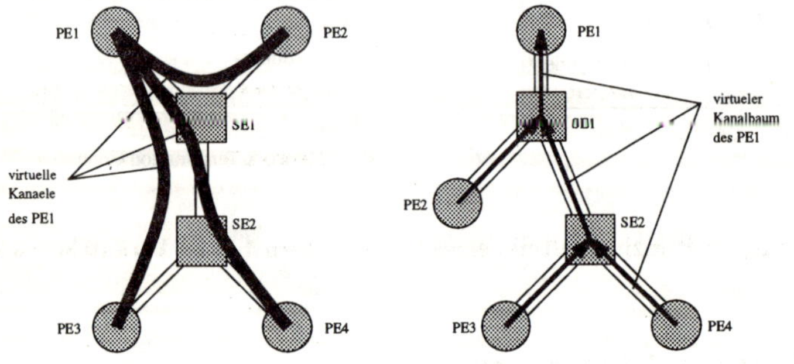

Abbildung 5: Virtuelle Kanäle und virtueller Baum

Jeder dieser Bäume besitzt eine eindeutige Identifikation, welche naheliegenderweise mit der Nummer des Wurzelknotens (Zielknoten) übereinstimmt. Die Vermittlungsknoten routen die Daten entsprechend dieser Baumidentifikation zum Zielknoten. Zur eindeutigen Identifizierung der Datenquelle muß zusätzlich die Adresse des Quellknotens übertragen werden. Diese ist aber für die Routingentscheidung in den SEs irrelevant und kann daher im Informationsfeld (payload field) der Zelle kodiert werden. Durch diese Teilung der Kanaladresse in Baumidentifikator (entspricht Zielknotennummer) und Quellknotennummer können maximal 2^{24} Zielpunkte adressiert werden. Neben dem Adreßbedarf für die Vermaschung der PEs werden weitere Identifikationen benötigt für:

- Datenströme zu externen Zielpunkten
- OAM (operation and maintance) der Protokollschichten
- Kontrolle und Steuerung der physischen Übertragungsschicht
- zusätzliche durch expliziten Verbindungsaufbau eingerichtete interne Kommunikationskanäle
- interne Signalisierungskanäle
- Flußsteuerung

Für OAM-Funktionen (Steuer- und Überwachungsfunktionen) der physischen Übertragungsschicht wurden durch die ATM-Standardisierungsgremien entsprechende Kanalnummern reserviert [ATMF93]. Der gesamte zur Verfügung stehende Adreßraum wird daher in 4 gleichgroße Subräume der Adreßtiefe 2^{22} geteilt. Zur Kennzeichnung der Subräume dienen 2 Bit im Zellenkopf. Folgende Adreßsubräume werden unterschieden:

- Grundvermaschung aller PEs
- Datenkanäle zu externen Zielpunkten
- durch Verbindungsaufbau eingerichtete zusätzliche interne Datenkanäle
- Kanäle zur internen Steuerung

Damit ergibt sich das in Abb. 6 dargestellte Zellformat:

3.5 Adreßtranslation

In dem beim ATM-Verfahren verwendeten Konzept der virtuellen, geschalteten Kanäle gilt eine Kanalidentifikation VCI/VPI (virtual channel identifier / path identifier) jeweils nur für eine Verbindung zwischen zwei Vermittlungsknoten. An jedem Vermittlungsknoten ist eine Umsetzung der alten VCI/VPI Kombination in die für die darauffolgende Verbindung gültige Identifikation nötig. Diese Aufgabe wird von ATM-Header-Translatoren (AHT) übernommen. Diese verwalten in einer Tabelle die Identifikationszuordnungen und eine von der Vermittlungseinrichtung benötigte Routinginformation (Routing-Tag). Bedingt durch die dynamische Belegung dieser Tabelle entsteht ein erheblicher Zeitbedarf für das Auffinden des entsprechenden Eintrages in der verwalteten Tabelle.
Nach dem Empfang des für die Adressierung notwendigen Teiles des Zellenkopfes (4 Byte) wird die Suche eingeleitet. Heute verfügbare AHT-Controller (u.a. [Fujit93]) garantieren die Bereitstellung der Routinginformation noch bevor die gesamte Zelle in den Eingangspuffer der Vermittlungseinrichtung eingelaufen ist.

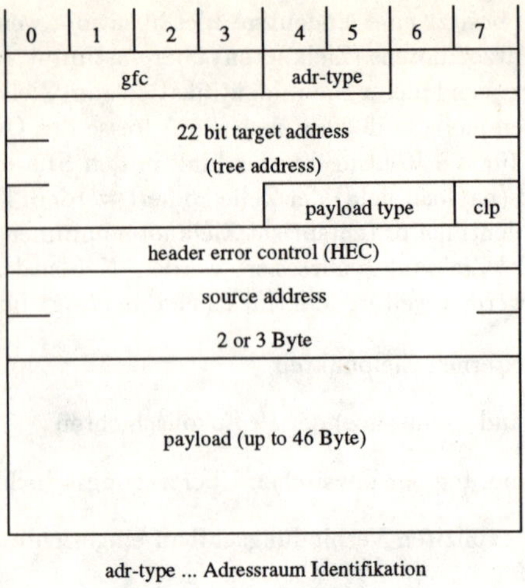

Abbildung 6: Modifiziertes ATM-Zellenformat

Im ungünstigsten Fall kann die Verzögerung pro Adreßumsetzung aber eine volle Zellenlänge (53 Byte) betragen. Dies ist für einen Einsatz in Parallelrechnern ein inakzeptabler Wert.
Durch die Unterteilung des Adreßraumes in Subräume wird es möglich, die Adreßumsetzung für die virtuelle Grundvermaschung der PEs bedeutend zu beschleunigen. Die für das Routing genutzte Baumidentifikation ist in jedem SE identisch. Sie muß somit in den SEs nicht neu ermittelt werden und kann zur direkten Adressierung in einem schnellen statischen Speicher verwendet werden, welcher nur noch den für die Vermittlung benötigten Routing-Tag enthält. Parallel zu diesem Speicher arbeitet ein AHT für die Adreßräume mit variabler Kanalzuordnung. Die Auswahl des jeweils zu verwendenden Umsetzungsverfahrens geschieht durch Auswertung der beiden Adreßtyp-Bits im ersten Byte des Zellkopfes (Abb. 7).

Die auf den permanenten Kanäle der Grundvermaschung transportierten Zellen können somit sehr schnell geschaltet werden. Für die SVCs bzw. die Zellen der OAM-Funktionen gelten die Verzögerungszeiten der ATM-Standardhardware.

3.6 Flußsteuerung

In den B-ISDN-Protokoll-Standards für die ATM-Schicht sind bisher keine Fluß- und Stausteuerungsmechanismen enthalten. Dies ist möglich, da im Rahmen eines Verkehrsvertrages beim Verbindungsaufbau zwischen Netz und Nutzer QoS-Parameter (Quality of Service) vereinbart werden, die netzseitig für die Entscheidung der Verbindungsgewährung genutzt werden und vom Nutzer einzuhalten sind.
Bei der in einem Parallelrechner notwendigen Vermaschung aller PEs mittels virtueller permanenter Kanäle ist dieses Verfahren nicht anwendbar, würde es doch zu einer statischen Aufteilung der Übertragungskapazitäten zwischen den PEs führen. Der Einsatz einer Flußsteuerung bei der rechnerinternen Kommunikation wird daher erforderlich, um einerseits die verfügbare Übertragungskapazität möglichst vollständig dynamisch zu nutzen und andererseits einen Zellverlust weitgehend zu vermeiden. Da auch bei Einsatz

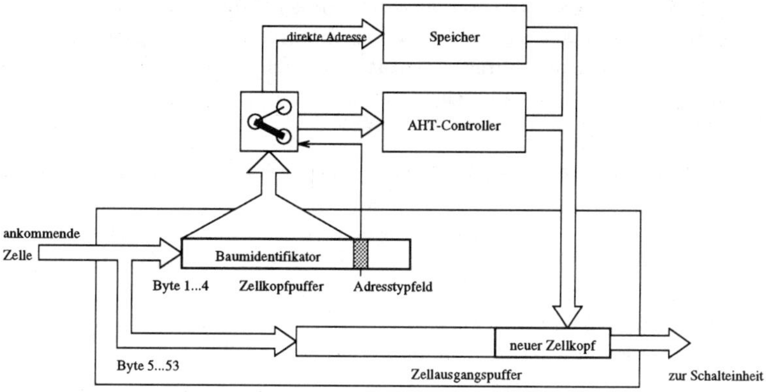

Abbildung 7: Adreßumsetzung

von ATM im LAN-Bereich vergleichbare Probleme auftreten, werden inzwischen Ansätze für eine Flußsteuerung in diesem Bereich diskutiert. In Erwägung gezogen werden dabei sowohl Mechanismen mit Kreditgewährungsverfahren als auch Verfahren mit Ratensteuerung.
Auch in bereits verfügbaren NTC-Schaltkreisen [Sierra94] wird die Flußsteuerung unterstützt. Es wird eine zusätzliche Schnittstelle zur Verfügung gestellt, die es ermöglicht, das GFC-Feld des Zellenkopfes (Bild 8) empfangener Zellen zu lesen, abzusendender Zellen zu schreiben und das Absenden des Zellenstromes zu unterbrechen. Vom Anwender ist ein Steuermechanismus zu entwickeln, der einerseits entsprechend der empfangenen GFC-Bits das Absenden von Zellen blockiert und andererseits die GFC-Bits in der Senderichtung so setzt, daß die Partnerinstanz auf einen möglichen Stau mit dem Stoppen ihres Zellenstromes reagieren kann. Es ist zu erwarten, daß dieses Problemfeld der Schwerpunkt bei der Entwicklung eines ATM-basierten Kommunikationssystems für Multiprozessorcluster sein wird. Die Lösungen für eine Flußsteuerung werden in entscheidendem Maße die Leistungsfähigkeit des Gesamtkonzeptes beeinflussen.

3.7 Externe Ankopplung

Einer der Hauptvorteile des Einsatzes von ATM als internes Kommunikationssystem im Parallelrechner ist die homogene Integrationsmöglichkeit in externe ATM-Netze. Im Rechner muß unabhängig vom verwendeten internen Adressierungs- und Signalisierungsverfahren die volle Funktionalität des ATM-User-Network-Interface (UNI) realisiert sein. Diese Instanz wird Cell-Gateway genannt und hat folgende Funktionen :

- Aufbau und Abbau von externen Datenkanälen durch standardisierte Signalisierungsfunktionen der UNI-Schnittstelle
- Zielpunkt der internen Signalisierung beim Aufbau externer Verbindungen
- Trennstelle der Gültigkeit des Adreßbereiches der virtuellen Vermaschung

Jedes SE, das physische Verbindungen zu externen Zugangsnetzwerken besitzt, muß als Cell-Gateway arbeiten und diese Funktionen unterstützen. In einem Parallelrechner können dabei in Abhängigkeit der physisch vorhandenen externen Verbindungen beliebig viele dieser Cell-Gateways arbeiten. Der externe Verbindungsaufbau über ein Cell-Gateway erfolgt dabei in mehreren Schritten. Im folgenden wird dieser Vorgang für die beiden möglichen Richtungen beschrieben:

1. **Verbindungsanforderung eines entfernten Rechners an den Parallelrechner:**
   Die UNI-Instanz auf dem Cell-Gateway empfängt eine Verbindungsanforderung aus dem Netz. Über interne Signalisierungsverfahren und dedizierte Kanäle wird eine neue interne Verbindung mit den angeforderten Parametern zwischen Cell-Gateway und Zielknoten aufgebaut. Nach erfolgreichem internen Verbindungsaufbau bestätigt die UNI-Instanz die Verbindung an das Zugangsnetz.

2. **Verbindungsanforderung eines PE für einen externen Datenkanal:**
   Das PE fordert beim Cell-Gateway eine Verbindung zu einer externen ATM-Instanz mit entsprechender NSAP-Adresse und Qualitätsparametern über einen internen Signalisierungskanal an. Das Gateway baut diese Verbindung per UNI-Signalisierung zur gewünschten Partnerinstanz auf. Nach erfolgter Verbindungsbestätigung des ATM-Zugangsnetzes baut das Cell-Gateway einen neuen Datenkanal zum anfordenden PE auf.

Nach Beendigung des Verbindungsaufbaus werden interner und externer Datenkanal direkt gekoppelt, so daß die Zellen ohne weitere Verarbeitung das Cell-Gateway passieren (Abb. 8).

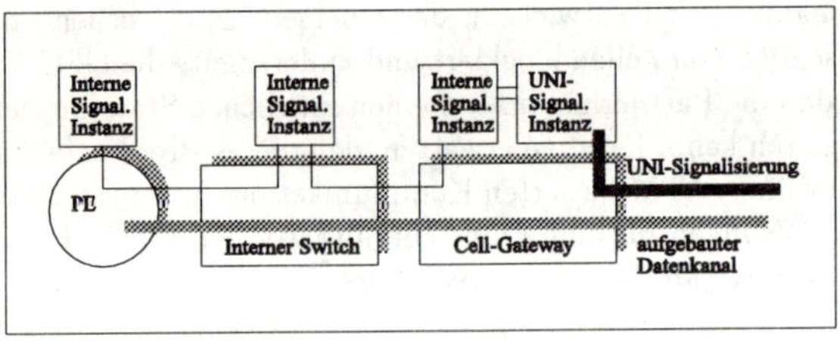

Abbildung 8: Signalisierung bei externen Datenkanälen

3.8 Topologie

Sind an ein SE ein oder mehrere PEs angeschlossen, so bildet es zusammen mit diesen Rechnerknoten einen Basiscluster. Über die Balancierung der Anzahl von angeschlossenen Rechnerknoten zur Anzahl der Kommunikationsleitungen zu anderen SEs, läßt sich sowohl die Flexibilität in Bezug auf realisierbare Topologien als auch das Verhältnis von Rechen- und Kommunikationsleistung eines Basisclusters einstellen. Eine mögliche Beispielkonfiguration mit einem 16 x 16 SE zeigt Abb. 9.

Durch diese flexibel konfigurierbaren Basiscluster ist ein großes Spektrum an Topologien realisierbar. Im Sinne einer optimalen Abbildung der virtuellen Vermaschung auf eine konkrete physische Struktur unter Beachtung der Skalierbarkeit schränken sich die

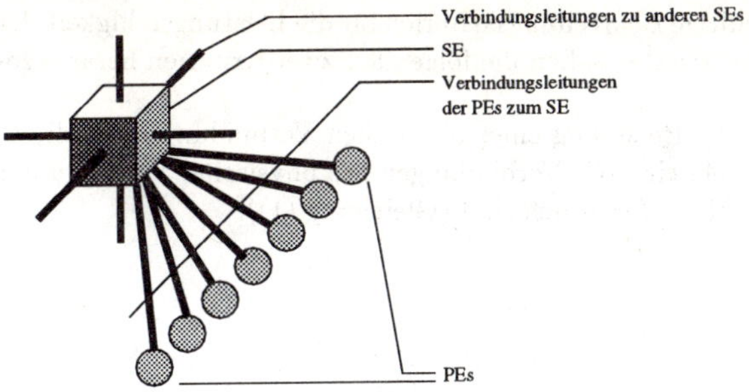

Abbildung 9: Beispiel eines Basisclusters mit 10 PEs und 6 Verbindungen zu anderen SEs

Möglichkeiten ein. Im folgenden sollen als Beispiele drei mögliche Topologieformen, 3D-Torus (Abb. 10), Hypercube und Fat-Tree (Abb. 11) bezüglich ihrer Eigenschaften in einem rechnerinternen Kommunikationsnetz untersucht werden.

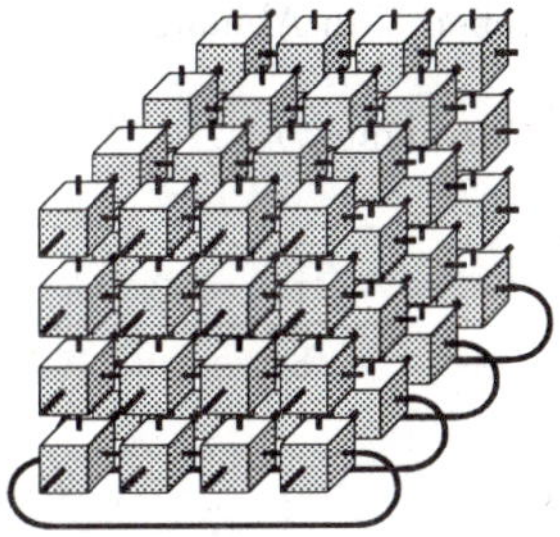

Abbildung 10: 3-D Torus (Ringverbindungen angedeutet)

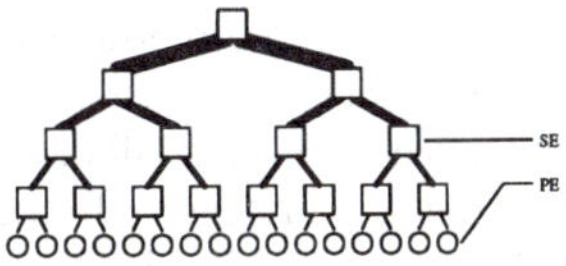

Abbildung 11: Fat-Tree Struktur

Als allgemeingültige Beurteilungskriterien für die Leistungsfähigkeit der Struktur eines Kommunikationsnetzwerkes sollen die folgenden zwei Kriterien herangezogen werden:

1. Als Maß für die Belastung einer physischen Verbindung dient die Größe V, welche angibt, wie viele virtuelle Verbindungen pro physischer Verbindung für eine Vermaschung aller PEs erforderlich sind (Gleichung (1)).

$$V = \frac{C_{virtuell}}{C_{physisch}} \tag{1}$$

V ... Anzahl virtueller Verbindungen je physischer Verbindung

$C_{physisch}$ ... Anzahl der physisch vorhandenen Verbindungen

$C_{virtuell}$ ... Anzahl der für die volle Vermaschung notwendigen virtuellen Verbindungen

2. Als Maß für den Transitverzug wird die maximale Anzahl der von einer Zelle zu überwindenden SEs zwischen zwei Prozessorknoten ermittelt. Dieses Maß ist damit die für die jeweilige Topologie maximale Distanz H zwischen zwei PEs.

Die Gleichungen (2) und (3) geben V in Abhängigkeit von der Knotenanzahl k an.

3D-Torus(gleiche Seitenlängen)

$$V = \frac{1}{8} n^2 k^{\frac{4}{3}} \tag{2}$$

Hypercube

$$V = \frac{1}{2} n^2 k \tag{3}$$

V ... Anzahl virtueller Verbindungen je physischem Link

k ... Anzahl von SEs im Netzwerk, an denen PEs angeschlossen sind

n ... Anzahl der pro SE angeschlossenen PEs

Der Fat-Tree (Bild 12) ist eine Binärbaumtopologie und zeichnet sich dadurch aus, daß von SE zu SE nicht nur eine, sondern mehrere Verbindungen, aber nicht notwendigerweise doppelt so viele wie in der darunterliegenden Schicht, existieren. Damit ist V über die Anzahl der Verbindungen in den oberen Schichten einstellbar. Die Knotenanzahl k bezeichnet beim Fat-Tree weiterhin nur diejenigen SE, an denen PEs angeschlossen sind, also die Anzahl der SE in der untersten Schicht. In den darüberliegenden Schichten kommen SEs zum Einsatz, welche nur untereinander und nicht mit PEs verbunden sind.

Die maximalen Distanzen H zwischen zwei PEs, welche proportional die Latenzzeit beeinflussen, sind in den Gleichungen (4) bis (6) für alle drei Topologien angegeben:

Maximale Distanz:
3D-Torus(gleiche Seitenlängen)

$$H = \frac{3}{2}\sqrt[3]{k} + 1 \tag{4}$$

Hypercube

$$H = ld(k) + 1 \tag{5}$$

Fat-Tree

$$H = 2ld(k) + 1 \tag{6}$$

H ... maximal mögliche Distanz zwischen zwei PEs
k ... Anzahl von SEs im Netzwerk

Die Abbildungen 12 und 13 geben die Gleichungen (4) bis (6) quantitativ wieder. Dabei ist zu beachten, daß physische Realisierungen nur an einigen diskreten Punkten existieren. Um den Verlauf besser sichtbar zu machen, wurden die Kurven jedoch für einen kontinuierlichen Wertebereich gezeichnet. Bemerkenswert ist, daß der 3D-Torus bis zu einer Knotenzahl von 64 bessere Werte erreicht als der Hypercube.

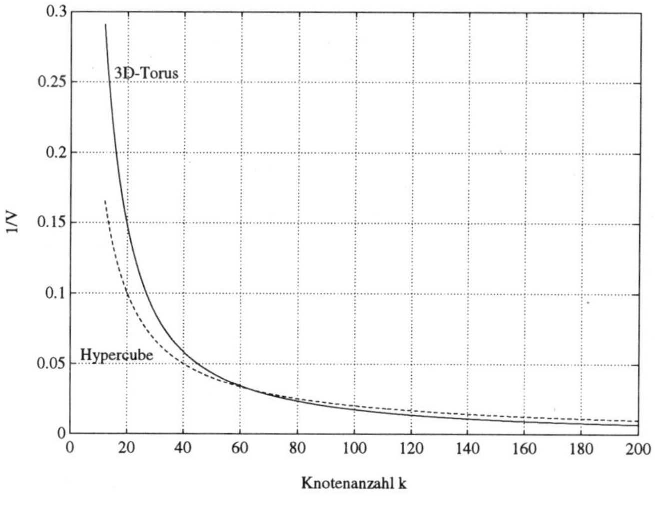

Abbildung 12: V^{-1} von 3D-Torus und Hypercube in Abhängigkeit von k

Mit Hilfe der Gleichungen (1) und (4) bis (6) lassen sich Dimensionierungsvorschriften finden, die es erlauben, bestimmte Vorgaben in Bezug auf Latenzzeit und Kommunikationsaufkommen auf ihre theoretische Realisierbarkeit hin zu überprüfen. Dabei werden wiederum 3D-Torus (7) bis (9), Hypercube (10) bis (12) und Fat-Tree (13) bis (17) gegenübergestellt.
D/D_0 ist die angestrebte normierte Latenzzeit und entspricht der maximalen Distanz H.

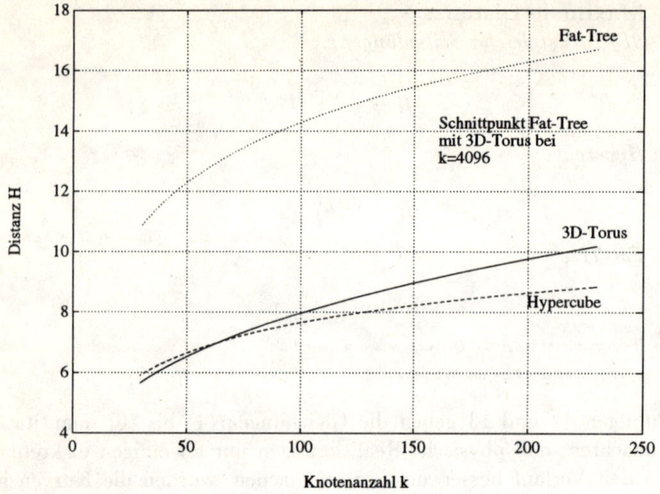

Abbildung 13: Maximale Distanz zwischen zwei PEs in Abhängigkeit der Knotenanzahl k

D0 als Normierungsgröße ist dabei die Latenzzeit eines SE. η ist das Verhältnis von genutzter Datenrate eines virtuellen Kanals zur maximal möglichen Datenrate des physischen Links. η ist damit ein Ausdruck für die Senderate eines PE bezogen auf eine seiner virtuellen Verbindungen. Die Formeln geben jeweils an, wie viele Basiscluster (Knotenanzahl k) bei einer gegebenen Topologie maximal verschaltet und wieviele PEs (Prozessorelementanzahl n) je Basiscluster angeschlossen werden können, ohne daß die geforderten Parameter überschritten werden. Der Fat-Tree stellt einen Sonderfall dar, da V von der konkreten Realisierung abhängig ist. Für seine Berechnung muß eine Wert V vorgegeben werden. In den dargestellten Gleichungen für den Fat-Tree wurde ein dem Hypercube angenähertes V angenommen (Gleichung (13)).

Im folgenden sind die angegebenen Gleichungen (7) bis (17) dargestellt:

Dimensionierungsabschätzung für einen 3D-Torus mit gleichen Seitenlängen und gleichen Kommunikationsanforderungen aller PEs:

$$k = f\left(\frac{D}{D_0}\right) \leq \frac{8}{27}\left(\frac{D}{D_0} - 1\right)^3 \tag{7}$$

$$n = f(k, \eta) \leq \frac{2}{k^{\frac{2}{3}}\sqrt{\frac{1}{2}\eta}} \tag{8}$$

$$M \geq n + 6 \tag{9}$$

Für alle Formeln gilt: $\frac{D}{D_0} \geq 4$

η ... mittlere Zellrate pro virtueller Verbindung

k ... Anzahl von SEs im Netzwerk

n ... Anzahl der pro SE angeschlossenen PEs

M ... Anzahl der benötigten Ports eines SE

D/D_0 ... maximal zugelassene und normierte Latenzzeit

Dimensionierungsabschätzung für einen Hypercube mit gleichen Kommunikationsanforderungen aller PEs:

$$k = f\left(\frac{D}{D_0}\right) \leq 2^{\left(\frac{D}{D_0}-1\right)} \tag{10}$$

$$n = f(k, \eta) = \frac{1}{\sqrt{\frac{1}{2}k\eta}} \tag{11}$$

$$M \geq n + ld(k) \tag{12}$$

Für alle Formeln gilt: $\frac{D}{D_0} \geq 2$

η ... mittlere Zellrate pro virtueller Verbindung

k ... Anzahl von SEs im Netzwerk

n ... Anzahl der pro SE angeschlossenen PEs

M ... Anzahl der benötigten Ports eines SE

D/D_0 ... maximal zugelassene und normierte Latenzzeit

Dimensionierungsabschätzung für einen Fat-Tree mit vorgegebenem V (13)

$$V = \frac{1}{K} = n^2 k \tag{13}$$

$$k = f\left(\frac{D}{D_0}\right) \leq 2^{\frac{1}{2}\left(\frac{D}{D_0}-1\right)} \tag{14}$$

$$n = f(k, \eta) = \frac{1}{\sqrt{k\eta}} \tag{15}$$

aus (13) folgen Vorgaben für die Konfigurierung des Fat-Tree:

$$C_{up} = f(L, k) = \frac{2^{ld(L)-1}\left(k - 2^{ld(L)-1}\right)}{k} \tag{16}$$

$$M_{max} = \mathbf{max}\left(\frac{5}{8}k; n+1\right) \tag{17}$$

Für alle Formeln gilt: $\frac{D}{D_0} \geq 2$

η ... *mittlere Zellrate pro virtueller Verbindung*

k ... *Anzahl von Basisclustern (SE in unterster Ebene)*

n ... *Anzahl der pro SE angeschlossenen PEs*

M ... *Anzahl der benötigten Ports eines SE*

L ... *Angabe der Schicht im Binärbaum* ($L_{max} = f(k) = ld(k)$)

C_{up} ... *Anzahl der Leitungen eines SE zur nächst höheren Schicht*

D/D_0 ... *maximal zugelassene und normierte Latenzzeit*

Beispiel

Wieviel Rechnerknoten lassen sich mit einer Hypercubetopologie maximal verschalten, wenn das interne Kommunikationssystem eine maximale Latenzzeit von 10D_0 gewährleisten soll? Die durchschnittliche Senderate eines PE in Bezug auf jede seiner virtuellen Verbindungen wird mit 1/256 angenommen.

Nach (10) - (12) kann dies durch maximal k= 512 SE mit jeweils n= 1 PE pro SE erreicht werden. Dies ist ein Hypercube 9. Ordnung mit 512 Prozessorknoten. Es werden dafür Schaltelemente mit mindestens ld(k)+n=10 Ports benötigt.

Je nach Bedarf können pro Knoten zusätzlich ein oder mehrere Ports in ein externes Zugangs- und Peripherienetzwerk herausgeführt werden.

Die angegebenen Formeln basieren auf strukturellen Betrachtungen. Die von ihnen gelieferten Ergebnisse können nur als Abschätzung für eine zu realisierende Topologie verwendet werden, da sie voraussetzen, daß ein gleichmäßiges Kommunikationsaufkommen aller PEs vorliegt. Bei realen Systemen gehen weitere Parameter wie die konkrete Realisierung der SE und die schwankenden Kommunikationsanforderungen der PEs ein.

4 Schlußbetrachtung

Das vorgestellte Konzept zur Konstruktion eines Parallelrechnerkommunikationssystems unter Verwendung von ATM-Vermittlungs- und Protokollelementen verdeutlicht die prinzipielle Realisierbarkeit eines derartigen Systems. Zielsetzung ist dabei, die in Zukunft zu erwartende kostengünstige ATM-Hardware für eine effiziente Realisierung des internen Kommunikationssystems einerseits und die Vorteile einer homogenen externen Anbindung andererseits zu nutzen. Den günstigen Eigenschaften der ATM-Technologie stehen jedoch auch signifikante Nachteile bei einer Verwendung in Parallelrechnern gegenüber, welche durch geeignete Fluß- und Adreßsteuerungsmechanismen ausgeglichen werden müssen.

Literatur

[ATMF93] ATM-Forum: *ATM User-Network Interface Specification V. 3.0, PTR Prentice Hall,Englewood Cliffs, 1993*

[Boudec93] Boudec: *Flight of the FALCON, a switch-based research project, shows how ATM may soon be applied to customer premises networks, IEEE Communication Magazine February 1993*

[Du/Kraemer93] Du, Yonggang; Kraemer, Rolf: *ATM-Transceiver: ein verteilter Vermittlungsansatz für Multimedia-LAN, 2.ITG / GI Workshop oktober 1993*

[Fujit93] Fujitsu: *MB 96689 Address Translation Controller (ATC), Preliminary Data Sheet Ed. 1.0 , 1993*

[Kern93] Kern, Axel: *Bewertung und Optimierung von Protokollen für das Verbindungssystem eines Parallelrechners,2. ITG / GI Workshop Verbindungsnetzwerke für Parallelrechner und Breitband-Übertragungssysteme, Stuttgart, 1993*

[Kung93] Kung, H.T.; Morris, Robert; Charuhas, Thomas; Lin, Dong: *Use of Link-by-Link Flow Control in Maximizing ATM Network Performance: Simulation Results, Proc. IEEE Hot Interconnects Symposium 1993*

[Sierra94] PMC-Sierra: *PM5346 SUNI-LITE, Standard Product Advance Information, Burnaby, BC Canada*

Ein paralleles Transportsubsystem für zellenbasierte Hochgeschwindigkeitsnetze

Torsten Braun
Institut für Telematik, Universität Karlsruhe, Zirkel 2, D-76128 Karlsruhe
z.Zt.: INRIA, 2004 route des Lucioles, F-06902 Sophia-Antipolis

1. Einleitung

Im Gegensatz zu den Netzwerken sind die als Bindeglied zwischen Rechnersystem und Netzwerk agierenden Kommunikationssysteme nicht in der Lage, die Anforderungen moderner verteilter Anwendungen in Form von hohem Durchsatz und geringer Verzögerung zu erfüllen. Einerseits können die zur Unterstützung einer sicheren Rechnerkommunikation notwendigen Kommunikationsprotokolle nicht schnell genug verarbeitet werden, andererseits stellt die Kopplung der Kommunikationssysteme an Netzwerke und Rechnersysteme einen gravierenden Engpaß dar. Insgesamt lassen sich die Leistungsschwächen auf unterschiedliche Ursachen wie ungeeigneten Protokollentwurf, ungünstige Implementierungsplattformen und die fehlende Abstimmung der Kommunikationssysteme auf unterliegende Netzwerke zurückführen. Außerdem wird häufig die Integration der Kommunikationssysteme in die Architektur und in die Betriebssystemumgebung von Rechnersystemen erschwert.

Zur Beseitigung des Leistungsengpasses bei der Protokollverarbeitung entwickelten sich im Forschungsbereich der Hochleistungskommunikation zwei klassische Ansätze. Zum einen können Kommunikationsprotokolle durch verbesserte Implementierungsstrategien, die Verwendung von Spezialhardware oder durch die Unterstützung von parallelen Implementierungsarchitekturen leistungsfähiger implementiert werden. Der zweite Ansatz versucht die Protokollverarbeitung durch den Einsatz sogenannter Hochgeschwindigkeitsprotokolle zu beschleunigen, die auf ihren Einsatz in modernen Netzumgebungen mit geringen Fehlerraten hin optimiert wurden.

Das Transportsubsystem PATROCLOS (Parallel Transport Subsystem for Cell-Based High-Speed Networks) kombiniert die beiden klassischen Lösungswege, d.h. es werden verschiedene Aspekte wie die Eigenschaften zellenbasierter Netze und die zur Realisierung auf parallelen Implementierungsarchitekturen geeignete Protokollarchitekturen integrierend betrachtet. Das Transportsubsystem erbringt unter Berücksichtigung zukünftiger Erfordernisse hinsichtlich neuer Dienste und Dienstqualitätsmerkmale einen erweiterten Transportdienst und besitzt dabei nicht nur die Funktionalität konventioneller Transportprotokolle, sondern übernimmt auch Funktionen der Sicherungs- und Vermittlungsschicht. Ein wesentlicher Entwurfsaspekt der entwickelten Protokollarchitektur besteht in der Berücksichtigung von Eigenschaften zellenbasierter Hochgeschwindigkeitsnetze auf ATM-Basis, die zur Unterstützung verschiedenartiger Dienste kleine Übertragungseinheiten fester Größe (Zellen) verwenden. Die Verarbeitung dieser Zellen stellt zwar hohe Leistungsanforderungen an Kommunikationssubsysteme, erlaubt aber auch eine effizientere Übertragung kleiner Datenmengen.

2. Architektur des parallelen Transportsubsystems

Ausgehend von Erfahrungen und Ergebnissen aus der Analyse verschiedener Standard- und sogenannter Hochgeschwindigkeitsprotokolle sowie aus Leistungsuntersuchungen an parallelen Implementierungen dieser Protokolle wurden Konzepte für den Entwurf des parallelen Transportsubsystems PATROCLOS erarbeitet. Dieses wurde in orthogonale, funktionale Einheiten in Form von autonomen Automaten unterteilt, womit die Dekomposition in parallel ausführbare funktionsbasierte Einheiten direkt effiziente Implementierungen auf parallelen Architekturen wie hybriden Multiprozessorsystemen unterstützt. Das Transportsubsystem stellt insgesamt ein Automatensystem dar, das sich aus einer Menge innerhalb einer Instanz kooperierender Automaten zusammensetzt. Automaten einer Instanz tauschen zu Synchronisations- und Kooperationszwecken Nachrichten aus.

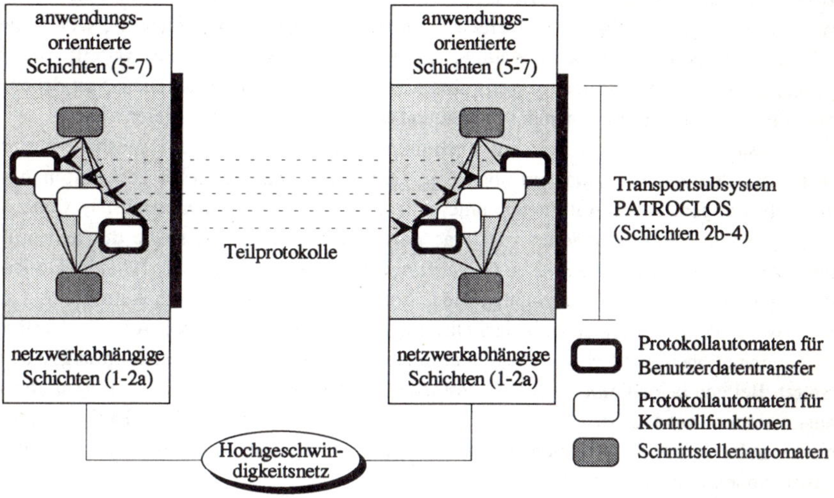

Abbildung: PATROCLOS-Architektur

Das Automatensystem unterscheidet Protokoll- und Schnittstellenautomaten (vgl. Abbildung). Schnittstellenautomaten unterstützen Interaktionen mit dem Transportdienstbenutzer bzw. mit dem unterliegenden Netzwerk. Sie sind lediglich zur lokalen Kommunikation innerhalb eines Systems notwendig und haben im Gegensatz zu Protokollautomaten keinen Automaten in der Partnerinstanz, mit dem sie kommunizieren. Im Transportdienstschnittstellen-Automaten ist dabei der erweiterte Transportdienst festgelegt, der sich stark an dem im OSI95-Projekt definierten Transportdienst orientiert. Die Art des Transportdienstes beeinflußt nur den Transportdienstschnittstellen-Automaten, für die Protokollautomaten ist die Art des Dienstes transparent. Der Transportdienstschnittstellen-Automat läßt sich aber auch leicht an andere Dienstformen anpassen.

Das Kommunikationsprotokoll zwischen Transportsubsystem-Instanzen setzt sich aus mehreren, voneinander weitgehend unabhängigen Teilprotokollen zusammen, wobei die Kommunikation zwischen den einzelnen Instanzen durch die direkte Kommunikation zwischen einzelnen, in der Regel gleichartigen Protokollautomaten erfolgt. Die Teilprotokolle verwenden jeweils spezielle Protokolldateneinheiten, um das Multiplexen von Protokolldateneinheiten verschiedener Protokollautomaten zu vermeiden und Koordinationspunkte zwischen Protokollautomaten einer Instanz zu minimieren. Die verwendeten Datenformate der Protokolldateneinheiten orientieren sich an der Zellengröße in zellenbasierten Netzen. Sie erlauben damit eine effiziente Übertragung und vereinfachen ihre Komposition und Analyse. Der vom Austausch der Benutzerdaten entkoppelte Kontrolldatenaustausch erlaubt eine weitgehende Unabhängigkeit von Steuer- und Datentransferfunktionen und damit deren parallele Verarbeitung.

Für jede Steuerfunktion sowie für die Datentransferfunktionen sind separate Protokollautomaten vorhanden. Der Austausch von Quittungen und Verbindungszustandsdaten zwischen Instanzen wird nicht durch gesendete oder empfangene Benutzerdatenpakete veranlaßt, sondern periodisch durchgeführt oder durch explizite Anforderungen bzw. Fehlersituationen initiiert. Da jeweils separate Protokollautomaten für die Sende- und die Empfangsrichtung einer Verbindung existieren, wird die Verarbeitung der beiden Datenflußrichtungen vollständig getrennt und kann damit parallel erfolgen. Die Teilprotokolle der einzelnen Protokollautomaten besitzen soweit erforderlich ihre eigenen Fehlerbehandlungsmechanismen und Zeitgeber, womit die in der Regel aufwendige Zeitgeberverwaltung auf mehrere Protokollautomaten verteilt wird. Die Protokollautomaten unterstützen jeweils eine Menge von Protokollfunktionen, von denen die Anwendung passende Funktionen auswählen und entsprechend parametrisieren kann.

Der *Verbindungsverwaltungs-Automat* übernimmt den impliziten oder Handshake-basierten Aufbau, die Überwachung und den normalen, geordneten oder Zeitgeber-gesteuerten Abbau von Verbindungen. Zwei Automaten unterstützen den *Benutzerdatenaustausch*, wobei das Segmentieren und Reassemblieren von Transportdienstdateneinheiten sowie die reihenfolgetreue Auslieferung wählbar sind. Zur *Quittierung und Übertragungswiederholung* (Go-Back-N-Strategie oder selektive Übertragungswiederholung) existiert jeweils ein Automat und auch die *Flußkontrolle* (Fenstermechanismus, Übertragungsratenkontrolle, Stop-And-Go-Verfahren oder Kombinationen) wird von je einem Automaten auf der Sende- und der Empfangsseite unterstützt. Bei den beiden *Staukontroll*-Automaten werden als Algorithmen zur Erkennung von Stausituationen innerhalb des Netzes die adaptive Zugangskontrolle und ein Paketpaarverfahren verwendet. Beide Algorithmen schätzen aus der Verzögerung von Testpaketen eventuelle Stausituationen innerhalb des Netzes ab.

Innerhalb einer Protokollinstanz kooperieren die einzelnen Automaten durch den Austausch von Signalen. Diese interne Kommunikation wurde auf ein Minimum reduziert, um die Abhängigkeiten zwischen den Automaten zu reduzieren und damit einen höheren Parallelitätsgrad zu erreichen. Beispielsweise verläuft der Signalaustausch zwischen den Automaten während der Datentransferphase in der Regel unidirektional. Signale werden außerdem nicht abhängig von eintreffenden oder zu sendenden Benutzerdatenpaketen, sondern periodisch generiert. Beim Senden von Benutzerdaten muß beispielsweise der Benutzerdatenaustausch-Sender-Automat dem Übertragungswiederholungsautomaten periodisch die im letzten Zeitintervall übertragenen Benutzerdaten mitteilen. Außerdem erhält der Benutzerdatenaustausch-Sender-Automat ebenfalls periodisch vom Flußkontrollautomaten die maximal zum Senden erlaubte Sequenznummer. Auf der Empfangsseite teilt der Benutzerdatenaustausch-Empfänger-Automat in gewissen Zeitabständen dem Quittierungsautomaten die angekommenen Benutzerdaten mit und schickt dem Flußkontrollautomaten Informationen über den Zustand die zur Speicherung der Benutzerdaten verfügbaren Puffer. In einer Erweiterung wurden inzwischen auch Multicast-Funktionen in das Transportsubsystem integriert, wobei hierzu lediglich Änderungen in den Automaten der Sendeseite erforderlich waren.

Ein wesentlicher Vorteil der funktionsbasierten Dekomposition in Protokollautomaten besteht auch in der sich aus der Modularität der Protokollarchitektur ergebenden leichten Konfigurierbarkeit und Anpaßbarkeit des Protokolls an Eigenschaften der unterliegenden Netzwerke sowie an unterschiedliche, sich eventuell dynamisch ändernde Anwendungsanforderungen. Dadurch, daß die einzelnen Protokollautomaten nur dedizierte, streng voneinander abgegrenzte Protokollfunktionen bearbeiten, wird die Selektion und die Parametrisierung einzelner Protokollfunktionen wesentlich erleichtert. Es zeigte sich, daß die Auswahl von Protokollmechanismen und zugehöriger Parameter nur wenige, meist sogar nur einen einzigen Protokollautomaten beeinflußt. Zur Konfiguration können hierzu auch Werkzeuge des funktionsbasierten Kommunikationssubsystems F-CSS eingesetzt werden. Ein Protokollkonfigurator ermittelt dabei aus einer Beschreibung der geforderten Dienstgüte die dazu notwendigen Protokollfunktionen und -parameter für die PATROCLOS-Automaten.

3. Implementierung

Um die Leistungsfähigkeit der entwickelten Protokollarchitektur zu belegen, wurde für das Transportsubsystem eine hybride Multiprozessorarchitektur entwickelt, die sich aus Universalprozessoren für Funktionen auf Protokolldateneinheiten- und auf Transportdienstdateneinheiten-Ebene sowie aus dedizierten Hardwareeinheiten für Funktionen auf Zellenebene und zur Unterstützung der Parallelität zusammensetzt. Mit dem hybriden Ansatz soll eine hohe Leistungsfähigkeit bei gleichzeitig gegebener Flexibilität garantiert werden.
Die in Tabellenform sowie in der Spezifikationssprache PROMELA erstellte, formale Spezifikation des parallelen Transportsubsystemprotokolls wurde direkt in eine prototypische Implementierung umgesetzt, indem die Automaten auf Prozesse abgebildet wurden. Die Prozesse sind auf separaten Prozessoren bzw. Prozessormodulen ablaufbar und über Kanäle miteinander verbunden, welche auf Software- oder Interprozessorkanäle abgebildet werden. Ein Prozessormodul setzt sich dabei aus mindestens einem Prozessor, einer Hardwareeinheit zum Reassemblieren empfangener Zellen und einem gemeinsamen Speicher mit entsprechender Zugriffssteuerung auf den mit den Prozessoren des Moduls gemeinsam benutzten Bus zusammen. Die gemeinsamen Speicher stehen den Prozessoren für zu sendende oder empfangene Benutzerdaten zur Verfügung, insbesondere um Kopiervorgänge zwischen den Prozessoren zu vermeiden. Ein Hardware-Demultiplexer verteilt ankommende Zellen an die für deren weitere Verarbeitung zuständigen Prozessormodule, so daß diese Verarbeitung im folgenden parallel erfolgen kann. Das Segmentieren von Protokolldateneinheiten in Zellen und die entsprechenden Reassemblierfunktionen zum Anschluß des Transportsubsystems an zellenbasierte Netze wurden ebenfalls in Hardware implementiert. Für besonders zeitkritische Funktionen wie z.B. zur Speicherverwaltung wurden weitere Spezialhardwareeinheiten entwickelt, welche die Softwarerealisierungen ersetzen können.

4. Leistungsbewertung

Bei den Leistungsmessungen, die mit einem hybriden Monitorsystem durchgeführt wurden, kristallisierten sich die Prozesse zum Senden und Empfangen von Benutzerdaten mit 126 µs bzw. 159 µs als Engpässe heraus. Die Durchsatzergebnisse hängen jedoch nicht nur von der Zeit zur Verarbeitung eines Benutzerdatenpakets, sondern auch von der Häufigkeit des Austauschs von Kontrollinformationen mit anderen Prozessen ab. Beispielsweise muß der Daten-Sende-Prozeß in gewissen Abständen dem Übertragungswiederholungs-Prozeß Informationen über die gesendeten, d.h. vom Partner zu quittierenden Pakete zukommen lassen. Der Übertragungswiederholungs-Prozeß benötigt diese Informationen bevor er die entsprechende Quittung vom Empfänger erhält, d.h. der Austausch der Informationen sollte mindestens einmal pro Paketumlaufzeit erfolgen. Analog muß der Daten-Empfangs-Prozeß dem Quittierungs-Prozeß periodisch die empfangenen Daten mitteilen, damit dieser Quittungen erzeugen kann.

Beim Senden wird in der Regel ein Durchsatz von über 6000 Paketen/s (maximal 8000 Pakete/s) erzielt. Beim Empfangen werden üblicherweise mehr als 5000 Pakete/s erreicht, der Durchsatz ist hier auf 6300 Pakete/s begrenzt. Bei Duplex-Verkehr begrenzt der Tansportdienstschnittstellen-Prozeß den erreichbaren Durchsatz auf 5500 Transportdienstdateneinheiten pro Sekunde. Im Vergleich zu anderen parallelen Protokollimplementierungen auf Transputern stellen die erzielten Werte ein beachtliches Ergebnis dar. Auch der mit der parallelen Architektur erzielbare Leistungsgewinn gegenüber einer sequentiellen Verarbeitung liegt vergleichsweise hoch und bewegt sich üblicherweise zwischen 2,5 und 3,5 beim Senden sowie zwischen 2 und 2,5 beim Empfangen. Diese Werte übertreffen ebenfalls die Ergebnisse anderer paralleler Implementierungen.

Bei einer häufigen Durchführung von Kontrollfunktionen geht der Durchsatz sowohl bei der parallelen als auch bei der sequentiellen Implementierung zurück. Allerdings macht sich dieser Effekt bei der sequentiellen Implementierung wesentlich stärker bemerkbar. Da bei der parallelen Implementierung die Kontrollfunktionen parallel ausgeführt werden können, wird die Verarbeitung von Benutzerdaten und damit der erzielbare Durchsatz in einem wesentlich geringeren Maß beeinträchtigt. Die unterschiedliche Auswirkung der Kontrollfunktionen ist damit für die variierenden Speed-up-Werte verantwortlich. Gleichzeitig unterstreichen die Ergebnisse den Nutzen des Ansatzes, die Benutzerdaten und die Kontrollfunktionen zu trennen und parallel auszuführen.

Die Hardwarekomponenten lassen sich in einfachen PLDs implementieren und erreichen dennoch gute Leistungswerte. Die Komponenten zum Segmentieren und Reassemblieren können über 470000 Zellen/s verarbeiten, während der Demultiplexer mehr als 700000 Zellen/s and die angeschlossenen Prozessoren verteilen kann. Die hohe Leistung des Demultiplexers kommt dadurch zustande, daß sämtliche Kontrolloperationen parallel zum Speichern und Weiterleiten der eintreffenden Zellendaten vorgenommen werden können, so daß die Leistungsfähigkeit lediglich durch die Zugriffsgeschwindigkeit der eingesetzten Speicherbausteine begrenzt ist.

Zur weiteren Erhöhung der Leistungsfähigkeit der in Software implementierten Teile können schnellere Prozessoren wie digitale Signalprozessoren oder Transputer der neuen Generation eingesetzt werden, welche eine bis zu zehnfache Leistungssteigerung versprechen. Außerdem ist derzeit eine Implementierung auf einem Hochleistungs-Arbeitsplatzrechner in Bearbeitung. Die Trennung von Kontroll- und Datentransferfunktionen vereinfacht in diesem Zusammenhang die Erstellung einer Protokollfunktionsbibliothek, die leicht in Anwendungen eingebunden werden kann.

Desweiteren wird mit Hilfe von VHDL-Werkzeugen die für das Transportsubsystem entworfene VLSI-Implementierungsarchitektur weiterentwickelt, um noch höhere Leistungen zu erzielen und damit dem steigenden Bedarf an hochleistungsfähigen Kommunikationssystemen gerecht zu werden. Die PATROCLOS-Protokollarchitektur besitzt dadurch, daß keine von mehreren Funktionseinheiten, d.h. Automaten, gemeinsam genutzten Strukturen wie gemeinsame Verbindungszustandsdaten, Zeitgeber, Protokolldateneinheiten usw. existieren, bei einer Realisierung wesentliche Vorteile gegenüber konventionellen Protokollen.

Literatur

Braun, Torsten
Ein paralleles Transportsubsystem für zellenbasierte Hochgeschwindigkeitsnetze
Fortschritt-Berichte VDI, Reihe 10: Informatik/Kommunikationstechnik, Nr. 264, VDI-Verlag, Düsseldorf, 1993

Eine Entwurfs- und Laufzeitumgebung für konfigurierbare verteilte Anwendungen

Peter Dömel

Fachbereich Informatik der J.W. Goethe-Universität Frankfurt/Main
E-Mail: doemel@informatik.uni-frankfurt.de

1 Einleitung

Die grundlegende Struktur von verteilten Anwendungen besteht aus einer Menge von kooperierenden Anwendungskomponenten, die auf unterschiedlichen Rechnerknoten angesiedelt sein können. Verteilte Anwendungen sind i.a. komplexe und langlebige Programmsysteme, die während ihrer Lebensdauer operationalen und evolutionären Änderungen unterliegen.

Das hier vorgestellte *Manageable Application Construction System* (*MACS*) soll helfen, die Komplexität verteilter Anwendungen beherrschbar zu machen. Es handelt sich dabei um eine Entwicklungs- und Laufzeitumgebung zur Unterstützung der Spezifikation, Realisierung und Administration verteilter Anwendungen, die für den Einsatz unter dem Betriebssystem UNIX entworfen und in der Programmiersprache C++ ansatzweise implementiert wurde. Die zwei wesentlichen Aufgaben von MACS sind "Konstruktion der Initialkonfiguration" einer verteilten Anwendung und "Konfigurationsmanagement zur Laufzeit".

Aus Anwendungssicht muß eine Spezifikationstechnik die kontextunabhängige Konstruktion von Komponenten und deren Konfigurierung zu einer verteilten Anwendung unterstützen.

Aus Managementsicht sollten Operationen zur Beobachtung, Modifikation und Erweiterung verteilter Anwendungen während des laufenden Betriebs bereitgestellt werden.

2 Konstruktion verteilter Anwendungen

Das Modell zur Darstellung verteilter Anwendungen basiert auf einer Reihe von Grundbausteinen, aus denen, hierarchisch angeordnet, komplexere Bausteine aufgebaut werden können [1]. Jeder Baustein gehört einer bestimmten Kategorie an, die eine Abstraktion charakteristischer Bestandteile von verteilten Anwendungen darstellt. Im einzelnen handelt es sich dabei um Komponenten, Schnittstellen, Daten und Bindungen zwischen Schnittstellen.

Komponenten dienen der Aggregation von Bausteinen und repräsentieren abstrakte Datentypen, deren Interna ausschließlich über Schnittstellen manipuliert werden können. Schnittstellen (*Interfaces*) dienen der Zusammenfassung von Operationen und ermöglichen Komponenten den Aufruf von Operationen, die von anderen Komponenten angeboten werden. Daten sind Bestandteile von

Komponenten und "von außen" nicht sichtbar. Sie können nur über Schnittstellen und interne Komponentenoperationen manipuliert werden. Aufrufbeziehungen zwischen Komponenten werden durch *Bindungen* definiert.

Mittels einer graphischen Benutzeroberfläche (dem sog. *Konfigurationseditor*) können die Bausteine (und damit auch die verteilte Anwendung) nicht nur dargestellt, sondern auch konstruiert werden. Es wird also einem MACS-Benutzer erspart, eine textuelle Spezifikationssprache zu erlernen. Ein weiterer Vorteil dieser *Spezifikation durch graphische Konstruktion* ergibt sich daraus, daß der Konfigurationseditor kontext-sensitiv arbeitet und so gewährleistet, daß nur 'syntaktisch' korrekte Spezifikationen erstellt werden können. In Abbildung 1 (links) ist ein Beispiel für eine mit graphischen Symbolen spezifizierte verteilte Anwendung zu sehen.

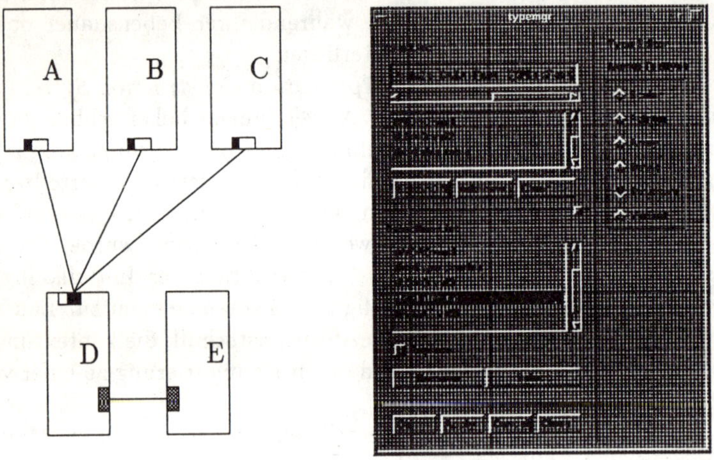

Abbildung1. Links: Graphische Darstellung einer verteilten Anwendung. Die Komponenten A, B und C können als Clients des Servers D angesehen werden, der auch Operationen bei den Clients initiieren kann und über ein symmetrisches Interface mit einer Komponente E verbunden ist. Rechts: Spezifikationsdialog für Datentypen.

Nach der Planung einer verteilten Anwendung wird mit dem Konfigurationseditor die sog. *Initialkonfiguration* spezifiziert, welche die Struktur der Anwendung für ihren ersten Start beschreibt. Um MACS ein späteres Konfigurationsmanagement zur Laufzeit zu ermöglichen, müssen dabei auch alle auftretenden Datentypen und Fehlermeldungstexte spezifiziert werden. Darauf aufsetzend können alle C++-Klassendeklarationen, durch die die Spezifikation in ein Programm umgesetzt wird, sowie eine automatische asynchrone Fehlerbehandlung generiert werden. "Von Hand kodiert" werden müssen dann lediglich noch die Rümpfe von diensterbringenden Operationen.

Bei dem Aufbau der Initialkonfiguration werden zu der Spezifikation von neuen Bausteinen oft andere Bausteine verwendet, wozu der Konfigurationseditor den rekursiven Einsatz seiner *Spezifikationsdialoge* (Abb. 1, rechts) unterstützt.

Nachdem die Programme auf allen von MACS zu berücksichtigenden Rechnern (auch unterschiedlicher Hardwarearchitektur) kompiliert und von MACS registriert wurden, kann MACS in der Betriebsart *Laufzeitmanagement* aus der statischen *Initialkonfiguration* durch Zuordnung von Prozeßkomponenten und Rechnern eine *Laufzeitkonfiguration* erstellen, starten und administrieren.

3 Aufbau von MACS

Neben dem *Konfigurationseditor* ist die *Konfigurationsdatenbank* ein weiterer zentraler Bestandteil (siehe Abbildung 2. In ihr werden sowohl sämtliche Typen aller jemals definierten Anwendungsbestandteile gespeichert, als auch Ausprägungen dieser Bestandteile, die in den Initial- und Laufzeitkonfigurationen verteilter Anwendungen auftreten, und natürlich die Anwendungskonfigurationen selbst. Dabei können bereits früher definierte Bausteine bei der Erstellung einer neuen Anwendung wiederverwendet werden.

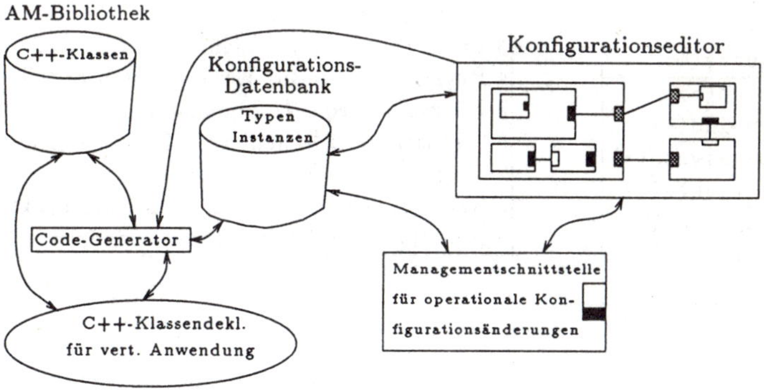

Abbildung2. Schematischer Aufbau von MACS

Der für eine verteilte Anwendung mit Hilfe des *Codegenerators* bereitgestellte Code wird jedoch nicht ausschließlich generiert, sondern besteht zu großen Teilen aus Klassen der *AM-Bibliothek* (*AM* steht für *Application Management*). Der generierte Code ist oft von AM-Basisklassen abgeleitet oder erzeugt und parametrisiert bestimmte AM-Objekte.

Einen weiteren Bestandteil von MACS bildet die Managementschnittstelle. Über sie erfolgen alle für das Konfigurationsmanagement nötigen Laufzeiteingriffe, durch die auf die Anwendung "von außen" eingewirkt werden kann. Durch die Managementschnittstelle besteht aber auch für die Anwendungen selbst die Möglichkeit, die Managementfähigkeiten von MACS für sich einzusetzen. So ist ein Szenario denkbar, in dem eine Anwendungskomponente, nachdem sie festgestellt hat, daß ihr Durchsatz unter einen bestimmten Schwellwert abgesunken ist, MACS beauftragt, eine Migration auf einen weniger belasteten Rechner vorzunehmen.

4 Konfigurationsmanagement

Es werden hier unter diesem Begriff im wesentlichen alle Maßnahmen und Vorgänge verstanden, die die Konfiguration einer verteilten Anwendung durch den Eingriff einer Managementinstanz zu deren Laufzeit verändern, ohne daß die Anwendung selbst die Änderungen veranlaßt hat. Anwendungen, die unter Einsatz von MACS erstellt werden, erhalten ohne weiteres Zutun des Anwendungsentwicklers die Fähigkeit, daß ihre Konfiguration durch Laufzeiteingriffe für den Benutzer transparent manipuliert werden kann.

1 `create(+)`
2 `kill(+)`
3 `save(+)`
4 `restore(+)`
5 `query(+)`
6 `bind(+)`
7 `unbind(+)`
8 `passivate(+)`
9 `activate(+)`
10 `register(-)`
11 `notify(-)`
12 `lookup(-)`

1 Erzeugen von Komponenten
2 Entfernen von Komponenten
3 Ersetzen von Komponenten
4 Rücksetzpunkte für Komponenten erstellen
5 Rücksetzen von Komponenten
6 'Einfrieren/Auftauen' von Komponenten
7 Migrieren von Komponenten
8 Replizieren von Komponenten (intern/extern)
9 Bindungen zwischen Interfaces ändern

Tabelle1. Elementare (links) und komplexe (rechts) Managementoperationen. Zur Polarität: (+) von MACS initiiert, (-) von Anwendungskomponente initiiert

Alle Anwendungsmanagementmöglichkeiten, die MACS zur Verfügung stehen, werden letztendlich durch Aufrufe sogenannter *elementarer Managementoperationen* an der bidirektionalen Managementschnittstelle realisiert (Tabelle 1 links). Aufbauend auf den elementaren Managementoperationen werden einem Anwendungsadministrator über einen Konfigurationseditor auch komplexe Operationen, wie in Tabelle 1 gezeigt, zur Verfügung gestellt.

Außer in dieser Eigenschaft unterscheidet sich MACS von existierenden Anwendungsmanagementansätzen wie [2] auch darin, daß dedizierte Bindungsmanipulation ermöglicht wird. Bei Rekonfigurationsmaßnahmen wie der Migration eines Prozesses ist es nicht mehr nötig, alle mit diesem Prozeß interagierenden

Prozesse komplett zu suspendieren. Es reicht aus, deren Interaktion durch Passivierung der beteiligten Interfaces zeitweilig auszusetzen. Die beteiligten Prozesse können in der Zwischenzeit jedoch mit ihrer Aktivität über von der Migration nicht betroffene Interfaces fortfahren. Außerdem wird durch den Einsatz von Objekt-Ein-/Ausgabe auch die Migration von Prozessen und Subkomponenten zwischen Rechnern unterschiedlicher Hardwarearchitektur ermöglicht!

5 Weitere Schwerpunkte der Arbeit

Als Basis für die Migrationsfähigkeit wurde ein neues Verfahren entwickelt, C++-Objekte auf einen Hintergrundspeicher abzuspeichern und wieder einzulesen, sowie über Kommunikationskanäle zu versenden. Da die Lebensdauer von Objekten dadurch die von Prozessen übersteigt, spricht man auch von *persistenten Objekten*. Dieses mächtige Konzept wird für folgende Aufgaben eingesetzt:

- Einfache Realisierung von entfernten Operationsaufrufen, wobei beliebige Parametertypen zugelassen werden können, insbesondere komplex 'verzeigerte' Strukturen und C++-Objekte.
- Effiziente, aber maschinenunabhängige Kodierung der Daten bei der Kommunikation zwischen Prozessen unterschiedlicher Rechner.
- Realisierung von Managementoperationen, die auf einer Sicherung von Komponentenzuständen beruhen, wie die Erstellung von Rücksetzpunkten von Prozessen, das Einfrieren/Auftauen von Komponenten sowie die Migration von Komponenten im laufenden Betrieb.
- Umwandlung von lokalen Subkomponenten in selbständige Prozeßkomponenten.
- "Verschicken" von Subkomponenten als Parameter von Interfaceoperationen.

Neben der ausführlichen Beschreibung eines zur Realisierung der Objekt-E/A neuentwickelten Datenstrukturanalysealgorithmus, dessen objektorientierter Einbettung, einer effizienten Kodierung und der Grundmechanismen der Objekt-E/A, bildet die Darstellung eines Objektmodells, durch das die Spezifikation einer verteilten Anwendung auf C++-Objekte abgebildet werden kann, einen weiteren Schwerpunkt der Arbeit. In diesem Rahmen werden auch die wesentlichen Klassen der AM-Bibliothek vorgestellt, die ja die Managementfunktionalität der Anwendung bereitstellen.

References

1. **Zimmermann, M.; Feldhoffer, M.; Drobnik, O. [1992]:** *Towards a Synthetical Approach for the Construction of Distributed Applications*; Third IEEE Workshop on Future Trends of Distributed Computing Systems, April 1992, Taiwan
2. **Kramer, J.; Magee, J. [1990]:** *The Evolving Philosophers Problem: Dynamic Change Management*; IEEE Transactions On Software Engineering, SE-16(11) Nov 1990

Gesicherte Zeitbezüge für die Leistungsanalyse in parallelen und verteilten Systemen

— Kurzfassung —

Richard Hofmann
Universität Erlangen: IMMD VII
Martensstraße 3
D-91058 Erlangen

1 Einführung

Moderne Rechensysteme weisen eine hohe Komplexität auf, die deren Beherrschung schwierig, aber interessant macht. Die für sie erstellte Software muß sie in die Lage versetzen, Anforderungen korrekt und effizient zu erfüllen. Korrektheit bezieht sich meist auf die Richtigkeit von Teilaktivitäten eines Programmes und deren zeitliche Reihenfolge. Effizienz läßt sich nur erreichen, wenn die Ressourcen eines Systems sorgfältig eingesetzt werden, d.h. die ihnen zugeteilten Teilaufgaben möglichst schnell bewältigen.

Ebenso wie die Arbeit selbst [Hof93] ist diese Kurzfassung dreigeteilt: Im ersten Teil werden mit der Behandlung von Kausalität und Zeit die Anforderungen hergeleitet, welche an ein universelles Monitorsystem für parallele und verteilte Systeme zu stellen sind. Der folgende Teil handelt von einem neuen fehlertoleranten Synchronisationsverfahren für Uhren und der mathematischen Analyse desselben. Im letzten Teil wird die Einbettung des vorgestellten Verfahrens in das Hardware-Monitorsystem ZM4 abgehandelt.

2 Kausalität und Zeit

Da sowohl für die Korrektheit als auch für die Effizienz von parallelen und verteilten Programmen die Zeit eine wichtige Rolle spielt, bildet eine Analyse des Stellenwertes der Zeit in der Behandlung solcher Systeme den ersten wissenschaftlichen Schwerpunkt der Arbeit. Betrachtet man den Übergang von einer Teilaufgabe zur nächsten jeweils als Ereignis, so erhält man ein auf diese Ereignisse abstrahiertes Gesamtbild des Systemverhaltens. Den zeitlichen Bezug erhält man aus dem Zeitstempel, mit dem das Ereignis attributiert wird. Aus dem Programm ergeben sich kausale Beziehungen zwischen verschiedenen Ereignissen: Zwei Ereignisse sind *kausal abhängig* genau dann, wenn das zweite nicht eintreten kann, bevor das erste eingetreten ist; sie sind *kausal unabhängig*, wenn deren Eintreten das Eintreten des jeweils anderen weder bedingt noch bewirkt.

Bei der Analyse von parallelen und verteilten Systemen geht man explizit oder implizit von folgenden Ordnungsrelationen über den darin stattfindenden Ereignissen aus:

Die **chronologische Totalordnung** ist angemessen für Systeme mit nur einem Prozeß, da dort nur ein Ereignis nach dem anderen eintreten kann. In parallelen und verteilten Systemen können Ereignisse zeitlich beliebig nahe beieinander liegen, so daß kein Meßgerät konstruierbar ist, das die tatsächliche Reihenfolge korrekt wiedergibt. Die Aussagekraft dieser Ordnung reicht aus, um die kausale Abhängigkeit eines früher eingetretenen Ereignisses von der eines später eingetretenen Ereignisses auszuschließen.

Die **chronologische Halbordnung** ist eine der Realität angepaßte Version der chronologischen Totalordnung, welche dem Umstand Rechnung trägt, daß kein Meßgerät mit einer unendlich hohen Auflösung konstruierbar ist. Auch aus dieser Ordnungsbeziehung kann nur auf das Fehlen einer Kausalbeziehung geschlossen werden.

Die **kausale Halbordnung** gibt an, ob je zwei Ereignisse voneinander kausal abhängig oder kausal unabhängig sind. Kommunikation überträgt Kausalität über Prozeßgrenzen hinweg. Nachdem die kausale Abhängigkeitsbeziehung transitiv ist, gestattet sie die Aussage, ob je zwei beliebige Ereignisse voneinander kausal abhängig sind oder nicht. Somit stellt die kausale Halbordnung die in ihrer Aussagekraft mächtigste Ordnungsrelation dar. Ein Meßgerät für verteilte Systeme sollte in der Lage sein, die beobachteten Ereignisse in dieser Ordnungsrelation darzustellen.

Die Untersuchung von Ordnungsmechanismen für Ereignisse in parallelen und verteilten Systemen brachte folgende Ergebnisse:

Zentrale Beobachter erzeugen eine chronologische Halbordnung; sie sind auf einen engen räumlichen Bereich beschränkt.

Skalare logische Zeitstempel weisen jedem kausal abhängigen Ereignis einen höheren Zeitstempel zu als seiner Ursache. Dadurch läßt sich eine chronologische Halbordnung über den Ereignissen etablieren.

Logische Vektorzeitstempel etablieren eine kausale Halbordnung über den Ereignissen. Um sie einzusetzen muß das zu analysierende System um einen Mechanismus erweitert werden, der diese Zeitstempel erzeugt.

Physikalische Zeitstempel etablieren eine chronologische Halbordnung über der aufgezeichneten Ereignismenge. Kennt man zusätzlich noch die **Kommunikationsbeziehungen**, so ist man in der Lage, die kausale Halbordnung über einer solchen Ereignismenge zu etablieren. Die Anforderungen an die Genauigkeit der physikalischen Zeitstempel wird durch die minimal mögliche Zeitdauer bestimmt, die nötig ist, um Information zwischen Prozessen zu übertragen. Sie liegt bei etwa einer halben Mikrosekunde.

Ein Monitorsystem mit einer Zeitauflösung, die es erlaubt, alle kausal abhängigen Ereignisse in der richtigen Reihenfolge wiederzugeben, kann bei geeigneter Festlegung der Ereignisse die kausale Halbordnung auf der Menge der aufgezeichneten Ereignisse etablieren. Hierzu ist außer der Kenntnis der Kommunikationsbeziehungen weder Implementierungsaufwand für Zeitstempelmechanismen nötig noch wird das zu analysierende System belastet.

Die hierzu notwendige Genauigkeit der Uhren in einem verteilten Monitorsystem ist wirtschaftlich nur mit der Synchronisation aller Uhren lösbar. Deshalb enthält die Arbeit eine Betrachtung und Gegenüberstellung in der Literatur zum Thema *Zeitsynchronisation* vorgefundener Konzepte sowie eine Bewertung derselben hinsichtlich ihrer Brauchbarkeit für die Leistungsanalyse. Es stellt sich heraus, daß eine Synchronisation der Monitoruhren mit Hilfe des PLL-Prinzips nötig ist, um die geforderte Genauigkeit sicher zu erreichen.

3 Die fehlertolerante Synchronuhr

Im dritten Kapitel wird ein neues Verfahren zur Bereitstellung gesicherter Zeitbezüge hergeleitet. Es stellt eine Genauigkeit bei den Zeitstempeln her, die in allen technisch realisierbaren Rechensystemen Kausalitätsbetrachtungen ermöglichen. Zudem ist es mit vertretbarem schaltungstechnischem Aufwand entweder diskret oder in Form einer integrierten Lösung innerhalb eines Mikroprozessors realisierbar. Das Verfahren arbeitet auf 2 logischen Ebenen auf demselben Medium, wobei auf der Ebene I der Gleichlauf aller Uhren erreicht wird und auf der Ebene II der globale Bezugspunkt und Sicherungsmechanismen realisiert werden (Abb. 1).

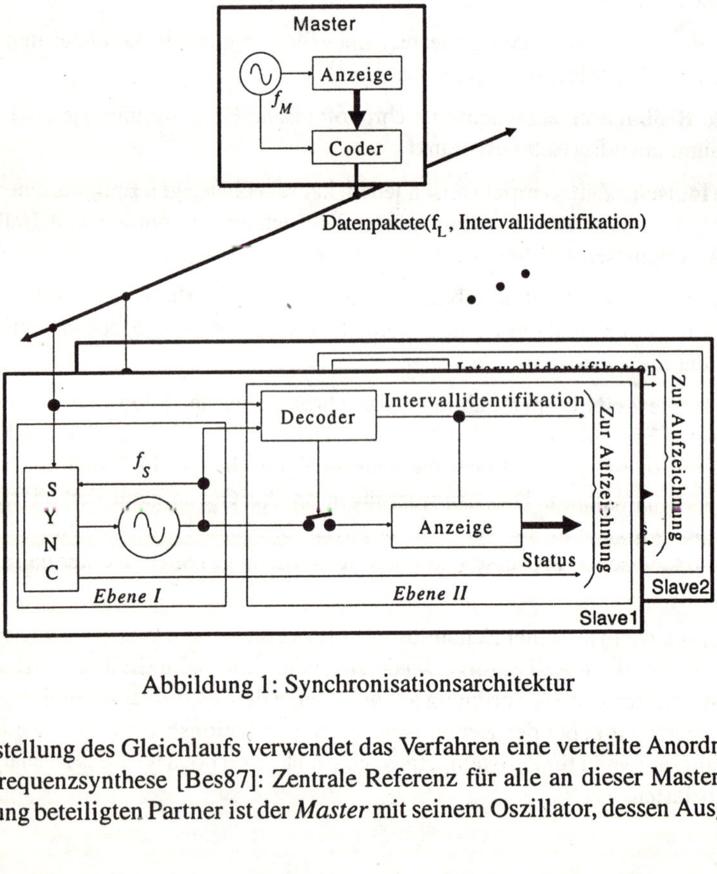

Abbildung 1: Synchronisationsarchitektur

Zur Herstellung des Gleichlaufs verwendet das Verfahren eine verteilte Anordnung zur (PLL-)Frequenzsynthese [Bes87]: Zentrale Referenz für alle an dieser Master-/Slave-Anordnung beteiligten Partner ist der *Master* mit seinem Oszillator, dessen Ausgangssignal mit der Frequenz $f_M = 2\ MHz$ in der Anzeige das Fortschreiten der Zeit bewirkt. Aus den Anzeigewerten werden Datenpakete gebildet und mit der Bitrate $f_L = 100\ kHz$ auf dem Verbindungsmedium übertragen. Das übertragene Signal enthält nun zwei Typen von Information:

1. Die zur Oszillatorfrequenz kohärente Bitrate mit 100 kHz dient den Slaves als Maß für das Fortschreiten der Zeit. Es sorgt dafür, daß alle Slave-Uhren gleich schnell laufen.
2. Zur Festlegung des Zeitnullpunktes und zur Verifikation der spezifizierten Genauigkeit einerseits und zur Feststellung, Quantifizierung und Eliminierung eventuell aufgetretener Fehler werden die mit den Datenpaketen übertragenen Anzeigewerte eingesetzt.

Gemäß der beiden Typen von Information gabelt sich das Signal bei den Slaves: Die *Ebene I* erzeugt aus der Bitrate ein Taktsignal der Frequenz 10 MHZ, mit dem alle Slave-Uhren ihre lokale Anzeige gleichzeitig inkrementieren. Zusätzlich wird Information bereitgestellt, die angibt, ob die Synchronisation korrekt arbeitet. Weiterhin dient das synchronisierte Oszillatorsignal als Grundlage für die Dekodierung der Datenpakete in der Ebene II. Eine quantitative Analyse läßt für die Ebene I eine Genauigkeit von etwa 2 ns erwarten.

Die *Ebene II* setzt die Anzeige der lokalen Uhr nur beim Empfang der ersten Intervallidentifikation auf den empfangenen Wert. Alle weiteren empfangenen Intervallidentifikationen erscheinen zusammen mit dem lokal ermittelten Empfangszeitpunkt in der Ereignisspur. Damit steht der vom Master gebildete Sollwert zum Vergleich mit dem lokal gebildeten Zeitstempel zur Verfügung. Im überwiegenden Normalfall stimmen beide überein, so daß damit der korrekte globale Bezug der lokalen Zeitstempel verifiziert ist. Falls eine Differenz auftritt, kann diese meist quantifiziert und korrigiert werden.

Auf der Ebene der globalen Bezugspunkte wird ein Korrektheitskriterium für die Zeitbezüge hergeleitet und es werden Korrekturmaßnahmen für folgende Fehlerfälle angegeben:

Fehler	**Korrektur**	**Genauigkeit**
Ausfall der	additiv	exakt
Synchronisation	Interpolation	Näherung
Monotoniefehler	additiv	exakt
Lücken	additiv	exakt

4 Gesicherte Zeitbezüge beim ZM4

Das vierte Kapitel beschreibt die Hardware-Implementierung des oben dargestellten und untersuchten Verfahrens. Es wurde zu einem integralen Bestandteil des ZM4 [HKM+94], eines leistungsfähigen Monitorsystems für Multiprozessoren und verteilte Systeme. Als Leitmotiv diente die Idee, einen universellen Monitor für solche Objektsysteme zu konstruieren, der leistungsfähig und anpassungsfähig genug ist, um von sich

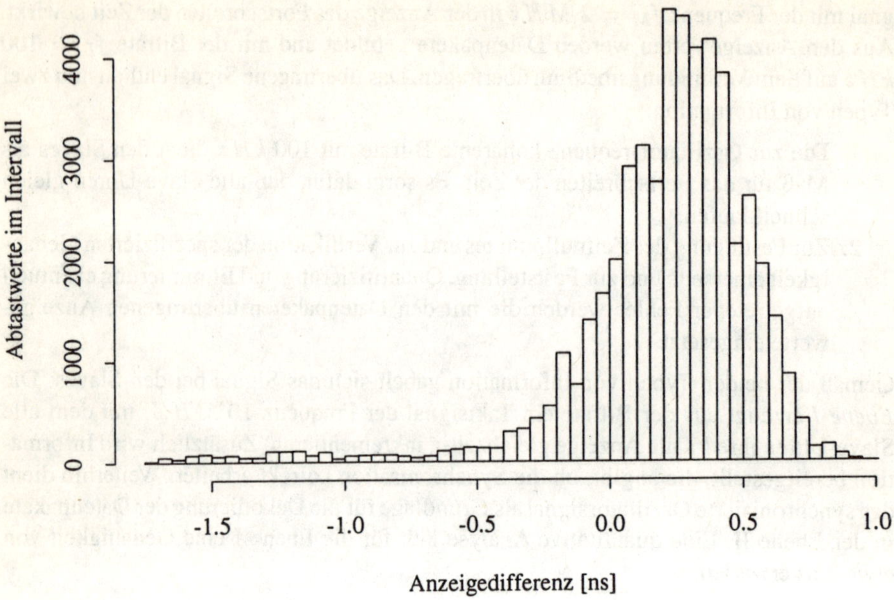

Abbildung 2: Histogramm über Zeitdifferenzen

aus keine Anforderungen an die Beschaffenheit des jeweiligen Objektsystems stellen zu müssen. Vor dem Hintergrund der verteilten und beliebig erweiterbaren Architektur des ZM4 wird exemplarisch dargestellt, wie das Synchronisationsverfahren in die Hardware des ZM4 eingebettet wurde.

Aus einer Messung am realen System ist das in Abb. 2 dargestellte Histogramm über Zeitdifferenzen zwischen zwei Slave-Uhren entstanden. Man erkennt, daß die durchschnittliche Zeitdifferenz bei weniger als einer halben Nanosekunde liegt. In derselben Größenordnung liegt der Wert für die Standardabweichung, welche dem Effektivwert der Zeitabweichung gleichkommt. Diese Meßwerte sind besser als die theoretisch ermittelten Werte.

Literatur

[Bes87] R. Best. *Theorie und Anwendungen des Phase-Locked-Loops*. AT–Verlag, Aarau(Schweiz), Stuttgart, vierte Auflage, 1987.

[HKM+94] R. Hofmann, R. Klar, B. Mohr, A. Quick, and M. Siegle. Distributed Performance Monitoring: Methods, Tools, and Applications. *IEEE Transactions on Parallel and Distributed Systems*, 5(6):585–598, June 1994.

[Hof93] R. Hofmann. *Gesicherte Zeitbezüge für die Leistungsanalyse in parallelen und verteilten Systemen*, Dissertation, Arbeitsberichte des IMMD (Informatik VII), Universität Erlangen-Nürnberg, 26(3). 1993.

Bitratenmanagement in ATM-Systemen mittels rekurrenter neuronaler Netze

Thomas Necker

Institut für Nachrichtenvermittlung und Datenverarbeitung, Universität Stuttgart

1 Einleitung

Für ein zukünftiges diensteintegrierendes digitales Breitband-Kommunikationsnetz (B-ISDN) wurde der Asynchrone Transfer-Modus (ATM) als Basis festgelegt. Alle Daten werden dabei in Paketen fester Länge, sog. *Zellen*, über virtuelle Verbindungen übertragen. Befinden sich mehrere Verbindungen mit variabler Bitrate auf demselben virtuellen Pfad eines ATM-Abschnitts, so ist die Ausnutzung eines statistischen Multiplexgewinns möglich, der eine höhere Auslastung des Netzes erlaubt. Andererseits können sich dabei verschiedene Verbindungen gegenseitig beeinflussen, so daß es zu Zellverlusten kommen kann.

Unter den verschiedenen Funktionen, die vom ITU-T und ATM-Forum vorgeschlagen wurden [1, 4], spielt die *Verbindungsannahmefunktion* (Connection Admission Control, CAC) eine Schlüsselrolle. Sie entscheidet, ob ein neuer Verbindungswunsch angenommen werden kann. Verbindungswünsche dürfen nur akzeptiert werden, wenn aufgrund der aktuellen Netzbelastung und der vom Teilnehmer spezifizierten Parameter der neuen Verbindung die geforderte Netzgüte eingehalten werden kann. Ein wichtiger Netzgüteparameter ist dabei die Zellverlustwahrscheinlichkeit. Die Annahmeentscheidung muß sehr schnell erfolgen. Bisherige Verfahren sind oft numerisch aufwendig und deswegen langsam.

Neuronale Netze [2] haben interessante Eigenschaften wie Lern- und Verallgemeinerungsfähigkeit sowie hohe Verarbeitungsgeschwindigkeit, die sie für eine Anwendung für das Problem der Verbindungsannahme in ATM-Systemen geeignet erscheinen lassen. Entsprechende Vorschläge finden sich z.B. in [3] und [7]. Diese Ansätze klassifizieren den Verkehr aufgrund der Charakteristik seiner Bitrate und benutzen die Anzahl der Verbindungen pro Verkehrsklasse als Eingangswerte für ein neuronales Feed-Forward Netz.

Im Gegensatz dazu verwendet der hier vorgestellte neue Ansatz zeitdiskrete rekurrente neuronale Netze. Einerseits sind diese aufwendiger und schwieriger zu trainieren als rückkopplungsfreie Netze, andererseits bieten sie vielversprechende Eigenschaften, wie die Möglichkeit der Speicherung von Informationen und die Anwendbarkeit auf zeitveränderliche Mustersequenzen. Der Ansatz ist nicht nur auf die Verbindungsannahme begrenzt, sondern liefert durch eine schnelle Abschätzung der erforderlichen Übertragungskapazität zu jeder Zeit einen Überblick über den Belegungszustand des ATM-Abschnitts. Dies kann z.B zur Realisierung einer lastabhängigen Wegesuche oder für weitere Betriebsaufgaben herangezogen werden. Die möglichen Anwendungen können unter dem Stichwort „Bitratenmanagement" zusammengefaßt werden.

2 Bitratenmanagement mit rekurrenten neuronalen Netzen

Abb. 1 zeigt den vorgeschlagenen CAC-Ansatz, der sich in die beiden Blöcke „Bitratenabschätzung" und „Annahmeentscheidung" aufteilen läßt. Bei der Bitratenabschätzung werden die Verkehrsparameter einer neuen Verbindung an die Eingänge eines neuronalen Netzes angelegt, das die benötigte Bitrate zur Einhaltung der Netzgüte auf dem überwachten ATM-Abschnitt abschätzt. Diese Abschätzung basiert auf den Verkehrsparametern der neuen Verbindung und dem im neuronalen Netz repräsentierten Wissen über die Parameter aller bestehenden Verbindungen. Der Entscheidungsblock entscheidet durch Vergleich der benötigten Bitrate mit der zur Verfügung stehenden Bitrate, ob ein Verbindungswunsch akzeptiert wird. Eine Ablehnung wird an das neuronale Netz zurückgeführt, um es über die bestehenden Verbindungen auf dem laufenden zu halten. Es wird also prinzipiell keine Einteilung des Verkehrs in Klassen benötigt.

Das neuronale Netz muß in der Lage sein, früher angelegte Eingangsmuster in seinem internen Zustand zu speichern. Dies ist mit den oben erwähnten zeitdiskreten rekurrenten neuronalen Netzen möglich. Diese enthalten interne Rückkopplungen und sind getaktet. Letzteres bedeutet, daß das Netz nach dem Anlegen von Eingangswerten einen Zeitschritt voranschreitet, währenddessen jedes Neuron seine Aktivierung zum Zeitpunkt $t+1$ aus seinen Eingangswerten zum Zeitpunkt t berechnet. Zeitdiskrete rekurrente neuronale Netze erlauben eine räumliche und zeitliche Abbildung der Eingangs- auf die Ausgangswerte. Ihre Eingangs- und Ausgangsmuster werden zu Zeitsequenzen zusammengefaßt, zu deren Beginn die Aktivierungen aller Neuronen jeweils Null sind. Verschiedene Trainingsalgorithmen existieren für diesen Netztyp, wovon hier der *RTRL* (*Real Time Recurrent Learning*) Algorithmus aus [8] verwendet wurde.

Bei einem neuen Vebindungswunsch laufen folgende Schritte ab (ein Verbindungsabbau wird analog zur Ablehnung eines Verbindungswunsches behandelt):

- Die Quellparameter des neuen Verbindungswunsches werden angelegt.
- Das neuronale Netz wird einen Zeitschritt weitergetaktet und bestimmt dabei eine Abschätzung der Bitrate, die benötigt wird, um eine vorgegebene Zellverlustwahrscheinlichkeit (hier 10^{-10}) nicht zu überschreiten.
- Durch Vergleich mit der tatsächlich zur Verfügung stehenden Bitrate wird die Entscheidung über die Annahme der Verbindung getroffen.
- Eine Ablehnung wird dem neuronalen Netz zur Aktualisierung seines inneren Zustands durch Anlegen der negativen Werte der Quellparameter der jeweiligen Verbindung an seine Eingänge mitgeteilt.

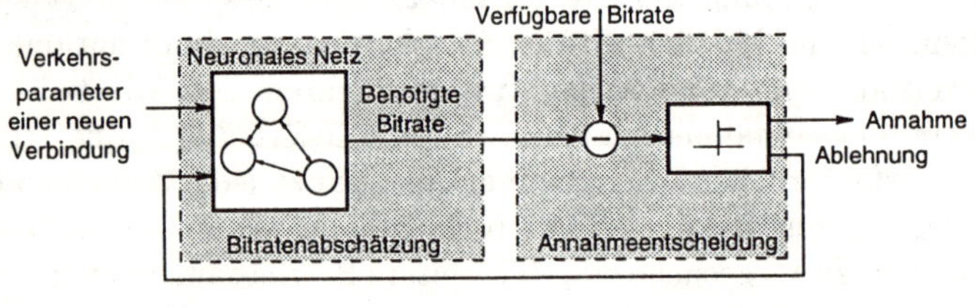

Abb. 1. Prinzip der Verbindungsannahme

3 Verkehrstheoretische Modellierung und Training

Die Verkehrsströme in einem ATM-System können auf drei Ebenen beschrieben werden: Verbindungsebene, Burstebene und Zellebene [6]. In den vorliegenden Untersuchungen sind alle Quellen auf der Zell-/Burstebene als On/Off-Quellen modelliert. Die Anzahl der Zellen pro Burst ist geometrisch und die Dauer der Ruhephasen negativ exponentiell verteilt. Dadurch wird eine Beschreibung des statistischen Verhaltens einer Quelle durch die drei Verkehrsparameter Spitzenbitrate, mittlere Bitrate und mittlere Burstdauer möglich.

Prinzipiell ist für den o.a. Ansatz keine Klassifizierung des Verkehrs notwendig. Zur Reduzierung des Trainingsaufwands sowie für eine bessere Überprüfbarkeit der Ergebnisse, wurden in einem ersten Schritt allerdings drei Verkehrsklassen eingeführt. Da das ATM-System ohne Puffer modelliert wird, kann der Parameter mittlere Burstdauer vernachlässigt werden. Die folgende Tabelle enthält die Parameter der für die Untersuchungen verwendeten Verkehrsklassen.

	Maximale Bitrate	Mittlere Bitrate
Klasse 1	64 kbit/s	64 kbit/s
Klasse 2	64 kbit/s	32 kbit/s
Klasse 3	512 kbit/s	64 kbit/s

Auf der Verbindungsebene werden ankommende Verbindungswünsche als Poisson-Ankünfte mit Ankunftsraten λ_i für jede Verkehrsklasse i ($i = 1, 2, 3$) modelliert. Existierende Verbindungen haben eine gemeinsame negativ exponentiell verteilte mittlere Bediendauer h. Ein Verbindungsabbau und die Ablehnung eines Verbindungswunsches werden an die Bitratenabschätzung rückgeführt. Da für das neuronale Netz nur die Zeitpunkte von Bedeutung sind, an denen ein Verbindungswunsch eintrifft oder eine Verbindung abgebaut wird, werden nur diese „Ereignisse" betrachtet. Die Folge von Verbindungsauf- und -abbauten wird gemäß der Charakteristika der Ankunfts- und Bedienprozesse bestimmt.

Bevor das neuronale Netz zur Abschätzung der Bitrate benutzt werden kann, muß es trainiert werden. Für die Berechnung der Zielwerte während des Trainings wurde der Faltungsansatz [6] verwendet. Dieser ist relativ rechenintensiv und berechnet aus der mittleren und maximalen Bitrate die Verteilung der Gesamtbitrate auf dem ATM-Abschnitt. Daraus ergibt sich die erforderliche Bitrate, um eine vorgegebene Zellverlustwahrscheinlichkeit einzuhalten. Der Faltungsansatz kann leicht gegen andere mathematische Modelle ausgetauscht werden.

Bei Versuchen mit verschiedenen Netztopologien und Trainingsparametern zeigte sich, daß eine geeignete Topologie und eine günstige Vorinitialisierung der Verbindungsgewichte für einen Trainingserfolg unbedingt erforderlich sind. Als vorteilhaft erwies es sich, ein für die Verkehrsklassen 1 und 2 vortrainiertes Netz um einige Neuronen zu erweitern und das Training dann mit allen drei Verkehrsklassen fortzusetzen. Abb. 2 zeigt die Topologie und die Aktivierungsfunktionen der Neuronen, wie sie für die vorgestellten Ergebnisse benutzt wurden.

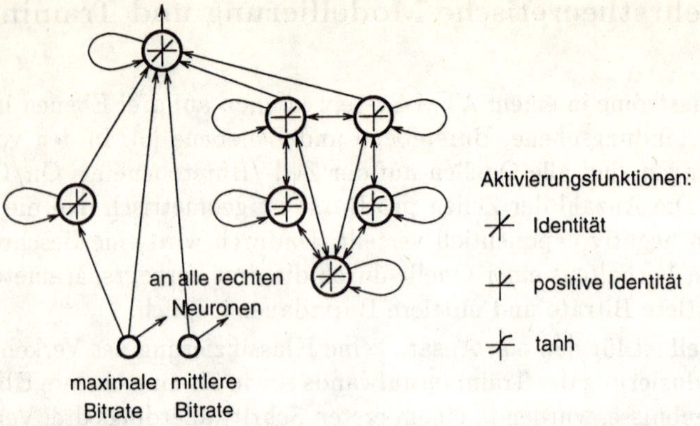

Abb. 2. Netzstruktur für das Training der drei Verkehrsklassen

4 Ergebnisse

Abb. 3 zeigt das Ergebnis eines Tests mit dem für alle drei Verkehrsklassen trainierten Netz. An jedem Ereignispunkt der Abszisse ereignet sich entweder ein Verbindungsauf- oder ein Verbindungsabbau. Über dieser „Ereignisachse" ist der Bitratenbedarf der jeweils bestehenden Verbindungen aufgetragen. Eingezeichnet sind die Zielkurve, die sich durch Berechnung mit Hilfe des Faltungsansatzes ergibt, die Abschätzung des trainierten neuronalen Netzes und die Bitrate, die bei Spitzenbitratenzuweisung benötigt würde. Die Testsequenz für das neuronale Netz befand sich nicht im Trainingsmustersatz, wurde also nicht explizit gelernt.

Zu Beginn befinden sich keine Verbindungen auf dem ATM-Abschnitt, im eingeschwungenen Zustand beträgt die benötigte Bitrate schließlich ca. 12 bis 14 Mbit/s. Dies liegt in der Größenordnung von 10% der Netto-Linkbitrate eines realen Systems (136 Mbit/s). Die Ergebnisse sind durch eine spezielle Normierung der Ein- und Ausgabewerte des neuronalen Netzes voll skalierbar. Verzehnfacht man die maximalen und mittleren Bitraten der einzelnen Verkehrsklassen, so verzehnfacht sich auch die benötigte Bitrate in Abb. 3. Zu sehen sind sowohl der Multiplexgewinn als Differenz zwischen der Spitzenbitrate und der Zielkurve, als auch die relativ gute Übereinstimmung der Abschätzung des neuronalen Netzes mit der Zielkurve. Die Abweichung ist kleiner als 1 Mbit/s und beträgt maximal ca. 10% des tatsächlichen Bitratenbedarfs.

Ein Vorteil des Verfahrens sollte darin bestehen, daß keine Einteilung des Verkehrs in Klassen mehr erforderlich ist. Um die Anwendbarkeit für diesen Fall sowie die Verallgemeinerungsfähigkeit des neuronalen Netzes zu testen, wurden Testsequenzen erstellt, bei denen die maximale Bitrate der einzelnen Verbindungen zwischen 64 kbit/s und 512 kbit/s in einem 64 kbit/s-Raster und die mittlere Bitrate zwischen 0 kbit/s und der jeweiligen maximalen Bitrate gleichverteilt ausgewürfelt wurden. Damit wurde das Netz ohne weiteres Training getestet. Abb. 4 zeigt, daß auch in diesem Fall vergleichbare Ergebnisse erzielt werden. Dies legt die Möglichkeit nahe, durch die Einführung von Verkehrsklassen in der Trainingsphase die Trainingsdauer gering zu halten und trotzdem während des Betriebs auf eine Klassifizierung des Verkehrs verzichten zu können.

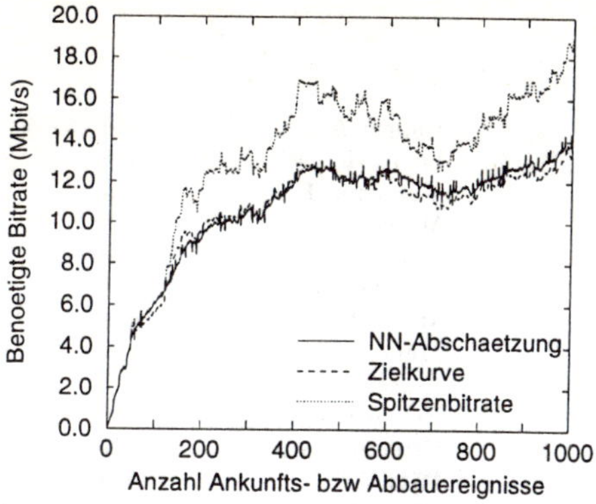

Abb. 3. Verkehrsmix aller drei Klassen

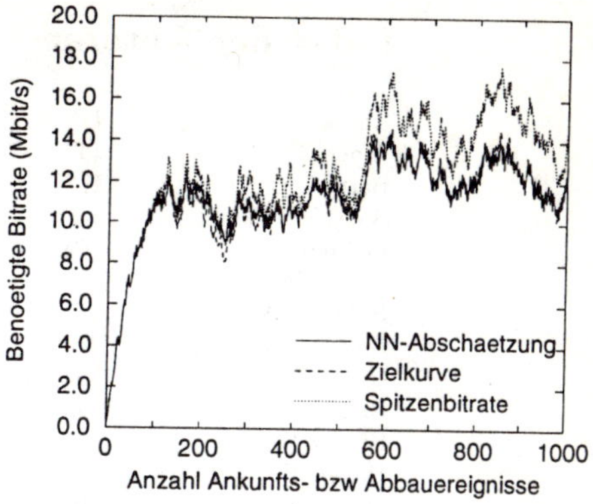

Abb. 4. Klassenloser Verkehrsmix

5 Zusammenfassung und Ausblick

Es wurde ein Verfahren unter Verwendung von zeitdiskreten rekurrenten neuronalen Netzen vorgestellt, das eine Abschätzung des Bitratenbedarfs auf einem ATM-Abschnitt bei Ausnutzung von statistischem Multiplexen ermöglicht. Seine Hauptvorteile liegen in seiner Schnelligkeit, seiner Verallgemeinerungsfähigkeit und seiner Unabhängigkeit von Verkehrsklassen. Es hat sich gezeigt, daß rekurrente neuronale Netze zwar relativ schwierig zu handhaben sind, daß sie aber andererseits ein großes Leistungspotential besitzen.

Untersuchungen zur Erweiterung der Bitratenbereiche des ATM-Abschnitts und der ankommenden Verbindungen auf reale Verhältnisse sowie der Stabilität des neuronalen Netzes bei veränderlichem Verkehrsmix finden sich in [5].

Literatur

1. ATM Forum: *ATM User-Network Interface Specification*, Working Draft Version 3.0, September 1993.
2. R. Hecht-Nielsen: *Neurocomputimg*, Addison-Wesley, 1990.
3. A. Hiramatsu: *Integration of ATM Call Admission Control and Link Capacity Control by Distributed Neural Networks*, IEEE Journal on Selected Areas in Communications, Vol. 9, No. 7, September 1991, pp. 1131-1138.
4. ITU-TSS: *Traffic Control and Congestion Control in B-ISDN*, Recommendation I.371, Geneva, June 1992.
5. T. Necker, T. Renger, H. Kröner: *Bitrate Management in ATM Systems Using Recurrent Neural Networks*, GLOBECOM'94, 27.11. - 2.12. 1994, San Franzisko.
6. F.C. Schoute: *Simple Decision Rules for Acceptance of Mixed Traffic Streams*, Proceedings of the 12th ITC, Torino, June 1988, pp. 771-777.
7. P. Tran-Gia, O. Gropp: *Performance of a Neural Net Used as Admission Controller in ATM Systems*, GLOBECOM, December 1992, pp. 1303-1309.
8. R.J. Williams, D. Zipser: *A Learning Algorithm for Continually Running Fully Recurrent Networks*, Neural Computation, Vol.1, pp.270-280, 1989.

Index der Autoren

Springer-Verlag und Umwelt

Als internationaler wissenschaftlicher Verlag sind wir uns unserer besonderen Verpflichtung der Umwelt gegenüber bewußt und beziehen umweltorientierte Grundsätze in Unternehmensentscheidungen mit ein.

Von unseren Geschäftspartnern (Druckereien, Papierfabriken, Verpackungsherstellern usw.) verlangen wir, daß sie sowohl beim Herstellungsprozeß selbst als auch beim Einsatz der zur Verwendung kommenden Materialien ökologische Gesichtspunkte berücksichtigen.

Das für dieses Buch verwendete Papier ist aus chlorfrei bzw. chlorarm hergestelltem Zellstoff gefertigt und im pH-Wert neutral.